国家出版基金项目
NATIONAL PUBLICATION FOUNDATION

國家出版基金項目

教育部哲學社會科學研究重大課題攻關項目

「十一五」國家重點圖書出版規劃項目·重大工程出版規劃
國家社會科學基金重大項目
北京大學「九八五工程」重點項目

精華編四〇册

經部禮類

儒藏

精華編

北京大學《儒藏》編纂與研究中心

《儒藏》精華編第四〇册

首席總編纂　季羨林

項目首席專家　湯一介

總編纂　湯一介　龐樸　孫欽善　安平秋（按年齡排序）

本册主編　彭林

《儒藏》精華編凡例

一、中國傳統文化以儒家思想爲中心。《儒藏》爲儒家經典和反映儒家思想、體現儒家經世做人原則的典籍的叢編。收書時限自先秦至清代結束。

二、《儒藏》精華編爲《儒藏》的一部分，選收《儒藏》中的精要書籍。

三、《儒藏》精華編所收書籍，包括傳世文獻和出土文獻。傳世文獻按《四庫全書總目》經史子集四部分類法分類，大類、小類基本參照《中國叢書綜録》和《中國古籍善本書目》，於個别處略作調整。凡單書已收入入選的個人叢書或全集者，僅存目録，並注明互見。出土文獻單列爲一個部類，原件以古文字書寫者一律收其釋文文本。韓國、日本、越南儒學者用漢文寫作的儒學著作，編爲海外文獻部類。

四、所收書籍的篇目卷次，一仍底本原貌，不選編，不改編，保持原書的完整性和獨立性。

五、對入選書籍進行簡要校勘。以對校爲主，確定内容完足、精確率高的版本爲底本，精選有校勘價值的版本爲校本。出校堅持少而精，以校正誤爲主，酌校異同。校記力求規範、精煉。

六、根據現行標點符號用法，結合古籍標點通例，進行規範化標點。專名號除書名號用角號（《》）外，其他一律省略。

七、對較長的篇章，根據文字内容，適當劃分段落。正文原已分段者，不作改動。千字以内的短文一般不分段。

八、各書卷端由整理者撰寫《校點説明》，簡要介紹作者生平、該書成書背景、主要内容及影響，以及整理時所確定的底本、校本（舉全稱後括注簡稱）及其他有關情況。重複出現的作者，其生平事蹟按出現順序前詳後略。

九、本書用繁體漢字豎排，小注一律排爲單行。

《儒藏》精華編第四〇册

經部禮類

周禮之屬

周禮正義卷三十二

春官宗伯第三

《鄭目録》云：「象春所立之官也。宗，尊也。伯，長也。春者出生萬物，天子立宗伯，使掌邦禮，典禮以事神爲上，亦所以使天下報本反始。不言司者，鬼神示，人之所尊，不敢主之故也。」【疏】「春官宗伯第三」者，阮元云：「第三，唐石經作『第五』，非。」《鄭目録》云「象春所立之官也」者，宗伯於六官爲第三，於四時當春，故象之而稱春官。云「宗，尊也」者，《大宗伯》注同。《説文・宀部》云：「宗，尊祖廟也。」《白虎通義・宗廟篇》云：「宗者，尊也。」《書・周官》僞孔傳訓宗伯爲宗廟官長，與鄭義異，亦通。云「伯，長也」者，《天官・敍官》注同。云「春者出生萬物」者，《獨斷》云：「春爲少陽，其氣始出生養。」云「天子立宗伯，使掌邦禮，典禮以事神爲上，亦所以使天下報本反始」者，《郊特牲》説祭社云：「所以報本反始也。」又《祭義》云：「天下之禮，致反始也，致鬼神也。致反始以厚其本也，致鬼神以尊上也。」鄭注云：「反始，謂報天之屬也。」是郊社以下諸祭祀，悉爲報本反始之事，故法春生萬物之義以名官也。云「不言司者，鬼神示人之所尊，不敢主之故也」者，謂地夏秋冬四官，並以「司」爲名，是取典主之義；春官掌鬼神示之事，以人所尊敬，不可以人主之，故獨變其名，不言司而言宗也。

周禮　鄭氏注

惟王建國，辨方正位，體國經野，設官分職，以爲民極。乃立春官宗伯，使帥其屬而掌邦禮，以佐王和邦國。禮謂曲禮五，吉凶賓軍嘉，其別三十有六。鄭司農云：「宗伯，主禮之官，故《書・堯典》曰：『帝曰：「咨四岳，有能典朕三禮。」僉曰伯夷。帝曰：「俞，咨伯，女作秩宗。」』宗官又主鬼神，故《國語》曰：『使名姓之後，能知四時之生，犧牲之物，玉帛之類，采服之宜，彝器之量，次主之度，屏攝之位，壇場之所，上下之神祇，氏姓之所出，而率舊典者爲之宗。』《春秋》『禘于大廟，躋僖公』，而傳曰『夏父弗忌爲宗人』，又曰『使宗人釁夏獻其禮』。《禮・特牲》曰：『宗人升自西階，視壺濯及豆籩。』然則唐虞歷三代，以宗官典國之禮與其祭祀，漢之大常是也。」【疏】「使帥其屬而掌邦禮以佐王和邦國」者，《大宰》六典云「三曰禮典，以和邦國」是也。　注云「禮謂曲禮五」者，賈疏云：「案《禮序》云：『禮者，體也，履也。』一字兩訓，蓋有以也。統之於心名爲體，《周禮》是也。踐而行之名曰履，《儀禮》是也。既名『儀禮』，亦名『曲禮』，故《禮器》云：『經禮三百，曲禮三千。』鄭云：『經禮，謂《周禮》也。曲，猶事也，事禮謂今《禮》也，其中事儀三千。』若然，則《儀禮》爲曲禮。今此鄭云『禮謂曲禮五』者，對文則《儀禮》是曲禮，《周禮》是經禮，散文此《周禮》亦名曲禮。」案：賈説非鄭恉。鄭釋邦禮爲曲禮者，正謂今《禮經》，宗伯特掌之耳；非謂宗伯掌此《周禮》。鄭《儀禮目録》每篇並云「於五禮屬某禮」，即所謂曲禮五也。若《周禮》則古經六篇，不當云五矣。然鄭以《周禮》對《儀禮》爲經曲，其説亦不塙，詳《天官目録》疏。云「吉凶賓軍嘉，其別三十有六」者，據《大宗伯職》，吉禮之別十有二，凶禮之別五，賓禮之別八，軍禮之別五，嘉禮之別六，總三十有六也。鄭司農云「宗伯，主禮之官」者，據經云掌邦禮。引《書·堯典》者，阮元云：「《釋文》出『女秩』二字，則此注本云『女秩宗』也。」詒讓案：鄭所引《書》，僞孔本入《舜典》；又「女作秩宗」，女作汝，並非其舊。《史記·五帝本紀》集解引鄭《書注》云：「天事地事人事之禮，秩宗主次秩尊卑。」賈疏云：「案彼《虞書》云『脩五禮』，下又云『典朕三禮』，三五不同者，鄭義上云『脩五禮』，與下『五玉』連文，五玉是諸侯所執玉，則五禮非吉凶賓軍嘉之五禮，故鄭云『五禮，公侯伯子男之禮』。是以《禮論》云『唐虞有三禮，至周分爲五禮』。若然，云三禮不言五禮，則三禮中含有五禮矣。」今案：《曲禮》孔疏云：「鄭注《大宗伯》云：『唐虞有三禮，至周分爲五禮。』」今注無此文，疑孔誤以《禮論》之文爲鄭注也。云「宗官又主鬼神」者，即本職掌吉禮是也。引《國語》者，《楚語》文。賈疏云：「是楚昭王問於觀射父，觀射父對此辭。」云「使名姓之後，能知四時之生，犧牲之物，玉帛之類」者，賈疏云：「孔、服注以爲聖人大德之後。生謂粢盛。犧謂純毛色。牲爲牛羊豕。玉帛，孔、服皆以爲禮神玉帛，謂若《宗伯》云『蒼璧黄琮，牲幣各放其器之色』是也。」案：韋注並與賈引孔、服義同。云「采服之宜」者，「宜」，韋本作「儀」。賈疏引服氏云：「祭祀之所服色，謂若《司服》衮冕以下是也。」云「彝器之量，次主之度」者，賈疏引服云：「量，數也。祭祀之器，皆當其數。次，廟主之尊卑先後遠近之度。」云「屏攝之位」者，賈疏云：「服氏云『屏猶并也，謂攝主不備，并之，其位不得在正主之位』，卽引《曾子問》云：『若宗子有罪，居于他國，庶子爲大夫，其祭也，祝曰：孝子某使介子某執其常事。』又云：『攝主不厭祭，不旅，不假，不綏祭，不配。』是其攝主并之事。《左氏》昭十八年，夏五月，宋、衛、陳、鄭災，時鄭子産使子寬、子上巡羣屏攝。彼鄭司農云：『束茅以爲屏蔽，祭神之處，革易然，故巡行之。』此『屏攝』義，與《國語》異。」案：韋注引周氏説屏攝，與賈引服説同。又云：「昭謂屏，屏風也。攝形如今要扇。皆所以明尊卑爲祭祀之位，近漢亦然。」韋義與《左傳》先鄭注義略同，較服爲長。云「壇場之所」者，賈疏引孔云：「去廟爲祧，去祧爲壇，去壇爲墠。又云：場祭道神，《曾子問》『道而出』是也。」案：韋注云：「除地曰場。」義較孔爲長。云「上下之神祇」者，韋本無祇字。賈疏引孔氏云：「上謂凡在天之神，天及日月星；下謂凡在地之神，謂地、山林、川谷、丘陵也。」云「氏姓之所出，而率舊典者爲之宗」者，賈疏引孔氏云：「既非先聖之後，又非名姓之後，但氏姓所出之後，子孫而心常能循舊典者，則爲大宗。大宗者，於周爲宗伯。」案：韋本作「氏姓之出而心率舊典者」，云所自出也，與賈引孔説異。《漢書·郊祀志》亦約此文，顔注釋「氏姓所出」云：「謂神本所出及見所當爲主者也。」此説得之。孔以爲大宗所出之氏姓，非其義也。宗卽禮官之通稱。《魯語》又云「夏父弗忌爲宗」，宗卽宗伯也。《書·顧命》云「大宗麻冕彤裳」，又云「上宗奉同瑁」，孔疏引鄭《書注》以爲上宗猶大宗，卽大宗伯是也。《曾子問》、《祭統》亦並有大宗，《周書·嘗麥篇》又謂之太宗，義並同。云「《春秋》禘于大廟，躋僖公，而傳曰夏父弗忌爲宗人」者，《釋文》躋作隮，云「本又作躋」。案：《説文·足部》云：「躋，登也。」無隮字。文二年經：「八月丁卯，大事于大廟，躋僖公。」三家經並作躋。《左傳》云：「逆祀也。於是夏父弗忌爲宗伯，尊僖公。」杜注云：「大事，禘也。躋，升也。僖公，閔公庶兄，繼閔而立，廟坐宜次閔下。今升在閔上，故書而譏之。」先鄭此引「宗伯」作「宗人」，孔繼汾謂涉下文而譌。今攷後鄭《禮器》注引亦同，疑所見本與杜異也。此經有都宗人、家宗人，則宗人爲卑者之稱。然經典多通稱宗伯爲宗人。《雜記》云：「大夫之喪，大宗人相，小宗人命龜。」孔疏謂卽大小宗伯。《書·顧命》云：「授宗人同。」孔疏亦以爲小宗伯。是宗伯宗人可互稱，故先鄭引以爲證。《國語·魯語》載夏父弗忌自云「我爲宗伯」，是實爲宗伯之官。諸侯三卿五大夫，無大小宗伯，蓋雖立此官，爵則卑也。云「又曰，使宗人釁夏獻其禮」者，亦《左》哀二十四年傳文。彼云：「公子荆之母嬖，將以爲夫人，使宗人釁夏獻其禮。」杜注云：「宗人，禮官也。」亦引證宗人典禮之事。又引《禮・特牲》者，賈疏云：「此《特牲饋食禮》，是宿賓之明夕，視濯，主人與衆兄弟及賓入，卽堂下位。宗人升自西階，視壺濯及豆籩，反降，東北面告濯具。注云：『東北面告，緣賓意欲聞也。』引此者，亦證宗人主禮也。」詒讓案：《士冠禮》亦云「宗人告事畢」，鄭注云：「宗人，有司主禮者。」先鄭不引彼文者，欲見宗人主祭祀之事，故別引《特牲》爲證。云「然則唐虞歷三代，以宗官典國之禮與其祭祀」者，據上引《書》、《禮》及《春秋》內外傳諸文，知自唐、虞至周，並以宗官典禮及祭祀也。《曲禮》天子六大，其二曰大宗，鄭注以爲殷制。云「漢之大常是也」者，賈疏述注作「則漢時大常是也」，疑誤。《國語・楚語》韋注云：「秩宗之官，於周爲宗伯，漢爲太常。」說與先鄭同。《漢書・百官公卿表》云：「奉常，秦官，掌宗廟禮儀。景帝中六年，更名大常。」顔注引應劭云：「常，典也，掌典三禮也。」是漢大常亦典禮及祭祀，故以況周之宗伯。《漢書・王莽傳》，莽改大常曰秩宗，義亦同也。

禮官之屬：

大宗伯，卿一人；小宗伯，中大夫二人；肆師，下大夫四人，上士八人，中士十有六人，旅下士三十有二人，府六人，史十有二人，胥十有二人，徒百有二十人。肆猶陳也。肆師佐宗伯，陳列祭祀之位及牲器粢盛。【疏】「大宗伯卿一人」者，禮官之正也。《書・顧命》「成王召六卿」，僞孔傳謂彤伯爲宗伯。《詩・淇奧》孔疏引鄭《書注》又謂芮伯爲宗伯。卽此大宗伯卿也。云「小宗伯中大夫二人」者，禮官之貳也。《周書・嘗麥篇》又謂之「少宗」，又《王會篇》有「彌宗」，蓋亦卽此官也。云「肆師下大夫四人」者，禮官之攷也。　注云「肆猶陳也」者，《掌戮》注同。《說文・長部》云：「肆，極陳也。」肆卽肆之隸變。云「肆師佐宗伯，陳列祭祀之位及牲器粢盛」者，賈疏云：「案《小宗伯》云『掌建邦之神位』，《肆師》云『立大祀用玉帛牲牷』之等，故知佐宗伯列陳祭祀之位也。知亦陳牲器粢盛者，案其職云『大祭祀，展犧牲繫于牢，頒于職人』，又云『祭之日，表齍盛，告絜，展器，陳告備』，是其陳牲器粢盛之事者也。」

鬱人，下士二人，府二人，史一人，徒八人。鬱，鬱金香草，宜以和鬯。【疏】「鬱人」者，鬱正字作鬱。《說文・林部》云：「鬱，木叢生者。」與鬱義別。經典皆叚鬱爲鬱。賈疏云：「鬱人爲首者，祭祀宗廟先灌，灌用鬱，其職云『掌裸器』，故宜先陳也。」云「府二人，史一人」者，王引之謂當作「府一人史二人」是也。詳《天官・敘官》疏。

注云「鬱，鬱金香草」者，《郊特牲》孔疏引馬氏説，「鬱，草名，以鬱金香草合爲鬯也」。《説文・鬯部》云：「鬱，芳艸也。一曰：鬱鬯，百艸之華，遠方鬱人所貢芳草，合釀之以降神。鬱，今鬱林郡也。」《水經・温水注》引應劭《地理風俗記》云：「《周禮》鬱人和鬱鬯。鬱，芳艸也。百草之華，煮以合釀黑黍，以降神者也。或説今鬱金香是也。一曰：鬱人所貢，因氏郡矣。」許謂芳草，應謂鬱金香，竝與此注義同。其百草之華，鬱人所貢，別爲一説。《玉燭寶典》云：「萬震《南州異物志》云：『鬱金香，唯罽賓國人種之，色正黃而細。』後漢朱穆，南陽宛人，《鬱金賦》乃云：『歲朱明之首月，步南園以迴眺，覽草木之紛葩，美斯花之英妙。』韋曜《雲陽賦》云：『草則鬱金勺藥。』然則南方自有此草，非必罽賓。」案：據杜説，則古中原自有鬱艸，故以和酒，而今無之；猶古以薑桂爲常食，今北方絶無桂也。今藥中別有鬱金根，無香，出蜀中，與香草鬱金華異。古鬱鬯用葉不用根華，互詳本職疏。云「宜以和鬯」者，《郊特牲》云：「周人尚臭，灌用鬯臭，鬱合鬯，臭陰達於淵泉。」所謂鬱和鬯也。賈疏云：「鬯人所掌者，是秬米爲酒，不和鬱者。若祭宗廟及灌賓客，則鬯人以鬯酒入鬱人，鬱人得之，築鬱金香煮之，以和鬯酒，則謂之鬱鬯也。」

鬯人，下士二人，府一人，史一人，徒八人。

鬯，釀秬爲酒，芬香條暢於上下也。秬如黑黍，一稃二米。【疏】「鬯人」者，掌共秬鬯，與鬱人職掌相成，故次其後。

注云「鬯，釀秬爲酒，芬香條暢於上下也」者，本職注云：「秬鬯，不和鬱者也。」《詩・大雅・江漢篇》「秬鬯一卣」，鄭箋云：「秬，黑黍酒也。謂之鬯者，芬香條鬯也。」《易・震卦》辭「不喪匕鬯」，李氏《集解》引鄭《易注》云：「鬯，秬酒，芬芳條鬯，因名焉。」《白虎通義・攷黜篇》説秬鬯云：「芬香條鬯，以通神靈。」案：條暢即條鬯，鬯暢字通。《説文・鬯部》云：「鬯，以𪍿釀鬱艸，芬芳攸服以降神也。」「攸服」亦當作「條暢」。《説苑・脩文篇》云「鬯者，上暢於天，下暢於地，無所不暢，故天子以鬯爲贄」，所謂條暢於上下也。云「秬如黑黍，一稃二米」者，《説文・鬯部》云：「𪍿，黑黍也。一稃二米以釀。重文秬，𪍿或从禾。」又《禾部》云：「稃，穭也。穭，穅也。秠，一稃二米。」案：𪍿，經典皆作秬。賈疏云：「案《爾雅》云：『秬，黑黍。秠，一稃二米。』此《爾雅》上文云『秬黑黍』，是一米之秬，直以秬爲名。下文云『秠一稃二米』，亦是黑黍，但無黑黍之名，但二米之秬貴。此鬯酒用二米者，故鄭云『秬如黑黍』，此據《爾雅》下文二米之秬，其狀如上文黑黍者。若然，《爾雅》云『秠，一稃二米』，不言黑黍者，《爾雅》主爲釋《詩》。案：《生民》詩云：『維秬維秠。』《爾雅》云『秬，黑黍』，即是『維秬』者；云『秠一稃二米』，即是『維秠』者也。若然，《爾雅》及《詩》云秠者，即黑黍之皮，以皮而見秬。是以《鄭志》張逸問云：『《鬯人職》注云「秬如黑黍，一稃二米」。案《爾雅》「秠一稃二米」，未知二者同異。』鄭荅云：『秠即其皮，稃亦皮。《爾雅》重言以曉人，更無異稱也。』鄭云『重言』者，秠既是皮，復云稃亦皮，是重言也。恐人不知稃是皮，故重言稃秠是一，還是秬，故云更無異稱也。」《詩·大雅·生民》孔疏云：「秬是黑黍之大名，秠是黑黍之中有二米者，别名之爲秠，故此經異其文，而《爾雅》釋之。若然，秬秠皆黑黍矣。而《春官·鬯人》注云：『釀秬爲酒，秬如黑黍，一稃二米。』言如者，以黑黍一米者多，秬爲正稱，二米則秬中之異，故言『如』以明秬有二等也。秬有二等，則一米亦可爲酒。《鬯人》之注必言二米者，以宗廟之祭，唯裸爲重，二米嘉異之物，鬯酒宜當用之，故以二米解鬯。其實秬是大名，故云釀秬爲酒。《爾雅》云『秬一稃二米』，《鬯人》注云『一秠二米』，文不同者，《鄭志》荅張逸云：『秠即皮，其稃亦皮也。《爾雅》重言以曉人。』然則秠稃古今語之異，故鄭引《爾雅》，得以稃爲秠也。」程瑶田云：「賈所疏及引《鄭志》問荅之意，未見分曉。檢《生民》疏，乃知孔所見《鬯人》注作『秬如黑黍一秠二米』，以『秠』字易《爾雅》之『稃』字也。據此，則是秬原包一稃二米者，而秠即秬之皮耳。但一稃二米不能不異其名，故義取諸皮之含米者，異而名之爲秠也。然鄭釋鬯用一稃二米者，若但云『釀秠爲酒』，則其義不顯，故必須見秬字，而又解之云『如黑黍一秠二米』者，言如一米之秬而一秠二米也。是《爾雅》釋《詩》之意，欲見秠爲稃，故以稃解秠，既上承秬字，可不復更見秬字。鄭意欲見秠亦秬，既直見秬字，而秠稃皆皮，則不妨易稃爲秠也。此屬文之法，孔氏得其義矣。」案：孔、程述注義是也。鄭注本作「一秠二米」，故張逸以發問，《詩·江漢》孔疏引孫毓《毛詩異同評》，亦云「鬯是酒名，以黑黍一秠二米者作之」，正本鄭此注爲説。今本此注並作「一稃」，陸音孚，賈述注及引《鄭志》亦作稃，並誤。黑黍即黑穄，《齊民要術》引《廣志》云「穄有赤白黑青黄凡五種」是也。秠爲其别種，故《爾雅·釋艸》郭注云：「此亦黑黍，但中米異耳。」漢和帝時，任城生黑黍，或三四實，實二米。《爾雅釋文》引或云「今蜀黍，米白穀黑」，蓋以黍爲高粱，非也。古九穀之黍，即今之穄，詳《大宰》疏。

雞人，下士一人，史一人，徒四人。

【疏】「雞人」者，賈疏云：「案《雞人職》云：『共雞牲，大祭祀，夜呼旦。』雞又屬木，在春，故列職於此也。」詒讓案：此亦以五行義類屬春官也。《庖人》注云：「雞屬宗伯，木也。」《月令》注云：「雞，木畜。」孔疏引《洪範五行傳》云：「貌之不恭，則有雞禍。」注云：「雞，畜之有冠翼者，屬貌。」《賈子·胎教篇》云：「雞，東方之牲也。」《風俗通義·祀典篇》引《青史子書》説同，並賈説所本。

司尊彝，下士二人，府四人，史二人，胥二人，徒二十人。彝亦尊也。鬱鬯曰彝。彝，法也，言爲尊之法正。【疏】「司尊彝」者，此官與司几筵、天府、典瑞四職，並掌五禮器物之官，故亦屬宗伯。司尊彝亦謂之犧人，故《國語·周語》云：「犧人薦醴。」韋注云：「犧人，司尊也。」即指此官。云「府四人，史二人」者，王引之謂當作「府二人史四人」是也。詳《天官·敘官》疏。　注云「彝亦尊也，鬱鬯曰彝」者，《説文·糸部》云：「彝，宗廟常器也。从糸，糸，綦也。廾持米器中實也。彑聲。此與爵相似。《周禮》六彝，雞彝、鳥彝、黄彝、虎彝、蜼彝、斝彝，以待祼將之禮。」又《酉部》云：「尊，酒器也。《周禮》六尊，犧尊、象尊、著尊、壺尊、大尊、山尊，以待祭祀賓客之禮。重文尊，尊或从寸。」案：六彝盛鬱鬯，六尊盛五齊，罍尊盛三酒。尊與彝對文則異，散文亦通。故《禮器》云：「黄目，鬱氣之上尊也。」《明堂位》亦以雞彝斝黄目爲灌尊，又曰鬱尊。《爾雅·釋器》云：「彝、卣、罍，器也。」郭注云「皆盛酒，尊彝其總名」是也。云「彝，法也」者，《爾雅·釋詁》云：「彝、法，常也。」是彝法同義。云「言爲尊之法正」者，正，各本並作「也」。賈疏云：「祭宗廟，在室先陳，後乃向外陳齊酒之尊，以彝爲法，故名此鬱鬯曰彝也。是以鄭云言爲尊之法也。」案：據疏，似賈所見本亦作「法也」。嘉靖本作「法正」，疑誤。

司几筵，下士二人，府二人，史一人，徒八人。筵亦席也。鋪陳曰筵，藉之曰席。然其言之筵席通矣。【疏】「司几筵」者，《説文·几部》云：「几，踞几也。」《釋名·釋牀帳》云：「几，庪也，所以庪物也。」云「府二人，史一人」者，王引之謂當作「府一人史二人」是也。詳

《天官・敍官》疏。　注云「筵亦席也，鋪陳曰筵，藉之曰席」者，「鋪陳」《釋文》作「鋪之」，疑涉下「藉之」而誤。《燕禮》賈疏引此注亦作「鋪陳」。《説文・竹部》云：「筵，竹席也。」又《巾部》云：「席，藉也。禮，天子諸侯席，有黼繡純飾。」《釋名・釋牀帳》云：「筵，衍也，舒而平之，衍衍然也。席，釋也，可卷可釋也。」《祭統》云：「鋪筵設同几。」是鋪陳曰筵。藉之，謂人所坐履，則曰席。賈疏云：「設筵之法，先設者皆言筵，後加者爲席。故其職云：『設莞筵紛純，加繅席畫純。』假令一席在地，或亦云筵，《儀禮・少牢》云『司宮筵於奥』是也。是先設者爲鋪陳曰筵，藉之曰席也。」云「然其言之筵席通矣」者，凡對文，則筵長席短，筵鋪陳於下，席在上，爲人所坐藉；散文則筵亦爲席，故本職云「掌五席」，實兼筵言之。《士冠禮》「蒲筵」注云：「筵，席也。」蓋席亦有鋪陳之義，《鄉飲酒禮》注云「席，敷陳也」是也。

天府，上士一人，中士二人，府四人，史二人，胥二人，徒二十人。府，物所藏。言天者，尊此所藏，若天物然。【疏】注云「府物所藏」者，《説文・广部》云：「府，文書藏也。」賈疏云：「府，聚也。凡物所聚皆曰府，官人所聚曰官府，在人身中飲食所聚，謂之六府。《詩》云：『叔在藪，火烈具舉。』注：『藪澤，禽之府也。』大府、玉府、外内府、泉府，皆是藏財貨，鄭云『藏財貨曰府』，亦是物所藏也。」案：賈引鄭義，《論語・先進篇》注文。互詳《天官・敍官》疏。云「言天者，尊此所藏，若天物然」者，謂天府所藏在大祖廟，故特尊其名。《大戴禮記・禮三本篇》云：「王者天太祖。」《儀禮經傳通解續》引鄭《洪範五行傳》注云：「受命之君，承天制作，猶天之教令也。故掌祖廟之藏者，謂之天府也。」義與此注同。

典瑞，中士二人，府二人，史二人，胥一人，徒十人。瑞，節信也。典瑞，若今符璽郎。【疏】「典瑞」者，此官掌玉瑞、玉器之藏，與天府職掌相備，故次其後。　注云「瑞，節信也」者，本職注云：「瑞，符信也。」《説文・玉部》云：「瑞，以玉爲信也。」《白虎通義・文質篇》云：「何謂五瑞？謂珪璧琮璜璋也。」《左》文十二年傳，秦西乞術苔魯辭玉，云「不腆先君之敝器，使下臣致諸執事，以爲瑞節」，杜注云：「節，信也。」云「典瑞若今符璽郎」者，舉漢官爲況。《續漢書・百官志》云：「尚符璽，郎中四人，在中主璽及虎符、竹符之半者。」

典命，中士二人，府二人，史二人，胥一

人，徒十人。命，謂王遷秩羣臣之書。【疏】「典命」者，此官掌禮命之事，故亦屬宗伯。　注云「命謂王遷秩羣臣之書」者，賈疏云：「凡言命者，皆得簡策之命。秩，次也。命出於王，故云命。謂王遷秩羣臣之書，書卽簡策是也。」

司服，中士二人，府二人，史一人，胥一人，徒十人。【疏】「司服」者，冠服與禮命相將，故司服亦屬宗伯。賈疏云：「案其職云：『掌王之吉凶衣服。』《公羊傳》云：『命者何？加我服也。』再命已上，得命卽得服，故司服列職於典命之下也。」云「府二人，史一人」者，王引之謂當作「府一人史二人」是也。詳《天官·敍官》疏。

典祀，中士二人，下士四人，府二人，史二人，胥四人，徒四十人。【疏】「典祀」者，此與守祧皆掌兆廟之官，故亦屬宗伯。先典祀者，以其掌外祭祀，有二郊五帝之兆，尊於宗廟故也。

守祧，奄八人，女祧每廟二人，奚四人。遠廟曰祧，周爲文王、武王廟，遷主藏焉。奄，如今之宦者。女祧，女奴有才知者。天子七廟，三昭三穆。奚，女奴也。【疏】「守祧」者，此掌内祭祀宗廟之官，故次典祀。金鶚云：「對文則祧與廟別，散文則祧與廟通。《聘禮》『不腆先君之祧』，《左氏》襄九年傳『以先君之祧處之』，昭元年傳『其敢愛豐氏之祧』，祧卽廟也。守祧職兼廟祧，而官以祧名，是廟祧通稱爲祧也。天子有二祧，而通稱七廟，亦猶是也。」案：金說是也。《祭法》孔疏引襄九年《左傳》服虔注云：「曾祖之廟曰祧。」然則祧之名，通於四親廟矣。云「奄八人」者，賈疏云：「以其與女祧及奚婦人同處，故須奄人；通姜嫄爲八廟，廟一人，故八人也。」案：賈本張融《評聖證論》說，詳後。云「女祧每廟二人，奚四人」者，沈彤云：「女祧每廟二人，天子七廟，通姜嫄爲八廟，則十六人；每廟奚四人，則三十二人。」　注云「遠廟曰祧」者，别於四親廟爲近廟也。《説文·示部》新附云：「祧，遷廟也。」《御覽·禮儀部》引《五經異義》云：「《禮·祭法》云『天子有祧，遠廟曰祧』，將祧而去之，故曰祧。」鄭《祭法》注云：「祧之言超也，超上去意也。」許宗彦云：「遠廟者，遠於廟。自正廟而遷之於祧，謂之遷，故祧曰遷廟。去祧而壇，則無廟矣，故謂之毀。壇墠鬼皆毀廟。」云「周爲文王武王廟」者，鄭以二祧爲卽文武世室也。《明堂位》云：「魯公之廟，文世室也；武公之廟，武世室也。」鄭注云：「世室者，不毀之名也。」《漢書·韋玄成傳》：「玄成等四十四人奏議曰：周之所以七廟者，以后稷始封，文王、武王受命而王，是以三廟不毁，與親廟四而七。非有后稷始封，文武受命之功者，皆當親盡而毁。」《王制》孔疏引《石渠論》、《白虎通》，並云「周以后稷、文、武特七廟」。又引盧植云：「二祧，謂文武。」案：此皆鄭義所本。《公羊》成六年何注説同。賈疏謂鄭以二祧爲《祭法》之祖宗。今攷祖宗之祭，固是祭文武，然鄭《祭法》注云：「祭五帝五神於明堂，曰祖宗。」則鄭雖以二祧爲文、武廟，實不以祖宗爲二祧之祭明矣。但鄭以周二祧專爲文武廟，其説亦非也。文武世室，不遷不毁，與二祧迭毁不同。周七廟，二祧爲遷廟，當從王肅説，謂王之高祖之父及祖，以次遞遷，非不遷不毁之廟也。《通典·吉禮》載王肅非鄭云：「《祭法》云『遠廟曰祧』，親盡之上猶存二廟也。文武百代不遷者，《祭法》不得云去祧爲壇。」又引馬昭非王云：「肅言文武不得稱遠廟，不得爲二祧者。凡别遠近，以親爲限，親内爲近，親外爲遠。文武適在親外當毁，故言遠廟。自非文武，親外無不毁者。」又引孔晁申王云：「夫無功德，則以親遠近爲名。文武以尊重爲祖宗廟，何取遠近。故后稷雖極遠，以爲太祖，不爲遠也。」許宗彦云：「韋玄成、鄭康成等，皆以文武爲不遷之廟。既以文武爲不遷廟，而周制止五廟，不得不以二祧當之。祧者遷廟，乃以爲不遷之廟，名實乖矣。若依鄭義，是周制本止五廟，因文武不遷，始有二祧，是周人尊事文武之創典，且爲周七廟之制所由來，經傳不容無一語及此也。且謂文武不遷者，謂文王受命，武王始有天下，宜加尊禮，異於常制。今二祧享嘗乃止，其禮既簡，祧有廟而無寢，其制亦殺。況鄭謂二祧者，遷主所藏之廟，文武以親盡而爲祧，凡先王亦親盡而祧，其主亦藏於祧廟，是文武仍與凡先王等，豈爲尊禮哉！又鄭解祧云：『祧之言超也，超上去意也。』使文武長居二祧，凡祧主皆藏祧廟，則何超上之有！《祭法》『去祧爲壇』，《南史》臧燾曰：『尋去祧之言，則祧非文武之廟矣。文武，周之祖宗，何云去祧爲壇乎？明遠廟爲祧者，無服之祖也。』所駁甚確。」金鶚云：「成王之時，文武在四親廟中，安得以爲二祧乎？文武居二祧，必在共王之世，去周公制禮時甚遠，何可以解《周官》乎？《明堂位》有文武世室之説，其制在懿王、孝王之時，未幾而爲世室矣，何得謂文武常爲二祧乎？」案：許金二説申王義是也。《明堂位》以魯公之廟放文世室，武公之廟放武世室，明以魯伯禽及武公特立廟，放周文武廟，則文武周于是有九廟。然則文武爲二祧，不過在穆王、共王之時，於二祧之外别立廟，明矣。且姜嫄爲先妣，尚特立閟宫之廟，文武受命劮業，其特立廟，不亦宜乎？要之七廟之制，定於周初，文武去祧，則在懿、孝以後。無論別立廟與否，皆不可以淆七廟之初制，則固較然無疑耳。云「遷主藏焉」者，本職注亦云：「遷主所藏曰祧。」鄭《祭法》注云：「天子遷廟之主，以昭穆合藏於二祧之中。諸侯無祧，藏於祖考之廟中。《聘禮》曰『不腆先君之祧』，是謂始祖廟也。」賈疏云：「以其顯考以下，其廟毁，不可以藏遷主。文武既不毁，明當昭者藏於武王廟，當穆者藏於文王廟可知，故云遷主藏焉。若文武已上父祖，不可入下子孫之廟，宜藏於后稷之廟。但文武既爲二祧，后稷爲大祖廟，不可復稱祧，故不變本名，稱大祖也。」案：鄭、賈説亦非也。凡遷主，當從韋玄成、許慎説，並藏大祖廟，不藏二祧，無天子諸侯之異。《聘禮》之祧，即廟之通稱，非謂諸侯遷主藏大祖廟，遂名大祖廟爲祧也。金鶚云：「祧，遷廟也。大祖百世不遷，豈可以遷主所藏，遂名爲祧乎？」其説是矣。詳本職疏。云「奄如今之宦者」者，《天官·敘官》注云：「奄，精氣閉藏者，今謂之宦人。」義與此同。云「女祧，女奴有才智者」者，賈疏云：「亦若天官女酒、女漿、女祝、女史之類，皆女奴有才智者爲之。無才智者，即入奚類也。」云「天子七廟，三昭三穆」者，《王制》云：「天子七廟，三昭三穆，與大祖之廟而七。」鄭注云：「此周制。七者，大祖及文王、武王之祧，與親廟四。大祖，后稷。殷則六廟，契及湯與二昭二穆。夏則五廟，無大祖，禹與二昭二穆而已。」《祭法》云：「王立七廟，一壇一墠。曰考廟，曰王考廟，曰皇考廟，曰顯考廟，曰祖考廟。遠廟爲祧，去祧爲壇，去壇爲墠，去墠曰鬼。」《王制》疏云：「鄭氏之意，天子立七廟，唯謂周也。鄭必知然者，按《禮緯稽命徵》云：『唐虞五廟，親廟四，始祖廟一。夏四廟，至子孫五。殷五廟，至子孫六。』《鉤命決》云：『唐堯五廟，親廟四，與始祖五。禹四廟，至子孫五。殷五廟，至子孫六。周六廟，至子孫七。』鄭據此爲説，故謂七廟周制也。周所以七者，以文王、武王受命，其廟不毁，以爲二祧，并始祖后稷及高祖以下親廟四，故爲七也。若王肅則以爲天子七廟者，謂高祖之父及高祖之祖廟爲二祧，并始祖及親廟四爲七。故《聖證論》肅難鄭云：『周之文、武，受命之王，不遷之廟，權禮所施，非常廟之數。殷之三宗，宗其德而存其廟，亦不以爲數。凡七廟者，皆不稱周室。《禮器》云：「有以多爲貴者，天子七廟。」孫卿云：「有天下者事七世。」又云：「自上以下，降殺以兩。」今使天子諸侯立廟，並親廟四而止，則君臣同制，尊卑不別。禮，名位不同，禮亦異數，況其君臣乎？又《祭法》云：「王下祭殤五，及五世來孫。」則下及無親之孫，而祭上不及無親之祖，不亦詭哉！《穀梁傳》云：「天子七廟，諸侯五。」《家語》云：「子羔問尊卑立廟制，孔子云：禮，天子立七廟，諸侯立五廟，大夫立三廟。」又云：「遠廟爲祧，有二祧焉。」』馬昭難王義云：『按《喪服小記》，王者立四廟。又引《禮緯》，夏無大祖，宗禹而已，則五廟；殷人祖契而宗湯，則六廟；周尊后稷，宗文王武王，則七廟。自夏及周，少不減五，多不過七。《禮器》云「周旅酬六尸」，一人發爵。則周七尸七廟明矣。今使文武不在七數，既不同祭，又不享嘗，豈禮也哉？故漢侍中盧植說云「二祧謂文武」。《曾子問》「當七廟無虛主」，《禮器》「天子七廟堂九尺」，《王制》「七廟」，盧植云「皆據周言也」。《穀梁傳》「天子七廟」，尹更始說，「天子七廟據周也」。《漢書》韋玄成四十八人議，皆云周以后稷始封，文武受命。《石渠論》、《白虎通》云「周以后稷、文、武，特七廟」。』又張融謹按：『《周禮·守祧職》：「奄八人，女祧每廟二人。」自大祖以下與文武及親廟四用七人，姜嫄用一人，適盡。若除文武，則奄少二人。《曾子問》孔子說周事，而云「七廟無虛主」，若王肅數高祖之父、高祖之祖廟，與文武而九，主當有九，孔子何云「七廟無虛主」乎？故云以《周禮》、孔子之言爲本，《穀梁》說及《小記》爲枝葉，韋玄成、《石渠論》、《白虎通》爲證驗，七廟斥言，玄說爲長。』是融申鄭之意。且天子七廟者，有其人則七，無其人則五；若諸侯廟制，雖有其人，不得過五：則此天子諸侯七五之異也。王肅云『君臣同制，尊卑不別』，其義非也。又『王下祭殤五』者，非是別立殤廟。七廟外親盡之祖，禘祫猶當祀之，而王肅云『下祭無親之孫，上不及無親之祖』，又非通論。且《家語》云，先儒以爲肅之所作，未足可依。按：周禮惟存后稷之廟不毀。按昭七年傳云『余敢忘高圉、亞圉』，注云：『周人不毀其廟，報祭之。』似高圉、亞圉廟亦不毀者，此是不合鄭說，故馬融說云『周人所報而不立廟』。」

詒讓案：《禮緯》及《孝經緯》謂唐虞夏殷本制，皆始祖廟一，與四親廟爲五，周以文武不毀爲二祧，故七廟。鄭從其說。王肅則謂周本七廟，內含二祧，文、武別立廟，在七廟之外。二說不同，王是也。《漢書·韋玄成傳》：「太僕王舜、中壘校尉劉歆議云：『《禮記·王制》及《春秋穀梁傳》，天子七廟，諸侯五，大夫三，士二。天子七日而殯，七月而葬；諸侯五日而殯，五月而葬。此喪事尊卑之序也，與廟數相應。其文曰：「天子三昭三穆，與太祖之廟而七；諸侯二昭二穆，與太祖之廟而五。」「故德厚者流光，德薄者流卑」。《春秋左氏傳》曰：「名位不同，禮亦異數。」「自上以下，降殺以兩，禮也」。七者，其正法數，可常數者也。宗不在此數中。宗，變也，苟有功德則宗之，不可預爲設數。故於殷，太甲爲太宗，太戊曰中宗，武丁曰高宗。周公爲《毋逸》之戒，舉殷三宗以勸成王。繇是言之，宗無數也。或説天子五廟無見文，又説中宗、高宗者，宗其道而毁其廟。名與實異，非尊德貴功之意也。」」案：劉歆謂天子七廟是正法，宗不在數中，即王肅所本。《通典·吉禮》載唐岑文本議，謂孔安國、班彪父子、孔晁、虞喜、干寶之徒咸以爲然。金鶚亦申王難鄭云：「《王制》、《祭法》、《禮器》、《曾子問》、《穀梁》僖十五年傳，皆言天子七廟，諸侯五廟。《大戴·禮三本篇》亦云：『有天下者事七世，有國者事五世。』此自上而下，降殺以兩，百王不易之制也。若天子諸侯皆親廟四，何尊卑之無別乎？《王制》孔疏謂天子七廟，有其人則七，無其人則五；若諸侯，雖有其人，不得過五，以此爲等殺。然凡禮之等殺，必有一定之制，何獨於廟制而不然？設使天子無人可宗，竟無異於諸侯乎？且即有其人，亦必待親盡當祧，然後立廟以宗之，則四世之中，廟制皆與諸侯無別矣。聖人制禮而顧若是乎？《王制》、《祭法》諸書，明言七廟，此經文之確然可據者。惟《喪服小記》有云，『王者禘其祖之所自出，以其祖配之，而立四廟』。蓋天子三昭三穆，其二昭二穆爲四廟，一昭一穆爲二祧，祧不得爲廟，則止四廟而已。二祧不尊不親，故略而不言，非謂天子無七廟也。《周官》爲周公所作，在成王時，則自武王至大王爲四親廟，諸盩、亞圉爲二祧，大王、王季、文王、武王皆先王也，亞圉、諸盩皆先公也，故《守祧》有先王先公之説。《雅》、《頌》之作，亦在成王之時，《天作序》云：『祀先王先公也。』《天保篇》云：『禴祠烝嘗，于公先王。』《中庸》亦言周公上祀先公以天子之禮。夫禴祠烝嘗，時祭也。時祭及先公，則廟不止於四矣。《中庸》言祀先公以天子之禮，《天作序》言祀先王先公，亦謂時祭犆祀。若禘祫，則先公與先王並列，自必祀以天子之禮，《天作序》亦不必別言之，但言祫祭宗廟可矣。又《司服》云：『享先王則衮冕，享先公則鷩冕。』此亦謂時祭犆祀，先公之尸服鷩冕，故祭者亦服鷩冕，不以卑臨尊也。若禘祫之祭，先王先公同在一處，祭者只應服衮冕，何得殊服乎？由此觀之，成王之時，先王已有四廟，又有先公之廟，非七廟而何？《天作》孔疏謂『周初只五廟，先公爲后稷』，則諸書所言先公，皆后稷矣。不知后稷爲周大祖，推以配天，雖不追王，亦得稱先王。《國語》云『我先王后稷』，是稷稱王也。其尸必服衮冕祭者，豈得以鷩冕享之乎？《思文》頌后稷，則祭后稷之廟，當歌《思文》，不歌《天作》也。若《天作》所祭有后稷，后稷爲周始祖，其功甚大，何無一言及之乎？ 大祖尊於羣廟，未有不祀以天子之禮者，何必特言之乎？ 則先公非后稷明矣。」許宗彦云：「周禮五廟二祧。五廟者，一祖四親。服止五，廟亦止五。先王制禮有節，仁孝無窮，於親盡之祖，限於禮不得不毁；而又不忍遽毁，故五廟外建二祧，使親盡者遷焉，行享嘗之禮。由遷而毁，去事有漸，而仁人孝子之心，亦庶乎可已。故五廟，禮之正；二祧，仁之至。此周人宗廟之大法也。夫五廟二祧，禮有正文，不容增減。祧爲遷廟，必非與寢廟同制。若祧猶是廟，何爲別立此名？ 循其通稱，忘其殊義，親親之殺，追遠之意，胥失之矣。」案：鄭及馬昭、張融、孔穎達等之誤，金、許兩家難之詳矣。馬昭引《禮器》「旅酬六尸，一人發爵」，以明七廟七尸，文武亦與祭，若文武不在七數，則不同祭爲非禮。不知此乃懿、孝以前禘祫之禮，其時文武未去祧，故止六尸；若孝王以後，二世室已立，則旅酬當有八尸矣。又此官奄八人，以七廟通姜嫄廟爲八廟，廟一人。金鶚以爲此在周公制禮時已有七廟之明證，是也。張融乃疑除文武則奄少二人，此亦不悟文武去祧在懿孝以後，此經作於成王初，文武尚在親廟，又何疑於奄八人之不足配哉！ 又天子宗廟在雉門內，路門外，及廟制異同，詳《小宗伯》及本職疏。其祧之所在，經注無文，焦循云：「廟制同於路寢，每堂東西九雉，得四十五步，七乘之得三百十五步。饎爨在西堂下，則堂下至壁，有餘地也。《士冠禮》『適東壁』，注云：『時母在闈門之外，婦人入廟由闈門。』是闈門在壁，而闈門之外必有巷道，以居兩廟之夾中也。然則此四十五步外，又加以堂下餘地，及牆之厚，巷之廣，每廟至少約得十步，共七十步，並之已三百八九十步。治朝之左，僅廣四夫，得四百步，去七廟之三百八九十步，此外宿衛官舍廥涂，豈十餘步所可受者。考《隸僕職》『掌五寢之掃除糞洒之事』，注云：『五寢，五廟之寢也。周天子七廟，唯祧無寢。』《詩》云「寢廟繹繹」，相連貌也。前曰廟，後曰寢。』若祧與五廟並列，而祧獨無寢，何以成制？則二祧與五廟必非一地也。惟祧與廟不一地，故廟有寢，祧無寢。五廟共廣三百步，於朝左爲可置。」案：焦謂祧當與廟別立，塙不可易。今依王義説之：蓋路門外惟有五廟，其祧與文武世室、姜嫄廟皆當別立，但無正文，未能定其所在，要皆在宮內，而不與五廟並列，則固無疑也。云「奚，女奴也」者，謂女奴之少才智者，詳《天官·敘官》疏。

世婦，每宮卿二人，下大夫四人，中士八人，女府二人，女史二人，奚十有六人。世婦，后宫官也。王后六宫。漢始大長秋、詹事、中少府、大僕亦用士人。女府、女史，女奴有才知者。【疏】「世婦」者，此官與内外宗並婦官，以禮事佐后者，故亦屬宗伯，而次守祧之後。互詳《天官·敍官》疏。云「每宫卿二人，下大夫四人，中士八人」者，賈疏云：「王后有六宫，每宫卿二人，則十二人也。」案：王之六卿皆六命，十二小卿皆四命。此六宫十二卿，不言命數，亦可當小宰、小司徒等十二小卿，同用四命中大夫爲之，以其同十二人故也。」沈彤云：「婦官而以卿大夫士名之，何也？《白虎通》云：『卿之言章，夫之言扶，士之言事。』婦人有是德，則亦以是爵爵之也。下大夫每宫四人，凡二十四人；中士八人，凡四十八人。」詒讓案：經凡言卿者，並六命卿，無言小卿者。賈謂此宫卿是中大夫之小卿，蓋隱據《昏義》「二十七世婦當二十七大夫」爲説。但此官備卿、大夫、士三等，自與彼不同，賈説與經例不合，非也。此世婦宫卿以下，並以婦人爲之，與天官世婦職掌略同。王與之、魏校、柯尚遷、方苞、孫志祖並謂彼世婦爲内命婦，此世婦爲外命婦，其説甚塙。蓋天官世婦爲内命婦，故與九嬪、女御爲次，而屬大宰，以大宰兼掌宫政也。此世婦爲外命婦，故與内外宗並列，而屬宗伯，以宗伯掌禮事也。外命婦爵尊者比於卿，而終不得稱嬪，故與大夫士同冢世婦之稱矣。本職云：「凡内事有達於外官者，世婦掌之。」明其非内命婦。蓋世婦自有内外命婦之别，經亦分列兩職，其異同分合，自有精意。而説者不悟，强爲推測，鄭以此官爲士人，賈、馬又以爲奄人，其説皆不可通。互詳《天官·敍官》疏。云「女府二人，女史二人，奚十有六人」者，沈彤云：「六宫女府女史凡十二人，奚九十六人。」　注云「世婦，后宫官也」者，據經云「每宫卿二人」。鄭意此與二十七世婦異，乃后宫之官，以士人爲之也。云「王后六宫」者，詳《内宰》疏。云「漢始大長秋、詹事、中少府、大僕亦用士人」者，丁晏云：「《漢書·百官公卿表》：『將行，秦官，景帝中六年更名大長秋，或用中人，或用士人。』師古曰：『秋者收成之時，長者恒久之義，故以爲皇后官名。』又，『詹事，秦官，掌皇后、太子家，有丞。又中長秋、私府、永巷、倉、廄、祠祀、食官令長丞，諸宦官皆屬焉。長信詹事，掌皇太后宫，景帝中六年，更名長信少府。中太僕，掌皇太后輿馬，不常置也。』」賈疏云：「此主婦人，則卿大夫士並奄人爲之。若然，《天官》云：『内小臣，奄上士四人。』鄭云：『奄稱士，異其賢。』似卿大夫不用奄人者，案彼天官之内職，内有婦人者，皆用奄人，獨此宫卿大夫士與下女府、女史、奚同居，不用奄，非其宜。但此經不言奄，故鄭亦不言奄，其實是奄可知，是以賈、馬皆云『奄卿也』。然鄭云『漢始大長秋』，亦見周時用奄之義也。但天官惟有小臣是上士用奄人，鄭卽云『奄稱士異其賢』也。若然，小臣上士言奄，此不言奄者，但上天官共婦人同職，皆已言奄，於此略而不言耳。」孔廣森云：「賈、馬舊説，世婦爲奄卿，故鄭君辨之，言漢初皇后宮官尚用士人，則周宮卿是士人，非奄可知。疏乃以爲見周時用奄之義，適與注反矣。《後漢·宦者傳》曰：『漢興仍襲秦制，置中常侍官，然亦引用士人以參其選。中興之初，宦官悉用奄人，不復雜調它士。』然鄭引漢法以説此經，則非也。官以婦名，不但施諸士人不可，卽施諸奄人亦不可。愚謂此等必諸臣之妻，老而有德者，選令治宮廟之內禮，卿之妻卽命爲宮卿，大夫之妻爲宮大夫，士之妻爲宮士。《玉藻》曰：『唯世婦命於奠繭，其它則皆從男子。』正謂此世婦也。后妃獻繭於太廟時命世婦，與君因祭而命卿大夫者同禮。下文『女府』、『女奚』，冠以女字，而卿大夫之等不言者，正因號稱世婦，其必非男子無疑耳。」沈夢蘭云：「此閹人所謂命婦，亦云卿大夫士者，婦人無爵，從夫之爵也。鄭注謂如漢之大長秋，是以男子官世婦矣。或疑奄人爲之，亦非。《周官》奄人，至上士止也。」案：孔、沈説是也。其謂從夫之爵，説本王與之。孫志祖説亦同。但此經六官之正及六鄉大夫，男卿止有十二人，未必其妻盡爲宮卿。如十二卿之中，有無妻或有妻而老病不任宮事者，又將闕其數乎？竊意此當兼有致仕諸卿之妻，抑有非卿妻而以賢加命取備員數者，固不容泥也。云「女府、女史，女奴有才知者」者，亦對奚爲女奴，少才知者也。與前《女祧》義同。又此女史爲府史之屬，與天官女史爲內官異。

內宗，凡內女之有爵者。內女，王同姓之女，謂之內宗。有爵，其嫁於大夫及士者。凡，無常數之言。

【疏】注云「內女，王同姓之女，謂之內宗」者，別於後外宗爲不同姓之女。《雜記》云：「外宗爲君夫人，猶內宗也。」注云：「內宗，五屬之女也。」與此注小異。《服問》孔疏引熊氏云：「內宗有二。案《周禮》云『內女之有爵』，謂其同姓之女悉是，一也。《雜記》云『內宗』者，是君之五屬之內女，是二也。」詒讓案：此經內宗，止取有爵者，不論有服無服，故鄭以同姓之女廣言之。《雜記》內宗亦當與此同，彼注謂止五屬之女，熊氏遂謂內宗有二，非也。《穆天子傳》説葬盛姬事云：「女主卽位，王臣姬姓之女倍之。」郭注云：「疑同姓之女，爲大夫士妻者，所謂內宗也。」亦依此注義，互詳後疏。又《春秋》莊二十四年，「八月丁丑，夫人姜氏入。戊寅，大夫宗婦覿，用幣。」《左傳》杜注云：「宗婦，同姓大夫之婦。」《穀梁》范注義同。杜、范二家蓋謂同姓大夫之婦稱宗婦，與宗女異稱，故鄭此注專以同姓之女爲説。《詩・小雅・常棣》箋云：「王與族人燕，則宗婦、内宗之屬，亦從后於房中。」蓋亦以内宗内無宗婦，故二者並舉。竊謂以《服問》注義覈之，外宗得關外親之婦，則内宗不當專屬同姓之女。《祭統》説諸侯祭禮云：「宗婦執盎，從夫人，薦涚水。」諸侯之祭，宗婦得從夫人，則天子之祭，宗婦亦宜得從后矣。《左》桓六年傳：「子同生，公與文姜、宗婦命之。」杜注云：「蓋同宗之婦。」彼宗婦從夫人，與《内宗職》「王后有事則從之」文相應，則宗婦即内宗也。又襄二年傳，❶齊姜薨，齊侯使諸姜、宗婦來送葬。孔疏謂諸姜，同姓之女；宗婦，同姓之婦。彼使婦人越竟送葬，雖不合禮，然與《内宗職》「凡卿大夫之喪掌其弔臨」之文，亦可相比例。然則内宗兼同宗之女婦言之。經止云内女者，言婦不可以晐女，言女則可以晐婦，《肆師職》以内外命婦爲内外命女，即其例矣。又案：《特牲饋食禮》，主婦亞獻尸，則宗婦贊設籩；主婦致酌於主人，則宗婦贊豆；主人致酌於主婦，則宗婦薦豆。祭畢，則宗婦徹祝豆籩，徹主婦薦俎。此與《内宗職》「掌宗廟之祭祀，薦加豆籩，及以樂徹，則佐傳豆籩」事略相類。蓋天子官備，故祭禮贊后者，有九嬪、世婦、女御、内外宗等衆官；士禮略，則祭禮贊主婦者，唯有宗婦。而兩相比例，亦可知内宗内之必有宗婦矣。至此内宗與《祭統》、《春秋經傳》之宗婦，並謂君同宗之女婦，與《内則》宗子、宗婦别。《公羊》莊二十四年，何注以大夫宗婦爲大夫爲宗子者之妻，非也。云「有爵其嫁於大夫及士者」者，賈疏云：「但婦人無爵，從夫之爵；今言内女有爵，明嫁與卿大夫及士。周之法，爵亦及士，故兼言士也。」案：周爵下及士，詳《大宰》疏。云「凡，無常數之言」者，《一切經音義》引《三蒼》云：「凡，數之總名。」是凡者舉其最目，無一定之常數，故經亦不言數。後凡以神士者無數，與此義同。此不云無數者，文不具也。

外宗，凡外女之有爵者。外女，王諸姑姊妹之女，謂之外宗。【疏】「凡外女之有爵者」者，賈疏云：「有爵，亦是嫁與大夫及士。言凡，亦是無常數之言也。」案：賈説是也。《通典・凶禮》引王肅云：「外宗，外女之嫁於卿大夫者也。」王蓋謂不及士妻，非鄭義也。　注云「外女，王諸姑姊妹之女，謂之外宗」者，《喪大記》：「外命

❶「二」原訛「三」，據《左傳》改。

婦率外宗哭于堂上，北面。」注云：「外宗，姑姊妹之女。」與此注同。孔疏云：「姑姊妹必嫁于外族，其女是異姓所生，故稱外宗。案《周禮》『外宗，外女之有爵者』。若其有爵，則爲外命婦。此別云外宗，容無爵者。」又《雜記》云：「外宗爲君夫人猶内宗也。」注云：「外宗謂姑姊妹之女，舅之女及從母皆是也。」又《服問》云：「君爲天子三年，夫人如外宗之爲君也。」注云：「外宗，君外親之婦也。」孔疏引熊氏云：「凡外宗有三。案《周禮》外宗之女有爵，通卿大夫之妻，一也。《雜記》云：『外宗爲君夫人猶内宗。』是君之姑姊妹之女、舅之女、從母之女，皆爲諸侯服斬，爲夫人服期。是二也。此文外宗，是諸侯外宗之婦也。若姑之子婦，從母之子婦，其夫是君之外親，爲君服斬；其婦亦名外宗，爲君服期。是三也。」陳立云：「宗卽宗族之宗，外此者，皆不得與宗之名。故知内宗包有同姓，外宗專指有服者言。如姊妹之子爲甥，姑之子爲外昆弟，女子之子爲外孫，皆在緦麻。女子在室，應與子同。記者曰『外宗爲君夫人猶内宗』，明皆不得以本服服之也。而内宗何知不專指五屬内者，以大夫士之制，無服族人有爲宗子齊衰三月之制；諸侯以上奪宗，明五屬内外皆不得服本服也。既曰君夫人，則皆指有爵者可知。蓋無爵，則入《庶人爲國君章》。且《周禮》内外宗皆與王后祭事，更非無爵者所能矣。何知外宗無從母及舅之女者，古者諸侯不内娶，大夫不外娶。故宋殺大夫，《春秋》譏其三世内娶；逆婦姜于齊，譏其略。知舅與從母皆在他邦，其女不得嫁于本國之大夫。」案：陳説是也。但此外宗，當兼有外親之婦。於服制，外親緦麻，婦則無服，而得爲外宗者，諸侯以上奪宗，五屬内外皆不得服其本服，是外親之女，已不得以服通；則外親之婦，亦不必據本服之有無爲論。要之内外宗並女婦兩有，固當據《服問》注，補此注之義矣。

冢人，下大夫二人，中士四人，府二人，史四人，胥十有二人，徒百有二十人。冢，封土爲丘壠，象冢而爲之。

【疏】「冢人」者，以下三官並掌冢墓喪葬之事，於五禮屬凶禮，故亦屬宗伯。《士喪禮》云：「筮宅，冢人營之。」又《記》云：「冢人物土。」注云：「冢人，有司掌墓地兆域者。」卽此官也。　注云「冢封土爲丘壠象冢而爲之」者，《説文·勹部》云：「冢，高墳也。」又《土部》云：「壠，丘壠也。」《方言》云：「冢，秦晉之閒謂之墳，或謂之壠。自關而西謂之丘，小者謂之塿，大者謂之丘。」《爾雅·釋山》云：「山頂，冢。」《釋名·釋喪制》云：「冢，腫也，象山頂之高腫起也。」《曲禮》注云：「壠，冢也。」案：冢本義爲山頂。山頂必高起，凡丘墓封土高起爲壠，與山頂相似，故亦通謂之冢也。賈疏云：「案其職云：『以爵等爲丘封之度。』注云：『王公曰丘，諸臣曰封。』此直云丘，不言封，亦有封可知。案《禮記》云：『適墓不登壠。』是聚土亦爲壠，故兼云壠也。又《禮記》云『古者墓而不墳』，又有墳稱。秦漢已下，天子之丘亦謂之陵也。案：《爾雅》山頂曰冢，故云象冢而爲之也。若然，云丘陵，亦是象丘陵爲之也。」

墓大夫，下大夫二人，中士八人，府二人，史四人，胥二十人，徒二百人。　墓，冢塋之地，孝子所思慕之處。【疏】「墓大夫」者，亦謂之司墓，《左》昭十二年傳云：「司墓之室，有當道者。」杜注云：「鄭之掌公墓大夫徒屬之家。」孔疏謂即此墓大夫是也。

注云「墓，冢塋之地」者，《說文·土部》云：「墓，丘也。塋，墓地。」《檀弓》云：「古者墓而不墳。」注云：「墓謂兆域，今之封塋也。」又《曲禮》注云：「墓，塋域。」《方言》云：「凡葬而無墳謂之墓。」案：據鄭說，則兆域內平地謂之墓，於墓中封土爲壟則謂之冢，二名迥別。渾言之，則冢墓亦得通稱，故《廣雅·釋丘》云：「墓，冢也。」賈疏云：「不云冢云墓者，《禮記》云『庶人不封不樹』，故不言冢而云墓，墓即葬地。」云「孝子所思慕之處」者，墓慕聲類同。《釋名·釋喪制》云：「墓，慕也，孝子思慕之處也。」

職喪，上士二人，中士四人，下士八人，府二人，史四人，胥四人，徒四十人。　職，主也。【疏】「職喪」者，《周書·大聚篇》云：「立職喪卹死。」即此官也。

注云「職，主也」者，《亨人》注同。

大司樂，中大夫二人；樂師，下大夫四人，上士八人，下士十有六人，府四人，史八人，胥八人，徒八十人。　大司樂，樂官之長。【疏】「大司樂」者，《說文·木部》云：「樂，五聲八音總名。」此官至司干二十職，並掌樂事之官。賈疏云：「大司樂掌國子六樂六舞等，在此者，以其宗伯主禮，禮樂相將，是故列職於此。但樂師教國子小舞，與大司樂職別而同府史，亦謂別職同官者也。」詒讓案：大司樂、樂師又謂之大樂正、小樂正，亦通謂之樂正。《鄉飲酒禮》注云：「正，長也。」《王制》云：「樂正崇四術，立四教，順詩書禮樂以教士。將出學，大胥、小胥、小樂正簡不帥教者，以告于大樂正。」注云：「樂正，樂官之長，掌國子之教。」又《文王世子》云：「大樂正學舞干戚，語説命乞言，皆大樂正授數。」又云：「小樂正學干。」注以爲樂師。《大射儀》亦有小樂正，彼注義同。凡諸樂官，亦通謂之泠官。《毛詩·邶風·簡兮敍》云：「衛之賢者，仕於泠官。」箋云：「泠官，樂官也。泠氏世掌樂官而善焉，故後世多號樂官爲泠官。」以下樂官之屬，《燕禮》、《大射儀》亦通謂之樂人，詳本職疏。　注云「大司樂，樂官之長」者，賈疏云：「以其與樂師已下，至鞮鞻氏已上爲長者。」案：典庸器、司干當亦屬大司樂，賈説未備。

大胥，中士四人；小胥，下士八人，府二人，史四人，徒四十人。胥，有才知之稱。《禮記·文王世子》曰：「小樂正學干，大胥佐之。」【疏】「大胥中士四人」者，《大宰》八職云「胥掌官敍以治敍」。本職云：「以六樂之會正舞位，以序出入舞者。」《小胥》亦云：「正樂縣之位。」二官並掌位敍之事，故以胥名官。云「小胥下士八人」者，賈疏云：「小胥掌樂縣之法，亦與大胥別職而同官者也。」　注云「胥，有才知之稱」者，《地官·敍官》注同。引《禮記·文王世子》曰「小樂正學干，大胥佐之」者，佐，《記》作「贊」，義同。鄭彼注云：「小樂正，樂師也。《周禮》樂師掌國學之政，教國子小舞，大胥掌學士之版，以待致諸子，春入學舍菜合舞，秋頒學合聲。」彼大胥卽此官，故引以爲證。

大師，下大夫二人；小師，上士四人；瞽矇，上瞽四十人，中瞽百人，下瞽百有六十人；眡瞭三百人；府四人，史八人，胥十有二人，徒百有二十人。凡樂之歌，必使瞽矇爲焉。命其賢知者以爲大師、小師。晉杜蒯云：「曠也大師也。」眡讀爲虎眡之眡。瞭，目明者。鄭司農云：「無目眹謂之瞽，有目眹而無見謂之矇，有目無眸子謂之瞍。」【疏】「大師下大夫二人，小師上士四人」者，此官爲樂工之長，故《禮經》通謂之工。《大射儀》有大師、少師。《論語·微子篇》有大師摯、少師陽，《集解》引孔安國云：「魯哀公時樂人。」《史記·周本紀》作「大師疵，少師彊」，以爲商紂時樂官。《漢書·古今人表》顔注引鄭《論語注》，以爲周平王時人，則亦王官。少師，卽此小師也。云「瞽矇，上瞽四十人，中瞽百人，下瞽百有六十人」者，此皆樂工也。以其材蓺高下，分爲三等，《禮經》亦通謂之工。《大射儀》説工升歌，大師，少師之下有上工，蓋卽此上瞽；又有羣工，卽此中瞽以下也。云「眡瞭三百人」者，爲瞽矇之相，如上中下瞽之數，是每瞽一相也。其大師小師，官尊員少，蓋自别有相之者，不使眡瞭。若《燕禮》小臣相工、《大射儀》僕人相工與？云「府四人，史八人，胥十有二人，徒百有二十人」者，乾隆石經無此十七字。賈疏云：「此下直云瞽矇三百人，無府史胥徒者，以其無目，不須人使，是以有眡瞭三百人而已。」又云：「案其職，大師、小師及瞽矇、眡瞭四者皆别職，又無府史，而并言之者，以其大師、小師爲長，故連類言之。」馮登府謂賈疏兩言無府史胥徒，此十七字爲後人所補。阮元則謂四官分職，府史胥徒統屬於四官，故經文合併爲一條，如大司樂、樂師之例。案前後諸樂官，並有府史胥徒，不宜此四職獨無，阮説是也。但數官同屬，此經常見，疏例並止云别職同官，共府史胥徒而已。此疏特詳釋之，與它職不同，似所見本實無此四句。然唐石經及宋以來版本並有，賈本實未盡善，今未敢據删。　注云「凡樂之歌必使瞽矇爲焉」者，《國語·晉語》云：「矇瞍修聲。」韋注云：「無目於聲音審，故使修之。」案本職云：「大祭祀帥瞽登歌，令奏擊拊；下管播樂器，令奏鼓朄。」又《小師》：「掌教鼓鼗柷敔塤簫弦歌。」注云：「教，教瞽矇也。」則瞽矇亦歌器兼掌，故大師以下及三等之瞽，員數至三百餘人之多，鄭惟云歌，舉其重者言之耳。云「命其賢知者以爲大師、小師」者，明大師、小師亦以瞽矇爲之。以其賢知，使爲瞽官之長，故殊異之而稱師也。引晉杜蒯云「曠也大師也」者，《檀弓》文。彼文作「杜蕢」，注云：「或作『屠蒯』。大師，典奏樂。」案：《左》昭九年傳作「屠蒯」。曠卽師曠。鄭意師曠亦瞽矇，以賢知而爲大師，故引以爲證。云「眡讀爲虎眡之眡」者，賈疏云：「《易·頤卦》六四云『虎眡眈眈，其欲逐逐，无咎』是也。」段玉裁云：「《説文》曰：『眡，古文視。』可無注而言其讀者，《周禮》一經，凡眡字多以比類爲訓。嫌此與彼同，故明之。」詒讓案：「虎眡」今《易》作「虎視」，李鼎祚《集解》本作「眎」。鄭注此經，例用今字作視，則此疑亦當作「讀爲虎視之視」。今本作眡者，或後人以經改之。云「瞭，目明者」者，《釋文》引《字林》云「明也」。賈疏云：「以其扶工，故使有目者爲之也。」胡匡衷云：「《眡瞭職》云：『凡樂事相瞽。』瞽之於相，不可須臾離。周公設官，使眡瞭專其職，因兼習樂事，庶作樂之際，工與相兩相諳熟，而器數之用，亦從而不亂，此相工所以使眡瞭之意也。官名眡瞭，當卽取爲瞽眡之義。」鄭司農云「無目眹謂之瞽」者，《釋文》云：「眹本又作眗。或作晱，劉又音睫。」賈疏云：「案

《詩》有矇瞍，《尚書》有瞽瞍，於此文有瞽矇，據此三文，司農參取而解之。無目眹，謂無目之眹脉。」詒讓案：《説文・目部》云：「瞽，目但有眹也。」又新附云：「眹，目精也。」《廣韻・十六軫》云：「眹，目童子也。」《集韻・十六軫》云：「眹，目兆也。」《釋名・釋疾病》云：「瞽，鼓也，瞑瞑然目平合如鼓皮也。」案：許鄭説雖異，而所謂眹者，則皆非目精之謂。眹字《許書》所無，古蓋通用舼字，《集韻》訓目兆，得之。先鄭云無目眹者，蓋謂目縫黏合，絶無形兆，即劉氏所云「平合如鼓皮」是也。《一切經音義》引《三蒼》云：「無目謂之瞽。」《國語・周語》韋注、《書・堯典》僞孔傳義竝同。無目兆，故直謂之無目。《新序・雜事篇》云：「晉平公閒居，師曠侍坐。平公曰：子生無目眹。」足證先鄭之義矣。許謂有目眹，與《釋名》、《三蒼》説並不同，非也。賈疏釋注謂「無眹脉」，亦非。眹，《釋文》載本又作䀕、暎二字。䀕字亦《説文》所無。《集韻・十六軫》云：「䀕，一曰目精。」音義並與眹同。釋湛然《輔行記弘決》引《玉篇》云：「有瞳無䀕曰瞽。」正作此字。暎者，《説文・目部》云：「目旁毛也。」目旁毛有無，不足爲病，作暎者蓋誤本，劉昌宗依以發音，不足據也。眹，嘉靖本又作眣，黄丕烈云：「《玉篇》眹與瞚同，䀕瞚同字。案：眣字見《公羊》文七年傳，云：『眣晉大夫，使與公盟。』疏云：『用目視之。』」今案：嘉靖本蓋偶誤，而合於《釋文》或本，實不足據也。今從各本校正。云「有目眹而無見謂之矇」者，《説文・目部》云：「矇，童矇也。一曰不明也。」《詩・大雅・靈臺》「矇瞍奏公」，毛傳云：「有眸子而無見曰矇。」《國語・周語》韋注同。《釋名・釋疾病》云：「矇，有眸子而失明，蒙蒙無所別也。」賈疏云：「謂矇矇然有眹脉而無見也。」詒讓案：《詩》矇瞍即此瞽矇，先鄭亦同毛義。《文選・演連珠》李注引《韓詩章句》云：「無珠子曰矇。」與毛、鄭説異。云「有目無眸子謂之瞍」者，《釋文》云：「瞍，本又作叜。」案：瞍即叜之俗體。此兼釋《詩》義也。《説文・目部》云「叜，無目也」，又「盲，目無牟子也」。《釋文》引《字林》云：「目有眹無珠子也。」《毛詩・大雅・靈臺》傳云：「無眸子曰瞍。」《國語・周語》韋注同。《釋名・釋疾病》云：「瞍，縮壞也。」賈疏云：「謂目精黑白分明，而無眸子人者，謂之瞍。」詒讓案：眸亦俗字，《小司寇》注作「牟子」，與《説文》合。《孟子・離婁》趙注云：「眸子，目瞳子也。」依毛鄭説，瞍爲無眸子，則即《説文》所謂盲，《説文》以叜爲無目，則又即先鄭所謂無目眹之瞽，二説互異。劉、韋、沈並從毛、鄭説。《文選・演連珠》注引《韓詩章句》云：「珠子具而無見曰叜。」與毛、鄭、許諸家説又異。陳奂謂《韓詩》矇瞍二字訓義，疑誤易，其説近是。又案：依二鄭此注，則大師、小師及上中下瞽，並即以瞽矇爲之。瞽矇亦即《詩》之矇瞍，鄭《詩箋》義亦同。蓋凡樂官及工，事專耳治，要取其目無所見而已，奚辨其目眹與眸子之有無乎？而《國語・周語》召公曰「瞽獻曲」，又曰「師箴瞍賦矇誦」，又曰「瞽史教誨」。韋注云「瞽，樂大師」，又云「師，小師」，而於瞍則無説。依彼文，則瞽師瞍矇四者不同官。實即此大師長屬，隨文錯舉耳。故《吕氏春秋・達鬱篇》亦載此語，唯云「矇箴師誦」，無瞽瞍之文，明不必實有瞍官矣。

典同，中士二人，府一人，史一人，胥二人，徒二十人。同，陰律也。不以陽律名官者，因其先言耳。《書》曰：「協時月正日，同律度量衡。」《大師職》曰：「執同律以聽軍聲。」【疏】「典同」者，通掌調樂器之官，故次大師、小師等官之後。　注云「同，陰律也」者，據《大師》云：「掌六律六同，以合陰陽之聲。」《漢書・律麻志》云：「陽六爲律，陰六爲吕。」同即吕也。亦詳《大司樂》疏。云「不以陽律名官」者，賈疏云：「謂其官不名『典律』而云『典同』也。」云「因其先言耳」者，即據《堯典》及《大師》文，竝言同律也。《王制》孔疏謂以同平聲，爲發語之本，謬説不足據。引《書》曰「協時月正日，同律度量衡」者，《堯典》文。《史記・五帝本紀》集解引鄭《書注》云：「協正四時之月數及日名，備有失誤者。同，音律。度，丈尺。量，斗斛。衡，斤兩也。」又《書釋文》引鄭《書注》云：「同律，陰吕陽律也。」賈疏云：「案孔注《尚書》『律爲法制，當齊同之』，則同不爲陰律，與鄭義別也。」又引《大師職》曰「執同律以聽軍聲」者，亦證同先律言之義。

磬師，中士四人，下士八人，府四人，史二人，胥四人，徒四十人。【疏】「磬師」者，此官與鍾師、笙師、鎛師，皆分主教奏樂器之官，以其各有專掌之器，不通掌衆樂，故冢典同而次之。磬師，《燕禮》注謂之磬人。《國語・晉語》云：「籧篨蒙璆。」韋注云：「蒙，戴也。璆，玉磬也。不能俛，故使之戴磬。」蓋即此磬師之工也。《論語・微子篇》有擊磬襄，亦即此。云「府四人，史二人」者，王引之謂當作「府二人史四人」是也。詳《天官・敘官》疏。

鍾師，中士四人，下士八人，府二人，史二人，胥六人，徒六十人。【疏】「鍾師」者，《説文・金部》云：「鍾，酒器也。鐘，樂鐘也，秋分之音物穜成，古者垂作鐘。」經典通叚鍾爲鐘。《釋名・釋樂器》云：「鍾，空也，内空受氣多，故聲大也。」案：鍾師《禮經》謂之鍾人。《燕禮》：「賓醉，北面坐，取其薦脯以降，奏《陔》。賓所執脯以賜鍾人于門内霤。」注云：「鍾人，掌以鍾鼓奏《九夏》。今奏《陔》以節已，用賜脯以報之，明雖醉，不忘禮。」是也。

笙師，中士二人，下士四人，府二人，史二人，胥一人，徒十人。【疏】「笙師中士二人，下士四人」者，《鄉射記》云：「三笙一和而成聲。」注云：「三人吹笙，一人吹和，凡四人。」《爾雅・釋樂》云：「笙小者謂之和。」又《鄉飲酒禮》：「笙入，主人獻之于西階上，一人拜。」注云：「一人，笙之長者也。」然則此笙師中士二人者，即其長。王樂笙和之數無文，中下士六人通掌之與？

鎛師，中士二人，下士四人，府二人，史二人，胥二人，徒二十人。鎛，如鍾而大。【疏】「鎛師中士二人」者，《燕禮》注謂之鑮人。《國語・晉語》云：「戚施直鎛。」韋注云：「直主擊鎛。」即此鎛師之工也。陳奐云：「大射陳設，諸侯軒縣，東西有鑮，北無鑮。疑天子宫縣，鑮亦東西有之，南北否。《周禮・序官》，磬師中士四人，鍾師中士四人。此編縣設四面，故四人也。鎛師中士止二人，或即東西二鎛與？」案：賈《小胥》疏説軒縣有三鎛，則宫縣當有四鎛矣。陳説與賈不合，而義亦得通。

注云「鎛如鍾而大」者，《大射儀》「鑮」注同。《説文・金部》云：「鑮，大鐘，淳于之屬，所以應鐘磬也。堵以二，金樂則鼓鑮應之。从金薄聲。」「鎛，鎛鱗也。鐘上横木上金華也。一曰田器，从金尃聲。《詩》曰：庤乃錢鎛」。此經通借鎛爲鑮。《初學記・樂部》引《三禮圖》云：「鎛，鍾之大者也。形如鍾，但大耳，其在虡亦一枚而已。」《左傳》襄十一年孔疏引鄭君《禮圖》及賈疏説並同。案：鄭云如鍾而大者，鍾謂編鍾，言鎛形如編鍾，而度特大，《鳧氏》所謂大鍾是也。《爾雅・釋樂》云：「大鍾謂之鏞，其中謂之剽，小者謂之棧。」郭注云：「《書》曰：『笙鏞以間。』亦名鑮。」案：《書・咎陶謨》之鏞，據《大司樂》賈疏引鄭《書注》，即《禮經》之頌鍾，實編鍾也。郭引以證大鍾，爲失攷；而以鏞鎛爲一，則塙不可易。此經及《儀禮》皆有鎛無鏞，《詩》及《爾雅》則皆有鏞無鎛，實一鍾明矣。江永云：「鄭注鎛如鍾而大。《國語》『細鈞有鍾無鎛』，韋注：『鍾，大鍾。鎛，小鍾。』當以鄭説爲正。《大射儀》東方笙鍾與笙磬竝陳，而鑮在其南，西方之鑮亦在頌鍾、頌磬之南，豈非笙鍾、笙磬、頌鍾、頌磬爲編縣，而鑮爲特縣與？《左傳》鄭賂晉侯歌鍾二肆及其鎛磬，《國語》作『寶鎛』。其云歌鍾，必是應歌之鍾；云二肆，必是編縣十六枚者；而於鎛則言『及』以殊之，豈非特縣者爲鎛與？磬師掌教擊磬、擊編鍾，鍾師掌金奏，鎛師掌金奏之鼓，豈非登歌用編鍾，金奏用鎛鍾，鍾小者應人聲，鍾大者應鼓聲與？即《國語》伶州鳩之言，亦是以鎛爲大鍾，其云『細鈞有鍾無鎛，昭其大也』，大謂金聲，即細鈞之鍾也。若奏細鈞而兼用鎛鍾，則鎛又大于鍾，鍾聲爲鎛所陵，不得昭，故不用鎛，所以使鍾聲之昭也。大鈞有鎛無鍾，兩大相配爲宜。若不甚大，則鎛不可用，用鎛則絲竹細聲爲所抑，如不鳴，故亦不用鎛，所以使絲竹之鳴也。韋注未細繹其言而誤解耳。」案：江說是也。《周語》云：「細鈞有鍾無鎛。」鍾即指編鍾，鎛亦謂大鍾，與此注義正同。鎛爲特縣之大鍾，故《大射儀》軒縣，東西各一鎛。《說文》云「堵以二」者，即據《大射儀》爲說也。又云「金樂則鼓鑮應之」者，謂金奏奏鼓鎛。《鍾師》「金奏」注云「擊金以爲奏樂之節，金謂鍾及鎛」是也。《詩·大雅·靈臺》云：「賁鼓維鏞。」毛傳云：「鏞，大鍾也。」《商頌·那》云：「庸鼓有斁。」庸與鏞同。二詩皆以鏞與鼓同舉，此與《說文》鼓鑮應樂之文正同，亦即《鍾師》所謂以鍾鼓奏《九夏》也。韋注《周語》、《晉語》，並以鎛爲小鍾，殊誤。

韎師，下士二人，府一人，史一人，舞者十有六人，徒四十人。鄭司農說以《明堂位》曰「味東夷之樂」，讀如味食飲之味。杜子春讀韎爲「菋荎著」之菋。玄謂讀如韎韐之韎。【疏】「韎師」者，此官與旄人、籥師竝掌舞事，故次諸奏樂官之後。賈疏云：「案鞮鞻氏掌四夷之樂，今此特掌韎樂，是周以木德王，又見樂爲陽春，是陽長養之方，故特建此一官也。」　注云「鄭司農說以《明堂位》曰，味，東夷之樂，讀如味食飲之味」者，此先鄭據《明堂位》文，改韎爲味也。讀如味者，釋其音也。《說文·韋部》，韎從末聲，與味諧未聲異，故必破爲味，而後可讀如味。《明堂位》注引《周禮》「味師掌教味樂」，正從先鄭讀。後鄭此注則不破字，與先鄭及《明堂位》注異。《詩·小雅》毛傳、《白虎通義·禮樂篇》、《公羊》昭二十五年何注及徐疏引《樂緯》注，說「韎樂」竝作「味」。《明堂位》孔疏引《樂元語》、《藝文類聚·樂部》引《五經通義》又竝作「味」。諸書說其義，而以暗昧爲訓，則先鄭此讀，乃古義也。《詩》傳諸文，竝詳《鞮鞻氏》疏。云「杜子春讀韎爲菋荎著之菋」者，段玉裁改「爲」爲「如」。案：此釋音不釋字，段校是也。菋荎著者，《爾雅・釋草》云：「菋，荎藸。」又《釋木》云：「味，荎著。」《爾雅》釋文味作菋。兩文小異，未知杜所舉爲草爲木也。杜讀韎字，蓋與先鄭同，而音微異。云「玄謂讀爲韎韐之韎」者，後鄭不破字，故不從杜及先鄭讀。《詩・小雅・瞻彼洛矣》孔疏引鄭《駁異義》云：「齊魯之閒，言韎聲如茅蒐，字當作韎。」詳鄭意，齊魯方言韎聲如茅蒐，蓋與末聲尤近。然韎字實從末聲，則不當如此讀，故正之曰字當作韎。《駁異義》說與此注可互證。

旄人，下士四人，舞者衆寡無數，府二人，史二人，胥二人，徒二十人。旄，旄牛尾，舞者所持以指麾。【疏】「旄人」者，此官掌教舞散樂，而兼教舞夷樂，與後鞮鞻氏專掌夷樂及聲歌異。賈疏謂此官教而不掌，鞮鞻氏掌而不教，故二官共其事，非也。云「舞者衆寡無數」者，賈疏云：「其職云『凡四方之以舞仕者屬焉』。以其能爲四夷之舞者卽爲之，故無數也。」　注云「旄，旄牛尾」者，《山海經・北山經》云：「潘侯之山有獸焉，其狀如牛，而四節生毛，名曰旄牛。」郭璞注云：「今旄牛背膝及胡尾，皆有長毛。」此旄，卽旄牛尾之長毛也。旄牛，《樂師》先鄭注作「氂牛」，正字當作「犛」，竝詳彼疏。云「舞者所持以指麾」者，謂以旄牛尾爲舞者之翳也。《說文・㫃部》云：「旄，幢也。」《廣雅・釋器》云：「幢謂之翢。」賈疏云：「案樂師掌小舞，有旄舞，是舞者所持以指麾；則此旄人舞夷樂，而云旄，是亦舞者所持以指麾者。」

籥師，中士四人，府二人，史二人，胥二人，徒二十人。籥，舞者所吹。《春秋》：「宣八年，壬午，猶繹，萬入去籥。」傳曰：「去其有聲者，廢其無聲者。」《詩》云：「左手執籥，右手秉翟。」【疏】「籥師中士四人」者，亦掌舞事，官尊於韎師、旄人，而列其後者，以欲與籥章相次也。《文王世子》云：「籥師學戈，籥師丞贊之。」案：此籥師止中士四人，無丞，或文有闕挩，抑或四人雖同爵，亦以一人爲正，三人爲丞。《文王世子》孔疏又謂或諸侯之禮，或異代之法。未知是否。籥師，《逸周書・世俘篇》又稱籥人。又《喪大記》云：「君喪，狄人出壺。」又云：「狄人設階。」注以爲樂吏。《書・顧命》亦云「狄設黼扆綴衣」，狄，《祭統》作翟，云「翟者，樂吏之賤者也」。注云：「翟謂教羽舞者也。」胡匡衷、黄以周並謂翟人卽籥師，近是。

《書》僞孔傳云「狄，下士」，則似以爲旄人，恐不塙也。

注云「籥，舞者所吹」者，吕飛鵬云：「《説文·竹部》云：『籥，書僮竹笘也。』《龠部》云：『龠，樂之竹管，三孔，以龢衆聲也。』案：籥師之籥當從龠，龠爲正字，籥爲假字。」詒讓案：吹籥三孔，舞者所吹之籥則六孔，詳《笙師》疏。引《春秋》及傳者，宣八年經：「六月辛巳，有事于大廟，仲遂卒於垂。壬午猶繹，萬入去籥。」《公羊傳》云：「繹者何？祭之明日也。萬者何？干舞也。籥者何？籥舞也。其言萬入去籥何？去其有聲者，廢其無聲者。」何注云：「干謂楯也，聖王以爲武樂，萬者其篇名。武王以萬人服天下，民樂之，故名之云爾。籥，所吹以節舞也。吹籥而舞，文樂之長。去其有聲者，不欲令人聞之也。廢，置也；置者，不去也，齊人語。」賈疏引《鄭志》：「張逸問：『《籥師》注：《春秋傳》曰「去其有聲者，廢其無聲者」，何謂？』鄭荅：『廢，置也。於去者爲廢，故曰廢。』」案：鄭訓「去」、「廢」義，與何同。此引之者，證籥爲文舞所吹也。依《公羊》何注義，則萬爲武舞，與籥爲文舞相對爲文。鄭《文王世子》注及《詩·邶風·簡兮》、《商頌·那》箋，並同其説。而《簡兮》毛傳則云「以干羽爲萬舞」，是萬爲舞之總名，不專爲武舞。孔疏引孫毓説，以傳爲失。陳奂云：「干舞，武舞；羽舞，文舞；曰萬者，又兼二舞以爲名也。干舞以舞《大武》，羽舞以舞《大夏》。《逸周書·世俘篇》：『籥人奏武，王入進萬。』孔晁注云：『武以干羽爲萬舞也。』正本毛義。《初學記·樂部》引《韓詩》：『萬，大舞也。』以干羽舞，故萬舞爲大舞，韓傳亦同毛義。宣八年《春秋經》『萬入去籥』，此萬之有籥者也。《公羊傳》萬籥對文，故以萬爲干舞，籥爲籥舞。其實萬則未有不籥也。孔疏引《異義·公羊説》，樂萬舞以鴻羽，取其勁輕，一舉千里。此乃西京嚴彭祖、顏安樂兩家舊説，以萬爲羽，與《公羊傳》以萬爲干，互相發明，最爲得恉。又引《韓詩》説，以夷狄大鳥羽，則萬舞有羽，古無異説。萬舞兼干羽，或省言干，謂干爲萬，其説本自可通。武功者必有武舞，非有武舞者卽去文舞也。自何邵公不從嚴顏舊説，後儒遂以萬舞爲干舞之專稱，而不爲羽舞之兼號。《夏小正傳》：『萬也者，干戚舞也。』鄭箋亦同《公羊》何説，孫毓從鄭駁毛，於古未審矣。」黄以周云：「《五經通義》云：『王者之樂，各當其德。以文得之，先文樂，持羽毛而舞；以武得之，先武樂，持朱干玉戚而舞。』云先必有後，是則文樂亦有武舞，武樂亦有文舞，特分先後而已。故舜樂曰韶箾，文王樂曰象箾。箾者，武舞也。以其先文樂，故曰韶曰象耳。禹以文得，亦先文樂，故《大夏》爲文舞。而

《公羊傳》云『朱干玉戚以舞《大夏》』，是則六樂皆文武舞備也。《詩・簡兮》曰『方將萬舞』，又曰『左手執籥，右手秉翟』，明萬雖武舞，亦用文舞也。故傳云『以干羽爲萬舞』，是則萬者，干舞羽舞之總名也。宣八年《春秋經》『萬入去籥』，正以萬兼羽籥，故別言之。隱元年傳：『考仲子之宫將萬焉，公問羽數于衆仲。』尤爲萬有羽舞之顯證。」案：陳、黄説是也。蓋萬爲大舞，文武兼備，卽《大司樂》《雲門》、《大卷》以下六代舞之通名。《夏小正》之「萬用入學」謂《大夏》也；《商頌・那》之「萬舞有奕」，謂《大濩》也；《詩》、《春秋》及《周書》之萬，謂《大武》及《大夏》也。蓋小舞或用羽籥，或用干戚，不得兼備。惟大舞則文舞以羽籥爲主，而亦有干戚；武舞以干戚爲主，而亦有羽籥。故《祭統》云「朱干玉戚以舞《大武》，八佾以舞《大夏》」，而《公羊》昭二十四年傳，則兩易其文，謂干戚舞《大夏》，八佾舞《大武》，是卽大舞文武兼備之證。然則《夏小正》及《公羊傳》以干戚釋萬者，明文舞而有干戚，見其爲大舞耳。説者遂據彼以萬專爲武舞，則膠柱之論也。至萬之名，所起甚古，故《夏正》、《商頌》竝言之。何氏謂爲武王樂名，抑又謬之甚矣。引《詩》者，《邶風・簡兮》篇文。毛傳云：「籥，六孔。翟，翟羽也。」引之者，亦證文舞吹籥之事。

籥章，中士二人，下士四人，府一人，史一人，胥二人，徒二十人。籥章，吹籥以爲詩章。

【疏】「籥章」者，掌野樂之土鼓豳籥，與常樂不同，故冢籥師而次之。　注云「籥章，吹籥以爲詩章」者，明與上籥師掌籥舞事異也。賈疏云：「案其職有《豳詩》、《豳雅》、《豳頌》，是吹籥以爲詩章，故官名籥章也。」

鞮鞻氏，下士四人，府一人，史一人，胥二人，徒二十人。鞻讀爲屨。鞮屨，四夷舞者所扉也。今時倡蹋鼓沓行者，自有扉。【疏】「鞮鞻氏」者，此官亦掌夷樂，故次韎師、旄人、籥師、籥章之後。　注云「鞻讀爲屨」者，各本竝譌作「鞻讀如屨也」。今依岳珂本删正。段玉裁云：「下文云鞮屨，是知其必作讀爲矣。鞮屨，謂革屨也。」又云：「鞻字當是本作婁，而從鞮字加革旁。《説文・走部》作『趧婁』，是古本也。」賈疏云：「此鄭讀從屨人之屨也。案：鄭注《曲禮》云：『鞮屨，無絇之扉也。』此鞮鞻亦是無絇之扉。彼爲大夫欲去國行喪禮之屨，此爲四夷舞者所扉，其屨無絇，一也。」案：賈説非也。《曲禮》注謂鞮屨無絇者，❶因大夫去國用喪禮，故去飾，非謂常用之鞮屨悉無絇也。此舞者鞮屨，不必無絇，互詳《屨人》疏。云

❶「屨」原訛「履」，據《禮記・曲禮》注改。

「鞮屨，四夷舞者所扉也」者，段玉裁云：「扉上『所』字，《文選・魏都賦》注引無。《説文》曰：『扉，履屬。』《儀禮》曰：『繩菲者，繩屨也。』不當有所字。」案：段説是也。四夷舞者扉，猶言四夷舞者屨也。然據疏，則賈所見本已衍此字。《釋文》云：「鞮，許慎云『屨也』。吕忱云：『鞮，革屨也。韈者，軨韈。』」案：鞮屨，蓋以韋爲屨。《方言》云：「扉、屨、麤，履也。徐兗之郊謂之扉，自關而西謂之屨，禪者謂之鞮。」郭注云：「今韋鞮也。」《釋名・釋衣服》云：「齊人謂韋屨曰扉。扉，皮也，以皮作之。」《説文・走部》云：「趧，趧婁，四夷之舞，各自有曲。」《革部》云：「鞮，革履也。」段玉裁云：「《説文・革部》無韈字。《釋文》引《字林》『韈者軨屨』，是則《字林》乃有韈字。《革部》之鞮，是常用之屨；《走部》之趧婁，乃四夷舞者之屨。曲當作屨，聲之誤也。許與鄭注説同。」案：段説是也。《説文・足部》云：「躧，舞履也。重文韆，或從革。」蓋凡舞履皆用革，而四夷舞扉尤殊異，故以名官也。《字林》以韈爲軨韈，《説文・革部》云：「軨，鞮也。」則軨韈亦革屨之别制。云「今時倡蹋鼓沓行者，自有扉」者，賈疏云：「謂漢時倡優作樂蹋地之人，并擊鼓沓沓作聲者，行自有扉屨。引之者，證四夷舞者亦自有扉，與中國不同也。」案：《三國志・楊阜傳》：「曹洪置酒大會，令女倡著羅縠之衣，蹋鼓。」《漢書・禮樂志》顔注云：「沓沓，疾行也。」蹋鼓沓行，蓋謂蹋鼓疾行，不當如賈所説。

典庸器，下士四人，府四人，史二人，胥八人，徒八十人。庸，功也。鄭司農云：「庸器，有功者鑄器銘其功。《春秋傳》曰：『以所得於齊之兵作林鍾，而銘魯功焉。』」【疏】「典庸器」者，此與司干二官，一掌藏樂器，一掌藏舞器，故列諸樂官之末。云「府四人，史二人」者，王引之謂當作「府二人史四人」，詳《天官・敘官》疏。

注云「庸，功也」者，《大司徒》注同。鄭司農云「庸器，有功者鑄器銘其功」者，先鄭説與後鄭同。器謂鍾鼎盤盂之屬。引《春秋傳》曰「以所得於齊之兵作林鍾，而銘魯功焉」者，《左》襄十九年傳文。杜注云：「林鍾，律名。鑄鍾聲應林鍾，因以爲名。」此引之者，證鑄器銘功之事。

司干，下士二人，府二人，史二人，徒二十人。干，舞者所持，謂盾也。《春秋傳》曰：「萬者何？干舞也。」【疏】注云「干，舞者所持，謂盾也」者，謂武舞也。盾，《釋文》作楯，宋余仁仲本及宋注疏本竝同。阮元云：「盾者正字，楯俗字。」詒讓案：《説文・戈部》云：「戰，盾也。」經典通叚干爲戰。《小爾雅・廣器》云：「干，盾也。」《公羊》宣八年何注云：「干謂楯也。能爲人扞難，而不使害人，故聖王貴之，以爲武樂。」《書・大禹謨》：「舞干羽于兩階。」僞孔傳云：「干，楯也。」孔疏云：「《釋言》云：『干，扞也。』孫炎曰：『干楯，自蔽扞也。』以楯爲人扞，通以干爲楯名，故干爲楯。」賈疏云：「謂若《樂師》云『干舞』，則小舞也。其《夏官・司兵》云『掌五兵，祭祀授舞者兵』，則五兵俱掌，但無干耳。然彼注云謂朱干玉戚者，鄭連言朱干耳。」案：司干所掌者，即朱干玉戚；司兵所掌者，無飾之干戚。賈謂彼授舞兵無干，誤也。詳本職及《司兵》疏。引《春秋傳》者，《公羊》宣八年傳文。引之者，證武舞持干也。案：《公羊》以萬爲干舞者，對籥爲籥舞也。實則萬當爲干舞籥舞之通名，詳前疏。

大卜，下大夫二人；卜師，上士四人；卜人，中士八人，下士十有六人，府二人，史二人，胥四人，徒四十人。問龜曰卜。大卜，卜筮官之長。【疏】「大卜」者，此官至簭人七職，並掌卜簭之官，以卜簭爲問鬼神之事，故亦屬宗伯。大卜亦曰卜正，《左》隱十一年傳：「滕侯曰：我周之卜正也。」杜注云：「卜正，卜官之長。」孔疏謂即大卜。蓋周初滕叔繡嘗爲此官。又曰易，《祭義》云：「易抱龜南面。」鄭彼注云：「易，官名，《周禮》曰大卜。」云「卜師上士四人，卜人中士八人」者，賈疏云：「此大卜，有卜師及卜人，皆士官。而卜人無別職者，以其助大卜卜師行事故也。其卜師則與大卜別職，亦是別職同官。」　注云「問龜曰卜」者，《說文・卜部》云：「卜，灼剥龜也。」《曲禮》云：「龜爲卜，筴爲筮。」孔疏云：「師説云：『卜，覆也，以覆審吉凶。筮，決也，以決定其惑。』劉氏以爲：卜，赴也，赴來者之心；筮，問也，問筮者之事。赴問互言之。」《白虎通義・蓍龜篇》云：「龜曰卜。卜，赴也，爆見兆也。」云「大卜，卜筮官之長」者，賈疏云：「謂與下龜人、菙氏、占人、筮人等爲之長也。」

龜人，中士二人，府二人，史二人，工四人，胥四人，徒四十人。工，取龜攻龜。【疏】「龜人」者，此官掌藏六龜。凡邦國都家，蓋並有藏龜以俟卜。《左》昭五年傳云「卜之以守龜」是也。《國語・晉語》韋注以守龜爲卜人、龜人之官，非是。　注云「工，取龜攻龜」者，賈疏云：「案其職云『取龜用秋時甲戌之時也，攻龜用春時風氣燥達之時』，故也。」詒讓案：此工於《考工記》五工無所屬，疑或當用刮摩之工，如雕人兼治骨角，此工攻龜，亦治龜骨也。

菙氏，下士二人，史一人，徒八人。燋焌用荆菙之類。【疏】注云「燋焌用荆菙之類」者，賈疏云：「案其職云『掌共燋契』，卽《士喪禮》云『楚焞』是也。楚卽荆，故云用荆。菙，所以捶笞人馬，用荆竹爲之。此亦用荆，故云菙之類也。」阮元云：「此釋官名菙氏之故也。《説文・竹部》：『箠，擊馬也。』疏云『箠用荆竹爲之』，然則賈本作從竹之箠，轉寫誤從艸。《釋文》序官『菙』是誤字，而《集韻》因分從竹從艸爲兩字。」案：阮説是也。菙卽箠之譌變，漢隸从竹从艸字，多互易。字又作垂，詳本職疏。本職「燋契」注引《士喪禮》，而云「楚焞卽契，所用灼龜也。燋謂炬，其存火。」又云「遂龡其焌契」，注云：「焌謂以契柱燋火而吹之也。」是燋爲炬，焌爲焌契，鄭意二物皆以荆爲之。而《士喪禮》云「楚焞」，不云「楚燋」者，蓋焞以灼龜，不可用它木。故《白虎通義・蓍龜篇》引《禮・三正記》云：「灼龜以荆。」《藝文類聚・木部》引《三禮圖》云：「楚焞以荆爲之，然以灼龜。正以荆者，凡木心圓荆心方也。」是焞必用荆。若燋則所以然火爇焞，或以荆，或以它木，皆可爲之，故無楚燋之稱。《漢書・韓延壽傳》云：「民無箠楚之憂。」顔注云：「箠，杖也。楚，荆也。」是箠亦多以荆爲之，與楚焞略同，故此官掌燋焌謂之箠氏也。

占人，下士八人，府一人，史二人，徒八人。占蓍龜之卦兆吉凶。【疏】注云「占蓍龜之卦兆吉凶」者，《易・繫辭》云：「極數知來之謂占。」《説文・卜部》云：「占，視兆問也。」案：許專據占龜爲訓，鄭則據本職兼蓍占卦、龜占兆二者言之。凡卜筮，各使占人占之。故《雜記》，大夫卜宅與葬日，占者皮弁，筮則占者朝服。《書・洪範》云：「立時人，作卜筮，三人占則從二人之言。」《士喪禮》卜日云「占者三人」。是凡卜筮，無貴賤皆三人占之，故人數獨多也。《白虎通義・蓍龜篇》云：「或曰：天子占卜九人，諸侯七人，大夫五人，士三人。」此漢人之異説，不足據。互詳《大卜》疏。

簭人，中士二人，府一人，史二人，徒四人。問蓍曰筮，其占《易》。【疏】「簭人」者，筮官在卜官之後者，亦筮短龜長之義。《士冠禮》、《士喪禮》、《特牲饋食禮》並有筮人，又有卦者。注云：「筮人，有司主三《易》者。卦者，有司主畫地識爻者。」胡匡衷謂卦者亦筮人之屬，筮人亦稱筮史。詳《占人》疏。　注云「問蓍曰筮」者，《説文・竹部》云：「簭，《易》卦用蓍也，从竹从𢍰，𢍰古文巫字。」又《艸部》云：「蓍，蒿屬，生千歲，三百莖，《易》以爲數。天子蓍九尺，諸侯七尺，大夫五尺，士三尺。」案：筮即箅之隸省。箞爲《梓人》「擭䋷援箞」字，蓋噬之别體，此叚爲蓍筮字。經作箞，注竝作筮，亦經用古字，注用今字之例也。《曲禮》云：「蓍爲筮。」《特牲饋食禮》注云：「筮，問也。取其所用問神明者，謂蓍也。」《白虎通義・蓍龜篇》云：「筮也者，信也，見其卦也。」賈疏云：「鄭意以筮爲問，故《易・蒙卦》云：『初筮告，再三瀆，瀆則不告。』是筮爲問也。」云「其占易」者，謂通占三《易》也。賈疏云：「即《易》之九六爻辭是也。」

占夢，中士二人，史二人，徒四人。【疏】「占夢」者，《漢書・藝文志》云：「衆占非一，而夢爲大，故周有其官。」案：《左》哀十六年傳，有衛侯占夢嬖人，侯國亦有此官也。此亦占驗之官，故次卜箞官之後。

眡祲，中士二人，史二人，徒四人。祲，陰陽氣相侵，漸成祥者。魯史梓慎云：「吾見赤黑之祲。」【疏】「眡祲」者，賈疏云：「案其職云：『掌十煇之法，以觀妖祥，辨吉凶。』亦是陰陽鬼神之事，故列職於此。」注云「祲，陰陽氣相侵，漸成祥者」者，本職先鄭注義同。《説文・示部》云：「祲，精氣感祥。从示，侵省聲。」《釋名・釋天》云：「祲，侵也，赤黑之氣相侵也。」《漢書・匡衡傳》顏注引李奇云：「祲，氣也。言天人精氣相動也。」師古云：「祲謂陰陽氣相侵，漸以成災祥也。」《荀子・王制篇》云：「占祲兆。」楊注云：「祲，陰陽相侵之氣。」《春秋繁露・如天之爲篇》云：「天地之閒，有陰陽之氣常漸人者，若水常漸魚也。」《書・禹貢》僞孔傳云：「漸，入也。」《淮南子・泰族訓》云：「精祲有以相蕩也。」許注云：「精祲，氣之侵入者也。」侵漸與侵入義同。云「魯史梓慎云，吾見赤黑之祲」者，《左》昭十五年傳文。杜注云：「祲，妖氛也。」孔疏引服虔云：「水黑火赤，水火相遇。」引以證祲爲陰陽之氣也。

大祝，下大夫二人，上士四人；小祝，中士八人，下士十有六人，府二人，史四人，胥四人，徒四十人。大祝，祝官之長。【疏】「大祝下大夫二人」者，《説文・示部》云：「祝，祭主贊詞者。」大祝至詛祝五職，並祝官，祝所以事鬼神，故同屬宗伯。《周書・王會篇》云：「阼階之南，祝淮氏、榮氏次之。」又《大戴禮記・公冠篇》：「成王冠，周公使祝雍祝王。」盧注云「雍，大祝」，亦即此官也。云「小祝中士八人」者，《周書・嘗麥篇》謂之少祝。賈疏云：「大祝與小祝别職而同官，故共府史胥徒。」　注云「大祝，祝官之長」者，賈疏云：「以其與下小祝、喪祝、甸祝等爲長也。」詒讓案：大祝亦作泰祝，《晏子春秋・内篇・諫上》「齊有泰祝子游」是也。凡祝官亦通稱祝史，《燕禮》：「祝史立于門東，北面東上。」賈彼疏以爲祝及大史。胡匡衷云：「祝史卽祝官。祝謂之史者，《周禮・大祝》『掌六祝之辭，以事鬼神示，作六辭以通上下親疏遠近』。古者通謂掌文辭之官爲史，故祝稱祝史，《金縢》云『史乃册祝』是也。卜筮之官亦稱史，以兆卦亦有籀詞故也。《大射》『司射獻釋獲者』，大史既受獻於其位，下又云『祝史、小臣師亦就其位而薦之』，則祝史不兼有史可知。《左傳》多謂掌祝者爲祝史，昭十七年『魯祝史請所用幣』，十八年『鄭使祝史徙主祏於周廟』，哀二十五年『衛侯因祝史揮以侵衛』，是可證也。《左傳》又謂祝史爲祭史，昭十七年：『晉荀吴帥師涉自棘津，使祭史先用特于雒。』祭史亦卽祝史也。」

喪祝，上士二人，中士四人，下士八人，府二人，史二人，胥四人，徒四十人。【疏】「喪祝上士二人，中士四人，下士八人」者，此官有夏殷周三代之祝，此上士二人疑卽周祝，中士四人則夏殷祝也。《樂記》云：「商祝辨乎喪禮，故後主人。」《士喪禮》有商祝、夏祝，祝，三者不同。鄭彼注云：「商祝，祝習商禮者，商人教之以敬，於接神宜；夏祝，祝習夏禮者也，夏人教以忠，其於養宜；祝，習周禮者也。」賈彼疏云：「雖同是周祝，仰習夏禮則曰夏祝，仰習商禮則曰商祝也。此篇及《既夕》以夏人教忠，從小斂奠、大斂奠及朔半薦新、祖奠、大遣奠，皆是夏祝爲之。殷人教以敬，但是接神，皆商祝爲之。此篇及《既夕》言夏祝、商祝，周禮以喪祝行事，皆當喪祝者也。」胡匡衷云：「《周禮》無夏祝、商祝之官，而《喪大記》君大斂，有商祝鋪絞紟衾衣，與士禮同。蓋使喪祝兼習二代之禮，因别其名以分主喪事。」

甸祝，下士二人，府一人，史一人，徒四人。甸之言田也，田狩之祝。【疏】注云「甸之言田也，田狩之祝」者，《小宗伯》：「若大甸，則帥有司而饁獸于郊。」注云：「甸讀曰田。」又《職方氏》「甸服」注云：「甸，田也，治田入穀也。」是甸有治田之義，故引申爲田狩之稱，亦以聲兼義也。

詛祝，下士二人，府一人，史一人，徒四人。詛謂祝之使沮敗也。【疏】注云「詛謂祝之使沮敗也」者，詛沮聲類同。《釋名·釋言語》云：「詛，阻也，使人行事阻限於言也。」義亦略同。賈疏云：「言盟者，盟將來。詛者，詛往過，故云祝之使沮敗也。」

司巫，中士二人，府一人，史一人，胥一人，徒十人。司巫，巫官之長。【疏】「司巫」者，《説文·巫部》云：「巫，祝也。女能事無形，以舞降神者也。古者巫咸初作巫。」《公羊》隱四年，何注云：「巫者，事鬼神，禱解以治病請福者也。」司巫、男巫、女巫並巫官，亦掌事鬼神，與祝官事相因，故亦屬宗伯，而次祝官之後。

注云「司巫，巫官之長」者，賈疏云：「案其職云『掌羣巫之政令』，與下男巫、女巫、神士等爲師，故云巫官之長。」

男巫無數，女巫無數，其師，中士四人，府二人，史四人，胥四人，徒四十人。巫，能制神之處位次主者。【疏】「男巫無數，女巫無數，其師中士四人」者，《國語·楚語》云：「在男曰覡，在女曰巫。」此男女皆曰巫者，散文通也。《檀弓》：「魯穆公問縣子曰：『吾欲暴尫而奚若？』曰：『天則不雨，而暴人之疾子，虐，毋乃不可與！』又曰：『吾欲暴巫而奚若？』曰：『天則不雨，而望之愚婦人，毋乃已疏乎！』」《女巫職》先鄭注引彼暴巫爲釋，則《檀弓》巫即女巫，其尫乃男巫也。《鶡冠子·環流篇》云：「積尫生跂，巫以爲師。」蓋巫師爲男女巫之長，以男巫之有才智者爲之，故亦用尫矣。《左傳》僖二十一年，杜注以巫尫爲女巫，又引或説以爲尫非巫，瘠病之人，並非是。

注云「巫能制神之處位次主者」者，據《國語·楚語》文，詳前及《神士》疏。

大史，下大夫二人，上士四人；小史，中士八人，下士十有六人，府四人，史八人，胥四人，徒四十人。大史，史官之長。【疏】「大史下大夫二人」者，此官與小史掌典法禮籍，兼司星厤之官，故亦屬宗伯。案：史官之設，蓋始於黄帝，下迄殷周，職掌尤備。《左》襄四年傳辛甲爲武王大史，《周書·王會篇》有大史魚，《史記·周本紀》有大史伯陽，《鄭世家》有大史伯，《老子傳》有大史儋，《漢書·蓺文志》有周宣王大史籀，並即此官也。云「小史中士八人」者，小史，大史之副貳，《左》襄二十五年傳，齊有南史。孔疏謂是小史。《周易集解》引《尚書大傳》云：「乃命五史以書五帝之蠱事。」五史不知何官，或當以大史、小史、內史、外史分列四方，與御史爲五史與？賈疏云：「小史與大史別職而同官，故共府史也。」

注云「大史，史官之長」者，賈疏云：「謂與下內史、外史、御史等爲長。若然，內史中大夫，大史下大夫，大史得與內史爲長者，以大史知天道，雖下大夫，得與內史中大夫爲長，是以稱大也。」案：賈説非也。大史與小史、馮相氏、保章氏爲長。若內史，則爵尊於大史一等，蓋與大史相左右。外史、御史則內史之屬官，皆不屬大史也。大史對內史亦稱左史，《周書·史記篇》穆王時有左史戎夫。《大戴禮記·盛德篇》云：「內史、太史，左右手也。」盧注云：「太史爲左史，內史爲右史。」《玉藻》云：「動則左史書之，言則右史書之。」孔疏云：「熊氏云：按《周禮·大史》之職云：『大師抱天時與大師同車。』又襄二十五年傳曰：『大史書曰：崔杼弑其君。』是大史記動作之事，在君左廂記事，則大史爲左史也。按《周禮》內史掌王之八枋，其職云：『凡命諸侯及孤卿大夫，則策命之。』僖二十八年《左傳》曰：『王命內史叔興父策命晉侯爲侯伯。』是皆言誥之事，是內史所掌，在君之右，故爲右史。是以《酒誥》云：『矧大史友，內史友。』鄭注：『大史、內史，掌記言、記行。』是內史記言，大史記行也。此論正法；若其有闕，則得交相攝代，故《洛誥》『史逸命周公伯禽』，服虔注文十五年傳云：『史佚，周成王大史。』襄三十年『鄭使大史命伯石爲卿』。皆大史主爵命，以內史闕故也。以此言之，若大史有闕，則內史亦攝之。按《覲禮》賜諸公奉篋服，大史是右者，彼亦宣行王命，故居右也。此論正法；若春秋之時，則特置左右史官，故襄十四年左史謂魏莊子，昭十二年楚左史倚相。《藝文志》及《六藝論》云：『右史記事，左史記言。』與此正反，於傳記不合，其義非也。」詒讓案：據《盛德》、《玉藻》諸文，則內史非大史之屬官益信矣。《申鑒·時事篇》亦作「左史記言，右史記動」，與《漢志》及《六藝論》同。蓋皆所聞之異。孔廣森據《國語·晉語》「文王訪於辛尹」，與《左傳》「辛甲爲大史」，證尹佚當爲內史，其説甚塙。若然，通言之，內史亦得稱大史，若史逸及「鄭以大史命伯石」，皆是。孔氏謂內史闕大史攝之，非也。《覲禮》之大史，或亦卽內史。《左傳》之左史，則卽大史。故襄十四年，杜注亦云「左史，晉大史」。孔氏謂春秋時特立左右史，《左傳敘》疏又謂諸侯無內史，疑亦非也。

馮相氏，中士二人，下士四人，府二人，史四人，徒八人。馮，乘也。相，視也。世登高臺，以視天文之次序。天文屬大史。《月令》曰：「乃命大史，守典奉法，司天日月星辰之行，宿離不貸。」【疏】「馮相氏」

者，此官與保章氏並日厤之官。《左》襄二十七年傳，有「司厤」，疑卽此。《大戴禮記・千乘篇》云：「日厤巫祝，執伎以守官，俟命而作。」此馮相、保章，皆掌日厤，故屬大史，而次諸祝、諸巫之後。　注云「馮，乘也」者，《廣雅・釋言》云：「馮，登也。」《左傳》宣十二年，杜注云：『乘，登也。』是馮乘義同。云「相，視也」者，《爾雅・釋詁》文。《說文・目部》云：「相，省視也。」云「世登高臺，以視天文之次序」者，賈疏云：「以其官有世功，則以官名氏故云也。其天子有靈臺，諸侯有觀臺，皆所以視天文，故云登高臺也。云次序者，馮相氏掌天文不變，保章氏掌天文之變，變則不依次序，不變則如常有次序，故以次序言之也。」案：依鄭、賈義，凡官稱氏者，並爲世守是職。《曲禮》孔疏引干寶說亦同。以全經攷之官名氏者，《地官》、《春官》各三，《夏官》十有四，《秋官》二十有三。如師氏、保氏之類，既非世守之事；至《考工》諸工皆世事，而稱氏者又止十有一工。然則凡以氏名官者，無由決其必爲世官矣。況此經甸師、大史諸官，本不名氏，而《禮記》、《左傳》亦稱甸師氏、大史氏，此又不必世官而後可以稱氏之證也。鄭、干說並未塙，互詳《天官・敘官》疏。又案：視天文必登臺者，《國語・楚語》云：「先王之爲臺榭也，臺不過望氛祥。」《詩・大雅・靈臺敍》箋云：「天子有靈臺者，所以觀祲象，察氣之妖祥也。文王受命，而作邑于豐，立靈臺。《春秋傳》曰：『公既視朔，遂登觀臺以望，而書雲物爲備故也。』」案：鄭據僖五年《左傳》文。《詩》孔疏引《異義》：「《公羊》說：『天子三臺，諸侯二。天子有靈臺，以觀天文；有時臺，以觀四時施化；有囿臺，觀鳥獸魚鼈。諸侯當有時臺、囿臺；諸侯卑，不得觀天文，無靈臺。皆在國之東南二十五里。東南少陽用事，萬物著見。用二十五里者，吉行五十里，朝行暮反也。』《左氏》說：『天子靈臺，在太廟之中，壅之靈沼，謂之辟廱。諸侯有觀臺，亦在廟中。皆以望嘉祥也。』《毛詩》說：『靈臺不足以監視。靈者，精也。神之精明稱靈，故稱臺曰靈臺，稱囿曰靈囿，稱沼曰靈沼。』謹案：《公羊傳》、《左氏》說皆無明文，說各有以，無以正之。」又引鄭駁云：「《大雅・靈臺》一篇之詩，有靈臺，有靈囿，有靈沼，有辟廱。其如是也，則辟廱及三靈皆同處在郊矣。囿也，沼也，同言靈，於臺下爲囿爲沼可知。」案：《左氏》觀臺，當卽雉門兩觀之臺。《詩》之靈臺，不當與太廟、明堂、辟廱同處。《異義》引《左氏》說未允，但天子宮廟、明堂、大學，蓋皆爲臺門，故古書多傳合爲一。鄭謂靈臺不在太廟，其說甚塙；而謂與辟廱同在國之西郊，則仍未安。今攷靈臺當在靈囿之中，靈囿與辟廱並在南郊，其地相近而非同處。至諸侯無靈臺、辟廱，而有觀臺、囿臺，其廟門或亦有臺，然皆非靈臺。此官掌視天文，或即於觀臺，或別於官寺爲臺，以便觀象，要與靈臺咸不相涉也。《靈臺》疏引袁準《正論》辯賈逵等説亦甚覈。互詳《大司樂》、《諸子》、《匠人》疏。云「天文屬大史」者，《國語·魯語》云：「少采夕月，與大史司載糾虔天刑。」韋注云：「載，天文也。司天文，謂馮相氏、保章氏，與大史相儷偶也。」賈疏云：「案《周語》，單子謂魯成公曰：『吾非瞽史，焉知天道。』是大史知天道之事。」引《月令》曰「乃命大史，守典奉法，司天日月星辰之行，宿離不貸」者，《孟春令》文。貸，《釋文》作貣，云「吐得反，或音二」。阮元謂貣是。案：今《月令》仍作貸。依《釋文》或音則本又作貳，尤誤。鄭彼注云：「典，六典。法，八法也。離讀如儷偶之儷。宿儷謂其屬馮相氏、保章氏掌天文者，相與宿偶，當審候伺，不得過差也。」引之者，證大史率馮相氏等次序天文之事。

保章氏，中士二人，下士四人，府二人，史四人，徒八人。保，守也。世守天文之變。【疏】注云「保，守也」者，《淮南子·主術訓》高注云：「保猶守也。」《詩·鳧鷖》孔疏引鄭《易注》云：「持一不惑曰守。」此保章氏亦謂守持察視不差失也。云「世守天文之變」者，本職云「掌天星以志日月星辰之變動」是也。《鶡冠子·王鈇篇》云：「列星不亂，各以序行，故小大莫弗以章。」此保章之義也。賈疏云：「以其稱氏也，故稱世守天文之變也。」《月令》孔疏云：「馮相、保章雖俱掌天文，其事不同。馮相氏主日月五星，年氣節候，推步遲疾，審知所在之處，若今之司曆，主其算術也。保章者，謂守天之文章，謂天文違變，度數失其恒次，妖孽所在，吉凶所生，若今之天文家，惟主變異也。此其所掌别也。」

內史，中大夫一人，下大夫二人，上士四人，中士八人，下士十有六人，府四人，史八人，胥四人，徒四十人。【疏】「內史中大夫一人」者，《宮正》注謂其官府在宮中，故曰內史。又與大史相左右，亦曰右史，而與外史、御史爲長，故次大史諸屬官之後。《詩·小雅·十月之交》云：『棸子內史。』又《左傳》莊三十二年，有周內史過，僖二十八年有內史叔興父，文元年有內史叔服，並即此官也。周初尹佚亦嘗爲此官，互詳前疏。又此官卽唐虞之納言，詳本職疏。

外史，上士四人，中士八人，下士十有

六人，胥二人，徒二十人。

御史，中士八人，下士十有六人，其史百有二十人，府四人，胥四人，徒四十人。御，猶侍也，進也。其史百有二十人，以掌贊書人多也。

【疏】「御史」者，此官亦掌藏書，所謂柱下史也。《北堂書鈔·設官部》引《漢官儀》云：「侍御史，周曰柱下史，老聃爲之。秦改爲御史。」《史記·張蒼傳》云：「秦時爲御史，主柱下方書。」《索隱》云：「周秦皆有柱下史，謂御史也。所掌及侍立恒在殿柱之下，故老子爲周柱下史。」案：《史記·老子傳》止云「周守藏室史」。《曾子問》孔疏引《史記》云：「老聃爲周柱下史，或爲守藏史。」與今本《史記》不合。《莊子·天道篇》云：「孔子西藏書於周室。子路謀曰：『由聞周之徵藏史有老聃者，免而歸居，夫子欲藏書，則試往因焉。』」皆不云柱下史。惟《莊子·逍遥游》釋文引《世本》云：「籛鏗在商爲守藏史，在周爲柱下史。一云卽老子也。」孔穎達、司馬貞或卽本於彼。然則老子爲柱下史，卽爲御史也。但爲中下士，或爲百二十人之史，則無可攷耳。《曾子問》疏引鄭《論語注》云：「老聃，周之大史。」疑非柱下，蓋中祕藏書之所，御史掌之，與小史、外史所掌，内外相備，故史特多。本職不言掌藏書者，文不具也。《左》哀三年傳云：「命周人出御書。」杜注云：「周人，司周書典籍之官，御書進於君者也。」彼御書，疑卽御史所掌之書。凡周代文籍，並掌於史官，詳《小史》疏。又案：《通典·職官》云：「戰國時亦有御史。秦、趙澠池之會，各命書其事，又淳于髡謂齊王曰『御史在前』，則皆記事之職也。」依杜說，則此官又掌記事，與外史相贊。又《戰國策·趙策》，張儀曰：「秦王使臣敢獻書於大王御史。」是又掌受書，蓋晚周之制，與此經不盡相應也。

注云「御猶侍也，進也」者，《天官·序官》注同。云「其史百有二十人，以掌贊書人多也」者，賈疏云：「其職云『凡治者受法令焉，并掌贊書』，故其史特多，復在府上也。」

巾車，下大夫二人，上士四人，中士八人，下士十有六人，府四人，史八人，工百人，胥五人，徒五十人。巾猶衣也。巾車，車官之長。

【疏】「巾車」者，此官與典路、車僕、司常，並掌王以下車旗禮次之官，故亦屬春官。《大射儀》云「命巾車張三侯」，《左》襄三十一年傳云「巾車脂轄」，則侯國亦有此官。又《詩·魏風》「彼汾沮洳」有公路，❶孔疏謂卽此官。胡匡

❶「魏」原訛「唐」，據《毛詩·魏風》改。

衷則謂當是下典路。二説並通，未知孰是。云「府四人」者，掌藏公車。《樂記》云：「車甲衅而藏之府庫。」《説文・广部》云：「庫，兵車臧也。」云「工百人」者，即輪人、輿人、輈人、車人四工之給事於官者。胡匡衷云：「《國語・周語》云：『敵國賓至，工人展車。』疑即此。」　注云「巾猶衣也」者，《大射儀》注云：「巾車，於天子，宗伯之屬，掌裝衣車者。」《華嚴經音義》引《珠叢》云：「以衣被車謂之巾也。」賈疏云：「謂玉金象革等，以衣飾其車，故訓巾猶衣也。」詒讓案：巾以幏被器物，故裝衣車亦謂之巾車。云「巾車，車官之長」者，賈疏云：「謂與下典路、車僕等爲長也。」

典路，中士二人，下士四人，府二人，史二人，胥二人，徒二十人。路，王之所乘車。【疏】注云「路，王之所乘車」者，《巾車》注云：「王在焉曰路。」案：路爲車之尊名，自王以下，通於侯國之卿，鄭舉尊者言之耳。詳《巾車》疏。

車僕，中士二人，下士四人，府二人，史二人，胥二人，徒二十人。

司常，中士二人，下士四人，府二人，史二人，胥四人，徒四十人。司常，主王旌旗。【疏】注云「司常，主王旌旗」者，《大行人》注云：「常，旌旗也。」是對文則日月爲常，總言之，則常爲九旗之通稱，故主旌旗者，謂之司常。賈疏云：「九旗之別，自王已下，尊卑所建不同，不專主於王。鄭云司常主王旌旗者，以王爲主，何妨尊卑皆掌。」

都宗人，上士二人，中士四人，府二人，史四人，胥四人，徒四十人。都謂王子弟所封及公卿所食邑。【疏】「都宗人」者，以下二官，皆都家之臣主祭祀之禮者，故次宗伯之末。賈疏云：「此既掌祭祀，不云伯而云宗人者，避大官名。」胡匡衷云：「宗伯，諸侯以下通謂之宗人。《左傳》晉范文子反自鄢陵，使其祝宗祈死；鄭公孫黑肱有疾，召室老、宗人立段；魯叔孫昭子齊於其寢，使祝宗祈死。《國語》：『魯公父文伯之母欲室文伯，饗其宗老。』韋注：『宗，宗人主禮樂者。』『楚屈到嗜芰，有疾，召其宗老而屬之。』韋注：『宗老，爲宗人者。』據此，則大夫有宗人也。」詒讓案：宗伯宗人，亦通稱王小宗伯，《書・顧命》謂之宗人，是其證也。詳前疏。此都宗人、家宗人，與夏官都司馬、家司馬，秋官都士、家士同，蓋亦都、家自使其臣爲之，但受命於王，猶侯國上卿亦王命之也。以其受命於王而掌禮事，本職又有王命禱祭之事，有事則更迭聽政於王國，故以職事附屬宗伯之末。鄭於都家諸官，唯以都司馬、都士、家士爲家臣，此注不辨家臣、王臣，未詳其指。《夏官·敘官·都司馬》注，則直以爲王臣，賈彼疏遂以此都家宗人及都士、家士並爲王臣，皆非經義，與鄭《秋官·敘官》注義亦不合，不足據也。云「上士二人，中士四人」者，《夏官·敘官》云：「都司馬，每都上士二人，中士四人。」《秋官·敘官》云：「都士，中士二人，下士四人。」注云：「亦當言每都。」此都宗人與都司馬、都士同，則此上士以下，至胥徒之數，亦當每都如是，經注不言者，文不具也。

注云「都謂王子弟所封及公卿所食邑」者，賈疏云：「案《載師》云『家邑任稍地，小都任縣地，大都任畺地』，則大夫采地不得稱都，故據大都小都而言之。下文家據大夫而說也。」詒讓案：《大宰》注云：「都鄙，公卿大夫之采邑，王子弟所食邑。」彼都鄙兼有大夫采邑。此都家宗人別官，故知都內不兼大夫采邑也。

家宗人，如都宗人之數。家謂大夫所食采地。【疏】「家宗人如都宗人之數」者，亦謂每家如是也。《少牢饋食禮》云：「宗人奉槃東面于庭南，一宗人奉匜水西面于槃東，一宗人奉簞巾西面于槃北。」彼卽侯國家宗人，蓋亦有上中士等，人數匪一也。

注云「家謂大夫所食采地」者，「地」余本、注疏本並作「邑」，卽《載師》之家邑是也。

凡以神士者無數，以其藝爲之貴賤之等。以神士者，男巫之俊，有學問才知者。藝謂禮樂射御書數。高者爲上士，次之爲中士，又次之爲下士。【疏】「凡以神士者無數」者，士，本職作仕。孫志祖云：「《旄人》云『凡四方之以舞仕者屬焉』，則當作仕。」沈彤、孔繼汾說同。案：《載師》「士田」注云：「士讀爲仕。」《曲禮》說天子六大，鄭注以爲殷制。其五曰「大士」，鄭云「大士，以神仕者」。其說雖不塙，然可證仕士聲同字通。敘官與本職字不必盡同，如地官稾人，本職作槁人，饎人本職作饎人是也。此士字似本用叚字，與本職不同。注不云讀爲仕者，亦以互見《載師》注略之。賈疏云：「此神士，還是上羣巫中有學問者，抽入神士。以其能處置神位，故以神爲名。無數者，有卽入之，故無常數。在都家之下者，欲見都家神亦處置之。」案：據此知賈本亦止作「士」，但此神士非官名，賈似忘士爲仕之叚字而誤釋，不足據也。右春官之屬：卿一人，中大夫五人，下大夫二十四人，上士四十九人，中士百五十人，下士二百七十五人，府百八人，史二百六十三人，胥百五十八人，徒千七百六十人，工百四人：凡正官自卿至庶人，總二千七百九十七人。又瞽矇上瞽四十人，中瞽百人，下瞽百六十人，眡瞭三百人，韎師舞者十六人：凡樂工等無爵者，總六百十六人。又奄八人，又世婦宮卿十二人，下大夫二十四人，中士四十八人，鄭以爲士人，今定爲女官；女府十二人，女史十二人，奚九十六人，又女祧十六人，奚三十二人：凡女官女庶人，總二百五十二人。此外内宗、外宗、旄人、舞者、男巫、女巫、以神仕者，並無員數。又都宗人，每都上士二人，中士四人，府二人，史四人，胥四人，徒四十人；家宗人，每家上士二人，中士四人，府二人，史四人，胥四人，徒四十人：皆有員數無總數，不可計。大凡可計者，總三千六百七十三人。注云「以神士者，男巫之俊，有學問才知者」者，以巫有男女，女巫止掌祓除釁浴及舞雩諸事，不識他事；此神士掌三神之法，其事繁要，故知選男巫之俊有學問才知者充之也。賈本職疏云：「知是巫者，此中掌三辰之法，以猶鬼神祇之居。按《外傳》云：『在男曰覡，在女曰巫，使制神之處位次主之度。』與此文合，故知此神仕是巫。」云「藝謂禮樂射御書數」者，據《大司徒》「六藝」文。御，疑當從《保氏》作「馭」，詳彼疏。案：此藝當謂技能，即指事神之事，不涉六藝也。《文王世子》云：「凡曲藝皆誓之，以待又語，三而一有焉，乃進其等，以其序。」注云：「曲藝，爲小技能也。」《王制》以祝史爲執技以事上者，此神仕爲巫，亦祝史之類，故亦通謂之藝。注義未允。云「高者爲上士，次之爲中士，又次之爲下士」者，鄭以意推之，以其藝爲貴賤之等，貴賤據爵等言之，當有此三科也。但司巫爲巫官之長，不過中士，則凡以神仕者，似不宜有上士。竊謂此貴賤之等，當指班敍稍食言之。前瞽矇無爵，而分上瞽、中瞽、下瞽，《夏官·槀人》則云「書其等以饗工，乘其事，試其弓弩，以上下其食」。皆其比例也。鄭説亦未允。

周禮正義卷三十三

大宗伯之職，掌建邦之天神、人鬼、地示之禮，以佐王建保邦國。建，立也。立天神地祇人鬼之禮者，謂祀之，祭之，享之。禮，吉禮是也。保，安也。所以佐王立安邦國者，主謂凶禮、賓禮、軍禮、嘉禮也。目吉禮於上，承以立安邦國者，互以相成，明尊鬼神，重人事。

【疏】「掌建邦之天神人鬼地示之禮」者，《説文・示部》云：「神，天神，引出萬物者也。」人鬼者，《祭法》云：「人死曰鬼。」《爾雅・釋訓》云：「鬼之言歸也。」《説文・鬼部》云：「人所歸爲鬼。」地示者，《釋文》云：「示，或本作祇。」案：《説文・示部》云：「示，天垂象，見吉凶，所以示人也。祇，地祇，提出萬物者也。」此經例用古字，通借示爲祇，注例則用今字作祇。陸所載或本與全經字例不合，非也。《太平御覽・地部》引《物理論》云：「地者其神曰祇。祇，成也，百生萬物備成也。」云「以佐王建保邦國」者，佐，《釋文》云：「本或作左。」阮元云：「依《説文》，左者正字，佐者今俗字。」案：阮説是也。但經例，凡佐助字並作佐，不作左，《大宰》、《大司徒》、《大司馬》、《大司寇》職同，或本亦非。

注云「建，立也」者，《天官・敍官》注同。云「立天神地祇人鬼之禮者，謂祀之，祭之，享之」者，天神爲祀，地祇爲祭，人鬼爲享。見下文。賈疏云：「經先云人鬼，後云地祇，鄭則先云地祇，後云人鬼者，經欲見天在上，地在下，人藏其間；鄭据下經陳吉禮十二，先地祇，後人鬼，據尊卑爲次故也。」云「禮，吉禮是也」者，明此三者專屬吉禮，不通晐五禮也。云「保，安也」者，《地官・序官》注同。云「所以佐王立安邦國者，主謂凶禮、賓禮、軍禮、嘉禮也」者，明建保邦國，乃通晐五禮，不專承上所建之吉禮爲文也。云「目吉禮於上，承以立安邦國者，互以相成，明尊鬼神，重人事」者，目，舊本譌「自」，今據余本、注疏本正。賈疏云：「互相成者，王國云吉禮，亦有凶禮已下；邦國云四禮，明亦有吉禮矣。」詒讓案：尊鬼神謂先特舉吉禮，重人事謂凶禮以下，宗伯通建之。

以吉禮事邦國之鬼神示，事，謂祀之，祭之，享之。故書吉或爲告，杜子春云：「書爲告禮者，非是。當爲吉禮，書亦多爲吉禮。」吉禮之別十有二。

【疏】「以吉禮事邦國之鬼神示」者，以下五禮至六器等，並禮官之官法也。《説文・士部》云：「吉，善也。」《示部》

云：「禮，履也，所以事神致福也。」《文選・東京賦》薛注云：「吉，福也。」案：祭祀之禮，取以善得福，是謂之吉禮。《大祝》「吉祝」注云「祈福祥也」，亦此義。禮以事神致福爲本義，故五禮首吉禮。《祭統》云：「禮有五經，莫重於祭。」注亦云「莫重於祭，謂以吉禮爲首也」。　　注云「事謂祀之，祭之，享之」者，亦據下文。云「故書吉或爲告」者，謂故書有兩本，一本作吉，一本作告也。杜子春云「書爲告禮者非是，當爲吉禮，書亦多爲吉禮」者，段玉裁云：「此字之誤也。《禮記・緇衣》『尹吉』，卽『尹告』之誤。《周易》『后以施命誥四方』，王弼本作『詰四方』，亦是字誤。」云「吉禮之別十有二」者，賈疏云：「天地各有三享，人鬼有六，故十二也。」阮元云：「注詳言此者，以證《敘官》注所云其別三十有六也。」

以禋祀祀昊天上帝，以實柴祀日、月、星、辰，以槱燎祀司中、司命、飌師、雨師，禋之言煙，周人尚臭，煙，氣之臭聞者。槱，積也。《詩》曰：「芃芃棫樸，薪之槱之。」三祀皆積柴實牲體焉，或有玉帛，燔燎而升煙，所以報陽也。鄭司農云：「昊天，天也。上帝，玄天也。昊天上帝，樂以《雲門》。實柴，實牛柴上也。故書實柴或爲『賓柴』。司中，三能三階也。司命，文昌宮星。風師，箕也。雨師，畢也。」玄謂昊天上帝，冬至於圜丘所祀天皇大帝。星謂五緯，辰謂日月所會十二次。司中、司命，文昌第五第四星，或云中能上能也。祀五帝亦用實柴之禮云。【疏】「以禋祀祀昊天上帝」者，賈疏云：「此祀天神之三禮，以尊卑先後爲次，謂歆神始也。」詒讓案：《說文・示部》云：「祀，祭無已也。」此經通例，天神云祀，地示云祭，人鬼云享。三者對文則異，散文亦通。《御覽・禮儀部》引《五經異義》云：「王者一歲七祭天地。仲春后妃郊高媒，亦祭天也。」《郊特牲》孔疏云：「皇氏云：『天有六天，歲有八祭。冬至圜丘，一也。夏正郊天，二也。五時迎氣，五也，通前爲七也。九月大饗，八也。雩與郊禖爲祈祭，不入數。』崔氏以雩爲常祭，九也。」案《曲禮》疏說天歲有九祭，亦與崔同。《詩・大雅・生民》箋云：「禋祀上帝於郊媒。」說與許同。而《月令》注則謂郊媒祠媒官，不祭天。崔氏不數郊媒，蓋從《月令》注義。但此九祭之中，圜丘祭昊天，南郊祭受命帝，迎氣，大饗，大雩，皆祭五帝，雖同爲祭天，禮之隆殺亦自不同，要其用禋祀則一也。云「以實柴祀日月星辰」者，《郊特牲》疏云：「凡祭日月之禮，崔氏云一歲有四。迎氣之時，祭日於東，祭月於西，故《小宗伯》云：『兆五帝於四郊，四望四類亦如之。』是其一也。

春分朝日，秋分夕月，是其二也。此等二祭，日之與月，各祭於一處。日之與月，皆爲壇而祭，所謂王宮祭日，夜明祭月，皆爲燔祭也。夏正郊天之時而主日，配以月，《祭義》云『大報天而主日配以月』。是其三也。孟冬大蜡之時，又祭日月，故《月令》『孟冬，祈來年于天宗』。是其四也。此二祭并祭日月，共在一處，則祭日於壇，祭月於坎，壇則實柴，坎則瘞埋也。」今案：日月之祭有五。崔氏所舉四祭，惟二分朝日夕月，爲天子之正祭。其主配南郊，祈年天宗，爲從祭。它如《左》昭元年傳云，「日月星辰之神，則雪霜風雨之不時，于是乎禜之」，則因禜而祭也。《覲禮》「拜日于東門之外，禮日于南門之外，禮月與四瀆于北門外」，則因會同而祭也。此二祭無定時，崔氏亦未舉。至《祭義》所云「祭日于東，祭月于西」，卽是二分之正祭。《小宗伯》「兆四類」，則又天神之別祭，並不在迎氣時，詳《小宗伯》疏。又凡祭月皆於壇，所謂「夜明」是也。其禮皆與日同，用實柴。《覲禮》鄭注謂祭地瘞卽祭月，説殊不塙。崔氏遂謂郊蜡祭月於坎，用瘞埋，非也。云「以槱燎祀司中、司命、飌師、雨師」者，《釋文》云：「槱，本亦作楢。」案《説文·木部》云：「槱，積木燎之也。《周禮》『以槱燎祠司中、司命』。重文禉，柴祭天神，或從示。」「楢，柔木也」，非此義。《羊人》注亦作「楢燎」，別本誤，正與彼同。孔繼汾謂《釋文》楢，疑禉之譌，亦通。《風俗通義·祀典篇》，三引此文，其一作栭，栭蓋禉之誤。酉，古文作丣，故禉或作𥛜，又譌爲栭也。又此云祀，《説文》引作祠者，蓋亦傳寫之誤。《説文·火部》云：「寮，柴祭天也。燎，放火也。」經典通叚燎爲寮。《漢書·郊祀志》作「燔寮」，用正字也。飌師者，《九經字樣·虫部》云：「飌，古文風。」全經六篇，風雨字皆作風，惟風師字作飌。《説文》無此字，从雚，與六書例亦不合，所未詳也。凡祭星辰，尊者亦以實柴，卑者則以槱燎。《爾雅·釋天》云：「祭星曰布。」郭注云：「布，散祭於地。」《爾雅釋文》引李巡云：「祭星者，以祭布露地，故曰布。」又引孫炎云：「既祭布散於地，似星辰布列也。」《釋天》又云：「祭風曰磔。」《公羊》僖三十一年傳，徐疏引李巡云：「祭風以牲頭、蹏及皮，破之以祭，故曰磔。」又引孫炎云：「既祭，披磔其牲，以風散之。」又《公羊》僖三十一年，何注云：「日月星辰布，風磔雨升。」説與《釋天》又小異。其云雨升者，蓋卽此經祭雨師槱燎升煙之義。此經不云布磔者，約舉大端，不詳縟節也。

注云「禋之言煙」者，賈疏云：「案：《尚書·洛誥》『予以秬鬯二卣明禋』，注云：『禋，芬芳之祭。』又案：《周語》云『精意以享謂之禋』，義並與煙得相叶也。」

但宗廟用煙，則《郊特牲》云『臭陽達於牆屋』是也。天神用煙，則此文是也。鄭於禋祀之下，正取義於煙，故言禋之言煙也。」案：《書·堯典》「禋于六宗」。《通典·吉禮》引鄭注云：「禋，煙也，取其氣達升報於陽也。」《御覽·時序部》引《尚書大傳》，述《書》作「煙于六宗」。鄭注云：「煙，祭也。字當爲禋。」蓋禋煙聲類同，故升煙以祭謂之禋祀，對實柴槱燎言之也。散文則禋通爲祭祀，《爾雅·釋詁》云：「禋，祭也。」《說文·示部》云：「禋，絜祀也。一曰精意以享爲禋。」是也。《詩·大雅·生民》孔疏引王肅云：「《外傳》曰『精意以享曰禋』，禋非燔燎之謂也。」又引袁準云：「禋者，煙氣煙熅也。天之體遠不得就，聖人思盡其心，而不知所由，故因煙氣之上以致其誠，《外傳》曰『精意以享禋』，此之謂也。難者曰：『禋于文王，何也？』曰：『夫名有轉相因者，《周禮》云禋祀上帝，辨其本言煙熅之體也。《書》曰禋于文武者，取其辨精意以享也。先儒云「凡絜祀曰禋」，若絜祀爲禋，不宜別六宗與山川也。凡祭祀無不絜，而不可謂皆精。然則精意以享，宜施燔燎，精誠以假煙氣之升，以達其誠故也。』」案：袁說是也。《洛誥》「禋於文武」，是人鬼可稱禋。《詩·小雅·大田》云「來方禋祀」，鄭箋云「禋祀四方之神祈報」，是地示亦有禋祀矣。此皆散文通言，禮節實不同也。云「周人尚臭，煙氣之臭聞者」者，《郊特牲》云：「周人尚臭，灌用鬯臭。」彼文本指宗廟祼鬯。此天神無祼，而升气亦尚臭之意，故引之證禋之取義於煙也。云「槱，積也」者，與《說文》槱訓積木燎之同。《風俗通義·祀典篇》云：「槱者，積薪燔柴也。」《文選·東京賦》薛注云：「槱之言聚也，謂聚薪焚之，揚其光炎，使上達於天也。」槱聚疊韻，聚積亦同義。引《詩》曰「芃芃棫樸，薪之槱之」者，《大雅·棫樸》文。毛傳亦云：「槱，積也。」鄭彼箋云：「白桵相樸屬而生者，枝條芃芃然，豫斫以爲薪，至祭皇天上帝及三辰，則聚積以燎之。」此引之者，亦證槱訓積薪也。云「三祀皆積柴實牲體焉，或有玉帛」者，《續漢書·祭祀志》劉注引吴商說同。《說文·木部》云：「柴，小木散材。」《月令》注云：「大者可析謂之薪，小者合束謂之柴。柴以給燎。」此三祭皆燎，故知皆積柴也。賈疏云：「此司中司命等言槱燎，則亦用煙也。於日月言實柴，至昊天上帝言煙祀，則三祀互相備矣。但先實柴，次實牲，後取煙，事列於卑祀，義全於昊天，作文之意也。但云或有玉帛，則有不用玉帛者。《肆師職》云：『立大祀，用玉帛牲牷；立次祀用牲幣，立小祀用牲。』彼雖摠據天地宗廟諸神，今以天神言之，則二大小次祀皆有也。以肆師言之，煙祀中有玉帛牲牷三事，實柴中則無玉，唯有牲幣，槱燎中但止有牲，故鄭云實牲體焉。據三祀有其玉帛，惟昊天具之，實柴則有帛無玉。是玉帛於三祀之内，或有或無，故鄭云或耳。」《郊特牲》疏云：「其圜丘之正祭，❶崔氏云：『其初先燔柴及牲玉於丘訖，次乃埽丘下而設正祭。若夏正及五郊，初則燔柴及牲玉於壇，故《祭法》云「燔柴於泰壇祭天也」，次則於壇下埽地而設正祭。』」又云：「皇氏云：『祭日之旦，王立丘之東南，西鄉。燔柴及牲玉於丘上，升壇以降其神，故《韓詩内傳》云「天子奉玉升柴，加於牲上」，《詩》又云「圭璧既卒」，是燔牲玉也。』」案：崔、皇二家，並依鄭義推定。《通典・吉禮》説亦略同。《公羊》僖三十一年，何注云：「天燎地瘞。燎者，取俎上七體，與其珪寶，在辨中置於柴上燒之。」《吕氏春秋・季冬紀》高注云：「燎者，積聚柴薪，置璧與牲於上而燎之，升其煙氣。」亦並謂祭天神有燔牲玉之事，與鄭及《韓詩傳》同。金鶚云：「《大宗伯》於昊天上帝言禋祀，日月星辰言實柴，司中、司命、風師、雨師言槱燎，皆類敍而别言之，其禮必各異。禋之言煙，又爲精意以享，故知其但以幣帛加柴上而燔之，不貴多品，又取其氣之絜清也。實柴，謂以牲體加於柴上，祭日月非全烝，當取其體之貴者燔之。《爾雅・釋天》云，『祭星曰布』，謂以牲體分析而布於柴上，以象星辰之布列。日月星辰亦燔幣，然所以異於禋祀者，在牲不在幣也。槱燎則有柴有牲無幣，而用柴獨多。此祀天神之等殺也。」詒讓案：郊丘及日月諸天神之祀，《禮經》無專篇。此職三禮之别，鄭、賈所釋，並未詳析，無可推校。王氏《訂義》引崔靈恩云：「三牲俱足，以禋爲名稱；若少其一，則但云實柴；若少其二，則以積薪爲名。」此謂以牲牢多少異名。今攷昊天上帝，本用特牲，而《小司徒》云「凡小祭祀奉牛牲」，則王國大小祭祀咸用大牢，崔氏所云，正與禮反，其不足據明矣。竊以意求之，禋祀者，蓋以升煙爲義；實柴者，蓋以實牲體爲義；槱燎者，蓋以焚燎爲義。禮各不同，而禮盛者得下兼，其燎柴則一，故鄭《小子》注以此三祀通爲積柴。又《覲禮》及《爾雅・釋天》並云「祭天燔柴」，《大傳》云「柴于上帝」，《祭法》云「燔柴于泰壇」，《説文・示部》云「祡，燒柴樊燎以祭天神」，又《火部》尞亦訓爲柴祭天，是禋祀亦可以言柴，亦可以言燎也。然祭天禋祀升煙之節，據崔靈恩、皇侃、熊安生説，在正祭之前，則尚未薦血腥，安得便取牲燔燎？《郊特牲》疏云：「郊唯特牲得供正祭，燔燎二處所用者，熊氏、皇

❶「正」原訛「之」，據楚本改。

氏等以爲分牲體供二處所用。」此乃知其不可通而曲爲之説，不知《國語·周語》云：「郊禘之事，則有全烝。」全烝分體薦之，本不肆解。若如皇、熊説，分體以供燔燎，則正祭時所薦，體已不全，安得謂之全烝乎？何氏《公羊注》謂取俎上七體燎之。攷之《禮經》，七體者乃豚解之法，是房烝，非全烝也。且卽如其説，既取七體以燎，則俎爲虚俎矣，正祭時復用何體乎？然則升煙之節，蓋無燔牲。但祭天升煙歆神之後，疑當復有實柴之禮。實柴則有燔牲，故《韓詩内傳》有「升柴加牲」之文。《書·舜典》「至于岱宗，柴」。《釋文》引馬融云：「柴祭時，積柴加牲其上而燔之。」是禋祀亦兼實柴之證也。蓋祭天升氣之後，有薦血，《禮器》、《郊特牲》所謂「郊血大饗腥」是也。薦血之時，蓋殺牲而不解，是之謂全烝。既薦血，又薦腥，則牲已解爲七體，《禮運》注所謂「豚解而腥之」也。於是復有實柴之禮，於七體中取其貴者，加於柴上而燔之，猶廟享薦孰之前有焫蕭之節也。蓋升煙之初無燔牲，故薦血得有全烝；薦腥之後已豚解，故實柴得燔牲體。但所燔者乃七體中之一體，何邵公以爲盡取七體而燎之，蓋所聞之誤。至實柴主於實牲體，槱燎與實柴禮蓋隆殺小異，然亦有燔牲。但二者既不用全烝，則無升煙之節。此經天神、地示、人鬼三祭，每祭之中，皆先言大祀，次及中小祀，禮亦由隆而殺。其隆者得以下兼，殺者則不能上儗。若祭天神，則禋祀亦兼實柴，實柴、槱燎不能兼禋祀也。地示則血祭亦兼有埋，埋沈不能兼血祭也。人鬼則肆獻祼亦兼饋食，饋食不能兼獻祼也。等次甚明，可以例推。而鄭、賈並謂大小同禮，互文見義，則無復隆殺之差。賈疏又謂先實柴，次實牲，後取煙，則節次尤淆混矣。至祭天地燔瘞之玉，與禮神之玉亦異。《郊特牲》疏引皇侃説，圜丘之祭，先燔柴及牲玉以降神，及設正祭就坐，乃置蒼璧於神坐以禮神，《通典》説亦同，足證燔瘞之玉，非卽禮神之玉。蓋禮神之玉，有一定之制度，祭畢則藏之；燔瘞之玉，但取備物，其形制必沽而小。若《左》昭三年傳，王子朝以成周之寶珪沈于河，此則妄干大位，媚神求福，非常法也。又案：圜丘南郊禮神之玉，依《典瑞》文，皆當用四圭有邸，其燔玉經無文，疑當用一圭而小。皇氏依後鄭注義，謂圜丘禮神以蒼璧，又云其在先燔者亦蒼璧也，並非是。《通典》引許敬宗等奏，謂燔柴當用蒼璧，正祭當用四圭有邸，説亦未允。蒼璧非祀天之玉，詳後疏。又此祀天神禋祀實柴，及下文祭地示埋沈等，賈疏以爲皆歆神始，《郊特牲》疏引崔靈恩、熊安生説略同。又引皇侃説，則謂燔柴在作樂降神之前，説雖未是，而謂在正祭之前，亦同崔、熊義。唯《爾雅・釋天》郭注云：「燔柴，既祭積薪燒之；瘞埋，既祭埋藏之。」《詩・大雅・鳧鷖》孔疏引孫炎義同。此並與崔、熊、皇説異。《通典》及《舊唐書・禮儀志》載許敬宗等奏云：「謹案祭祀之禮，必先降神，周人尚臭，祭天則燔柴，祭地則瘞血，祭宗廟則焫蕭灌鬯，皆貴氣臭，同以降神。禮經明白，義釋甚詳。燔柴在祭初，禮無所惑，是以《三禮義宗》等，並云祭天以燔柴爲始，然後行正祭；祭地以瘞血爲先，然後行正祭。又《禮論》説晉太常賀循上言，積柴舊在壇南燎，祭天之牲用犢左胖，漢儀用頭；今郊用脅之九个，❶太宰令奉牲脅，太祝令奉圭璧，俱奠燔薪之上。此卽晉代故事，亦無祭末之文。賀循既云用祭天之牲左胖，復云今儀用脅九个，足明燔柴所用與升俎不同，是知自在祭初別燔牲體，非於祭末燒神餘饌，此則晉氏以前，仍遵古制。唯周魏以降，妄爲損益，緣告廟之幣，事畢瘞埋，因改燔柴將爲祭末，事無典實，禮闕降神。」又載張説、徐堅、康子元等駁許議云：「案禮迎神之儀，樂六變而天神降，八變而地祇出，九變則人鬼可得而禮矣。則降神以樂，《周禮》正文，非謂燔柴以降神也。」惠士奇申崔、許等義云：「燔燎升煙，以達精意，當在祭初，天神之柴，猶人鬼之祼。郭注《爾雅》謂『既祭而燎』，是宗廟亦當既祭而祼也，可乎？蓋奏樂致神，而人鬼禮之以玉而祼鬯，地示禮之以玉而薦血，天神禮之以玉而燎柴。張説謂宜先祭後燔，非通論也。」今案：孫、郭説非經注義，惠氏駁之是也。此經天神、地示、人鬼三祭，並舉祭初之重節而言。如地示之血祭，人鬼之肆獻祼饋食，皆不在祭末，何獨於天神之禋柴及地示之瘞貍，獨舉祭末之禮言之乎？且鄭注於地示血祭云：「陰祀自血起，貴氣臭。」此言血祭之在祭始也。於天神云：「周人尚臭，煙，氣之臭聞者。」又云：「燔燎而升煙，所以報陽也。」陰祀既云自血起，明陽祀亦自氣臭起矣。二注蓋互文見義，是鄭意亦不以柴瘞爲祭末之節可知，況《司巫》「守瘞」注明有「祭禮未畢」之文乎！惟《覲禮》「祭天燔柴，祭山川丘陵升，祭川沈，祭地瘞」，注云「燔柴、升、沈、瘞，祭禮終矣，備矣」。賈彼疏云：「燔柴等在作樂下神之後，是下神之禮終。」又謂「或可周禮此二者爲歆神，至祭祀之後，更有此祭瘞升沈之事，若今時祭祀訖始有柴瘞之事者也」。賈此説卽兼采漢魏以後祭禮。不知下神之後，不可以言終；若云祭後更有柴瘞，則亦非祭之重節，不過如廟享既祭藏隋之例，乃祭之餘事，經安得特舉爲諸祭殊

❶「个」，原訛「之」，今據宋版《通典》、《舊唐書》改。下「个」同。

別之禮乎？彼注云「終矣備矣」者，乃通燔柴升沈瘞五者
而言，謂歷數祭事，終盡於此，「終」之義與「備」蓋略同，非
謂柴瘞等在祭終也。賈誤會鄭意，乃自生岐迕，非也。至
於郊祀燔牲，當在升煙之後，於用全烝之文，本不相迕，前
已辯之。賀循用左胖之説，本於漢制。《漢書・郊祀志》：
王莽奏天地用牲一，燔尞瘞薶用牲一，天用牲左及黍稷燔
尞南郊，地用牲右及黍稷瘞于北郊。是謂用左用右，並別
殺牲，故《通典》許敬宗奏，謂「燔用蒼犢，正祭用騂犢」。一
祭遂用兩犢，説實大謬，不足據也。又案：凡祀天皆用騂
犢，鄭後注謂圜丘別用蒼犢，亦非也。云「燔燎而升煙，所
以報陽也」者，升煙尚氣臭，氣臭卽陽也。賈疏云：「案《郊
特牲》云：『升首於室以報陽。』彼論宗廟之祭以首報陽。
今天神是陽，煙氣上升，亦是以陽報陽，故取特牲爲義也。」
鄭司農云「昊天，天也」者，《説文・夰部》云：「昦，春爲昦
天，元气昦昦。」昊卽昦之隸變。先鄭以昊天爲天之大名，
不依四時異名之説。《詩・周頌・昊天有成命》，鄭箋亦
云：「昊天，天大號也。」云「上帝，玄天也」者，《典瑞》注同。
賈疏云：「案《廣雅》云：『乾，玄天。』《易・文言》云：『夫玄
黃者，天地之雜也，天玄而地黃。』以天色玄，故謂玄名天，
先鄭蓋依此而讀之，則二者異名而同實也。若然，則先鄭
與王肅之等，同一天而已，似無六天之義，故以天解昊天上
帝爲一也。」孫星衍云：「司農上帝爲玄天，蓋謂北極上帝。
玄，北方色，故明堂北出稱玄堂。卽是康成所云北極大帝。
賈以先鄭與王肅同一天，非也。」案：孫説是也。《吕氏春
秋・有始覽》云：「北方曰玄天。」高注云：「北方十一月建
子，水之中也。水色黑，故云玄天。」《素問・天元紀大論》
云：「玄天之氣，經于張、翼、婁、胃。」《開元占經・天占》引
《尚書考靈曜》説，天有九野，亦云北方玄天。先鄭此注以
天釋昊天，而別以玄天釋上帝者，蓋謂昊天，天之大名，上
帝爲北方之帝，天北高而南下，故獨專上帝之稱。《禮經》
凡言上帝者，皆玄天也。與後鄭北極天皇大帝之説，亦略
相類。然則先鄭説雖與後鄭小異，究不同王肅一天之説，
疏説甚誤。云「昊天上帝，樂以《雲門》」者，據《大司樂》文，
卽冬至圜丘所祀者也。云「實柴，實牛柴上也」者，亦謂實
柴取實牲體爲義。日月星辰不用犢，故云實牛。但先鄭唯
釋實柴爲實牛柴上，則似禋祀、槱燎並不實牛矣，説與後鄭
異。又案：天神，唯圜丘、五郊、明堂用犢，餘日月星辰以
下皆用大牢，故《小司徒》云「凡小祭祀奉牛牲」是也。其祈
禱則用少牢，《祭法》祭日月等，並冢祭時埋少牢爲文是也。
《郊特牲》疏引崔靈恩説，謂日月用犢；又引皇侃説，謂日

月合祭用犢，分祭用少牢；孔氏又謂日月以下常祀用羊，王親祭則用牛。並與禮不合，不足據也。互詳《小司徒》、《羊人》疏。云「故書實柴或爲賓柴」者，實賓形近而誤，二鄭並不從也。云「司中，三能三階也」者，《北堂書鈔·設官部》、《開元占經·石氏中官占》引《春秋元命苞》云：「魁下六星，兩兩而比，曰三能，主闓德宣符德立題。西近文昌二星，曰上台，爲司命，主壽。次二星曰中台，爲司中，主宗室。東二星曰下台，爲司禄，主兵。」《書鈔》引宋均注云：「能，今之台字也。」《占經》又引《黄帝占》云：「三能，近文昌宫者曰太尉司命，爲孟；次星曰司徒司中，爲仲；次星曰司空司禄，爲季。」賈疏引《武陵太守星傳》云：「三台，一名天柱。上台司命爲太尉，中台司中爲司徒，下台司禄爲司空。」《漢書·東方朔傳》：「願陳泰階六符。」顔注引孟康云：「泰階，三台也。」又應劭引《黄帝泰階六符經》云：「泰階者，天子之三階，上階上星爲男主，下星爲女主；中階上星爲諸侯、三公，下星爲卿大夫；下階上星爲士，下星爲庶人。」是司中即三能，又即三階也。云「司命，文昌宫星」者，賈疏引《星傳》云：「文昌宫第四曰司命，第五曰司中。」《史記·天官書》云：「斗魁戴匡六星，曰文昌宫。一曰上將，二曰次將，三曰貴相，四曰司命，五曰司中，六曰司禄。」《開元占經》引《黄帝占》云：「文昌六星，從斗魁第一星爲上將，建威武；第二星爲次將，臨左右；第三星爲貴相，主文理；第四星爲司命，主賞功進賢；第五星爲司中，主司過詰咎；第六星爲司禄，佐理寶。」《風俗通義·祀典篇》云：「《周禮》司命，文昌也。司中，文昌上六星也。」義與司農同。《太平御覽·天部》引《石氏星經》，以司命爲文昌第五星，疑非。《祭法》王立七祀，別有司命，鄭彼注謂小神，居人閒，主督察三命者。《白虎通義·壽命篇》云：「司命舉過。」《説文·示部》亦引《漢律》有「祠祉司命」。彼並非天神，《祭法》孔疏引皇侃説，亦以爲文昌宫星，非也。《楚辭·九歌》有大司命、少司命，大司命疑即此天神，少司命即《祭法》小神矣。云「風師，箕也」者，此注用今字作「風」也。《書·舜典》孔疏引後鄭《書注》説同。《風俗通義·祀典篇》云：「《周禮》風師者，箕星也。箕主簸揚，能致風氣，鼓之以雷霆，潤之以風雨，養成萬物，有功於人，王者祀以報功也。」《獨斷》云：「風伯神，箕星也。其象在天，能興風。」《御覽·天部》引《荆州星占》云：「箕舌一星動，則大風至，不出三日。」又云：「箕宿四星，第二星一名風后。」《開元占經·東方七宿占》引石氏云：「箕，大星，一名風星。月宿之，必有大風。」是箕爲風師也。《風俗通義》又引

《楚辭》説云：「飛廉，風伯也。」案：此本《離騷》王逸注。《漢書・郊祀志》顔注同。此秦漢以後之異説，不可以證禮也。云「雨師，畢也」者，《舜典》疏引後鄭《書注》説同。《風俗通義・祀典篇》云：「《周禮》雨師者，畢星也。《詩》云：『月離於畢，俾滂沲矣。』《易・師卦》也，土中之衆者莫若水，衆者師也。雷震百里，風亦如之。至於泰山，不崇朝而偏雨天下，異於雷風，其德散大，故雨獨稱師也。」《獨斷》云：「雨師神，畢星也。其象在天，能興雨。」義並與司農同。《風俗通義》又引《春秋左氏》説云：「共工之子爲玄冥。鄭大夫子産禳於玄冥，雨師也。」案：玄冥爲地示五神之一，不可以淆天神。《楚辭・天問》王注又謂雨師名蓱翳，《漢・郊祀志》顔注亦云，「屏翳一曰屏號」。顔又據秦祀二十八宿，復祀風伯雨師，證非箕畢二星。此亦秦漢後異説，不可以證禮也。云「玄謂昊天上帝，冬至於圜丘所祀天皇大帝」者，冬至圜丘祭天神，詳《大司樂》職。《公羊》宣三年何注云：「帝，皇天大帝，在北辰之中，主總領天地五帝羣神也。」《御覽・天部》引《五經通義》云：「神之大者，曰昊天上帝，卽耀魄寶也。」又云：「天皇大帝，亦曰太一。」《開元占經・甘氏中官占》引《黄帝占》云：「天星大帝，名耀魄寶，主天子象，下出命符。」賈疏云：「《元命包》云：『紫微宫爲大帝。』又云：『天生大列爲中宫大極星，星其一明者，大一常居，傍兩星巨辰子位，故爲北辰，以起節度。亦爲紫微宫，紫之言此，宫之言中。此宫之中，天神圖法，陰陽開閉，皆在此中。』又《文耀鉤》云：『中宫大帝，其精北極星，下一明者，爲大一之先，含元氣以斗布，常是天皇大帝之號也。』又案：《爾雅》云：『北極謂之北辰。』鄭注云：『天皇北辰耀魄寶。』又云：『昊天上帝，又名大一常居，以其尊大，故有數名也。』其紫微宫中皇天上帝，亦名昊天上帝，得連上帝而言。至於單名皇天，單名上帝亦得。故《尚書・君奭》云：『公曰：君奭，我聞在昔，成湯既受命，時則有若伊尹，格于皇天。』鄭注云：『皇天，北極大帝。』又《掌次》云：『張氈案，設皇邸，以旅上帝。』上帝卽大帝。《堯典》云：『欽若昊天。』皆是上帝單名之事。《月令》更無祭五帝之文，故《季夏》云『以供皇天上帝』，鄭分之，『皇天』北辰耀魄寶，『上帝』大微五帝，亦是大帝單號之事。若然，大帝得單稱，與五帝同；五帝不得兼稱皇天、昊天也。《異義・天號》第六：『今《尚書》歐陽説曰：「春曰昊天，夏曰蒼天，秋曰旻天，冬曰上天，揔爲皇天。」《爾雅》亦然。古《尚書》説云：「天有五號，各用所宜稱之。尊而君之，則曰皇天；元氣廣大，則稱昊天；仁覆愍下，則稱旻天；自上監下，則稱上天；據遠視之蒼蒼然，則稱蒼天。」謹案：《尚書》堯命羲和，欽若昊天，揔勑四時，知昊天不獨春。《春秋左氏》曰：「夏四月己丑，孔子卒。」稱旻天不弔，時非秋天。』『玄之聞也，《爾雅》者，孔子門人作，以釋六藝之文，言蓋不誤矣。春氣博施，故以廣大言之；夏氣高明，故以遠言之；秋氣或殺或生，故以閔下言之；冬氣閉藏而清察，故以監下言之。皇天者，其尊大號。六藝之中諸稱天者，以己情所求言之，非必正順於時解。浩浩昊天，求天之博施；蒼天蒼天，求天之高明；旻天不弔，則求天殺生當得其宜；上天同雲，求天之所爲當順於時。此之求天，猶人之説事，各從主耳。若察於時所論，從四時天各云所別，故《尚書》所云者，論其義也。二者相須，乃足此名。非必紫微宮之正，直是人逐四時五稱之。』鄭云皇天者，其尊大之號，不逐四時爲名，似本正稱。」詒讓案：《爾雅·釋天》云：「春爲蒼天，夏爲昊天。」郭注云：「言氣皓旰。」《詩·王風·黍離》孔疏引李巡云：「夏萬物盛壯，其氣昊大，故曰昊天。」又引孫炎本，亦同。許、鄭所據作春昊夏蒼，與李、孫、郭本異。《白虎通義·四時篇》載《爾雅》有二説，是也。《釋名·釋天》云：「夏曰昊天，其氣布散顥顥也。」與今本《爾雅》同。《廣雅·釋天》云：「東方昊天。」與今《尚書》及許、鄭所據《爾雅》同。《毛詩·王風·黍離》傳云：「尊而君之則稱皇天，元氣廣大則稱昊天。」説與古《尚書》説同。此經昊天，《月令》别稱皇天，既非東方之帝，又祀於冬至，則《毛詩》及古《尚書》説庶得其正矣。金榜云：「《大宗伯》『以禋祀祀昊天、上帝』，《司服》『祀昊天、上帝則服大裘而冕，祀五帝亦如之』，《典瑞》『四圭有邸以祀天旅上帝』，明昊天與上帝殊。《掌次》『大旅上帝則張氈案，設皇邸；祀五帝則張大次小次，設重帟重案』，明上帝與五帝殊。榜謂昊天，垂象之天也；上帝，祈穀之帝也。冬至禘者爲昊天，啓蟄郊者爲上帝。後鄭合昊天上帝爲一，誤。」案：金説是也。此職及《司服》之昊天上帝，亦當分爲二。昊天爲圜丘所祭之天，天之總神也。上帝爲南郊所祭受命帝，五帝之蒼帝也。《大司寇》、《小司寇》並云「禋祀五帝」，則五帝皆同禋祀。此經唯云上帝者，以受命帝即五帝之一，義得互見也。《典瑞》云：「四圭有邸以祀天旅上帝。」彼云祀天，即此昊天；旅上帝，即此上帝。二者別文，明其非一帝可知。而鄭、賈説昊天上帝，並合爲一，爲專指圜丘之天帝，非也。凡此經及《禮記》單云上帝者，並爲受命帝，《典瑞》注以爲統晐五帝，《掌次》注又以爲專指圜丘天帝，亦非也。《月令》注以皇天爲北辰，上帝爲大微五帝，彼皇天卽此昊天，注分釋義較長；但以上帝爲通五帝，則仍未析耳。互詳《掌次》及後疏。又案：鄭以昊天上帝爲北辰，賈所引《春秋緯》，並據北極大星言之，卽今之北極帝星也。然《五行大義・論諸神篇》引《甘公星經》、《晉書・天文志》並謂天皇大帝名耀魄寶，一星在鉤陳口中，則北極帝星之外，別有天皇大帝之星。《史記・天官書》及《漢書・天文志》並無之。今天官家所測星圖，則帝星外，又別有北極與天皇大帝兩星。然古説北極四星，或云五星，皆不兼鉤陳及其口内之星。據賈引鄭説，謂昊天上帝，一曰大一常居，與《元命包》説同，則鄭所謂天皇大帝者，自指北極帝星，非後世所測鉤陳口中星也。互詳《匠人》疏。又案：鄭謂「周圜丘祭天皇大帝，猶漢郊祀大一」，卽本漢制爲説。據《史記・封禪書》漢武帝時，以公孫卿公玉帶言，祠太一。又亳人謬忌奏祠太一方云：「天神貴者太一，太一佐曰五帝，古者天子以春秋祭太一東南郊。」蓋西漢人謂天神最貴者爲太一，與《緯候》説同。但云以春秋祭之東南郊，則時地與禮不合，蓋方士之妄也。金鶚云：「鄭注《大宗伯》昊天上帝，以爲天皇大帝；注《大司樂》，以爲天神主北辰；注《月令》皇天，以爲北辰耀魄寶，本於《春秋緯》，謬也。古《尚書》説云：『元氣廣大曰昊天。』有曰皇天者。《説文》：『皇，大也。』天道至大，故稱皇天。合而言之，曰昊天上帝，或言皇天上帝；分而言之，曰昊天，曰上帝，或曰皇天，或單言天，單言帝，一也。要不可以星象爲天。北辰、天皇大帝，皆星名，未可以爲天也。」案：金説是也。《大戴禮記・公冠篇》附載祀天祝辭，云：「維予一人，某敬拜皇天之祜。」不稱北辰、天皇大帝，則鄭説未可信矣。云「星謂五緯」者，《保章氏》注云：「星謂五星。」《説文・晶部》云：「曐，萬物之精，上爲列星。重文星，曐或省。」案：總言之，則五星二十八宿及恒星通稱列星。析言之，則有謂五緯者，此職及《保章氏》之星辰，並對二十八宿而言是也；有謂二十八宿者，《馮相氏》、《硩蔟氏》之二十八星是也。五星謂之五緯者，《史記・天官書》云紫宮、房心、權衡、咸池、虚危列宿部星，此天之五官坐位也，爲經，不移徙，大小有差，闊狹有常。水、火、金、木、填星，此五星者天之五佐，爲經緯，見伏有時，所過行贏縮有度是也。賈疏云：「五緯卽五星，東方歲星，南方熒惑，西方太白，北方辰星，中央鎮星。言緯者，二十八宿隨天左轉爲經，五星右旋爲緯。《星備》云：『五星初起牽牛。』此云星，明是五緯。又案《星備》云：『歲星一日行十二分度之一，十二歲而周天；熒惑日行三十三分度之一，三十三歲而周天；鎮星日行二十八分度之一，二十八歲而周天；太白日行八分度之一，八歲而周天；辰星日行一度，一歲而周天。』是五緯所行度數之事。」云「辰謂日月所會十二次」者，《保章氏》注同。辰，依字當作曟。《說文·會部》云：「日月合宿爲曟。」十二次者，《月令》鄭注云：「孟春者，日月會於諏訾，而斗建寅之辰也。仲春者，日月會於降婁，而斗建卯之辰也。季春者，日月會於大梁，而斗建辰之辰也。孟夏者，日月會於實沈，而斗建巳之辰也。仲夏者，日月會於鶉首，而斗建午之辰也。季夏者，日月會於鶉火，而斗建未之辰也。孟秋者，日月會於鶉尾，而斗建申之辰也。仲秋者，日月會於壽星，而斗建酉之辰也。季秋者，日月會於大火，而斗建戌之辰也。孟冬者，日月會於析木之津，而斗建亥之辰也。仲冬者，日月會於星紀，而斗建子之辰也。季冬者，日月會於玄枵，而斗建丑之辰也。」《書·堯典》孔疏云：「日行遲，月行疾，每月之朔，月行及日而與之會，其必在宿，分二十八宿，是日月所會之處。辰，時也。集會有時，故謂之辰。」賈疏云：「《尚書·堯典》云『厤象日月星辰』，《洪範》『五紀』亦云星辰。鄭皆星辰合釋者，餘文於義不得分爲二，故合釋。此文皆上下不見祭五星之文，故分星爲五緯，與辰別解。若然，辰雖據日月會時而言，辰卽二十八星也。案昭七年《左氏傳》：『晉侯問伯瑕曰：「何謂六物？」對曰：「歲、時、日、月、星、辰，是謂也。」公曰：「多語寡人辰而莫同，何謂辰？」對曰：「日月之會是謂辰，故以配日。」』是其事。但二十八星，面有七，不當日月之會，直謂之星；若日月所會，則謂之宿，謂之辰，謂之次，亦謂之房。故《尚書·胤征》云『辰弗集於房』，孔注云『房，日月所會』是也。」金鶚云：「辰爲日月所會，所會卽在二十八宿，如孟春日在營室，是會於室宿也。五星爲緯，二十八宿爲經，故與日月列而爲四。《左傳》以歲時日月星辰爲六物，《周語》以歲日月星辰爲五位，是辰與星別，不得以星辰爲一物也。《堯典》言『厤象日月星辰』，僞孔傳云：『星，四方中星。辰，日月所會。』孔疏此星辰共爲一物，鄭注亦以星辰爲一，果爾，則《左傳》何以稱六物，《周語》何以稱五位乎？星辰之解，當以《大宗伯》注爲最確。然對文則別，五星非辰，二十八宿非星；散文則通，五星亦可言辰，二十八宿亦可言星。」案：金說是也。此辰卽二十八宿，因日月所會，分爲十二次，以星土言之，則爲分星。《儀禮經傳通解續》引《尚書大傳》「兆十有二州」，鄭注云：「爲營域以祭十二州之分星也。」卽此十二次之星也。云「司中、司命，文昌第五第四星，或曰中能上能也」者，並詳前。賈疏云：「此破先鄭也。何則？先鄭以爲司中是三台，司命是文昌星。今案：三台與文昌皆有司中、司命，何得分之？故後鄭云『文昌第五第四星』。必先言第五後云第四者，案文昌第四云司命，第五云司中；此經先云司中，後云司命，後鄭欲先説司中，故先引第五證司中，後引第四證司命，故文倒也。」詒讓案：二鄭説司中、司命雖不同，而皆以爲星，蓋古天官家説如是。司中，《左》襄十一年傳又謂之司慎，詳《司盟》疏。又《月令》孔疏引《石氏星經》，云「司命二星在虚北，司中二星在司危北」。此別爲小星，《史記・天官書》及《漢書・天文志》並無之，與文昌宮星異也。云「祀五帝亦用實柴之禮云」者，賈疏云：「案《禮記・祭義》云：『大報天而主日，配以月。』祭天以日爲主，故知五帝與日月同用實柴也。若然，五帝與昊天，其服同大裘，其牲同繭栗，於燔柴退與日月等者，禮有損之而益，亦如社稷服絺冕，及其血祭，即在五嶽之上，亦斯類也。」金鶚云：「五帝爲五行之精，佐昊天化育，其尊亞於昊天。天神有禋祀、實柴、槱燎三等，以禋祀爲首，地祇有血祭、貍沈、疈辜三等，以血祭爲首，正自相當。五祀尚得與地同血祭，豈五帝爲天之亞而不得與天同禋祀乎？案五帝用禋祀，大、小《司寇》兩職有明文，鄭説與彼經牾。」金氏駁之是也。五帝名號，詳《小宗伯》疏。賈疏又云：「此經星辰與司中、司命、風師、雨師，鄭君以爲六宗。案：《尚書・堯典》：『禋于六宗。』但六宗之義，有其數無其名，故先儒各以意説，鄭君則以此星也，辰也，司中也，司命也，風師也，雨師也，六者爲六宗。案《異義》：『今《尚書》歐陽、夏侯説：「六宗者，上不及天，下不及地，傍不及四時，居中央，恍惚無有神助，陰陽變化，有益於人，故郊祭之。」古《尚書》説：「六宗，天地神之尊者，謂天宗三，地宗三。天宗，日、月、北辰；地宗，岱山、河、海。日月屬陰陽宗，北辰爲星宗，岱爲山宗，河爲水宗，海爲澤宗。祀天則天文從祀，祀地則地理從祀。」謹案：夏侯、歐陽説，云宗實一而有六，名實不相應。《春秋》「魯郊祭三望」，言郊天，日、月、星、河、海、山，凡六宗；魯下天子，不祭日月星，但祭其分野星，國中山川，故言三望。六宗與古《尚書》説同。』『玄之聞也，《書》曰：「肆類于上帝，禋于六宗，望于山川，徧于羣神。」此四物之類也，禋也，望也，徧也，所祭之神各異。六宗言禋，山川言望，則六宗無山川明矣。《周禮・大宗伯》曰：「以禋祀祀昊天上帝，以實柴祀日月星辰，以槱燎祀司中、司命、風師、雨師。」凡此所祭，皆天神也。《禮記・郊特牲》曰：「郊之祭也，迎長日之至也，大報天而主日也。兆於南郊，就陽位也。埽地而祭，於其質也。」《祭義》曰：「郊之祭，大報天而主日，配以月。」則郊祭并祭日月可知。其餘星也，辰也，司中，司命，風師，雨師，此之謂六宗亦自明矣。」《禮論》：『王莽時，劉歆、孔昭以爲《易》震、巽等六子之卦爲六宗。漢安帝卽位，依《虞書》「禋于六宗」，禮同大社。至魏明帝時，詔令王肅議六宗，取《家語》宰我問六宗，孔子曰「所宗者六，埋少牢於大昭祭時，相近於坎壇祭寒暑，王宫祭日，夜明祭月，幽宗祭星，雩禜祭水旱」。孔安國注《尚書》與此同。張融評從鄭君，於義爲允。』案：《月令·孟冬》云『祈來年於天宗』，鄭云『天宗，日月星辰』。若然，星辰入天宗，又入六宗；其日月入天宗，卽不入六宗之數也。以其祭天主日配以月，日月既尊如是，故不得入宗也。」案：六宗之義，自賈所舉外，其異説見於《吕氏春秋·孟冬紀》高注、《晉書》《魏書》《禮志》、《續漢書·祭祀志》劉注、《漢書·郊祀志》顔注、《通典》諸書者，復有數家，如以爲天地四時者，伏生、高誘、崔靈恩也；以爲《月令》之天宗者，盧植、摯虞也；以爲天宗、地宗、四方宗者，司馬彪也；以爲三昭三穆者，張髦也；以爲六地數，主祭大社及五地者，虞喜、劉昭也；以爲天皇大帝及五帝之神者，後魏孝文帝、杜佑也；以爲六代帝王者，張迪也。餘如王充、李郃、孟康、劉劭，則從歐陽、夏侯説，賈逵則從古《尚書》説，顔師古則從劉歆、孔光説，孟康、范甯、吴商、裴駰則從鄭君説，王莽則兩取劉歆及《尚書》説，馬融則兩取《書》古今文説。今討覈四禮，知周本無六宗之祭，而後文以玉作六器，以禮天地四方，實卽古六宗之遺典，亦卽《禮經》所謂方明。諸家聚訟，並未得其義，今附著其略於此。**以血祭祭社稷、五祀、五嶽，以貍沈祭山、林、川、澤，以疈辜祭四方百物，**不言祭地，此皆地祇，祭地可知也。陰祀自血起，貴氣臭也。社稷，土穀之神，有德者配食焉，共工氏之子曰句龍，食於社；有厲山氏之子曰柱，食於稷。湯遷之而祀棄。故書祀作禩，疈爲罷。鄭司農云：「禩當爲祀，書亦或作祀。五祀，五色之帝於王者宫中，曰五祀。罷辜，披磔牲以祭，若今時磔狗祭以止風。」玄謂此五祀者，五官之神在四郊。四時迎五行之氣於四郊，而祭五德之帝，亦食此神焉。少昊氏之子曰重，爲句芒，食於木；該爲蓐收，食於金；脩及熙爲玄冥，食於水。顓頊氏之子曰黎，爲祝融、后土，食於火土。五嶽，東曰岱宗，南曰衡山，西曰華山，北曰恒山，中曰嵩高山。不見四竇者，四竇，五嶽之匹，或省文。祭山林曰埋，川澤曰沈，順其性之含藏。疈，疈牲胸也。❶疈而磔之，謂磔禳及蜡祭。《郊特牲》曰：「八蜡以記四方，四方年不順成，八蜡不通，以謹民財也。」又曰：「蜡之祭也，主先嗇而祭司嗇也，祭百種以報嗇也。饗農及郵表畷、禽獸，仁之至義之盡也。」【疏】「以血祭祭社稷、五祀、五嶽」者，賈疏云：「此一經言祭地示三等之禮，尊卑之次，亦是歆神始也。社稷、五祀、五嶽，此皆地之次祀，先薦血以歆神，已下二祀不復用血也。」又云：「五嶽歆神雖與社稷同用血，五嶽四瀆，山川之類，亦當貍沈也。」案：依賈説，則血祭即謂薦血。《通典·吉禮》引《三禮義宗》則云：「祭地以瘞血爲先，然後行正祭。」杜氏説方丘、北郊、社稷之祭，並云奏樂致神訖，牽牲取血並玉瘞之以求神，謂之二始。是則瘞而不薦，與賈説不同。今攷地示血祭，與天神禋祀相儗，疑當先薦神，後灌祭，使其氣下達，與《郊特牲》説宗廟血祭略同。賈唯云薦，則於義未備。至地示大祭，唯有貍牲玉，而血則灌而不貍，崔、杜説亦未當也。《詩·大雅·鳧鷖》孔疏云：「《鄭志》『張逸問曰：「以血祭祭五嶽，以埋沈祭山川，不審五嶽亦當埋否？」荅曰：「五嶽尊，祭之從血腥始，何嫌不埋。」』如鄭此言，祭五嶽有埋，明社稷亦埋矣。」案：孔説是也。此地示三祭，血祭得兼貍，猶前天神三祀，禋祀得兼實柴，唯疈辜自爲一祭，它祭不兼此法耳。凡瘞貍爲祭地示之通法。《覲禮》云：「祭地瘞。」《祭法》云：「瘞埋於泰折，祭地也。」《爾雅·釋天》云：「祭地曰瘞埋。」《吕氏春秋·任地篇》云：「有年瘞土，無年瘞土。」是大地與社稷、五祀並有貍可知。賈疏謂血祭中唯五嶽四瀆兼有貍沈，説亦未晐。但據《鄭志》説，則大地示之有瘞貍，乃下兼之縟節，不可以當血祭之正禮，此亦足證崔、杜説之未足馮矣。又案：凡王國有三社三稷，祀之並用血祭。《晉書·禮志》引摯虞奏，謂血祭者專指大社，非也。社稷春祈秋報，歲凡二祭，五祀正祭，蓋當在中秋，與報社同時，詳後及《肆師》疏。五嶽爲四望之一，則四鎮、四瀆及海當亦用血祭，其禮秩同也。經唯舉五嶽，注補其義亦唯及四瀆，皆文不具也。四望正祭，當在孟春南郊之後，詳《小宗伯》疏。云「以貍沈祭山林川澤」者，貍沈兼牲玉幣言之。《祭法》云：「埋少牢於泰昭，祭時也。」《山海經·北山經》説祠山神云，「用一雄雞彘瘞」，《小子》云「凡沈辜侯禳飾其牲」，是貍沈有牲也。《山海經》説瘞祠之禮用玉者尤多，《南山經》云「用一璋，玉用一璧」，《西山

❶「疈」原涉上而脱，據《周禮注疏》補。

經》云「用百瑜，用一吉玉」，《北山經》云「用一珪」，《中山經》云「用一藻玉」。《左傳》襄十八年云「沈玉以濟」，昭二十四年云「王子朝以成周之寶珪湛于河」，定三年云「蔡侯歸，及漢，執玉而沈」，《管子·形勢篇》亦有「淵深沈玉」之文，是貍沈有玉也。《穆天子傳》說禮河，有沈璧，沈牛馬豕羊，亦沈祭牲玉兩有之證。《禮運》云「瘞繒」，注云：「埋牲曰瘞，幣帛曰繒。」是貍有幣，則沈亦有幣可知。故鄭《司巫》注云「瘞謂若祭地祇，有埋牲玉者也」。鄭彼注不言幣者，文偶不具耳。此經地示三祭，血祭與天神禋祀相儗，貍沈與天神實柴相儗。凡貍沈者無血祭，而血祭則兼有貍。血祭薦血之時雖不貍牲，而薦血之後復有瘞貍之禮，則貍牲；亦猶禋祀升煙時不燔牲，而升煙之後復有實柴之禮，則燔牲。祭地用全烝者，亦據薦血之時言之。其後仍有解肆之法，既解肆乃取其體之貴者貍之，與祭天用全烝，而實柴之燔牲則用解肆之體，亦正同也。互詳前疏。又案：此五嶽四瀆已入血祭，則貍沈之山川，當爲中小山川，其林澤則通大中小言之。祭之時月，經注並無文。《月令·孟春》云「乃脩祭典，命祀山林川澤」。又《仲冬》云「天子命有司祈祀四海、大川、名源、淵澤、井泉」，注云「順其德盛之時祭之也」。二文既不同，《禮器》又云「齊人將有事於泰山，必先有事於配林」，注云「配林，林名」，則似祭山林與四望同月。諸文舛迕，未能定也。

注云「不言祭地，此皆地祇，祭地可知也」者，賈疏云：「社稷亦土神，故舉社以表地示。《鼓人職》亦云『靈鼓鼓社祭』，亦舉社以表地，此其類也。若大地方澤，當用瘞埋，與昊天禋相對。」金鶚云：「血祭自社稷始，不言祭地者，祭地與社稷同用血祭也。賈疏謂大地方澤當用瘞埋，與昊天禋祀對；不知瘞埋可與燔柴對，不可與禋祀對，其說似是而非。《郊特牲》云『社所以神地之道』，故方丘亦通稱社。《鼓人》『以靈鼓鼓社祭』，《大司樂》『奏大蔟，歌應鍾，舞《咸池》，以祭地示』。此社兼地，地亦兼社，地與社稷同樂。《典瑞》云：『兩圭有邸以祀地旅四望。』四望即五嶽，次于社稷，而與地同圭，則社稷亦與地同圭可知，而地與社稷同血祭，從可知矣。」案：金說是也。賈疏謂經舉社以表地，說本不誤；然又謂祭地當用瘞埋，以對祭天之禋祀，則似瘞埋尤重於血祭。果爾，則經備舉地示祭法，安得獨遺其最重之禮乎？蓋由不知瘞埋即貍沈之貍，乃祭地血祭後之節，非其最重者也。賈又謂「此血祭下仍有貍沈與疈辜二祀，三祀具得與上天神三者相對，故闕大地」，亦非鄭恉，今並不取。又案：大地示雖與社同血祭，而禮秩尊卑迥殊，其祭儀亦有同有異。金鶚云：

「《禮運》云『天子祭天地，諸侯祭社稷』，是社卑於地可知。且祭地專於天子，而祭社下達於大夫士，至於庶人，亦得與祭。蓋祭地是全載大地，社則有大小。天子大社，祭九州之土，王社祭畿内之土；諸侯國社祭國内之土，侯社祭藉田之土，與全載之地異。又地有上中下，上爲山嶽，中爲平原，下爲川瀆。社雖兼五土，而爲農民祈報，當以平原穀土爲主，是社與嶽、瀆各分地之一體，與全載之地尤異。此社神與地神所以分也。然對文則别，散文則通。凡經典郊社並稱者，皆祭地之通名爲社。《洛誥》言社而不言祭地，以地統於天，其祭已晐於郊之中，孔疏言告天不言告地，從省文也。《舜典》言類于上帝而不言祭地，亦猶是也。《周官》祭地與社多互見，『血祭祭社稷』，則祭地亦血祭可知，兩圭《咸池》祀地，則社稷可知，豈社與地無二祭乎？社爲地之屬，故祭社之禮，有與地同者，求神用血祭，玉用兩圭有邸，樂用《咸池》是也。然地尊於社，故祭社之禮多與祭地殊，祭地以夏至及孟秋，祭社以春秋二仲；祭地於方澤及北郊，祭社於國中及藉田；祭地以后稷配，祭社以句龍配；祭地七獻，祭社五獻；祭地用一犢，祭社用大牢；祭地服衮冕十二章，祭社服毳冕五章。其不同如此。」案：金説是也。云「陰祀自血起，貴氣臭也」者，賈疏云：「對天爲陽祀，自煙起，貴臭也。」金鶚云：「血祭，蓋以血滴於地，如鬱鬯之灌地也。血祭與禋祀正對，氣爲陽，血爲陰，故以煙氣上升而祀天，以牲血下降而祭地，陰陽各從其類也。然血爲氣之凝，血氣下達淵泉，亦見周人尚臭之意。」又云：「賈疏謂薦血，何能使氣臭下達於地？郊亦薦血，而不謂之血祭，可知血祭非薦血矣。《通典》以血祭爲瘞血，不知牲幣有形質，故須瘞埋，血有氣無質，何必瘞乎！」案：金説亦近是。但祭地示用血，疑當先薦而後灌祭，賈説亦未嘗不可通也。云「社稷，土穀之神」者，依今文《孝經》説也。賈疏引《孝經援神契》云：「社者，五土之總名。稷者，原隰之神。五穀，稷爲長，五穀不可偏敬，故立稷以表名。」《漢書・郊祀志》王莽奏云：「社者，土也。稷者，百穀之主，所以奉宗廟，共粢盛，人所食以生活也。」《白虎通義・社稷篇》云：「王者所以有社稷何？爲天下求福報功。人非土不立，非穀不食，土地廣博，不可偏敬也，五穀衆多，不可一一而祭也；故封土立社，示有尊也，稷，五穀之長，故立稷而祭之也。稷者，得陰陽中和之氣，而用尤多，故爲長也。」是社稷爲土穀之神也。云「有德者配食焉」者，即下句龍、柱、稷等是也。鄭言此者，亦從《孝經》説，破古文《左氏》説以社稷即祭此配食之神，不祭地示也。《通典・吉禮》及引

崔靈恩説並同。許君《五經異義》則依古文《左氏》説，以社
稷卽祭句龍、稷等，爲鄭所駁，王肅又申其説與鄭學諸儒相
難。《郊特牲》孔疏云：「《異義》：『今《孝經》説曰：「社者，
土地之主，土地廣博，不可徧敬，封五土以爲社。」古《左氏》
説：「共工氏有子曰句龍，爲后土，后土爲社。」』許君謹案
亦曰《春秋》稱公社，今人謂社神爲社公，故知社是上公，非
地祇。鄭駁之云：『《郊特牲》云「社祭土而主陰氣」，又云
「社者神地之道」。謂社神但言上公，失之矣。今人亦謂雷
曰雷公，天曰天公，豈上公也？』《異義》：『稷神，今《孝經》
説：「稷者，五穀之長，穀衆多不可徧敬，故立稷而祭之。」
古《左氏》説：「列山氏之子曰柱，死，祀以爲稷。稷是田
正。周棄亦爲稷，自商以來祀之。」許君謹案：禮緣生及
死，故社稷人事之，既祭稷穀，不得但以稷米祭稷，反自食。
同《左氏》義。』鄭駁之云：『宗伯以血祭祭社稷、五嶽、四
瀆，社稷之神若是句龍、柱、棄，不得先五嶽而食。』又引《司
徒》五土名，又引《大司樂》五變而致介物及土示。土示，五
土之揔神，卽謂社也。六樂於五地無原隰而有土祇，則土
示與原隰同用樂也。又引《詩·信南山》云『畇畇原隰』，下
云『黍稷彧彧』。原隰生百穀，稷爲之長，然則稷者原隰之
神，若達此義，不得以稷米祭稷爲難。」孔疏又云：「社稷之
義，先儒所解不同。鄭康成之説，以社爲五土之神，稷爲原
隰之神，句龍以有平水土之功，配社祀之，稷有播五穀之
功，配稷祀之。若賈逵、馬融、王肅之徒，以社祭句龍，稷祭
后稷，皆人鬼也，非地神。故《聖證論》王肅難鄭云：『《禮
運》云：「祀帝於郊，所以定天位；祀社于國，所以列地
利。」社若是地，應云「定地位」，而言「列地利」，故知社非地
也。』爲鄭學者馬昭之等通之云：『天體無形，故須云定
位；地體有形，不須云定位，故唯云列地利。』肅又難鄭
云：『祭天，牛角繭栗，而用特牲；祭社用牛角尺，而用大
牢。又祭天地，大裘而冕，祭社稷絺冕。又唯天子令庶民
祭社，社若是地神，豈庶民得祭地乎？』爲鄭學者通之云：
『以天神至尊，而簡質事之，故牛角繭栗而用特牲，服著大
裘。天地至尊，天子至貴。天子祭社，是地之別體，有功於
人，報其載養之功，故用大牢，貶降於天，故角尺也。祭用
絺冕，取其陰類。庶人蒙其社功，故亦祭之，非是方澤神州
之地也。』肅又難鄭云：『《召誥》「用牲于郊牛二」，明后稷
配天，故知二牲也。又云「社于新邑，牛一，羊一，豕一」，明
知唯祭句龍，更無配祭之人。』爲鄭學者通之云：『是后稷
與天，尊卑既別，不敢同天牲。句龍是上公之神，社是地祇
之別，尊卑不甚懸絶，故云配同牲也。』肅又難鄭云：『后稷

配天，《孝經》有配天明文，后稷不稱天也。《祭法》及昭二十九年傳云，「句龍能平水土，故祀以爲社」，不言祀以配社，明知社卽句龍也。』爲鄭學者通之云：『后稷非能與天同功，唯尊祖配之，故云不得稱天。句龍與社同功，故得云「祀以爲社」，而得稱社也。』肅又難云：『《春秋》説「伐鼓于社，責上公」，不云責地祇，明社是上公也。又《月令》「命民社」，鄭注云：「社，后土也。」《孝經注》云：「社，后土也。」句龍爲后土，鄭既云社后土，則句龍也，是鄭自相違反。』爲鄭學者通之云：『伐鼓責上公者，以日食臣侵君之象，故以責上公言之。句龍爲后土之官，其地神亦名后土，故《春秋傳》曰「君戴皇天而履后土」。地稱后土，與句龍稱后土，名同而無異也。鄭注云后土者，謂地神也，非謂句龍也。故《中庸》云「郊社之禮」，注云：「社，祭地神。」又《鼓人》云「以靈鼓鼓社祭」，注云：「社祭，祭地祇也。」是社爲地祇也。』」案《風俗通義·祀典篇》亦據《左氏》説難《孝經》，其稷米祭稷反自食之難，與許略同。《獨斷》及《書·召誥》僞孔傳、《唐郊祀録》引劉向説，並同賈、馬、許、王義。《續漢書·祭祀志》劉注引漢仲長統荅荀彧説社神，則以後鄭爲正，侍中鄧義又依賈、馬等説難之。金鶚申鄭難王云：「《大宗伯》天曰神，地曰示，人曰鬼，而血祭祭社稷，與五祀五嶽並列於地祇，社稷爲地神甚明。又《左》昭二十九年傳，亦以社稷與五祀並列。考五祀是五行之神，五行質具于地，故爲地示，五祀非人鬼，則社稷亦非人鬼可知。且古之祀典，人鬼特祀者，如先嗇、先蠶、先炊、先聖、先師之類，皆爲小祀。而《郊特牲》云，『家主中霤而國主社』，社稷是國之主，諸侯所首重，天子之祭，亦亞於天地，更可知其非人鬼矣。王説誤甚。」金又糾許、鄭説稷神之誤云：「《五經異義》今《孝經》説稷爲穀神，許氏駁之，謂既祭稷穀，不得以稷米祭反自食，因取《左氏》説以稷爲田正。鄭君又駁之，❶以稷爲原隰之神，不得以稷米祭稷爲難。案：社字從土，明是土神；稷字從禾，明是穀神。《易》云『百穀艸木麗乎地』，故稷亦爲地示之屬，猶日月星辰皆爲天神也。穀爲土所生，故社尊於稷，而穀與土別，故稷可與社對。若原隰則已在五土之中，既總祭五土之神，何必又別祭原隰，原隰又何可與五土總神對乎？至許氏以自食爲疑，其説尤謬。夫祭稷者，祭稷之神，非祭稷也。物必有神主之，其神既主是物，正宜用是物以祭，報其生育之恩，安得謂自食乎？《左氏》謂稷，田正也，此言稷之所配食者，爲田正之

❶「鄭君」原訛「許氏」，據《求古録禮説》卷九改。

官，以其播殖百穀，有功於世，故配食於穀神，猶句龍能平水土，故配食於土神也。許氏即以田正爲稷，與賈逵等同誤。」案：金説亦致塙，足以折衷許、鄭、王諸家之論。稷爲五穀之神，《白虎通義》説最允。鄭此注雖亦以穀神爲釋，然實本《援神契》説，以爲原隰之神，則仍是五土之一，與社無大區別，固不若班説專屬穀神之允也。云「共工氏之子曰句龍，食於社，有厲山氏之子曰柱，食於稷，湯遷之而祀棄」者，釋配食社稷之人也。《釋文》云：「厲，本或作烈。」案：厲烈一聲之轉。《左》昭二十九年傳云：「共工氏有子曰句龍，爲后土。后土爲社；稷，田正也。有烈山氏之子曰柱，爲稷，自夏以上祀之。周棄亦爲稷，自商以來祀之。」《祭法》云：「厲山氏之有天下也，其子曰農，能殖百穀。夏之衰也，周棄繼之，故祀以爲稷。共工氏之霸九州也，其子曰后土，能平九州，故祀以爲社。」鄭注云：「厲山氏，炎帝也，起於厲山，或曰有烈山氏。棄，后稷名也。共工氏無録而王謂之霸，在大昊、炎帝之閒。」案：《左氏》、《祭法》並不言湯遷柱而祀棄，此云湯遷者，《漢書·郊祀志》云：「湯伐桀，欲遷夏社，不可，作《夏社》。迺遷烈山子柱，而以周棄代爲稷祠。」故賈疏引鄭《尚書·夏社序》注云：「犧牲既成，粢盛既潔，祭祀以其時，然而旱暵水溢，則變置社稷。當湯伐桀之時，旱致災，明法以薦而猶旱，至七年，故湯遷社而以周棄代之。欲遷句龍，以無可繼之者，於是故止。」此注與《書序》注義，並本《漢志》。至《祭法》言稷繼柱在夏衰，夏衰即湯興，時代相接，故紀載偶異。賈謂「遷柱由旱，欲見旱從夏起，故據夏而言」，非也。云「故書祀作禩，疈爲罷，鄭司農云，禩當爲祀，書亦或作祀」者，「作禩」《釋文》作「爲禩」。盧文弨云：「此與『爲罷』一例，作『爲』字是。」詒讓案：《小祝》「保郊祀于社」，注亦云「故書祀或作禩。杜子春讀禩爲祀，書亦或爲祀。」《小子》先鄭讀同。徐養原云：「《説文·示部》：『祀或从異，作禩。』然則祀、禩一字也。而司農讀此經，子春讀《小祝》並稱禩當作祀者，蓋禩字唯《周禮》故書有之，他經罕見。讀者或未之識，杜鄭校勘諸本，知即祀字，猶疑而未敢決，故曰『當爲祀』，至許君乃始決之。此與《司徒·序官》饎、𩛿一例，皆同字而疊故書者也。」段玉裁云：「司農以正字改或字，故云『當爲祀』。《説文·刀部》云『副，判也』，引《周禮》『副辜祭』，又云『疈，籀文副』。許亦從今書，蓋本賈侍中與？」案：段説是也。上天神諸祀，故書不作禩，而此五祀字獨作禩，《小祝》「郊祀」，《小子》「五祀」，故書亦並作禩，全經唯此三祀字，故書與今書不同。然則故書寫定者，謂此三祀字與泛言祭祀者不同矣。杜及二鄭則謂褁卽祀，經字不宜互異，故並校定從祀。許書亦與杜、鄭同。疈辜，《犬人》先鄭注引作「罷辜」，從故書也。《牧人》杜注作「副辜」，則從篆文。《山海經・中山經》云：「其祠泰逢、熏池、武羅，皆一牡羊副。」字亦作副，並與許同。云「五祀，五色之帝於王者宫中，曰五祀」者，《掌次》先鄭注云：「五帝，五色之帝。」先鄭意，五祀卽五郊明堂所祭之五帝，以祀於宫中，特稱五祀也。影宋本《北堂書鈔・禮儀部》引《聖證論》述鄭衆說，「帝」作「官」，則與後鄭義同，未知足據否。攷五帝之祭，無在宫中之法，唯《儀禮經傳通解續》引《尚書大傳》祀六沴之禮，云「於中庭祀四方，從東方始，卒於北方」。鄭注云：「中庭，明堂之庭也。或曰朝廷之廷也。此祀五精之神。」案：五精之神卽五帝，《大傳》注引或說正在宫中，先鄭此說，或隱據六沴之禮與？賈疏云：「先鄭意，此五祀卽《掌次》云祀五帝，一也。後鄭不從者，案《司服》云，祀昊天與五帝皆用大裘，當在圜丘與四郊，今退在社稷之下，於王者宫中，失之遠矣。且五帝天神，當在上陽祀之中，退在陰祀之内，一何陋也。」金鶚云：「五帝爲天神，何得血祭，又何得祭於宫中！司農說謬。」云「罷辜，披磔牲以祭」者，惠士奇云：「《文選・西京賦》『置互擺牲』，薛注謂破磔縣之。古文擺作罷。」段玉裁云：「司農從故書作罷，故以披釋罷。古音罷讀如婆，披讀如坡，二同聲類。故鄭君從今書作疈，釋以疈牲胷。披疈雙聲。《說文・桀部》曰：『磔，辜也。』與二鄭皆以磔釋辜。」詒讓案：《說文・冎部》：「䯃，別也。讀若罷。」❶故書作罷，先鄭訓爲披，蓋謂卽䯃之叚字。《小子》、《羊人》、《犬人》並有「沈辜」，辜義與此同。疈辜，蓋用特牲披磔以祭。《小子》先鄭注亦作辜，謂磔牲以祭也。云「若今時磔狗，祭以止風」者，《爾雅・釋天》「祭風曰磔」，郭注云：「今俗當大道中磔狗，云以止風，此其象。」是漢晉閒有磔狗止風之法，故先鄭舉以爲況。云「玄謂此五祀者，五官之神在四郊」者，破先鄭五色帝之說也。《左》昭二十九年傳，蔡墨曰：「有五行之官，是謂五官，實列受氏姓，封爲上公，祀爲貴神，社稷五祀，是尊是奉。」鄭據彼文，謂五祀卽奉五官之神。《御覽・禮儀部》引《漢舊儀》云：「祠五祀，謂五行金木水火土也。木正曰句芒，火正曰祝融，金正曰蓐收，水正曰玄冥，土正曰后土，皆古賢能治成五行有功者也。主其神祀之。」是漢五祀亦祭五官，與鄭說同。但此五祀所祭者，爲五行之祇。《國語・魯語》展禽說祀典云「地

---

❶「䯃」原作「髀」，據《說文》改。下「䯃」同。

之五行」，韋注云「五行，五祀金木水火土」是也。《左氏》之五官，乃五人神，五祀與五官名同而實異，故《左傳》杜注云：「五官之君長，能脩其業者，死皆配食於五行之神。」孔疏亦引《國語・晉語》説虢公夢蓐收，人面白毛虎爪，證五行之神，非卽重、該等。其説皆致塙。蓋重、該等五人官，雖亦配食五祀，而五祀主神，實非五人官，鄭掍爲一，非也。又謂在四郊者，此謂特祭五神，所謂四方之祭也。《曲禮》云：「天子祭四方，諸侯方祀歲徧。」鄭彼注云：「祭四方，謂祭五官之神於四郊也。句芒在東，祝融、后土在南，蓐收在西，玄冥在北。《詩》云『來方禋祀』。方祀者，各祭其方之官而已。」孔疏云：「案《宗伯》云『疈辜祭四方百物』，知此方祀非四方百物者，以《大宗伯》『血祭社稷五祀五嶽』，❶五祀在五嶽之上；此四方亦在山川之上，故知是五官之神。」詒讓案：五祀祭於四郊，故又謂之四方。凡大饗明堂及五時迎氣，五祀皆從食於五帝，非其正祭也。五祀特祀惟有四方之祭，其時月經無明文。《詩・小雅・甫田》云「以社以方」，鄭箋云：「秋祭社與四方，爲五穀成熟，報其功也。」孔疏謂秋功報成，總祭四方。依其説，則祭四方當在仲秋，與社同時。《淮南子・天文訓》云：「涼風至，則報地德，祀四郊。」高注云：「立秋節，農乃登穀嘗祭，故報地德，祀四方神也。」《御覽・天部》引《易緯通卦驗》，亦云「立秋，涼風至，報土功，祀四鄉」。《白虎通義・八風篇》説同。四鄉卽四方也。二書所言，當亦指四方之正祭。然謂在孟秋，則與《詩》方社同時不合，蓋所傳之異也。《大司馬》「中秋獮田，羅弊致禽以祀祊」。注云：「祊當爲方。秋田主祭四方，報成萬物。」彼乃因田而祭四方，其禮略殺，非此五祀之正祭，詳彼疏。《祭法》云：「埋少牢於泰昭，祭時也。」注云：「時，四時，亦謂陰陽之神也。埋之者，陰陽出入於地中也。」彼用埋，則亦地祇而主四時，與此五祀略同。五祀血祭亦兼瘞埋，但彼以祈禳降用少牢耳。又鄭説此五祀，與《月令》五祀門、户、中霤、竈、行異。彼五祀，卽《祭法》「王立七祀」而去司命、泰厲，《小祝》云「分禱五祀」是也。此天子之禮，既不云七祀，則非《祭法》所云可知。又此文在五嶽上，若是《月令》五祀，其神不當尊於五嶽，故二鄭説雖不同，而皆不援《月令》五祀爲釋。而《左傳》昭二十九年，杜注謂「后土，在家則祭中霤」。又《禮器》：「孔子曰：臧文仲安知禮。燔柴於奧。夫奧，老婦之祭也。盛於盆，尊於瓶。」注云：「奧或作竈。」孔疏云：「案《異義》：『竈神，

❶ 原脱「伯」，據楚本補。

今《禮》戴説，引此燔柴盆瓶之事；古《周禮》説，顓頊氏有子曰黎，爲祝融，祀以爲竈神。』許君謹案同《周禮》。鄭駁之云：『祝融乃古火官之長，猶后稷爲堯司馬，其尊如是，王者祭之，但就竈陘，一何陋也。祝融乃是五祀之神，祀於四郊，而祭火神於竈陘，於禮乖也。』」案：據孔引《異義》，是《周禮》舊説有謂此五祀即以五官食於《月令》之五祀者，《史記·孝武本紀》索隱引《説文》亦云「《周禮》以竈祠祝融」是也。《通典·吉禮》引馬融及袁準《正論》説、《左傳》昭二十九年孔疏引賈逵説、《吕氏春秋·孟冬紀》高注及《風俗通義·祀典篇》説竈神並同。既與《祭法》「天子祭七祀」不合，又以五官貴神下配户竈等，尤違禮意，故鄭並不從也。金鶚云：「此五祀列社稷、五嶽之中，必非户竈等五祀可知。五帝屬天，五神當屬地，故以血祭祭之。《國語·魯語》云：『天之三辰，民所以瞻仰也；地之五行，所以生殖也。』地之五行即五神。」云「四時迎五行之氣於四郊，而祭五德之帝，亦食此神焉」者，謂迎氣分祀五帝時，五人神亦從食也。此非五祀之正祭，因釋四郊之祭并及之。賈疏云：「《月令》四時四立之日，迎氣在四郊，并季夏迎土氣，是五迎氣，故鄭云四時迎五行之氣於四郊也。但迎氣迎五方天帝，不言祭人帝。案《月令》四時皆陳五德之帝，大昊、炎帝、黄帝、少昊、顓頊等五德之帝，并五人神於上，明知五人神爲十二月聽朔及四時迎氣而陳，故鄭此注及下青圭赤璋之下注，皆云迎氣并祭五人帝、五人神也。」案：五時迎氣，所迎者五天帝，而兼及五行之示，若五人帝、五人神，則配食焉。鄭、賈皆不及五行之示，亦誤。云「少昊氏之子曰重，爲句芒，食於木，該爲蓐收，食於金，脩及熙爲玄冥，食於水，顓頊氏之子曰黎，爲祝融、后土，食於火土」者，即上云五官也。鄭誤以爲即五行之示，故引以爲釋。《左》昭二十九年傳云：「魏獻子問蔡墨曰：『社稷五祀，誰氏之五官也？』對曰：『少皞氏有四叔，曰重，曰該，曰脩，曰熙，實能金木及水。使重爲句芒，該爲蓐收，脩及熙爲玄冥，世不失職，遂濟窮桑，此其三祀也。顓頊氏有子曰犂，爲祝融，共工氏有子曰句龍，爲后土，此其二祀也。后土爲社；稷，田正也。有烈山氏之子曰柱，爲稷。』」《詩·小雅·甫田》孔疏及賈疏引《鄭志》云：「趙商問：『《春秋》昭二十九年《左傳》曰：「顓頊氏之子犂，爲祝融；共工氏有子曰句龍，爲后土。」《祭法》曰：「共工氏之霸九州也，其子曰后土，能平九州，故祀以爲社。」社即句龍。今云五官之神在四郊，其二祀合爲犂食火土者何？』荅曰：『犂爲祝融，句龍爲后土。《左氏》下言后土爲社，謂暫作后土，后土轉爲社，無有代者，故先師之説犂兼之，因火土俱位南方。』」案：據《鄭志》所引先師説，犂爲祝融，本專食於火；句龍爲后土，本專食於土；而《左傳》言后土爲社，疑句龍先爲后土，後轉作社，不宜復爲后土，因謂犂兼代句龍爲后土，故兩食火土。是鄭此注與《左傳》差互之故也。實則蔡墨所謂「后土爲社」，以后土土神，社是地示，職位略同，句龍既爲后土，又兼配社，非謂爲社之後，遂不復爲后土。鄭所引先師説强爲遷代，不足據也。金鶚云：「五行，氣行於天，質具於地，故在天有五帝，在地亦有五神。五神分列五方，佐地以造化萬物，天子祀之，謂之五祀。《月令》云春神句芒，夏神祝融，中央后土，秋神蓐收，冬神玄冥，卽五祀之神也。《左傳》重爲句芒，該爲蓐收，脩及熙爲玄冥，犂爲祝融，句龍爲后土。此五官有功於世，故配食於五神。若《月令》句芒等，則非人神也。鄭注以爲五人神，誤矣。對文天曰神，地曰示，散文示亦曰神。故《月令》五者皆曰神，《左傳》以五祀與社稷並稱，是地示，非天神也。《大宗伯》列五祀於社稷五嶽之閒，而以血祭祭之，其爲地示尤明。鄭注謂五祀者，五官之神，因引重、該等解之。然此乃人神，安得列於社稷五嶽之中而血祭之也？抑又誤矣。《小宗伯》言『兆五帝於四郊，四望四類亦如之』。兼舉天神地示而不及五祀，蓋以五帝該五祀，省文也。五祀亦當兆於四郊，其壇與五帝同，而其制小而且卑，皆可推而知矣。」案：金氏謂五祀爲地示，卽《月令》句芒、祝融等五神；又謂《左傳》顓頊四叔及句龍等，皆人神之配食於五示者，其説皆是也。《春秋繁露・求雨篇》説五時之神云：「春祭共工，夏祭蚩尤，季夏祭后稷，秋祭少昊，冬祭玄冥。」此與《月令》説復異，非古制也。又《御覽・禮儀部》引《禮含文嘉》云：「五祀，南郊、北郊、西郊、東郊、中兆正謀。」又引舊注云：「東郊去都城八里，南郊七里，西郊九里，北郊六里，中郊西南，去城五里。」此五祀亦於四郊爲兆位之證。然緯注所説距國里數，並與《皇覽・逸禮》説迎氣郊堂同，與鄭《月令》注不合，疑不足據。詳《小宗伯》疏。云「五嶽東曰岱宗，南曰衡山，西曰華山，北曰恒山，中曰嵩高山」者，《史記・封禪書》云：「岱宗，泰山也。南嶽，衡山也。西嶽，華山也。北嶽，恒山也。中嶽，嵩高也。」《漢書・郊祀志》同。《詩・大雅・崧高》孔疏引《孝經鉤命決》云：「五岳：東岳岱，南岳衡，西岳華，北岳恒，中岳崧高。」並同鄭義。案：南嶽衡山，衡亦作「霍」。《爾雅・釋山》云：「泰山爲東嶽，華山爲西嶽，霍山爲南嶽，恒山爲北嶽，嵩高爲中嶽。」《説文・山部》云：「嶽，東岱，南霍，西華，北恒，中泰室，王者之所以巡狩所至。」《白虎通義・巡狩篇》云：「嶽之爲言桷也。桷，功德也。東方爲岱宗，南方爲霍山，西方爲華山，北方爲恒山，中央爲嵩高。」《風俗通義・山澤篇》云：「五嶽：東方泰山，尊曰岱宗，南方衡山，一名霍，西方華山，北方恒山，中央曰嵩高。」此並以南嶽爲霍山。《説苑・辨物篇》説同。《詩・崧高》疏引孫炎《爾雅注》以霍山爲誤，當作衡山。《水經》釋《禹貢》山水澤地所在，云「霍山爲南岳，在廬江灊縣西南。衡山在長沙湘南縣南」。《通典・吉禮》引《三禮義宗》云：「唐虞衡山爲南嶽，周氏霍山爲南嶽。」斯並以衡、霍爲二山，與孫叔然説同。據應仲遠説，則衡、霍爲一山，而有二名。《釋地》郭注亦云，霍山在衡陽湘南縣南，今在廬江灊縣西，即天柱山，灊水所出也。漢武帝以衡山遼曠，因讖緯皆以霍山爲南嶽，故移其神於此。今其土俗人，皆呼之爲南岳。南岳本自以南山得名，非從近也。而學者多以霍山不得爲南岳，又言從漢武帝始乃名之。如此言，爲漢武在《爾雅》前乎？斯不然矣。依郭説，則南嶽本爲衡陽之衡山，衡山一名霍山。漢武移南嶽於廬江之天柱，天柱本不名霍山，因漢武移祀，遂稱天柱爲霍山。故《崧高》疏引《尚書大傳・虞夏傳》云，「霍山爲南嶽」。此與《爾雅》並在武帝移祀以前，已以衡爲霍，則霍山本不爲天柱之名可知。漢武號天柱爲南嶽，事亦見《史記・封禪書》。崔靈恩謂周以霍山爲南嶽，尤臆説，不爲典要。應、郭説塙不可易，故孔氏《書・舜典》、《詩・崧高》、《左傳》昭四年疏，賈《大司樂》疏，並從其義。然《釋山》別有「河南華，河西嶽，河東岱，河北恒，江南衡」之文，《大司樂》注據之，與此異者，鄭因《釋山》五嶽有二文，故兩存之。據《詩・崧高》疏引鄭《禘問志》，則鄭謂周五嶽有吴嶽，無嵩高。金鶚謂以吴嶽爲中嶽者，周初之制；以嵩高爲中嶽者，東遷後從殷制。其説甚塙。《封禪書》亦謂「三代之君皆在河洛之閒，故嵩高爲中嶽」。是中嶽隨王都遷易之證。此經作於周初，則凡五嶽，皆當如《大司樂》注，數吴嶽而無嵩高。此注爲鄭君未定之論，賈疏謂《大司樂》注據災異，尤誤，詳《大司樂》疏。云「不見四竇者，四竇，五嶽之匹，或省文」者，《釋文》云：「竇，本亦作瀆，下同。」案後注作「四瀆」。阮元云：「竇者，瀆字之假借也。」丁晏云：「《小宗伯》注『四望，五嶽、四鎮、四竇』，《大司樂》注同。《左傳》襄十九年『執公子牙於句瀆之丘』，《史記・齊世家》作『句竇』。莊九年傳『遂殺子糾於生竇』，《齊世家》作『笙瀆』。」詒讓案：《史記・殷本紀》引《尚書》逸《湯誥》云：「東爲江，北爲濟，西爲河，南爲淮，四瀆已修。」《爾雅・釋水》云：「江河淮濟爲四瀆。四瀆者，發原注海者也。」《風俗通義・山澤篇》云：「《尚書大傳》、《禮三正記》：『江河淮濟爲四瀆。瀆者，通也，所以通中國垢濁，民陵居，殖五穀也。』」鄭以四瀆爲五嶽之匹者，明祭四瀆與五嶽禮等，亦用血祭，故以五嶽該四瀆也。《風俗通義》又云，「四瀆禮祠與五嶽同」，是漢祭四瀆、五嶽亦同禮。四瀆之濟，正字當作「泲」。四水源流，詳《職方氏》疏。云「祭山林曰埋，川澤曰沈，順其性之含藏」者，《説文・艸部》云：「薶，瘞也。」《水部》云：「湛，没也。」經「貍沈」即「薶湛」之叚借字。貍，注例又並作埋，即薶之俗，詳《鼈人》疏。賈疏云：「經山林川澤總言，不析別而説，故鄭分之。以其山林無水，故埋之，川澤有水故沈之，是順其性之含藏也。」詒讓案：《爾雅・釋天》云：「祭山曰庪縣，祭川曰浮沈。」《覲禮》云：「祭山丘陵升，祭川沈。」《公羊》僖三十一年，何注亦云「山縣水沈」。諸書説祭川，與此經合，而祭山則異。《詩・大雅・鳧鷖》孔疏云：「《鄭志》：《釋天》云『祭山曰庪懸』，不言埋，張逸引以問，而鄭荅曰：『《爾雅》之文襍，非一家之注，不可盡據以難《周禮》。』而於《校人》、《玉人》之注，有庪沈之言，是鄭意亦以祭山有庪懸之法。鄭雖不解庪懸之義，要祭山庪懸而復埋也。」今案：《管子・形勢篇》云：「山高而不崩，則祈羊至矣；淵深而不涸，則沈玉極矣。」祈羊即庪懸，沈玉即此沈祭也。但《釋天》祭山庪懸之文，與此貍祭不同，孔謂祭山庪懸而復貍是也。鄭荅張逸不從《爾雅》，而《校人》、《玉人》注又據以爲説者，蓋謂山嶽正祭以貍，告祭以庪懸，與《鄭志》説微異，要孔説足以通之。賈疏謂《爾雅》庪懸或異代法，《鳧鷖》疏引孫炎説，又謂庪縣即貍，邢昺《爾雅疏》遂合庪縣與此貍沈爲一，則不徒於經義不合，并非鄭意矣。至《鳧鷖》疏又誤解鄭箋義，謂祭川亦沈而復埋，則尤失鄭恉。惠士奇云：「《左傳》昭二十四年：『冬十月癸酉，王子朝用成周之寶珪于河。甲戌，津人得之河上。』沈而自出，言神不歆其祭也。安得有沈而復埋之説乎！」案：惠説是也。庪縣、浮沈，互詳《校人》、《犬人》疏。云「副，疈牲胷也」者，後鄭從今書作疈釋之。《山海經・中山經》郭注云：「副謂破羊骨，磔之以祭也。」案：郭注「骨」字，疑當爲「胷」之誤。云「疈而磔之，謂磔禳」者，此亦釋辜爲磔，與先鄭同。禳，余本及注疏本並作「攘」，字通。《月令》：「季春，命國難，九門磔攘，以畢春氣。」《小子》注引亦作「磔禳」。鄭《月令》注云：「磔牲以攘於四方之神，所以畢止其災也。」又《月令》「季冬，命有司大難，旁磔」，注亦釋爲磔攘。《漢書・地理志》，左馮翊雲陽有越巫䘏鄜祠。孟康注云：「貼音辜磔之辜。」辜鄺亦即磔攘。疈辜亦謂之列，《大戴禮記・曾子天圓篇》云：「割列禳瘞。」盧注云：「割，割牲也。列，疈辜也。」金鶚云：「磔禳，四方皆有百物之神，或有爲癘者，故磔牲以禳之，四方百物當以四字連讀。」案：金說是也。此疈辜所祭，蓋四方之小神，若《左》昭十八年傳，鄭祓禳於四方之屬，故在山林川澤之下。《舞師》「羽舞舞四方之祭祀」，注云：「謂四望也。」《祭法》云「四坎壇，祭四方也」。注云：「四方卽謂山林川谷丘陵之神也。」彼廣晐四望山林川澤之示，與此四方小神異。又上文五祀及《詩・小雅・甫田》毛傳說迎氣祭五帝，《尚書大傳》說六沴祀五精，並稱四方，則與此四方之祭尊卑尤縣絶，互詳《舞師》、《大司馬》疏。云「及蜡祭」者，蜡亦索祭四方百物之神也。引《郊特牲》曰「八蜡以記四方，四方年不順成，八蜡不通，以謹民財也」者，證蜡祭四方。鄭彼注云：「四方，方有祭也。其方穀不孰，則不通於蜡焉，使民謹於用財。蜡有八者：先嗇一也，司嗇二也，農三也，郵表畷四也，猫虎五也，坊六也，水庸七也，昆蟲八也。」此注「記」字，明注疏本並作「祀」。案賈所見別本作「祀」，故疏云「彼云『八蜡以記四方』，不作『祀』，作『祀』者誤」。孫志祖云：「祀字亦可通。觀注云『四方方有祭也』，疑鄭所據本爲『祀』字，與唐初疏家所據本有不同。賈氏不達，乃以爲誤耳。」引又曰「蜡之祭也，主先嗇而祭司嗇也，祭百種以報嗇也，饗農及郵表畷、禽獸，仁之至，義之盡也」者，證有百物也。彼文又云：「古之君子，使之必報之。迎猫，爲其食田鼠也。迎虎，爲其食田豕也。迎而祭之也。祭坊與水庸，事也。」鄭彼注云：「先嗇，若神農者。司嗇，后稷是也。嗇，所樹藝之功，使盡饗之。農，田畯也。郵表畷，謂田畯所以督約百姓於井閒之處也。《詩》云：『爲下國畷郵。』禽獸，服不氏所教擾猛獸也。」案：鄭釋大蜡八神，《獨斷》及《國語・楚語》韋注說並同。孔疏引王肅說，則分猫虎爲二，無昆蟲。陳祥道又據《記》「報嗇」之文，謂當去昆蟲而增百種。案：陳說近是。江永、金鶚說並同。八神，依鄭說，先嗇、司嗇、農爲人鬼，郵表畷、坊、水庸爲地示，其猫、虎、昆蟲則此經百物之鬽也。故《國語・楚語》云：「天子徧祀羣臣品物。」韋注云：「品物，謂若八蜡所祭猫虎昆蟲之類也。」韋亦從鄭義。先嗇、司嗇，卽《籥章》之田祖、田畯，詳彼疏。惠士奇云：「百物者，五地之物，《神仕職》所謂『以夏日至致地示物鬽』。物鬽者，羽物、臝物、鱗物、毛物、介物之鬼，是爲百物之精，而以夏日至致之，則非蜡祭明矣。」案：惠說足補鄭義。蓋蜡祭雖兼及百物，而物鬽之祭，固不止大蜡也。

以肆獻祼享先王，以饋食享先王，以祠春享先王，以禴夏享先王，以嘗秋享先王，以烝冬享先王。宗廟之祭，有此六享。肆獻祼、饋食，在四時之上，則是祫也，禘也。肆者，進所解牲體，謂薦孰時也。獻，獻醴，謂薦血腥也。祼之言灌，灌以鬱鬯，謂始獻尸求神時也。《郊特牲》曰：「魂氣歸于天，形魄歸于地，故祭所以求諸陰陽之義也。殷人先求諸陽，周人先求諸陰。」灌是也。祭必先灌，乃後薦腥薦孰。於祫逆言之者，與下共文，明六享俱然。祫言肆獻祼，禘言饋食者，著有黍稷，互相備也。魯禮，三年喪畢，而祫於大祖；明年春，禘於羣廟。自爾以後，率五年而再殷祭，一祫一禘。【疏】「以肆獻祼享先王，以饋食享先王」者，賈疏云：「此一經陳享宗廟之六禮也。此六者皆言享者，對天言祀，地言祭，故宗廟言享。享，獻也，謂獻饌具於鬼神也。從禋祀以下至此吉禮十二，皆歆神始。何者？案《大司樂》分樂而序之云，『乃奏黄鍾，歌大吕，舞《雲門》，以祀天神』已下。下復云『圜鍾爲宫，若樂六變，天神皆降；若樂八變，地示皆出；若樂九變，人鬼可得而禮』。鄭云：『天神則主北辰，地祇則主崑崙，人鬼則主后稷。先奏是樂以致其神，禮之以玉而祼焉。』彼先奏是樂以致其神，則天神、地祇、人鬼皆以樂爲下神始也。彼鄭云『禮之以玉』，據天地；『而祼焉』，據宗廟。則此上下天神言煙，地示言血，此宗廟六享言祼，是其天地宗廟皆樂爲下神始，煙血與祼爲歆神始也。又案：《禮器》與《郊特牲》皆言『郊血大饗腥，三獻爓，一獻孰』者，皆是薦饌始也。以其郊是祭天而言用血，大享是祫祭先王而言用腥，三獻是社稷而言用爓，一獻是祭羣小祀而言用孰與？此是其先，彼是其後，後爲薦饌可知，故郊言血，大享言腥，三獻言爓，一獻言孰也。」吴紱云：「肆獻祼者，享先王之隆禮；饋食者，享先王之殺禮。以二者統冒於上，而以四時之祭分承於下。肆獻祼、饋食不專一祭，隨所值而當之者也。」案：吴説是也。江永説同。凡禘祫及時祭，皆兼有肆獻祼、饋食諸節，故《司尊彝》説祠禴嘗烝及閒祀追享朝享，皆有祼彝，明二祼九獻禮無不備。鄭賈以肆獻祼、饋食分屬禘祫，殆非經義。鄭《鬯人》注謂始禘自饋食始，於經亦無可徵。竊謂此云肆獻祼者，亦兼有饋食，此統含祫禘及時祭也。云饋食者，則唯自饋孰始。《特牲饋食禮》注云：「祭祀自孰始曰饋食。饋食者，食道也。」《士虞禮》云「特豕饋食」，注云：「饋猶歸也。」少牢、特牲饋食禮爲大夫士祭禮，皆三獻，因以饋孰爲始，謂之饋食。若然，天子諸侯亦當有大牢饋食禮。饋食雖有酳尸之獻，然在食後，與祼獻在祭前不同也。凡王禮廟享皆九獻，而告祭及祈禱禮殺，容有自饋食始者，故此經以爲六享之一也。又江永謂天子諸侯每月朔朝廟之祭，當用饋食禮，方苞、莊有可又以此饋食爲薦禮，經亦宜含此諸義。凡天子諸侯獻新物，皆用薦禮，故《公羊》桓八年何注云：「無牲無祭謂之薦。」天子四祭四薦，諸侯三祭三薦，大夫士再祭再薦。」《月令》：仲春，天子鮮羔開冰，季春薦鮪，孟夏以彘嘗麥，仲夏以雛嘗黍，孟秋農乃登穀，天子嘗新，仲秋以犬嘗麻，季秋以犬嘗稻，季冬嘗魚，皆云薦寢廟是也。薦不用成牲，則不成肆解，又不迎尸，則無祼獻之節，直饋新物而已。《大戴禮記・曾子天圓篇》云：「大夫之祭牲羊，曰少牢；士之祭牲特豕，曰饋食。無祿者稷饋，稷饋者無尸，無尸者厭也。」彼所謂饋食者，即指特牲饋食禮；所謂稷饋者，則無尸之饋也。此經饋食，蓋兼彼饋食、稷饋二禮言之。《禮・既夕》云：「朔月若薦新，不饋于下室。」注云：「以其殷奠有黍稷也。」是薦新無尸之厭，亦有黍稷，故通謂之饋食矣。凡庶人無祭禮，止有薦而已。士已上有祭禮，而獻新物則用薦禮，其禮雖殺，而獻於祖考則一，故亦謂之享。《詩・周頌・潛》序云：「季冬薦魚，春獻鮪也。」而其詩云「以享以祀」，此薦亦得爲享之證也。又天子諸侯每月朔朝廟，當亦用薦禮，詳《司尊彝》疏。云「以祠春享先王」者，此辨周時祭之異名。《爾雅・釋天》云：「春祭曰祠。」郭注云：「祠之言食。」《說文・示部》云：「春祭曰祠，品物少，多文詞也。」《春秋》桓八年《公羊傳》云：「春曰祠。」何注云：「祠猶食也，猶繼嗣也。春物始生，孝子思親，繼嗣而食之，故曰祠，因以別死生。」云「以禴夏享先王」者，禴與礿同。《爾雅》云：「夏祭曰礿。」郭注云：「礿，新菜可汋。」《說文》云：「礿，夏祭也。」《公羊傳》云：「夏曰礿。」何注云：「礿，麥始熟可汋，故曰礿。」云「以嘗秋享先王」者，《肆師》注云：「嘗者，嘗新穀。」《爾雅》云：「秋祭曰嘗。」郭注同。《公羊傳》云：「秋曰嘗。」何注云：「嘗者，先辭也。秋穀成者非一，黍先熟，可得薦，故曰嘗。」云「以烝冬享先王」者，《爾雅》云：「冬祭曰烝。」郭注云：「烝，進品物也。」《春秋》「桓八年春正月己卯，烝」。《公羊傳》云：「烝者何？冬祭也。冬曰烝。」何注云：「烝，衆也。氣盛貌。冬萬物畢成，所薦衆多，芬芳備具，故曰烝。」《御覽・禮儀部》引《白虎通義》說同。案：烝，《國語・魯語》、《大戴禮記・千乘篇》並作「蒸」，聲同字通。以上說時祭，並與此經同。《王制》云：「天子諸侯宗廟之祭，春曰礿，夏曰禘，秋曰嘗，冬曰烝。」注云：「此蓋夏殷之祭名。周則改之春曰祠，夏曰礿，以禘爲殷祭。」《詩・小雅・天保》孔疏引鄭《禘祫志》亦謂祠禴嘗烝爲周公制禮所改。《郊特牲》、《祭義》又有「春禘秋嘗」，注以「禘」爲「禴」之誤，又以爲夏殷之禮。以其與此經不合，知非周法也。又此經時祭不言何月。《王制》注云：「祭以首時，薦以仲月。」孔疏云：「《晏子春秋》云『天子以下至士皆祭以首時』，故《禮記・明堂位》云『季夏六月，以禘禮祀周公於大廟』，周六月是夏四月也。又《襍記》云：『七月而禘，獻子爲之也。』譏其用七月，明當用六月是也。魯以孟月爲祭，魯，王禮也，則天子亦然。大夫士無文，從可知也。其周禮四仲祭者，因田獵而獻禽，非正祭也。服虔注桓公五年傳云，『魯祭天以孟月，祭宗廟以仲月』，非鄭義也。此薦以仲月，謂大夫士也。既以首時祭，故薦用仲月。若天子諸侯，禮尊，物熟則薦之，不限孟仲季，故《月令》孟夏薦麥，孟秋薦黍，季秋薦稻是也。大夫既薦以仲月，而服虔注昭元年傳，『祭人君用孟月，人臣用仲月』，不同者，非鄭義也。南師解云：『祭以首時者，謂大夫士也。若得祭天者，祭天以孟月，祭宗廟以仲月，其禘祭、祫祭、時祭亦用孟月。其餘諸侯不得祭天者，大祭及時祭皆用孟月。』既無明據，未知孰是。案：《春秋》：『桓八年正月己卯烝，夏五月丁丑烝。』書者，《左氏》見其瀆。桓十四年八月乙亥嘗，書以『御廩災』，《左氏》、《公羊》以爲不應嘗。此等皆不用孟月者，以春秋亂世，不能如禮，故參差不一，難以禮論也。」案：孔說是也。《國語・楚語》云：「日月會於龍豵，羣神頻行，國於是乎烝嘗。」韋注云：「豵，龍尾也。謂周十二月，夏十月也。烝，冬祭也。嘗，嘗百物也。」《春秋繁露・四祭篇》云：「祠者以正月，始食韭也。礿者以四月，食麥也。嘗者以七月，嘗黍稷也。烝者以十月，進初稻也。」《公羊》桓八年何注云：「祭必於夏之孟月者，取其見新物之月也。」《通典・吉禮》引高堂隆云：「天子諸侯月有祭事，其孟則四時之祭也。其仲月、季月，皆薦新之祭也。」此並與鄭、孔說同。《左》桓五年傳云：「始殺而嘗，閉蟄而烝。」杜注以始殺爲建酉之月，閉蟄爲建亥之月。孔疏引賈、服則以始殺爲孟秋，是亦以孟月也。唯《蔡邕集・月令問荅》云：「宗廟之祭以中月。」說與鄭異。而杜氏《春秋釋例・烝嘗例》云：「《周禮》祀號日，以四時仲正之也。」又云：「《周禮》祭宗廟以四仲，蓋言其下限也。」斯又誤據《大司馬》中夏中冬礿烝之文，不知其爲告祭獻禽，非正禮也。其天子薦新無常月，月朔之薦則比月行之，不必在孟仲月。《管子・輕重己篇》云：「夏至而麥熟，天子祀於大宗，其盛以麥。以夏日至始，數四十六日，夏盡而秋始而黍熟，天子祀於大祖，其盛以黍。」依其説，則祭大宗在中夏，祭大祖在孟秋，不皆在首時，或亦據薦新言之。又《大司馬》獻禽祀礿祀烝，蓋亦用薦禮，詳彼疏。　注云「宗廟之祭有此六享」者，《説文・亯部》云：「亯，獻也。《孝經》曰：『祭則鬼亯之。』篆文作𩫏。」享即𩫏之隸變。以此六者並云享先王，故知爲宗廟之祭。經例凡祭享字作享，饗燕字作饗。《儀禮》、《禮記》則祭享字亦通借饗爲之，與此經字例不同也。《國語・魯語》云「嘗禘蒸享」，韋注云：「春祭曰享。享，獻物也。」彼以享專屬春祭，非此經之義。云「肆獻祼饋食在四時之上，則是祫也，禘也」者，鄭以此文在四時之上，則其禮宜大於時享，故以爲禘祫，然其説非也。此肆獻祼爲廟享之隆禮，凡殷祭、時祭所同，雖中含禘祫，而非專據禘祫言之。至饋食，爲廟享之殺禮，則惟告祭、祈禱及薦新、朝朔時行之，不關時祭、殷祭也。《禮書》引陸淳云：「禘以肆獻祼爲主，猶生之有饗也。祫以饋食爲主，猶生之有食也。」案：陸説亦以此首二享爲殷祭，而與鄭義正相反，並非經義。云「肆者，進所解牲體，謂薦孰時」者，賈疏云：「薦孰當朝踐後爓祭時，故《禮運》云：『腥其俎，孰其殽。』鄭云：『孰其殽，謂體解而爓之。』是其饋獻獻以盎齊之節，故云薦孰時。但體解之時，必肆解以爲二十一體，故云肆也。」詒讓案：《小子》「羊肆」注云：「肆讀爲鬄。羊鬄，所謂豚解也。」此訓肆爲解牲體，蓋亦讀爲鬄。《大司徒》「祀五帝，奉牛牲，羞其肆」，注義略同。惟《禮經》有豚解，又有體解，二者不同。《士虞記》「豚解」注云：「豚解，解前後脛脊脅而已。孰乃體解，升於鼎也。」凡豚解者爲七體，體解者爲二十一體，解肆雖同，體數則異。廟享二解兼有，但薦腥則豚解，薦孰則體解。《小子》注以羊肆爲豚解。《典瑞》「祼圭以肆先王」，注云：「謂肆解牲體以祭，因以爲名。」彼注亦不專屬薦孰，則是兼腥孰二解矣。而此注專舉薦孰者，鄭以經云肆獻祼爲逆言，則肆當獻後，而薦腥在二祼之後，三獻之前，於次不合，故以四獻之後薦孰爲釋。然則鄭意豚解體解通謂之肆，而此經之肆，則專屬體解，無豚解，賈疏謂肆解爲二十一體是也。但此經肆獻祼爲祭祀之隆禮，文次先後，蓋無定例，此肆亦當爲豚解體解之通名，不必專屬體解也。任啓運謂肆爲薦血腥，與薦孰對文；黄以周亦據《郊特牲》記用牲有六節，毛血腥肆爓腍，謂腥肆爲一類，經凡云肆者，皆專屬薦腥。義亦得通。豚解、體解，詳《内饔》疏。又案《典瑞》「肆先王」，《御覽・珍寶部》引馬融注，訓肆爲陳。《書・牧誓》「商王紂昏棄厥肆祀」，僞孔傳同。《詩・

周頌・雝》：「於薦廣牡，相予肆祀。」箋云：「陳祭祀之饌。」馬意蓋亦謂陳饌以祭。然是內外大小羣祀之常法，不宜與獻祼並舉，故鄭不從也。云「獻，獻醴，謂薦血腥也」者，以上下文例校之，「薦血腥」下當有「時」字，此謂當三獻、四獻之節也。賈疏云：「此是朝踐節，當二灌後，王出迎牲，祝延尸出户，坐於堂上，南面。迎牲入，豚解而腥之，薦於神坐，以玉爵酌醴齊以獻尸，后亦以玉爵酌醴齊以獻尸，故云謂薦腥也。」詒讓案：鄭以經文逆言，則獻在祼後肆前，故惟據朝踐三獻四獻爲釋。實則經文通晐朝踐、饋獻、朝獻、再獻等爲文，鄭説亦非經意。云「祼之言灌」者，《小宰》注同。云「灌以鬱鬯，謂始獻尸求神時也」者，《司尊彝》注義同，謂當初獻、二獻之節，獻尸凡九，以二祼爲始，故云始獻尸也。賈疏云：「凡宗廟之祭，迎尸入户，坐於主北。王以圭瓚酌鬱鬯以獻尸，尸得之，瀝地祭訖，啐之，奠之，不飲。尸爲神象，灌地所以求神，故云始獻尸求神時也。言始獻，對後朝踐、饋獻、酳尸等爲終，故此稱始也。」《論語・八佾》皇疏云：「《郊特牲》鄭注云：『灌謂以圭瓚酌鬯始獻神也。』又《祭統》云：『君執圭瓚灌尸。』鄭注云：『天子諸侯之祭禮，先有灌尸之事，乃後迎牲。』案：鄭二注或神或尸，故解者或云灌神是灌地之禮，灌尸是灌人之禮。而鄭注《尚書大傳》則云『灌是獻尸，尸得獻，乃祭酒以灌地』也。」案：此注及《司尊彝》注並云獻尸，與《祭統》及《書傳》注同。賈申鄭義，以獻尸尸祭之即爲灌地求神，皇氏及《禮運》孔疏引崔靈恩説、《書・洛誥》孔説並同。皇引或解，則謂灌地與灌人不同，與鄭義異。《論語・八佾》集解引孔安國云：「灌者，酌鬱鬯灌於大祖以降神也。」《周易集解》引馬融《易注》，亦以灌爲進爵灌地以降神。孔、馬説似並專屬灌地降神，與灌尸别。王鳴盛云：「祼有二。《郊特牲》云：『周人尚臭，灌用鬯臭，鬱合鬯，臭陰達於淵泉，既灌然後迎牲。』《論語》『既灌』，孔安國注：『酌鬱鬯灌以降神。』此皆言始時灌地降神之祼。《祭統》云：『君執圭瓚祼尸。』鄭注《司尊彝》云：『祼謂以圭瓚酌鬱鬯，始獻尸。』此皆言獻尸之灌。」江聲、黄以周説並同。今案：王説與皇引或解同，於義得通。竊謂《士虞禮》未迎尸陰厭時，有祭酒於苴之節，王祭禮，尸未入以前，或亦先以鬱鬯灌茅以降神，而後迎尸二祼，故《説文・艸部》亦有束茅灌鬯爲莤酒之説，但《禮經》無正文，未能質定也。引《郊特牲》曰「魂氣歸于天，形魄歸于地，故祭所以求諸陰陽之義也，殷人先求諸陽，周人先求諸陰」者，《郊特牲》孔疏引熊氏，以爲殷人先求諸陽，謂合樂在灌前；周人先求諸陰，謂合樂在灌後，與降神之樂別。賈疏義同。云「灌是也」者，釋《郊特牲》所云先求諸陰，卽指灌言。故彼上文説灌鬯云「臭陰達於淵泉」，又云「既灌然後迎牲，致陰氣也」，卽求諸陰之義也。云「祭必先灌乃後薦腥薦孰，於祫逆言之者，與下共文，明六享俱然」者，賈疏云：「如向所説，具先灌訖，王始迎牲，次腥其俎；腥其俎訖，乃爓；爓祭訖，始迎尸入室，乃有黍稷，是其順也。今此經先言肆，肆是饋獻節；次言獻，獻是朝踐節；後言灌，灌是最在先之事：是於祫逆言之也。言『與下共文，明六享俱然』者，既從下向上爲文，卽於下五享與上祫祭，皆有灌獻肆三事矣，故云六享俱然。」詒讓案：經言肆獻祼以別於饋食耳，本非逆言。肆獻祼爲隆禮，固祫禘時享所同，然經實不專據祫言，饋食之享則無肆獻祼之節，鄭謂六享所同，亦非也。云「祫言肆獻祼，禘言饋食者，著有黍稷，互相備也」者，《祭義》云「薦黍稷，羞肝肺首心」，鄭彼注云：「薦黍稷，所謂饋食也。」鄭意此經肆、獻、祼、饋食四者，實止三節，祼爲一節，獻爲一節，薦孰與薦黍稷同在一時，則肆與饋食共爲一節。禘祫同爲大祭，則三節皆備。肆獻祼爲祫，明禘亦有之。饋食爲禘，而祫亦有黍稷，二者錯舉，明互相備。然依鄭説，則肆獻祼饋食，祫禘所同，何以經文分屬二享，其説殆不可通。今以經文攷之，肆獻祼亦非無黍稷，實兼祫禘時享，而饋食則爲殺禮，本不屬禘。又饋食雖亦有肆獻，而與盛禮不同。鄭説並非也。云「魯禮三年喪畢而祫於大祖」者，此釋周祫禘之通制，《王制》注及《詩・商頌・玄鳥》箋義並同。賈疏云：「此亦周衰禮廢，無文可明。《春秋左氏傳》云『周禮盡在魯』，卽以《春秋》爲魯禮。今言魯禮者，指《春秋》而言也。《春秋》三年喪畢而祫於大祖，謂若文公二年秋八月，大事於大廟，躋僖公。以僖三十三年薨，至文二年秋八月，於禮雖少四月，猶是三年喪畢而爲祫祭也。大祖謂周公廟。」云「明年春禘於羣廟」者，據《春秋》閔二年書「吉禘于莊公」。彼在夏不在春者，鄭《禘祫志》謂因懼難而速，非禮也。云羣廟者，謂大祖及四親廟各分祭。《詩・商頌・長發》孔疏引鄭《禘祫志》，以爲禘祭各就其廟是也。《王制》孔疏云：「案閔二年五月，吉禘于莊公。昭十五年，禘于武宮。昭二十五年，將禘于襄公。禘皆各就廟爲之，故云羣廟。」云「自爾以後率五年而再殷祭」者，舊本無「率」字，賈疏述注同。余本及注疏本有，與《釋文》合，今據增。五年而再殷祭，《公羊》文二年傳文。賈疏云：「殷，大也。除明年春，從四年以後，四年、五年、六年、七年、八年，八年之中，四年、五年、六年爲三年祫，七年、八年添前爲五年禘，是五年再殷祭也。」《詩·玄鳥》、《禮記·王制》、《曾子問》孔疏，並引鄭《禘祫志》云：「魯莊公以其三十二年秋八月薨，閔二年五月而吉禘。此時慶父使賊殺子般之後，閔公心懼於難，不得時葬。葬則去首絰於門外，乃入，務自尊成以厭其禍，若已練然，免喪又速。至二年春，其間有閏，二十一月禫除喪，夏四月則祫，既祫又即以五月禘於其廟。比月大祭，故譏其速。譏其速者，明當異歲也。經獨言吉禘于莊公，閔公之服凡二十一月，於禮少四月，又不禫，云吉禘，譏其無恩也。魯閔公二年秋八月，公薨，僖二年除喪而祫大廟，明年春禘于羣廟。自此之後，乃五年再殷祭。六年祫，故八年經曰『秋七月，禘于大廟，用致夫人』。然致夫人，自魯禮。以禘事而致哀姜，故譏焉。僖公八年春當禘，以正月會王人于洮，故七月而禘。魯僖公以其三十三年冬十二月薨，文二年秋八月祫，僖喪至此而除，閒有閏，積二十一月，從閔除喪不禫，故明月即祫。經云『八月丁卯，大事于大廟，躋僖公』。於文公之服亦少四月。不刺者，有恩也。以其逆祀，故特譏之。魯文公以其十八年春二月薨，宣二年除喪而祫，明年春禘於羣廟。自此之後，亦五年而再殷祭，與僖同。六年祫，故八年禘。經曰『夏六月辛巳，有事于大廟，仲遂卒于垂』。說者以爲有事謂禘，爲仲遂卒張本，故略之言有事耳。魯昭公十一年夏五月，夫人歸氏薨。十三年夏五月大祥，七月而禫，公會劉子及諸侯於平丘，公不得志。八月歸，不及祫。冬，公如晉。明十四年春，歸乃祫，故十五年春乃禘。經曰『二月癸酉有事于武宮』，傳曰『禘于武公』。及二十五年傳『將禘于襄公』。此則十八年祫，二十年禘，二十三年祫，二十五年禘，於茲明矣。儒家之說禘祫也，通俗不同，學者競傳其聞，是用訩訩争論，從數百年來矣。竊念《春秋》者，書天子、諸侯中失之事，得禮則善，違禮則譏，可以發起是非，故據而述焉。從其禘祫之先後，考其疏數之所由，而粗記注焉。魯禮三年之喪畢，則祫于大祖，明年春，禘于羣廟。僖也，宣也，八年皆有禘祫祭，則《公羊傳》所云『五年而再殷祭』，祫在六年明矣。《明堂位》曰『魯，王禮也』，以此相準況可知也。」案：此鄭所考魯禮禘祫疏數之說，二疏所引，互有删易，今參合校補，著之於此。鄭依《春秋》經傳所書禘祫之年，互相參校，以其所書，推其所不書，雖不甚塙，然所定三年禘五年祫之說，則不誣也。詳後。云「一祫一禘」者，賈疏及《詩·魯頌·閟宮》孔疏並謂是《禮讖》文。《漢書·韋玄成傳》亦有此說，謂自終喪之禘數之，吉禘後三年則有祫，吉禘後五年又有禘，是謂三年祫，五年禘。其實祫禘更迭而行，自相距各有五年也。案：宗廟之祭，莫大於禘祫，而自漢以來，羣儒聚訟。鄭説禘祫之義見於諸經注及《禘祫志》者，《王制》云：「天子犆礿，祫禘，祫嘗，祫烝。諸侯礿則不禘，禘則不嘗，嘗則不烝，烝則不礿。諸侯礿犆，禘一，犆一祫，嘗祫，烝祫。」鄭注云：「犆猶一也。祫，合也。天子諸侯之喪畢，合先君之主於祖廟而祭之，謂之祫。後因以爲常。天子先祫而後時祭，諸侯先時祭而後祫。凡祫之歲，春一礿而已。不祫，以物無成者不殷祭。周改夏祭曰礿，以禘爲殷祭也。」《詩·周頌·雝》「禘太祖也」，鄭箋云：「禘，大祭也。大於四時而小於祫。」《王制》疏引鄭《禘祫志》云：「《王制》記先王之法，祫爲大祭，祫於秋、於夏、於冬，周公制禮，祭不欲數。」又《閟宮》疏引《禘祫志》云：「周改先王夏祭之名爲礿，故禘以夏。先王祫於三時，周人一焉，則宜以秋。」《宋書·禮志》載朱膺之議，引鄭云「禘以孟夏，祫以孟秋」。《王制》疏云：「鄭祫禘及四時祭所以異者，此祫謂祭於始祖之廟，毁廟之主及未毁廟之主，皆在始祖廟中。始祖之主於西方，東面；始祖之子爲昭，北方南面；始祖之孫爲穆，南方北面。自此以下皆然，從西爲上。禘則太王王季以上遷主，祭於后稷之廟，其坐位乃與祫相似。其文武以下遷祖，若穆之遷主，祭於文王之廟，文王東面，穆主皆北面，無昭主；若昭之遷主，祭於武王之廟，武王東面，其昭主皆南面，無穆主。又祭親廟四。其四時之祭，惟后稷、文、武及親四廟也。」《通典·吉禮》引《禘祫志》説禘位悉同，❶是孔義亦本《禘祫志》也。綜此諸文，則鄭説周之禘祫，並爲殷祭。其異者，禘小而祫大，禘分而祫合。其年之疏數，則吉禘之後，三年祫，五年禘，禘祫自相距各五年。其祭之時，則吉禘以春，大禘以夏，祫以秋。其祭之儀法，祫則毁廟未毁廟之主，皆升合食於大祖，禘則文武以前遷主於后稷之廟，文武以後遷主，穆祭於文王之廟，昭祭於武王之廟，未遷之主各自祭於其廟。此其䀠較也。今博稽經典及羣儒之説，其與鄭同者，如《齊書·禮志》引《禮緯稽命徵》云：「三年一祫，五年一禘。」《後漢書·張純傳》，純奏云：「禮説三年一閏，天氣小備；五年再閏，天氣大備。故三年一祫，五年一禘。」《説苑·脩文篇》、《唐書·禮儀志》開元二十七年太常議引《白虎通》、《五經通義》、許愼《異義》、賀循《祭議》説並同。《初學記·禮部》引《五經異義》云：「三歲一祫，五歲一禘，此周禮也。三歲一禘，疑先王之禮也。」又《説文·示部》云：「禘，諦祭也，《周禮》曰：五歲一禘。祫，

❶「志」，原誤作「祭」，據楚本改。

大合祭先祖親疏遠近也，《周禮》曰：三歲一祫。」蓋據《周禮》説文。此並與鄭三年祫五年禘之説同者也。《明堂位》云：「季夏六月，以禘禮祀周公於大廟。」季夏卽夏正之孟夏。《毛詩・閟宮》傳云：「諸侯夏禘則不礿，秋祫則不嘗，唯天子兼之。」《通典・吉禮》引崔靈恩云：「禘以夏者，以審諦昭穆，序列尊卑。夏時陽在上，陰在下，尊卑有序，故大次第而祭之。故禘者，諦也，第也。祫以秋者，以合聚羣主，其禮最大，必秋時萬物成熟，大合而祭之。祫者，合也。」此與鄭夏禘秋祫之説同者也。《曾子問》云：「祫祭於祖，則祝迎四廟之主。」《公羊》文二年傳云：「大事者何？大祫也。大祫者何？合祭也。其合祭奈何？毀廟之主陳于大祖，未毀廟之主皆升合食於大祖。」《穀梁傳》説同。《漢書・韋玄成傳》云：「祫祭者，毀廟與未毀廟之主，皆合食於太祖，父爲昭，子爲穆，孫復爲昭，古之正禮也。」《御覽・禮儀部》引《五經通義》云：「祫，皆取未遷廟主合食大祖廟中。」又引《白虎通義》云：「祫者，合也。毀廟之主皆合食於大祖也。」此與鄭祫合祭已毀未毀之主於太祖廟之説同者也。至其説之異者尤衆，綜而論之，約二十一家。鄭以禘祫爲二祭，而或合爲一。《通典・吉禮》引賈逵、劉歆説禘祫，云「一祭二名，禮無差降」。《魏書・禮志》引王肅云：「禘祫一名也。合而祭之故稱祫，審諦之故稱禘，非兩祭之名。」《論語・八佾》集解引孔安國説，《王制》疏引杜預説，《左傳》僖三十三年疏引劉炫説，並同。此與鄭義異者一也。鄭以祫大禘小，而《王制》疏云：「王肅、張融、孔晁皆以禘爲大，祫爲小。」《唐郊祀録》引馬融云：「禘大，祫次之。」《公羊》閔二年徐疏述何休義，亦云禘大於祫。此與鄭義異者二也。鄭謂三年祫，五年禘，而《穀梁》閔二年楊疏推范甯義云：「禘既三年，祫則五年。」此與鄭義異者三也。又《閟宮》疏引《禘祫志》云：「或云歲祫終禘。」《漢書・韋玄成傳》：「匡衡云，間歲而祫。」又劉歆以爲壇墠則歲貢，大禘則終王。《通典・吉禮》晉徐禪、虞喜議引《春秋左氏》説，亦有歲祫終禘之文。此與鄭義異者四也。鄭以禘祫自相距各五年，而諸儒以禘祫爲一，則禘自相距各三年，而無五年之祫。故《閟宮》疏引《禘祫志》云：「或云三年一禘，五年再禘。」《左傳》僖八年「禘于大廟，用致夫人」。杜注謂禘者，三年大祭之名。又謂僖公歷三禘，乃致哀姜。蓋謂五年再禘，則八年三禘也。《唐書・禮志》引晉陳舒議，亦謂三年一殷。此與鄭義異者五也。又或謂禘與禘自相距三年，祫與祫自相距五年，《公羊》閔二年徐疏云：「何氏之意，以爲三年一祫，五年一禘，謂諸侯始封之年，禘祫並作之，但夏禘則不礿，秋祫則不嘗而已。一祫一禘，隨次而下，其閒三五參差，亦有禘祫同年時矣。」此與鄭義異者六也。鄭以禘祫既夏秋不同，則相距月數不得均齊，而或謂殷祭相距各三十月。《通典·吉禮》引徐邈議云：「禮五年再殷，凡六十月，分中每三十月殷也。」此與鄭義異者七也。鄭以吉禘在春，大禘在夏，而或謂禘無常月。杜氏《春秋釋例》云：「凡三年喪畢，然後禘，於是遂以三年爲節，仍計除喪卽吉之月，卜日而後行事，無復常月也。」此與鄭義異者八也。鄭以大祫在秋，而或以祫爲在冬。《續漢·祭祀志》：「張純奏云：禘之爲言諦，諦諟昭穆尊卑之義，❶以夏四月陽氣在上，陰氣在下。祫以冬十月，五穀成熟，故骨肉合飲食。」《唐志》開元太常議，亦云「秋冬爲祫」。此與鄭義異者九也。鄭以周祫既在秋，則《王制》祫禘、祫嘗、祫烝非周法，而或據彼文，謂祫三時皆可。《通典》引徐邈云：「祫三時皆可者，蓋喪終則吉而祫，服終無常，故祫隨所遇。惟春不祫，故曰特礿，非殷祀常也。」又引宋周景遠議，亦謂夏秋冬三時皆殷。此與鄭義異者十也。鄭以一年之中，祫禘不並行，而或以禘祫同年而異時。《穀梁》楊疏云：「或以禘祫同三年，但禘在夏，祫在秋，直時異耳。」此與鄭義異者十一也。鄭以三年喪畢而祫，明年春禘，以後三年祫，五年禘，悉以是爲根數。而《公羊》閔二年何注云：「禮，禘祫從先君數，三年喪畢，遭禘則禘，遭祫則祫。」是謂建國定制，歷世積推不斷，自新君除喪之年爲始。此與鄭義異者十二也。鄭以祫合禘分，而諸儒或以禘祫爲一，而禘爲合祭。《論語·八佾》集解引孔安國云：「禘祫之禮，爲序昭穆也。故毁廟之主及羣廟之主，皆合食於太祖。」《通典》引王肅云：「《曾子問》唯祫于太祖，羣主皆從，而不言禘。臣以爲禘祫殷祭，羣主皆合，舉祫則禘可知也。」此與鄭義異者十三也。鄭以禘文武以前遷主，祭於后稷廟，以後遷主分祭於文武廟，而或謂毁廟之主皆升合食於大祖廟。《御覽》引《五經通義》云：「禘者，諦也。取已遷廟主，合食大祖廟中。」《通典·吉禮》引《韓詩内傳》説同。又《王制》疏載王肅論云：「賈逵説吉禘於莊公，禘者遞也，審諦昭穆，遷主遞位，孫居王父之處。又引《禘于大廟》逸禮，其昭尸穆尸，其祝辭稱孝子孝孫，則是父子並列。《逸禮》又云『皆升合于其祖』，所以劉歆、賈逵、鄭衆、馬融等皆以爲然。」此與鄭義異者十四也。或以禘祫爲一，而合祭爲禮之常，特祭爲禮之變。《春秋釋例》云：「禘於大廟，禮之常也。各

❶「諟」原訛「禔」，據楚本改。

於其宮，時之爲也。雖非三年大祭而書禘，用禘禮也。」此與鄭義異者十五也。或分禘祫爲二，而禘仍合祭。《續漢志》張純奏引元始五年，始行禘禮，父爲昭，南嚮，子爲穆，北嚮，父子不並坐，而孫從王父。此與鄭義異者十六也。鄭以祫爲毀廟未毀廟皆合食於大祖，而或謂祫止毀廟合食。《續漢志》張純奏，舊制三年一祫，毀廟主合食高廟，存廟主未嘗合。此與鄭義異者十七也。鄭以禘祫皆徧及已毀未毀之主，而祫合禘分，而或以禘則毀廟合食，祫則不及毀廟。《通典》引王肅議云：「漢光武時言祭禮，以禘者毀廟之主皆合於太祖，祫者惟未毀之主合而已矣。」此與鄭義異者十八也。鄭以祫禘皆盡及毀廟之主，而《通典》引徐禪、虞喜議，據《左氏》說，歲祫及壇墠，終禘及郊宗石室。又引袁準《正論》說同。則謂雖及毀主，而有遠近之殺。此與鄭義異者十九也。鄭《司勳》注以冬大烝祭功臣，而《公羊》文二年何注云：「禘所以異於祫者，功臣皆祭也。」此與鄭義異者二十也。鄭以喪畢先祫後禘，以後三年祫，五年禘，是自除喪以後，皆祫先禘後。而《公羊》何注謂三年喪畢，遭禘則禘，遭祫則祫，則禘祫先後無定。此與鄭義異者二十一也。以上諸說，岐迕襍出，無所折衷。今博攷諸經，審繹鄭義，惟周制毀廟之主，並藏大祖廟，不藏文武廟，則禘祭遷主，亦當如祫通合食於大祖廟，《逸禮》、《韓詩》、《五經通義》諸家之說，實爲允愜。鄭誤以文武爲二祧，凡文武以後遷主藏焉，故謂禘祭亦取文武後遷主以昭穆祭於文武廟，此與禮制不合，詳《敘官》及《守祧》疏。此外諸義，則並綜貫經傳，堨不可易。蓋《春秋》有禘，有吉禘，而文二年「大事于大廟」，《左傳》不云何祭，《公》、《穀》則以爲大祫，明禘之外別有此大祫之祭，則謂禘祫一祭二名者非也。昭十五年「有事于武宮」，《左傳》以爲禘，而祫經獨書大事，明祫大而禘小，則謂祫小於禘者非也。《通典》亦申鄭說云：「以《禮經》及《春秋》所書，皆祫大於禘。案《春秋公羊傳》云：『大事于大廟，大事者祫也。』至於禘，則云『禘於莊公』『禘於僖公』，既不於大祖，則小於祫也。又案《禮記》禘於大廟之禮云，『毀廟之主升合食，而立二尸』，又案《韓詩内傳》云，『禘，取毀廟之主皆升合食於大祖』，則禘小於祫也。祫則羣廟之主悉升於大祖廟，禘者於其廟而行祭禮，二祭俱及毀主，禘之與祫，同得爲殷，禘則小於祫而大於四時也。曾子問主，夫子云『自非祫祭，七廟五廟無虚主』，而不言禘，小於祫明矣。」案：杜說詳覈，足輔鄭義。《國語·周語》云：「日祭，月祀，時享，歲貢，終王。」漢人因而爲歲祫終禘之說。然日祭月祀之說，煩數不合禮典。且云歲貢終王，不云歲祫終禘。終禘卽三年喪畢之吉禘，而歲祫之說，於經無徵。且依彼説，則世唯一禘，禘既太疏，比歲有祫，祫又太數，於理尤未安，則謂歲祫終禘者非也。禘祫既爲二祭，則當分年迭行，《公羊》説大祫而云「五年再殷」，是無五年再禘之説，則謂三年一禘五年再禘者非也。何氏《公羊注》説「五年而再殷祭」，云「三年祫，五年禘」，蓋以五年再殷，二祭通數，與鄭説略同。徐彦不達，誤謂禘三祫五，各自計年，實非何意。唐制亦沿斯誤。故《通典·吉禮》載開元太常議，據鄭義駁之云：「今大廟禘祫，各自數年，兩岐俱不通計，或比年頻合，或同歲再序，或一禘之後併爲再祫，或五年之内驟有三殷，法天象閏之期既違其度，五歲再殷之制數又不同。」蓋深中其失，則徐彦之説非也。季夏魯禘，有《明堂位》明證，則杜預謂禘無常月者非也。《春秋》文二年八月大祫，此祫在秋之明證。《王制》三時之祫，與禮不合，比時殷祭，尤爲煩瀆。鄭以爲夏殷法，雖無塙證，然其非周制，固無可疑。則漢以後制以冬祫及徐邈四時皆祫之説非也。禘夏祫秋，時既不同，則無中分各三十月之理，況以六十月再殷爲定限，而其閒有閏，積十二閏，則五年再殷之數必有超越，尤不可通，則徐邈每三十月殷之説非也。三年終喪，必有吉禘，明禘後有祫，自是三年祫，後復有禘，距前禘自是五年，則謂禘三年祫五年者非也。五年再殷，《公羊》有明文，斷無同年再殷之理，則謂禘祫同三年者非也。《春秋》閔二年「吉禘于莊公」，昭十五年「有事于武宫」，《左傳》昭二十五年「禘于襄公」，定八年「禘于僖公」，並特祭於其廟，則謂禘合祭於太祖者非也。祫迎四廟之主，《曾子問》有明文，則漢制祫止毁主合食祖廟不及未毁主之説非也。祫毁主合食，《逸禮》亦有明文，則漢光武時議者謂祫不及毁主者非也。《司勳》凡有功者祭於大烝，烝爲冬祭，既不在夏秋，則非禘祫可知。況功臣配食，乃禮之小者，不容禘祫二祭，專以此爲區别，則何休禘惟功臣與祭之説非也。禘祫之祭，聚訟已久，今以鄭義爲本，而條列唐以前諸家之説，辯證其是非。宋以後異説尤繁，並不復論。其郊丘明堂之禘，與廟享不同，别詳《大司樂》疏。

周禮正義卷三十四

以凶禮哀邦國之憂，哀謂救患分裁。凶禮之別有五。【疏】「以凶禮哀邦國之憂」者，五禮之二也。《説文・凶部》云：「凶，惡也。」《釋名・釋言語》云：「凶，空也，就空亡也。」裁喪皆凶惡之事，故哀弔之禮謂之凶禮。　注云「哀謂救患分裁」者，裁注例用今字，當作「災」，下並同，詳《膳夫》疏。《説文・口部》云：「哀，閔也。」救患分裁，據《左》僖元年「邢遷于夷儀，齊師、宋師、曹師城邢」傳文，彼以邢被狄伐，諸侯救之，與此後經襘恤事相類。鄭以五凶禮通有救患分災之義，故據以爲釋。云「凶禮之別有五」者，目具下文。以喪禮哀死亡，哀謂親者服焉，疏者含襚。【疏】「以喪禮哀死亡」者，《説文・哭部》云：「喪，亡也。」《白虎通義・崩薨篇》云：「喪者，亡也。人死謂之喪何？言其喪亡，不可復得見也。生者哀痛之亦稱喪。《禮》曰『喪服斬衰』，《易》曰『不封不樹，喪期無數』，《孝經》曰『孝子之喪親也』，是施生者也。」鄭《喪服》注云：「不忍言死而言喪。喪者棄亡之辭，若全存居於彼焉，已亡之耳。」　注云「哀謂親者服焉，疏者含襚」者，《釋文》云：「含本亦作唅。」案：唅卽含之俗，詳《大宰》疏。賈疏云：「據上文云哀邦國之憂，則此亦據諸侯邦國之內而言。但天子諸侯絶傍期，傍期已下無服。若始封之君不臣諸父昆弟，亦有服。今云親焉服焉者，鄭廣解哀義，不專據天子諸侯之身也。案《士喪禮》『親者不將命』，注云『大功已上有同財之義』，無歸含法。鄭云親者服焉，據大功親以上直有服，無含法；若小功已下有含并有服也。若然，此據大夫以下而説。天子諸侯雖無服，其含襚則有之。故《春秋》『王使榮叔歸含且賵』，《士喪禮》『君使人襚』，明天子諸侯於臣子皆有含襚也。」詒讓案：諸侯雖絶傍期，然諸侯於其諸父及兄弟之爲諸侯者則有服，《喪服傳》云「尊同則得服其親服」，義亦通於此也。《通典・凶禮》引譙周云：「諸侯降旁親。旁親若爲諸侯，及女子嫁於諸侯，服如國人。」此卽鄭所謂親者服焉之義。賈説未憭。含、襚詳《小宰》疏。以荒禮哀凶札，荒，人物有害也。《曲禮》曰：「歲凶，年穀不登，君膳不祭肺，馬不食穀，馳道不除，祭事不縣，大夫不食粱，士飲酒不樂。」札讀爲截，截謂疫癘。【疏】「以荒禮哀凶札」者，遭凶札貶損振救之禮，謂之荒禮，若《大司徒》十二荒政及《周書・大匡》《糴匡》二篇所紀，是其略也。　注云「荒人物有害也」者，賈疏云：「經云『荒』以爲目，下云『凶札』，則荒中有凶，是物有害；荒中兼有札，是人有害。案《司服》云：『大札大荒則素服。』注云『札疫病，荒飢饉』者，彼不以荒爲目，以荒替凶處，故彼注荒爲飢饉，不爲物有害也。」引《曲禮》者，鄭彼注云：「登，成也。皆爲自貶損憂民也。禮食殺牲則祭先，有虞氏以首，夏后氏以心，殷人以肝，周人以肺。不祭肺則不殺也。不治道，爲妨民取蔬食也。縣，樂器鍾磬之屬也。粱，加食也。不樂，去琴瑟。」此並遇荒自貶損之禮，故引以爲證。據《小行人》云：「國札喪則令賻補之，國凶荒則令賙委之。」是當有賙補之事，注不具也。云「札讀爲截，截謂疫癘」者，癘舊本作厲，今據毛晉本校改。《膳夫》注云：「大札，疫癘也。」《大司樂》注亦作癘。阮元云：「札者，古文假借字也。故注易其字作截。截者，斷也。至《字林》乃有『殌』字，从歺㲺聲。」丁晏云：「札截聲相近。《釋名・釋天》：『札，截也，氣傷人如有斷截也。』」段玉裁云：「札字已屢見矣，此乃云讀爲截者，互見也。」**以弔禮哀禍裁**，禍裁謂遭水火。宋大水，魯莊公使人弔焉，曰：天作淫雨，害於粢盛，如何不弔。廄焚，孔子拜鄉人爲火來者，拜之，士一，大夫再。亦相弔之道。【疏】「以弔禮哀禍裁」者，《説文・人部》云：「弔，問終也。」案：弔之本義爲弔喪，引申爲弔裁之通語。《公羊》昭二十五年何注云：「弔亡國曰唁，弔死曰弔，弔喪主曰傷，弔所執紼曰綍。」彼弔死以下三事，並謂問終，於此經當入喪禮之科，與此弔禮異也。通言之，五凶禮並得稱弔。詳《大府》疏。　注云「禍裁謂遭水火」者，《小行人》注義同。裁，注例亦當作災，《宫正》注可證。《説文・示部》云：「禍，害也。」又《火部》云：「天火曰裁。」水火皆爲人之患害，故通稱禍裁。《掌客》「禍裁殺禮」，注云：「禍裁，新有兵寇水火也。」此下文別云「以恤禮哀寇亂」，故注不兼兵寇也。云「宋大水，魯莊公使人弔焉，曰天作淫雨，害於粢盛，如何不弔」者，據《左》莊十一年傳文。此引證弔水裁之事。云「廄焚，孔子拜鄉人爲火來者，拜之，士一，大夫再，亦相弔之道」者，並《襍記》文。鄭彼注云：「言拜之者，爲其來弔己。」此引證弔火裁之事。**以禬禮哀圍敗**，同盟者合會財貨，以更其所喪。《春秋》襄三十年冬，會于澶淵，宋裁故，是其類。【疏】「以禬禮哀圍敗」者，賈疏云：「此經本不定。若馬融以爲『國敗』，正本多爲『圍敗』，謂其國見圍入而國被禍敗，喪失財物，則同盟之國會合財貨歸之，以更其所喪也。」洪頤煊云：「《小行人》：『若國師役，則令槁禬之。」字當作『國敗』。鄭注不釋『圍』字，亦當作『國敗』。」包慎言云：「經下文『以恤禮哀寇亂』，圍可包於寇亂之中，此當從馬融作『國』爲當。」案：洪、包説是也。依賈説，蓋唐時鄭注本亦有作『國敗』者，與馬本正同。賈《大行人》疏及蜀石經《小行人》注引此經，並作『國敗』可證也。國敗猶《左》哀十三年傳云「國勝」，蓋據國爲敵所勝言之則曰國勝，據國見敗於敵言之則曰國敗，義實同也。

注云「同盟者合會財貨以更其所喪」者，謂禬之義猶言合會也。禬會聲類同。《小行人》「槁禬」注亦云：「使鄰國合會財貨以與之。」《廣雅・釋言》云：「更，償也。」賈疏云：「必知禬是會合財貨非會諸侯之兵救之者，若會合兵，當在軍禮之中，故知此禬是會合財貨以濟之也。故《大行人》云『致禬以補諸侯之灾』，《小行人》亦云『若國師役則命犒禬之』，是其有財貨相補之驗。」詒讓案：此禬與女祝、大祝、神仕、庶氏諸職之禬，文同而義異，詳《女祝》疏。云「《春秋》襄三十年冬會于澶淵，宋災故」者，《春秋經》文。《公羊傳》云：「諸侯相聚而更宋之所喪，曰：死者不可復生，爾財復矣。」《穀梁傳》云：「更宋之所喪財也。」此引以證會合財貨更其所喪之事也。云「是其類」者，澶淵之會，爲宋火災，雖非圍敗，然歸財與禬禮事類相同，故云是其類。

以恤禮哀寇亂，恤，憂也。鄰國相憂。兵作於外爲寇，作於内爲亂。【疏】注云「恤，憂也」者，《爾雅・釋詁》文。云「鄰國相憂」者，賈疏云：「亦上云哀邦國之憂，據諸侯爲説，故鄭以鄰國解之。哀之者，既不損財物，當遣使往諮問安不而已。」云「兵作於外爲寇，作於内爲亂」者，約《左傳》文七年魯叔仲惠伯語。

以賓禮親邦國。親，謂使之相親附。賓禮之别有八。【疏】「以賓禮親邦國」者，五禮之三也。《説文・貝部》云：「賓，所敬也。」賓客之禮主於敬，故謂之賓禮。

注云「親謂使之相親附」者，「謂」舊本作「者」，蓋涉後以飲食之禮親宗族兄弟章注而誤，今據宋本正。謂制朝聘之禮，使諸侯親附，王亦使諸侯自相親附也。云「賓禮之别有八」者，目亦具下文。

春見曰朝，夏見曰宗，秋見曰覲，冬見曰遇，時見曰會，殷見曰同。此六禮者，以諸侯見王爲文。六服之内，四方以時分來，或朝春，或宗夏，或覲秋，或遇冬，名殊禮異，更遞而徧。朝猶朝也，欲其來之早。宗，尊也，欲其尊王。覲之言勤也，欲其勤王之事。遇，偶也，欲其若不期而俱至。時見者，言無常期，諸侯有不順服者，王將有征討之事，則既朝覲，王爲壇於國外，合諸侯而命事焉。《春秋傳》曰「有事而會，不協而盟」是也。殷猶衆也。十二歲王如不巡守，則六服盡朝，朝禮既畢，王亦爲壇，合諸侯以命政焉。所命之政，如王巡守。殷見，四方四時分來，終歲則徧。【疏】「春見曰朝，夏見曰宗，秋見曰覲，冬見曰遇」者，別歲時諸侯見王之異名也。《王制》疏引《五經異義》云：「朝名：《公羊》說，諸侯四時見天子及相聘，皆曰朝。以朝時行禮，卒而相逢於路，曰遇。《古周禮》說，春曰朝，夏曰宗，秋曰覲，冬曰遇。許慎案：《禮》有《覲經》，《詩》曰『韓侯入覲』，《書》曰『江漢朝宗于海』，知有朝覲宗遇之禮，從《周禮》說。」鄭駁之云：「此皆有似，不爲古昔。案《覲禮》曰：『諸侯前朝，皆受舍于朝。』朝通名。」案《異義》「相聘」，「聘」當爲「朝」。「不爲古昔」，義不可通，疑當作「不爲左背」。鄭意散文則朝覲亦可通稱，《禮》說與《春秋》說，義不相違也。云「時見曰會，殷見曰同」者，金鶚云：「會同之禮有四。一是王將有征討，會一方之諸侯，時見曰會是也。一是王不巡守，四方諸侯皆會京師，殷見曰同是也。此二者皆行於境內者也。一是王巡守，諸侯會於方岳。《書·周官》篇所謂『王乃時巡，諸侯各朝於方岳』也。禹會諸侯於塗山，亦是巡守會同。一是王不巡守而殷國，諸侯畢會於近畿。此二者皆行於境外者也。時見時巡所會，皆止一方諸侯。殷見殷國所會，則四方六服諸侯畢至，故曰殷。會同對文則別，散文則通，同亦可言會，會亦可言同，總之皆曰會同，諸侯亦曰會同。」林喬蔭云：「會同之禮，《掌舍》云：『掌王之會同之舍，設梐枑再重，設車宮轅門，爲壇壝宮，棘門，爲帷宮，設旌門，無宮則共人門。』《牛人》云：『凡會同共其兵車之牛，與其牽徬，以載公任器。』《縣師》云：『若將有會同之戒，則受法於司馬，以作其衆庶及馬牛車輦，會其車人之卒伍，皆備旗鼓兵器，以帥而至。』《稍人》云：『若有會同行役之事，則以縣師之法，作其同徒輂輦，帥而以至。』《廩人》云：『凡邦有會同，則治其糧與其食。』《遺人》云：❶『凡會同，掌其道路之委積。』《大祝》云：『大會同造於廟，宜於社，過大山川則用事焉，反行舍奠。』《大司馬》云：『大會同則帥士庶子，而掌其政令。』❷《司士》云：『凡會同作士從。』《諸子》云：『會同賓客，作羣子從。』凡其扈從，有官有兵；其在道，有次舍，有委積，其出入所經，皆有告祭。若如舊說，會同皆在京師，則諸侯來朝，天子未嘗外出，何以有此諸儀。」詒讓案：會同禮，蓋有常變

❶ 「云」原訛「至」，據楚本改。

❷ 「而」原訛「則」，據楚本改。

不同，鄭、賈所釋，並據常典言之，故壇宫受玉，不出郊甸。若其變禮，則多與巡守並行，或在方岳，或在東都，如周公朝諸侯於東都之明堂，宣王亦有東都之會，《詩・小雅・車攻》云「會同有繹」是也。其殷國，則又或在侯國，道里遠近不可豫定，故六軍羣子從行，而委積館舍之煩，亦與大師無異。《司馬法・仁本》篇云：「興甲兵以討不義，巡守省方，合諸侯，攷不同。」卽指巡守之會同而言也。金氏所舉四者，最爲詳析。林氏據《掌舍》諸職以明會同之不必皆在畿内，亦足補鄭義。互詳《大行人》疏。　注云「此六禮者，以諸侯見王爲文」者，賈疏云：「案此經文皆云見，是下於上稱見，故云『諸侯見王爲文』也。《秋官・大行人》云春朝諸侯之等，皆云朝覲諸侯，是王下見諸侯爲文，故彼注云『王見諸侯爲文』。二者相對，爲文不同。以彼是天子見諸侯之義，圖天下之事，比邦國之功，皆據天子爲主，故以天子見諸侯爲文。此則諸侯依四時朝天子，故以諸侯見天子爲文。」云「六服之内，四方以時分來，或朝春，或宗夏，或覲秋，或遇冬」者，依《大行人》文。九州之外，夷鎮蕃三服世一見，無分年朝覲之法，故專據九州以内侯甸男采衞要六服言之。四時分來，謂六服每服各分四方，每方又分四部，依四時更迭而來也。《詩・大雅・韓奕》篇「韓侯入覲」，箋云：「諸侯秋見天子曰覲。」孔疏云：「《駁異義》云：『朝通名也，秋之言覲，據時所用禮。』是鄭意以韓侯秋來見王時行覲禮也。下文『奄受北國』，則韓侯是北方諸侯，而得秋覲王者，諸侯之朝天子，四方時節其文不明，說《周禮》者，賈逵以爲一方四分之，或朝春，或覲秋，或宗夏，或遇冬，藩屏之臣不可虚方俱行，故分趣四時助祭也。馬融以爲在東方者朝春，在南方者宗夏，在西方者覲秋，在北方者遇冬。是由經無正文，故先儒爲此二説。鄭於《大宗伯》注云：『六服之内，四方以時分來，或朝春，或宗夏，或覲秋，或遇冬，名殊禮異，更遞而徧。』《秋官・大行人》注云：『六服以其朝歲，四時分來，更遞而徧。』二注並言分來，則是從賈之説，一方而分爲四時也。韓侯雖是北方諸侯，其在北方爲西偏，蓋於時分之，使當秋覲也。若然，《明堂位》注云『魯在東方，朝必以春』，似東方諸侯皆朝春者，正以彼記魯之祭禮云『夏礿，秋嘗，冬蒸』，獨無春祀，明爲朝王闕之，故云朝必以春。魯在東方，尤爲東偏，蓋亦分之使春朝，故嘗闕春祭也。」案：孔説是也。《大行人》注云：「其朝貢之歲，四方各四分，趨四時而來，或朝春，或宗夏，或覲秋，或遇冬。」依彼注云四方各四分之，則鄭意於六服之中，分爲四方，一方之中又分爲四部，以四時分來，部近東者則朝春，部近南者則宗夏，部近西者則覲秋，部近北者則遇冬。是東方亦可以秋覲，西方不必無春朝，蓋與賈説正同。賈疏釋四時分來，謂春東方，六服當朝之歲盡來朝，夏南秋西冬北皆然。是則一方盡來，無四分之事，與《韓奕》疏引馬融説正同，實非鄭恉。又《大行人》賈疏謂馬氏之義，六服當面各四分之，假令東方侯服四分之，東方朝春，南方宗夏，西方覲秋，北方遇冬，餘方皆然。是馬季長亦主四方各四分、趨四時而來之説，則賈、馬、鄭三君義本不異，與《韓奕》疏所述馬説不同，未知孰得其實。又《公羊》桓元年傳何注説五年一朝之制云：「分四方諸侯爲五部，部有四輩，輩主一時。」蓋謂於四方諸侯之中，分爲五部，部主一年，五年而徧；又於一部之中，分爲四輩，輩主一時，四時而徧。此則與經注之義並異，不足取證者也。陳汲謂朝覲不分方，分時，云「以春來則曰朝，以夏來則曰宗，以秋來則曰覲，以冬來則曰遇，猶《漢律》春曰朝，秋曰請，吴王濞春不朝，使人爲秋請是也。又《書・康王之誥》：『大保率東方諸侯入應門左，畢公率西方諸侯入應門右。』則是康王初卽位，四方諸侯以朝，適皆在京師也。」王與之説同。金鶚云：「諸侯朝覲，經典並無分方分時之説。蓋朝覲之年有定，若東方諸侯春時或有故，則至夏秋皆可朝。苟必拘其時，將廢朝乎？」案：陳金説亦通。但漢人説朝禮者，並謂分方分時，既無正文，未敢輒易，謹坿其説於此。其四時朝覲之月，經注亦無文。《御覽・禮儀部》引《白虎通》云：「朝用何月？皆以夏之孟四月，因留助祭。」則謂以夏正四孟月。《詩・周頌・臣工》箋云：「周之季春，於夏爲孟春，諸侯朝周之春，故晚春遣之。」孔疏亦謂諸侯之朝皆用孟月，與班義同也。云「名殊禮異」者，《覲禮目録》云：「朝宗禮備，覲遇禮省。」《曲禮》云：「天子當依而立，諸侯北面而見天子，曰覲。天子當宁而立，諸公東面，諸侯西面，曰朝。」鄭注云：「諸侯春見曰朝，受摯於朝，受享於廟，生氣文也。秋見曰覲，一受之於廟，殺氣質也。朝者位於内朝而序進，覲者位於廟門外而序入，王南面立於依宁而受焉。夏宗依春，冬遇依秋。春秋時，齊侯唁魯昭公，以遇禮相見，取易略也。」孔疏引崔靈恩説朝宗之禮云：「諸侯春夏來朝，各乘其命車，至臯門外陳介也。天子車時在大門内。傳辭既訖，則乘車出大門，下車。王迎入，至文王廟門，天子還服朝服，立於路門之外，諸侯更易服朝服，執贄而入應門而行禮。故王當宁以待，諸侯次第而進，謂入應門，諸公東面，諸侯西面。」案以上並鄭據《曲禮》解朝覲名殊禮異、春夏與秋冬不同之説，六朝諸儒及唐人經疏，説並略同。然鄭《覲禮記》注則云「四時朝覲，受之於廟」，是鄭亦有兩解。《公羊》隱十一年，何注亦云「禮朝受之於太廟」，不别朝覲之異，與《曲禮》文不同。萬斯大、凌廷堪並謂將覲之時，或先行常朝之禮，故有東面西面之位。金鶚又駁鄭説云：「朝宗覲遇，特以時而異其名，其禮必不有異。均是諸侯，乃春夏來者寬以待之，秋冬來者嚴以接之，果何義耶？凡諸侯見天子，無論何時，皆謂之覲。《書》言『肆覲東后』，於春時言之。《詩》言韓侯入覲，《左傳》言晉侯出入三覲，《郊特牲》言覲禮天子不下堂而見諸侯。此皆諸侯見天子稱覲，不必在秋。否則天子春夏皆下堂而見諸侯，有是禮乎？朝亦四時之通稱，不必在春。然諸侯相見亦稱朝，君臣每日常見亦稱朝。惟覲則專屬諸侯見天子，不可混稱，故《覲禮》一篇特名曰覲，所以别於常朝也。鄭乃謂此諸侯秋見天子，朝宗禮備，覲遇禮省，誤矣。凡朝聘皆必受摯於廟者，謙不敢當也。必無受摯於朝之禮。且諸侯奠摯必北面，而此云東西面，其非受摯甚明。崔氏謂諸侯春夏乘命車，天子出迎，君臣皆服皮弁，其謬尤甚。總之朝覲，天子必無迎賓之禮，諸侯亦必無不乘墨車者也。皮弁每日常朝之服，乃諸侯初見天子受摯，而以此服相接可乎？竊謂諸侯既入廟行覲禮，次日天子視朝，諸侯又行朝禮。蓋覲以正君臣之分，故北面；朝以通上下之情，故東西面。」案：萬、凌、金三家，並謂四時朝覲，禮當不異，足正鄭、賈之誤。《曲禮》所謂「天子當依，諸侯北面」者，與《覲禮》合，自是朝覲宗遇之通禮。而所謂「天子當宁，諸公東面，諸侯西面」者，則於經無徵，萬、凌、金並謂王每日常朝之禮，於義得通。而萬、凌謂先朝後覲，金謂先覲後朝，説又互異，未能決定。考《司士》常朝之位，止云孤東面，卿大夫西面，無諸侯。《射人》朝位與《司士》同，而云諸侯在朝則皆北面；《朝士》三詢外朝之位，則五等諸侯並東面：此皆與《曲禮》必不能强合者。故江永以《曲禮》爲記人之異説，黄以周亦謂《覲禮》同姓西面北上，異姓東面北上，是尚左也；《曲禮》諸公東面，諸侯西面，則是尚右，疑其爲異代禮。聞疑載疑，不敢曲爲傅合也。云「更遞而徧」者，謂一歲而當朝之服徧，六歲而六服徧，即《大行人》注云「六服以其朝歲，四時分來，更迭如此而徧」是也。云「朝猶朝也，欲其來之早」者，賈疏述注作「朝之言朝也」。《爾雅·釋詁》云：「朝，早也。」是朝取來早之義也。《御覽·禮儀部》引《白虎通》云：「朝者見也，因用朝時見，故謂之朝。」説與鄭小異。云「宗，尊也，欲其尊王」者，宗尊義，詳《目録》疏。《御覽》引《白虎通》云：「所以制朝聘之禮何？所以尊君父、重孝道也。夫臣之事君，猶子之事父，欲全臣子之恩，一統尊君，故必朝聘也。」是朝有尊君之義。云「覲之言勤也，欲其勤王之事」者，覲勤聲類同。《説文・見部》云：「諸侯秋朝曰覲，勞王事。」鄭《覲禮目録》云：「覲，見也。」彼據字義，此據聲訓，義亦相成也。云「遇偶也，欲其若不期而俱至」者，遇偶，《爾雅・釋詁》文。《春秋》隱四年「公及宋公遇于清」，《公羊傳》云：「遇者何？不期也。一君出，一君要之也。」此即《異義》《公羊》説所謂「卒而相逢於路曰遇」者。雖亦取不期之義，而與冬見天子之禮迥異。《左傳》隱四年孔疏引劉歆、賈逵説，並以彼亦用冬遇之禮，則杜氏《釋例》已難之矣。云「時見者，言無常期」者，謂有大事之時則來見，不依六服疏數之節及春秋朝覲之期也。《射義》云：「《貍首》者，樂會時也。諸侯以樂會天子爲節。」《左》襄二十八年傳：「子産曰：小適大，共其職貢，從其時命。」杜注云：「從朝會之命。」此時見義與彼同。云「諸侯有不順服者，王將有征討之事，則既朝覲，王爲壇於國外，合諸侯而命事焉」者，明時見亦先行朝覲常禮，既朝覲乃行會禮。但時會人衆，必於國外爲壇，與常朝在廟異也。國外，謂王城之外近郊。《爾雅・釋詁》云：「會，合也。」故合諸侯謂之會禮，詳《司儀》疏。賈疏云：「此《司儀》及《覲禮》所云爲壇合諸侯是也。」又云：「既朝覲者，若不當朝之歲，則不須行朝覲於國中，直壇朝而已。其當朝之歲者，則於國中朝。」案：賈意蓋謂時見會當方六服諸侯，其適當朝歲者，則先朝於國，復朝於壇；其不當朝歲專爲時見而來者，則無先朝國中之事。《覲禮》疏亦同此説。然依後注説，殷同雖不當朝歲，亦先朝國中，復朝壇，則此時見當方諸侯，當朝歲與不當朝歲，疑皆先行常朝之禮。惟時見止合當方，其當朝歲而不當征討之方者，則不與命事之列，或但朝國中，不復更特見於壇耳。賈説恐非鄭意。又案：時會殷同並先朝國中，後朝於壇，則有兩次將幣，其致享及禮祼亦然，故《司儀》經注説享及禮，並於壇以五爵分爲三等，是其證也。命事，謂命以征討之事，即《大行人》云「時會以發四方之禁」，禁是九伐之法也。《論語・先進》皇疏云：「時見曰會，亦隨其方。若東方不服，則命與東方諸侯共征之。」《曲禮》疏説亦與皇同，又云：「朝竟，王乃爲壇於國外，與之會盟。春於國東，夏南，秋西，冬北。會則隨事，無有定期，有時而然，故曰時見曰會也。」案：依皇、孔二説，則時見亦分方，會盟之壇，隨四時而異。金鶚云：「鄭不言一方諸侯，文略也。」云「《春秋傳》曰，有事而會，不協而盟是也」者，《左》昭三年傳，鄭子太叔語，引以證時會即爲有征伐之事。云「殷猶衆也」者，《大宰》注同。《曾子問》云：「諸侯旅見天子。」注云：「旅，衆也。」殷旅義亦同。云「十二歲王如不巡守，則六服盡朝，朝禮既畢，王亦爲壇合諸侯以命政焉」者，《大行人》「殷同」注義同。《説文・冃部》云：「同，合會也。」賈疏云：「案《大行人》云：『十二歲王乃巡守殷國。』若王無故，則巡守，《王制》及《尚書》所云者是也；若王有故，則此云『殷見曰同』及《大行人》云殷國是也。云殷同者，六服衆皆同來。言殷國者，衆來見於王國。其事一也。」詒讓案：十二歲，侯甸男采要五服皆當朝歲。其衞服雖不當朝歲，亦因王不巡守而來見，則六服當同。先朝於廟，後朝於壇，其禮與時見大同；但時見無常期，殷見則必在十二年王不巡守時，時見合當方諸侯，殷見則六服四方萃於一年，以此爲異耳。殷見，《大行人》謂之殷同。至《大行人》又有殷國，雖亦十二歲因王不徧巡守而行其禮，然與殷見正禮迥異。鄭、賈説並未析，詳《職方氏》及《大行人》疏。云「所命之政如王巡守」者，賈疏云：「巡守命政，則《王制》所云『命典禮，考禮命，市納價』之類，又《尚書》所云『歲二月東巡守』已下修五禮五玉，及協時月正日之等皆是也。」云「殷見四方四時分來，終歲則徧」者，《大行人》注義同，亦謂六服分爲四方，每方又四分之，四時分來，與朝覲法同。但朝覲各以其朝歲四時分來，六服六歲乃徧，殷同則皆於不巡守之年，四時六服分來，一歲則徧，以此爲異也。賈疏謂與上同爲四方，方各總一時來；《王制》疏亦云「每當一時，一方總來，不四分也」；《通典・賓禮》引崔靈恩説同：並非鄭意。

時聘曰問，殷覜曰視。

時聘者，亦無常期，天子有事乃聘之焉。竟外之臣，既非朝歲，不敢瀆爲小禮。殷覜，謂一服朝之歲，以朝者少，諸侯乃使卿以大禮衆聘焉。一服朝在元年、七年、十一年。

【疏】「時聘曰問，殷覜曰視」者，經例凡「視」字並用古字作「眂」，唯此獨從今字作「視」，未詳其例。賈疏云：「此二經者，是諸侯遣臣聘問天子之事。」詒讓案：此經無聘覜年數，依注説，聘無常期，覜則十二年三覜。《王制》云：「諸侯之於天子也，比年一小聘，三年一大聘，五年一朝。」鄭彼注云：「此大聘及朝，晉文霸時所制也。」蓋鄭意比年小聘，五年大聘，爲諸侯邦交之法。《聘義》注據《大行人》歲問殷聘，證小聘大聘是也。諸侯於天子則不用是法，故《王制》注廣爲霸主所制，明非周公所制禮也。而《王制》孔疏引《五經異義》《春秋公羊》説及《公羊》桓元年何注，則並依《王制》説。《説文・見部》亦云：「諸侯三年大相聘曰頫。頫，視也。視，瞻也。」段玉裁謂：「許以《周禮》之覜卽三年大聘，故

《大行人》曰『王之所以撫邦國諸侯者，歲徧存，三歲徧覜，五歲徧省』。省與覜同，閒歲而舉，所謂三年大聘，下於上，上於下，皆得曰覜，許説與《周禮》不相違也。」案：段説亦得通。但《王制》「三年大聘」，與此經殷覜，究不相應。蓋五年一朝之文，既與《大行人》不合，則聘年亦不足取證可知。互詳《大行人》疏。　注云「時聘者亦無常期」者，冢上時見而言，《大行人》注同。云「天子有事乃聘之焉」者，《大行人》注云「天子有事，諸侯使大夫來聘，天子無事則已」是也。賈疏云：「上時是當方諸侯不順服，其順服者，當方盡朝，無遺臣來之法，其餘三方諸侯不來。諸侯聞天子有征伐之事，則遣大夫來問天子，故云天子有事乃聘之焉。」云「竟外之臣，既非朝歲，不敢瀆爲小禮」者，賈疏云：❶「瀆，數也。天子無事，不敢數遣大夫聘問天子，以是故有事乃遣大夫問也。必知時聘遣大夫不使卿者，以其經稱『問』。案《聘禮》『小聘曰問，使大夫』。此經云『曰問』，明使大夫也。」案：小聘使大夫，亦詳《大行人》疏。云「殷覜謂一服朝之歲，以朝者少」者，《大行人》注義同。一服朝之歲，謂惟有侯服來朝之歲也。《曲禮》孔疏云：「覜亦見也。爲來見王起居，故曰覜也。」案：孔訓覜爲見，與許訓爲視同。覜亦作眺，《國語·齊語》云：「重爲之皮幣，以驟聘眺於諸侯。」覜眺聲類同。云「諸侯乃使卿以大禮衆聘焉」者，此亦釋殷爲衆，與殷見義同。六服皆來聘，故謂之衆。賈疏云：「鄭知使卿以大禮者，見《聘禮》大聘使卿，此既諸侯使臣代己來，明不得使大夫，故知使卿以大禮衆聘焉。使卿爲大禮，對使大夫爲小禮也。」《曲禮》疏云：「殷覜亦並依時，春東，夏南，秋西，冬北，各隨方逐時，但不每方分爲四耳。所以殷覜不須分見四時者，小禮不須更見四時法也。」❷云「一服朝在元年、七年、十一年」者，此三年唯有侯服朝，餘五服並不朝也。賈疏云：「鄭約《大行人》要服之内諸侯服數來朝，一服朝當此三年。以其侯服年年朝。甸服二年朝、四年朝、六年朝、八年朝、十年朝、十二年朝，從天子巡守，是甸服於元年、七年、十一年無朝法，是使卿殷覜也。男服三年朝、六年朝、九年朝，十二年從天子巡守，於元年、七年、十一年亦無朝法，是亦使卿以大禮聘天子也。采服四年朝、八年朝，十二年從天子巡守，則元年、七年、十一年亦無朝天子之法，是亦使卿以大禮聘天子也。衛服五年朝、十年朝，則元年、七年、十一年亦無朝天子法，

❶ 「云」原訛「也」，據楚本改。
❷ 「禮」原訛「聘」，據楚本改。

是亦使卿以大禮聘天子也。要服六年朝，十二年從天子巡守，則元年、七年、十一年亦無朝法，是亦使卿以大禮聘也。故知一服朝在元年、七年、十一年也。」**以軍禮同邦國**，同謂威其不協僭差者。軍禮之別有五。【疏】「以軍禮同邦國」者，五禮之四也。《夏官・敘官》注云：「軍，衆名也。」軍旅田役皆興起徒衆，故謂之軍禮。　注云「同謂威其不協僭差者」者，《爾雅・釋詁》云：「協，和也。」《左》昭三年傳云：「不協而盟。」僭差者，謂僭越差貸，《史記・禮書》云「奢溢僭差」。威而同之，所以和其爭競，一其制度。賈疏云：「既云同邦國，則使諸侯邦國和同，故鄭云『同謂威其不協僭差者』，使之和協不僭差。僭差，謂若《禮記・郊特牲》云宮縣、白牡、朱干、設錫之類，皆是諸侯之僭禮也。」云「軍禮之別有五」者，即下大師、大均、大田、大役、大封五者是也。**大師之禮，用衆也**；用其義勇。【疏】「大師之禮用衆也」者，《大司馬》注云：「大師，王出征伐也。」賈疏云：「大師者，謂天子六軍，諸侯大國三軍，次國二軍，小國一軍。出征之法用衆。」　注云「用其義勇」者，謂因其義勇之志，率勸而用之。**大均之禮，恤衆也**；均其地政、地守、地職之賦，所以憂民。【疏】「大均之禮」者，校比户口，以均平征賦之事。事止於畿内，賈疏謂此大均亦據邦國，徧天下皆均之，非也。邦國雖亦有大均之事，然皆諸侯自主之，非王官所掌。　注云「均其地政、地守、地職之賦」者，賈疏云：「鄭約《地官・均人》云『掌均地政，均地守，均地職』。彼注云：『政讀爲征，謂地守、地職之税也。地守，衡虞之屬。地職，農圃之屬。』若然，地征者，與下地守、地職爲目也。此云『之賦』，即彼注『之税』，一也。」詒讓案：《均人》云：「三年大比則大均。」注云：「有年無年，大平計之。」此主王國而言。蓋欲均地政、地守、地職之等，須屬聚衆庶，大平計其事，故屬軍禮。疏謂諸侯僭濫無道，賦税不均，則合衆以均之，故在軍禮，非也。云「所以憂民」者，前注云：「恤，憂也。」地政、地守、地職等，不均則民病，故大均以憂恤之。**大田之禮，簡衆也**；古者因田習兵，閲其車徒之數。【疏】「大田之禮」者，賈疏云：「此謂天子諸侯親自四時田獵。」案春蒐，夏苗，秋獮，冬狩，通謂之田禮，具《大司馬職》。　注云「古者因田習兵」者，《小司徒》注云：「田猶獵也。」《大司馬》注云：「兵者凶事，不可空設，因蒐狩而習之。」《左傳》隱五年孔疏引《白虎通》云：「王者諸侯所以田獵者何？爲田除害，上以共宗廟，下以簡集士衆也。」案：習兵，謂春振旅，夏茇舍，秋治兵，冬大閱，皆因田而習之，亦具《大司馬職》。云「閱其車徒之數」者，「其」《釋文》作「衆」。《小宰》注云：「簡猶閱也。」《公羊》桓六年傳云：「大閱者何？簡車徒也。」簡閱義同。

大役之禮，任衆也；築宮邑，所以事民力强弱。【疏】注云「築宮邑」者，《大司馬》「大役與慮事」，注云：「大役，築城邑也。」此宮謂王宮。不云城者，各舉一隅爲釋。邑謂都邑。築宮邑即匠人建國營國之事，大興徒役，亦以軍法部署之，故屬軍禮也。云「所以事民力强弱」者，《大司馬》注云：「任猶事也，事以其力之所堪。」謂因民力之强弱，任之以立其功。賈疏云：「《論語》云『爲力不同科』，是事民力之强弱也。」

大封之禮，合衆也。正封疆溝塗之固，所以合聚其民。【疏】注云「正封疆溝塗之固，所以合聚其民」者，賈疏云：「知大封爲正封疆者，謂若諸侯相侵境界，民則隨地遷移者，其民庶不得合聚，今以兵而正之，則其民合聚，故云『大封之禮合衆也』。鄭兼言溝塗者，古境界皆有溝塗，而樹之以爲阻固，則《封人》云『爲畿封而樹之』者，是也。」詒讓案：《大卜》注云：「卜大封，謂竟界侵削，卜以兵征之，若魯昭元年秋，叔弓帥師疆鄆田是也。」《左》昭三十年傳云：「吴二公子奔楚，楚子大封，而定其徒。」❶注云：「大封，與土田，定其所徙之居。」與此義同。但據鄭《大卜》注，則是大封者，謂邦國疆界有侵越者，當帥師以定之。如《左傳》文元年云「晉侯疆戚田」，襄八年云「莒人伐我東鄙，以疆鄫田」，皆正封疆而用師，故屬軍禮。經云合衆，疑亦兼關軍旅之事，《大卜》注校此爲審，當據以補其義。溝塗，即五溝五涂，見《遂人》、《司險職》。經注例皆作「涂」，此作「塗」者，涂之俗，疑傳寫之誤。詳《小司徒》疏。又後經云：「王大封則先告后土。」彼疏以爲封建邦國。蓋邦國初建，容亦有封疆溝塗錯互不正，當合軍以治之。此經與彼事小異而實相因。此疏與《大卜》注「境界侵削」之説，❷則專據建國後言之耳。

以嘉禮親萬民，嘉，善也。所以因人心所善者，而爲之制。嘉禮之別有六。【疏】「以嘉禮親萬民」者，五禮之五也。賈疏云：「餘四禮皆云『邦國』，獨此云『萬民』者，餘四禮萬民所行者少，故舉邦國而言；此嘉禮六者，萬民所行者多，故舉萬民，其實上下通也。」注云「嘉，善也」者，《爾雅·釋詁》文。云「所以因人心所善者而爲之制」

❶ 「而」原訛「田」，據楚本改。
❷ 「卜」原訛「祝」，據楚本改。

者，謂飲食昏冠等禮，並人心所嘉善者，故順而制設其禮，使相親樂也。賈疏謂設禮節以裁制之，非鄭恉。云「嘉禮之別有六」者，即下飲食、昏冠、賓射、饗燕、脤膰、賀慶六者是也。

以飲食之禮，親宗族兄弟；親者，使之相親。人君有食宗族飲酒之禮，所以親之也。《文王世子》曰：「族食世降一等。」《大傳》曰：「繫之以姓而弗別，綴之以食而弗殊，百世而昏姻不通者，周道然也。」【疏】「以飲食之禮親宗族兄弟」者，此飲食、賓射、燕饗之禮，皆宗族兄弟，故舊朋友、四方之賓客所通有。《宰夫》云「凡賓客掌其飲食」，《掌客》云「上公三食，侯伯再食，子男壹食」，是四方賓客亦有飲食也。《射人》、《小臣》注以賓射爲與來朝諸侯射，是四方賓客亦有賓射也。《國語·周語》云：「親戚宴饗，則有殽烝。」又《毛詩·小雅·伐木》序云：「燕朋友故舊也。」是宗族兄弟，故舊朋友，通有飲食饗燕之禮也。經各舉一耑，互文以見義耳。賈疏云：「此經云飲食，亦尊卑通有。下文別有饗燕，則經云飲者，非饗燕，是私飲酒法，其食可以通燕食俱有，以其下不別云食故也。」　注云「親者，使之相親」者，前注義同。云「人君有食宗族飲酒之禮，所以親之也」者，人君與宗族飲食之禮，今亡，蓋與燕禮及公食大夫禮略同。《王制》孔疏引皇侃云：「食禮者，有飯有殽，雖設酒而不飲，其禮以飯爲主，故曰食也。其禮有二種：一是禮食，故《大行人》云『諸公食之禮有九舉』，及公食大夫禮之屬是也。二是燕食者，謂臣下自與賓客旦夕共食是也。」案：人君以下族食，蓋亦當用禮食，故皇氏不數也。飲酒者蓋謂族燕，燕與飲酒亦通稱。《文王世子》云：「若公與族燕，則異姓爲賓，膳宰爲主人，公與父兄齒。」《特牲饋食禮》：「祝告利成，徹庶羞，設于西序下。」注引《尚書傳》云：「宗室有事，族人皆侍終日。大宗已侍於賓，奠然後燕私。燕私者何也？已而與族人飲也。」彼注又云：「自尸祝至於兄弟之庶羞，宗子以與族人燕飲於堂；內賓宗婦之庶羞，主婦以燕飲於房。」《毛詩·小雅·湛露》傳云：「夜飲，燕私也。宗子將有事，則族人皆侍。不醉而出，是不親也。醉而不出，是渫宗也。」鄭箋云：「夜飲之禮在宗室。同姓諸侯則成之，於庶姓，其讓之則止。」依《詩》、《書》傳義，則天子四時祭及禘祫，疑並有族燕之法。《國語·周語》云「時宴不淫」，韋注云：「一時之閒必有宴禮。」宴燕字通，蓋即指時享後之燕言之。其卿大夫以下，則宗子主其禮。又《月令》「季冬，命樂師大合吹而罷」。注云：「歲將終，與族人大飲作樂於大寢，以綴恩也。《王居明堂禮》，季冬命國爲酒，以合三族，君子說，小人樂。」然則歲終又有合族大飲於寢之禮，不徒時祭矣。引《文王世子》曰「族食世降一等」者，賈疏云：「鄭彼注云：『親者稠，疏者稀。』假令親兄弟歲四度，從父昆弟歲三度，從祖昆弟歲二度，族昆弟歲一度，是其一世降一等。」又引《大傳》曰「繫之以姓而弗別，綴之以食而弗殊，百世而昏姻不通者，周道然也」者，「弗別」，《釋文》作「不別」，今《禮記》作「弗」，鄭彼注云：「姓，正姓也。始祖爲正姓，高祖爲庶姓。繫之弗別，若今宗室屬籍也。」賈疏云：「引之者，證此經以飲食相親之事。鄭注引《文王世子》，據人君法，引《大傳》，據大夫士法，則萬民亦有此飲食之禮也。」**以昏冠之禮，親成男女；**親其恩，成其性。【疏】「以昏冠之禮親成男女」者，若《士冠》、《士昏禮》是也。天子諸侯昏禮亡，其冠禮惟《大戴禮記》有《公冠》篇，即諸侯之冠禮，云「公冠四加玄冕」，盧注云：「『四』當爲『三』，『玄』當爲『袞』字之誤。」依盧説，則公冠亦止三加，蓋始加緇布冠，玄端服，再加皮弁，三加袞冕也。《士冠禮》賈疏則云：「公冠四加者，緇布冠、皮弁、爵弁，後加玄冕。天子亦四加，後當加袞冕矣。」《家語·冠頌》篇王注、《冠義》孔疏又謂天子當四加玄冕，五加袞冕，與賈説不同。案：盧説公冠三加，本不塙。而《玉藻》説「始冠緇布冠，自諸侯下達」，明不上達於天子。而爵弁，於天子爲吉凶參半之服，則不宜列加服之數。玄冕、袞冕，異服同冠，又不可分爲兩加。王、孔、賈諸家之義，亦並錯互難通，未能定也。賈疏云：「此一節陳昏姻冠笄之事，上句直言昏冠，專據男而言，亦有姻笄，故下句兼言男女也。若然，則昏姻之禮，所以親男女，使男女相親，三十之男，二十之女，配爲夫妻是也。冠笄之禮所以成男女，男二十而冠，女子許嫁，十五而笄，不許亦二十而笄，皆責之以成人之禮也。」詒讓案：男女必冠笄而後昏嫁，二禮相因，故以親成合言之。　注云「親其恩」者，謂昏禮也。《哀公問》云：「大昏既至，冕而親迎，親之也。」又《昏義》云：「降出，御婦車，而婿授綏，御輪三周，先俟於門外。婦至，婿揖婦以入，共牢而食，合巹而酳，所以合體同尊卑以親之也。」親其恩，言合其恩誼。云「成其性」者，謂冠禮也。《士冠禮》，士冠始加，祝曰：「棄爾幼志，順爾成德。」鄭彼注云：「既冠爲成德。」又《冠義》云：「已冠而字之，成人之道也。成人之者，將責成人禮焉也。責成人禮焉者，將責爲人子、爲人弟、爲人臣、爲人少者之禮行焉。」《白虎通義·情性》篇云：「性者，生也。」成其性，言成其生之德也。**以賓射之禮，親故舊朋友；**射禮，雖王，亦立賓主也。王之故舊朋友，爲世子時，共在學者。天子亦有友諸侯之義。武王誓曰「我友邦冢君」是也。《司寇職》有議故之辟，議賓之辟。【疏】「以賓射之禮親故舊朋友」者，王與諸侯射於朝也。《鄉射記》云：「惟君有射于國中。」賈彼疏謂「天子賓射在朝」是也。其禮亡，蓋當與《大射禮》略同，詳《射人》疏。賈疏云：「謂若《射人》王以六耦射三侯，三獲，三容，五正，是賓射之侯也。以此賓射之禮者，謂行燕飲之禮，乃與之射，所以申歡樂之情，故云親故舊朋友也。」案：《射人》所説乃大射禮，彼注以爲賓射，非也，賈疏亦沿其誤，詳彼疏。　注云「射禮王亦立賓主也」者，賈疏云：「案《大射禮》，以大夫爲賓主。案此云王以賓射之禮，既行燕飲之禮，明知王亦立賓主也。」云「王之故舊朋友，爲世子時共在學者」者，賈疏云：「若據卽位爲王以後，亦有以臣爲朋友，不得云故舊。今云故舊朋友，明據未爲王時。案：《文王世子》，周公居攝，成王與伯禽在學，與學子同居，又《王制》有王大子，是爲世子時共在學者也。」云「天子亦有友諸侯之義」者，欲見此賓射内兼有諸侯之賓，《小臣》注云「賓射，與諸侯來朝者射」是也。云「武王誓曰我友邦冢君是也」者，《書·牧誓》文。僞孔傳云：「同志爲友，言同志滅紂。」又僞古文《泰誓》亦襲此文，非鄭所見，賈引《泰誓》爲釋，非也。賈疏云：「言此者，欲見經云朋友，亦含諸侯在其中。案：《洛誥》周公謂成王云『孺子其朋』，彼以成王以臣爲朋友，則此朋友之中可以兼之矣。」云「《司寇職》有議故之辟，議賓之辟」者，《小司寇》八辟之二。彼注云：「故謂舊知。賓謂所不臣者，三恪二代之後與？」然則彼賓謂賓恪諸侯，與故舊朋友義不相涉，此牽連引之，證天子有友諸侯之義，非謂此朋友專指三恪二代之後也。

以饗燕之禮，親四方之賓客；賓客，謂朝聘者。【疏】「以饗燕之禮親四方之賓客」者，《説文·食部》云：「饗，鄉人飲酒也。」引申爲饗食賓客之饗。又《説文·宀部》云：「宴，安也。」案：燕飲正字當作「宴」，經通借燕爲之，燕卽今《燕禮》是也。饗又盛於燕，故《大行人》注云：「饗，設盛禮以飲賓也。」《左》宣十六年傳云：「晉侯使士會平王室，定王享之。王曰：『王享有體薦，宴有折俎。公當享，卿當宴。』」《國語·周語》亦云：「王公立飫，則有房烝；親戚宴饗，則有殽烝。」案《左傳》「享」亦卽「饗」假借字。《周語》立飫，亦卽饗禮也。其禮今亡。互詳《酒正》疏。　注云「賓客謂朝聘者」者，賓謂來朝諸侯，客謂其來聘卿大夫。《燕禮記》有與四方之賓燕之禮，彼賓爲聘使。《司几筵》「國賓」注亦兼朝聘賓客言之，散文通也。賈疏云：「此經饗燕並言，殊食於上者，食無獻酢之法，故別言於上，與私飲同科。此饗燕，謂《掌客》云『上公三饗三燕，侯伯再饗再燕，子男一饗一燕』。饗亨大牢以飲賓，獻依命數，在廟行之；燕者其牲狗，一獻四舉旅，降脱屨升坐，無筭爵，以醉爲度，行之在寢。此謂朝賓若聘客，則皆一饗，其燕與時賜無數，是親四方賓客也。」陳壽祺云：「考《儀禮·聘禮》曰：『公於賓，壹食再饗，燕與羞俶獻無常數。賓介皆明日拜於朝。上介壹食壹饗。』據此則聘賓再饗，聘介壹饗，王禮與侯禮宜同。《禮記·聘義》、《大戴禮·朝事儀》皆云壹食再饗，燕與時賜，所以厚重禮也。賈疏謂聘客皆一饗，失之。」

以脤膰之禮，親兄弟之國；脤膰，社稷宗廟之肉，以賜同姓之國，同福禄也。兄弟，有共先王者。魯定公十四年：「天王使石尚來歸脤。」【疏】「以脤膰之禮親兄弟之國」者，孔廣森云：「與『以賀慶之禮親異姓之國』互文，異姓亦有脤膰，其兄弟之國當有賀慶，益可知矣。且歸脤，雖諸侯於異姓大夫通有之，故子以膰俎不至去魯。《論語》記祭於公，不宿肉。」案：孔説是也。《公羊》定十四年何注云：「禮，諸侯朝天子，助祭於宗廟，然後受俎實。」亦通同異姓言之。　注云「脤膰，社稷宗廟之肉」者，《説文·示部》云：「祳，社肉，盛以蜃，故謂之祳。天子所以親遺同姓。《春秋傳》曰：石尚來歸祳。」又《炙部》云：「鐇，宗廟火熟肉。《春秋傳》曰：天子有事鐇焉，以饋同姓諸侯。」案：《説文·肉部》無脤膰二字，而别有脣字，訓口耑，非此義。此「脤膰」即「祳鐇」之俗。《量人》又作燔，疑當爲鐇，詳彼疏。賈疏云：「鄭揔云脤膰社稷宗廟之肉，分而言之，則脤是社稷之肉，膰是宗廟之肉。是以《左》成十三年：『公及諸侯朝王，遂從劉康公、成肅公會晉侯伐秦。❶成子受脤于社，不敬。』注云：『脤，宜社之肉也。盛以蜃器，故曰脤。』劉子曰：『國之大事，在祀與戎。祀有執膰，戎有受脤。』注云：『膰，祭肉。』又案《異義》《左氏》説：『脤，社祭之肉，盛之以蜃，宗廟之肉名曰膰。』以此言之，則宗廟之肉曰膰，社稷之肉曰脤之驗也。而《公羊》、《穀梁》皆云『生居俎上曰脤，熟居俎上曰膰』，非鄭義耳。對文脤爲社稷肉，膰爲宗廟肉，其實宗廟社稷器皆飾用蜃蛤，故《掌蜃》云『祭祀共蜃器之蜃』，注云：『飾祭器。』是其祭器皆飾以蜃也。」案：賈説是也。脤膰之義，《公》、《穀》與《左氏》説不同。《公羊》定十四年傳云：「脤者何？俎實也。腥曰脤，熟曰燔。」《穀梁傳》文略同。此並謂脤膰爲腥熟異名，無廟社之别。其《左氏》説，則以脤爲祭社肉，膰爲祭宗廟肉，故閔二

❶「晉」原訛「諸」，據《左傳》改。

年傳：「梁餘子養曰：『帥師者，受命于廟，受脤于社。』又襄二十二年傳，鄭公孫僑曰：『公孫夏從寡君以朝于君，見于嘗酎，與執燔焉。』是並以脤膰爲廟社異名，許、鄭及《國語・晉語》韋注、《漢書・五行志》服虔注並從其説。惟昭十六年傳，子産曰「孔張爲嗣大夫，喪祭有職，受脤歸脤」，傳無祭社之文。杜注則云：「受脤，謂君祭以肉賜大夫，歸脤謂大夫祭歸肉於公，皆社之戎祭也。」孔疏云：「先儒皆以脤爲祭社之肉，劉炫以爲脤亦祭廟之肉，以規杜氏。」今案：脤膰對文則廟社有異，散文祭廟亦通稱脤，劉炫説不誤。惠士奇亦云：「受脤歸脤，似非指社。杜預謂大夫祭社，歸肉於公，孔疏乃云大夫奉君命，攝祭於社，皆臆説也。《大行人》『歸脤以交諸侯之福』，《掌蜃》『祭祀共蜃器』，亦非獨盛社肉，則脤膰兼廟社，互舉通稱，審矣。」互詳《量人》疏。云「以賜同姓之國」者，《聘禮記》云：「若兄弟之國則問夫人。」注云：「兄弟，謂同姓若昏姻甥舅有親者。」則兄弟之國亦兼有異姓。此昏姻甥舅別入下文異姓中，故知惟據同姓諸姬之國也。云「同福禄也」者，《少牢饋食禮》祝嘏主人云：「皇尸命工祝，承致多福無疆于女孝孫，來女孝孫，使女受禄于天，宜稼于田。」是祭祀本以受福禄於神。今同姓諸侯與王同祖，故以脤膰致之，明與彼同受此福禄也。云「兄弟，有共先王者」者，釋同姓之國有稱兄弟之義。賈疏云：「謂若魯與周同承文王，鄭與周同承厲王，如此之輩，與周同立廟，是共先王也。此文雖主兄弟之國，至於二王後及異姓有大功者，得與兄弟之國同，故僖九年夏，王使宰孔賜齊侯胙，曰：『天子有事于文武，使孔賜伯舅胙。』注云：『胙，膰肉。』周禮以脤膰之禮，親兄弟之國，不以賜異姓，敬齊侯，比之賓客。又僖二十四年，宋成公如楚，還，入于鄭。鄭伯將享之，問禮於皇武子，對曰：『宋，先代之後也，於周爲客，天子有事膰焉，有喪拜焉。』是二王後及異姓有大功者，亦得脤膰之賜，是以《大行人》直言『歸脤以交諸侯之福』。不辨同姓異姓，是亦容有非兄弟之國亦得脤膰也。」云「魯定公十四年，天王使石尚來歸脤」者，《春秋經》文，引以證共先王之國有歸脤之事。詳《掌蜃》疏。

以賀慶之禮，親異姓之國。異姓，王昏姻甥舅。【疏】「以賀慶之禮，親異姓之國」者，《廣雅・釋詁》云：「賀，嘉也。」《説文・貝部》云：「賀，以禮相奉慶也。」又《心部》云：「慶，行賀人也。」《月令》注云：「慶謂休其善也。」賈疏云：「言賀慶者，謂諸侯之國有喜可賀可慶之事，王使人往，以物賀慶之，可施及異姓之國，所以親之也。雖主異姓，其同姓有慶賀可知，故舉異姓包同姓也。是以《大行人》云『賀慶以贊諸侯之喜』，不別同姓異姓，則兼同姓可知。」　注云「異姓，王昏姻甥舅」者，《爾雅・釋親》云：「婿之父爲姻，婦之父爲婚。婦之父母，婿之父母，相謂爲婚姻。婦之黨爲婚兄弟，婿之黨爲姻兄弟。」又云：「母之晜弟爲舅，母之從父晜弟爲從舅。謂我舅者，吾謂之甥也。」又云：「妻之父爲外舅。」郭注云：「謂我舅者吾謂之甥，然則亦宜呼婿爲甥。《孟子》曰『帝館甥於貳室』是也。」賈疏云：「若據男女身，則男曰昏，女曰姻。若以親言之，則女之父曰昏，婿之父曰姻。言甥舅者，嫁女與之則爲甥，王娶女來則爲舅，總是昏姻之國也。」

以九儀之命，正邦國之位，每命異儀，貴賤之位乃正。《春秋傳》曰：「名位不同，禮亦異數。」【疏】「以九儀之命，正邦國之位」者，此與大、小行人爲官聯也。《大行人》云：「以九儀辨諸侯之命，等諸臣之爵。」注云：「九儀，謂命者五，公侯伯子男也；爵者四，孤卿大夫士也。」此九儀與彼略同，但彼專據侯國賓客之禮，此則通晐内外諸臣諸侯言之，所包尤廣也。此亦卽《小宰》所云「聽禄位以禮命」。先鄭彼注云「禮命，九賜也」。後鄭不從。《曲禮》孔疏云：「案《含文嘉》九賜，一曰車馬，二曰衣服，三曰樂則，四曰朱户，五曰納陛，六曰虎賁，七曰斧鉞，八曰弓矢，九曰秬鬯。鄭司農以《周禮》九命與九賜是一也。康成以九命與九賜不同，九賜謂八命作牧、九命作伯之後，始加九賜。《異義》許慎說九賜九命，鄭康成以爲不同。」案：依孔引《異義》，則許與先鄭義同。今攷九命與九賜，迥不相涉，兩漢諸儒或合爲一。《漢書・王莽傳》，張純等曰：「謹以六蓺通義，經文所見，《周官》、《禮記》宜於今者，爲九命之錫。」顔注引張晏云：「《周禮》『上公九命』。九命，九錫也。」是西漢時已有是說，卽許君所本。《公羊》莊元年何注，亦以九錫說九命，《穀梁》莊元年楊疏庴其非是。至先鄭雖以九賜說禮命，而此職注絶無一語涉九賜者，其說與許、何諸家蓋又小異。互詳《小宰》疏。　注云「每命異儀，貴賤之位乃正」者，若《典命》九命禮儀，以九爲節，七命禮儀以七爲節，五命禮儀以五爲節，各依命數爲差，所以正貴賤之位次，使不淆掍差僭也。引《春秋傳》曰「名位不同，禮亦異數」者，《左》莊十八年傳文。彼上文云「王命諸侯」，故引以證每命異儀，明彼云禮卽此經九儀也。

壹命受職，始見命爲正吏，謂列國之士，於子男爲大夫，王之下士亦一命。鄭司農云：「受職，治職事。」【疏】「壹命受職」者，職與爵相兼，故《曲禮》注云：「凡仕者，一命而受爵。」《通典・職官》云：「周禮爵及命士，故云一命而受爵。有受爵有受命者，命必有職，故《周禮》云『一命受職』，明一命之士職爵俱有也。一命而受職，再命不言自明耳。」案：杜説是也。此經自一命至九命，咸上得兼下，下不得僭上，皆宗伯正之。　注云「始見命爲正吏」者，賈疏云：「對府史胥徒非正吏。以其府史胥徒皆官長所自辟除，未得王之命，故以士得王命者爲正吏也。」案：賈謂正吏對府史胥徒者，蓋據《御僕》、《小司寇》、《朝士》注並以羣吏爲府史。實則此注當對不命之士而言，若《大宰》「達吏」注云「小吏」，則通命士及不命之士言之，不盡正吏也。云「謂列國之士」者，賈疏云：「謂公侯伯爲列國，下云七命賜國。鄭注《孝經》云：『列土封疆謂之諸侯。』亦據公侯伯七命賜國，則子男不得爲列國也。《典命》『公侯伯之士一命』，故鄭以列國之士解之也。」云「於子男爲大夫」者，賈疏云：「《典命》『子男大夫一命』是也。」云「王之下士亦一命」者，凡經例，積絫數皆作「壹」，注例用今字通作「一」，詳《酒正》疏。《典命》無王朝士命數，但王之大夫四命，以次差之，則三命、二命、一命，宜爲上、中、下士也。鄭此及下注皆先舉侯國之臣，次及王臣者，欲先見卿大夫而後及士也。賈疏謂「以上云正邦國之位，故以諸侯爲首，以王臣『亦』之」，非鄭恉也。鄭司農云「受職治職事」者，謂始受王之官職，治其所掌之事也。先鄭義與後鄭略同，但以此一命爲王之中、下士，與後鄭異。再命受服，鄭司農云：「受服，受祭衣服，爲上士。」玄謂此受玄冕之服，列國之大夫再命，於子男爲卿。卿大夫自玄冕而下，如孤之服。王之中士亦再命，則爵弁服。【疏】「再命受服」者，《通典・職官》云：「再命受服於君，不自爲也。然則一命者，其服自爲也。」　注鄭司農云「受服受祭衣服，爲上士」者，賈疏云：「祭衣服雖不指斥服名，以義推之，先鄭云『爲上士』，則服爵弁服也。此言再命爲上士，則王之中士、下士同一命可知也。」詒讓案：受祭衣服，謂受助祭於君之服，亦即錫爵時所受命服。《曾子問》云「天子賜諸侯大夫冕弁服於大廟」是也。蓋命服必受於君，乃得有之，故《禮運》以冕弁藏於私家爲非禮，明未受命及黜退者不得有也。其自祭及朝服則自作之，故《國語・魯語》云：「命婦成祭服，列士之妻加之以朝服。」《詩・周南・葛覃》毛傳亦云。孔疏云：「大夫助祭，服玄冕，受之於君，故《大宗伯》『再命受服』是也。妻所成者，自祭之服，《少牢禮》『朝服，玄冠，緇布衣，素裳』。韋昭云祭服玄衣纁裳，謂作玄冕之服，非也。」又《月令》：「孟夏，后妃獻繭，乃收繭税。」注云：「收繭税者，外命婦雖就公桑蠶室而蠶，其夫亦當有祭服以助祭。」孔疏引皇氏云：「外命婦既就公家之桑而養蠶，惟税其繭，餘得自入，以其夫當有祭服以助王祭，故令繭得自入以供造也。」孔氏謂「夫助祭之服，當公家所爲，故禮再命受服。所以有繭税者，以其夫亦當有祭服，官家所給，故輸繭税以供造之。」案：依皇侃説，則助祭服外命婦自作；孔則謂外命婦入税於公，官以其絲織作祭服，還以授卿大夫士，其妻不自織。二説不同，孔氏爲允。云「玄謂此受玄冕之服」者，以玄冕爲諸侯卿大夫之上服，助祭服之，明此再命受服皆據受上服言也。云「列國之大夫再命，於子男爲卿」者，並據《典命》爲説。此列國亦專指公侯伯，故别出子男也。云「卿大夫自玄冕而下如孤之服」者，賈疏云：「此亦據《司服》之文。案《玉藻》注云『諸侯之臣皆分爲三等，其妻以次受此服』，則公之有孤之國，孤絺冕，卿大夫同玄冕；若無孤之國，則公侯伯子男卿絺冕，大夫玄冕，士皆爵弁。若然，此注云『於子男爲卿』，卿當絺冕矣。鄭云卿大夫自玄冕而下如孤之服者，據《司服》之成文而言也。」案：賈據《玉藻》注，謂鄭意無孤之國，卿不與大夫同玄冕。《大戴禮記·諸侯遷廟》篇盧注糾鄭之誤，謂卿大夫同玄冕，不以有孤無孤而異，其説甚允。竊謂此注直引《典命》文，無分别無孤國卿服之義，疑鄭君自易其説，與《玉藻》注不必同也。互詳《内司服》、《司服》疏。云「王之中士亦再命」者，亦《典命》無文，以次推之也。云「則爵弁服」者，賈疏述注「則」上有「士」字，云：「凡言士者，無問天子士、諸侯士，則皆爵弁以助祭也。若然，《司服》不見爵弁者，以其王吉服有九，自公以下轉相如。其爵弁於天子諸侯，非吉所用，故不言。案：《士冠禮》皆有爵弁服，是士之助祭服，故士以爵弁爲正也。」任大椿云：「卿大夫以玄冕爲命服，爵弁以下其次也。士以爵弁爲命服，皮弁以下其次也。《大宗伯》注謂大夫玄冕，士爵弁，蓋專以大夫士之上服爲命服也。次服所施，等殺或眂乎命數。如天子大夫四命，則以爵弁家祭；諸侯大夫再命，則以朝服家祭，以爵弁、朝服皆大夫次服故也。若命服高下，則惟眂乎爵，不眂命數。如天子之士，雖三命，與諸侯之卿同，而三命之士惟得爵弁。子男之大夫一命，與天子之下士同，而一命之大夫得服玄冕。於此見命服從爵，不從命數。大夫士命服，惟助祭得服之；雖朝朔及家祭，皆用命服之次。」又云：「據注則再命受服，兼含士受爵弁服。但攷《玉藻》『一命緼韍幽衡』，注謂公侯伯之士一命，疏謂緼韍當爵弁韎韐。《大宗伯》疏謂無問天子士、諸侯士，例皆爵弁以助祭。據此，則諸侯之上士一命，天子之下士一命，皆得服爵弁矣，又何待再命之士也。今攷《月令》疏謂禮再命受服，其夫亦當有祭服，官家所給，故輸藾稅以供造之。然則爵弁郊廟之服，必再命之士乃得受；其一命之士雖得服爵弁，不得受服。《內司服》『凡命婦，共其衣服』，注：『臣之命者，再命以上受服，則下士之妻不共也。』然則不受服者，公家不供其服，非不得服也。」案：任述注義，深得鄭恉。依鄭此注及《士冠禮》注、《詩·周頌·絲衣》箋說，是天子及五等諸侯之士，命數不同，皆以爵弁爲上服，則雖三命上士，亦不得服冕。而《禮器》説「冕旒」云「士三」，是士有服冕矣。鄭彼注以爲夏殷禮，殊無塙證。鄭鍔、陸佃並謂天子上士三命玄冕，鍾文烝、黄以周説同。王昭禹、孫希旦則謂天子中士再命亦玄冕。吴廷華、孔廣森、金鶚則謂天子上中下士並得服玄冕。以尊卑之等論之，王臣陪臣服有隆殺，而士獨一同爵弁，非其差也。《説苑·脩文》篇云「士服黻」，此與玄冕一章之服適合。但上士三命，服章視命數，則宜得有希冕三章之服，是又不止玄冕矣。若然，王臣命服蓋不以爵爲別異，而兼以命爲差次。《弁師》「諸侯及孤卿大夫之冕，各以其等爲之」，言冕之等不及士，《司服》士服自皮弁而下如大夫之服，及《士冠禮》士以爵弁爲三加之尊服：並專據侯國之制，不得以概天子之士也。《說文·曰部》云：「冕，大夫以上冠。」《荀子·富國篇》及《大略篇》皆云「大夫裨冕」。《白虎通義·紼冕》篇云：「諸侯九旒，大夫七旒，士爵弁，無旒。」言冕皆不及士者，以唯天子士乃得服冕，不服冕者多，亦容據侯國制言之也。互詳《典命》、《司服》疏。

三命受位，鄭司農云：「受下大夫之位。」玄謂此列國之卿，始有列位於王，爲王之臣也。王之上士亦三命。

【疏】注鄭司農云「受下大夫之位」者，賈疏云：「先鄭意以上士二命，下大夫三命，上大夫四命。案《王制》云：『次國之下卿，位當大國之上大夫；小國之下卿，位當大國之下大夫。』則諸侯之五大夫有上下。案《序官》有中大夫、下大夫，則中大夫亦得名爲上大夫矣。故先鄭以下大夫三命，上大夫四命，即《典命》大夫四命者，是上大夫也。後鄭不從者，以侯伯子男名位不同，侯伯猶同七命，子男猶同五命，況中大夫、下大夫名位既同，何嫌不得同命也。是以《典命》唯見大夫四命，是兼中下大夫，故不從先鄭也。」云「玄謂此列國之卿，始有列位於王，爲王之臣也」者，《典命》云：「公之卿三命，侯伯之卿亦如之，子男之卿再命。」此云列國之卿，即指公侯伯之卿也。《左》成二年傳，說晉鞏朔未有職司於王室，杜注云：「非命卿，名位不達於王室。」是命卿以上乃受位於王也。賈疏云：「諸侯之卿大夫，皆得聘天子，今於三命乃云始有列位於王爲王之臣者，以其再命已下卑，雖得聘天子，不得言位於王朝，是據列國之卿而言。故《曲禮》云『列國之大夫入天子之國，曰某士』。注引《春秋》晉士起，亦據晉國之卿三命，而於天子稱士，與天子三命之士同稱士，卽爲王臣也。」詒讓案：依此注說，則小國之卿再命，未得受位，卽不命於天子，故《王制》云「小國二卿，皆命於其君」。而《白虎通義・封公侯》篇引《王度記》，則云「小國三卿，一卿命於天子」。《王制》注依其說，謂彼記文似誤脱，是鄭謂小國亦三卿，一卿命於天子。今攷《典命》注引《王制》，依其元文，絶無改易，以相參證，疑此注義乃鄭君後定，與《王制》注説自不同也。黄以周云：「《王制》『二』當作『三』。小國三卿皆命於其君，不列位於天子。《王制》所言命於天子，皆謂受位於王國。《大宗伯》『三命受位』，子男之卿再命，未受位於王，二卿固命於其君，一卿亦非命於天子也。列國之大夫，必受位於天子，而後可謂之卿；其未受位者，於其國雖曰卿，其實大夫也，故晏子曰『惟卿爲大夫』。小國三卿皆未受位於天子，故叔孫穆子曰『諸侯有卿，無軍；自伯子男有大夫，無卿』。韋注《國語》『有卿，有命卿也』。」案：黄說亦通。但此注依《典命》侯伯之卿同四命，爲已受位，而《魯語》謂伯無卿下同子男，則與此經義究不合。古籍歧互，未能決定也。云「王之上士亦三命」者，上注以王之下士一命，中士再命，以次推之，則王之上士當三命，與外國之卿同，故《詩・鄭風・褰裳》箋云，❶「大國之卿當天子之上士」是也。

四命受器，鄭司農云：「受祭器爲上大夫。」玄謂此公之孤始得有祭器者也。《禮運》曰：「大夫具官，祭器不假，聲樂皆具，非禮也。」王之下大夫亦四命。【疏】注鄭司農云「受祭器爲上大夫」者，《鄉師》注云：「祭器者，簠簋鼎俎之屬。」先鄭以器爲祭器，與後鄭說同。而云爲上大夫者，先鄭上注以王之下大夫三命，差而上之，則四命者當爲上大夫，與後鄭說中下大夫同四命異也。沈夢蘭云：「上大夫卽《序官》中大夫，康成謂中下大夫皆四命。按：《司士》『大夫以其等旅揖』，中下大夫不同等，非皆四命可知，先鄭是也。」案：沈申先鄭說，亦通。云「玄謂此公之孤始得有祭器者也」者，《典命》云：「公之孤四命。」《通典・職官》云：「謂公之孤卿，受祭器於公，四命始受器，三命以下皆自爲之也。」賈疏云：「《曲禮》云『大夫有田者，先爲祭

❶「鄭」原訛「衞」，據楚本改。

服，後爲祭器』，則《儀禮》少牢用成牲，皆是有地大夫，則自得造祭器，今云公之孤四命始得有祭器者，但未四命已前，有地大夫雖得造祭器。祭器未具，猶假之使足，至四命卽具有，言始有祭器者，據始得具祭器而言。」案：受器義與受服同。蓋器之大者受之於官，其小者則自造之，杜說最允。但受器者受大造小，則無不具矣；未受器者唯得自造小器，而大器不具。是具器卽受器，猶之六命賜官，而後得具官。賈疏與杜義亦足相輔也。引《禮運》者，鄭以彼云大夫，卽指侯國卿大夫三命以下者而言，明未受器者，器既不具，則須假，不假而自具，則爲非禮。故《曲禮》云：「無田禄者不設祭器，有田禄者先爲祭服。」鄭注云：「祭器可假，祭服宜自有。」孔疏云：「若大夫及士有田禄者，乃得造器，猶不具，唯天子大夫四命以上者得備具。若諸侯大夫非四命，無田禄，則不得造，故《禮運》云『大夫祭器不假，非禮也』，據諸侯大夫言之也。熊氏以《禮運》據天子大夫，得造不得具，非也。」又《王制》「大夫祭器不假」，孔疏引皇侃云：「此謂有地大夫，故祭器不假；若無地大夫，則當假之。《禮運》謂無地大夫也。」案：孔說足申鄭義。云「王之下大夫亦四命」者，《典命》云：「王之大夫四命。」注云：「四命，中下大夫。」然則王之中大夫亦四命，此及下注止云下大夫者，文不具也。**五命賜則**，鄭司農云：「則者，法也。出爲子男。」玄謂則，地未成國之名。王之下大夫四命，出封加一等，五命，賜之以方百里二百里之地者，方三百里以上爲成國。王莽時以二十五成爲則，方五十里，合今俗説子男之地，獨劉子駿等識古有此制焉。【疏】注鄭司農云「則者法也」者，《大宰》注義同。先鄭之意，蓋謂此賜則與《大司馬》九法「均守平則以安邦國」義同，謂賜以土地并受任土之法也。《天問》云「地方九則」，王注云：「謂九州之地，凡有九品。」《漢書·敍傳》云：「坤作墬埶，高下九則。」顔注引劉德云：「九則，九州土田上中下九等也。」《大司徒》土均之法有九等，則卽均平差等之法矣。云「出爲子男」者，據《典命》云「子男五命」，又云「王之大夫四命，及其出封加一等」是也。云「玄謂則地未成國之名」者，賈疏云：「對下文『七命賜國』是成國，則五命子男言『則』，是未成國。但成國之賦有三：若以出軍言之，《春秋》襄公傳云『成國不過半天子之軍』，謂據公五百里而言，以其侯伯爲次國二軍故也。若以執圭爲成國而言，可及伯，卽下經『七命賜國』者是也。若以千乘爲成國言之，惟公及侯，以其伯三百里不得出千乘，故鄭注《論語》云『公侯之封乃能容之』是也。」詒讓案：《王制》注云：「方五百里者謂之大國，方四百里、方三百里者謂之次國，方二百里及方百里者謂之小國。」然則男方百里以上已得爲國，故《典命》、《大行人》以子男爲小國之君。此注謂侯以上乃成國者，以下文『七命賜國』及《左傳》『成國半天子之軍』諸文參互定之，故與彼異。云「王之下大夫四命，出封加一等五命」者，賈疏云：「亦是《典命》文。」案：此亦當兼中大夫言。云「賜之以方百里、二百里之地者」者，謂賜爵爲子男也。《大司徒》云：「諸子方二百里，諸男方百里。」云「方三百里以上爲成國」者，賈疏云：「此據下文七命賜國而言也。」《左傳》襄十四年孔疏引此注作「賜之以方百里、二百里、三百里之地者，方四百里以上爲成國」。又釋之云：「如鄭之言成國者，惟公與侯耳。伯雖與侯同命，地方三百里，未得爲成國也。」何紹基云：「七命賜國，注兼侯伯，則此注謂方三百里以上爲成國者是也。《左傳正義》與此疏不相應，亦與賜國注不相應矣。」案：何説是也。此下文云「七命賜國」，與《典命》「侯伯七命」相應，故鄭以伯三百里以上爲成國。若如孔本作方四百里以上爲成國，是謂伯雖與侯同七命，而尚不得爲成國，則賜國之文有侯無伯，注何得通言侯伯乎？況此注上云「賜以方百里二百里之地」，與先鄭所云出爲子男義正同。方百里卽男之地，二百里卽子之地。大夫四命，出封賜地，止得爲五命之子男。若三百里，則伯之地，乃六命卿所封。下文七命受國，二鄭注説甚明。叚如孔本兼賜三百里之地，是大夫五命受則，得受七命伯之地，非其次也。《典命》後鄭注説出封加等，亦云大夫爲子男，卿爲侯伯，不云大夫得爲伯。孔所據本延謬，與此經注義並不合。《詩·大雅·板》孔疏亦謂此注以伯以上爲成國，與《左傳疏》不同，而又據《左傳》「成國不過半天子之軍」及《明堂位》注「成國之賦千乘」諸文，謂侯地四百里以上始爲成國，伯未成國，説亦岐互，不足據也。云「王莽時以二十五成爲則，方五十里」者，以莽制五十里爲則，雖與《大司徒》子男之地不合，而「子男賜則」，其名則同，故引以爲證。惠棟云：「《王莽傳》云：『諸公一同，有衆萬户，土方百里；侯伯一國，衆户五千，土方七十里；子男一則，衆户二千有五百，土方五十里。附城大者，食邑九成，衆户九百，土方三十里。自九以下，降殺以兩，至於一成，五差備具，合當一則。』案：十里爲成，成百户，故方百里爲萬户，方七十里爲四千九百户，言五千，舉成數也，方五十里爲二千五百户，皆與《王制》合。附城猶周之附庸。自九成至一成，降差以兩，五差計之，合一則二十五成之數。」云「合今俗説子男之地」者，賈疏云：「時有孟子、張、包、周及何休等，並不信周禮有五百里已下之國，以《王制》百里、七十里、五十里等爲周法，故鄭指此等人爲俗説也。」詒讓案：鄭意「則」爲子男受地之名，而所受地數，自據《大司徒》子二百里、男百里爲正。《王制》謂子男同五十里，鄭以爲殷制，故斥謂周子男五十里者爲俗説，即《大司徒》先鄭注所云今《五經》家説也。莽制子男地止二十五成，合於俗説，而「子男受則」，正合此經，義足互證也。詳《大司徒》疏。云「獨劉子駿等識古有此制焉」者，賈疏云：「劉子駿等，則有馬融、鄭司農、杜子春等，皆信周禮有五百里已下之國，周公太平制禮所定法，故云識古有此制也。引此諸文者，證時有解則爲五十里者故也。」案：據後鄭説，蓋劉歆等知周有五百里以下之國，又知此經一則有百里、二百里之制。莽制兼采俗説，蓋與歆等不同。先鄭未據莽制，則亦同而異也。賈説未析。**六命賜官，**鄭司農云：「子男入爲卿，治一官也。」玄謂此王六命之卿賜官者，使得自置其臣，治家邑如諸侯。《春秋》襄十八年冬，晉侯以諸侯圍齊，荀偃爲君禱河，既陳齊侯之罪，而曰：「曾臣彪將率諸侯以討焉，其官臣偃實先後之。」【疏】注鄭司農云「子男入爲卿，治一官也」者，先鄭意此賜官與前「壹命受職」義略同，謂爲六官之卿，治其當官之事。賈疏云：「案《典命》唯有出封加一等，無入加之文，則出有加，入無加。今以子男五命入加一等，爲王朝六命卿，於理不可，故後鄭不從也。先鄭之義，出加入亦加。若毛君之義，出加入減，故晉詩云『豈曰無衣六兮』，毛傳云：『天子之卿六命，車旗衣服以六爲節。』是出加入減也。後鄭不從者，諸侯入爲王卿大夫，其尊如故以爲榮，何得入則減之乎？指如鄭武公、桓公並入爲王之司徒，詩人美之，若減，何美之有乎？明入不減。鄭君之義，出加入不減，依於在國。若言六兮者，以晉侯入爲王卿，謙不敢必當七命之服，故云六兮耳。」詒讓案：依《無衣》詩文，似王朝卿大夫自有六章之服。詳《典命》疏。云「玄謂此王六命之卿」者，據《典命》文。云「賜官者，使得自置其臣，治家邑如諸侯」者，此破先鄭「子男爲卿治一官」之説。《説文·宀部》云：「官，吏事君也。」家臣亦事其主若君，故謂之官。賈疏云：「案《載師》有小都、大都。大都，謂三公、王子母弟所食邑；小都，王之卿六命所食邑。如此六命已上賜之官，使得自置其臣，治家邑如諸侯。此則《大宰》云『施則於都鄙，建其長，立其兩』已下是。三公、王子母弟得立官如畿外諸侯，但少一卿，不足於諸侯而已。言家邑雖與大夫家邑同名，此則大都、小都也。卿大夫稱家，故言家邑以表大小都耳。」案：公卿采邑有兩卿五大夫等，詳《大宰》疏。此賜官卽所謂具官也。《禮運》云：「大夫具官，非禮也。」蓋王朝三公采邑得立二卿五大夫，卿采邑得立二大夫五士，皆具立兩設伍之制，所謂具官也。若大夫家邑雖亦有設官屬，然不得具兩伍之數，故此經六命卿而後賜官。諸侯之卿仍不得具官，故《論語·八佾》篇，孔子以管仲官事不攝爲非儉，蓋侯伯之卿與天子大夫同。《禮運》以大夫具官爲非禮，卽指諸侯卿大夫言之也。引「《春秋》襄十八年冬，晉侯以諸侯圍齊，荀偃爲君禱河，既陳齊侯之罪，而曰曾臣彪將率諸侯以討焉，其官臣偃實先後之」者，《左傳》文。彼文云：「晉侯伐齊，將濟河，中行獻子以朱絲係玉二瑴，而禱曰：『齊環怙恃其險，負其衆庶，棄好背盟，陵虐神主。曾臣彪將率諸侯以討焉，其官臣偃實先後之。』」杜注云：「彪，晉平公名。曾臣猶末臣。官臣，守官之臣。」賈疏云：「引《春秋》者，證諸侯以臣爲官，故荀偃自於晉侯稱官，❶畿內諸侯臣亦稱官，此經是也。」七命賜國，王之卿六命，出封加一等者。鄭司農云：「出就侯伯之國。」【疏】注云「王之卿六命出封加一等者」者，據《典命》文。鄭司農云「出就侯伯之國」者，據《典命》云「侯伯七命」。以侯伯始爲成國，對上「五命賜則」爲出就子男未成國也。八命作牧，謂侯伯有功德者，加命得專征伐於諸侯。鄭司農云：「一州之牧。王之三公亦八命。」【疏】注云「謂侯伯有功德者」，❷加命得專征伐於諸侯」者，《大宰》云「乃施典於邦國而建其牧」，注云：「以侯伯有功德者，加命作州長，謂之牧」是也。荀悅《申鑒·時事》篇云：「古諸侯建家國，世位權柄存焉。於是置諸侯之賢者以爲牧，總其紀綱而已，不統其政，不御其民。」賈疏云：「侯伯七命，今云八命作牧，明是侯伯加命也。得專征伐者，案《王制》云『諸侯賜弓矢，然後專征伐』，並據州牧而言。以其弓矢之賜，州內有臣殺君，子殺父，不請於天子，得專征伐之。」詒讓案：鄭言得專征伐於諸侯者，謂得專征當州諸侯，欲見不得征五侯九伯也。此州牧亦通稱州伯，詳後疏。《詩·衛風·伯兮》孔疏引鄭《荅臨碩》引《公羊》桓五年傳云：「其言從王伐鄭何？從王正也。」言諸侯不得專征伐，有從天子及伯者之禮。案：據鄭《荅周禮難》義，則七命以下諸侯亦得從征伐，但不得專耳。鄭司農云「一州之牧」者，謂牧爲一州之長，九州則牧有九人，亦詳《大宰》疏。云

❶「於」原訛「爲」，據楚本改。
❷「侯伯」原訛「諸侯」，據楚本改。

「王之三公亦八命」者，據《典命》文。王之三公不得作牧，但命數同耳。**九命作伯。**上公有功德者，加命爲二伯，得征五侯九伯者。鄭司農云：「長諸侯爲方伯。」【疏】注云「上公有功德者，加命爲二伯」者，上公即三公也。《典命》云：「上公九命爲伯。」又云：「王之三公八命，及其出封，加一等。」知爲二伯者，據《王制》「天子之老爲左右二伯」，注云「老謂上公」是也。《王制》又有八伯，即上文八命之州牧，與東西二伯異。《公羊》隱五年傳云：「天子三公稱公。天子三公者何？天子之相也。天子之相則何以三？自陝而東者，周公主之；自陝而西者，召公主之；一相處乎内。」《白虎通義·封公侯篇》云：「王者所以有二伯者，分職而授政，欲其亟成也。《王制》曰：『八伯各以其屬屬於天子之老二人，分天下以爲左右，曰二伯。』《春秋公羊傳》曰：『自陝以東，周公主之；自陝以西，召公主之。』不分南北何？東方被聖人化日少，西方被聖人化日久，故分東西，使聖人主其難，賢者主其易，乃俱致太平也。又欲令同有陰陽寒暑之節，共法度也。」案：班説東西二伯，雖義多牽傅，然亦謂二伯以三公爲之，與鄭説同。云「得征五侯九伯者」者，明不止得專征諸侯也。《左》僖四年傳，管仲曰：「昔召康公命我先君太公曰：五侯九伯，汝實征之，以夾輔周室。」賈疏引賈、服云：「五等諸侯，九州之伯。」案：杜注亦同。《左傳》所云，據太公而言。太公封齊，雖爲侯爵，然亦以三公爲二伯，故得膺此殊典。五侯九伯之説，鄭與賈、服、杜異。《詩·邶風·旄丘》孔疏引《鄭志》荅張逸云：「五侯，侯爲州牧也。九伯，伯爲州伯也。一州一牧，二伯佐之。太公爲王官之伯，二人共分陝而治。自陝以東，當四侯半，一侯不可分，故言五侯。九伯則九人，若主五等諸侯、九州之伯，是天子何異？何云夾輔之有也。」依《鄭志》説，則九州州以一侯爲牧，即上八命之牧，每一牧又以二伯佐之，九州通有九侯、十八伯。二伯中分天下，每一大伯分統四侯半及小伯九，以整數言之，故云五侯九伯。其説殊迂曲，《左傳》孔疏斥其事無所出，校數煩碎，非復人情，殆非過論。竊謂《左傳》九伯當從賈、服、杜説，爲九州之長。《王制》云：「千里之外設方伯。」又云：「二百一十國以爲州，州有伯，八州八伯。」其所謂方伯八伯，即上文作牧及《掌交》之九牧，與《左傳》九伯亦同。《左傳》伯有九，彼云八者，《王制》孔疏引《鄭志》荅張逸云：「畿内之州不置伯，有鄉遂之吏主之。」雖八九校數少差，要之周之州伯，即州牧之通稱，殆無疑義。鄭以《王制》爲殷法，彼注謂殷之州長曰伯，虞夏及周皆曰牧，實則周之州牧亦未嘗不稱伯也。考之經傳，周時止有東西二大伯，及一州之牧伯，並無州牧下更立二小伯，九州十八伯之説。《詩·旄丘》序云：「責衛伯也。」衛伯蓋亦爲一州之牧，自鄭彼箋誤以周制使伯佐牧，謂之州伯，賈孔禮疏牽於其説，糾繞殊甚，今不悉論。鄭司農云「長諸侯爲方伯」者，《爾雅·釋詁》云：「伯，長也。」《掌客》云：「諸侯長，十有再獻。」注云：「諸侯長，九命作伯者也。」《公羊》莊四年傳云：「上無天子，下無方伯。」《曲禮》云：「五官之長曰伯，是職方。」鄭彼注云：「謂爲三公者。《周禮》九命作伯。職，主也。是伯分主東西者。」先鄭蓋依彼文，謂方伯爲即分陝二伯，以其東西分主，各長一方之諸侯，故謂之方伯也。然《王制》方伯與「八州八伯」之文相屬，是又以方伯爲即州伯，又云「天子使其大夫爲三監，監於方伯之國」。而後鄭《聘禮》注謂牧有三監，是後鄭亦以彼方伯爲即牧伯也。《詩·旄丘》敍，上云「責衛伯」，下又云「責衛不能脩方伯連率之職」，則《詩敍》方伯亦指牧伯而言。故孔疏云：「方伯皆謂州長，周謂之牧。而云方伯者，以一州之中爲長，故云方伯。」又《左》哀十三年傳云：「王合諸侯，則伯帥侯牧以見於王。」杜注云：「伯，王官伯。侯牧，方伯。」此亦謂二伯爲王官伯，方伯爲侯牧。《王制》、《毛詩》、《左氏》義與《曲禮》異。後鄭謂殷制八州牧爲八伯，周制九州十八伯，爲佐牧之伯，皆非分陝之伯，與先鄭説亦異。賈疏謂方伯可及州牧并二伯，蓋欲爲《曲禮》、《王制》及二鄭作調人，然非先鄭恉也。又案：依先鄭此注義，則二伯方伯並取長爲稱。《北堂書鈔·設官部》引《五經異義》云：「王者已有州伯，所以復設二伯何？欲使述職也。何爲二伯乎？曰：以三公在外稱伯，東西分爲二，所以稱伯，欲抑之也。三公，臣之最尊者也。又以王命而行天下，爲其威，故抑之，明有所屈迫也。」許以伯爲屈抑之稱，義殊牽强，不及先鄭説之允也。

周禮正義卷三十五

以玉作六瑞，以等邦國，等猶齊等也。【疏】「以玉作六瑞」者，《御覽·珍寶部》引馬融注云：「瑞，信。」義與《敍官》注同。此六瑞即《書·堯典》之五瑞，彼不數鎮圭，故數少其一。《史記·五帝本紀》集解引鄭《書注》云：「執之曰瑞。」《白虎通義·文質》篇云：「五瑞，謂珪、璧、琮、璜、璋也。」則又即下文六器之屬，蓋玉器之通名矣。互詳《典瑞》疏。云「以等邦國」者，賈疏云：「此有王之鎮圭，而言邦國者，以邦國爲主也。」　注云「等猶齊等也」者，《廣雅·釋詁》云：「等，齊也。」齊等邦國者，謂以瑞信齊一之，無使有差僭也。

王執鎮圭，鎮，安也，所以安四方。鎮圭者，蓋以四鎮之山爲瑑飾，圭長尺有二寸。【疏】「王執鎮圭」者，《御覽·珍寶部》引馬注云：「鎮圭尺有二寸，王者執以祀天地。」《曲禮》孔疏云：「天子執鎮圭以朝日及祭天地宗廟。知者，《典瑞》云：『王執鎮圭以朝日。』又《鄭志》云：『祭天地宗廟亦執之。』是朝日既執鎮圭，則夕月亦當然也。」案：鄭、孔説與馬同。　注云「鎮，安也」者，《廣雅·釋詁》同。云「所以安四方」者，《職方氏》注云：「鎮名山，安地德者也。」王執此鎮圭，亦所以鎮安四方，故象彼爲文。《國語·周語》云：「爲摯幣瑞節以鎮之。」韋注云：「鎮，重也。」重與安義亦相成也。云「鎮圭者，蓋以四鎮之山爲瑑飾」者，《玉人》注云：「瑑，文飾也。」六瑞之瑑飾，經無文，鄭皆依其名義推之。《大司樂》「四鎮」，注云「四鎮，山之重大者，謂揚州之會稽，青州之沂山，幽州之醫無閭，冀州之霍山」是也。《職方氏》九州有九鎮，内含有五嶽。鄭意此鎮圭即瑑刻爲山形，以山莫大於鎮，故以爲名，非謂必分象會稽等四山也。依鄭説，六瑞並有瑑。《禮器》云「大圭不瑑」者，謂玉笏之珽也，與六瑞不同。云「圭長尺有二寸」者，據《玉人》文。

公執桓圭，公，二王之後及王之上公。雙植謂之桓。桓，宫室之象，所以安其上也。桓圭蓋亦以桓爲瑑飾，圭長九寸。【疏】「公執桓圭」者，以下皆五等諸侯朝見於王及自相朝所執之瑞也。《玉人》謂之「命圭」，《覲禮》謂之「瑞玉」，《穀梁》定八年傳謂之「封圭」。《説文·土部》云：「圭，瑞玉也。上圜下方。公執桓圭，九寸；侯執信圭，伯執躬圭，皆七寸；子執穀璧，男執蒲璧，皆五寸。以封諸侯。从重土。楚爵有執圭。重文珪，古文圭从玉。」案：許説本此經。又《説苑・修文》篇云：「諸侯以圭爲贄。圭者玉也，薄而不撓，廉而不劌，有瑕於中，必見於外，故諸侯以玉爲贄。」摯瑞義同。「桓」字亦作「瓛」，《説文・玉部》云：「瓛，桓圭，公所執。」依許義，則「瓛」爲公圭正字，經典通叚桓爲之。鄭以桓圭取雙植爲義，則桓非叚字，與許義異。　注云「公二王之後及王之上公」者，賈疏云：「案《孝經援神契》云：『二王之後稱公，大國稱侯，皆千乘。』是二王後稱公。云及王之上公者，《典命》『上公之禮』及此上之『九命作伯』，皆是王之上公也。」《通典・賓禮》引高堂隆云：「《周禮》『公執桓珪』，公謂上公九命，分陝而理，及二王後也。八命之公，與王論道，則執璧。」案：高堂説是也。三公之摯有二：九命者執桓圭，故《書・金縢》説周公秉圭；八命者唯執璧，故《射人》云「三公執璧」。互詳彼疏。云「雙植謂之桓」者，賈疏云：「桓謂若屋之桓楹。案《檀弓》云：『三家視桓楹。』彼注四植謂之桓者，彼據柱之豎者而言。桓若豎之，則有四棱，故云四植，植卽棱也。此於圭上而言，下二棱著圭不見，唯有上二棱，故以雙言之也。」《檀弓》孔疏云：「案《説文》：『桓，亭郵表也。』謂亭郵之所而立表木，謂之桓，卽今之橋旁表柱也。《周禮》桓圭而爲雙植者，以一圭之上不應四柱，但瑑爲二植，象道旁二木。又宫室兩楹，故雙植謂之桓也。」黄以周云：「鄭注《檀弓》云『四植謂之桓』，此云『雙植』，蓋據一面言之。」案：黄説是也。桓圭蓋兩面，面各瑑二棱，合之爲四棱，正與四桓楹相似。賈似誤以爲一柱而有四棱，孔疏亦未析。云「桓，宫室之象，所以安其上也」者，圭上圜鋭，下覆象棟宇，兩面爲桓，象四楹。王氏《訂義》引崔靈恩云：「桓者柱，柱者所以安上，明宫室棟梁之材，非柱不安，象上公方伯佐王治天下，所以匡輔王國，爲王所憑安也。」云「桓圭蓋亦以桓爲瑑飾」者，與鎮圭以四鎮爲瑑飾同也。云「圭長九寸」者，《御覽・珍寶部》引馬注亦云「桓圭九寸」，並據《大行人》及《玉人》文。

侯執信圭，伯執躬圭，「信」當爲「身」，聲之誤也。身圭、躬圭，蓋皆象以人形，爲瑑飾，文有麤縟耳。欲其慎行以保身。圭皆長七寸。【疏】注云「信當爲身，聲之誤也」者，《釋名・釋形體》云：「身，伸也，可屈伸也。」案：信伸古今字，《士相見禮》注云「古文伸作信」是也。此信圭鄭必破爲身者，以信圭躬圭取象當相同，故定爲「身」之聲誤。云「身圭、躬圭，蓋皆象以人形，爲瑑飾」者，《説文・吕部》云：「躳，身也。」是身躬義同，並指人之形體也。《御覽・珍寶部》引《三禮圖》云：「信圭，謂圭上琢爲人頭身之形。躬圭，謂圭上琢爲四體之形。」案：信圭蓋僅具頭身，躬圭則兼琢四枝爲别異也。云「文有麤縟耳」者，鄭意謂信圭文縟，躬圭文麤，以此爲差，猶《玉人》注以加文飾、殺文飾爲大璋中璋之差是也。《曲禮》孔疏引江南儒者解云：「直者爲信，其文縟細；曲者爲躬，其文麤略。」賈《士相見禮》疏亦以信圭爲信伸通。段玉裁云：「信，古伸字。伸圭、躬圭同像人形爲瑑飾，而伸圭人形直，躬圭人形微曲。船或從弓，取胸窮意也。」陳祥道、陸佃、鄭鍔、方苞、姜兆錫、莊有可、俞樾説並略同。案此説亦本江南諸儒而不破字，其義較鄭爲長。然則信躬又以所刻人形曲直爲别，不徒瑑文麤縟之判矣。王氏《訂義》引崔靈恩云：「文縟細者爲信圭，文麤者爲躬圭。信者取忠信謹敬以事上，躬者欲其謹行而保其身。」案：崔讀信如字，非鄭義也。云「欲其慎行以保身」者，此釋破信爲身之義。明身躬同象人身，欲見侯伯皆當慎行以保其身也。崔靈恩以此爲專釋躬圭，未析。云「圭皆長七寸」者，《御覽·珍寶部》引馬注亦云「信圭七寸，躬圭七寸」，並據《大行人》、《玉人》文。**子執穀璧，男執蒲璧。**穀所以養人，蒲爲席，所以安人。二玉蓋或以穀爲飾，或以蒲爲瑑飾。璧皆徑五寸。不執圭者，未成國也。【疏】注云「穀所以養人」者，《説苑·修文》篇云：「五穀者，以奉宗廟養萬民也。」鄭意穀爲民食，人賴以養，子所執璧象之，欲其能養民也。云「蒲爲席，所以安人」者，《説文·艸部》云：「蒲，水艸也。可以作席。」案：《司几筵》之蒲筵即蒲席。蒲席人藉之以安，男所執璧象之，亦欲其能安民也。王氏《訂義》引崔靈恩云：「執蒲璧以象天地所生之物。」《御覽·珍寶部》引馬注云：「蒲璧柔滑。」義與鄭異。《荀子·不苟篇》云：「與時屈伸，柔若蒲葦。」男於五等最卑，故取柔順爲象，馬傳義亦得通。云「二玉蓋或以穀爲飾，或以蒲爲瑑飾」者，孔繼汾、段玉裁並謂「以穀爲」下挩「瑑」字是也。案：《典瑞》「穀圭」注云：「穀，善也。其飾若粟文然。」此穀璧當亦與穀圭同。又《山海經·西山經》云：「瑾瑜之玉，堅粟精密。」郭注云：「玉有粟文，所謂穀璧也。」案：彼「堅粟」疑「堅栗」之譌，郭妄説不足據。云「璧皆徑五寸」者，《御覽·珍寶部》引馬注亦云：「穀璧蒲璧五寸。」並據《大行人》文。云「不執圭者未成國也」者，賈疏云：「據上文『五命賜則』，是未成國也。」**以禽作六摯，以等諸臣，**摯之言至，所執以自致。【疏】「以禽作六摯」者，《釋文》云：「摯本或作贄。」阮元云：「《廣韻·六至》下引『以禽作六贄』，云本亦作『摯』。」詒讓案：《説文・手部》云：「摯，握持也。」引申爲人所執摯之稱，贄卽摯之俗。《説文・女部》又云：「婆，至也。」引《虞書》云「雉婆」，則古文又以「婆」爲之。禽者，鳥獸之緫名，詳《庖人》疏。賈疏云：「案下文有『孤執皮帛』，而此云『以禽』者，據羔已下以多爲主也。案莊公傳，男贄，大者玉帛，小者禽鳥，《尚書》五玉亦云贄，則玉亦是贄。此上下文玉爲瑞，禽云摯者，此以相對爲文。天子受瑞於天，諸侯受瑞於天子，諸臣無此義，故以贄爲文。」　注云「摯之言至，所執以自致」者，賈疏述注「所執」作「執之」。案：摯執、至致，聲義並相近。《爾雅・釋詁》云：「摯，至也。」《士相見禮》注云：「摯，所執以至者，君子見於所尊敬，必執摯以將其厚意也。」《説苑・修文》篇云：「贄者，所以質也。」《白虎通義・文質》篇云：「臣見君有贄何？贄者，執也，質己之誠，致己之悃愊也。王者緣臣子之心以爲之制，差其尊卑以副其意也。」

孤執皮帛，卿執羔，大夫執鴈，士執雉，庶人執鶩，工商執雞。

皮帛者，束帛而表以皮爲之飾。皮，虎豹皮。帛，如今璧色繒也。羔，小羊，取其群而不失其類。鴈取其候時而行。雉取其守介而死，不失其節。鶩取其不飛遷。雞取其守時而動。《曲禮》曰「飾羔鴈者以繢」，謂衣之以布而又畫之者。自雉以下，執之無飾。士相見之禮，卿大夫飾摯以布，不言繢。此諸侯之臣，與天子之臣異也。然則天子之孤飾摯以虎皮，公之孤飾摯以豹皮與？此孤卿大夫士之摯，皆以爵不以命數。凡摯無庭實。

【疏】「孤執皮帛，卿執羔」者，此辨孤以下見君及自相見之摯也。王國與侯國諸臣並同。《通典・賓禮》引高堂隆云：「孤謂天子七命之孤及大國四命之孤，卿謂六官六命之卿及諸侯三命再命之卿也。」案：高堂並用鄭義。云「大夫執鴈，士執雉」者，《通典》引高堂隆云：「大夫謂天子中下大夫四命及諸侯再命一命之大夫也。士謂天子三命之士及諸侯一命再命之士也。府史以下，至于比長、庶人在官，亦謂之士。」案：「比」當作「鄰」。此亦用鄭義。彼謂鄰長等不命之士亦執雉，於義得通。但謂府史胥徒得與士同摯，恐非。云「庶人執鶩，工商執雞」者，《説文・广部》云：「庶，屋下衆也。」案：庶人卽齊民。賈後疏謂指府史胥徒，則在官在野其摯同也。《御覽・禮儀部》引《五經異義》云：「謹案：《周禮》説五玉，摯自公卿以下執禽，尊卑有差也。禮不下庶人，工商又無朝儀，五經無説庶人工商有摯。」此許駁此經庶人以下有摯之説也。陳壽祺云：「《士相見禮》言庶人見於君，《曲禮》亦言庶人之摯，《小司寇》詢萬民之位，百姓北面，則庶人工商有朝儀，有摯明矣。」案：陳說是也。　注云「皮帛者，束帛而表以皮爲之飾」者，賈疏云：「案《聘禮》『束帛加璧』，又云『束帛乘馬』，故知此帛亦束。束者十端，每端丈八尺，皆兩端合卷，總爲五匹，故云束帛也。言表以皮爲之飾者，凡以皮配物，皆手執帛以致命，而皮設於地，謂若《小行人》圭以馬，璋以皮，皮馬設於庭，而圭璋特達以升堂致命也。此言以皮爲之飾者，孤相見之時，以皮設於庭，手執束帛而授之，但皮與帛爲飾耳。」案鄭云「束帛而表以皮爲之飾」者，謂以皮包裹帛之表爲飾也。賈謂若《小行人》璋以皮等，爲皮設於庭，不知《小行人》馬皮等皆爲庭實，此後注明云「凡摯無庭實」，何得援彼爲釋邪？賈說不可從。云「皮，虎豹皮」者，賈疏云：「見《禮記・郊特牲》云『虎豹之皮示服猛』，且皮中之貴者，勿過虎豹，故知皮是虎豹皮也。」王氏《訂義》引崔靈恩云：「執虎豹之皮者，義取有文而能服猛。」詒讓案：《小行人》六幣璋以皮，注亦釋爲虎豹皮。《管子・揆度》篇云：「令諸侯之子將委質者，皆以雙武之皮。」「武」即「虎」字。彼蓋亦謂以皮爲摯也。尹知章注釋爲裘，失之。云「帛如今璧色繒也」者，《聘禮》受享束帛加璧，夫人玄纁束帛加琮。鄭注亦云「帛今之璧色繒也」。《說文・帛部》云：「帛，繒也。」《糸部》云：「繒，帛也。」二字互訓。凡璧以白爲貴，漢之璧色繒即白色也。黄以周云：「鄭云『帛如今璧色繒』，明其與璧同色，有異玄纁者也。璧色白。鄭注《虞書》三帛，謂赤黑白三色。《禮》注意同。」❶案：黄說是也。《聘禮》享君束帛不著色，享夫人束帛則著其色曰玄纁，明上束帛如其本質爲白色。此注即隱據彼經爲釋，亦兼明此經凡帛不言色者，並是白繒不染者也。孔廣森則謂此帛當爲玄纁束帛，敖繼公、胡培翬並謂《聘禮》享君帛不著色，當爲玄纁，於義亦通。至《書・舜典》「修三帛」，《史記・五帝本紀》集解引馬融云：「三帛，三孤所執也。」《書》孔疏引王肅云：「三帛，纁玄黄也。附庸與諸侯之適子、公之孤執皮帛，其執之色未詳聞。或曰孤執玄，諸侯之適子執纁，附庸執黄。」僞孔傳說與王同。《續漢・祭祀志》劉注引范甯《書注》云：「玄、纁、黄，三孤所執。」王孔謂公之孤執玄帛，不及王之孤，范則謂三孤分用三色帛，似皆以意推之。據《舜典》疏引鄭《書注》以三帛爲薦玉之繒，則不如馬王說。《孟子・滕文公》篇趙注又云：「匪厥玄黄，謂諸侯執玄三纁二之帛，願見周王。」此亦以束帛爲玄纁，而謂諸

❶「禮」，原訛「孔」，據《名物通故》改。

侯通執帛，與此經五等之摯尤不合，皆不足據。云「羔，小羊」者，《羊人》注同。《説文・羊部》云：「羔，羊子也。」云「取其群而不失其類」者，《士相見禮》注云：「羔取其從帥，群而不黨。」《説苑・修文》篇云：「羔者，羊也。羊群而不黨，故卿以爲贄。」《白虎通義・文質》篇云：「卿以羔爲贄，羔者取其群而不黨，卿職在盡忠率下，不阿黨也。」《春秋繁露・執贄》篇云：「羔有角而不任，設備而不用，類好仁者。執之不鳴，殺之不諦，類死義者。羔食於其母，必跪而受之，類知禮者。故羊之爲言猶祥與！故卿以爲贄。」《公羊》莊二十四年何注云：「羔取其執之不鳴，殺之不號，乳必跪而受之，類死義知禮者也。」案：董何説與鄭異。云「鴈取其候時而行」者，《士相見禮》注云：「鴈取知時，飛翔有行列也。」《春秋繁露・執贄》篇云：「鴈乃有類於長者，長者在民上必施，然有先後之隨，必俶然有行列之治，故大夫以爲贄。」《説苑・修文》篇云：「鴈者行列，有長幼之禮，故大夫以爲贄。」《白虎通義・文質》篇云：「大夫以鴈爲贄者，取其飛成行，止成列也。大夫職在奉命適四方，動作當，能自正以事君也。」《公羊》何注云：「鴈取其在人上，有先後行列。」説並與鄭異。王引之云：「鄭蓋以鴻鴈釋之，鴻鴈春去秋來，故曰候時也。其實大夫所執之鴈，直謂鵝耳。古者謂鵝爲鴈，故《膳夫》六牲有鴈。《堯典》『二牲一死贄』，馬注曰：『二牲，羔、鴈，卿大夫所執。一死，雉，士所執。』若非常畜之鵝，不得謂之牲也。羔鴈皆常畜之物，而雉則野物，不畜於人，得之則死，故曰一死。若以鴈爲鴻鴈，則中於矰繳，斃於網罟，與雉皆爲死物，《書》何以獨謂雉爲一死乎？且鴻鴈孟春北去，仲秋始來，中間數月無鴈之時，大夫將何以爲贄乎？然則謂大夫執鴻鴈，非事實也。自董仲舒《春秋繁露》始以鴈爲鴻鴈，而《説苑》、《白虎通》因之，則其誤久矣。蓋執贄之禮，漢世已廢，故不知大夫所執之鴈爲鵝，而以爲鴻鴈也。不然，則在野之鴈，或曰鴈，或曰鴻，或曰鴻鴈，或曰候鴈，稱名至無定矣，而執贄之禮，何以經傳皆言執鴈，絶無言執鴻者乎？以是言之，殆非鴻鴈。」案：王説是也。江永、方苞、孫志祖、黄以周説並同。《士昏禮》納采用鴈，亦攝盛用大夫摯也。凡此經鴈並爲鵝，詳《食醫》疏。云「雉取其守介而死，不失其節」者，《釋文》云：「介或作分。」案：分介亦字形相近而誤，詳《内宰》疏。《士相見禮》云：「士相見之禮，摯冬用雉，夏用腒。」注云：「士摯用雉者，取其耿介，交有時，别有倫也。雉必用死者，爲其不可生服也。夏用腒，備腐臭也。」《説苑・修文》篇云：「雉者不可指食籠狎而服之，故士以雉爲贄。」《白虎通義・文質》篇云：「士以雉爲贄者，取其不可誘之以食，懾之以威，必死不可生畜，士行耿介，守節死義，不當移轉也。」《公羊》何注云：「雉取其耿介。」云「鶩取其不飛遷」者，賈疏云：「庶人府史胥徒新升之時，執鶩，鶩即今之鴨。執之者，象庶人安土重遷也。」案《曲禮》云：「庶人之摯，匹。」鄭注云：「説者以匹爲鶩。」孔疏云：「野鴨曰鳧，家鴨曰鶩。鶩不能飛騰，如庶人但守耕稼而已。《爾雅・釋鳥》云：『舒鳧，鶩。』舍人及李巡云：『鳧，野鴨名。鶩，家鴨名。』某氏云：『在野舒翼飛遠者爲鳧。』」《説苑・修文》篇云：「鶩者，鶩鶩也。鶩鶩無他心，故庶人以鶩爲贄。」云「雞取其守時而動」者，《説文・隹部》云：「雞，知時畜也。」《新序・雜事》篇云：「雞守夜不失時，信也。」此謂工商執業通貨，欲其不失時，故取雞之守時而動者以爲贄也。云「《曲禮》曰，飾羔鴈者以繢，謂衣之以布，而又畫之者」者，引以證天子之臣所執羔鴈，當飾以繢也。鄭彼注云：「繢，畫也。諸侯大夫以布，天子大夫以畫。」孔疏云：「飾，覆也。畫布爲雲氣，以覆羔鴈爲飾，以相見也。」云「自雉以下執之無飾」者，賈疏云：「欲見天子士、諸侯士同，皆無布飾，以其士卑，故不異。」《公羊》隱八年徐疏引鄭《尚書》「如五器」注云：「如者，以物相授與之，言授摯之器者有五，卿、大夫、上士、中士、下士也。器各異飾，周禮改之，飾羔鴈飾雉，執之而已。」詒讓案：鄭彼注有飾雉，與此不同，未知孰是。云「士相見之禮，卿大夫飾摯以布，不言繢，此諸侯之臣與天子之臣異也」者，彼文云：「下大夫相見以鴈，飾之以布，維之以索，如執雉；上大夫相見以羔，飾之以布，四維之，結于面，左頭，如麛執之。」注云：「飾之以布，謂裁縫衣其身也。上大夫，卿也。如麛執之者，秋獻麛，有成禮如之。或曰麛，孤之摯也。」此約引之，見彼文與《曲禮》異。天子之臣尊，其文當縟，故飾以繢；諸侯之臣卑，其文當殺，故飾以布也。云「然則天子之孤飾摯以虎皮，公之孤飾以豹皮與」者，賈疏云：「欲以天子諸侯卿大夫飾摯者異，明天子孤、諸侯孤皮亦不同。此約卿大夫以明孤。無正文，故言『與』以疑之也。」詒讓案：此鄭以意定之。以虎皮尊於豹皮，即以爲天子諸侯之孤飾摯之異也。《通典・禮》引高堂隆云：「孤副公與王論道，尊於六卿，其執贄以虎皮表束帛。公之孤覜聘于天子，及見于其君，其贄以豹皮表束帛。」亦用鄭義。《士相見禮》注別載「孤執麛」之説，與此經不合，彼注亦不言天子諸侯之孤，蓋鄭所不從。《白虎通義・文質》篇云：「卿大夫贄，古以麑鹿，今以羔鴈何？以爲古者質，取其內，謂得美艸鳴相呼；今文取其外，謂羔跪乳，鴈有行列也。《禮相見經》曰：『上大夫相見以羔，左頭，如麛執之。』明古以麑鹿，今以羔也。」班說又謂卿大夫摯有古今之異，亦以意定之，無塙證也。云「此孤卿大夫士之摯皆以爵，不以命數」者，賈疏云：「天子孤卿六命，大夫四命，上士三命，中士再命，下士一命；諸侯孤四命；公侯伯卿三命，大夫再命，士一命；子男卿再命，大夫一命，士不命。但爵稱孤皆執皮帛，爵稱卿皆執羔，爵稱大夫皆執雁，爵稱士皆執雉，庶人已下雖無命數及爵，皆執鶩。天子諸侯下皆同，故云『皆以爵不以命數』也。」詒讓案：依鄭此注義，則諸臣之摯皆以爵不以命數。又王臣與侯國之臣爵同，則摯亦同，惟以飾爲異。此鄭據《三禮》經記參互攷定，精塙不易也。《左》定八年傳云：「公會晉師于瓦，范獻子執羔，趙簡子、中行文子皆執鴈。魯于是始尚羔。」杜注云：「禮，卿執羔，大夫執鴈，魯則同之，今始知執羔之尊也。」孔疏云：「賈逵云：『周禮，公之孤四命，執皮帛，卿三命執羔，大夫再命執鴈。魯廢其禮，三命之卿皆執皮帛。至是乃始復禮尚羔。』案：《周禮》、《禮記》皆言卿執羔，大夫執鴈，並以爵斷，不依命數。賈何以計命高下，妄稱禮乎？鄭衆云：『天子之卿執羔，大夫執鴈。諸侯之卿當天子之大夫，故傳曰「唯卿爲大夫」。當執雁而執羔，僭天子之卿也。魯人效之而始尚羔，記禮所從壞。』案：《禮傳》及《記》，天子之臣與諸侯之臣所執無異文也。《周禮·掌客》，凡諸侯之禮，上公及侯伯之下皆云『卿相見以羔』，是諸侯之卿執羔不執鴈。又《士相見》者，諸侯之臣相見之禮也。經曰『下大夫相見以鴈，上大夫相見以羔』，是諸侯之卿必執羔矣，安在於諸侯之卿當天子之大夫乎？傳文之乖於禮者，爵是卿也，皆當執羔，趙鞅、荀寅不應執鴈，此是當時之失，失於偪下。以晉卿失於偪下，魯卿不應僭上益明。賈言魯卿舊執皮帛，非其義矣。魯人於是始知執羔爲尊，或亦效晉唯上卿一人獨執羔耳，未必卽能如禮諸卿皆執羔也。」案：依賈說則摯以爵，兼以命數；依先鄭說，則王臣與侯國之臣降殺一等。其說與此經及《士相見禮》並不合，宜孔氏之糾其誤也。但晉三卿爵同摯異，魯羔鴈尊卑偵舛，並與《禮》違，是則衰世沿襲之失，《司約》所以有治摯之約與？又案：依鄭、賈義，凡摯皆依執者之爵爲降殺，不視所見之人爵位爲次。惟《聘禮》卿大夫勞賓，云「大夫奠鴈」，注云：「不言卿，卿與大夫同執鴈，下見於國君。《周禮》，凡諸侯之卿見朝君，皆執羔。」彼注兼據《掌客職》文，而謂卿摯有降用鴈，則與禮例不合，恐不塙也。云「凡摯無庭實」者，別於《小行人》六幣有庭實也。

以玉作六器，以禮天地四方，禮，謂始告神時薦於神坐。《書》曰「周公植璧秉圭」是也。【疏】「以玉作六器」者，《説文·㗊部》云：「器，皿也。」此引申爲凡禮神玉器之稱。賈疏云：「此據禮神則曰器，上文人執則曰瑞，對此文義爾。若通而言之，禮神雖不得言瑞，人執者亦曰器，故《聘禮》云：『圭璋璧琮，凡四器者，唯其所寶，以聘可也。』《尚書》亦以五瑞爲五器，卒乃復，是其人執亦曰器也。」

注云「禮謂始告神時薦於神坐」者，《唐郊祀録》引《五經通義》云：「禮神用玉者，猶臣子爲質也。」賈疏云：「此以玉禮神，在作樂下神後，故鄭注《大司樂》云：『先奏是樂，以致其神，禮之以玉而祼焉。』是其以玉禮神，與宗廟祼同節。若然，祭天當實柴之節也。」《唐會要》王起《請造禮神九玉議》引《三禮義宗》云：「凡祭天神有二玉，禮神者訖事卻收，祀神者與牲俱燎。」案：崔氏以禮神之玉與燎玉異，是也。《郊特牲》孔疏引皇侃説，亦謂祭天先燔玉，至設正祭，乃置禮神之玉，與崔説略同。惟鄭以此與《典瑞》「四圭有邸以祀天旅上帝，兩圭有邸以祀地旅四望，圭璧以祀日月星辰，璋邸射以祀山川」等，同爲初祭禮神之玉。若如其説，則此當通舉十器，不宜別出六器。且彼四器不論尊卑，皆用圭璋，又皆有邸，與此六器絶不類，則其用不同可知，鄭説殊不足據。黄以周云：「徐邈云：『璧以禮神，圭以自執，故曰植璧秉圭。非圜丘與郊各有所施。』徐以爲璧奠圭執，則下文『圭璧以祀日月』，鄭注『圭其邸如璧』，是圭璧與四圭有邸同爲圭也。圭璧以奠神，則四圭有邸安見其自執邪？如謂圭璧亦其所自執，又與朝日執鎮圭之文相戾，且禮日又用何玉。」案：黄説是也。徐謂圜丘南郊同執四圭，得之；而謂禮神別用玉，則非是。今攷定此六器，別爲禮方明之玉，非正祭時禮神之玉，詳後疏。云「書曰周公植璧秉圭是也」者，《書·金縢》文。彼文云：「既克商二年，王有疾，弗豫，周公爲三壇同墠，爲壇於南方，北面，周公立焉。植璧秉珪，乃告大王、王季、文王。」「圭」，彼從古文作「珪」，此經注並作「圭」。僞孔傳云：「璧以禮神。植，置也。置于三王之坐，周公秉桓圭以爲贄。」孔疏引鄭《書注》云：「植，古置字。」則鄭説與孔同，故引以證用璧禮神之事。但彼植璧爲禮三王之神，與下經蒼璧禮天不同。其璧之色未聞。又依後賈疏義，則宗廟無禮神之玉，《金縢》所説，或非常法也。

以蒼璧禮天，以黄琮禮地，以青圭禮東方，以赤璋禮南方，以白琥禮西方，以玄璜禮北方，此禮天以冬至，謂天皇大帝，在北極者也。禮地以夏至，謂神在崐崘者也。禮東方以立春，謂蒼精之帝，而大昊、句芒食焉。禮南方以立夏，謂赤精之帝，而炎帝、祝融食焉。禮西方以立秋，謂白精之帝，而少昊、蓐收食焉。禮北方以立冬，謂黑精之帝，而顓頊、玄冥食焉。禮神者必象其類：璧圜，象天；琮八方，象地；圭鋭，象春物初生；半圭曰璋，象夏物半死；琥猛象秋嚴；半璧曰璜，象冬閉藏，地上無物，唯天半見。【疏】「以蒼璧禮天，以黄琮禮地」者，《覲禮》云：「方明者，木也，方四尺。設六色：東方青，南方赤，西方白，北方黑，上玄，下黄。設六玉：上圭，下璧，南方璋，西方琥，北方璜，東方圭。」敖繼公謂此六器卽禮方明之玉。金榜云：「六器文次六瑞、六贄下。六瑞諸侯執以朝，六贄諸臣執以見。此六器則會同諸侯祀方明所設，其事相因，文故相次。《小行人》：『合六幣：圭以馬，璋以皮，璧以帛，琮以錦，琥以繡，璜以黼。』《典瑞》：『駔圭璋璧琮琥璜之渠眉，疏璧琮以斂尸。』是皆六玉有琮，與《大宗伯》文合。《覲禮》不云『上璧下琮』而云『上圭下璧』，記者文誤耳。鄭以六器爲圜丘、方澤及四時迎氣所用之玉。據《典瑞》祀天以四圭，地以兩圭，其旅上帝亦以四圭，與《大宗伯》禮天地四方異玉。《牧人》『陽祀用騂牲，毛之；陰祀用黝牲，毛之』，《禮記》亦云『郊之祭也，牲用騂』，又與《大宗伯》『牲幣各放其器之色』者異牲。然則六器爲祀方明所用甚明。」案：敖、金説是也。惠士奇、秦蕙田、盛世佐、凌廷堪、孫希旦、莊有可説並同。唐虞有六宗之祭。六宗者，天地四方之神。《續漢書・祭祀志》劉注引《尚書大傳》説六宗云：「萬物非天不生，非地不載，非春不動，非夏不長，非秋不收，非冬不藏。」《書・舜典》孔疏引馬融説，亦以六宗爲天地四時。伏、馬説與此天地四方略相類。但四時所迎者，卽五帝五神，雖未嘗不晐於四方天地之中，而六宗實非專祀五帝五神也。周無祭六宗之文，而朝覲會同有方明。《漢書・律麻志》又引《伊訓》説，「伊尹祀于先王，誕資有牧方明」。蓋商周方明之神，卽唐虞六宗之遺典。《覲禮》以方明爲盟神。《楚辭・九章・惜誦》説誓事云：「令五帝以折中兮，戒六神與嚮服。」王注以六神爲卽六宗。以禮攷之，亦卽方明之神。彼於六神之外特舉五帝，明方明泛禮衆神，不專屬五帝矣。況五帝有黄帝，而方明不及中央；六天純天神，而方明兼及地示，名殊禮異，不辨可知。又《國語・越語》越王誓范蠡封地云：「皇天后土，四鄉地主正之。」韋注云：「鄉，方也。四方神主。」蓋誓盟事相因，其神同。皇天后土卽禮天地，四鄉地主卽禮四方，彼此亦可互證。推校禮意，蓋大會同會合群神以詔盟誓，其神衆多，不可盡設其主位，故爲方明通舉六方之神，合而告禮之。以其神之尊貴言之，則云六宗，以其神之著明言之，則云方明，其義一也。其禮無所專主，本與二郊四時之特祀及明堂大饗之祭不同。且因事告禮，當有牲幣，而無迎尸獻酬之節，與祭禮隆殺亦迥異，故不謂之祭，而謂之禮。《覲禮》又有禮日月、四瀆、山川、丘陵之等，亦猶是也。《覲禮》注云：「六色象其神，六玉以禮之。」又云：「設玉者，刻其木而著之。」蓋誓告禮殺，則不可以用常祭之牲玉，故特依方色，作此六器，而牲幣亦放而制焉，此其差次之精，不容淆掍者也。《續漢·祭祀志》注引司馬彪援此經以説六宗云：「天宗，日月星辰寒暑之屬也。地宗，社稷五祀之屬也。四方之宗者，四時五帝之屬也。」案：司馬彪雖不以此六玉爲禮方明，然以六宗群神爲釋，則正協古義，足正鄭誤。又案：《覲禮》注説方明六玉云：「上宜以蒼璧，下宜以黄琮，而不以者，則上下之神非天地之至貴者也。」賈彼疏據《司盟》注，謂彼上下四方之神，專指日月山川，説殊迂曲。以《越語》「四鄉地主」之文證之，則方明六玉，上蓋通晐天神，下及四方，則分禮地祇，日月山川雖亦在其中。而義無專屬，殆無疑義。《覲禮》「上」與「東方」同用圭，實則止五玉，自不若此經六玉之完備，金定爲文誤，實爲允當。《典瑞》「斂尸六玉有琮」，注亦以爲取象方明，則鄭亦謂禮方明玉宜有用琮矣。六琮，詳前疏。方明，互詳《司盟》、《司儀》疏。又案：蒼璧者，《廣雅·釋器》云：「蒼，青也。」《毛詩·小雅·采芑》傳云：「蔥，蒼也。」《爾雅·釋器》云：「青謂之蔥。」郭注云：「淺青也。」據毛郭説，則蒼蔥並青之淺者。《玉藻》云：「大夫佩水蒼玉。」此蒼璧即水蒼玉，與下青圭色小異。賈疏云：「《易》云：『天玄而地黄。』今地用黄琮依地色，而天不用玄者，蒼玄皆是天色，故用蒼也。」　注云「此禮天以冬至謂天皇大帝在北極者也」者，鄭意此六玉爲圜丘方丘及五時迎氣之玉也。冬至圜丘祭昊天上帝，即北辰耀魄寶，詳前疏。賈疏云：「青圭已下有五天，明此蒼璧禮天者，是冬至祭圜丘者也。」詒讓案：鄭説此禮天不謂夏正南郊祭受命帝者，以《郊特牲》、《祭法》並説郊用騂犢，而此下文云「皆有牲幣，各放其器之色」，則禮天用蒼犢，與彼異，故《典瑞》注謂南郊祭受命帝，用四圭有邸，與圜丘異玉也。張履云：「此云禮天地，則告禮也，故下云皆有牲幣。若圜丘之祭，則牲又何待言有哉！四圭有邸，則圜丘用之，故言祀也。」案：張説是也。圜丘祭昊天，當與南郊同用四圭有邸。若如鄭説，以此爲圜丘之祭，《典瑞》四圭有邸爲祭南郊，則昊天尊於受命帝，反降用璧，而不用四圭之重器，不亦偵乎？云「禮地以夏至，謂神在崐崘者也」者，《釋文》作「混淪」，云「混本又作崑，淪本又作崙。」宋建陽本作「崑崙」。盧文弨云：「崐崘，《說文・山部》無之。《水部》有『混淪』，知古皆借用也。《史記》又作『昆侖』。陸氏於《大司樂》云『崐崘本又作混淪，各依字讀』，非也。」案：盧校是也。「崐崘」、「崑崙」皆俗字，《說文・𠃊部》、《水部》並止作「昆侖」，《司儀》注引《爾雅》同，混淪則叚字也。賈疏云：「崑崙與昊天相對，蒼璧禮昊天，明黃琮禮崑崙大地可知，故《大司樂》云『以靈鼓靈鼗，夏日至於澤中之方丘奏之，若樂八變，則地祇皆出』是也。故鄭彼云『天神則主北辰，地祇則主崑崙』，是卽與此同也。」《曲禮》孔疏云：「崑崙者，案地統書《括地象》云『地中央曰崑崙』，又云『其東南方五千里曰神州』。以此言之，崑崙在西北，別統四方九州，其神州者，是崑崙東南一州耳，於一州中更分爲九州，則《禹貢》之九州是也。其配地之神，《孝經緯》既云后稷爲天地之主，則后稷配天南郊，又配地北郊，則周人以嚳配圜丘，亦當配方澤也。」詒讓案：鄭謂此禮地非北郊祭地者，以依《牧人》陰祀用黝牲，北郊與南郊相對，牲用陰陽之色，不得依玉色用黃牲，故《典瑞》注謂北郊祭地玉用兩圭有邸，不知方丘亦當用四圭，無異玉也。又方丘祭大地之神，鄭依緯書謂祭崑崙。攷《大戴禮記・公冠》篇附載祭地祝辭云：「維予一人某，敬拜下土之靈。」不稱崑崙，則緯說不足據。互詳《典瑞》疏。云「禮東方以立春，謂蒼精之帝，而大昊、句芒食焉」者，以下並謂四時迎氣分祭五帝也。《月令・孟春》云：「其帝大皞，其神句芒。」又云：「立春之日，天子親帥三公九卿諸侯大夫，以迎春於東郊。」注云：「迎春祭蒼帝靈威仰於東郊之兆也。」《祭法》孔疏引《鄭志・雜問志》云：「春日其帝大皞，其神句芒，祭蒼帝靈威仰，大皞食焉。句芒祭之於庭，祭五帝於明堂，五德之帝亦食焉。又以文武配之。」據《鄭志》此說，則句芒以下五人神，皆配食於庭也。鄭意迎氣祀五色帝亦用方色之玉。《後漢書・明帝紀》李注引《五經通義》說祀五帝云：「牲幣及玉各依方色。」《御覽・禮儀部》引蔡氏《月令章句》，亦據此經以釋五時迎氣之玉，並與此注義同。今定此禮，四方用青圭等爲告禮方明，其五時迎氣當亦用四圭有邸，與南郊同，以迎氣亦正祭，不宜與方明同玉也。云「禮南方以立夏，謂赤精之帝，而炎帝、祝融食焉」者，《月令・孟夏》云：「其帝炎帝，其神祝融。」又云：「立夏之日，天子親帥三公九卿大夫，以迎夏於南郊。」注云：「迎夏，祭赤帝赤熛怒於南郊之兆也。」云「禮西方以立秋，謂白精之帝，而少昊、蓐收食焉」者，《月令・孟秋》云：「其帝少皞，其神蓐收。」又云：「立秋之日，天子親帥三公九卿諸侯大夫，以迎秋於西郊。」注云：「迎秋者，祭白帝白招拒於西郊之兆也。」云「禮北方以立冬，謂黑精之帝，而顓頊、玄冥食焉」者，《月令・孟冬》云：「其帝顓頊，其神玄冥。」又云：「立冬之日，天子親帥三公九卿大夫，以迎冬於北郊。」注云：「迎冬者，祭黑帝叶光紀於北郊之兆也。」賈疏云：「知皆配以人帝人神者，亦據《月令》四時十二月皆陳人帝人神。彼止爲告朔於明堂及四時迎氣配天帝而言。告朔於明堂，告五人帝，告五人神，配以文王、武王。必知迎氣亦有五人帝、五人神者，以其告朔入明堂，至秋揔享五帝於明堂，皆以五人帝、五人神配天。若然，迎氣在四郊，還是迎五天帝，明知五人帝五人神亦配祭可知。以其自外至者無主不止，故皆以人帝、人神爲配也。言蒼精、赤精、白精、黑精者，皆據《春秋緯運斗樞》云大微宫有五帝座星，《文耀鉤》亦云靈威仰之等而説也。此經神不見中央含樞紐者，此四時迎氣皆在四郊，《小宗伯》云『兆五帝於四郊』，鄭注云『黄帝亦於南郊』是也。」案：依鄭、賈説，則迎氣卽祭五帝，而以五人帝、五人神配。《唐郊祀録》云：「馬融、盧植、王肅、賈逵皆以迎者迎四時之氣，祭者五人帝大昊等是也。」《月令》孔疏引蔡邕説，與賈、馬同。此並謂迎氣不祭五天帝，又分迎與祭爲二，與鄭説異，不足據也。又《玉燭寶典》引《月令章句》云：「季夏迎中，郊玉用黄琮。」《郊特牲》孔疏云：「五時迎氣，其中央無文，先師以爲亦用黄琮，熊氏以爲亦用赤璋。」聶崇義云：「案祀五精之帝，玉幣各如其色。季夏土王，而祀黄帝，禮用赤璋，獨不如其色，於理未允。準孔義依先師所説，用黄琮九寸爲當。」案：《大宰》賈疏亦謂禮中央之玉用赤璋，蓋依熊安生説。《通典・吉禮》及孔、聶則並依蔡邕説，謂當用黄琮。但此經禮方明之玉，本無中央，其季夏迎祀黄帝，玉當亦用四圭有邸，不用黄琮、赤璋等也。云「禮神者必象其類」者，卽下璧圜象天等是也。云「璧圜象天」者，《説文・玉部》云：「璧，瑞玉圜也。」《白虎通義・文質篇》云：「璧者方中圓外。方中，陰德方也。圓外，陰繫於陽也。陰德盛於内，故見象於内，位在中央。璧之爲言積也。中央，故有天地之象，所以據用也。内方象地，外圓象天也。」《唐郊祀録》引《三禮義宗》云：「祀昊天五精帝，圭璧琥璜皆長十二寸，以法十二時之義。」聶崇義云：「隋潘徽《江都集禮》依《白虎通》説，璧好方。案：鄭玄、阮諶、梁正等圖，禮天圭璧皆長九寸，蓋遵《周禮・玉人職》有九寸之璧，好三寸而圓，取以爲法也。知璧好圓而不方者，《爾雅》云：『肉倍好謂之璧。』今以九寸之璧，三寸之好言之，若好方則四角侵璧肉，而不成其倍，失《爾雅》之義也。」又引阮鄭二圖云：「蒼璧九寸，厚寸。」案：班説璧好方，殊謬，聶氏庌之是也。崔以此六玉爲祀昊天及五精帝，亦依鄭義。説圭璧尺度，與阮鄭圖不同。黄以周云：「《玉人》云『璧好三寸』，《爾雅》云『肉倍好謂之璧』，故鄭阮禮圖云『蒼璧九寸』。崔氏以『四圭尺有二寸以祀天』例之，故云圭璧皆長尺有二寸。兩説各有依據，今從崔説。」云「琮八方象地」者，《説文・玉部》云：「琮，瑞玉，大八寸，似車釭。」徐鍇《繫傳》云：「謂其狀外八角而中圜也。」黄以周云：「地分八方，始於《易》八卦方位，琮有角，取諸此。漢碑所圖，或作五角，或作十角。陳祥道説四角，謬。」案：黄説是也。《白虎通義・文質》篇云：「圓中牙身方外曰琮。琮之爲言宗也，象萬物之宗聚也。位在西方，西方陽收功於内，陰出成於外。内圓象陽，外直爲陰，外牙而内湊，象聚會也，故謂之琮。」案鄭云「八方」者，謂爲鈍角八觚。班云「牙身」，則似據《玉人》「大琮射四寸」言之，牙爲鋭角，非琮之恒制也。又班氏以琮爲西方之玉，與此經義亦不合。《五代會要》引《阮氏圖》云：「黄琮無好。」《唐郊祀録》引《三禮義宗》云：「祭地之琮長十寸，以放地數之十。」聶氏《禮圖》又引《義宗》云：「黄琮十寸有好。」聶崇義云：「《江都集禮》依《白虎通》説，琮外方内圓有好。案：黄琮八寸而無好。《玉人職》云：『瑑琮八寸。』其黄琮取寸法於此。其《玉人職》説諸琮形狀，並不言好，故知諸琮本無好也。」又云：「黄琮比大琮每角各剡出一寸六分，長八寸，厚寸。」案：聶從阮諶説，與崔、潘不同。琮有好與否，經注並無文。依許君説似車釭，車釭中空以函軸，琮形似之，則是有好矣。《白虎通》以琮圓中對璧方中，則亦似謂有好，潘徽説殆不誤。以下五玉，聶義並與崔異，疑皆本阮、鄭圖也。黄以周云：「《白虎通義》『圓中方外曰琮』，謂牙以内其形本圓也。又云『内圓外直，外牙而内湊』，外牙申言直，内湊申言圓，牙雖衺剡，視内圓爲直，内圓非孔，故曰内湊。湊者合也，豈孔之謂乎？」案：黄據《阮圖》舊義，申《白虎通》説，似亦可通。今并存以備攷。云「圭鋭，象春物初生」者，《雜記》贊大行云：「圭剡上左右各寸半。」《白虎通義・文質》篇云：「珪者兑上，象物始生見於上也。萬物之始，莫不自潔，珪之爲言潔也。

上兑，陽也；下方，陰也。陽尊，故其禮順備也。位在東方，陽見義於上也。」上兑卽上鋭，並據剡上寸半言之也。《説文・土部》云：❶「圭，瑞玉也。上圜下方。」許云上圜者，以圭上鋭爲鈍角，故《聘禮記》注亦云「剡上象天圜地方」也。是許、鄭義不迕也。聶崇義云：「青圭亦九寸，厚寸，博三寸，剡上各寸半。」云「半圭曰璋」者，《説文・玉部》云：「半圭爲璋。」《公羊》定八年傳云：「璋判白。」何注云：「判，半也。半圭曰璋。白藏天子，青藏諸侯。」《白虎通義・文質》篇云：「璋，半珪。位在南方。南方陽極而陰始起。璋之爲言明也。南方之時，萬物莫不章，故謂之璋。」聶崇義云：「赤璋九寸。」案：《公羊》何注又云：「璋者，所以郊事天，《詩》云『奉璋峨峨，髦士攸宜』是也。」《春秋緐露・四祭》篇亦以奉璋爲文王之郊。彼並謂南郊祭受命帝用璋，與此經不合，不足據。云「象夏物半死」者，賈疏云：「夏時薺麥死，是半死。」云「琥猛象秋嚴」者，賈疏云：「謂以玉爲虎形，猛屬西方，是象秋嚴也。」聶氏《三禮圖》引《鄭圖》云：「白琥以玉，長九寸，廣五寸，刻伏虎形，高三寸。」孔廣森云：「《聶圖》琥作虎形，疑未必然。六玉之名，半圭曰璋，半璧曰璜，琥當是半琮耳。蓋琮之制，外爲捷盧，若鋸齒。半之，則背上有齟齬刻者，似伏虎，故謂之琥，猶爵之象爵亦非作鳥形也。鄭司農説『牙璋瑑以爲牙，牙齒，兵象，故以牙璋發兵，若今時以銅虎符發兵』。然則刻齒卽虎象似矣。」案：孔説是也。琥作虎形之説，《左傳》昭三十二年孔疏亦同。但六瑞五玉，未有刻爲物形者。雖古説，似不可信。《説文・玉部》云：「琥，發兵瑞玉，爲虎文。瓏，禱旱玉也，爲龍文。」二篆相次。攷《御覽・珍寶部》引《吕氏春秋》、段成式《酉陽雜俎》並有「戰鬬用琥，大旱用龍」二語。今《吕覽》佚此文，許蓋别本彼書，與此經《典瑞》、《玉人》諸玉義，不相應也。云「半璧曰璜」者，賈疏以爲《逸禮記》文。《説文・玉部》云：「璜，半璧也。」《白虎通義・文質》篇云：「璜者，半璧，位在北方。北陰極而陽始起，故象半陰，陽氣始施，徵召萬物。璜者，横也。陽氣横于黄泉，故曰璜。璜之爲言光也，陽光所及莫不動也。」聶崇義云：「玄璜九寸。」云「象冬閉藏，地上無物，唯天半見」者，璧圜象天全見，今璜半之，故象天半見。

皆有牲幣，各放其器之色。幣以從爵，若人飲酒有酬幣。

【疏】「皆有牲幣，各放其器之色」者，《食醫》注云：「放猶

❶「土」原訛「上」，據楚本改。

依也。」牲幣各依放六器之色，蓋天以蒼幣、蒼牲，地以纁幣、黄牲，東方牲幣與天同，南方以朱幣、騂牲，西方以素幣、白牲，北方以玄幣、黝牲。《公羊》僖三十一年，何注引禮祭六宗，牲角尺，此牲約與彼同。孫希旦云：「此謂大朝覲之時，所以禮方明者，非祀天之禮也。方明非正祭，嫌不用牲幣，故曰皆有牲幣。」案：孫説是也。《牧人》云：「凡陽祀用騂牲，陰祀用黝牲，望祀各用其方之色牲。」明用方色牲，唯四望爲然。天地五帝五神皆尊於四望，則牲用騂黝，不依方色。然則圜丘祭昊天，當與南郊受命帝同用騂牲，方丘祭大地，當與北郊后土同用黝牲，不用蒼牲、黄牲也。《論語・堯曰篇》：「敢用玄牡，敢昭告于皇皇后帝。」《書・湯誥》孔疏引鄭《論語注》謂用玄牡者，爲總告五方之帝，而用皇天大帝之牲，彼殷禮，祀昊天用正色之牲。則周祀昊天，亦宜用正色之牲可知矣。《舊唐書・禮儀志》長孫無忌等議，祭天地燔瘞之牲，依此經用蒼黄；壇牲，依《牧人》用騂黝。此亦牽傅鄭義，不知此經爲禮方明之牲，與正祭無涉，强生分别，並誤。五時迎氣，則五帝當用騂牲，五亓當用黝牲，亦不必用方色之牲。鄭、賈誤以此爲圜丘、方丘及迎氣之牲，故《牧人》注以陽祀用騂牲，爲祭天南郊，陰祀用黝牲，爲祭地北郊，不及圜丘方丘，非也。知五帝五亓牲用騂黝者，《詩・小雅・大田》云：「來方禋祀，以其騂黑。」彼云禋祀，則方中宜有天神，當依《甫田》毛傳義，以方爲迎四方氣於郊，騂黑卽《牧人》之騂牲黝牲也。此卽五帝、五亓不用方色牲之塙證。《大田》傳以黑專指羊豕，鄭箋又以彼方爲祈報四方之神，不爲迎氣，義並未允。《史記・封禪書》載秦襄公作西畤，祠白帝，其牲用騮駒、黄牛、羝羊。騮黄並與騂色近，秦蓋沿用周制，故雖祀白帝而不用白牲，此亦五帝牲不必依方色之證也。《郊特牲》及《詩・周頌・我將》孔疏又謂大饗五帝於明堂及大雩，並用五色之牲。經注並無文，恐皆不塙也。互詳《牧人》疏。

注云「幣以從爵」者，《公食大夫禮》，賓三飯後，公受宰夫束帛以侑。彼食禮，無獻酬，故幣不從爵。凡祭祀之禮，有獻尸則有從爵之幣也。賈疏云：「知幣是從爵非禮神者，若是禮神，當在牲上，以其禮神，幣與玉俱設。若《肆師》云：『立大祀，用玉帛牲牷。』是帛在牲上。今在下，明非禮神者也。」案：鄭、賈説亦非也。此禮天地四方，乃告禮，非正祭，無迎尸獻酬之節，則此幣自是禮神之幣，非從爵之幣，注説不可從。《通典・吉禮》説郊天禮神之玉以蒼璧，其牲及幣各隨玉色，引此經文爲釋。杜以此爲郊禮，雖與鄭異，而亦非經義。云「若人飲酒有酬幣」者，賈疏云：「獻尸從爵之幣無文，故以生人飲酒之禮況之。案：聘禮饗時有酬幣，明此幣既非禮神之幣，則獻尸後酬尸時，亦有幣之從爵也。」以天產作陰德，以中禮防之；以地產作陽德，以和樂防之。鄭司農云：「陰德，謂男女之情，天性生而自然者。過時則奔隨，先時則血氣未定，聖人爲制其中，令民三十而娶，女二十而嫁，以防其淫泆，令無失德。情性隱而不露，故謂之陰德。陽德，謂分地利以致富。富者之失，不驕奢則吝嗇，故以和樂防之。樂所以蕩滌邪穢，道人之正性者也。一説：地產謂土地之性各異，若齊性舒緩，楚性急悍，則以和樂防其失，令無失德，樂所以移風易俗者也。此皆露見於外，故謂之陽德。陽德陰德不失其正，則民和而物各得其理，故曰以諧萬民，以致百物。」玄謂天產者動物，謂六牲之屬；地產者植物，謂九穀之屬。陰德，陰氣在人者。陰氣虛，純之則劣，故食動物，作之使動，過則傷性，制中禮以節之。陽德，陽氣在人者。陽氣盈，純之則躁，故食植物，作之使静，過則傷性，制和樂以節之。如是然後陰陽平，情性和，而能育其類。【疏】「以天產作陰德，以中禮防之」者，以下並通論禮樂之精義，所以致中和而育民物也。《大司徒》云：❶「以五禮防萬民之僞，而教之中；以六樂防萬民之情，❷而教之和。」彼以禮樂施教，此以禮樂成德，其事略同。凡云防之者，皆以防其德之過，使有所止也。

注鄭司農云「陰德謂男女之情，天性生而自然者」者，《説文·心部》云：「情，人之陰气有欲者。」《白虎通義·情性》篇云：「性者陽之施，情者陰之化也。人稟陰陽氣而生，故内懷五性六情。情者静也，性者生也，此人所稟六氣以生者也。故《鉤命決》曰：『情生於陰，欲以時念也；性生於陽，以就理也。』陽氣者仁，陰氣者貪，故情有利欲，性有仁也。」案：先鄭意此陰德與《大司徒》陰禮義略同，然亦兼取陽性陰情爲義，故釋爲男女之情。《樂記》云：「人生而静，天之性也；感於物而動，性之欲也。」是情性雖有陰陽之殊，而情發於性，有生所同，故云「天性生而自然」者，即釋經「天產」之義。後鄭亦訓「產」爲「生」而義異。云「過時則奔隨，先時則血氣未定」者，過時，謂男女年過三十二十而不嫁娶。先時，謂未及年而嫁娶也。血氣未定，《論語·季氏》篇文。云「聖人爲制其中，令民三十而娶女二十而嫁，以防其淫泆，令無失德」者，「泆」

❶ 「大司徒」原訛「大宗伯」，據楚本改。
❷ 原脱「萬」，據楚本補。

《釋文》作「失」，云「本亦作佚」。三十而娶，二十而嫁，據《媒氏》文。云「情性隱而不露，故謂之陰德」者，《釋名・釋天》云：「陰，蔭也，氣在内奥蔭也。」先鄭意六情雖皆屬陰，然男女之情，尤隱在内而不宣露，故經獨謂之陰德也。云「陽德謂分地利以致富」者，謂若農圃、虞衡之屬，分取地之所生之物以致富也。以其宣露於外，故以屬陽德。先鄭蓋以地産爲地生之物。《大戴禮記・四代》篇云：「辨歷大道，以時地性，興民之陽德，以教民事。」地性即地生，與先鄭義略同。後鄭亦以地産爲地生之物，而義亦異。云「富者之失，不驕奢則吝嗇，故以和樂防之，樂所以滌蕩邪穢，道人之正性者也」者，「滌蕩」《釋文》作「蕩滌」。《史記・樂書》云：「故博採風俗，協比聲律，補短移化，助流政教。天子躬於明堂臨觀，而萬民咸滌蕩邪穢，斟酌飽滿，以飾厥性。」是樂所以滌蕩邪穢、道人之正性者也。云「一說地産謂土地之性各異」者，此先鄭附箸别説也。《白虎通義・情性》篇云：「性者，生也。」與「産」義同，故先鄭又以地産爲土地生人之性各異也。今以經攷之，天産地産之説，當以後鄭爲正，先鄭諸説並失之。云「若齊性舒緩，楚性急悍」者，此並土地生人之異性也。《史記・貨殖傳》云：「齊其俗寬緩，西楚其俗剽輕，易發怒。」《漢書・地理志》云：「齊詩曰：『子之營，遭我虖嶩之閒。』又曰：『竢我於著乎而。』亦其舒緩之體也。」《論衡・率性》篇云：「齊舒緩，楚促急。」云「則以和樂防其失，令無失德，樂所以移風易俗者也」者，《孝經》云：「移風易俗，莫善於樂。」《樂記》云：「故樂行而倫清，耳目聰明，血氣和平，移風易俗，天下皆寧。」是樂所以移風易俗者也。云「此皆露見於外，故謂之陽德」者，《釋名・釋天》云：「陽，揚也，氣在外發揚也。」先鄭謂分地利以致富，及或説土地異性之類，二者皆露見於外者，故經謂之陽德，對陰德爲隱而不露者也。云「陽德陰德不失其正，則民和而物各得其理」者，明以禮樂正陰陽之德，而民物各得其所也。云「故曰以諧萬民，以致百物」者，賈疏云：「取下文釋此也。」云「玄謂天産者動物，謂六牲之屬」者，此動物據人所食者而言。六牲，詳《膳夫》疏。《大戴禮記・曾子天圓》篇云：「天之所生上首。」阮元云：「天動，故人物動者屬天，其首恒在上。地上空虚無土之處皆天，故凡動物，皆天所生。」云「地産者植物，謂九穀之屬」者，此植物亦據人所食者而言。九穀，詳《大宰》疏。《曾子天圓》篇云：「地之所生下首。」阮元云：「地静，故艸木静者屬地，其首恒在下。艸木甲坼而生，以根爲首，枝爲末也。」詒讓案：後鄭説天産地産之義，深得經指。《吕氏春秋・上農》篇云：「是故天子親率諸侯，耕帝籍田，大夫士皆有功業。是故當時之務，農不見於國，以教民尊地產也。」高注云：「地產，嘉穀也。」義與此同。云「陰德，陰氣在人者，陰氣虛，純之則劣，故食動物，作之使動」者，此言食陽以劑陰也。《郊特牲》注云：「牲，陽也。」賈疏云：「以其陰主消内，是虛，純虛則劣。動物是陽，故須食動物六牲，作之使動也。」云「過則傷性，制中禮以節之」者，賈疏云：「過謂氣大過。大過則傷性，傷性則奢泰僭濫，故制中禮以防之。禮言中者，凡人奢則僭上，儉則逼下，禮所以制中，使不奢不逼，故以禮爲中也。」云「陽德，陽氣在人者，陽氣盈，純之則躁，故食植物，作之使静」者，此言食陰以劑陽也。《郊特牲》注云：「庶物，陰也。」賈疏云：「案《禮記・玉藻》云『顛實陽休』，是陽主盈滿，故云陽氣盈。純之則躁者，陽氣主動，不兼陰氣，純之則躁，故食植物，作之使静。知植物爲陰者，見《聘禮》致饔餼，醯在碑東，醢在碑西，醢是穀之所爲，是穀物爲陽之義也。而此云植物陰者，此以動物相對，故動爲陽，植爲陰。彼以醯醢相對，故醯爲陽，醢爲陰也。其陰德陽德，後鄭又不從先鄭者，但言德者，謂在身爲德，今先鄭以陽德爲分地利以致富，以身外解之，與陰德爲『不露見』自相違，即知陰德爲男女之情亦非。故後鄭皆據人身陰陽之氣解之。」云「過則傷性，制和樂以節之」者，賈疏云：「謂太静爲傷性，樂爲陽，故制和樂以節之。」詒讓案：後鄭釋天產地產之義是也，而釋陰德陽德則未允。竊謂此經之義，當以《大司徒》十二教章互相證明。彼經云：「以陽禮教讓，則民不争；以陰禮教親，則民不怨。」彼注云「陽禮，謂鄉射飲酒之禮也。陰禮，謂男女之禮。昏姻以時，則男不曠，女不怨。」此陰德即謂昏禮，陽德亦即謂鄉射飲酒之禮。本於性情之謂德，制其節文之謂禮，其實一也。《昏義》云：「后治陰德。」注云：「陰德，謂主陰事、陰令也。」與此義亦略同。作之云者，謂順其性情而宣道之。以天產作陰德者，謂同牢之禮有牲牢，而用食禮也。以地產作陽德者，謂鄉射飲酒有酒醴，獻酬之禮，酒醴出於五穀也。昏禮同牢，雖有三酳而無獻酬，則牲牢爲主，鄉射飲酒亦有牲，而以獻酬爲大，經各舉其重者而言之也。《郊特牲》云：「昏禮不用樂，幽陰之義也。」若鄉射飲酒則有樂，故經於陰德云「以中禮防之」，所以禁其淫泆；於陽德云「以和樂節之」，所以禁其争競。兩經互證，其義昭然，而二鄭以來，皆未達其指。宋以後釋此經者，惟王安石、王昭禹謂陰德所以行陰禮，陽德所以行陽禮，其説較長；而謂天產養精，地產養形，則仍未究其本。此外異論紛互，率皆虛陳陰陽之理，失之彌遠，今悉無取焉。云「如是然後陰陽平、情性和而能育其類」者，賈疏云：「謂陰氣虛，濟之使盈，陽氣盈，損之使虛，故云陰陽平、性情和也。能育其類者，下文合天地之化已下是也。」**以禮樂合天地之化，百物之産，以事鬼神，以諧萬民，以致百物。**禮濟虛，樂損盈，並行則四者乃得其和。能生非類曰化，生其種曰産。【疏】「以禮樂合天地之化，百物之産」者，此亦通論禮樂之用也。天地之化，謂金玉錫石之等，本無生理，皆由純氣微質凝積變化以成形者。《聘禮記》注云：「貨，天地所化生，謂玉也。」即其義也。百物之産，則謂《大司徒》五地動植諸物，種類蕃孳，自有生理者。聖人制作禮樂，合聚萬物，爲牲牢粢盛酒醴器服之等，以待祭祀賓客之事而用之也。賈疏謂「以禮樂並行，萬物感化，則能生非類，又能生其種」，非經義也。云「以致百物」者，即地示之物鬽，神仕所致者，與百物之産異。注云「禮濟虛，樂損盈」者，賈疏云：「此《樂記》所云『禮減而進，以進爲文』者，是禮濟虛，進謂濟益，是禮當濟益其虛，使之實滿。又云『樂盈而反，以反爲文』者，是樂損盈，反謂自抑止，是樂當自抑止，使盈而不放溢也。」云「並行則四者乃得其和」者，賈疏云：「言並行，謂禮樂並行以教世，則天地之閒使不盈不虛，折中得所，則四者乃得其和也。言四者，謂天地之化，百物之産共爲一，以事鬼神爲二，以諧萬民爲三，以致百物爲四也。知化産共爲一者，以其化與産氣類相似，故爲一也。」案：鄭賈説並非也。天地之化，百物之産，即上文之天産、地産，不得與下三者並列爲四，注説甚誤。又審鄭意，疑誤以「百物之産」與「以致百物」爲一，賈亦未得其恉。云「能生非類曰化」者，此亦誤以「化」與「産」相對爲文，謂物生而變其本類者也。《説文·匕部》云：「匕，變也。化，教行也。」經典通借「化」爲「匕」。《楚辭·離騷》王注云：「化，變也。」《荀子·正名篇》云：「狀變而實無別而爲異者，謂之化。」楊注云：「化者，改舊形之名。」《淮南子·齊俗訓》云：「夫蝦蟇爲鶉，水蠆爲蟌，皆生非其類，唯聖人知其化。」即鄭所本也。云「生其種曰産」者，《説文·生部》云：「産，生也。」此兼動物植物言之。**凡祀大神，享大鬼，祭大示，帥執事而卜日，宿，眡滌濯，涖玉鬯，省牲鑊，奉玉齍，詔大號，治其大禮，詔相王之大禮。**執事，諸有事於祭者。宿，申戒也。滌濯，溉祭器也。玉，禮神之玉也。始涖之，祭又奉之。鑊，亨牲器也。大號，六號之大者，以詔大祝，以爲祝辭。治，猶簡習也。豫簡習大禮，至祭，當以詔相王。羣臣禮爲小禮。故書「涖」作「立」。鄭司農讀爲「涖」。涖，視也。【疏】「凡祀大神、享大鬼、祭大示，帥執事而卜日」者，自此至職末，並大宗伯當官專領之職事，所謂官常也。此卜日、眡滌濯，並與大宰爲官聯。帥執事而卜日，謂大祭祀大宗伯涖卜，《大卜》注云「大事，宗伯涖卜」是也。《御覽·禮儀部》引《五經異義》云：「《今春秋公羊》説，祠宗廟，筮而不卜，傳曰禘祫不卜。《古周禮》説，《大宗伯》曰『凡祀大神，享大鬼，祭大祇，率執事而卜日』。大鬼謂先王也。」孔廣森云：「鄭《箴膏肓》云：『當卜祀日月耳，不當卜可祀與否。』其意以爲魯郊常祀不須卜，但卜祀日。則宗廟常祀亦不卜可祀與否，仍卜日，不謂祀宗廟用筮不用卜也。故《周禮》大祭祀命龜。凡國之大事，先筮而後卜，鄭皆無祭不用卜之解，而《學記》『未卜禘，不視學』，鄭亦不以記文爲誤。是從古《周禮説》矣。」王紹蘭云：「《少牢饋食禮》鄭注引《禘于大廟禮》曰『日用丁亥』，此卽《公羊》禘祫不卜之説所本，謂禘丁亥，有定日，故不卜也。鄭説之曰：『不得丁亥，則己亥、辛亥亦用之，無則苟有亥焉可也。』是與《公羊》小異矣。《公羊》説宗廟筮而不卜，亦是準《少牢禮》有筮無卜爲義。但少牢大夫禮略，鄭注《簭人》『先筮而後卜』云：『當用卜者先筮之，即事漸也。於筮之凶，則止不卜。』是先筮不吉乃不卜，明筮吉仍當卜也。亦與《公羊》説異。《龜人》『祭祀先卜』，鄭司農云：『祭祀先卜者，卜其日與牲。』則先鄭亦以祭當卜日也。」案：孔、王説是也。云「省牲鑊」者，《釋文》云：「省，本又作『眚』。後『省牲鑊』皆同。」案：省正字，眚叚借字。此省牲，卽《充人》之展牲，在祭前之夕，省鑊則在祭日之晨，故《小宗伯》大祭祀省牲，祭之日省鑊，二事分别甚明，此文偶省并耳。賈疏謂「省視，視亨牲之鑊」，是謂大宗伯直省鑊不省牲，非也。此卜日以下凡十事：卜日一也，宿爲申戒二也，眡滌濯三也，涖玉鬯四也，省牲五也，省鑊六也，奉玉齍七也，詔大號八也，治其大禮九也，詔相王之大禮十也。鄭分涖玉鬯、奉玉齍，玉與鬯齍各爲二事，賈又并宿眡滌濯爲一，省牲鑊爲一，並失之。《小宗伯》疏以省牲别爲一事，則不誤。　注云「執事，諸有事於祭者」者，賈疏云：「案《大宰》云：『祀五帝，前期十日，帥執事而卜日。』注云：『執事，宗伯、大卜之屬。』此注云『執事諸有事於祭者』。二注不同者，以其大宰不掌祭事，故云執事，大宗伯、大卜之等卜日而已。此大宗伯主祭祀之事，故總諸有事於祭者也。」詒讓案：《大宰》「帥執事」

下，止云「卜日」，故爲宗伯、大卜之屬。此「帥執事」下兼「宿眡滌濯」等，故廣晐諸有事於祭者也。云「宿，申戒也」者，《公食大夫記》注義同，謂申戒百官也。江永云：「『宿眡滌濯』，宿字爲句，祭前三日申戒也。《大史》『及宿之日』，卽此宿字。」案：江說是也。凡王禮，大祭祀，祭前十日則戒，《大宰》云「前期十日，帥執事而卜日，遂戒及執事眡滌濯」是也。祭前三日則宿，故《大史》云：「戒及宿之日，與群執事讀禮書而協事。」是戒宿不同日，宿在戒之後，故云申戒。《鄉飲酒記》注云：「再戒爲宿戒。禮將有事，先戒而又宿戒。」又《士冠禮》注云：「宿，進也。宿者必先戒，戒不必宿。」案：《士冠》宿賓，《少牢饋食禮》尸及官皆先戒後宿。申戒卽再戒之義。禮祭祀戒宿，或前十日戒，三日宿，或前三日戒，一日宿，要其不同日一也。大祭祀卜日之後，眡滌濯之前，大宰有戒而無宿，此經及《肆師》有宿而無戒。然則大祭祀大宰掌戒，大宗伯、肆師掌宿與？賈疏以宿與眡滌濯爲一事，謂祭前一宿眡所滌濯祭器，蓋用《肆師》注宿先卜祭之夕義，然非經義也。《特牲饋食禮》「乃宿尸」注云：「宿讀爲肅。凡宿或作『速』，《記》作『肅』，《周禮》亦作『宿』。」卽指此經及《肆師》、《世婦》、《大史》諸宿字而言。宿戒散文亦通。互詳後《世婦》疏。云「滌濯，溉祭器也」者，《大宰》注義同。《釋文》云：「溉本或作概。」案：作「摡」者是也。詳《大宰》疏。《少牢饋食禮》云：「宗人命滌。」《特牲饋食禮》云：「宗人升自西階，視壺濯及豆籩，反降，東北面告濯具。」卽此眡滌濯。彼大夫之禮，宗人視滌濯，猶王禮大小宗伯眡滌濯也。《詩·召南·采蘩》箋，說諸侯夫人視濯溉。孔疏云：「此諸侯禮，夫人視滌濯。天子則大宗伯視滌濯，王后不視矣。」詒讓案：大宰祀五帝、享先王，皆及執事眡滌濯。若然，或大宰代王眡，大宗伯則代后眡與？云「玉，禮神之玉也」者，賈疏云：「卽蒼璧、黄琮、青圭、赤璋之等，及四圭、兩圭之類皆是，禮神置於神坐也。案《九嬪職》云『贊玉齍』，注云：『玉齍，玉敦，盛黍稷。』與此注玉爲禮神之玉齍，卽非玉敦所飾。注不同者，彼九嬪所贊，贊后設之，據宗廟。宗廟無禮神玉，則玉齍不得别解，故爲玉敦。此據天地爲主，有禮神玉，故與齍别釋也。《大宰》云：『祀五帝，贊玉幣爵之事。』注云：『三者執以從王，至而授之。』彼所執據五帝，此所奉據昊天與崑崙，故不同。」又云：「天地有禮神之玉，無鬱鬯；宗廟無禮神之玉，而有鬱鬯。但宗廟雖無禮神玉，仍有圭瓚璋瓚，亦是玉，故《曲禮》云『玉曰嘉玉』，《郊特牲》云『用玉氣』是也。」詒讓案：蒼璧、黄琮等，非正祭禮神之玉，詳前疏。此經玉鬯、玉齍連文，亦非禮神之玉。王引之云：「鄭以『涖玉鬯』三句，總承祭享祀言之，而祭天地無鬱鬯，且器用陶匏，若以玉鬯爲圭瓚秬鬯，玉齍爲玉敦黍稷，則但爲宗廟之祭，而與大神大示無涉，故以玉爲禮天地之玉，與鬯齍別釋也。然鬯與齍皆始涖之，祭又奉之，何以鬯但言涖，齍但言奉，獨至於玉而已言涖又言奉乎？今案：『涖玉鬯』三句，專謂享大鬼也。玉鬯，圭瓚也。《周語》：『有神降于莘，王使大宰忌父帥傅氏及祝史奉犧牲、玉鬯往獻焉。』韋注曰：『玉鬯，鬯酒之圭，長尺二寸，有瓚，所以灌地降神之器。』是玉鬯爲圭瓚之明證，《典瑞》所謂祼圭有瓚以肆先王也。玉齍與《九嬪職》同，其皆爲玉敦可知。九嬪之贊玉齍，大宗伯之奉玉齍，皆所以享人鬼也。上文祭享祀並列，而此獨言享者，上文卜日宿眡滌濯，已總祭享祀言之，則此涖玉鬯云云，無嫌專指享廟之事。不別言享大鬼者，上文已云享大鬼，故不待別言之也。《肆師》『大祭祀，展犧牲，繫于牢，頒于職人。凡祭祀之卜日、宿，爲期，詔相其禮，眡滌濯亦如之。祭之日，表齍盛告潔，展器陳告備。』此總天地宗廟言之也。而其下遂云『及果築鬵』，則專謂宗廟之祭。《大祝》『凡大禋祀、肆享祭示，則執明水火而號祝。隋釁逆牲逆尸，令鍾鼓，右亦如之。』『執明水火而號祝』，總大禋祀、肆享、祭示言之也；至『逆牲逆尸，令鍾鼓右』，則專謂肆享之事。皆連類而及，不復區分，是其例也。」案：王說是也。方苞、蔣載康、莊有可說同。但玉齍當爲玉簠，非玉敦也。詳《九嬪》疏。玉鬯，即鬱人之祼玉，玉齍，「齍」亦當讀爲「粢」，詳《甸師》及《小宗伯》疏。云「始涖之，祭又奉之」者，賈疏云：「鄭據上云涖，涖，臨視也，直視看而已。下云奉，據手執授王，故云祭又奉之。」又云：「奉玉齍者，此玉還是上文所涖者，齍謂社稷天地當盛以瓦簠。但齍與上鬯互見爲義，皆始時臨之，祭又奉之。」案：鄭以玉鬯之玉與玉齍之玉爲一，故以「涖」與「奉」皆指禮神之玉，特事有先後爲異。其說非也。賈謂齍爲瓦簠，亦非。方苞云：「於玉齍曰奉，於玉鬯曰涖者，小宰贊祼，宗伯惟涖玉鬯而已。」云「鑊，亨牲器也」者，《亨人》注云：「鑊，所以煑肉及魚腊之器。」《小宗伯》注云：「省鑊，視亨腥孰。」案：省鑊者，省眡三牲及魚腊之鑊於雍爨也。云「大號，六號之大者」者，謂大祝六號中之大者。若神號，則以皇天上帝爲大，餘天神爲小；示號則以后土爲大，餘地祇爲小。它皆放此。賈疏謂「六號即是大號」，非鄭恉。云「以詔大祝以爲祝辭」者，卽《大祝》云「掌六祝之辭」是也。云「治猶簡習也」者，《喪服》注云：「治猶理也。」《小宰》注云：「簡猶閱也。」閱習大禮所以理董之，故謂之治。云「豫簡習大禮，至祭當以詔相王」者，賈疏云：「大禮者，謂天地人之鬼神祭禮，王親行之爲大禮，對下小宗伯治小禮爲小也。詔相者，謂未至之時詔告之，及其行事則又相之。」案：賈説非也。鄭言此者，欲見治其大禮與詔相王之大禮同，未祭之前，豫簡習大禮，俾無差誤；至臨祭時，卽以此禮詔相王，明簡習爲備詔相也。云「羣臣禮爲小禮」者，據《小宗伯》云：「詔相祭祀之小禮。凡大禮，佐大宗伯。」《肆師》亦云「相治小禮」。《小宗伯》注義同。汪文臺云：「經云祀大神，享大鬼，祭大示，治其大禮，則中有小禮可知。經云詔相王之大禮，大禮屬王，則小禮爲羣臣之禮亦可知。」云「故書涖作立，鄭司農讀爲涖，涖視也」者，《鄉師》注並同。**若王不與祭祀，則攝位。**王有故，代行其祭事。【疏】注云「王有故，代行其祭事」者，謂凡祭祀，王宜親祭，而有故不與也。《祭統》云：「君子之祭也，必身親涖之。有故，則使人可也。」《國語・晉語》云：「烝於武公，公稱疾不與，使奚齊涖事。」卽祭祀君不與而使人代行之事。賈疏云：「攝訓爲代。有故者，謂王有疾及哀慘皆是也。《量人》云：『凡宰祭，與鬱人受嘏，歷而皆飲之。』注云：『言宰祭者，冢宰佐王祭，亦容攝祭。』此宗伯又攝者，冢宰貳王治事，宗伯主祭事，容二官俱攝，故兩言之。」俞樾云：「王之祭祀，自有等差。大祭不與，則冢宰攝之。貳王治事，自是冢宰之職，他官不得攝也。中祭小祭，其禮較輕，王或不與，則宗伯攝之，故云王不與祭祀則攝位。下文王后不與，特言大祭祀，則此但言祭祀，爲凡祭祀，非大祭祀明矣。」案：賈云「容二官俱攝」，自謂或冢宰，或宗伯，皆可代王行祭事，非爲一時二官並攝也。俞謂祭祀有大小，冢宰、宗伯或當依官之尊卑，分別攝祭，於義可通，與賈義亦無迕也。**凡大祭祀，王后不與，則攝而薦豆籩徹。**薦徹豆籩，王后之事。【疏】「凡大祭祀，王后不與」者，賈疏云：「天地及社稷外神等，后夫人不與。此言凡大祭祀王后不與，謂后應與而不與。又云大祭祀，明非羣小祀，則大祀者唯宗廟而已。」云「則攝而薦豆籩徹」者，賈疏云：「是王后有故，宗伯攝爲之。凡祭祀，皆先薦後徹，故退徹文在下也。」詒讓案：薦豆籩徹，謂攝薦豆籩而并徹之也。此與《九嬪》云「凡祭祀贊后薦徹豆籩」同，變文則云「薦豆籩徹」，以薦徹通貫豆籩，猶《漿人》「清醴醫酏糟」，以清糟通貫醴醫酏，經自有此首尾綜包之文例也。賈謂以薦先徹後，退徹文在下，經無此意。注作「薦徹豆籩」者，順文便改之，非所見經本不同也。《祭統》説祭大廟之禮云：「君執圭瓚祼尸，大宗執璋瓚亞祼。」注云：「大宗亞祼，容夫人有故，攝焉。」以此推之，天子祭大廟，后亞祼獻；有故后不與，亦當大宗伯攝之。此僅言大祭祀攝薦徹豆籩，文不具也。《外宗》云：「佐王后薦玉豆，眂豆籩，及以樂徹亦如之。王后以樂羞齍，則贊，凡王后之獻亦如之。王后不與，則贊宗伯。」然則王后不與，則薦徹及祼獻諸事，宗伯並攝之可知矣。其天地外神后本不與者，凡朝踐、饋食、酳尸，並宗伯亞王獻，亦兼薦徹，此常法，不爲攝也。注云「薦徹豆籩，王后之事」者，據《九嬪》文。此謂朝踐饋食之正豆籩也。其加豆籩，内宗所薦徹，后雖不與，非宗伯所攝。**大賓客，則攝而載果。**載，爲也。果讀爲祼。代王祼賓客以鬯。君無酌臣之禮，言爲者，攝酌獻耳，拜送則王也。鄭司農云：「王不親爲主。」【疏】「大賓客，則攝而載果」者，此冢上兩經爲文。攝祼雖以王爲主，亦兼攝后也。賈疏云：「此大賓客，對文則賓客異，散文則通。故《大司徒》云：『大賓客，令野脩道委積。』是賓客爲諸侯通也。《大行人》云『大賓』爲五等諸侯，『大客』卽謂其臣，是賓客異也。」案：《大行人》云：『上公之禮，再祼而酢。』此再祼者有后祼，則亦攝爲之，内宰贊之。侯伯一祼而酢，子男一祼不酢。此皆無后祼，王不親酌，則皆使大宰、宗伯攝而爲之。」《坊記》孔疏云：「案王饗諸侯及諸侯自相饗，同姓則后夫人親獻，異姓則使人攝獻。且王於同姓，雖爲侯伯，車服與上公同，上公既再祼，后與王俱祼，則上公相於與王同也。其同姓上公，則后與夫人親祼獻拜送也。若異姓上公，使人攝祼，故《宗伯職》云『大賓客，則攝而載祼』，謂異姓也。」案：據孔説，是同姓上公則后祼，大宗伯攝之，后則親拜送；異姓上公，則后不與，蓋宗伯兼攝拜送。其王祼，則不論同異姓，唯攝祼，不攝拜送也。諦審孔義，似以此攝祼專屬后言。陳祥道、劉彝、王安石、王昭禹、鄭鍔、姜兆錫、蔣載康亦並謂此專冢上后不與之文，攝祼唯據攝后，其王祼代酌獻爲常禮，不得云攝。林喬蔭云：「本文承上『凡大祭祀，王后不與，則攝而薦豆籩徹』，是統爲王后不與而言，卽《外宗》所云『宗廟之祭祀，王后不與，則贊宗伯，賓客之事亦如之』者也。蓋上公之禮，王禮再祼而酢。再祼者，王爲一祼，后爲再祼。此大賓客，卽指上公，禮當再祼，而王后不與，則大宗伯攝而再祼也。『載』與『再』古通。若是代王，則直曰攝祼可耳，何必言載。」黄以周説同。案：陳、劉諸家説，與經義合，較鄭爲長。又案：大饗，王與后亦有裸，與禮賓同，蓋亦宗伯攝之。詳《大行人》疏。　注云「載，爲也」者，《小爾雅・廣言》云：「載，行也。」《檀弓》鄭注云：「爲，行也。」是「載」「爲」義同。云「果讀爲裸」者，裸果聲類同。《大行人》「王禮再裸而酢」，注亦云「故書裸作果」。段玉裁云：「此古文假借字也。裸從示果聲，古音在歌戈部。鄭云『裸之言灌』，裸與灌雙聲，非裸音同灌也。」云「代王裸賓客以鬯」者，賈疏云：「見《鬱人》宗廟及賓客皆以鬱實彝而陳之，即《大行人》所云裸，與此裸皆用鬱鬯也。」云「君無酌臣之禮」者，即《燕義》云「臣莫敢與君亢禮也」。賈疏云：「見《燕禮》、《大射》諸侯禮，皆使大夫爲賓，宰夫爲主人，是諸侯君不酌臣。此大賓客，遣大宗伯代裸，是天子君亦不酌臣也。」詒讓案：天子燕，以膳夫爲獻主，詳《膳夫職》。云「言爲者，攝酌獻耳，拜送則王也」者，申釋載訓爲之義，明攝爲裸，不攝送裸也。酌謂實鬱鬯於圭瓚璋瓚，獻謂授之於賓，二者皆攝爲之。《大行人》注說上公再裸之禮云：「使宗伯攝酌圭瓚而裸，王既拜送爵，又攝酌璋瓚而裸，后又拜送爵。」是王及后皆親拜送也。《覲禮》不詳禮賓之節。而《聘禮》聘享訖後禮賓，公於阼階上拜送。此王待大賓客，裸禮親拜送，禮蓋與彼略同。但彼禮聘使，宰夫酌醴，公不親酌而親獻；此王禮朝賓，大宗伯裸鬯，王酌獻並不親，與彼異耳。賈疏云：「以其言代而爲裸，即是直裸不拜。案《鄉飲酒》、《燕禮》、《大射》，賓主獻酢皆拜送，其送是王自爲之，以其恭敬之事不可使人故也。」鄭司農云「王不親爲主」者，與後鄭義同。**朝覲會同，則爲上相，大喪亦如之，王哭諸侯亦如之。**相，詔王禮也。出接賓曰擯，入詔禮曰相。相者五人，卿爲上擯。大喪，王后及世子也。哭諸侯者，謂薨於國，爲位而哭之。《檀弓》曰：「天子之哭諸侯也，爵弁絰，紂衣。」【疏】注云「相，詔王禮也」者，《大行人》「詔相諸侯之禮」，注云：「詔相，左右教告之也。」是詔與相義同。云「出接賓曰擯，入詔禮曰相」者，《釋文》擯作「儐」，云「本或作賓」。案：《說文・人部》，擯爲儐之或體。依鄭義，「擯相」字當作「擯」，「儐禮」字當作「儐」，賓者其借字也。此下經及《小宗伯》、《肆師》並作「儐」，《小行人》、《司儀》並作「擯」，《象胥》作「賓」，《大行人》則作「擯」，又作「賓」，諸職錯互，疑皆傳寫亂之。擯相，《司儀》注義同。此明擯相因事異稱，其實一也。《聘禮》「卿爲上擯」，注云：「擯，主國之君所使出接賓者也。」又《鄉射禮》「相拜」注云：「相謂贊主人及賓相拜之辭。」是擯相異名。而《聘禮記》云：「擯者立于閾外以相拜。」又《檀弓》云「子游擯由左」，注云：「擯，相侑喪禮者。」是相亦名擯。故賈疏謂此對文義爾，通而言之，出入皆稱擯也。又案：擯在賓謂之介，故《士冠禮》注云「在主人曰擯，在客曰介」是也。云「相者五人，卿爲上擯」者，《覲禮》注云：「天子見公，擯者五人；見侯伯，擯者四人；見子男，擯者三人：皆宗伯爲上擯。」案：彼注卽據此經。《周書・王會篇》云：「相者太史魚，大行人，皆絻有繁露。」彼大會同止二相，又有太史、大行人，而無大宗伯，疑文有闕挩。賈疏云：「此則《大行人》云『上公之禮，擯者五人，侯伯四人，子男三人』是也。依《大行人》，據上公而言，此大宗伯爲上擯。若大朝覲，則肆師爲承擯；四時來朝，小行人爲承擯。案《覲禮》嗇夫爲末擯。若待子男，則三人足矣。若侯伯四人者，加一士；上公五人者，加二士。今鄭云『相者五人，卿爲上擯』，據此，大宗伯是卿，故指此上擯而言也。」云「大喪，王后及世子也」者，《宰夫》「大喪小喪，掌小官之戒令，帥執事而治之」。注亦云：「大喪，王后、世子也。小喪，夫人以下。」與此注義同。賈疏云：「以其與王爲上相，則王在矣。而云大喪，明是王后及世子矣。亦得見大喪所相或嗣王，則大喪中兼王喪也。后及世子喪，王爲此主，哭及拜賓，則宗伯亦爲上相也。」云「哭諸侯者，謂薨於國爲位而哭之」者，同姓則爲位於廟，異姓則爲位於外也。《左》襄十二年傳云：「凡諸侯之喪，異姓臨於外，同姓於宗廟，同宗於祖廟，同族於禰廟。」王哭諸侯禮，當與彼同。賈疏云：「謂諸侯薨於本國，赴告天子，天子爲位哭之，大宗伯亦爲上相，與王爲擯耳。若來朝，薨於王國，則王爲之緦麻，不應直哭之而已。」引《檀弓》曰「天子之哭諸侯也，爵弁絰，紂衣」者，《釋文》「紂」作「純」。《檀弓》釋文亦云：「紂本又作純。」引之者，證天子哭諸侯之事。鄭彼注云：「服士之祭服以哭之，明爲變也。天子至尊，不見尸柩，不弔服，麻不加於采。此言『絰』，衍字也。時人聞有弁絰，因云之耳。《周禮》王弔諸侯，弁絰緦衰也。」案：爵弁絰紂衣，卽《司服職》弁絰服，鄭《檀弓》注以「絰」爲衍文，非也。詳《司服》疏。

王命諸侯，則儐。儐，進之也。王將出命，假祖廟，立依前，南鄉。擯者進，當命者延之，命使登。內史由王右以策命之。降，再拜稽首，登，受策以出。此其略也。諸侯爵祿其臣，則於祭焉。【疏】「王命諸侯則儐」者，此謂諸侯始封，或嗣位而來朝，及有功而進爵，王則錫命之於廟也。《穀梁》莊元年：「王使榮叔來錫桓公命。」傳云：「禮有受命，無來錫命，錫命非正也。」范注云：「當召而錫也。《周禮・大宗伯職》曰：『王命諸侯則儐之。』是來受命。」　注云「儐，進之也」者，別於出接賓者也。《說文・人部》云：「儐，導也。重文擯，儐或从手。」依鄭義，此字亦當作擯，與擯相字同，詳《司儀》疏。《管子・小問篇》：「東郭郵至，桓公令儐者延而上。」尹注云：「儐，謂贊引賓客者也。」此王命諸侯大宗伯儐，亦謂贊引令進前受策命，故云進之也。《司士》云「掌擯士者」，又《小司寇職》說外朝三詢之事云「小司寇擯以敍進而問焉」，並與此儐義同。云「王將出命，假祖廟」者，《釋文》云：「假，至也。」知假祖廟者，《祭義》云：「爵禄慶賞，成諸宗廟，所以示順也。」又《祭統》云：「古者明君，爵有德而禄有功，必賜爵禄於大廟，示不敢專也。」《白虎通義・爵》篇云：「封諸侯於廟者，示不自專也。明法度皆祖之制也，舉事必告焉。」徐幹《中論・爵禄篇》云：「先王將建諸侯而錫爵禄也，必於清廟之中，陳金石之樂，宴賜之禮，宗人擯相，內史作策也。」卽據此經義。《毛詩・周頌・賚》敍：「大封於廟也。」孔疏引皇甫謐云：「武王伐紂之年，夏四月乙卯，祀於周廟，將率之士皆封，諸侯國四百人，兄弟之國十五人，同姓之國四十人。」卽假廟封諸侯之事。賈疏云：「若諸侯命臣，則因祭宗廟命之，則《祭統》十倫之義，六曰『見爵賞之施焉。故祭之日，一獻，君降立于阼階之南，南鄉，所命者再拜受書以歸』。又云『古者於禘也，發爵賜服，順陽義也』。諸侯命臣，必於祭時。若天子命臣，不要在祭時，欲命臣，當特爲祭以命之。故《洛誥》成王命周公後云：『烝祭歲，文王騂牛一，武王騂牛一，王命作策逸祝策，惟告周公其後。』注云：『告神周公宜立後，謂封伯禽。』是非時而特假祖廟，故文武各特牛也。」案：賈引《洛誥》注，卽鄭《書注》佚文。《詩・周頌・烈文》敍孔疏引鄭《書注》文略同。蓋鄭意以歲爲成王元年正月朔日，特爲此祭而假廟，與上文烝祭文不相冡。僞孔傳則謂卽仲冬烝祭之日，特加文武各一牛以告，是與《祭統》諸侯命臣同，非鄭義也。《祭統》又云：「古者於禘也，發爵賜服，順陽義也。於嘗也，出田邑，順陰義也。」賈、孔禮疏並謂彼爲諸侯因時祭命臣法。《月令》孟夏之月，行賞封諸侯。注引《祭統》駁之云：「今此行賞可也，而封諸侯則違於古。封諸侯出土地之事，於時未可，似失之。」諦繹《月令》注意，蓋謂當夏非封國之時，故據《祭統》文正之。實則鄭意天子命諸侯，皆特假祖廟，非徒不於孟夏，卽秋嘗亦非其時也。又案：依鄭《書注》義，假祖廟蓋用特牛告祭，其禮殺於時祭。祖廟者，謂於祖王廟。《洛誥》成王命伯禽於文王廟，而兼告武王。《國語・周語》說宣王命魯孝公於夷宮，韋注云：「夷宮者，宣王祖父夷王之廟。古者爵命必於祖廟。」皆其證也。云「立依前南鄉」者，賈疏云：「此案《司几筵》云：『大朝覲、大饗射，凡封國命諸侯，王位設黼依，依前南鄉。』是立依前南鄉之事也。」云「儐者進當命者，延之命使登，內史由王右以策命之」者，策，《釋文》作「筴」。案：策，册之借字，筴卽策之俗。鄭《覲禮》注云：「從後詔禮曰延。延，進也。」知內史策命之者，《內史》云「凡命諸侯及孤卿大夫，則策命之」是也。賈疏云：「此案《覲禮》天子使公與史就館賜侯氏命服時，史由公右執策命之。又案：《祭統》云：『祭之日，一獻，君降立于阼階之南，南鄉，所命北面，史由君右執策命之，再拜稽首，受書以歸。』天子無降立之事，其餘則同。命諸侯之史，當王右以策命之。」詒讓案：《覲禮》策命爲大史，與此經內史策命小異，或《禮經》通稱內史爲大史與？互詳《敍官》疏。云「降再拜稽首，登受策以出」者，此兼約《左傳》及《覲禮》文。《左傳》僖二十八年：「王命尹氏及王子虎、內史叔興父策命晉侯爲侯伯。晉侯三辭，從命，曰：『重耳敢再拜稽首，奉揚天子之丕顯休命。』受策以出。」又《覲禮》：「天子賜侯氏以車服。侯氏升，西面立，大史述命，侯氏降兩階之閒，北面再拜稽首，升，成拜，大史加書于服上，侯氏受。」凡禮之通例，臣與君行禮，皆降拜登受，《左傳》不云降拜登受者，文略也。詳《司儀》疏。云「此其略也」者，命諸侯之儀，《禮經》無專篇，鄭據《覲禮》及《祭統》、《左傳》推其大略，不能得其詳也。云「諸侯爵禄其臣則於祭焉」者，祭謂四時祭，若《祭統》禘嘗是也。經唯云命諸侯，而此注則通舉諸侯爵禄其臣，以見天子不用此法。又《小宗伯》云：「賜卿大夫士爵則儐。」注云：「儐之如命諸侯之儀。」彼注亦無殊異之文。然則鄭意天子賜卿大夫士爵，亦特假廟。未知是否。互詳《小宗伯》疏。

國有大故，則旅上帝及四望。故，謂凶災。旅，陳也。陳其祭事以祈焉，禮不如祀之備也。上帝，五帝也。鄭司農云：「四望，日月星海。」玄謂四望，五嶽、四鎮、四瀆。

【疏】注云「故謂凶災」者，《宮正》先鄭注義同。「災」舊本作「烖」，今據宋婺州本正。凡經作烖，注例用今字皆作災，詳《膳夫》疏。云「旅，陳也」者，《爾雅·釋詁》文。《論語·八佾篇》「季氏旅於泰山」，泰山卽魯三望之一。《集解》引馬融云：「旅，祭名也。」字亦作「臚」，《漢書·敍傳》「大夫臚岱」，顏注引鄭德云：「季氏旅於泰山是也。」師古云：「臚亦陳也。」《史記·六國表》云：「位在藩臣，而臚於郊祀。」蓋兼據此經旅帝爲說。旅臚聲近義同。《書·禹貢》

云「荆岐既旅」，又云「蔡蒙旅平」，又云「九山刊旅」，並卽旅群望之禮。僞孔傳云「祭山曰旅」，望文爲訓，義殊未晐。云「陳其祭事以祈焉，禮不如祀之備也」者，賈疏云：「但祈謂祈請求福，得福乃祠賽之，祠賽則備而與正祭同，故知禮不如祀之備也。」云「上帝，五帝也」者，《典瑞》注同。《孝經》邢疏引《論語》鄭注云：「皇皇后帝，並謂太微五帝，在天爲上帝，分主五方爲五帝。」又《公羊》宣三年何注云：「上帝，五帝在太微之中。」説與鄭同。五帝，詳《小宗伯》疏。金榜據《掌次》「大旅上帝則張氈案，設皇邸，祀五帝則張大次小次，設重帟重案」，謂上帝非五帝，斥鄭注之誤，其説是也。此大旅上帝，專指受命帝而言，不兼及黄、赤、白、黑四帝。《梁書·許懋傳》云：「大旅於南郊者，非常祭也。」引此職「國有大故則旅上帝」。彼以此經證大旅，蓋亦以此上帝爲南郊所祭之蒼帝也。互詳《掌次》疏。鄭司農云「四望，日月星海」者，《漢書·郊祀志》王莽改定祭禮，引此經説之云「四望蓋謂日月星海也」，蓋劉歆等説，卽先鄭所本。《小宗伯》先鄭注，又云「四望，道氣出入」。與此注自相違牾，未審厥義。《御覽·禮儀部》引《大祝》馬注，以爲日月星辰則統天神，無山川。《淮南子·人閒訓》「郊望禘嘗」，許注云：「望，祭日月星辰山川也。」此亦謂望祀有日月星辰，與馬鄭略同，而謂廣及衆山川，則異。《公羊》僖三十一年傳：「天子有方望之事。」何注云：「方望，謂郊時所望祭四方羣神、日月星辰、風伯雨師、五嶽四瀆及餘山川，凡三十六所。」何氏所説尤廣。案：四望不得有日月星辰，亦不得及餘山川，先鄭與何説皆非也。惟四望爲大山川之祭，川以海爲大，不宜遺之，先鄭謂四望有海，則足補後鄭義。《詩·周頌》敍云：「《般》，巡守而祀四嶽、河、海也。」卽巡守望祀之禮也。金鶚云：「《學記》言三王祭川，皆先河而後海，《公羊》以三望爲泰山、河、海，則四望當有海矣。」云「玄謂四望，五嶽、四鎮、四瀆」者，《小宗伯》注同。《穀梁》僖三十一年傳，范注引鄭君云：「望者，祭山川之名也。」賈疏云：「山川稱望，故《尚書》云『望秩于山川』是也。案《大司樂》有四鎮五嶽崩，四瀆又與五嶽相配，故知四望中有此三者。言四望者，不可一往就祭，當四向望而爲壇遥祭之，故云四望也。」又《小宗伯》「四類四望」疏云：「天子四望，諸侯三望境内山川。案僖三十一年『夏四月，猶三望』。服氏云：『三望，分野星國中山川。』又上文先鄭云：『四望，日月星海。』後鄭必知望祭中無天神者，案：哀六年云：『初，楚昭王有疾，卜曰「河爲祟」。王弗祭，大夫請祭諸郊。王曰：「三代命祀，祭不越望，江漢雎漳，楚之望也。」」《爾雅》又云：『梁山，晉望。』又案：《尚書》云：『望於山川。』則知望祭中無天神可知。若天神日月之等，當入四類之内也。若然，《尚書》云『望於山川』，必知四望非山川是五嶽、四瀆者，以其下云兆山川丘陵之等，山川既在下，故知此四望是五嶽之屬，山川之大者也。」陳壽祺云：「山川之祭，周禮四望，魯禮三望，其餘諸侯祀竟内山川，蓋無定數。山川之大者，莫如五嶽四瀆。《禮記・王制》曰：『五嶽視三公，四瀆視諸侯。』望祭山川，豈可舍此。有五嶽四瀆等，則四望非限以四事，乃謂四方之望也。《公羊傳》言『方望無所不通』是也。《王制》又曰：『諸侯祭名山大川之在其地者。』《祭法》曰：『有天下者祭百神。諸侯在其地則祭之，亡其地則不祭。』《公羊傳》曰：『諸侯山川有不在其封内者，則不祭也。』說並同。《公羊傳》又曰：『三望者何？望祭也。然則曷祭？祭太山、河、海。』此《公羊》説以河、海、岱爲三望也。《左傳》僖二十一年《正義》，賈逵、服虔以爲『三望，分野之星國中山川』。《大宗伯》疏引許氏《異義》：『謹案：《春秋》魯郊祭三望，言郊天日、月、星、河、海、岱凡六宗，魯下天子，不祭日月星，但祭其分野星國中山川，故言三望。』此《左氏》説，以國之分野及山川三者爲三望也。分星不涉於望，河又魯境所不及，說者咸失其義。《詩・魯頌・閟宮・正義》引康成《駁異義》，獨據《禹貢》海岱及淮惟徐州，謂魯卽徐地，而以淮易河，其義審矣。知其餘諸侯祀竟内山川無定數者，《五經》自魯外，他國無三望之稱。《爾雅》曰：『梁山，晉望也。』《禮器》曰：『晉人將有事於河，必先有事於惡池。齊人將有事於泰山，必先有事於配林。』《左傳》昭七年『晉韓宣子曰，並走羣望』。昭十三年『楚共王大有事於羣望』。哀六年『楚昭王曰，三代命祀，祭不越望，江漢睢漳，楚之望也』。由此言之，他國諸侯之望，不必限以三，明矣。賈、許、服等亦知河非魯竟，故不從《公羊》說，然不察三望之名爲魯所專，而欲通於諸侯之制，故以分星强配其數。《左傳正義》因云天子四望、諸侯三望，失之矣。」案：陳説是也。四望者，分方望祭之名。通言之，凡山川之祭皆曰望。於山川之中，舉其尤大者别祭之，則有四望。天子統治宇内，則四望之祭，亦外極四表。《北堂書鈔・禮儀部》引《尸子》云：「天子祭四極，諸侯祭山川。」四極卽四望也。後鄭釋四望，略本《公羊》三望義，其說甚允，惟不及海，蓋文偶不具耳。前疏引《五經異義》及《左傳疏》引賈服說，並以魯三望爲分星及山川，《左傳》僖三十一年杜注說亦同。《春秋釋例》亦云：「天子郊祀，因望祭四方衆神；諸侯不得依天子，唯望祭其封内山川分野之星，是謂之望。」依諸説，則天子四望亦當有星辰，蓋與《漢書》王莽説大同小異。今攷《左》僖三十一年傳云：「望，郊之細也。」宣三年傳又云：「望，郊之屬也。」此並謂望禮輕於郊耳，非謂望兼及天神也。莽説殊不足據，賈、許、服、杜諸儒咸襲其説，疏矣。

王大封，則先告后土。后土，土神也，黎所食者。

【疏】「王大封則先告后土」者，謂封建諸侯也。《説文·土部》云：「封，爵諸侯之土也。」《詩·周頌》敍云：「《賚》，大封於廟也。」鄭箋云：「大封，武王伐紂時，封諸臣有功者。」與此義同。《大祝》云：「建邦國，先告后土，用牲幣。」即此大封告后土之事。賈疏云：「大封，謂若《典命》公八命，卿六命，大夫四命，其出封皆加一等，是其大封之事，對封公卿大夫爲采邑者爲小封。封是土地之事，故先以禮告后土神，然後封之也。」詒讓案：此與上經軍禮大封爲正邦國都鄙之封疆，事異而實相因。《詩·周頌·時邁》孔疏謂此大封即封禪之禮，《通典·吉禮》引袁準《正論》説封禪亦舉此經證義，蓋即孔氏所本。其説不經，不可從。

注云「后土，土神也，黎所食者」者，即上五祀之土神，兆於南郊者也。《左傳》昭二十九年杜注云：「土爲群物主，故稱后也。」賈疏云：「言后土有二。若五行之官，東方木官句芒，中央土官后土，此等后土土官也。黎爲祝融兼后土，故云黎所食者。若《左氏傳》云『君戴皇天而履后土』，彼爲后土神，與此后土同也。若句龍生爲后土官，死配社，即以社爲后土，其實社是五土總神，非后土，但以后土配社食，世人因名社爲后土耳。此注本無言后土社，寫者見《孝經》及諸文注多言社后土，因寫此云后土社。故鄭荅趙商云：『句龍本后土，後遷爲社，王大封，先告后土。』玄云后土，土神，不言后土社也。」《詩·小雅·甫田》孔疏云：「趙商問：『《郊特牲》：「社祭土而主陰氣。」《大宗伯職》曰：「王大封則先告后土。」注云：「后土，土神也。」若此之義，后土則社，社則后土，二者未知云何？敢問后土祭誰，社祭誰乎？』荅曰：『句龍本后土，後遷之爲社，大封先告后土，玄注云「后土，土神」，不云后土社也。』田瓊問：『《周禮》「大封先告后土」，注云「后土，社也」。前荅趙商曰，當言后土，土神，言社非也。《檀弓》曰：「國亡大縣邑，或曰君舉而哭於后土。」注云：「后土，社也。」《月令》仲春「命民社」，注云：「社，后土。」《中庸》云：「郊社之禮，所以事上帝也。」注云：「社，祭地神。不言后土，省文。」此三者皆當定之否？』荅曰：『后土，土官之名也。死以爲社，社而祭之，故曰后土社。句龍爲后土，後轉爲社，故世人謂社爲后土，無可怪也。欲定者定之，亦可不須。』」案：據賈、孔説，蓋此注有別本「土神」作「社神」，《大祝》「后土」，注云「社神」，即誤本之未盡刊正者也。孔引《鄭志》文，尤詳備。蓋趙商、田瓊並誤以此注「土神」爲即指社，故疑而發問。通校諸經注義，后土蓋有三：一爲大地之后土，即《左傳》「履后土」是也；一爲五祀之土神，即此經「告后土」是也；一爲社，則因后土爲社，遂通稱社亦曰后土，鄭二《禮》注謂后土即社，《左傳》昭二十九年杜注亦云「后土在野則爲社」是也。據《周書·作雒篇》，王封諸侯，取大社之土授之，則謂告大社，亦未嘗不可通。但此經通例，凡言社者，皆不云后土，故鄭釋此后土爲土神。《檀弓》國亡縣邑君哭於后土之文，據侯國而言。《曲禮》諸侯方祀，容有不祭后土者，故鄭別以社釋之，説自不誤。《公羊》僖二十一年傳云：「諸侯祭土。」何注云：「土謂社也。」亦與鄭同。但經「后土」，本爲五行之亓，而鄭所謂土神者，則以人神之黎當之，固非其實。又黎本食火，后土自是句龍所食。此云黎所食，不云句龍者，鄭從先師説，以句龍爲社，因以黎兼食火土，其説尤牽强。賈謂《左氏》所云后土，與此后土同，亦非。凡五祀非人神，詳前疏。

乃頒祀于邦國都家鄉邑。

「頒」讀爲「班」。班其所當祀及其禮。都家之鄉邑，謂王子弟及公卿大夫所食采地。【疏】「乃頒祀于邦國都家鄉邑」者，亦以王命頒之，《大祝》所謂「祀命」是也。注云「頒讀爲班」者，《大宰》「匪頒之式」，先鄭注云：「頒讀爲班布之班。」此讀與彼同。云「班其所當祀及其禮」者，謂建邦國及造都家鄉邑時，大宗伯則以祀典頒之。《墨子·明鬼下篇》云：「昔者武王之攻殷誅紂也，使諸侯分其祭，曰使親者受内祀，疏者受外祀。」分祭與班祀義同。彼武王初定天下，於前代故國則有分祭之命，其後新建邦國，亦隨時各以當祀者班之。《左》僖三十一年傳云「成王周公之命祀」是也。都家，則《大宰》八則治都鄙，「一曰祭祀以馭其神」。注云：「祭祀其先君、社稷、五祀。」又《都宗人》注云：「都或有山川，及因國無主九皇六十四民之祀，王子弟則立其祖王之廟。」《家宗人》注亦云：「大夫采地之所祀，與都同。若先王之子孫，亦有祖廟。」皆是也。賈疏云：「但名位不同，禮亦異數。既班其祀，明亦班禮與之，故連言禮也。班禮，謂若諸侯不得祭天地，唯祭社稷、宗廟、五祀之等；二王後與魯，唯祭天，仍不得祭地。大都亦與外諸侯同其禮者，若獻尸，上公九，侯伯七，子男五，皆大牢之屬是也。其小都與家，則依卿大夫之獻，亦大牢也。」云「都家之鄉邑，謂王子弟及公卿大夫所食采地」者，王子弟、公卿采地爲都，大夫采地爲家邑，詳《載師》及《敍官·都宗人》、《家宗人》疏。賈疏云：「鄭恐經鄉邑六鄉六遂，非都家之内鄉邑，故以明之，謂都家之内鄉邑耳。其都家之内鄉邑，未必一如六鄉六遂家數，但采邑之内，亦有二十五家爲里以上，以相統領。故一成之内，得有革車一乘，士十人，徒二十人，發兵及出税之法，卽謂之鄉邑也。謂王子弟者，以親疏分於大都、小都、家邑三處食采邑。言及公卿大夫采地者，謂若《載師職》公大都、卿小都、大夫家邑也。」易祓謂鄉邑卽六鄉、六遂。李光坡云：「鄉邑，鄉遂公邑。鄉邑之中亦有祀，如社禜酺之類。先邦國，次都家，次鄉邑，自外至内之序也。」案：易、李説是也。李鍾倫、方苞、沈彤説同。鄉遂公邑各有所當祀之神，大宗伯則頒其禮與治鄉邑之吏，使奉其祀也。鄭以鄉邑爲都家之鄉邑，未安。

周禮正義卷三十六

小宗伯之職，掌建國之神位，右社稷，左宗廟。庫門内雉門外之左右。故書「位」作「立」。鄭司農云：「立讀爲位，古者立位同字。《古文春秋經》『公卽位』爲『公卽立』。」【疏】「掌建國之神位」者，通建國中及四郊廟兆之位，位與「辨方正位」義同。凡天神地示祀於兆，人鬼祀於廟。經唯云神位者，散文通也。賈疏云：「建，立也。言立邦之神位者，從内向外，故據國中神位而言，對下經在四郊等爲外神也。」云「右社稷，左宗廟」者，據王宮出路門向外言之。《士冠禮》「出門左」，注云：「左，東也。出以東爲左，入以東爲右。」《獨斷》云：「左宗廟，東曰左；右社稷，西曰右。」賈疏云：「案：《匠人》亦云『左宗廟，右社稷』。彼掌其營作，此掌其成事位次耳。案《禮記·祭義》注云：『周尚左。』又案桓公二年，『取郜大鼎，納於太廟』。何休云：『質家右宗廟，尚親親；文家右社稷，尚尊尊。』若然，周人右社稷者，地道尊右，故社稷在右，是尚尊尊之義。此據外神在國中者，社稷爲尊。故鄭注《郊特牲》云：『國中神莫大於社。』《祭義》注『周尚左』者，據内神而言。若據衣服尊卑，先王衮冕，先公鷩冕，亦貴於社稷，故云『周尚左』。各有所對，故注不同也。」詒讓案：右社稷者，謂大社大稷也。其王社、王稷，在南郊藉田之中，不與宗廟同處；戒社在廟門外，又不在右，經文不具也。焦循云：「《獨斷》云：『天子社稷，土壇方廣五丈，諸侯半之。』社稷二神同功，故同堂别壇，俱在未位。』未位者，《小宗伯》『掌建國之神位，右社稷，左宗廟』。門正午，社壇在右，是爲未位。《乾鑿度》謂坤貞於六月未，右行陰時。《郊特牲》謂『社祭土而主陰氣』，土與陰並坤象，故位於未，此社稷居右之義也。」案：焦説是也。社稷在未位，則宗廟當在巳位矣。《御覽·禮儀部》引《五經通義》亦云：「文家右社稷、左宗廟何？文家據地而王，地道長右，得事宗廟，以有社稷，故右之也。質家左社稷、右宗廟。」蓋卽何邵公所本，此並以右爲上，鄭《祭義》注則云尚左，二説不同。惠士奇駁何云：「《周書·武順》曰：『天道尚左，地道尚右。吉禮左還，順天以利本；武禮右還，順地以利兵。』《詩·裳裳者華》毛傳云：『左陽道，朝祀之事；右陰道，喪戎之事。』然則《小宗伯》建神位，右社稷，陰道也，故秋殺於右；左宗廟，陽道也，故春生於左。」金鶚云：「地道雖尚右，而宗廟卻尊於社稷。鄭注《大司樂》，以圜丘、方丘、宗廟爲三大禘。《大宗伯職》云：『祀大神、祭大示、享大鬼。』大鬼，謂宗廟大祭也。社稷非大示，而宗廟與天地並列，其尊於社稷可知。故享先王衮冕，先公鷩冕，祭社稷則毳冕，諸侯祭宗廟大牢，社稷則少牢，豈可謂尚尊尊而立社稷於右乎？《牧人職》云：『陽祀用騂牲，陰祀用黝牲。』鄭注謂陽祀祭天及宗廟，陰祀祭地及社稷。宗廟屬陽，故在左，左爲陽也；社稷屬陰，故在右，右爲陰也。」案：惠、金説明塙，足申鄭、賈之義矣。　注云「庫門内雉門外之左右」者，鄭義天子五門，雉門爲中門，其外爲庫門，社稷、宗廟皆在中門外，故云雉門外庫門内也。《朝士》注云：「《郊特牲》譏繹於庫門内，言遠，當於廟門。廟在庫門之内，見於此矣。」説與此同。《漢書・韋玄成傳》：「玄成奏議云：禮，廟在大門之内，不敢遠親也。」案：韋據侯國三門言之，故云在大門内，大門内卽中門外也。《獨斷》云：「宗廟、社稷皆在庫門之内，雉門之外。」《玉海・郊祀》引《五經通義》云：「大社在中門之外。」《白虎通義・社稷》篇云：「社稷在中門之外外門之内何？尊而親之，與先祖同也。不置中門内何？敬之，示不褻瀆也。」《續漢書・祭祀志》劉注引馬融注云：「社稷在右，宗廟在左。或曰：王者五社，大社在中門之外惟松，東社八里惟柏，西社九里惟栗，南社七里惟梓，北社六里惟槐。」案：馬氏謂王者有五社，《白虎通義・社稷》篇引《尚書》逸篇亦同，其説不經，殊不足據。至宗廟、社稷在中門外之説，韋、馬與兩《通義》並同，卽鄭所本。魏晉以後禮家，咸依其義，然實非也。劉敞云：「天子諸侯左宗廟，右社稷，皆夾治朝，此《春秋》所云『閒於兩社，爲公室輔』者也。廟在治朝之左，雉門之内。《郊特牲》曰：『繹之於庫門内，失之矣。』繹當於廟，卽廟在庫門者，無失也。又曰：『獻命庫門之内，戒百官也。太廟之命，戒百姓也。』百官疎，故戒之於外朝；百姓親，故戒之於太廟。」陳祥道説同。戴震云：「宗廟作宫於路寢之東，社稷設壇壝於路寢之西。天子諸侯君臣日見之朝，謂之内朝，在路門外廷；斷獄蔽訟及詢非常之朝，謂之外朝，在中門外廷。《聘禮》曰『公出送賓及大門内』，《司儀》曰『出及中門之外』，廟在中門内明矣。《春秋》桓宫、僖宫災，火自司鐸踰公宫，至桓僖二廟，廟邇公宫也。季桓子至，御公立於象魏之外，立當遠火也。《穀梁傳》曰：『禮，送女，父不下堂，母不出祭門，諸母兄弟不出闕門。』廟門謂之祭門，觀門謂之闕，亦謂之象魏。諸侯設於雉門，是以雉門謂之闕門，天子蓋設於應門。闕門在外，祭門在內，不出闕門者，得出祭門者也。《左傳》曰：『閒於兩社，爲公室輔。』以朝廷執政所在爲言，宜繫君臣日見之朝，社在中門內明矣。」金鶚云：「《司儀》『凡諸公相爲賓，及將幣交擯，每門止一相，及廟，惟上相入』。又云『諸公之臣相爲國客，及將幣旅擯，每門止一相，及廟，惟上相入』。《聘禮》亦云『公迎賓於大門內，每門每曲揖，及廟門，公揖入』。夫惟廟在中門內，賓客之入，必歷外門、中門而後及廟，故得有『每門』。若在中門外，則入大門卽得及廟，何以有每門乎？《顧命》言康王卽位於廟，當在既祔之後，上云『諸侯出廟門』，下云『王出在應門之內』，是廟在應門內可知也。古者女子十歲，卽不出中門。《士冠禮》『適東壁，北面見於母』。鄭注：『母在闈門外。婦人入廟，由闈門。』夫婦女有助祭之禮，宗廟必時至，廟門尚不敢入，況可出中門乎？」案：劉、陳、戴、金諸家說，並謂廟不在雉門外是也。《吕氏春秋·慎勢》篇云：「古之王者，擇天下之中而立國，擇國之中而立宮，擇宮之中而立廟。」又《墨子·明鬼下篇》云：「昔者虞夏及商周三代之聖王，其始建國營都，曰必擇國之正壇，置以爲宗廟；必擇木之脩茂者，立以爲菆社。」蓋王宮方九百步，三分之，廟社與王寢適在中三百步之內。儻如鄭說，則廟社在雉門外，前近皋門，於全宮三分在南三百步內，違中正之義矣。又劉、戴、金三家，並謂諸侯廟在雉門內，天子廟在應門內是也。依後鄭《閽人》注義，天子五門。今廟社並在路門外，夾治朝，其外有應雉庫皋四門，諸侯在雉門內，則卽中門之內也。詳《大宰》、《閽人》疏。又《匠人》賈疏云：「按劉向《別録》云：『路寢在明堂之西，社稷、宗廟在路寢之西。』又云：『左明堂、辟雍，右宗廟、社稷。』皆不與禮合，鄭皆不從之矣。」案：路寢在路門內，古無異說。宗廟、社稷在路門外，明堂、辟雍在郊，二者絶不相涉，而劉謂東西並列，是謂皆在路門內矣。《説苑·修文》篇又謂天子路寢有三，曰承明，承乎明堂之後者也。此説與《別録》復異，並乖謬不可信，宜鄭之不從也。云「故書位作立，鄭司農云立讀爲位，古者立位同字」者，段玉裁云：「謂別無位字也。」徐養原云：「此古文假借字也。古借立爲位，篆加人傍。」云「古文《春秋經》公卽位爲公卽立」者，證立位同字。段玉裁云：「古文《春秋經》者，《漢·藝文志》云『《春秋古經》十二篇』是也，謂《左氏春秋》也。志以古經十二篇，別於《公羊》、《穀梁》二家經十一卷。《説文》曰：『孔子書六經，左丘明述《春秋傳》皆以古文。』」**兆五帝於四郊，四望四類亦如之。**兆，爲壇之營域。五帝，蒼曰靈威仰，大昊食焉；赤曰赤熛怒，炎帝食焉；黄曰含樞紐，黄帝食焉；白曰白招拒，少昊食焉；黑曰汁光紀，顓頊食焉。黄帝亦於南郊。鄭司農云：「四望，道氣出入。四類，三皇、五帝、九皇、六十四民咸祀之。」玄謂四望，五嶽、四鎮、四竇。四類，日月星辰，運行無常，以氣類爲之位。兆日於東郊，兆月與風師於西郊，兆司中司命於南郊，兆雨師於北郊。【疏】「兆五帝於四郊」者，段玉裁云：「於當作于。」賈疏云：「自此以下云外神。從尊至卑，故先云五帝。此不云大帝者，此文上下唯論在四郊，以對國中右社稷、左宗廟，其大帝與崐崘自相對，而在四郊之内，有自然之圜丘及澤中之方丘，以其不在四郊，故不言也。」案：賈謂二丘不在四郊者，謂不定在某方之郊也。《大司樂》疏説同。今攷圜丘亦當在南郊，❶方丘亦當在北郊，賈説非是。此兆五帝於四郊，謂於王城外近郊五十里之内，設兆位也。《漢書・郊祀志》，王商、師丹、翟方進等議云：「兆於南郊，所以定天位也。祭地於太折，在北郊，就陰位也。郊處各在聖王所都之南北。《書》曰：『越三日丁巳，用牲于郊，牛二。』周公加牲，告徙新邑，定郊禮於雒。天地以王者爲主，故聖王制祭天地之禮必於國郊。」《文選・東京賦》李注引《白虎通》云：「祭天必於郊者何？天體至清，故祭必於郊，取其清潔也。」此並釋祭天地於郊之義。其實四望四類等，亦各兆於近郊，義並通也。又案：五帝四郊之兆，每帝各於當方之郊，黄帝則在南郊。其青帝迎氣之兆，自於東郊，而在周尊爲受命帝，則亦别設兆於南郊。《周書・作雒篇》云：「乃設丘兆於南郊，以祀上帝，配以后稷，日月星辰、先王皆與食。」蓋其壇兆特大，足以容配食衆神，與四郊迎氣之兆不同。此經通舉四郊迎氣之兆，以晐南郊泰壇，以受命帝亦五帝之一，故不别出也。其二丘及北郊泰折諸兆，亦此官所掌，經文並不具也。云「四望四類亦如之」者，四望爲地示，四類爲天神，次於郊丘者，亦分營壇兆於四郊也。但祭各有時，不與五帝同舉。崔靈恩以四類與五帝連文，遂謂此四類卽因迎氣而迎日月等，故《祭義》孔疏駁之云：「崔氏云迎春之時，兼日月者。今案：諸文迎春、迎秋，無祭日月之文。《小宗伯》云『兆五帝於四郊，四望四類亦如之』，謂四望四類之祭，亦如五帝在四郊，不謂兆五帝之時卽祭日月，崔説非。」案：孔難崔説甚當。但四望四類專祭時月，經無明文。《春秋》僖三十一年經云：「夏四月，四卜郊不從，乃免牲，猶三望。」宣三年、成七年經亦並云「不郊，猶

❶「攷」原訛「改」，據楚本改。

三望」。江永據彼謂祭四望之禮，行於郊後，其説是也。以類推之，四望之祭當在南郊之後，四類之祭當在北郊之後，而皆與郊同月。蓋南郊祭受命帝，天神皆與食，《漢書・郊祀志》所謂祀天則天文從也。日月星辰既與食於天郊，而四望地示則不與，故南郊之後，特祭四望而不祭四類。北郊祭地，地示皆與食，《漢志》所謂祭地則地理從也。山川海嶽既與食於地郊，而四類天神則不與，故北郊之後特祭四類，而不祭四望。此先王制禮，斟酌於疏數之閒，其意至精也。《漢・郊祀志》王莽奏以四望爲日月星海，而謂冬至祭南郊後望群陽，夏至祭北郊後望群陰。《玉燭寶典》引《易通卦驗》云：「冬至成天文。」鄭注云：「天文謂三光也。運行照天下，冬至而數訖，於是時也，祭而成之，所以報之者也。」此與莽説略同，並與《春秋》、《禮》不合。至四望四類用樂及冠服牲玉，經注亦無文。金鶚云：「四類亦天神。《大司樂》『奏黄鍾，歌大吕，舞《雲門》，以祀天神』，《鼓人》『以雷鼓鼓神祀』，此天神兼五帝日月星辰等神言之。《典瑞》云：『兩圭有邸以祀地，旅四望。』四望可與地同圭，則日月星辰亦可與天同樂矣。四望服希冕，《司服》有明文，而四類之服不見。然觀祀五帝服大裘冕十二章，日月與五帝同爲昊天之佐，亦當服之。《魯語》云：『天子大采朝日，少采夕月。』大采當是十二章大裘冕服，少采當是九章衮冕。月既降於日，則星辰、司中、司命、風師、雨師又當降於月，殆服鷩冕七章也。四類尊于四望，故四望服希冕三章也。《牧人》云：『望祀各以其方之色牲。』而四類之牲不見，然上文云『陽祀用騂牲』，四類皆天神，亦爲陽祀，則用騂牲可知也。圭璧祀日月星辰，則司中等可知；血祭祀五嶽，則四鎮四瀆亦可知矣。」案：金氏所推定，於差次頗相合，足補注義。又《管子・輕重己篇》云：「以冬日至始，數九十二日，謂之春至，天子東出其國九十二里而壇，號曰祭星。」案：冬至後九十二日，則是當春分也。此祭星亦非四類之正祭，附識以備攷。

注云「兆，爲壇之營域」者，賈疏云：「案《封人》云『社稷之壝』，謂壝土爲之，即此壇之營域，一也。不言壇者，舉外營域有壇可知。」王聘珍云：「《説文・土部》『兆』作『垗』，云：『畔也。爲四畔界，祭其中。《周禮》曰「垗五帝於四郊」。從土兆聲。』又《卜部》『𠧞』重文作『兆』，云『古文𠧞省』。是兆乃𠧞之古文，古通用。」詒讓案：《爾雅・釋言》云：「兆，域也。」郭注云：「兆，塋界。」陸《釋文》：「本又作垗。」《説文》引《周禮》亦作「垗」，與《爾雅》或本同。蓋垗正字，兆借字。許所據此經故書本，用正字也。《説文・宮部》云：「營，市居也。」《漢書・禮樂志》顏注云：「域，界也。」蓋封土爲壇，於壇之外，四圍周帀爲界畔，卽《說文》所謂爲四畔界祭其中者，是爲營域。後注云：「兆，墓塋域。」蓋凡壇墓之營域，通謂之兆。兆亦作「肈」，《詩・大雅・生民》「以歸肈祀」，箋云「肈，郊之神位也」是也。《祭法》云：「燔柴於泰壇，祭天也。瘞埋於泰折，祭地也。埋少牢於泰昭，祭時也。相近於坎壇，祭寒暑也。王宮，祭日也。夜明，祭月也。幽宗，祭星也。雩宗，祭水旱也。四坎壇，祭四方也。」彼泰壇以下，鄭注並謂壇。《儀禮經傳通解續》引《尚書大傳》云：「壇四奧。」注云：「奧，内也，安也。四方之内，人所安居也。爲壇祭之，謂祭四方之帝，四方之神也。」依鄭彼注，亦卽四郊之壇，則對文壇各異名，散文則天地百神之兆，通謂之壇，亦通謂之兆矣。云「五帝蒼曰靈威仰，大昊食焉，赤曰赤熛怒，炎帝食焉，黄曰含樞紐，黄帝食焉，白曰白招拒，少昊食焉，黑曰汁光紀，顓頊食焉」者，賈《大宗伯》疏云：「案：《春秋緯運斗樞》云『大微宫有五帝座星』，卽《春秋緯文耀鉤》云：『春起青受制，其名靈威仰；夏起赤受制，其名赤熛怒；秋起白受制，其名白招拒；冬起黑受制，其名汁光紀；季夏六月黄受制，其名含樞紐。』又《元命包》云：『大微爲天庭五帝以合時。』此等是五帝之號也。」《郊特牲》孔疏云：「鄭氏謂天有六天。天爲至極之尊，其體祇應是一，而鄭氏以爲六者，指其尊極清虚之體，其實是一；論其五時生育之功，其別有五，以五配一，故爲六天。據其在上之體，謂之天。天爲體稱，故《說文》云：『天，顛也。』因其生育之功謂之帝，帝爲德稱也，故《毛詩傳》云『審諦如帝』。故《周禮・司服》云：『王祀昊天上帝，則大裘而冕，祀五帝亦如之。』五帝若非天，何爲同服大裘。又《小宗伯》云：『兆五帝於四郊。』《禮器》云：『饗帝于郊，而風雨寒暑時。』帝若非天，焉能令風雨寒暑時。又《春秋緯》紫微宫爲大帝，又云『北極耀魄寶』，又云『大微宫有五帝坐星』，是五帝與天帝六也。又五帝亦稱上帝，故《孝經》曰『嚴父莫大於配天，則周公其人也』，下卽云『宗祀文王於明堂，以配上帝』。帝若非天，何得云嚴父配天也。而賈逵、馬融、王肅之等，以五帝非天，唯用《家語》之文，謂大皞、炎帝、黄帝五人帝之屬，其義非也。又先儒以《家語》之文，王肅私定，非孔子正旨。」《祭法》孔疏又引王肅難鄭云：「天唯一而已，何得有六？又《家語》云：『季康子問五帝，孔子曰：天有五行，木火金水及土，分四時化育以成萬物，其神謂之五帝。』是五帝之佐也。猶三公輔王，三公可得稱王輔，不得稱天王，五帝可得稱天佐，不得稱上天。而鄭云以五帝爲靈威仰之屬，非也。」《郊特牲》疏又引張融云：「圜丘是祭皇天，孟春祈穀於上帝，及龍見而雩，此五帝之等，並是皇天之佐，其實天也。」孫星衍云：「《司服》云：『祀昊天上帝則服大裘而冕，祀五帝亦如之。』假令五帝不配南郊，祭非夏正月，何時可服大裘？若以爲五人帝，則五時迎氣，惟迎春祀大皞可服裘耳，迎夏、迎秋，豈得服裘乎？且五天帝之説，不始於鄭。《史記》載秦襄公祠白帝，宣公祠青帝，靈公祭黄帝、炎帝，漢高祖曰：『天有五帝，而有四帝何也？』乃立黑帝祠。然則五色之帝，自周以來，有是名矣。古巫咸、甘、石三家天文之書，以人事定星位。《甘氏》中官有天皇大帝一星，在鉤陳口中；又有五帝内座五星，在華蓋下。《天官書》多用《石氏星經》，又有五星五帝坐在南官。蓋中官天皇大帝象圜丘，五帝内座象郊，南官五帝坐象明堂。而甘公、石申皆周人，其所據又三代古書，讖緯如後出，亦當本此。安得不以五色之帝爲五天帝乎？」金鶚云：「五帝爲五行之精，佐昊天化育，其尊亞於昊天。《月令》云，春帝大皞，夏帝炎帝，中央黄帝，秋帝少皞，冬帝顓頊，此五天帝之名也。伏羲、神農、軒轅、金天、高陽五人帝，以五德迭興，故亦以五天帝爲號。若《月令》所言，則天帝也。鄭注《月令》以五帝爲人帝，其亦誤矣。《周官注》引《春秋緯文耀鉤》謂蒼帝靈威仰，赤帝赤熛怒，黄帝含樞紐，白帝白招拒，黑帝汁光紀，以此爲五帝正名，而不知其怪妄不足據也。」案：五方天帝之祭，自秦襄公以來，史有明文，則其説甚古，非鄭君肊定。《月令》孔疏引賈、馬、蔡邕謂迎氣卽祭大皞、句芒等，王肅本其説，遂謂五帝卽五人帝，無所謂五天帝，與古不合，必不足據，孔、孫兩家難之是也。但以《史記·封禪書》及《漢書·郊祀志》攷之，西漢以前止有五色帝之稱，王莽定祭祀，五帝亦止稱五靈。唯《玉藻》孔疏引《五經異義》淳于登説，始以五帝爲大微五帝座星。《後漢書·明帝紀》李注引《五經通義》始有靈威仰等之號，並與鄭説同，蓋皆本天官毖緯爲説，實非古制。金氏謂凡祀五帝，卽祭《月令》大皞、炎帝、黄帝、少皞、顓頊五天帝，而以伏羲、神農、軒轅、金天、高陽五人帝爲配，其説致塙。《楚辭·九章·惜誦》：「令五帝以折中兮。」王注云：「五帝，謂五方神也。東方爲大皞，南方爲炎帝，西方爲少昊，北方爲顓頊，中央爲黄帝。」則漢人已有以大皞等爲五方帝之名者，足與金説互證，詳《典瑞》疏。云「黄帝亦於南郊」者，鄭以四時各於當方之郊，土寄王四時，無當方之郊，故特釋之，謂亦在南郊。凡迎氣祭五帝，依《月令》四帝皆在四立之日，惟黄帝無文。《六藝流别》引《尚書大傳》則云

「土王之日，迎中氣於中室」。以意推之，或當在季夏之下辛與？又案：凡五帝兆位所在，依鄭義並在近郊，故《月令・孟春》：「立春之日，天子親帥三公、九卿、諸侯、大夫，以迎春於東郊。」注云：「迎春，祭蒼帝靈威仰於東郊之兆也。《王居明堂禮》曰『出十五里迎歲』，蓋殷禮也。周近郊五十里。」然則餘帝並在當方近郊五十里爲兆可知，故《郊特牲》疏謂「是天之郊去國皆五十里」是也。《御覽・禮儀部》引《皇覽・逸禮》云：「距冬至四十六日，則天子迎春於東郊堂，距邦八里，堂高八尺，堂階八等。自春分數四十六日，則天子迎夏於南堂，距邦七里，堂高七尺，堂階七等。自夏至數四十六日，則天子迎秋於西堂，距邦九里，堂高九尺，堂階九等。自秋分數四十六日，則天子迎冬於北堂，距邦六里，堂高六尺，堂階六等。」《六藝流別》引《尚書大傳》同。❶案：《逸禮》所謂四郊之堂者，當卽壇兆，然距邦里數，各依四時五行之數爲之，則又與《王居明堂禮》不同。《魏書・劉芳傳》，芳上疏論置五郊去城里數，引賈逵云：「東郊木帝太昊，八里；南郊火帝炎帝，七里；西郊金帝少皞，九里；北郊水帝顓頊，六里；中央黄帝之位，并南郊之季。故云兆五帝於四郊也。」此蓋賈君《周禮注》佚文，正本《逸禮》說，鄭所不從。芳又引鄭別注亦云：「東郊去都城八里，南郊去都城七里，中郊西南未地，去都城五里，西郊去都城九里，北郊去都城六里。」則又同賈義，與《月令》注不合。唯云「中郊在西南未地」，則與此注黄帝在南郊義同，未知劉氏所據。劉又引盧植、許慎、王肅說及《續漢書・祭祀志》劉昭注引蔡邕《月令章句》、《吕氏春秋》高注說，並與賈同。劉芳又引宋氏《含文嘉》注云：「《周禮》王畿千里，二十分其一以爲近郊，近郊五十里，倍之爲遠郊。迎王氣蓋於近郊。漢不設王畿，則以其方數爲郊處，故東郊八里，南郊七里，西郊九里，北郊六里，中郊在西南未地五里。」據宋說，則《逸禮》及《書傳》疑皆後人依漢制附益之。此經爲周法，自當從鄭《月令》注義也。又《晏子春秋・諫上》篇云：「楚巫微見景公曰：『請致五帝，以明君德。』景公再拜稽首。楚巫曰：『請巡國郊，以觀帝位。』至于牛山，而不敢登。曰：『五帝之位在于國南，請齊而後登之。』」攷合祭五帝於壇，唯有天子大雩。疑齊僭大雩，《晏子》所言五帝之位，卽雩壇，故同在南郊，與四郊分祭之兆異也。鄭司農云「四望，道氣出入」者，賈疏云：「案上注司農以爲日月星海，後鄭不從矣。今此云『道氣出入』，與上

❶ 原脱「別」，據楚本補。

注不同者，以無正文，故兩注有異。若然，云道氣出入，則非日月星海，謂五嶽之等也。故後鄭就足之，還爲五嶽之屬解之。」案：賈説非也。道氣，蓋卽謂迎氣四郊。《説文·寸部》云：「導，導引也。」道導字通。迎氣亦導引之意。後鄭以迎氣卽祭五帝，故不從也。若五嶽等，則不得以道氣爲説。云「四類，三皇、五帝，九皇、六十四民咸祀之」者，三皇、五帝，詳《外史》疏。賈疏云：「案《史記》云：『九皇氏没，六十四民興，六十四民没，三皇興。』彼雖無三皇五帝之文，先鄭意三皇已祀之，明并祭五帝可知。後鄭不從者，以其兆五帝已下，皆據外神大昊、句芒等配祭而已，今輒特祭人帝於其中，非所宜，故不從。」案：賈所引《史記》，劉恕《通鑑外紀》引同，今檢無其文。《都宗人》疏亦引《史記》伏羲以前九皇、六十四民，是上古無名號之君，未知何據。《御覽·禮儀部》引《漢舊儀》云：「祭三皇、五帝、九皇、六十四民，皆古帝王，凡八十一姓。」是漢時有九皇、六十四民之祀，故先鄭據以爲説。九皇者，《史記·封禪書》云：「天子欲放黄帝上接神僊人蓬萊士，❶高世比德於九皇。」《漢書·郊祀志》顔注引張晏云：「三皇之前有人皇，九首。」又引韋昭説同。案九皇亦見《鶡冠子·泰鴻》篇。《春秋繁露·三代改制質文》篇云：「周人之王，尚推神農爲九皇。」又云：「聖王生則稱天子，崩遷則存爲三王，絀滅則爲五帝，下至附庸，絀爲九皇，下極其爲民，有一謂之三代，故雖絶地，廟位祝牲猶列於郊號，宗於代宗。」據董子説，九皇卽帝之以遠而遷者，與張、韋説異。其所云「下極其爲民」，蓋卽謂六十四民也。以此推之，六十四民當在九皇之前。而賈引《史記》謂六十四民在九皇之後，復與諸説差迕。又《管子·封禪》篇、《史記·封禪書》並云「古者封泰山，禪梁父者七十二家」。竊疑六十四民，并五帝三王，是爲七十二代，皆列於郊號。《荀子·禮論篇》所謂郊者，并百王於上天而祭祀之者也。民亦古帝王之號。鄭《坊記》注云：「先民，謂上古之君也。」劉恕引作「六十四氏」，蓋謂卽《管子·封禪》篇所云無懷氏，《莊子·胠篋》篇所云容成氏、大庭氏之屬，然與董子説不合，恐不足據也。云「玄謂四望，五嶽四鎮四竇」者，竇，瀆之借字。四竇卽四瀆，與《大宗伯》注同。金鶚云：「《王制》云：『天子祭天下名山大川，五嶽視三公，四瀆視諸侯。』是四望以五嶽爲尊，四瀆爲卑。《大司樂》云『四鎮五嶽崩』，是四鎮與五嶽一類，當次于五嶽，而尊于四瀆也。《爾雅·釋水》云：『江河

❶ 按《史記》「上」上有「以」字。

淮濟爲四瀆。』然《學記》言『三王祭川，皆先河而後海』。《公羊》以三望爲泰山、河、海，則四望當有海矣。設壇之位，四嶽各隨其方，中嶽當兆于北郊，以乾南坤北，天地之正位，祭地亓以北方爲尊也。周以嶽山爲中嶽，在雍州，則其兆當居恒山之西，況地道尊右，正得其宜也。沂山爲青州之鎮，當兆于東；會稽爲揚州之鎮，當兆于南；霍山爲冀州之鎮，當兆于西；醫無間爲幽州之鎮，當兆于北：各隨其方也。《史記》引《古文湯誥》云：『東爲江，西爲河，南爲淮，北爲濟，四瀆已脩，萬民乃有居。』則當兆江于東，兆河于西，兆淮于南，兆濟于北，亦各隨其方也。海爲百川之王，尊于四瀆，當别爲一壇，兆于東郊之南，海以東南爲大也。《鄉飲酒義》云：『水在洗東，祖天地之左海也。』是海當位于東矣。《學記》言祭川先河而後海，或原或委，是祭海與祭河不同時，蓋四瀆祭畢，然後祭海，海當别位于一處可知矣。中嶽尊于四嶽，海尊于四瀆，皆當别位，中嶽位于西北，海位于東南，正自相對矣。四嶽爲四望之主，其壇當居正中，四鎮四瀆之壇，列于兩旁，各自相稱矣。」又云：「四望亦可謂四方。《祭法》云：『四坎壇，祭四方也。』此四方亦當有四望。凡小祀不爲壇，四方祭以壇，又與日月寒暑等連言，知其非小祀矣。壇而曰坎，蓋先爲坎，而于坎中爲壇，如澤中之方丘也。四望爲地之屬，故爲坎壇。」案：金據《逸書》定四望方位，於義得通。《續漢書・祭祀志》載漢北郊地亓從食之位，亦海在東，而四瀆，河西，濟北，淮東，江南，與《書》説小異。云「四類，日月星辰，運行無常，以氣類爲之位」者，明此類爲日月以下天神之正祭，與《大祝》六祈之類異也。《曲禮》注云：「類猶象也。」謂依陰陽方位，象類爲壇位祭之。金鶚云：「四類謂日月星辰、司中、司命、風師、雨師，以氣爲類者。」云「兆日於東郊」者，賈疏云：「案《祭義》云『日生於東』，故《覲禮》亦云『拜日於東門之外』，《玉藻》又云『朝日於東門之外』也。」詒讓案：《祭義》云：「祭日于壇。」《祭法》云：「王宫祭日也。」注云：「王宫，日壇也。王，君也。日稱君。宫，壇營域也。」此云兆日，卽爲日壇之營域也。《管子・輕重己》篇説祭日壇在國東四十六里，方位亦與鄭同。《覲禮》别云「禮日于南門外」。此會同告禮之事，非常祭之兆，《御覽・禮儀部》引《五經通義》據彼説祭日之位，非也。云「兆月與風師於西郊」者，謂二兆同在西郊，而各爲營域也。《祭義》云「月生于西」，又云「祭月於西」。王氏《訂義》引崔靈恩云：「兆日於東郊，兆月於西郊，象日月之生。兆風師於西郊，不從箕星者，箕星天位爾。」賈疏云：「知風師亦於西郊者，以其五行金爲陽，土爲風，風雖屬土，秋氣之時，萬物燥落由風，故風亦於西郊也。」金鶚云：「《祭義》云：『祭月於坎。』以月爲陰象，恒有虧缺，故爲坎壇以祭之，非有坎而無壇也。《祭法》云：『夜明，祭月也。』此夜明當即是坎壇。崔氏以夜明爲秋分之祭，以坎爲大蜡時之祭，非也。」案：金説是也。《覲禮》云：「禮月與四瀆於北門之外。」彼會同告祭之禮，亦非常祭之兆，《御覽》引《五經通義》據彼説祭月之位，非也。《管子·輕重己》篇説祭月壇在國西百三十八里，方位與禮合；而謂壇在遠郊百里之外，則在甸地矣，於義亦難通。又《風俗通義·祀典》篇説漢制祀風伯於西北，《漢書·郊祀志》載王莽奏定郊祀之制，兆風伯於東郊，《御覽》引《通義》亦云祭風伯於東門外，皆鄭所不從。《通典·吉禮》又謂周祭風師於國城東北，則誤以北周制爲周制，尤謬。云「兆司中司命於南郊」者，賈疏云：「以其南方盛陽之方，司中、司命又是陽，故在南郊也。」《訂義》引崔靈恩云：「兆司中、司命於南郊，既無風雲取放，故直以天神是陽，兆於南郊。」案《通典·吉禮》謂周祭司中、司命於國城西北，亦誤據北周制也。云「兆雨師於北郊」者，《漢·郊祀志》王莽奏兆雨師於北郊，鄭説與彼同。《訂義》引崔靈恩云：「兆雨師於北郊者，水位在北也。」賈疏説同。案《御覽》引《五經通義》説祭雨師亦於南門外，《風俗通義·祀典》説漢制祀雨師於東北，皆與鄭不合。《通典·吉禮》謂周祭雨師於國城西南，亦誤據北周制也。又鄭釋四類壇兆之方位，獨不言星辰之兆，蓋文不具。江永謂星辰之兆，歲星與蒼龍七宿兆於東，太白與白虎七宿兆於西，熒惑填星與朱鳥七宿兆於南，辰星與玄武七宿兆於北。案：五星本主五行，二十八星分列四宫，則兆位當如江説。《漢·郊祀志》王莽奏定星辰郊位，亦以五星及四方之宿分兆四郊，正與江同。《管子·輕重己》篇説祭星壇在國東九十二里，則謂星辰總爲一壇，疑不足據。

兆山川丘陵墳衍，各因其方。順其所在。【疏】「兆山川丘陵墳衍，各因其方」者，皆地示次於四望者，亦兆之於四郊也。分方祭之，故亦通謂之四方。《祭法》云：「四坎壇，祭四方也。」注云：「四方，即謂山林川谷丘陵之神也。祭山林丘陵於壇，祭川澤於坎，每方各爲坎爲壇。」丘陵墳衍詳《大司徒》疏。賈疏云：「案《大司徒職》，地有十等，不言林澤原隰，亦順所在可知，故略不言也。」詒讓案：《大司徒》五地十等，此不見林澤者，《大宗伯》云「以貍沈祭山林川澤」，經言山以晐林，言川以晐澤也。丘陵墳衍祭，蓋亦用貍，與山林禮同。又不見原隰者，原隰爲穀土，與平地同，蓋不別祭。

《郊特牲》孔疏載鄭《駁異義》引《司徒》五土名，又引《大司樂》「五變而致介物及土示」，土示，五土之總神，卽謂社也。六樂於五地無原隰而有土祇，則土祇與原隰同用樂也。又引《詩・信南山》云「畇畇原隰」，下云「黍稷彧彧」，原隰生百穀，稷爲之長，然則稷者原隰之神。案鄭以稷爲卽原隰之神，則謂原隰不別祭明矣。今攷大社、國社當爲五土之總神，王社、侯社、置社則爲平地原隰之神。平地廣大無垠，固不必別設兆而祭之也。至稷爲穀神，鄭謂原隰神，則未塙，詳《大宗伯》疏。　注云「順其所在」者，若在東之山川、丘陵、墳衍，則兆之於東方是也。餘方放此。　掌五禮之禁令與其用等。用等，牲器尊卑之差。鄭司農云：「五禮，吉、凶、賓、軍、嘉。」【疏】注云「用等，牲器尊卑之差」者，《司勳》注云：「等猶差也。」賈疏云：「謂若天子大夫已上大牢，士少牢，諸侯之大夫少牢，士特牲之等。其器，謂若少牢四敦，特牲二敦，士二豆三俎，大夫四豆五俎，諸侯六豆七俎，天子八豆九俎。其餘尊罍爵勺及饗食之等，各依尊卑之差。」鄭司農云「五禮，古凶賓軍嘉」者，依《大宗伯》文。　辨廟祧之昭穆。祧，遷主所藏之廟。自始祖之後，父曰昭，子曰穆。【疏】「辨廟祧之昭穆」者，昭，葉鈔《釋文》作「卲」。案：卲卽卲字，與昭聲類同，《小史》釋文亦有此字，詳彼疏。廟祧謂五廟二祧，通爲七廟。辨昭穆者，別其昭穆而書之，四時以敘享祀。其禘祫殷祭，則兼辨遷廟主之昭穆，亦以敘合食也。《國語・魯語》云：「夫宗廟之有昭穆也，以次世之長幼，而等胄之親疏也，故工史書世，宗祝書昭穆。」韋注云：「宗，宗伯。祝，太祝也。宗掌其禮，祝掌其位。」案：此雖據王七廟而言，其諸侯公卿大夫士之廟，小宗伯亦當辨而書之。賈疏云：「案《禮記・王制》云：『天子七廟，三昭三穆，與大祖之廟而七；諸侯二昭二穆，與大祖之廟而五；大夫一昭一穆，與大祖之廟而三；士一廟。』案《祭法》『適士二廟』，《王制》不言之者，取自上而下，降殺以兩，故略而不言二廟者，故此總云廟祧之昭穆也。」許宗彥云：「廟至四世必迭遷，祧至六世必迭毁，故昭穆皆宜辨也。」　注云「祧，遷主所藏之廟」者，《敘官・守祧》注云「遠廟曰祧，周爲文王武王廟，遷主藏焉」是也。鄭意周二祧，卽文武廟不毁，其文武以後毁主，悉以昭穆藏於其中。今攷周文武廟，別爲世室，不爲二祧，二祧亦非遷主所藏，詳《敘官》及《守祧》疏。云「自始祖之後，父曰昭，子曰穆」者，《漢書・韋玄成傳》云：「禮，王者始受命，諸侯始封之君，皆爲太祖，以下五廟而迭毁，父爲昭，子爲穆，孫復爲昭，古之正禮也。」《論語·八佾》皇疏說禘祫禮云：「列諸主在太祖廟堂，太祖之主在西壁，東向；太祖之子爲昭，在太祖之東而南向；太祖之孫爲穆，對太祖之子而北向。以次東陳，在北者曰昭，在南者曰穆，所謂父昭子穆也。昭者，明也，尊父故曰明也。穆，敬也，子宜敬於父也。」賈疏云：「周以后稷廟爲始祖，特立廟不毁，卽從不窋已後爲數，不窋父爲昭，鞠子爲穆。從此以後，皆父爲昭，子爲穆，至文王十四世，文王第稱穆也。」詒讓案：昭穆者，所以辨廟祧之序次，不以此爲尊卑。凡廟及神位，並昭在左，穆在右。故《冢人》掌公墓云「先王之葬居中，以昭穆爲左右」，注云「昭居左，穆居右」。廟位與墓位同也。《宋史·禮志》何洵直議云：「古者葬祔以其班，祫以其班，爲尸及賜爵以其班，故昭常爲昭，穆常爲穆，廟次雖遷，昭穆之班，一定不移。《左氏》載富辰之語曰：『管、蔡、郕、霍、魯、衛、毛、聃、郜、雍、曹、滕、畢、原、酆、郇，文之昭也；邘、晉、應、韓，武之穆也。』宮之奇謂太伯、虞仲爲太王之昭，虢仲、虢叔爲王季之穆。夫文王、太王，其子對父皆稱昭，武王、王季其子對父皆稱穆，其爲子一也。對父或稱昭，或稱穆，知昭穆爲定班，而廟次、世次未始異也。」案：何說義據明塙，可爲昭穆之定論矣。**辨吉凶之五服、車旗、宮室之禁。**五服，王及公、卿、大夫、士之服。【疏】「辨吉凶之五服車旗宮室之禁」者，吉凶五服，謂以爵次爲差，吉凶皆有此五等，與喪服五服異。賈疏云：「謂若《典命》云：『國家宮室、車旗、衣服、禮儀，以九以七以五爲節。』言禁者，謂五服及車旗宮室，皆不得上僭下逼，當各依品命爲法。」

注云「五服，王及公卿大夫士之服」者，據《典命》爲釋也。賈疏云：「案《尚書》『五服五章哉』，鄭注云：『十二也，九也，七也，五也，三也。』又云『予欲觀古人之象日月星辰』，注云：『此十二章，天子備有。公自山而下。』《孝經》云『非先王之法服』，注云：『先王制五服，天子服日月星辰，諸侯服山龍華蟲，卿大夫服藻火，士服粉米。』皆據章數而言。今此注五服，以爲王及公卿大夫士之服，不據章數爲五者，以其喪服自天子達於士，唯一而已，不得數服爲五，則知吉之五服亦不得數服，故皆據人爲五也。」案：賈引鄭《孝經注》刪節不完，文復有舛誤。今據《北堂書鈔·衣冠部》所引補正。汪中云：「吉服五：十二章，九章，七章，五章，三章是也。凶服五：齊、斬、大小功、緦麻是也。」案：汪說吉服五，卽本鄭《書注》，惟凶服五，别爲義，亦通。莊有可說同。**掌三族之別，**

以辨親疏。其正室皆謂之門子，掌其政令。

三族，謂父子孫，人屬之正名。《喪服小記》曰：「親親以三爲五，以五爲九。」正室，適子也，將代父當門者也。政令，謂役守之事。【疏】「掌三族之別，以辨親疏」者，掌辨章族姓之事，兼以治宗法也。《大戴禮記・禮三本》篇云：「大夫士有常宗。」是自王族至異姓命士，皆立宗，則皆別其族屬。其庶族齊民，族無常宗，蓋非此官所掌也。賈疏云：「此三族，謂父子孫一本而言，推此而往，其中則兼九族矣。辨親疏者，據己上至高祖，下至玄孫，傍至緦麻，重服者則親，輕服者則疏也。」　注云「三族謂父子孫，人屬之正名」者，鄭《士昏禮》注云：「三族，謂父昆弟、己昆弟、子昆弟。」彼注據子言之，故云己與子，此注據父言之，故云子孫，二注義同也。此三者皆人親屬上下之正名，凡上治、旁治、下治，並以此統之。廣推之則爲九族。《左傳》桓六年孔疏引《五經異義》云：「今《禮》戴、《尚書》歐陽說，九族乃異姓有屬者。父族四：五屬之内爲一族；父女昆弟適人者，與其子爲一族；己女昆弟適人者，與其子爲一族；己之女子子適人者，與其子爲一族。母族三：母之父姓爲一族；母之母姓爲一族；母女昆弟適人者，與其子爲一族。妻族二：妻之父姓爲一族，妻之母姓爲一族。古《尚書》說，九族者，從高祖至玄孫，凡九，皆同姓。謹案：緦麻三月以上，恩之所及。禮爲妻父母有服，明在九族中。九族不得但施於同姓。」鄭駁云：「玄之聞也，婦人歸宗，女子雖適人，字猶繫姓，明不得與父兄爲異族，其子則然。《婚禮》請期辭曰『唯是三族之不虞』，欲及今三族未有不億度之事而迎婦也。如此所云三族，不當有異姓。異姓其服皆緦麻。《禮・雜記下》，緦麻之服不禁嫁女取婦，是爲異姓不在族中明矣。《周禮・小宗伯》『掌三族之別』。《喪服小記》說族之義曰：『親親以三，爲五，以五爲九。』以此言之，知高祖至玄孫，昭然察矣。」據《駁異義》此文，則鄭依古《尚書》說，以九族爲自高祖至玄孫，則三族爲父子孫矣。又《白虎通義・宗族》篇云：「族者何也？族者湊也，聚也，謂恩愛相流湊也。上湊高祖，下至玄孫，一家有吉，百家聚之，合而爲親，生相親愛，死相哀痛，有會聚之道，故謂之族。《尚書》曰『以親九族』。族所以九者何？九之爲言究也，親疏恩愛究竟也。謂父族四，母族三，妻族二。父族四者，謂父之姓爲一族也；父女昆弟適人，有子，爲二族也；身女昆弟適人，有子，爲三族也；身女子適人，有子，爲四族也。母族三者，母之父母爲一族也，母之昆弟爲二族也，母之女昆弟爲三族也。母昆弟者，男女皆在外親，故合言之也。妻族二者，妻之父爲一族，妻之母爲二族。妻之親略，故父母各爲一族。《禮》曰『惟氏三族之不虞』，《尚書》曰『以親九族』，義同也。」此以三族爲卽九族，以其父族、母族、妻族，故曰三族。《漢書·高帝紀》如淳注、《大戴禮記·保傅》篇盧注並用其義。然與《士昏記》不合，鄭所不從也。《漢書》張晏注，以三族爲父母、兄弟、妻子，亦微誤。引《喪服小記》曰「親親以三爲五，以五爲九」者，證三族引而爲五九之義。鄭彼注云：「己上親父，下親子，三也。以父親祖，以子親孫，五也。以祖親高祖，以孫親玄孫，九也。」賈疏云：「若然，不言以五爲七，乃云以五爲九者，《齊衰三月章》云『爲曾祖』。鄭注云：『服之數盡於五，則高祖宜緦麻，曾祖宜小功也。據祖期，則曾祖宜大功，高祖宜小功也。高祖曾祖皆有小功之差，則曾孫玄孫爲之服同也。重其衰麻，尊尊也；減其日月，恩殺也。』以此而言，曾祖高祖服同齊衰三月，則爲曾孫玄孫，服同緦麻三月。以尊卑服同，故經云以五爲九，不須言以五爲七也。」云「正室，適子也」者，《一切經音義》引《字書》云：「嫡，正也。」嫡適字同。《文王世子》云：「庶子以公族之無事者，守於公宮，正室守大廟，諸父守貴宮、貴室，諸子諸孫守下宮、下室。」鄭彼注云：「正室，適子也。」此正室與彼同，亦謂王族及公卿大夫之適子也。正室者，對庶子爲側室。《左》桓二年傳云：「卿置側室。」杜注云：「側室，衆子也。」云「將代父當門者也」者，明以父老則適子代當門户，故尊之曰門子。《喪服》「童子唯當室緦」，注云：「當室，爲父後，承家事者。」當門猶當室也。當門謂之門子，當室亦謂之室子。《戰國策·齊策》有齊孫室子陳舉是也。《左》襄九年傳，「盟於戲。鄭六卿及其大夫門子皆從鄭伯」。杜注云：「門子，卿之適子。」《國語·晉語》云「育門子」，韋注云：「門子，大夫適子。」《韓非子·亡徵》篇云：「羣臣爲學，門子好辯。」《蔡邕集·明堂月令論》引《古大明堂之禮》云：「日中出南門，見九侯及門子。」《周書·皇門篇》云：「乃維其有大門宗子勢臣，罔不茂揚肅德，訖亦有孚，以助厥辟，勤王國王家。」又云：「自其善臣，以至有分私子，苟克有常，罔不允通，咸獻言在于王所。」孔注云：「大門宗子，適長。私子，庶孽也。」彼文分別甚明。蓋詳言之，曰大門宗子，省文則曰門子，其實一也。經凡云門子者，皆專指適子，云國子者，則通適庶言之，二者不同。《風俗通義·祀典》篇云：「周禮，卿大夫之子名曰門子。」《廣韻·二十三魂》云：「《周禮》云：公卿大夫之子，入王端門之左，教以六藝，謂之門子。」蓋亦本此經舊説，與應劭説並以門子爲卽國子，不分適庶，非也。惠士奇云：「《公羊》隱三年，武氏子來求賻。武氏子者，天子之大夫，其稱子者，父卒子未命也。桓五年，天王使仍叔之子來聘。稱仍叔之子者，父老子代從政也。愚謂武氏子、仍叔之子，皆門子也。門子未爵命，故《周禮》無官。然代父從政，聘問列國，儼然大大矣。故鄭伯盟於戲，六卿及門子皆從；子孔爲載書，大夫與門子弗順。」云「政令謂役守之事」者，賈疏云：「案《諸子職》云：『掌國子之倅，若有甲兵之事，致於大子，惟所用之。』是其役事。案《宫伯職》云『掌士庶子』，又有八次八舍宿衞之事，是其守之事，故總云政令役守之事也。」案：賈意役事卽甲兵之事。《大司馬》云：「大會同，則帥士庶子，而掌其政令。」大會同亦兵車之會，大司馬通掌士庶子，小宗伯則唯掌門子，二官爲聯事也。但諦審注意，役事似不唯甲兵之事，蓋當兼有賓祭禮事，若《燕禮》、《大射儀》咸有庶子給事是也。王族門子，則宗廟祭祀亦共其職事，故《文王世子》云：「公族在廟中，宗人授事以爵以官。」侯國之宗人，猶王國之宗伯，授事卽令役矣。

毛六牲，辨其名物，而頒之于五官，使共奉之。毛，擇毛也。鄭司農云：「司徒主牛，宗伯主雞，司馬主馬及羊，司寇主犬，司空主豕。」【疏】「毛六牲，辨其名物」者，以下掌天地宗廟犧牲齍盛之事。經不云大祭祀者，文不具也。此六牲及下六齍、六彝、六尊，並云辨名物。牲齍之物，謂種類之別；彝尊之物，謂形制之別。賈疏訓物爲色，謂六牲皆有毛色，若宗廟用騂之等，則不可通於彝尊，非達詁也。云「而頒之于五官，使共奉之」者，賈疏云：「謂充人養之，至祭日之旦，在廟門之前，頒與五官，使共奉之，助王牽入廟，卽《祭義》所云『卿大夫贊幣而從之』。彼雖諸侯法，可況天子也。」

注云「毛，擇毛也」者，《牧人》云：「凡陽祀用騂牲，毛之；陰祀用黝牲，毛之；望祀各以其方色之牲，毛之。」注云：「毛之，取純色也。」《墨子·明鬼下》篇云：「聖王必擇六畜之勝腯肥倅，毛以爲犧牲。」《祭義》説祭牛云「擇其毛而卜之」，此注卽用彼文。互詳《牧人》疏。鄭司農云「司徒主牛，宗伯主雞，司馬主馬及羊，司寇主犬，司空主豕」者，證五官奉六牲之事。《大司徒》云「祀五帝奉牛牲」，《大司馬》云「喪祭奉詔馬牲」，《大司寇》云「大祭祀奉犬牲」。《宗伯》、《司馬》雖不云奉雞牲羊牲，而雞人屬春官，羊人屬夏官，亦奉之可知。司空主豕，詳《小宰》疏。又此五官奉牲，雖以大祀爲主，其實中祀亦同，唯無馬牲耳。其小祀則五官之貳奉之，故《小司徒》云「凡小祭祀奉牛牲」，《小司寇》

云「小祭祀奉犬牲」。以此推之，則小祭祀奉牲，亦小宗伯主雞，無馬牲，小司馬唯主羊，小司空亦主豕。此經五官或通正貳言之與？賈疏云：「六卿應言六官，而云五者，以其天官貳王治事，尊而不使奉牲，故五官也。」**辨六齍之名物與其用，使六宮之人共奉之。**「齍」讀爲「粢」。六粢，謂六穀：黍、稷、稻、粱、麥、苽。【疏】「辨六齍之名物與其用」者，別六穀之名及其種類也。若黍稷爲簋盛，稻粱麥苽爲簠盛，麷蕡白黑爲籩實之屬，皆是也。云「使六宮之人共奉之」者，後《世婦職》云「祭祀，帥六宮之人共齍盛」，六宮奉齍，與五官奉牲，職掌内外，互相備也。《國語·魯語》敬姜曰：「天子日入監九御，使潔奉禘郊之粢盛。」韋注云：「九御，九嬪之官，主粢盛祭服者。」並六宮之人掌祭祀粢盛之事。六宮，詳《内宰》疏。　注云「齍讀爲粢」者，鄭意「齍」非穀名，故依聲類讀爲「粢」，詳《甸師》疏。云「六粢謂六穀，黍稷稻粱麥苽」者，《釋文》「苽」下有「也」字。《膳夫》先鄭注云：「六穀，稌、黍、稷、粱、麥、苽。」稌即稻也。粢本爲稷，因以爲祭穀之通稱，亦詳《甸師》疏。**辨六彝之名物，以待果將。**六彝，雞彝、鳥彝、斝彝、黄彝、虎彝、蜼彝。果讀爲祼。【疏】「辨六彝之名物，以待果將」者，六彝盛鬱鬯，以祼尸及賓也。此通祭祀賓客言之，下云「凡祭祀賓客，以時將瓚果」是也。詳後疏。　注云「六彝，雞彝、鳥彝、斝彝、黄彝、虎彝、蜼彝」者，並據《司尊彝》文。云「果讀爲祼」者，詳《大宗伯》疏。**辨六尊之名物，以待祭祀、賓客。**待者，有事則給之。鄭司農云：「六尊，獻尊、象尊、壺尊、著尊、大尊、山尊。」【疏】「辨六尊之名物，以待祭祀、賓客」者，六尊盛齊酒，以獻尸及賓也。賈疏云：「案《司尊彝》，唯爲祭祀陳六彝、六尊，不見爲賓客陳六尊，此兼言賓客，則在廟饗賓客時陳六尊，亦依祭禮四時所用。唯在外野饗，不用祭祀之尊，故《春秋左傳》云『犧象不出門』也。若然，案《鬱人》云『掌祼器，凡祭祀賓客之祼事』，則上六彝亦爲祭祀賓客而辨之。而不言祭祀賓客者，舉下以明上，故略而不言。」案：賈説是也。《國語·周語》説晉隨會聘于周，定王饗之，曰「奉其犧象，出其尊彝」。是饗賓客亦陳六尊、六彝之證。宗廟六享用尊，四時不同，文具《司尊彝職》。其賓客所用，經注無文，蔣載康云：「司尊彝祭祀所陳，用各不同。春祠夏禴，雞彝、鳥彝，尊則犧象。秋嘗冬烝，斝彝、黄彝，尊則著壺。若四時之閒祀，追享朝享，虎彝、蜼彝，尊則大、山。竊謂賓客春朝夏宗，彝尊當準祠禴，秋覲冬遇，彝尊當準嘗烝。同亦四時分來，皆按時祭陳設。惟非時之會，當準閒祀，用虎、蜼、大、山也。」案：蔣説亦通。　注云「待者，有事則給之」者，此通釋上經也。《大府》注云：「待猶給也。」《説文·彳部》云：「待，竢也。」豫辨其名物，竢有事時而給之，故謂之待。賈疏云：「上二經皆云『使共奉之』，此及上經不云『使共奉之』，而云『以待』，文不同者，上二者官衆，故云使共奉；此及上文並是司尊彝一職之事，又是春官當司所主，故直云『以待』也。」鄭司農云「六尊，獻尊、象尊、壺尊、著尊、大尊、山尊」者，亦據《司尊彝》文。

掌衣服、車旗、宮室之賞賜。王以賞賜有功者。《書》曰「車服以庸」。【疏】「掌衣服、車旗、宮室之賞賜」者，此亦謂辨其名物等差，令有司共具之，以待賞賜。賞賜亦通邦國及卿大夫士言之。賈疏云：「衣服，謂若《司服》衮冕以下。唯有大裘不可以賞賜，以其諸侯，不合用之。是以魯祭天用衮冕，則二王後祭天亦不得用大裘也。車旗，謂若《巾車》金路、象路、革路、木路，及夏篆已下，亦得依所乘者賜之。唯玉路不得賜，與大裘同，是以魯用殷之大路也。」詒讓案：宮室之賞賜，謂賜宅里也。　注云「王以賞賜有功者」者，明平時好賜不得有衣服、車旗、宮室等也。有功者，若《司勳》六等之功是也。《大宗伯》九儀，再命賜服，則是常典，不在賞賜之科。又《白虎通義·攷黜》篇引《禮》説九錫，有車馬衣服，云：「車者謂有赤有青之蓋，朱輪特熊居前，左右寢麋也。以其進止有節，德綏民，路車乘馬以安其身。言成章，行成規，衮龍之衣服，表顯其德。」案：漢人九錫之説，於經無徵，《白虎通》所説賜車之制，亦與《巾車》五路不相應，疑皆非古制。引《書》曰「車服以庸」者，《堯典》文，僞古文入《舜典》。孔傳云：「功成則賜車服，以表顯其能用。」引之者，證有功有賞賜車服之事。

掌四時祭祀之序事與其禮。序事，卜日、省牲、視滌濯饔爨之事，次序之時。【疏】「掌四時祭祀之序事」者，「序」，經例當作「敍」，石經及各本並誤，詳《小宰》疏。　注云「序事，卜日，省牲，視滌濯饔爨之事，次序之時」者，賈疏云：「此以經云掌四時祭祀之序事，謂次第先後，故取上《大宗伯》『凡祀大神，享大鬼，祭大祇，帥執事而卜日』已下之事，下亦有省牲已下，故取以證序事。唯饔爨之言，出於《特牲》，即《大宗伯》云『牲鑊』，一也。」

若國大貞，則奉玉帛以詔號。號，神號、幣號。鄭司農云：「大貞，謂卜立君，卜大封。」【疏】注云「號，神號、幣號」者，凡卜必就鬼神以卜，故有神號，當亦有示號、鬼號等，注文不具也。賈疏云：「案《大祝》有神號、幣號。又案下《天府職》云：『季冬陳玉，以貞來歲之媺惡。』鄭云：『問事之正曰貞。謂問於龜。大卜職大貞之屬。陳玉，陳禮神之玉。龜有天地四方，則玉有六器者與？』此既言玉帛，明亦有六幣以禮神也。」鄭司農云「大貞謂卜立君卜大封」者，《大卜》云「凡國大貞，卜立君，卜大封，則眡高作龜」是也。又《卜師》注云「大貞，小宗伯命龜」，則不徒詔號矣。

大祭祀，省牲，眡滌濯。祭之日，逆齍，省鑊，告時于王，告備于王。 逆齍，受饎人之盛以入。省鑊，視亨腥孰，時薦陳之晚早。備謂饌具。【疏】「大祭祀省牲眡滌濯，祭之日逆齍省鑊」者，賈疏云：「此云省牲、眡滌濯、省鑊，與《大宗伯》文同，謂佐大宗伯。其大宗伯省牲者，察其不如法。其逆齍，即《大宗伯》涖玉齍者是也。大宗伯涖之，小宗伯迎之，是相佐也。其告時、告備，是其專職耳。」詒讓案：省牲，即充人之展牲在祭前之夕者也。漢禮謂之夕牲。詳《充人》疏。云「告時于王，告備于王」者，即《郊特牲》云：「祭之日，王皮弁以聽祭報。」彼注云「夙興朝服，以待白祭事者，乃後服祭服而行事」是也。　注云「逆齍，受饎人之盛以入」者，《聘禮》注云：「逆猶受也。」《饎人》云「掌凡祭祀共盛」，故知受饎人也。「齍」依鄭讀亦當爲「粢」，注當作「逆粢」。《郊特牲》注引此經而改作「粢」。《肆師》「表齍盛」，經作「齍」，注亦作「粢」，可證。此逆齍，即《小祝》之逆齍盛。齍盛對文義異，散文得通，詳《甸師》疏。賈疏云：「案《少牢》饎爨在廟門之外，明天子諸侯饎爨亦在廟門外。今言迎齍，明於廟門之外迎入，向廟堂東實之於簠簋也。」案：《饎人》「共盛」，注云「炊而共之」，則鄭意此逆齍，爲已炊之盛。故賈《小祝》疏謂饋獻後，尸將入室食，小祝乃迎饎人之齍盛以入。蓋食醫食齊視春時，明必將食乃出爨而實之也。但此「逆齍」文在省鑊之前，《小祝》「逆齍盛」文在逆尸之前，江永謂當在饗祭之晨，其説甚塙。竊謂逆齍當有二。一則祭晨饌陳，舂人共米實於筐筥，二祼之後，小祝迎之以入，肆師表之告絜，而後付饎人炊之，此未炊之齍盛也。及饋獻之後，炊饎已熟，小祝復迎之以入，實於簠簋，而後后薦之，此已炊之齍盛也。蓋祭禮盛與牲並重，第一次迎齍告絜，與迎牲告碩之節相準；第二次迎齍，與亨飪迎鼎之節相準，兩迎小宗伯皆涖之。鄭賈據後迎，江氏據前迎，二義相兼乃備也。互詳《小祝》疏。云「省鑊，視亨腥孰」者，《説文·目部》云：「省，視也。」謂就廟門外東方饔爨。視三牲魚腊之鑊，饋獻前則視爓，饋孰時則視孰也。凡祭祀，殺牲薦血腥後，乃付亨人亨之。朝踐祭腥時，牲尚未入鑊，鄭言視亨腥孰者，未飪則爲腥耳。賈疏謂鄭兼言朝踐而不言饋孰，非也。云「時薦陳之晚早」者，賈疏云：「陳謂祭前陳饌於堂東，薦謂薦之於神坐，皆有晚早。」云「備謂饌具」者，《廣雅·釋詁》云：「備，具也。」賈疏云：「此饌具，即堂東所陳。陳備即告，告王祭時已至，當行事也。」詒讓案：此告備，即《禮經》之告具。《特牲饋食禮》既陳設之後，云「主人及賓、兄弟、群執事即位于門外，宗人告有司具」，即其事也。《特牲禮》宗人視濯之後，又告濯具，亦與告備事相類。又視牲時，宗人舉獸尾告備，《少牢饋食禮》亦云「宗人告備」，則即《充人職》展牲告牷之事，與此告備異也。凡祭祀、賓客，以時將瓚果。將，送也，猶奉也。祭祀以時奉而授王，賓客以時奉而授宗伯。天子圭瓚，諸侯璋瓚。【疏】「凡祭祀、賓客，以時將瓚果」者，祭祀謂内祭祀也。「果」亦讀爲「祼」，詳前疏。　注云「將，送也，猶奉也」者，《小宰》注云：「將，送也。」《天府》注云：「奉猶送也。」是「將」與「送」「奉」展轉相訓，義並通也。進祼必奉瓚而送之，故鄭兼二義爲釋。云「祭祀，以時奉而授王」者，謂初獻之節也。賈疏云：「案《小宰職》云：『凡祭祀，贊玉幣爵之事，祼將之事。』注云：『謂贊王酌鬱鬯以獻尸，以人道宗廟有祼。』此小宗伯又奉而授王者，此據授王。彼小宰據授尸，謂瓚既在王手，小宰乃贊王授尸，故二官俱言也。」云「賓客，以時奉而授宗伯」者，以賓客王不親送祼也。賈疏云：「《大宗伯》云『大賓客攝而載祼』者是也。」云「天子圭瓚」者，賈疏述注「天子」下有「用」字。《典瑞》云：「祼圭有瓚，以肆先王，以祼賓客。」《玉人》云：「祼圭尺有二寸，有瓚以祀廟。」是也。云「諸侯璋瓚」者，《玉人》云「大璋、中璋九寸，邊璋七寸」是也。賈疏述注「諸侯」下亦有「用」字，云：「諸侯用璋瓚，此謂未得圭瓚之賜者。故《王制》云：『諸侯賜圭瓚，然後爲鬯，未賜圭瓚，則資鬯於天子。』是用璋瓚謂未得圭瓚賜者也。是以《祭義》云『君用圭瓚灌，大宗用璋瓚亞灌』。鄭云『大宗亞灌，容夫人有故』。是諸侯亦用圭瓚也。若然，天子用圭瓚，則后亦用璋瓚也；其諸侯未得圭瓚者，君與夫人同用璋瓚也。」詔相祭祀之小禮。凡大禮，佐大宗伯。小禮，羣臣之禮。【疏】「凡大禮，佐大宗伯」者，賈疏云：「《大宗伯》所云者，小宗伯佐之也。此經所云既未至職末，輒言此者，此已下皆小宗伯專行事，不佐大宗伯，故於中言之，以結上也。」　注云「小禮，羣臣之禮」者，《大宗伯》注義同。以對大宗伯職詔相王之大禮，爲王親行之禮也。賈疏云：「謂王有故不親行事，使臣攝祭，則爲小禮。」詒讓案：祭祀有羣臣之禮，謂若正獻後，爲加爵之屬，皆群臣所行之禮，不必定攝王也。賈疏未得鄭恉。詳《大宗伯》疏。**賜卿大夫士爵，則儐。**賜猶命也。儐之，如命諸侯之儀。《春秋》文元年，天王使毛伯來錫公命。傳曰：「錫者何？賜也。命者何？加我服也。」【疏】「賜卿大夫士爵，則儐」者，《大宗伯》注云：「儐，進之也。」王賜卿大夫士爵亦於廟，《祭統》所謂「賜爵禄於大廟」是也。《詩・大雅・常武》云：「王命卿士，南仲大祖，大師皇父。」毛傳云：「王命南仲於大祖，皇父爲大師。」鄭箋則以南仲爲皇父之大祖。孔疏引孫毓云：「古之命將，皆於禰廟，未有於大祖后稷之廟者，箋義爲長。」案：毛以命卿士於大祖者，與《大宗伯》注命諸侯假祖廟禮略同。《白虎通義・爵》篇引《常武》詩以證封諸侯於廟事，雖小異，而可證毛義。孫駁之，非也。《王制》云「爵人於朝」，孔疏云：「謂殷法也。周則天子特假祖廟而拜授之。故《洛誥》云：『烝祭歲，文王騂牛一，武王騂牛一。』時册命周公，故特祭文武。若諸侯爵人，因嘗祭之日，則《祭統》云『祭之日，一獻，君降立於阼階之南，南鄉，所命北面』是也。」士亦爲爵者，《郊特牲》注云：「周制爵及命士。」詳《大宰》疏。劉台拱云：「《大宗伯》『王命諸侯則儐』，特爲一條。此則類敘於祭祀之後。蓋王賜卿大夫士爵，亦於祭時，如諸侯爵其臣之禮。」案：劉説近是。王臣命士以上員數以萬計，而謂王皆特假廟以命之，亦不勝其煩矣。竊意王命三公孤卿，或當特假廟；其中大夫以下，宜如諸侯爵臣禮，因祭施命，其小宗伯儐之則同。　注云「賜猶命也」者，對《大宗伯》云「王命諸侯則儐」。彼言命，此言賜，其義略同。《曲禮》「三賜不及車馬」，注亦云「三賜，三命也」。賈疏云：「但命謂以簡策以辭命之，并加以服，賜自是以車馬賜之，則賜命别矣。而言賜猶命者，欲見賜命相將之物，故《覲禮》賜侯氏以車馬，及命書與篋服同時也。」云「儐之如命諸侯之儀」者，命諸侯儀，見《大宗伯》注，亦内史策命之。賈疏云：「諸侯尊，故大宗伯儐；卿大夫士卑，故小宗伯儐之。儀法雖同，禮數則異也。」詒讓案：鄭意天子賜卿大夫士爵，亦皆特假祖廟也。詳《大宗伯》疏。引《春秋經傳》者，《公羊傳》文。莊元年「王使榮叔來錫桓公命」。傳亦同。何注云：「賜，上與下之辭。」加服，增加其衣服，令有異於諸侯。」引之者，證賜錫文同，及賜猶命之義。**小祭祀掌事，如大宗伯之禮。大賓客，受其將幣**

之齎。謂所齎來貢獻之財物。【疏】「小祭祀，掌事如大宗伯之禮」者，賈疏云：「謂王玄冕所祭，則小宗伯專掌其事，其法如大宗伯也。」詒讓案：小祭祀，即《司服》所云群小祀也。詳彼疏。云「大賓客，受其將幣之齎」者，《釋文》云：「齎，本又作賫。」案：《説文》無賫字。《後漢書·蔡邕傳》李注云：「齎，持也。與賫通。」今攷「賫」即「齎」之俗，經文不當有此字，陸校別本不足據。《周書·王會篇》云：「堂下之東面，郭叔爲天子菉幣焉。」孔注云：「菉，録諸侯之幣也。」此賓客受將幣之齎，即菉幣之事。《服不氏》云「賓客之事則抗皮」，《校人》云「凡賓客受其幣馬」，蓋皆此官涖而受之也。　注云「謂所齎來貢獻之財物」者，《説文·貝部》云：「齎，持遺也。」齎來猶言持來，鄭此義與許合。《覲禮》云：「三享皆束帛加璧，庭實惟國所有。」鄭注云：「此地物非一國所能有，唯所有分爲三享，皆以璧帛致之。」即此貢獻之財物也。賈疏云：「此謂諸侯來朝覲，禮畢，每國於廟貢國所有，行三享之禮。諸侯以玉幣致享，既訖，其庭實之物則小宗伯受之以東，故云受其將幣之齎也。」

若大師，則帥有司而立軍社，奉主車。有司，大祝也。王出軍，必先有事於社及遷廟，而以其主行。社主曰軍社，遷主曰祖。《春秋傳》曰：「軍行祓社釁鼓，祝奉以從。」《曾子問》曰：「天子巡守，以遷廟主行，載于齊車，言必有尊也。」《書》曰：「用命賞于祖，不用命戮于社。」社之主蓋用石爲之。奉謂將行。【疏】「若大師」者，《大司馬》注云：「大師，王出征伐也。」云「則帥有司而立軍社，奉主車」者，與大司馬爲官聯也。《孔叢子·儒服》篇説出師之禮云：❶「以齊車載遷廟之主及社主行，大司馬職奉之。凡行主皆每舍奠焉，而後就館。主車止於中門之外，外門之内。廟主居於道左，社主居於道右。已克敵，入設奠以反主、反社主如初迎之禮。」此即奉社主遷主之事。依《孔叢子》説，則在軍立社主與行主，蓋亦如國中左祖右社之制，社則爲壇位於軍舍之右，祖則爲幄次於軍舍之左。但依劉敞、陳祥道説，廟社在路門外治朝左右，則在軍擬之，亦當於中門内、内門外左右設主位。《孔叢》謂在中門外，外門内，蓋沿漢儒舊説之誤。彼書爲王肅私定，故與古制不甚合也。此云立軍社，猶《大祝》云「設軍社」，謂舍而封土，立壇位，奉主車，則兼社祖二主言之，據軍行時也。《大司馬》「奉主車」注兼廟社爲釋，《肆師》「凡師不功則助牽主車」，彼疏亦謂主中有二，則此經主車亦兼二主明矣。凡軍

❶「儒服」，按引文見《問軍禮》篇。

行，社與祖主各一車。賈疏謂皆載以齊車是也；而謂奉主車專據遷主，則與《肆師》疏自相牴牾，非經注義也。注云「有司，大祝也」者，賈疏云：「見《大祝職》云『大師設軍社』故也。」詒讓案：《大司馬》注云：「凡師既受甲，迎主於廟及社主，祝奉以從。」是軍社及遷廟主皆大祝奉之也。以其爲專主神事之官，故謂之有司，詳《宰夫》疏。云「王出軍必先有事於社及遷廟，而以其主行」者，社謂大社，有事即《大祝》云「宜乎社，造乎祖」是也。《爾雅·釋天》云：「起大事，動大衆，必先有事乎社而後出，謂之宜。」《詩·大雅·緜》孔疏引孫炎云：「大事，兵也。有事，祭也。」《王制》云：「天子將出征，宜乎社，造乎禰，受命於祖。」是出軍之先，必先有告祭之事於社及祖也。依《王制》之文，則祖禰並告。《聘禮》使者行時釋幣于禰，注亦云「天子諸侯將出，告群廟；大夫告禰而已。」是王禮太祖以下至四親廟，❶皆當有事可知。此唯云遷廟者，據以其主行者言之；若餘廟，則直造告而已，不以主行也。云「社主曰軍社」者，《量人》注云：「軍社，社主在軍者。」以其大社在國，有壇位，今載以從軍，則謂之軍社。依《毛詩·大雅·皇矣》傳及《司馬法》宜社皆於冢社，則軍社亦即載大社之主。《晉書·禮志》摯虞奏則云：「周禮有軍旅宜乎社，則王社也。大社爲群姓祈報，祈報有時，主不可廢，故凡祓社釁鼓，主奉以從是也。」案：摯氏以軍社爲王社，則與《毛詩》及《司馬法》不合，不可從。云「遷主曰祖」者，明主車有廟主，亦兼爲下引《尚書》發義。七廟自禰廟以外，並得稱祖，故出軍載遷主亦稱祖也。又謂之宗，《肆師》云「凡師甸，用牲于社宗」是也。祖宗義亦同。《史記·周本紀》云：「武王東觀兵，至于盟津。爲文王木主，載以車，中軍。武王自稱太子發，言奉文王以伐，不敢自專。」此亦載主以行，而奉禰廟主者，蓋一時權宜，用變禮。《文王世子》云：「其在軍，則守於公禰。」注云：「公禰，行主也。所以遷主言禰，在外親也。」彼公禰亦遷主，非禰廟主也。引《春秋傳》曰「軍行祓社釁鼓，祝奉以從」者，《左》定四年傳衛祝佗語。杜注云：「師出，先有事祓禱於社，謂之宜社。於是殺牲，以血塗鼓鼙爲釁鼓。祝奉以從，奉社主也。」鄭引之者，證大祝立軍社奉主車之事。引《曾子問》曰「天子巡守，以遷廟主行，載于齊車，言必有尊也」者，鄭彼注云：「齊車，金路。」彼上文云「曾子問曰：古者師行，必以遷廟主行乎」，孔子荅以此語，明大師禮與巡守同，故引以爲證也。又彼

❶ 「廟」原訛「崩」，據楚本改。

遷廟主，鄭君無注，孔疏引皇氏云：「謂載新遷廟之主。」案：凡《禮經》所謂遷廟者，並主二祧言，卽君之高祖之父及祖之廟是也。故《曾子問》下又云：「今也取七廟之主以行，則失之矣。當七廟，五廟無虛主。」蓋言天子七廟，其大祖及四親廟皆不可虛主，惟二祧爲遷廟，則可虛主，故出則奉以行也。若鄭説周制，則以二祧爲文武廟，而謂天子之高祖之父及祖，並以次迭毁，而藏其主於文武廟，則其所謂遷廟主者，謂遷廟所藏之毁主，而非當廟之主，非經義也。《曾子問》又有天子諸侯師行無遷主廟則主命之説，蓋謂諸侯不祖天子，以始封君爲太祖，自始封以下五世，皆無遷主，則別有主命之法。記廣論變禮，故兼及天子耳，其實三代之王，咸無是事也。引《書》曰「用命賞于祖，不用命戮于社」者，《甘誓》文。《書序》云：「啓與有扈戰於甘之野，作《甘誓》。」是亦大師有軍社遷主之證，故引之也。今《書》「不用命」，「不」作「弗」，《大司寇》注引同，《史記・夏本紀》述《書》文，亦作「不」。蓋鄭所據本異。賞於祖，戮於社，詳《大司寇》疏。云「社之主蓋用石爲之」者，賈疏云：「案許慎云：『今山陽俗祠有石主。』彼雖施於神祠，要有石主，主類其社，其社既以土爲壇，石是土之類，故鄭注社主蓋以石爲之。無正文，故云『蓋』以疑之也。」案：賈引許説，《御覽・禮儀部》引《五經異義》有此文。《唐郊祀録》引崔靈恩云：「社主以石，取堅實之義。」案：此石主謂「神主」，與《大司徒》樹木爲「田主」異。《淮南子・齊俗訓》云：「有虞氏社用土，夏后氏社用松，殷人社用石，周人社用栗。」《吕氏春秋・貴直》篇亦云「拔石社」，則似以田主與社主爲一，殆不足據。云「奉謂將行」者，前注云「將猶奉也」，《國語・晉語》韋注云「奉，行也」，是奉兼二義。主車在道，小宗伯奉之以行，以戰事危，宜致謹也。《大司馬》云：「若師不功，則厭而奉主車。」注云：「奉猶送也，送主歸於廟與社。」與此不同者，彼據師敗還而言，故奉主車謂送主歸廟社；此據初出軍而言，則奉主車宜爲將行。義非一端，各有當也。

若軍將有事，則與祭有司將事于四望。

軍將有事，將與敵合戰也。鄭司農云：「則與祭，謂軍祭表禡軍社之屬，小宗伯與其祭事。」玄謂與祭有司，謂大祝之屬，蓋司馬之官實典焉。【疏】「若軍將有事，則與祭有司將事于四望」者，王引之云：「『于四望』三字當在『若軍將有事』之下，寫者錯亂耳。《大祝》云『國將有事于四望，則前祝』，此云『若軍將有事于四望，則與祭有司將事』，正相合也。與讀『與共』之與。《泉府》曰：『凡民之貸者，與其有司辨而授之。』《鄭長》曰：『若歲時簡器，與有司數之。』《掌固》曰：『有移甲與其役財用，與國有司帥之。』與祭有司將事者，《士昏禮記》『某既得將事矣』，鄭注：『將，行也。』謂與掌祭祀之有司共行事也。先、後鄭不察經文之誤，遂讀與爲預，而或以『與祭』絶句，或以『與祭有司』連讀，或以有事爲祭表貉軍社，或以有事爲合戰，胥失之矣。」案：王説是也。四望，詳《大宗伯》疏。賈疏云：「但四望之神去戰處遠者，不必祭之，王之戰處要有近之者，祭之，故以四望言之也。」　注云「軍將有事，將與敵合戰也」者，謂敵軍既近，將有戰事，後鄭以有事爲有戰事。今審校經義，實當爲祭事。《春秋》宣八年經「有事于大廟」，《左傳》杜注云：「有事，祭也。」鄭司農云「則與祭謂軍祭表禡軍社之屬，小宗伯與其祭事」者，此讀「與祭」句絶，言軍有祭祀，則小宗伯與其事，以別於四望則有司將事，小宗伯不與也。表禡即表貉，詳《肆師》、《甸祝職》。賈疏云：「先鄭以『與祭』以上絶讀之，若然，則與祭者，與祭何神乎？其有司將事於四望，則有司自有事於四望矣，不干小宗伯，輒於此言之，見何義也？於義不然，故鄭合爲一事解之也。」云「玄謂與祭有司謂大祝之屬」者，此後鄭讀與如字，又以「與祭有司」連屬讀之，不從先鄭釋也。祭有司亦謂專主祭事之官，猶《國語·魯語》有「宗有司」，韋注云：「有司，宗官司事臣也。」賈疏云：「案《大祝職》云『大師國將有事於四望』，與此義同，故知有司大祝。」王引之云：「《祭僕》云：『掌受命于王以眂祭祀，而警戒祭祀有司。』鄭彼注云『祭祀有司，有事于祭祀者』，即此所謂祭有司也。不直曰『有司』而曰『祭有司』者，以《大司馬》曰『左右陳車徒，有司平之』，大司馬之屬亦有有司，但彼掌軍事，此掌祭事，故別之曰祭有司也。」云「蓋司馬之官實典焉」者，以上經立軍社奉主車云「帥有司」，此將事四望唯云「與祭有司」，明別有典帥之者。司馬典軍事，故疑其并典軍祭也。

若大甸，則帥有司而饁獸于郊，遂頒禽。甸讀曰田。有司，大司馬之屬。饁，饋也。以禽饋四方之神於郊，郊有群神之兆。頒禽，謂以予群臣。《詩傳》曰：「禽雖多，擇取三十焉，其餘以予大夫士，以習射於澤宫而分之。」【疏】「若大甸」者，即《大宗伯》軍禮之大田也。云「則帥有司而饁獸于郊」者，賈疏云：「謂田在四郊之外，田訖，以禽獸饋於郊者，將入國，過四郊，四郊皆有天地日月山川之位，便以獸薦於神位以歆神。非正祭，直是野饁獸於郊。」云「遂頒禽」

者，賈疏云：「因事曰遂。以在郊饁獸訖，入至澤宮中而射，以主皮行班餘獲射之禮，故云遂頒禽。」詒讓案：饁言獸，頒言禽者，獸與禽通稱，亦以大獸公之，小禽私之，私之者不饁，則饁郊者皆大獸，故變文以見義與？　注云「甸讀曰田」者，甸田聲同。《敍官》注云：「甸之言田也。」田爲田狩正字，甸爲借字，故讀從之。賈疏謂郊外曰甸，大田稱甸，兼取獵在甸地，失之。云「有司，大司馬之屬」者，此有司專主田事者也。賈疏云：「以其軍事是司馬之事，故《大司馬職》云『徒弊致禽，饁獸於郊』，故知大司馬之屬。但小宗伯不可帥大司馬身，故知所帥者司馬之屬官，故以之屬言之也。」詒讓案：鄭言此者，別於上「祭有司」爲春官之屬也。據《甸祝》云「及郊饁獸」，則經有司內當亦含有甸祝，注文不具也。云「饁，饋也」者，《爾雅・釋詁》文。《甸祝》注亦同。云「以禽饋四方之神於郊」者，鄭意饁獸與《大宗伯》「六享饋食」義略同。《士虞禮》注云：「饋猶歸也。」謂以所獲獸歸薦於四郊群兆。蓋其禮甚簡，與《大司馬》獮田致禽祀祊異。云「郊有群神之兆」者，賈疏云：「上文兆五帝於四郊，四望四類亦如之，兆山川丘陵各於其方，是群神之兆也。」云「頒禽謂以予羣臣」者，《祭義》云：「頒禽，隆諸長者。」鄭彼注云：「頒之言分也。」此頒禽亦謂分予之羣臣，即大夫士也。「頒」，注例用今字，當作「班」，詳《宮伯》疏。引《詩傳》者，《毛詩・小雅・車攻》傳文。賈疏云：「證頒禽之義，《書傳》亦云焉。」詒讓案：《詩傳》「以習射於澤宮」下云「田雖得禽，射不中不得取禽；田雖不得禽，射中則得取禽」。此云「以習射於澤宮而分之」者，檃括其義，非其原文也。《穀梁》昭八年傳云：「禽雖多，天子取三十焉，其餘與士衆，以習射於射宮，射而中，田不得禽則得禽；田得禽而射不中，則不得禽。」《鄉射禮》注引《尚書傳》云：「凡祭，取餘獲陳於澤，然後卿大夫士相與射也。中者，雖不中也取；不中者，雖中也不取。」並與《詩傳》略同。此頒禽事在祭前，故《書傳》云「凡祭取餘獲陳於澤」也。賈氏《鄉射禮》疏誤謂在祭後。魏了翁《儀禮要義》引《書傳》「凡祭」作「已祭」，非也。《射義》孔疏引《書傳》亦作「凡祭」，不誤。擇取三十者，鄭《詩箋》云：「每禽三十也。」《穀梁》范注云：「取三十以共乾豆賓客、君之庖。」澤宮即辟雍，詳《司弓矢》疏。

大烖，及執事禱祠于上下神示。執事，大祝及男巫、女巫也。求福曰禱，得求曰祠。讄曰「禱爾于上下神祇」。鄭司農云：「小宗伯與執事共禱祠。」【疏】「大烖」者，《司服》注云：「水火爲害。」案：此大烖當兼天地之大烖及大荒、大札言之。互詳後疏。　注云「執事，大祝及男巫女巫也」者，賈疏云：「鄭知者，見《大祝職》云『國有大故、天烖，則彌祀社稷』；《司巫》云『國大烖，則帥巫而造巫恒』。《男巫職》中雖無事，其司巫所帥者，即帥男巫也。《女巫職》云『凡邦之大烖，歌哭而請』。是以鄭君歷而言焉以充事也。」詒讓案：上大師、軍將有事、大甸，三者並云「有司」，此大烖及下文王崩三言「執事」者，胡匡衷云：「《特牲饋食禮》有司、群執事分言之。凡職有專司者，謂之有司；無專司而臨事來助祭者，謂之群執事。《士虞禮》有賓執事者，注云『賓客來執事者』是也。」云「求福曰禱」者，《説文·示部》云：「禱，告事求福也。」禱即禱之隸變。云「得求曰祠」者，《女祝》注云：「祠，報福也。」謂既得所求，則祠以報之也。引讄曰「禱爾于上下神祇」者，《論語·述而》篇文。何晏《集解》本「讄」作「誄」，《大祝》先鄭注引同。《説文·言部》引《論語》作「讄」，與後鄭此注同。此引證有禱祠上下神祇之事也。詳《大祝》疏。鄭司農云「小宗伯與執事共禱祠」者，此説與後鄭同，但不釋執事爲何官，故引之於後。

王崩，大肆以秬鬯渳；鄭司農云：「大肆，大浴也。」杜子春讀「渳」爲「泯」，以秬鬯，浴尸。玄謂大肆，始陳尸，伸之。

【疏】「王崩，大肆以秬鬯渳」者，《曲禮》云：「天子死曰崩。」注云：「自上顛壞曰崩。」《穀梁》隱三年傳云：「高曰崩，厚曰崩，尊曰崩。天子之崩，以尊也。」大肆在崩日未襲前，詳《大祝》疏。　注鄭司農云「大肆，大浴也」者，凡浴尸，必肆而後浴，故先鄭即以浴釋肆。此經據陳言之，則云大肆，《肆師》據浴言之，則云大渳，其義同也。《白虎通義·崩薨》篇云：「人死必沐浴于中霤何？示潔淨反本也。《禮·檀弓》曰：『死于牖下，沐浴于中霤。』」王喪大肆當亦同。但大渳用鬯，蓋浴之一節，其勞辱之事，自有掌之者，非此官所掌也。《女御》注謂王喪亦女御浴，則不塙，詳彼疏。　云「杜子春讀渳爲泯」者，段玉裁云：「渳，《説文》從水弭聲，古音在支佳部。泯，《説文》不載，從水民聲，在真臻部。杜以雙聲易其字也。泯取泯滅之義，以秬鬯浴尸其中，泯滅然也。許叔重云：『渳，飲也。』按：許義蓋亦《周禮》説，謂以秬鬯釁尸口鼻，如飲之然也。許不從杜。」案：段據注通例，凡破字皆云「讀爲」也。然此疑當作「讀渳如泯」，乃擬其音，非破其字。《小祝》注云：「故書『渳』爲『攝』。杜子春云：『當爲渳。』」彼經不作渳，而杜讀爲渳，則此經作渳者，杜不宜轉破爲泯矣。云「以秬鬯浴尸」者，據《肆師》云「大喪，大渳以鬯，則築鬻」，是渳當用鬱鬯。經云「秬鬯」者，散文未和鬱者不得稱鬱鬯，已和鬱者得通稱秬鬯也。賈疏云：「以死者，人所惡，故以秬鬯浴尸，使之香也。《大祝職》云：『大喪，始崩，以肆鬯渳尸。』《小祝》又云『大喪贊渳』。彼二官已掌之，此言之者，察其不如儀也。」云「玄謂大肆始陳尸伸之」者，《敍官》注云：「肆猶陳也。」《廣雅·釋詁》云：「陳，伸也。」**及執事涖大斂、小斂，帥異族而佐；**執事，大祝之屬。涖，臨也。親斂者蓋事官之屬爲之。《喪大記》曰：「小斂，衣十九稱，君大夫士一也。大斂，君百稱，大夫五十稱，士三十稱。」異族佐斂，疏者可以相助。【疏】「及執事涖大斂小斂」者，《公羊》定元年何注云：「禮，天子五日小斂，七日大斂；諸侯三日小斂，五日大斂；卿大夫二日小斂，三日大斂。」《白虎通義·崩薨篇》引《禮》云：「天子諸侯三日小斂，大夫士二日小斂。」案：天子小斂之日，班、何不同。攷天子七日而殯，《王制》有明文，大斂與殯同日，則小斂必五日也。若如班說，則小斂與大斂相去爲日太多，殆不足據。又《曲禮》云：「生與來日，死與往日。」注云：「與猶數也。死數往日，謂殯斂以死日數也。此士禮貶於大夫者。大夫以上，皆以來日數。」《王制》孔疏引鄭《箴膏肓》說，亦云「人君殯數來日」。然則天子小斂數死日爲第六日，大斂數死日爲第八日矣。　注云「執事，大祝之屬」者，賈疏云：「案《大祝職》云：『大喪贊斂。』明大祝執事，小宗伯涖之。」詒讓案：云「之屬」者，以尚有喪祝等亦主斂事。《喪大記》云：「君之喪，大胥是斂，衆胥佐之；大夫之喪，大胥侍之，衆胥是斂；士之喪，胥爲侍，士是斂。」注云：「『胥』當爲『祝』。」是大喪群祝咸與斂。又《射人》云：「大喪，與僕人遷尸。」注以僕人爲大僕。彼二官蓋亦在執事之列，此官與彼爲官聯也。云「涖，臨也」者，《州長》注同。云「親斂者蓋事官之屬爲之」者，鄭意小宗伯與大祝等但涖斂事，仍不親斂也。賈疏云：「以其諸處更不見主斂事者，事官又主工巧之事，以無正文，故疑事官之屬爲之也。」引《喪大記》者，賈疏云：「以天子之喪，大小斂稱數無文，故約諸侯法，推出天子斂之稱數也。案《喪大記》注『小斂十九稱，法天地之成數』，故尊卑同。至於襲與大斂乃異，大斂五等諸侯同百稱，天子蓋百二十稱也。天子大夫士，約與諸侯之卿大夫士同，以其執贄同，故祿與廟數及襲斂亦無嫌也。」《喪大記》孔疏云：「案鄭注《雜記》篇，以爲襲禮，大夫五，諸侯七，上公九，天子十二稱，則大斂天子當百二十稱。」案：孔說亦與賈同。《喪大記》云「小斂衣十有九稱」，不著君大夫士之異，故鄭説之曰「君大夫士一也」。此補成其義，非《喪大記》原文。云「異族佐斂，疏者可以相助」者，對親者各就哭位，不助斂也。據《士喪禮》，大斂時，主人及親者升自西階，出于足，西面袒，而後士與商祝同斂，是主人之親者不與斂事也。大喪，則凡王之親者，皆就哭位，故助斂必以異族也。賈疏云：「此異族據姓而言之。」**縣衰冠之式于路門之外；**制色宜齊同。【疏】「縣衰冠之式于路門之外」者，與大僕爲官聯也。《説文·工部》云：「式，法也。」《左》昭二十三年傳有冠法，卽冠式也。路門之外卽治朝所在，故縣衰冠之式於彼，以示百官。賈疏云：「《大僕》云：『縣喪首服之法于宮門。』注云：『首服，謂免髽笄總廣狹長短之數。』與此不同，故彼別縣之也。」　注云「制色宜齊同」者，《司服》云：「凡喪，爲天王斬衰。」衰冠之制，具《喪服經》。賈疏云：「式謂制及色。案《禮記·閒傳》云：『斬衰貌若苴，齊衰貌若枲。』齊斬之衰，其色亦如貌，故鄭知式中兼有色也。但冠不據色，是以《喪服傳》云『冠六升，鍛而勿灰』，明不色如苴也。」江永云：「今時之喪冠，與古吉冠略相似。冠以梁得名，冠圈謂之武，梁屬於武。但古喪冠用繩爲武，今用布爲武耳。古吉冠以黑繒爲梁，亦以黑繒爲武。梁之廣，無正文。喪冠廣二寸，見《喪服篇》賈疏，則吉冠當亦如之，非若後世之帽，盡舉頭而蒙之也。吉冠之異於喪冠者，吉用繒而喪用麻布也。吉冠之武用繒，而喪冠之武以繩也。吉冠之梁兩頭皆在武上，從外向内，反屈而縫之，不見其畢；喪冠外畢，前後兩頭皆在武下，自外出，反屈而縫之，見其畢，謂之厭冠也。吉冠纓武異材，喪冠纓武同材也。喪冠三辟積，於二寸之梁上縮縫之，大功以上右縫，小功以下左縫。殷以上吉冠，亦三辟積，向左縫。周始變爲横縫，辟積無數。冠形穹隆當長尺有數寸，横縫可十餘辟積。古冠之廣止二寸，非用一幅之材舉頭而蒙之也。」**及執事眡葬獻器，遂哭之；**執事，蓋梓匠之屬。至將葬，獻明器之材，又獻素獻成，皆於殯門外。王不親哭，有官代之。【疏】「及執事眡葬獻器，遂哭之」者，賈疏云：「此文承衰冠之下，卜葬之上，謂既殯之後事，故《禮記·檀弓》云：『既殯，旬而布材與明器。』謂獻明器之時，小宗伯哭此明器，哀其生死異也。」　注云「執事，蓋梓匠之屬」者，明與上文涖大小斂之執事異也。梓匠者，木工之長，《梓人記》有梓師，《鄉師職》有匠師，此官與彼爲官聯也。兼有它工官，故言之屬以晐之。云「至將葬，獻明器之材，又獻素獻成，皆於殯門外」者，賈疏云：「亦約《檀弓》云『既殯旬而布材』，故知將葬獻材也。又《士喪禮》云：『獻材于殯門外，西面北上，綪，主人徧視之如哭椁，獻素獻成亦如之。』注云：『形法定爲素，飾治畢爲成。』是其事也。」案：鄭《檀弓》「布材」注云：「材，椁材也。」《士喪禮》「獻材」注云：「材，明器之材。」則二材不同。然據《士喪禮》，主人先有哭椁之事，此小宗伯代王哭獻明器，當亦代哭椁，故賈兼引《檀弓》以補其義。云「王不親哭，有官代之」者，優王，故有代哭以節哀也。賈疏云：「按《士喪禮》，主人親哭，以無官；此王不親哭，以其有官，有官卽小宗伯哭之是也。」卜葬兆，甫竁，亦如之；兆，墓塋域。甫，始也。鄭大夫讀「竁」皆爲「穿」，杜子春讀「竁」爲「毳」，皆謂葬穿壙也。今南陽名穿地爲竁，聲如腐脃之脃。

【疏】「卜葬兆」者，《王制》云：「天子七月而葬，諸侯五月而葬，大夫、士、庶人三月而葬。」《荀子・禮論篇》及《左》隱元年傳並略同。唯《左傳》云「士踰月葬」爲異。《王制》孔疏引何休《公羊膏肓》，以爲士禮三月而葬，《左氏》爲短。鄭箴之云：「禮，人君之喪，殯葬皆數來月來日，士殯皆數往月往日，尊卑相下之差數。故大夫士俱三月，其實不同，士之三月乃大夫之踰月也。」孔又云：「鄭《箴膏肓》以正禮而言，故云人君殯葬數來月來日。若春秋之時，天子諸侯之葬皆數死月。故文八年八月天王崩，九年二月葬襄王；又成十八年八月公薨，十二月葬，傳曰『書順也』。是皆數死月也。故鄭又云『人君殯數來日，葬數往月』，據《春秋》爲說。」詒讓案：依鄭《箴膏肓》說，則王七月葬，爲不數死月；若數死月，則是八月矣。然與《春秋經》不合。禮無明文，未知孰是。卜兆者，卜王墓之兆域也。凡天子至中大夫並卜兆，下大夫士則筮宅，詳《大卜》疏。云「甫竁」者，始於兆域穿地，就其所而卜也。《既夕禮》云：「筮宅，冢人營之。掘四隅，外其壤；掘中，南其壤。」又云：「指中封而筮。」彼掘地出壤，卽此甫竁，明甫竁與筮，同時並舉，筮卽就此所穿之竁而行事，王禮用卜當亦然，故經以二事連言也。云「亦如之」者，《既夕禮》「筮宅，主人往兆南，北面免絰，筮，主人絰，哭」。此天子卜兆，亦小宗伯代王哭，其禮約與士筮宅同。賈疏云：「亦如上明器哭之。但明器材哭於殯門外，此卜葬地在壙所，則哭亦與在殯所哭之相似，故云亦如之。」　注云「兆，墓塋域」者，《士喪禮》注云：「兆，域也。」義本《爾雅・釋詁》文。《說文・土部》云：「塋，墓地。」《廣雅・釋丘》云：「宅、垗、塋、域，葬地也。」垗，兆之正字。塋域卽營域。凡墓外皆四圍周帀爲界畔，與祭祀壇壝營域同，故亦通謂之兆也。詳前疏。賈疏云：「《孝經》云：『卜其宅兆。』注『兆』以爲龜兆解之。此兆爲墓塋兆者，彼此義得兩含，相兼乃具，故注各據一邊而言也。」案：《孝經注》乃後人假託爲之，故與此注義違，賈謂義兩含，非。云「甫，始也」者，《冢人》注同。《老子》「以閱衆甫」，河上公注亦云「甫，始也」。賈疏云：「既得吉而始穿地爲壙，故云甫竁也。」案：賈説非也。依《既夕禮》「掘地就中封而筮」，下云「若不從筮，擇如初儀」，注云「更擇地而筮之」。是始竁時，卜筮從否，尚未可知，得吉後之治壙，不得爲甫竁也。互詳《冢人》疏。云「鄭大夫讀竁皆爲穿」者，阮元云：「『皆』字涉下誤衍。」賈疏云：「此經唯有一竁，而云『皆』，在下冢人甫竁皆爲穿也。」案：賈説亦通。惠士奇云：「《漢書》：王莽掘東平共王母丁姬故冢，時有群燕數千，銜土投穿中。師古曰『穿謂壙』，卽《小爾雅·廣名》所謂『壙謂之竁』。《水經·濟水注》引《漢書》『穿中』作『竁中』，則竁讀爲穿信矣。《説文·穴部》曰：『穿，通也。竁，穿地也。』文異義同。」云「杜子春讀竁爲毳」者，「爲」當作「如」，此杜不破字而擬其音如毳也。《説文·穴部》云「竁，從穴毳聲」，引《周禮》「大喪甫竁」，義與子春同。云「皆謂葬穿壙也」者，謂鄭、杜讀異而詁義則同。《士喪禮》掘地出壤，卽穿壙也。惠士奇云：「《小爾雅》壙謂之竁，填竁謂之封，與鄭義合。」云「今南陽名穿地爲竁，聲如腐脃之脃」者，「脃」嘉靖本並誤「脆」，今依岳本正。宋婺州本、注疏本下「脃」字又作「膬」。《釋文》云：「腐脃之『脃』，七歲反。舊作『膵』，誤。劉清劣反，或倉没反。字書無此字，但有『膬』字，音千劣反。今注本或有作『膬』字者，則與劉音爲協。沈云：『《字林》有膵，音卒。膵者，牛羊脂；膬者耎易破。恐字誤。』案如沈解，義則可通，聲恐未協。膵已下皆非鄭義。」臧琳云：「《説文·肉部》：『脃，小耎易斷也，从肉从絶省。膬，『耎易破也，从肉毳聲』。據注云，皆謂葬穿壙也。南陽人名穿地爲竁，其義當用易破字。但《釋文》定從『脃』字。易斷、易破，義得相通。陸云『今注本或有作膬字者』，知故作『脃』字，作『膬』者蓋後人依字書所改，未足據也。陸云『舊作膵』，沈重云：『膵者，牛羊脂，恐字誤。』然注疏本作腐脃之『膵』，正從舊作『膵』，其上一字作『脃』，乃依《釋文》竄改耳。古人或以聲借通用，不得以字書未收而疑爲誤也。『義則可通，聲恐未協』，疑當作『聲則可通，義恐未協』。」段玉裁云：「竁，字恐其音義不顯，故以今南陽語言證之。南陽名穿地爲竁，其義也；竁聲如腐脃之脃，其音也。此與《醢人》注『今河閒名豚脅聲如鍛鎛』，文法正同。子春正用南陽語耳。聲如『腐脃』之脃。《釋文》以爲胣，七歲反，舊作如腐膟之膟。膟者，牛羊脂。沈重謂不當施於此。但『胣』字字書所無，惟有『臎』字音千劣反，與劉昌宗胣音清劣、倉没二反相合，似作臎爲得也。此條音義大旨如此。古去入不分，七歲、千劣二反，即一音也。胣臎音義皆相近，陸云『字書有臎無胣』，攷《説文》皆有之。」案：臧、段説是也。依《釋文》，蓋陸本作「聲如腐胣之胣」，舊本或作「如腐膟之膟」，别本又或作「如腐臎之臎」。俗本胣膟錯出，則兼采兩本之不可通者。《釋文》「如沈解」以下十九字，今本譌舛不可通，當從臧校正之。其云「膟以下皆非鄭義」者，謂作「膟」作「臎」，皆非鄭本之舊，此陸自著其校定從胣之意也。

既葬，詔相喪祭之禮；喪祭，虞祔也。《檀弓》曰：「葬日虞，弗忍一日離也。是日也，以虞易奠。卒哭曰成事，是日也，以吉祭易喪祭。明日祔于祖父。」

【疏】注云「喪祭，虞祔也」者，《庖人》注義同。《士虞禮》《鄭目録》云：「虞猶安也。士既葬其父母，迎精而反，日中祭之於殯宫以安之。」《公羊》文二年何注云：「禮，平明而葬，日中而反虞，以陽求陰。謂之虞者，親喪以下壙，皇皇無所親，求而虞事之，虞猶安神也。禮虞祭，天子九，諸侯七，卿大夫五，士三。」案：王喪祭，宗伯詔禮，猶士喪祭，宗人詔禮也。《士虞禮》云：「主人即位于門外，宗人即位于門西，東面南上。宗人告有司具。入門，主人即位于堂東，宗人西階前，北面。」注云：「當詔主人及賓之事。」又彼禮，尸升云「宗人詔踊」，陰厭云「宗人詔降」，皆詔禮之事。祔禮蓋與虞略同。賈疏云：「鄭知喪祭是虞祔也者，以文承卜葬之下，成葬之上，其中唯有虞祔而已，故以虞祔解之也。」引《檀弓》曰「葬日虞，弗忍一日離也，是日也以虞易奠」者，《雜記》鄭注云：「天子至士，葬即反虞。」是天子亦以葬歸之日虞也。賈疏云：「自始死，至葬前，未忍異於生，故無尸而設奠，象生時薦羞於坐前也。既葬，送形而往，迎魂而反，日中而虞。虞者，鄭注《士虞禮》云『虞，安也，所以安神』是也。葬之朝，爲大遣奠，反，日中而虞，是不忍一日使父母精神離散，故云不忍一日離也。《士虞禮》云『男，男尸，女，女尸』，爲神象，鬼事之。是以虞易奠也。」云「卒哭曰成事，是日也以吉祭易喪祭，明日祔于祖父」者，鄭彼注云：「既虞之後，卒哭而祭，其辭蓋曰『哀薦成事』，成祭事也，祭以吉爲成。」又《士虞記》云：「三虞卒哭，曰哀薦成事。」注亦引《檀弓》説之云：「如是虞爲喪祭，卒哭爲吉祭與？」《檀弓》注説同。《檀弓》孔疏云：「以虞祭之時，以其尚凶，祭禮未成；今既卒無時之哭，唯有朝夕二哭，漸就於吉，故云成事，祭以吉爲成故也。其虞與卒哭，尊卑不同。案《雜記》『士三月而葬，是月而卒哭；大夫三月而葬，五月而卒哭；諸侯五月而葬，七月而卒哭』。約此天子七月而葬，九月而卒哭。」案：《曲禮》孔疏引《五經異義》云：「《古春秋左氏》説既葬反虞，天子九虞，九虞以柔日。九虞，十六日也。既虞，然後祔死者於先死者。」攷《士虞記》云：「始虞用柔日，三虞卒哭，他用剛日。」注云：「丁日葬，則己日再虞，後虞改用剛日。士則庚日三虞，壬日卒哭。」若然，天子禮則丁日葬，八虞並用柔日，其九虞改用剛日，則壬日也。故許總計之云十六日。孔引《異義》云「九虞用柔日」，與許、鄭所説並不合，蓋傳寫之誤。此注舉虞祔，則其中兼有卒哭之祭。士禮末虞後，❶閒日卽爲卒哭之祭。天子卒哭在葬後兩月，則與九虞之日相去甚遠，與士禮不同也。其祔祭，天子至士，同在卒哭之明日，詳《大祝》疏。賈疏云：「此喪中自相對，虞爲喪祭，卒哭卽爲吉祭，以卒去無時哭，哀殺，故爲吉祭。若喪中對二十八月復平常爲吉祭，則禫祭已前皆爲喪祭也。若然，喪中自相對，虞爲喪祭，卒哭爲吉祭。而鄭云『喪祭虞祔』，并祔祭亦爲喪祭者，此鄭欲引《檀弓》并祔祭總釋，故喪中之祭，總爲喪祭而言。其實卒哭既爲吉祭，祔祭在卒哭後，是吉祭可知也。」案：賈説是也。以禮之正論之，則喪終以後乃爲吉祭，故《士虞記》於禫後云「是月也吉祭」。注云：「是月，是禫月也。當四時之祭月則祭。」《穀梁》閔二年，夏五月乙酉，吉禘于莊公。傳云：「喪事未畢而舉吉祭，故非之也。」是喪中之祭皆不得爲吉祭。若就喪中之祭分別言之，則虞爲喪祭，卒哭後爲吉祭，《檀弓》有明文。此注既據彼爲釋，而又以祔爲喪祭者，順文便，因祔與喪畢後之吉祭別，故兼及之耳。《喪祝》「掌喪祭祝號」，注云：「喪祭，虞也。」不數祔祭。

成葬而祭墓，爲位。 成葬，丘已封也。天子之冢，蓋不一日而畢。位，壇位也。先祖形體託於此地，祀其神以安之。《冢人職》曰：「大喪既有日，請度甫竁，遂爲之尸。」【疏】「成葬而祭墓爲位」者，與冢人爲官聯也。賈疏云：「成葬者，謂丘墳已訖，以王之靈柩託於此土，故祭后土之神，使安祐之。當設祭位於墓左也。」❷ 注云「成葬，丘已封也」者，《小爾雅·廣名》云：「填竁謂之封。」丘封既畢，則葬之事成，故謂之成葬。云「天子之冢，蓋不一日而畢」者，賈疏云：「案：《檀弓》云：『有司以几筵舍奠於墓左，反，日中而虞。』注云：『所使奠墓有司來歸乃虞

❶「末」原作「未」，據文義改。
❷「左」原訛「右」，據楚本改。

也。』則虞祭在窆墓後。以其士之墳蓋高四尺，故日中虞祭，待窆墓有司來歸。此上文既云『詔相喪祭』，則虞祭訖矣。於下乃云『成葬祭墓爲位』，則虞祭不待窆墓有司來歸者，由天子之冢高大，蓋不一日而畢，故設經喪祭在成葬之上也。」云「位，壇位也」者，謂封土爲壇，以設神位及主祭者之位也。凡經云爲位者，不在宮廟，則爲壇位，此及下文禱祠肄儀等是也。在宮廟則唯爲几筵坐立拜獻之位，下文類宗廟及《射人》云「祭侯則爲位」是也。云「先祖形體託於此地，祀其神以安之」者，欲使先祖形體託此而安，故祭其地后土之神，嫌此祭墓爲祭所葬者，故特釋之。引《冢人職》者，賈疏云：「證祭墓爲位時，冢人爲尸，以祭后土也。」

凡王之會同、軍旅、甸役之禱祠，肄儀爲位。肄，習也。故書「肄」爲「肆」，「儀」爲「義」。杜子春讀「肆」當爲「肄」，「義」爲「儀」，謂若今時肄司徒府也。小宗伯主其位。【疏】「凡王之會同、軍旅、甸役之禱祠，肄儀爲位」者，「甸」亦讀爲「田」，即《大宰》云「田役」，謂王大田獵而起徒役也。詳《大宰》疏。禱祠，謂因事之祭也。　注云「肄，習也」者，《說文·聿部》云：「隸，習也。重文肄，篆文隸。」經典皆從篆文。謂將禱祠，豫肄習禮儀。若《左》莊三十二年傳：「雩，講于梁氏。」杜注云：「講，肄也。」賈疏云：「言王有會同、軍旅、甸役之事，皆有禱祠之法，皆須豫習威儀乃爲之。」云「故書肄爲肆，儀爲義，杜子春讀肆當爲肄、義爲儀」者，義爲儀，不云「當」者，冢上文省。義儀古今字。《大司徒》注引故書及杜讀同。段玉裁云：「肆當爲肄，字之誤也。義讀爲儀，見《肆師》鄭司農注。」云「謂若今時肄司徒府也」者，孔廣森云：「《史記·淮南王傳》『諸侯王列侯會肄丞相諸侯議』，言因肄儀會丞相府而議也。後哀帝定三公官，以丞相爲司徒，司徒府中有百官大朝會殿，故肄儀者就焉。《楊惲傳》太僕戴長樂嘗使行事肄宗廟，還，謂掾史曰：『我親面見受詔，副帝肄。』服虔曰：『兼行天子事，先肄習威儀也。』注援漢況周，容肄儀時亦宗伯攝王事。」云「小宗伯主其位」者，禱祠肄儀有神位，亦有與祭執事者之位，蓋皆此官爲之。《說文·艸部》云：「朝會束茅表位曰蕝。」《漢書·叔孫通傳》說朝儀云：「爲緜蕞野外習之。」肄儀爲位，蓋猶是矣。

國有禍烖，則亦如之。謂有所禱祈。【疏】「國有禍烖，則亦如之」者，《大宗伯》注云：「禍烖，謂遭水火。」《掌客》注云：「禍烖，新有兵寇水火也。」賈疏謂兼有凶荒，義亦得晐也。　注云「謂有所禱祈」者，不云祠者，文略，亦有可知。**凡天地之大烖，類社稷宗廟，則爲位。**禱祈禮輕。類者，依其正禮而爲之。【疏】「凡天地之大烖」者，即《大司樂》云「凡日月食，四鎮五嶽崩，大傀異烖，令去樂」，注云「大怪異烖，謂天地奇變，若星辰奔霣及震裂爲害者」是也。云「類社稷宗廟」者，類禮蓋殺於正祭，而重於常禱，故唯天地大烖乃行之。　注云「禱祈禮輕，類者依其正禮而爲之」者，《大祝》六祈一曰類，是類亦禱祈之祭。依正禮者，據《大祝》注，類亦用牲，蓋依放祭社稷宗廟之正禮而略殺，亦取象類正祭之義，故謂之類。《淮南子·本經訓》云：「類其社。」高注云：「祭社曰類，以事類祭之也。」《肆師》「類造上帝」，注云：「類禮，依郊祀而爲之者。」彼爲師祭祭天，故依郊祀爲之，與此類社稷宗廟，事異而義同。前四類祭日月星辰，非禱祈之祭，與此禮別。又《國語·楚語》云：「先王日祭，月享，時類，歲祀。」韋注云：「以事類曰類，時類於二祧。」案：彼時類似即指時享，此類宗廟無定時，與彼異也。賈疏云：「求福曰禱，禱禮輕。得求曰祠，祠禮重，則祠者依正祭之禮也。禱禮輕者，雖依正禮，祭饌略少。」**凡國之大禮，佐大宗伯；凡小禮，掌事，如大宗伯之儀。**【疏】「凡國之大禮，佐大宗伯」者，此大小禮並通晐五禮，與上專屬吉禮者異。云「凡小禮掌事，如大宗伯之儀」者，賈疏云：「小禮、小宗伯專掌其事，其法如大宗伯之儀也。」

周禮正義卷三十七

肆師之職，掌立國祀之禮，以佐大宗伯。佐，助也。【疏】「掌立國祀之禮」者，即《大宗伯》云「掌建邦之天神、人鬼、地示之禮」，通内外大次小祀典言之。立與建義同。　注云「佐，助也」者，《天官·敍官》注義同。立大祀，用玉帛牲牷；立次祀，用牲幣；立小祀，用牲。鄭司農云：「大祀，天地。次祀，日月星辰。小祀，司命已下。」玄謂大祀又有宗廟，次祀又有社稷、五祀、五嶽，小祀又有司中、風師、雨師、山川、百物。【疏】「立大祀用玉帛牲牷，立次祀用牲幣，立小祀用牲」者，此立國祀三等之禮也。大宗伯辨事天神地示人鬼之異禮，此則辨大次小三祀隆殺之等衰，通晐鬼神示，與宗伯職互相備也。牷謂純色之牲。次祀小祀不云牷者，文不具。其實次小祀，非外祭毁事，無不用牷者，詳《牧人》疏。凡此諸祀，並謂始立宫兆時，以此禮祭而告之，以後歲時常祀禮，亦咸視此爲差。《書·召誥》云：「用牲于郊，牛二。」僞孔傳云：「用牲告立郊位于天。」又「乃社于新邑，牛一，羊一，豖一」。傳云：「告立社稷之位，用大牢也。」此即營雒立郊社諸祀用牲之事。彼經不云用玉帛者，亦文不具也。賈疏云：「天神中，非直有升煙玉帛牲，亦有禮神者也。地示中，非直瘞埋中有玉帛牲，亦兼有禮神玉帛牲也。宗廟中無升煙瘞埋，直有禮神幣帛與牲，又不見有禮神之玉，或可以灌圭爲禮神之玉，亦通一塗。宗廟次祀已下與大祀同，亦宜有禮神幣帛而已。」　注鄭司農云「大祀天地，次祀日月星辰，小祀司命已下」者，《酒正》先鄭注云：「大祭天地，中祭宗廟，小祭五祀。」此釋大祀與彼注同，蓋專指圜丘、方丘、南北郊五帝言之。次祀即彼中祀。此注次小二祀，偏舉天神以見例，故不及宗廟五祀也。云「玄謂大祀又有宗廟，次祀又有社稷、五祀、五嶽，小祀又有司中、風師、雨師、山川、百物」者，並據《大宗伯》文補先鄭之義。次祀舉五嶽者，以晐四望也。賈疏云：「若然，後鄭直云『大祀又有宗廟』，更不言宗廟次小祀者，但宗廟次祀，即先公是也。不言之者，已於《酒正》云『次祀鷩冕毳冕所祭』，已具於彼故也。又不言宗廟小祀者，宗廟小祀，其神不明，馬君雖云『宗廟小祀，殤與無後』，無明文，故後鄭亦不言也。」案：後鄭此注以宗廟爲大祀，不辨先王先公，疑與《酒正》、《司服》注義不同。賈據彼注釋此，似失其指。又賈引馬融以宗廟小祀爲殤與無後，攷殤與無後有二：一爲先君，一爲王之適子孫。《公羊》莊三十二年傳云：「未踰年之君，有子則廟，無子不廟。」《通典·凶禮》引《五經異義》亦引《春秋公羊》說。又引《左氏》說，臣奉君悉心盡恩，不得緣君父有子則爲立廟，無子則廢。許君謹案引禮臣不殤君，子不殤父以證《左氏》義。鄭駁之謂，未踰年，君不成於君，則何廟之立。凡無廟者，爲壇祭之。是先君殤與無後，立廟序於昭穆，則不得爲小祀；若不序於昭穆，則無廟，唯祭於壇也。其適子孫之殤與無後，則《祭法》云「王下祭殤五，適子、適孫、適曾孫、適玄孫、適來孫」，注云「祭適殤於廟之奥，謂之陰厭，凡庶殤不祭」。《曾子問》孔疏又引熊安生說，殤與無後者，唯祔與除喪二祭則止。據鄭、熊義，是祭殤唯從祖祔食，又唯用厭，其禮甚殺也。若然，二者皆無特立宫廟之事，故鄭不從馬義也。又案：大次小三等之祀，經無明文，二鄭依《大宗伯》略爲差次。而《酒正》後鄭注云：「大祭者，王服大裘衮冕所祭也；中祭者，王服鷩冕、毳冕所祭也；小祭者，王服希冕、玄冕所祭也。」彼注並依《司服》祭服差次爲説，則大祭謂昊天上帝、五帝、先王，中祭謂先公、四望、山川，小祭謂社稷、五祀、羣小祀也。此注既以宗廟全屬大祀，又以社稷、五祀爲中祀，以山川爲小祀。後鄭二注既自不同，六朝以來義疏，亦無通釋。金鶚云：「大祀用玉帛牲牷。《典瑞》言圭璧以祀日月星辰，兩圭有邸以旅四望，璋邸射以祀山川。是日月星辰四望山川皆有玉，豈非大祀乎，何得以日月星辰、五嶽爲次祀，山川爲小祀也？《大宗伯》『以血祭祭社稷、五祀、五嶽』，五嶽既爲大祀，而社稷、五祀在五嶽上者，何反列於次祀乎？司中、司命、飌師、雨師與星辰同，何得下列於小祀乎？」案：金說與二鄭不同。以經攷之，《司服》祭服，《大司樂》樂舞，或別有取義，不定以尊卑爲差次，固不必强爲傅合。但以《典瑞》祭玉推校，日月、星辰、四望、山川用玉，固有明文。而依王氏《訂義》引崔靈恩說，司中、司命、飌師、雨師亦有禮神之玉，則亦不得爲次祀。金說不爲無徵。即司民，司禄亦是星辰，無由定其必不得與司中司命同用玉，然則天神無次祀矣。竊謂經凡言祭祀，惟《酒正》及此職分三等，餘職皆止分大小二等，疑次祀亦并入大祀，其差次難以詳定。若然，此經以玉帛牲幣之有無爲三等祀之差，亦約略區别，不能盡以此推決也。互詳《酒正》、《典瑞》、《司服》疏。

以歲時序其祭祀及其祈珥。序，第次其先後大小。故書「祈」爲「幾」。杜子春讀幾當爲祈，珥爲餌。玄謂「祈」當爲「進禨」之禨，「珥」當爲「衈」。禨衈者，釁禮之事。《雜記》曰：「成廟則釁之。雍人舉羊升屋，自中，中屋南面，封羊，血流于前，乃降。門夾室皆用雞，其衈皆於屋下。割雞，門當門夾，室中室。」然則是禨謂羊血也。《小子職》曰「掌珥于社稷，祈于五祀」是也。亦謂其宫兆始成時也。《春秋》僖十九年夏，「邾人執鄫子，用之」。傳曰：「用之者何？蓋叩其鼻以衈社也。」【疏】「以歲時序其祭祀」者，序當作敘。《石經》及各本並誤。　注云「序，第次其先後大小」者，《説文·攴部》云：「敘，次第也。」序即敘之借字。經例用古字作敘，注例用今字作序，此經仍作序，疑後人以注改之，非其舊也。詳《小宰》疏。賈疏云：「即上立大祀已下至小祀，皆依歲之四時，次序其大小先後也。不必先大後小，天地人之鬼神，各有大、次、小，或小而應先，或大而應後，各自當其時以祭之。」云「故書祈爲幾」者，與《犬人》字同。惠士奇云：「幾，《説文》作㡬，云『以血有所刏涂祭也』。幾省爲㡬。」段玉裁云：「此云故書『祈』爲『㡬』，《小子職》注云『《春官·肆師職》祈或作幾』，云『或』是故書有作幾者也。㡬幾字古多通用，《詩》『如幾如式』，亦作『如幾』，《禮記》『雕幾』讀『雕幾』是也。」云「杜子春讀幾當爲祈」者，杜從《小子》、《羊人》作祈爲正也。云「珥爲餌」者，「珥」下各本並有「當」字，今從宋婺州本及嘉靖本。此與《小宗伯》「肄儀」注云「故書肆爲肄，儀爲義，杜子春讀肄當爲肆，義爲儀」，文例正同，亦冡上文省。《説文·䰞部》云：「䰞，粉餅也。从䰞耳聲，重文餌，䰞或从食耳。」珥餌聲類相同，故杜讀從之。然未詳其義。云「玄謂祈當爲進禨之禨」者，段玉裁云：「《玉藻》『沐稷進禨』，此禨即《説文》之『既』字『嘰』字，許君皆云『小食也』。釁屋封羊，血僅流於前，乃降，以少許血飲屋，如進小食然，故云當爲進禨之禨。《小子職》『祈』或爲『刏』，《士師職》作『刏』。鄭君云：『刏當爲正字。』《説文》：『刏，劃傷也。』此亦與封羊血僅流意合。而《血部》又有『㡬』字，然則禮家有定此字作『㡬』者。」詒讓案：注例云「當爲」者，破其字也，故下注直作「禨衈」。然《小子》、《犬人》注謂刏衈正字當作「刏」，而於此又破字爲「禨」，二説岐互，當以《小子》、《犬人》注爲正。賈疏謂此注取音不取義，則非鄭例也。云「珥當爲衈」者，《犬人》注同。凡經衈字，此職及《小子》、《羊人》、《士師》、《司約》、《犬人》六見，經並作「珥」，鄭並破作「衈」。段玉裁云：「子春云『珥當爲餌』，餌字於義不相關，故依《雜記》、《公羊傳》作『衈』。封羊爲刏，割雞爲衈。《小子》、《士師》注皆曰毛牲曰刏，羽牲曰衈，本《雜記》也。鄭司農注《小子》從『珥』，云『牲頭祭也』。《說文》無『衈』字。然則許說《周禮》蓋同先鄭與？」云「機衈者釁禮之事」者，《士師》、《犬人》注同。鄭意他祭祀皆無祈珥，惟釁禮乃有之，釁其大名，機衈其縟節也。《說文》幾訓涂祭，涂亦釁也，許、鄭字異而義同。引《雜記》曰「成廟則釁之，雍人舉羊升屋自中」者，證釁禮有祈珥之事。《大戴禮記・諸侯釁廟》篇文略同。鄭《雜記》注云：「廟新成，必釁之，尊而神之也。」案：雍人卽內饔，詳《天官・敍官》疏。孔疏引熊安生云：「舉羊，謂抗舉其羊。升於屋上自中者，謂升屋之時，由屋東西之中，謂兩階之閒而升也。」云「中屋，南面刲羊，血流于前乃降」者，「于」下文作「於」，此疑傳寫之誤。《雜記》疏引熊氏云：「謂當屋棟之上，亦東西之中，而南面刲割其羊，使血流於前，雍人乃降。」云「門、夾室皆用雞」者，「夾」《釋文》作「俠」，下同。案：俠夾字通。《雜記》及《雞人》注並不作「俠」，陸本非是。《大戴記》作「郟」，亦叚借字。孔疏云：「門，廟門也。夾室，東西廂也。減於廟室，故釁不用羊也。門與夾室各一雞，凡用三雞，故云皆也。」《大戴禮》盧注云：「郟室，門郟之室，一曰東西廂也。」案：依盧說，則夾室卽《匠人》之門室，與孔說異。江永又謂東西箱名夾，不名夾室，夾與室爲二地。亦未知孰是。詳《匠人》疏。云「其衈皆於屋下」者，鄭彼注云：「衈，謂將刲割牲以釁，先滅耳旁毛薦之。耳聽聲者，告神欲其聽之。」孔疏云：「謂未刲割羊與雞之時，先滅耳旁毛以薦神。廟則在廟之屋下，門與夾室則在門夾室之屋下，衈訖，然後升屋而釁也。」云「割雞，門當門，夾室中室」者，孔疏云：「謂衈訖爲釁之時，門則當門屋上之中，夾室故當夾室上之中以割雞，使血流。」案：依鄭、孔說，則薦耳毛爲衈，衈後仍有割牲，是爲釁。釁在屋上，與衈在屋下不同。攷《大戴記》云：「雍人割雞屋下當門，郟室割雞于室中。」依彼記，則割雞門卽在屋下，夾室卽在室中。故盧注云：「案《小戴》，割雞亦於屋上。記者不同耳。」孫希旦云：「據記文，則廟用羊，升屋而刲之，而謂之釁；門、夾室用雞，於屋下割之，門當門，夾室中室而謂之衈。疏乃謂羊亦有屋下之衈，雞亦有屋上之釁。然《大戴禮》門夾室卽在屋下割雞，別無屋上之釁，而廟亦未必有屋下之衈矣。蓋釁衈自爲二禮，釁之禮重，故在屋上；衈之禮輕，故於屋下。《司約》云：『若有訟者，則珥而辟藏。』此亦於屋下爲之，未必升屋也。鄭說先衈後釁，記中實無此義也。」案：孫據《大戴記》釋《雜記》，謂衈於屋下，不必更有屋上之釁，足證二記義通。鄭、盧、孔說皆未審。此經𠬝衈，壇廟兩有，壇兆咸無室屋，明唯取血灌地，即爲涂釁。鄭、孔謂上釁下衈，兩事並行，必不能通於此。至鄭薦耳旁毛之説，蓋因《祭義》説宗廟大祀有毛牛尚耳之禮，推傳爲之。然釁禮甚輕，未聞有是。鄭注此經，亦無此説，殆已知其非篤論而易之矣。互詳《小子》疏。云「然則是機謂羊血也」者，謂釁廟用羊血者，即此經之機；門、夾室用雞血者，即此經之衈。《小子》注謂用毛牲曰㓨，羊即毛牲也。但《雜記》注謂衈爲以耳旁毛薦神，則不分毛牲羽牲。以此經及《雜記》文覈之，似亦以不分爲是。詳《小子》疏。又據《犬人職》則幾珥亦用犬，此冢上引《雜記》文，故不及也。云「《小子職》曰掌珥于社稷，祈于五祀是也」者，賈疏云：「引證血傍爲之，以證衈義也。其『祈』字猶不從，故彼注引《秋官·士師》曰『凡㓨衈則奉犬牲』，此㓨衈正字與？」案：據賈説，則此引《小子》文「珥」當作「衈」，今本並誤。彼正文作「珥」，注讀爲「衈」，從所讀之字引之也。《士師職》文亦作「珥」，注讀爲「衈」，《小子》注引之即作「衈」可證。云「亦謂其宫兆始成時也」者，謂小子珥社稷，祈五祀，並據宫兆始成時，證此大次小祀並有釁，亦據始成時，明祈珥與釁爲一也。宫兆，關廟與壇二者言之。引《春秋》僖十九年夏，邾人執鄫子用之者，《左氏》經文。《公羊》經「邾人」作「邾婁人」，《穀梁》經「鄫」作「繒」，並與《左氏》異。引傳曰「用之者何，蓋叩其鼻以衈社也」者，《公羊傳》云：「惡乎用之？用之社也。其用之社柰何？蓋叩其鼻以血社也。」《穀梁傳》云：「用之者，叩其鼻以衈社也。」引之者，證珥當作衈也。段玉裁云：「《公羊傳》『衈社』，今本作『血社』，誤。郭注《山海經》引作『聃社』。」惠士奇云：「《山海經·東山經》曰：『祠毛用一犬，祈聃用魚。』注云：『以血塗祭爲聃也。《公羊傳》云「蓋叩其鼻以聃社」，音釣餌之餌。』《玉篇·耳部》『以牲告神，欲神聽之曰聃』，蓋用祈神聽，故聃從申。衈，《周禮》皆作珥，古文假借。《釋名》：『珥，耳也，言似人耳之在面旁也。』從申從血，後人所加，故《説文》不載。」詒讓案：《山海經》「祈聃」「㓨」作「祈」，與此經合；「衈」作「聃」，則詭異不合六書，疑非古字。郭引《公羊》亦作「聃」，蓋就彼經文改字，然可證《公羊》本不作「血社」也。《穀梁》范注云：「衈者，釁也，取鼻血以釁祭社器。」案：據鄭説，則釁社與釁廟同，非謂釁祭器，范説非。《公羊》、《穀梁》之衈用鼻血，《山海經》之聃用魚，則皆不必有薦耳毛之事，亦可證鄭《雜記》注義不容泥也。

大祭祀，展犧牲，繫于牢，頒于職人。

展，省閲也。「職」讀爲「樴」。樴，可以繫牲者。此樴人謂充人及監門人。【疏】「大祭祀，展犧牲，繫于牢，頒于職人」者，「繫」經字疑當作「毄」，詳《司門》疏。賈疏云：「肆師以將有天地宗廟大祭祀，牧人以牲與充人之時，肆師省閱其牲，看完否及色，堪爲祭牲，乃繫于牢，頒付于職人也。」詒讓案：此展犧牲在繫牲之時，與充人展牲爲祭前一夕之視牲異。《穀梁》成七年傳云：「郊牛日，展觓角而知傷，展道盡矣。」卽此大祭祀展牲之事也。據《祭義》，牲初繫及朔月月半，君皆親視。《呂氏春秋・任數篇》云：❶「韓昭釐侯視所以祠廟之牲，其豕小，令官更之。」亦是也。若然，日展，蓋此官專其事，餘則從王展之與？凡經云展牲，有二，詳《充人》疏。　注云「展，省閱也」者，《特牲饋食禮》云：「宗人視牲告充。」省閱與視義同，故充人祭前一夕之展牲，《大宗伯》、《小宗伯》謂之省牲。《說文・𧴪部》云：「𧴪，極巧視之也。」《尸部》云：「㞡，轉也。」隸變作展。凡經典言展省者，竝「𧴪」之借字。《充人》先鄭注云：「展，具也。」省閱則具備，二鄭義亦相成也。云「職讀爲樴，樴可以繫牲者」者，《牛人》注義同。云「此樴人謂充人及監門人」者，賈疏云：「案《充人》云：『祀五帝，繫于牢，芻之三月。』凡散祭祀之牲，繫于國門，使養之。』故知樴人是此二官也。言此樴人對彼樴人，不要是充人監門人也。《牛人》所云「樴人」者，鄭彼注充人并牧人在其中矣。此有監門人者，謂兼祭諸神司中之等。」段玉裁云：「監門人者，《司門》云『祭祀之牛牲繫焉，監門養之』是也。」**凡祭祀之卜日、宿、爲期，詔相其禮，眡滌濯亦如之。**宿，先卜祭之夕。【疏】「凡祭祀之卜日，宿，爲期，詔相其禮」者，此卜日、宿、爲期，當爲三事。卜日者，卽《大宰》之「前期十日，帥執事而卜日」，在祭前十日者也。宿者，戒致齊，卽《大宗伯》之宿，注云：「宿，申戒在祭前三日者也。」爲期者，卽《雞人》之爲期。注引《少牢饋食禮》云：「既宿尸，反，爲期于廟門之外。主人門東南面，宗人朝服北面，請祭期。主人曰：『比于子。』宗人曰『旦明行事』。」在祭前之夕者也。此三事及祭前之夕眡滌濯四者，肆師皆詔相其禮儀。鄭并宿、爲期爲一，似未安。賈疏又謂云「祭祀之卜日宿爲期」，則是卜前之夕之爲卜期，與卜者及諸執事者以明旦爲期。是又并卜日、宿、爲期通爲一事，皆非經義。今攷《少牢特牲》，筮日前無爲期之事。天子禮詳，祭祀卜日，卽有爲期，亦當晐於卜日之中，經不必詳列其事也。互詳《大宗伯》疏。　注云「宿，先卜祭之夕」者，謂先此卜日及正

❶「數」原訛「敬」，據《呂氏春秋》改。

祭之夕，皆有爲期之事。先卜之夕卽諏日之日夕時，先祭之夕則祭前一日之夕，若《大司樂》大祭祀宿縣是也。今以《大宗伯》經注證之，宿當爲前祭三日之申戒，鄭謂先卜祭之夕，與《大宗伯》經注不合，非也。賈謂專屬先卜日之夕，則又失鄭恉矣。《通典·吉禮》云：「將祫祭，前期十日之前夕，肆師告具，❶大宰、大宗、大史，帥執事而卜日。」蓋亦誤沿賈義。**祭之日，表齍盛，告絜；展器陳，告備；及果，築鬻。相治小禮，誅其慢怠者。**

粢，六穀也，在器曰盛。陳，陳列也。果築鬻者，所築鬻以祼也。故書「表」爲「剽」。剽表皆謂徽識也。鄭司農云：「築煮，築香草，煮以爲鬯。」【疏】「祭之日，表齍盛，告絜」者，亦謂正祭日之旦明。此告絜卽冢表齍盛言之。《左》桓六年傳云：「奉盛以告，曰絜粢豐盛。」卽告絜之辭。賈疏云：「當祭之日，具其黍稷等，盛於簠簋，陳於廟堂東，又以徽識表其名，又告絜淨。」云「展器陳，告備」者，賈疏云：「謂祭日旦，於堂東陳祭器，實之既訖，則又展省視之而告備具。」詒讓案：告備亦與《小宗伯》「大祭祀告備于王」義同，並據饌具言之。《特牲饋食禮》「宗人舉獸尾告備，舉鼎鼏告絜」，與此事異。云「及果，築鬻」者，果，祼之叚字。謂當有祼者，此官則築鬱煮之，以授鬱人，使以和鬯而實彝也。賈疏云：「謂於宗廟有祼。案：《禮記·雜記》築鬱『臼以椈，杵以梧』，而築鬱金，煮以和秬鬯之酒，以沛之而祼矣。」云「相治小禮」者，《小宗伯》云：「詔相祭祀之小禮。凡大禮，佐大宗伯。」注云：「小禮，群臣之禮。」若然，此官相治小禮亦佐小宗伯，以尊卑轉相副貳也。云「誅其慢怠者」者，《大宰》注云：「誅，責讓也。」謂執禮有慢怠者，則責讓之，卽禮官之官刑也。　注云「粢，六穀也」者，此亦經作「齍」，注讀爲「粢」也。詳《小宗伯》疏。云「在器曰盛」者，《甸師》注同。云「陳，陳列也」者，《司市》注云：「陳猶列也。」是陳列同義。云「果築鬻者，所築鬻以祼也」者，《鬱人》注云「築鬱金煮之，以和鬯酒」是也。詳彼疏。鬻並當作煑。凡經作「鬻」，注例用今字作「煮」。先鄭注及後注竝作「煮」，一職之中先後不宜錯異，足證其誤。《亨人》、《草人》、《鬱人》注亦並作「煮」，不作「鬻」。《說文》以「煮」爲「鬻」之或體。詳《鹽人》疏。《大宗伯》「大賓客則攝而載果」，注云：「果讀爲祼。」此注直釋爲祼，不改讀者，以彼注已詳，故不復釋。云「故書表爲剽」者，段玉裁云：「故書作

❶「具」原訛「其」，據《通典》卷四九改。

『剽』，今書作『表』，故書假借字，今書正字也。」徐養原云：「《文選》孫綽《天台賦》『赤城霞起而建標』，李善注：『建標，立物以爲之表識也。』引《戰國策》曰『舉標甚高』。此經『剽』字似當作『標』，或古字通用。」云「剽、表，皆謂徽識也」者，《說文·巾部》云：「幖，幟也。」「剽」蓋即「幖」之叚字。賈疏云：「以剽表字雖不同，俱是徽識也。於六粢之上皆爲徽識小旌，書其黍稷之名以表之。餘饌不表，獨此表之者，以其餘器所盛各異，覩器則知其實；此六穀者，簠盛稻粱，簋盛黍稷，皆有會蓋覆之，覩器不知其實，故特須表顯之也。」段玉裁云：「表粢盛者，謂如周公盛，魯公壽，群公溓，各以小旌書某公之食爲表識也。徽識，《說文》作『徽識』，本謂《司常》九旗之屬，表粢盛象此而又細。」案：段說是也。徽識，詳《司常》疏。鄭司農云「築煮，築香草煮以爲鬯」者，《說文·木部》云：「築，擣也。」又《鬯部》云：「鬯，以秬釀鬱艸。」《雜記》：「暢，臼以椈，杵以梧。」注云：「所以擣鬱也。」案：暢鬯字通。後注云：「香草，鬱也。」《鬱人》注云：「鬱爲草若蘭。」先鄭之意，蓋謂鬱爲草名，鬯爲和鬱之酒名，未和鬱者不得稱鬯。依後鄭《敍官》及《鬱人》、《鬯人職》注義，則鬯本爲未和鬱之秬酒，詳言之則曰秬鬯，築煮香草以和秬鬯，乃爲鬱鬯。是二鄭義本不同。但「秬鬯」「鬱鬯」通得鬯稱，經典或以鬱爲鬯者，省叚通言，散文不別。則先鄭此注義雖未析，而於文無妨，故後鄭兼存之，後大濕章注亦承用其義也。詳《鬯人》疏。又案：凡鬱鬯，此官唯主築煮，其和秬酒則鬱人掌之，二職雖相贊，而事實不同，二鄭說亦甚析。賈疏謂築煮爲彼官正職，此肆師察其不如儀者，非也。

掌兆中、廟中之禁令。兆，壇塋域。【疏】「掌兆中廟中之禁令」者，賈疏云：「案《小宗伯》云『兆五帝於四郊』已下，則四郊之上神兆多矣。皆掌，不得使人干犯神位，七廟亦然，故云掌其禁令也。」詒讓案：掌祀掌外祀之兆，守祧掌內祀之廟，肆師爲宗伯之攷，佐成禮事，故通掌內外祀之禁令也。 注云「兆，壇塋域」者，《小宗伯》注云「兆爲壇之營域」，營塋字通。

凡祭祀禮成，則告事畢。大賓客，涖筵几，築鬻，此王所以禮賓客。【疏】「凡祭祀禮成則告事畢」者，《說文·攴部》云：「斁，盡也。」經典通叚「畢」爲之。此若《大戴禮記·諸侯遷廟》篇云「宗人擯」，又云「擯者曰遷廟事畢，請就燕」。《諸侯釁廟》篇亦云「既事，宗人告事畢」。肆師卽宗伯屬官，故文不別也。《特牲饋食禮》筮日及正祭陽厭祝告利成後，亦皆云「宗人告事畢」，事並同。云「大賓客，涖筵几」者，謂諸侯來朝，裸禮饗食則設筵几。依《司几筵》注及《禮器》孔疏引熊安生説，天子待諸侯，當莞筵紛純，加繅席畫純，左彤几也。賈疏云：「謂司几筵設之，肆師臨之也。」云「築鬻」者，賈疏云：「案《大行人》云：『上公再裸而酢，侯伯一裸而酢，子男一裸不酢。』《大宗伯》云：『大賓客攝而載裸。』則此官主以築鬱金，煮之和鬯酒也。」案：此亦唯主築煮，不主和鬯之事，賈説未析。又案：王大饗諸侯亦有裸，與禮賓同，詳《大行人》疏。　注云「此王所以禮賓客」者，《大行人》注云：「王禮，王以鬱鬯禮賓也。」賈疏云：「對上經築鬻，禮宗廟神也。」**贊果將。**酌鬱鬯，授大宗伯載裸。【疏】「贊果將」者，「果」亦當讀爲「裸」。　注云「酌鬱鬯，授大宗伯載裸」者，賈疏云：「此據《大宗伯職》而言。案《小宰》亦云『賓客贊裸』者，容有故相代也。」

大朝覲，佐儐，爲承儐。【疏】「大朝覲，佐儐」者，「儐」依鄭義當作「擯」，注同，詳《大宗伯》疏。　注云「爲承儐」者，《大宗伯》云「朝覲會同則爲上相」，則大朝覲大宗伯爲上儐，此肆師佐之是爲承儐也。賈疏云：「此言大朝覲爲承儐，謂大會同朝覲時。若四時常朝，則小行人爲承儐，《小行人》所云者是也。」案：賈意此大朝覲猶《大宰》云「大朝覲會同」。彼注云「大會同或於春朝，或於秋覲，舉春秋則冬夏可知」是也。**共設匪罋之禮，**設於賓客之館。《公食大夫禮》曰：「若不親食，使大夫以侑幣致之。豆實實于罋，簋實實于筐。」「匪」，其「筐」字之誤與？禮不親饗，則以酬幣致之，或者匪以致饗。【疏】「共設匪罋之禮」者，此亦冡上文賓客大朝覲爲文，謂致饗食於諸侯也。據《司儀》諸侯待來聘之臣，亦有致饗食之禮，則天子待來聘陪臣，當亦有是禮。但其禮殺，其匪罋等，或自有有司共設之，非肆師所掌矣。罋，詳《膳夫》疏。賈疏云：「此肆師不掌飲食而共設者，肆師主禮事，謂依禮使掌客之等及諸官告設之也。」　注云「設於賓客之館」者，賈疏云：「凡待賓客之禮，饗食在廟，其器不用匪罋。今言共設匪罋，明是王不親饗食，於賓館設之可知。引《公食大夫禮》曰『若不親食，使大夫以侑幣致之，豆實實于罋，簋實實于筐』者，鄭彼注云：『謂主國君有疾病若它故。』」賈疏云：「引《公食禮》者，欲見此經與彼同。同是不親食之事，又欲破『篚』從『筐』之事也。」詒讓案：公食下大夫有韭菹、醓醢、昌本、麋臡、菁菹、鹿臡六豆，黍稷六簋。上大夫則有八豆八簋。今不親食，而以豆簋之實致之其館，故不實於豆簋，而實於罋筐也。云「匪其筐字之誤與」者，段玉裁云：「《説文》：

『匡，飯器筥也。』匪器似竹匧；筐，黍稷方器也。以黍稷實於飯器，猶爲相近。匪則《禹貢》以盛玄纁織文織貝，《周書》以實玄黄者，故鄭君辨正之。」案，段説是也。「匪」經典多叚「篚」爲之。《説文·竹部》云：「篚，車笭也。」與「匡」「匪」字異。筐，匡之或體。匪匡、篚筐，並形近易譌。聶氏《三禮圖》引《舊圖》云：「篚，以竹爲之，長三尺，廣一尺，深六寸，足高三寸，如今小車笭。小筐以竹爲之，受五斗，大筐受五斛。」案：匪所以盛幣帛，鄭知非盛侑幣酬幣用匪者，以饔筐相將，《禮經》有明文。又《聘禮》説致食饗云「如致饔」，則當執幣以將命，或無實匪陳設之事也。俞樾云：「《詩·鹿鳴》傳曰：『筐，篚屬。』筐篚同類之物，對文雖別，散文或亦可通。《士虞禮》『苴實于篚』，鄭注《司巫》引作『實于筐』。」案：依俞説，則匪卽筐之通稱，亦可備一義。云「禮不親饗則以酬幣致之」者，《聘禮》云：「公于賓壹食再饗，若不親食，使大夫致之以侑幣，致饗以酬幣亦如之。」注云：「酬幣，饗禮酬賓勸酒之幣也。所用未聞也。禮幣束帛乘馬，亦不是過也。」是不親饗，有致酬幣之事也。云「或者匪以致饗」者，賈疏云：「鄭君向引《公食大夫》須破『匪』從『筐』，又言饗禮者，《饗禮》亡，無妨致饗時用匪不用筐，但無正文，故云『或』以疑之也。」案：賈説是也。《聘禮記》説致饔云：「凡致禮，皆用其饗之加籩豆。」注云：「亦實於饔筐。」是鄭意致饗與致食同。但以《饗禮》已亡，不若《公食》之有明文，禮文容有變易，或致饗時自以篚實實於匪，與食禮異，則可不破字也。**饗食，授祭。**授賓祭肺。【疏】「饗食授祭」者，此謂王親饗食也。若《掌客》上公三饗三食之等，亦兼饗食群臣及聘使等言之。　注云「授賓祭肺」者，卽《大祝》九祭之共祭也。肺亦謂刌肺。《公食大夫禮》云：「三牲之肺不離，贊者辯取之，壹以授賓，賓興受坐祭。」是食禮授賓祭肺之事。凡酒食膳羞皆有祭，而肺爲重，故鄭唯云授肺。詳《膳夫》疏。賈疏云：「祭謂祭先造食者。案《膳夫》云『授王祭』，則此授祭者非授王可知，故鄭云『授賓祭肺』也。」**與祝侯禳于畺及郊。**侯禳小祝職也。畺五百里，遠郊百里，近郊五十里。【疏】「與祝侯禳于畺及郊」者，侯禳二祭名，詳《小祝》疏。《左》昭十八年傳云：「鄭災，郊人助祝史，除於國北，禳火於玄冥，回禄。」卽此禳郊之事。　注云「侯禳小祝職也」者，《小祝》云：「將事侯禳禱祠之祝號。」此云「與祝」，明卽與小祝共將事，二官爲官聯也。云「畺五百里，遠郊百里，近郊五十里」者，並詳《載師》疏。**大喪，大渳以鬯，則**

築鬻；築香草，煮以爲鬯，以浴尸。香草，鬱也。【疏】「大喪大渳以鬯則築鬻」者，大喪，謂王及后喪也。其世子及三夫人以下喪，亦當用鬯浴尸，但不得稱大渳耳。賈疏云：「上《小宗伯》『大喪以鬯渳』，則肆師與之築鬱金香草，和鬯酒以浴尸，使之香也。」案：此亦唯掌築煮取汁，以授鬱人，使和秬鬯以共渳，《鬱人》云「大喪之渳，共其肆器」是也。賈謂此官亦掌和鬯酒，未析。　注云「築香草，煮以爲鬯，以浴尸」者，用前先鄭注義也。此與前祭祀賓客云「築鬻」同，但彼主共裸禮，此主共浴尸，所用有異，《小宗伯》云「王崩大肆以秬鬯渳」是也。云「香草，鬱也」者，鬱，鬱之叚字，詳《敘官》及《鬱人》疏。依《敘官》注義，秬鬯爲不和鬱之酒；此説有鬱者，經云「築鬻」，明有鬱和，若止用秬鬯，則不煩築鬻也。鬯與鬱對文則異，散文亦通。　**令外內命婦序哭；**序，使相次秩。【疏】「令外內命婦序哭」者，「序」經例當作「敘」，詳前疏。此與九嬪、世婦爲官聯。令者，令內宗外宗序之也。外內命婦，卽下文之外內命女。序哭，通始崩及殯後朝莫哭言之。　注云「序，使相次秩」者，序亦敘之借字，詳前疏。《喪大記》云：「既正尸，夫人坐于西方，內命婦姑姊妹子姓立于西方，外命婦率外宗哭于堂上，北面。」王喪，內外命婦哭位次，當與彼同。賈疏云：「哭法以服之輕重爲先後。若然，則內命婦爲王斬衰居前，諸臣之妻從服齊衰者居後也。」**禁外內命男女之衰不中灋者，且授之杖。**外命男，六鄉以出也。內命男，朝廷卿大夫士也。其妻爲外命女。《喪服》，爲夫之君齊衰不杖。內命女，王之三夫人以下。不中法，違升數與裁制者。鄭司農云：「三日授子杖，五日授大夫杖，七日授士杖，此舊説也。《喪大記》曰：『君子喪，三日，子、夫人杖，五日既殯，授大夫、世婦杖。』無七日授士杖文。」玄謂授杖日數，王喪依諸侯與？七日授士杖，《四制》云。【疏】「禁外內命男女之衰不中灋者」，賈疏云：「外內命男女，爲王雖有齊斬不同，其衰皆有升數多少及裁制，故禁之使依法也。」云「且授之杖」者，依《喪服》，斬衰苴杖，齊衰削杖。傳云：「苴杖，竹也。削杖，桐也。杖各齊其心，皆下本。杖者何？爵也。」案：服杖蓋亦伊耆氏共之，此官則依其爵之尊卑以次授之。賈疏云：「外內命男及內命女皆爲王斬者，有杖授之。其外命女爲王齊衰無杖，故云『且』，見不定之義也。」　注云「外命男，六鄉以出也，內命男，朝廷卿大夫士也」者，賈疏云：「無正文，鄭以意言之。以王宫爲正，朝廷在王宫内，爲内命男，故以六鄉六遂及公邑大夫等皆爲外命男。」云「其妻爲外命女」者，此統承上内外命男之妻言之。明此外命女不繫夫爲内外，乃對内命女九嬪以下爲文，其夫雖爲内命男，妻仍爲外命女也。外内命男女，《屨人》亦謂之外内命夫命婦。《内宰》亦云「外命婦」，先鄭彼注云：「外命婦，卿大夫之妻。」後鄭云：「士妻亦爲命婦。」故此外命女亦通卿大夫士妻也。《説文·女部》云：「女，婦人也。」女、婦，散文通稱。云「《喪服》爲夫之君齊衰不杖」者，據《喪服·齊衰不杖期章》經文。傳云：「何以期也？從服也。」《通典·凶禮》引馬融云：「夫爲君服三年，妻從夫降一等，故服期。」又《雜記》「外宗爲君、夫人，猶内宗也」，注云：「皆謂嫁於國中者也。爲君服斬，夫人齊衰，不敢以其親服服至尊也。外宗謂姑姊妹之女、舅之女及從母皆是也。内宗，五屬之女也。其無服而嫁於諸臣者，從爲夫之君；嫁於庶人，從爲國君。」彼内外宗，亦爲外命女而爲君服斬者，本有服，非徒從夫，故加之也。云「内命女，王之三夫人以下」者，賈疏云：「通九嬪，二十七世婦、八十一御妻，皆爲王斬衰而杖也。」詒讓案：内命女，即《内宰》之内命婦也。彼注云：「内命婦，謂九嬪、世婦、女御。」則不數三夫人，與此注異。據《追師》文，則内命婦似并不數九嬪，不徒三夫人也。詳《内宰》、《内司服》疏。又案：《喪大記》孔疏謂内命婦有子婦，則此内命女當含王子孫之婦。其王女、王孫女之未嫁者，即《喪大記》之子姓，亦當與内命婦同列也。云「不中法違升數與裁制」者，此亦注用今字作「法」也。《小宗伯》云：「王崩，縣衰冠之式于路門之外。」不中法，即違所縣之式也。賈疏云：「諸臣妻爲夫之君義服，衰六升。諸臣爲王義服斬衰，衰三升半，冠六升。三夫人已下爲王正服斬衰，衰三升。是其數也。言裁制者，據《喪服》云『凡衰外削幅，裳内削幅，幅三袧』以下，具有裁制。」鄭司農云「三日授子杖，五日授大夫杖，七日授士杖，此舊説也」者，此《喪服四制》文。鄭彼注云：「五日、七日授杖，謂爲君喪也。」先鄭蓋偶不省記，故但稱舊説也。又引《喪大記》曰「君之喪，三日，子、夫人杖，五日既殯，授大夫、世婦杖」，無七日授士杖文者，《喪大記》與《喪服四制》文略同，而獨無授士杖之文，故引以證其同異也。鄭彼注云：「爲君杖不同日，人君禮大，可以見親疏也。」孔疏引熊安生云：「經云子杖，通女子在室者。若嫁爲他國夫人，則不杖；嫁爲卿大夫之妻，與大夫同五日杖也。《喪服四制》：『七日授士杖。』君之女及内宗外宗之屬嫁爲士妻，及君之女御，皆七日杖。」案：熊氏所推内外命女授杖日數甚允，王禮當亦同。云「玄謂授杖日數，王喪依諸侯與」者，後鄭亦以王喪授杖禮無明文，約同《喪大記》諸侯禮也。但《王制》云「天子七日而殯」，則授大夫世婦杖時尚未殯，既殯乃授士杖耳。賈疏云：「王喪，諸臣等無授杖之日數，以諸侯之臣與王之臣同斬衰杖竹，故授杖日數亦宜同也。以《檀弓》云『天子崩三日，祝先服』，鄭注云『祝佐含斂，先病』，明子與夫人亦服矣，則天子之子及后亦服矣。『五日官長服』，注『官長，大夫士』，明天子三公已下及三夫人已下亦服矣。但服杖同時，有服即杖矣，唯天子服授杖亦當七日矣。是以王喪約同諸侯之法也。」云「七日授士杖，《四制》云」者，先鄭不詳所出，故後鄭補之。**凡師甸用牲于社宗，則爲位，**社，軍社也。宗，遷主也。《尚書傳》曰：「王升舟入水，鼓鍾亞，觀臺亞，將舟亞，宗廟亞。」故書「位」爲「涖」。杜子春云：「涖當爲位，書亦或爲位。宗謂宗廟。」【疏】「凡師甸用牲于社宗，則爲位」者，《小宗伯》注云：「甸讀曰田。」《孔叢子·儒服》篇云：「天子使有司以特牲告社，告以所征之事而受命焉。」則凡告社宗皆用特牲也。賈疏云：「師謂出師征伐，甸謂四時田獵，二者在外，或有祈請，皆當用牲社及宗，時皆肆師爲位祭也。」　注云「社，軍社」也者，據《小宗伯》云「大師，立軍社」也。云「宗，遷主也」者，《小宗伯》注云：「遷主曰祖。」祖宗一也。並詳彼疏。《晉書·禮志》載摯虞《請祀六宗議》引此經「用牲于社宗」之文，謂宗即六宗，又即《月令》之天宗，與鄭義異。案：天神尊於社稷，經不宜以社宗立文，摯説不足據。引《尚書傳》曰「王升舟入水，鼓鍾亞，觀臺亞，將舟亞，宗廟亞」者，黄榦《儀禮經傳通解續》引《尚書大傳》云：「王升舟入水，鍾鼓惡，觀臺惡，將舟惡，宗廟惡。」鄭注云：「『惡』當爲『亞』。亞，次也。觀臺，靈臺，知天時占候也。宗廟，遷主。」是《書傳》「亞」本皆爲「惡」，此引作亞者，從改讀字也。賈疏云：「謂説武王於文王受命十一年觀兵之時，武王於孟津渡河，升舟入水在前，❶鼓鍾亞，亞王舟後。觀臺亞者，觀臺，可以望氛祥，亞鼓鍾後。將舟亞者，以社主主殺戮，而軍將同，故名社主爲將，將舟亞在觀臺後。宗廟亞者，宗廟則遷主也，亞在將舟後。引之者，證在軍有社及宗之意也。《異義》：『《公羊説》，天子有三臺：有靈臺，所以觀天文；有時臺，以觀四時施化；有囿臺，所以觀鳥獸魚鼈。諸侯卑無靈臺，不得觀天文，有時

❶「前」，原訛「舟」，據楚本改。

臺、囿臺。《左氏説》，天子有靈臺，諸侯有觀臺。』若然，文王時已有靈臺，今武王而曰觀臺者，鄭君之意，觀臺則靈臺對文有異，散文則通。」云「故書位爲涖，杜子春云涖當爲位，《書》亦或爲位」者，涖位聲類同。徐養原云：「《鄉師》、《司市》、《大宗伯》『涖』字，故書皆作『立』。《小宗伯》『位』字故書作『立』。此經『位』字故書亦當作『立』，與《小宗伯》同，今作『涖』，疑傳寫之誤。」云「宗謂宗廟」者，杜説與鄭同。然不云遷主，則嫌於載大祖及四親廟主行，故鄭引之在後也。

類造上帝，封于大神，祭兵于山川，亦如之。 造猶即也。爲兆以類禮即祭上帝也。類禮，依郊祀而爲之者。封謂壇也。大神，社及方嶽也。山川，蓋軍之所依止。《大傳》曰：「牧之野，武王之大事也。既事而退，柴於上帝，祈于社，設奠於牧室。」【疏】「類造上帝，封于大神」者，此冢上師爲文，類造以下皆師祭也。《爾雅・釋天》云：「是禷是禡，師祭也。」即此類上帝之事。《詩・周頌》敍云：「《桓》，講武類禡也。」是講武亦有類，但時田事輕，不必備此三祭也。賈疏云：「上經『用牲於社宗』，據在軍；下云『師不功』，據敗退後；即此經，據尅勝後事告天及社之事。」案：賈蓋據鄭引《大傳》，故以此祭爲在克敵以後。然審繹經文，無克勝告祭之義。疑此三祭，當通未戰之祈禱與已戰之告祠言之，疏説似未備。云「祭兵于山川亦如之」者，此謂爲軍事而有告祭山川之事，故曰祭兵，與《公羊》莊八年經「祠兵」、賈後疏引《五經異義》《公羊》説「祠五兵」事異也。　注云「造猶即也」者，《説文・辵部》云：「造，就也。」《方言》云：「即，就也。」是造即義同。賈疏云：「諸文皆云『造于禰，類于上帝』。造屬于禰。此以類造同云『于上帝』，則造與類同屬于上帝，故鄭云造猶即，與造門之造同也。」云「爲兆以類禮即祭上帝也」者，謂即所征之地，爲上帝之兆域，就而祭之，與在國南郊之正壇兆不同。鄭意蓋謂此類造上帝，即《大祝》及《堯典》、《王制》之「類上帝」，以其即而祭之，故經兼言造，明此「造」非《大祝》六祈之「造」，類上帝之外別無造上帝也。諸經亦唯有造於祖禰，無造於上帝。云「類禮依郊祀而爲之者」者，《説文・示部》云：「禷，以事類祭天神。」此類即禷之借字。《王制》云：「天子將出征，類乎上帝，宜乎社，造乎禰，禡於所征之地。」注云：「帝，謂五德之帝所祭于南郊者。」孔疏云：「按五德之帝應祭四郊，此獨云祭於南郊者，謂王者將行，各祭所出之帝於南郊，猶周人祭靈威仰於南郊。是五帝之中一帝，故上總云帝謂五德之帝。此據特祭所出之帝，故云祭于南郊。」《御覽・禮儀部》引《五經異義》云：「《今尚書》夏侯、歐陽説，類，祭天名也，以事類祭之。以事類祭之柰何？天位在南方，就南郊祭之是也。《古尚書》説，非時祭天謂之類，言以事類告也。肆類于上帝，時舜告攝，非常祭。」《王制》疏又引《異義》「許慎謹案，周禮郊天無言類者，知類非常祭，從《古尚書》説。」鄭氏無駁，與許同也。今案：據《王制》注及《今文尚書》説，則類上帝卽祭感生帝於南郊。《春秋緐露・郊祀》篇亦云：「天子每將興師，必先郊祭以告天，乃敢征伐，行子道也。」然《書》今文説，謂類以事類祭之，《書》古文説謂類以事類告，並與鄭「依郊祀爲之」之説小異。《書・舜典》「肆類于上帝」，僞孔傳云：「類謂攝位事類，遂以攝告天及五帝。」卽從古文説也。鄭於《異義》雖無駁，然實不從《古文書》説。意謂類既是告祭，則其禮當依類正禮而略殺，故《小宗伯》「類社稷宗廟」，注謂禱祈禮輕，依正禮而爲之，此類帝亦宜與彼同。注謂「依郊祀而爲之」，猶云「依正禮而爲之」。依者，比放之言，明非全如正禮矣。賈疏不達，乃謂「此非祈禱之祭，依正禮郊祀而爲之，卽四時迎氣是也」，是謂與正禮無異，非鄭恉也。《書》「類上帝」，陸《釋文》引馬融云：「上帝，太一神，在紫微宮，天之最尊者。」《史記・五帝本紀》集解引鄭《書注》，亦云「禮，祭上帝於圜丘」，與馬説略同。此與《王制》注以上帝爲五帝者異。當以《王制》注義爲正。凡經言上帝者，並非昊天，詳《掌次》、《大宗伯》、《典瑞》疏。又案：《王制》説出征類帝、宜社、造禰，並是將行時於國中爲此告祭，故於禡特言於所征之地，明類、宜、造三者，❶皆不於所征之地也。《毛詩・大雅・皇矣》傳亦云：「於内曰類，於野曰禡。」義蓋與《王制》同。若此經三祭，則並在所征之地，故《詩・周頌・桓》序孔疏云：「《肆師》注言『爲兆以祭上帝』，則是隨兵所嚮，就而祭之，不必祭於南郊，但所祭者是南郊所祭之天耳。正以言造，故知就其所往，爲其兆位而祭之，不要在南郊。此言小異於歐陽也。南郊之祭天，周以稷配，此師祭所配亦宜用常配之人，周卽當以后稷也。」孔説深得鄭恉。但告祭禮簡，疑不必舉配祖之大典，孔云以后稷配，未知是否。云「封謂壇也」者。《祭法》注云：「封土曰壇。」《地官・敍官》注云：「聚土爲封。」凡壇皆聚土爲高，故亦謂之封也。云「大神，社及方嶽也」者，明與《大宗伯》「祀大神」爲圜丘五郊異也。賈疏云：「知者，以其命所報告，皆是出時告者，以出時類于上帝，宜于社，

❶ 原脱「造」，據楚本補。

造于禰，今『大神』文在『上帝』下，而云封祭之，明是社也。知兼有方岳者，見《小宗伯》云『軍將有事于四望』，謂將戰時，今戰訖所告，明兼祭方岳，方岳即四望也。」詒讓案：《公羊》哀四年傳云：「社者，封也。」《儀禮經傳通解續》引《尚書大傳》，云「封十有二山」。鄭注云：「祭者必封，封亦壇也。十有二山，十有二州之鎮也。」社與方岳並爲壇以祭，故謂之封。此皆地祇而言神者，散文神祇通也。云「山川蓋軍之所依止」者，明唯就軍所依止山川祭之，遠者不祭也。《國語・晉語》云：「成王盟諸侯于岐陽，楚爲荆蠻，置茅蕝，設望表。」韋注云：「望表，謂望祭山川，立木以爲表，表其位也。」此即祭山川爲位之事。引《大傳》曰「牧之野，武王之大事也，既事而退，柴於上帝，祈于社，設奠於牧室」者，「祈于社」，于亦當作「於」，各本並與上下文錯互，似誤。此證類造上帝、封大神之事。彼注云：「柴、祈、奠，告天地及先祖也。牧室，牧野之室也。古者郊關皆有館焉。先祖者，行主也。」賈疏云：「《牧誓》序云：『時甲子昧爽，武王與受戰於牧野。』鄭注云：『紂近郊三十里名牧。』是武王伐紂之事，故云大事。既事而退者，武王與紂於牧地戰，紂敗退，入紂都，自焚於宣室；武王入紂都，既封建，乃退向牧地。而柴於上帝者，以實柴祭帝，即此經類于上帝，一也。祈于社者，即此經封于大神，二也。設奠于牧室者，謂祭行主文王於牧野之室；於此文無所當，連引之者，欲見此經亦當有祭行主。不言者，文不備也。」

凡師不功，則助牽主車。助，助大司馬也。故書「功」爲「工」。鄭司農「工」讀爲「功」。古者工與功同字。謂師無功，肆師助牽之，恐爲敵所得。【疏】「凡師不功則助牽主車」者，此與大司馬爲官聯也。凡社主與遷廟主皆載以齊車，二者通謂之主車，詳《小宗伯》疏。　注云「助，助大司馬也」者，賈疏云：「案《大司馬職》云『若師不功則厭而奉主車』，故知此肆師助大司馬也。若然，案《小宗伯》云『立軍社，奉主車』，謂未敗時；若敗，即大司馬奉之。」云「故書功爲工，鄭司農工讀爲功，古者工與功同字」者，段玉裁云：「此古文假借字。」丁晏云：「古工功通用。《書》『天工人其代之』，《漢書・律志》作『天功』。」云「謂師無功」者，「不」亦「無」也，詳《大司馬》疏。云「肆師助牽之，恐爲敵所得」者，牽與《牛人》、《罪隸》「牽傍」義同。《說文・牛部》云：「牽，引前也。」師徒敗北，則恐主車爲敵追及，故在前助牽挽之，欲速行也。

凡四時之大甸獵，祭表貉，則爲位。貉，師祭也。貉讀爲十百之百。於所立表之處，爲師祭造軍法者，禱氣勢之增倍也。其神蓋蚩蚘，或曰黄帝。【疏】「凡四時之大甸獵，祭表貉，則爲位」者，「甸」亦讀曰「田」。大甸獵，卽《山虞》、《澤虞》之大田獵也。《大司馬》中春蒐田，云「有司表貉」；中冬狩田，云「既陳，乃設驅逆之車，有司表貉于陳前」。彼經惟春冬二田表貉者，文不具。據此經，則四時大田，通有此祭，故《甸祝》亦云「掌四時之田，表貉之祝號」矣。爲位者，肆師爲其几筵之位，《司几筵》云「甸則設熊席，右漆几」是也。　注云「貉，師祭也」者，《大司馬》先鄭注義同。《爾雅・釋天》：「是禷是禡，師祭也。」禡與貉同。《王制》「禡於所征之地」，注亦云：「禡，師祭也。爲兵禱，其禮亦亡。」案：據《爾雅》、《王制》則禡本爲出軍之祭，以大田用軍禮，故亦有此祭也。云「貉讀爲十百之百」者，《甸祝》注云：「杜子春讀貉爲『百爾所思』之百。」與此讀同。段玉裁云：「『貉』『百』古音同在魚鐸部。祭貉，不得其解，於義求之，當爲禱氣勢增倍，則於音當易爲十百之百也。」莊述祖云：「《大司馬》『表貉』，注：鄭司農云：『貉讀爲禡。禡謂師祭也。書亦或爲禡。』後鄭不改。而《肆師》則不用先鄭説，貉佰本同音，故以本音讀佰。《説文》云：『佰，相什佰也。』」案：段、莊説是也。杜及二鄭蓋皆以貉禡字同。而其音義，則杜及後鄭並讀爲百，取什佰增倍之義也；先鄭則讀禡如字，與杜及後鄭小異。又《詩・小雅・吉日》之「既伯」，卽《甸祝》之「禂馬」，與師祭之禡聲近而義異，詳彼疏。云「於所立表之處，爲師祭造軍法者」者，立表之處，卽教戰之地所立南北四表，《大司馬》云「爲表百步則一爲三表，又五十步爲一表」是也。表貉之祭，蓋當最南第一表處。王引之云：「『師祭』下當更有『祭』字。《周頌・桓》正義引此云『爲師祭，祭造軍法者』。」案：王校是也。孫志祖説同。云「禱氣勢之增倍也」者，即取十百之義，《甸祝》注云「禱氣勢之十百而多獲」是也。依鄭義，則貉爲師田之禱，祭當在事前。《孔叢子・儒服》篇説禡在已克敵之後，則是報祠，而非祈禱，不足據也。云「其神蓋蚩蚘，或曰黄帝」者，「蚘」賈疏述注作「尤」，《詩・大雅・皇矣》孔疏引亦同。阮元云：「蚘，俗字也。」賈疏云：「案《史記》，黄帝與蚩尤戰于涿鹿之野，俱是造兵之首。案《王制》云：『天子將出，類乎上帝。』注云：『帝謂五德之帝。』是黄帝以德配類，則貉祭祭蚩尤。是以《公羊説》曰『師出曰祠兵，入曰振旅』，祠者，祠五兵矛、戟、劍、楯、弓，鼓，及祠蚩尤之造兵者。謹案：《三朝記》曰『蚩尤，庶人之强者』，何兵之能造？故鄭曰『或曰黄帝』也。故《禮説》云『五帝以德行』。蚩尤與黄帝戰，亦是造兵之首，故漢高亦祭黄帝，蚩尤於沛庭也。」案：賈引《公羊説》以下，並約《五經異義》文。「祠兵」見《春秋》莊八年《公羊》經傳，何注云：「將出兵，必祠於近郊。」《異義》引《公羊説》又云「祠五兵及蚩尤」，則與此經表貉之祭相近。然《左氏》及《穀梁》經並作「治兵」。依《大司馬》賈疏引鄭《駁異義》説，以「祠兵」爲「治兵」之誤，又謂無祀五兵之禮，則鄭不從《公羊説》也。至黄帝、蚩尤之祭見於古者，《史記・封禪書》云，秦始皇祀八神，三曰兵主，祠蚩尤。《漢書・高帝本紀》，高祖立爲沛公，祠黄帝，祭蚩尤於沛庭而釁鼓。顔注引應劭云：「黄帝戰于阪泉，以定天下，蚩尤亦古天子，好五兵，故祠祭之，求福祥也。」臣瓚云：「《孔子三朝記》云，蚩尤，庶人之貪者，非天子也。管仲曰『割盧山發而出水，金從之出，蚩尤受之以作劍戟』也。」是祭黄帝、蚩尤之事。又《王制》孔疏引熊安生説，以禡爲祭地，蓋以對類爲祭天言之。然表貉之禮，立表而不爲壇，則非祭地可知。《漢書・敍傳》應劭注釋禡爲祭馬，則又以禂馬之伯爲禡，並非也。詳《校人》疏。

嘗之日，涖卜來歲之芟；芟，芟草，除田也。古之始耕者，除田種穀。嘗者，嘗新穀，此芟之功也。卜者，問後歲宜芟不。《詩》云：「載芟載柞，其耕澤澤。」【疏】「嘗之日，涖卜來歲之芟」者，以下三卜並所謂貞卜。《天府》云：「季冬陳玉，以貞來歲之媺惡。」此與彼禮略同。此三卜蓋並在秋時。嘗即《大宗伯》「以嘗秋享先王」是也。《詩・大雅・生民》篇「載謀載惟」，毛傳云：「嘗之日涖卜來歲之芟，獮之日涖卜來歲之戒，社之日涖卜來歲之稼，所以興來而繼往也。穀熟而謀，陳祭而卜矣。」即據此經。依毛説，則卜即在孟秋嘗日陳祭之時也。賈疏云：「以其餘事卜，則大宗伯涖卜，或大卜涖卜，此及下三事皆肆師涖卜也。則陳龜、貞龜、命龜、示高、作龜，使卜師、卜人之等爲之。」

注云「芟，芟草除田也」者，《説文・艸部》云：「芟，刈艸也。」《左》隱六年傳云：「如農夫之務去草焉，芟夷藴崇之。」《大戴禮記・四代》篇：「子曰：平原大藪，瞻其草之高豐茂者，如芟而夷之，其地必宜五穀。」並芟草之事。除田，謂滌除草薉，化萊土爲孰田。《大戴禮記・夏小正》云：「正月，農帥均田。均田者，始除田也。言農夫急除田也。」《國語・齊語》云：「及寒擊菒除田，以待時耕。」是也。云「古之始耕者除田種穀」者，《齊民要術》云：「凡開荒山澤，皆七月芟艾之，草乾即放火，至春而開。」是始耕者，必先除田而後種穀，其已耕之田亦年年芟除，恐田蕪不任耕種也。云「嘗者嘗新穀」者，《白虎通義・宗廟》篇云：「秋曰嘗，嘗者，新穀熟嘗之。」《春秋繁露・四祭》篇云：「秋曰嘗，嘗者，以七月嘗黍稷也。」互詳《大宗伯》疏。云「此芟之功也」者，釋卜芟必於嘗之義。鄭意芟草除田，穀乃得殖，故嘗新穀爲芟之功也。云「卜者問後歲宜芟不」者，謂庶草蕃蕪與不，年或不同，故先期卜之。然田草蕪薉，自當芟刈，無俟於卜，鄭説於事理未協，殆非經義。竊謂此卜芟者，乃芟場圃藪澤萊牧之草物，以備疏材、染績、芻秣、薪蒸之用，與《稻人》、《薙氏》之芟專屬芟刈田草異。《爾雅・釋天》云：「穀不孰爲饑，疏不孰爲饉。」下文卜稼者，卽卜穀之孰不，此卜芟者，或卽卜疏之孰不，其事正相因。卜者卜其所收之草物多少，非卜其宜芟與不也。《祭統》云：「古者於嘗也發秋政，草艾則墨。未發秋政，則民勿敢草也。」鄭彼注云：「草艾，謂艾取草也。秋草木成，可芟艾給爨亨。」此卜芟蓋兼含《祭統》草艾之事，嘗之日發秋政，故因以卜來歲之芟，其事足相證矣。引《詩》云「載芟載柞，其耕澤澤」者，《周頌・載芟》文。毛傳云：「除草曰芟，除木曰柞。」鄭箋云：「將耕，先始芟柞其草木，土氣烝達而和，耕之則澤澤然解散。」引之者，證耕田宜芟草也。

獮之日，涖卜來歲之戒；秋田爲獮，始習兵，戒不虞也。卜者，問後歲兵寇之備。【疏】「獮之日」者，《詩・大雅・生民》孔疏云：「嘗在孟秋，獮社俱在仲秋，取禽而後祭社，故先獮後社也。」　注云「秋田爲獮」者，《大司馬》：「仲秋教治兵，遂以獮田。」彼注同。云「始習兵，戒不虞也」者，賈疏云：「鄭解不於春蒐夏苗涖卜來歲之戒，必於秋獮之日爲戒者，以其春教振旅，夏教茇舍，非正習兵，秋教治兵之日，故於是戒不虞也。言不虞者，虞，度也，以兵寇之事來否不可億度，當豫戒備之。」云「卜者，問後歲兵寇之備」者，《廣雅・釋詁》云：「戒，備也。」問後有兵事與不，使備其食用兵甲也。

社之日，涖卜來歲之稼。社祭土，爲取財焉。卜者，問後歲稼所宜。【疏】「社之日」者，一歲凡再祭社。《毛詩・周頌》序云：「《載芟》，春藉田而祈社稷也。《良耜》，秋報社稷也。」《白虎通義・社稷》篇云：「歲再祭之何？春祈秋報之義也。故《月令》仲春之月，擇元日，命民社。《援神契》曰：『仲秋獲禾，報社祭稷。』」《玉海・郊祀》引《三禮義宗》説同。《公羊》莊二十三年，何注云：「社者，土地之主。祭者，報德也。生萬物，居人民，德至厚，功至大，故感春秋而祭之。」《郊特牲》孔疏云：「其社之祭，歲有三：仲春命民社，一也；《詩》云『以社以方』，謂秋祭，二也；孟冬云『大割祠于公社』，是三也。」案：孔謂歲三祭社。據《白虎通義》及何氏《公羊注》則社止二祭，班、何是也。《月令》「孟冬，大割祠于公社」，鄭注以爲蜡祭。《國語・魯語》韋注亦引《月令》，謂冬有祭社。然於他經無徵，疑非周法。詳《黨正》疏。《國語・魯語》又云：「土發而社。」韋注以土發爲春分，此謂春社也。此經社之日，則當是秋社，故賈疏云：「類上文嘗獮是秋，則此社亦是秋祭社之日也。」云「涖卜來歲之稼」者，賈疏云：「祭社有二時，謂春祈秋報。報者，報其成熟之功。今卜者，來歲亦如今年宜稼以不。但春稼秋穡，不言穡而言稼者，秋穡由於春稼，故據稼而言之。」　注云「社祭土，爲取財焉」者，賈疏云：「案《郊特牲》云：『社祭土而主陰氣也。取財於地，取法於天。』又《孝經緯》云：『社者，五土之揔神。』故云社祭土而取財焉。」云「卜者，問後歲稼所宜」者，歲有旱潦，則稼所宜異，故卜以問之也。**若國有大故，則令國人祭，**大故，謂水旱凶荒。所令祭者，社及禜酺。【疏】「則令國人祭」者，謂外祭祀之通於國人者，公私共舉之，以廣祈禳而弭災也。令者，以時日及禮法命之。　注云「大故謂水旱凶荒」者，《大宗伯》注云：「故謂凶烖。」《小司徒》注云：「大故，謂災寇也。」寇戎無令國人祭之事，故唯據水旱凶荒爲釋。云「所令祭者社及禜酺」者，「酺」下《釋文》有「也」字，疑今本挩。賈疏云：「案《地官》，州祭社，黨祭禜，族祭酺；於六遂之中，亦縣祭社，鄙祭禜，酇祭酺：皆是國人所祭之事也。」案：賈説是也。此三祭皆公私所通共者，故鄭特舉之。凡公社止於州縣，依鄭《祭法》注義，百家以上得置社，是私社通於族酇，則亦有令祭矣。詳《大司徒》疏。**歲時之祭祀亦如之。**《月令》「仲春命民社」，此其一隅。【疏】「歲時之祭祀亦如之」者，賈疏云：「上經據禱祈，非時祭，故此經見其常祭也。亦如之者，亦命國人祭也。」　注云「《月令》仲春命民社，此其一隅」者，證歲時常祀，官有命民祭之事。《月令》雖止記春命祭社，其歲時他祭祀，凡通於民閒者，並官命祭之可知，故云其一隅也。又案：《郊特牲》孔疏引《鄭志》云：「《月令》『命民社』，謂秦社也。自秦以下，民始得立社。」依《鄭志》説，彼據秦法，則所命者爲二十五家之社；此注據周法，則當爲百家以上之置社。兩注所據不同，義並通也。詳《大司徒》疏。賈疏謂《月令》唯言春者，特舉春祈而言，舉一隅可以三隅反，則餘三時亦祭。依賈説，則似鄭謂社一歲有四祭，失之。**凡卿大夫之喪，相其禮。**相其適子。【疏】「凡卿大夫之喪相其禮」者，《禆記》云：「大夫之喪，大宗人相。」蓋正攷職掌相通，兩經義略同也。　注云「相其適子」者，賈疏云：「庶子無事，適子則有拜賓送賓之事。且卿大夫適子，爲天子斬衰，故知所相者適子也。」

凡國之大事，治其禮儀，以佐宗伯。治，謂如今每事者更奏白王，禮也。故書「儀」爲「義」。鄭司農「義」讀爲「儀」。古者書「儀」但爲「義」，今時所謂「義」爲「誼」。【疏】「凡國之大事，治其禮儀，以佐宗伯」者，賈疏云：「案《小宗伯》已云『佐宗伯』，此又言之者，但肆師與小宗伯，中下大夫，命數是一，故二人同佐宗伯無嫌也。案：《大宗伯》云『治其大禮』，《小宗伯》云『相治小禮』，此又云『治其禮儀』者，謂佐大小宗伯治之，謹習其事也。」　注云「治謂如今每事者更奏白王，禮也」者，漢時凡大禮，有司蓋每事必更迭奏白，以備遺忘。此佐宗伯治禮儀，不云所治之事，故鄭舉漢法況之，明爲奏白王也。云「故書儀爲義，鄭司農義讀爲儀」者，「司農」下當有「云」字，今本並捝。《大司徒》「以儀辨等」，《小宗伯》「肆儀」，故書並作「義」，杜子春並讀爲「儀」，皆以今叚字讀古正字也。云「古者書儀但爲義，今時所謂義爲誼」者，段玉裁云：「此爲全經發凡起例也。《尚書》多用『誼』爲『義』字。」徐養原云：「《說文・我部》：『義，己之威儀也。从我羊。』《人部》：『儀，度也。从人義聲。』《言部》：『誼，人所宜也。从言从宜，宜亦聲。』說與先鄭合。」詒讓案：依先鄭、許說，古凡威儀字，正作義；仁義字，正作誼；而儀別爲儀度字。今經典通叚儀爲威儀，義爲仁義，與古不同。此經故書「禮義」，義謂威義，正與古合。但全經通例，多用叚字，故先鄭亦依今字讀爲儀，取易通也。

凡國之小事，治其禮儀而掌其事，如宗伯之禮。【疏】「凡國之小事，治其禮儀，而掌其事」者，此小禮事，肆師專治之，不佐宗伯也。

鬱人掌祼器。祼器，謂彝及舟與瓚。【疏】「掌祼器」者，此篇《大宗伯》、《小宗伯》、《肆師》三職，皆經作「果」，注作「祼」。此經獨不作「果」，與《小宰》、《內宰》及《典瑞》、《玉人》經同。蓋全經故書，及鄭新定之本，自不無錯異也。　注云「祼器謂彝及舟與瓚」者，此皆盛鬯及酌祼之器，通謂之祼器。賈疏云：「此經下文云『和鬱鬯以實彝』。又見《司尊彝》云：『春祠夏禴，祼用雞彝、鳥彝，皆有舟。』秋冬及追享朝享皆云焉，故知有彝舟也。知有瓚者，案：《禮記・王制》云：『諸侯賜圭瓚，然後爲鬯。』《尚書序》云：『平王錫晉文侯秬鬯圭瓚。』皆與秬鬯相將，卽下文祼玉是也。故知祼器中有瓚，瓚則兼圭瓚、璋瓚也。」

凡祭祀、賓客之祼事，和鬱鬯，以實彝而陳之。築鬱金，煮之以和鬯酒。鄭司農云：「鬱，草名，十葉爲貫，百二十貫爲築以煮之鐎中，停於祭前。鬱爲草若蘭。」

【疏】「凡祭祀賓客之祼事」者，賈疏云：「天地大神，至尊不祼。至於山川及門社等事，在鬯人亦無祼事。此云祭祀，唯據宗廟耳。其賓客祼，則《大行人》云公再祼之等是也。」云「和鬱鬯以實彝而陳之」者，明此官唯主和鬱，不主築煮也。凡有祼事，肆師豫築煮鬱草，取其汁以授此官，更於鬯人取秬鬯酒，以鬱和而實之。賈疏云：「謂和鬯人所造秬黍之鬯酒也。爲宗廟賓客用鬱者，則肆師築鬱金草，煮之以和鬯酒，更和以盎齊，泲之以實彝，陳於廟中饗賓客及祭宗廟之處也。」　注云「築鬱金，煮之以和鬯酒」者，《肆師》注義同。鄭司農云「鬱，草名，十葉爲貫，百二十貫爲築，以煮之鐎中，停於祭前」者，「鐎」《釋文》作「焦」，云「本又作鐎」。段玉裁校删「貫」下「爲」字云：「《説文·鬯部》鬱字下曰：『芳草十葉爲貫，百廿貫築以煮之，爲鬱。』許説同先鄭。且《周禮》經文言築鬻多矣，安得云『百二十貫爲築』也！《周禮》鬱字，亦當依《説文》從『臼』。」案：段説是也。黄丕烈校同。賈疏述注，讀「百二十貫爲築」句，誤。鐎者，《説文·金部》云：「鐎，斗也。」《史記索隱》引《埤倉》云：「鐎，温器，有柄，斗以銚，無緣。」《廣韻·三蕭》云：「鐎，温器，三足而有柄。」《釋文》作「焦」，即鐎借字。停之祭前，謂尸祭後奠之也。云「鬱爲草若蘭」者，賈疏云：「案《王度記》云：『天子以鬯，諸侯以薰，大夫以蘭芝，士以蕭，庶人以艾。』此等皆以和酒。諸侯以薰，謂未得圭瓚之賜，得賜則以鬱耳。《王度記》云『天子以鬯』及《禮緯》云『鬯草生庭』，皆是鬱金之草，以其和鬯酒，因號爲鬯草也。」詒讓案：「鬯」與「鬱」别，《逸禮》及《禮緯》並以鬱爲鬯草者，散文得通也。陳啓源云：「注謂鬱草若蘭，以其俱是香草，故取以相方耳。若鬱金之種類，又各不同。朱穆《鬱金賦》云『歲朱明之首月』，是華以四月也。傅玄賦云『葉萋萋而翠青，英蘊藴而金黄』，是華色正黄也。楊孚《南州異物記》云：『鬱金出罽賓，色正黄，與芙蓉華、裹嫩蓮相似，可以香酒。』此與傅賦合。至《唐書》言太宗時伽毘國獻鬱金，葉似麥門冬，九月開華，狀似芙蓉，其色紫碧，香聞數十步，華而不實。《本草》云：『其華十二葉，爲百草之英。二月三月有華，狀如紅藍。』兩書言華之色候互異，以朱、傅二賦較之，又不同，其種類當不一矣。不知古人所用何種也。」黄以周云：「《魏略》云：『鬱金香，生大秦國，狀如紅藍。』二鄭所云蓋卽此。李時珍《本草綱目》，鬱金有二，鬱金香用葉，此用根，其苗似薑。然古所稱香草皆以葉。先鄭云『十葉爲貫』，則所用者葉，非華亦非根也。」**凡裸玉，濯之，陳之，以贊裸事。**裸玉，謂圭瓚璋瓚。

【疏】「凡裸玉濯之陳之」者，《説文·水部》云：「濯，瀚也。」若祭祀，則於大宰、大小宗伯眡滌濯時，濯裸玉而陳之也。其賓客，亦於陳尊時陳之。注云「裸玉謂圭瓚璋瓚」者，賈疏云：「此裸玉卽圭瓚是也。故《玉人》、《典瑞》皆云裸圭尺有二寸。《禮記·郊特牲》云：『灌以圭璋，用玉氣也。』王用圭瓚，后用璋瓚，故鄭并言之也。」詒讓案：瓚勺以金爲之，不用玉，因其以圭璋爲柄，故通謂之裸玉，形制詳《典瑞》、《玉人》疏。**詔裸將之儀與其節。**節，謂王奉玉送裸早晏之時。

【疏】「詔裸將之儀」者，以《特牲》、《少牢禮》主人主婦獻尸之禮推之，送裸時，王當拜，后當俠拜，皆其儀也。又依《禮運》孔疏引崔靈恩説，大祫之裸，衆尸皆在大廟中，依次而裸，則其敍次亦鬱人詔之矣。注云「節謂王奉玉送裸早晏之時」者，《小宗伯》注云：「將，送也，猶奉也。」賈疏云：「奉玉，謂王與后裸時，奉瓚而酌鬱鬯。云『送裸』者，謂送之以授尸，尸得祭之，嚌之，奠之不飲，故上文司農云『停於祭前』也。」**凡裸事，沃盥。**

【疏】「凡裸事沃盥」者，《説文·皿部》云：「盥，澡手也。」《左》僖二十三年傳「奉匜沃盥」，孔疏云：「沃謂澆水也。」詒讓案：沃盥者，謂行禮時必澡手，使人奉匜盛水以澆沃之，而下以槃承其棄水也。賈疏云：「凡，言非一。若賓客，則大宗伯裸；若祭祀，王及后裸：皆鬱人沃以水盥手及洗瓚也。」案：賈説是也。此沃盥並謂尸賓初入門，行裸時，爲王及后沃盥，以此官專掌裸事也。《小臣》云「大祭祀朝覲，沃王盥」者，謂朝踐三獻以後之盥；其裸時，沃尸盥，別有小祝掌之：皆非此官所掌矣。互詳《小祝》、《小臣》疏。又案：以《少牢》、《特牲饋食禮》攷之，凡尸與主人主婦之盥不同。《少牢》云：「設洗于阼階東南，當東榮，司宫設罍水于洗東，有枓。」注云：「凡設水用罍，沃盥用枓。」此主人盥於洗，沃以枓，彼下文云「祝盥于洗，升自西階，主人盥，升自阼階」是也。《特牲》云：「主婦盥於房中。」注云：「主婦盥，盥於内洗。」引《士昏禮》婦洗在北堂，是主婦盥於内洗也。彼又云：「尸盥，匜水實于槃中，簞巾在門内之右。」注云：「設盥水及巾，尸尊不就洗。」是尸盥於槃，沃以匜也。

《御僕》「大祭祀相盥」，卽謂相王盥，彼注云：「相盥者，謂奉槃受巾與。」若然，鄭意王后尊，亦不就洗，與尸同盥於槃，沃以匜，與《少牢》、《特牲》主人主婦盥異也。**大喪之渳，共其肆器；**肆器，陳尸之器。《喪大記》曰：「君設大盤造冰焉，大夫設夷盤造冰焉，士併瓦盤，無冰，設牀襢第，有枕。」此之謂肆器。天子亦用夷盤。【疏】「大喪之渳，共其肆器」者，亦謂王及后喪也。此不云「大渳」，則疑或關世子之喪。據《肆師》注，渳亦用鬱鬯，則當鬯人共秬鬯，此官和鬱。經止言共肆器者，文不具也。注云「肆器陳尸之器」者，《小宗伯》云：「王崩，大肆，以秬鬯渳。」注云：「大肆，始陳尸伸之。」案：大渳用鬱鬯，《大祝》謂之肆鬯。其浴鬯之器，卽謂之肆器。此官掌肆鬯，故并其器共之。引《喪大記》曰「君設大盤造冰焉，大夫設夷盤造冰焉，士併瓦盤，無冰，設牀襢第，有枕」者，證渳當用夷盤、夷牀也。並詳《凌人》疏。云「此之謂肆器」者，《喪大記》所言盤牀等，並是浴尸所用，明卽此肆器。此官與凌人同共之，相與爲官聯也。云「天子亦用夷盤」者，賈疏云：「《凌人職》云：『大喪共夷盤冰。』此夷盤則諸侯大盤之類，與大夫夷盤同名耳，大小則異也。」案：《凌人》「盤」作「槃」，盤卽槃之籀文，亦詳彼疏。**及葬，共其裸器，遂貍之。**遺奠之彝與瓚也，貍之於祖廟階閒，明奠終於此。【疏】「遂貍之」者，貍，薶之借字，詳《鼈人》疏。

注云「遺奠之彝與瓚也」者，賈疏云：「知葬共裸器據遺奠時者，以葬時不見有設奠之事，祖祭已前奠小，不合有彝器；奠之大者，唯有遺奠，故知於此始祖廟中，厥明將葬之時設大遺奠，有此裸器也。此卽《司尊彝》云『大喪存奠彝』者是也。以奠無尸，直陳之於奠處耳。」詒讓案：鬱人共奠彝，則亦和鬱鬯以實之。亦宜有舟，注不言者，文不具也。云「貍之於祖廟階閒」者，「貍」注例當作「埋」，各本並誤。貍埋古今字，詳《鼈人》疏。賈疏云：「此案《曾子問》無遷主者，以幣帛皮圭以爲主命行，反遂貍之於祖廟兩階之閒。此大遺奠在始祖廟，事訖明亦貍之於階閒也。」孔廣森云：「裸器言埋，則亦從葬者也。似非如注所云『遺奠之彝與瓚，埋於祖廟階閒』也。《檀弓》曰：『夏后氏用明器，殷人用祭器，周人兼用之。』此裸器，正葬所用之祭器。」案：孔說近是。《校人》云：「大喪，飾遺車之馬，及葬，埋之。」與此文例正同。云「明奠終於此」者，釋共卽貍之之義。凡喪奠有十，始於始死奠，終於大遺奠，詳《喪祝》疏。賈疏云：

「自此已前，不忍異於生，設奠食，象生而無尸。自此已後，葬訖反，日中而虞則有尸，故《士虞禮》云『男，男尸，女，女尸』。以神事之謂之祭，異於生，故云『明奠終於此』也。」

大祭祀，與量人受舉斝之卒爵而飲之。斝，受福之嘏，聲之誤也。王酳尸，尸嘏王，此其卒爵也。《少牢饋食禮》：「主人受嘏詩懷之，卒爵，執爵以興，出。宰夫以籩受嗇黍，主人嘗之，乃還獻祝。」此鬱人受王之卒爵，亦王出房時也。必與量人者，鬱人贊祼尸，量人制從獻之脯燔，事相成。【疏】「大祭祀」者，謂宗廟禘祫及時享。云「與量人受舉斝之卒爵而飲之」者，二官爲聯事也。先鄭《量人》注云：「斝，器名。」陸佃、孫希旦、林喬蔭、黄以周，並謂卽《郊特牲》云「舉斝角」是也。孫希旦云：「《特牲禮》，祭初設饌饗神，祝酌奠於鉶南。天子諸侯之祭，於堂上行朝踐禮畢，尸將入室，亦先於室中設饌酌奠。斝角，所奠之爵也。鬱人與量人受舉斝之卒爵而飲之。《量人》：『凡宰祭，與鬱人受斝歷而皆飲之。』蓋鉶南之奠，至上嗣舉奠飲之，還洗酌入，尸受，祭之，啐之，奠之。祭畢，則鬱人量人飲之。言舉斝之卒爵，以見其爲上嗣所飲而復奠之爵也。」案：孫説甚覈而未盡也。蓋王禮，太子舉斝，猶《特牲》嗣舉奠觶也。但彼士禮，嗣舉奠卒觶後，云「舉奠，洗酌入，尸拜受，祭酒，啐酒，奠之」，則尸仍奠而不飲。而王禮則有太子獻酢之事，故《文王世子》云：「其登餕獻受爵，則以上嗣。」又鄭《詩·小雅·賓之初筵》箋云：「子孫各奏爾能者，謂既湛之後，各酌獻尸，尸酢而卒爵也。士之祭禮，上嗣舉奠，因而酌尸，天子則有子孫獻尸之禮。」明王禮與士禮不同。今以《特牲禮》及《詩箋》説推約之，蓋朝踐之後，薦孰之時，延主入室，祝酌斝奠於鉶南，乃迎尸入室，舉此奠斝，王拜妥尸，尸執斝祭之，啐之，奠之。及九獻加爵畢，太子入，尸執奠斝，太子受，祭之，啐之，卒斝。洗斝以獻尸，尸受，祭之，啐之，卒斝。尸又洗斝酢太子，太子受，祭之，啐之，奠之。及禮畢，尸將出，王則以此奠斝賜鬱人、量人飲之。奠斝之時，啐而未卒爵，故此經云「受卒爵」，《量人》則云「受斝歷」也。但禮無二人同飲一爵之事，蓋先受者爲舉奠之餘，其次或當受而更酌，經通言不别耳。互詳《量人》疏。　注云「斝受福之嘏，聲之誤也」者，鄭不知此舉斝卽《郊特牲》之舉斝，故破爲嘏也。《少牢饋食禮》鄭注云：「嘏，大也。予主人以大福也。」賈疏云：「此大祭祀云受嘏，謂祭宗廟者也。」段玉裁云：「《説文》嘏從古叚聲，斝從斗而象形。二字古音皆在魚模部，皆讀如古，故鄭君就其聲類而易其字。」云「王酳尸，尸嘏王此其卒爵也」者，謂廟享凡十五飯後，王酳尸，尸酢王，復致嘏，王受嘏而卒爵，即卒酢爵也。王酳尸，依鄭義於九獻爲朝獻，詳《司尊彝》疏。云「《少牢饋食禮》主人受嘏詩懷之，卒爵，執爵以興，出，宰夫以籩受嗇黍，主人嘗之，乃還獻祝」者，《少牢饋食禮》於主人獻尸、尸酢主人之後，云「祝與二佐食皆出，盥于洗，入。二佐食各取黍于一敦，上佐食兼受，摶之以授尸，尸執以命祝，祝受以東北面于户西，以嘏于主人。主人坐奠爵，興，再拜稽首，興，受黍，坐，振祭，嚌之，詩懷之，實于左袂，挂于季指，執爵以興，坐，卒爵，執爵以興，坐，奠爵拜。尸荅拜。執爵以興，出，宰夫以籩受嗇黍，主人嘗之，納諸内。主人獻祝。」鄭注云：「詩猶承也。宰夫，掌飲食之事者。收斂曰嗇，明豐年乃有黍稷也。」案：鄭引之者，證王酳尸後有舉嘏之事。但彼諸侯卿大夫，禮止三獻，酳尸爲初獻；王禮有九獻，則酳尸爲七獻，以此爲異耳。又《詩·小雅·楚茨》「既匡既勑」，箋云：「嘏之禮，祝偏取黍稷，牢肉魚擩于醢，以授尸，孝孫前就尸受之，天子使宰夫受之以筐，祝則釋嘏辭以勑之。」亦説王祭受嘏之禮。孔疏推箋意，謂天子禮當如《特牲》尸親嘏，與《少牢》使祝嘏不同。又謂《少牢》宰夫受以籩，《詩箋》云受以筐；《少牢》先釋辭，後嘏黍，《詩箋》先予嘏，後釋辭。皆天子禮，與大夫異。今案：鄭謂受以筐者，讀《詩》「既匡」之「匡」爲「筐」也。尸親嘏之禮，據《特牲》經説，亦可通。惟先釋辭，後予嘏，乃順《詩》文作訓，非謂禮異。此注引《少牢》先受嘏後受黍之文，以釋王禮，足證鄭意不如孔説矣。云「此鬱人受王之卒爵，亦王出房時也」者，賈疏云：「大夫士有獻祝及佐食，無獻鬱人、量人法；天子有獻鬱人、量人之禮，無祝及佐食之事。但其節同，故引爲證也。」林喬蔭云：「經明言受卒爵而飲之，亦未嘗有更酌以獻之事，疏肊造爲天子有獻鬱人、量人之禮，果何據邪？」案：林説是也。注云出房，亦謂七獻之後，王受嘏訖，由室中出在房時，《少牢饋食禮》云「主人執爵以興出」，《特牲饋食禮》亦云「主人出寫嗇于房」是也。然彼大夫士禮，主人出寫後，仍入室，設筵而後獻祝及佐食。此注説鬱人與量人受王之卒爵而飲之，約與彼獻祝及佐食禮相當，然不言王酌獻，而云受王之卒爵，則似謂王出房寫嗇時，即命官以爵賜鬱人、量人，與《祭統》賜爵群有司相類，蓋王尊，不當與鬱人、量人爲獻酬也。若然，鄭意本不謂王獻鬱人、量人，賈實未達注恉。云「必與量人者，鬱人贊祼尸，量人制從獻之脯膰，事相成」者，《量人》「膰」作「燔」，叚借字。賈疏云：「上文『贊祼事，詔祼將之儀』，《量人》云『凡祭祀、饗賓，制其從獻脯燔之數量』，前祼後獻，祭事乃成，故云事相成也。」

鬯人掌共秬鬯而飾之。秬鬯，不和鬱者。飾之，謂設巾。【疏】注云「秬鬯，不和鬱者」者，別於上鬱人鬱鬯爲和鬱者也。《敍官》注謂鬯卽釀秬爲酒，取芬芳條鬯之義。《詩・大雅・江漢》箋説亦同。先鄭《肆師》注云：「築香草，煑以爲鬯。」《説文》鬯字注義同。則以鬯爲已和鬱者，義與後鄭異。《詩・江漢》毛傳云：「秬，黑黍也。鬯，香草也。築煑合而鬱之曰鬯。」毛亦以鬯爲非未和鬱之酒，而義與先鄭復不同。《玉燭寶典》引《月令章句》云：「鬱金，香草，釀以秬黍，是爲秬鬯。」《書・文侯之命》僞孔傳釋秬鬯，亦云「釀以鬯草」，蓋卽本毛説。《詩》孔疏云：「禮有鬱鬯者，築鬱金之草而煑之，以和秬黍之酒，使之芬香條鬯，故謂之鬱鬯。鬯非草名，而此傳言鬯草者，蓋亦謂鬱爲鬯草。何者？《禮緯》有秬鬯之草，《中候》有鬯草生郊，皆謂鬱金之草也。以其可和秬鬯，故謂之鬯草。毛言鬯草，蓋亦然也。言築煑合而鬱之，謂築此鬱草，又煑之，乃與秬黍之酒合和而鬱積之，使氣味相入，乃名曰鬯。言合而鬱積之，非草名。如毛此意，言秬鬯者，必和鬱乃名鬯，未和不爲鬯，與鄭異也。《鬯人》注云：『秬鬯，不和鬱。』知者，以鬯人掌秬鬯，鬱人掌和鬱鬯，明鬯人所掌未和鬱也。故孫毓云：『鬱是草名，今之鬱金，煑以和酒者也。鬯是酒名，以黑黍秬一秠二米作之，芬香條鬯，故名曰鬯。鬯非草名，古今書傳香草無稱鬯者。箋説爲長。』」案：孫氏申鄭，其説是也。依毛義，秬與鬯爲二，鬱與鬯爲一，意謂築煑鬯草，合之秬黍，蘊鬱而釀之，是爲鬯酒，則鬱非草名，而鬯乃草名。依後鄭，則鬱是鬱金，秬鬯是黍酒，二者相合乃成鬱鬯。毛爲鬱合，鄭爲鬱金，兩説絶不相蒙。孔氏述毛謂築煑合鬱亦用鬱金，非毛義。毛泛云鬯香草，則不知指何草言之。《春秋繁露・執贄》篇云：「暢者，取百香之心獨末之，合之爲一。」《説苑・脩文》篇云：「鬯者，百草之本也。」《白虎通義・攷黜》篇云：「鬯者，以百草之香，鬱而合釀之，成爲鬯。」《郊特牲》孔疏引盧植云：「言取草芬芳香者，與秬黍鬱合釀之，成爲鬯也。」董、劉、班、盧四家説亦以鬱爲「鬱合」，而並謂香草非一草，不知與毛義同否。攷《漢書・禮樂志・郊祀歌》云：「百末旨酒布蘭生。」顔注云：「百末，百草華之末也。以百草華末雜酒，故香且美也。事見《春秋繁露》。」據顔説，則董子疑卽本漢制，恐非古法。至今本《白虎通義》作「鬱金而合釀之」，乃習聞鄭義者增之，非其舊也。儻班亦謂用鬱金，則不宜用百草之香矣。《郊特牲》疏又引馬融云:「鬱,草名,以鬱金香草合爲鬯也。」馬以鬱爲「鬱金」,與後鄭義同,而以合鬱後乃爲鬯,則又同毛、董、劉、班、先鄭諸家之説。《論語·八佾》皇疏又云:「鬱鬯,煮鬱金之草,取汁釀黑秬一秠二米者爲酒,酒成,則氣芬芳調暢,故呼爲鬯,亦曰秬鬯也。若又擣鬱金,取汁,和莎,泲於此鬯,則呼爲鬱鬯。」此復謂先煮鬱金釀秬爲秬鬯,更擣鬱金和秬鬯爲鬱鬯,與諸儒之義又不同。蓋衆説之舛異如此。黄以周云:「《鬯人》曰『共秬鬯』,《鬱人》曰『和鬱鬯』,是秬鬯可單稱鬯,而鬱未和鬯祇單稱鬱也。《郊特牲》曰:『周人尚臭,灌用鬯臭,鬱合鬯,臭陰達于淵泉。』曰『鬱合鬯』,與下『蕭合黍稷』,同以二物相合。然則經之單稱鬯,皆秬鬯也;經之單稱鬱,皆未和鬯者也;經之稱秬鬯者,亦鬯之不和鬱者也。」案:黄説是也。云「飾之謂設巾」者,賈疏云:「此上下雖無設巾之事,案《幂人》云:『以疏布巾幂八尊,以畫布巾幂六彝。凡王巾皆黼。』凡尊皆有巾幂,明秬鬯之酒尊,亦設巾可知。故知所飾者,設巾也。」**凡祭祀,社壝用大罍,**壝,謂委土爲墠壇,所以祭也。大罍,瓦罍。【疏】「凡祭祀」者,以下明内外祭祀盛鬯之尊異同之法,與《小宗伯》、《司尊彝》盛鬱之六彝、盛酒之六尊異也。此内外祭祀秬鬯之尊,皆奠而不祼,詳《小宰》疏。云「社壝用大罍」者,通大社、王社而言。凡祭社必兼祭稷,經不言稷者,亦舉大以晐細也,與《封人》義同。

注云「壝謂委土爲墠壇,所以祭也」者,「墠壇」《釋文》作「壇墠」。《大司徒》注云:「壝,壇與堳埒也。」賈疏云:「謂四邊委土爲壝,於中除地爲墠,墠内作壇,謂若三壇同墠之類也。此經云『社壝』,謂若《封人》及《大司徒》皆云『社壝』,皆直據外壝而言也。」焦循云:「《尚書·金縢》『爲三壇同墠』,馬氏注云:『壇,土堂。』《祭法》『去壇爲墠』,注云:『除地曰墠,封土曰壇。』蓋壝爲擁土之名,故壇埒均謂之壝。《鬯人》『社壝』,亦以壇言。」案:焦説是也。鄭意凡祭必設於壇,不於堳埒,故注止云墠壇。賈謂直據外壝而言,失其恉矣。云「大罍,瓦罍」者,明與《司尊彝》「酢罍」、《明堂位》「山罍」皆用木爲之異也。《司尊彝》有大尊,注云「大古之瓦尊」。此瓦罍謂之大罍,義與彼同。賈疏云:「罍用瓦,取質略之意也。」聶崇義云:「大罍,張鎰《圖》引阮氏《圖》云:『瓦爲之,受五斗,赤雲氣畫山文,大中,身兑,平底,有蓋。』張鎰指此瓦罍爲諸臣之所酢之罍,誤。」案:聶説是也。阮《圖》謂瓦罍受五斗,亦是而謂畫山文,則與山罍制掍,恐不足據。但此注雖不言畫,然據《説文·木部》櫑字注及《詩·周南》孔疏引《五經異義》《詩》毛、韓説，並謂罍爲取象雲雷，則大罍亦當笵土爲雲雷之文。若大尊則純素無文，與大罍異也。互詳《司尊彝》疏。**禜門用瓢齎，**禜，謂營酇所祭。門，國門也。《春秋傳》曰：「日月星辰之神，則雪霜風雨之不時，於是乎禜之；山川之神，則水旱疫癘之不時，於是乎禜之。」魯莊二十五年秋，大水，鼓用牲于門。故書「瓢」作「剽」。鄭司農讀剽爲瓢。杜子春讀齎爲粢。瓢，謂瓠蠡也。粢，盛也。玄謂齎讀爲齊，取甘瓠，割去柢，以齊爲尊。【疏】注云「禜謂營酇所祭」者，禜即《大祝》六祈之禜，營禜聲類同。《祭法》注云：「禜之言營也。」《説文·示部》云：「禜，設緜蕝爲營，以禳風雨雪霜水旱癘疫於日月星辰山川也。一曰禜衞，使灾不生。」《左傳》昭元年杜注云：「禜祭，爲營攢，用幣以祈福祥。」《史記·鄭世家》集解引服虔説及《左傳》孔疏引賈逵説，並與杜同。孔又釋之云：「日月山川之神，其祭非有常處，故臨時營其地，立攢表，用幣告之，以祈福祥也。攢，聚也，聚草木爲祭處耳。」詒讓案：鄭所謂「營酇」，即賈、服、杜所謂「營攢」，酇攢字通。《樂記》云：「其治民勞者，其舞行綴遠；其治民逸者，其舞行綴短。」鄭注云：「民勞則德薄，酇相去遠，舞人少也；民逸則德盛，酇相去近，舞人多也。」又《奔喪》「喪位」注云：「位，有酇列之處。」鄭又通作「纂」。《史記·叔孫通傳》「爲緜蕞野外習之」，《集解》引如淳云：「蕞謂以翦茅樹地爲纂位。《春秋傳》曰『置茅蕝』也」。《索隱》引《纂文》云「蕝，今之纂字」。是此注云營酇，又即許君所謂「設緜蕝爲營」，謂立營兆酇表而祭之。《黨正》注謂祭禜亦爲壇位如社稷，亦是也。《左傳疏》以爲立攢表，得之；其訓攢爲「聚艸木」，則非。云「門，國門也」者，謂王城十二門，別於《月令》「秋祀門」爲廟門也。《初學記·天部》引《三禮義宗》云：「禜，止雨之祭，每禜於城門。」賈疏云：「《禮記·祭法》云『天子祭七祀』，有國門，故知也。」引《春秋傳》以下者，並《左》昭元年傳子産對晉侯語，引以證禜祭之事。賈疏云：「彼先云山川，後云日月，此先云日月者，鄭君所讀《春秋》先日月，與賈、服傳不同故也。彼無不時，此有之者，鄭以義增之，非傳文。」詒讓案：先日月，後山川，《大祝》注及《祭法》注、《説文》禜字注並同。蓋許、鄭所見本並如是。「水旱疫癘之不時」，今《左傳》作「水旱癘疫之災」。此「癘疫」字倒，明監本、毛晉本並改從《左傳》，《大祝》注引《左傳》亦不倒，疑監、毛本近是。「不時」《左傳》作「災」，《祭法》注及《大祝》注賈本亦竝作「不時」，彼疏云「鄭君讀傳有異」，此疏云「鄭君以意增之」，二説乖異，《大祝》疏是也。云「魯莊二十五年秋，大水，鼓用牲于門」者，《春秋經》文。《左傳》杜注亦云：「門，國門也。」此引以證水旱禜國門之事。《公羊傳》云：「於社，禮也。於門，非禮也。」與此經不合，鄭所不從。云「故書瓢作剽，鄭司農讀剽爲瓢」者，段玉裁云：「故書作『剽』，假借字也。」云「杜子春讀齎爲粢」者，齎粢亦聲近假借字。《小祝》「設道齎之奠」，杜注亦云「齎當爲粢」。此與《小宗伯》「六齍」注云「齍讀爲粢」，義亦略同。又《肆師》「祭之日表齍盛」，彼注亦以齍爲粢，又云「故書表爲剽」。此經故書「剽齎」，與彼故書「剽齍」聲讀相近。若然，杜或謂二經義同，故讀齎爲粢與？云「瓢謂瓠蠡也」者，《説文·瓠部》云：「瓠，匏也。瓢，蠡也。」《廣雅·釋器》云：「瓠、蠡，瓢也。」《方言》云：「𧓨，陳楚宋魏之間或謂之簞，或謂之櫼，或謂之瓢。」郭注云：「瓠，勺也。」《論語·公冶長》皇疏云：「瓢，瓠片也。」段玉裁云：「一瓠副爲之二瓢，曰蠡，《昏禮》所謂巹也。《説文》巹訓蠡也，斡訓蠡柄也。《漢書》『以蠡測海』，張晏曰：『蠡，瓠瓢也。』《楚辭》、《方言》字皆作𧓨，俗作㼖。」案：段説是也。蠡，卽《士昏禮》之巹，注云：「合巹，破匏也。」凡瓠可半剖爲勺，亦可全割爲尊。故《莊子·逍遥游》篇説「大瓠」云「剖之以爲瓢」，又云「慮以爲大樽」。此注謂爲勺，故釋爲蠡。後鄭以此盛卣皆是尊，故後注正之曰爲尊，其義較長。凡用瓠者，皆尚其質，故《郊特牲》云：「器用陶匏。」《詩·大雅·篤公劉》云：「酌之用匏。」毛傳云：「儉以質也。」此禜門用瓢齎者，蓋亦與祭社用大罍同，取從質之義也。又案：此經故書「瓢」作「剽」，杜本卽故書也。再傳至司農，始依聲類讀爲瓢，則不宜杜氏先有瓠蠡之釋，殆仍是先鄭義也。云「粢，盛也」者，《甸師》注云：「粢，稷也。在器曰盛。」通言之，則粢盛亦可互稱。但此釋亦未審其義，儻以瓢粢爲祭穀，則非此官所職。疑此盛當謂盛酒之器，《左》哀十三年傳云「旨酒一盛兮」是也。蓋先鄭意祭穀爲粢，既可通稱盛，以相比例，則酒器爲盛，亦可通稱粢，瓢粢卽謂破瓠爲盛。然其義亦迂曲，且與上下文罍、脩、蜃、概散文例亦不合，故後鄭不從。云「玄謂齎讀爲齊，取甘瓠割去柢以齊爲尊」者，段玉裁云：「鄭君以爲讀粢訓盛，則六者皆得言盛，不得獨綴於瓢，故易爲『齊』，齊卽『臍』字。《左傳》『噬臍』字作『齊』。瓠以柄爲柢，以腹爲臍，去其柄而用腹爲尊也。用腹爲尊，則不用兩析之瓢，然則經文之瓢猶言瓠也。」**廟用脩，凡山川四方用蜃，凡裸事用概，凡疈事用散。**裸，當爲「埋」字之誤也。故書「蜃」或爲「謨」。杜子春云：「謨當爲蜃，書亦或爲蜃，蜃，水中蜃也。」鄭司農云：「脩、謨、概、散，皆器名。」玄謂廟用脩者，謂始禘時，自饋食始。脩、蜃、概、散，皆漆尊也。「脩」讀曰「卣」。卣，中尊，謂獻象之屬。尊者彝爲上，罍爲下。蜃，畫爲蜃形。蚌曰合漿，尊之象。概，尊以朱帶者。無飾曰散。【疏】「凡山川四方用蜃」者，四方之祭有二，一爲《舞師》「四方之祭祀」，注云「謂四望也」。一即《大宗伯》「五祀之祭」，亦曰四方，五祀與五嶽同血祭，四望亦即五嶽四鎮四瀆等，故與山川同用蜃也。《大宗伯》別有四方百物之祭，則入疈事中，與此四方異。云「凡祼事用概」者，「概」，葉鈔《釋文》作「摡」。案：賈疏釋概爲横概之義，則字不作摡，宋本《釋文》不足據。云「凡疈事用散」者，賈疏云：「即《大宗伯》云『疈辜祭四方百物』是也。」　注云「祼當爲埋，字之誤也」者，賈疏云：「若祼則用鬱，當用彝尊，不合在此而用概尊，故破從埋也。埋謂祭山林。則山川用蜃者，大山川。」段玉裁云：「埋，經典多用貍，與祼字略相似而誤。」案：段説是也。祼事《鬱人》兩見，此涉彼而誤。「埋」即「薶」之俗體，此經《鼈人》、《鬱人》經注皆作「貍」，《大宗伯》則經作「貍」，注作「埋」。此校定經字疑當作「貍」，傳寫誤從俗耳。互詳《鼈人》疏。黄以周云：「《大宗伯》有貍沈疈辜之祭，此祼事用概，與疈事用散對文，則爲埋字之譌無疑。」云「故書蜃或爲謨，杜子春云謨當爲蜃，書亦或爲蜃」者，此故書有兩本，鄭據義長則以作「蜃」者爲正本，杜據存舊則以作「謨」者爲正本，而其讀從蜃則同。段玉裁云：「古文謨字作[illegible]，與蜃篆文相亂者，字之誤也。」王引之云：「謨與蜃聲不相近，注中三謨字疑當作『謓』。《説文》謓讀若『振』，與蜃字聲近而通。凡字之真聲辰聲者，往往通借。《大祝》『振祭』，杜子春讀振爲『愼』。鄭司農注《大司馬》曰『五歲爲愼』，後鄭讀愼爲『麎』。是其例也。隸書真莫二形相似，學者多見謨，少見謓，故謓譌爲謨矣。」案：王説亦通。云「蜃，水中蜃也」者，《鼈人》注云「蜃，大蛤」是也。段玉裁云：「杜意直用水中蜃爲尊。」詒讓案：《掌蜃》云「祭祀共蜃器之蜃」，注云：「蜃之器以蜃飾因名焉。」杜蓋謂此蜃與彼同，鄭彼注亦舉此經爲證，則亦兼存杜説也。《宋書・禮志》丘景先議引此職「蜃」作「脤」，説云「盛酒當以蠡桮」。疑亦用杜義，而字則從《大宗伯》「脤膰」之脤，亦以二者器異而用蜃則同，可互通也。鄭司農云「脩謨概散皆器名」者，先鄭「脩」「謨」二字並從故書如字讀，後鄭不從也。云「玄謂廟用脩者，謂始禘時自饋食始」者，賈疏云：「謂練祭後遷廟時。以其宗廟之祭，從自始死已來無祭，今爲遷廟，以新死者木主入廟，特爲此祭，故云始禘時也。以三年喪畢，明年春禘爲終禘，故云始也。

自饋食始者，天子諸侯之祭自灌始，有朝踐、饋獻，乃有饋食進黍稷。大夫士禮無饋獻已前事，直有饋食始，卽《特牲》、《少牢》皆云饋食之禮是也。今以喪中爲吉，喪不可與吉時同，故略同大夫士禮。且案《大宗伯》，宗廟六享皆以祼爲始，當在鬱人用彝，今不用鬱，在鬯人用卣尊，故知略用饋食始也。若然，鄭知義還廟在練時者，案文二年《穀梁傳》云：『作主壞廟有時日，於練焉壞廟。壞廟之道，易檐可也，改塗可也。』爾時木主新入廟，禘祭之。是以《左氏》說，凡君薨，祔而作主，特祀主於寢，畢三時之祭，朞年然後烝嘗禘於廟。許愼云：《左氏》說與《禮》同。鄭無駁，明用此禮同，義與《穀梁傳》合。賈、服以爲三年終禘，遭烝嘗則行祭禮，與前解違，非鄭義也。」詒讓案：鄭《士虞記》注云「練而後遷廟」，無禘祭之說；《大宗伯》及《王制》注並云「魯禮，三年喪畢而祫於太祖，明年春禘於群廟」，亦無練後始禘之文。惟《詩·玄鳥》敍箋云：「古者君喪三年既畢，禘於其廟，而後祫祭於太祖，明年春禘於群廟。」《王制》孔疏據彼釋此注云：「按《玄鳥》箋云『三年既畢，禘於其廟，而後祫祭於太祖』，更有禘於其廟之文，不同者，謂練時遷主遞廟，新死者當禘祭於其廟以安之，故《鬯人》云『廟用脩』，注云『謂始禘時』。《左氏》說禘謂既期之後，然則禘於其廟，在於練時。而《玄鳥》箋云『喪三年既畢禘於其廟』者，鄭將練禘總就喪畢祫於太祖而言之，其實禘廟在練時也。熊氏一說，謂三年除喪，特禘新死者於廟，未知然否。」今案：孔參合《詩箋》及《穀梁》義，以證此注始禘在練時，與賈說略同。《王制》孔疏亦有練而禘廟之說。然《詩》釋文「古者君喪三年既畢」下，無「禘於其廟而後」六字。陸云：「一本作『古者君喪三年既畢，禘於其廟，而後祫祭於太祖，明年春禘於群廟』。」案：此序一注，舊有兩本，前祫後禘是前本，禘夾一祫是後本也。《玄鳥》孔疏亦謂後本爲誤，定本無此文，又謂鄭《禮注》及《禘祫志》亦無此言，其說與《王制》疏不同。攷此注始禘之說，絕無徵論，惟《詩箋》兩禘夾一祫之本，義似通於此。然孤證岐互，究難凴信。況鄭《詩》、《禮》箋注及賈疏之義，疑迕甚多。何則？《籩人》疏引鄭《論語注》云：「禘祭之禮，自血腥始。」蓋宗廟時祭，尚有二祼及朝踐之節，禘爲殷祭，不當自饋食始。若云喪中禮殺，則又不宜冢殷祭之名。此鄭說之可疑者一也。鄭說禘祫，備具《禮記注》及《禘祫志》。叚令果有終始兩禘，時殊禮異，則不宜此注及《詩箋》之外，絕無一言及之。此鄭說之可疑者二也。又《詩箋》說三年喪畢，禘於其廟，既云喪畢，則是前禘雖在祫前，仍在大祥之後，熊安生說是也。與此疏練時始禘之説本不合，故此疏不援《詩箋》爲證。而《士虞禮》疏則引《詩箋》後本，謂鄭意除練時特禘，三年喪畢更有此禘，是則祫前乃有二特禘，與祫後之終禘爲三，其説尤不經。此賈説之不合者一也。賈所引《左氏》説以下，蓋據《五經異義》文。案《左》僖三十三年傳云：「凡君薨卒哭而祔，祔而作主，特祀於主，烝嘗禘於廟。」賈、服、杜並謂即三年之終禘。賈意謂彼禘在朞年之後，即是練時。今攷《左傳》本無朞年之文，《異義》引《左氏》説，增易舊文，義恉亦未明析。賈氏强以彼禘當此始禘，實未必合。此賈説之可疑者二也。陳壽祺駁賈説云：「《鬯人》無禘祭明文，鄭云始禘，亦指喪畢明年之禘，非練後也。竊意《左氏》説祀主而畢三時之祭，則已踰期矣。自是而復期年，則三年喪終矣。自是而烝嘗禘，正合三年終禘之説，未有兩岐。賈疏誤仞爲君薨之期年，故生異論耳。」案：陳糾賈氏誤解《左傳》是也。其謂此注始禘，即賈、服所謂終禘，亦足備一義。但終禘爲殷祭之始，其禮至隆，必無自饋食始之理，於禮究不可通。《御覽・禮儀部》引《禮記外傳》云：「神主入廟，先爲一禘，明年春禘而又祫。」成氏亦參合此注及《詩箋》爲説，而謂祫之前有二禘，與《士虞》疏説略同，尤不足據。今以《禮經》及鄭義推校尋繹，竊疑此注「始禘」當爲「始祔」之譌。蓋天子喪祭九虞及卒哭之祭皆在寢，至祔始祭於祖廟。鄭意經云廟，則非卒哭以前之祭；用卣，則非吉祭九獻之禮。惟始祔在卒哭之後，主已祔祖，而祭未純吉，宜用大牢，饋食三獻而畢事，故雖廟祭，而無上尊之祼。注意不過如是。自「祔」「禘」形近譌易，疏家不辨，强爲援證，而抵牾彌甚。不知練時特禘，鄭本無是義，不可誣也。云「脩蜃概散皆漆尊也」者，鄭意此四者即《司尊彝》六尊之類。《禮器》云：「貴者獻以爵，賤者獻以散。」注云：「凡觴五升爲散。」彼散别爲爵名，與此鬯尊異。聶崇義云：「皆容五斗，漆赤中。」云「脩讀曰卣」者，後鄭據《書》、《詩》、《左傳》説鬯尊竝云卣，故依聲類破脩爲卣也。《司尊彝・釋文》云：「卣本亦作攸。」脩攸聲類同。惠士奇云：「《集韻》『卣』或作『脩』。」段玉裁云：「脩卣字，同在古音尤幽部，聲類同也。卣即《説文》卤字，寫之異耳。中尊名卣者，卤讀若調，蓋取芬芳條暢之意與？凡言『讀曰』者，與『讀爲』同。」云「卣，中尊」者，《爾雅・釋器》云：「卣，中尊也。」郭注云：「不大不小者。」鄭言此者，欲見用中尊則無祼彝，與時享及禘祫不同。《洛誥》云「秬鬯二卣」，《文侯之命》、《詩・大雅・江漢》、《左》僖二十八年傳，竝云「秬鬯一卣」。《左傳》孔疏引李巡云：「卣，鬯之器也。」《詩》孔疏云：「鬯當在彝，而此及《尚書》、《左傳》皆云『秬鬯一卣』者，當祭之時乃在彝，未祭則在卣。賜時未祭，故卣盛之。」案：據孔説，則凡常祭用鬯者，無論用鬱與否，皆實於彝。未祭之先，則皆以卣盛之。此廟用卣，則當祭亦盛於卣，是直以卣代彝，與常祭異也。然其説未塙，詳後疏。云「謂獻象之屬」者，《司尊彝》有獻、象、著、壺、大、山六尊，鄭意彼六尊與卣同爲中尊，但以盛鬯盛酒爲異也。云「尊者彝爲上，罍爲下」者，據《爾雅》及《司尊彝》推定之。《爾雅·釋器》云：「彝、卣、罍，器也。」郭注云：「皆盛酒尊，彝其總名。」《左傳疏》引孫炎注云：「尊，彝爲上，罍爲下，卣居中也。」《爾雅》邢昺疏引《禮圖》云：「六彝爲上，受三斗；六尊爲中，受五斗；六罍爲下，受一斛。」是其差也。程瑶田云：「周制，尊有上中下三品。彝，上尊也。《小宗伯職》『辨六彝之名物，以待祼將』；《鬱人職》『凡祭祀賓客之祼事，和鬱鬯以實彝而陳之』是也。卣，中尊也。《小宗伯職》『辨六尊之名物，以待祭祀賓客』；《酒正職》『凡祭祀以灋共五齊三酒，以實八尊』是也。罍，下尊也。諸臣在廟爲賓，備卒食三獻酌罍以自酢，不敢與王之神靈共尊，《司尊彝職》所謂『皆有罍，諸臣之所酢』是也。考《鬯人職》所用之器，有大罍、瓢齎、脩、蜃、概、散，是六者皆尊名也，皆所以實秬鬯者也。鄭注『廟用脩』脩讀曰卣，可知秬鬯惟和鬱者乃實於彝，其未和鬱者則實於卣明矣。」黄以周亦云：「鬱人和鬱鬯以實彝，是祼酒也。《書》、《詩》、《左傳》言秬鬯一卣，是享酒也。鬯以鬱爲上，秬次之；尊以彝爲上，卣次之。祼用上尊彝，享用中尊卣，此尊卑之差也。《詩》孔疏混而一之，殊謬。」案：程、黄説是也。云「蜃畫爲蜃形」者，明不以蜃甲飾尊也。賈疏云：「亦謂漆畫之。」云「蚌曰合漿，尊之象」者，「合漿」《釋文》作「合將」，云「合，本亦作含；將，本又作漿。」阮元云：「今《爾雅》作『含漿』，賈疏同。」詒讓案：作「含漿」者是也。《龜人》「貍物」注亦云「謂蟣刀含漿之屬」。鄭以此釋經之蜃者，《爾雅·釋魚》：「蚌，含漿。」郭注云：「蚌即蜃也。」《説文·虫部》云：「蚌，蜃屬。」是蜃蚌同類。段玉裁云：「鄭君意蜃不可爲尊，但以桼畫爲蜃形，以蚌名含漿，有尊盛酒之象，故用爲畫而取名也。」云「概，尊以朱帶者」者，賈疏云：「玄纁相對，既是黑漆爲尊，以朱帶落腹，故名概。概者，横概之義，故知落腹也。」云「無飾曰散」者，賈疏云：「以對概蜃獻象之等有異物之飾，此無，故曰散。」黄以周云：「《特牲》有散尊。」

大喪之大渳，設斗，共其釁鬯。斗，所以沃尸也。釁尸以鬯酒，使之香美者。鄭司農云：「釁讀爲徽。」【疏】

「大喪之大渳」者，亦謂王及后喪也。云「共其釁鬯」者，此官共秬鬯，鬱人以和鬱也。　注云「斗，所以沃尸」者，《御覽·器物部》引《通俗文》云：「木瓢爲斗。」案：正字當作「枓」，《説文·木部》云：「枓，勺也。」《少牢饋食禮》注云：「枓，𣂔水器也。凡設水用罍，沃盥用枓。」《喪大記》云：「浴水用盆，沃水用枓。」注云：「以枓酌水沃尸也。」《史記·張儀傳》索隱云：「凡方者爲斗，若有安長柄，則名爲枓。」是枓與斗字異，經典枓作斗者，皆叚字也。《詩·大雅·行葦》孔疏引《漢禮器制度》説大斗云：「勺五升，徑六寸，長三尺。」《士喪禮》賈疏云：「枓受五升，方，有柄，用挹盆中水以沃尸。」案：賈説與《漢禮器制度》正同。即此沃水所用之斗，亦謂之罍枓，其酌鬯當用尊枓，即《梓人》之勺，與罍枓制同，而容量異也。云「釁尸以鬯酒，使之香美者」者，鬯酒即秬鬯之酒，取其芬芳條暢以釁尸，又以和浴湯，去其臭惡，使之香美也。　惠士奇云：「《齊語》『三釁三浴』，韋注云：『釁或爲熏。』《吕氏春秋·本味》『湯始得伊尹，祓之於廟，釁以犧豭』，《風俗通·祀典》引作『熏以萑葦』。《漢書》『豫讓釁面吞炭』，顔注云：『釁，熏也，以毒藥熏之。』是古熏多作釁。」段玉裁云：「鄭君意釁如字讀之，讀如釁鍾釁鼓之釁，故云釁尸以鬯酒也。」案：段説是也。凡大渳，以鬯塗尸而浴，故謂之釁，與以血塗鍾鼓謂之釁義同。蓋凡塗浴謂之釁，香草謂之薰，祓火謂之熏，三者不同。釁浴之正字，自當作釁。古釁薰熏字，聲近互通。然塗香事或相因，而與祓火則迥不相涉。凡釁浴字古書或作熏者，皆叚借也。但鄭意釁與浴事相因，不甚分別，故《女巫》「釁浴」注云「以香薰藥草沐浴」，是又兼取薰香之義。此注云使香美，亦似與《女巫》注義略同。若然，鄭意釁浴與釁器義同而微異也。互詳《女巫》疏。鄭司農云「釁讀爲徽」者，存異讀也。《雞人》、《天府》注並同。段玉裁云：「徽，美也。釁從分聲，徽從微聲，文微二韻，古多互轉。」

凡王之齊事，共其秬鬯。給淬浴。【疏】「凡王之齊事，共其秬鬯」者，此與宮人爲官聯也。凡王常時沐用粱，浴用湯，不用鬯。齊尤潔清，故以秬鬯給浴，蓋以鬯和湯也。　注云「給淬浴」者，賈疏云：「鄭知王齊以鬯爲洗浴，以其鬯酒非如三酒可飲之物，大喪以鬯浴尸，明此亦給王洗浴，使之香潔也。」詒讓案：《國語·周語》説藉田之禮云：「王即齊宮三日，王乃淳濯饗醴。及期，鬱人薦鬯，犧人薦醴，王祼鬯，饗醴乃行。」韋注云：「祼，灌也。灌鬯飲醴，皆所以自香潔也。」是王齊事又有祼鬯之禮。祼之言灌，謂啐之也。則共鬯又不止給淬浴矣。又此齊，鬯人共鬯。《周語》云「鬱人共之」者，蓋所聞有異，或鬱人鬯人通職，同共之與？

凡王弔臨，共介鬯。以尊適卑曰臨。《春秋傳》曰：「照臨弊邑。」鄭司農云：「鬯，香草，王行弔喪被之，故曰介。」玄謂《曲禮》曰：「摯，天子鬯。」王至尊，介爲執致之以禮於鬼神與？《檀弓》曰：「臨諸侯，畛於鬼神，曰有天王某父。」此王適四方，舍諸侯祖廟，祝告其神之辭，介於是進鬯。【疏】注云「以尊適卑曰臨」者，《說文·卧部》云：「臨，監臨也。」以尊監臨卑，故謂之臨。賈疏云：「欲解臨非如《雜記》云『上客臨』，彼謂哭臨也。此王弔諸侯、諸臣，故以尊適卑解之。」詒讓案：《檀弓》云：「喪，公弔之，弔曰『寡君承事』。主人曰『臨』。」注云：「君辱臨其臣之喪。」此注卽隱據彼文，故《檀弓》又云「君臨臣喪，以巫祝桃茢執戈」是也。若散文，則尊卑得通稱臨，故《左》隱元年傳云：「改葬惠公，公弗臨，故不書。」則子臨父之葬亦謂之臨，蓋取涖事之義，義非一耑，不容泥也。其哭臨之臨，亦上下通稱。《左》宣十二年傳云：「楚子圍鄭。鄭人卜臨于大宮，吉。國人大臨，守陴者皆哭。」杜注云：「臨，哭也。大宮，鄭祖廟。」又襄十二年傳云：「吴子壽夢卒，臨於周廟，禮也。」彼臨亦謂哭。《襍記》諸侯使弔禮，先弔則唯致弔辭，後臨則哭，亦以弔與臨爲二事。蓋聞遠喪不得弔，就宮廟設位而哭爲臨，亦通謂之哭。其近喪因弔而哭，其斂殯則云弔臨，明其事相因也。此經天官世婦及内宗弔臨，鄭並釋爲弔，蓋以通言不別。惟《寺人》云：「凡内人弔臨于外，則帥而往，立于其前而詔相之。」注云：「從世婦所弔，若哭其族親。立其前者，賤也。」彼注以哭釋臨者，以内人賤，不必取以尊臨卑之義，故與此注小異也。引《春秋傳》曰「照臨弊邑」者，《左》昭三年傳，齊晏嬰語。杜本「弊」作「敝」，字同。引以證臨爲尊適卑之義。鄭司農云「鬯，香草」者，賈疏云：「見《王度記》云『天子以鬯，諸侯以薰』，《禮緯》亦云『鬯草生庭』，故知鬯香草也。此直是秬鬯，無香草，故後鄭不從也。」云「王行弔喪被之，故曰介」者，《漢書·南粤王傳》顔注引李奇云：「介，被也。」吕飛鵬云：「介有被義，故司農以介鬯爲被鬯。卿大夫卒，王或與斂，故有被鬯之事。」詒讓案：先鄭釋鬯爲香草，義雖不塙，而訓介爲被，則似較後鄭爲長。介鬯者，殆卽以鬯酒灑被王身，以辟穢濁，亦桃茢拂柩之意與？云「玄謂《曲禮》曰，摯天子鬯」者，鄭彼注云：「摯之言至也。天子無客禮，以鬯爲摯者，所以唯用告神爲至也。」《說苑·脩文》篇云：「天子以鬯爲贄。鬯者，百草之本也。上暢於天，下暢於地，無所不暢，故天子以鬯爲贄。」《春秋繁露·執贄》篇云：「凡贄，天子執暢。暢有似於聖人。聖人者，純仁淳粹而有知之貴也。擇於身者，盡爲德音，發於事者，盡爲潤澤，積美陽芬香以通之天。暢亦取百香之心獨末之，合之爲一，而達其臭氣暢於天，其淳粹無釋，與聖人一也。」案：暢即鬯之借字。《公羊》莊二十四年，何注説天子贄用鬯，義與董略同。云「王至尊，介爲執致之，以禮於鬼神與」者，「介爲執致之」，舊本誤作「以介爲摯致之」，今據宋婺州本、岳本、余本及宋注疏本正。賈疏云：「無正文，蓋置於神前，故云『與』以疑之。」又云：「介，副也。王弔臨諸侯，則有副使從行者。」段玉裁云：「司農讀如『介胄』之介，鄭君讀『介紹』之介。」案：段説是也。《大宗伯》「王哭諸侯爲上相」，疑此介亦謂宗伯。但《禮器》云「天子無介」，注云：「無客禮也。」賈疏謂此介取副王之義，究與《禮器》文牾，似不若先鄭義之安。引《檀弓》曰「臨諸侯，畛於鬼神，曰有天王某父」者，《釋文》云：「父，本又作甫。」案：今《禮記》文亦作「甫」。賈疏云：「此亦下《曲禮》文，言《檀弓》者，誤。」案：鄭彼注云：「畛，致也。祝告致於鬼神辭也。某甫，且字也。不名者，不親往也。《周禮》『大會同，過山川則大祝用事焉』。鬼神，謂百辟卿士也。」引以證天子適諸侯祝告神之事。云「此王適四方，舍諸侯祖廟，祝告其神之辭」者，以《曲禮》云「臨諸侯」，亦爲以尊臨卑，故意其爲王適四方之事。知舍祖廟祝告神者，《禮運》云：「天子適諸侯，必舍其祖廟，而不以禮籍入，是謂天子壞法亂紀。」鄭彼注云：「天子雖尊，舍人宗廟，猶有敬焉。」故使祝告其廟之神也。但《曲禮》畛鬼神，注謂過大山川祝用事，此又爲告所適之國宗廟之神者，鄭意彼云「鬼神」，所含者廣，舍廟告神，亦得謂之畛矣。又案：依先鄭義，則凡王弔喪，不論尊卑遠邇，皆共介鬯。後鄭則謂王必至畿外侯國弔喪，舍其祖廟，乃有共介鬯之事；其在畿内弔臨諸臣，不舍祖廟，則不用介鬯也。必知王有適四方而弔者，《典路》云「凡弔于四方，以路從」是也。云「介於是進鬯」者，謂祝告神之時，介卽進鬯以致禮，卽謂之介鬯也。《士喪禮》君視斂云「釋采入門」，注云：「釋采者，祝爲君禮門神也。必禮門者，明君無故不來也。」若然，後鄭意君弔臣至門則祝釋采，舍廟則祝告神，介進鬯，足相比例與。

雞人掌共雞牲，辨其物。物謂毛色也。辨之者，陽祀用騂，陰祀用黝。【疏】「雞人」者，葉鈔《釋文》作「鷄人」。阮元云：「从隹者小篆，从鳥者籀文。」云「掌共雞牲」者，亦牧人六牲之一也。 注云「物謂毛色也」者，

《保章氏》注云：「物，色也。」《吕氏春秋・仲秋紀》：「乃命宰祝巡行犧牲，瞻肥瘠，察物色。」高注云：「物，毛也。」《國語・楚語》觀射父説祀牲，云「毛以示物」。是物即毛色騂黝之屬。凡牲畜，以毛色别其種類，通謂之物。詳《牧人》疏。云「辨之者，陽祀用騂，陰祀用黝」者，賈疏云：「《牧人》文。彼注云：『陽祀，祭天於南郊及宗廟；陰祀，祭地北郊及社稷也。』鄭舉此二者，其望祀各以其方色牲，及四時迎氣皆隨其方色，亦辨其毛物可知也。」詒讓案：《説文・鳥部》、《風俗通義・祀典篇》並云「魯郊以丹雞，祝曰：以斯鶾音赤羽，去魯侯之咎」。是陽祀雞用騂之證。四方迎氣，牲不必隨方色，詳《大宗伯》疏。

大祭祀，夜嘑旦以嘂百官。夜，夜漏未盡，雞鳴時也。呼旦，以警起百官，使夙興。【疏】「大祭祀，夜嘑旦，以嘂百官」者，《釋文》云：「嘑，本又作呼。」案：《説文・口部》云：「嘑，號也。呼，外息也。」「嘑」正字，漢以後經典多叚「呼」爲之。此經作嘑，注作呼，亦經用古字，注用今字之例也。陸所據别本作「呼」，蓋依注改經，不足據。《説文・㗊部》云：「嘂，高聲也。一曰大呼也。」又《口部》云：「叫，嘑也。」《言部》云：「訆，大嘑也。」嘂、叫、訆，音義並同。必呼旦者，祭禮旦明行事，通於貴賤也。注云「夜，夜漏未盡，雞鳴時也，呼旦以警起百官，使夙興」者，《文選・新刻漏銘》李注引《五經要義》云：「昏，闇也。旦，明也。日入後漏三刻爲昏，日出前漏三刻爲明。」賈疏云：「漏未盡者，謂漏未盡三刻已前，仍爲夜，則呼旦也。」

凡國之大賓客、會同、軍旅、喪紀，亦如之。凡國事爲期，則告之時。象雞知時也。告其有司主事者。《少牢》曰：「宗人朝服北面曰：『請祭期。』主人曰：『比於子。』宗人曰：『旦明行事。』」告時者，至此旦明而告之。【疏】「凡國之大賓客、會同、軍旅、喪紀亦如之」者，此會同、軍旅、喪紀，並冡「大」爲文。大軍旅即大師，《大司馬》注云「王出征伐」是也。大喪紀者，《宰夫》注云：「大喪，王、后、世子也。」以上四事，此官並夜呼旦，以警百官府也。注云「象雞知時也」者，《説文・隹部》云：「雞，知時畜也。」故象之而令雞人主告時也。云「告其有司主事者」者，凡國事皆當職有司主之，若《小宗伯》云「大祭祀告時于王」，是雞人告小宗伯，小宗伯以告王也。它國事亦各告其主之者。鄭嫌經云「告時」爲此官直告王，故特釋之。引《少牢》曰「宗人朝服北面，曰請祭期，主人曰比於子，宗人曰旦明行事」者，證祭行事有定時。鄭彼注云：「比次早晏在於子也。旦明，旦日質明。」《少牢》上文又曰：「既宿尸，反，爲期于廟門之外。」注云：「爲期，肅諸官而皆至，定祭早晏之期，爲期亦夕時也。」此云「爲期」，與《少牢》文同，故引以爲證。云「告時者，至此旦明而告之」者，明《少牢》所云「爲期」在祭之前夕，此官但司告旦，故至祭日旦明時而告之。若爲期，《少牢》則宗人，天子祭祀當是肆師。其它國事亦自有主之者，雞人不掌也。賈疏云：「案《庭燎》詩注『王有雞人之官，凡國事爲期，則告之以時，王不正其官，而問夜早晚。』非也。案《齊詩・東方未明》序云：『《東方未明》，刺無節也。朝廷興居無節，號令不時，挈壺氏不能掌其職焉。』注云：『挈壺氏，掌漏刻者。』彼不云雞人者，案：《挈壺氏》云『凡軍事懸壺』，無告期之事，則天子備官挈壺，直掌漏刻之節，雞人告期；彼《齊詩》是諸侯兼官，故挈壺氏兼告期也。」

凡祭祀，面禳釁，共其雞牲。 釁，釁廟之屬。釁廟以羊，門、夾室皆用雞。鄭司農云：「面禳，四面禳也。釁讀爲徽。」【疏】「凡祭祀，面禳釁，共其雞牲」者，賈疏云：「祭祀，謂宗廟之屬。面禳，謂祈禱之屬。」詒讓案：祭祀亦通内外大小群祀而言。面禳釁，禮輕，蓋專用雞爲牲，故於祭祀外別言之。　注云「釁，釁廟之屬」者，明釁之事不一，若釁社、釁廄、釁器、釁龜筴諸事皆是，此舉釁廟以該之。云「釁廟以羊，門、夾室皆用雞」者，據《襍記》文，詳《肆師》疏。鄭司農云「面禳，四面禳也」者，《大宗伯》云「以疈辜祭四方百物」，注謂磔禳及蜡祭。《肆師》云：「與祝侯禳于畺及郊。」《月令》「季春，命國難，九門磔攘，以畢春氣」。注云：「磔牲以攘於四方之神。《王居明堂禮》曰：『季春，出疫于郊，以攘春氣。』」又，「季冬，命有司大難，旁磔」。注云：「旁磔，於四方之門磔攘也。」《左》襄九年傳云：「宋災，祝宗用馬于四墉。」杜注云：「用馬祭于四城，以禳火。」又昭十八年傳云：「鄭火，祓禳於四方。」《史記・封禪書》說，秦德公磔狗邑四門，以禦蠱菑。此諸禳，或於四畺，或於四郊，或於四門，或於四墉，竝分四方面而祭之，皆面禳之類也。云「釁讀爲徽」者，《鬯人》先鄭注同。後鄭意「釁廟」之釁，讀與「釁鼓」同，不當爲「徽」，此亦存異讀也。詳《天府》疏。

周禮正義卷三十八

司尊彝掌六尊、六彝之位，詔其酌，辨其用與其實。位，所陳之處。酌，泲之使可酌，各異也。用，四時祭祀所用亦不同。實，鬱及醴齊之屬。【疏】「掌六尊六彝之位」者，六彝爲上，六尊爲中，罍尊爲下。各以尊卑爲陳設之位，室中爲最尊，户内次之，堂上又次之，堂下爲下。其同設一處，又以北爲上，南爲下。賈疏云：「案下兼有罍尊，不言者，文略也。」云「詔其酌，辨其用與其實」者，此與酒正、鬱人爲官聯也。　注云「位，所陳之處」者，賈疏云：「此下經不見陳尊之處。案《禮運》云：『玄酒在室，醴醆在户，齊醍在堂，澄酒在下。』彼是禘祭陳四齊，此下時祭陳二齊，設尊亦依此也。」案：賈説略本崔靈恩。依《郊特牲》注及賈後疏引《鄭志》説，鬱齊及五齊各加明水，則《禮運》之玄酒即《司烜氏》之明水，記舉玄酒以見鬱齊也。《坊記》又云：「醴酒在室，醍酒在堂，澄酒在下。」孔疏謂「醴齊在户内，卽是在室」是也。《禮運》疏引皇侃亦云：「醴在户内，醆在户外。」而《通典·吉禮》説大祫禮云：「祫日夙興，陳酒齊等，室中近北陳鬱鬯；鬱鬯之南陳明水；明水之南，室户之内，陳泛齊、醴齊、盎齊；室户之外，堂上陳醍齊而已。次堂下陳沈齊，沈齊之南陳玄酒，玄酒之南陳事酒、昔酒、清酒。禘祭自醴齊而下四齊而已，無泛齊。所陳設之處一如祫祭。」案：依杜説，三酒亦配玄酒，則水也，與《禮運》玄酒異。盎齊卽醆，而杜謂在户内，則與皇、孔不同。孫希旦云：「《特牲禮》尊於户東，《少牢禮》尊於房户之閒。天子諸侯之祭，其盎齊之尊，蓋當《特牲》、《少牢》設尊之處，在室户外之東，醴齊在室户内之東。」案：孫申皇説是也。江永亦依皇義云：「設尊之法，春夏雞彝、鳥彝，陳室内近北，獻尊陳户内，象尊陳户外。秋冬斝彝、黄彝，陳室内近北，著尊陳户内，壺尊陳户外。其罍尊皆陳堂下。凡尊皆南面，明水玄酒在西。」案：江説亦甚覈。云「酌，泲之使可酌，各異也」者，卽下文鬱齊獻酌，醴齊縮酌等。凡酒清者不泲而酌，濁者必泲而酌，並此官詔之也。《郊特牲》注云：「酌猶斟也。酒已泲，則斟之以實尊彝。凡行酒亦爲酌也。」案：此詔酌亦兼彼二義。云「用，四時祭祀所用，亦不同」者，據下六享之等，用器不同。賓禮大饗亦用此六尊、六彝，故《小宗伯》云：「辨六彝之名物，以待果將；辨六尊之名物，以待祭祀、賓客。」經注並專據祭祀者，亦文不具。云「實，鬱及醴齊之屬」者，實謂所盛，尊以實齊，彝以實鬱，兼有罍以實三酒也。

春祠夏禴，祼用雞彝、鳥彝，皆有舟；其朝踐用兩獻尊，其再獻用兩象尊，皆有罍，諸臣之所昨也。秋嘗冬烝，祼用斝彝、黄彝，皆有舟；其朝獻用兩著尊，其饋獻用兩壺尊，皆有罍，諸臣之所昨也。凡四時之閒祀追享朝享，祼用虎彝、蜼彝，皆有舟；其朝踐用兩大尊，其再獻用兩山尊，皆有罍，諸臣之所昨也。

祼，謂以圭瓚酌鬱鬯，始獻尸也。后於是以璋瓚酌亞祼。《郊特牲》曰：「周人尚臭，灌用鬯臭，鬱合鬯，臭陰達於淵泉。灌以圭璋，用玉氣也。既灌，然後迎牲，致陰氣也。」朝踐，謂薦血腥、酌醴，始行祭事。后於是薦朝事之豆籩，既又酌獻。其變「朝踐」爲「朝獻」者，尊相因也。朝獻，謂尸卒食，王酳之。再獻者，王酳尸之後，后酌亞獻，諸臣爲賓，又次后酌盎齊，備卒食三獻也。於后亞獻，内宗薦加豆籩。其變「再獻」爲「饋獻」者，亦尊相因。饋獻，謂薦孰時。后於是薦饋食之豆籩。此凡九酌，王及后各四，諸臣一，祭之正也。以今祭禮《特牲》、《少牢》言之，二祼爲奠，而尸飲七矣，王可以獻諸臣。《祭統》曰：「尸飲五，君洗玉爵獻卿。」是其差也。《明堂位》曰：「灌用玉瓚大圭，爵用玉琖，加用璧角、璧散。」又《鬱人職》曰：「受舉斝之卒爵而飲之。」則王酳尸以玉爵也。王酳尸用玉爵，而再獻者用璧角璧散可知也。雞彝、鳥彝，謂刻而畫之爲雞鳳皇之形。皆有舟，皆有罍，言春夏秋冬及追享朝享有之同。「昨」讀爲「酢」，字之誤也。諸臣獻者，酌罍以自酢，不敢與王之神靈共尊。鄭司農云：「舟，尊下臺，若今時承槃。『獻』讀爲『犧』。犧尊，飾以翡翠。象尊以象鳳皇，或曰以象骨飾尊。《明堂位》曰：『犧象，周尊也。』《春秋傳》曰：『犧象不出門。』尊以祼神。罍，臣之所飲也。《詩》曰：『缾之罄矣，維罍之恥。』『斝』讀爲『稼』。稼彝，畫禾稼也。黄彝，黄目尊也。《明堂位》曰：『夏后氏以雞彝，殷以斝，周以黄目。』《爾雅》曰：『彝、卣、罍，器也。』著尊者，著略尊也，或曰著尊，著地無足。《明堂位》曰：『著，殷尊也。』壺者，以壺爲尊。《春秋傳》曰：『尊以魯壺。』追享，朝享，謂禘祫也。在四時之閒，故曰閒祀。蜼，讀爲『蛇虺』之虺，或讀爲『公用射隼』之隼。大尊，大古之瓦尊。山尊，山罍也。

《明堂位》曰：『泰，有虞氏之尊也。山罍，夏后氏之尊。』故書『踐』作『餞』，杜子春云『餞當爲踐』。」玄謂黃目，以黃金爲目。《郊特牲》曰：「黃目，鬱氣之上尊也。黃者，中也。目者，氣之清明者也。言酌於中而清明於外。」追享，謂追祭遷廟之主，以事有所請禱。朝享，謂朝受政於廟。《春秋傳》曰：「閏月不告朔，猶朝于廟。」蜼，禺屬，卬鼻而長尾。山罍，亦刻而畫之，爲山雲之形。【疏】「春祠夏禴，祼用雞彝鳥彝」者，以下辨尊彝之用，並此官陳設尊彝之官法也。賈疏云：「此六者皆據宗廟之祭，但春夏同陽，秋冬同陰，其追享朝享又是四時之閒祀，以類附從，故可同尊也。彝與齊尊各用二者，鬱鬯與齊皆配以明水，三酒配以玄酒。故《禮記·郊特牲》注云：『祭齊加明水，三酒加玄酒。』依《鄭志》云『一雞彝盛明水，鳥彝盛鬱鬯』，是以各二尊。罍尊不言數者，禘祫與時祭追享朝享等，皆同用三酒，不別數可知也。若然，依《酒正》云：『大祭祀備五齊。』據大祫，通鬱鬯與三酒并配尊，則尊有十八。禘祭四齊，闕二尊，則尊有十六。此經時祭二齊，闕六尊，則尊有十二矣。其祫在秋，禘在夏，則用當時尊重，用取足而已。」案：依賈引《鄭志》説，鬱鬯皆配以明水，則雞彝、斝彝、虎彝皆盛明水之尊，鳥彝、黃彝、蜼彝皆盛鬱鬯之尊，王后所同酌也。《明堂位》孔疏引皇氏、沈氏説，謂春用雞彝，夏用鳥彝，秋用斝彝，冬用黃彝。是謂每時唯用一彝，鬱鬯無明水之配。《通典·吉禮》謂時享，王酌雞彝，后酌鳥彝，大祫在秋，王酌斝彝，后酌黃彝。既無明水，又謂王與后分酌二尊，並與鄭説不合。江永云：「彝尊有二者，疏説是也。古人玄酒配尊之禮頗重。事之用醴者，質略，則一尊陳於房，謂之側尊。其兩尊皆酒者，《特牲》之旅酬也，《燕禮》之尊士旅食也，《大射禮》之兩壺獻酒也，《玉藻》之饗野人也，以酒優之，正是略之賤之也。豈有宗廟大祭，薦腥薦爓，血毛大羹，事事反本脩古，顧於堂上之尊獨無所配，下同賤略之事乎！王與后合體同尊卑，共酌一尊，未爲不可。記言君西酌犧象，夫人東酌罍尊，雜記侯國之禮，未可以彼例此。即君夫人別酌其尊，亦必有玄酒，必非兩尊皆酒也。《禮運》言玄酒在室，舉室中明水配鬱鬯爲首者言之耳，非謂在户在堂下者即無所配也。」案：江説足正杜氏之誤。禘祫即追享、朝享，賈謂用夏秋之尊，非是。詳後。云「皆有舟」者，舟以承彝，謂春夏皆每彝有舟也。下並同。云「其朝踐用兩獻尊，其再獻用兩象尊」者，《釋文》云：「兩獻，本或作戲。」案：「獻」鄭讀爲「犧」，犧戲聲近，故或本作「戲」，以別於諸「獻」字也。經於春夏及閒祀言朝踐再獻，秋冬言朝獻饋獻，其實春夏及閒祀亦有朝獻饋獻，秋冬亦有朝踐再獻，以尊同，互文見義也。云「皆有罍，諸臣之所昨也」者，「昨」唐石經初刻並作「胙」，磨改作「昨」。昨胙聲類亦同，詳《司几筵》疏。此罍別自爲尊，與皆有舟文同而義異。賈疏云：「此經彝下皆云『舟』，尊與罍下皆不云所承之物，則無物矣。故《禮器》云『天子諸侯廢禁』，其此之謂也。」　注云「祼謂以圭瓚酌鬱鬯，始獻尸也」者，謂尸入室，王行初祼，卽几獻之始獻也。其所酌之尊，春夏用鳥彝，秋冬用黄彝，閒祀用雞彝。云「后於是以璋瓚酌亞祼」者，亦祼於室中，謂二獻也。酌亦謂酌鬱鬯，尊並與王同。引《郊特牲》曰「周人尚臭，灌用鬯臭，鬱合鬯，臭陰達於淵泉，灌以圭璋，用玉氣也，既灌然後迎牲，致陰氣也」者，證王祼爲九獻之始。灌祼字同。鄭彼注云：「灌謂以圭瓚酌鬯，始獻神也。已乃迎牲於庭，殺之，天子諸侯之禮也。」賈疏云：「此注引《郊特牲》后亞王祼後，王乃出迎牲。案《内宰》注云『王既祼』，與此違者，彼注取王事自相亞，故先言王既祼出迎牲，后乃後祼，其實以此注爲正也。」案：賈推注義，謂王迎牲在后獻後，《通典・吉禮》説同。然諦審鄭意，蓋王祼畢卽出迎牲，逮迎牲而入，則后祼已畢，二注義本無異。詳《内宰》疏。云「朝踐謂薦血腥酌醴，始行祭事」者，朝踐，《籩人》謂之朝事，彼注義同。此王獻尸於户西，謂三獻也。其尊春夏用獻尊，秋冬用著尊，閒祀用大尊。賈疏云：「王出迎牲之時，祝延尸向户外，户牖之閒，南面，后於是薦朝事八豆、八籩。王迎牲入廟，卿大夫贊幣而從，牲麗於碑，王親殺，大僕贊王牲事，取血以告殺，取毛以告純，肫解而腥之爲七體，薦於神坐訖，王以玉爵酌醴齊以獻尸，后亦以玉爵酌醴齊以獻尸。此謂經朝踐用兩獻尊也。」案：凡后獻皆當用瑶爵，賈謂同王用玉爵，非也。詳後。薦血腥，謂制祭後，血與腥同薦，與初殺牲時血毛之薦異，賈説亦非是，詳《籩人》、《大祝》疏。云「后於是薦朝事之豆籩，既又酌獻」者，后亞獻尸，謂四獻也。尊亦與王同。朝事豆籩，詳《籩人》、《醢人》職。賈疏云：「先薦後獻，祭禮也。其實薦豆籩在王獻前，今在王獻後乃言后薦豆籩者，鄭欲説王事訖乃説后事，故後言薦豆籩也。」云「其變朝踐爲朝獻者，尊相因也」者，鄭意朝獻在饋食之後，而與朝踐同言朝者，以其亦酌醴齊，又春夏用獻尊，秋冬用著尊，並與朝踐同，故云尊相因。亦明春夏七獻，同名朝獻；秋冬三獻、四獻，同名朝踐也。云「朝獻謂尸卒食王酳之」者，謂七獻也。卒食者，尸十五飯畢也。酳尸者，《特牲饋食禮》注云：「酳猶衍也。是獻尸也，謂之酳者，尸既卒食，又欲頤衍養樂之。」《曲禮》

孔疏引何氏《隱義》云：「酳，飯畢蕩口也。」案：七獻亦用玉爵酌醴齊，尊與三獻同。賈疏云：「此朝獻於經當秋冬之祭，鄭既未解春夏再獻，先釋秋冬朝獻者，以其朝獻是王酳尸，因朝踐之尊、醴齊，故鄭先通解之。」江永云：「鄭説秋冬變朝踐爲朝獻，謂其尊相因。然以酳尸之獻爲朝獻，言於饋食之前，其禮不行於朝，而强名以朝獻，次序則顛，名義則乖。」案：江説近是，詳後。云「再獻者，王酳尸之後，后酌亞獻」者，謂八獻也。以酳尸三獻言之，則爲再獻。亦用瑶爵酌盎齊。尊，春夏用象尊，秋冬用壺尊。鄭謂爵用璧角，非也，亦詳後。黄以周云：「《祭統》：『故祭之日一獻，君降立於阼階之南，南鄉，所命北面，史由君右執策命之。』鄭注：『一獻，一酳尸也。』鄭知非初祼及朝踐饋食之一獻者，以一酳尸之前，皆爲祭事，承奉鬼神，未暇策命；尸食已畢，乃可行爵賞也。《祭統》之一獻，爲酳尸之一獻，則《司尊彝》之再獻，爲酳尸之再獻尸可知矣。」云「諸臣爲賓，又次后酌盎齊，備卒食三獻也」者，謂九獻也。對酳尸初獻再獻言之，則爲三獻。鄭謂諸臣爲賓，以璧角酌盎齊，尊與八獻同。今案：九獻當依崔靈恩説，諸侯爲賓者以瑶爵獻尸。其諸臣爲賓酌璧角獻尸，乃九獻外之加爵也。鄭説失之。又案：自七獻以下三獻，大夫士祭禮並有之，故《特牲饋食禮》尸九飯，主人酌酳尸，主婦酌亞獻尸，賓三獻；《少牢饋食禮》尸十一飯，亦主人酳尸，主婦獻尸，賓長獻尸是也。賈疏云：「此言再獻，即經春夏之祭云『再獻用兩象尊』。尸食後，陰厭，王酳尸，后與賓長爲再獻。此亦在饋獻後，先言再獻者，后與賓酳尸，因饋獻盎齊之尊，故變饋獻云再獻。」詒讓案：此注説九獻但用醴盎者，❶專據時祭用二齊言之；其殷祭，依鄭義祫備五齊，禘則四齊，與此異，詳後。云「於后亞獻，内宗薦加豆籩」者，賈疏云：「案《醢人》及《籩人》有朝事之豆籩，有饋食之豆籩，有加豆加籩之實，故鄭於此取朝事當朝踐節，饋食當饋獻節，食後重加，故加豆加籩當酳尸節。案：《内宗職》云『贊后薦加豆籩』，故知内宗薦之。」案：依鄭、賈義，后酳尸及諸臣獻尸名再獻，亦名加爵，故謂后亞獻時即薦加豆籩。其實加爵在九獻之外，薦加豆籩在諸臣獻尸之時，不在后酳尸時也。詳後。云「其變再獻爲饋獻者，亦尊相因，饋獻謂薦孰時」者，謂五獻、六獻也。王以玉爵酌盎齊獻尸，尊與八獻同。后又以瑶爵酌盎齊亞獻尸，尊與王同。以其與再獻同酌盎齊，又同春夏用象尊，秋冬用壺尊，故云尊相

❶「醴」原作「禮」，據楚本改。

因。鄭言此者，亦見春夏五獻六獻同名饋獻，秋冬八獻九獻同名再獻也。賈疏云：「此言饋獻，當經秋冬祭之節。其春夏言再獻，至此秋冬言饋獻，據文爲先後，故云變再獻言饋獻。其實先饋獻後再獻也。以其饋獻在朝踐後，亦在當尸未入室，再獻是王酳尸後節也，是以云饋獻謂薦孰時也。此即《禮運》云『熟其殽』，鄭注云『體解而爓之』是也。」江永云：「饋獻一節，《禮運》孔疏謂在尸入室之後；賈以孰其殽當饋獻節，在尸未入室之前。今考《司几筵》『吉事變几』，鄭注有『饋食於堂』之語，當以賈疏爲正。若尸既入室，則當食舉矣，豈先獻然後食乎。又按：《禮運》以薦血腥法上古，孰其殽法中古，其下文『醴醆以獻，薦其燔炙，君與夫人交獻』云云，皆在未合亨之前。獻醴即朝踐也，獻醆即饋獻也，然則饋獻不在陰厭之後亦明矣。」云「后於是薦饋食之豆籩」者，賈疏云：「此即《醢人》、《籩人》饋食之豆籩者也。」云「此凡九酌，王及后各四，諸臣一」者，賈疏云：「九謂王及后祼各一，朝踐各一，饋獻各一，酳尸各一，是各四也。諸臣酳尸一，并前八爲九。」案：九獻之說，異同頗多。《禮運》孔疏引崔氏說大祫云：「祭日之旦，王服衮冕而入。尸亦衮冕，祝在後侑之。尸入室，乃作樂降神，乃灌，故《書》云『王入大室祼』。當灌之時，衆尸皆同在太廟中，依次而灌，所灌鬱鬯。《小宰》注云：『尸祭之，啐之，奠之。』是爲一獻也。王乃出迎牲，后從灌，二獻也。迎牲而入，至於庭，故《禮器》云『納牲詔於庭』。王親執鸞刀，啓其毛，而祝以血毛告於室，故《禮器》云『血毛詔於室』。於是行朝踐之事。尸出於室，大祖之尸坐於户西，南面，其主在右。昭在東，穆在西，相對坐，主各在其右，故鄭注《祭統》云：『天子諸侯之祭，朝事延尸於户外，是以有北面事尸之禮。』祝乃取牲膟膋，燎於爐炭，入以詔神於室，又出以墮于主前，《郊特牲》云『詔祝於室，坐尸於堂』是也。王乃洗肝於鬱鬯而燔之，以制於主前，所謂制祭。次乃升牲首於室中，置於北墉下。后薦朝事之豆籩，乃薦腥於尸主之前，謂之朝踐，即此《禮運》『薦其血毛，腥其俎』是也。王乃以玉爵酌著尊泛齊以獻尸，三獻也。后又以玉爵酌著尊醴齊以亞獻，四獻也。乃退而合亨，至薦孰之時陳於堂，故《禮器》云『設饌於堂』。乃後延主入室，大祖東面，昭在南面，穆在北面。❶徙堂上之饌於室內坐前，祝以斝爵酌，奠於饌南，故《郊特牲》注云『天子奠斝，諸侯奠角』，即此之謂也。既

❶「昭在」八字據鄭玄《禘祫志》，疑當作「昭在北，南面；穆在南，北面」。

奠之後，又取膓間脂，焫蕭合馨薌，《郊特牲》注云『奠，謂薦孰時』，當此大合樂也。乃迎尸入室，舉此奠斝，主人拜以妥尸，故《郊特牲》云『舉斝角拜妥尸』是也。后薦饋獻之豆籩，王乃以玉爵酌壺尊醴齊以獻尸，爲五獻也。后又以玉爵酌壺尊醴齊以獻尸，是六獻也。於是尸食，十五飯訖，王以玉爵因朝踐之尊泛齊以酳尸，爲七獻也。故鄭云『變朝踐云朝獻，尊相因也』。朝獻，謂此王酳尸，因朝踐之尊也。后乃薦加豆籩。尸酌酢主人，主人受嘏，王可以獻諸侯。於是后以瑤爵因酌饋食壺尊醍齊以酳尸，爲八獻也。鄭注《司尊彝》云：『變再獻爲饋獻者，亦尊相因也。』再獻后酳尸，獻謂饋食時后之獻也。於時王可以瑤爵獻卿也。諸侯爲賓者，以瑤爵酌壺尊醍齊以獻尸，爲九獻。九獻之後，謂之加爵。」案：崔説九獻，並約鄭《三禮注》義，最爲詳覈。《通典》説略同。但依崔義，后四獻、六獻，皆不當用玉爵。又崔以加爵在正獻之後，則薦加豆籩不當仍在八獻時。疑皆孔依鄭義改之。又崔、杜所説所禮節次，與賈亦多差異。如賈謂朝事延尸出户，在二祼訖，王出迎牲之時；崔則謂在血毛詔於室之後。賈謂后薦朝事豆籩，在延尸出户，迎牲未入之時；崔則謂在升首之後，薦腥之前；杜又謂在薦腥之後。賈謂饋獻在尸未入室之前，崔則謂在入室之後。皆當以賈爲正。詳《籩人》、《内宰》及前疏。江永别爲九獻之説云：「二祼之後，當有七獻。經文錯綜互見，實則朝踐與朝獻、饋獻與再獻四節而已。朝踐爲薦腥後之獻，不待言矣。朝獻非王酳尸，乃堂上薦爓，王與后之獻；饋獻非饋孰之始，乃尸食舉後，王酳尸之獻；而再獻則后與諸侯爲賓者，亞王酳尸之獻也。《禮運》曰：『腥其俎，孰其殽，體其犬豕牛羊。』注疏謂腥法上古，爓法中古，而進孰爲後世之食。孰其殽者，體解而爓之也。《祭義》曰『爓祭祭腥而退』，《郊特牲》曰『腥肆爓腍祭』，其有薦爓明矣。既以爓法中古，此時何可無獻，則秋冬言朝獻者，非獻爓而何。至於饋孰，則不當有獻。何也？薦爓之後，烹肉既孰，羹定詔於堂，於是奉俎入室，設陰厭以饗神，乃迎尸入室，舉奠斝詔妥尸，是時尸即當食舉，安得有獻？蓋堂上腥爓皆不可食者，故有獻而無食；室内之饌可食者，則當食而後獻。所謂饋獻者，尸既食而王獻以酳，若《特牲》、《少牢》主人獻尸耳。此時后不即亞王酳尸，尸有酢王之禮，有命祝嘏之禮，有夫婦致爵之禮，后乃獻以酳尸，是謂之再獻，而賓長爲一獻以終之，亦通爲再獻也。然則此七獻者，堂上四獻，室内三獻。以朝獻次朝踐行之於早，不失『朝』字之義；以獻爓當之，又無爓祭缺略之嫌；陰厭之後，未食舉之前無獻，而獻在既食之後，亦協乎饋獻之義。春夏言朝踐再獻者，舉首尾以包中閒；秋冬言朝獻饋獻者，舉中閒以補春夏。而追享朝享，可例推。要而言之，堂上獻者，用前言之尊；室内獻者，用後言之尊耳。醢人籩人朝事之豆籩，於朝踐薦之，而朝獻無豆籩，朝獻統於朝踐也。饋食之豆籩，於饋獻薦之，而再獻無豆籩，再獻統於饋獻也。九獻之後，別有加爵，則薦加豆加籩，而非食後稱加之謂也。」又云：「堂上薦腥爓，取法前古，朝踐朝獻之尊盛醴齊，醴齊濁於盎齊也。室中饋孰，用後世食，饋獻再獻之尊盛盎齊，盎齊清於醴齊也。若王酳尸而用朝踐之醴齊，失其義矣。」今案：九獻之節，無明文，崔、賈、孔諸家並依鄭義，江氏別爲之説，謂朝獻爲薦爓之獻。今攷《祭義》、《郊特牲》，明有薦腥、薦爓二節，而諸家説九獻者，咸無薦爓之獻。《祭義》孔疏謂祭腥肉、爓肉並在朝踐時，賈氏則又謂《禮運》注所謂孰其殽而爓之者，是饋獻之節。二説不同，似皆不塙。江謂薦爓時有獻，於義可通，但經無見文，姑附著之，俟更詳覈。又案：先鄭後注以追享朝享爲禘祫，則謂二大祭獻數與時享同，故《禮運》孔疏引崔靈恩説，天子祫禘時祭並九獻。賈《特牲饋食禮》疏云：「天子大祫十有二獻，四時與禘唯有九獻，上公亦九獻，侯伯七獻，子男五獻，卿大夫士同三獻。」案：賈謂大祫十二獻，不知其説云何。陳祥道則謂禘亦十二獻。江永亦據《掌客》「天子合諸侯而饗禮，諸侯長十有再獻」，證大祭宜有十二獻，是賈、陳説並可通。至《通典·吉禮》，説大祫兼用崔、賈説，謂「加爵三，通正獻九爲十二獻」，則非是。《特牲》、《少牢》加爵，並不在正獻之數，大祫安得通加爵爲十二獻乎！至天子宗廟時享，又有七獻之禮，《禮器》「七獻神」，注云「謂祭先公」。其與九獻異同，鄭亦無説。《禮運》疏本崔靈恩説侯伯七獻之禮云：「朝踐及饋獻時，君皆不獻，於九獻之中減二，故爲七獻也。《禮器》云『君親制祭，夫人薦盎，君親割牲，夫人薦酒』是也。」案：崔、孔謂侯伯七獻，朝踐饋獻皆夫人獻，而君不獻，於禮例亦難通。禮文疏略，今亦無以定之也。云「祭之正也」者，賈疏云：「此九獻是正獻。案《特牲》、《少牢》仍有衆賓長、兄弟之長、嗣子舉奠，上利洗散爲加獻，彼並非正，故此云祭之正也。」云「以今祭禮《特牲》、《少牢》言之，二祼爲奠，而尸飲七矣，王可以獻諸臣」者，賈疏云：「天子諸侯祭禮亡，雖檢《禮記》及《周禮》而言，其文不具，故取《特牲》、《少牢》見在禮而言。以其《特牲》、《少牢》惟有酳尸後三獻，天子諸侯酳尸後亦三獻，與彼同，故取以爲説也。王獻諸臣無文，此又約《祭統》而言。」詒讓案：二祼爲奠者，《小宰》注云「凡鬱鬯受祭之啐之奠之」是也。鄭意《特牲禮》尸飲三而主人獻賓及兄弟，《少牢禮》尸飲亦止於三，明天子禮九獻，二祼爲奠，不入飲數，是尸飲七而止，即可獻諸臣也。賈謂鄭以《特牲》、《少牢》證酳尸三獻同，非鄭恉。引《祭統》曰「尸飲五，君洗玉爵獻卿，是其差也」者，明王禮九獻訖，尸飲七而獻諸臣，故侯伯禮七獻訖，尸飲五而獻諸臣，是其降殺以兩之差也。《祭統》云：「尸飲五，君洗玉爵獻卿，尸飲七，以瑶爵獻大夫，尸飲九，以散爵獻士及群有司，皆以齒，明尊卑之等也。」鄭彼注云：「尸飲五，謂酳尸五獻也。大夫士祭，三獻而獻賓。」賈疏云：「彼據侯伯禮，宗廟七獻，二祼爲奠不飲，朝踐以後，有尸飲五，獻卿；卽天子與上公同九獻，二祼爲奠不飲，是尸飲七可以獻諸臣。若然，子男五獻者，二祼爲奠不飲，是尸飲三可以獻卿，故鄭云『是其差』。皆當降殺以兩，大夫士三獻，無二祼，直有酳尸三獻，獻祝是也。」案：賈謂《祭統》據侯伯七獻者，言至諸臣再獻，而尸飲五，可以獻卿，蓋深得經注之恉。《祭統》孔疏則謂彼據上公九獻之禮，尸飲五，謂主人酳尸時而獻卿，獻卿後乃主婦酳尸，賓長獻尸，是尸飲七，乃獻大夫，以後長賓、長兄弟更爲加爵，尸又飲二，並前尸飲九，乃獻士及群有司。以此推之，王禮九獻亦當七獻，而獻卿不待正獻訖後也。《禮運》疏引崔靈恩説，亦謂八獻後王可以瑶爵獻卿，蓋卽孔氏所本，其説與此注不合。江永亦駁之云：「若如孔説，則賓未獻尸而君先獻賓，失其序矣。其言飲七、飲九，皆誤。蓋尸飲五，正獻已畢；飲七、飲九，皆正獻之後加爵也。以《司尊彝》注推之，則備九獻者尸飲九而獻大夫，尸飲十一而獻士及群有司可知也。」案：江説是也。《通典·吉禮》説時享，又謂「七獻爲尸飲七，王可以獻公；八獻尸飲八，可以獻卿；九獻尸飲九，可以獻大夫士」。則又并二祼亦入飲數，與此注顯迕，其謬又不足辨矣。引《明堂位》曰「灌用玉瓚大圭，爵用玉琖，加用璧角璧散」者，證九獻用爵不同。鄭彼注云：「爵，君所進於尸也。加，加爵也。散、角，皆以璧飾其口也。」賈疏云：「彼賜魯侯祭周公用天子之禮，故以爲證。爵用玉琖者，謂君與夫人朝踐饋獻時所用獻也，加用璧角璧散者，此卽《内宰》所云瑶爵，一也。以瑶玉爲璧形，以飾角散。爵是通名。故得瑶爵璧角璧散之名也。」《明堂位》疏云：「加謂尸入室饋食竟，主人酳醴齊酳尸，名爲朝獻；朝獻竟而夫人酌盎齊亞獻，名爲再獻，又名爲加，于時薦加豆籩也。此再獻之時，夫人用璧角，《内宰》所謂瑶爵也。其璧散者，夫人再獻訖，諸侯爲賓用之以獻尸，雖非正加，是夫人加爵之後，揔而言之亦得稱加，故此揔云『加以璧散璧角』，先散後角，便文也。」案《明堂位》本作「加以璧散璧角」，此引作「加用璧角璧散」者，鄭依酌獻敍次改之。玉爵乃君正獻所用，夫人正獻當用瑤爵。瑤爵與璧角璧散異，賈、孔説非也，詳《內宰》及後疏。玉瓚大圭，詳《典瑞》、《玉人》疏。云「又《鬱人職》曰受舉斝之卒爵而飲之，則王酳尸以玉爵也」者，鄭彼注破「斝」爲「嘏」，云「王酳尸，尸嘏王，此其卒爵也」。鄭以彼云卒爵，卽謂玉琖爵，故引以證王酳尸與朝踐饋食四獻用玉爵同，與后酳尸用璧角異，不謂斝爲玉爵也。云「王酳尸用玉爵，而再獻者用璧角璧散可知也」者，金榜云：「鄭意蓋以后與諸臣再獻者，當《明堂位》之加爵。《禮運》疏云：『崔氏以爲后獻皆用瑤爵，又以九獻之外加爵，用璧角璧散。今案：《內宰》云『后祼獻則贊，瑤爵亦如之』，鄭注云『瑤爵，謂尸卒食，王既酳尸，后亞獻之』，始用瑤爵。則后未酳尸以前不用也。又鄭注《司尊彝》云：『王酳尸用玉爵，而再獻者用璧角璧散可知。』此璧角璧散則瑤爵也。崔氏乃云正獻之外，諸臣加爵用璧角璧散，其義非也。」陳祥道云：「《特牲禮》主人主婦既酳尸，然後長兄弟、衆賓長爲加爵，則加爵不施於亞獻之節。《明堂位》曰：『獻用玉琖，加用璧散璧角。』《特牲禮》獻用爵，加用觚，又獻繫主人主婦，加繫長兄、衆賓長，則加在獻數之外明矣。」金榜亦申崔義云：「鄭以璧角璧散與瑤爵爲一。崔靈恩以爲后獻皆用瑤爵，九獻之外，諸臣加爵用璧角璧散。杜佑依用其説。案：周人祭祀、賓客之禮，大宰以玉爵贊王，內宰以瑤爵贊后，其爵制異。《特牲饋食禮》三獻之外，長兄弟洗觚，爲加爵如初儀。又，衆賓長爲加爵如初。注云：『大夫士三獻而禮成，多之爲加也。』是非加爵在正獻後之證歟？天子之禮，諸臣爲加爵，於時內宗薦加豆籩，王與后咸不親其事。故説加爵當以崔氏爲正。」案：陳、金説是也。《禮運》疏又引崔氏云：「案《特牲》有三加，則天子以下加爵之數，依尊卑不祇三加也。」《通典·吉禮》説大祫之禮，則云「加爵者，謂太子及三公之長一人，九卿之長一人，用璧角酌沈齊各行一加爵」。案：杜卽本崔義，而謂天子加爵亦止三加，則小異。經無正文，謹兩存其説以俟攷。云「雞彝、鳥彝，謂刻而畫之爲雞鳳皇之形」者，刻謂刻木也。凡此經彝尊，依鄭義皆刻木爲之而加畫飾，唯大尊爲瓦尊，無畫飾，與諸尊異。賈疏云：「案《尚書》『鳴鳥之不聞』，彼鳴鳥是鳳皇，則此鳥亦是鳳皇。」聶氏《三禮圖》畫彝腹爲雞鳳之形，云：「雞彝，受三斗，鄭《圖》形制如此。」案舊《圖》，唯雞鳥虎蜼四彝皆云刻木爲之，其圖乃畫雞鳳虎蜼四物之形，各於背上負尊，皆立一圓器之上，其器三足，漆赤中，如火爐狀，形制二三，皆非典實。」案：聶説是也。云「皆有舟，皆有罍，言春夏秋冬及追享朝享有之同」者，江永云：「皆有罍，皆者，皆春夏也，皆秋冬也，皆追享朝享也。非謂一尊卽一罍也。」案：江説是也。據下先鄭説舟爲尊下承槃，則一尊有一舟矣。鄭以「皆有罍」與「皆有舟」文同，嫌爲一尊亦一罍，故特釋之，明經言「皆」者，主謂六享所同有，不謂每獻尊皆有也。凡舟皆繫於尊，罍則自爲酢尊，與獻尊不相涉。云「咋讀爲酢，字之誤也」者，《司几筵》注義同。「咋」字於義無取，故鄭破爲「酢」。段玉裁云：「咋酢同在古音魚虞模部，聲類同也。漢時『酬酢』字作『酢』，『醋醶』字作『醋』。《説文》互易之者，從《儀禮》。」詒讓案：《大行人》亦作「酢」，不作「醋」。此經字例與《儀禮》不同。云「諸臣獻者，酌罍以自酢，不敢與王之神靈共尊」者，賈疏云：「王酳尸因朝踐之尊，醴齊，尸酢王還用醴齊；后酳尸用饋獻之尊、盎齊，尸酢后還用盎齊。以王與后尊，得與神靈共尊。今賓長臣卑，酳尸雖得與后同用盎，及尸酢，賓長卽用罍尊三酒之中清酒以自酢，是不敢與王之神靈共酒尊故也。」詒讓案：諸侯爲賓酳尸，與后同用盎；諸臣獻尸爲加爵，不與后同用盎也。《禮運》疏引崔靈恩説「諸臣用三酒」是也。詳前疏。又《郊特牲》疏引崔靈恩，謂酢王用清酒，酢后用昔酒。皇侃説略同。則是酢王酢后亦酌罍尊，與此注義不合，孔氏已駁之矣。詳《酒正》疏。鄭司農云「舟，尊下臺，若今時承槃」者，丁晏云：「《説文・木部》：『槃，承槃也。古文作鎜，籀文作盤。』鐘鼎款識有漢車宮銅承燭槃，是漢時有承槃之制，故先鄭舉以況舟。」詒讓案：舟蓋別爲槃以承尊，《典瑞》注説祼圭之瓚亦有槃，蓋其類也。形制注無文。聶氏《圖》謂舟外漆朱中，上有槃，下有圓局足，六彝形制同，唯足内各隨彝畫雞鳳之類以飾之。依聶《圖》，則與棜禁之屬相似，未知古制然否。云「獻讀爲犧」者，據《明堂位》、《禮器》及《詩・魯頌》、《左傳》並作犧也，《國語・周語》亦同。《明堂位》疏引《鄭志》荅張逸云：「犧尊或有作『獻』字者，齊人之聲誤耳。」段玉裁云：「《鄭志》云或作『獻』，正謂《周禮》也。必易爲犧者，元寒歌戈兩部通轉之理。如《尚書・大誥》『民獻』，歐陽、夏侯作『民儀』，《大射儀》獻讀爲沙，《郊特牲》讀爲莎，此經下文讀爲儀、讀爲摩莎之莎，皆是。《説文》説《周禮》六尊亦作『犧尊』，同仲師讀。」云「犧尊，飾以翡翠」者，《説文・羽部》云：「翡，赤羽雀也。翠，青羽雀也。出鬱林。」《魯頌・閟宮》「犧尊將將」，毛傳云：「犧尊，有沙飾也。」《明堂位》「尊用犧象」，注云：「犧尊以沙羽爲畫飾。」孔疏引《鄭志》云：「張逸問曰：『《明堂》注「犧尊以沙羽爲畫飾」，前問曰「犧讀如沙，沙，鳳皇也。」不解鳳皇何以爲沙？』荅曰：『刻畫鳳皇之象於尊，其形婆娑然。』」《梁書・劉杳傳》引《鄭志》作「畫鳳皇尾娑娑然。」據《鄭志》説，則不以翡翠飾，與先鄭義微異。孔又引王肅《禮器》注云：「爲犧牛及象之形，鑿其背以爲尊，故謂之犧象。」《詩疏》又云：「此傳言『犧尊者，沙羽飾』，與司農飾以翡翠意同，則皆讀爲娑，傳言沙，即娑之字也。阮諶《禮圖》云：『犧尊飾以牛，象尊飾以象，於尊腹之上畫爲牛象之形。』王肅云：『大和中，魯郡於地中得齊大夫子尾送女器，有犧尊，以犧牛爲尊。然則象尊，尊爲象形也。』王肅此言以二尊形如牛象，而背上負尊，皆讀犧爲義，與毛、鄭義異，未知孰是。」《左傳》定十年，孔疏引阮、王義，略同。案《國語・周語》韋注云：「犧尊，飾以犧牛。」《莊子・馬蹄》篇釋文引司馬彪云：「犧樽，畫犧牛象以飾尊也。」竝與阮《圖》同。《劉杳傳》對沈約論犧象二尊，則竝從王義。王念孫云：「《莊子・天地》篇曰：『百年之木，破爲犧尊，青黄而文之。』《淮南・俶真篇》曰：『百圍之木，斬而爲犧尊，鏤之以剞劂，雜之以青黄，華藻鏄鮮，龍蛇虎豹，曲成文章。』高誘注曰：『犧尊，猶疏鏤之尊。』犧古讀若娑，娑與疏聲相近。《明堂位》『周獻豆』，鄭注亦曰『獻，疏刻之』。然則犧尊者，刻而畫之，爲衆物之形，在六尊之中最爲華美。毛、鄭説雖不同，而同是彫文刻鏤之義，則亦不甚相遠也。至阮諶謂犧尊以牛爲飾，衹因犧字從牛，遂望文生義，而創爲此説。案：《説文》：『犧，宗廟之牲也。』《詩》曰：『以我齊明，與我犧羊。』傳曰：『雄雞自憚其犧。』然則犧者，牲之總名，而六畜之所公共，尊名謂之犧，何以知必爲牛也。然諶猶謂尊以牛爲飾，至王肅則謂形如牛而背上負尊，且引齊大夫子尾送女器爲證。《周官》六尊六彝之名，多取諸鳥獸，雞彝、鳥彝、虎彝、蜼彝，皆謂畫其形以爲飾。若犧尊爲牛形，則與雞鳥諸彝之制不合。子尾送女之器本與犧尊無涉，特王肅以犧尊爲牛尊，故見有器如牛形者，即援以爲證耳。宋《宣和博古圖》所載周犧尊二，皆爲牛形，則又襲肅説而僞爲之者，不足深辯也。」段玉裁云：「犧古音讀如沙。《説文・牛部》犧，賈侍中説此非古字。於此知古『犧牲』、『犧尊』，字皆衹作『義』，不從牛。毛公時《詩》作『義尊』，故毛於其同音得其義，訓爲有沙飾。此乃周秦相傳古訓，王肅、劉杳不知此，乃云『犧象二尊形如牛象』，真妄説耳。」云「象尊以象鳳皇」

者，與《鄭志》説犧尊略同。云「或曰以象骨飾尊」者，此別義亦得通也。《明堂位》注云：「象尊，象骨飾之。」則後鄭亦從或説。《國語·周語》韋注義同。《燕禮》、《大射儀》有「象觚」，注並云「觚，有象骨飾也」。義與尊同。象骨即象齒，詳《縉人》、《壺涿氏》疏。《詩·魯頌》疏引阮諶《禮圖》云：「象尊，飾以象。」案：阮蓋謂尊腹畫象。聶氏《三禮圖》引梁正説同。又引阮《圖》説犧象二尊，云：「諸侯飾口以象骨，天子飾以玉。」則兼用先鄭所述或説而又小異。《詩疏》又引王肅謂尊爲象形，而背上負尊。王念孫云：「王説亦與雞鳥諸彝之制不合，不可從也。」引《明堂位》曰「犧象周尊也」，《春秋傳》曰「犧象不出門」者，並證獻尊字當從「犧」，《春秋傳》定十年《左傳》文。云「尊以裸神」者，裸獻散文通稱。賈疏云：「其實獻尸，而云裸神者，尸，神象，尸飲卽是裸神，若云奉觴賜灌之類，非謂二灌用鬱鬯也。」云「罍，臣之所飲也」者，明此酢罍卑於六尊，與《鬯人》「社壝用大罍」，《明堂位》「尊用山罍」爲祀神獻尸之罍異也。引《詩》曰「缾之罄矣，維罍之恥」者，《小雅·蓼莪》文。毛傳云：「缾小而罍大。罄，盡也。」此引以爲酒尊名罍之證。云「斝讀爲稼，稼彝，畫禾稼也」者，明斝稼音相近，義亦通也。《量人》「舉斝」，先鄭注云：「斝讀如嫁娶之嫁。」嫁稼聲亦同。彼唯擬其音，故云讀如嫁；此兼通其義，故云讀爲稼也。段玉裁云：「《明堂位》曰：『爵，夏后氏以琖，殷以斝，周以爵。』又曰：『灌尊，夏后氏以雞彝，殷以斝，周以黄目。』大鄭嫌尊與爵同名，故易其字曰稼，釋之曰畫禾稼也。《説文·斗部》曰：『斝，玉爵也。夏曰琖，殷曰斝，周曰爵。從斗冂，象形，與爵同意。或説斝受六升。』或説蓋謂斝彝也。爵受一升。《説文·糸部》引《周禮》作斝彝。」詒讓案：《明堂位》「斝爵」注亦云「斝，畫禾稼也」。然則此經「斝彝」爲灌尊，與爵雖殊器，畫禾稼則一，故同得斝名矣。斝爵，詳《量人》疏。云「黄彝，黄目尊也」者，依《郊特牲》及《明堂位》文。引《明堂位》曰「夏后氏以雞彝，殷以斝，周以黄目」者，證三代灌尊之異。彼文彝作「夷」，鄭讀爲彝。此引從改字。引《爾雅》曰「彝、卣、罍，器也」者，《釋器》文。《釋文》云：「卣，本亦作攸。」案：「卣」與「攸」聲近，此猶《鬯人》注讀「脩」爲「卣」也。郭本《爾雅》作「卣」。賈疏云：「欲見此經有彝爲上，卣是犧象之屬，爲中，罍爲下，與《爾雅》同也。」云「著尊者，著略尊也」者，段玉裁云：「『著』『略』疊韻字。《説文·酉部》作『箸尊』。」詒讓案：《史記·十二諸侯年表》及《衛世家》索隱竝釋象箸爲象尊、箸尊，則著尊字古多作「箸」，與《説文》同。「著略」蓋漢時常語。鄭《詩・大小雅譜》云：「此其著略大校見在書籍。」孔疏以「著明質略」爲釋。以相參證，疑「著略」亦文飾簡略之義。云「或曰著尊著地無足」者，《明堂位》注同。孔疏云：「無足而底著地，故謂爲著也。」聶崇義云：「著尊受五斗，漆赤中。舊《圖》有朱帶者，與概尊相涉，恐非其制。」又云：「與獻尊、象尊形制容受竝同，但無足及飾耳。」引《明堂位》曰「著，殷尊也」者，證著尊是殷制，周仍之也。云「壺者以壺爲尊」者，《說文・壺部》云：「壺，昆吾圜器也。象形，從大，象其蓋也。」《聘禮》「八壺設於西序」，注云：「壺，酒尊也。」《燕禮》：「司宮尊於東楹之西兩方壺，左玄酒；士旅食于門西兩圜壺。」鄭彼注云：「尊方壺，爲卿大夫士也，臣道直方。尊士旅食者用圜壺，變於卿大夫也。」《大射儀》文略同。《公羊》昭二十五年何注云：「壺，禮器，腹方口圓曰壺，反之曰方壺，有爵飾。」案：此壺尊當卽《禮經》之方壺。聶氏《三禮圖》引舊《圖》云：「壺尊受五斗，脰足高二寸。」所説容受與中尊合，而爲圜形，則非是。至《禮器》云「五獻之尊，門外缶，門内壺」，注云「壺大一石」。與此壺尊異也。陳祥道云：「尊，其上有蓋，其面有鼻，其下有足。《少儀》曰：『尊壺者面其鼻。』其無足者，著與壺耳。觀投壺之壺，有頸與腹而無足，則壺尊無足可知矣。先儒謂壺有足，誤也。」引《春秋傳》曰「尊以魯壺」者，《左》昭十五年傳云：「晉荀躒如周，葬穆后，籍談爲介。以文伯宴，樽以魯壺。」《左傳釋文》載或本作「尊」，與此同。杜注云：「魯壺，魯所獻壺樽。」此引之，證以壺爲尊之事。云「追享朝享謂禘祫也，在四時之閒，故曰閒祀」者，任啓運云：「閒祀，不常舉也。追享，大禘也，以追所自出，故曰追享。朝享，大祫也，合於大廟，若大朝然，故曰朝享。」案：任説是也。江永、林喬蔭説同。追享朝享之説，當以先鄭爲正。《宋書・禮志》載徐道娱議，亦從其説。禘以孟夏，祫以孟秋，吉禘則無定月，故謂之四時之閒祀。陸淳《春秋纂例》云：「古者喪除，朝廟合群祖而祭焉，故祫謂之朝享；明年又禘其祖之所自出，故禘謂之追享。」陸氏説禘禮雖與古義不合，而以追享朝享爲禘祫，亦與先鄭同。後鄭所不從，故賈前疏及《禮運》疏、《通典・吉禮》並謂祫在秋，用秋冬時祭之尊，禘在夏，用春夏時祭之尊，此推後鄭説，非經義也。《明堂位》云：「季夏六月，以禘禮祀周公於大廟，尊用犧象山罍，鬱尊用黄目。」彼魯禮，參用此三祭之尊，與王禮不同。禘祫異同，詳《大宗伯》疏。云「蜼讀爲蛇虺之虺」者，《爾雅・釋魚》云：「蝮虺，博三寸，首大如擘。」先鄭意蓋謂此尊刻畫爲蛇虺形，故讀從之。云「或讀爲公用射隼之隼」

者，段玉裁云：「司農易『蜼』爲『虺』，又偁或説易爲『隼』，三字古音同在脂微部也。《説文·鳥部》曰：『隼或鵻字也，一曰鶉字。』」俞樾云：「疑此字實當爲『隼』。《翨氏》『掌攻猛鳥』，注曰：『猛鳥，鷹隼之屬。』然則虎彝、隼彝，皆取其猛。《司常》：『掌九旗之物，熊虎爲旗，鳥隼爲旟。』彝之有取於虎隼，猶之乎旗旟矣。」案：俞説亦通。云「大尊，大古之瓦尊」者，《燕禮》云「公尊瓦大」，《禮器》又云「君尊瓦甒」，注云：「瓦甒，五斗。」孔疏云：「《漢禮器制度》文也。按《禮圖》，瓦大受五斗，口徑尺，頸高二寸，徑尺，大中，身鋭，下平。瓦甒與瓦大同。」案：聶《圖》引舊《圖》説醴甒，與孔同。此經大尊即瓦大，亦即瓦甒。據《明堂位》大尊爲虞尊，四代之尊，此爲最古，故云大古瓦尊。《祭義》説朝事之禮云「醴以俠甒」，注云「謂祼之兩甒醴酒」，亦即此也。云「山尊，山罍也」者，《明堂位》云「尊用犧象、山罍」，是山罍、山尊得通稱。《唐郊祀録》引《三禮圖》云：「山罍受一斛，畫以山紋雲氣也。」聶崇義云：「山尊受五斗。郭璞云：『山罍形似壺大者，受一斛。』今山罍既在中尊之列，受五斗可知也。」案：聶説是也。此「山罍」與「酢罍」名同而實異，亦謂之罍尊。《禮器》云：「廟堂之上，罍尊在阼，犧尊在西。」又云：「君西酌犧象，夫人東酌罍尊。」彼文君與夫人異尊，雖與禮不合，然以犧象與罍尊並列，猶《明堂位》以犧象山罍並列，即此經之山尊。鄭《禮器》注未及分析。孔疏引熊安生説，遂以彼罍尊與此經酢罍爲一，而謂彼爲諸侯時祭之禮，非也。引《明堂位》曰「泰，有虞氏之尊也，山罍，夏后氏之尊」者，欲見彼泰即此大尊，彼山罍即此山尊也。泰大聲近通用。云「故書踐作餞，杜子春云餞當爲踐」者，段玉裁云：「《説文》：『餞，送行食也。』於經無涉，故杜易爲『踐』，言踐其位、行其禮也。」徐養原云：「餞踐音同，古蓋通用。《儀禮·士虞記》『未徹乃餞』，注云：『古文餞爲踐。』是其證。」案：段、徐説是也。《中庸》「踐其位」，注云：「踐猶升也。」朝事始事尸於堂，故謂之踐。《士虞記》卒哭祭畢，有餞，乃送尸而飲酒。既不在朝時，吉祭又無此禮，故杜不從故書也。云「玄謂黄目，以黄金爲目」者，《郊特牲》孔疏云：「以黄金鏤其外以爲目。」引《郊特牲》者，證黄金爲目之義。鄭彼注云：「黄目，黄彝也，周所重，於諸侯爲上也。」云「追享謂追祭遷廟之主，以事有所請禱」者，破先鄭以追享爲禘之説也。賈疏云：「案《祭法》云『去廟爲壇，去壇爲墠。壇墠有禱焉祭之，無禱乃止』。是追祭遷廟之主故知也。」云「朝享謂朝受政於廟」者，據《春秋經》告朔有朝廟，破先鄭以朝享爲祫之説，謂受十二月政，因而有朝廟之祭也。賈疏云：「謂天子告朔於明堂，因卽朝享。朝享卽《祭法》謂之月祭，故《祭法》云：『考廟、王考廟、皇考廟、顯考廟、祖考廟，皆月祭之。二祧享嘗乃止。』諸侯告朔於大廟，因卽朝享。《祭法》云：『諸侯考廟、王考廟、皇考廟，皆月祭之；顯考、祖考，享嘗乃止。』告朔，天子用牛，諸侯用羊，月祭皆大牢也。若然，天子告朔於明堂，則是天子受政於明堂。而云受政於廟者，謂告朔自是受十二月政令，故名明堂爲布政之宮，以告朔訖，因卽朝廟，亦謂之受政，但與明堂受朔別也。」案：賈說是也。《論語・八佾》篇，子貢欲去告朔之餼羊。《詩・周頌・我將》孔疏引鄭注云：「諸侯告朔以羊，則天子特牛焉。」《玉藻》注云：「明堂在國之陽，每月就其時之堂而聽朔焉。凡聽朔，必以特牲告其帝及神，配以文王、武王。」此並說告朔禮也。《論語集解》又引鄭注云：「牲生曰餼。禮，人君每月告朔於廟，有祭，謂之朝享也。」此說告朔後朝廟之祭，此注所謂朝享也。故《玉藻》孔疏云：「天子告朔以特牛，諸侯告朔以羊，其朝享各依四時常禮，故用大牢。故《司尊彝》朝享之祭，用虎彝、蜼彝、大尊、山尊之等，是其別也。」又引熊氏云：「周之天子于洛邑立明堂，唯大享帝就洛邑耳。其每月聽朔，當在文王廟也。以文王廟爲明堂制故也。」案：孔述鄭義與賈同，分別二禮最析。蓋鄭意天子每月朔，告朔於明堂，禮略用特牛，《論語》注及《玉藻》注所云是也。既告朔聽朔，乃朝享於五廟，依時享盛禮，用大牢九獻，此經所云是也。至天子告朔聽朔，並於明堂，而此注云受政於廟，或朔意亦謂西都無明堂，在文王廟，如熊氏之說。凡告朔必朝廟，《穀梁》莊十八年傳謂之朝朔。其在正月者，《左》襄二十九年傳又謂之朝正。後鄭因此經朝享亦稱朝，故謂與彼爲一，其實非也。金鶚云：「《春秋》文六年經云：『閏月不告月，猶朝於廟。』《公羊傳》云：『猶者，可止之辭。』蓋以告朔禮大，朝廟禮小，文公廢其大而行其小，故譏之也。是朝廟爲禮之小者，謂之朝廟，則不得爲祭祀矣。鄭謂『朝享，月朔，朝廟』。不知朝廟禮之小者，而朝享祼用虎彝、蜼彝，朝踐用兩大尊，再獻用兩山尊，其禮甚大，非朝廟可知。且朝享每月行之，又不得謂四時之閒祀也。朝廟所供，當與薦新相似，薦而不祭也。其禮與時祭迥殊，視告朔亦殺，豈得謂之月祀乎？」案：金駁後鄭說是也。《通典・吉禮》引譙周《禮祭集志》謂天子始祖四親廟，皆月朔加薦，謂之月祭，月朔薦與薦新皆奠無尸，故群廟皆一朝之閒盡畢。似卽謂朝廟用薦禮，金說正與彼闇合。蓋廟享正禮一年四舉，此外唯有禘祫，則殷祭也。若如後鄭

說，每月更有朝廟，禮同時享，則是比月正祭；且時享之月
亦當朝廟，則又一月二祭，其爲煩黷不已甚乎！況天子七
廟，自二祧外，祭應周徧，既云朝朔，則不可於次日以後遞
祭，故《書・洛誥》云：「歲文王騂牛一，武王騂牛一，王命
作册逸祝册，惟告周公其後。」孔疏引鄭注云：「歲成王元
年正月朔日也。以朝享之後，用二特牛祫祭文王、武王於
文王廟，告神以周公其宜立爲後者，謂將封伯禽也。」是鄭
意朝享諸廟，必崇朝畢事，故得於後更舉告祭別禮。但朔
日之旦，王出至南郊明堂，告朔聽朔訖，而反朝廟，爲時已
甚迫促，乃復徧大祭五廟，豈能給乎？殆不可通矣。又賈
疏謂朝享即《祭法》之月祭，孔疏說同。《漢書・韋玄成
傳》，玄成奏議及匡衡《告毀廟文》，並以時享外之日祭月祀
爲閒祀，疑亦本西漢禮家舊義。今攷《祭法》「日祭月祀」之
文，亦見《國語・周語》、《楚語》及《荀子・正論篇》。《通
典・吉禮》引高堂隆說，謂天子諸侯月有祭祀，其孟月則四
時之祭，仲月、季月皆薦新之祭。陳祥道說同。案：祭薦
散文可通，則朔薦、薦新亦得爲月祭，但必無九獻二祼之
禮，與此經「閒祀」必不相合。況日祭之說，尤於經無徵，疑
春秋以後流傳之誤說，不足據也。引《春秋傳》曰「閏月不
告朔，猶朝於廟」者，文公六年經文。三家經「朔」並作
「月」。《左氏》釋文云：「不告月，『月』或作『朔』，誤也。」是
三家古經無作「告朔」者。故《公羊傳》云：「不告月者何？
不告朔也。」《穀梁傳》同。鄭此注引作「告朔」，蓋兼取傳文
改經，故引經文而稱傳也。《玉藻》孔疏引鄭《駁異義》云：
「說者皆謂朝廟而因告朔，似俱失之。朝廟之經，在文六年
冬，『閏月不告月，猶朝於廟』。辭與宣三年春『郊牛之口
傷，改卜牛，牛死，乃不郊，猶三望』同。言猶者，告朔然後
當朝廟，郊然後當三望，今廢其大，存其細，是以加『猶』譏
之。《論語》曰子貢欲去告朔之餼羊，《周禮》有朝享之禮
祭，然則告朔與朝廟祭異亦明矣。」案：此注引《春秋經》
者，亦欲見告朔與朝廟爲二事，與《駁異義》意同。告朔、朝
廟之禮，詳《大史》疏。云「蜼，禺屬，卬鼻而長尾」者，據《爾
雅・釋獸》文。彼「禺屬」作「寓屬」，寓即禺之借字。❶郭
注云：「蜼似獼猴而大，黄黑色，尾長數尺，似獺尾，末有
歧，鼻露向上。雨即自懸於樹，以尾塞鼻，或以兩指。江東
人亦取養之，爲物捷健。」《說文・虫部》云：「蜼，如母猴，
卬鼻長尾。」又《由部》云：「禺，母猴屬。」賈疏云：「虎彝、蜼
彝，當是有虞氏之尊，故鄭注《尚書》云：『宗彝，宗廟之中

❶「寓即」原倒，據楚本乙。

鬱尊。』虞氏所用，故曰『虞夏以上，虎蜼而已』也。」云「山罍，亦刻而畫之，爲山雲之形」者，亦上雞彝、鳥彝。明山尊亦刻木爲尊，而畫山及雲雷之形，故同名山罍也。其酢罍則唯畫雲雷，而不畫山形，制亦略同。《說文·木部》云：「櫑，龜目酒尊，刻木作雲雷象，象施不窮也。重文罍，櫑或从缶。」《論衡·雷虛》篇云：「禮曰刻尊爲雷之形，一出一入，一屈一伸，爲相校軫則鳴。」案：王、許說與鄭同。賈疏云：「罍之字與『雷』聲同，故以雲雷解之。以其雷有聲無形，但雷起於雲，雲出於山，故本而釋之，以刻畫山雲之形也。《異義》第六《罍制》：『《韓詩》說：金罍，大夫器，天子以玉，諸侯大夫皆以金，士以梓。古《毛詩》說：金罍，酒器，諸臣之所酢，人君以黃金飾尊，大一石，金飾龜目，蓋刻爲雲雷之象。謹案：《韓詩》說天子以玉，經無明文。謂之罍者，取象雲雷博施，故從人君下及諸臣同』如是經文雖有《詩》云『我姑酌彼金罍』，古《毛詩》說云『人君以黃金』，則其餘諸臣直有罍無黃金飾也。」案：賈所引《異義》文有挩誤，今據《詩·周南·卷耳》孔疏所引補正。又《卷耳》疏云：「《司尊彝》注言刻畫爲山雲之形，則用木矣，故《禮圖》依制度云刻木爲之。《韓詩》說言『士以梓』，士無飾，言其木體，則以上同用梓而加飾耳。毛說言『大一碩』，《禮圖》亦云『大一斛』，則大小之制，尊卑同也。雖尊卑飾異，皆得畫雲雷之形，以其名罍，取於雲雷故也。」案：孔說是也。《爾雅·釋器》云：「小罍謂之坎。」郭注「罍形似壺，大者受一斛」。亦卽據酢罍言之。蓋罍有大中小三等，大者卽酢罍，容一石；中者爲山罍，與《鬯人》「大罍」皆容五斗；小者爲坎，所容未聞。三等大小迥異，聶《圖》引張鎰《圖》，誤以酢罍爲卽《鬯人》祭社之大罍，以瓦爲之，容五斗，聶氏已斥其謬。《燕禮》、《大射儀》、《少牢饋食禮》又別有盛水之罍，《士冠禮》注亦云「水器，尊卑皆用金罍」，與臣酢金罍亦異，互詳《鬯人》疏。

凡六彝六尊之酌，鬱齊獻酌，醴齊縮酌，盎齊涚酌，凡酒脩酌。

故書「縮」爲「數」，「齊」爲「齍」。鄭司農云：「『獻』讀爲『儀』。儀酌，有威儀多也。涚酌者，涚拭勺而酌也。脩酌者，以水洗勺而酌也。齊讀皆爲『齊和』之齊。」杜子春云：「『數』當爲『縮』，『齍』讀皆爲『粢』。」玄謂《禮運》曰：「玄酒在室，醴醆在户，粢醍在堂，澄酒在下。」以五齊次之，則醆酒盎齊也。《郊特牲》曰：「縮酌用茅，明酌也。醆酒涚于清，汁獻涚于醆酒，猶明清與醆酒于舊澤之酒也。」此言轉相泲成也。「獻」讀爲「摩莎」之莎，齊語聲之誤也。煮鬱和秬鬯，以醆酒摩莎泲之，出其香汁也。醴齊尤濁，和以明酌，泲之以茅，縮去滓也。盎齊差清，和以清酒，泲之而已。其餘三齊，泛從醴，緹沈從盎。凡酒，謂三酒也。「脩」讀如「滌濯」之滌。滌酌，以水和而泲之，今齊人命浩酒曰滌。明酌，酌取事酒之上也。「澤」讀曰「醳」。明酌、清酒、醆酒，泲之皆以舊醳之酒。凡此四者，裸用鬱齊，朝用醴齊，饋用盎齊，諸臣自酢用凡酒。唯大事於大廟，備五齊三酒。【疏】「凡六彝六尊之酌」者，此詔其酌之法也。賈疏云：「凡六彝之酌與鬱齊爲目，六尊之酌與醴齊、盎齊爲目。下有凡酒滌酌，上不言罍者，亦是文不具也。凡言酌者，皆是泲之使可酌也。」　注云「故書縮爲數，齊爲齍」者，並聲類相近。葉鈔《釋文》「齍」作「賫」。案：賫卽齍之俗。「數」疑卽「藪」之省。《詩・小雅・伐木》毛傳云：「以藪曰湑。湑，茜之也。」與「縮」義同。宋世犖云：「《方言》：『炊䉛謂之縮，或謂之篓。』《説文》『篓』作『籔』。」鄭司農云「獻讀爲儀」者，段玉裁云：「《説文》『獻』從犬鬳聲，『鬳』從鬲虍聲，在魚模部，與歌戈部漢通用最近，周人則元寒部與歌戈部多合用之處。司農讀獻爲儀，如《周書・大誥》『民獻有十夫』，《尚書大傳》作『民儀有十夫』。王莽《大誥》作『民儀九萬夫』，亦其證也。」云「儀酌有威儀多也」者，先鄭以此「獻」與《鬱人》詔裸將之「儀」義同，謂賓祭行裸時，升降洗酌及拜送諸威儀多，故云儀酌也。云「涚酌者，涚拭勺而酌也」者，涚拭之「涚」，余本及注疏本並作「挩」。《釋文》作「挩飾」，云「飾，本或作拭」。段玉裁云：「司農讀涚爲挩，挩拭猶拂拭也。飾拭古今字。《説文》無拭字。《巾部》飾，訓云㕞也。」詒讓案：涚挩字通。《封人》「凡祭祀飾其牛牲」，注云：「飾謂刷治，絜清之也。」挩飾之飾，義與彼同。飾俗或作「拭」。《公食大夫禮》「挩手」，注云：「挩，拭也，拭以巾。」《爾雅・釋詁》云：「拭，清也。」挩拭勺而酌，謂以巾帨挩㕞勺使絜清，而後以酌酒也。云「脩酌者以水洗勺而酌也」者，《説文・水部》云：「滌，洒也。」先鄭蓋亦讀「脩」爲「滌」，與後鄭同，而别訓爲以水洗勺。酌必洗者，亦欲其絜清。云「齍讀皆爲齊和之齊」者，賈疏云：「鄭注《酒正》爲度量解之，則齊和義亦通也。」杜子春云「數當爲縮」者，據《禮記》正其字也。「縮」卽「茜」之叚字，詳《甸師》疏。段玉裁云：「數古音讀如藪，在侯韻，與尤幽韻古合爲一類。縮在尤幽之入聲。鄭君從杜説。」云「齊讀皆爲粢」者，《酒正》注同。杜據故書作讀，則疑當作「齍讀皆爲粢」。段玉裁云：「《酒正》『五齊』，杜子春讀齊皆爲粢者，正因此經作『齍』也。此經齍卽粢字，故《酒正》齊皆讀粢。」云「玄謂《禮運》曰玄酒在室，醴醆在户，粢醍在堂，澄酒在下」者，「醍」

《釋文》作「緹」，案醍緹字同。鄭引此者，欲明此盎齊亦名醆也。詳《酒正》疏。云「以五齊次之則醆酒盎齊也」者，鄭《禮運》注引《酒正》五齊説之云：「字雖異，醆與盎，澄與沈，蓋同物也。」賈疏云：「於此經及《酒正》言之，盎次醴，《禮運》醆次醴，以醆當盎處即一物，明醆酒，盎齊也。盎齊云酒，則酒齊亦通。」詒讓案：《説文・酉部》云：「醆，一曰酒濁而微清也。」與後注「盎齊差清」，義亦相近。引《郊特牲》曰「縮酌用茅明酌也，醆酒涚于清，汁獻涚于醆酒，猶明清與醆酒于舊澤之酒也」者，證數當爲縮，涚當訓泲之義。並詳後。云「此言轉相泲成也」者，《郊特牲》云：「明水涚齊，貴新也。」鄭彼注云：「涚猶清也。五齊濁，泲之使清謂之涚齊。」是涚卽有泲義。上引《郊特牲》以明酌泲醴齊，以清酒泲盎齊，又以盎齊泲汁獻，是轉相泲以成酌也。云「獻讀爲摩莎之莎，齊語聲之誤也」者，《郊特牲》注同。段玉裁云：「鄭君讀爲莎，謂齊語莎誤爲『獻』，如《明堂位》『獻尊』，鄭君『獻』讀爲『娑』，亦其證也。」又云：「『莎』疑本作『沙』，轉寫加艸，如《詩》之沙雞。」案：段校是也。葉鈔《釋文》正作「摩沙」，《大射儀》注同。惟《郊特牲》注作「莎」。摩莎，即《曲禮》注所謂「挼莎」，《詩・周南》釋文引阮孝緒《字略》又作「挼莏」，莏卽莎之俗。云「煮鬱和秬鬯，以醆酒摩莎泲之出其香汁也」者，卽《郊特牲》所謂「汁獻涚于醆酒」也。彼注義並與此同。《釋名・釋姿容》云：「摩娑猶末殺也，手上下之言也。」《大射儀》「兩壺獻酒」，注云：「獻讀爲沙，沙酒濁，特泲之必摩沙者也。」娑沙亦通。此言築煮鬱草，以和秬酒，因其太濁，又和以盎齊，復恐鬱煮築未至，香汁難出，故又用手上下挼攤之以散發其香汁，使易出也。必和以盎齊者，《郊特牲》注云：「不以三酒泲秬鬯者，秬鬯尊也。」云「醴齊尤濁，和以明酌，泲之以茅，縮去滓也」者，卽《郊特牲》所謂「縮酌用茅明酌」也。彼注義亦同。賈疏云：「醴齊對盎齊以下三者爲尤濁，上仍有泛齊，更濁於醴齊也。」云「盎齊差清，和以清酒，泲之而已」者，卽《郊特牲》所謂「醆酒涚于清」也。彼注義亦同。又云：「泲盎齊必和以清酒者，皆久味相得。」案：泲之，謂用筐釃之也。凡泲用茅者謂之縮，不用茅者直謂之泲，詳《甸師》疏。江永云：「盎齊涚酌，謂以所配之明水涚之，《記》言『明水涚齊，新之』是也，非謂三酒之清酒爲涚也。」案：依鄭義，涚鬱以齊，涚齊以酒，涚酒以水。依江説，則無論齊酒，涚皆以水，義亦得通。《祭統》云：「宗婦執盎，從夫人薦涚水。」涚水似亦謂涚酌之明水，鄭彼注謂「凡尊有明水，因兼云水」，疑未塙。若然，醴盎二齊同泲以明水，但醴泲用茅，盎不用茅，故縮泲異酌。而《郊特牲》謂醆泲於清者，或以水爲膳夫六清之一，實非三酒之清酒與？ 云「其餘三齊，泛從醴，緹沈從盎」者，「緹」舊本作「醍」，今據宋婺州本、注疏本正。鄭以《酒正》有五齊，而此經止有醴盎二酌，故鄭以清濁差次推約之，以泛齊下從醴齊，同縮酌；緹沈上從盎齊，同涚酌。《酒正》注云「自醴以上尤濁縮酌者，盎以下差清」是也。云「凡酒謂三酒也」者，據此文在二齊之下，與《酒正》事酒昔酒清酒三酒在五齊之下同，故知凡酒即謂三酒。酒雖有三，同爲脩酌。凡者，𢍰較之言也。云「脩讀如滌濯之滌」者，滌濯，見《大宰職》。「讀如」賈疏述注作「讀爲」。段玉裁云：「此『讀如』當作『讀爲』，字之誤也。『脩』字於義無施，直易爲『滌』字。滌，條聲，條與脩同攸聲，故爲聲類。」案：段校是也。丁晏云：「《條狼氏》注，杜子春云：『條當爲滌器之滌。』《漢書・恩澤侯表》『脩侯』，注：『脩讀曰條。』古脩條滌聲相近。」云「滌酌以水和而泲之」者，賈疏云：「必知以水者，《曲禮》曰『水曰清滌』。且鬱鬯用五齊，五齊用三酒，三酒用水，差次然也。」江永云：「凡酒滌酌，謂以所酌之玄酒滌之，非謂別取水也。」黄以周讀「脩」爲「滫」，云：「《士虞禮》『明齊溲酒』，❶溲之言滫。《内則》注『秦人溲曰滫』是也。」❷案：黄説亦通。《士虞》注云：「明齊，新水也。言以新水溲釀此酒。」則與鄭水和泲之義亦不迕也。云「今齊人命浩酒曰滌」者，《説文・水部》云：「浩，澆也。」浩酒，蓋以水澆和酒之稱，與泲酒事相類。段玉裁云：「浩酒，蓋鄭時呼泲酒之俗語。」云「明酌，酌取事酒之上也」者，《郊特牲》注義同。以下並釋前引《郊特牲》之義。《郊特牲》孔疏云：「事酒之上，酒色清明，謂之明酌。」云「澤讀曰醳，明酌、清酒、醆酒，泲之皆以舊醳之酒」者，《郊特牲》注亦云：「澤讀爲醳。舊醳之酒，謂昔酒也。泲醴齊以明酌，泲醆酒以清酒，泲汁獻以醆酒，天子諸侯之禮也。天子諸侯禮廢，時人或聞此而不審知。云若今明酌清酒與醆酒，以舊醳之酒泲之矣。就其所知以曉之也。泲清酒以舊醳之酒者，爲其味厚腊毒也。」案：此記者舉其時制爲況，不與禮合。依此經事酒清酒同和水泲之，醆酒即盎齊，泲以清酒，皆不用昔酒也。云「凡此四者，裸用鬱齊，朝用醴齊，饋用盎齊，諸臣自酢用凡酒」者，鄭以《酒正》有五齊，而此經四酌，鬱齊本不在五齊之數，則唯有醴盎二齊而已，故定爲時祭用二齊。而以上文時享九獻之

❶「酒」，原訛「酌」，據《儀禮・士虞禮》改。
❷「秦」，原訛「齊」，據《六書通故》改。

次差之，二祼用鬱齊，故此經亦首鬱齊。祼後三獻四獻爲朝踐，此鬱齊後次醴齊，當爲朝踐所用，而七獻之朝獻，與朝踐尊相因，則亦同用醴齊可知也。朝踐後五獻六獻爲饋獻，此醴齊後次盎齊，當爲饋獻所用，而八獻九獻之再獻與饋獻尊相因，則亦同用盎齊可知也。其凡酒既非正獻所用，明唯諸臣自酢用之而已。云「唯大事於大廟，備五齊三酒」者，賈疏云：「此據《酒正》云『祭祀共五齊三酒』下有大祭、中祭、小祭。此時祭用二齊，《禮運》『四齊』據禘祭，明大事祫祭備五齊三酒可知。三酒時祭亦備之，亦於大事言之者，連言挾句耳。文二年『大事於大廟』，《公羊傳》『大事者何？大祫也』。即此大事，是祫可知也。」《禮運》孔疏云：「用酒之法，崔氏云：『周禮，大祫於大廟，則備五齊三酒。朝踐，王酌泛齊，后酌醴齊；饋食，王酌盎齊，后酌醍齊；朝獻，王酌泛齊，因朝踐之尊；再獻，后酌醍齊，因饋食之尊；諸侯爲賓，則酌沈齊；尸酢王與后，皆還用所獻之齊；賓長酳尸酢用清酒，加酌亦用三酒。大禘則用四齊三酒者，醴齊以下悉用之，故《禮運》云「玄酒在室，醴醆在户，粢醍在堂，澄酒在下」。用四齊者，朝踐，王酌醴齊，后酌盎齊；饋食，王酌醍齊，后酌沈齊；朝獻，王酌醴齊，再獻，后還酌沈齊，亦尊相因也；諸侯爲賓，亦酌沈齊，用三酒之法如祫禮也。四時之祭唯二齊三酒，則自祫禘以下至四時祭，皆通用也。二齊，醴、盎也。故鄭注《司尊彝》四時祭法，但云醴盎而已。用二齊者，朝踐，王酌醴齊，后亦酌醴齊；饋食，王酌盎齊，后亦酌盎齊；朝獻，王還用醴齊，再獻后還用盎齊，亦尊相因也；諸侯爲賓，亦酌盎齊，三酒同於祫。』其祫祭之法，既備五齊三酒以實八尊，祫祭在秋。案《司尊彝》：『秋嘗冬烝，朝獻用兩著尊，饋獻用兩壺尊。』則泛齊、醴齊各以著尊盛之，盎齊、醍齊、沈齊各以壺尊盛之，凡五尊也。又五齊各有明水之尊，凡十尊也。三酒三尊各加玄酒，凡六尊也。通斝彝盛明水、黄彝盛鬱鬯，凡有十八尊。故崔氏云『大祫祭凡十八尊』。其明水鬱鬯，陳之各在五齊三酒之上。其禘祭所用四齊者，禘祭在夏，醴齊、盎齊盛以犧尊，醍齊、沈齊盛以象尊，王朝踐獻用醴齊，后亞獻用盎齊，王饋獻用醍齊，后亞獻用沈齊，尸卒食，王酳尸因朝踐醴齊，后酳尸因饋食沈齊，諸臣爲賓獻亦用沈齊。天子時祭用二齊者，春夏用犧尊盛醍齊，用象尊盛沈齊；秋冬用著尊盛醴齊，用壺尊盛盎齊。是一齊用一尊，《司尊彝》皆云兩者，以一尊盛明水，故皆云兩。若禘祫之祭，其齊既多，不得唯兩而已。」江永云：「前説謂時祭惟用醴盎二齊，後又謂春夏用醍沈，秋冬用醴盎，自相抵牾。其言祫禘用齊之差及所用尊彝之異，亦恐未必然。鄭司農謂追享朝享爲禘祫，則禘祫彝當用虎蜼，尊當用大山耳。」案：崔、孔所説宗廟之祭，大祫用五齊，時祭用二齊，依此注義也；禘用四齊，依《禮運》義也。並推約後鄭二《禮》注説差次之。但經無見文，未知是否。至孔後説謂時祭亦兼用醍沈，則與鄭此注不合，江氏糾之是也。又《郊特牲》孔疏引皇侃説，謂圜丘祭天備五齊，與宗廟祫同；祭感生帝用醴齊以下四齊，與宗廟禘同；五時迎氣用醴盎二齊，與宗廟時祭同。《通典·吉禮》引崔靈恩，則謂圜丘用五齊，餘感帝迎氣神州等並自醴齊以下四齊。二説小異。鄭既無説，今不具論。

大喪，存奠彝，存，省也。謂大遣時奠者，朝夕乃徹也。【疏】「大喪存奠彝」者，《宰夫》注云：「大喪，王、后、世子也。」　注云「存，省也」者，《爾雅·釋詁》云：「存、省，察也。」云「謂大遣時奠者，朝夕乃徹也」者，大遣奠，葬日於祖廟之庭，設大奠。凡喪奠有十，以大遣奠爲最盛，故設彝也。詳《大史》、《喪祝》疏。賈疏云：「大喪之奠有彝尊盛鬱鬯，唯謂祖廟厥明將向壙，爲大遣奠時有之，故鄭云謂大遣時。此大奠徹之早晚無文。案《檀弓》云：『朝奠日出，夕奠逮日。』則朝奠至夕徹之，夕奠至朝乃徹，是朝夕乃徹。其大遣亦朝設，至夕乃徹。言此者，欲見所奠彝尊朝夕存省之意也。」

大旅亦如之。旅者，國有大故之祭也。亦存其奠彝，則陳之，不卽徹。【疏】注云「旅者，國有大故之祭也」者，據《大宗伯》文。大旅，卽旅上帝也。云「亦存其奠彝，則陳之，不卽徹」者，賈疏云：「以其祭云『亦如之』，明亦如大遣奠存省之。云不卽徹，則與上注『奠者朝夕乃徹』義異。但上經據人鬼，日出逮日，放其去來於陰陽；此天神無此義，但不卽徹，不必要至夕也。且案《小宰》注『天地至尊不裸』，此得用彝者，此告請非常，亦如大遣奠之而已，亦非裸耳。」案《表記》云：「天子親耕，粢盛秬鬯以事上帝。」則祭上帝亦有秬鬯，或當如賈説奠而不裸也。《表記》孔疏謂秬鬯即五齊，則非。

司几筵掌五几五席之名物，辨其用與其位。五几，左右玉、彫、彤、漆、素。五席，莞、藻、次、蒲、熊。用位，所設之席及其處。【疏】注云「五几，左右玉、彫、彤、漆、素」者，賈疏云：「其玉彫以下，數出於下文。云左右者，唯於王馮及鬼神所依，皆左右玉几。下云『左右玉几，祀先王酢席亦如之』，但受酢席未必有几，故不云几筵。其彫几已下非王所馮，生人則几在左，鬼神則几在右，是以下文諸侯祭祀云右彫几，國賓云左彤几。諸侯自受酢亦無几，故不言几也。漆素並云俱右，是爲神也。」又云：「凡几之長短，阮諶云，几長五尺，高三尺，廣二尺。馬融以爲長三尺。舊《圖》以爲几兩端赤，中央黑也。」戴震云：「馬融以爲几長三尺，六之而合二筵與？」案：戴説近是。阮《圖》長五尺，於度太長。《文選・東京賦》薛綜注云「几長七尺」，則尤長，恐非。又《曾子問》孔疏及聶氏《三禮圖》引阮《圖》，竝云「几高尺二寸」，與賈所引不同。今攷人在席則馮几，在車則馮式，《輿人》式崇三尺有三寸，几高三尺與式崇約略相儗，若高尺二寸則太低，不可立馮，孔所引亦非也。聶氏又駮阮《圖》云：「詳五几之名，是無兩端赤中央黑漆矣，蓋取彤漆類而髹之也。」案：聶説是也。《書・顧命》又有「文貝几」，非生時所用，此經亦無之。筵席度，互詳《匠人》疏。云「五席，莞、藻、次、蒲、熊」者，《釋文》云：「藻，本又作繅。」阮元云：「經作『繅』，司農讀爲『藻』，鄭君則仍用『繅』字，今本作『藻』，非。」案：阮説是也。《敍官》注云「其言之筵席通」，故此五席亦通莞蒲二筵數之。賈疏云：「亦數出下文。仍有葦萑席，不入數者，以喪中非常，故不數，直取五席與五几相對而言耳。」詒讓案：《書・顧命》又有篾席、底席、豐席、筍席，鄭彼注以爲非生時席，故此經亦無之，詳後疏。又，王卧寢衽席，掌於玉府，非此官所共設，詳《玉府》疏。云「用位，所設之席及其處」者，賈疏云：「即下凡大朝覲已下是也。」云及其處者，王受朝覲，席在廟牖閒，大射在虞庠，祀先王在廟奥及堂，酢席在廟室西面。自諸侯已下，亦皆在廟，惟熊席漆几設在野所征之地耳。」案：大射在辟雍，賈謂在虞庠，誤。亦詳後疏。

凡大朝覲、大饗射，凡封國、命諸侯，王位設黼依，依前南鄉設莞筵紛純，加繅席畫純，加次席黼純，左右玉几。斧謂之黼，其繡白黑采，以絳帛爲質。依，其制如屏風然。於依前爲王設席，左右有几，優至尊也。鄭司農云：「紛讀爲豳，又讀爲『和粉』之粉，謂白繡也。純讀爲『均服』之均。純，緣也。繅讀爲『藻率』之藻。次席，虎皮爲席。《書・顧命》曰：『成王將崩，命大保芮伯、畢公等被冕服，馮玉几。』」玄謂紛如綬，有文而狹者。繅席，削蒲蒻，展之，編以五采，若今合歡矣。畫，謂雲氣也。次席，桃枝席，有次列成文。【疏】「凡大朝覲」者，賈疏云：「此經及下文，見王有事設席三重之義。言凡大朝覲，非四時常朝。常朝則春夏受贄於朝，秋冬受贄於廟，不常在廟也。此朝覲言大，則因會同而行朝覲之禮，謂春秋來時；若冬夏來，則曰大宗遇也。」案：大朝覲即《司儀》所云「合諸侯之事」，賈謂非常朝是也。但謂「常朝春夏受贄於朝」，則非，詳《大宗伯》疏。云「大饗射」者，賈疏云：「謂王與諸侯行饗禮於廟，即《大行人》云上公三饗之屬是也。大射，謂王將祭祀，擇士而射於西郊小學虞庠中。」案：王大射在大學辟雍，亦設黼依，與在廟同也。賈謂大射在西郊小學虞庠中，《射義》孔疏又引此經，謂大射之射宮在廟，並失之，詳《諸子》疏。又王春與邦國貢士大射於東郊，則爲壇壝宮，當亦設黼依，詳《司裘》疏。云「凡封國命諸侯」者，並謂策命諸侯於廟也，詳《大宗伯》疏。云「王位設黼依，依前南鄉」者，此冡上朝覲以下諸事言之。《覲禮》云：「天子設斧依于户牖之閒，左右几，天子衮冕負斧依。」即大朝覲廟中之位。又《明堂位》亦云「天子負斧依，南鄉而立」，是大朝覲或在明堂，其設位並同。林喬蔭云：「《大射儀》言『公席于阼階上，西鄉；賓席於户西，南面』，而《司几筵》云『大射王位設黼依，依前南鄉』，則王之席在户牖閒，賓不得有户西南面之席，蓋西階而東鄉矣。」云「設莞筵紛純」者，以下並此官共設筵席之官法也。「筵」唐石經作「席」。案：此鋪陳之筵不當作「席」，阮元云「涉下文誤」是也。《詩·小雅·斯干》云「下莞上簟」，鄭彼箋云：「莞，小蒲之席也。」《釋文》云：「莞草叢生水中，莖圓，江南以爲席，形似小蒲而實非也。」孔疏云：「《釋草》云：『莞，苻蘺。』某氏曰：『《本草》云：白蒲，一名苻蘺，楚謂之莞蒲。』郭璞曰：『今西方人呼蒲爲莞蒲，今江東謂之苻蘺，西方亦名蒲，用爲席。』言小蒲者，以莞蒲一草之名，而《司几筵》有莞筵蒲筵，則有大小爲席精麤，故得爲兩種席也。知莞用小蒲者，以《司几筵》設席，皆麤者在下，善者在上。其職云：『諸侯祭祀之席，蒲筵繢純，加莞席紛純。』以莞加蒲，明莞細而用小蒲，故知莞小蒲之席也。」郝懿行云：「莞，《説文》作『蒢』，云『夫蘺也』。按：莞與藺相似，莖圓而中空，可爲席。蒲葉闊而不圓，其細小者亦可爲席，所謂蒲苹者也。是蒲莞非一物。《爾雅》之莞，乃蒲屬也，非藺屬。《爾雅》借莞爲蒢，舊注及郭俱云『莞蒲』，可知此乃蒲之別種，細小於蒲，爲形纖弱，故名蒲蒻，作席甚平，故曰蒲苹。鄭箋以莞爲小蒲之席是矣。《釋文》猶以莞草莖圓非蒲爲疑，不知此乃似蒲之莞，非似藺之莞也。似蒲之莞，❶今江南席子草是矣。」案：郝説深得鄭指。《説文·艸部》云：「莞，艸也。可以作席。」依鄭《斯干》箋義，則莞艸雖自可以

❶「蒲」原訛「郝」，據楚本改。

爲席，然凡《詩》、《禮》之言莞筵莞席者，莞並蔇之叚字，乃小蒲之席，與莞艸席不同。《列子・天瑞》篇云：「老韭之爲莞。」蔇葉扁而不圓，故與韭相似，若莞則不似韭也。《漢書・東方朔傳》：「莞蒲爲席。」顔注云：「莞，夫蘺也。今謂之葱蒲。」與《詩箋》義同。《書・顧命》「豐席」，僞傳及孔疏引王肅並釋爲莞，蓋欲以當此莞筵，鄭所不從，不足據也。云「加繅席畫純，加次席黼純」者，所謂加席也。賈疏云：「以席三重也。凡敷席之法，初在地者一重，即謂之筵，重在上者即謂之席，已下皆然。故鄭注《序官》云：『敷陳曰筵，藉之曰席。』」案：賈説非也。依《禮器》説，此王位設莞筵，蓋五重，上加繅席、次席，皆不重。凡《禮經》通例，同席謂之重，異席謂之加，詳後。　注云「斧謂之黼，其繡白黑采」者，采，賈疏述注作「文」，明閩注疏本同。斧謂之黼，《爾雅・釋器》文。郭注云：「黼文畫斧形，因名云。」《覲禮》「斧依」，注云：「依，有繡斧文，所以示威也。」賈疏云：「案《禮記・明堂位》云：『天子負斧扆。』彼及諸文多爲斧字者。據《繢人職》則云『白與黑謂之黼』，據采色而言之。若據繡於物上，則爲金斧文。近刃白，近銎黑，則曰斧，取金斧斷割之義，故鄭以斧釋黼。」詒讓案：《畫繢職》黼爲繡采。鄭《覲禮》注亦以斧依爲采繡斧形。古書多云畫斧，蓋所聞之異。又下次席黼純，黼亦爲繡。故《説文・巾部》云「禮，天子諸侯席有黼繡純飾」是也。《書・顧命》「蔑席黼純」，僞孔傳則云：「白黑雜繒緣之。」彼專據繒色言之，無繡斧與黼依異也。云「以絳帛爲質」者，言以絳帛爲地，而復以白黑繡之。賈疏云：「《鄉射記》云：『凡畫者丹質。』此黼畫之，故知絳帛，絳帛即丹質也。」王鳴盛云：「周人尚赤，黼扆當天子之位，當用所尚正色，故知以絳帛爲之。絳，正赤色也。」云「依，其制如屏風然」者，據漢制爲釋。《覲禮》注云：「依，如今綈素屏風也。」《明堂位》注云：「斧依，爲斧文屏風於牖户之閒。」《釋名・釋牀帳》云：「扆，倚也，在後所依倚也。」《書・顧命》「狄設黼扆綴衣」，僞孔傳云：「扆，屏風，畫爲斧文，置户牖閒。」《爾雅・釋宫》云：「牖户之閒謂之扆。」郭注云：「窗東户西也。禮云斧扆者，以其所在處名之。」《顧命》孔疏引郭璞又云：「禮有斧扆，形如屏風，畫爲斧文，置於扆地，因名爲扆。」案：《禮經》之依，《尚書》、《爾雅》皆作「扆」，《隸釋・漢石經尚書》又作「衣」。《説文・户部》云：「户牖之閒謂之扆，从户衣聲。」則扆爲正字，依、衣皆同聲叚借字。《魏書・李謐傳・明堂制度論》引鄭氏《禮圖》及《北堂書鈔・屏風門》引《三禮弓矢圖》並云：「扆，從廣八尺，畫斧文而無柄，設而不用。有畫飾，今之屏風則遺象也。」《禮圖》及郭璞、僞孔傳並依鄭義，惟以繡爲畫小異。漢屏風制，詳《掌次》疏。賈疏云：「案《爾雅》，牖户之閒曰扆。於扆之處設黼，黼即白黑文而爲斧形。此斧以大版爲邸，即《掌次》『皇邸』，一也。故鄭彼注云『邸，後版』。以此斧版置於扆，即以黼扆爲揔名也。」案：依者屏風之名，唯其飾爲斧形。賈以斧爲屏風名，《書》及《詩·大雅·篤公劉》孔疏説並同，誤也。又賈以依爲皇邸者，蓋因大朝覲在壇不在廟，則無户牖之閒，不可以言依。經總云「王位設黼依」，不可以通於此，故取《掌次》之皇邸以爲釋。如其説，則「依」與「邸」同物，在廟則曰黼依，在壇則曰皇邸，因地而異其名。不知經典説黼依，未有飾以皇羽者。《掌次》皇邸設於次，不設於壇廟；此職黼依設於壇廟，不設於次，二者迥異，不可并爲一也。至大朝覲在壇，無户牖；在明堂，則王位正當大室中户，而兩窗夾之，亦不得在户牖之閒，然皆未嘗不可設黼依。金榜云：「宫廟之中設斧扆，皆在牖户之閒，故《爾雅》云：『牖户之閒謂之扆。』此以其所在處名之者也。《司几筵職》：『凡大朝覲、大饗射，凡封國命諸侯，王位設黼依，依前南鄉。』則黼依所設非一地。故謂牖户閒爲扆則可，謂依必設於牖户閒則不可。」案：金説足釋此經之疑。蓋扆本屏風之名，因其多設於牖户之閒，故即以扆名其地，非屏風因置於扆地得名，亦不得謂非牖户閒即不得設扆也。黄以周云：「《士虞禮記》『佐食出户負依』，注云：『户牖之閒謂之依。』是自天子下至士皆有依，其異者繡斧耳。」案：黄説是也。賈《聘禮》疏又謂「諸侯扆無屏風」，亦非。云「於依前爲王設席」者，依前即户牖閒，省文亦云「牖閒」。《顧命》云：「牖閒南嚮敷重篾席黼純，華玉仍几。」僞孔傳云：「此見群臣覲諸侯之坐。」孔疏謂彼牖閒即此依前是也。凡廟寢皆五架，後楣以前爲堂。室南嚮，東爲户，西爲牖，依當室外户牖之閒。依前即堂後楣前正中之位也。云「左右有几，優至尊也」者，賈疏云：「此經所云王皆立不坐，既立又左右皆有几，故鄭注《大宰》云『立而設几，優至尊』，據立而言。此據『左右皆有』而言，故注相兼乃具也。」詒讓案：凡几皆設於席上，《少牢饋食禮》云「司宫筵于奥，祝設几于筵上」是也。此玉几，謂以玉飾几，即《顧命》之「華玉几」，僞孔傳云：「華，彩色。華玉以飾憑几。」孔疏引鄭《書注》云：「華玉，五色玉也。」此玉几不言色者，文不具。鄭司農云「紛讀爲豳」者，段玉裁云：「豳與份、彬、彪三字同，文皃。《公冠篇》『邠彧』即『彬彧』。《上林賦》『玢豳』音『紛彬』。」云「又讀爲和粉之粉，謂白繡也」者，先鄭爲兩讀，以後讀爲正，故釋其義。段玉裁云：「粉色白，如《尚書》粉米，取其潔也。紛、豳、粉三字，古音同部。」丁晏云：「《尚書》鄭注：『粉米，白米也。』故此注謂白繡。」云「純讀爲均服之均」者，賈疏云：「案僖五年《左傳》『卜偃云：均服振振，取號之旂』。賈、服、杜君等皆爲均，均，同也。但司農讀爲均，均即準，音與純同。」段玉裁改「讀爲」爲「讀如」，云：「此『讀如』，擬其音耳。今本作『讀爲』，轉寫之誤也。假令易其字爲『均』，則當云『均緣也』，而不云『純緣也』矣。如下文『敦讀曰燾，燾，覆也』，『乃讀爲仍，仍，因也』，皆可證。賈云『《左傳》「均服」，賈、服、杜君等皆爲袀，袀，同也』。今本疏『袀』字譌『均』。案：《吴都賦》『六軍袀服』，劉逵注引《左氏傳》『袀服振振』，袀，同也。《士冠禮》『袀玄』注『袀，同也。古文袀作均』。今《儀禮》『袀』誤爲『袗』，杜《左傳》『袀』誤『均』，皆非古本。《士冠禮》注『古文袀作均』，則袀均通用，此司農引《左傳》作均之故乎。」案：段校是也。云「純，緣也」者，《屨人》注同。凡此經諸筵席有黼畫紛繢四等之純，皆以尊卑爲次。《書·顧命》有「厎席綴純」，僞孔傳云：「綴，襍彩。」此經無之，亦文不具。《鄉飲酒》、《公食大夫記》又有「蒲筵緇布純」「萑席玄帛純」。彼緇玄用純色無文，蓋大夫以下之殺禮，非王侯所用，故經亦不著也。云「繅讀爲藻率之藻」者，《弁師》「繅斿」先鄭注亦云：「繅當爲藻。繅古字也，藻今字也，同物同音。」賈疏云：「讀從桓二年臧哀伯云『藻率鞞鞛，鞶厲斿纓』，此並取彼義也。」段玉裁云：「《儀禮》注云『今文繅作璪』，然則繅是古文。故司農恐人不識，易爲藻字，藻謂畫水藻文也。鄭君云：『繅席，削蒲蒻，展之，編以五采，若今合歡。』編以五采正釋繅義，不易爲藻字。《説文》云：『璪，玉飾，如水艸之文。』蓋許君從《儀禮》今文，不從《周禮》故書、《儀禮》古文矣。」云「次席，虎皮爲席」者，據《司裘》故書云：「王大射，則共熊侯、虎侯。」以虎侯爲熊侯之次。先鄭見此下有熊席爲熊皮席，以彼文例此，則熊席之次當爲虎皮席，故云次席虎皮爲席也。引《書·顧命》以下者，《顧命篇》云：「惟四月哉生魄，王不懌。甲子，王乃洮頮水，相被冕服，憑玉几，乃同召太保奭、芮伯、彤伯、畢公、衛侯、毛公、師氏虎臣、百尹御事。」此櫽括引之，證大朝覲王馮玉几之事。馮，今書作「憑」，即馮之俗。《釋文》及賈疏述注亦同。今從嘉靖本。云「玄謂紛如綬，有文而狹者」者，《顧命》「筍席玄紛純」，僞孔傳云：「玄紛，黑綬。」孔疏引鄭《書注》云：「以玄組爲之緣。」惠棟云：「《漢官儀》云：『綬長一丈二尺，闊三尺。』故云有文而狹。」詒讓案：《續漢書·輿服志》説綬制云：「凡先合單紡爲一系，四系爲一扶，五扶爲一首，五首爲一文，文采淳爲一圭，皆廣尺六寸。」紛之制蓋與彼相類。鄭《書注》以紛爲組者。《説文・糸部》云：「組，綬屬。」《文選》張衡《東京賦》「次席紛純」，薛綜注云：「紛純，謂以組爲緣。」與鄭同也。云「繅席削蒲蒻展之，編以五采，若今合歡矣」者，《弁師》注云「繅，雜文之名也」。《典瑞》注云：「繅有五采文。」《説文・艸部》云：「蒲，水艸也，可以作席。」「蒻，蒲子，可以爲平席。」《釋名・釋牀帳》云：「蒲平，以蒲作之，其體平也。」《淮南子・主術訓》云：「匡牀蒻席。」《鹽鐵論・散不足》篇説席有蒲子露林，即此。鄭意繅席即削蒲爲席，惟以五采合編之。漢時席蓋有爲合歡文者，鄭據目驗爲況也。《顧命》「厎席」，僞孔傳云：「厎，蒻苹。」《釋文》引馬融、孔疏引王肅並云「青蒲席」也。僞傳之意，蓋以彼厎席當此繅席。又彼「篾席」，《釋文》引馬融云「纖蒻」。孔疏引王肅云「纖蒻苹席」，《説文・苜部》作「蔑席」，説與馬同。案：馬、王、僞孔諸説，並鄭所不從，與此繅席、蒲筵等，並不相當也。蒲蒻，互詳《醢人》疏。云「畫謂雲氣也」者，《顧命》「豐席畫純」，僞孔傳云：「彩色爲畫。」孔疏引鄭《書注》亦云「以雲氣畫之爲緣」，與此注同。畫雲氣，詳《幂人》疏。云「次席，桃枝席，有次列成文」者，《周書・器服篇》有桃枝蒲席。《文選・東京賦》薛注云：「次席，竹席也。」《顧命》「篾席」，僞孔傳云：「篾，桃枝竹。」《文選》左思《吴都賦》「桃笙象簟」，劉逵注云：「桃笙，桃枝簟也。」《爾雅・釋艸》云：「桃枝，四寸有節。」戴凱之《竹譜》云：「桃枝皮赤，編之滑勁，可以爲席，《顧命篇》所謂篾席者也。」案：《顧命》篾席亦黼純，孔傳釋爲桃枝竹，蓋欲以當此經之次席黼純。孔疏説同。《禮器》疏引鄭《書注》云：「不用生時席，新鬼神之事故也。」又《顧命》疏引鄭注云：「篾，析竹之次青者。」則鄭説與僞孔異。蓋《顧命》四席與此經五席，純略同而席異，不可以彼説此。《覲禮》賈疏謂篾謂竹青，據竹而言，次謂次列，據文體而説，孔與鄭同，非也。又《顧命》厎席、豐席、筍席，孔疏引鄭注云：「厎，致也，篾纖致席也。豐席，刮凍竹席。筍，析竹青皮也。」僞孔傳云：「筍，蒻竹。」《釋文》引馬融云：「筍，箬箬也。」彼諸席雖皆用竹，然亦皆非生時席，不足相證。次列，謂削竹次第編之，自成文章，與上繅席編以五采異。黄以周云：「知繅蒲蒻席次桃枝席者，《詩》曰『下莞上簟』，與此下莞上次正同，故次席爲桃枝竹席，則繅席爲蒲蒻之纖緻者矣。」

祀先王、昨席亦如之。鄭司農云：「昨席，於主階設席，王所坐也。」玄謂「昨」讀曰「酢」，謂祭祀及王受酢之席。尸卒食，王酳之，卒爵，祝受之，又酌授尸，尸酢王，於是席王於户内。后、諸臣致爵乃設席。【疏】「祀先王昨席亦如之」者，「昨」唐石經初刻作「胙」，磨改作「昨」，詳後。賈疏云：「祀先王，謂宗廟六享皆用上三種席。酢席，謂王酳尸，尸酢王，王受酢之席。亦如上三種席，故云亦如之。」又云：「案《禮記·禮器》云：『天子之席五重。』今天子唯三重者，彼云五重者，據天子大祫祭而言；若禘祭當四重，時祭當三重，皆用此三種一席耳，故此唯見三種席也。」《禮器》孔疏引熊氏云：「天子祫祭席五重，禘則宜四重也。時祭三重，《司几筵》職是也。受神酢席亦然，大朝覲、大饗食、封國、命諸侯皆然。其平常朝覲及燕，蓋亦三重席。知者，以諸侯燕禮有加席故也。」案：賈即本熊説，然非經義也。此大祭爲神所設之席，則莞筵加繅席次席，並不重，《禮器》所謂鬼神之祭單席也。其王酢席，則莞筵五重，加繅席、次席，皆不重，與朝覲、饗射等同，此《禮器》所謂天子之席五重也。張爾岐云：「重席，但一種席重設之。故《燕禮》鄭注云：『重席，重蒲筵緇布純也。』加席，則於席上設異席，如《公食大夫記》云『蒲筵常，緇布純，加萑席尋，玄帛純』是也。」案：張説甚析。綜校《禮經》筵席陳設之例，凡同席而重絫設之者曰重，不重則曰單，《禮器》所云是也。異席而增益設之則曰加，此經及《儀禮》所云是也。重席止一種席，若《燕禮》之重席，及《書·顧命》「敷重篾席」，亦即以篾席重絫設之，不加他席是也。加席則非一種席，若此經莞筵加繅席，復加次席之類是也。下鋪之筵有重有單，上藉之席有加無重。《禮器》所記天子席五重、諸侯席三重、大夫席再重者，並指重筵而言。而熊、孔、賈諸儒乃雜引加席以釋之，遂謂此經莞筵加繅次二席，爲止三重席，又以爲時祭先王之法，禘祫則以次遞加。不知此繅次爲加席，本不入重數，而莞筵則自有單重之別，其有加則一也。若如熊説，以單席爲無加席，則此經天子祭先王，莞筵上有繅席次席之加，下文諸侯祭祀，蒲筵上亦有莞席之加，明是不單之席，不幾與《禮器》之文相違乎？是知重席單席，非有加無加之謂也。鄭注《燕禮》釋重席爲重蒲筵，又注「卿辭重席」云：「重席非加，猶爲其重累，去之辟君也。」其分别重席加席甚明。而注《鄉飲酒禮》「大夫辭加席」云：「加席，上席也。大夫席再重。」注《鄉射禮》「大夫辭加席，主人對，不去加席」云：「不去者，大夫再重，正也。賓一重席。」是又以有加席爲再重，無加席爲一重，與《燕禮》注自相牴牾。蓋鄭亦未通校《禮經》，故其説游移不定，此熊、賈諸家所由誤也。　注鄭司農云「昨席，於主階設席，王所坐也」者，賈疏云：「此約《鄉飲酒禮》，主人在阼階，賓在户牖，主人受酢。王行飲酒禮亦然。此酢文承『祀先王』下，即是祭禮受尸酢，不得爲凡常飲酒禮，故後鄭不從也。」段玉裁云：「依司農注，似『昨』本作『阼』，從自不從日也。」丁晏云：「『唐石經原刻作『胙席』。先鄭云『主階』，則讀爲阼，古胙與阼通。《荀子·哀公篇》『登自胙階』，注『胙與阼同』。《曹騰碑》『踐胙之初』，亦以胙爲阼。昨胙酢皆从乍聲，古或假借。」案：段、丁兩説近是。《公食大夫記》云：「不授几，無阼席。」彼食禮，輕，公不坐，故無阼席；若饗禮，重，則當有阼席，故先鄭據以爲説。《膳夫》「胙俎」亦即《少牢》、《特牲禮》之「阼俎」也。云「玄謂昨讀曰酢」者，《司尊彝》注義同。云「謂祭祀及王受酢之席」者，明祀先王及王受酢，二者並有二加席也。云「尸卒食，王酳之，卒爵祝受之，又酌授尸，尸酢王，於是席王於户内」者，《特牲饋食禮》於「尸九飯告飽」之後云：「主人洗角，升酌酳尸，拜受卒爵，祝酌授尸，尸以醋主人，主人拜受角，啐酒聽嘏，主人酌獻佐食。主婦洗爵於房，酌，亞獻尸、獻祝及佐食如初。賓三獻如初。席於户内，主婦洗爵，酌，致爵於主人，主人拜受爵，卒爵，主婦受爵，醋，卒爵，主婦出，反於房。主人降洗，酌，致爵於主婦，席於房中，南面，主婦拜受爵，主人更爵醋，卒爵，降復位。」彼經之「醋」，即此經之「酢」。天子祭禮亡，故鄭依彼士禮推而致之。鄭彼注云：「席於户内，爲主人鋪之，西面。」又彼禮於陰厭未迎尸之先，云「祝入，主人從，西面于户内」。是户内西面爲主人之常位，故設席于彼。王席蓋亦設於户内西面也。賈疏云：「案《特牲》、《少牢》，主人受酢之時未設席，夫婦致爵乃設席。今王於受酢即設席者，優至尊，與大夫士禮異。知席王在户内者，約《特牲》主人受酢時在户内之東，西面也。」云「后諸臣致爵乃設席」者，賈疏云：「此亦約《特牲》夫婦致爵之時有席。若然，王於酢有席與彼異，至於后即與彼同者，禮有損之而益，故后不得與王同，宜同士禮。案《特牲》無致爵於賓長之法，而此言諸臣致爵者，此王於諸臣亦無致爵禮，此致爵，謂酳尸訖，主人獻賓長於西階之上，謂之致爵也。《特牲》主人致爵於主婦，席於東房中，此后亦然。其諸臣，案《特牲》，獻賓長於西階上，無席，獻訖以薦俎降，降設於西階下，亦無席；此諸臣有席者，亦是王之臣尊，宜設席，乃以薦俎降設於席東也。」江永云：「《特牲》：賓長三獻尸，爵止，於是主婦入户，致爵於主人，受爵酢，主人入房，致爵於主婦，更爵酢。人君禮亦當諸臣獻尸，尸止爵，❶而後夫婦致爵也。」**諸侯祭祀席，蒲筵繢純，加莞席紛純，右彫几；**繢，畫文也。不莞席加繅者，繅柔𥗦，不如莞清堅，又於鬼神宜。【疏】「諸侯祭祀席，蒲筵繢純，加莞席紛純」者，《禮運》説祭宗廟用越席，鄭注云：「越席，翦蒲也。」孔疏云：「即蒲席。蓋記者襍陳夏殷之禮。」詒讓案：《郊特牲》云：「莞簟之安，而蒲越稾鞂之尚。」蒲越即越席，亦即此蒲筵也。蒲爲蒲之大者，與莞爲小蒲，精麤不同。此諸侯宗廟時祭及殷祭爲神所設之單席，蓋蒲筵加莞席，並不重。《禮器》孔疏引熊安生説，謂此諸侯祭祀席，蒲筵加莞席，卽爲二重。不知此祭席爲鬼神設，不當有重，重席亦非有加之謂，熊説並誤，詳前。諸侯祭席，下蒲上莞，降於天子下莞上簟。《公食大夫記》云：「蒲筵加萑席。」彼大夫禮下蒲上萑，又降於諸侯也。《公食》注云：「今文萑皆爲莞。」則與此諸侯祭席同，非其差次，故鄭彼注不從也。云「右彫几」者，《少牢饋食禮》云：「司宮筵于奥，祝設几于筵上，右之。」注云：「布陳神坐也。席東面，近南爲右。」案《士昏禮》、《士虞禮》，凡爲神布席設几，皆云右几。又《有司徹》云：「尸還几北面奠于筵上，左之。」注云：「左之者，異於鬼神。生人陽長左，鬼神陰長右。」此几亦爲鬼神設，故在右也。彫几者，《説文·彡部》云：「彫，琢文也。」又《几部》引《周禮》五几作雕几。段玉裁云：「《説文》作雕，假借字。今《周禮》作彫，正字。」案：段説是也。彫者，漆而刻畫爲文。❷《書·顧命》有「雕玉几」，僞孔傳云：「雕，刻鏤。」此彫几，諸侯所用，或刻鏤而不用玉與？　注云「繢，畫文也」者，《巾車》注同。《説文·糸部》云：「繢，織餘也。」《古今韻會舉要》引《説文》云：「繢，畫也。」《禮運》孔疏云：「初畫曰畫，成文曰繢。」賈疏云：「上文畫純者畫雲氣，此云繢，即非畫雲。案《繢人職》：『對方爲繢。』是對方爲次畫於繒帛之上，於席爲緣也。」王引之云：「畫雲畫文，皆畫繢之事，不得以畫雲爲畫，畫文爲繢也。案：《文選·神女賦》李注引《蒼頡篇》曰：『繢似纂，色赤。』《急就篇》『承塵户𢅥條繢總』，顔注曰：『繢亦條組之屬也，似纂而色赤。』《説文》：『纂，似組而赤。』蓋以此爲席緣。上文『莞筵紛純』，紛亦組也。但繢爲赤色之組，與紛不同耳。《深衣》曰：『具父母、大父母，衣純以繢。』蓋亦以赤組爲緣，與蒲筵繢純同。又《玉藻》：

❶「尸」原訛「二」，據楚本改。
❷「漆」，底本漫漶，姑從補版。楚本作「礲」。

『緇布冠繢緌，諸侯之冠也。』繢亦組也。《吕氏春秋・離俗篇》『白縞之冠，丹繢之袧』，高注曰：『袧，纓也。』蓋以赤組爲纓。又《漢書・王莽傳》：『侍郎王盱見人衣白布單衣，赤繢方領。』謂以赤組爲方領也。」案：王説亦通。又《説文・糸部》云：「繪，會五采繡也。」繢繪古字多通用，則繢純或當爲繡緣，亦未可知。要繢畫不得重用，鄭義自不塙耳。云「不莞席加繅者，繅柔襦，不如莞清堅，又於鬼神宜」者，葉鈔《釋文》云：「襦本或作懦，又作擩，同如兖反。」段玉裁云：「『襦』當是本作『耎』，假借爲『偄』字。凡隸書從『耎』之字，多誤爲從『需』，故《説文》㨎祭字，今本竝篆文誤作『擩』。」案：段説是也。《詩・陳風・澤陂》箋云：「蒲，柔滑之物。」此繅席編蒲蒻爲之，故柔耎也。柔耎猶《鮑人》注云「柔需」，互詳彼疏。賈疏云：「案上文天子祭祀席與酢席同，此下文諸侯受酢席，下莞上繅，今諸侯祭祀席，下蒲上莞，不亦如下莞席加繅者，以其繅柔襦不如莞清堅，於鬼神宜，即於生人不宜，故下文生人繅在上爲宜也。又不以繅在莞下者，繅尊不宜在莞下，故用蒲替之也。」詒讓案：鄭言此者，以下文昨席莞筵尊於蒲筵，加繅席亦尊於莞席，嫌昨席尚於祭祀，故特釋之，明生人席取柔耎，鬼神則不妨清堅，非尊卑之次也。**昨席莞筵紛純，加繅席畫純，筵國賓于牖前亦如之，左彤几。**昨讀亦曰酢。鄭司農云：「《禮記》：國賓，老臣也。爲布筵席於牖前。」玄謂國賓，諸侯來朝，孤卿大夫來聘。後言几者，使不蒙「如」也。朝者彤几，聘者彤几。【疏】「昨席莞筵紛純，加繅席畫純」者，「昨」唐石經初刻亦作「胙」，後磨改作「昨」。此昨及筵國賓竝冡上諸侯爲文。賈疏云：「諸侯酳尸，尸酢主君，亦於户内之東，西面設此二席。」云「筵國賓于牖前亦如之」者，賈疏云：「亦如同二種席也。」又云：「《禮器》云『諸侯三重』，今諸侯二重者，諸侯三重，上公當四重，亦謂大祫祭時。若禘祭，降一重，諸侯二重，禘與時祭同。卿大夫已下，《特牲》、《少牢》唯見一重耳。若爲賓饗，則加重數，非常法，故不與祭祀同也。」案：此疏亦誤以加席爲重席之數也。《禮器》説諸侯之席三重，孔疏謂三重則四席，其説是也。而引熊安生説，則以此諸侯酢席莞筵紛純加繅席爲二重，即賈氏所本。今以《禮器》及《禮經》通例攷之，此諸侯祭祀酢席及筵賓之席，竝當莞筵三重，加繅席不重，酢席亦無禘祫時祭之異，熊、賈説並誤。又案：諸侯饗賓亦當莞筵三重，加繅席不重。《郊特牲》所謂大饗君三重席而酢者，蓋專據莞筵而言。孔疏引皇氏云：「三重者，有四席爲三重，謂鋪莞筵三，上加繅席一。」是爲《禮經》

重席之的解。賈從熊氏説，諸侯朝饗三重，爲有二加席，故云加重數非常。不知諸侯席有三重，無三加。若如熊、賈説，則諸侯祭祀酢席止加一繅席，何以饗賓乃有二加，多於祭祀乎？且天子饗祭加席數同，而諸侯獨異，於禮例亦不協也。其孤祭祀酢席，當用莞筵再重，加繅席不重；大夫祭祀酢席，當依《公食大夫記》，用蒲筵再重，加萑席不重。今《少牢禮》不言加席者，文不備也。其神坐之席亦不重也。若大國之孤四命，謂之諸公，亦得三重席，多於大夫。《燕禮》所謂諸公席三重者，蓋用莞席三重，加繅席不重。賈謂《少牢》唯一重席，亦非也。云「左彤几」者，賈疏云：「几席雖同，但上文鬼神則右几，此文生人則左几也。又别云左彤几者，謂國賓之中，有諸侯來朝，亦有孤卿大夫來聘，若朝者則彫几，蒙亦如之；聘者席雖與同，几則用彤，故别云『左彤几』，使不蒙如也。」　注云「昨讀亦曰酢」者，段玉裁云：「亦者，亦上文。」鄭司農云「《禮記》國賓，老臣也」者，賈疏云：「案《禮記・王制》有四代養國老、庶老於學之事。彼國老謂卿大夫致仕，庶老謂士之致仕者，先鄭據此文而云國賓老臣也。後鄭不從者，未見朝聘之賓，而言己國老臣，於義不可，故不從也。」案先鄭引《禮記》，賈謂據《王制》「國老」，未塙。此似據成語。今二戴記並無其文，惟《喪大記》云：「君之喪未小斂，爲寄公國賓出。」又云：「君拜寄公國賓于位。」鄭彼注云：「國賓，聘大夫。」疑禮家舊説謂彼國賓爲老臣，故先鄭引之也。《通典・賓禮》引此經説之云：「國賓，王公之所不臣者，馬融以爲二王後。」則馬謂國賓在王國爲賓恪之國來朝者，與二鄭説並異，於義亦通。《左》僖二十四年傳云：「宋於周爲客，天子有喪，拜焉。」與《喪大記》「君拜國賓」之文相應。若然，國賓在王國則當爲二王後，在侯國則當爲他國之君來朝及王人來聘者。《喪大記》國賓同。若鄰國聘大夫，卑，君當喪時，不當爲出及拜之與寄公等也。云「爲布筵席於牖前」者，太室前南鄉之牖也。《説文・片部》云：「牖，穿壁以木爲交窻也。」凡天子諸侯宗廟路寢，皆有東西房，其中爲室，房室皆南向開户。東房則户近西，西房則户近東，而皆無牖。室則户牖俱有，户在東，牖在西。此牖前，即當室中偏西，室牖之前爲位也。黄以周云「凡賓主人行禮，東面者以西序爲正位。其南面者，或在户西，如《士冠》筵于户西，《記》以爲醮于客位是也。或在牖前，如《司几筵》王位設黼依于户牖閒，而國賓之筵則在牖前是也。《鄉飲酒義》云：『坐賓於西北。』是賓席在牖前，不在户西明矣」。案：黄説是也，凡王侯廟寢室，皆東户西牖，户牖之閒爲堂之正中，東西距户牖正等。户西則在堂中微東，距户近而距牖稍遠；牖前則在堂中之西，正當牖而距户甚遠。故《鄉飲酒》注云「賓席牖前南面」，而《鄉飲酒義》則謂「坐於西北」。此經之「扆前」「牖前」立文不同，明地亦異也。《顧命》「牖間」，即户牖之閒，與此「牖前」異，詳前。云「玄謂國賓諸侯來朝，孤卿大夫來聘」者，後鄭意，國賓於侯國當廣晐朝聘賓客。賈疏云：「案大、小《行人》及《司儀》，賓謂諸侯，客謂其臣。今此經唯云賓，而兼云孤卿大夫者，對文賓客異，通而言之賓客一也。以《大司徒》云『大賓客令野脩道委積』，《小司徒》云『小賓客令野脩道委積』，是賓客通用之義也。案：《公食大夫禮》云『司宫具几與蒲筵，加萑席』，又云『上大夫蒲筵加萑席，其純皆如下大夫』。彼注云：『謂公食上大夫，孤爲賓，則莞筵紛純，加繅席畫純。』《聘禮》將禮賓，宰夫徹几改筵。注云：『徹神几，改神席，更布也。賓席東上。』又引《公食大夫》，云『此筵上下大夫也』。又引此『筵國賓』下至『彤几』，云『筵孤彤几，卿大夫其漆几與』？以此而言，則筵諸侯與孤用莞筵繅席，而卿大夫則用蒲筵萑席。今揔云國賓孤卿大夫同莞繅者，此廣解國賓之義，其實如《公食大夫》及《聘禮》之注也。」案：賈據《公食》、《聘禮》注推鄭意是也。《聘禮》疏説同。《司儀》、《象胥》國客並專主臣言，則此國賓自以主君言爲正。鄭以孤亦得用此席，牽連及卿大夫耳。又依後鄭此注説，諸侯待朝聘賓客皆莞筵加繅席，則天子之禮當亦然。故《禮器》孔疏引熊氏云：「天子待諸侯則莞筵紛純，加繅席畫純。待諸侯之孤亦然，故《公食大夫禮》注云『孤爲賓則莞筵紛純，加繅席畫純』是也。待諸侯之卿大夫，則《公食》云『上下大夫蒲筵，常，緇布純，加萑席，尋，玄帛純』，注云『謂三命大夫』是也。《公食大夫》雖是諸侯之法，然天子待之亦然也。天子於己臣子孤卿以下，蓋亦然。若其燕此上等之人，皆單席，故《燕禮》賓無加席，注云：『燕私禮，臣屈也。』然天子燕臣亦然也。諸侯相朝亦二重也。」案：熊説亦申《儀禮》注義，賈此疏及《聘禮》疏説略同，鄭意或當如是。惟諸侯相朝，當莞筵三重，加繅席不重，熊氏謂止以莞繅爲二重，則誤。云「後言几者使不蒙如也」者，筵賓之席及加席，並與酢席同，故經云亦如之。惟几有左右之異，又彫几之外更有彤几，故特别言於後，明几不如酢也。云「朝者彫几，聘者彤几」者，《説文·彡部》云：「彤，丹飾也。」《博物志》引董仲舒云：「彤者，赤漆。」賈疏云：「彤几亦謂孤也。依《聘禮》注卿大夫用漆几者，以其天子用玉，諸侯用彫，孤用彤，卿大夫用漆几，差次然也。」**甸役則設熊席，右**

漆几。謂王甸有司祭表貉所設席。【疏】「甸役則設熊席」者，「甸」當依《小宗伯》注，讀曰田。即《大宰》、《鼓人》之田役，詳彼疏。此熊席無加又不重，《禮器》孔疏引熊安生，謂即《禮器》所云「鬼神之祭單席」是也。云「右漆几」者，漆，桼之借字，詳《載師》疏。段玉裁云：「《説文・几部》曰：『《周禮》五几：玉几、彫几、彤几、髹几、素几。』《説文》作『髹』，則香牛切。《桼部》曰：『髹，桼也，從桼髟聲。』與桼字義同而音別。攷《巾車》故書『軟飾』，杜子春云：『軟讀爲漆垸之漆，直謂髤漆也。』玄謂髤赤多黑少之色韋也。《鄉射記》注亦曰『髤，赤黑漆也』。據此知《司几筵職》本作漆，而易爲髹字，亦當是杜子春、賈侍中、衛次仲等説，而許從之，爲鄭君所失載。猶《巾車》本作『軟』，子春用其聲類讀爲『漆』，釋爲『髤』，而鄭君從之。二經皆以髤定其色。髤几赤多黑少，以別於上下文彤几、素几。髤飾以別於疏飾、素飾、革飾、雀飾，但言漆則色不顯也。鄭君於此不從髤者，鄭意漆几黑几，如《巾車》之漆車黑車，言漆則色已明，不同漆飾之必當訓爲髤，以別於下文漆車之色也。從鄭爲長。」案：段説是也。《書・顧命》亦有漆几，許作「髤」，不足據。　注云「謂王甸有司祭表貉所設席」者，此特言王者，明不冢上諸侯爲文也。甸亦當讀爲「田」，田役即謂王大田起徒役，與《大宗伯》大田大役分屬二事不同。大功役王不親與，又無表貉之祭，故知唯王田有此事也。賈疏云：「甸役謂天子四時田獵。案《大司馬》，大閱禮教戰訖，入狩田，既陳，有司表貉於陳前，是時設熊席，右漆几也。」案：依鄭、賈説，則田役之熊席，爲表貉之神設也。《吕氏春秋・分職》篇云：「衛靈公天寒鑿池，宛春曰：公衣狐裘，坐熊席，是以不寒。」是生人坐席亦有用熊者。鄭知此熊席非王所坐者，以經云右漆几，知爲鬼神設也。表貉，詳《肆師》疏。

凡喪事，設葦席，右素几。其柏席用萑黼純，諸侯則紛純，每敦一几。喪事，謂凡奠也。萑，如葦而細者。鄭司農云：「柏席，迫地之席，葦居其上。或曰柏席，載黍稷之席。」玄謂柏，椁字磨滅之餘。椁席，藏中神坐之席也。敦讀曰燾。燾，覆也。棺在殯則椁燾，既窆則加見，皆謂覆之。周禮，雖合葬及同時在殯，皆異几，體實不同。祭於廟，同几，精氣合。【疏】「設葦席，右素几」者，葦，詳《澤虞》疏。《巾車》「素車」，注云：「以白土堊車也。」此素几當與彼同，喪事略，故不漆也。云「其柏席用萑黼純」者，萑，唐石經初刻作「藋」，磨改作「萑」。案：萑席正字當作「雈」。《説文・

艸部》云：「萑，艸多皃。」又《萑部》云：「雈，小爵也。」並非此萑席之義。　注云「喪事謂凡奠也」者，賈疏云：「以其言『凡』，非一之義。《士喪禮》始死之奠，乃至小斂之奠，亦設於地，未有席。至大斂奠乃有席。殯後則有朝夕奠，朔月奠，大夫已上兼有月半奠，并有薦新奠。葬時又有遷奠、祖奠、大遣奠。葬乃廢奠而虞祭也。故鄭云謂凡奠也。」案：《曾子問》記君薨而世子生之禮云：「祝升，奠幣于殯東几上。」注云：「几筵于殯東，明繼體也。」孔疏云：「皇氏云：『《周禮》天子下室，喪奠有素几，不云殯宮有几。而諸侯雖無文，當與天子同。而大夫士葬前下室並無几，降於人君也，並葬後殯宮皆有几。人君未葬前，而於下室有素几，其殯宮無几。今世子生，既告，權移下室之几於殯東，告於繼體，異常日。』庾氏云：『未虞，施几筵常於下室，然殯宮几筵爲朝夕之奠，常在不去。今更特設几筵於殯宮東者，特異其事，以爲世子之生，故鄭云几筵於殯東明繼體也。』今按：《既夕禮》『燕養饋羞如他日』，則下室所供之物如平常，皆用吉物，即今之告靈不得有素几。又《司几筵》云『凡喪事右素几』，注云：『喪事謂凡奠也。』又云『凶事仍几』，注云：『凶事，謂凡奠几，朝夕相因，喪禮略。』以此推之即素几。是殯宮朝夕設奠之几，不在下室，而庾、皇等以爲素几設於下室，未審何以知之，其義非也。熊氏以爲天子諸侯在殯宮則有几筵，大夫士大斂有席，虞始有几。然殯宮几筵，爲朝夕之奠，常在不去。今更特設几於殯東，當明世子是繼體之貴，故於常几筵之外，别特設之。考三家之説，熊以爲是，皇、庾以爲非。」今案：依皇侃説，則此素几唯下室之奠有之，其殯宮，則自天子至士並葬後始有素几，此注云凡奠，乃專指下室言之也。依庾蔚之説，則下室殯宮未葬以前皆有素几，此注乃通殯宮下室二者言之也。依熊安生説，則天子諸侯殯宮有素几葦席，大夫士大斂始有席，虞始有几。孔穎達從熊氏，又謂凡下室奠用吉几，殯宮則天子諸侯有素几。賈後疏亦用熊義，又謂天子諸侯始死即有几筵，是此注乃專指殯宮始死大小斂及殯後諸奠言之也。其大夫士，則大斂奠始有席，虞乃有素几，故《士喪禮》大斂云「奠席在饌北」，《士虞禮》云「素几葦席在西序下」。又《檀弓》云：「虞而立尸，有几筵，卒哭而諱，生事畢而鬼事始已。」注云：「謂不復饋食於下室，而鬼神祭之。」孔疏引謝玆云：「下室之饋，器物几杖如平生。」又引《鄭志》荅張逸云：「未葬，以脯醢奠於殯，又於下室設黍稷，曰饋。下室，内寢也。」是下室有饋無奠。此注云奠，自不兼下室，足證皇、庾二説之非。孔謂下室用吉几，亦即本謝玆說也。陳祥道云：「《士虞禮》素几葦席在西序下，則虞亦喪事也。」云「萑如葦而細者」者，萑當爲「萑」，《說文·艸部》云：「萑，薍也，从艸隹聲。」又云：「蒹，萑之未秀者。薍，剡也，八月薍爲萑，葭爲葦。剡，萑之初生，一曰薍，一曰騅，或作菼。葦，大葭也。」段玉裁云：「蒹、菼、萑一也，今人所謂荻也。葭、葦一也。今人所謂蘆也。萑一名薍，一名騅，一名蒹，葦一名華。《釋艸》曰『葭華、蒹蘼』，每二字爲一物；又曰『葭蘆、菼薍』，亦每二字爲一物。葭蘆即葭華也。菼薍即蒹蘼也。《夏小正傳》、毛公、許君說皆同此。舍人、李巡、樊光則云蘆薍爲一艸，陸璣、郭璞則又蒹葭菼爲三矣。《夏小正》『七月秀萑葦』，傳曰：『未秀則不爲萑葦，秀然後爲萑葦。』又曰：『萑未秀爲菼，葦未秀爲蘆。』按已秀曰萑，未秀則曰蒹，曰薍，曰菼也。」案：段說分別萑葦二艸最精。《爾雅·釋艸》：「菼，薍。」郭注云：「似葦而小，實中，江東呼爲烏蓲。」鄭此注謂萑似葦而細，猶郭謂菼似葦而小矣。陳祥道云：「萑似葦而小，則葦席麤於萑矣。故喪禮葦席。」鄭司農云「柏席，迫地之席」者，丁晏云：「柏迫聲相近。《漢書·溝洫志》『魚弗鬱兮柏冬日』，師古曰：『柏讀與迫同。』」詒讓案：《公羊》文二年傳云：「柏者，迫也。」《史記·張耳傳》云：「柏人者，迫於人也。」《白虎通義·宗廟》篇云：「柏者，所以自迫促。」並以迫訓柏，故先鄭以爲釋。然此經迫地之席並稱筵，其加席乃稱席，分別甚明，則柏席不可云迫地之席，故後鄭不從。云「葦居其上」者，先鄭既以柏席爲迫地之席，意上仍有葦席，猶上文諸筵上並有加席也。云「或曰柏席、載黍稷之席」者，此先鄭引別說，揆下每敦爲義也。孔廣森云：「或說是也。敦本盛黍稷器名，《士虞禮》曰：『饌黍稷二敦于階閒，西上，藉用葦席。』《特牲饋食》曰：『盛兩敦陳于西堂，藉用萑。』是此之柏席矣。唯士直措敦于席，人君尊，席上有几，几上庪敦耳。柏讀當如今之『箔』，後世謂萑葦所織作者曰箔，《玉篇》始有其字，古或通作『薄』，此經則借作『柏』也。」案：依孔說，則或讀敦如槃敦之敦。項安世、王應電亦舉《玉府》「玉敦」，證或義是也。後鄭則以此職諸几皆人凴之几，與庪器之案不同，故亦不從也。云「玄謂柏，椁字磨滅之餘」者，段玉裁云：「鄭君謂槨字磨滅成柏，亦字之誤也。」王念孫云：「柏者，椁之借字。注以柏爲椁字磨滅之餘，非也。椁柏聲相近，故字相通。《莊子·齊物》篇『南郭子綦』，《徐無鬼》篇作『南伯子綦』，是其例也。」案：王說亦通。云「椁席藏中神坐之席也」者，賈疏云：「謂於下帳中坐設之。」云「敦讀曰燾」者，段玉裁云：「敦在古音諄文欣魂痕部，𦎟在尤幽部，聲類不同；而敦弓即彫弓，鷟即雕，皆於雙聲求之。敦之讀𦎟，蓋亦以雙聲也。」詒讓案：《喪大記》「大夫殯以椁幬」，注云：「幬或作錞，或作焞。」即此敦𦎟通借之例。云「𦎟，覆也」者，《小爾雅・廣詁》文。云「棺在殯則椁𦎟」者，《檀弓》：「顔柳曰，天子龍輴而椁幬。」鄭彼注云：「幬，覆也。殯以椁覆棺而塗之。」又云：「天子之殯也，菆塗龍輴以椁。」注云：「菆木以周龍輴，如椁而塗之。」案：𦎟與幬同。云「既窆則加見」者，《既夕禮》「乃窆，藏器于旁，加見」。注云：「見，棺飾也。更謂之見者，加此則棺不復見矣。」賈彼疏云：「飾則帷荒，以其與棺爲飾。是以《喪大記》云：『飾棺，君龍帷黼荒，大夫畫帷畫荒，士布帷布荒。』此柩入壙，還以帷荒加於柩，以其唯見此帷荒，故名帷荒爲『見』，是棺柩不復見也。」云「皆謂覆之」者，明「椁」與「見」皆所以覆棺，故經謂之敦也。云「周禮，雖合葬及同時在殯，皆異几，體實不同」者，明經云「每𦎟」，是爲兩喪同時在殯設文，異几則亦異席也。賈疏云：「《檀弓》云：『古者不合葬，周公蓋附。』附謂合葬，是周禮合葬也。《曾子問》云『父母之喪偕』，鄭云：『同月死。』是同時在殯也。皆異几體實不同者，解經每敦一几之義。」云「祭於廟，同几，精氣合」者，《祭統》云：「鋪筵，設同几，爲依神也。」鄭彼注云：「同之言詷也。祭者以其妃配，亦不特几也。」孔疏云：「詷，共也。言人生時形體異，故夫婦别几，死則魂氣同歸于此，故夫婦共几。席亦共之，必云同几者，筵席既長，几則短小，恐其各設，故特云同几。」賈疏云：「言祭於廟者，謂吉祭時。以其禫月吉祭猶未配，故知至二十八月乃設同几也。」

凡吉事變几，凶事仍几。故書「仍」爲「乃」。鄭司農云：「變几，變更其質，謂有飾也。乃讀爲仍，仍，因也，因其質，謂無飾也。《爾雅》曰：『儴、仍，因也。』《書・顧命》曰：『翌日乙丑，成王崩。癸酉，牖間南嚮，西序東嚮，東序西嚮，皆仍几。』」玄謂吉事，王祭宗廟，祼於室，饋食於堂，繹於祊，每事易几，神事文，示新之也。凶事，謂凡奠几，朝夕相因，喪禮略。

【疏】注云「故書仍爲乃」者，丁晏云：「仍，从人乃聲。《釋詁》：『仍，乃也。』《漢書・匈奴傳》：『仍再出定襄數百里擊匈奴。』《史記》『仍』作『乃』。《説文・乃部》卤从乃省，西聲，讀若仍。《釋詁》：『迺，乃也。』古乃仍通用，故許君、先鄭讀如仍也。」鄭司農云「變几，變更其質，謂有飾也」者，《説文・攴部》云：「變，更也。」有飾似謂就其木質，更加以雕刻，與上玉彫彤漆之飾不同，詳後。云「乃讀爲仍」者，乃几無義，故依《顧命》讀爲仍也。云「仍，因也，因其質，謂無飾」者，據《爾雅》

爲釋。上經云「凡喪事素几」，故云無飾，然《顧命》「仍几」有華玉文貝，明是有飾。先鄭後既引彼證義，則不宜絶不檢照。竊疑先鄭所云有飾無飾者，專就其質言之。几以木爲質，因其質無飾者，謂唯綴以貝玉，而不復彫刻其木也。《明堂位》云：「爵用玉琖仍雕。」彼玉爵亦以木爲質，而綴以玉。仍雕者，謂就雕其玉而不雕其木，《書》「雕玉仍几」，亦此義也。後鄭彼注云：「因爵之形，爲之飾也。」説亦未析。若然，以此及《顧命》、《明堂位》三經綜校之，先鄭「因質」之詁自通，但云「無飾」，與《書》貝玉之文似牾，斯乃立文偶未審密，要其義實長。後鄭不從，似未達其指。至《顧命》僞孔傳亦訓「仍」爲「因」，而云「因生時几，不改作」，與二鄭義復異，與此經及《明堂位》「仍雕」義亦不能相通，《書》義恐未必然也。引《爾雅》曰「僟、仍，因也」者，《釋詁》文。引以證仍有因訓，并引僟者，隨文便也。引《書·顧命》曰「翌日乙丑成王崩」者，冡上文「甲子顧命」，故云「翌日」。翌，今僞孔本作「翼」，《漢書·律厤志》引《書》亦作「翌」。成王崩，孔本作「王崩」，《書》釋文引馬融本及《白虎通義·崩薨》篇引並有「成」字，與先鄭所據本同。云「癸西，牖閒南嚮，西序東嚮，東序西嚮，皆仍几」者，舊注疏本「南嚮」字作「鄉」，與下東嚮西嚮字異。阮元云：「《釋文》音上經南鄉云『下及注同』，則此亦當並作『鄉』字。鄉正字，嚮俗字。嚮字亦見漢碑。」賈疏云：「案彼經云：『牖閒南嚮，華玉仍几；西序東嚮，文貝仍几；東序西嚮，彫玉仍几；西夾南嚮，漆仍几。』孔云：『因生時几，皆有飾。』而先鄭引之者，先鄭意直取仍因之義，不須無飾也。」案：先鄭與僞孔雖並訓「仍」爲「因」，而意旨殊異，賈説未然。云「玄謂吉事，王祭宗廟」者，明通晐《大宗伯》吉禮先王六享之事。云「裸於室」者，謂始祭尸入室二裸時，詳《司尊彝》疏。云「饋食於堂」者，賈疏云：「謂饋獻節。據有熟，故言饋，其實未有黍稷。又不言朝踐者，朝踐與饋獻同在堂，故略而不言也。又饋獻後，更延尸入室，進黍稷尸食之事，不言者，以其還依裸於室之几，故亦略而不言也。」案：亦詳《司尊彝》疏。云「繹於祊」者，《爾雅·釋天》云：「繹，又祭也。」《毛詩·周頌·絲衣》敍云：「繹，賓尸也。」鄭箋云：「天子諸侯曰繹，以祭之明日；卿大夫曰賓尸，與祭同日。」《穀梁》宣八年傳云：「繹者，祭之旦日之享賓也。」案：繹者，又祭之名，而其所重則在儐尸及賓客，故《詩·小雅·楚茨》毛傳云「繹而賓尸及賓客」，鄭《郊特牲》注説繹，亦云「其祭禮簡而事尸禮大」是也。卿大夫以下，唯賓尸而不祭，則不名繹。《毛詩敍》及《爾雅》、《穀梁》各偏舉一耑言之。鄭謂繹在祊者，《禮器》云「設祭於堂，爲祊乎外」，鄭彼注云：「祊，祭明日之繹祭也。謂之祊者，於廟門之旁，因名焉。其祭之禮，既設祭於室，而事尸於堂，孝子求神非一處也。」又，《郊特牲》云：「繹之於庫門內，祊之於東方，失之矣。」注云：「祊之禮，宜於廟門外之西室；繹又於其堂，神位在西也。此二者同時，而大名曰繹。」此鄭釋繹祭即祊，並謂在廟門外。其正祭之祊，在廟門內。《詩・小雅・楚茨篇》「祝祭於祊」，毛傳云：「祊，門內也。」鄭箋義同。《説文・示部》云：「鬃，門内祭，先祖所徬皇也。重文作祊。」若然，依鄭義，祊本在正祭日，其祭之明日又祭，亦通謂之祊；二祊皆在廟門，唯以内外爲異。陸佃、方慤並謂祊專爲祭之正日索祭之名，繹爲又祭，不謂之祊。金鶚説同。焦循亦云：「門内曰祊，祭於門内亦曰祊。繹祭之名見於諸經者，絶不與祊混。《禮記》凡所謂祊，皆正祭索神之名。《禮器》云『爲祊於外』，《祭統》云『而出於祊』者，皆對室中言，非門外也。《家語》孔子引《周禮》『繹祭於祊』，此亦謂明日之祭在廟門内，非以祊爲門外之名。《特牲》之所謂失之者，繹在庫門之内爲失，失在庫門，不在門内也。」馬瑞辰、陳奂説同。案：以毛、許兩家説證之，陸、方謂繹不名祊，焦謂祊皆在門内是也。凡《詩》、《禮》所謂祊者，並指正祭之祊。明日又祭，《禮》與《春秋》皆稱繹，不稱祊。鄭注及賈孔二疏，並多淆舛。但繹雖不名祊，而其祭亦當在廟門内，故流傳譌易而爲庫門内。若《少牢饋食禮》儐尸在堂，彼大夫禮，與天子諸侯不同也。又案：正祭之祊，行於何時，經無明文。秦蕙田、孫希旦、金鶚、黄以周並據《詩・楚茨》及《禮器》、《郊特牲》，謂在朝踐之後，饋食之前，其説近是。此注先云「饋食於堂」，後云「繹於祊」，明據次日之繹言之。《通典・吉禮》説大祫之祊在九獻之後，非也。云「每事易几，神事文，示新之也」者，謂祼時一几，饋食時易一几，繹時又易一几，因祭爲神事，其禮尚文，故易几以示絜新也。後鄭釋變爲易，與先鄭變更訓同，而義則異。云「凶事謂凡奠」者，與上文喪事同。賈疏云：「此文見凡奠几相因不易之意。案《檀弓》云虞而立尸，有几筵者，據大夫士而言。案《士喪禮》，大斂即有席，而云虞始有筵者，以其几筵相將連言，其實虞時始有几，其筵大斂即有也。天子諸侯禮大，初死几筵並有，故上云『凡喪事，設葦席，右素几』也。」案：此賈從熊安生説，《士虞禮》疏説同，詳前疏。云「几朝夕相因，喪禮略」者，此亦訓仍爲因，而義與先鄭異。案：《顧命》陳几非奠事，無取朝夕相因，《明堂位》「玉琖仍雕」，尤與因略之義無會。後鄭説不能通於彼二經，明非達詁也。

天府掌祖廟之守藏與其禁令。祖廟，始祖后稷之廟，其寶物世傳守之，若魯寶玉大弓者。【疏】「掌祖廟之守藏」者，謂版法及瑞器也。《大戴禮記·少閒》篇云：「武丁即位，開先祖之府，取其明法，以爲君臣上下之節。」先祖之府即天府也。天府掌受官府鄉州及都鄙之治中而藏之，即所謂明法矣。云「與其禁令」者，賈疏云：「謂禁守不得使人妄入之等也。」 注云「祖廟，始祖后稷之廟」者，《夏采》所謂大祖是也。周七廟，后稷爲始祖，遷主藏焉，故寶物亦藏於其廟，詳《敍官》及《守祧》疏。云「其寶物世傳守之，若魯寶玉大弓」者，葉鈔本《釋文》「世傳」作「傳世」。賈疏云：「案《春秋》定八年『盜竊寶玉大弓』，《公羊傳》云：『寶者何？璋判白，弓繡質。』是世傳守者也。」

凡國之玉鎮、大寶器，藏焉。若有大祭、大喪，則出而陳之；既事，藏之。玉鎮大寶器，玉瑞玉器之美者，禘祫及大喪，陳之以華國也。故書「鎮」作「瑱」。鄭司農云：「瑱讀爲鎮。《書·顧命》曰：『翌日乙丑，王崩。丁卯，命作册度。越七日癸酉，陳寶：赤刀、大訓、弘璧、琬、琰，在西序。大玉、夷玉、天球、《河圖》，在東序。胤之舞衣、大貝、鼖鼓，在西房。兑之戈、和之弓、垂之竹矢，在東房。』此其行事見於經。」【疏】「凡國之玉鎮大寶器藏焉」者，此與玉府、典瑞爲官聯也。藏謂於大祖廟別爲府庫以藏之。云「若有大祭、大喪，則出而陳之」者，此與典庸器爲官聯也。大祭蓋通宗廟六享，外祭祀若明堂大享，疑亦有陳器之法。大喪當兼王及后喪，世子以下或無是禮。陳，謂陳於廟與寢也。 注云「玉鎮大寶器，玉瑞玉器之美者」者，賈疏云：「此云玉鎮，即《大宗伯》云『以玉作六瑞』，鎮圭之屬即此寶鎮也。彼又云『以玉作六器』，蒼璧禮天之屬即此寶器也。知是美者，以別入天府，故知簡取美者來入也。若典瑞掌其凡瑞器，故《典瑞》云：『掌玉瑞玉器之藏，辨其名物，與其用事，設其服飾。』其美者天府掌之。」案：依鄭、賈義，則王及諸侯六瑞，通謂之玉鎮。《蘇氏演義》引《三禮義宗》云：「上公鎮桓圭九寸，侯鎮信圭七寸，伯鎮躬圭六寸，子鎮穀璧五寸，男鎮蒲璧五寸。謂之鎮者，皆受之於天子，以爲瑞信，鎮撫國家也。」亦與鄭義同。云「禘祫及大喪陳之，以華國也」者，宗廟之祭，以禘祫爲最大，然《中庸》云「春秋脩其祖廟，陳其宗器」，則四時常祭亦有陳器之事，或不如禘祫之備耳，《中庸》注釋宗器爲祭器，義似未晐。又《周書・世俘篇》云：「辛亥，薦俘殷王鼎，武王乃翼矢珪矢，憲告天宗上帝。」又云：「壬子，王服衮衣，矢琰格廟，癸丑，薦殷俘王士百人，王矢琰。」孔注云：「矢，陳也。」此並廟中陳寶之事。據彼云告於天宗上帝，則外祭祀亦陳之矣。大喪陳器，卽後引《顧命》是也。華國者，《國語・魯語》云：「以德榮爲國華。」韋注云：「華，榮華也。」此大祭大喪陳玉鎮大寶器，亦所以爲國之榮華，故曰華國也。云「故書鎮作瑱，鄭司農云瑱讀爲鎮」者，《典瑞》注同。段玉裁云：「瑱鎮皆真聲，聲類皆同。」徐養原云：「《釋名・釋首飾》：『瑱，鎮也，縣當耳旁，不欲使人妄聽，自鎮重也。』此瑱鎮音義並同，得相假借之故。」引《書・顧命》者，成王大喪之儀也。蔑，《釋文》作「賁」。案：今《書》作「蔑」，賁蔑字同，詳《鼓人》疏。《書》孔疏及賈疏引鄭《書注》云：「癸酉，葢大斂之明日也。陳寶者，方有大事以華國也。赤刀者，武王誅紂時刀，赤爲飾，周正色。大訓者，禮法先王德教，卽《虞書》典謨是也。弘璧，弘，大也。大璧、琬、琰，皆度尺二寸者。大玉，華山之球也。夷玉，東北之珣玗琪也。天球，雍州所貢之玉，色如天。三者皆璞，未見琢治，故不以禮器名之。《河圖》，圖出於河水，帝王聖者所受。胤也，兑也，和也，垂也，古人造此物者之名。蔑鼓，大鼓也。大貝者，《書傳》曰『散宜生之江淮之浦，取大貝如車渠』是也。」云「此其行事見於經」者，謂《顧命》所記，卽大喪陳寶之事。彼喪禮以路寢爲殯宮，陳寶卽在路寢之東西序、東西房。若然，大祭在廟，則陳寶亦在廟之房序與？

凡官府鄉州及都鄙之治中，受而藏之，以詔王察群吏之治。

察，察其當黜陟者。鄭司農云：「治中，謂其治職簿書之要。」【疏】「凡官府鄉州及都鄙之治中，受而藏之」者，明此官兼爲典法文籍受藏之府，與司會、大史、內史爲官聯也。《鄉大夫》云：「鄉老及鄉大夫群吏獻賢能之書于王，王再拜受之，登于天府，內史貳之。」《大司寇》云：「凡邦之大盟約，涖其盟書，而登之于天府，大史、內史、司會及六官皆受其貳而藏之。」又《小司寇》「大比，登民數及訟獄之中，皆登于天府」。《司勳》注謂功書亦藏于天府，則凡王國之大典法，其正本咸藏之此官，而六官及大史、內史、司會所藏者皆其副貳，則其圖籍之富可知。《管子・立政》篇云：「百吏受憲於大史，大史既布憲，入籍于太府，考憲而有不合于太府之籍者，罪死不赦。」《戰國策・魏策》：「安陵君曰：吾先君成侯，受詔襄王，手受大府之憲。」彼憲藏大府，葢亦卽祖廟之府，猶宗廟亦曰大宮，與天官大府異也。又《大戴禮記・保傅》篇云：「胎教之道，書之玉版，藏之金匱，置之宗廟。」蓋亦即此天府之藏矣。賈疏云：「此自王國以至四疆，皆有職司治事文書，不言六遂及四等公邑之官者，於文略，其實皆有也。都鄙則三等采地。」云「以詔王察群吏之治」者，此贊官計之法也。群吏卽百官府，通内外卿大夫士言之，詳《大宰》疏。賈疏云：「告王據此治中文書而行黜陟也。」　注云「察，察其當黜陟者」者，謂察其治，修舉者則當陟之，廢不舉者則當黜之，皆以詔告王也。鄭司農云「治中謂其治職簿書之要」者，江永云：「凡官府簿書謂之中，故諸官言治中、受中，小司寇斷庶民訟獄之中，皆謂簿書，猶今之案卷也。此中字之本義。故掌文書者謂之史，其字从又从中。又者，右手以手持簿書也。吏字事字皆从中。天有司中星，後世有治中之官，皆取此義。」案：江説是也。《小司寇》云：「以三刺斷庶民獄訟之中。」又云：「歲終，則令群士計獄弊訟，登中于天府。」彼獄訟之中，亦治中之一隅，並指簿書成要而言。賈疏謂「中者陟之，不中者黜之，經直言中，偏舉一邊而言」，失其義矣，互詳《小司寇》疏。**上春，釁寶鎮及寶器。**上春，孟春也。釁，謂殺牲以血血之。鄭司農云：「釁讀爲徽，或曰釁鼓之釁。」【疏】「釁寶鎮及寶器」者，《孟子・梁惠王》篇「釁鍾」，趙注引《天府》「上春釁寶鍾及寶器」，以鎮爲「鍾」，蓋字誤。　注云「上春，孟春也」者，《龜人》注云「上春者，夏正建寅之月」是也。《淮南子・覽冥訓》高注云：「上猶初也。」孟春爲春三月之始，故此經及《内宰》、《龜人》、《筮人》並謂之上春。云「釁謂殺牲以血血之」者，《説文・爨部》云：「釁，血祭也。」《孟子・梁惠王》篇趙注云：「新鑄鍾，殺牲，以血涂其釁郤，因以祭之曰釁。」《吕氏春秋・慎大覽》云「釁旗鼓甲兵」，高注云：「殺牲祭，以血塗之曰釁。」案：以血血之卽以血涂之也。《玉燭寶典》引不重「血」字，以血涂之謂之血，其義已晐，疑不重者近是。《龜人》「釁龜」注亦云「釁者殺牲以血之」可證。依許、趙、高説，則釁亦兼祭。鄭此注及《龜人》注並不言祭，蓋與彼説異。《史記・高祖本紀》集解引臣瓚云：「案《禮記》及《大戴禮》有釁廟之禮，皆無祭事。」案：瓚説是也。《雜記》云：「宗廟之器，其名者成，則釁之以豭豚。」此釁寶鎮及寶器之牲無文，蓋亦用豭豚等。鄭司農云「釁讀爲徽」者，《鬯人》注同。云「或曰釁鼓之釁」者，段玉裁云：「或曰者，大鄭所引或説也。『釁鼓之釁』上當有『如』字。『如釁鼓之釁』，卽鄭君殺牲以血血之之説也。」案：段説是也。凡經言釁者，有釁浴，有釁廟、釁器，先鄭皆讀爲「徽」，此引或説，則謂「釁器」字别讀。先鄭意實不從之，故於《雞人》注亦止載前讀也。後鄭之意，則謂「釁浴」字當讀爲「薰」，而釁廟、釁器讀如字，説實長於先鄭。若然，先鄭兼存兩讀，後鄭讀正與或同，而不決其是非者，以上文已著以血血之説，讀者可自得之，不煩辨析也，互詳《鬯人》、《女巫》疏。釁鼓，詳《小祝》疏。**凡吉凶之事，祖廟之中沃盥，執燭。**吉事，四時祭也。凶事，后王喪朝于祖廟之奠。【疏】「祖廟之中沃盥，執燭」者，此與小祝、小臣、鬱人爲官聯也。祖廟，亦舉大祖廟以晐四親廟、二祧也。賈疏云：「謂他官在祖廟中沃盥夙興時，則天府之官與之執燭爲明。他官在祖廟中沃盥者，謂《小祝》云『大祭祀沃尸盥』，《小臣》『大祭祀沃王盥』。此二官所沃盥在祖廟中，則天府爲之執燭。其若《士師》云『祀五帝沃尸盥』，非祖廟事，則不與執燭也。」詒讓案：二裸時，鬱人沃盥，天府亦當爲之執燭也。　注云「吉事，四時祭也」者，即《大宗伯》六享是也。賈疏云：「略言之，禘祫亦在焉。」云「凶事，后王喪朝于祖廟之奠」者，「于」，注例當作「於」，各本並誤。賈疏述注作「王后喪」，云：「王及后喪，七月而葬。將葬，當朝六廟，后乃朝祖廟。祖廟中日側爲祖奠，厥明將去，爲大遣奠，皆有沃盥之事。」詒讓案：《既夕禮》遷祖之後有三奠，曰遷祖奠，曰祖奠，曰大遣奠。遷祖奠徧歷七廟，祖奠在日側後。或逮闇，當用燭。《既夕禮》大遣奠，陳饌後亦云滅燭，執燭乃奠，是皆有執燭之事也。三奠，詳《喪祝》疏。**季冬，陳玉以貞來歲之媺惡。**問事之正曰貞。問歲之美惡，謂問於龜，大卜職大貞之屬。陳玉，陳禮神之玉。凡卜筮實問於鬼神，龜筮能出其卦兆之占耳。龜有天地四方，則玉有六器者與？言陳者，既事藏之，不必貍之也。鄭司農云：「貞，問也。《易》曰『《師》，貞丈人吉』。問於丈人。《國語》曰：『貞於陽卜。』」【疏】「季冬，陳玉以貞來歲之媺惡」者，謂卜後歲吉凶之事，與肆師卜來歲之芟戒稼三事略同，與大卜爲官聯也。賈疏云：「季冬，謂夏之季冬。歲終當除舊布新，故此時當有卜筮來歲之美惡者。將卜筮之時，先陳玉以禮神，然後卜筮也。」

注云「問事之正曰貞」者，《大卜》注云：「貞之爲問，問於正者，必先正之，乃從問焉。」《廣雅·釋詁》云：「貞，正也。」《左》襄十七年傳云：「衛侯貞卜。」杜注云：「正卜。」賈疏云：「《禮記·少儀》云：『問卜筮，曰義與，志與。』注云：『義，正事也。志，私意也。』是問卜筮有不正之事，故云問事之正曰貞，卽此經云貞者問事之正也。」詒讓案：後鄭與先鄭皆訓貞爲問，而後鄭又增成其義，謂貞問義同。而卜必曰貞者，乃取其問事之正也。貞正聲相近。云「問歲之美惡，謂問於龜」者，媺美古今字。凡經作「媺」者，注並作「美」，詳《大司徒》疏。經不云龜，故注補釋之。云「大卜職大貞之屬」者，明問卜謂之貞也。《大卜》云：「凡國大貞，卜立君，卜大封。」彼所問事尤大，故云大貞；此問歲事，略小，故唯云貞也。云「陳玉，陳禮神之玉」者，凡卜筮禮神有玉帛，故《小宗伯》云「若國大貞，則奉玉帛以詔號」是也。云「凡卜筮實問於鬼神，龜筮能出其卦兆之占耳」者，謂凡卜筮者，皆汜問吉凶於鬼神。鬼神卽上下四方之神，故禮神之玉亦用六器也。鬼神不能明示其吉凶，故假蓍龜靈物以出其卦兆之占。此經本主龜言之，鄭兼言筮者，牽連及之耳。《白虎通義·蓍龜》篇云：「筮畫卦所以必於廟何？託義歸智於先祖至尊，故因先祖而問之也。」班謂筮卽問於先祖，與鄭義不同。賈疏云：「案《易繫辭》云：『精氣爲物，游魂爲變，是故知鬼神之情狀與天地相似。』注云『精氣謂七八，游魂謂九六』，則筮之神自有七八九六成數之鬼神。《春秋左氏傳》云『龜象筮數』，則龜自有一二三四五生數之鬼神。則知吉凶者，自是生成鬼神，龜筮直能出卦兆之占耳。案：《易繫》蓍龜神物，《士冠禮》注云：『筮不以廟堂者，嫌蓍之靈由廟神。』若然，蓍龜亦自有神，而云出卦兆者，但所禮者禮生成之鬼神，神之尊者，無妨蓍龜亦自有神也。」案：賈説非也。《士冠禮》注意亦謂卜筮所問，別自有神，非由廟神，與此注義不異也。七八九六等，乃筮之數，不得爲神，此注云「問於鬼神」，亦非指七八九六等而言，賈未達其指。云「龜有天地四方，則玉有六器者與」者，鄭以卜禮神之玉，經無見文，唯《龜人》有天地四方六龜，與《大宗伯》云「以玉作六器以禮天地四方」名數相應，故叚而用之，亦明貞卜所問卽上下四方之神也。若然，鄭意凡卜當備陳六器，非謂以天龜卜卽唯陳蒼璧，以地龜卜卽唯陳黄琮也。云「言陳者，既事藏之，不必貍之也」者，此陳玉雖以禮神，亦如前大祭大喪陳寶，既事藏之，不薶之地。貍卽薶之借字。注例當作「埋」，各本並作「貍」，疑誤，詳《鼈人》疏。古説祭地瘞薶，有薶玉之禮，詳《大宗伯》疏。鄭司農云「貞，問也」者，《大卜》注同。《説文·卜部》云：「貞，卜問也。从卜貝，以爲贄。一曰鼎省聲，京房所説。」洪頤煊云：「《左》哀十七年傳，衛侯貞卜。謂問於卜，貞卽是問，故司農云貞，問也。」云「《易》曰師，貞丈人吉，問於丈人」者，賈疏云：「此師卦彖辭。彼云：『師，貞丈人吉，無咎。』注云：『丈之言長，能御衆有幹正人之德，以法度爲人之長，吉而無咎。』謂天子諸侯主軍者。」阮元云：「『問於丈人』，乃大鄭説《易》之語。《易》之言貞者多矣，獨此以貞丈人連讀，訓爲問於丈人。大鄭恐人惑，故附見其解。如王弼及孔疏所引注，皆以正釋貞，況《彖傳》曰『貞，正也』。仲師此證蓋非是。」詒讓案：先鄭引《易》者，亦證貞爲卜問，故又以問釋之。後鄭《太卜》注引此文，證問於正之義，則亦兼取貞正之訓，與《易注》義同。引《國語》曰「貞於陽卜」者，賈疏云：「此《吴語》黄池之會，董褐云：『周室既卑，諸侯失禮於天子，請貞於陽卜，收文武之諸侯。』注云：『貞，正也。問卜，内曰陰，外曰陽。言吴以諸侯失禮於天子，當問於龜，言我當收文武之諸侯矣。』引此二文者，證問事之正曰貞也。」案：賈所引《國語注》蓋賈逵、孔晁諸家注，貞正之訓與後鄭同，韋注亦從之。惟釋「陽卜」云「龜曰卜，以火發兆故曰陽」，與賈所引異。**若遷寶，則奉之。**奉猶送也。【疏】「若遷寶則奉之」者，謂大遷有遷寶之事，若武王遷九鼎於雒邑是也。賈疏云：「謂王者遷都，若平王東遷，則寶亦遷，天府奉送之，於彼新廟之天府藏之如故也。」　注云「奉猶送也」者，《司服》、《笙師》、《龜人》及《大司馬》注並同。《説文·収部》云：「奉，承也。」引申之，凡送物而致之亦曰奉。《吕氏春秋·懷寵》篇高注云：「奉，送也。」**若祭天之司民、司禄而獻民數、穀數，則受而藏之。**司民，軒轅角也。司禄，文昌第六星，或曰下能也。禄之言穀也。年穀登乃後制禄。祭此二星者，以孟冬既祭之，而上民穀之數於天府。【疏】「若祭天之司民、司禄而獻民數穀數」者，獻民數有二：一三年而獻，《小司寇》云「及大比，登民數自生齒以上，登于天府」是也。一每年有獻，《小司寇》云「孟冬祀司民，獻民數于王」是也。大比獻民數，據《司民》文，蓋亦在孟冬祭司民之日，二者同登於天府也。其穀數，無大比獻之文，蓋止每年一獻，無三年總獻之事，以穀輕於民也。李光坡云：「司民掌民數，及大比以詔司寇，司寇及孟冬祀司民之日，獻其數於王。然則地官有司禄獻穀數者，必司徒也。司禄文闕。」案：李説是也。以《小司寇》及《司民》二職推之，蓋每年孟冬，則小司寇獻民數，小司徒獻穀數；三年大比，則大小司寇同獻民數，而大小司徒則不獻穀數，故《小司寇》亦止云獻民數，不及獻穀數之事。賈疏謂民數穀數皆小司寇受獻，失之，互詳《司民》疏。云「則受而藏之」者，皆受之王而藏之府，與司民、司禄爲官聯也。　注云

「司民，軒轅角也」者，《小司寇》、《司民》注義並同。賈疏引《武陵太守星傳》云：「軒轅十七星如龍形，有兩角，角有大民、小民。」案：《開元占經·石氏中官占》引石氏云：「軒轅近文昌宫，而龍蛇形，凡十七星。南端明者女主也，母也。女主北六尺一星，夫人也，屏也，上將也。北六尺一星，次夫人也，妃也，次將也。北六尺一星，次妃也。其次皆衆妃也。女主南三尺星不明者，女御也。御西角丈所一星，曰大民，太后宗族也。御東南丈所一星，少民，皇后宗也。」案：石氏説與《星傳》同，然無司民之名，鄭意蓋即謂大、小民也。《司民》先鄭注又以爲文昌宫星，詳彼疏。云「司禄，文昌第六星」者，賈疏引《星傳》云：「文昌宫有六星，第一爲上將，第二爲次將，第三爲貴相，第四爲司命，第五爲司中，第六爲司禄。」案：《開元占經·石氏中官占》引《黄帝占》云：「文昌六星，六府之宫也。在斗魁前，經緯天下文德之宫。六府，謂金木水火土穀。從斗魁第一星爲上將，建威武；第二星爲次將，臨左右；第三星爲貴相，主文理；第四星爲司命，主賞功進賢；第五星爲司中，主司過詰咎；第六星爲司禄，佐理寶。」云「或曰下能也」者，賈疏云：「案《石氏星傳》云：『上能司命，爲大尉；中能司中，爲司徒；下能司禄，爲司寇。』是司禄在下能也。以其二處並有司禄，故舉二文以見義也。」案：《開元占經·石氏中官占》引《黄帝占》云：「三能近文昌宫者曰太尉司命，爲孟；次星曰司徒司中，爲仲；次星曰司空司禄，爲季。」又引《春秋元命苞》云：「魁下六星，兩兩而比，曰三能，主德，開德宣符也。西近文昌二星曰上台，爲司命，主壽。次二星中台，爲司中，主宗室。東二星曰下台，爲司禄，主兵。」即此司禄也。《月令》孔疏又引《石氏星經》云：「司禄二星在司命北。」此别一星，與文昌、下能星並異。金鶚謂司民司禄猶司中司命，皆天神，非星也。今案：《蓺文類聚·符命部》引《隨巢子》説禹伐三苗云：「有大神，人面鳥身，降而福之，司禄益富而國家實，司命益年而民不夭。」則古説有以司禄爲天神之名者，金説亦通。云「禄之言穀也」者，明祭司禄取其司穀數也。《爾雅·釋言》云：「穀，禄也。」《詩·小雅》「蔌蔌方有穀」鄭箋及《論語·泰伯》篇「三年學不至於穀」，《釋文》引鄭注，並同。《孟子·滕文公》篇「穀禄不平」，趙注云：「穀者，所以爲禄也。」云「年穀登乃後制禄」者，明禄與穀相關之意。《墨子·七患》篇説歲饉有損禄之法，詳《宫正》疏。云「祭此二星者以孟冬」者，據《小司寇》及《司民》並云「孟冬祀司民」。其祀司禄雖無文，與祀司民同月可知。《通典·吉禮》云：「周制，立冬後之日，祀司民司禄於國城西北。」此誤據北周制，不足據。又案：祭司民司禄之禮，經注並無文，以《大宗伯》天神三祀差次約之，當與司中司命同槱燎也。二星於天神爲小祀，王蓋不親祭。賈《小司寇》、《司民》疏謂春官祭，或大宗伯主其事與？云「既祭之而上民穀之數於天府」者，據《小司寇》祀司民即云「獻民數于王」，又《司民》云「司寇及孟冬祀司民之日，獻其數於王，王拜受之，登于天府」，是上民數與祭司民同日也。其穀數當司禄上之小司徒，小司徒受之以獻於王，亦當與祭司禄同日。今《小司寇職》有獻民數之事，而《小司徒職》不云獻穀數者，文偶不備也。

周禮正義卷三十九

典瑞掌玉瑞、玉器之藏，辨其名物與其用事，設其服飾。人執以見曰瑞，禮神曰器。瑞，符信也。服飾，服玉之飾，謂繅藉。【疏】「掌玉瑞玉器之藏」者，此官爲玉瑞器受藏之府，玉人追琢既成，皆入於此官，與玉府爲官聯也。云「辨其名物」者，若六瑞六玉之等。云「與其用事」者，賈疏云：「爲事而用圭璧，謂朝聘朝日祭祀之等皆是也。」　注云「人執以見曰瑞」者，據《大宗伯》以鎮圭等爲六瑞，此玉瑞兼天子諸侯所執玉。《書·舜典》云「輯五瑞」，又云「修五玉」。《御覽·珍寶部》引《尚書大傳》云：「瑞也者，屬也。無過行者，得復其圭，以歸其國；有過行者，留其圭；能改過者，復其圭。」此謂諸侯之朝於天子也。義則見屬，不義則不見屬。《史記·五帝本紀》集解引馬融云：「五瑞，公侯伯子男所執以爲瑞信也。」《史記正義》引鄭《書注》云：「五玉瑞節，執之曰瑞，陳列曰玉也。」案：《書》五瑞專屬諸侯，故伏生、馬、鄭並偏舉一義，與此經小異也。云「禮神曰器」者，據《大宗伯》云「以玉作六器，以禮天地四方」。賈疏云：「散文則人執亦名器，故《聘禮記》云『圭璋璧琮，凡此四器者，唯其所寶，以聘可也』。又，《尚書》云『如五器，卒乃復』。皆是人執而名器也。」案：賈說是也。《左》文十二年傳：「秦伯使西乞術來聘，襄仲辭玉曰『重之以大器』，對曰『不腆先君之敝器，使下臣致諸執事，以爲瑞節』。」是瑞器對文則異，散文亦通。唯《舜典》「五器」，《史記集解》引馬融以爲五玉，而《公羊》隱八年徐疏引鄭《書注》則云：「授摯之器有五，卿、大夫、上士、中士、下士也。器各異飾，飾未聞所用也。周禮改之，飾羔鴈飾雉執之而已，皆去器。」是鄭說五器不爲玉。賈引彼爲釋，蓋據馬傳，非鄭義。云「瑞，符信也」者，《廣雅·釋言》云：「瑞，符也。」《敍官》注云：「瑞，節信也。」云「服飾，服玉之飾，謂繅藉」者，服玉，即下大圭之屬，皆有繅藉爲飾，《玉人》大圭云天子服之是也。與《玉府》服玉爲冠飾異。賈疏謂繅藉在玉，若人之衣服之飾，非其義也。又案：凡玉瑞器，疑並有繅藉，而此經唯大圭、鎮圭、五等諸侯命圭璧及瑑圭璋璧琮有繅，餘並無文。以《玉人》琬圭及大中邊三璋皆有繅推之，則諸祭玉及玉節等或咸有之，經文不具耳。詳後及《玉人》疏。**王晉大圭，執鎮圭，繅藉**

五采五就，以朝日。繅有五采文，所以薦玉，木爲中榦，用韋衣而畫之。就，成也。王朝日者，示有所尊，訓民事君也。天子常春分朝日，秋分夕月。《覲禮》曰「拜日於東門之外」。故書「鎮」作「瑱」。鄭司農云：「晉，讀爲『搢紳』之搢，謂插之於紳帶之間，若帶劒也。瑱讀爲鎮。《玉人職》曰：『大圭長三尺，杼上，終葵首，天子服之；鎮圭尺有二寸，天子守之。』繅讀爲『藻率』之藻。五就，五帀也。一帀爲一就。」【疏】「王晉大圭，執鎮圭」者，以下並此官其設玉瑞器之官法也。戴震云：「鎮圭，瑞也。大圭，笏也；故搢大圭而執鎮圭。天子玉笏，《玉藻》云『笏，天子以球玉』，《管子·輕重己》曰『天子搢玉笏以朝日』是也。」云「以朝日」者，凡王内外大小祭祀，蓋皆搢大圭執鎮圭，此唯舉朝日者，文不具也。《曲禮》孔疏據《鄭志》説，謂王祭天地、宗廟及日月皆執鎮圭，則亦搢大圭可知。《玉藻》云：「入大廟説笏，非古也。」明王祭宗廟亦搢玉笏。鄭彼注謂凡吉事無所説笏，又謂大廟之中，唯君當事説笏，則笏可搢可説矣。又後別有圭璧以祀日月，彼爲禮神之玉，置於神坐，非搢執所用，互詳《大宗伯》疏。　注云「繅，有五采文」者，《聘禮記》注云：「襍采曰繅。」案：二采以上皆爲襍采。云五采者，據此經天子瑞玉之繅言之也。《左傳》桓二年孔疏云：「五采，謂玄黄朱白蒼。」云「所以薦玉」者，《聘禮記》注云：「繅所以薦玉，重慎也。」又《士虞禮》注云：「藉猶薦也。」案：凡玉有繅者，爲拜時奠之，備毁傷，詳《大行人》疏。依此注義，據畫采言之謂之繅，據薦玉言之謂之藉，其實一也。禮別有繫玉之繅，及束帛之藉，則其用絶異。《聘禮記》説圭繅云「皆玄纁，繫長尺，絢組」。注云：「繫，無事則以繫玉，因以爲飾。皆用五采組，上以玄，下以絳爲地。」《聘禮經》又有垂繅、屈繅，皆卽繫玉之繅。畫韋衣板之繅，以薦玉，不可以垂屈。蓋繫組亦屬於畫韋之繅，故得通名繅；然非所以藉玉，故不得通稱藉也。《曲禮》云：「執玉，其有藉者則裼，無藉者則襲。」此卽束帛之藉，鄭彼注云：「藉，繅也。圭璋特而襲，璧琮加束帛而裼，亦是也。」又《聘禮記》注亦以繅釋藉。賈氏二《禮》疏及《王制》孔疏並以屈繅垂繅釋有藉無藉，是誤謂繫組亦通稱藉。戴震云：「以其施采謂之繅，以其承玉故曰繅藉，而不可名之爲藉。蓋藉玉者有不必繅也，束帛加璧，束帛加琮，則束帛爲之藉矣。」案：戴申《曲禮》注後一説，足正賈、孔之誤。又《書·舜典》有三帛，《公羊》隱八年徐疏引鄭《書注》云：「三帛，所以薦玉也。受瑞玉者，以帛薦之。帛必三者，高陽之後用赤繒，高辛氏之後用黑繒，其餘諸侯皆用白繒，周禮改之爲繅也。」案：赤繒黑繒白繒之説，《曲禮》孔疏引《含文嘉》、《通典・賓禮》引《尚書中候》並同，蓋鄭所本。據鄭彼注，則古用帛，周用繅，其爲薦玉則同也。云「木爲中榦，用韋衣而畫之」者，《大行人》注云：「繅藉，以五采韋衣板者。」《覲禮》注云：「以韋衣木，廣袤各如其圭之大小。」《聘禮》注義同。賈疏云：「鎮圭尺二寸，廣三寸，則此木版亦長尺二寸，廣三寸，與玉同。然後用韋衣之，乃於韋上畫之。」案鄭説，繅爲以韋衣木。賈《聘禮》疏謂依《漢禮器制度》而知，則鄭自據漢禮，不爲無徵。《春秋繁露・三代改制質文》篇云：「主天法商而王，玉厚九分，白藻五絲；主地法夏而王，玉厚八分，白藻四絲。主天法質而王，玉厚七分，白藻三絲；主地法文而王，玉厚六分，白藻二絲。」案：董子所謂藻，卽繅也。然其所述，既非一代之制，於《禮經》瑞玉繅采制度，亦無一合者。彼云「白藻」，則無褋采，又用色絲，則當爲織帶所成，與鄭畫韋説亦不合也。云「就，成也」者，《爾雅・釋詁》文，《巾車》、《弁師》、《大行人》注並同。《典絲》注云：「采色一成曰就。」案：成者猶備也。謂衆采等列相閒全備，是謂一就。此就據畫韋而言，與冕旒用采絲異也。《國語・齊語》云：「縷纂以爲奉。」韋注云：「奉，藉也，所以藉玉之藻也。縷纂，以縷織纂，不用絲，取易供也。纂，織文也。」案：韋意似亦以繅爲織絲爲之，與董子説相類，或亦兩漢經師之舊義。陳祥道亦謂圭繅織絲爲之，與冕繅同。金榜又據《典絲》「凡祭祀共黼畫組就之物」，謂采就宜以絲爲之。此並與董、韋説同，非鄭義也。云「王朝日者，示有所尊，訓民事君也」者，《穀梁》莊十八年傳云：「雖爲天子，必有尊也；貴爲諸侯，必有長也。故天子朝日，諸侯朝朔。」《國語・周語》云：「内史過曰：先王有朝日夕月，以教民事君。」是鄭所本也。云「天子常春分朝日，秋分夕月」者，《書・堯典》云：「寅賓出日，以殷仲春。」又云：「寅餞納日，以殷仲秋。」孔疏引鄭《書注》云：「寅賓出日，謂春分朝日；寅餞納日，謂秋分夕月也。」《儀禮經傳通解續》引《尚書大傳》云：「迎日之辭曰：『維某年月上日，明光於上下，勤施於四方，旁作穆穆，維予一人某敬拜，迎日東郊。』迎日，謂春分迎日也。《堯典》曰『寅賓出日』，此之謂也。」《大戴禮記・公冠》篇載《迎日辭》同。《獨斷》云：「天子父事天，母事地，兄事日，姊事月。常以春分朝日於東門之外，示有所尊，訓人民事君之道也。秋分夕月於西門之外，别陰陽之義也。」《周語》韋注説同。《南齊書・禮志》何佟之議云：「《周禮・典瑞》『王搢大圭，執鎮圭，藻藉五采五就以朝日』。馬融云：『天子以春分朝日，秋分夕月。』《玉藻》『天子玄端而朝日於東門之外』。盧植云：『朝日以立春之日也。』鄭玄云：『端當爲冕，朝日春分之時也。』《禮記・朝事儀》云：『天子冕而執鎮圭，尺有二寸，率諸侯朝日於東郊，所以教尊尊也。』故鄭知此端爲冕也。《禮記・保傅》云：『天子春朝朝日，秋暮夕月，所以明有敬也。』而不明所用之定辰。馬、鄭云用二分之時，盧植云用立春之日。佟之以爲日者太陽之精，月者太陰之精。春分陽氣方永，秋分陰氣向長。天地至尊用其始，故祭以二至，日月禮次天地，故朝以二分，差有理據，則融、玄之言得其義矣。其夕月文不分明，其議奏。魏祕書監薛靖論云：『舊事朝日以春分，夕月以秋分。案《周禮》朝日無常日，鄭玄云用二分，故遂施行。秋分之夕，月多東潛，而西向拜之，背實遠矣。謂朝日宜用仲春之朔，夕月宜用仲秋之朏。』淳于睿駁之，引《禮記》云『祭日於東，祭月於西，以端其位』。《周禮》秋分夕月，並行於上世。西向拜月，雖如背實，亦猶月在天而祭之於坎，不復言背月也。佟之案：《禮器》云『爲朝夕必放於日月』，鄭玄云：『日出東方，月出西方。』又云『大明生於東，月生於西，此陰陽之分，夫婦之位也』。鄭玄云：『大明，日也。』知朝日東向，夕月西向，斯蓋各本其位之所在耳。」案：何申鄭義是也。鄭以朝日夕月在二分，義本伏、馬，與《堯典》二仲賓餞之文符合，故蔡邕、韋昭及《初學記・禮部》引曹大家《列女傳注》説並同。盧植以爲立春朝日，則夕月當以立秋，蓋謂迎春迎秋之時兼迎日月。《郊特牲》、《祭義》孔疏引崔靈恩説，又謂四時迎氣並祭日月，則肊説無徵，孔氏已駁之矣。詳《小宗伯》疏。《管子・輕重己》篇云：「以冬日至始，數四十六日，冬盡而春始，天子東出其國四十六里而壇，服青而絻青，搢玉笏，帶玉監，號曰祭日，犧牲以魚。以夏日至始，數九十二日，謂之秋至，天子西出其國百三十八里而壇，服白而絻白，搢玉笏，帶錫監，號曰祭月，犧牲以彘。」依《管子》説，祭日以冬至後四十六日，此與盧氏立春之説合；而祭月以夏至後九十二日，則又與鄭説秋分同。揆之禮例，既有參差，而牲用彘魚，尤與大祭牲牢不合。《管子》文多駁雜，亦未足馮也。《大戴禮記・四代》篇云：「於時雞三號，以興庶虞，庶虞動，蜚征作，嗇民執功，百草咸淳。是以天子盛服，朝日于東堂，以教敬示威于天下也。」《玉燭寶典》引《尚書大傳》云：「古者帝王躬率有司百執事，而以正月朝迎日於東郊，所以爲萬物先而尊事天也。」《公冠記》亦附記迎日之文，與《伏傳》正同，「正月朝」作「正月朔日」，又并載《伏傳》春分迎日祝辭，連屬爲一。實則正月朔之迎日，與春分禮不同，今本正文及注尤淆混不可通，蓋皆後儒采摭綴益，非古記之舊文。此皆謂正月朔之朝日也。《春秋》莊十八年經❶「春三月，日有食之」。《穀梁傳》云：「不言日，不言朔，夜食也。何以知其夜食也？天子朝日，諸侯朝朔。」惠士奇、孔廣森據《穀梁》及《玉藻》聽朔之文，謂天子每月朔有朝日。綜校諸説，蓋天子朝日之禮，每歲凡十有四舉：一立春日，二春分日，并十二月每月朔日爲十四。其會同拜日，則無定時，不在此數。十四者之中，唯春分之朝爲特祭，其禮尤重，秋分夕月亦同。掌次朝日張大小次，設重帟重案，與祀五帝禮同。其爲正祭隆重之禮可知。餘月並唯朝拜而不祭，故馬、鄭並據二分爲釋。《曲禮》疏引《鄭志》説，亦以此朝日爲祭日是也。又案：依此注及《鄭志》説，蓋朝日夕月禮略同，經不言夕月者，文不具也。唯《國語·魯語》云「天子大采朝日，小采夕月」。韋注云：「《周禮》『王播大圭，執鎮圭，藻藉五采五就以朝日』，則大采謂此也。朝日以五采，則夕月其三采也。」依韋説，朝日以五采，夕月以三采，❷則與公侯伯圭繅同。又韋引虞翻説云：「大采，衮織也。或云少采，黼衣也。」《玉藻》疏引孔晁説，與虞及或説同。此與鄭《玉藻》注「玄冕朝日」義不合，則韋昭已駁之矣。引《覲禮》曰「拜日於東門之外」者，鄭彼注云「此謂會同以春者也」。與春分朝日不同。此引之者，明春分朝日亦於東門之外，與彼同。彼又有禮日於南門外，禮月與四瀆于北門外，注謂會同以夏秋冬之禮。與二分之祭無涉，故不引也。又《大戴禮記·朝事》篇云：「天子冕而執鎮圭，尺有二寸，繅藉尺有二寸，搢大圭，乘大輅，建大常十有二旒，樊纓十有再就，貳車十有二乘，率諸侯而朝日東郊。」文與此經略同。然則會同朝日，雖非日月正祭，其禮蓋略相等也。又案：二分朝日夕月，依鄭、蔡説，在東門西門之外，蓋謂郭門之外，即東西郊壇坎之兆也。故《覲禮》拜日在東門之外，而《朝事記》云「朝日東郊」。郊有日月之兆，《小宗伯》注云「兆日於東郊，兆月於西郊」，故《保傅》盧注云「祭日東壇，祭月西坎」是也。其《四代記》謂每月朔朝日東堂，東堂即明堂青陽，明堂在南郊，此與東西郊坎壇正祭及南郊主配附祭並異也。日月壇兆，並詳《小宗伯》疏。古書通以東西爲朝夕，故禮日東方謂之朝，禮月西方謂之夕。於壇兆則分東郊西郊，於明堂則分東堂西堂，其義並同。漢以後議禮者，並誤謂朝日東向，夕月西向，遂啓薛靖

❶ 原「十」字誤重，據楚本删。
❷「夕」原作「朝」，據楚本改。

之疑。黄以周云：「天神皆當南向，禮言祭日東、祭月西者，謂兆日東郊，兆月西郊，鄭注是也。豈東向西向云乎哉！東向拜日，西向拜月，漢制之失也。」案：黄説是也。凡東西通言朝夕，詳《大司徒》、《司儀》、《匠人》疏。云「故書鎮作瑱」者，《天府》注同。《小行人》「王用瑱圭」，字亦作「瑱」。鄭司農云「晉讀爲搢紳之搢」者，「搢紳」《釋文》作「薦申」。段玉裁據彼改爲「晉讀如薦申之薦」，云：「薦申，即俗云『搢紳』也。薦搢正俗字，申紳古今字。此注當依《釋文》。俗本作搢紳者，非也。」案：段校是也。《史記・五帝本紀》「薦紳先生」，《集解》引徐廣云：「薦紳即搢紳也，古字假借。」先鄭蓋即本《史記》。又《封禪書》作「縉紳」，《索隱》引姚氏云：「晉當作搢。鄭衆注《周禮》云『縉讀爲薦』。謂薦之於紳帶之閒。」案：姚察引此注搢作縉者，蓋涉《史記》正文而誤，而讀爲「薦」，則與《釋文》正同。足證陳、隋本皆如是作矣。云「謂插之於紳帶之閒」者，插，《釋文》作「函」。《廣韻・三十一洽》云：「臿，俗作函。」阮元云：「插者正字，函者假借字。」詒讓案：依姚察所引，則古本插或作薦。《士喪禮》「搢笏」，注云：「搢，插也。插於帶之右旁。」此大圭即玉笏，與士搢竹笏同。《内則》鄭注云：「紳，大帶也。」賈疏云：「凡帶有二者。大帶，大夫已上用素，士用練，即紳也。又有革帶，所以佩玉之等。今插笏者，插於紳之外、革之內，故云紳帶之閒也。」案：《雜記》説申加大帶於革帶之上，鄭注孔疏並謂革帶上加大帶，則此大圭當搢於革之外、紳之內，賈謂紳外革內，非也。《左傳》桓二年孔疏誤亦同。云「若帶劍也」者，《御覽・服章部》引《周書》云：「武王去劍搢笏，以示無仇。」蓋武事則服劍，文事則服笏，故搢之革外紳内亦同處也。云「瑱讀爲鎮」者，段玉裁云：「據《玉人》鎮圭之文易之，上文玉鎮同也。」引《玉人職》曰「大圭長三尺，杼上終葵首，天子服之」者，彼注云：「終葵，椎也。爲椎於其上，明無所屈也。杼，閷也。」此經不著大圭形度，故引《玉人職》以補之。云「鎮圭尺有二寸，天子守之」者，亦《玉人》文，引之以證鎮圭之尺度也。云「繅讀爲藻率之藻」者，《司几筵》「繅席」先鄭注同。《聘禮記》注云：「古文繅或作藻，今文作璪。」案：繅璪亦古今字。《襍記》説繅亦作藻。《左傳》之藻，據杜注即此經之繅，故先鄭此注亦讀繅爲藻。《魯語》韋注引此經亦作藻，依先鄭讀也。後鄭則以繅爲襍采正字，不從先鄭讀。《説文》又從今文作璪。詳《司几筵》疏。云「五就，五帀也」者，《説文・帀部》云：「帀，周也。」俞樾云：「就讀爲『集』。《詩・小旻》篇『是用不集』，毛傳曰『集，就也』。《韓詩》作

『是用不就』。蓋就與集一聲之轉，故聲近而義通。集之言襍也，古謂一匝爲一襍。《淮南子・詮言》篇『以數襍之壽，憂天下之亂』。高注曰：『襍，匝也。人生子，從子至亥爲一匝。』《説苑・修文》篇：『如矩之三襍，規之三襍，周則又始，窮則反本也。』三襍，即三帀也。襍從集聲，帀謂之襍，故亦謂之集。司農讀就爲集，故以帀訓之。」云「一帀爲一就」者，賈疏云：「一采爲一帀，五采則五帀，一帀爲一就。下文有三采者，亦一采爲一就。下文二采一就者，據臣行聘，不得與君同。是以二采，采爲一行，二采共爲一就。凡言就者，或兩行各爲一就，即此上下文是也。或一帀二行爲二就。就即等也，故《聘禮記》云『所以朝天子，圭與繅皆九寸』。又云『繅三采六等，朱白蒼』。注云：『以三色再就。』謂三色色爲再就。就亦等也，三色即六等。《禮記・襍記》亦云『三采六等』，注云『三采六等，以朱白蒼畫之再行，行爲一等』，是等爲一行，行亦爲就，據單行言之也。各有所據，故其文有異也。」《曲禮》孔疏引熊氏云：「五采五就者，采别二行爲一就，故云就也。三采三就者，亦采别二行爲一就，故三就也。二采二就者，亦采別二行爲一就，故再就也。二采一就者，以卿大夫卑，二采，采則別唯一行，共爲一就。知然者，《襍記》及《聘禮記》三采六等，則知天子諸侯采别爲二等也。」此卽賈所本，《襍記》孔疏説略同，金榜云：「《周官經》繅藉及冕旒、樊纓皆有就，注皆訓就爲成。《典絲》注『采色一成曰就』。《大行人》注『每處五采備爲一就』。《聘禮記》注三采六等爲『三色再就』，是朱白蒼爲一就，重言朱白蒼爲再就，與《典瑞》『瑑圭璋璧琮，繅皆二采一就』文合。由是差之，天子之繅，五采備爲一就，公侯伯三采備爲一就，子男二采備爲一就，其著明矣。采備爲就，采别爲等。等又謂之行，《襍記》注『三采六等，以朱白蒼畫之爲再行』是也。《典瑞》三采三就，《聘禮記》三采二就，禮文或損或益，抑記人之異説，誠不可强同者。熊氏因《襍記》注『畫之爲再行』，遂謂采别二行爲一就，以三采六等與《典瑞》三采三就相傅合，賈、孔之徒因循其誤，蓋由讀注未審。」黄以周云：「據鄭《聘禮》、《襍記》注三采再就爲朱白蒼朱白蒼六等，則三采三就有朱白蒼、朱白蒼、朱白蒼九等矣。二采一就，爲上朱下緑二等；則二采再就，有朱緑、朱緑四等矣。天子五采五就，當有二十五等，五采蓋用黄黑朱白蒼。」案：金、黄説是也。朱大韶説同。先鄭云一帀者，亦謂衆采一周也。帀訓周與成訓備義同。先鄭以一帀爲一就，猶後鄭以一成爲一就也。後鄭《弁師》注亦以一帀爲就，足證二鄭義本不異。《聘禮》所記亦是公侯命圭之繅，而言三采六等，不云三采九等，與此經不同，疑記文有挩誤。熊、賈、孔諸家，牽於其説，乃謂就皆一采，帀或以一采二行爲一就，或以一采一行爲一就，二行爲一就者與等異，一行爲一就者與等同，展轉糾互，與經注皆不合，不足據也。**公執桓圭，侯執信圭，伯執躬圭，繅皆三采三就，子執穀璧，男執蒲璧，繅皆二采再就，以朝覲宗遇會同于王。**三采，朱白蒼。二采，朱緑也。鄭司農云：「以圭璧見于王，《覲禮》曰『侯氏入門右，坐奠圭，再拜稽首』。侯氏見于天子，春曰朝，夏曰宗，秋曰覲，冬曰遇，時見曰會，殷見曰同。」【疏】注云「三采朱白蒼」者，即據《聘禮記》所云「繅三采六等，朱白蒼朱白蒼」爲説。但彼三采再就，與此經三采三就不合，詳前疏。云「二采朱緑也」者，《聘禮記》云：「問諸侯，朱緑繅八寸。」注云：「二采再就，降於天子也。」案：彼朱緑八寸者，乃此下瑑圭璋之繅，非此子男穀璧蒲璧之繅，彼注二采再就，當作一就。鄭知子男繅二采亦朱緑者，以彼文推之也。鄭司農云「以圭璧見于王，《覲禮》曰侯氏入門右，坐奠圭，再拜稽首」者，于，注例當作「於」，各本並誤，下同。此證諸侯覲用圭璧之事。鄭彼注云：「入門而右，執臣道，不敢由賓客位也。卑者見尊，奠摯而不授。」彼雖是秋見之禮，其春夏冬三時並同。又彼據公侯伯言，故云奠圭，若子男則奠璧也。云「侯氏見于天子，春曰朝，夏曰宗，秋曰覲，冬曰遇，時見曰會，殷見曰同」者，並據《大宗伯》文。**諸侯相見亦如之。**鄭司農云：「亦執圭璧以相見，故邾隱公朝於魯，《春秋傳》曰『邾子執玉高，其容仰』。」【疏】注鄭司農云「亦執圭璧以相見」者，《大戴禮記·朝事》篇云：「諸侯相朝之禮，各執其圭瑞，服其服，乘其輅，建其旌旂，施其樊纓，從其貳車，所以別義也。」賈疏云：「亦如上文公執桓圭以下。案：《大行人》云：『諸侯之邦交，歲相問，殷相聘，世相朝。』即《司儀》所云，凡諸公相爲賓，侯伯子男之相爲賓，如公之儀。又諸公之臣相爲國客，伯子男之臣云亦如之。若不敵，則有小國朝大國，大國聘小國，皆是諸侯相朝之法。」云「故邾隱公朝於魯，《春秋傳》曰邾子執玉高，其容仰」者，定十五年《左傳》云：「春，邾隱公來朝，子貢觀焉。邾子執玉高，其容仰。公受玉卑，其容俯。」杜注云：「玉，朝者之贄。」引以證諸侯相見亦執玉也。**瑑圭璋璧琮，繅皆二采一就，以覜聘。**璋以聘后夫人，以琮享之也。大夫衆來曰覜，寡來曰聘。鄭司農云：「瑑有沂鄂瑑起。」【疏】「瑑圭璋璧琮，繅皆二采一就以覜聘」者，《玉人》云：「瑑圭璋八寸，璧琮八寸，以覜聘。」又云：「璧琮九寸，諸侯以享天子；瑑琮八寸，諸侯以享夫人。」《聘禮記》云：「問諸侯，朱緑繅八寸。」是此繅二采亦朱緑也。《荀子·大略篇》云「聘人以珪」，《白虎通義·文質》篇云「璧以聘問」，《公羊》定八年何注述禮同，蓋謂瑑圭璧也。賈疏云：「此遣臣行聘問之所執者。若本君親自朝，所執上文桓圭之等是。若遣臣聘，不得執君之圭璧，無桓信躬與穀璧蒲璧之文，直瑑之而已，故云瑑圭璋璧琮，此謂公侯伯之臣也。若子男之臣，豈得過本君用以圭璋乎？明子男之臣亦用瑑璧琮也。二采一就者，謂朱緑二采共爲一就也。」詒讓案：子男之臣享王后，當降用琥璜，此經不具，詳《玉人》疏。

注云「璋以聘后夫人，以琮享之也」者，《聘禮》云「使者受圭，受享，束帛加璧。受夫人之聘璋，享玄纁束帛，加琮」。又云「聘于夫人用璋，享用琮」。鄭彼注云：「享，獻也。既聘又獻，所以厚恩惠也。夫人亦有聘享者，以其與己同體，爲國小君也。其聘用璋，取其半圭也。君享用璧，夫人用琮，天地妃合之象也。」賈疏云：「鄭欲見此經遣臣聘法，有聘天子，并有自相聘，二者俱見，故云璋以聘后夫人而琮享之也。明知圭以聘天子與諸侯，而璧享之。鄭不言圭璧於天子諸侯者，以聘后夫人文隱，故特舉以言之，天子諸侯可知也。」案：鄭、賈並專據諸侯聘天子及自相聘言之，實則天子使臣閒問諸侯，用玉亦當同也。云「大夫衆來曰覜，寡來曰聘」者，賈疏云：「此亦據《大宗伯》云『殷覜曰視』，謂一服朝之歲，卽此覜也，故云衆來。彼又云『時聘曰問』，亦無常期，卽此聘也，故云寡來曰聘。」案：詳《大宗伯》疏。

鄭司農云「瑑有沂鄂瑑起」者，沂，《釋文》作「圻」，岳本、舊注疏本亦同。《玉人》注云：「瑑，文飾也。」《玉篇·玉部》云：「瑑，圭有圻鄂也。」《説文·玉部》云：「瑑，圭璧上起兆瑑也。《周禮》曰『瑑圭璧』。」又《土部》云：「垠，地垠也。重文圻，垠或从斤。」《一切經音義》引《説文》作地圻咢也。案：沂鄂者，畍畫隆起之謂。依《説文》字當作「垠咢」。此注及《輈人》、《郊特牲》、《少儀》注皆作「沂鄂」。《淮南子·原道訓》云：「出於無垠鄂之門。」《文選》張衡《西京賦》「前後無有垠鍔」，李注引許慎《淮南子注》云：「垠鍔，端崖也。」又《甘泉賦》李注云：「鄂，垠鄂也。」圻卽垠之或體，圻作沂，咢作鄂作鍔，皆叚借字。此瑑圭亦有刻文隆起，故云有沂鄂瑑起也。

四圭有邸以祀天、旅上帝。鄭司農云：「於中央爲璧，圭著其四面，一玉俱成。《爾雅》曰：『邸，本也。』圭本著於璧，故四圭有邸，圭末四出故也。或說四圭有邸有四角也。邸讀爲抵欺之抵。上帝，玄天。」玄謂祀天，夏正郊天也。上帝，五帝，所郊亦猶五帝，殊言天者，尊異之也。《大宗伯職》曰「國有大故，則旅上帝及四望」。【疏】「四圭有邸以祀天、旅上帝」者，以下凡言祀天地諸神圭玉，並謂禮神之玉，與燔瘞之玉異，詳《大宗伯》疏。《玉人》云：「四圭尺有二寸，以祀天。」聶崇義云：「此四圭亦博三寸，厚寸。」　注鄭司農云「於中央爲璧，圭著其四面，一玉俱成」者，賈疏云：「於中央爲璧，謂用一大圭，琢出中央爲璧形，亦肉倍好爲之。四面琢，各出一圭，天子以十二爲節。蓋四廂圭各尺二寸，與鎮圭同。其璧爲邸，蓋徑六寸。揔三尺，與大圭長三尺又等。」詒讓案：嫌以四玉合邸爲之，故云一玉俱成，明四圭同邸，爲一玉琢成也。《通典·吉禮》引崔靈恩云：「四圭有邸者，象四方物之初生；以璧爲邸者，取其初生之圓匝也。其玉色無文。今謹案：既有邸皆象物初生，又當春氣之始，威仰又爲青帝，其色宜青。」案：崔謂此四圭有邸，色亦以青，理或然也。引《爾雅》曰「邸，本也」者，《釋言》文。郭本「邸」作「柢」。阮元云：「司農自據當時《爾雅》，且司農邸有兩說，唯作『邸』斯兩說可該，倘作柢則不能該後說矣。」案：阮說是也。《玉人》「兩圭」後鄭注亦不改爲柢可證。邸柢聲類同。云「圭本著於璧，故四圭有邸圭末四出故也」者，圭上剡者爲末，下連璧爲本，四圭共著一璧爲柢，故四末縱橫岐出矣。《御覽·珍寶部》引馬融注云：「四圭相連，皆外嚮，共一邸，長尺二寸。」與先鄭說同。云「或說四圭有邸有四角也」者，此廣異義也。四角，謂剡成芒角四出。賈疏謂卽桓圭之桓，疑非。云「邸讀爲抵欺之抵」者，段玉裁云：「後說謂四圭有芒角，故讀爲抵欺之抵。抵欺，漢人語。《哀帝紀》、《東方朔傳》作『詆欺』，《枚皋傳》作『詆娸』。鄭祇作『抵』，有芒角如抵拒也。」云「上帝，玄天」者，《大宗伯》注同，謂北極上帝也。先鄭意天與上帝卽《大宗伯》之昊天上帝，圜丘所祀者也。詳《大宗伯》疏。云「玄謂祀天，夏正郊天也」者，卽泰壇祭天也。賈疏云：「凡天有六，案《大宗伯》云『蒼璧禮天』，據冬至祭昊天於圜丘者也。彼又云『青圭禮東方，赤璋禮南方，白琥禮西方，玄璜禮北方』。據四時迎氣及揔享於明堂之等，祭五方天也。彼惟不見夏正郊所感帝，故知此四圭是夏正郊天。《易緯》云『三王之郊，一用夏正，各郊所感帝』，卽《郊特牲》云『兆日於南郊，就陽位，於郊故謂之郊』是也。」案：夏正郊天禮，詳《大司樂》疏。然鄭、賈說非也。南郊祭受命帝及五郊明堂祭五帝，雖亦用四圭，而此經云祀天，自專指昊天，故與旅上帝爲受命帝別文。王昭禹、李光坡、方苞、莊存與並以此祀天爲冬至圜丘祭昊天，與先鄭說同是也。後鄭以《大宗伯》蒼璧禮天爲圜丘之祭，故不得不以此爲夏正南郊祭受命帝。不知彼乃祀方明之玉，非正祭禮神之玉也。詳彼疏。云「上帝，五帝」者，《大宗伯》注同。賈疏云：「案宗伯青圭之等，已見祭五方天帝，此又言者，彼據常祭，此據國有故而祭曰旅，用玉與郊天同四圭有邸也。」詒讓案：經以祀天與旅上帝別文，則先鄭以天爲昊天，得之；而以上帝亦即昊天，非也。《掌次》以大旅上帝與祀五帝別文，則大旅不及赤黄白黑四帝，後鄭以上帝爲通指五帝，亦非也。經凡言上帝者，皆指受命帝。周受命帝卽蒼帝。凡夏正郊祀及五時迎氣祭五帝，蓋當同用四圭有邸，而經止云旅上帝者，舉非常之祭以見常祀，舉受命帝以晐五帝，亦省文互見之例也。至《大宗伯》禮四方之青圭等，亦祀方明之玉，非正祭所用，彼注以迎氣爲釋，殊誤。互詳《掌次》及《大宗伯》疏。《宋書・禮志》引晉徐邈議云：「《周禮》旅上帝者，有故告天，與郊祀常禮同用四圭，故並言之。若上帝者五帝，經文何不言祀天旅五帝、祀地旅四望乎？五方不可言上帝，諸侯不可言大君也。」又《樂志》亦引邈云：「祀天旅上帝同是祭天。言祀天者，謂常祀也。旅上帝者，有故而祭也。《孝經》稱『嚴父莫大於配天』，故云『郊祀后稷以配天，宗祀文王於明堂以配上帝』，則上帝猶天益明也。不欲使二天文同，故變言上帝爾。」又引劉宏議，亦用邈說。案：徐氏亦知上帝非五帝，而謂卽天，則又失之。明堂本祭五帝，《孝經》言上帝者，五帝以受命帝爲最尊也。詳《大宰》疏。《舊唐書・禮儀志》引徐堅、康子元等議，謂此經祀天旅上帝，謂祀昊天上帝之時，以旅五方天帝，則合旅祀爲一時事，其說尤謬。又唐人多誤釋此旅上帝爲衆祭五帝，亦詳《掌次》疏。云「所郊亦猶五帝，殊言天者，尊異之也」者，鄭誤以祀天爲南郊祭蒼帝，而蒼帝卽五帝之一，經不宜以天與上帝別文，故謂尊異感帝而殊言天。不知此天自指昊天，非感生帝也。引《大宗伯職》曰「國有大故則旅上帝及四望」者，賈疏云：「證旅上帝是國有故而祭也。但旅四望下文與地同用兩圭，今此連引之耳。」**兩圭有邸以祀地、旅四望。**兩圭者，以象地數二也。僢而同邸。祀地，謂所祀於北郊神州之神。【疏】「兩圭有邸以祀地、旅四望」者，《御覽・珍寶部》引馬融注云：「兩圭五寸。旅，陳。」案：據《玉人》文。聶崇義云：「兩圭有邸祀北郊，牲玉皆黑色。」注云「兩圭者，以象地數二也」者，《易・繫辭》云：「天一地二。」《漢書·律麻志》云：「地之數始於二，終於三十。」故鄭以兩圭象地數也。今案：祀地兩圭者，取降於天之四圭，非象地數也。四圭亦不象天數，可證鄭説未然。云「僢而同邸」者，同邸，《釋文》作「同柢」。阮元云：「此作邸，爲是上經『四圭有邸』注中不改作柢字，則此亦不當改。」賈疏云：「案《王制》注『卧則僢』。彼僢謂兩足相向。此兩圭亦兩足同邸，是足相向之義，故以僢言之。則上四圭同邸者，亦是各自兩足相向，但就此兩足相向而言之也。」詒讓案：《玉人》注亦云「有邸，僢共本也」。《説文·舛部》云：「舛，對卧也。」《玉篇·人部》云：「僢，相背也。」與舛同。」是僢卽舛之别體。僢而同邸，卽謂圭耑相背而同繫一邸也。陳祥道云：「璧，天象也，祀天則四圭邸璧。琮，地象也，祀地必兩圭邸琮。」案：陳説是也。趙溥、戴震、黄以周説並同。賈推鄭義及聶氏《三禮圖》謂兩圭邸亦以璧，與四圭同，非也。互詳《玉人》疏。云「祀地謂所祀於北郊神州之神」者，卽泰折祭地也。《漢書·郊祀志》，匡衡、張譚議云：「瘞地於北郊，卽陰之義。」賈疏云：「以其《宗伯》所云黄琮禮地，謂夏至祭崑崙大地，明此兩圭與上四圭郊天相對，是神州之神。」案：《河圖括地象》『崑崙東南方五千里曰神州』是也。但三王之郊，一用夏正，未知神州用何月祭之。或解郊用三陽之月。神州既與郊相對，宜用三陰之月，當七月祭之。」又《大司樂》賈疏云：「知祭於北郊者，《孝經緯》文，以其與南郊相對故也。」詒讓案：此祀地當爲祭大地，王昭禹、李光坡、方苞並以爲夏至方丘之祭是也。蓋兩圭所用自以方丘爲主，而兼含北郊，鄭以《大宗伯》禮地用黄琮爲方丘之祭，故以此祀地專屬北郊，不知彼乃祀方明之玉，非地之正祭所用也。詳彼疏。又鄭以北郊祭神州，謂專祭中國九州之地，與方丘祭大地者異。《書·益稷》孔疏引鄭《書注》云：「禹所受《地記書》曰：崑崙山東南地方五千里名曰神州。」《唐郊祀録》引《三禮義宗》云：「神州者，王所居五土之神也。」又云：「崑崙四面有和，今神州是一和也。」案：神州之説，出於圖緯，其言不經。以義求之，北郊之祭卑於方丘，當祭后土，后土爲五祀之一，猶之南郊祭蒼帝爲五帝之一也。北郊之祭時月，經注無文，賈此疏及《大司樂》疏並謂在七月。《晉書·禮志》引顧和表云：「北郊之月，古無明文，或以爲夏至，或同用陽復。漢光武正月辛未，始建北郊，此則與南郊同月。魏承後漢正月祭天，以地配。時高堂隆等以爲，禮，祭天不以地配，而稱周禮三王之郊，一用夏正。」《舊唐書·禮儀志》引《三禮義宗》云：「祭神州法，正月祀於北郊。」《曲禮》孔疏云：「夏正之月，祭神州地祇於北郊。或云建申之月祭之，與郊天相對。」孔兼存兩説，無所折衷。《御覽・禮儀部》引《禮記外傳》又云：「立冬之日，祭神州地祇於北郊。」金鶚云：「方丘在午月，與圜丘在子月正對，則北郊宜在申月，乃與南郊在寅月正對，不宜與南郊同月也。且郊必卜日，或上辛中辛不吉，而用下辛郊天，已近月終，則將以何日祭北郊邪？若與郊天同日，恐行禮者至於厭倦也。若至卯月北郊，則又亂其例也。況帝嚳配方丘，后稷配北郊，則北郊宜後於方丘，豈可先方丘而行之哉？《淮南・天文訓》云：『涼風至則報地德。』涼風至在申月立秋節，報地德當是祭地，此其證也。」案：金説是也。又《史記・封禪書》述《周官》舊説，夏至祭地祇外，無北郊之祭。《漢書・郊祀志》及《三輔黄圖》載王莽議，亦以北郊方丘爲一。《祭法》孔疏引董仲舒、劉向、王肅等，並謂圜丘卽南郊，則亦以方丘爲卽北郊。故《左傳》桓五年孔疏云：「鄭玄注書，多用讖緯，言天神有六，地祇有二，地有崑崙之山神，又有神州之神。晉泰始之初，定南北郊，祭一地一天，用王肅之義。」案：據孔説，是王肅亦謂北郊、方丘爲一，別無神州之祭。金鶚申鄭難王云：「澤中方丘，非人所爲，而北郊則爲壇以祭，謂之泰折，其地不在澤中。又泰折定在正北近郊，而方丘則無定處，北郊非方丘明矣。《大司樂》『函鍾爲宮，大蔟爲角，姑洗爲徵，南吕爲羽，夏日至於澤中之方丘奏之』，而其上文云『奏大蔟，歌應鍾，以祭地示』，是樂不同也，安得並方丘、北郊爲一乎？」案：金説是也。又案：祭社稷之玉，經注並無文。《郊特牲》孔疏引崔靈恩云：「玉當神州同用兩圭有邸，以四望亦用兩圭故也。」《通典・吉禮》亦引崔氏，謂社稷玉同四望，云「以圭銳首，象土生物」是也。

祼圭有瓚，以肆先王，以祼賓客。鄭司農云：「於圭頭爲器，可以挹鬯祼祭，謂之瓚。故《詩》曰『卹彼玉瓚，黄流在中』。《國語》謂之鬯圭。以肆先王，灌先王祭也。」玄謂肆解牲體以祭，因以爲名。爵行曰祼。《漢禮》，瓚槃大五升，口徑八寸，下有槃，口徑一尺。【疏】「祼圭有瓚」者，《御覽・珍寶部》引馬注云：「灌鬯之圭尺二寸。」亦據《玉人》文。祼圭謂以圭爲柄，有瓚謂以金爲瓚，所謂天子圭瓚也。王后及諸侯並用璋瓚，卽《玉人》大中邊三璋云黄金勺者。此瓚亦卽勺也。《書・康王之誥》云：「上宗奉同、瑁。」又云：「乃受同、瑁王三宿，三祭，三咤。上宗曰：饗。太保受同，降，盥，以異同，秉璋以酢。授宗人同，拜，王荅拜。太保受同，祭、嚌、宅。受宗人同，拜，王荅拜。」僞孔傳云：「同，爵名。」《三國志・虞翻傳》裴松之注引翻《別傳》述鄭《書注》，訓爲酒杯。江聲、王鳴盛、孫星衍並謂卣圭瓚璋瓚，則此瓚又名同也。《虞翻别傳》又引今文《書》「同」作「銅」，則疑《玉人》黄金勺，卽銅之黄色者。詳《玉人》疏。又案：祼圭長度與鎮圭同。《玉人》三璋瓚有繅，此圭瓚文制視彼尤隆，則亦宜有繅，疑亦當同鎮圭五采五就。此經及《玉人》並不云繅者，文不具也。云「以肆先王」者，賈疏云：「謂祭先王，則宗伯六享皆是也。」案：肆先王通禘祫及時祭言之。《大宗伯》六享，依鄭、賈義皆有肆祼。今攷饋食禮，殺不用成牲，亦無二祼，則此肆先王内，唯有五享矣。又《左》昭十七年傳，鄭裨竈曰：「用瓘斝玉瓚，鄭必不火。」是外祀祈禳，亦有用玉瓚。此不言者，非恒典也。云「以祼賓客」者，此據朝覲諸侯言之，凡五等諸侯來朝覲，禮及饗並有祼。賈疏云：「則《大行人》云，上公再祼，侯伯一祼之等是也。」林喬蔭云：「大國孤禮，但以酒，不以鬱鬯，則不得謂之祼。」案林説是也。　注鄭司農云「於圭頭爲器，可以挹鬯祼祭，謂之瓚」者，明瓚爲挹鬯之器，卽《漢禮》之槃，《玉人》璋瓚之勺。《王制》注云：「圭瓚，鬯爵也。」《白虎通義·攷黜》篇云：「玉瓚者，器名也。所以灌鬯之器也。以圭飾其柄，灌鬯，貴玉氣也。」《郊特牲》孔疏引王肅云：「瓚所以斞鬯也。」案：《説文·手部》云：「挹，抒也。」又《斗部》云：「斞，挹也。」王説與先鄭同。但詒繹先鄭意，蓋謂瓚爲挹鬯之勺，因以爲爵，説殊未析，詳《玉人》疏。賈疏云：「鬯卽鬱鬯也。言祼言祭，則祼據賓客，祭據宗廟也。」詒讓案：先鄭此注「祼」字，疑本當爲「灌」。《大行人》「王禮再祼而酢」，先鄭注云：「祼讀爲灌。」是先鄭從灌爲正，故此下文云「灌先王祭」，字亦作灌，不作祼。後鄭《投壺》注引此經云「以灌賓客」，亦從先鄭讀也。今本先鄭注作「祼」，疑後人依經改之。又案：此經二鄭注皆謂祼圭爲灌尸及賓。《説文·艸部》云：「莤，禮祭，束茅加於祼圭，而灌鬯酒。」許説以祼圭莤酒，乃祼之異義，二鄭所不取，詳《甸師》疏。云「故《詩》曰卹彼玉瓚，黄流在中」者，《大雅·旱麓》文，引證瓚爲圭頭挹鬯之器也。《釋文》云：「卹又作邺。」案：今本《毛詩》作「瑟」，《釋文》云：「瑟又作璱。」瑟邺蓋並璱之假字。「卹」疑「邺」之誤。毛傳云：「玉瓚，圭瓚也。黄金，所以飾。流，鬯也。」鄭箋云：「瑟，絜鮮貌。黄流，秬鬯也。圭瓚之狀，以圭爲柄，黄金爲勺，青金爲外，朱中央矣。」案：毛、鄭釋黄流義小異。先鄭説或當與毛同。《玉人》「祼圭」注云：「有流前注。」又大璋、中璋、邊璋云「鼻寸」，注云：「鼻，勺流也。」是瓚勺之鼻謂之流，流與勺同質，則黄金勺卽亦黄金流矣。竊疑三家詩釋黄流，有謂黃金爲勺流者，故鄭據以釋三璋之鼻。若《毛詩》說，則以黃流爲鬯酒自鼻流出，故傳云「黃金所以飾」，此以黃金勺釋黃也。又云「流，鬯也」，此以鬯釋流也。孔穎達所據崔靈恩《集注》及唐定本皆如是。《釋文》載别本作「黃金所以爲飾」，義亦同。唯《釋文》正本作「黃金所以流鬯也」，則似以流爲鼻，與崔、孔本義異，然孔疏㡿爲俗本。疑後人隱據《玉人》注竄易毛義，殆不足據，故鄭箋直以秬鬯釋黃流，蓋就毛作箋，亦卽從傳義而略變之，以黃爲鬯之色，要皆與《玉人》注義不同矣。云「《國語》謂之鬯圭」者，《魯語》云：「魯饑，臧文仲以鬯圭與玉磬如齊告糴。」韋注云：「鬯圭，裸鬯之圭，長尺二寸，有瓚，以禮廟。」案：用以裸鬯，故謂之鬯圭。《説文·玉部》又謂之「瑒圭」，《大宗伯職》及《國語》亦謂之「玉鬯」，詳《大宗伯》及《玉人》疏。云「以肆先王，灌先王祭也」者，卽謂祭先王時用以灌也。《明堂位》云：「灌用玉瓚大圭。」肆無灌義，先鄭之意蓋訓肆爲「陳」，與「肆師」之肆義同。《御覽·珍寶部》引馬注云：「肆，陳之牲器以祭也。」先鄭義疑與馬同。鄭鍔云：「鬱人和鬱鬯以實彝而陳之。凡裸玉濯之陳之，皆謂肆。爲陳圭瓚陳於先王之前，而用以灌祭，故以爲肆者灌祭先王。」案：鍔述先鄭義亦通。云「玄謂肆解牲體以祭，因以爲名」者，此破先鄭義，謂肆與《大宗伯》以肆獻裸享先王」之肆義同。以豚解體解牲體而祭之，因謂祭爲肆。肆解雖不用圭瓚，而凡廟祭用成牲者皆有二裸，故經以肆見裸也。依後鄭義，肆當讀爲「鬄」，詳《大司徒》及《小子》疏。云「爵行曰裸」者，賈疏云：「此《周禮》裸，皆據祭而言。至於生人飲酒，亦曰裸，故《投壺禮》云『奉觴賜灌』，是生人飲酒爵行亦曰灌也。」云「《漢禮》瓚槃大五升，口徑八寸，下有槃，口徑一尺」者，「一尺」舊本作「二尺」，誤。今據宋婺州本、董本、岳本正。《漢書·揚雄傳》張晏注云：「瓚受五升，徑八寸，形如盤，其柄以圭，有前流。」與《漢禮》略同。《御覽·珍寶部》引鄭、阮《禮圖》，與張説同，惟云受四升，與《漢禮》異，疑誤。賈疏云：「此據《禮器制度》文，叔孫通所作。案《玉人職》云大璋、中璋、邊璋，下云『黃金勺，青金外，朱中，鼻寸，衡四寸』。鄭注云：『三璋之勺，形如圭瓚。』《玉人》不見圭瓚之形，而云『形如圭瓚』者，鄭欲因三璋勺，見出圭瓚之形，但三璋勺雖形如圭瓚，圭瓚之形卽此《漢禮》文，其形則大，三璋之勺徑四寸，所容蓋似小也。」詒讓案：《詩·旱麓》箋説圭瓚黃金勺，亦據《玉人》璋瓚爲說。然則瓚槃皆以金爲之，《漢禮》瓚槃下復有徑尺之槃，乃以承上槃者，與圭瓚不同器也。又《明堂位》注云：「瓚形如槃，容五升，以大圭爲柄，是謂圭瓚。」亦據《漢禮》爲説。以金爲瓚而謂之玉瓚者，《詩・旱麓》孔疏云：「圭以玉爲之，指其體謂之玉瓚，據成器謂之圭瓚。」案：依孔説，則玉瓚由柄得名，其瓚勺自爲金質，與鄭箋同。此經云祼圭有瓚，亦謂別有金瓚，瓚與柄不同物也。**圭璧以祀日月星辰。**圭其邸爲璧，取殺於上帝。【疏】「圭璧以祀日月星辰」者，賈疏云：「祭日月，謂若祭春分朝日，秋分夕月，并大報天主日配以月。其星辰所祭，謂《小宗伯》四類亦如之，注云『禮風師雨師於郊之屬』。又《月令》云『祈來年於天宗』，鄭云『天宗，日月星』亦是也。其《祭法》埋少牢已下，祭日月星辰，謂禱祈而祭，亦用此圭璧以禮神也。」金鶚云：「星辰與日月同用圭璧，司中等疑亦如之。」　注云「圭其邸爲璧」者，與上四圭同。但彼爲四圭同著於璧，此止一圭著於璧，故直曰圭璧，不言邸者，順文便也。經注並不著圭璧之色，聶崇義以爲色白，祀星辰則各隨方色，未知是否。云「取殺於上帝」者，日月星辰在天神中卑於上帝，故上帝用四圭，此用一圭，殺其數也。**璋邸射以祀山川，以造贈賓客。**璋有邸而射，取殺於四望。鄭司農云：「射，剡也。」

【疏】「璋邸射以祀山川，以造贈賓客」者，賈疏云：「此祀山川，謂若《宗伯》云『兆山川丘陵各於其方』，亦隨四時而祭。則用此璋邸以禮神，《玉人》云『璋邸射素功，以祀山川，以致稍餼』。注云：『致稍餼，造賓客納稟食也。』以此而言，則造贈賓客，謂致稍餼之時，造館贈之。言贈，則使還之時，所贈賄之等，亦執以致命耳。」案：賈説未析。此造賓客，蓋通晐《玉人》致稍餼之事，凡造至賓館而致禮皆是也。而贈則爲賓行至近郊勞送之禮，非致稍餼之時所贈也。贈卽《司儀》諸公相爲賓之致贈，凡天子待朝聘賓客，蓋亦有之。但侯國贈聘使見於《聘禮》，云「遂行，舍於郊，公使卿贈如覿幣」。而覿則止束錦乘馬，不以玉致，其禮微殺。若天子待朝賓，則據《詩・大雅・韓奕》及《樂記》，所贈有大路龍旂之等，其禮甚盛，蓋卽以璋邸射致之。《聘禮》致饔餼，唯云大夫奉束帛，亦不以玉將命，則用璋邸致者，當唯天子待朝賓乃有此盛禮。聘客雖亦有郊贈，恐未必用玉也。互詳《司儀》、《玉人》疏。　注云「璋有邸而射，取殺於四望」者，上四望用兩圭，此山川止用一璋，璋既卑於圭，數又減少，是其禮爲殺，猶日月殺於五帝也。但四望亦是山川，以其尊大，故特殊異之，與地同玉。此山川則謂中小山川，不在四望之列者也。陳祥道云：「日月星辰，天類也，一圭邸璧；山川，地類也，必一璋邸琮。」戴震説同。案：陳、戴説是也。賈推鄭義，謂璋邸亦爲璧，聶崇義説同，失之，璧圓不得有射也。經注亦不著璋邸之色，聶氏以爲色白，祀山川則各隨方色，亦未知是否。王氏《訂義》又引崔靈恩説，祭司中、司命、風師、雨師，玉亦用璋邸射。案：司中等皆天神，與邸琮象地不合，崔説非是。鄭司農云「射，剡也」者，《玉人》注云：「邸射，剡而出也。」《説文・刀部》云：「剡，鋭利也。」戴震云：「琮八方，言射者，則角剡出。」黄以周云：「射即《玉人》『大琮射四寸』之射。」案：戴、黄説是也。琮本八方，此有射者，謂别剡爲鋭角八出也。

土圭以致四時日月，封國則以土地。

以致四時日月者，度其景至不至，以知其行得失也。冬夏以致日，春秋以致月。土地，猶度地也。封諸侯以土圭度日景，觀分寸長短，以制其域所封也。鄭司農説以《玉人職》曰：「土圭尺有五寸，以致日，以土地。」以求地中，故謂之土圭。【疏】注云「以致四時日月者，度其景至不至，以知其行得失也」者，致至聲類同。謂樹八尺之表而得景，乃以土圭度其景之所至。《書・堯典》申命羲叔曰「敬致」，致亦謂之厎，《左》桓十七年傳云：「日官居卿以厎日。」《國語・周語》云：「立春，日月厎于天廟。」致厎聲義亦相近。致日，即《大司徒》夏日至測景之義。《馮相氏》注云：「冬至日在牽牛，景丈三尺，夏至日在東井，景尺五寸，此長短之極，極則氣至，冬無愆陽，夏無伏陰。春分日在婁，秋分日在角，而月弦於牽牛、東井，亦以其景知氣至不。」即其義也。《玉人》注亦云「度景至不」。以相推校，此注次「至」字，疑傳寫誤衍。「至不」亦見《大卜》注。凡景有進退贏縮，是爲不至，詳《馮相氏》疏。賈疏云：「景之至否，皆由人君之行所致。若景不依道度，爲不至，是人君之行失，若景依道度，爲至，是人君之行得，故云知行得失。若春秋致月之法，亦於春分秋分，於十五日而望夜漏半而度之，但景之長短，自依二分爲長短，不得與冬夏日景同，景之至否，亦知行之得失也。」詒讓案：《漢書・天文志》云：「冬至日南極，晷長，南不極則温爲害，夏至日北極，晷短，北不極則寒爲害。故《書》曰『日月之行，則有冬有夏』也。政治變於下，日月運於上矣。」《開元占經・日占》引《洪範五行傳》云：「日月之行，則有冬有夏，而爲寒暑。若其失節，晷過而長則爲寒，退而晷短則爲燠，人君急，則晷進疾而寒，舒則晷退遲而燠，故曰豫燠急寒。一曰晷長爲潦，晷短爲旱。奢者爲扶，扶者邪臣進，正臣疏，君子不足，奸人有餘。斯並行得失之驗也。」又《通卦驗》亦有占晷進退吉凶之法，詳《馮相氏》疏。云「冬夏以致日，春秋以致月」者，據《馮相氏》云：「冬夏致日，春秋致月，以辨四時之敘。」與此致四時日月正相應也。云「土地猶度地也」者，《大司徒》、《土方氏》、《玉人》注義並同。云「封諸侯以土圭度日景，觀分寸長短，以制其域所封也」者，即《大司徒》云「凡建邦國，以土圭土其地而制其域」是也。以其景之分寸長短，校地中之景，則知封域之方位及廣輪。《大司徒》注謂日景千里差一寸，非密率也。賈疏輒據彼文，謂「一分百里，今封諸侯無過五百里，止可言分，而言寸者，語勢連言之，其實不合有寸」。失之。云「鄭司農説以《玉人職》曰，土圭尺有五寸，以致日以土地」者，此經不詳土圭尺度，故先鄭據彼補之。云「以求地中，故謂之土圭」者，據《大司徒》文。「以」舊本作「所」，誤，今據宋婺州本、岳本、注疏本正。《御覽・珍寶部》引馬注云：「土圭尺有五寸，以求地中，故謂土圭也。」與鄭義同。

珍圭以徵守，以恤凶荒。 杜子春云：「『珍』當爲『鎮』，書亦或爲『鎮』。以徵守者，以徵召守國諸侯，若今時徵郡守以竹使符也。鎮者，國之鎮，諸侯亦一國之鎮，故以鎮圭徵之也。凶荒則民有遠志，不安其土，故以鎮圭鎮安之。」玄謂珍圭，王使之瑞節，制大小當與琬琰相依。王使人徵諸侯、憂凶荒之國，則授之，執以往，致王命焉，如今時使者持節矣。恤者，闓府庫振救之。凡瑞節，歸又執以反命。

【疏】注「杜子春云珍當爲鎮，書亦或爲鎮」者，杜以此「珍圭」字當與王所執「鎮圭」同，《天府職》玉鎮，亦通五等諸侯瑞玉言之，故杜謂徵召諸侯之瑞節，亦名鎮圭也。徐養原云：「作『珍』者，故書也；作『鎮』者，今書也。鄭君仍從故書。又案：珍鎮同音，然故書既借『瑱』爲『鎮』，不應復借『珍』爲『鎮』，故子春不曰『讀爲』，而曰『當爲』，以珍爲誤字也。」段玉裁云：「杜易『珍』爲『鎮』。鎮圭尺有二寸，天子守之，未必有他用，故鄭君不從，謂王使之瑞節，有名珍圭者。」詒讓案：《玉藻》注引此經亦作「鎮」，則鄭亦兼從杜讀，與此注異。云「以徵守者，以徵召守國諸侯」者，謂王使人徵召守邦國之諸侯，則以鎮圭爲節也。《御覽・珍寶部》引馬注云：「守邦國都鄙者。」案：馬義亦與杜同。杜不云都鄙者，文不具也。云「若今時徵郡守以竹使符也」者，《漢書・文帝紀》「二年九月，初與郡守爲銅虎符、竹使符」。注：應劭曰：「竹使符，皆以竹箭五枚，長五寸，鐫刻篆書第一至第五。」又《史記・孝文紀》索隱引《漢舊儀》云：「竹使符，出入徵發。」《後漢書・杜詩傳》「上疏云，舊制發兵，皆以虎符，其餘徵調，竹使而已」。是竹使降於虎符，故徵郡守用之也。云「鎮者國之鎮，諸侯亦一國之鎮，故以鎮圭徵之」者，此杜據鎮圭説徵守之義，謂鎮圭爲天子之守圭，取其爲一國之鎮，與諸侯鎮撫其國同，故徵諸侯則用之也。云「凶荒則民有遠志，不安其土，故以鎮圭鎮安之」者，此杜據鎮圭説恤凶荒之義。《小宗伯》注云：「鎮，安也。」因民不安其土，故使使往鎮安之也。云「玄謂珍圭，王使之瑞節」者，明不當與王鎮圭同名也。《説文・玉部》云：「珍，寶也。」《掌節》「掌守邦節而辨其用，以輔王命」，注云：「邦節者，珍圭、牙璋、穀圭、琬圭、琰圭也。」是鄭意此五玉卽邦節，以其亦用圭璋，故此官與掌節同掌之，二官相與爲官聯也。云「制大小當與琬琰相依」者，《後漢書・竇憲傳》李注云：「依，準也。」賈疏云：「案《玉人》，琬圭琰圭九寸。此珍圭《玉人》不言，故約與琬琰同。」云「王使人徵諸侯、憂凶荒之國，則授之，執以往，致王命焉」者，後鄭説徵守恤凶荒義，與杜同。《大宗伯》凶禮云「以荒禮哀凶札，以恤禮哀寇亂」，注云：「恤，憂也。」此恤凶荒，卽彼哀凶札，不云哀而云恤者，散文得通也。又《玉藻》云「凡君召以三節，二節以走，一節以趨」。注云：「節，所以明信輔君命也。使使召臣，急則持二，緩則持一。《周禮》曰『鎮圭以徵守』，其餘未聞也。」據彼注，則凡召羣臣亦以珍圭，不徒徵諸侯矣。云「如今時使者持節矣」者，以漢時使者至郡國，必持節爲信，與周制王使至邦國執瑞節事略同。漢節形制如周之旌節，與五玉不同，鄭舉以況義耳。詳《掌節》疏。云「恤者，闓府庫振救之」者，《一切經音義》引《聲類》云：「闓亦開字。」凶荒須開府庫振救之，故使人執珍圭以往也。云「凡瑞節歸又執以反命」者，《掌節》云：「皆有期以反節。」明使者執王之瑞節以往，事竟歸時，仍執此瑞節以反命於王也。下凡瑞節皆同。

牙璋以起軍旅，以治兵守。鄭司農云：「牙璋，瑑以爲牙。牙齒，兵象，故以牙璋發兵，若今時以銅虎符發兵。」玄謂牙璋，亦王使之瑞節。兵守，用兵所守，若齊人戍遂，諸侯戍周。

【疏】「牙璋」者，賈疏云：「《玉人》云：『牙璋、中璋七寸，射二寸，厚寸，以起軍旅，以治兵守。』此不云中璋者，中璋比於牙璋殺文飾，揔而言之亦得名爲牙璋，以其鉏牙同也。以此而言，此文云牙璋，亦兼中璋矣。若然，大軍旅用牙璋，小軍旅用中璋矣。」 注「鄭司農云，牙璋瑑以爲牙」者，《玉人》注云「有鉏牙之飾於琰側」是也。云「牙齒，兵象，故以牙璋發兵」者，以其鉏牙不平，故云兵象。《白虎通義・文質》篇云：「璜以徵召，璋以發兵，琮以起土功之事。璋以發兵何？璋半珪，位在南方，南方陽極而陰始起，兵亦陰也，故以發兵也。」班説惟璋發兵，與此牙璋同，而義與先鄭異。又説璜徵召，琮起土功，此經皆無文。《公羊》定八年傳，何注亦云：「禮，琮以發兵，璜以發衆，璋以徵召。」《説文·玉部》又以琥爲發兵瑞玉。並與此經不同，蓋别有所據。云「若今時以銅虎符發兵」者，《御覽·珍寶部》引馬注云「牙璋，若今之銅虎符」，與先鄭説同。以發兵者，王應麟云：「《漢書·齊王傳》『魏勃紿召平曰，王欲發兵，非有漢虎符驗也』。《吴王傳》『弓高侯責膠西王曰，未有詔虎符，擅發兵，擊義國』。《嚴助傳》『上曰，新卽位，不欲出虎符發兵郡國。迺遣助以節發兵會稽』是也。」互詳《掌節》疏。云「玄謂牙璋亦王使之瑞節」者，王使起軍旅治兵守時，持此爲瑞節，與珍圭以徵守恤凶荒同。《左》哀十四年傳，説宋公使向巢討向魋，云「司馬請瑞，以命其徒攻桓氏」。杜注云：「瑞，符節，以發兵。」又襄二十五年傳，鄭入陳，司徒致民，司馬致節，司空致地。蓋皆起軍旅之節，故司馬請之致之也。云「兵守，用兵所守」者，謂疆埸有警，治兵爲守禦也。云「若齊人戍遂，諸侯戍周」者，《春秋》莊十三年經：「春，齊侯、宋人、陳人、蔡人、邾人會於北杏。」《左傳》云：「遂人不至。夏，齊人滅遂而戍之。」又昭二十七年《左傳》云：「十二月，晉籍秦致諸侯之戍于周。」引之證此治兵守卽兵戍之事也。

璧羨以起度。鄭司農云：「羨，長也。此璧徑長尺，以起度量。《玉人職》曰：『璧羨度尺以爲度。』」玄謂羨，不圜之貌。蓋廣徑八寸，袤一尺。

【疏】注「鄭司農云羨，長也」者，先鄭以羨爲「延」之借字。《玉人》注云「羨猶延」，《爾雅·釋詁》云「延，長也」，是羨延同訓長也。云「此璧徑長尺，以起度量」者，徑長尺，卽謂直徑尺也。先鄭蓋亦以璧羨爲璧作橢圜形，起度量之義，詳《玉人》疏。引《玉人職》曰「璧羨度尺以爲度」者，證徑長尺之度也。云「玄謂羨不圜之貌，蓋廣徑八寸，袤一尺」者，賈疏云：「案《爾雅》『肉倍好謂之璧』，則璧體圓矣。今云璧羨，羨是引聲而言，是爲長意，故先鄭、後鄭皆爲不圜也。云蓋者，此璧本徑九寸，今言羨，則減傍一寸以益上下，故《玉人》以爲上下一尺，則横徑八寸矣。無正文，故云『蓋』以疑之也。」

駔圭璋璧琮琥璜之渠眉，疏璧琮以斂尸。鄭司農云：「駔，外有捷盧也。駔讀爲『駔疾』之駔。疏讀爲沙。謂圭、璋、璧、琮、琥、璜，皆爲開渠爲眉瑑，沙除以斂尸，令汁得流去也。」玄謂以斂尸者，於大斂焉加之也。駔讀爲組，與組馬同，聲之誤也。渠眉，玉飾之溝瑑也。以組穿聯六玉溝瑑之中，以斂尸，圭在左，璋在首，琥在右，璜在足，璧在背，琮在腹，蓋取象方明，神之也。疏璧琮者，通於天地。【疏】「駔圭璋璧琮琥璜之渠眉」者，《玉人》「駔琮」字，《說文・玉部》作「珇」，則此經故書疑亦或爲「珇」。許訓爲瑑，鄭所不從，詳《玉人》疏。六玉，詳《大宗伯》疏。　注「鄭司農云，駔，外有捷盧也」者，賈疏云：「先鄭讀駔爲『駔牙』之駔，故云外有捷盧，捷盧若鋸牙然，後鄭不從之也。」段玉裁云：「此疏『駔牙之駔』，當作『鉏牙之鉏』。《玉人》注『牙璋有鉏牙之飾』，鉏牙卽《說文・金部》之鉏鎯，一作鉏鋙，《齒部》作齟齬，《左氏傳》作鉏吾。捷盧若鋸牙然者，《周頌・有瞽》毛傳、《說文・丵部》皆有『捷業如鋸齒』之語，故用此釋捷盧，以釋鉏牙也。」案：段說是也。捷盧之盧，疑與鑢同。《說文・金部》云：「鑢，錯銅鐵也。」蓋謂刻玉，外爲鉏牙，若捷業鑢錯之形。云「駔讀爲駔疾之駔」者，段玉裁云：「駔疾亦疊字，敏捷之意。」詒讓案：《說文・馬部》云：「駔，馬壯也。」駔疾，蓋謂馬行疾也。但駔疾與外有捷盧之義無會，竊疑「讀爲」當作「讀如」，此擬其音，非釋其義也。云「疏讀爲沙」者，段玉裁云：「疏在魚模部，沙在歌戈部，漢人合音最近，故讀疏爲沙。」云「謂圭璋璧琮琥璜，皆爲開渠爲眉瑑，沙除以斂尸，令汁得流去也」者，《說文・眉部》云：「眉，目上毛也。从目，象眉之形，上象頟理也。」蓋眉象頟理，因之凡瑑刻成文理，亦謂之眉。眉又與堳通。刻玉爲容突界畫，容者如地之溝渠，突者如地之堳埒，故謂之渠眉。《國語・齊語》云：「渠弭於有渚。」渠眉與渠弭，音義亦相近。段玉裁云：「沙除者，猶後代人語云『沙汰』，令去之言也。於渠眉間沙除屍汁，則重言，璧琮之義無著，故鄭君不易字。」云「玄謂以斂尸者，於大斂焉加之也」者，賈疏云：「以其六玉所與王爲飾，明在衣裳之外，故知在大斂後也。」詒讓案：王五日小斂，七日大斂，而大斂禮隆，陳器服尤備，故知六玉所用在於大斂也。《左》定五年傳：「季平子卒，陽虎將以璵璠斂，仲梁懷弗與，曰：改步改玉。」《呂氏春秋・安死》篇亦述此事，杜、高注並以璵璠爲君佩玉。案：彼以璵璠斂，當卽人君以玉斂之禮，杜、高説並非也。云「駔讀爲組，與組馬同，聲之誤也」者，《說文・衣部》云：「褢，以組帶馬也。」聯玉與帶馬，皆以組聯綴，其義同，故後鄭讀從之。《玉人》「駔琮」，鄭亦讀爲組，駔組並從且聲，故云聲之誤。云「渠眉，玉飾之溝瑑也」者，《呂氏春秋・上農》篇高注云：「渠，溝也。」《御覽・天部》引《元命苞》云：「玉之爲言溝刻也。」宋均注云：「溝謂作器。」案：溝瑑，謂玉之瑑刻容突文。《漢書・律麻志》孟康注說竹節爲溝節，與此相類。後鄭此義與先鄭略同。賈疏云：「此六玉兩頭皆有孔，又於兩孔之閒爲溝渠，於溝之兩畔稍高爲眉瑑。」案：依賈說，則六玉皆有孔。諦審經注義，似唯疏璧琮有孔，其餘四玉則有渠眉而無孔，賈說未塙。琮八方，有好，詳《大宗伯》疏。云「以組穿聯六玉溝瑑之中以斂尸」者，聯，黄丕烈校改「連」是也。注例用今字，詳《大宰》疏。《說文・糸部》云：「組，綬屬也。」案：組卽織成之綬材，以之穿聯六玉，取其斂時易於繫綴。《莊子・列禦寇》篇云：「莊子將死，弟子欲厚葬之。莊子曰：吾以天地爲棺槨，日月爲連璧。」連璧，卽以組穿聯之璧。又《墨子・節葬下》篇說送葬，云「綸組節約」，疑亦謂此也。云「圭在左，璋在首，琥在右，璜在足，璧在背，琮在腹」者，賈疏云：「已下皆約《大宗伯》云『青圭禮東方』之等，以尸南首而置此六玉焉。」云「蓋取象方明，神之也」者，《覲禮》云：「方明者，木也，方四尺，設六玉，上圭下璧，南方璋，西方琥，北方璜，東方圭。」彼六玉以禮神，故喪斂之玉象之，亦取神明之義。詳《司盟》疏。賈疏云：「彼上下不用璧琮，此中有璧琮者，象天地。若然，此言象方明者，直取置六玉於六處，不取玉形之義。又案：《宗伯》璧禮天，琮禮地，今此璧在背在下，琮在腹在上，不類者，以背爲陽，腹爲陰，隨尸腹背而置之，故上琮下璧也。」云「疏璧琮者，通於天地」者，《說文・㐬部》云：「疏，通也。」後鄭讀疏如字，蓋與《明堂位》「疏屏」「疏勺」義同。《月令》孟春，「其器疏以達」，注云「器疏者，刻鏤之」。《有司徹》「疏匕」注亦云「匕柄有刻飾者」。謂六玉之內，唯璧琮更刻鏤之，使兩面疏通，以二玉象天地，故特殊異之也。璧琮皆有好，此別於肉閒，疏刻爲小空，與好不同，詳《大宗伯》疏。

穀圭以和難，以聘女。

穀圭，亦王使之瑞節。穀，善也。其飾若粟文然。難，仇讎。和之者，若《春秋》宣公及齊侯平莒及郯，晉侯使瑕嘉平戎于王。其聘女則以納徵焉。【疏】「穀圭以和難以聘女」者，「和難」上，唐石經挩「以」字，今從宋本補。此卽《玉人》云「穀圭七寸，天子以聘女」是也。賈疏云：「難，謂兩諸侯相與爲怨仇。王使人和之，則執以往，故執善圭和之使善也。聘女亦是和好之事，故亦用善圭也。」

注云「穀圭亦王使之瑞節」者，義與珍圭牙璋同。云「穀，善也」者，《爾雅・釋詁》文。《御覽》引馬注云：「穀圭七寸。穀，善。」義與鄭同。云「其飾若粟文然」者，蓋與穀璧同。云「難，仇讎」者，《調人》注云：「難，相與爲仇讎。」《公羊》僖二十七年，何注云：「古者諸侯有難，王者若方伯和平之，後相犯者，復故罪。」卽和難之事。云「和之者，若《春秋》宣公及齊侯平莒及郯」者，宣四年《左傳》文。杜注云「莒郯二國相怨，故公與齊侯共平之」是也。云「晉侯使瑕嘉平戎于王」者，于，注例當作「於」，各本並誤。《左傳》文十七年「周甘歜敗戎於邥垂」。成元年「晉侯使瑕嘉平戎于王」。杜注云：「平邥垂之役。」引之者，亦證和難之事也。阮元云：「『瑕嘉』《釋文》作『叚嘉』，云『本又作瑕，亦作假』。案：叚音假，古字也。」云「其聘女則以納徵焉」者，《玉人》注云「納徵加於束帛」。案：納徵，詳《媒氏》疏。賈疏云：「昏禮有六，五禮用鴈，納徵不用鴈，以其有束帛可執。《媒氏職》庶民用緇帛五兩，《士昏禮》用三玄二纁。天子加穀圭，諸侯加以大璋，大夫與士同，故知納徵也。」**琬圭以治德，以結好。**琬圭，亦王使之瑞節。諸侯有德，王命賜之。及諸侯使大夫來聘，既而爲壇會之，使大夫執以命事焉。《大行人職》曰：「時聘以結諸侯之好。」鄭司農云：「琬圭無鋒芒，故以治德結好。」【疏】「琬圭」者，即《玉人》云「琬圭九寸，而繅以象德」。此不云繅，亦文不具。　　注云「琬圭亦王使之瑞節」者，與珍圭、牙璋、穀圭同。云「諸侯有德，王命賜之」者，謂有慶賞之事。《公羊》隱七年，何注云：「古者諸侯有較德殊風異行，天子聘問之。」《管子·大匡》篇云：「諸侯之君有行事善者，以重幣賀之。」蓋卽此治德之事，與《大行人》閒問異也。云「及諸侯使大夫來聘，既而爲壇會之，使大夫執以命事焉」者，賈疏云：「時見曰會，諸侯來與之會。時聘，使大夫來，王還使大夫往會焉。解經結好也。此卽《大宗伯》時聘無常期，一也。」案：依此注及下注說，則鄭謂聘覜時，有命大夫與侯國大夫壇會之禮，蓋與《春秋》王人與侯國大夫會盟事略同。賈《小祝》疏卽隱據此以釋小會同，此與《大行人》以會同爲君禮之文不合，則春秋衰世之法不可以釋此經也。竊疑此琬圭，當是時聘時，王於常禮外，以事使卿大夫至賓館命之，則執之以爲信，不必有壇會之事也。《小祝》小會同，亦非卿大夫之禮，詳彼疏。引《大行人職》曰「時聘以結諸侯之好」者，證經結好卽彼時聘時事也。鄭司農云「琬圭無鋒芒，故以治德結好」者，「以治德結好」舊本並作「治德以結好」，今據宋岳珂本正。賈疏云：「對下文琰圭有鋒芒者也。」又後鄭《玉人》注云：「琬圭九寸，琬，順也。」案：《御覽》引馬注云：「琬猶圜也。」圜卽無鋒芒，有鋒芒則前鑯而不圜矣。《說文·玉部》云「琬，圭有琬者」，蓋文有捝誤。戴震云：「琬琰之名，以剡上之寸半爲別也。凡圭直剡之，倨句磬折，上端中矩。琬圭穹隆而起，宛然上見，《爾雅》『宛中，宛丘』，『丘上有丘爲宛丘』，『宛中隆』，並此義。」案：互詳《玉人》疏。**琰圭以易行，以除慝。**琰圭，亦王使之瑞節。鄭司農云：「琰圭有鋒芒，傷害征伐誅討之象，故以易行除慝。易惡行令爲善者，以此圭責讓喻告之也。」玄謂除慝，亦於諸侯使大夫來覜，既而使大夫執而命事於壇。《大行人職》曰：「殷覜以除邦國之慝。」【疏】注云「琰圭亦王使之瑞節」者，亦與珍圭、穀圭、琬圭同。鄭司農云「琰圭有鋒芒，傷害征伐誅討之象」者，琰與剡聲類同，蓋亦取鋭利之義。《説文・金部》云：「鋭，芒也。籀文作剡。」琰剡聲義亦相近。《説文》又云：「鏠，兵耑也。」鋒即鏠之俗。凡圭皆剡上，而此圭所剡角度尤鋭，故《玉人》云「琰圭，判規」，謂左右剡坳而下，如規之判，即是有鋒芒也。《周書・王會篇》云「四方玄繚璧琰」。孔注云：「琰，珪也，有鋒鋭。」凡鋒芒則有傷害，故爲征伐誅討之象。云「故以易行除慝，易惡行令爲善者，以此圭責讓喻告之也」者，「喻」黄丕烈據《道右》、《懷方氏》、《撢人》、《大行人》注校改「諭」是也。《胥師》注云：「慝，惡也。」《玉人》注云：「琰圭，諸侯有爲不義，使者征之，執以爲瑞節也。」又《調人》和難云「弗辟，則與之瑞節而以執之」，注亦以瑞節爲琰圭。並易行除慝之事也。云「玄謂除慝亦於諸侯使大夫來覜，既而使大夫執而命事於壇」者，賈疏云：「此即《大宗伯》云『殷覜曰視』，謂一服朝之歲也。但上文治德，與此經易行，據諸侯自有善行惡行，王使人就本國治易之；結好與除惡，皆諸侯使大夫來聘，亦王使大夫爲壇命之爲異也。鄭知使大夫來皆爲壇者，約君來時會殷同爲壇，明臣來爲壇可知也。」案：此琰圭亦當是殷覜時，王以事使卿大夫至賓館命之，執之以爲信，鄭、賈壇會之説未塙。引《大行人職》曰「殷覜以除邦國之慝」者，證經除慝即彼殷覜時事也。

大祭祀、大旅、凡賓客之事，共其玉器而奉之。玉器，謂四圭裸圭之屬。

【疏】「大祭祀」者，即上經祀天地，肆先王，亦兼有祀日月星辰山川等。云「大旅」者，即旅上帝四望。云「凡賓客之事」者，即裸及造贈等是也。云「共其玉器而奉之」者，賈疏云：「送向所行禮之處也。」　注云「玉器謂四圭裸圭之屬」者，賈疏云：「禮神曰器。經云玉器，故知非瑞，是禮神者也。云之屬者，兼有兩圭圭璧璋邸之等也。」

大喪，共飯玉、含玉、贈玉。飯玉，碎玉以雜米也。含玉，柱左右顛及在口中者。《雜記》曰「含者執璧將命」，則是璧形而小耳。贈玉，蓋璧也。贈有束帛，六幣璧以帛。【疏】「大喪」者，賈疏云：「謂王喪，兼有后、世子在其中，以其更不見共后、世子之故也。」案：詳《宰夫》疏。云「共飯玉、含玉」者，此與玉府、舍人爲官聯也。賈疏云：「天子飯以黍，諸侯飯用粱，大夫飯用稷；天子之士飯用粱，諸侯之士飯用稻。其飯用玉，亦與米同時，此卽《禮記·檀弓》云『飯用米貝，不以食道』，鄭云『食道褻，米貝美』是也。含玉者，則有數有形。《雜記》云『天子飯九貝，諸侯七，大夫五，士三貝』者，鄭云夏時禮，以其同用貝故也。周天子諸侯皆用玉，亦與飯俱時行之。案《玉府》已云『大喪共含玉』，此又言之者，蓋玉府主作之，此官主其成事而共之。」詒讓案：飯含所用，古説多異。《雜記》説天子諸侯大夫士皆飯貝，鄭彼注云：「此蓋夏時禮也。周禮天子飯含用玉。」《白虎通義·崩薨》篇云：「唅用珠寶物何也？有益死者形體，故天子飯以玉，諸侯以珠，大夫以璧，士以貝也。」《續漢書·禮儀志》劉注引《禮緯稽命徵》云：「天子飯以珠，唅以玉；諸侯飯以珠，唅以璧；卿大夫士飯以珠，唅以貝。」《雜記》孔疏引《禮》戴説同。此並謂天子飯含用玉，與此經義合。至《説苑·修文》篇云：「天子含實以珠，諸侯以玉，大夫以璣，士以貝，庶人以穀實。」《公羊》文五年，何注云：「含，天子以珠，諸侯以玉，大夫以碧，士以貝，春秋之制也。文家加飯以稻米。」《御覽·禮儀部》引《春秋説題辭》説同，惟碧作璧，字通。諸文紛舛，蓋所聞之異。孔廣森云：「周禮，天子不飯貝，故《典瑞》曰『大喪共飯玉、含玉』。且如禮文，明飯與含爲二事。《雜記》『諸侯相含執璧將命』，《左傳》『陳子行使其徒具含玉』，則含者，自天子達於大夫皆用玉。其飯所用有差，當如《白虎通義》所説也。」案：孔謂「天子至大夫，含皆用玉」是也。《左》成十七年傳云「子叔聲伯夢食瓊瑰」，哀十一年傳云「陳子行命其徒具含玉」，並大夫含用玉之證。孔疏謂「大夫不以珠玉爲含者，以珠玉是所含之物故言之，非謂當時實含用珠玉」，殆不足據。凡諸家説飯含，或以珠者，亦卽玉之小者，鄭注所謂碎玉以雜米者，不必蚌珠也。惠士奇云：「珠者，玉之圜好如珠，卽《玉府》之珠玉也。」案：惠説是也。《莊子·外物》篇引《詩》曰「青青之麥，生於陵陂，生不布施，死何含珠爲」。《吕氏春秋·節葬》篇説厚葬，亦云「含珠鱗施」。是卽飯含有用珠之證。凡飯以碎玉，含以小璧，此經及《禮緯》、戴説皆分飯含爲二事，區別甚明。《荀子·禮論篇》云：「飯以生稻，唅以槁骨。」楊注云：「槁骨，貝也。」彼似據士禮言之。《士喪禮》云「飯以米貝」，是舉飯以晐含，非士無含也。但《禮緯》及戴説並謂士飯亦用珠，則於經無文，未知塙否。至飯玉小於含玉，而與含玉同實戶口，故散文亦得互稱，諸書或舉含以晐飯，或稱飯而略含，於義並不戾也。云「贈玉」者，賈疏云：「案《既夕禮》，葬時，棺入坎，贈用玄纁束帛。卽天子，加以玉，是贈先王之物也。」　注云「飯玉，碎玉以雜米也」者，《舍人》云「喪紀共飯米」，是大喪飯亦用米，故知飯玉亦碎之以雜米也。凡天子飯含之米，蓋皆用黍，詳《舍人》疏。云「含玉，柱左右䫙及在口中者」者，䫙，《釋文》作「顛」，云「《儀禮》作䫙」。案：《既夕記》云：「實貝柱右䫙左䫙。」《説文》無䫙字。阮元云：「䫙字不古，當是《儀禮》本作『顛』，謂齒之盡處牙車也。」賈疏云：「案《士喪禮》云：『主人左扱米，實于右，三，實一貝，左中亦如之。』既言左右及中，明知柱左右䫙及口中。鄭彼注『象生時齒堅』。以此而言，《士喪禮》用三。復以《雜記》差之，則天子用九玉，諸侯用七玉，大夫用五玉。若然，大夫以上不徒柱左右與中央耳。」又賈《既夕禮》疏云：「左䫙右䫙，謂牙兩畔最大者。」云「《雜記》曰，含者執璧將命，則是璧形而小耳」者，《雜記》云：「含者執璧將命曰：寡君使某含。」鄭彼注云：「含玉爲璧制，其分寸大小未聞。」賈疏云：「彼是諸侯薨，鄰國遣大夫來弔，并行含襚賵之禮。諸侯用璧，天子雖用玉，其形無文，故取諸侯法以況之，天子亦爲璧形而小，以其入口故知小也。」金鶚云：「鄭謂五等璧有大小。疑當依命數，公九分，侯伯七分，子男五分，天子之玉一寸二分，不必爲璧制。然經無明文，未可定也。」云「贈玉蓋璧也，贈有束帛，六幣璧以帛」者，《大宰》注云：「贈玉，既窆所以送先王。」賈疏云：「以《既夕禮》云『贈用束帛』，明天子亦有束帛也。而《小行人》『合六幣璧以帛』，故知贈既用帛，明以璧配之。鄭言此者，恐天子與士異，士用帛，天子用玉，嫌不用帛，故言之也。」案：束帛，謂玄纁也。《既夕禮》云：「襲贈用制幣玄纁束。」注云：「丈八尺曰制，二制合之，束十制五合。」《雜記》注引彼文「束」下有「帛」字，賈所引與《雜記》注同。

凡玉器出，則共奉之。玉器出，謂王所好賜也。奉之，送以往。遠則送於使者。

【疏】「凡玉器出，則共奉之」者，此與玉府、內府爲官聯也。注云「玉器出謂王所好賜也」者，以上經云「大祭祀、大旅、凡賓客之事，共其玉器而奉之」。大典禮所用玉器已具於彼，此又云「凡玉器出」，明惟據好賜而言。賈疏云：「《天府》云『遷寶』，謂徙國都，此不言遷，直言出，故知王所好賜之者也。」云「奉之送以往」者，《天府》注云：「奉猶送也。」所賜在近，則典瑞親奉玉器，往送致之也。云「遠則送於使者」者，典瑞王官，自有職守，不得遠出。若王所好賜在遠，則王自使人就賜之，典瑞則奉玉器送於使者，不自往賜也。

典命掌諸侯之五儀，諸臣之五等之命。

五儀，公侯伯子男之儀。五等，謂孤以下四命、三命、再命、一命、不命也。或言儀，或言命，互文也。故書「儀」作「義」，鄭司農「義」讀爲「儀」。【疏】「掌諸侯之五儀，諸臣之五等之命」者，此即《小宰》八成「聽禄位以禮命」之事。儀即禮也。《大戴禮記·朝事》篇云：「古者聖王明義以別貴賤，以序尊卑，以體上下，然後民知尊君敬上，而忠順之行備矣。是故古者天子之官，有典命官，掌諸侯之五儀，諸臣之五等，以定其爵；大行人掌諸侯之儀，以等其爵。故貴賤有別，尊卑有序，上下有差也。」義即本此經。　注云「五儀，公侯伯子男之儀」者，賈疏云：「此五儀有三等之命，命雖有同者，其儀皆異。若然，《大宗伯》注云『每命異儀，貴賤之位乃正』，是命異儀即異。此則命同儀有異，於義乖者，但《大宗伯》經云九儀之命，據九等之命爲九儀，故注每命異儀，是命異儀即異。經云掌諸侯之五儀，即是據五等之爵爲五儀，是以命同儀有異。此乃各有所據，於義無乖也。」云「五等，謂孤以下四命、三命、再命、一命、不命也」者，賈疏云：「此經諸臣五等在諸侯之下，則還據諸侯之下臣有五等而言。諸侯之下，既無四命以至五命，明臣有五等，通不命也。是以皆據下文諸侯諸臣而充此上之數也。故下文諸侯下，說大國孤四命，其卿三命，大夫再命，士一命；侯伯之卿已下，如公國五命三等。」詒讓案：《王制》云：「王者之制禄爵，公侯伯子男凡五等。諸侯上大夫卿，下大夫、上士、中士、下士，凡五等。」此前五等，即此經之五儀。後五等，分士爲三等而無孤，與此下文不合，故鄭不據彼爲釋。鄭知此諸臣五等之命不據王臣者，以王臣位尊，加命即爲諸侯，則得上關五儀。且下經言王臣，唯三公卿大夫三等，加以士亦止四等，若依命數分士爲三，則又成六等，與經並不合。《司服》說五等諸侯服後，亦即繼以侯國諸臣之服，不及王臣，明王臣禮服，視命爲差，已晐於五儀五等之中，兩職義可互證也。云「或言儀，或言命，互文也」者，此諸侯言五儀，下文云「上公九命，侯伯七命，子男五命」，是則諸侯之儀亦視其命也；此諸臣言五等之命，下公之孤四命以下，亦言宮室、車旗、衣服、禮儀各眡其命之數，是諸臣之命亦含有儀：明儀與命相將，經互文以見義也。云「故書儀作義，鄭司農義讀爲儀」者，《肆師》注同。

上公九命爲伯，其國家、宮室、車旗、衣服、禮儀，皆以九爲節；侯伯七命，其國家、宮室、車旗、衣服、禮儀，皆以七爲節；子男五命，其國家、宮室、車旗、衣服、禮儀，皆以五爲節。上公，謂王之三公有德者，加命爲二伯。二王之後亦爲上公。國家，國之所居，謂城方也。公之城蓋方九里，宮方九百步；侯伯之城蓋方七里，宮方七百步；子男之城蓋方五里，宮方五百步。《大行人職》則有諸侯圭藉、冕服、建常、樊纓、貳車、介、牢禮、朝位之數焉。【疏】「上公九命爲伯，其國家、宮室、車旗、衣服、禮儀，皆以九爲節」者，以下正諸侯之五儀也。自此至職末，《大戴禮記・朝事》篇文並同。「車旗」，旗彼並作「旌」，義同。此據畿外諸侯之命，皆以奇爲數。《王制》云：「三公一命卷，不過九命，次國之君不過七命，小國之君不過五命。」案：三公加命，與上公同。次國之君卽侯伯小國之君，卽子男也。說與此同。

注云「上公謂王之三公有德者，加命爲二伯」者，明三公八命不作伯，不得加命稱上公也。《大宗伯》「九命作伯」，注義亦同。此及《掌客》經並以三公與上公，內外相對爲文。鄭以經有爲伯之文，故并合釋之。加命者，卽下文「三公八命，出封加一等」是也。二伯，詳《大宗伯》疏。三公，詳《地官・敍官》、《考工記總敍》疏。云「二王之後亦爲上公」者，此九命上公之正名，雖不作伯，亦得稱上公也。《公羊》隱五年傳云：「天子三公稱公，王者之後稱公。」賈疏云：「案《孝經緯援神契》云：『二王之後稱公，大國稱侯。』若然，宋公爲殷之後，稱公春秋之代，杞爲夏後，或稱侯，或稱伯，或稱子者，杞君無道，或用夷禮，故貶之而不稱公也。若虞公、虢公，非王之三公出封，亦得稱公者，此殷時稱公，武王滅殷，虞、虢無過可退，無功可進，雖周之親戚，仍守百里之地而稱公也。自外，雖是周之同族，有出封，惟稱侯伯而已，是以魯、晉、鄭、衛等皆稱侯伯。鄭注《巾車》云『王子母弟雖爲侯伯，畫服如上公，乘金路』是也。」云「國家國之所居，謂城方也」者，《說文・宀部》云：「家，居也。」國之所居卽都城也。云「公之城蓋方九里，宮方九百步，侯伯之城蓋方七里，宮方七百步，子男之城蓋方五里，宮方五百步」者，賈疏云：「此經國家及宮室車旗以下，皆依命數而言。既言國家宮室以九、以七、以五爲節，以天子城方十二里而言，此九七五亦當爲九里七里五里爲差矣。但無正文，故言『蓋』以疑之也。案：《書・無逸》傳云『古者百里之國，九里之城』。注：『玄或疑焉。《周禮・匠人》「營國方九里」，謂天子之城，今大國與之同，非也。然則大國七里，次國五里，小國三里之城，爲近可也。或者天子實十二里之城，諸侯大國九里，次國七里，小國五里。』如是鄭自兩解不定。鄭必兩解者，若案《匠人》營國方九里，據周天子而言，則公宜七里，侯伯宜五里，子男宜三里爲差也。若據此文，九命者以九爲節，七命者以七爲節，五命者以五爲節。又案：《文王有聲》箋云『築城伊淢，適與成方十里等，小於天子，大於諸侯』。以其雖改殷制，仍服事殷，未敢十二里。據此二文而言，則周之天子城方十二里，公宜九里，侯伯宜七里，子男宜五里也。若周天子十二里，則《匠人》云九里，或據異代法，以其《匠人》有夏殷法故也。鄭不言異代者，以其無正文，不敢庌言也。是以隱公元年祭仲云『都城不過百雉』，雉長三丈，百雉五百步，大都三之一，則鄭是伯爵，城有千五百步，爲五里，是公七里，侯伯五里，子男三里矣。此賈、服、杜君等義，與鄭玄一解也。鄭又云：『鄭伯之城方七里，大都三之一，方七百步，實過百雉矣。而云都城不過百雉，舉子男小國之大都，以駁京城之大，其實鄭之大都過百雉矣。』又是天子城十二里而言也。」案：《坊記》注云「子男之城方五里」，與此注同。孔疏引鄭《駁異義》云：「天子城九里，公城七里，侯伯之城五里，子男之城三里。」又《詩·大雅·文王有聲》孔疏引《駁異義》云「鄭伯之城方五里」，則又以侯伯之城爲方五里，與此注異。賈所引鄭說鄭伯城制，又與《駁異義》不同，未詳所據。天子諸侯城制之差，當以《書傳》注前一解爲正，此注及《詩箋》說並非是。金鶚亦謂天子城當九里，又云：「《典命》『國家』固是言城，然不必謂城方也。《匠人》言『旁三門』，是天子城十二門。《月令》『季春之月，田獵罝罘、羅網、畢翳、餧獸之藥，毋出九門』。《月令》爲吕氏所收，或雜入秦制，秦本伯爵，而僭擬上公，故城設九門。《太平寰宇記》，古魯城凡有七門。魯，侯爵，其城門七，餘可知矣。凡天子十二，公必九，侯伯七，子男五，城門亦宜然。然則《典命》國家以城門言也。」案：金說近是。又案：此注說公宮方九百步以下，亦無正文，鄭各依命數差之，以此上推，則天子宮宜方千二百步。戴震、焦循則依《匠人》天子城方九里，謂宮當方九百步，其說甚塙。依彼降殺，則公宮當方七百步，侯伯宮當方五百步，子男宮當方三百步。鄭此注所說，皆宜遞減，而經言宮室以命數爲節，或亦當別有所指與？又《禮書》引《尚書大傳》說「天子堂廣九雉，諸侯七雉，伯子男五雉，士三雉」，亦與命數不相應，彼文亦疑有舛誤。並詳《匠人》疏。云「《大行人職》則有諸侯圭藉、冕服、建常、樊纓、貳車、介、牢禮、朝位之數焉」者，彼職文有上公樊纓九就，建常九斿等，即此經之車旗；又有冕服九章等，即此經之衣服；又有執桓圭九寸，繅藉九寸，貳車九乘，介九人，禮九牢，朝位賓主之閒九十步等，即此經之禮儀，以彼文等數詳備，故以爲釋。**王之三公八命，其卿六**

命，其大夫四命。及其出封，皆加一等。其國家、宮室、車旗、衣服、禮儀亦如之。四命，中下大夫也。出封，出畿内封於八州之中。加一等，褒有德也，大夫爲子男，卿爲侯伯，其在朝廷則亦如命數耳。王之上士三命，中士再命，下士一命。【疏】「王之三公八命，其卿六命，其大夫四命」者，此明王臣之禮命，與諸侯五儀相儗也。凡畿内諸臣之命，皆以偶爲數，加命則有奇數。孤命數，經無見文。賈後疏謂孤同卿六命，《曾子問》孔疏説同。《通典·賓禮》引高堂隆説，則謂天子之孤七命。金鶚云：「以公之孤四命、卿三命推之，王朝孤當與三公同八命。」案：以上三家説，皆得通，疑當以高堂隆説爲長。蓋孤即冢卿，其次當如卿而加一命，故卿正六命，而孤則加爲七命，猶之三公正八命作伯，則加爲九命，即其比例也。《説文·鳥部》引《周禮》孤服鷩冕，鷩冕服七章，與七命正相應，疑隆實本此經舊師遺説，或出許、鄭以前矣。互詳《大宗伯》、《司服》疏。云「及其出封，皆加一等」者，明王臣有出封之法，加等即與上文上公以下同也。云「其國家、宮室、車旗、衣服、禮儀亦如之」者，謂以八六四爲節，❶皆如其命數。以鄭義推之，則采地之城，三公方八里，卿方六里，大夫方四里也。宮則公方八百步，卿方六百步，大夫方四百步也。車則公貳車八乘，馬纓八就；卿貳車六乘，馬纓六就；大夫貳車四乘，馬纓四就也。旗則公八斿，卿六斿，大夫四斿也。禮儀則公介八人，禮八牢，朝位八十步；卿介六人，禮六牢，朝位六十步；大夫介四人，禮四牢，朝位四十步也。但依此經衣服亦如命數，而《司服》冕服無八章、六章、四章之衣。賈《司服》疏云：「凡天子冕服有章者，舊説天子九章，據大章而言。其章别小章，章依命數，則皆十二爲節。上公亦九章，與天子同，無升龍，有降龍，其小章，章别皆九而已。自餘鷩冕毳冕以下皆然。必知有小章者，若無小章，絺冕三章，則孤有四命、六命；玄冕一章，卿大夫中則有三命、二命、一命。天子之卿六命，大夫四命，明中有小章乃可得依命數。」案：賈説冕服大章之外，章别有小章如命數，其説於古無徵。然《毛詩·唐風·無衣》云「豈曰無衣六兮」，傳云：「天子之卿六命，車旗衣服以六爲節。」❷據毛説則似王朝卿自有六章之衣。孔疏云：「三公服毳冕，孤卿服絺冕，大夫服玄冕。《司服》

❶「節」原訛「飾」，據楚本改。
❷「車」原訛「重」，據楚本改。

注云：『絺冕，衣一章，裳二章。』然則絺冕之服，止有三章，而此云六爲節，不得爲卿六章之衣，故毛、鄭並不云章，或者《司服》之注，自説天子之服隆殺之差，其臣自當依命數也。」孔廣森云：「《典命》言衣服之數皆如命數，《詩》曰『豈曰無衣六兮』，《左傳》鄭伯賜子産次路再命之服，則服章有以偶者矣。蓋三公八命，衮而八章；孤卿六命，鷩而六章；大夫四命，毳而四章。且王之士亦當有冕，上士三命，服亦三章；中士二命，服亦二章；下士一命，服亦一章。」案：孔説足證《詩》義。但王朝諸臣之服，《司服》無明文，孔氏所解，與《詩疏》不同。據《詩・王風・大車》傳云：「毳衣，大夫之服。天子大夫四命，其出封五命，如子男之服，服毳冕以決訟。」則毛不謂天子大夫正服毳冕。《王制》云「三公一命卷」，則三公加命乃服衮，本服當爲鷩冕。以此差之，則公孤當同鷩冕，卿當毳冕，大夫與上士當希冕，中下士當玄冕。《無衣》疏謂三公毳冕，孤卿絺冕，大夫玄冕，固非；孔廣森、陳奂謂三公衮冕，卿鷩冕，大夫毳冕，亦加服，非正服也。至其章數，以《詩》、《禮》參互推之：蓋三公服鷩冕八章，孤亦服鷩冕而七章，卿服毳冕六章，大夫服希冕四章，上士亦服希冕而三章，中士服玄冕二章，下士亦服玄冕而一章。若然，則五冕之服章數，蓋皆有奇有偶。鷩冕有七章八章，毳冕有五章六章，希冕有三章四章，玄冕有一章二章，皆奇偶兼備，乃得與命數相應。臣服衮冕，雖以九章爲至隆，而王自有十二章之衮，是亦得備奇偶之章矣。如是則與禮命詩文符合無迕，儻得其義也。三公孤鷩冕，及士亦服冕，詳《司服》及《大宗伯》疏。　注云「四命，中下大夫也」者，以經但言大夫四命，不云中下有異，故知同四命也。先鄭則謂四命者專屬中大夫，下大夫則三命，詳《大宗伯》疏。沈彤云：「《孟子》、《王制》序大夫皆止一等，是不分二等之明徵。」云「出封，出畿内封於八州之中」者，賈疏云：「其王朝公卿大夫，亦有舊在畿内，有采地之封，是封畿内者也。今乃封於畿外，在八州之中諸侯也。」詒讓案：據《小司徒》、《載師》注，王三公采地大都百里，卿采地小都七十里，大夫采地家邑五十里。是三公采地僅當畿外男國之地，卿大夫采地又減焉。故必出封畿外，公始得受五百里之地，卿始得爲侯伯，受四百里、三百里之地，大夫始得爲子男，受二百里、百里之地，而命各加一等也。《毛詩傳》説天子大夫出封如子男之服，即本此經。汪龍云：「毛正謂王朝大夫出封爲子男，乃得服毳冕也。疏申傳義，乃曰毛意以《周禮》出封謂出於封畿，非封爲諸侯，誤矣。」案：汪説是也。孔疏以出封爲出於封畿，不徒與此經義牾，亦未達毛恉矣。云「加一等，褎有德也，大夫爲子男，卿爲侯伯」者，賈疏云：「王朝公卿大夫，無功可進、無過可退者，不得出封，以知加一等爲南面之君者，是褎有德也。卿爲侯伯，大夫爲子男也。鄭不言三公者，雖出封加命爵，仍是公，不異故不言也。」案：《白虎通義・攷黜》篇云：「大夫功成，封五十里；卿功成，封七十里；公功成，封百里。」班説亦與鄭、賈義同，惟所説三等封國里數，並依今文《五經》説，與《大司徒》經不合耳。云「其在朝廷則亦如命數耳」者，謂公卿大夫未出封及五等諸侯入爲王官者，在朝廷服各如其本命數。賈疏謂鄭意出加，入則不加不減是也。《詩・王風・大車》箋云：「古者大夫服毳冕以巡行邦國，則是子男入爲大夫者。」此即賈入不加不減之説。彼孔疏引《鄭志》荅趙商亦云「諸侯入爲卿大夫，與在朝仕者異，各依本國如其命數」。互詳《大宗伯》疏。云「王之上士三命，中士再命，下士一命」者，《大宗伯》注義同。賈疏云：「序官有三等之士，此文不見，故以意推之。必知士有三命以下者，見經大夫四命，四命以下唯有三等之命故也。然公卿大夫以八命六命四命爲陰爵者，一則擬出封加爲陽爵，二則在王下爲臣是陰官，不得爲陽爵故也。下士既無出封之理，又極卑賤，故有三命一命爲陽爵無嫌也。」案：賈説非也。《白虎通義・攷黜》篇云：「元士有功者，亦爲附庸，世其位。」是士亦有出封之法，經注文不具耳。《通典・職官》云：「天子元士，出封爲附庸，加一命爲四命。大夫以下德盛者，出則爵命並加；士則德未周備，但得進命，不進爵也。是以卿出則爲侯伯，大夫出則爲子男，皆爵命並進；士出爲附庸，但得進命，故附庸之君猶稱名，與士同，故《春秋傳》云，附庸之君名也。」杜説亦與班同。

凡諸侯之適子誓於天子，攝其君，則下其君之禮一等；未誓，則以皮帛繼子男。

誓猶命也。言誓者，明天子既命以爲之嗣，樹子不易也。《春秋》桓九年，曹伯使其世子射姑來朝，行國君之禮是也。公之子如侯伯而執圭，侯伯之子如子男而執璧，子男之子與未誓者，皆次小國之君，執皮帛而朝會焉，其賓之皆以上卿之禮焉。

【疏】「凡諸侯之適子誓於天子，攝其君，則下其君之禮一等」者，於，經例當作「于」，唐石經及各本並誤。此明五等侯國世子之禮，亦與五儀相儗者也。凡經例皆稱王，此云誓於天子者，對諸侯之稱，《曲禮》云「君天下曰天子」是也。彼孔疏引《五經異義》云：「《易》孟京説，王，美稱；天子，爵號。是天子有爵。《古周禮》説，天子無爵，同號於天，何爵之有。許慎謹案：《春秋左氏》云：『施於夷狄稱天子，施於諸夏稱天王，施於京師稱王。』知天子非爵稱，同《古周禮》義。」鄭駁云：「案《士冠禮》云『古者生無爵，死無謚』。自周及漢，天子有謚，此有爵甚明，云無爵，失之矣。」《春秋》成八年經云：「天子使召伯來錫公命。」《公羊》何注云：「王者，號也。天子者，爵稱也。聖人受命，皆天所生，故謂之天子。」《白虎通義・號》篇云：「以爲接上稱天子者，明以爵事天也。接下稱帝王者，明位號天下至尊之稱，以號令臣下也。」何、班並從《易》説。通校全經六篇，稱天子者，惟此及《司弓矢》、《校人》、《玉人》、《弓人》五職，皆以對諸侯大夫士爲文，蓋與《曲禮》、《春秋》義略同，非接上事天之號。至《古周禮》説，以天子爲非爵，鄭所不從，既無關經義，可存而不論也。此經見諸侯世子禮差之等，其王世子禮無文，蓋亦當下王一等。《詩・召南・何彼襛矣》敍，説王姬下嫁於諸侯，車服下王后一等，則世子之降於王，亦不逾一等明矣。云「未誓則以皮帛繼子男」者，猶《大行人》云「凡大國之孤，執皮帛以繼小國之君」。彼注云：「繼言次之也。朝聘之禮，每一國畢乃前。」此諸侯之子繼子男，亦謂子男禮畢，諸侯子乃前，其位則與子男同。《春秋釋例》云：「此謂公侯伯子男之世子出會朝聘之儀也。繼子男之末，命數相準故也。」注云「誓猶命也」者，《説文・言部》云：「誓，約束也。」案：約言爲誓，引申之，凡策命有誥戒之辭，亦得謂之誓。賈疏云：「諸侯世子皆往朝天子，天子命之爲世子。故以誓爲命也。」案：賈説是也。《國語・周語》云：「魯武公以括與戲見王，王立戲。」韋注云：「以爲太子。」此卽諸侯適子見天子，天子命爲世子之事，所謂誓也。《春秋釋例》云：「誓者，告於天子，正以爲世子，受天子報命者也。未誓，謂在國正之，而未告天子者也。」杜據春秋以後，諸侯世子無見天子之事，故不待見而命，非古制也。誓，《朝事記》並作「省」。案：省誓義亦略同。《大傳》云：「大夫士有大事，省於其君，干祫及其高祖。」❶蓋以施命言之謂之誓，以涖視言之謂之省。省於其君，猶省於天子也。連言之則曰誓省，《玉藻》云：「唯君有黼裘以誓省。」誓省亦謂施命涖事也。誓命、省視皆爲嘉善之事，故鄭《大傳》注云：「省，善也。」於義亦通。而《玉藻》注讀省爲「獮」，則未塙。云「言誓者，明天子既命以爲之嗣，樹子不易也」者，謂以樹子，故殊異其文，不曰命，而曰誓。《公羊》僖三年傳、《穀梁》僖九年傳、《孟

❶「祖」原訛「注」，據《禮記・大傳》改。

子·告子》篇並載齊桓公命諸侯云「無易樹子」。《公羊》何注云：「樹，立本正辭，無易本正當立之子。」是其義也。云「《春秋》桓九年，曹伯使其世子射姑來朝，行國君之禮是也」者，《穀梁傳》云：「曹伯使其世子射姑來朝，朝不言使，言使非正也。使世子伉諸侯之禮而來朝，曹伯失正矣。諸侯相見曰朝。」案：鄭謂曹世子行國君之禮，蓋卽據《穀梁》伉諸侯之禮之文。但依此經，則世子得攝君，曹世子來朝，《左氏》亦以爲禮。而《穀梁》以爲非正，《公羊》亦謂譏父老子代，並與此經義異。《左傳》孔疏引何休《膏肓》以爲《左氏》以人子安處父位，尤非衰世救失之宜，於義《左氏》爲短。鄭《箴》云：「必如所言，父有老耄罷病，孰當理其政預王事也？」又引蘇寬云：「誓於天子，下君一等，未誓，繼子男，並是降下其君，寧是安居父位？」然則鄭不以用國君之禮爲非，依此經及《左氏》義也。依《左傳》杜注及《釋例》説，則曹世子乃未誓而攝其君者。鄭意當與杜同。此引之者，證世子得攝君，不謂已誓也。《荀子·正論篇》云：「老者，不堪其勞而休也，故曰諸侯有老，天子無老。」明諸侯有父老子攝之法，足證《箴膏肓》義。云「公之子如侯伯而執圭，侯伯之子如子男而執璧」者，此並謂已誓者也。禮各下其君一等，則公之子不得執桓圭，而降執侯伯之信圭、躬圭；侯伯之子則不得執圭，而降執子男之穀璧、蒲璧也。賈疏云：「以其上公九命，侯伯七命，子男五命，經云下其君一等，明依命數爲降，以知義然也。若公之子如侯伯，在侯伯下；侯伯子如子男，在子男下也。」云「子男之子與未誓者，皆次小國之君，執皮帛而朝會焉」者，子男之子，通已誓未誓二者而言。未誓者，則專屬公侯伯之子言之。子男之子雖已誓，以下父一等，則不得執璧，公侯伯之子未誓，則不止下父一等，故與子男之子同執皮帛次小國之君。小國之君卽子男也。若然，則子男之子，已誓未誓，禮無差等，所謂禮窮則同也。必執皮帛者，比於孤卿。《大宗伯》六摯，孤卿執皮帛，其名制等差，具於彼注。此經諸侯適子未誓者之執其飾帛，當與公之孤同，用豹皮。《書·舜典》「三帛」，僞孔傳云：「諸侯世子執纁，公之孤執玄，附庸之君執黄。」孔疏引王肅注亦同。則諸侯世子所執之帛，與公之孤附庸之君異色。依《大宗伯》注，凡帛悉爲璧色繒，無纁玄黄之別，王、孔説疑不足據。又依王、孔説，附庸之君亦執帛。哀七年《左傳》「禹會諸侯於塗山，執玉帛者萬國」。杜注云：「附庸執帛。」孔疏云：「以世子既繼子男，附庸亦繼子男，公之孤四命以皮帛，視小國之君。附庸無爵，雖不得同於子男，其位不卑於世子與公之孤也。諸侯世子各稱朝，附庸亦稱朝，是與世子相似，故知執帛也。且附庸是國，此言執玉帛萬國，國而執帛，唯附庸耳。」案：此經注並不言附庸所執，當據王、孔、杜諸家説補其義也。又此經亦無附庸之君命數，《左傳》隱元年疏及《通典・職官》，並謂附庸四命是也。云「其賓之皆以上卿之禮焉」者，此亦主子男之子與未誓者言也。若公侯伯之子已誓者，其賓之當亦下其君之禮一等；未誓則賓之以上卿之禮，故《左》桓九年傳云「曹太子來朝，賓之以上卿，禮也」。杜注云：「諸侯之適子，未誓於天子而攝其君，則以皮帛繼子男，故賓之以上卿，各當其國之上卿。」案：杜謂各當其國之上卿者，謂公侯伯之子未誓，則依賓公侯伯上卿之禮，子男之子無論已誓未誓，則一依賓子男上卿之禮是也。《御覽・皇親部》引服虔亦云：❶「曹伯有故，使其太子攝而朝。《典命》曰，諸侯之嫡子攝其君，未誓於天子，則以皮帛繼子男，如諸侯之上卿之禮也。上卿出入三積，飧三牢，牽二牢，一享一食宴之也。」此卽杜所本。鄭意當與彼同。賈疏云：「若行朝禮，擯介依諸侯法；其饗飧饔，一與卿同也。此經誓與未誓，皆據父在而言。若父卒後得誓者，皆得以諸侯序，以無父得與正君同故也。是以《雜記》云『君薨，太子號稱子，待猶君也』。注引《春秋》葵丘之會，宋襄公稱子而與諸侯序。又定四年二月癸巳，陳侯吴卒，三月，公會劉子、晉侯、宋公、蔡侯、衛侯、陳子、鄭伯以下於召陵。陳子在鄭伯上，則是得誓者與諸侯序也。若未誓，則亦當執皮帛也。」

公之孤四命，以皮帛眡小國之君，其卿三命，其大夫再命，其士壹命，其宫室、車旗、衣服、禮儀，各眡其命之數。侯伯之卿大夫士亦如之。子男之卿再命，其大夫壹命，其士不命，其宫室、車旗、衣服、禮儀，各眡其命之數。視小國之君者，列於卿大夫之位而禮如子男也。鄭司農云：「九命上公，得置孤卿一人。《春秋傳》曰：『列國之卿，當小國之君，固周制也。』」玄謂《王制》曰：「大國三卿，皆命於天子，下大夫五人，上士二十七人。次國三卿，二卿命於天子，一卿命於其君，下大夫五人，上士二十七人。小國二卿，皆命於其君，下大夫五人，上士二十七人。」【疏】「公之孤四命，以皮帛眡小國之君」者，以下辨諸臣五等之命也。公之孤命摯，蓋下子男一等，而禮略同。云「其卿三命，其大夫再命，其士壹命」者，《大

❶「部」原訛「命」，據《御覽》改。

戴禮記・朝事》篇「壹」作「一」。案：壹一古今字。此經五等侯國，孤卿大夫士命數尊卑之差，並升降以一等。《王制》云：「次國之上卿，位當大國之中，中當其下，下當其上大夫。小國之卿，位當大國之下卿，中當其上大夫，下當其下大夫。」又云：「大國之卿不過三命，下卿再命，小國之卿與下大夫一命。」案：《王制》文與此經差異。依此經，公孤四命，卿三命，大夫再命；《王制》則大國卿三命，下卿再命，大夫一命。此侯伯卿大夫命與公同，《王制》則以侯伯爲次國，無卿大夫命數之文。彼注以上下文約之，謂次國卿二命，下卿及大夫並一命，與公異。此經公有孤卿二等，侯伯子男並止卿一等，《王制》則卿有上中下三等。此大夫並止一等，而《王制》則大夫有上下二等。並差牾不合。故鄭彼注亦引周制以明其異，孔、賈疏並謂彼爲夏殷禮，亦無塙證。孫希旦云：「《左傳》晉侯以三命命先且居將中軍，以再命命先茅之縣賞胥臣，以一命命郤缺爲卿。魯季平子、叔孫昭子初以再命爲卿，及伐莒克之，更受三命。是公侯伯之卿，以三命爲極，而其初升者或惟再命及一命也。子男之卿以再命爲極，而其初升者或惟一命也。」案：孫説是也。《王制》與此經文雖不同，義實互相足。《左》襄二十六年傳，亦説鄭賜子展三命之服，子産再命之服，是侯伯之卿自有再命壹命者。蓋初命爲卿，命數皆減，與大夫同，加賜乃得三命。此經唯云卿三命者，據其最貴者言之，實則公侯伯卿不必皆三命，而大夫士亦不必皆再命壹命，可類推也。云「其宮室、車旗、衣服、禮儀各眡其命之數」者，眡，《朝事記》作「視」。案：眡視亦古今字，詳《大宰》疏。賈疏云：「諸侯之臣有四命、三命、再命、一命、不命，而經云各眡其命數者，若宮室之等，四命者四百步，貳車四乘，旗四斿，冕服四章，三命者以三爲節，再命、一命者亦以命數爲降殺也。但大夫玄冕，一命者一章，裳上刺黻而已，衣無章，故得玄名也，則冕亦象衣無旒。其士服爵弁，並無章飾，是以變冕言爵弁也。諸侯之大夫，一命以上卽有貳車，士雖一命，亦無貳車；天子之士，再命以上可有貳車也。」案：依賈説，衣服章如命數，則孤服絺冕，當四章，卿大夫服玄冕，有一章二章之差，亦奇偶兼備，與王臣服章用偶數同也。又一命以上，宮室、車旗等皆依命數爲差。其不命之士，亦有宮室，蓋與庶人同，若貳車及旗斿衣章等，皆無也。《少儀》云：「貳車者，上大夫五乘，下大夫三乘。」鄭注云：「此蓋殷制也。《周禮》貳車，卿大夫各如其命之數。」卽據此經爲説。又《既夕禮》云「薦馬纓三就」，注云：「諸侯之臣，飾纓以三色而三成，天子之臣如其命數。」依彼注説，則侯國孤卿大夫士馬纓同三就，不依命數，與王臣異也。

注云「視小國之君者，列於卿大夫之位而禮如子男也」者，此亦注用今字作「視」也。此孤是大國之臣，故仍列卿大夫之位，與上諸侯適子未誓繼子男卽列諸侯之位者異也。賈疏云：「知義然者，案《大行人》云：『大國之孤，執皮帛以繼小國之君，出入三積，不問壹勞，朝位當車前，不交擯，廟中無相，以酒禮之，其佗皆視小國之君。』鄭注云：『此以君命來聘者也。孤尊，既聘享，更自以其贄見，執束帛而已，豹皮表之爲飾。繼小國之君，言次之也。其佗，謂貳車及介、牢禮、賓主之閒擯、將幣、裸酢饗食之數。』以此而言，則以皮帛者，亦是更以贄見，若正聘當執圭璋也。若然，彼云繼小國之君，謂執皮帛次小國君後，則與此注列於卿大夫位一也。此言眡小國之君，注云而禮如子男，則彼其佗眡小國君，并彼注貳車及介以下是也。」鄭司農云「九命上公得置孤卿一人」者，先鄭以經侯伯子男並有卿而無孤，知得置孤惟上公也。孤，《大射儀》謂之諸公。後鄭注亦云：「大國有孤卿一人，與君論道，亦不典職，如公矣。」義與先鄭同。引《春秋傳》曰「列國之卿當小國之君，固周制也」者，證孤得視小國之君也。賈疏云：「案昭二十三年《左傳》云：『叔孫婼爲晉所執，晉人使與邾大夫坐訟。叔孫曰：列國之卿當小國之君，固周制也。寡君命介子服回在。』是其事也。若然，先鄭引魯之卿以證孤者，孤亦得名卿，故《匠人》云『外有九室九卿朝焉』，是並六卿與三孤爲九卿。亦得名卿者，以其命數同也。魯是侯爵，非上公亦得置孤者，魯爲州牧，立孤與公同。若然，其孤則以卿爲之，故叔孫婼自比於孤也。」云「玄謂《王制》曰，大國三卿皆命於天子」者，以下引證五等國所置卿大夫士凡數，及天子命之之法。鄭彼注云：「命於天子者，天子選用之，如今詔書除吏矣。」案：三卿卽大宰所謂設其參也，詳彼疏。賈疏云：「案《王制》之文多據夏殷，此命卿亦是夏殷法。故彼下文『大國之卿不過三命，下卿再命，小國之卿與下大夫一命』，鄭注云：『不著次國之卿者，以大國之下互明之。此卿命則異，大夫皆同。』以此言之，則大國卿三命，次國卿與大國下卿同再命，小國卿與大夫同一命，彼注卽引此《周禮》命卿大夫之法，以證與古不同之義。若然，此引彼夏殷命臣法。周禮諸侯卿大夫命，雖與古不同，五等諸侯同國，皆有三卿得天子命者，與夏殷同，故引之。若然，大國三卿，皆命於天子者，上卿則命數足矣；中卿天子再命，己君加一命，亦爲三命；下卿天子一命，若夏殷，己君加一命，二命足矣，周則己君加二命，爲三命足矣。」案：

賈謂周大國三卿皆三命，非也。此經卿三命，乃專據上卿言之，不關中卿以下，詳前。云「下大夫五人」者，即《大宰》所謂傅其伍也，亦詳彼疏。賈疏云：「《王制》不言命數者，並不得天子命，夏殷並已君加一命，周則大國之大夫再命也。」云「上士二十七人」者，賈疏云：「夏殷之士不命。其二十七士，亦應有上九、中九、下九，而皆云上士者，亦是勉人爲高行，故揔以上士言之也。」案：賈謂上士二十七人，爲上九、中九、下九，亦據《王制》注義。然依鄭《大宰》注，則侯國士不止二十七人，詳彼疏。云「次國三卿，二卿命於天子，一卿命於其君，下大夫五人，上士二十七人」者，賈疏云：「上卿，天子二命，已君不加；中卿，天子一命，已君加一命；下卿，天子不命，已君亦加二命爲再命，故云一卿命於其君，是次國之卿皆再命也。若周禮，次國卿並三命，亦非也。次國三卿亦不必皆三命，詳前。云「小國二卿，皆命於其君，下大夫五人，上士二十七人」者，鄭彼注云「小國亦三卿，一卿命於天子，二卿命於其君，此文似誤脱耳。或欲見畿内之國二卿與？」案：鄭以彼上文説大次小三等國卿大夫，位次相當，小國亦有三卿，明此「二卿」文有誤脱。大宰設參，亦通五等侯國言之。賈疏云：「若依此三卿解之，則三卿之内，一卿命於天子，爲一命，二卿命於其君，亦各一命，亦下大夫五人，上士二十七人，義與上同也。若周禮，小國三卿皆再命，亦一卿命於天子，一命，己君加一命，爲再命；二卿命於其君，不得天子命，並己君再命矣。又周法，次國五大夫，亦與大國五大夫同再命，小國下大夫五人各一命；其士，公侯伯之士同一命，子男之士不命，與夏殷同，此文是也。《大司馬》云『大國三軍，次國二軍，小國一軍，軍將皆命卿』者，謂得天子之命者，得爲軍將也。」案：賈説亦非也。次國之大夫，小國之卿，亦不必皆再命，詳前疏。

周禮正義卷四十

司服掌王之吉凶衣服，辨其名物與其用事。用事，祭祀、視朝、甸、凶弔之事，衣服各有所用。

【疏】「掌王之吉凶衣服」者，此皆王執大禮、臨大事之服。自六冕至冠弁服爲吉服，吉禮吉事服之，服弁服至素服爲凶服，凶禮凶事服之。凡服尊卑之次，繫於冠，冕服爲上，弁服次之，冠服爲下。王之燕衣服，别藏於玉府，此官當亦兼掌其法，與彼爲官聯也。故《月令》云：「仲秋，乃命司服，具飭衣裳，文繡有恒，制有小大，度有長短，衣服有量，必循其故，冠帶有常。」彼注亦兼祭服、朝燕服爲釋是也。注云「辨其名物」者，即辨冕弁冠諸服之名與物色也。注云「用事，祭祀、視朝、甸、凶弔之事，衣服各有所用」者，並據下文。不數兵事者，文不具。

王之吉服，祀昊天、上帝，則服大裘而冕，祀五帝亦如之。享先王則衮冕，享先公、饗、射則鷩冕，祀四望、山、川則毳冕，祭社、稷、五祀則希冕，祭羣小祀則玄冕。六服同冕者，首飾尊也。先公，謂后稷之後，大王之前，不窋至諸盩。饗射，饗食賓客與諸侯射也。羣小祀，林澤、墳衍、四方百物之屬。鄭司農云：「大裘，羔裘也。衮，卷龍衣也。鷩，裨衣也。毳，罽衣也。」玄謂《書》曰：「予欲觀古人之象，日、月、星辰、山、龍、華蟲作繢，宗彝、藻、火、粉米、黼、黻希繡。」此古天子冕服十二章，舜欲觀焉。華蟲，五色之蟲。《繢人職》曰「鳥獸蛇雜四時五色以章之謂」是也。❶希讀爲絺，或作「黹」，字之誤也。王者相變，至周而以日月星辰畫於旌旗，所謂三辰旂旗，昭其明也。而冕服九章，登龍於山，登火於宗彝，尊其神明也。九章，初一曰龍，次二曰山，次三曰華蟲，次四曰火，次五曰宗彝，皆畫以爲繢；次六曰藻，次七曰粉米，次八曰黼，次九曰黻，皆希以爲繡：則衮之衣五章，裳四章，凡九也。鷩畫以雉，謂華蟲也，其衣三章，裳四章，凡七也。毳畫虎蜼，謂宗彝也，其衣三章，裳二章，凡五也。希刺粉米，無畫也，其衣一章，裳二章，凡三也。玄者衣無文，裳刺黻

❶「職」原訛「織」，「鳥」原訛「島」，據楚本改。

而已，是以謂玄焉。凡冕服皆玄衣纁裳。【疏】「王之吉服」者，以下辨王及諸侯卿大夫士吉凶諸服之差，即此官之官法也。《鄉師》注云：「吉服者，祭服也。」此王之吉服，統冕服六、弁服三而言，兼有饗射及戎服、朝服等，蓋與服弁弁經等吉凶相對爲文，不純爲祭服也。《初學記·帝王部》引《尸子》云：「君天下者，黻衣九種。」即謂六冕三弁之服。弁服無黻，《尸子》蓋冢冕服通言之。《玉海·車服》引《三禮義宗》云：「王吉服有九。一曰大裘而冕，二曰衮冕，三鷩，四毳，五希，六玄，六者祭祀之服也。皮弁素積，玄衣素裳，緇衣玄端，此又三服，所謂吉服也。玄衣朱裳，燕樂之服，非廟祭之服，故不入九服之數。韋弁，戎服，亦不入吉服之例。」案：崔說王吉服有九，似亦本此經，然於下文三弁，去其韋弁不數，而別舉玄端以充其數；至玄衣朱裳，即鄭說天子玄端之服，而崔云燕服，不入九服之數：皆與此經不合。或展轉援引，文有譌易與？云「祀昊天上帝則服大裘而冕，祀五帝亦如之」者，依鄭義，王祀天玄冕無旒，玄衣纁裳無章，朱市赤舄，冬則黑羔大裘，王冕服之最尊者也。今案：裘冕當十二旒，衣裳十二章，詳後疏。宋緜初云：「大裘爲冬至祀天之服，其時必裘，故特言之。若他祭，則有春秋四時，故變文言衮服；儻值冬月，裘可知也。禮不表裘，大裘不裼，則大裘之上被以龍衮可知。經於祀天不言衮，享先王不言裘，互相備也。祀五帝亦如之，承上文言，與祀昊天同服；儻值夏月，則衮冕而已。」案：宋說是也。經昊天，指冬至圜丘，上帝指夏正南郊及大旅言之。上帝，即受命帝也。五帝當指冬祀黑帝，春祀蒼帝。蒼帝雖即爲受命帝，然迎氣五郊，禮秩平等，與南郊大祀異也。《月令》：「孟冬，天子始裘。」夏秋及中央所祀三帝，皆非服裘之時，則亦唯被龍衮而已。經云五帝，渾舉之辭耳。昊天、上帝及五帝，詳《大宰》、《大宗伯》、《大司樂》疏。其祭地之服，此經無文。以天地同禮推之，蓋亦當服衮冕十二章。賈《司裘》疏依王肅、崔靈恩說，謂崑崙、神州亦服大裘，則非其時服，不足據也。又此經唯見大裘，自衮冕以下裘，並無文。《玉藻》孔疏云：「劉氏云：『凡六冕之裘，皆黑羔裘也。故《司服》云「祭昊天，大裘而冕」。以下冕，皆不云裘，是皆用羔裘也。』劉氏以六冕皆用大裘。按《鄭志》大裘之上有玄衣，則與玄冕無異，是以小祭與昊天服同。此則劉氏之説，非也。」案：孔所引即劉焯、劉炫説，亦見《詩·召南·羔羊》疏。依鄭《玉藻》注説，王衮冕以下五冕，當服狐青裘，二劉説與鄭不合，孔氏席之是也。互詳後及《司裘》疏。云「享先王則衮冕，享先公饗射則鷩冕」者，衮冕服亦玄衮衣而九章，鷩冕服玄鷩衣七章。冕旒裳市舄與裘冕同，冬則狐青裘。戴震云：「王大祭，服衮冕，中祭服鷩冕。享先公亦大祭，而鷩冕何也？《士虞禮記》曰：『尸服卒者之上服。』天子廟享，尸服有衮冕鷩冕之殊，則天子不敢一服衮冕。」案：戴説是也。周先王先公，自文王以上，至后稷，皆在夏商之世，尸上服當以夏收殷冔，今周既易以冕服，故享先王服九章之衮冕，降於祀天之服，享先公又降之，則服鷩冕也。王大朝覲會同亦服衮冕，經不言者，文略，詳後疏。云「祀四望、山川則毳冕」者，玄毳衣五章，以下冕旒裳市舄裘，並與鷩冕同。云「祭社稷、五祀則希冕」者，《釋文》云：「希本又作絺。」案：作「絺」，非也，詳後疏。玄希衣三章，爲希冕服。《酒正》注以此王服大裘、衮冕祭者爲大祭，服鷩冕、毳冕祭者爲中祭，服絺冕、玄冕祭者爲小祭。《禮器》注亦據此定祭祀獻數降殺之差，謂祭羣小祀一獻，祭社稷五祀三獻，祭四望山川五獻，祭先公七獻。孔疏謂鄭據此職五冕章數，釋彼獻數。又云：「案此社稷三獻，卑於四望山川，而《大宗伯職》云『以血祭祭社稷五嶽』。又《大司樂》祭社稷奏大蔟，祀四望奏姑洗。又《禮緯》云『社稷牛角握，五岳四瀆角尺』。以此言之，則社稷尊於四望山川，而獻與衣服卑者，熊氏云：『獻與衣服，從神之尊卑。其餘處尊者，以其有功，與地同類，故進之在上。從國中之神，莫貴於社稷之類，直以功見尊，其實卑也。以是地別神，故不爲尊也。』」金鶚駁鄭《禮器》注云：「社稷之尊，非四望所可等也。《大司樂》云：『奏大蔟，歌應鍾，舞《咸池》，以祭地示；奏姑洗，歌南吕，舞《大磬》，以祀四望。』此地示實該社稷在内。大蔟先姑洗，《咸池》先《大磬》，可知社稷尊於四望。《曲禮》云：『天子祭天地，祭社稷，祭四方。』此四方當有四望，是社稷次於天地，豈四望所得駕出其上乎？小宗伯大師與祭軍社，使有司將事於四望，四望卑於社稷可知。《大宗伯》云：『以血祭祭社稷、五祀、五嶽。』五嶽即四望，是四望次於五祀，五祀又次於社稷，社稷尊於四望甚明。《周官》一經，皆社稷尊於四望，而《司服》獨不然，何其自相矛盾乎？夫天子大社祭九州地示，王社祭畿内地示，是亦祭地也，故北郊亦通謂之社。《中庸》言郊社之禮，所以事上帝，《仲尼燕居》、《曾子問》皆言郊社，而《郊特牲》明言社所以神地之道，社通於地明矣。九州地示，最爲廣大，彼五嶽能與之争乎？」案：金説甚辯。此職冕服之差，社稷在四望山川下，與《大宗伯》、《大司樂》諸職文不同。熊安生以爲社稷神實卑，而以功進之與地類，《酒正》賈疏又以王人在諸侯之上爲比，皆不足以申經義。惠士奇云：「《司服》毳冕祀山川，希冕祭社稷，此社在山川下者，王社也。《大宗伯》血祭祭社稷，貍沈祭山川，此社在山川上者，大社也。」黄以周云：「社稷五祀均有大小，《大宗伯》以血祭祭社稷、五祀，文列五嶽之上，即《詩》所稱之『冢土』，《周書·作雒》、《禮記·郊特牲》所稱之『大社』是也。其五祀，《左傳》所謂句芒、祝融、蓐收、玄冥、后土之神，祭宜五獻。《司服》以希冕祭社稷、五祀，禮次四望山川之下，如王社州社及社稷之在都邑者是也。其五祀則《月令》、《祭法》所謂户、竈、中霤、門、行之神，祭宜三獻。」案：惠、黄説於此及《大宗伯》兩經，似皆得通。《晉書·禮志》傅咸表謂《祭法》七祀，亦此羣小祀之屬。黄説與彼略同。但王社亞於大社，王容有親祀，而七祀五祀，則禮甚輕，王未必親與其事，於此經究未甚合，疑事無質，宜從蓋闕也。云「祭羣小祀則玄冕」者，玄衣纁裳一章也。據《玉藻》、《祭義》，王聽朔耕藉皆服玄冕，經不言者，亦文略也。　注云「六服同冕者，首飾尊也」者，《弁師》所謂皆玄冕是也。賈疏云：「六服服雖不同，首同用冕，以首爲一身之尊，故少變同用冕耳。下經五服同名弁，亦首飾尊，鄭不言者，義可知也。冕名雖同，其旒數則亦有異，但冕名同耳。」《唐郊祀録》引《三禮義宗》云：「凡六冕之服，皆玄上纁下。冕既大同，無以爲别，故不得用冕名服，取畫章之義異以立名，故用服名冕也。」云「先公謂后稷之後，大王之前，不窋至諸盩」者，賈疏云：「但后稷雖是公，不謚爲王，要是周之始祖，感神靈而生，文武之功，因之而就，故特尊之與先王同，是以鄭不數后稷。不窋，后稷子；諸盩，大王父。二者之間，並爲先公矣。《周本紀》云：『后稷卒，子不窋立。不窋卒，子鞠立。鞠卒，子公劉立。卒，子慶節立。卒，子皇僕立。卒，子差弗立。卒，子毁榆立。卒，子公非立。卒，子高圉立。卒，子亞圉立。卒，子公祖類立。卒，子古公亶父立。』古公亶父則大王亶父也。公祖類即組紺，亦曰諸盩也。大祫於大祖后稷廟中，尸服袞冕，王服亦袞冕也。案《中庸》注云『先公，組紺以上，至后稷』。《天保》詩注『先公謂后稷至諸盩』。《天作》詩注云『先公謂諸盩至不窋』。經皆云先公，注或言后稷，或不言后稷者，《中庸》云『周公成文武之德，追王大王、王季，上祀先公以天子之禮』。后稷既不追王，故注先公中有后稷也。《天保》詩云『禴祠烝嘗』，❶是四時常祭，故注先公中有后稷。《天作》詩是祫之祭禮，在后稷廟中，不嫌不及后稷，故注不言后稷。各有所

❶「祠」原作「祀」，據《周禮注疏》改。

據，故注不同也。」詒讓案：此經之作，在成王時，則所謂先王者，武王、文王、王季、大王及后稷也。先公者，諸盩、亞圉，在二祧。高圉以上至不窋，不立廟，亦爲先公。若通言之，不窋亦或尊稱先王，《國語·周語》祭公謀父稱我先王不窋是也。鄭先公之説，《詩》《禮》注不同。《中庸》注數先公自后稷以下者，彼文言追王不及后稷，故注亦以后稷爲先公。實則后稷爲大祖廟，最尊，雖不追王，而亦得稱先王，上祀之禮，尤不容降於四親廟，享先王服衮冕，則享后稷廟亦服衮冕可知，故此注先公不數后稷也。《詩·周頌·天作》序箋義與此注正同。惟《小雅·天保》箋，先公并數后稷，與此注及《天作》箋並異。據孔疏，則彼乃唐時俗本，而定本自作諸盩至不窋，《詩箋》義前後不宜互異，當以定本爲正。孔氏援《中庸》注義，反庰其誤，傎矣。后稷爲先王説，互詳《敍官》及《守祧》疏。「諸盩」《史記·周本紀》作「公叔祖類」，《索隱》引《世本》云「太公組紺諸盩」，又引皇甫謐説同。《中庸》孔疏引此注及世本「盩」並作「鼇」。錢大昕云：「當作『盩』，鼇類聲相近也。」云「饗射饗食賓客與諸侯射也」者，賈疏云：「饗食，則《大行人》云上公三饗三食之等是也。但饗食在廟，故亦服鷩冕也。與諸侯射者，此大射在西郊虞庠中，亦服鷩冕也。若燕射，在寢，則朝服。若賓射，在朝，則皮弁服。」《王制》孔疏云：「賓射燕射時亦皮弁也。案：《射人職》賓射在朝，故知用朝服也。《燕禮記》云『燕朝服於寢』，明天子燕亦以朝服。故知賓射燕射亦皮弁也。」任大椿云：「諸侯在朝朝服，在路寢亦朝服，《玉藻》經文可據。以諸侯例天子則天子在朝皮弁，明在路寢亦當皮弁。燕射在寢，其爲皮弁明矣。賈疏誤。」案：孔、任説是也。陳祥道、金鶚、黄以周説並同。《詩·小雅·頍弁》箋云天子燕亦用皮弁，皮弁卽天子之朝服也。賈謂燕射朝服，説本不誤，而以彼朝服别於賓射皮弁，則謬，蓋偶忘天子朝服與諸侯異也。凡王大射當在大學辟雍，賈謂在虞庠，亦誤。詳《司裘》疏。又案：王養老亦兼用饗食禮，故《文王世子》説天子養老，冕而總干，親在舞位。冕卽玄冕。注唯言賓客者，文不具也。云「羣小祀，林澤、墳衍、四方百物之屬」者，賈疏云：「此據地之小祀。以血祭社稷爲中祀，埋沈已下爲小祀也。若天之小祀，則司中、司命、風師、雨師，鄭不言者，義可知。」鄭司農云「大裘，羔裘也」者，《司裘》先鄭注義同。此唯大裘爲然，其裘冕以下五冕服，並當狐青裘。皇侃、劉焯、劉炫説謂六冕皆黑羔裘，非也。又，王安石、陳祥道、王昭禹、鄭鍔、方苞、姜兆錫並謂祀天服大裘，更襲龍衮。陸佃、戴震又據《禮記》謂大裘之衮十二章，冕十二旒。金榜亦云：「《鄭志》大裘之上又有玄衣。榜謂玄衣更有上衣，《玉藻》『大裘不裼』，言不得免上衣見裼衣也。大裘上衣十二章，《郊特牲》王被衮以象天，戴冕璪十有二旒，則天數也。旗十有二旒，龍章而設日月，以象天，天之大數不過十二，王者祀天之服象焉。十二章九章之服通名衮，故於祀天言大裘，以示殊異。《司裘》『掌爲大裘，以共王祀天之服』。《節服氏》『掌祭祀衮冕，六人維王之大常；郊祀裘冕，二人執戈，送逆尸從車』。是衮冕九章以下，不得服大裘可知也。」案：陸、戴、金説是也。江永、宋綿初、金鶚、莊有可、黄以周説並同。蓋自鄭誤謂大裘，不襲衮，其服無章，冕又無旒，與《郊特牲》文迕。王肅私定《家語·郊問》篇遂云「郊之日，天子大裘以黼之。既至泰壇，王脱裘矣，服衮以臨燔柴，❶戴冕藻十有二旒」。《郊特牲》孔疏引《家語》作「臨燔柴，脱衮冕，著裘」。又引張融説云「王至泰壇，乃脱衮，服大裘」。諸義略同，皆肊造不經，不爲典要。其以大裘爲即黼裘，尤王肅之謬也。又，王弁服以下亦皆有裘。凡韋弁服服狐黄裘，皮弁服服狐白裘，玄冠服服黼裘，並詳《司裘》疏。云「衮，卷龍衣也」者，《詩·豳風·九罭》篇「衮衣繡裳」，毛傳云：「衮衣，卷龍也。」《玉藻》「天子龍卷以祭」，注云：「龍卷，畫龍於衣。字或作衮。」《詩·大雅·采菽》篇「玄衮及黼」，箋云：「玄衮，玄衣而畫以卷龍也。」《釋名·釋首飾》云：「衮冕，衮，卷也，畫卷龍於衣也。」案：卷龍者，謂畫龍於衣，其形卷曲，其字《禮記》多作「卷」，鄭《王制》注云：「卷俗讀也，其通則曰衮。」是衮雖取卷龍之義，字則以衮爲正；作卷者，借字也。《覲禮》注説衮冕云：「纘之繡之爲九章，其龍天子有升龍，有降龍，衣此衣而冠冕。上公衮無升龍。」此注云卷龍，即所謂升龍降龍也。賈《覲禮》疏云：《白虎通》引傳曰『天子升龍，諸侯降龍』。以此言之，上得兼下，下不得僭上，則天子升降俱有，諸侯直有降龍而已。」案：依鄭、賈説，衮龍唯繪龍於衣。徐鍇本《説文·衣部》云：「衮，天子享先王，卷龍繡於下裳，幅一龍，蟠阿上鄉。」是謂卷龍繡於裳，與鄭異。徐鉉本則無「裳」字，鍇本或誤衍也。云「鷩，裨衣也」者，以鷩衣爲衮衣之次也。《覲禮》云「天子衮冕，負斧依」。又云「侯氏裨冕」。注云：「衮衣者，裨之上也。裨冕者，衣裨衣而冠冕也。裨之爲言埤也。天子六服，大裘爲上，其餘爲裨，以事尊卑服之，而諸侯亦

❶「衮」，疑當作「裘」。

服焉。上公衮無升龍，侯伯鷩，子男毳，孤絺，卿大夫玄。此差《司服》所掌也。」《曾子問》、《玉藻》注及《家語・辨樂》篇王注義並同。淩廷堪云：「《覲禮》注裨冕兼衮冕言之。蓋據《司服》公之服自衮冕而下如王之服也。考《覲禮》經文，既云衮冕，又云裨冕，則衮冕而上謂之衮冕，鷩冕而下謂之裨冕，明矣。鄭司農以鷩爲裨衣，蓋統鷩冕而下言之，非專釋鷩冕也。」案：先鄭意或當如淩說，但後鄭以裨埤同詁，賈《覲禮》疏謂取裨陪之義，則是亞次上服之通名，非指一服言之。王六服，大裘而冕最上，不爲裨；衮衣以下五服，通謂之裨。此外依鄭義，上公衮，侯伯鷩，子男毳，孤絺，卿大夫玄，在諸侯及諸臣雖爲上服，而亦冢王裨衣之名，非於本身爲次服也。《覲禮》注以衮爲裨之上，亦謂王裨衣有五，衮最爲上耳。若然，此注主王言，裨衣亦當自衮冕以下。《覲禮》爲侯氏服，則可自鷩冕以下。《曾子問》記君薨告世子生之禮，大宰、大宗、大祝皆裨冕。《荀子・大略篇》云「大夫裨冕」。彼並諸侯卿大夫禮，則當自玄冕以下。先鄭訓鷩冕服爲裨衣，止可以釋《覲禮》，與此經及《禮記》皆不相當也。裨，《荀子・禮論篇》作「卑」，叚借字，楊倞注據彼謂裨之言卑，爲冕服之最卑者，非也。云「毳，罽衣也」者，《爾雅・釋言》云「氂，罽也」。《書・禹貢》孔疏引舍人云，「氂謂毛罽也，胡人績羊毛作衣」。《爾雅》釋文引李巡本，「氂」作「毳」。是先鄭所本。罽者，瀱之借字。《說文・糸部》云：「瀱，西胡毳布也。」又《毛部》云「毧，以毳爲瀱，色如虋，故謂之毧」，引《詩》曰「毳衣如毧」。案：《詩・王風・大車》之毳衣，即毳冕服，疑許亦以毳冕爲瀱衣，與先鄭說同也。賈疏云：「罽，績毛爲之，若今之毛布。」案：賈義與許同。但五冕之衣同用絲，斷無以西胡毛布爲衣之理，先鄭說不經，故後鄭不從。引《書》者，《虞書・皋陶謨》文，僞古文入《益稷》。繢，今《書》作「會」。《左傳》昭二十五年，孔疏引鄭《書注》讀爲「繢」，故此注引之徑作「繢」，今本《書疏》及《釋文》並謂鄭讀爲繪，非也。《說文・糸部》引作「繪」，云「繪，會五采繡也」。許、鄭說不同，互詳《畫繢》疏。云「此古天子冕服十二章，舜欲觀焉」者，《書》孔疏引鄭《書注》云：「會讀爲繪。宗彝，謂宗廟之鬱鬯樽也。故虞夏以上，蓋取虎彝、蜼彝而已。粉米，白米也。絺讀爲黹，黹，紩也。自日月至黼黻凡十二章，天子以飾祭服。凡畫者爲繪，刺者爲繡。此繡與繪，各有六，衣用繪，裳用繡。」案：「繪」皆當作「繢」。孔疏云：「鄭意以華蟲爲一，粉米爲一，加宗彝謂虎蜼也。此經所云凡十二章，日也，月也，星也，山也，龍也，華蟲也。六者畫以作繪，施於衣也。

宗彝也，藻也，火也，粉米也，黼也，黻也，此六者紩以爲繡，施之於裳也。」孔又引馬融説，與鄭略同。賈疏云：「古人必爲日月星辰於衣者，取其明也。山取其人所仰，龍取其能變化，華蟲取其文理。作繢者，繢畫也。衣是陽，陽至輕浮，畫亦輕浮，故衣繢也。宗彝者，據周之彝尊有虎彝蜼彝，因於前代，則虞時有蜼彝虎彝可知。若然，宗彝是宗廟彝尊，非蟲獸之號，而言宗彝者，以虎蜼畫於宗彝，則因號虎蜼爲宗彝，其實是虎蜼也。但虎蜼同在於彝，故此亦并爲一章也。虎取其嚴猛。蜼取其有智，以其卬鼻長尾，大雨則懸於樹，以尾塞其鼻，是其智也。藻，水草，亦取其有文，象衣上華蟲。火亦取其明。粉米共爲一章，取其絜，亦取養人。黼謂白黑，爲形則斧文，近刃白，近上黑，取斷割焉。黻，黑與青，爲形則兩己相背，取臣民背惡向善，亦取君臣有合離之義、去就之理也。希繡者，孔君以爲細葛，上爲繡；鄭君讀希爲黹，黹，紩也，謂刺繒爲繡次。但裳主陰，刺亦是沈深之義，故裳刺也。」黄以周云：「《續漢書·輿服志》云：『乘輿服從歐陽氏説，公卿以下從大、小夏侯氏説，衣裳備章采，乘輿刺繡，公侯九卿以下皆織成。』案：漢代乘輿刺繡不用畫，衣裳章采不用繡，從歐陽家説。《説文》繪訓會五采繡，引《虞書》作『繪』，衮字下亦云『卷龍繡』，從大、小夏侯説。鄭注蓋從古文説。」詒讓案：十二章之義，衆説紛異。《禮書》引《尚書大傳》云：「山龍，青也。華蟲，黄也。作繢，黑也。宗彝，白也。藻火，赤也。天子服五，諸侯服四，次國服三，大夫服二，士服一。」又云：「天子衣服，其文華蟲、作繢、宗彝、藻火、山龍，諸侯作繢、宗彝、藻火、山龍，子男宗彝、藻火、山龍，大夫藻火、山龍，士山龍，故《書》曰『天命有德，五服五章哉』。」此謂天子服止五章，日、月、星辰、粉及米、黼、黻，皆不爲章，是一説也。僞孔傳云：「日月星爲三辰。華象草華。蟲，雉也。畫三辰、山、龍、華、蟲於衣服、旌旗，會五采也，以五采成此畫焉。宗廟彝樽，亦以山、龍、華、蟲爲飾。藻，水草有文者。火爲火字。粉若粟冰，米若聚米，黼若斧形，黻爲兩己相背。葛之精者曰絺。五色備曰繡。天子服日月而下。」此謂天子服有十三章，分華蟲粉米爲二，去宗彝不在章數，是又一説也。今案：《伏傳》分配五色既錯亂無義，差次五服復傎到失敍，且不及日、月、星辰、粉米、黼、黻，尤爲疏扁，故《禮書》引鄭彼注，亦以爲疑。僞孔十三章之説，於古無徵，且不數宗彝，而云「宗廟彝尊亦以山、龍、華、蟲爲飾」，則《書》方論服章，何以忽涉彝尊，於文例亦不可通。《孟子·盡心》篇説舜被袗衣，趙注云：「袗，畫也。爲天子被畫衣黼黻絺繡也。」此以黼黻絺繡並爲畫，又與漢晉《書》家説絶異，亦不足據。反覆推繹，鄭義精備，不可易也。云「華蟲，五色之蟲」者，蟲謂羽蟲也。鄭言此者，明華蟲爲一章。《左傳》昭二十五年杜注云：「華若草華。」案：杜與《益稷》僞傳説略同，蓋亦分華蟲爲二章，與鄭義異，孔疏謂孔亦以華蟲爲雉，非僞傳恉也。彼疏引顧彪説及《左傳》昭二十五年疏説，並不誤。云「《繢人職》曰，鳥獸蛇雜四時五色以章之，謂是也」者，《考工記·畫繢之事》文。此稱繢人者，鄭所省改。鄭注鳥獸蛇云：「所謂華蟲也。在衣蟲之毛鱗有文采者。」則鄭謂鳥獸蛇卽十二章之華蟲也。然其説未塙，詳《畫繢》疏。云「希讀爲絺，或作黹，字之誤也」者，段玉裁謂絺黹二字當互易，云：「此鄭君易希爲黹，而辨之曰，書或作絺者，乃字之誤，不可從也。僞孔傳作絺，云『細葛上爲繡』，是鄭君所謂誤者。既易其字爲黹，則下文皆作黹，《説文》黹下云『箴縷所紩衣』，正與鄭合。今本《周禮注》黹絺互换，遂不可通。賈作疏時已誤，而其約舉《尚書》鄭注云『鄭君讀絺爲黹，黹，紩也』，固未嘗誤，《尚書》、《周禮》二注同也。」案：段校是也。鄭破絺爲黹，故《廣韻·五旨》引此經云「祭社稷、五祀則黹冕」，卽依鄭讀也。今本黹絺誤易，故《釋文》「或本作絺」，蓋其誤在陸氏以前矣。云「王者相變，至周而以日月星辰畫於旌旗」者，鄭意虞夏時衣章有三辰，周制冕服九章則無之，而桓二年《左傳》有三辰旂旗之文，明易衣章而畫之旌旗也。《益稷》疏引鄭《書注》説十二章，亦云「至周而變之，以三辰爲旂旗，謂龍爲袞，宗彝爲毳，或損益上下，更其等差」。《書》、《禮》注義同。孔氏駁之云：「《郊特牲》云『祭之日，王被袞冕以象天也』。又云『龍章而設日月以象天也』。鄭云：『謂有日月星辰之章，設日月畫於衣服旌旗也。』據此記文，袞冕之服亦畫日月。鄭注《禮記》，言《郊特牲》所云謂魯禮也，要其文稱王被服袞冕，非魯事也。」劉彝本陸佃説，謂天子袞冕十二章云：「鄭見《司常》云『日月爲常』，則謂周人以日月星辰畫於旌旗，而冕服九章，登龍於山，登火於宗彝，非也。交龍爲旂，周之衣不去龍，熊虎爲旗，周之衣不去虎蜼，何獨日月爲常而去衣章日月星辰乎！案《典命職》上公九命爲伯，其國家、宮室、車旗、衣服、禮儀皆以九爲節，其衣裳九章；推而上之，天子袞冕十有二章明矣。」楊復、鄭鍔、易祓、敖繼公、李光坡、方苞、莊存與、林喬蔭説並同。戴震云：「周之祭服，宗廟所用，九文而止耳。至於郊祀，何必廢古之十二章不用也。《玉藻》曰：『天子玉藻十有二旒，前後邃延，龍卷以祭。』《郊特牲》曰：『祭之日，王被衮以象天，戴冕璪十有二旒，則天數也。』禮文雖闕，天子郊祀衮冕，見於此矣。衣之舉衮，猶裳之舉黼黻，皆以其文特顯，而龍章爲至焕，則加日月於上，無嫌以衮目之。大裘不言衮，其餘冕服不言裘，互文錯見也。」金鶚云：「蓋天子有十二章之衮衣，有九章之衮衣。享先王衮冕，九章之衮也；祭昊天服大裘而冕，十二章之衮也。王與公侯伯子男差等，王皆十二，公皆九，侯伯皆七，子男皆五，如圭璧旂常之類，不可枚舉。然則公服九章，天子必服十二章，以爲尊卑之别。若同服九章，是尊卑無别也。且周禮尚文，則監二代而損益者，大抵損質而益文也。況冕服尤重文章，夏禹不尚文，猶且致美，而以尚文之周王，乃反損十二章而爲九章，此必無之事也。」金榜、宋綿初、莊有可説同。案：諸説皆駁鄭之誤，陸佃、劉彝謂王衮冕十二章，公衮冕九章，與《續漢書·輿服志》漢明帝所定冕服制同，而戴震、金鶚則謂天子有十二章及九章之衮，説尤精覈矣。賈疏謂天子冕服九章爲大章，其小章則十二，五等諸侯及内外公卿大夫冕服小章，各如其命數。其説不足據，詳《典命》疏。云「所謂三辰旂旗，昭其明也」者，《左》桓二年傳，臧哀伯語。賈疏云：「引之者，證周世日月星畫於旌旗之意也。」案：大常畫日月星，詳《司常職》。云「而冕服九章」者，鄭謂周服章去三辰冕服，最盛者不逾九章也。云「登龍於山，登火於宗彝，尊其神明也」者，賈疏云：「鄭知登龍於山者，周法皆以蟲獸爲章首，若不登龍於山，則當以山爲章首，何得猶名衮龍乎？明知登龍於山，取其神也。又知登火於宗彝者，宗彝則毳也，若不登火在於宗彝上，則毳是六章之首，不得以毳爲五章之首，故知登火於宗彝，取其明也。」詒讓案：此鄭《書注》所謂損益上下更其等差者也。於經無文，鄭以意定之，欲以傅合卷龍虎蜼之義，殆不然也。孔廣森云：「衮衣，王者之服，唯上公以王者之後亦得服之，故於文从衣从公，言公之上衣也。衮爲正字，作卷者，假借字。鄭君乃以卷象龍首卷然，遂升龍以爲九章之首，又退宗彝於火下，欲使毳冕得取虎蜼爲義，廣森疑焉。《荀子·大略篇》曰『天子山冕』，則衮冕首山不首龍矣。禮有言龍衮者，自衮以下無龍章，故衮獨以龍名耳。《禮器》曰『天子龍衮，諸侯黼，大夫黻』。言龍下不及諸侯，黼下不及大夫。若龍衮首龍，豈得又謂諸侯以黼首衣乎！」案：孔謂衮衣不首龍，則不必改《虞書》十二章之次，其説自通。《説苑·脩文》篇云：「士服黻，大夫黼，諸侯火，天子山龍。」亦以天子服章爲首山，足證《荀子》之説，但説諸侯以下服章，與《禮器》乖異。金鶚謂《説苑》指王朝大夫士言，《禮器》指侯國大夫士言，其説近是。蓋王朝大夫絺冕，有黼無火；士玄冕，唯有黻，而後文侯國大夫之服，自玄冕而下，故與王朝士服同也。云「九章初一曰龍，次二曰山，次三曰華蟲，次四曰火，次五曰宗彝」者，明畫繢五章之次。云「皆畫以爲繢」者，以配《書》之作繢也。《説文·糸部》云：「繪，會五采繡也。《虞書》曰：山龍華蟲作繪。」則許謂山龍等皆繡而不畫，與鄭義異。云「次六曰藻，次七曰粉米，次八曰黼，次九曰黻」者，明黹繡四章之次。《唐郊祀録》云：「案《三禮圖》云：『凡章文參錯，滿衣裳而已，不拘其數。』崔靈恩云：『略畫十二焉，亦取法則天之大數。』」案：崔説與《禮圖》不同，蓋即賈疏小章如命數之説所本，於古無徵，未足信也。又案：粉，《説文·黹部》作黺，云「畫粉也」。米，《糸部》作絲，云「繡文如聚細米也」。則分粉米爲二，與書僞孔傳説略同。又以爲一畫一繡，並與鄭説大異，未知是否。云「皆希以爲繡」者，以配《書》之希繡也。段玉裁謂「希」亦當作「黹」，下同。《月令》注云：「祭服之制，畫衣而繡裳。」孔疏云：「畫色輕，故在衣以法天；繡色重，故在裳以法地也。」云「則衮之衣五章，裳四章，凡九也」者，衣五章，龍、山、華蟲、火、宗彝；裳四章，藻、粉米、黼、黻，合之爲九。《左》昭二十五年傳所謂九文是也。賈疏云：「以其衣是陽，從奇數，裳是陰，從偶數。」案：今依戴震、金鶚説，天子有十二章與九章之衮，又依孔廣森説，不改《虞書》十二章之次，則大裘之衮，衣裳皆從偶數，衣六章，日、月、星辰、山、龍、華蟲也；裳六章，宗彝、藻、火、粉米、黼、黻也。❶其九章之衮，衣五章，山、龍、華蟲、宗彝、藻也；裳四章，火、粉米、黼、黻也。皆不如鄭、賈所説。云「鷩畫以雉，謂華蟲也」者，《説文·鳥部》云：「鷩，赤雉也。《周禮》曰『孤服鷩冕』。」又云「鵔鸃，鷩也」。《爾雅·釋鳥》云「鷩，雉」。郭注云：「似山雞而小冠，背毛黄，腹下赤，項緑色鮮明。」《左傳》昭十七年，孔疏引樊光云：「丹雉也。」案：依許、樊説，則鷩雉色赤，《山海經·北山經》亦謂之赤鷩。依鄭義，華蟲五色，則不爲純赤，或當如郭氏説也。《漢書·司馬相如傳》顔注説鵔鸃形色，亦與郭略同。冕服畫鷩者，《釋名·釋首飾》云：「鷩，憋也，性急憋，不可生服，必自殺，故畫其形於衣，以象人執耿介之節。」《唐郊祀録》引《三禮義宗》云：「雉言鷩者，取文章采著者以爲稱也。」云「其衣三章，裳四章，凡七也」者，依鄭義，衣三章，華蟲、火、宗彝，裳四章與衮冕服同。今依《書》服章舊次，則衣三章華

❶ 原脱「火」，據楚本補。

蟲、宗彝、藻也；裳四章亦火、粉米、黼、黻也。云「毳，畫虎蜼謂宗彝也」者，《廣雅·釋器》云：「毳，毛也。」鄭意虎蜼並毛蟲之屬，故曰毳冕。《王制》孔疏云：「宗彝者，謂宗廟彝尊之飾，有虎蜼二獸，虎有猛，蜼能辟害，故象之。《周禮》當毳冕，虎蜼淺毛細毳故也。」孔廣森云：「毳冕五章，自藻而下。《釋名》云：『毳，芮也。畫藻文於衣，象水草之毳芮温暖而潔也。』是以《虞書》之次爲説。」案：孔説是也。黄以周説同。云「其衣三章，裳二章，凡五也」者，依鄭義，衣三章宗彝、藻、粉米，裳二章黼、黻也。今依服章舊次，則衣三章，藻、火、粉米也，裳二章與鄭同。云「希，刺粉米無畫也」者，賈疏云：「衣是陽，應畫。今希冕三章，在裳者自然刺繡；但粉米不可畫之物，今雖在衣，亦刺之不變，故得希名，故鄭特言粉米也。然則毳冕之粉米亦刺之也。」案：鄭意黹冕服以黹爲名，明衣裳皆用繡，與它服衣畫裳繡異，非謂粉米必不可畫也。毳冕之粉米，自畫而不繡。賈説非鄭恉。畢沅、吴志忠校本《釋名》云：「黹冕，黹，紩也，紩粉米於衣也。」義與鄭同。云「其衣一章，裳二章，凡三也」者，衣一章卽粉米，裳二章黼、黻也。鄭説五冕服之章，惟此與舊次同。云「玄者，衣無文，裳刺黻而已，是以謂玄焉」者，賈疏云：「以其祭服衣本是玄，今玄冕一章，仍以玄爲名，明衣上無畫，一章者刺黻於裳而已。」孔廣森云：「冕之制，以麻衣延，玄表纁裏，故《弁師》言王之五冕皆玄冕。自希以上，各有取義，唯玄冕從其正名，非以玄衣故也。玄冕一章，猶升黻於衣。《詩·終南》曰：『君子至止，黻衣繡裳。』此黻有在衣者，非玄冕之服而何？《左》宣十六年傳，晉侯以黻冕命士會。黻冕者，玄冕也。」案：孔據《詩》「黻衣」及《左傳》「黻冕」之文，謂玄冕一章猶升黻於衣。而《秦風》孔疏則謂黻皆在裳，言黻衣者，衣大名，與繡裳異其文耳。與孔説異。今攷《大戴禮記·五帝德》篇云：「黄帝黼黻衣，大帶，黼裳。」《晏子春秋·諫上》篇云：「景公衣黼黻之衣，素繡之裳，一衣而五采具焉。」《孟子·盡心》趙注亦謂天子畫衣有黼黻。則古書説黼黻在衣者甚多，孔説不爲無徵，姑存以備一義。《左傳》孔疏又以「黻冕」之黻，爲蔽膝，則不塙也。云「凡冕服皆玄衣纁裳」者，明六冕之通制也。《玉藻》云：「衣正色，裳閒色。」鄭注云：「謂冕服玄上纁下。」《染人》注云：「玄纁者，天地之色，以爲祭服。」是冕服玄衣纁裳者，法天地之色也。《喪大記》云「大夫以玄赬」。玄赬卽玄衣纁裳。《書·顧命》云「太保、太史、太宗彤裳」。赬、彤、纁，色並相近，得通稱也。凡冕服玄纁者，皆謂染絲織成帛爲之，《書》僞孔傳釋絺爲葛，則似謂用布，非也。孔廣森云：「《大戴禮・哀公問五義》曰：『端衣玄裳，冕而乘路者，志不在於食葷。』此冕謂玄冕也，《郊特牲》曰『玄冕齊戒』。《顧命》曰『卿士邦君麻冕蟻裳』，蟻名玄駒，故玄裳謂之蟻裳，豈得言冕服唯有纁裳乎？」案：孔謂冕服不必皆纁裳是也。但古書説冕服裳不一色，而衣則皆玄無異色。唯《管子・輕重己》篇説四時服絻，各依方色，此與《月令》五時衣略同。《禮經》無文，恐非古制。《荀子・富國篇》又云「天子袾裷衣冕，諸侯玄裷衣冕」。楊注云：「袾，古朱字，裷與衮同。畫龍於衣謂之衮，朱衮，以朱爲質也。」然則朱衮亦衹是於畫龍處，先施朱爲質，而後布以它章，不硋其仍爲玄衣也。至《顧命》「王麻冕黼裳，卿士邦君麻冕蟻裳」，《御覽・服章部》引鄭《書注》云「蟻謂色玄也」。僞孔傳説亦同，與《大戴禮》、《荀子》端冕玄裳文正相應。此與王麻冕黼裳者，蓋皆玄冕玄端齊服。《書》孔疏引鄭《書注》云「黼裳者，冕服有文者也」。孔申其義，以爲衮冕之裳黼，卽十二章之一。金鶚據《畫繢》黑與白謂之黼，謂此裳黑白相閒，故謂之黼，又舉《玉藻》黼裘爲證，其説甚塙。竊謂《顧命》爲康王卽位柩前之禮，於喪中而行卽位之吉禮，王爲喪主，不可以無改於常，故服齊服玄冕，而易玄裳爲黼裳；卿士邦君無事陪位，則服正齊服，玄冕玄裳；惟太保、太史、太宗以方有册命之盛儀，不得不服吉服，則玄冕而彤裳，此其精義也。凡齊服必袀玄，而後經齊服又有素端，故《顧命》王黼裳，明以喪中變禮，黼之色黑白相閒，示兼取玄端素端之色，不純吉也。王及諸侯齊服皆玄冕玄端服，詳後疏。

凡兵事，韋弁服。韋弁，以韎韋爲弁，又以爲衣裳。《春秋傳》曰「晉郤至衣韎韋之跗注」是也。今時伍伯緹衣，古兵服之遺色。

【疏】「凡兵事韋弁服」者，以下記弁服也。孔廣森云：「兵事，謂凡祠兵命將之事，非必戰服也。《聘禮》卿韋弁歸饔餼，則韋弁固亦禮服。」任大椿云：「韋弁爲天子諸侯大夫兵事之服。戎服用韋者，以韋革同類，服以臨軍，取其堅也。《晉志》韋弁制似皮弁，頂上尖，韎草染之，色如淺絳。然則形狀似皮弁矣。」案：任説是也。依鄭義，王韋弁戎服，韎韋衣裳，禮服則韎布衣裳，亦云朱裳，或云素裳，非也，赤市白舄，狐黄裘。今案：當爲纁屨，詳《屨人》疏。又案：兵事雖服韋弁服，臨戰則韋弁服上又蒙甲冑，故成十六年《左傳》説郤至服韎韋跗注，而復有見楚子免冑之文，斯其證矣。

注云「韋弁以韎韋爲弁，又以爲衣裳」者，《釋名・釋首飾》云：「弁如兩手相合抃時也。以韎韋爲之，謂之韋弁也。」《説文・韋部》云：「韎，茅蒐染韋也。一入曰韎。」《詩・小雅・瞻彼洛矣》云

「韎韐有奭」，毛傳云：「韎韐者，茅蒐染韋也。一入曰韎。」鄭箋云：「韎者，茅蒐染也。茅蒐，韎聲也。」孔疏引《駁異義》云：「韎，草名，齊魯之閒言韎聲如茅蒐，字當作韎，陳留人謂之蒨。」《士冠禮》注云：「今齊人名蒨爲韎。」《國語・晉語》韋注云：「茅蒐，今絳草也。急疾呼茅蒐成韎也。」案：毛、許、鄭、韋並以韎茅蒐染者，釋其染草之名。毛、許又以爲一入。《晉語》韋注引賈逵、虞翻、唐固亦並云「一染曰韎」者，釋其色深淺之度也。《爾雅・釋器》云「一染謂之縓」，郭注云：「縓今之紅也。」《説文・糸部》云：「縓，帛赤黄色。」《玉藻》注云：「緼，赤黄之閒色，所謂韎也。」然則韎與縓、紅、緼並同色，但以韋帛異名。此韋弁服，卽染熟皮爲紅色，以爲弁及衣裳。韎爲一入，與朱四入色淺深不同，散文亦得通稱，故《詩・小雅・采芑》箋云「天子之服，韋弁服，朱衣裳也」。孔疏謂韎是朱之淺者，故以朱表之是也。其引别本作「朱衣纁裳」，則誤。云「《春秋傳》曰，晉郤至衣韎韋之跗注是也」者，賈疏云：「《左氏傳》成十六年，楚子曰『韎韋之跗注，君子也』。使工尹襄問郤至以弓。若賈、服等説，跗謂足跗，注，屬也。袴而屬於跗。若據鄭《雜問志》，則以跗爲幅，注亦爲屬，以韎韋幅如布帛之幅，而連屬以爲衣，而素裳。既與諸家不同，又與此注裳亦用韎韋有同異者，鄭君兩解，此注與賈、服同，裳亦用韎韋也。至彼《雜問志》裳用素者，從白舄之義。若然，案《聘禮》云『卿韋弁歸饔餼』。注云：『韋弁，韎韋之弁，蓋韎布爲衣而素裳。』與此又不同者，彼非兵事，入廟不可純如兵服，故疑用韎布爲衣也。言素裳者，亦從白屨爲正也。以其屨從裳色，天子諸侯白舄，士大夫白屨，皆施於皮弁故也。」詒讓案：賈、服以跗注爲絝屬，鄭則讀跗爲幅，衣與裳皆制韋屬幅爲之，與《喪服記》袂屬幅義略同。《左傳》杜注云：「韎，赤色。跗注，戎服，若袴而屬於跗，與袴連。」《晉語》韋注云：「跗注，兵服，自要以下注於跗。」並與賈、服説同。任大椿云：「戎事用韋，聘異於戎，故不用韋。《聘禮》正服皮弁，或以朝服，衣皆十五升布。此韋弁亦用十五升布爲衣，特以韎染，異於皮弁、朝服之布耳。」又云：「《司服》注以韎韋爲裳，與《雜問志》及《聘禮》注所云『素裳』均異，賈疏以爲兩解。竊疑《詩》『朱芾斯皇』箋云『天子之服，韋弁服，朱衣裳』，特别曰天子之服，惟天子得朱裳耳；非天子則素裳，故《聘禮》『卿韋弁歸饔餼』，注云『素裳』，以其爲卿，故下天子也。《雜問志》釋韎韋之跗注，以爲素裳，亦據郤至晉卿，與《聘禮》之卿同也。然則韋弁服，天子朱裳，卿大夫素裳，但攷《屨人》疏引《鄭志》趙商問《司服》王后六服之制，荅曰『韋弁衣以韎，皮弁衣以布，此二弁皆素裳白舄。據此志釋《司服》韋弁，則專據天子之韋弁矣，而云素裳白舄，是鄭又明以天子之韋弁爲素裳矣。《雜問志》或鄭未定之説，要當以《司服》注及《采芑》箋爲正。」案：任説是也。黄以周又據《詩・羔羊》孔疏，謂韋弁韎衣，當黄衣狐裘。《都人士》「狐裘黄黄」，《賈子新書・等齊》篇引作「狐裘黄裳」，謂韋弁服當黄裳，其説亦有據。今攷韎爲赤黄之閒色，故《詩箋》云朱裳，賈子云黄裳，其實通也。唯《詩・采芑》疏以韋弁素裳爲戎服之正，則非是。又案：《詩・小雅・六月》孔疏引《孝經》注云「田獵戰伐冠皮弁」，又引《援神契》云「皮弁素積，軍旅也」。《白虎通義・三軍》篇亦云：「王者征伐，所以必皮弁素積何？伐者凶事，素服示有悽愴也。」與《援神契》説同。孔氏謂皮韋同類，以皮統韋言之，《王制》及《左傳》昭十二年疏，竝以皮弁爲韋弁之通稱，然則彼所云皮弁，卽此韋弁也。又《荀子・富國篇》云「士皮弁」，而《大略篇》則云「士韋弁」，任大椿謂《大略篇》之韋弁卽皮弁。據此諸文，則韋弁皮弁對文雖異，散文可通。然《孝經緯》及《白虎通義》竝云「素積」，則與兵事韋弁韎裳仍不合。且《白虎通義・绋冕篇》云：「皮弁征伐田獵，此皆服之。」《公羊》宣元年，何注以皮弁爲武冠，又昭二十五年注云：「禮皮弁以征不義，取禽獸行射。」以上諸文，與經「甸冠弁服」「饗射鷩冕」之文，竝不相應。此蓋今文家之異説，彼所云軍旅皮弁素積者，自指皮弁服而言，不必謂韋弁素裳。《孝經緯》及班、何諸説，與此經本不相謀，而孔强合爲一，不可通也。云「今時伍伯緹衣古兵服之遺色」者，《説文・糸部》云：「緹，帛丹黄色。」任大椿云：「《漢書・鼂錯傳》『四里一連，連有假五百』。服虔曰：『五百，帥名也。』《後漢書・宦者傳》『曹節弟破石爲越騎校尉，越騎營五百妻有美色』。注：『韋昭《辨釋名》曰：「五百，字本爲伍伯。伍，當也；❶伯，道也。使之導引當道陌中，以驅除也。」案：今俗呼行杖人爲五百也。』又攷《古今注》：『伍伯，一伍之伯也。五人曰伍，伍長爲伯，故稱伍伯。漢制，兵吏五人一户，竈置一伯，故户伯亦曰火伯，以爲一竈之主也。漢諸公行，則户伯率其伍以導引也。古兵士服韋弁，今户伯服赤幘纁衣。』則以户伯爲古之兵士也。《西京賦》『武士赫怒，緹衣韎韐』。武士卽注所云伍百也。」

眡朝，則皮弁服。視朝，視内外朝之事。皮弁之服，十五

❶「伍伯伍」，原倒作「伍伍伯」，據楚本乙。

升白布衣，積素以爲裳。王受諸侯朝覲於廟，則衮冕。
【疏】「眡朝則皮弁服」者，聶氏《三禮圖》引舊《圖》云：「皮
弁，以鹿皮淺毛黄白者爲之，高尺二寸。」案：依鄭義，王皮
弁服，鹿皮弁，白布衣，素積，素韠，白舄，狐白裘。今案：
當爲素帛衣，白屨，詳後及《屨人》疏。皮弁，《書·顧命》又
謂之綦弁，詳《弁師》疏。　注云「視朝視内外朝之事」
者，亦注用今字作「視」也。《玉藻》云：「天子皮弁以日視
朝，遂以食。諸侯皮弁以聽朔於大廟，朝服以日視朝於内
朝，退適路寢聽政，然後適小寢，釋服。」彼云内朝，即路門
外之正朝。云路寢聽政，即謂視路寢廷之燕朝。諸侯視正
朝燕朝同朝服，則天子視正朝燕朝亦同皮弁服也。其視皋
門内三詢之外朝，所服經無文，當亦與視正朝同。故賈疏
云「天子三朝，外朝二，内朝一，二皆用皮弁，故經總云眡朝
則皮弁服也」。戴震云：「天子日視朝皮弁服，諸侯以爲視
朔之服。凡諸侯相朝聘亦如之。」詒讓案：皮弁爲天子之
朝服，《論語·鄉黨》篇「吉月必朝服而朝」，《集解》孔安國
云：「吉月，月朔也。朝服，皮弁服。」《曾子問》孔疏引鄭
《論語注》同。蓋以彼月吉諸侯視朔當服皮弁，而皮弁爲天
子之朝服，故亦通稱朝服，與《禮經》凡朝服爲玄冠素裳異
也。云「皮弁之服，十五升白布衣，積素以爲裳」者，《白虎
通義·紼冕》篇云：「皮弁者何謂也？所以法古至質，冠
之名也。上古之時質，先加服皮，以鹿皮者，取其文章也。
《禮》曰『三王共皮弁素積』，素積者，積素以爲裳也。言腰
中辟積，至質不易之服，反古不忘本也。」《釋名·釋衣服》
云：「素積，素裳也。辟積其要中，使蹙，因以名之也。」《士
冠禮》「皮弁服，素積，緇帶，素韠」。注云：「皮弁者，以白
鹿皮爲冠，象上古也。積猶辟也，以素爲裳，辟蹙其腰中。
皮弁之衣，用布亦十五升，其色象焉。」賈彼疏云：「素者，
謂白繒也。《襍記》云『朝服十五升』，此皮弁亦天子之朝
服，故亦十五升布也。然《喪服》注云『祭服朝服辟積無
數』，則祭服皮弁皆辟積無數。餘不云者，舉皮弁可知，不
竝言也。惟喪服裳三袧有數耳。」案：依鄭、賈説，則皮弁
服白布衣，而以素繒爲裳也。《史記·禮書》則云「皮弁布
裳」是謂裳亦用布。敖繼公又云「皮弁亦絲衣，而色如其
裳」，則謂衣亦用繒。二説竝與鄭義不同。戴震申敖説
云：「皮弁服，舊説曰其衣十五升布，此據諸侯朝服以爲
言，殆非也。《玉藻》曰『君衣狐白裘，錦衣以裼之，士不衣
狐白』，又曰『錦衣狐裘，諸侯之服也』，《論語》曰『素衣麑
裘』，狐白裘、麑裘鄭皆以皮弁服爲之上衣。記不云乎，『以
帛裹布，非禮也』，然則皮弁服之衣以素明矣。異於重素

者，其領緣采也。」褚寅亮云：「《論語》云『緇衣羔裘，素衣麑裘』。夫羔裘裼以緇布之衣，而外加朝服，仍用緇布衣；則麑裘裼以素衣，而外加皮弁服，意必仍用素絲矣。」金鶚云：「祭服最重，天子諸侯祭服皆必絲衣。皮弁服非特用於視朝聽朔，亦祭服也。大學始教，皮弁祭先聖先師，大蜡之祭，皮弁素服。又月朔朝享於廟，亦必以皮弁。蓋告朔於廟中，既以皮弁，則朝享亦皮弁可知。時祭冕服，月祭殺於時祭，故服皮弁也。皮弁既爲祭服，豈有不用絲而用麻哉！天子朝服絲衣，諸侯朝服故用布衣，禮之等殺也。《郊特牲》云：『朝服以縞，自季康子始。』縞者生絹也，素則熟絹，縞衣即素衣也。是康子僭天子之朝服，與八佾《雍》徹一類也。夫禮以康子之朝服縞衣爲僭，可知天子之朝服皮弁，必絲衣矣。」黄以周云：「冕服絲衣，冠服麻衣，爵弁皮弁次於冕，其衣仍用絲。凡上衣用絲，中衣用帛，上衣用麻，中衣用布，故曰『以帛裏布非禮也』。鄭注《玉藻》謂皮弁服麻，中衣布，而《詩箋》以錦衣狐裘爲皮弁服，《論語》又以素衣麑裘爲皮弁服。錦衣，絲衣也，素衣亦絲衣也。上衣布，中衣帛，君子以爲失禮意。」案：以上諸家説，並足輔敖義。故《詩·周頌》「絲衣其紑，載弁俅俅」，鄭箋以爲爵弁，而《通典·吉禮》載《五經通義》引《詩》作「絲衣其紑，會弁俅俅」，與《衛風·淇奥》「會弁」文同，則《通義》以《絲衣》之弁爲皮弁矣。《説文·糸部》云：「紑，白鱻衣皃。《詩》曰『素衣其紑』。」許引《詩》雖不作「絲衣」，然以紑爲白色，則正皮弁服之衣也。蓋西漢經師必有釋絲衣爲皮弁服者，斯亦皮弁非布衣之一證矣。依敖説，皮弁服素衣，而《禮經》云素積者，凡禮服之裳無不辟積，而素積則唯皮弁爲然，故《禮經》於皮弁特言素積，敖説與經亦無牾也。又案：鄭《聘禮》注云：「皮弁時或素衣。」是鄭謂皮弁服亦有素衣，但爲殊吉之變服。《郊特牲》説蜡祭送終之服，云「皮弁素服而祭」，注云：「素服，衣裳皆素。」《文王世子》，公族在辟，「公素服不舉」，注云：「素服亦皮弁矣。」孔疏謂衣裳皆素。是鄭意皮弁服衣不用白布而用素者，爲變服。不知皮弁正服，亦衣裳皆素，其異於變服者，加以采緣，故無重素之嫌，戴氏所辨甚析，固不慮其淆混也。至《史記》布裳之説，與《玉藻》皮弁裘裼亦不合，蓋不足據。又案：《雜記》「子羔之襲也，素端一，皮弁一」，孔疏引盧植釋素端云：「布上素下皮弁服。」彼素端皮弁，二者並襲，而盧專以布上素下爲素端，其説雖未當，而可證盧説皮弁正服不布上，必素衣矣，是或亦皮弁素衣義證之一與？云「王受諸侯朝覲於廟則衮冕」者，明皮弁爲天子常朝服，非大朝覲之服也。賈疏云：「案《覲禮》云：『天子衮冕，負黼扆。』《節服氏》云『祭祀朝覲衮冕，六人維王之大常』。注云：『服衮冕者，從王服。』故知朝覲在廟，王服衮冕。若然，春夏受贄在朝，則是眡朝皮弁服也。其受享於廟，與覲同衮冕，故於廟連言朝也。」案：四時朝覲皆在廟，服衮冕。賈謂春夏受贄於朝，乃沿《曲禮》注之誤，詳《大宗伯》疏。又大會同在壇，王亦衮冕。《周書・王會篇》云：「天子南面立，絻無繁露，朝服。」案：王會天子絻，卽衮冕十二斿，不當無繁露，彼蓋文誤。又彼大會同之服，通稱朝服，與此經皮弁朝服亦不相應也。**凡甸，冠弁服。**甸，田獵也。冠弁，委貌，其服緇布衣，亦積素以爲裳。諸侯以爲視朝之服。《詩・國風》曰「緇衣之宜兮」，謂王服此以田。王卒食而居則玄端。

【疏】「凡甸冠弁服」者，此王四時常田之服，蓋玄冠而加弁也。此弁與爵弁、韋弁、皮弁不同，卽所謂皮冠。《孟子・萬章》篇：「萬章曰：『敢問招虞人何以？』曰：『以皮冠。』」趙注云：「皮冠，弁也。」孔廣森云：「《左傳》：責衛侯不釋皮冠；楚靈王雨雪皮冠；右尹子革夕，王見之，去冠。皮冠可釋可去，則必別有一物加於冠上矣。」案：皮冠蓋猶方相氏之蒙熊皮，孔謂別有一物加於冠上，其說近是。趙氏以弁釋皮冠，蓋卽據此經。凡王田服玄冠，而加以皮冠，不可云以冠加冠，故叚弁以爲稱，以弁本冠之大名，亦以皮冠舉首蒙之，與弁制略相似也。以弁加於冠上謂之冠弁服，猶下文以絰加弁上謂之弁絰服也。田事玄冠，上加皮冠，有所敬則釋之，猶兵事韋弁，上加胄，有所敬則免之矣。冠弁服，依鄭義，委貌冠卽玄冠，緇布衣，素裳素韠，白舄羔裘。今案：當爲白屨，詳《屨人》疏。　注云「甸，田獵也」者，《小宗伯》注云「甸讀曰田」，《敘官・甸祝》注云「甸之言田也」，甸田同聲叚借字。此不改讀者，文略。云「冠弁，委貌」者，《士冠禮》「主人玄冠」，注云：「玄冠，委貌也。」又《士冠記》云「委貌，周道也」。注云：「或謂委貌爲玄冠，委猶安也，言所以安正容貌。」《白虎通義・紼冕》篇云：「周統十一月爲正，萬物始萌小，故爲冠飾最小，故曰委貌。委貌者，言委曲有貌也。」《郊特牲》注說同。《釋名・釋首飾》云：「委貌，冠形委曲之貌，上小下大也。」案：鄭不知冠弁之弁爲皮冠，故謂冠弁卽委貌，其說未析；而此冠爲委貌，則當如鄭義。《續漢書・輿服志》劉注引《石渠論》戴聖說，以玄冠爲委貌，鄭《士冠》注從之。此注以委貌釋冠弁，卽謂冠弁爲玄冠，則朝服與玄端服，裳異而冠同。聶氏《三禮圖》引張鎰《圖》云：「諸侯朝服之玄冠，士之玄端之玄冠，諸侯之冠弁，此三冠與周天子委貌形制相同。」案：張《圖》亦從鄭義。而《續漢書・輿服志》則云：「委貌冠、皮弁冠同制，長七寸，高四寸，制如覆杯，前高廣，後卑鋭，所謂夏之牟追，殷之章甫者也。」聶《圖》又引舊《圖》云：「委貌以漆布爲殼，以緇縫其上，前廣四寸，高五寸，後廣四寸，高三寸。」案：玄冠有梁有武而著纓，與韋弁皮弁制異。依《續漢志》及舊《禮圖》説，則委貌似弁而非冠，與鄭義不同。戴震又據《國語・晉語》范文子退朝，武子擊之以杖，折委笄，彼朝服而有委笄，明其爲弁制，疑朝服大夫以上委貌，士玄冠。孔廣森、金鶚、宋緜初、黄以周説並同。案《士冠記》云：「委貌，周道也。章甫，殷道也。毋追，夏后氏之道也。周弁，殷冔，夏收。」彼於委貌之外，别云周弁，明委貌自與弁不同。彼記又云「三王共皮弁素積」，是委貌尤不得與皮弁同制，司馬彪説殆不甚塙。若然，委貌是冠非弁，則不得有固冠之笄。故《墨子・公孟篇》云：「昔者楚莊王鮮冠組纓，絳衣博袍，以治其國。」卽朝服玄冠有纓無紘之明證。竊疑《晉語》之委，當如《雜記》「委武」之委，鄭注云：「委武，冠卷也。」笄當爲固髮之笄，蓋范武子以杖擊文子之玄冠，折其冠卷并及卷内之笄，非固冠之笄也。若然，自天子下達於士，玄冠通爲卷武之制，亦同用玄帛，故通謂之玄冠。舉其故名，則亦通謂之委貌，鄭從小戴以委貌爲玄冠，其説自塙，不可易也。至《續漢志》説委貌制，雖不足據，而謂以皂絹爲之，則自不誤。蔡氏《獨斷》、《晉書》《宋書》《輿服志》並謂委貌卽緇布冠，《論語・子罕》皇疏、《郊特牲》孔疏亦並謂委貌以三十升緇布作之，聶《圖》引舊《圖》又謂漆布爲殼，皆謬説也。又案：凡玄冠朝服，有繫冠言之者，《穀梁》哀十三年傳云「冠端」是也；有繫委貌言之者，《左》昭元年、十年、哀七年傳及《國語・周語》並云「端委」，《穀梁》僖三年傳云「委端」是也；有繫章甫言之者，《論語・先進》篇云「端章甫」，《集解》引鄭注云「衣玄端，冠章甫，諸侯日視朝之服」是也。章甫亦卽玄冠，故又爲儒士之服。《儒行》孔子荅哀公問儒服曰「冠章甫之冠」，《墨子・公孟》篇云「公孟子戴章甫，搢忽，儒服而以見子墨子」，《大戴禮記・哀公問五義》篇亦以章甫句屨爲古服，是孔門師弟以章甫爲常服，斯亦足證章甫、委貌、玄冠三者同物，故通於貴賤。叚令是弁非冠，則必大夫以上乃得服之以朝，儒者安得以此爲常燕之服乎！云「其服緇布衣，亦積素以爲裳」者，《續漢・輿服志》劉注引《石渠論》云：「玄冠朝服，戴聖曰：『玄冠，委貌也。布上素下，緇帛帶，素韋韠。』」案：鄭亦本小戴説，布上卽謂緇布衣也。故《雜記》云「朝服十五升」，《晏子春秋・内篇·雜下》云，「晏子衣緇布之衣以朝」。《王制》云「周人玄衣而養老」，注云：「玄衣素裳，其冠則委貌也。」彼云玄衣者，緇玄色略同，得通稱。《戰國策·楚策》云「令尹子文緇帛之衣以朝」，此楚之變禮，非朝服之正也。賈疏云：「《士冠禮》云『主人玄冠朝服，緇帶素韠』，注云：『朝服者，十五升布衣而素裳也。衣不言色者，衣與冠同。』裳又與韠同色，是其朝服緇布衣，亦如皮弁積素以爲裳也。」云「諸侯以爲視朝之服」者，明此冠弁服卽諸侯以下所謂朝服也。《玉藻》云「諸侯朝服，以日視朝於内朝」。鄭彼注云：「朝服，冠玄端素裳也。」引《詩·國風》曰「緇衣之宜兮」者，《鄭風·緇衣》篇文。毛傳云：「緇，黑色。卿士聽朝之正服也。」此引以爲諸侯朝服緇衣之證。云「謂王服此以田」者，賈疏云：「言凡甸冠弁服，據習兵之時。若正田時，則當戎服。是以《月令》『季秋，天子乃教於田獵，以習五戎。司徒搢扑，北面以誓之，天子乃厲飾，執弓挾矢以獵』。注云：『厲飾，謂戎服，尚威武也。』以此觀之，習五戎，司徒誓之，不戎服，著冠弁可知。是以襄十四年《左傳》云『衛獻公戒孫文子、甯惠子食，而射鴻於囿，二子從之，公不釋皮冠』。則皮弁韋弁同，但色異耳，故以韋弁爲皮弁，是以正田用韋弁也。」案：賈意正田服用韋弁，亦卽《左傳》之皮冠，《月令》天子習田獵，教五戎時，先冠弁服，厲飾之後乃易服韋弁服。然鄭注但以厲飾爲戎服，無先冠弁後韋弁之義。《吕氏春秋·季秋紀》「厲飾」作「厲服」，高注引此經「凡甸冠弁服」爲釋，則仍以爲甸服。《月令》孔疏又引熊安生云：「戎服者，韋弁服也。以秋冬之田，故韋弁服；若春夏，則冠弁服，故《司服》云『凡甸冠弁服』。」熊氏謂一年四田，分用戎服、甸服，又與賈不同。竊謂此經著凡田之文，自通四時大小田獵言之。《月令》記天子田獵，亦當依此經冠弁服爲正，高誘説得之。其云厲飾，無由定其必爲戎服，鄭《月令》注蓋偶誤釋，熊、賈兩家曲爲申證，遂强生分别，非經義也。《左傳》襄十四年孔疏又謂「諸侯之禮，皮冠以田獵，《司服》是天子之禮，故以諸侯朝服而田」，皆肊説不足馮。至韋弁、皮弁並尊於冠服，賈謂《左傳》皮冠卽韋弁，《王制》孔疏説同，是諸侯田服反盛於天子，無是理也。《白虎通義·紼冕》篇及《公羊》昭二十四年何注、《詩·小雅·六月》孔疏引《孝經注》，並謂田獵皮弁，此别説，不足以證冠弁卽皮弁也。詳前。云「王卒食而居則玄端」者，《玉藻》云「卒食玄端而居」。鄭彼注云：「天子服玄端燕居也。」案：鄭言此者，欲見委貌緇衣而不素裳者，專稱玄端，而不得稱朝服，非天子田獵所用也。賈疏云：「案《玉藻》云

『韠，君朱，大夫素，士爵韋』。鄭注云：『天子諸侯玄端朱裳。』以其云朱韠，韠同裳色故也。鄭因朝服而説玄端者，以朝服與玄端大同小異。以其玄冠緇布衣，皆有正幅爲端則同，但易其裳耳，故因説玄端也。若然，大夫素韠則素裳。其士韠言爵韋，爵是不純之名，以其《士冠禮》上士玄裳，中士黄裳，下士雜裳者，前三幅玄，後四幅黄，故言爵韠也。」金榜云：「《士冠禮》、《特牲饋食記》鄭注皆云上士玄裳，中士黄裳，下士雜裳。榜謂玄端三裳，主論列其服，非差次所服之人。『可也』云者，謂其唯所服服之，不定之辭也。此玄端玄裳、黄裳、雜裳，不專爲士設，經記説玄端服唯此三裳。然則服玄端者無異裳，蓋可知也。」金鶚云：「朝服素韠，玄端則爵韠。《玉藻》云『韠，君朱，大夫素，士爵韋』。此但泛言韠制，安見必爲玄端服之韠乎？夫朱裳，裳之最貴者，惟冕服有之，玄端爲禮服之下者，豈得與冕服同朱裳乎？況冕服、皮弁、朝服，大夫士之裳皆與天子諸侯同，何獨至玄端而君與大夫士别爲三乎？然則自天子至於士，玄端皆玄裳也。《士冠禮》雖並列玄裳、黄裳、雜裳，而以玄裳爲首舉，是玄端以玄裳爲正，故有袀玄之稱。」詒讓案：凡天子佃服，諸侯大夫士朝服，皆玄冠緇衣素裳。玄端，則天子以下至士，皆玄冠緇衣玄裳，故《士冠禮》云「兄弟畢袗玄」，注云「袗，同也；玄者，玄衣玄裳也」。袗亦作袀，《淮南子・齊俗訓》云「尸祝袀袨」，高注云：「袀，純服；袨，黑齊衣也。」蓋玄端上緇下玄，與素端上白下素，制正相儗。宋緜初亦謂《士冠禮》玄裳爲玄端服之正義，又言黄裳雜裳可也。乃緣類許可之辭，尤足與二金説相輔。至鄭説玄端，天子諸侯朱裳，於經無文，陳祥道、張惠言、宋緜初並㡿其誤，而二金説尤詳塙，足爲定論矣。又依鄭義，王玄端，朱韠，黑舄，羔裘。今案：當爲緇韠黑屨，互詳後疏。

凡凶事，服弁服。服弁，喪冠也。其服，斬衰、齊衰。

【疏】「凡凶事服弁服」者，凶事即喪紀之事。喪禮自王以下，通以厭冠爲首服。厭冠爲冠制，而云服弁者，《夏官・敍官》注云「弁者古冠之大稱」是也。國君喪禮未成服前，子服麻弁絰。《曾子問》説君出疆薨，已大斂入國之禮，云「子麻弁絰，疏衰，菲杖」。注云：「麻弁絰者，布弁而加環絰也。布弁如爵弁而用布。」又《喪大記》云「君將大斂，子弁絰」，亦即麻弁絰也。彼注則以爲如爵弁而素。《喪服小記》孔疏引《喪服變除》亦云「小斂之後，大夫以上冠素弁」，是又有素弁矣。林喬蔭據彼謂此服弁及弁絰，與厭冠不同，亦足備一義也。互詳後疏。　注云「服弁，喪冠也」者，《喪服》斬衰三年經云：「斬衰裳，苴絰，杖，絞帶，冠繩纓，菅屨者。」傳云：「斬者何？不緝也。苴絰者，麻之有蕡者也。絞帶者，繩帶也。冠繩纓，條屬右縫，冠六升，外畢，鍛而勿灰。衰三升。菅屨者，菅菲也，外納。」注云：「屬猶著也。通屈一條繩爲武，垂下爲纓，著之冠也。布八十縷爲升。《雜記》曰『喪冠條屬，以別吉凶，三年之練冠，亦條屬右縫。小功以下，左縫』。外畢者，冠前後屈而出縫於武也。」又齊衰三年經云：「疏衰，裳齊，牡麻絰，冠布纓，削杖，布帶，疏屨。」傳云：「齊者何？緝也。牡麻者，枲麻也。冠者，沽功也。疏屨者，藨蒯之菲也。」注云：「疏猶麤也，沽猶麤也。冠尊加其麤，麤功，大功也。」又記云：「斬衰，衰三升、三升有半，其冠六升；以其冠爲受，受冠七升。齊衰四升，其冠七升；以其冠爲受，受冠八升。」此喪服斬衰齊衰冠衰裳絰之差。《弁師》注云「服弁，自天子以下，無飾無等」，則喪冠法通尊卑。明此天子服弁服與《喪服經傳》所説同。云「其服斬衰齊衰」者，下文説卿大夫士凶服，云加以大功小功，故知此王正凶服止有斬衰齊衰也。《中庸》云：「期之喪，達乎大夫；三年之喪，達乎天子。」鄭彼注云：「期之喪達於大夫者，謂旁親所降在大功者。其正統之期，天子諸侯猶不降也。大夫所降，天子諸侯絶之不爲服，所不臣乃服之也。」賈疏云：「天子諸侯絶傍期，正統之期猶不降，故兼云齊衰。其正服大功亦似不降也。《大功章》曰『適婦』，注云『適子之婦』。傳曰『何以大功也？不降其適也』。既無指斥，明關之天子諸侯也。又《服問》云：『君所主夫人、妻、大子、適婦。』既言君所主，服不降也。如是則爲適孫之婦，又當小功。今注止云斬衰、齊衰，以其正服齊衰，是不降之首。然則王爲適子斬衰，其爲適孫、適曾孫、適玄孫、適來孫，則皆齊衰。《不杖章》云『適孫』，傳曰『何以期也？不敢降其適也。有適子者無適孫，孫婦亦如之』。玄謂『凡父於將爲後者，非長子皆期』，然則王禮亦適子死有適孫，適孫死有適曾孫，向下皆然也。又案《喪服傳》云：『始封之君，不臣諸父、昆弟；封君之子，不臣諸父而臣昆弟。』天子之義亦當然，若虞舜之與漢高，皆庶人起爲天子，蓋亦不臣諸父昆弟而有服也。」案：《中庸》孔疏引熊安生云：「天子爲正統喪，適婦大功，適孫之婦小功。」此賈説所本。又《喪服經·大功章》云：「君爲姑姊妹、女子子嫁於國君者。」《通典·凶禮》引馬融云：「君，諸侯也。爲姑姊妹女子子之嫁於國君者服也，不言諸侯者，關天子元士卿大夫也。上但言君者，欲關天子元士卿大夫嫁女諸侯，皆爲大功也。」《通典》又引魏田瓊云：「天子不降其祖父母、曾祖父母、后、太子、嫡婦、姑姊妹嫁於二王後，皆如都人。」據此，是王服大功不降絶者，尚有姑姊妹女子子適二王後者，賈氏所舉，殊未盡也。 凡弔事，弁絰服。 弁絰者，如爵弁而素加環絰。《論語》曰：「羔裘玄冠不以弔。」絰大如緦之絰。 其服錫衰、緦衰、疑衰。 諸侯及卿大夫亦以錫衰爲弔服。《喪服小記》曰「諸侯弔必皮弁錫衰」，則變其冠耳。 喪服舊説，以爲士弔服素委貌冠，朝服，此近庶人弔服，而衣猶非也。 士當事弁絰疑衰，變其裳以素耳。 國君於其臣弁絰，他國之臣則皮弁。大夫士有朋友之恩，亦弁絰。 故書弁作「絣」。 鄭司農絣讀爲弁。 弁而加環絰，環絰卽弁絰服。【疏】「凡弔事弁絰服」者，王弔諸侯諸臣，喪主未成服，則服玄衣纁裳，已成服則服三衰，皆冠爵弁而加絰也。《喪服記》注約引此經云「凡弔，當事則弁絰服」。 當事，謂當大小斂及殯時，明居與出不弁絰也。《漢書·賈山傳·至言》云：「故古之賢君於其臣也，疾則臨視之亡數，死則往弔哭之。 臨其小斂、大斂，已棺塗而後爲之服，錫衰麻絰而三臨其喪。」義與《禮經》合。 金榜云：「爵弁服，大夫士之祭服，天子以爲弔服。《弁師》『王之弁絰，弁而加環絰』。《檀弓》『天子之哭諸侯也，爵弁絰，紂衣』。 故王之吉服凡九，而爵弁服不與焉。」

注云「弁絰者，如爵弁而素加環絰」者，《喪服記》及《雜記》、《服問》注説並同。《喪服》注云：「麻在首在要皆曰絰。 絰之言實也，明孝子有忠實之心，故爲制此服焉。 首絰象緇布冠之缺項，要絰象大帶。」《説文·糸部》云：「絰，喪首戴也。」《釋名·釋喪制》云：「絰，實也，傷摧之實也。」弁絰，如爵弁而素加絰也。」案：喪服有首絰，有要絰，此環絰加於弁，謂首絰也；其要絰則糾之，不如環，詳《弁師》疏。 賈疏云：「爵弁之形，以木爲體，廣八寸，長尺六寸，以三十升布染爲爵頭色，赤多黑少。 今爲弁絰之弁，其體亦然，但不同爵色之布，而用素爲之，故云如爵弁而素。」又賈《弁師》疏云：「案《曾子問》云『麻弁絰』。 鄭云『麻弁絰者，布弁而加環絰也』。 布弁，如爵弁而用布」。 此不言麻者，皆素爲之。」《檀弓》孔疏云：「鄭知如爵弁者，見《檀弓》云『殷人冔而葬』，又云『弁絰葛而葬，與神交之道』。 冔是祭冠也，故知弁絰是爵弁也。」任大椿云：「弔服弁絰，漢魏六朝諸儒皆以弁爲素爵弁。《通典·凶禮》：漢戴德曰：『君弔臣，疑衰，素弁加絰。』吴射慈曰：『始聞喪，去吉冠，著素弁。』魏博士杜希議：『《論語》曰「羔裘玄冠不以弔」。 周人去玄冠，代以素弁。 又禮，自天子下達於士，臨殯斂之事，去玄冠以素弁。 君子臨喪必有哀素之心，是以去玄冠，代之以素。』據此諸説，弁絰用素之義，皆可與鄭注相證。」又云：「弁絰者，《檀弓》疏云『用素絹』，蓋弔服之素弁與凶服之縞冠同，均以白絹爲之。《檀弓》注『素服者，縞冠也』。」詒讓案：鄭素爵弁説，本於大戴。然戴止云素弁。鄭據《檀弓》「弁絰葛而葬」及「周人弁而葬，殷人冔而葬」兩文參互推定，以爲如祭服爵弁而素，故《檀弓》注云「周弁殷冔，俱象祭冠而素，禮同也」。然其説於經無徵，殆非也。金榜云：「弔服錫衰、緦衰、疑衰，皆有絰帶。弔者加絰與衰，咸視主人爲節。未小斂，吉服而往。天子爵弁服，諸侯卿大夫皮弁服，士玄冠朝服。既小斂，天子爵弁加絰，諸侯卿大夫皮弁加絰，謂之弁絰；士則易玄冠爲素委貌冠，加絰焉。凡弁絰，各以其等爲之，弁師掌其禁令。《雜記》曰：『小斂，環絰，公大夫士一也。』謂此。主人既成服，則弔者亦服衰而往。天子爲三公六卿錫衰，爲諸侯緦衰，爲大夫士疑衰；諸侯卿大夫弔服錫衰，士弔服疑衰，其尊卑之差也。《雜記》『大夫之哭大夫弁絰，大夫與殯亦弁絰』，明聞喪哭者與，與殯同服。《檀弓》『天子之哭諸侯也，爵弁絰紂衣』，是天子與殯亦爵弁加絰，所謂王之弁絰弁而加環絰者也。《服問》『公爲卿大夫錫衰以居，出亦如之，當事則弁絰，大夫相爲亦然。』《喪服小記》『諸侯弔，必皮弁錫衰』。凡弔衰未有不絰者，故錫衰、緦衰、疑衰名爲弁絰服。謂皮弁錫衰爲不加絰者，誤。然則諸侯、卿大夫弔服，亦皮弁加絰明矣。當事，謂當斂殯之事。時主人未成服，弔者亦不錫衰，故曰當事則弁絰。天子、諸侯、卿大夫弁絰異等如此。士禮異者，於小斂改服素委貌。《喪大記》『主人即位，襲絰帶，踊，乃奠，弔者襲裘，加武，帶絰，與主人拾踊』。言加武者，明其改冠。禮家舊説，士弔服素委貌冠朝服，此小斂後弔服也。又曰布上素下，鄭君謂即疑衰，此既殯弔服也。是謂羔裘玄冠不以弔矣。禮文散逸，學者推士禮致于天子，謂大夫以上弔服皆素弁，失其傳矣。爵弁爲大夫士祭服，天子以爲弔服，蓋尊卑異禮。《檀弓》『弁絰葛而葬，與神交之道也，有敬心焉。周人弁而葬，殷人冔而葬』。以《士冠禮記》『周弁殷冔夏收』證之，則弁絰葛者，亦爵弁加絰，可互明矣。」孔廣森云：「弁絰有加爵弁者，《檀弓》『天子之哭諸侯，爵弁絰紂衣』是也。有加皮弁者，《小記》『諸侯弔必皮弁錫衰』是也。羔裘玄冠，夫子不以弔，言不以朝服而弔也。諸侯與其臣以冠弁爲朝服，其弔服自可皮弁環絰。天子與其臣皆以皮弁爲朝冠，故弔服更用爵弁絰，避朝服也。庶人無朝服，乃得通以素委貌弔矣。弁絰而衰者，成服以後之弔服也。爵弁絰紂衣者，既小斂，未成服，往哭則服之；或始聞其赴，遥爲位而哭，亦服之。」案：金、孔説是也。張惠言説亦同。經以弁絰爲弔服者，其弁在天子卽爲爵弁，在諸侯則爲皮弁，弁與常服同，但以加絰爲異，故《弁師》云「王之弁絰，弁而加環」，加，明非别爲之弁也。於《檀弓》見王弔之弁絰，爲爵弁加絰，於《喪服小記》見諸侯弔之弁絰，爲皮弁加絰。❶ 記文甚明，無勞推測。鄭素爵弁之説，雖本大戴，而與《禮記》不合。其注《檀弓》「爵弁絰紂衣」，則删「絰」字，云「服士之祭服以哭之，明爲變也。天子至尊，不見尸柩不弔服，麻不加於采。此言『絰』，衍字也，時人聞有弁絰，因云之耳。《周禮》王弔諸侯，弁絰緦衰也」。金榜云：「《雜記》『麻不加於采』，釋上麻者不紳、執玉不麻之義。大帶與執玉繅藉，皆有五采、三采、二采之等。既小斂，以要絰易大帶，爲麻者不紳。《聘禮》『遭喪，主人長衣練冠受玉』，爲執玉不麻。其義皆爲麻不加於采，與爵弁加絰異義。」案：金説亦是也。如鄭説，既分哭弔爲二冠，違於《雜記》大夫哭弔同冠之例，而又必删「絰」字而後可申其説，明其非達詁矣。《白虎通義・喪服》篇引《檀弓》亦無「絰」字，則疑後人依鄭義删之，非其舊也。又案：爵弁服，依鄭義，赤黑布弁，玄衣纁裳，韎韐赤舄，羔裘。《士冠禮》云：「爵弁服，纁裳，純衣，緇帶，韎韐。」注云：「爵弁者，冕之次，其色赤而微黄，如爵頭然，或謂之緅，其布三十升。」又云：「爵弁者，制如冕，黑色，但無繅耳。」《公羊》宣元年何注亦謂爵弁加旒曰冕。此卽賈疏所本。《書・顧命》又作「雀弁」，孔疏引鄭《書注》、阮諶《三禮圖》及《獨斷》説，竝與《士冠禮》注義同。依鄭義，則爵弁亦以布爲延武，皆不用韋爲之。劉氏《釋名》、《顧命》僞孔傳並釋爲爵韋弁，蓋兼取兵服韋弁爲説，非爵弁之本制也。又鄭、賈説爵弁爲冕制，異於韋弁、皮弁，其説亦不甚塙。江永云：「弁字上鋭，象形。爵弁與皮弁同名弁，而爵弁有覆版，何以名弁。」任大椿云：「爵弁既以弁名，則其狀當似弁。攷《釋名》，弁如兩手相合抃時也。以爵韋爲之謂之爵弁，以鹿皮爲之謂之皮弁，以韎韋爲之謂之韋弁也。然則此三弁皆作合手狀矣。」案：江、任説本陳祥道，是也。吴廷華、金鶚説亦同。劉説爵弁，雖未得其制，而謂三弁同形，則足正鄭説之誤。爵弁既爲合抃之形，則無上延，與冕制迥異，鄭、賈説並誤。又鄭説爵弁赤舄羔裘，當爲纁屨狐青裘，詳《屨人》、《司裘》疏。環絰，詳《弁師》疏。引《論語》曰「羔裘玄冠不以弔」者，《鄉黨篇》文。《穀梁》僖三年楊疏引鄭《論語注》云：「玄冠委貌，諸侯視朝之服。」賈疏云：「彼謂小斂之後，主人已改服，客則不用玄冠羔裘朝服以弔

❶「加」，原誤作「絰」，據楚本改。

之。引之者，證凡弔服及弁絰，皆施之於小斂已後也。」案：賈説非鄭恉也。鄭引《論語》者，欲見玄冠朝服不以弔。天子朝服皮弁，故弔服亦不用皮弁，而用素爵弁。此與《喪服》注引《論語》破士弔朝服之意同。云「絰大如緦之絰」者，《弁師》注義同。《通典・凶禮》引戴德説弔服云，「絰大與緦麻絰同」，卽鄭所本。《喪服》斬衰傳云：「苴絰大搹，去五分一以爲帶。齊衰之絰，斬衰之帶也，去五分一以爲帶。大功之絰，齊衰之帶也，去五分一以爲帶。小功之絰，大功之帶也，去五分一以爲帶。緦麻之絰，小功之帶也。」甄鸞《五經算術》云：「緦麻之絰，三寸六百二十五分寸之四百二十九。」賈疏云：「弔服環絰，大小無文。但五服之絰，緦絰最小，弔服之絰，亦不過之，是以約同緦絰，故云絰大如緦之絰也。」孔廣森云：「《漢書・王莽傳》詔議功顯君服，劉歆等稱《周禮》曰，『王爲諸侯緦縗，弁而加環絰，同姓則麻，異姓則葛』。今經無文，據記弁絰葛而葬，則弁經固有葛者，其用之别，或當如歆所説。《太平御覽・皇覽》引《逸禮》曰：『君使大夫弔於國君，錫衰裳弁絰，下大夫爲介亦如之。士介者、將命者，緦麻裳弁絰。異姓葛，同姓麻。』」云「其服錫衰、緦衰、疑衰」者，據下文弔服有此三衰，明異衰同冠。今攷弁絰衰，乃主人已成服後之弔服；其未成服已前弔服，則弁絰或爵弁，或皮弁，咸如其本服，不皆服衰也。云「諸侯及卿大夫亦以錫衰爲弔服」者，據《服問》及《雜記》文，明諸侯弔卿大夫及卿大夫自相弔，其服同，詳前。《通典・凶禮》引戴德云：「大夫相弔，錫縗，素冠加絰。」依其説，則大夫以素委貌爲弔服，與《服問》、《雜記》説不合，不足據也。云「《喪服小記》曰，諸侯弔必皮弁錫衰，則變其冠耳」者，賈疏云：「不言君而言諸侯，則是弔異國之臣法。不著弁絰而云皮弁，故云變其冠耳。」金榜云：「記言必皮弁錫衰，兼舉内外之詞。疏謂弔異國臣，誤。」案：金説本陸佃，是也。孫希旦説同。鄭《喪服》注云：「諸侯卿及大夫亦以錫衰爲弔服，當事乃弁絰，否則皮弁，辟天子也。」據鄭彼注，則天子弔服三衰，無論當事與否，悉素弁加絰，故此經無以皮弁爲弔服之文。若諸侯以下，則當事亦弁絰，與天子同；不當事則改著皮弁，無絰；其諸侯弔異國之臣，則當事亦皮弁無絰：皆所以相變，示辟天子也。今依陸、金説，《小記》文兼内外，不專指弔異國臣；又皮弁錫衰卽諸侯之弁絰服，《小記》不言絰者，文不具耳。鄭、賈説並非。又案：《通典・凶禮》引戴德云「諸侯會遇相弔，則錫縗，皮弁加絰」。又引譙周云「國君弔他國卿大夫，皮弁錫縗而絰」。此似亦隱據《小記》義，而並以弁絰爲皮弁加絰，足證鄭説之誤。《通典》又引譙周云「國君爲卿大夫，皮弁錫縗以居，其弔則皆錫縗布弁而絰」。案：布弁卽《曾子問》之麻弁絰，彼爲國君子未成服之服，而譙以爲弔卿大夫之服，則與《小記》不合，殆未足憑也。云「喪服舊説，以爲士弔服，素委貌冠朝服」者，此欲見士弔亦素弁加絰，故引舊禮家説而破之。《喪服》注亦云：「舊説以爲，士弔服布上素下，或曰素委貌冠加朝服。《論語》曰『緇衣羔裘』，又曰『羔裘玄冠不以弔』。何朝服之有乎？」《通典》引戴德云：「同國之士，相爲朝服加絰。」鄭述舊説，疑卽大戴義也。攷委貌朝服，卽上文之冠弁服，玄冠緇布衣，積素以爲裳；弔服則易玄冠爲素冠。《通典》又引戴説「親死既襲，服素章甫冠」，亦卽此也。《喪服》舊説，蓋謂士以朝服爲弔服，但易其冠，布上素下卽謂緇衣素裳也。鄭意朝服禮不以弔，故《喪服》注復引《論語》以證其誤。今依金氏説，素冠朝服乃士禮主人小斂後弔服，禮家舊説不誤，鄭破之非也。云「此近庶人弔服而衣猶非也」者，賈疏云：「庶人首服素冠而素裳，其衣當疑衰，故《喪服》注云『庶人不爵弁，則其弔冠素委貌』也。」案：賈説是也。《檀弓》孔疏説同，又引或説庶人布深衣，則非。案：鄭意謂《喪服》舊説云「士弔服，素委貌冠朝服」者，實非士弔服；惟庶人不得服爵弁，故弔服不服弁絰，而正冠素委貌；又素裳與朝服之裳同，然衣則疑衰，仍與朝服緇衣異，故云「近庶人弔服而衣猶非也」。云「士當事弁絰疑衰，變其裳以素耳」者，此破《喪服》舊説，明士弔服首服弁絰，同諸侯及卿大夫；身服則疑衰素裳，同於庶人也。《喪服》「朋友麻」，注云：「士以緦衰爲喪服，其弔服則疑衰也。其弁絰皮弁之時，則如卿大夫，然又改其裳以素，辟諸侯也。朋友之相爲服，卽士弔服疑衰素裳，冠則皮弁加絰。」據彼注，是士弔服當事則弁絰，不當事則皮弁，與《服問》説諸侯卿大夫弔服並同，惟衣不用錫衰，又辟正喪服，不用緦衰而服疑衰，其裳則又辟諸侯弔異姓士疑衰，變爲素裳也。今依金氏説，士不得以弁絰爲弔服，鄭説亦非。云「國君於其臣弁絰，他國之臣則皮弁」者，此兼據《服問》、《喪服小記》，明諸侯弁絰亦爲素弁加絰，與皮弁爲二也。《喪服小記》云「諸侯弔於異國之臣，則其君爲主」，下卽云「諸侯弔必皮弁錫衰」。孔疏云：「一云此句因前而發，謂弔異國臣也。若自弔己臣，則素弁環絰錫衰也。一云此亦爲自弔己臣，而未當事則皮弁錫衰，至當事乃弁絰耳。」詒讓案：鄭意《小記》所説，是不問當事不當事，並徒服皮弁，不加絰，自指諸侯弔異國之臣言；若《服問》説，弔己臣當事弁絰，明不當事皮弁不加經，必兼此二義乃備。此注前引《喪服小記》，故云他國之臣則皮弁；《喪服》注專據《服問》爲説，故云當事則弁經，否則皮弁。二注各偏舉一端爲説。今依金氏説，則諸侯弔己臣與弔異國臣，同皮弁加經。弔服皮弁未有不加經者，鄭分爲二，非也。《小記》皮弁錫衰之文，與上弔異國之臣文不相冡，孔氏前一説雖得鄭恉，然非經義也。云「大夫士有朋友之恩亦弁經」者，此亦誤謂士弔服亦弁經也。賈疏云：「《喪服記》云『朋友麻』，故知大夫於士、士自相於有朋友之恩者，服麻也。大夫相於不假朋友恩，以其《服問》卿大夫相爲亦錫衰弁經，不言朋友也。凡弔服，天子之服於此上下文具矣。其諸侯弔服，亦應三衰俱有，知者，以天子自大裘以下至素服，上公自衮冕以下如王之服，侯伯自鷩冕而下如公之服，子男自毳冕而下如侯伯之服，皆相如，明諸侯三衰皆有。但所用據文，唯有《服問》云『爲卿大夫錫衰以居，出亦如之，當事則弁經』。其用緦衰疑衰，則《文王世子》注『同姓之士緦衰，異姓之士疑衰』。以其卿大夫已用錫衰，故以二衰施於同姓異姓之士也。案：《士喪禮》注云『君弔必錫衰』者，蓋士有朋友之恩者，加之與大夫同用錫衰耳。大夫相於必用錫衰者，以大夫雖已降服，仍有小功降至緦麻，則不得以緦衰爲弔，緦衰既不弔，明疑衰亦不可爲，故以錫衰爲弔服也。士之弔服不用錫衰者，避大夫。疑衰不用疑裳者，鄭注《喪服》云避諸侯也。凡弔服，皆既葬除之。其大夫妻亦與大夫同，故《喪服》云『大夫弔於命婦錫衰，命婦弔於大夫亦錫衰』，注云『弔於命婦，命婦死也』是也。《服問》云『爲其妻，出則不服』，與大夫小異耳。」云「故書弁作絣，鄭司農絣讀爲弁」者，「司農」下疑脱「云」字。徐養原云：「《説文·糸部》：『緐，或从弁，作緈。弁，籀文弁。』是絣卽緈字。《玉篇》絣同緐。弁絣音同，古字通用，弁爲正字，絣爲假借。」云「弁而加環經，環經卽弁經服」者，「環經」二字於文義不當重出，疑衍。先鄭亦據《弁師》爲説，與後鄭同。**凡喪，爲天王斬衰，爲王后齊衰。**王后，小君也。諸侯爲之不杖期。【疏】「凡喪爲天王斬衰，爲王后齊衰」者，天王卽王也。《曲禮》云：「崩，曰天王崩。告喪，曰天王登假。」經例單稱王，唯此稱天王，蓋亦依告喪諸侯爲文也。《春秋》隱元年經云：「天王使宰咺來歸惠公仲子之賵。」《公羊》何注云：「言天王者，時吴、楚上僭稱王，王者不能正，而上自繫於天也。」案：此經爲周初禮典，時未有吴、楚僭王之事，何説不可通於此經。《曲禮》孔疏引《五經異義·古春秋左氏》説及許慎、服虔，並云「施於諸夏稱天王」，於義亦通，詳《典命》疏。

《喪服・斬衰三年》經云「諸侯爲天子」。傳云：「天子，至尊也。」《昏義》云：「天子之與后，猶父之與母也。故爲天王服斬衰，服父之義也；爲后服資衰，服母之義也。」鄭注云：「『資』當爲『齊』，聲之誤也。」《白虎通義・喪服》篇云：「諸侯爲天子斬衰三年何？普天之下，莫非王土，率土之賓，莫非王臣。臣之於君，猶子之於父，明至尊臣子之義也。」賈疏云：「凡喪者，諸侯諸臣皆爲天王斬衰，王后齊衰，故云『凡』以廣之。」案：賈專舉諸侯諸臣言者，明此服不關庶民也。《喪服・齊衰三月》經云：「疏衰，裳齊，牡麻經，無受者，庶人爲國君。」注云：「天子畿内之民，服天子亦如之。」《白虎通義・喪服》篇亦云：「禮，庶人爲國君服齊衰三月。王者崩，京師之民喪三月何？民賤而王貴，故恩淺，故三月而已。」據班、鄭説，則畿内民服王不斬衰也。其畿外侯國之大夫，據《喪服經》於王服繐衰，既葬除之；士民於王則無服。侯國大夫於王后服無文，《通典・凶禮》引庾蔚之云：「無服於理近是。」喪衰制，詳《内司服》、《閭師》疏。　注云「王后，小君也」者，《白虎通義・嫁娶》篇云：「天子之妃謂之后何？后者君也。天子妃至尊，故謂后也。明配至尊，爲海内小君，天下尊之，故繫王言之曰王后也。」《公羊》莊二十二年何注云：「言小君者，比於君爲小，俱臣子辭也。」案：鄭言此者，釋爲王后齊衰降於王之義。又《喪服傳》云：「君之母、妻，則小君也。」此王后蓋亦關王之母、妻言。其王母若非王后，則諸侯諸臣皆無服，故《服問》云：「君之母非夫人，則羣臣無服，唯近臣及僕、驂乘從服，唯君所服服也。」王母非后，當與彼同。云「諸侯爲之不杖期」者，賈疏云：「案《喪服・不杖章》云『爲君之母、妻』。傳曰：『何以期也？從服也。』但諸臣亦爲王斬衰，爲后期，鄭特言諸侯者，以《喪服・斬衰章》云『臣爲君，諸侯爲天子』。及至《不杖章》，直云『爲君之母、妻』，不別見諸侯爲后之文，故鄭解之。本不見諸侯爲后者，以其諸侯爲后，與臣爲之同，故不別見也。其卿大夫適子爲君夫人，亦與諸臣同。士之子賤，無服，當從庶人禮。《服問》云：『諸侯之世子不爲天子服。』注云：『遠嫌也。與畿外之民同不服。』《服問》又云：『大夫之適子，爲君夫人、大子，如士服。』注：『大夫不世子，不嫌也。士爲國君斬，小君期。大子，君服斬，臣從服期。』天子卿大夫適子亦當然，故云如士服也。」

王爲三公六卿錫衰，爲諸侯緦衰，爲大夫士疑衰，其首服皆弁經。君爲臣服弔服也。鄭司農云：「錫，麻之滑易者，十五升去其半，有事其布，無事其縷。緦亦十五升去其半，有事其縷，無事其布。疑衰，十四升衰。」玄謂無事其縷，哀在内；無事其布，哀在外。疑之言擬也，擬於吉。【疏】「王爲三公六卿錫衰，爲諸侯緦衰，爲大夫士疑衰」者，此三衰並成服以後之弔服也。凡弔衰，亦有衰、適、負版，制與端衰同，但以侈袂爲異。故《雜記》云「凡弁絰，其衰侈袂」。注云：「侈猶大也。弁絰服，弔服也。其衰，錫也，緦也，疑也。」賈疏云：「天子臣多，故三公與六卿同錫衰，諸侯五等同緦衰，大夫與士同疑衰。不見三孤者，與六卿同。又不辨同姓異姓，亦以臣故也。」云「其首服皆弁絰」者，賈疏云：「三衰同，皆弁絰。凡弔皆不見婦人弔服者，以婦與夫同，故《喪服》云『大夫弔於命婦錫衰，命婦弔於大夫錫衰』，是婦與夫同。其首服，卽鄭注《喪服》云『凡婦人弔服，吉笄無首、素總』是也。」《通典・凶禮》及《御覽・禮儀部》引射慈《喪服圖》云：「天子弔三公及三孤六卿弁絰錫縗，弔大夫士皆弁絰疑縗，弔畿内諸侯弁絰緦縗。」案：依賈説，則弔諸侯通内外五等而言。射氏謂弔諸侯專爲畿内諸侯，蓋以王無出畿而弔之事。然畿外諸侯或來朝，薨於王國，及王巡守殷國，至畿外侯國，遇有弔事，則亦弁絰緦衰可知，賈説是也。　注云「君爲臣服弔服也」者，賈疏云：「欲見臣爲君斬，君爲臣無服，直弔服，既葬除之而已。」鄭司農云「錫，麻之滑易者，十五升去其半，有事其布，無事其縷，緦亦十五升去其半，有事其縷，無事其布」者，《喪服傳》云：「錫者何也？麻之有錫者也。錫者，十五升抽其半，無事其縷，有事其布，曰錫。」又云：「緦者，十五升抽其半，有事其縷，無事其布，曰緦。」鄭彼注云：「謂之錫者，治其布使之滑易也。」《雜記》云：「朝服十五升去其半而緦，加灰錫也。」注云：「緦，精麤與朝服同，去其半則六百縷而疏也。又無事其布，不灰焉。」《説文・糸部》云：「緆，細布也。緦，十五升布也。」錫卽緆之借字。《釋名・釋喪制》云：「錫縗，錫，易也，治其麻使滑易也。緦，麻也，績麻細如絲也。」賈疏云：「有事其縷及有事其布者，皆謂以水濯治，去其垢者也。」詒讓案：鄭《深衣》注云：「深衣者，用十五升布，鍛濯灰治。純之以采。」蓋凡以縷爲布，必有兩次鍛濯灰治，所謂有事也。無事者，謂不鍛濯灰治，但依鄭説，則緦錫之布並止六百縷；依許説，緦布十五升，則錫布亦當同。二説不合。金榜云：「五服皆以升數多寡爲輕重之差，故自斬衰三升遞降至小功十二升，升數少者服重，升數多者服輕，無緣至緦麻而減其升數爲七升半，與大功等也。《雜記》：『朝服十五升，去其半而緦，加灰錫也。』緦者，謂治其縷細如絲，於上加灰爲錫。是錫之縷與緦同矣。去讀如『萬入去籥』之去，藏也。十五升之布，盡治其縷爲朝服；藏去其半，治之爲緦。是緦與朝服異者，在於縷之半無事，不在布之升數，故《説文》云『緦，十五升布也』。然則緦衰錫衰皆用十五升，治其縷者唯七升半。傳曰『緦者，十五升抽其半，有事其縷』，則其半爲無事可知；『錫者，十五升抽其半，無事其縷』，則其半爲有事可知。緦衰以縷得名，錫衰以布得名，咸據其有事者，以明人功遞加。緦衰加灰爲錫，故緦列五服之内，以著其重；錫爲弔服，以著其輕。《司服》王爲三公六卿錫衰，爲諸侯緦衰。周制，王之三公六卿出封，皆加一等，以緦衰服諸侯，亦伸之也。」案：金申許義是也。依《雜記》義，則未加灰之錫布，卽已有事其縷之緦布。故《通典・凶禮》引譙周云：「錫衰用緦麻布，而灰理之曰錫。」明錫緦同布，錫布之縷非全無事者可知。蓋緦錫與朝服布皆十五升，惟朝服則縷布皆有事，錫則縷半有事，布全有事，緦則縷半有事，布全無事，吉凶輕重之差如是而已。許、譙之説與《雜記》義合，殆不可易。若如二鄭説，緦錫並止六百縷，則《喪服傳》何不云七升有半，而必云十五升抽其半，此於文例亦未允協，非徒緦疏於小功於輕重之差不合也。云「疑衰十四升衰」者，降於朝服一升也，凡一千一百二十縷。云「玄謂無事其縷哀在内，無事其布哀在外」者，《喪服傳》注義同。織縷成布，縷在布内，故以哀在内者則不治其縷，哀在外者則不治其布也。賈《喪服》疏云：「以其王爲三公六卿，重於畿外諸侯故也。」云「疑之言擬也，擬於吉」者，《漢書・食貨志》「遠方之能疑者」，顔注云：「疑讀曰擬。」《釋名・釋喪制》云：「疑縗，疑，儗也，儗於吉也。」賈疏云：「以其吉服十五升，今疑衰十四升，少一升而已，故云擬於吉者也。」《通典・凶禮》引譙周云：「士弔服以疑縗，用錫布爲衣而素裳，擬於吉也。」案：依許君説，緦衰至重爲十五升布，則疑衰不當爲十四升布。依譙説，緦錫疑三衰同布，則似皆十五升不減者，但縷則仍是半有事者耳。譙云士弔服素裳，則專據士禮而言，與鄭前注同，非以此概天子諸侯疑衰之裳也。竊謂王疑衰，衰裳皆當以十五升布，布縷皆有事，與吉布同，其異於吉服者，以爲衰制耳，譙説尚未得其義。又《御覽・禮儀部》引《禮記外傳》云：「疑衰者，疑其布是絲也。」案：成伯璵説又與鄭、譙異，亦通。

大札、大荒、大烖，素服。大札，疫病也。大荒，饑饉也。大烖，水火爲害。君臣素服縞冠，若晉伯宗哭梁山之崩。【疏】「素服」者，《雜記》注云：「素，生帛也。」《説文・素部》云：「素，白緻繒也。」案：素本爲白繒，引申之，凡布帛之白者，通謂之素。後「素端」注云「變素服言素端者，明異制」。鄭於彼注唯辨袂制之侈否，不著絲麻之異，則鄭意素服與素端，同爲白布衣而素繒裳，渾言不別，通謂之素服。若然，素服正法，蓋縞冠、白布衣、素裳、素屨、麑裘，其異於素端者，凡素服素緣，素端齊服，不純凶，當用采緣也，素服布衣，故《玉藻》「年不順成，君衣布」。《周書·大匡篇》云：「惟周王宅程三年，遭天之大荒。及期日，質明，王麻衣以朝，朝中無采衣。」卽此大荒素服也。《論語·鄉黨》篇「素衣麑裘」，皇疏云：「素衣，謂衣裳並用素也。麑，鹿子也。鹿子色近白，與素微相稱也。謂國有凶荒，君素服，則羣臣從之。」案：《論語》素衣，本據皮弁服言之，皇似誤謂卽此素服，殊爲失攷。但經自有素衣之素服，蓋亦變禮，故《曲禮》說大夫士去國，素衣，素裳，素冠，徹緣，鞮屨，彼記亦謂之重素是也。禮又有皮弁素服，《郊特牲》以爲蜡祭之服，鄭注云「衣裳皆素」。又《文王世子》說公族有刑，公素服，注云「素服亦皮弁」。則緣皮弁錫衰之文推之，並與此遇災素服衣冠並異。又依後注義，則此素服衣侈袂，於經無文，未知塙否。　注云「大札，疫病也」者，《大司徒》注義同。《説苑·脩文》篇云：「古者有菑者謂之厲，君一時素服，使有司弔死問疾。」厲與癘同，卽疫病也。云「大荒，饑饉也」者，《爾雅·釋天》云：「穀不熟爲饑，蔬不熟爲饉，果不熟爲荒。」此通云饑饉，散文得通也。云「大烖，水火爲害」者，《大宗伯》「以弔禮哀禍烖」，注云「禍烖，謂遭水火」。案：散文則荒札及天地大變皆爲大烖，此上文已有大荒大札，故唯據水火爲釋也。互詳《小宗伯》、《大司樂》疏。《昏義》云：「日食則天子素服。」《左》昭二十五年傳「日過分而未至，三辰有災，於是乎百官降物」。杜注云：「降物，素服。」則大烖當亦含天地大烖，注文不具耳。云「君臣素服縞冠，若晉伯宗哭梁山之崩」者，《春秋》成五年，梁山崩。《穀梁傳》云：「梁山崩，壅遏河，三日不流。晉君召伯尊而問焉。伯尊曰：君親素縞帥羣臣而哭之，既而祠焉，斯流矣。」范注云：「素衣縞冠，凶服也。」「尊」，《左傳》作「宗」，故此云「伯宗」。《説文·糸部》云：「縞，鮮卮也。」《小爾雅·廣服》云：「繒之精者曰縞，縞之麤者曰素。」《王制》孔疏云：「縞，白色生絹，亦名爲素。」案：素服之冠，經無文，故鄭據《穀梁》義補之。山崩川壅，亦得爲大烖也。《檀弓》云：「軍有憂，則素服哭於庫門之外。」注亦云「素服者，縞冠也」。縞素散文通稱，故《詩·檜風》「素冠」，箋以爲縞冠。賈疏云：「此言素服，案：《玉藻》云：『年不順成，則天子素服，乘素車，食無樂。』義與此合。彼又云『年不順成，大夫不得造車馬，君衣布搢本』，義與此違者，彼衣布謂常服，謂禱祈，義與此同也。」案：賈意此及《玉藻》之素服並爲絲衣。彼又云「君衣布」，則别爲白布衣，卽後齊服素端。與鄭義不合。《玉藻》孔疏則謂素服與下文「君衣布」爲互文，是孔意素服卽白布衣，故得與衣布文相互。二説不同，孔説爲允。又《閒傳》云「大祥素縞麻衣」，注云：「素縞者，《玉藻》所云『縞冠素紕，既祥之冠』。麻衣，十五升，亦深衣也。謂之麻者，純用布而無采飾也。」案：彼文「素縞」之下别云「麻衣」，故知素縞專屬冠言之，與《穀梁》以素屬衣、縞屬冠不同。彼麻衣爲深衣，與此素服麻衣絲裳亦異也。

周禮正義卷四十一

公之服，自衮冕而下如王之服；侯伯之服，自鷩冕而下如公之服；子男之服，自毳冕而下如侯伯之服。孤之服，自希冕而下如子男之服，卿大夫之服，自玄冕而下如孤之服，其凶服加以大功小功；士之服，自皮弁而下如大夫之服，其凶服亦如之。其齊服有玄端素端。自公之衮冕，至卿大夫之玄冕，皆其朝聘天子及助祭之服。諸侯非二王後，其餘皆玄冕而祭於己。《雜記》曰：「大夫冕而祭於公，弁而祭於己。士弁而祭於公，冠而祭於己。」大夫爵弁自祭家廟，唯孤爾，其餘皆玄冠，與士同。玄冠自祭其廟者，其服朝服玄端。諸侯之自相朝聘，皆皮弁服，此天子日視朝之服。《喪服》，天子諸侯齊斬而已，卿大夫加以大功小功，士亦如之，又加緦焉。士齊有素端者，亦爲札荒有所禱請。變素服言素端者，明異制。鄭司農云：「衣有襦裳者爲端。」玄謂端者，取其正也。士之衣袂，皆二尺二寸而屬幅，是廣袤等也。其袪尺二寸。大夫已上侈之。侈之者，蓋半而益一焉。半而益一，則其袂三尺三寸，袪尺八寸。【疏】「公之服自衮冕而下，如王之服」者，此大國諸侯之服也。《典命》云：「上公九命，其衣服以九爲節。」衮冕而下，謂九章以降也。上公衮無升龍，餘與王同。《禮器》説冕服之章，云「諸侯黼」。孔疏引熊氏云「諸侯九章，七章以下其中有黼」；又引《詩・采菽》「玄衮及黼」是也。賈疏云：「自此以下，陳諸侯及其臣之服，貴賤不同之事也。但上具列天子之服，此文以上公自衮冕以下差次如之，上得兼下，下不得僭上也。」云「侯伯之服自鷩冕而下，如公之服」者，此次國諸侯之服也。《典命》云：「侯伯七命，其衣服以七爲節。」鷩冕而下，謂七章以降也。孔廣森云：「侯伯之服，以鷩爲上，而《詩・韓奕》曰『王錫韓侯，玄衮赤舄』者，則加賜之也，乃《雜記》所謂褒衣也。」云「子男之服自毳冕而下，如侯伯之服」者，此小國諸侯之服也。《典命》云：「子男五命，其衣服以五爲節。」毳冕而下，謂五章以降也。《詩・王風・大車》云「毳衣如菼」，毛傳以爲子男之服，與此經合。孔廣森云：「《春秋》許男新臣卒。《左傳》曰：『凡諸侯薨於朝、會，加一等，死王事，加二等，於是有以衮斂。』許男本毳衣，故加二等而後衮。」詒讓案：此經五等諸侯之服，區爲三等，皆據本服言之。其加等之褒衣，則視恩禮之隆殺，唯王所命，其差次不能豫定也。又此經公服衮冕以下如王，侯伯而下以次遞降，皆轉相如。然依鄭義，則尊卑服章與旒飾亦自不同，故《覲禮》注云「上公衮無升龍」。《弁師》注亦謂五等諸侯及孤卿大夫士，冕弁旒飾並異，詳彼疏。云「孤之服自希冕而下，如子男之服」者，此孤卿大夫士之服，文承五等諸侯之下，鄭、賈並謂據侯國諸臣之服，故《典命》説王臣命數，首三公，而此經無之，則當指侯國之臣可知。《左》宣十六年傳：「晉侯請于王，以黻冕命士會將中軍，且爲太傅。」此所謂孤之服自希冕而下。又《禮器》説服章云「大夫黻」，孔疏引熊氏云「孤絺冕以下，其中有黻」，又引《詩・終南》「黻衣繡裳」是也。云「卿大夫之服自玄冕而下，如孤之服」者，此卿大夫同服，無大國及次小國之異。而《玉藻》注云：「諸侯之臣，皆分爲三等。公之臣，孤爲上，卿大夫次之，士次之；侯伯子男之臣，卿爲上，大夫次之，士次之。」故賈《内司服》、《大宗伯》疏及《王制》孔疏並推鄭義，謂有孤之國，孤絺冕，卿大夫玄冕；無孤之國，卿絺冕，大夫玄冕。《玉藻》孔疏亦謂《司服》此文爲上公之臣，以其有孤，而卿大夫爲一等也。依鄭、賈、孔説，則侯伯子男之卿得服絺冕，而天子及公之卿反止服玄冕，差次乖舛，似不可通。《大戴禮記・諸侯遷廟》篇盧注駁鄭説，謂五等侯國臣，同卿大夫玄冕，不以有孤無孤而異，實較鄭義爲長。今攷《大宗伯》「再命受服」注，亦引此經，不著無孤國卿大夫異服之義，則疑鄭已自易其前説，與《玉藻》注不必同也。互詳《内司服》、《大宗伯》疏。云「其凶服加以大功小功」者，冢上王云「凡凶事服弁服」，爲止有斬衰齊衰，明孤卿大夫於大小功無絶降也。云「士之服自皮弁而下，如大夫之服」者，侯國士不得服冕也。《荀子・富國篇》云「士皮弁」，亦據侯國士言之。《大略篇》又云「士韋弁」者，任大椿謂皮韋通稱是也。賈疏云：「士之助祭服爵弁，不言爵弁者，以其爵弁之服，惟有承天變時，及天子哭諸侯乃服之，所服非常，故列天子吉服不言之。今以次轉相如，不得輒於士上加爵弁，故以皮弁爲首，但皮弁亦是士助君視朔之服也。」案：賈謂爵弁承天變，本《書・金縢》鄭注義，見《書》孔疏。天子哭諸侯，據《檀弓》文，詳前疏。云「其齊服有玄端素端」者，《士冠禮》云：「玄端，玄裳，黄裳，雜裳可也。緇帶，爵韠。」注云：「玄端，即朝服之衣，易其裳耳。」案：素端者，如玄端而素也。此通冢王以下至大夫士爲文，吉事齊則玄端服，凶事齊則素端服也。鄭則謂此事屬士之齊服，故《特牲饋食禮》云「唯尸、祝、佐食玄端玄裳，黄裳、雜裳可也」。注云：「《周禮》士之齊服有玄端素端，然則玄裳上士也，黄裳中士，雜裳下士。」彼注亦以此玄端素端，專屬士服。然《玉藻》孔疏推鄭義，又引皇侃、熊安生，則謂諸侯以下皆以玄端齊。陳祥道則謂天子齊服玄冕玄衣，此經玄端當通晐端冕。惠士奇又謂齊服有玄端素端，自天子達士是一。其説並與鄭異，而義實較長。戴震云：「《文王世子》曰：『若内豎言疾，則世子親齊玄而養。』於此見玄端玄冠，諸侯以下齊服也。」金榜云：「經所言齊服，文承公侯伯子男及孤卿大夫士，不專主於士。《雜記》『子羔襲五稱』，爲大夫禮，其襲有素端一。又公襲有玄端一。《玉藻》『玄冠丹組纓，諸侯之齊冠也；玄冠綦組纓，士之齊冠也』。諸侯與士，皆服玄冠齊。《荀子·哀公篇》：『端衣玄裳絻而乘路者，志不在於食葷。』《郊特牲》『玄冕齊戒』，此齊服玄冕者，天子諸侯禮也。」金鶚云：「此文雖在士凶服下，其實非專承士言。句在一節末，是總結法，謂自王以至於士，齊服皆有玄端素端也。王之祭祀、兵事、眡朝、凶事、弔事，服皆詳舉，惟齊服不見，可知此句齊服包王在内也。《玉藻》云：『玄冠丹組纓，諸侯之齊冠也。』諸服惟玄端玄冠，是諸侯齊服亦玄端矣。《郊特牲》云：『齊之玄也，以陰幽思也。』玄色陰幽，故齊必服玄端，無貴賤之異。《郊特牲》言天子之祭，可知『齊之玄』數字，即天子亦在内也。鄭注《旅賁氏》云『王齊服衮冕』。不知齊祭必異服，自天子以至於士皆然，以祭重於齊，不可無别；又齊服取陰幽之義，不尚文飾，祭貴盛服，必致其華美也。衮冕甚文，齊服豈宜此乎。」案：陳、惠及金誠齊説是也。綜而論之，凡冕弁冠諸服，並繫冠爲名，唯玄端素端是服名，非冠名，蓋自天子下達至於士，通用爲齊服；而冠則尊卑所用互異，有玄冕之玄端，有爵弁之玄端，有玄冠之玄端，有緇布冠之玄端。它服各自有常冠，故以冠名服。玄端則冠本無定，❶故專舉服名矣。天子諸侯大事齊，當用玄冕，小事齊則用玄冠。《書·顧命》「王麻冕黼裳，邦君卿士麻冕蟻裳」，即齊服玄冕玄端。《玉藻》云「玄端而朝日於東門之外，聽朔於南門之外」。注云：「『端』當爲『冕』，字之誤也。玄衣而冕，冕服之下。」記又云「卒食，玄端而居」。注云：「天子服玄端燕居也。」案：彼天子朝日聽朔，蓋服玄冕玄端，燕則服玄冠玄端，二者冠異而服同，故記文不别，似不

❶「玄端」原誤作「玄冠」，據上下文意改。

必破上「玄端」爲「玄冕」也。其諸侯卿大夫齊服，或用玄冕，或用玄冠，戴、金諸家，舉證略備。此外公冠，別有爵弁玄端，士冠又別有緇布冠玄端，則不必齊服矣。至素端之冠，以玄端例之，亦當有麻冕、皮弁、縞冠之異，互詳前後疏。天子齊服，互詳《旅賁氏》疏。又案：此經不著王臣之服者，《典命》云：「王之三公八命，其卿六命，其大夫四命，其衣服亦如之。」是王臣命數皆降於諸侯一等，則衣服亦約略相儗，其差次可推校而得，經固有此詳略互見之例也。鄭意則謂王臣之服與侯國之臣同，故《覲禮》注說裨冕，云「孤絺，卿大夫玄」，不辨王朝邦國之異。又《內司服》注說外命婦之服，云「其夫孤也，則服鞠衣；其夫卿大夫也，則服展衣；其夫士也，則服褖衣」。蓋鄭意男女服相配，鞠衣當希冕，展衣當玄冕，褖衣當弁服，故《大宗伯》注亦謂王之中士再命服爵弁，明不得服冕也。然《說文·鳥部》引《周禮》曰「孤服鷩冕」，此蓋賈逵等說王國孤服如是，而許沿用之，足證漢時禮家舊說，亦謂王臣不與侯國之臣同。又《詩·王風·大車》毛傳云：「天子大夫四命，其出封五命，如子男之服，服毳冕。」依毛說，大夫加命服毳冕，則其本服當爲希冕而非玄冕矣。《內司服》賈疏則謂三公執璧與子男同，當亦毳冕，《王制》及《詩·唐風》孔疏說同。鄭、毛、許、賈、孔衆說，差迕難合。王昭禹云：「王之三公，當與侯伯同服鷩冕。三公八命而服鷩，則卿六命與子男同服毳冕。大夫四命則服希冕，與諸侯之孤同服。王之上士三命，中士再命，當同服玄冕。」孫希旦說同。吴廷華云：「據經言卿大夫玄冕。《典命》公侯伯之卿三命，大夫再命，子男大夫一命，是一命再命三命同玄冕也。鄭以天子之上士三命，中士再命，下士一命，則亦同玄冕可知。」金鶚亦駁賈、孔說云：「三公，王臣之最貴者也。《典命》云『三公八命，侯伯七命，子男五命』。《大宗伯》云『五命賜則，七命賜國，八命作牧』。是三公尊加子男三等，與外諸侯之州牧同。且《射人》云『三公北面，諸侯在朝則皆北面』，鄭注以爲從三公位，蓋在三公之後也。《明堂位》言三公中階北面，侯伯位於東西階，子男則位於門東西。由此觀之，三公之尊，雖諸侯不得與之抗也，豈子男所可同哉！《王制》云『三公一命卷』，鄭注云：『三公八命矣，復加一命則服龍衮，與王者之後同。』夫加一命即得服衮冕，則其本服鷩冕可知也。《禮器》言韠冕之制，上大夫七，下大夫五，士三，此王朝之大夫士也。五冕以玄冕爲下，三旒則玄冕也。士玄冕，則下大夫希冕，上大夫毳冕，三公宜服鷩冕矣。《玉藻》云『王后褘衣，夫人揄狄』。鄭注云：『三夫人，亦侯伯之夫人也。王者之後，夫人亦褘衣。』三夫人尊與三公同，則三公之夫人亦揄狄，同於侯伯夫人，而三公宜與侯伯同服鷩冕可知。」案：王、吴、金説是也。鄭鍔、孔廣森、陳奂亦並謂王之士得服冕，依次推之，王三公鷩冕，加一命則衮冕；卿毳冕，孤卽冢卿，加一命則亦鷩冕；大夫希冕，士玄冕。侯國臣服，卿與大夫同；王臣之服，則卿與大夫不同，亦内外尊卑之異。許引此經舊説，以鷩冕爲孤服，其義甚允，不可易也。王朝士得服冕，互詳《大宗伯》、《典命》疏。

注云「自公之衮冕至卿大夫之玄冕，皆其朝聘天子及助祭之服」者，此鄭所謂裨冕也。《玉藻》云「諸侯裨冕以朝」。注云：「朝天子也。裨冕，公衮，侯伯鷩，子男毳也。」賈疏云：「此上公衮已下，既非自相朝聘之服，又非己之祭服。案：《曾子問》云『諸侯裨冕出視朝』。鄭云：『爲將廟受，謂朝天子時也。』是受朝之事及助祭在廟，理當裨冕也。若卿大夫聘天子，受之在廟，及助祭，亦用冕服可知，故鄭君臣朝聘並言也。」《王制》孔疏云：「凡此諸侯所著之服，皆爲助祭於王。若助王祭天地及祭先王大祀之等，皆服已上之服。若其從王祭祀小祀，雖有應著上服，皆逐王所著之服，不得踰王也。」云「諸侯非二王後，其餘皆玄冕而祭於己」者，欲見諸侯非助祭，不得申上服也。賈疏云：「案《玉藻》云『諸侯玄端而祭』，注云『端』當爲『冕』，是諸侯玄冕自祭於己也。案《玉藻》注云『諸侯祭宗廟之服，惟魯與天子同』。此注云『諸侯非二王後，其餘皆玄冕祭於己』。彼不言二王後，此不言魯者，彼此各舉一邊而言，其實相兼乃具也。魯雖得與天子同，惟在周公、文王廟中得用衮冕，故《明堂位》云『季夏六月，以禘禮祀周公於太廟』，云天子之禮是也。若餘廟，亦玄冕，或可依《公羊傳》云『白牡周公牲，騂犅魯公牲，羣公不毛』。魯公既與羣公別牲而用騂犅，則其服宜用鷩冕可也。其二王後，惟祭受命王，得用衮冕，其餘廟亦得用玄冕。」《玉藻》孔疏引熊安生釋《明堂位》「君衮冕，夫人副褘」之義云：「此謂祭文王、周公之廟，得用天子之禮。其祭魯公以下，則亦玄冕。二王之後祭其先王，亦是用以上之服。二王之後不得立始封之君廟，則祭微子以下亦玄冕。」案：熊説謂魯祭魯公玄冕，而二王後祭先王亦服上服衮冕，則不止祭受命王，並與賈義小異。《大戴禮記・諸侯遷廟》篇盧注云：「《司服職》曰『公之服自衮冕而下如王之服，侯伯之服自鷩冕而下如公之服，子男之服自毳冕而下如侯伯之服，孤之服自絺冕而下如子男之服，大夫之服自玄冕而下如孤之服』。《玉藻》曰『君命屈狄，再命褘衣』。《内司服職》曰『辨内外命婦之服，鞠衣、展衣、緣衣、素紗，其於祭也，君與夫人皆申其服』。《祭統》曰『公袞冕立于阼，夫人副褘立于東房』是也。臣及命婦助祭於君，皆盡其服；自祭於家，咸降一等，陰爵不敢申也。《雜記》曰『大夫冕而祭於公，弁而祭於己；士弁而祭於公，冠而祭於己』。《特牲饋食禮》曰『主婦纚笄宵衣立於房中』是也。然鄭氏頓貶公侯，使一同玄冕以祭於己，非其差也。且諸侯專國，禮樂車服，王命有之，何獨抑其服乎！《玉藻》曰『玄端以祭，裨冕以朝』。孫炎云：『端當爲冕，玄冕，祭服之下也。其祭先君亦裨冕矣。』孫說爲合。」案：盧從孫叔然說，謂諸侯祭先君裨冕，卽公袞冕，侯伯鷩冕，子男毳冕，以遠尊得申上服，揆之禮意，其說實較鄭爲允。《公羊》昭二十五年何注云：「禮，諸侯裨冕以朝天子，以祭其祖禰。」此亦謂諸侯朝祭同服裨冕，蓋卽孫氏所本。但《玉藻》「玄端以祭」，祭對朝言之，不宜專舉下服，孫說於彼似有難通。要諸侯祭先君，與朝同服，何、孫義不可易也。引《雜記》曰「大夫冕而祭於公，弁而祭於己，士弁而祭於公，冠而祭於己」者，證孤以下祭服之差，欲見孤卿大夫士非助祭，亦不得申上服也。鄭彼注云：「弁，爵弁也。冠，玄冠也。祭於公，助君祭也。」孔疏云：「大夫，謂孤也。冕，絺冕也。」又引崔氏云：「孤不悉絺冕，若王者之後及魯之孤，則助祭用絺；若方伯之孤，助祭則玄冕，以其君玄冕，自祭不可踰之也。」案：崔、孔並申鄭義，然其說未塙。今攷方伯自祭得用鷩冕，則其孤助祭不妨服絺冕矣。《公羊》僖二十四年，何注云「士爵弁黻衣裳以助公祭」，亦謂侯國之士也。義與鄭同。云「大夫爵弁自祭家廟，唯孤爾」者，《雜記》注義亦同。鄭言此者，欲見《雜記》之大夫卽孤也。云「其餘皆玄冠與士同」者，賈疏云：「諸侯除孤用爵弁之外，卿大夫祭皆用玄冠，與士同，故《少牢》是上大夫祭，用玄冠朝服，《特牲》是士禮，用玄冠玄端，是其餘皆玄冠與士同也。其天子大夫四命，與諸侯之孤同，亦以爵弁自祭；天子之士宜與諸侯上大夫同用朝服也。」案：鄭據《少牢》玄冠朝服，爲侯國卿大夫之通禮，與《特牲》士禮異服同冠，故云餘皆玄冠，賈說深得鄭恉。《雜記》孔疏說同。而《王制》疏又謂公之卿亦爵弁自祭，與《雜記》疏自相違牾，非也。至天子孤卿大夫士自祭之服，經無明文，賈謂天子大夫爵弁自祭，士朝服自祭，說本《深衣目録》及熊安生說，孔《郊特牲》、《玉藻》、《深衣》疏同。若皇侃說，則謂天子大夫皮弁朝服自祭，孔《王制》疏同，其說皆非也。互詳《旅賁氏》疏。其三公孤卿自祭之服，賈氏無說，《王制》疏據《玉藻》注說「諸侯玄冕自祭」推之，謂天子孤卿之等當爵弁。張惠言又據孔説推之，謂天子三公亦當同爵弁自祭。蓋鄭、孔意，王臣與侯國之臣上服並同，或當如張説，然非經義也。今攷定，此經孤卿大夫士之服，專爲侯國之制。其王臣上服，從許君及王昭禹、金鶚説，三公孤當鷩冕助祭，自祭疑當以希冕；卿當毳冕助祭，則自祭疑當以玄冕；大夫當與諸侯卿同希冕助祭，則自祭自當同以爵弁；士與諸侯大夫同玄冕助祭，則自祭自當同以玄冠朝服。如此，則於差次較合，而大夫自祭用爵弁，與鄭注及《雜記》文亦無迕，儻得其正也。天子士助祭服，互詳《大宗伯》疏。云「玄冠自祭其廟者，其服朝服玄端」者，謂大夫則玄冠朝服，士則玄冠玄端也。凡朝服玄端，服異而冠同。《少牢》主人朝服，爲大夫禮。《特牲》士禮，云「主人冠端玄」，注以爲玄冠玄端。然彼記又云：「特牲饋食，其服皆朝服玄冠，唯尸、祝、佐食玄端。」注以朝服爲賓及兄弟之服。敖繼公謂「皆」兼主人説，士祭亦朝服，金榜亦謂主人與賓兄弟不當異服，冠端玄即士朝服，金鶚、黄以周説略同，皆深得經義。然則士玄冠自祭，亦仍是朝服，而非玄端。蓋士助祭服雖降於大夫，但士齊既用玄端，自祭又不可降服深衣，故仍與大夫同朝服，不降，亦禮窮則同，不必如鄭所説也。云「諸侯之自相朝聘皆皮弁服」者，降於朝聘天子用冕服也。賈疏云：「欲見此經上服惟施於入天子廟，不得入諸侯廟之意。必知諸侯自相朝聘用皮弁者，見《聘禮》主君及賓皆皮弁，諸侯相朝其服雖無文，《聘禮》主君待聘者皮弁，明待諸侯朝亦皮弁可知。且《曾子問》云『諸侯朝天子，冕而出視朝』，爲將廟受；及彼下文諸侯相朝云『朝服而出視朝』，鄭云『爲事故』。據此上下而言，明自相朝不得與天子同，即用皮弁可知也。」云「此天子日視朝之服」者，即上云「眂朝則皮弁服」是也。鄭言此者，欲見諸侯以天子之朝服爲自相朝聘之服也。云「喪服，天子諸侯齊斬而已」者，賈疏云：「欲見大夫言大功小功，天子諸侯不言之意也。天子諸侯絶旁期，此云齊者，據爲后夫人而言。若然，天子於適孫承重，亦期。周之道，有適子無適孫，若無適子，自然立適孫，若無適孫，立適曾孫，亦期，及至適玄孫皆然也。既爲適孫有服，而適子之婦大功，若於適孫已下之婦承重者，皆小功矣。今特言齊者，舉后夫人重者而言。」案：天子期功喪服不絶者，已詳前疏。諸侯喪制，則《喪服傳》云：「始封之君，不臣諸父、昆弟；封君之子，不臣諸父而臣昆弟。」又《喪服小記》孔疏謂「兄弟俱爲諸侯，依本服期」。是諸侯期服之不絶者。又《喪服經・大功章》云：「公爲適子之長殤、中殤。」又云：「君爲姑姊妹女子子嫁于國君者。」是諸侯大功之不絶者。賈所舉亦未盡也。云「卿大夫加以大功小功」者，《喪服·大功章》經云：「大功布衰裳，牡麻絰，纓，布帶，三月受以小功衰，卽葛九月。」鄭彼注云：「大功布者，其鍛治之功麤沽之。」又《小功章》云：「小功布衰裳，牡麻絰，卽葛五月。」此大小功之正服也。賈疏云：「卿大夫加以大功小功，謂本服大功小功者，其降一等，小功降仍有服緦者，其本服之緦則降而無服。」云「士亦如之，又加緦焉」者，《喪服經》云「緦麻三月」。注云：「緦麻，布衰裳而麻絰帶也。」賈疏云：「亦如大夫有大功小功，但士無降服，則亦有緦服，故鄭增之也。」云「士齊有素端者，亦爲札荒有所禱請」者，鄭以經齊服著士喪服之下，又據《玉藻》以玄端綦組纓爲士之齊冠，是士常齊服玄端，而經別有素端，則非常齊所用，故謂亦如上王大札大荒大烖素服，皆爲札荒有所禱請之齊服也。吴廷華云：「祭必有齊，不特禱請荒札，之外如虞祔祥禫齊時，有服者固服其服，若服除及無服者亦應素服，則不第禱請也。」案：吴説亦足補鄭義。又案：鄭《玉藻》注云「四命以上，齊祭異冠」。孔疏推鄭義，謂諸侯玄冕祭，玄冠齊，則鄭謂玄端亦爲諸侯卿大夫齊服，而此注以玄端素端專爲士齊服者，以經文正冢士服下也。攷《玉藻》云「齊則綪結佩而爵韠」，孔疏云：「熊氏、皇氏竝謂諸侯以下，皆以玄端齊，而爵韋爲韠，同士禮，以其齊故不用朱韠素韠也。」依孔引熊、皇説，亦以此齊服當通諸侯以下言之。實則此齊服，當上關天子，不徒諸侯也。云「變素服言素端者，明異制」者，欲見素端卽上之素服，以侈袂不侈袂爲異，明士服與王別也。賈疏云：「上文已云素服，士既轉相如，已有素服矣。今於經別云玄端素端爲士設文者，以其大夫以上侈袂同，惟士不得侈袂，以端爲之，故經別見端文也。」案：鄭、賈謂素端不侈袂是也。而謂惟士服不侈袂，則非。素端與玄端相儗，惟色異耳。其服通於王侯卿大夫，其爲不侈袂一也。蓋齊服二端，禮侔制等。凡玄端皆玄冠、緇布衣、玄裳、黑屨，素端則縞冠、白布衣、素裳、素屨，此玄端素端之正服也。唯天子諸侯有玄冕玄端服，凡冕服皆絲衣，則當玄冕玄繒衣，與玄冠玄端服不同，其素端當亦有麻冕素帛衣，可例推也。二端又各有弁服，蓋玄端則冠爵弁。《大戴禮記·公冠》篇云：「公玄端與皮弁皆韠，朝服素韠，四加玄冕。」《士冠禮》賈疏釋彼經，謂公冠四加，緇布冠、皮弁、爵弁、玄冕。是賈以彼玄端爲爵弁，朝服爲緇布冠也。此與《諸侯遷廟》、《釁廟》二篇之玄服，盧注據《雜記》謂卽爵弁服，可以互證。而《公冠》盧注以玄端與朝服爲一，則非也。素端則冠皮弁，《雜記》「素端」，孔疏引盧植云「布上素下皮弁服」，又賀瑒云「以素爲衣裳也」。盧説素端布上素下，與玄冠玄端正服合，而謂冠用皮弁，疑隱據《郊特牲》蜡服有皮弁素服，其説可通。賀謂衣裳皆素，則與皮弁本服無異，亦非經義也。黄以周云：「《曲禮》言去國素衣，《國風》言棘人素衣，皆謂白色，不必繒。素端與玄端多對舉，當以色言。玄端用布，素端亦布也，故素端與皮弁服異。《雜記》子羔之襲，素端皮弁並陳。《司服》玄端素端亦别於皮弁服。皮弁服絲衣，吉事用之；素端布衣，凶烖齊禱用之。」案：黄説是也。互詳前疏。鄭司農云「衣有𧞤裳者爲端」者，《釋文》云：「𧞤，本亦作襦。」案：𧞤即襦之俗字。《羅氏》、《弓人》注並作「襦」，當改正。《説文·衣部》云：「襦，短衣也。」《急就篇》顔注云：「短衣曰襦，自膝以上。」此襦即謂上衣之短者，與《鄉射》、《大射記》纁襦朱襦爲内衣異。先鄭意，端者，以有上襦下裳得名，其上衣不連裳而短，與深衣連裳而長者不同也。金榜云：「衣以端名者有二。仲師云『衣有𧞤裳者爲端』，對深衣以下連裳削幅者得名，乃冕弁服、朝服玄端，通稱冕服爲端冕，朝服玄端爲委端、爲端委、爲冠端。《特牲》冠端言玄者，以服緇韠也，此與玄端爲服名者殊異。」案：金説是也。先鄭以襦與裳不相連屬爲端，乃冕弁諸服之通制，雖亦得備一義，然非此玄端素端之本訓，故後鄭不從。又案：衣或以有襦裳者爲端，因之凡冕弁服之玄衣者，亦通稱玄端。《國語·楚語》「聖王正端冕」，韋昭釋端爲玄端，此據冕服而言。《論語·先進》篇「端章甫」，《集解》引鄭注，《穀梁》僖三年傳「委端」、哀十三年傳「冠端」范注，《左傳》哀七年「端委」孔疏引王肅注，又《玉藻》、《大戴禮記·公冠》之「朝服」鄭、盧注，並釋爲玄端，此皆據冠服而言，與此齊服袀玄異也。云「玄謂端者取其正也」者，《廣雅·釋詁》云：「端，正也。」《釋名·釋衣服》云：「玄端，其袖下正直端方，與要接也。」正字作「褍」，《説文·衣部》云：「褍，衣正幅。」端即褍之借字。《墨子·非儒下》篇云：「取妻親迎，袨褍爲僕。」袨褍即此玄端也。金榜云：「鄭君謂玄端對朝服以上侈袂者得名，猶喪衰對弁經服侈袂爲端衰，乃次於朝服之服。《雜記》公襲『玄端一，朝服一』，又襚者『自西階受朝服，自堂受玄端』是也。天子燕居之服，諸侯以下齊服，大夫士私朝服之。又士暮夕於朝及入廟之服。」案：金説甚覈。《左傳》昭元年，孔疏引服虔云：「禮衣端正無殺，故曰端。」《大戴禮記·保傅》篇「端冕」，盧注云：「端，正也。冕服之正。」此雖不用不侈袂之義，而訓端爲正，並與後鄭義略同。賈《士冠禮》疏云：「以其俱正幅，故朝服亦得端名。」然六冕皆正幅，故亦名端，是以《樂記》云「魏文侯端冕而聽古樂」。又《論語》云「端章甫」，鄭云「端，玄端，諸侯視朝之服」。則玄端以朝，得名爲玄端也。云「士之衣袂皆二尺二寸而屬幅，是廣袤等也」者，賈疏云：「《喪服記》云『衣二尺有二寸』。注云：『此謂袂中也。言衣者，明與身參齊。』是玄端之身，長二尺二寸。今兩邊袂亦各屬一幅，幅長二尺二寸，上下亦廣二尺二寸，故云屬幅廣袤等，袤則長也。言「皆」者，皆玄端素端，二者同也。」案：屬幅者，《喪服記》云「袂屬幅」，注云：「屬猶連也。連幅謂不削。」賈彼疏云：「屬幅者，謂整幅二尺二寸。凡用布爲衣物及射侯，皆去邊幅一寸爲縫殺。今此屬連其幅，則不削去其邊幅，取整幅爲袂。必不削幅者，欲取與下文衣二尺二寸同，縱橫皆二尺二寸正方者也。」云「其袪尺二寸」者，《喪服記》亦云「袪尺二寸」。注云：「袪，袖口也。」《玉藻》云：「深衣，袪尺二寸。」鄭彼注云：「袪，袂口也。」孔疏云：「謂口之外畔，上下尺二寸也。」云「大夫已上侈之，侈之者，蓋半而益一焉，半而益一，則其袪三尺三寸，袂尺八寸」者，葉鈔《釋文》「已」作「以」，「侈」作「移」。案：已以字同，此注例作「以」，詳《考工記·總敍》疏。移侈字通，《追師》注引《少牢饋食禮》亦作「移袂」，葉本是也。《説文·衣部》云：「移，衣張也。」移侈並移之借字。鄭以《少牢禮》大夫妻衣侈袂推之，士玄端衣袂二尺二寸，大夫已上侈之，半而益一，則益一尺一寸，爲三尺三寸。士袪尺二寸，大夫半而益一，則益六寸，爲尺八寸也。賈疏云：「此亦無正文。案：《禮記·雜記》云『凡弁絰服，其衰侈袂』。《少牢》主婦綃衣，亦云侈袂。侈，大也。鄭以侈爲大，卽以意爲半而益一以解之也。孔子大袂單衣，亦如此也。」任大椿云：「吉凶服，皆大夫以上侈袂。侈袂而猶稱端，但據衣身廣長皆二尺二寸言之。若衣與袂皆正方，惟士耳。《王制》『一命卷』，疏謂之端者已外之服，其袂三尺三寸，其袪尺八寸，其玄端則二尺二寸，袪尺二寸。而不知鄭《司服》注謂士之玄端，衣袂皆二尺二寸，大夫以上玄端，半而益一，則是玄端一服，其袪袂已有大夫士之異，不特玄端已外之服始袂三尺三寸、袪尺八寸也。」案：後鄭意，蓋謂凡天子諸侯卿大夫，無論冕弁冠服，皆侈袂，唯士不然，任説深得其恉。《王制》疏謂玄端服皆不侈袂，而《樂記》疏釋端冕，又謂冕服正幅不侈袂，兩疏相迕，並非鄭意也。孔廣森云：「凡冕服皆正幅，故曰端冕。唯皮弁冠弁服，乃有侈袂。吉事則冠冕之服端弁服侈袂，《少牢饋食》主婦被錫衣侈袂，知主人朝服亦侈袂也。凶事則喪服端弔服侈袂。《雜記》曰『端衰喪車皆無等』，又曰『凡弁絰，其衰侈袂』。凡端與侈袂，取其相變而已。」黄以周説同。案：依鄭説，大夫以上，朝祭服無不侈袂，玄端則大夫以上侈袂，士不侈袂。依孔説，則冕服冠服並不侈袂，惟弁服侈袂。以經攷之，冕服皆正幅，孔説固是，但弁服則不必皆侈袂，《雜記》弁經，特其一端耳。委貌朝服，亦實不爲弁制。《墨子·公孟》篇説，楚莊王鮮冠組纓，絳衣博袍。絳逢字通，亦玄冠朝服侈袂之證，是侈袂又不徒弁服也。竊謂凡諸服之侈袂，皆同服而特示别異，似與尊卑之等絶不相關。如弔服侈袂以别於端衰；《少牢》主婦錫衣侈袂，以别於《特牲》士妻之宵衣，以宵衣即錫衣綃領也。又《儒行》「哀公問於孔子曰：『夫子之服其儒服與？』孔子曰：『某少居魯，衣逢掖之衣，長居宋，冠章甫之冠。』」注云：『逢，大也。大掖之衣，大袂禪衣也。』」彼疏謂即大袂深衣。賈疏引孔子大袂單衣釋侈袂，即據彼文。若然，深衣得有侈袂，蓋亦儒者以此自表異，故章甫縫掖，通於士庶，則侈袂非大夫以上之專制明矣。

凡大祭祀、大賓客，共其衣服而奉之。奉猶送也。送之於王所。

【疏】「凡大祭祀、大賓客，共其衣服而奉之」者，賈疏云：「大祭祀，則中兼有小祭祀，以其皆是王親祭，故舉大而言。賓客言大者，據諸侯來朝也。王者不敢遺小國之臣，則其臣來聘，亦有接待之法。亦略舉大而言，皆當奉衣服而送之於王，王服之以祭祀及接賓客也。」　注云「奉猶送也」者，天府注同。云「送之於王所」者，謂司服共衣服，徑送之於王所，以俟王服之也。

大喪，共其復衣服、斂衣服、奠衣服、廞衣服，皆掌其陳序。奠衣服，今坐上魂衣也。故書「廞」爲「淫」。鄭司農云：「淫讀爲廞，廞，陳也。」玄謂廞衣服，所藏於椁中。

【疏】「大喪共其復衣服」者，此與玉府爲官聯也。《宰夫》注云：「大喪，王、后、世子也。」賈疏云：「大喪，王喪，其中兼小喪也。」復衣服，謂始死招魂復魄之服。案：《雜記》云復者升屋西上，則皆依命數，天子則十二人，諸侯九人、七人、五人，大夫士亦依命數，人執一領。天子衮冕已下，上公亦皆用助祭之上服。」詒讓案：《喪大記》云：「小臣復，升屋東榮，中屋履危，北面三號，捲衣投于前，司服受之。」注云：「司服以篋待衣於堂前。」則司服不徒共復衣服，亦與復也。云「斂衣服」者，賈疏云：「小斂皆十九稱。大斂，天子蓋百二十稱。」案：斂衣服稱數，互詳《小宗伯》疏。云「皆掌其陳序」者，序，經例當作「敘」，石經及各本並誤，詳《小宰》疏。自復衣服以下，並陳而後用，皆以尊卑次第序列之也。注云「奠衣服，今坐上魂衣也」者，賈疏云：「案下《守祧職》云『遺衣服藏焉』。鄭云：『大斂之餘也。』至祭祀之時，則出而陳於坐上，則此奠衣服者也。」案：《大戴禮記·諸侯遷廟》篇云：「成廟，將遷之新廟，徙之日，君至于廟，祝告將徙，請導，奉衣服者皆奉以從祝。至于新廟，筵于户牖間。奉衣服者入門左，升堂，奠衣服于席上。」此即喪紀奠衣服之事。奠者奠於席上，即坐上也。賈謂至祭祀之時，出而陳於坐上，蓋亦專指喪祭言之。常時吉祭，當無奠衣坐上之事。《中庸》「設其裳衣」，注亦止以授尸爲釋，是其證也。孔廣森云：「漢大喪儀，尚衣奉衣，登容根車，詣陵，奉衣就幄坐，大祝進醴獻如禮。既葬，容根車游載容衣，藏於便殿。此鄭所謂魂衣矣。周之奠衣服，亦藏於寢，其事又相類。《賈誼傳》『植遺腹，朝委裘』。孟康曰：『委裘，若容衣，天子未坐朝，事先帝裘衣也。』」云「故書廞爲淫，鄭司農云，浮讀爲廞，廞，陳也」者，《司裘》注義同。陳明衣服者，與司裘廞裘爲官聯，皆謂葬前一日，則陳於祖廟之庭，葬日至壙，則陳於墓道也。並詳《司裘》疏。段玉裁云：「《司裘》、《大師》注皆不云淫讀爲廞，但云淫，陳也，與此詳略互見。」云「玄謂廞衣服，所藏於椁中」者，二鄭並以廞衣服爲明器之衣服，而訓義則異。凡全經言廞者，後鄭並讀爲興，與先鄭義別，當以先鄭爲長，亦詳《司裘》疏。知藏椁中者，《喪大記》云「棺椁之閒，君容柷，大夫容壺，士容甒」。注云：「閒可以藏物，因以爲節。」又《既夕禮》云：「乃窆，藏器于旁，加見。」然則天子椁中所容當益廣，廞衣服之藏，亦當與用器燕器等同在椁中見内也。

典祀掌外祀之兆守，皆有域，掌其禁令。外祀，謂所祀於四郊者。域，兆表之塋域。【疏】「掌其禁令」者，即守厲禁之政令也。　注云「外祀謂所祀於四郊者」者，對宗廟爲内祀也。賈疏云：「此即《小宗伯》所云『兆五帝於四郊，四類四望亦如之，兆山川丘陵』已下，皆是典祀掌之也。」云「域，兆表之塋域」者，《小宗伯》注云「兆爲壇之營域」。塋營字通。言於兆外，四表周帀，封土爲界域也。

若以時祭祀，則帥其屬而脩除，徵役于司隸而役之。屬，其屬，胥徒也。脩除，芟掃之。徵，召也。役之，作使之。【疏】「若以時祭祀」者，賈疏云：「謂天地山川祭祀，皆有時也。」云「徵役于司隸而役之」者，此與司隸爲官聯也。《司隸》云：「邦有祭祀、賓客、喪紀之事，則役其煩辱之事。」故典祀徵役于彼也。　注云「屬其屬胥徒也」者，孔繼汾以首「屬」字爲衍文是也。賈疏云：「以其典祀身是下士，其下惟有胥徒故知也。不言府史者，府史非役者也。」云「脩除，芟埽之」者，《大宰》注云：「脩，掃除糞洒。」《毛詩·周頌·載芟》傳云：「除草曰芟。」言芟其草薉而糞掃之也。云「徵，召也」者，《司市》注同。云「役之，作使之」者，謂典祀作使衆隸徒也。鄭嫌役之與上徵役義同，故特釋之。**及祭，帥其屬而守其厲禁而蹕之。**鄭司農云：「遮列禁人，不得令入。」【疏】「及祭」者，謂祭祀之日也。　注鄭司農云「遮列禁人，不得令入」者，《山虞》云「物爲之厲」，先鄭注云：「厲，遮列守之。」詳彼疏。《閽人》「蹕宮門廟門」，注云：「蹕，止行者。」蓋内祀則閽人蹕廟門，外祀但有兆域，故典祀主守厲禁而蹕之。

守祧掌守先王先公之廟祧，其遺衣服藏焉。廟，謂大祖之廟及三昭三穆。遷主所藏曰祧。先公之遷主，藏于后稷之廟。先王之遷主，藏于文武之廟。遺衣服，大斂之餘也。故書「祧」作「濯」。鄭司農濯讀爲祧。此王者之宫而有先公，謂太王以前爲諸侯。【疏】「掌守先王先公之廟祧」者，先王，謂大祖及四親廟；先公，謂二祧也。《大傳》云：「牧之野，武王之大事也。既事而退，柴於上帝，祈於社，設奠於牧室，遂率天下諸侯，執豆籩，逡奔走，追王太王亶父、王季歷、文王昌，不以卑臨尊也。」《中庸》云：「武王末受命，周公成文武之德，追王太王、王季，上祀先公以天子之禮。」案：《中庸》以追王爲成王時事，與《大傳》文異。鄭彼注通之云：「追王者，改葬之矣。」許宗彦云：「先王，太王、王季、文王、武王也。先公，后稷、公祖、亞圉也。《天保》詩云：『禴祠蒸嘗，于公先王。』武王立七廟時，后稷爲祖廟，公祖、太王、王季、文王爲四親，高圉、亞圉爲二祧，傳言『余敢忘高圉、亞圉』是也。其時未追王，皆爲先公。至制禮，武王已没，祔武王而遷公祖，毁高圉，追王太王、王季、文王，則四親廟爲先王，二祧爲先公。以親廟至太王而止，故追王亦祇及太王。若如《大傳》以爲武王追王，則四親廟中不應獨遺公祖，是知追王當以《中庸》爲定。《武成》、《金縢》稱太王、王季，當是史家追稱之。」案：許説近是。但武王受命七年乃崩，其閒不宜絶無尊崇之典。竊疑太王、王季、文王之追王，實在武王時，惟廟制未定，祀禮亦未隆。逮周公制禮，始臻美備。《大傳》原其始，《中庸》紀其成，二記文本不相迕。要此經成於制禮之後，則四親廟爲太王以下無疑也。又，后稷爲周太祖，雖未追王，亦當稱先王，詳《敍官》及《司服》疏。先妣姜原亦特立廟，經不言者，文略，詳《大司樂》疏。　注云「廟謂太祖之廟及三昭三穆」者，據《王制》文，明廟爲太祖四親廟及祧廟之大名也。鄭彼注云：「太祖，后稷。」《漢書・韋玄成傳》，玄成等奏議云：「禮，王者始受命，諸侯始封之君，皆爲太祖。」案：周雖文武受命，而先爲諸侯，后稷實始受封，故文王不爲太祖，而后稷爲太祖也。《通典・吉禮》引唐張齊賢議云：「伏尋禮經，始祖卽太祖，太祖之外，更無始祖。或有引《白虎通義》云『后稷爲始祖，文王爲太祖，武王爲太宗』及鄭玄注《詩敍》云『太祖謂文王』以爲説者，其義不然。何者？彼以禮王者祖有功而宗有德，周人祖文王而宗武王，以謂文王爲太祖耳，非祫祭羣祖合食之太祖。」案：張説是也。成王時，文王尚在四親廟，則不得以爲太祖明矣。三昭三穆者，通二祧及四親廟言之。凡七廟，並兼二祧，詳《敍官》疏。云「遷主所藏曰祧」者，《小宗伯》注義同。《王制》孔疏引儒者難鄭云：「《祭法》『遠廟爲祧』。鄭注《周禮》云『遷主所藏曰祧』，違經正文。」案：此難是也。亦詳《敍官》及《小宗伯》疏。云「先公之遷主，藏于后稷之廟」者，于，注例當作「於」，各本並誤，下同。賈疏云：「先公，謂諸盩已前，不追謚爲王者。先公之主不可下入子孫廟，故知向上入后稷廟。若然，太王、王季之主不可入文武祧，亦當藏於后稷廟也。」云「先王之遷主藏于文武之廟」者，賈疏云：「當周公制禮之時，文武在親廟四之内，未毁，不得爲祧。然文武雖未爲祧，已立其廟，至後子孫，文武應遷而不遷，乃爲祧也。其立廟之法，后稷廟在中央，當昭者處東，穆者處西，皆别爲宫院者也。案：孔君、王肅之義，二祧乃是高祖之父、高祖之祖，與親廟四皆次第而遷，文武爲祖宗，不毁矣。鄭不然者，以其守祧有奄八人，守七廟并姜嫄廟則足矣，若益二祧，則十廟矣，奄八人何以配之，明其義非也。」案：《通典・吉禮》，王肅非鄭云：「鄭又曰『先公遷主藏后稷之廟，先王遷主藏文武之廟』，是爲三祧，而《祭法》云『有二祧』焉。」又引虞喜云：「成王六年制禮，七廟已有見數，文王爲祖，武王爲禰，祖非遠廟也。《周官》掌宗廟，而職曰守祧，周公不稱祖禰爲遠祧也。當須逆數成，然後廟得别出，不可於成王之代，以文武逆云爲遷主所藏矣。」此皆難鄭先王遷主藏文武祧之説也。《漢書・韋玄成傳》，玄成等奏議云：「王者始受命爲太祖，以下五廟而迭毁，毁廟之祖，藏乎太祖。」又《御覽・禮儀部》引《五經異義》云：「《禮・祭法》『去祧曰壇，去壇曰墠』。皆藏於祖廟，有事則禱，無事則止。」此謂先公先王遷主同藏大祖廟之説也。案：二説皆與鄭異而義較長。許宗彦云：「毁廟主所藏，經無明文。惟《公羊傳》云『毁廟之主，陳於太祖』。韋玄成據此，謂毁廟主藏於太祖。以禮推之，合祭毁宗在祖廟，則毁主自合在祖廟。《通典》載或問高堂隆云：『昔受訓云，馮君《八萬言章句》説，❶正廟之主各藏太室西壁之中，遷廟之主於太祖太室北壁之中。』蓋亦《公羊》家舊説。鄭乃以爲分藏后稷文武三廟者，鄭亦知毁主當藏祖廟，惟誤以文武爲二祧，則文武以後之毁主，自不可越文武上藏祖廟。若知文武非二祧，則二祧長爲高祖祖父。凡毁廟於祧廟，必爲祖父行，其祖不當下藏子孫之廟矣。」又云：「賈疏言周初文武在親廟内，不得爲祧，則《周禮》制於周公，何以先有守祧。且《守祧》明言掌先王先公之廟祧，則祧是先公之祧，非文武之祧也。」金鶚云：「賈疏謂文武雖未爲祧，已立其廟，是廟有虚主也。《曾子問》何言七廟無虚主乎？無主而立廟，必不然矣。即如鄭説，以二祧爲遷主所藏，亦必至懿王以後，成王當祧，藏於文王之廟，康王當祧，藏於武王之廟。而前此數世，二祧虚主而無所藏，又何爲立之乎？遷主所藏，必在大廟夾室，以大禘在大廟中，故毁廟之主皆藏於此。且六世以上之主，不可入子孫之廟，是知二祧非遷主所藏也。」案：許、金二説是也。賈疏謂守祧奄八人，守七廟并姜嫄廟，若益二祧則十廟，奄八人不足配。此即張融難王肅説。不知文武去祧在懿孝以後，作《周禮》時，本無是制也。詳《敍官》疏。又案：藏主之處，經無明文。《公羊》文二年何注謂主藏於廟室中，質家藏於堂。《穀梁》文二年疏引衛宏《漢舊儀》云：「主藏廟太室中西牆壁埳中。」《通典・吉禮》引《公羊》説、《左傳》昭十年孔疏引《白虎通》、《禮書》引《五經異義》説並同。此謂在室中西墉也。《通典》又引摯虞《決疑》云：「廟主藏於户之外西墉之中。」此謂在室外西墉也。《通典》又引或問高堂隆：「馮君《章句》説，正廟主各藏太室西壁，遷廟主於太祖太室北壁。」荅曰：「《章句》但言藏太祖北壁中，不别堂室。愚意以堂上無藏主，當室之中也。」《左》莊十四年疏云：「宗祏者，於廟之北壁内，爲石室，以藏木主。」《藝文類聚・禮儀部》引《決疑要注》「西墉」亦作「北墉」。或皆據遷廟主言之。蓋宗廟六享，皆於廟室，故藏主亦必於室，正廟時享及禘，主位皆西方東面，遷廟唯有禘祫主以昭穆南北

❶「八」原訛「入」，據《通典》改。

分列。若然，正廟主藏西墉，遷廟主藏北墉，亦取祭時設位相近。《通典》載賀循引《漢儀》，謂主藏西牆，當祠則設座於埳下，卽其義證。大祭雖有朝踐延尸主於堂之禮，而初祼、終獻，咸在室中，故高堂隆謂堂上無藏主，其說允矣。又案：周宗廟昭穆方位制度，說者多異。賈氏此疏謂后稷廟在中，當昭者處東，當穆者處西，皆別爲宫院。《聘禮》疏說諸侯五廟之制云：「太祖之廟居中，二昭居東，二穆居西，廟皆別門。門外南邊，皆有南北隔牆，隔牆中夾通門。」若然，祖廟已西，隔牆有三，則閤門亦有三，東行經三門，乃至太祖廟。」《司儀》疏說亦略同。《隋書·禮儀志》謂阮諶《禮圖》從《家人職》言之，❶立廟先王居中，以昭穆爲左右，蓋卽賈氏所本。依其說，則天子七廟，二祧别立，則亦五廟，太祖廟居中，左二昭，右二穆，亦各有廟門及隔牆閤門之等也。《通典·吉禮》引晉孫毓議云：「宗廟之制，外爲都宫，内各有寢廟，别有門垣。太祖在北，左昭右穆次而南。」《儀禮經傳通解》引隋潘徽《江都集禮》說同。依孫說，則昭穆居太祖廟之南，不東西並列，宋以來說廟制者多從之。焦循駁孫說云：「寢在廟後，準以燕寢之有廷，則廟寢亦必有廷，尺寸雖不可詳，而其制必非甚狹者。前廟之堂七雉，得三十五步，廷三倍之，門堂三之二，共百六十餘步。如孫毓之說，相次而南，則四廟相承，更加祧廟，前有亳社，後有諸寢，此王宫三里之地，不足勝其長矣。」案：焦氏蓋據《尚書大傳》「天子堂東西九雉，南北七雉」之文以推廟制。依孫說，太祖廟最在北，獨爲一列，其南則一昭一穆，並排爲一列，又其南，亦一昭一穆並排爲一列，是自北而南，以五廟而爲三列。以每廟百六十餘步計之，卽三列已得四百八十餘步，再加以每廟後有寢，五廟之前又有亳社，通計之，至少亦不下七百步，於王宫三里所占已過三分之二，必非雉門内所能容，則孫說之誤明矣。惟賈氏因《司儀》、《聘禮》每門之文，謂每廟門外必有閤門，則由不知廟當在中門内，而爲此曲說。金鶚云：「《禮經》『每門』之文，承『大門』、『入門』而言，其非閤門可知。鄭注引《玉藻》『君入門，介拂闑，大夫中棖與闑之間，士介拂棖』。注《周官》亦引之。鄭君初不以每門爲閤門也。哀十四年《左傳》『攻闈，及大門』。宣二年《公羊傳》『入其大門，則無人門，入其闈則無人闈』。闈與闈卽閤門也。必别之於門，是知經典所稱門者，皆指庫雉路諸門而言，闈閤不得混稱門也。《曲禮》『每門讓於客』，《閽人》『王宫每門四人』，與此每門文

❶「圖」原訛「國」，據楚本改。

同，其爲庫、雉二門甚明，賈以爲閤門，誤矣。」案：金駁賈過三閤門入太祖廟之説，甚塙。蓋依賈説，是五廟門外，南北有牆無門，東西有閤門，賓祭出入太祖廟，皆由閤門側入，於理未協。且《穀梁》哀四年傳云：「亡國之社以爲廟屏，戒也。」凡有門而後有屏，戒社在宗廟之南，則廟南必有門乃可爲廟屏。若如賈説，廟門之外，南面有牆無門，則戒社正在牆外，何以謂之屏乎。若云與廟之内門爲屏，則依賈説，内門與戒社中隔一牆，屏之爲言爲門之屏蔽也，今隔以牆，則又何屏蔽之有乎。竊謂《春秋》僖二十年「西宫災」，《穀梁》以爲閔宫，此即穆廟正在太祖廟西之證。然則五廟平列及廟門外隔牆之制，賈説自不可易。依其説計之，五廟每廟東西四十五步，五列共二百二十五步，益以每廟東西壁餘地及四巷，約計當不過數十步，通計亦不過三百步，王宫之左自足容之。惟大祖廟門外之牆，當有正門，爲五廟出入之總門，猶孫毓所説都宫門者。其門北與太祖廟門相直，而南直戒社，故有屏象。其昭穆四廟，左右各止二閤門，穆第二廟門外之西牆，則不當有閤門。凡入五廟者，若太祖廟，則由正門直入廟門，更無紆折，不當如賈所説，經三閤門始至太祖廟也。若入正門，更向左折，過東牆閤門，則至昭第一廟，更過東牆閤門，則至昭第二廟。若入正門，更向右折，過西牆閤門，則至穆第一廟，更過西牆閤門，則至穆第二廟。賈謂太祖廟門外，東面有兩閤門是也；而謂西面有三閤門，其最外一閤門，在穆第二廟門外西牆，爲入五廟之總門，則非也。凡自外入内，必經南向之正門。而後至廟門，《司儀》所云「每門止一相」，《聘禮》所云「每門每曲揖」，皆謂入雉門及此門言之，其門當與太祖廟門同制，亦非如賈所謂槩爲閤門也。又《大戴禮記·諸侯遷廟》篇云：「出廟門，奉衣服者升車，乃步，君升車。凡出入門及大溝渠，祝下撎。」彼出廟門，謂出殯宫之門，即路寢門也。奉衣服者升車，謂神車也。蓋新主入廟，無論昭穆，必居第二廟，神車必入正門，過二閤門，始至其廟門而下車。閤門對太祖廟門言之，亦可云出，故云出入門。若如孫説，入都宫之門即至廟，則止有入門，無所謂出門矣，其可通乎。又《檀弓》云：「及葬，毁宗躐行，出於大門。」注云：「毁廟門之西而出。」蓋葬朝穆廟畢，不復折回出廟門，故毁西牆而出，如廟西有閤門，則自可由閤門出，何必毁牆乃出乎，斯亦廟西無門之一證矣。云「遺衣服，大斂之餘也」者，賈疏云：「案《士喪禮》云『小斂十九稱，不必盡服』。則小斂亦有餘衣，必知據大斂之餘者，小斂之餘，至大斂更用之，大斂餘，乃留之，故知其遺衣服無小斂餘也。」詒讓案：《小宗伯》、《司服》疏謂天子大斂衣百二十稱，則其不盡服者甚多，既不可頒賜它人，則宜並藏之矣。凡藏遺衣服，蓋各於其廟寢，《獨斷》云「寢有衣冠几杖，象生之具」是也。祧無寢，蓋於左右房，遷則與主俱徙。故《大戴禮記・諸侯遷廟》篇説遷新廟，云「奉衣服者皆奉以從祝」，盧注云「言皆者，衣服非一稱」是也。云「故書祧作濯，鄭司農濯讀爲祧」者，注疊故書凡二字以上，同如此作者，例云「皆作某」，此不云「皆」，則作濯者，當專屬「廟祧」祧字而言，官名字蓋不作濯，《敍官》注亦無異文可證。段玉裁云：「翟聲兆聲，古音同在蕭宵肴豪部，是以《周禮》以濯爲祧，《爾雅》以濯爲珧。《顧命》鄭注『洮讀爲濯』。《毛詩》『佻佻公子』，《爾雅》作『嬥嬥』。」案：段説是也。《説文》亦無祧字。《玉篇・示部》有⿰示翟字，云「古文祧」。蓋因濯字增益爲之，亦非古字也。云「此王者之宫而有先公，謂大王以前爲諸侯」者，《司服》注云「先公謂后稷之後，大王之前，不窋至諸盩」是也。詳彼疏。

若將祭祀，則各以其服授尸。尸當服卒者之上服，以象生時。【疏】「若將祭祀，則各以其服授尸」者，此謂祭日之旦，以先王先公之遺衣服，授尸於其次，使服以入廟也。《中庸》云：「春秋脩其祖廟，設其裳衣。」彼注云：「裳衣，先祖所遺衣服也。設之當以授尸也。」然則授尸之外，不別陳設之矣。　注云「尸當服卒者之上服」者，《士虞記》云「尸服卒者之上服」，鄭彼注云：「上服，如《特牲》士玄端也。」《通典・凶禮》引《石渠禮論》，聞人通漢云：「尸象神也，故服其服。」賈疏云：「《士虞記》文，鄭引之者，欲見天子以下，凡尸皆服死者大斂之遺衣；其不服者，以爲奠衣服。既言卒者上服，則先王之尸服衮冕，先公之尸服鷩冕也。若然，士爵弁以助祭，祭宗廟服玄端，而《士虞》、《特牲》尸不服爵弁者，爵弁是助祭諸侯廟中乃服之，士尸還在士廟，故尸還服玄端爲上服也。《曾子問》云：『尸弁冕而出，卿大夫士皆下之。』注云：『弁冕者，君之先祖或有爲大夫士者。』則是先君之先祖爲士，尸服卒者上服，不服玄端而服爵弁者，爵弁本以助祭在君廟，君先祖雖爲士，今爲尸還在君廟中，故服爵弁不服玄端。」云「以象生時」者，以所祭者生時服此上服，今祭時尸亦服之，取其與生時同也。

其廟，則有司脩除之；其祧，則守祧黝堊之。廟，祭此廟也。祧，祭遷主。有司，宗伯也。脩除黝堊互言之，有司恒主脩除，守祧恒主黝堊。鄭司農云：「黝讀爲幽。幽，黑也。堊，白也。《爾雅》曰：地謂之黝，牆謂之堊。」【疏】「其廟則有司脩除之」者，此亦冢上將祭祀爲文也。據《少牢饋食禮》，祭前旬有一日，筮日得吉，即云「宗人命滌」，則脩除亦當祭前十日内爲之。云「其祧則守祧黝堊之」者，黝，當從段玉裁校改「幽」，詳後。《釋文》云：「堊，本或作惡。」案：堊惡同聲叚借字。黝堊煩於脩除，則不必每祭爲之，或當歲一改塗與？　注云「廟祭此廟也」者，謂時祭及大禘也。太祖廟則又有大祫。凡廟祧皆貴新絜，故於歲時祭祀更脩除黝堊之。《中庸》云「春秋脩其祖廟」，是廟四時必脩除也。《穀梁》文二年傳云：「壞廟之道，改塗可也。」改塗即黝堊。彼據新廟言之，據此，則舊廟亦恒有改塗矣。云「祧祭遷主」者，賈疏云：「以遷主藏於祧故也。案：上《司尊彝》有追享，鄭云『追祭遷廟之主，謂禱祈』，則此祭遷主之謂也。」案：遷主不藏於祧，鄭、賈謂祭遷主，非也。二祧乃遠廟，依《祭法》説，亦有時祭大禘，祧亦特祭，故有脩除黝堊之事。云「有司宗伯也」者，謂大宗伯也。《少牢饋食禮》「宗人命滌」，注云：「滌，溉濯祭器，埽除宗廟。」彼侯國大夫禮之宗人，與天子禮大宗伯正相當，故《大宗伯職》云「享大鬼，眡滌濯」，明亦含有脩除也。案《大宰》云：「祀五帝則掌百官之誓戒，與其具脩，享先王亦如之。」注釋脩爲埽除糞洒。知此有司非大宰者，以大宰官尊，具脩亦百官之事，非其所專掌也。云「脩除黝堊互言之，有司恒主脩除，守祧恒主黝堊」者，賈疏云：「鄭以二者廟祧並有，而經廟直言脩除，祧直言黝堊，故互而通之，明皆有也。以鄭云有司恒主脩除，祧亦脩除之；守祧恒主黝堊，廟亦黝堊之。」鄭司農云「黝讀爲幽，幽，黑也」者，《牧人》注同。段玉裁據《玉藻》注「謂經『黝堊』當爲『幽堊』」，注當作『幽讀爲黝，黝，黑也』」。案：段校是也。並詳《牧人》疏。《周書·作雒篇》説大廟宗宮考宮，皆玄階玄閫，玄幽色略同。云「堊，白也」者，《説文·土部》云：「堊，白涂也。」《釋名·釋宮室》云：「堊，亞也，次也，先泥之，次以白灰飾之也。」《掌蜃》「共白盛之蜃」，注云「謂飾牆使白之蜃」是也。引《爾雅》曰「地謂之黝，牆謂之堊」者，《釋宮》文。郭注云：「黝，黑飾地也。堊，白飾牆也。」《穀梁》莊二十三年傳「天子諸侯黝堊」，范注云：「黝堊，黑色。」楊疏引徐邈云：「黝，黑柱也。堊，白壁也。」案：《韓非子·十過》篇云「殷人四壁堊墀」，即謂白壁也。范以堊亦爲黑色，徐以黝爲黑柱，並與《爾雅》訓異。

既祭，則藏其隋與其服。鄭司農云：「隋，謂神前所沃灌器名。」玄謂隋，尸所祭肺脊黍稷之屬。藏之以依神。【疏】注鄭司農云「隋謂神前所沃灌器名」者，《甸師》「祭祀共蕭茅」，鄭大夫注云：「蕭字或爲茜，茜讀爲縮。束茅立之祭前，沃酒其上，酒滲下去，若神飲之，故謂之縮。」疑此云神前沃灌器，卽謂彼也。束茅沃灌，蓋卽《士虞禮》之苴。《鄉師》後鄭注又謂苴卽此職之隋。先鄭此注釋隋爲沃灌器，與後鄭《鄉師》注略同。但依《禮經》苴爲祭藉，不徒沃酒，故後鄭此注不從。云「玄謂隋，尸所祭肺脊黍稷之屬」者，《小祝》注義同。賈疏云：「案《特牲禮》『祝命挼祭，尸取菹，擩于醢，祭于豆閒，佐食取黍稷肺祭授尸，尸祭之』。注云：『肺祭，刌肺。』是其隋者，彼不言脊。似誤。所以誤有脊者，《特牲禮》云『佐食舉肺脊以授尸，尸受振祭，嚌之』，是以於此誤有脊。但彼是尸食而舉者，故有脊，此隋祭不合有也。」詒讓案：隋字亦作墮。《士虞禮》「祝命佐食墮祭」，注云：「下祭曰墮，墮之言猶墮下也。《周禮》曰『既祭則藏其墮』，謂此也。今文墮爲綏，齊魯之閒謂祭爲墮。」又《特牲饋食禮》「祝命挼祭」，注云「挼祭，祭神食也」，又引此經説之云「墮與挼讀同耳」。又《少牢饋食禮》注云：「黍稷之祭爲墮祭，將食神餘，尊之而祭之。」案：隋，《士虞》、《特牲》注引並作「墮」，《曾子問》注亦同。《有司徹》注引此文則作「隋」，《特牲》、《少牢》釋文亦並作「隋」。攷《説文·肉部》云：「隋，裂肉也。」又《𨸏部》云：「隓，敗城𨸏曰隓，篆文作𡐦。」隋爲減裂牲肺等，與裂肉之義相近。段玉裁、阮元、胡培翬並謂作隋爲正字是也。今攷《士虞》注訓墮下，則又正以墮義爲釋。蓋隋墮二字義並通，二《禮》正文自當作隋。《士虞》注當云「隋之言猶墮下」，若如今本正文作墮，則墮下乃本義，鄭不必言「猶」以通之矣。又《郊特牲》注説「制祭」亦云「取牲膟膋，燎於鑪炭，洗肝於鬱鬯而燔之，入以詔神於室，又出以墮於主前。」彼注墮亦當作隋。孔疏謂墮卽墮祭，謂分減肝膋以祭主前。是鄭意凡以肉物祭於主，通謂之隋。孔釋爲分減，亦與裂肉之義正同。至《禮經》隋或作挼，又作綏者，並聲近字通。惠士奇云：「《戰國策·趙策》曰，趙孝成王『方饋不墮食』。飯以手，謂放飯於器曰墮。昭四年《左傳》曰，楚有宗祧之事，『將墮幣焉』。祭用幣，謂奠幣於神曰墮。《士虞禮》曰墮祭，猶放飯於器，奠幣於神也。尸與主人主婦之祭，祝命之，佐食助之者，謂之隋。隋者，神饗之後，尸祭神餘，尸飽之後，主人主婦又祭尸餘。《通典·吉禮》引《白虎通》云『坐尸而食之，毁損其饌，欣然若親之飽』，故尸祭謂之隋，隋者毁也。」案：惠釋隋字訓義，亦足與《士虞》注墮下之説互證。黄以周云：「《周官》曰『既祭則藏其隋』，故凡隋祭，不嚌不嘗。其嚌嘗者，皆非隋祭也。凡隋祭有二：一曰祭豆，一曰祭黍稷肺。《特牲》『挼祭，尸右取菹，㨎醢，祭于豆閒』，不云嚌嘗，此豆之用隋祭者也。《士虞》、《少牢》之祭豆，亦無嚌嘗之文，雖不云隋，亦隋祭也，可以《特牲》例之。《士虞》『隋祭，佐食取黍稷肺祭授尸，尸祭之』，不云嚌嘗，此黍稷肺之用隋祭者也。《特牲》、《少牢》之祭黍稷肺，亦無嚌嘗之文，雖不云隋，亦隋祭也，可以《士虞》例之。其餘祭酒曰啐酒，祭鉶曰嘗之，祭肺脊曰嚌之，《士虞》、《特牲》、《少牢》並同，皆以别不啐不嚌不嘗之爲隋祭也。隋祭之禮，惟尸得行之，其次主人主婦亦閒行之。《特牲》『尸醋主人，主人拜受角，佐食授挼祭，主人坐，左執角，受祭祭之，祭酒啐酒。』注『其挼祭，亦取黍稷肺祭受祭祭之』，謂受此黍稷肺而祭之也。亦不云嚌嘗。於祭酒，又特言啐，以明其非隋。《少牢》『上佐食取四敦黍稷，下佐食取牢一切肺，以授上佐食，上佐食以挼祭，主人左執爵，右受佐食，坐祭之』，亦不云嚌嘗。於祭酒，又别言之曰『又祭酒，不興，遂啐酒』，以明其非隋。《特牲》『尸酢主婦，佐食挼祭』，《少牢》『尸酢主婦，上佐食挼祭，其儀悉如主人之禮』，又以别啐酒之不爲隋祭也。」案：黄説甚析。今攷隋祭，《大祝》亦謂之命祭。依《特牲禮》，菹醢黍稷肺並有隋祭，此注無菹醢，蓋文略。而别有脊字，賈謂誤衍，淩廷堪、胡培翬並謂尸未食前之祭，通謂之隋祭。《特牲》祭離肺正脊，亦統於挼祭，則此注兼言肺脊，義似得通；但以黄氏不嚌食之説校之，究有未合，不審二説孰得鄭恉。竊疑此注「脊」當作「祭」，《士虞》、《特牲》經皆云「黍稷肺祭」，《特牲》「主人挼祭」，注亦云「其挼祭亦取黍稷肺祭」，皆其證也。肺祭者，别於舉肺之辭，校者不審，或疑其祭字複出，臆改爲「脊」，遂與《禮經》不合耳。云「藏之以依神」者，賈疏云：「此義與祭地埋之同，故云依神也。」黄以周云：「《有司徹篇》『司宫掃祭』，鄭注云『掃豆閒之祭』，又引舊説埋之西階東，此藏隋之説也。」案：黄説是也。藏隋與藏服異，藏服者内之匰笥，藏隋者即埋之也。《曾子問》説師行無遷主，以幣帛皮圭爲主命之禮，云「卒斂幣玉，藏諸兩階之閒」，藏亦即埋也。此藏隋蓋埋諸西階東，與藏幣玉兩階閒正同，《鬱人》注説大遣奠埋祼器，亦於祖廟階閒也。但《有司徹》掃祭，似通掃尸、賓、侑、主人、主婦等之祭，及未迎尸以前之祭苴皆埋之。此經云藏隋，亦以隋祭爲神之餘，故特尊而言之。其實守祧所藏，與司宫所掃同，必不止藏隋祭黍稷肺等，《鄉師》注以此藏隋釋茅蒩，明苴祭亦當藏之矣。

世婦掌女宫之宿戒，及祭祀，比其具，女宮，刑女給宮中事者。宿戒，當給事豫告之齊戒也。比，次也。具，所濯摡及粢盛之爨。鄭司農：「比讀爲庀。庀，具也。」【疏】「掌女宮之宿戒及祭祀比其具」者，《釋文》云：「比，本亦作庀。」案：庀於義無取，蓋庀字傳寫之誤。此與天官世婦職掌略同，彼職云「及祭之日，涖陳女宮之具，凡内羞之物」是也。惠士奇云：「同一祭祀之具也，一曰比，一曰涖陳，謂女宮陳之，世婦則涖臨之而比校之也。」

注云「女宮，刑女給宮中事者」者，《寺人》注云「女宮，刑女之在宮中者」。案卽所謂奚也。詳《寺人》疏。云「宿戒，當給事豫告之齊戒也」者，賈疏云：「此亦祭前十日，戒之使齊，祭前三日又宿之，故宿戒並言。」案：賈説宿戒不同日，與《大史》文合，《大宗伯》注云「宿，申戒也」是也。而《祭統》云「先期旬有一日，宮宰宿夫人，夫人亦散齊七日，致齊三日」。注云：「宮宰，守宮官也。宿讀爲肅，肅猶戒也，戒輕宿重也。」彼宿在先期旬有一日，卽是散齊之戒而謂之宿。《少牢饋食禮》，前宿一日，宿戒尸。彼宿戒亦止一事，則宿戒義得通也。云「比，次也」者，《賈子・道術》篇云：「動静攝次謂之比。」《文選・東京賦》薛注云：「次，比。」是比次同義。又《説文・土部》云：「坒，地相次坒也。」比與坒聲類亦同。云「具，所濯摡及粢盛之爨」者，《大宰》注云「具，所當共」。賈疏云：「濯摡粢盛皆婦人之事。《二十七世婦職》云『帥女宮而濯摡，爲齍盛』。《儀禮・特牲》云主婦視饎爨，亦女宮之事故知也。」云「鄭司農比讀爲庀，庀，具也」者，《遂師》注同。先鄭破比爲庀，而訓爲具，則與具義複，故後鄭不從。

詔王后之禮事，薦徹之節。

【疏】「詔王后之禮事」者，此與内宰、内小臣爲官聯也。

注云「薦徹之節」者，《内宰》云「大祭祀，正后之服位，而詔其禮樂之儀」。注云：「薦徹之禮。」彼職又云「贊九嬪之禮事」，注云「助九嬪贊后之事。九嬪者，贊后薦玉齍，薦徹豆籩」。卽内宗、外宗並佐王后薦徹豆籩是也。節，謂薦徹先後之節。

帥六宮之人共齍盛，帥世婦女御。

【疏】「帥六宮之人共齍盛」者，齍亦當讀爲「粢」，詳《甸師》疏。此卽《天官・世婦職》云「帥女宮而濯摡爲齍盛」是也。惠士奇云：「同一齍盛也，一曰共，一曰爲，謂差擇而共奉之也。」

注云「帥世婦女御」者，賈疏云：「案《二十七世婦職》云『帥女宮爲齍盛』。《女御職》云『凡祭祀贊世婦』，鄭注云『助其帥涖女宮』。是以知齍盛世婦、女御之事也。」案：鄭、賈説非也。《内宰》云「以陰禮教六宮」，先鄭謂六宮通晐后及三夫人、九嬪、世婦、女御。後鄭則謂專屬后。

此上文別云「詔王后之禮事」，又宫卿不得帥后及三夫人、九嬪等，故唯云帥世婦、女御。但此與天官世婦雖有内外命婦之異，然職秩平等，亦不得相帥。若然，此帥六宫之人，當爲女御以下，與《内宰》義異也。相外内宗之禮事。同姓異姓之女有爵佐后者。【疏】「相外内宗之禮事」者，謂内宗外宗職所掌薦徹及它禮事，世婦並相之也。上王后之禮事云詔，此外内宗云相者，《内小臣》注云「詔相者，異尊卑也」。《内宗》云「凡卿大夫之喪，掌其弔臨」，《天官・世婦》云「掌弔臨于卿大夫之喪」，亦與此相應。注云「同姓異姓之女有爵佐后者」者，賈疏云：「《序官》云『内宗，凡内女之有爵者』，是同姓之女有爵；又云『外宗，凡外女之有爵者』，是異姓之女有爵，故知之也。知佐后者，《外宗》云『佐后薦徹豆籩』，《内宗》云『及以樂徹則佐傳豆籩』，注云『佐外宗』，故知外内宗轉相佐后，此官相之也。」大賓客之饗食亦如之。比帥詔相其事同。【疏】「大賓客之饗食亦如之」者，此大賓客與下文大喪之事，即《天官・世婦職》所云「掌祭祀、賓客、喪紀之事」是也。賈疏云：「賓客饗食，王后亦有助王禮賓之法。故《内宰》『凡賓客之祼獻瑶爵，皆贊』，注云：『謂王同姓及二王之後來朝覲爲賓客者，祼之禮亞王而禮賓。獻，謂王饗燕亞王獻賓也。瑶爵，所以亞王酬賓也。』是其饗有后事也。彼不言食之禮，亦當有助王之事，故此言之也。」注云「比帥詔相其事同」者，嫌經云亦如之，唯據相外内宗之禮事，故釋之，明通冢上文四事皆如之也。大喪，比外内命婦之朝莫哭，不敬者而苛罰之。苛，譴也。【疏】「大喪比外内命婦之朝莫哭，不敬者而苛罰之」者，此與九嬪、肆師爲官聯也。《釋文》苛作「呵」。案：呵即訶之俗，經例皆作「苛」，陸本誤，詳《宫正》疏。賈疏云：「大喪謂王喪。王喪，則殯後有朝夕哭事，外命婦朝廷卿大夫士之妻，内命婦九嬪已下，以尊卑爲位而哭。而有不敬者，則呵責罰之。」詒讓案：此大喪當亦含先后及王后之喪言之。外内命婦，詳《内宰》疏。朝莫哭，即《士喪禮》云「朝夕哭」，注云「既殯之後，朝夕及哀至乃哭，不代哭也」。苛罰，謂責讓而罰之。《小胥》云：「掌學士之徵令而比之，觵其不敬者，巡舞列而撻其怠慢者。」此喪禮之罰，不可用觵酒，疑當用撻。《閭胥》云：「掌其比觵撻罰之事。」是撻即爲罰，亦内宫之官刑也。注云「苛，譴也」者，《廣雅・釋詁》云：「苛、訶、譴，怒也。」《説文・艸部》云：「苛，小艸也。」

《言部》云：「訶，大言而怒也。」案：訶正字，苛假借字。《射人》云：「大喪，作卿大夫掌事，比其廬，不敬者苛罰之。」注云：「苛謂詰問之。」詰問與譴怒，義亦相成。**凡王后有㩜事於婦人，則詔相。**鄭司農云：「謂爵婦人。」玄謂拜，拜謝之也。《喪大記》云「夫人亦拜寄公夫人於堂上」。【疏】「凡王后有㩜事於婦人則詔相」者，於，經例當作「于」，石經及各本並誤。㩜拜古今字，經例用古字作㩜，注例用今字作拜，詳《大祝》疏。　注鄭司農云「謂爵婦人」者，先鄭據王后命內外命婦而言，卽《內宰》先鄭注云「王命其夫，后命其婦」是也。賈疏云：「此自以爲一義，不達上大喪之事。言爵婦人者，天子命其臣，后亦命其婦，是爵命婦人也。言王后有拜事於婦人，謂受爵命之時，有拜謝王后也。」云「玄謂拜，拜謝之也」者，後鄭以此經冡上大喪爲文，故破先鄭義也。引《喪大記》者，證大喪后夫人有拜事。賈疏云：「但《喪大記》所云者，是諸侯之喪。主人拜寄公於門西，夫人亦拜寄公夫人於堂上，其寄公與主人體敵故也。明知天子之喪，世子亦拜二王後於堂下，后亦拜二王後夫人於堂上可知。是以僖公二十四年《左氏傳》云，宋公過鄭，鄭伯問禮於皇武子，武子對曰：『宋於周爲客，天子有事膰焉，有喪拜焉。』謂王喪，二王後來奔，嗣王拜之，明二王後夫人來弔，后有拜法。若然，二王後夫人得有赴王喪者，或夫人家在畿內來歸寧，值王喪則弔赴也。」案：賈說是也。《喪大記》又云：「君拜寄公國賓。」天子無寄公之拜，而以二王後爲國賓，故大喪拜焉，明王后亦拜國賓夫人也。**凡內事有達於外官者，世婦掌之。**主通之，使相共授。【疏】「凡內事有達於外官者，世婦掌之」者，於，亦當作「于」。外官謂宮外百官府也。　注云「主通之使相共授」者，《廣雅・釋詁》云：「達，通也。」與內豎掌內外之通令義同。賈疏云：「王后六宮之內有徵索之事，須通達於外官者，世婦宮卿主通之，使相共給付授之也。」

內宗掌宗廟之祭祀薦加豆籩，加爵之豆籩。故書爲籩豆。鄭司農云：「謂婦人所薦。」杜子春云：「當爲豆籩。」【疏】「掌宗廟之祭祀」者，明外祭祀非內宗所有事也。云「薦加豆籩」者，以下並與九嬪爲官聯也。大祭祀朝踐饋食之正豆籩，后親薦之，故內宗唯薦加豆籩。　注云「加爵之豆籩」者，賈疏云：「以其食後稱加，《特牲》、《少牢》食後三獻爲正獻，其後皆有加爵。今天子禮，以尸既食後，亞獻尸爲加，此時薦之，故云加爵之豆籩，即《醢人》、《籩人》加豆加籩之實是也。」案：依鄭義，王七獻酳尸之後，后酳尸及諸臣獻尸爲加爵。故《籩人》注云「加籩，謂尸既食，后亞獻尸所加之籩」；《司尊彝》注云「於后亞獻，内宗薦加豆籩」。賈即依彼爲釋，故云食後稱加。依崔靈恩、陳祥道、薛季宣、鄭鍔、江永、金榜説，后酳尸入正獻，不爲加爵；九獻畢後，諸臣獻尸，乃爲加爵，其時内宗薦加豆籩，王與后咸不親其事。其説致塙，足正鄭、賈之誤。詳《籩人》、《司尊彝》疏。云「故書爲籩豆」者，文到也。鄭司農云「謂婦人所薦」者，以内宗所掌，故知婦人薦也。杜子春云「當爲豆籩」者，段玉裁云：「下文兩言豆籩，不當乖異，故杜據以改易。」**及以樂徹，則佐傳豆籩。**佐傳，佐外宗。【疏】「及以樂徹」者，《内宰》注云「薦徹之禮，當與樂相應」，《樂師》、《小師》並有祭祀歌徹，注謂歌《雍》是也。云「則佐傳豆籩」者，謂受所徹，轉授與執事祭所者也。此豆籩謂正豆籩，與上加豆籩異。　注云「佐傳，佐外宗」者，賈疏云：「鄭知佐外宗者，見《外宗》云『佐王后薦玉豆籩』，故云佐外宗也。但籩豆后於神前徹之，傳與外宗，外宗傳與内宗，内宗傳與外者，故知佐傳也。」詒讓案：《小子》云「祭祀受徹」，然則外宗傳以授小子與？**賓客之饗食亦如之。王后有事則從。大喪，序哭者。**次序外内宗及命婦哭王。【疏】「賓客之饗食亦如之」者，賈疏云：「饗食賓客俱在廟，饗食訖徹器，與祭祀同，亦后徹，外内宗佐傳，故云亦如之。」云「王后有事則從」者，賈疏云：「内宗於后有事皆從，故於此摠結之也。」云「大喪序哭者」者，此與九嬪爲官聯也。序哭，序當作「敍」，石經及各本並誤。凡經例用古字作敍，注例用今字作序，此經作序者，蓋後人以注改之。《九嬪》云「大喪帥敍哭者」，《外宗》云「大喪則敍外内朝莫哭者」，字並作「敍」可證。敍序古今字，詳《小宰》疏。此及《外宗》云大喪，並當兼王及先后、王后之喪言之。序哭亦通始崩哭及殯後朝莫哭，皆次序之使不誤也。　注云「次序外内宗及命婦哭王」者，以外内宗等人數衆多，故依親疏尊卑次序之。賈疏云：「知次序外内宗者，見《外宗》云『大喪則敍外内朝莫哭者』，故知所次序有外内宗也。知有命婦者，上《世婦職》已云『大喪比外内命婦之朝莫哭者』，故序哭中有命婦也。」**哭諸侯亦如之。凡卿大夫之喪，掌其弔臨。**王后弔臨諸侯而已，是以言掌卿大夫云。【疏】「哭諸侯亦如之」者，賈疏云：「此諸侯來朝，薨於王國，王爲之緦衰者也。若《檀弓》云『以爵弁純衣哭諸侯』。彼謂薨於本國，王遥哭之，則婦人不哭之，婦人無外事故也。」案：依鄭、賈説，則王后哭諸侯蓋服次祿衣，大斂以後往，則服素緦緦衰，亦加麻絰。外内宗及命婦皆從后，故亦次序之也。

注云「王后弔臨諸侯而已，是以言掌卿大夫云」者，賈疏云：「諸侯爲賓，王后弔臨之。卿大夫已臣，輕，王后不弔，故遣内宗掌弔臨之事，明爲后掌之。若然，《天官・世婦》云『掌弔臨于卿大夫之喪』者，彼爲王，故彼注云王使往弔也。此后不弔臨大夫之喪。案《喪大記》諸侯夫人弔臨卿大夫者，諸侯臣少故也。」詒讓案：卿大夫弔臨，内宗與世婦爲聯事，天官世婦亦爲后使，彼注云爲王使，非也。詳彼疏。

外宗掌宗廟之祭祀佐王后薦玉豆，眡豆籩，及以樂徹亦如之。視，視其實。【疏】「掌宗廟之祭祀佐王后薦玉豆，眡豆籩」者，亦與九嬪爲官聯也。此所薦並通朝事饋食言之。内宗薦加豆籩，亦當視之也。賈疏云：「凡王之豆籩，皆玉飾之，餘文豆籩不云玉者，文略，皆有玉可知。若然，直云薦豆不云籩者，以豆云玉，略籩不言，義可知也。眡豆籩者，謂在堂東未設之時，眡其實也。」金鶚云：「天子諸侯之豆，皆以木爲之，天子又飾以玉。《明堂位》云：『殷玉豆，周獻豆。』蓋周既疏刻而又飾玉，非但獻之也。諸侯但獻之而不飾玉。」案：賈、金説是也。《明堂位》「獻豆」注云「獻，疏刻之」。彼記又説魯禘云「薦用玉豆雕篹」，注云「篹，籩屬也。雕，刻飾其直者也」。若然，王禮豆籩亦當飾以玉，而又獻之雕之。聶氏《三禮圖》引舊《圖》云：「豆高尺二寸，漆赤中，大夫以上畫赤雲氣，諸侯飾以象，天子加玉飾，皆謂飾口足也。」❶云「及以樂徹亦如之」者，賈疏云：「亦佐后也，猶仍有内宗佐傳也。」　注云「視，視其實」者，此亦注用今字作「視」也。豆實，若《醢人》韭菹醓醢、葵菹蠃醢、芹菹兔醢之屬；籩實，若《籩人》糗、蕡、棗、栗、菱、芡之屬。視者，視備否及美惡也。

王后以樂羞齍，則贊。贊猶佐也。【疏】「王后以樂羞齍則贊」者，此亦與九嬪爲官聯也。齍，當讀爲粢，詳《甸師》疏。以樂羞齍，蓋歌《清廟》，詳《内宰》疏。賈疏云：「羞，進也。齍，黍稷也。后進黍稷之時，依樂以進

❶「足」，原訛「是」，據《三禮圖》改。

之。言『則贊』者，亦佐后進之。案《九嬪職》云：『凡祭祀，贊玉齍，贊后薦徹豆籩。』豆籩則薦徹俱言。玉齍，玉敦，盛黍稷，言贊不言徹，則后薦而不徹也。其徹諸官爲之，故《楚茨》詩云：『諸宰君婦，廢徹不遲。』黍稷宰徹之。若然，豆籩與齍此官已贊，九嬪又贊者，以籩豆及黍稷器多，故諸官共贊。」詒讓案：此謂后四獻後，設陰厭時，玉齍當爲玉簠，蓋膳夫徹，外宗不贊之也。詳《九嬪》疏。注云「贊猶佐也」者，明與上云「佐」文異義同。贊佐，《小爾雅・廣詁》文。《大卜》、《掌固》、《服不氏》、《趣馬》、《司民》注並同。

凡王后之獻亦如之。獻，獻酒於尸。【疏】「凡王后之獻亦如之」者，此與內宰爲官聯也。　注云「獻，獻酒於尸」者，於，舊本作「于」，誤，今據注疏本正。《內宰》云：「大祭祀，后祼獻則贊瑤爵亦如之。」案：此獻當亦晐祼言之。凡祭祀九獻內祼及獻，后皆亞王也。賈疏云：「則朝踐、饋獻及酳尸，以食後酳尸亦是獻，獻中可以兼之，亦贊可知也。」

王后不與，則贊宗伯。后有故不與祭，宗伯攝其事。【疏】注云「后有故不與祭，宗伯攝其事」者，賈疏云：「案《宗伯》云：『凡大祭祀王后不與，則攝而薦徹豆籩。』若然，宗伯非直攝其祼獻而已，於后有事，豆籩及簠簋等盡攝之耳。」

小祭祀，掌事。賓客之事亦如之。小祭祀，謂在宮中。【疏】「賓客之事亦如之」者，此賓客不冢上「小」爲文，自據大賓朝覲諸侯言之。侯國諸臣來聘，王后不與其禮事，則亦外宗所不掌也。賈疏云：「饗食亦掌事，如小祭祀也。」　注云「小祭祀謂在宮中」者，以婦人不與外祭祀也。《女祝》云：「掌王后之內祭祀，凡內禱祠之事。」注云：「內祭祀，六宮之中竈、門、户。」此小祭祀與彼內祭祀同。賈疏云：「案《小司徒》云『小祭祀奉牛牲』，注云：『小祭祀，王玄冕所祭者。』彼兼外神，故以玄冕該之也。」

大喪，則敍外內朝莫哭者。哭諸侯亦如之。內，內外宗及外命婦。【疏】注云「內內外宗及外命婦」者，此義難通。方苞、孔繼汾並謂「及」爲「外」字之誤。今審校文義，疑當作「外內，內外宗及外命婦」，傳寫挩一字也。蓋鄭意經云「外內」，內中唯有內宗，無內命婦，外中則兼有外宗及外命婦。賈疏謂鄭云「內外宗及外命婦」者，內中以兼外宗，外中不兼內命婦，非鄭恉也。知無內命婦者，賈疏云：「以其內命婦，九嬪敍之也。故《九嬪職》云『大喪帥敍哭者』，注云『后哭，衆乃哭』。是內命婦九嬪敍之，故鄭亦不言內命婦也。」

冢人掌公墓之地，辨其兆域而爲之圖，先王之葬居中，以昭穆爲左右。公，君也。圖，謂畫其地形及丘壟所處而藏之。先王，造塋者。昭居左，穆居右，夾處東西。【疏】「掌公墓之地」者，王之墓域也。《史記·周本紀》集解引《皇覽》云：「文王、武王、周公冢皆在京兆長安鎬聚東社中也。」案：鎬聚即周鎬京，文武葬地即畢原，在鎬京之東，蓋王城外近郊内之隙地，周初諸王及王子弟皆族葬於彼，即此經所謂公墓也。凡邦國公私墓地蓋非一處，宜相地形爲之。大都在東北兩方，故王墓在鎬東。而《左》成十八年傳，説晉葬厲公於翼東門之外，《孟子·離婁》篇亦云「東郭墦閒」，是皆在國城之東也。《檀弓》云：「葬於北方北首，三代之達禮也，之幽之故也。」注云：「北方，國北也。」《白虎通義·崩薨》篇云：「葬於城郭外何？死生別處，終始異居。《易》曰『葬之中野』，所以絶孝子之思慕。所以於北方者何？就陰也。孔子卒，以所受魯君之璜玉，葬魯城北。」《左》襄二十五年傳，亦説齊側莊公於北郭。《唐會要》引吕才《陰陽書》亦云「古之葬者，並在國都之北」是也。然則墓地方位，或東或北，蓋無定所，要必在城郭外爾。云「辨其兆域」者，謂墓地之四畔有營域堳埒也。詳《小宗伯》疏。惠士奇云：「定元年《左傳》，魯葬昭公，季氏使役如闞公氏，將溝焉。闞者，公墓之地。溝者，兆域也。溝而絶之爲域外，溝而合之爲域内。」案：惠説是也。其墓道則又有門，《巾車》「及墓嘑啓關」，注云「關，墓門也」。　注云「公，君也」者，《爾雅·釋詁》文。案：公墓與《巾車》公車義同，謂公家之墓地。鄭訓爲君者，以王之所葬也。惠士奇云：「公墓，《左傳》謂之公氏。」云「圖謂畫其地形及丘壟所處而藏之」者，賈疏云：「謂未有死者之時，先畫其地之形勢，豫圖出其丘壟之處。丘壟之言，即下文丘封是也。既爲之圖，明藏掌，後須葬者，依圖置之也。」案：《士喪禮》「筮宅，冢人營之。若不從，筮擇如初儀」。注云：「更擇地而筮之。」《小宗伯職》亦有王崩卜葬兆之事。是墓地必將葬時始擇而卜之。後世有壽陵生壙之營，古無是也。然則經云「辨其兆域而爲之圖」者，謂總圖公墓之地，辨其界限形勢，有葬者則識其兆域所在，以備祔葬，且使歲久易以識別，其卜葬者亦案圖以定其處，平時則藏之冢人之府也。賈疏謂未有死者，豫圖其丘壟，誤。云「先王造塋者」者，焦循云：「造塋者，始葬於此之君。」詒讓案：塋即兆域，謂墓地四畔溝兆之大界。

《廣雅·釋丘》云：「宅、垗、塋、域，葬地也。」先王始葬其處，則爲大塋域，以後子孫皆就塋域内葬之。云「昭居左，穆居右，夾處東西」者，賈疏云：「但王者之都，有遷徙之法，若文王居豐，武王居鎬，平王居於洛邑，所都而葬，即是造塋者也。若文王在豐，葬於畢，子孫皆就而葬之，即以文王居中，文王弟當穆，則武王爲昭，居左，成王爲穆，居右，康王爲昭，居左，昭王爲穆，居右，已下皆然。至平王東遷，死葬即又是造塋者，子孫據昭穆夾處東西。若然，兄死弟及俱爲君，則以兄弟爲昭穆，以其弟已爲臣，臣子一列，則如父子，故别昭穆也。必知義然者，案文二年秋八月，大事于大廟，躋僖公，謂以惠公當昭，隱公爲穆，桓公爲昭，莊公爲穆，閔公爲昭，僖公爲穆，今升僖公於閔公之上爲昭，閔公爲穆，故云逆祀也。知不以兄弟同昭位，升僖公於閔公之上爲逆祀者，案定公八年經云『從祀先公』，傳曰『順祀先公而祈焉』。若本同倫，以僖公升於閔公之上，則以後諸公昭穆不亂，何因至定八年始云順祀乎？明本以僖閔昭穆别，故於後皆亂也。若然，兄弟相事，後事兄爲君，則昭穆易可知。但置塋以昭穆夾處，與置廟同也。」案：賈説是也。互詳《大宗伯》疏。**凡諸侯居左右以前，卿大夫士居後，各以其族。**子孫各就其所出王，以尊卑處其前後，而亦併昭穆。【疏】「凡諸侯居左右以前，卿大夫士居後」者，此正從葬者之墓位也。蓋王墓居兆域之正中，諸侯居前，諸臣居後，亦環衛之義。《白虎通義·崩薨》篇云：「《禮》曰：冢人掌兆域之圖，先王之葬居中，以昭穆爲左右，羣臣從葬以貴賤序。」案：羣臣從葬，即通諸侯及卿大夫士而言。賈疏云：「言凡者，以其非一，故併卿大夫以凡之。此因上而言。以其王之子孫，皆適爲天子，庶爲諸侯卿大夫士。若出封畿外爲諸侯卿大夫士者，因彼國葬而爲造塋之主。今言諸侯卿大夫士者，謂上文先王子孫爲畿内諸侯、王朝卿大夫士。死者則居先王前後之左右。言居左右者，若父爲天王，是昭，則子爲穆，居右。若父是穆，則子爲昭，居左。爲卿大夫居後亦然。但穆昭不定，故左右俱言，謂一父之前後左右並有也。」云「各以其族」者，賈疏云：「謂次第。假令同昭穆，兄當近王墓，弟則遠王墓爲次第。諸侯言左右，卿大夫士云各以其族，互相通也。」

注云「子孫各就其所出王以尊卑處其前後」者，賈疏云：「言子孫者，據造塋者所生爲子，已後左右，王子所生，累世皆是孫。言以尊卑處其前後者，尊謂諸侯，卑謂卿大夫士。」吴廷華云：「先王之子爲諸侯，爲昭，則居左之前，爲大夫則居左之後；其孫昭，爲諸侯則亦居左之前，在其祖之南，爲大夫則居其祖之後；先王之孫爲穆，則居右，其前後亦如之。」案：吴説是也。鄭云子孫各就其所出王者，若周公之於文王。金履祥《通鑑前編》引《尚書大傳》云：「成王曰，周公生欲事宗廟，死欲聚骨於畢。畢者，文王之墓也。故周公薨，成王不葬於成周，而葬之於畢。」卽就所出王之義也。云「而亦併昭穆」者，賈疏云：「謂兄弟同倫，當昭自與昭併，當穆自與穆併，不謂昭穆併有也。」**凡死於兵者，不入兆域。**戰敗無勇，投諸塋外以罰之。

【疏】「凡死於兵者不入兆域」者，於，經例當作「于」，石經及各本並誤。《釋名·釋喪制》云：「戰死曰兵，言死爲兵所傷也。」孔廣森云：「《莊子·德充符》曰：『戰而死者，其人之葬也，不以翣資。』哀二年《左傳》趙簡子之誓曰：『桐棺三寸，不設屬辟，素車樸馬，無入於兆，下卿之罰也。』《白虎通義·喪服》篇：『《檀弓》曰：「不弔三，畏、厭、溺也。」畏者，兵死也。《禮·曾子記》曰：「大辱加於身，支體毁傷，卽君不臣，士不交，祭不得爲昭穆之尸，食不得昭穆之牲，死不得葬昭穆之域也。」』凡此，皆死於兵者不入兆域之證。蓋戰期能克，非期能死。所謂死王事者，必死而有益，若狼瞫、敝無存之徒，然後登於明堂，饗禄其後。至乃不占震於鳴鼓，陳書怯於聞金，直謂之戰陳無勇而已。」案：孔説是也。惠士奇云：「襄二十五年《左傳》：『齊崔氏側莊公於北郭，葬諸士孫之里。』側者，不殯之名。里名士孫，乃墓中之室，墓大夫之所居，萬民之葬地。則是葬諸邦墓，而非公墓，不但投之域外矣。」　注云「戰敗無勇，投諸塋外以罰之」者，賈疏云：「《曲禮》云『死寇曰兵』，注云『當饗禄其後』，卽下文云『凡有功者居前』是也。此是戰敗，故投之塋外罰之也。」姜兆錫云：「王族無斬刑，磬於甸師氏。若戰而死者，則有之矣。以非全歸，故不居域以内也。」案：姜説是也。投諸塋外者，謂於其族葬地塋域之外，别爲墓壙，示絶於先祖。若魯季孫葬昭公，欲溝絶其兆域也。然則雖投塋外，仍與族葬之地相近矣。其王族有罪磬於甸人者，亦當不入兆域。經唯言死於兵者，文不具也。**凡有功者居前。**居王墓之前，處昭穆之中央。

【疏】注云「居王墓之前，處昭穆之中央」者，賈疏云：「則不問爲諸侯與卿大夫士，但是有功，則皆得居王墓之前，以表顯之也。此則《曲禮》云『死寇曰兵』，兼餘功若《司勳》王功、事功、國功之等皆是也。上云『諸侯居左右以前』，卽是昭居左，穆居右。今云昭穆之中央，謂正當王冢前，由其有功，故特居中顯異之也。」案：依鄭、賈義，則凡有功者，皆不辨爵秩尊卑昭穆左右，一居王墓之前，以示殊異。《左》莊十九年傳，説楚人葬鬻拳於絰皇，杜注云「絰皇，冢前闕」。殆亦以其有諫王之功，故特葬於公墓之前，近門闕之處與？

以爵等爲丘封之度與其樹數。別尊卑也。王公曰丘，諸臣曰封。《漢律》曰：「列侯墳高四丈，關内侯以下至庶人各有差。」

【疏】「以爵等爲丘封之度」者，《月令·孟春令》云：「審棺槨之薄厚，塋丘壟之小大高卑厚薄之度，貴賤之等級。」《禮器》説禮有以大爲貴者，亦云「丘封之大」。此丘封之度，亦通小大高卑厚薄言之。　注云「別尊卑也」者，賈疏云：「尊者丘高而樹多，卑者封下而樹少，故云別尊卑也。」云「王公曰丘，諸臣曰封」者，賈疏云：「《爾雅》云土之高者曰丘。高丘曰阜，是自然之物，故屬之王公也。聚土曰封，人所造，故屬之諸臣。若然，則公中可以兼五等也。」詒讓案：《釋名·釋喪制》云：「丘，象丘形也。」《廣雅·釋丘》云：「丘、封，冢也。」《方言》云：「冢，自關而東謂之丘，小者謂之塿，大者謂之丘。」《檀弓》云：「吾見封之若堂者矣，見若坊者矣，見若覆夏屋者矣，見若斧者矣，從若斧者焉，馬鬣封之謂也。」鄭彼注云：「封，築土爲壟。」又《王制》注云：「封謂聚土爲墳。」是丘者，積土高大，象丘山之形。《吕氏春秋·安死》篇云：「世俗之爲丘壟也，其高大若山，其樹之若林。」所謂丘也，封則聚土築之，若堂若坊之類是也。《禮記》或借封爲窆，與此義異。《易·繫辭》云「不封不樹」，李氏《集解》引虞翻云：「穿土稱封。封，古窆字也。聚土爲樹。」此誤以封土爲窆，又以樹爲聚土，並不合經義。此經凡穿土字並作窆，不作封。吴廷華云：「丘封者，言封之成丘，義本一貫，鄭分爲二，非。」案：依吴説，則與下文「丘隧」，《遂師》「丘籠」義略同，亦通。引《漢律》曰「列侯墳高四丈，關内侯以下至庶人各有差」者，證丘封之度不同之事。孔廣森云：「《漢書》，朱雲爲丈五墳，自以廢爲庶人，從庶人之制也。由此推之，蓋關内侯墳高三丈五尺；中二千石以下至比二千石銀印青綬者，墳三丈；千石以下至比六百石銅印黑綬者，墳二丈五尺；四百石以下至比二百石銅印黄綬者，墳二丈；下至庶人一丈五尺。似皆以五尺爲差。」賈疏云：「案《春秋緯》云：『天子墳高三仞，樹以松；諸侯半之，樹以柏；大夫八尺，樹以欒草；士四尺，樹以槐；庶人無墳，樹以楊柳。』鄭不引之者，以《春秋緯》或説異代，多與《周禮》乖，故不引，或鄭所不見也。《王制》云『庶人不封不樹』，而《春秋緯》云庶人樹以楊柳者，以庶人禮所不制，故樹楊柳也。」王引之云：「《檀弓》：

『孔子曰「古也墓而不墳，今某也東西南北之人也，不可以弗識也」。於是封之崇四尺。』鄭彼注云：『崇，高也。高四尺，蓋周之士制。』此與《春秋緯》説合。」詒讓案：經云「爵等」，命士以上爲爵，不及庶人，故《王制》説「庶人不封不樹」。鄭彼注云：「爲至卑無飾也。《周禮》曰『以爵等爲丘封之度與其樹數』，則士以上乃皆封樹。」據《王制》及鄭注説，則庶人不封樹，《春秋緯》亦云庶人無墳。鄭此注引《漢律》者，證漢亦尊卑封樹不同耳。實則漢庶人有封樹，與周制異也。又案：周天子以下封樹之等數，經無正文。賈引《春秋緯》雖有其文，而疑鄭所不見。《檀弓》注以高四尺爲周之士制，則鄭非不見緯説。《檀弓》孔疏則云「天子一丈，諸侯八尺，其次降差以兩」，又與緯異，未詳所據。至所樹之木，《白虎通義・崩薨》篇引《含文嘉》説，與賈引《春秋緯》同，惟云「大夫以欒」，亦足正此疏「藥草」之誤。《檀弓》疏引《白虎通》作「大夫栗士槐」，無庶人之文，與今本《通義》文異。又《説文・木部》云：「欒，木似欄。禮，天子樹松，諸侯柏，大夫欒，士楊。」許説士樹楊，復與諸文不同。《淮南子・齊俗訓》云，「殷人葬樹松，周人葬樹柏」，又無尊卑之異。衆説差牾，今亦無以定之也。

大喪既有日，請度甫竁，遂爲之尸。甫，始也。請量度所始竁之處地。爲尸者，成葬爲祭墓地之尸也。鄭司農云：「既有日，既有葬日也。始竁時，祭以告后土，冢人爲之尸。」

【疏】「大喪既有日」者，賈疏云：「大喪謂王喪，有日謂葬日，天子七月而葬，葬用下旬。」詒讓案：此大喪當亦關后及世子。但世子葬期當與諸侯同五月，其度竁以下事蓋略同，唯度法有降殺耳。云「請度甫竁」者，竁，鄭大夫讀爲穿，詳《小宗伯》疏。賈疏云：「謂冢人請於冢宰，量度始穿地之處也。」案：賈謂請於冢宰者，以嗣王方在諒闇，未有命戒也。但士喪筮宅卜日，主人咸與其事，則甫竁疑亦當請於王，其后世子之喪，更不待言矣。又據《既夕禮》，先筮宅，後卜日，敍次甚明。又筮宅，先掘四隅及中，即此所謂甫竁。又云「指中封而筮」，明既竁乃筮，二事同日並舉，而卜日則在其後，王禮卜宅當亦然。若然，此經既有日乃請度甫竁者，疑王禮詳，當先諏日，次甫竁，遂卜宅，次卜日，猶大夫以上祭日亦先諏後卜也。若然，此云有日，乃據諏日言之，其時實尚未卜日，而甫竁則與卜宅同日，先於將葬之地掘土以發其功，至得吉後，乃竟其事，其節次不可易也。互詳《小宗伯》疏。云「遂爲之尸」者，賈疏云：「因事曰遂。初請量度，至葬訖祭墓，故冢人遂爲尸也。」　注云「甫，始也」者，《小宗伯》注同。云「請量度所始竁之處地」者，將營王窆，先量度其方位及丘封之度，猶《既夕》云「筮宅，冢人營之」，彼注云「營猶度也」。始窆者，對得吉後之營治丘隧等，爲肇始之事也。云「爲尸者，成葬爲祭墓地之尸也」者，《檀弓》云「既封，有司以几筵舍奠於墓左」。注云：「舍奠墓左，爲父母形體在此，禮其神也。《周禮》：冢人凡祭墓爲尸。」此注云「成葬祭墓」，即據彼文。鄭彼注引後經凡祭墓爲尸，而不引此甫窆爲尸之文，則亦從先鄭說，與此注義異。然彼云舍奠，即釋奠。鄭《文王世子》注謂釋奠，設薦饌酌奠而已，無迎尸以下之事，則釋奠無尸；而此有祭墓之尸者，或彼士禮略，禮墓神用釋奠禮，天子禮詳，則禮墓神用祭禮，有迎尸以下之事與？賈疏云：「先鄭以『遂爲之尸』，據始穿時祭墓地，冢人爲之尸。後鄭據始穿時無祭事，至葬訖成墓，乃始祭墓，故冢人爲尸。不從先鄭者，見《小宗伯》云『卜葬兆，甫窆哭之』，又云『既葬，詔相喪祭之禮』，喪祭謂虞祔，下乃云『成葬而祭墓爲位』。據彼文，則初穿地時無祭墓地之事，葬訖乃有祭墓地，即此遂爲之尸，一也。」鄭司農云「既有日，既有葬日也」者，喪紀卜日事多，此下文請度甫窆，則是葬事，故知有日惟據葬日也。云「始窆時祭以告后士，冢人爲之尸」者，武億謂先鄭蓋讀「請度」另爲句，不與「甫窆」連讀。案：武說近是。先鄭亦訓甫爲始，但以後文云「凡祭墓爲尸」，方是墓成之祭，故以此爲始窆時告后土之祭，此與後鄭義不同，不徒讀異也。

及窆，以度爲丘隧，共喪之窆器。隧，羡道也。度丘與羡道廣袤所至。窆器，下棺豐碑之屬。《喪大記》曰：「凡封，用綍，去碑，負引，君封以衡，大夫以咸。」【疏】「及窆以度爲丘隧」者，謂既卜宅得吉，則兆域已定，遂營壙治丘隧也。　注云「隧，羡道也」者，《左》僖二十五年傳云「晉侯請隧」，杜注云：「闕地通路曰隧，王之葬禮也。諸侯皆縣柩而下。」又隱元年注云：「隧，若今延道。」《廣雅·釋宫》云：「羡、隊，道也。」延、羡，隊、隧，字並同。《史記·秦始皇紀》云：「葬閉中羡，下羡門。」又《衛世家》云「其伯入釐侯羡，自殺」。《索隱》云：「羡，墓道也。」《九章算術·商功篇》云「今有羡除」，劉徽注云：「羡除，隧道也。其所穿地，上平下邪。」賈疏云：「此案僖二十五年《左傳》云：『晉文公請隧，不許，王曰：未有代德，而有二王。』則天子有隧，諸侯已下有羡道。隧與羡異者，隧道則上有負土，謂若鄭莊公與母掘地隧而相見者也。羡道上無負土。若然，隧與羡別，而鄭云『隧，羡道』者，對則異，散則通，故鄭舉羡爲況也。」云「度丘與羡道廣袤所至」者，丘即封土，凡墓上之封土及墓中之羡道，並度其廣袤，依法爲之。云「窆器，下棺豐碑之屬」者，據《檀弓》云「公室視豐碑」。豐碑是天子下棺之器，詳《鄉師》疏。引《喪大記》曰「凡封，用綍，去碑，負引，君封以衡，大夫以咸」者，《釋文》云：「咸，本又作緘。」案：彼文云「大夫士以咸」，嘉靖本同，各本並無「士」。鄭彼注云：「封，《周禮》作『窆』。窆，下棺也。咸讀爲『緘』。凡柩車及壙，說載除飾，而屬紼於柩之緘，又樹碑於壙之前後，以紼繞碑閒之鹿盧，輓棺而下之。此時棺下窆，使輓者皆繫紼而繞要，負引舒縱之，備失脱也。用紼去碑者，謂縱下之時也。衡，平也。人君之喪，又以木衡貫緘耳，居旁持而平之。大夫士旁牽緘而已。」賈疏云：「執紼去碑負引者，謂天子千人分執六紼，諸侯五百人分執四紼。其棺當於壙上，執紼者皆負紼背碑，以鼓爲節而下之。彼諸侯及大夫法。但天子無文，故引之以證天子之法耳。」

及葬，言鸞車象人。鸞車，巾車所飾遺車也，亦設鸞旗。鄭司農云：「象人，謂以芻爲人。言，言問其不如法度者。」玄謂言猶語也。語之者，告當行，若於生存者，於是巾車行之。孔子謂爲芻靈者善，謂爲俑者不仁，非作象人者，不殆於用生乎。【疏】「及葬」者，謂葬日之旦，既大遣奠，苞牲行器時也。　注云「鸞車，巾車所飾遺車也」者，《巾車》云「大喪飾遺車，遂廞之行之」。注云「遺車 一曰鸞車」是也。案：鸞車即明器之小車，以木爲之，如五路之制，以之送葬，謂之遺車。《漢書·郊祀志》載漢郊祀有木寓車謂之鸞路，與此略同。遺車之數，詳《巾車》疏。云「亦設鸞旗」者，明遺車設鸞，故名鸞車也。《史記·封禪書》載秦郊祀有欒車。欒與鸞同，鸞以金爲鈴，正字當作鑾，詳《大馭》疏。《荀子·禮論篇》説明器之輿有金革，楊注云「金謂和鸞」是也。旗亦如五路之旗大常、大旂等，《司常》云「大喪建廞車之旌，及葬亦如之」是也。《明堂位》云「鸞車，有虞氏之路也」。注云：「鸞有鸞和也，鸞或爲欒也。」《月令·孟春》云「乘鸞路」，彼別爲虞車，與此遺車異，而取鸞和爲名則同。鄭司農云「象人謂以芻爲人」者，先鄭謂象人，即《檀弓》「芻靈」。後鄭以芻靈束草爲之，略具人形，不若木俑有面目機發，於人尤象，故不從先鄭也。云「言，言問其不如法度者」者，《廣雅·釋詁》云：「言，問也。」連言之則曰「言問」，《漢書·賈誼傳》「臣聞聖主言問其臣，而不自造事」是也。然明器沽略，不至不如法度，無待於問，故後鄭不從。云「玄謂言猶語也」者，《大祝》先鄭注同。《廣雅·釋詁》云：「語，言也。」《説文·言部》云：「直言曰言，論難曰語。」言之與語，對文則異，散文則通。云「語之者，告當行若於生存者」者，《虎賁氏》注云：「遺車，王之魂魄所馮依。」故此官以當行告於鸞車象人，若王生存時也。賈疏謂冢人語巾車之官，將鸞車及象人，使行向壙，失之。云「於是巾車行之」者，冢人告行，然後巾車以遣車及象人行如墓。《巾車》注云「行之，使人以次舉之以如墓也」是也。云「孔子謂爲芻靈者善，謂爲俑者不仁，非作象人者，不殆於用生乎」者，《檀弓》云：「塗車芻靈，自古有之，明器之道也。孔子謂爲芻靈者善，謂爲俑者不仁，不殆於用人乎哉！」此檃括引之，明彼俑卽此象人，破先鄭象人爲芻靈之説也。鄭彼注云：「芻靈，束茅爲人馬。謂之靈者，神之類。俑，偶人也，有面目機發，有似於生人。孔子善古而非周。」案：俑者，以桐爲人以葬，亦謂之偶。《説文·人部》云：「偶，桐人也。」《淮南子·繆稱訓》云：「魯以偶人葬，而孔子歎。」宋本許注云：「偶人，桐人也。」今本作「相人」，誤。《廣韻·二腫》引《埤蒼》云：「俑，木人，送葬，設關而能跳踊，故名之。」是俑以木爲人，有機發，能跳踊，有類生人，故謂之象人。《孟子·梁惠王》篇云：「仲尼曰：『始作俑者，其無後乎！』爲其象人而用之也。」亦以俑爲象人，與此注可互證。《韓非子·顯學》篇云：「象人百萬，不可謂强。」亦謂此也。又案：依鄭《檀弓》注説，古有芻靈，無俑，周始有俑，亦兼有芻靈，故《校人》注以遣車之馬爲芻靈。賈疏謂周改芻靈爲象人，則不用芻靈，非鄭恉也。詳《校人》疏。

及窆，執斧以涖，臨下棺也。【疏】「及窆，執斧以涖」者，與鄉師、匠師爲官聯也。　注云「臨下棺也」者，《天官·世婦》注云：「涖，臨也。」窆爲下棺，詳前。賈疏云：「案《鄉師》云『執斧以涖匠師』，則此亦臨匠師。兩官俱臨者，葬事大，故二官共臨也。」

遂入藏凶器。凶器，明器。【疏】「遂入藏凶器」者，此亦冢上「及窆」爲文，謂入壙藏於椁中。《既夕禮》云：「乃窆，藏器于旁，加見，藏苞筲于旁。」注云：「器，用器、役器也。見，棺飾也。先言藏器乃云加見者，器在見內。於旁者，在見外也。」《雜記》云：「甕甒筲衡實見閒，而後折入。」注亦云「實見閒，藏於見外椁內也」。孔疏推《既夕》注義，謂見內是用器、役器，見外是明器。今案：《既夕》上文陳明器，總列用器、役器等，則皆明器耳。其入壙藏之，乃有見內見外之别，要其在椁中則同也。　注云「凶器，明器」者，《閻人》注同。《既夕禮》陳明器，先茵苞筲甕甒，次用器弓矢耒耜敦杅槃匜，役器甲冑干笮，燕器杖笠翣。又云「無祭器，有燕樂器可也」，注云「大夫以上兼用鬼器、人器也」。若然，王禮明器亦兼有彼衆器，又有遣車以載苞牲體及人器之祭器等，以其皆藏於壙，則通謂之凶器也。**正墓位，蹕墓域，守墓禁。**位，謂丘封所居前後也。禁，所爲塋限。【疏】「正墓位」者，賈疏云：「墓位，即上文昭穆爲左右，是須正之，使不失本位。」云「蹕墓域」者，謂營葬及祈禱，凡有事於公墓，則此官於兆域之内，爲之蹕止行人。《鄉士》云：「大喪紀，帥其屬夾道而蹕。」若然，柩在道則鄉士蹕，至墓域則此官蹕，職掌互相備也。云「守墓禁」者，賈疏云：「謂禁制不得漫入也。」　注云「位謂丘封所居前後也」者，賈疏云：「即上文爲諸侯及有功者居前，爲卿大夫士者居後是也。」云「禁所爲塋限」者，謂墓域之外界限也。界限之内，禁不得侵發及樵采之等。**凡祭墓，爲尸。**祭墓爲尸，或禱祈焉。鄭司農云：「爲尸，冢人爲尸。」【疏】注云「祭墓爲尸，或禱祈焉」者，賈疏云：「後鄭知此祭墓爲禱祈者，上文『遂爲尸』，是墓新成祭后土；此文云『凡』，非一，故知謂禱祈也。」詒讓案：禱祈亦謂有故禱祈於墓地之祇，故以冢人爲尸也。其子孫祭父祖之墓，《禮經》無文，唯《曾子問》説宗子在他國，庶子祭之禮云：「望墓而爲壇，以時祭。」《韓詩外傳》云：「曾子曰：椎牛而祭墓，不如雞豚逮親存。」《史記・周本紀》亦載武王上祭於畢，《集解》引馬融云：「畢，文王墓地名也。」是古自有子孫祭墓之法，蓋亦望墓爲壇，與後世祭墓隧不同。其祭則當以子姓爲尸，不使冢人，不可以説此經之墓祭也。鄭司農云「爲尸，冢人爲尸」者，先鄭以此墓祭冢上「大喪」爲文，謂成葬祭后土也。賈疏云：「上文祭墓，謂始穿地時，此文據成墓爲尸。後鄭以此亦得通一義，故引之在下。是以《禮記・檀弓》云『有司舍奠於墓左』，彼是成墓所祭，亦引此『凡祭墓爲尸』證成墓之事也。」**凡諸侯及諸臣葬於墓者，授之兆，爲之蹕，均其禁。**【疏】「凡諸侯及諸臣葬於墓者，授之兆」者，於，經例當作「于」，石經及各本並誤。賈疏云：「上文唯見王及子孫之墓地，不見同姓異姓諸侯之墓地，故此經揔見之。若然，此墓地舊有兆域，今新死者隨即授之耳。」詒讓案：諸侯亦謂内諸侯也。諸臣，統同姓異姓卿大夫士凡有爵者言之。《士喪禮》云：「筮宅，冢人營之。」又《記》云「筮宅，冢人物土」，注云：「物猶相也，相其地可葬者，乃營之。」是士亦冢人授兆之證。賈《士喪禮》疏謂彼爲士，自有冢人，非是。公墓蓋非一區，凡諸侯諸臣，或陪葬王墓，或特葬，而官予之地。若《檀弓》晉之九京，皆此官所掌也。《檀弓》云：「太公封於營丘，比及五世，皆反葬於周。」孔疏謂反葬於鎬京，陪文武之墓，則異姓諸侯有陪葬之禮矣。云「爲之蹕」者，惠士奇云：「冢人掌公墓之地，蹕墓域，凡諸侯及諸臣葬於墓者，爲之蹕，則蹕通上下之名。襄二十五年《左傳》，齊崔氏葬莊公，四翣，不蹕。案禮，大夫四翣，葬以大夫，冢人當爲之蹕。四翣而不蹕，則非大夫之葬禮也。」案：惠説是也。周時蹕稱通於上下，與秦漢後制不同，詳《内豎》疏。云「均其禁」者，均平其守禁之事，謂調其勞逸，猶《均人》云「均地守」也。

墓大夫掌凡邦墓之地域，爲之圖，凡邦中之墓地，萬民所葬地。【疏】注云「凡邦中之墓地，萬民所葬地」者，謂萬民族葬之處謂之邦墓，别於冢人掌公墓之地，爲王及諸侯諸臣之葬地也。賈疏云：「以其冢人掌王墓地，下文云『令國民族葬』，非有爵者，故知經邦墓是萬民。若然，下云『掌其度數』，鄭云『度數，爵等之大小』，而見有爵者，謂本爲庶人設墓，其有子孫爲卿大夫士，其葬不離父祖，故兼見卿大夫士也。」**令國民族葬，而掌其禁令，**族葬，各從其親。【疏】「令國民族葬」者，謂於邦墓之中分地，令民各以族相從而葬。《大司徒》本俗六安萬民，二曰族墳墓。《周書・大聚篇》云「墳墓相連，民乃有親」，即族葬之法也。古者自公卿以下至於齊民，葬地皆官授之，故《王制》云「墓地不請」，孔疏云「冢墓之地，公家所給，族葬有常，不得輒請求餘處」是也。　注云「族葬，各從其親」者，賈疏云：「經云族葬，則據五服之内親者共爲一所而葬，異族即别塋。知族是五服之内者，見《左傳》哭諸之例云『異姓臨於外，同姓於宗廟，同宗於祖廟，同族於禰廟』，故知族是服内，是以鄭云各從其親也。」**正其位，掌其度數，**位，謂昭穆也。度數，爵等之大小。【疏】注云「位謂昭穆也」者，賈疏云：「凡萬民墓地，亦如上文豫有昭穆爲左右。」云「度數，爵等之大小」者，明此官雖專主萬民葬地，然庶族之中亦有升爲士大夫者，故云爵等。其無爵者，墓大小亦自有度數，不容踰侈。賈疏云：「亦如《冢人》云『丘封之度與其樹數』也。」**使皆有私地域。**古者萬民墓地同處，分其地使皆有區域，得以族葬後相容。【疏】注云「古者萬民墓地同處」者，謂凡邦國都邑，各有廣闊之墓地數區，合萬民皆葬於其處，是爲公地域。其族葬則每族各有私地域，爲公地域所包。《孟子・滕文公》篇云「死徙無出鄉」，趙注云「死謂葬死也」。無出鄉即墓地同處之義。云「分其地使各有區域，得以族葬後相容」者，謂於公地域之中，分别區界，爲某族之墓地，使合族同葬，足以相容，是爲私地域也。**凡争墓地者，聽其獄訟。**争墓地，相侵區域。【疏】注云「争墓地，相侵區域」者，同處公墓地之中，或有於私區域外，侵犯他族之區域而争訟者，墓大夫主聽斷其曲直也。**帥其屬而巡墓厲，居其中之室以守之。**厲，塋限遮列處。鄭司農云：「居其中之室，有官寺在墓中。」【疏】「帥其屬而巡墓厲」者，賈疏云：「墓大夫帥下屬官也，巡行遮列之處。」云「居其中之室以守之」者，賈疏云：「謂萬民墓地族葬地中央爲室，而萬民各自守之。」案：此亦謂墓大夫之官帥其屬而守之，賈謂民各自守之，非也。居其中者，亦謂居公地域之中。蓋邦墓公地域甚廣，爲百族所同葬，凡邦國各都邑之中，蓋不過一二區，故可於中爲官寺，墓大夫率其屬分守之。注云「厲，塋限遮列處」者，塋限，詳《冢人》疏。段玉裁云：「列，《説文》作『迾』，迾厲古同音通用。《鄭風》『火烈具舉』，又假烈字。」案：遮列，詳《山虞》疏。鄭司農云「居其中之室，有官寺在墓中」者，謂墓大夫有官寺，在邦墓公地域中，居之以治事。凡官寺，即官吏治事之所，《宫伯》所謂舍是也。亦通謂之室，《匠人》以九卿治事之次爲外九室，是其比例。《左》昭十二年傳云：「鄭簡公卒，將爲葬除，司墓之室有當道者。」杜注云：「鄭之掌公墓大夫徒屬之家。」吕飛鵬謂即墓大夫之室，義或然也。又案：《吕氏春秋·安死》篇説爲丘壟云：「其設闕庭、爲宫室、造賓阼也，若都邑。」則其時諸侯公卿之墓，有爲宫室，若後世陵寢者。然自是戰國之侈制，與禮不合也。

職喪掌諸侯之喪及卿大夫士凡有爵者之喪，以國之喪禮涖其禁令，序其事。國之喪禮，《喪服》、《士喪》、《既夕》、《士虞》今存者，其餘則亡。事，謂小斂、大斂、葬也。【疏】「掌諸侯之喪及卿大夫士凡有爵者之喪」者，與宰夫爲官聯也。賈疏云：「言諸侯者，謂畿内王子母弟得稱諸侯者，若《司裘》云『諸侯共熊侯豹侯』者也。言凡有爵者，還是卿大夫士，言凡以該之耳。」案：賈説是也。自命士以上並爲有爵，詳《大宰》、《大行人》疏。但諸侯亦容有畿外諸侯入爲王官及來朝覲而薨於王國者，職喪並掌之，不止内諸侯也。《宰夫》云：「三公六卿之喪，與職喪帥官有司而治之；凡諸大夫之喪，使其旅帥有司而治之。」彼不言士喪，蓋士喪職喪自帥有司治之，宰夫不與也。云「序其事」者，序，經例當作「敘」，石經及各本並誤，詳《小宰》疏。賈疏云：「謂若襲斂殯葬先後之事。」　注云「國之喪禮，《喪服》、《士喪》、《既夕》、《士虞》今存者，其餘則亡」者，《儀禮》十七篇，凶禮存者四篇，《喪服》第十一，《鄭目録》云：「天子以下，死而相喪，衣服、年月、親疏隆殺之禮。」又《士喪禮》第十二，《目録》云：「士喪其父母，自始死至於既殯之禮。」又《既夕禮》第十三，《目録》云：「《士喪禮》之下篇也。既，已也。謂先葬二日已夕哭時，與葬間一日，凡朝廟日請啓期必容焉。」又《士虞禮》第十四，《目録》云：「虞，安也。士既葬其父母，迎精而反，日中而祭之於殯宮以安之。」四篇之内，惟《喪服》統貫天子以下，餘並諸侯之士禮。此國之喪禮，所晐者廣，諸侯士禮乃其一耑，其餘若天子大喪及諸侯、卿大夫，咸當有專篇，士禮亦未全，具皆遭秦火而亡，漢時已無可攷也。云「事謂小斂、大斂、葬也」者，賈疏云：「舉大事而言，其閒仍有襲事，亦掌之，下文別見祭，故此不兼也。」**凡國有司以王命有事焉，則詔贊主人。**有事，謂含襚贈賵之屬。詔贊者，以告主人，佐其受之。鄭司農云：「凡國，謂諸侯國。有司，謂王有司也。以王命有事，職喪主詔贊主人。」玄謂凡國有司，有司從王國以王命往。【疏】注云「有事謂含襚贈賵之屬」者，《宰夫》云「凡邦之弔事」，注云「弔事，弔諸侯諸臣，凡喪，始死，弔而含襚，葬而賵贈」是也。並詳彼疏。賈疏云：「不言賻者，賻施於生者，故不言也。」云「詔贊者，以告主人，佐其受之」者，《大宰》注云：「詔，告也。」《外宗》注云：「贊猶佐也。」職喪告主人以禮，佐助其受王之含襚贈賵也。鄭司農云「凡國謂諸侯國，有司謂王有司也」者，先鄭讀「凡國」爲句，賈疏云：「後鄭不從者，下文云『公有司』，豈得公分之爲諸侯有司爲王有司乎？明此國有司亦不得分之也。」云「以王命有事，職喪主詔贊主人」者，此説與後鄭同。云「玄謂凡國有司，有司從王國以王命往」者，後鄭以此「國有司」與下「公有司」義同。又《都司馬》有「國司馬」，國並指王國而言，故以國屬有司讀之，破先鄭國爲諸侯國之説也。賈疏云：「往，向喪家者也。」**凡其喪祭，詔其號，治其禮。**鄭司農云：「號謂謚號。」玄謂告以牲號、齍號之屬，當以祝之。【疏】「凡其喪祭」者，《小宗伯》注云：「喪祭，虞祔也。」賈疏云：「喪祭餘文皆爲虞，此言凡者，以其喪中自相對，則虞爲喪祭，卒哭爲吉祭，若對二十八月爲吉祭，則祥禫已前皆是喪祭，故言凡以該之，是以鄭亦不言喪祭爲虞也。」云「詔其號治其禮」者，此與大祝、喪祝爲官聯也。賈疏云：「案《大宗伯》亦云『治其禮』，鄭云『謂簡習其事』。此治其禮義亦然也。」　注鄭司農云「號謂謚號」者，《周書・謚法篇》云：「謚者，行之迹也。號者，功之表也。」《白虎通義・號》篇云：「帝王者何號也？號者功之表也，所以表功明德、號令臣下也。」則謚與號異。先鄭以謚號釋此詔號，蓋通言之謚亦得爲號也。賈疏云：「後鄭不從者，《小宗伯》云『小喪賜謚讀誄』，不在此。」云「玄謂告以牲號、齍號之屬，當以祝之」者，亦破先鄭説也。牲號、齍號即大祝六號之二。云「之屬」者，明兼有幣號之等，若《士虞記》虞祝辭云「敢用絜牲剛鬣、香合、嘉薦普淖、明齊溲酒」，又祔辭云「用尹祭、嘉薦普淖、普薦溲酒」是也。《喪祝》云「掌喪祭祝號」，則此職喪所詔即告喪祝也。齍號，齍，注例當作「粢」，詳《大祝》疏。　**凡公有司之所共，職喪令之，趣其事。**令，令其當共物者給事之期也。有司，或言公，或言國。言國者，由其君所來。居其官曰公。謂王遣使奉命有贈之物，各從其官出，職喪當催督也。【疏】注云「令，令其當共物者給事之期也」者，謂共物有法數，給事有期限也。賈疏云：「此謂諸官依法合供給喪家者，不待王命，職喪依式令之使相供。」云「有司，或言公，或言國」者，明此公有司即上國有司。《夏官・敘官》注云「公司馬，國司馬也」，義與此同。云「言國者，由其君所來」者，即上文國有司，爲奉王命而來也。云「居其官曰公」者，《牛人》注云「公猶官也」。謂若《喪祝》云「凡卿大夫之喪，掌事而斂飾棺焉」。《小史》云「卿大夫之喪，賜謚讀誄」。凡官有常守，自依本職而共，不由王特命者。《既夕記》有「公史」，注云「君之典禮書者」是也。《宰夫》云「官有司」，義亦同也。胡匡衷云：「《士喪禮》甸人、管人、夏祝、商祝、冢人、卜人之屬，蓋皆公家之臣來治喪事者也。古者臣有喪事，公家使人治之，以喪事需人孔多，家臣不能具官故也。《特牲》士祭，亦有公有司。」案：胡説是也。公者，對私之稱。《特牲饋食記》云：「若有公有司、私臣，皆殽脀。」彼公有司對私臣言之，亦當與此經同。敖繼公謂「公家所使，給私家之事者」是也。鄭彼注以爲士之屬命於君者，義未允。《左》文十四年傳：「齊公子商人驟施於國，盡其家，貸於公有司以繼之。」義亦與此同。互詳《宰夫》疏。云「謂王遣使奉命有贈之物，各從其官出，職喪當催督也」者，若《宰夫》云「凡邦之弔事，掌其戒令與其幣器財用凡所共者」。從其官出，即謂其官當共幣器財用者也。《說文·走部》云：「趣，疾也。」謂催督令疾共，不得稽緩也。

周禮正義卷四十二

春官宗伯下　周禮　鄭氏注

大司樂掌成均之灋，以治建國之學政，而合國之子弟焉。鄭司農云：「均，調也。樂師主調其音，大司樂主受此成事已調之樂。」玄謂董仲舒云：「成均，五帝之學。」成均之法者，其遺禮可法者。國之子弟，公卿大夫之子弟，當學者謂之國子。《文王世子》曰：「於成均以及取爵於上尊。」然則周人立此學之宮。【疏】「掌成均之灋」者，大司樂教學之官法也。云「以治建國之學政，而合國之子弟焉」者，《諸子》注云：「學，大學也。」大司樂通掌大小學之政法，而專教大學，與師氏、保氏、樂師教小學，職掌互相備。《王制》云：「樂正崇四術，立四教，順先王詩書禮樂以造士，春秋教以禮樂，冬夏教以詩書，王大子、王子、羣后之大子、卿大夫元士之適子、國之俊選皆造焉。」鄭注云：「樂正，樂官之長，掌國子之教。《虞書》曰：『夔，命汝典樂，教胄子。』」又《文王世子》云：「大樂正學舞干戚，語説命乞言，皆大學正授數。」又云：「樂正司業，父師司成。」依鄭説，《禮記》之大樂正即此大司樂，在周爲樂官之長，而兼掌學政者也。又案：周制大學，所教有三：一爲國子，即王大子以下至元士之子，由小學而升者也；二爲鄉遂大夫所興賢者、能者，司徒論其秀者入大學，《王制》云「司徒論選士之秀者而升之學，曰俊士」是也；三爲侯國所貢士。此三者皆大司樂教之。經唯云合國子弟者，舉其貴者言之，亦文不具也。詳《鄉大夫》疏。注鄭司農云「均，調也」者，《五行大義》引《樂緯叶圖徵》云：「聖王法承天以立五均，五均者，六律調五聲之均也。」是樂之調謂之均也。云「樂師主調其音，大司樂主受此成事已調之樂」者，據《樂師》云「凡樂掌其序事，治其樂政」。先鄭意，樂師主調樂音，此官主成均之法，即掌受樂師成事已調之樂。然成均爲學名，《文王世子》有明文，先鄭成調之訓尤迂曲，故後鄭不從。云「玄謂董仲舒云，成均五帝之學」者，《文王世子》注義同，證成均爲學名，破先鄭義也。董説，賈疏及《文王世子》孔疏並以爲《春秋繁露》文。檢今本《繁露》無此語，當在逸篇中。云「成均之法者，其遺禮可法者」者，此亦注用今字作「法」也。後鄭意，成均既爲五帝之學，其制尤古，周時其遺禮猶存，可爲法式，此官掌修建之也。云「國之子弟，公卿大夫之子弟，當學者謂之國子」者，《師氏》「以三德教國子」，注義同。《漢書・禮樂志》云：「《周詩》既備，而其器用張陳，《周官》具焉。典者自卿大夫師瞽以下，皆選有道德之人，朝夕習業，以教國子。國子者，卿大夫之子弟也。」説亦與鄭同。賈疏云：「案《王制》云：『王大子、王子、公卿大夫元士之適子、國之俊選皆造焉。』此不言王大子、王子與元士之子及俊選者，引文不具。此云弟者，則王子是也。自公以下，皆適子乃得入也。」案：凡國子皆通適庶言之，故經注並兼舉子弟，賈謂弟專據王子，非鄭恉也。凡國子入學之年，鄭《王制》注引《書傳》説，謂年十八入大學，而《大戴記・保傅》及《白虎通義・辟雍》篇、《漢書・食貨志》説，則並謂年十五入大學，未知孰是。其出學之年無文，《王制》注謂九年大成學止，若然，年二十六而出學與？凡學士學成者，皆此官論其秀者告於王，而升諸司馬，《王制》謂之進士是也。互詳《師氏》及《司士》疏。引《文王世子》曰「於成均以及取爵於上尊」者，彼文云：「凡語于郊者，必取賢斂才焉。或以德進，或以事舉，或以言揚。曲藝皆誓之，以待又語。三而一有焉，乃進其等，以其序，謂之郊人，遠之，於成均以及取爵於上尊也。」鄭彼注云：「語，謂論説於郊學。董仲舒曰『五帝名大學曰成均』，則虞庠近是也。天子飲酒於虞庠，則郊人亦得酌於上尊以相旅。」鄭引之者，亦證成均是學名也。黄以周云：「《文王世子》以『於成均』別郊學之人，是成均爲周大學之通稱。」云「然則周人立此學之宫」者，鄭以經言掌成均之法，嫌唯掌其禮法而不立其宫舍，故據《文王世子》證成其義。學宫即謂學舍。《大戴禮記・保傅》篇説小學云：「小者所學之宫也。」若然，此成均亦即大學之宫。鄭彼注以成均爲虞庠者，案虞庠有二：一爲大學之北學，亦曰上庠；一爲四郊之小學，曰虞庠。《明堂位》云「米廩，有虞氏之庠也」，《文王世子》云「書在上庠」，此大學之虞庠也。《王制》云「虞庠在國之西郊」，《北史・劉芳傳》引《王制》「西郊」作「四郊」，與《祭義》注合是也，此小學之虞庠也。段玉裁云：「《文王世子》注之虞庠，謂國之大學上庠，非小學。」洪頤煊云：「下言『樂祖祭於瞽宗』，成均有瞽宗，則即大學也。《文王世子》注虞庠，當是謂虞之上庠。鄭彼注『釋菜於虞庠，則儐賓於東序』。虞庠與東序同處，是亦虞之上庠也。孔疏以西郊小學當此之虞庠，亦失之矣。」案：段、洪説是也。吕飛鵬説同。此經成均，當爲大學，固無疑義。而鄭《文王世子》注謂郊人得於虞庠酌上尊以相旅，則似仍主四郊小學爲説。段玉裁參合此經及《文王世子》二文，謂大學小學皆得謂之成均，鄭恉或當如段説。蓋成均爲五帝之學，舜卽五帝之一，故鄭謂成均近是虞庠。然古書無成均卽虞庠之文，故仍爲存疑之詞，此注亦不著其説。至周大學之名，見此經者唯成均，見於《禮記》者則又有辟雍、上庠、東序、瞽宗，東序亦曰東膠，與成均爲五學，皆大學也。大學之外又有小學，又有四郊之虞庠。其制度及所在之地，諸家之説，紛異殊甚。今綜述鄭義及漢唐舊説，而議其得失。《王制》云：「小學在公宮南之左，大學在郊，天子曰辟雍，諸侯曰頖宮。」注云：「此小學大學，殷之制。」孔疏推其義，謂周諸侯從殷制，天子則大學在國，小學在郊，《鄉射》、《大射禮》記注並謂大學射宮在郊，蓋卽據侯國制也。《王制》又云：「有虞氏養國老於上庠，養庶老於下庠；夏后氏養國老於東序，養庶老於西序；殷人養國老於右學，養庶老於左學；周人養國老於東膠，養庶老於虞庠，虞庠在國之四郊。」注云：「皆學名也。異者，四代相變耳，或上西，或上東，或貴在國，或貴在郊。上庠、右學，大學也，在西郊。下庠，左學，小學也，在國中王宮之東。東序、東膠亦大學，在國中王宮之東。西序、虞庠亦小學也。西序在西郊。周立小學於四郊，周之小學如有虞氏之庠制，是以名庠云。」是鄭以東膠爲周之大學，在國中；虞庠爲周之小學，在四郊也。《文王世子》云：「春秋學干戈，秋冬學羽籥，皆於東序。春誦夏弦，大師詔之瞽宗。秋學禮，執禮者詔之。冬讀書，典書者詔之。禮在瞽宗，書在上庠。」注云：「周立三代之學，學書於有虞氏之學，學舞於夏后氏之學，學禮樂於殷之學。」《鄉射禮》注云：「周立四代之學於國。」是鄭謂周立大學於國中，實備虞夏殷周四代之學也。《詩・大雅・靈臺》孔疏引《五經異義》云：「《韓詩》説，辟廱者，天子之學，圓如璧，壅之以水，示圓；言辟，取辟有德，不言辟水。言辟廱者，取其廱和也。所以教天下，春射秋饗，尊事三老五更。在南方七里之内，立明堂於中，五經之文所藏處，蓋以茅草，取其絜清也。《左氏》説，天子靈臺在大廟之中，壅之靈沼，謂之辟廱。」鄭駁之云：「玄之聞也，《禮記・王制》『天子命之教，然後爲學，小學在公宮之左，大學在郊，天子曰辟廱，諸侯曰泮宮。天子將出征，受命於祖，受成於學。出征執有罪，反，釋奠於學，以訊馘告』。

然則大學卽辟廱也。《詩·頌·泮水》云：『既作泮宮，淮夷攸服，矯矯虎臣，在泮獻馘，淑問如皋陶，在泮獻囚。』此復與辟廱同義之證也。《大雅·靈臺》一篇之詩，有靈臺，有靈囿，有靈沼，有辟廱，其如是也，則辟廱及三靈皆同處在郊矣。囿也，沼也，同言靈，於臺下爲囿爲沼可知。小學在公宮之左，大學在西郊，王者相變之宜。衆家之説，各不昭晳，雖然，於郊差近之耳，在廟則遠矣。《王制》與《詩》，其言察察，亦足以明之矣。」是鄭又謂辟雍爲大學，在西郊也。金鶚云：「《王制》但言天子大學與諸侯異名，未嘗言與諸侯異地，則天子大學亦在郊，小學亦在王宮南之左矣。《大戴禮》云：『古者，王子年八歲而就外舍，學小藝焉，履小節焉；束髮而就大學，學大藝焉，履大節焉。』《白虎通》云：『八歲入小學，十五入大學。』是小學大學以年而分。王子八年，甚幼，豈可入四郊之小學乎？小學必在宮南之左，天子諸侯所同，亦四代所同也。《王制》云：『五十養於鄉，六十養於國，七十養於學。』别學於國，則學不在國中可知。養於國是國中小學，則養於學是國外大學可知。所謂小學在公宮南之左，大學在郊，正與此互證明。天子大學，凡鄉遂所升，諸侯所貢，皆入於此，其人最衆，故立五學以居之。又學必習射，天子虎侯九十步，則其地必寬廣，此大學所以在郊也。《樂記》言武王散軍而郊射，射必在大學，又大學在郊之一證也。」案：金説足正《王制》注説周大學在王宮左、小學在郊及虞庠卽小學之誤。黄以周説同。《韓詩》説及《大戴禮記·盛德》篇並謂辟雍與明堂同處，其説雖不塙，然可證大學在郊之義。蓋周制亦大學在郊，卽五學是也。小學在國，雖無專名，要不得以四郊之虞庠當之矣。《韓詩》説謂辟雍在國南方七里之内，《盛德》則云在近郊三十里，二説不同，要大學必在近郊之内。近郊五十里爲國中，故大學亦謂之國學。其六鄉七萬五千家在二郊之間，則别置鄉學；六鄉之餘地在遠郊者，又别置郊學，卽虞庠是也。《王制》簡不率教者，先移之左右鄉，次移之郊，又次移之遂，每移益遠，明郊學必在遠郊百里之内。《魏書·劉芳傳》引王肅云：「天子四郊有學，去王都五十里。」蓋謂郊學在近郊，恐非也。至成均辟雍，亦多異説。依鄭《文王世子》注説，則成均卽上庠。然董子以成均爲五帝之學，不專指虞學，況《文王世子》上庠與成均兩見，則非一學可知。然則成均當爲虞以前之學，周大學上庠之外，復有成均，實備五代之制，鄭謂立四代學，義尚未晐也。辟雍大學，鄭《駁異義》謂在郊，與三靈同處。蓋五學皆在郊，近接靈囿。《國語・齊語》，管子曰：「昔聖王之處士也，使就閒燕。」閒燕之地，莫如郊囿。若國中，則朝宅衢市咸萃於是，大學學士甚衆，安可設於是乎？鄭義塙不可易。然《王制》注實謂殷大學在郊，周大學在國。若然，鄭意周辟雍既爲大學，則不得在郊，儻云在郊，則又不得爲大學。《駁異義》未明著其說。《王制》孔疏云：「鄭《駁異義》云『三靈一雍在郊』者，熊氏云『文王之時，猶從殷禮，故辟雍大學在郊』。劉氏以爲周之小學爲辟雍，在郊。」《靈臺》疏謂周立三代之學，虞庠在國之西郊，則周以虞庠爲辟雍，蓋即從劉說，不知鄭意果如是否。今攷辟雍乃天子講學之學，諸學以此爲最尊，而劉、孔反以小學虞庠當之，實爲傎到失次。況《王制》本云虞庠在國之四郊，今本作「西郊」者，乃傳寫之誤，鄭本自不如是，尤不可以證辟雍之在西郊。依鄭說，辟雍與三靈同處，攷之古制，三靈又與明堂相近，則當在國之南郊。金鶚云：「國以向南爲正，故惟南郊可專稱郊，祭地必言北郊，而祭天直言郊，此其一證，故大學在郊不必言南也。」案：金說亦是也。鄭《駁異義》謂在西郊者，蓋據《詩・周頌・振鷺》有「于彼西雝」之文。《後漢書・邊讓傳》李注引《韓詩》薛君《章句》云：「西雍，文王之雍也。言文王之時，學士皆潔白之人也。」鄭疑即本《韓詩》說◎。然毛傳云：「雝，澤也。」則不以爲辟雍。細繹毛義，西雝蓋即澤宮，毛所謂澤者，即《司弓矢》、《射義》之澤。鄭箋以爲西雝之澤，非毛恉，亦非《詩》義也。今通校諸經涉學制之文，知周制國中爲小學，在王宮之左；南郊爲五學，是爲大學，辟雍即大學，在郊與四學同處，殆無疑義。至五學方位，北上庠，東東序，西瞽宗，古無異說。唯成均辟雍，衆說不同。鄭鍔云：「周五學，中曰辟雍，環之以水，水南爲成均，水北爲上庠，水東爲東序，水西爲瞽宗。」其義最塙。陸佃、黄以周說五學方位亦同。孔廣森亦以成均爲在南，云「周人尚赤，先南方，是以五宮首明堂，五學首成均。」林喬蔭云：「《王制》云『天子曰辟雍』，其位當在中，故《大戴禮・保傅》篇引《學禮》云，帝入東學、南學、西學、北學、中學，凡爲五學。對小學言之，五者皆稱大學；對四學言之，則中學又獨稱大學。蓋東西南北四學，爲國子肄業之所；中之辟雍，乃天子所居，非學者之宮，《易傳太初篇》所謂在中央曰大學，天子之所自學者是也。」金鶚云：「五學以辟雍居中，爲最尊，成均在南，亦尊。承師問道，必在辟雍，辟雍之尊可知。大司樂總五學之教，而教樂德、樂語、樂舞，必於成均，成均之尊亦可知。故統五學可名爲辟雍，亦統五學可名爲成均。《大司樂》云：『掌成均之灋，以治建國之學政。』此成均乃五學之通稱也。明堂爲正南一堂，而五室可統稱爲明堂，亦猶是也。然別而言之，則成均自是南學之名。」今案：諸説謂成均爲南學，辟雍爲中學，皆不易之論。蓋五學之制，各別爲一宫，地則相距不遠。旁列四學，而中爲辟雍，即取雝水爲名，若與四學同宫，而水圜其外，則是總圜四學，何以中學獨取此名。明辟雍與四學異宫，中學圜以水，四學不圜水也。凡王子弟及國中貴遊子弟幼者，則入王宫東之小學，師氏、保氏教焉。其庶族子弟幼者，則入四郊之虞庠，鄉吏教焉。長則選其秀者，皆入大學，大司樂教焉。其入學者，蓋分居四學，而辟雍則特尊，爲王受成獻功及饗射之學，國子無事不敢入，惟王大射及學士學射則在辟雍。《祭義》云：「天子將祭，必先射於澤，而後射於射宫。」澤即靈囿靈沼之澤宫，射宫即中學之辟雍，澤宫、辟雍地異而雝水則同。《司士》云：「春合諸學，秋合諸射。」學即四學，射即辟雍也。周之學制，大較如是。自鄭君誤解《王制》，後儒相承莫辨。而鄭義之外，漢魏六朝諸儒釋學制者，復多異説。或謂大學與明堂大廟同處。賈《匠人》疏引劉向《別録》謂明堂辟雍與宗廟社稷左右相對，《異義》引《韓詩》説謂辟雍與明堂同處，《左氏》説又謂辟雍與大廟同處，《舊唐書·禮儀志》顔師古《明堂義》引平帝元始四年孔牢等議、《隋書·牛弘傳》引馬宫、王肅説，並與《韓詩》説同，則鄭已駁其非。而《蔡邕集·明堂月令論》直并三者爲一，云：「取其正室之貌則曰太廟，取其鄉明則曰明堂，取其四門之學則曰太學，取其四面周水圜如璧則曰辟雍，異名而同事，其實一也。《易傳太初篇》曰：『天子旦入東學，晝入南學，晡入西學，莫入北學，太學在中央，天子之所自學也。』《禮記·保傅》篇曰：『帝入東學，上親而貴仁；入西學，上賢而貴德；入南學，上齒而貴信；入北學，上貴而尊爵；入太學，承師而問道。』與《易傳》同。魏文侯《孝經傳》曰：『太學者，中學明堂之位也。』《禮記·古大明堂之禮》曰：『日出居東門，膳夫是相；日中出南門，見九侯及門子；日側出西闈，視五國之事；日入出北闈，視帝猷。』《爾雅》曰：『宫中之門謂之闈。』《王居明堂之禮》又別陰陽門，東南稱門，西北稱闈。故《周官》有門闈之學，師氏教以三德守王門，保氏教以六藝守王闈，然則師氏居東門、南門，保氏居西門、北門也。知掌教國子，與《易傳》、《保傳》、《王居明堂之禮》參相發明，爲學四焉。《文王世子》篇曰：『凡大合樂則遂養老，天子至，乃命有司行事，興秩節，祭先師先聖焉。始之養也，適東序，釋奠於先老，遂設三老五更之位。』言教學始於養老，由東方歲始也。又『春夏學干戈，秋冬學羽籥，皆習於東序。凡祭，養老，乞言，合語之禮，皆小樂正詔之於東序』。又曰『大司成論説在東序』。然則詔學皆在東序，東序，東之堂也。學者詔焉，故稱太學。令曰『中夏之月，令祀百辟卿士之有德于民者』。《禮記・太學志》曰：『禮，士大夫學於聖人、善人，祭於明堂，其無位者祭於太學。』《禮記・昭穆》篇曰：『祀先賢於西學，所以教諸侯之德也。』卽所以顯行國禮之處也。太學，明堂之東序也，皆在明堂辟雍之内。《月令記》曰：『明堂者，水環四周。』《禮記・盛德》篇曰：『明堂九室外水，名曰辟雍。』《王制》曰：『天子出征，執有罪，反舍奠於學，以訊馘告。』《樂記》曰：『武王伐殷，薦俘馘於京太室。』《詩・魯頌》云：『矯矯虎臣，在泮獻馘。』京，鎬京也。太室，辟雍之中明堂太室也，與諸臣泮宮俱獻馘焉，卽《王制》所謂以訊馘告者也。《禮記》曰：『祀乎明堂，所以教諸侯之孝也。』《孝經》曰：『孝悌之道，通於神明，光於四海，無所不通。』《詩》云：『自西自東，自南自北，無思不服。』言行孝者則曰明堂，行悌者則曰太學，故《孝經》合以爲一義，而稱鎬京之詩以明之。凡此皆明堂、太室、辟雍、太學，事通文合之義也。」《淮南子・本經訓》高注、《靈臺》疏引盧植《禮記注》、潁容《春秋釋例》並與蔡説略同。《靈臺》疏引袁準《正論》駁之云：「明堂、宗廟、大學，禮之大物也。事義不同，各有所爲。而世之論者，合以爲一體，失之遠矣。夫宗廟之中，人所致敬，幽隱清静，鬼神所居，而使衆學處焉，饗射其中，人鬼慢黷，死生交錯，囚俘截耳，瘡痍流血，以干犯鬼神，非其理矣。自古帝王，必立大小之學，以教天下，有虞氏謂之上庠、下庠，夏后氏謂之東序、西序，殷謂之右學、左學，周謂之東膠、虞庠，皆以養老乞言。《明堂位》曰：『瞽宗，殷學也。』周置師保之官，居虎門之側，然則學宫非一處也。《文王世子》：『春夏學干戈，秋冬學羽籥，皆於東序。』又曰：『秋學禮，冬學書，禮在瞽宗，書在上庠。』此周立三代之學也。可謂立其學，不可謂立其廟，然則大學非宗廟也。又曰：『世子齒於學，國人觀之。』宗廟之中，非百姓所觀也。《王制》曰：『周人養國老於東膠。』不曰辟廱。『養國老於右學，養庶老於左學』，宗廟之尊，不應與小學爲左右也。辟廱之制，圓之以水，圓象天，取生長也；水潤下，取其惠澤也；水必有魚鼈，取其所以養也。是故明堂者，大朝諸侯講禮之處；宗廟，享鬼神歲覲之宮；辟廱，大射養孤之處；大學，衆學之居：各有所爲，非一體也。古有王居明堂之禮，月令則其事也。天子居其中，學士處其内，君臣同處，死生參竝，非其義也。大射之禮，天子張三侯，大侯九十步，其次七十步，其次五十步，辟廱處其中。今未知辟廱廣狹之數，但二九十八，加之辟廱，則徑三百步也。凡有公卿大夫諸侯之賓，百官侍從之衆，殆非宗廟中所能容也。禮，天子立五門，又非一門之閒所能受也。於辟廱獻捷者，謂鬼神惡之也。或謂之學者，天下之所學也。揔謂之宫，大同之名也。生人不謂之廟，此其所以别也。先儒曰：《春秋》，人君將行，告宗廟，反獻於廟，《王制》釋奠於學，以訊馘告，則大學亦廟也。其上句曰『小學在公宮之左，太學在郊』，明太學非廟，非所以爲證也。周人養庶老於虞庠，虞庠在國之西郊，今《王制》亦小學近而大學遠，其言乖錯，非以爲正也。」案：袁論雖不無舛駁，而論辟雍大學與明堂大廟之不可合而爲一，則足與鄭《駁異義》互相申證。蓋五學與明堂，地雖相近，然各異宫，其與大廟，則一在國，一在郊，固遠不相涉也。至蔡氏謂此經有門闈之學，即四學分列明堂四門，其説尤誤。王宫虎門之左，唯有宗廟，明堂本不在是。師氏、保氏掌教國子，即在王宫左之小學，非大司樂所掌之大學。師氏守王門，保氏守王闈，皆宿衛之事，門闈又非學宫所在。蔡氏不詳攷，摭集諸文，概傅合爲一，謬盭甚矣。互詳《師氏》疏。又《玉海·學校》引《三禮義宗》云：「爲學之制，凡有二義。一學之制與明堂同體，五室四堂共一基之上，東堂謂之東學，南堂謂之南學，西堂謂之西學，北堂謂之北學，中央謂之大學。二義云，凡立學之法，有四郊及國中，在東郊謂之東學，在南郊謂之南學，在西郊謂之西學，在北郊謂之北學，在國中謂之大學，故鄭注《祭義》云『周有四郊之虞庠』也。」案：崔所舉二義，皆非也。五學之制，本與明堂五室不同。明堂之制，五室同居一宫之中，堂宇相連，筵步同度，制自宜然。至於五學，則辟雍居中，爲天子饗射之宫，三侯之道逾二百步，則非徒四堂内之一室可知。況法兼四代，不宜徒取學名，必當略存古制。四學異同雖無明文，然以魯米廩頖宫推之，其制必異。如同宫爲室，而四堂異制，於理不可，其不可通明矣。至以四學分列四郊，而國中爲大學，則尤不然。《王制》但云虞庠在國之四郊，鄭《祭義》注亦專據虞庠小學言之，何嘗謂四郊分建上庠、東序、瞽宗乎。大學卽辟雍，辟雍在郊，鄭説塙不可易，但謂在國中則誤耳。其四郊虞庠之外，别有鄉遂之學，並詳《州長》疏。**凡有道有德者，使教焉，死則以爲樂祖，祭於瞽宗。**道，多才藝者。德，能躬行者。若舜命夔典樂教胄子是也。死則以爲樂之祖，神而祭之。鄭司農云：「瞽，樂人，樂人所共宗也。或曰：祭於瞽宗，祭於廟中。《明堂位》曰：『瞽宗，殷學也。泮宫，周學也。』以此觀之，祭於學宫中。」【疏】「凡有道有德者，使教焉」者，明大學之教，亦以德行道藝，與大司徒教鄉學、師氏保氏教小學同也。《漢書・禮樂志》説周典樂云：「自卿大夫師瞽以下，皆選有道德之人，朝夕習業以教國子。」據此，是有道德者，卽指大司樂正屬諸官言之。蓋此經自大學、小學以及鄉遂郊之學，莫不以有道德者爲師。但鄉學之師，自以鄉人之有道德者爲之，《士冠禮》所謂鄉先生是也。是鄉師、鄉老、鄉大夫等官雖掌教，而不自爲庠序之師，遂郊諸官亦然。唯此官教大學，及師氏保氏教小學，則卽以官而爲師，與彼異也。云「死則以爲樂祖，祭於瞽宗」者，於，經例當作「于」，石經及各本並誤。此明樂官之賢者得祭於學也。金鶚云：「《文王世子》云：『凡學，春官釋奠于其先師，秋冬亦如之。』又云：『天子視學，命有司祭先聖先師。』此樂祖卽先師也。瞽宗爲周之西學，《祭義》云『祀先賢于西學』，先賢亦先師也。」

注云「道，多才藝者」者，《法言・問道》篇云：「道也者，通也，無不通也。」無不通，卽多才藝之義。藝卽六藝。道藝義同，《鄉大夫》兼舉之曰「道藝」，此偏舉之則曰「有道」。《保氏》「養國子以道，而教之以六藝」。藝之精者卽道也。樂雖爲六藝之一耑，而此官掌治大學之政，其教亦通晐三物，不徒教樂也。賈疏引《論語・雍也》篇「求也藝」，鄭注云「藝，多才藝」，又《憲問》篇云「冉求之藝，文之以禮樂」，證才藝與六藝别，此教樂之官不得以六藝解之，非也。道藝，詳《宫正》疏。云「德能躬行者」者，德卽六德六行，《鄉大夫》兼舉之曰德行，此偏舉之則曰「有德」，德可以兼行，故鄭以能躬行爲釋。賈疏云：「案《師氏》注，德行外内之稱，在心爲德，施之爲行。彼釋三德三行爲外内，此云德能躬行，則身内有德，又能身行。」黄以周云：「大司徒以鄉三物教萬民，其科曰六德、六行、六藝。有德行者謂之師，有道藝者謂之儒。故冢宰以九兩繫邦國之民，曰『師以賢得民，儒以道得民』。大司樂之樂祖，所謂有道者，卽以道得民之儒也。有德者，卽以賢得民之師也。樂祖，記謂之先師，謂其有德行也。師以賢得民，先師先賢，一也。」案：黄説是也。鄭《祭義》注云：「先賢有道德，王所使教國子者。」《文王世子》注又以樂祖釋先師。綜校鄭義，蓋凡師儒之教於學者，通得祀爲樂祖，而以德行爲尤重，故記通謂之先師，又謂之先賢。至於前古聖哲，則別祀爲先聖，故《文王世子》注云「先聖周公若孔子」，明先聖非教學之師儒，蓋視先師爲尤尊矣。云「若舜命夔典樂教冑子是也」者，據《書・堯典》文，證有道德使爲樂官而教國子之事也。冑子，《釋文》作「育子」，云「本亦作冑」。惠棟云：「《説文》引《虞書》云『教育子』，云『養子使作善也』。《爾雅》育冑皆訓長，故馬季長注《尚書》亦云：『冑，長也，教長天下之子弟。』」阮元云：「此注當與《説文》同作『教育子』，陸本是也。」詒讓案：僞古文人《舜典》，亦作冑子，鄭《王制》注引同。段玉裁謂蓋今文作育，古文作冑，則二字並通。云「死則以爲樂之祖，神而祭之」者，《史記・五帝本紀》集解引鄭《書注》云「國子也」。云「死曰：古之神瞽，考中聲而量之以制度。」韋注云：「神瞽，古樂正，知天道者也。死以爲樂祖，祭於瞽宗，謂之神瞽。」是樂祖卽樂官也。《文王世子》春秋冬並官釋奠於其先師，彼注引此經樂祖，謂卽先師之類。但彼三時釋奠禮殺，與祭不同。此樂祖之祭，時月及禮皆無攷。鄭司農云「瞽，樂人，樂人所共宗也」者，孔繼汾謂「樂人所共宗」上當有「瞽宗」二字是也。後鄭《明堂位》注義同。王氏《訂義》及《玉海・學校》引《三禮義宗》云：「殷學爲瞽宗，宗，尊也。瞽，無目之稱。譬童蒙無有所識，爲瞽蒙之尊。又瞽宗者，樂官也。教國子弟樂，訓道童蒙，故因以爲學名。」案：崔説非鄭義。瞽爲樂人，詳《序官・瞽矇》疏。云「或曰祭於瞽宗，祭於廟中」者，或説蓋以瞽宗爲宗廟也。《吕氏春秋・尊師》篇云：「天子入太廟祭先聖，則齒嘗爲師者，弗臣。」先師與先聖同祭，容古亦有祭於廟之説。然此瞽宗則塙爲學名，故後鄭不從也。云「《明堂位》曰瞽宗殷學也，泮宮周學也，以此觀之，祭於學宮中」者，《釋文》云：「泮，本亦作頖。」案：《明堂位》本作頖，頖俗字。《説文》有泮無頖。引此者，欲見瞽宗是學名也。鄭彼注云：「瞽宗，樂師瞽矇之所宗也。古者有道德者使教焉，死則以爲樂祖，於此祭之。」卽據此經爲説。賈疏云：「案《文王世子》云：『春誦夏弦，大師詔之瞽宗。』以其教樂在瞽宗，故祭樂祖還在瞽宗。雖有學干戈在東序，以誦弦爲正。《文王世子》云：『《禮》在瞽宗，

《書》在上庠。』鄭注云：『學《禮》《樂》於殷之學，功成治定與己同。』則學《禮》、《樂》在瞽宗，祭《禮》先師亦在瞽宗矣。若然，《書》在上庠，《書》之先師亦祭於上庠。其《詩》則春誦夏弦在東序，則祭亦在東序也。故鄭注《文王世子》云：『《禮》有高堂生，《樂》有制氏，《詩》有毛公，《書》有伏生，億可以爲之也。』是皆有先師當祭可知也。《祭義》云：『祀先賢於西學，所以教諸侯之德。』是天子親祭之，不見祭先聖者，文不備，祭可知。」案：賈謂祭《詩》、《書》、《禮》、《樂》之祖各於其學。《文王世子》孔疏説同。陳祥道則謂祀先聖先師皆於西學。秦蕙田云：「瞽宗在辟雍之西，《記》云祀先賢於西學，則凡先聖先師並祀於瞽宗也。賈疏疑非。」黄以周云：「《詩》、《書》、《禮》、《樂》各有祖，大司樂掌樂，故特云樂祖。疏家謂各祭其祖於其學，經固無是文，注亦無是意也。《文王世子》言《樂》在東序，《詩》在南學，《禮》在瞽宗，《書》在上庠。賈引春誦夏弦，以證《樂》在瞽宗，又以之證《詩》在東序，語既矛盾，且『大師詔之』文應句絶，鄭注連『瞽宗』爲文，云『春誦歌《樂》，夏弦播《詩》』，又注《禮》在瞽宗云『學《禮》、《樂》於殷之學』，是《詩》、《禮》、《樂》之祖皆祭於瞽宗明矣。」案：秦、黄皆本陳説以駁賈説是也。瞽宗於五學在西，故《祭義》謂之西學。鄭《祭義》注云：「西學，周小學也。」彼注亦據此經樂祖爲説，而別以西學爲小學；孔疏又謂小學卽虞庠，在國之西郊，與瞽宗在國異。不知西學亦卽大學之瞽宗，周大學在郊，不在國也。祀先賢不於小學虞庠，鄭、孔説竝誤，不足據。又蔡氏《明堂月令論》引《禮記·大學志》云：「禮，士大夫學於聖人、善人，祭於明堂，其無位者祭於大學。」案：《左》文二年傳引《周志》云：「勇則害上，不登於明堂。」《周書·大匡篇》亦有此文，此與《逸禮》祭聖人善人於明堂之説似合，但《禮經》無文，未詳其典云何。又此經樂祖卽樂官，祭於瞽宗，亦卽大學，而《逸禮》謂無位者祭於大學，則疑秦漢人之異説，與此經及《祭義》文皆不相應也。

以樂德教國子中、和、祗、庸、孝、友。 中猶忠也。和，剛柔適也。祗，敬。庸，有常也。善父母曰孝，善兄弟曰友。

【疏】「以樂德教國子中、和、祗、庸、孝、友」者，此樂德、樂語、樂舞以下，並樂官之官法也。樂德者，《大師》云「以六德爲之本」是也。《大司徒》鄉三物六德，知、仁、聖、義、忠、和，《師氏》三德教國子，一至德，二敏德，三孝德，並與此小異。賈疏云：「此必使有道有德者教之。此是樂中之六德，與教萬民者少別，其中和二德取《大司徒》六德之下，孝友二德取《大司徒》六行之上，其祗庸二德與彼異，自是樂德所加。」李光地云：「六德與《師氏》三德相表裏，中和卽至德，祗庸卽敏德，六行三行皆以孝友爲先，故孝友卽孝德也。」　注云「中猶忠也」者，據《大司徒》六德有忠和，注云「忠，言以中心」。惠棟云：「中與忠通。漢《吕君碑》云『以中勇顯名』，義作忠。後漢王常爲漢忠將軍，《馮異傳》作中。《古文孝經》引《詩》云『忠心藏之，何日忘之』。今《毛詩》作中。《曾子大孝》篇云：『仁者仁此者也，義者宜此者也，忠者中此者也。』知忠與中同。」云「和，剛柔適也」者，《大司徒》注義同。《賈子新書・道術》篇云：「剛柔得適謂之和。」云「祗敬，庸有常也」者，《爾雅・釋詁》云：「祗，敬也。庸，常也。」云「善父母曰孝，善兄弟曰友」者，《大司徒》注義同。

以樂語教國子興、道、諷、誦、言、語。　興者，以善物喻善事。道讀曰導。導者，言古以剴今也。倍文曰諷，以聲節之曰誦，發端曰言，荅述曰語。【疏】「以樂語教國子興道諷誦言語」者，謂言語應荅，比於詩樂，所以通意指，遠鄙倍也。凡賓客饗射旅酬之後，則有語，故《鄉射記》云「古者於旅也語」。《文王世子》云：「凡祭與養老乞言合語之禮，皆小樂正詔之於東序。」又云「語説命乞言，皆大樂正授數。」又記養三老五更云：「既歌而語以成之也，言父子君臣長幼之道，合德音之致，禮之大者也。」注云：「語，談説也。」《樂記》子貢論古樂云：「君子於是語。」《國語・周語》云：「晉羊舌肸聘於周，單靖公享之，語説《昊天有成命》。」皆所謂樂語也。　注云「興者，以善物喻善事」者，《大師》注云：「興，見今之美，嫌於媚諛，取善事以喻勸之。」《釋名・釋典藝》云：「興物而作謂之興。」《論語・陽貨》篇孔安國注云：「興，引譬連類也。」案：此言語之興，與六詩之興義略同。云「道讀曰導」者，以音見義也。導道聲類同。《説文・寸部》云：「導，導引也。」丁晏云：「道導古通。《論語》道之以政，道之以德，《漢書・刑法志》引作導。」云「導者，言古以剴今也」者，《釋名・釋言語》云：「導，陶也，陶演己意也。」《廣雅・釋詁》云：「導，語也。」《説文・刀部》云：「剴，大鎌也，一曰摩也。」言古以剴今，亦謂道引遠古之言語，以摩切今所行之事。《樂記》子夏説古樂云「君子於是道古」是也。云「倍文曰諷」者，《漢書・賈誼傳》顔注云：「倍讀曰背。」賈疏云：「謂不開讀之。」詒讓案：《荀子・大略篇》云「少不諷」，楊注云：「諷謂就學諷詩書也。」此諷誦並謂倍文，文亦謂詩歌之屬。云「以聲節之曰誦」者，賈疏云：「此亦皆背文，但諷是直言之，無吟詠，誦則非直背文，又爲吟詠以聲節之爲異。《文王世子》『春誦』注誦謂歌樂，歌樂即詩也。以配樂而歌，故云歌樂，亦是以聲節之。」徐養原云：「諷如小兒背書聲，無回曲；誦則有抑揚頓挫之致。」案：徐説是也。《説文·言部》諷誦互訓，蓋散文得通。誦，詳《瞽矇》疏。云「發端曰言，荅述曰語」者，《襍記》云：「三年之喪，言而不語。」又《喪服四制》云：「齊衰之喪，對而不言。」注云：「言，先發口也。」《釋名·釋言語》云：「言，宣也，宣彼此之意也。語，敍也，敍己所欲説也。」賈疏云：「《詩·公劉》云『于時言言，于時語語』。毛云：『直言曰言，荅述曰語。』許氏《説文》云：『直言曰論，荅難曰語。』論者語中之别，與言不同，故鄭注《襍記》云：『言，言己事。爲人説爲語。』」

以樂舞教國子舞《雲門》、《大卷》、《大咸》、《大磬》、《大夏》、《大濩》、《大武》。此周所存六代之樂。黄帝曰《雲門》、《大卷》，黄帝能成名萬物，以明民共財，言其德如雲之所出，民得以有族類。《大咸》、《咸池》，堯樂也。堯能禪均刑法以儀民，言其德無所不施。《大磬》，舜樂也。言其德能紹堯之道也。《大夏》，禹樂也。禹治水傅土，言其德能大中國也。《大濩》，湯樂也。湯以寬治民，而除其邪，言其德能使天下得其所也。《大武》，武王樂也。武王伐紂以除其害，言其德能成武功。【疏】「以樂舞教國子舞《雲門》、《大卷》、《大咸》、《大磬》、《大夏》、《大濩》、《大武》」者，賈疏云：「此大司樂所教是大舞，樂師所教者是小舞。案《内則》云『十三舞《勺》，成童舞《象》』。舞《象》謂戈，皆小舞。又云二十舞《大夏》，即此六舞也。特云《大夏》者，鄭云樂之文武備，其實六舞皆樂也。《保氏》云『教之六樂』，二官共教者，彼教以書，此教以舞，故共其職也。」詒讓案：此六代大舞，所謂萬舞也。《保氏》謂之六樂者，亦有金石之奏及詩歌，《墨子·公孟》篇云「舞《詩》三百」是也。六樂雖有歌奏，而以舞爲尤重，故此職專據教舞爲文。蓋保氏教小學，亦兼肄六樂之歌奏，而舞則不過《象》、《勺》。此官教大學二十以上之國子，咸肄大舞，而亦不遺歌奏，二官所教，足互相備，亦官聯也。賈疏又云：「案《孝經緯》云：『伏犧之樂曰《立基》，神農之樂曰《下謀》，祝融之樂曰《屬續》。』又《樂緯》云『顓頊之樂曰《五莖》，帝嚳之樂曰《六英》』。注云：『能爲五行之道，立根莖。六英者，六合之英。』皇甫謐曰：『少昊之樂曰《九淵》。』則伏犧已下皆有樂。今此惟存黄帝堯舜禹湯者，案《易·繫辭》云『黄帝堯舜垂衣裳』，鄭注云：『金天、高陽、高辛遵黄帝之道，無所改作，故不述焉。』則此所不存者，義亦然也。然鄭惟據五帝之中而言，則三皇之樂不存者，以質故也。」案：依賈説，此經六樂斷自黄帝者，以前古樂或以質，或以無所改作，皆不存。而《漢書·律厤志》、《三統厤譜》於少昊、顓頊、帝嚳，皆云周人遷其樂，則劉歆説周時自有少昊諸帝之樂，以年代既遠，遷廢不用。與賈説不同，未知孰是。　注云「此周所存六代之樂」者，黄帝堯舜禹湯樂，皆前代樂至周尚存者，合之周自作之《大武》，爲六代之樂，《白虎通義·禮樂》篇引河閒獻王《樂元語》云，「受命而興六樂，樂先王之樂，明有法也，興其所自作，明有制」是也。云「黄帝曰《雲門》、《大卷》」者，賈疏謂已下六舞並依《樂緯》及《元命包》説。蔡氏《獨斷》云：「樂，黄帝曰《雲門》。」《國語·周語》韋注、《玉燭寶典》引《樂緯稽耀嘉》宋均注説竝同。《羣書治要》引皇甫謐《帝王世紀》云：「黄帝作《雲門》、《咸池》之樂。」又《楚辭·遠游》王注云：「《承雲》，卽《雲門》，黄帝樂也。」《淮南子·齊俗訓》許注亦云《咸池》、《承雲》皆黄帝樂，而《吕氏春秋·古樂》篇則以《承雲》爲帝顓頊作，未詳孰是。《大卷》，詳後。云「黄帝能成名萬物，以明民共財」者，《祭法》云：「黄帝正名百物，以明民共財。」鄭彼注云：「明民謂使之衣服有章也。」《國語·魯語》，展禽對臧文仲亦云「黄帝能成命百物，以明民共財」，與《祭法》文小異。以下文覈之，鄭此注並依《魯語》，不據《祭法》也。云「言其德如雲之所出」者，以門者人所出入，明黄帝之德盛如雲之所出，故樂曰《雲門》。云「民得以有族類」者，賈疏云：「解《大卷》。卷者，卷聚之義，卽族類也，故《祭法》云『正名百物以明民』是也。」❶云「《大咸》，《咸池》，堯樂也」者，《獨斷》云：「堯曰《咸池》。」《楚辭·遠游》王注、《周語》韋注、《文選·東京賦》薛綜注説同。賈疏云：「案《樂記》云『《大章》，章之也』。注云：『堯樂名也。《周禮》闕之，或作《大卷》。』又云『《咸池》，備矣』，注云：『黄帝所作樂名也。堯增脩而用之。《周禮》曰《大咸》。』與此經注樂名不同者，本黄帝樂名曰《咸池》，以五帝殊時，不相沿樂，堯若增脩黄帝樂體者，存其本名，猶曰《咸池》，則此《大咸》也。若樂體依舊，不增脩者，則改

❶「名」原訛「民」，據楚本改。

本名名曰《大章》，故云《大章》堯樂也。周公作樂，更作《大卷》，《大卷》則《大章》，《大章》名雖堯樂，其體是黄帝樂，故此《大卷》亦爲黄帝樂也。周公以堯時存黄帝《咸池》爲堯樂名，則更爲黄帝樂立名，名曰《雲門》，則《雲門》與《大卷》爲一名，故下文分樂而序之，更不序《大卷》也。」《樂記》孔疏説同，又引熊氏云：「案《周禮》云『《雲門》、《大卷》』，《大卷》在《大咸》之上。此《大章》在《咸池》之上，故知《大卷》當《大章》。《樂記》唯云《咸池》、《大章》，無《雲門》之名。《周禮·雲門》在六代樂之首，故知别爲黄帝立《雲門》之名也。黄帝之樂，堯增脩者既謂之《咸池》，不增脩者别名《大卷》，明周爲黄帝於不增脩之樂别更立名，故知於《大卷》之上别加《雲門》，是《雲門大卷》一也。《禮樂志》云『黄帝曰《咸池》』。今《周禮》，《大咸》在《雲門》之下，《大韶》之上，當堯之代，故知堯增脩曰《咸池》也。」案：賈説三樂，悉本熊安生義。江永云：「《吕氏春秋》『黄帝作《咸池》』，莊周亦云『黄帝張《咸池》之樂於洞庭之野』，則《咸池》非堯樂。《樂記》注云『《大章》堯樂名，《咸池》黄帝樂名，堯增脩而用之』，是鄭自圓其説也。《咸池》爲黄帝樂，而《雲門》、《大卷》皆爲黄帝樂，亦屬可疑。此無《大章》樂者，當時《大章》之樂不存耳。至魯所存，又止有四代之樂，故季札觀樂，無《雲門》、《咸池》。」案：江説亦通。《白虎通義·禮樂》篇引《禮記》、《風俗通義·聲音》篇、《莊子·天下》篇、《漢禮樂志》、《初學記·樂部》引《樂緯汁圖徵》、《文選·嘯賦》注引《樂緯動聲儀》，並云「黄帝作《咸池》」。《吕氏春秋·古樂》篇云：「黄帝命伶倫與榮將鑄十二鍾，以和五音，以施英韶，以仲春之月，乙卯之日，日在奎，始奏之，命之曰《咸池》。」其説尤詳，故鄭《樂記》注亦以《咸池》爲黄帝樂。惟此六樂並以時代先後爲次，《大咸》在《雲門》、《大卷》之後，《大磬》之前，鄭依敍次差之，定爲堯樂。《樂記》注以爲堯增脩而用之，故《咸池》雖本黄帝所作，而亦得爲堯樂。其説雖無塙證，然《墨子·三辯》篇云「湯脩《九招》」，《吕覽·古樂》篇亦云舜令質修《九招》、《六列》、《六英》，湯修《九招》、《六列》，此並後王脩前代樂之事，堯脩《咸池》，理或然也。《淮南子·齊俗訓》云：「有虞氏其樂《咸池》、《承雲》、《九韶》。」許注云：「舜兼用黄帝樂。」此又以《咸池》爲舜樂，蓋所傳之異。至《樂記》所説《大章》，《白虎通義》引《禮記》、《莊子·天下》、《漢·禮樂志》、《初學記》引《樂緯》、《公羊》隱五年何注，並以爲堯樂。《吕覽·古樂》又云：『堯命質爲樂，命之曰《大章》，以祭上帝。』是爲堯所自作之樂無疑。《樂記》注云「《周禮》闕之」，則鄭不以當此經之《大卷》可知。其云「或作大卷」者，乃後人所增，雖賈氏所引已有此文，而與孔疏所述不合。《禮記》釋文於《咸池》注「《周禮》曰《大咸》」下云「一本作《大卷》」。此復一别本，以《咸池》爲《大卷》，與今本以《大章》爲《大卷》者又異，皆非鄭注之舊。竊謂此經《大卷》與《樂記》「《大章》」本不相涉，江氏謂周時《大章》已不存，於理可信。六朝義疏家以此經有《雲門》、《大卷》而無《大章》，《樂記》有《大章》而無《雲門》、《大卷》，欲强爲傅合，乃以《大卷》當《大章》，遂謂堯用《大卷》，改名《大章》而不脩，脩《咸池》而不改名，周人以《大卷》歸之黄帝而加以《雲門》之美稱，以《咸池》專屬之堯而别謂之《大咸》，展轉申演，糾互益甚。今通校鄭二《禮》注義，蓋六樂之中，惟《咸池》爲黄帝樂本名，《大章》爲堯樂本名，自是兩樂。周六樂有堯所增脩之《咸池》，而無其自作之《大章》，既無堯脩《大卷》之事，亦非周加《雲門》之名。鄭説如是而已。其熊、賈、孔諸家推測之論，既非鄭恉，蓋無取焉。云「堯能禪均刑法以儀民」者，禪，宋婺州本、注疏本並作「殫」，賈疏述注同。今依宋余本、岳本、嘉靖本，與葉鈔《釋文》及校宋本《北堂書鈔·樂部》所引合。此亦《魯語》展禽語。禪，韋本作「單」，注云：「單，盡也。均，平也。儀，善也。」《祭法》作「賞均刑法以義終」，與此文義並異，非鄭所據。禪單殫聲類同。案《鄭語》又云：「夏禹能單平水土，以品處庶類者也。」單均與單平義正同，則今本《魯語》字不誤。《祭法》作「能賞」，鄭注云：「賞，賞善，謂禪舜封禹稷等也。」則鄭或讀單爲「禪」，然非古義也。云「言其德無所不施」者，鄭《樂記》注云：「咸，皆也，池之言施也，言德之無不施也。」《白虎通義·禮樂》篇云：「黄帝曰《咸池》者，言大施天下之道而行之，天之所生，地之所載，咸蒙德施也。」《初學記·樂部》引《五經通義》云：「黄帝樂所以爲《咸池》者何？咸，皆；池，施也。黄帝時道皆施於民。」又引《樂緯汁圖徵》宋均注云：「咸，皆也。池取無所不浸，德潤萬物，故定以爲樂名也。」《御覽·樂部》引《樂緯》注云：「池者施也，道施於民，故曰《咸池》。」並與鄭義畧同。唯宋均讀池如字，小異。云「《大磬》，舜樂也」者，《説文·音部》云：「韶，虞舜樂也。《書》曰：《簫韶》九成，鳳皇來儀。」《白虎通義·禮樂》篇引《禮記》云：「舜樂曰《簫韶》。」此《大磬》即《簫韶》。簫正字作「箾」，《説文·竹部》云「箾韶」，《左》襄二十九年傳云「韶箾」是也。段玉裁云：「經典舜樂字皆作韶，惟此作磬。考《説文・革部》『鞀或作鞉，或作鼗，籀文作磬，從殸召聲』。是則《周禮》爲古文假借字也。」案：段説是也。後注及《保氏》注並作「大韶」，用正字也。《漢・禮樂志》字又作「招」，《墨子・三辯》、《莊子・至樂》、《列子・周穆王》、《吕氏春秋・古樂》、《淮南子・齊俗》、《史記・五帝本紀》、《山海經・大荒西經》並有「九招」，《史記・李斯傳》「《昭》、《虞》、《武》、《象》」，字又作「昭」。招昭亦並韶之借字。云「言其德能紹堯之道也」者，《樂記》云「韶，繼也」。注云：「韶之言紹也，言舜能繼紹堯之德。《周禮》曰大磬。」賈疏引《元命包》云「舜之時，民樂其紹堯之業」。《白虎通義・禮樂》篇云：「舜曰《簫韶》者，舜能繼堯之道也。」《公羊》隱五年何注云：「舜曰《簫韶》，舜時民樂其脩紹堯道也。」《漢・禮樂志》作招，云「《招》繼堯也」，並與義同。惟《春秋繁露・楚莊王》篇云：「舜時民樂其昭堯之業也，故《韶》，韶者昭也。」義與鄭異。云「《大夏》禹樂也，禹治水傅土，言其德能大中國也」者，賈疏云：「案《禹貢》云『敷土』，敷，布也，布治九州之水土，是敷土之事也。《樂記》云『《夏》，大也』，注云『禹樂名也。言禹能大堯舜之德』。大中國，卽是大堯舜之德也。《元命苞》云：『禹能德並三聖。』德並三聖，卽是大堯舜之德，亦一也。」詒讓案：《禹貢》「禹敷土」，《史記・夏本紀》及《荀子・成相篇》並作「傅土」，傅敷字通。《白虎通義・禮樂》篇云：「禹曰《大夏》者，言禹能順二聖之道而行之，故曰《大夏》也。」《漢・禮樂志》云：「《夏》，大承二帝也。」《風俗通義・聲音》篇同。《公羊》隱五年何注云：「夏曰《大夏》，夏時民樂大其三聖相承也。」《春秋繁露・楚莊王》篇云：「禹之時，民樂其三聖相繼，故《夏》，夏者大也。」亦並同鄭義。云「《大濩》，湯樂也」者，《墨子・三辯》篇云：「湯放桀，因先王之樂，又自作樂，命曰《護》。」《吕氏春秋・古樂》篇云：「湯命伊尹作爲《大護》。」濩護字通。云「湯以寬治民而除其邪」者，亦《魯語》文，韋注云：「除其邪，謂放桀，扞大患也。」《祭法》亦有此文，「除其邪」作「除其虐」，與《魯語》異。云「言其德能使天下得其所也」者，《漢・禮樂志》云：「湯作《濩》，濩言救民也。」《風俗通義・聲音》篇濩作「護」，説與《漢志》同。《藝文類聚・帝王部》引《元命苞》云：「湯之時，民大樂其救於患害，故護者救也。」《春秋繁露・楚莊王》篇云：「湯之時，民樂其救之於患害也，故《護》，護者救也。」《白虎通義・禮樂》篇云：「湯曰《大護》者，言湯承衰能護民之急也。」《公羊》隱五年何注云：「殷曰《大護》，殷時民樂大其護己也。」亦並同鄭義。惟《御覽・樂部》引宋均《樂緯注》云：「湯承衰而起，護先王之道，故曰《大護》。」義與鄭異。云「《大武》，武王樂也，武王伐紂以除其害」者，《魯語》云：「武王去民之穢。」《祭法》云：「武王以武功去民之災。」此隱括其文。云「言其德能成武功」者，《吕氏春秋・古樂》篇云：「武王即位，以六師伐殷，六師未至，以鋭兵克之於牧野，歸乃薦俘馘於京太室，乃命周公作爲《大武》。」《公羊》隱五年何注云：「周曰《大武》，周時民樂其伐紂也。」《漢・禮樂志》云：「武王作《武》，周公作《勺》，勺言能勺先祖之道也，武言以功定天下也。」《風俗通義・聲音》篇同。《白虎通義・禮樂》篇云：「《禮記》曰：『周樂曰《象》，周公之樂曰《酌》，合曰《大武》。』周公曰《酌》者，言周公輔成王，能斟酌文武之道而成之也。武王曰《象》者，象太平而作樂，示已太平也。合曰《大武》者，天下始樂周之征伐行武。」《春秋繁露・楚莊王》篇云：「文王之時，民樂其興師征伐也，故《武》，武者伐也。」又云：「文王作《武》，周人德已洽天下，反本以爲樂，謂之《大武》。」又《三代改制質文》篇云：「文王作《武樂》，武王作《象樂》，周公作《汋樂》。」賈疏引《元命包》亦云：「文王時，民樂其興師征伐，故曰武。」案：《樂記》説《大武》之舞云：「總干而山立，武王之事也。發揚蹈厲，太公之志也。武亂皆坐，周公之事也。」是《大武》有武王、太公、周公之事，則爲武王命周公所作無疑。《莊子・天下》篇亦云：「文王有辟雍之樂，武王、周公作《武》。」董子及《春秋緯》並謂文王作《武》，失之。

以六律、六同、五聲、八音、六舞大合樂，以致鬼神示，以和邦國，以諧萬民，以安賓客，以説遠人，以作動物。六律，合陽聲者也。六同，合陰聲者也。此十二者以銅爲管，轉而相生。黄鍾爲首，其長九寸，各因而三分之，上生者益一分，下生者去一焉。《國語》曰：「律所以立均出度也。古之神瞽，考中聲而量之以制，度律均鍾。」言以中聲定律，以律立鍾之均。大合樂者，謂偏作六代之樂，以冬日至作之，致天神人鬼；以夏日至作之，致地祇物鬽。動物，羽贏之屬。《虞書》云：「夔曰：戛擊鳴球、搏拊、琴瑟以詠，祖考來格，虞賓在位，羣后德讓，下管鼗鼓，合止柷敔，笙鏞以閒，鳥獸牄牄，《簫韶》九成，鳳皇來儀。」夔又曰：「於！予擊石拊石，百獸率舞，庶尹允諧。」此其於宗廟九奏效應。【疏】

「以六律、六同、五聲、八音、六舞大合樂」者，通論樂官總調衆樂，以備賓祭之用。《月令·季春》云「擇吉日大合樂」，《文王世子》云「凡大合樂必遂養老」，是其事也。李光地云：「大合樂乃肄習於學之事。」賈疏云：「以六律六同者，此舉十二管以表其鍾，樂器之中不用管也。大合樂者，據薦腥之後，合樂之時用之也。此所合樂，卽下云若樂六變、若樂八變、若樂九變之等，彼據祭天下神，此據正祭合樂。若然，合樂在下神後而文退下神樂在後者，以下神用一代樂，此用六代，六代事重，故進之在上。若然，下神不亞合樂而隔分樂之後者，以分樂序之皆用一代，此三禘下神亦用一代，若不隔分樂，恐其相亂，且使一變二變之等與分樂所用樂同，故三禘在下也。」案：賈推鄭義，以此經所說，爲卽後三禘之合樂。蓋古樂大節凡五，先金奏，次升歌，次下管笙入，次閒歌，而終以合樂，合樂則興舞，此賓祭大樂之恒法也。鄭釋後三禘之樂云：「先奏是樂以致其神，禮之以玉而祼焉，乃後合樂而祭之。」依賈說，此經大合樂卽彼注所云合樂，以其備六舞，故特稱大以示區別，而彼經所說三大祭之樂，則自爲降神之樂，卽彼注所云先奏以致其神者也。《郊特牲》孔疏則據此注宗廟九奏之文，謂卽後降神之樂，與賈說不同。今攷此經以致鬼神示，與和邦國，諧萬民，安賓客，說遠人，作動物通爲六事，平列爲文，則其爲泛論樂理，殆無疑義。李氏以大合樂爲肄習之事，最爲允當。蓋合之云者，亦謂講肄其器調，諧協其音節。後《大胥》合舞合聲，注釋爲「等其進退曲折，使應節奏」，此合樂義，正與彼同也。鄭以二至明日致神示鬼鬽爲釋，說固不塙，至賈以爲三禘之合樂，則鄭本無是義，非徒先後失次，經必無此文例也。孔又據注引《書·皋陶謨》文，以此經爲降神之樂，則與大合樂之文齟齬不合，況諦審鄭《書注》義，亦並未嘗以《簫韶》九成爲降神之樂，孔說尤不可通。要之此經後文圜丘、方丘、宗廟三禘，及兩郊、四望、山川、先妣、先祖之樂，無論降神、正樂，皆各自具本章，與此章絕不相涉。六朝以來說禮者，並謂降神與正樂有兩次合樂，遂以此經與後文强相比傅，重悂貤謬，不可究詰。不知祭饗盛樂，其合樂皆止一次，降神與迎賓之樂，皆不過金奏升歌一二節，諸家紛紛之論，均無當於經義也。互詳後三禘章疏。大合樂非偏作六代樂，❶亦詳後疏。云「以致鬼神示，以和邦國，以諧萬民」者，賈疏云：「致鬼神

❶「偏」原訛「徧」，據後疏文改。

祈者，是據三禘而言，以和邦國以下，亦據三禘之祭，各包此數事，故鄭引《虞書》以證宗廟。」李光地云：「以下推言其用之效，蓋用樂多端，各從類應，非專主一事而言也。」案：李説是也。致鬼神示以下，乃泛論樂和而後可以用之賓祭，猶《大宗伯》云「以禮樂合天地之化，百物之産，以事鬼神，以諧萬民，以致百物」也。致鬼神示，自通晐内外羣祀之用樂者而言，非專指三禘之樂也。云「以安賓客，以説遠人」者，《中庸》云「柔遠人也」，注云：「遠人，蕃國之諸侯也。」若然，此賓客遠人，並據朝聘諸侯、諸臣，凡賓禮咸有合樂也。但要服以内朝聘有常期者，謂之賓客，其蕃國無常期而世一至者，謂之遠人，變文見義爾。云「以作動物」者，據祭四方百物亦有樂也。

注云「六律，合陽聲者也，六同，合陰聲者也」者，《大戴禮記·曾子天圓》篇云：「聖人截十二管，以索八音之上下清濁，謂之律也。」《漢書·律厤志》云：「律十有二，陽六爲律，陰六爲吕。律以統氣類物，一曰黄鍾，二曰大族，三曰姑洗，四曰蕤賓，五曰夷則，六曰亡射。吕以旅陽宣氣，一曰林鍾，二曰南吕，三曰應鍾，四曰大吕，五曰夾鍾，六曰中吕。」六吕即六同，《漢·郊祀志》王莽引《周官》作「六鍾」，鍾同義亦通也。六吕又名六閒，《國語·周語》云：「爲之六閒，以揚沈伏而黜散越也。」韋注云：「六閒，六吕，在陽律之閒。」又《大師》云「掌六律六同以合陰陽之聲」，故云合陽聲、合陰聲也。云「此十二者以銅爲管」者，《漢·律厤志》云：「凡律度量衡用銅者，名自名也，所以同天下、齊風俗也。銅爲物之至精，不爲燥溼寒暑變其節，不以風雨暴露改其形，是以用銅也。」《大戴禮記·保傅》篇云：「大師持銅而御户左。」銅即律也。賈疏云：「案《典同》先鄭云『陽律以竹，陰律以銅』。後鄭云『皆以銅爲』，與此注義同也。」云「轉而相生，黄鍾爲首，其長九寸，各因而三分之，上生者益一分，下生者去一焉」者，《大師》注義同。賈疏云：「據《律厤志》而言，子午已東爲上生，子午已西爲下生。上生爲陽，陽主息，故三分益一；下生爲陰，陰主減，故三分去一。案《律厤志》，黄鍾爲天統，律長九寸，林鍾爲地統，律長六寸，大蔟爲人統，律長八寸。又云：十二管相生皆八八，上生下生，盡於中吕，陰陽生於黄鍾，始於左旋。八八爲位者，假令黄鍾生林鍾，是歷八辰，自此已下皆然，是八八爲位，蓋象八風也。」引《國語》者，《周語》云：「景王將鑄無射，問律於伶州鳩，對曰：『律，所以立均出度也。古之神瞽，考中聲而量之以制，度律均鍾，百官軌儀。」韋注云：「律謂六律六吕也。均者，均鍾，木長七尺，有弦繫之。以均鍾者，度鍾大小清濁也。考，合也。謂合中和之聲，而量度之以制樂者。均，平也。度律，度律吕之長短，以平其鍾，和其聲，以立百事之道法也。」賈疏云：「鄭引之者，欲取以六律六同均之，以制鍾之大小須應律同也。」云「言以中聲定律，以律立鍾之均」者，此鄭説《周語》之義。賈疏云：「中聲，謂上生下生，定律之長短，度律以律計，自倍半而立鍾之均，均卽是應律長短者也。」詒讓案：鄭所謂均者，卽後世之調。《五行大義》引《樂緯叶圖徵》云：「五均者，六律調五聲之均也。」《鶡冠子·環流》篇云：「五聲不同均，然其可喜一也。」鄭意《周語》言度律均鍾者，卽謂以度定律，以律制鍾之均，均卽每宫五調，十二宫六十調也。此與韋義小異。云「大合樂者，謂偏作六代之樂」者，鄭意經合樂云大，則與尋常樂節不同，故謂偏作六樂也。《宋書·樂志》引王肅議云：「説者以爲周家祀天，唯舞《雲門》，祭地唯舞《咸池》，宗廟唯舞《大武》，似失其義矣。《周禮》賓客皆作備樂。《左傳》王子頽享五大夫，樂及偏舞，六代之樂也。然則一會之日，具作六代樂矣。天地宗廟，事之大者，賓客燕會，比之爲細。《王制》曰『庶羞不踰牲，燕衣不踰祭服』，可以燕樂而踰天地宗廟之樂乎。《周官》以六律、六吕、五聲、八音、六舞大合樂以致鬼神，以和邦國，以諧萬民，以安賓客，以説遠人。夫六律六吕五聲八音，皆一時而作之。至於六舞，獨分擘而用之，所以不愜人心也。又《周官·韎師》：『掌教韎樂，祭祀則帥其屬而舞之，大享亦如之。』韎，東夷之樂也。又《鞮鞻氏》：『掌四夷之樂與其聲歌，祭祀則吹而歌之，燕亦如之。』四夷之樂，乃入宗廟，先代之典，獨不得用？大享及燕曰如之者，明古今夷夏之樂，皆主之於宗廟，而後播及其餘也。夫作先王樂者，貴能包而用之，納四夷之樂者，美德廣之所及也。」案：王肅説與鄭同，謂大祭祀，大賓客，皆偏作六代之樂。《宋志》引韓祇説、《通典·樂》引任昉奏，並依其議。又引梁武帝駁王説云：「按言大合樂者，是使六律與五聲克諧，八音與舞蹈合節耳，豈謂致鬼神祇用六代樂也。其後卽言乃分樂而序之，以祭以享以祀，此則曉然已明，肅則失其旨矣。推檢記載，初無宗廟郊禋偏舞之文，唯《明堂位》云：『以禘禮祀周公於太廟，朱干玉戚，冕而舞《大武》，皮弁素積，裼而舞《大夏》，納夷蠻之樂於太廟，言廣魯於天下也。』按所以舞《大武》、《大夏》者，止欲備其文武二舞耳，非兼用六代也。夏以文受，周以武功，所以兼之。而不用《濩》者，《濩》，武舞也。周監於二代，質文乃備。納蠻夷樂者，此明功德所須，蓋止施禘祭，不及四時也。」案：梁武説與王述舊説略同，而謂大祭止備文武二舞，義尤完密。蓋此經大合樂，本非祭後合樂之節，鄭、王二説皆不可通。大祭禮節繁重，禋燎祼獻，其事已多，而鄭、王謂徧作六樂，賈氏又謂徧作不一時，俱爲待一代訖乃更爲，信如其説，則六樂多者九變，少者亦有六變，叚令六樂備作，至少亦有三四十變，此豈一日所能竟乎。至《左》莊二十年傳，王子頹樂及偏舞，杜注云「皆舞六代之樂」。《史記·周本紀》集解引賈逵及《國語·周語》韋注説並同。然彼乃縱樂非法，不爲典要，大祭祀用盛樂，必不如是，王肅引以證禮，殊爲失攷。據襄二十九年《左傳》，則魯有《韶》、《夏》、《濩》、《武》四大舞，而禘用盛樂，止舞《武》、《夏》，是知天子三禘亦止用文武二舞，不容更有增益。《左傳》襄十年杜注謂魯禘作四代之樂，孔疏推其義，謂天子禘用六代樂，此與《明堂位》不合，不足據。孔又引鄭義，以爲天子祫用六代之樂，禘用四代之樂。然此注無禘祫用樂不同之説，孔亦不知何據也。又《漢書·郊祀志》載王莽改祭祀云：「《周官》天墜之祀，樂有別有合。其合樂，曰『以六律、六鍾、五聲、八音、六舞大合樂。』祀天神，祭墜祇，祀四望，祭山川，享先妣先祖，凡六樂，奏六歌，而天墜神祇之物皆至。四望，蓋謂日月星海也。祀天則天文從，祭墜則墜理從。三光，天文也。山川，地理也。天地合祭，先祖配天，先妣配墜，其誼一也。天墜合精，夫婦判合。祭天南郊，則以墜配，一體之誼也。此天墜合祀，以祖妣配者也。其別樂曰『冬日至，於墜上之圜丘奏樂六變，則天神皆降；夏日至，於澤中之方丘奏樂八變，則墜祇皆出』。天墜有常位，不得常合，此其各特祀者也。」案：莽説亦以大合樂爲徧作六樂，與鄭義同。然以此章大合樂，與下文分樂以至六樂六變諸文爲一事，並爲孟春合祀天地於南郊之樂，其三大祭之樂，別爲二至天地各特祀之樂，與鄭、賈義又大異。攷南郊合祀天地，説甚不經，下文分樂諸文，與此大合樂亦不相涉，莽肊并爲一，説殊謬妄。《舊唐書·禮儀志》賈曾表亦以此經爲合祭天神、地祇、人鬼於圜丘，蓋即隱據莽説，今並無取焉。云「以冬日至作之，致天神人鬼，以夏日至作之，致地祇物鬽」者，賈疏云：「皆《神仕職》文。案彼注，致神鬼於祖廟，致物鬽於墠壇，蓋用祭天地之明日。若然，此經合樂，據三禘正祭天，而引彼天地之小神及人鬼在明日祭之者，但彼明日所祭小神用樂無文，彼神既多，合樂之時，當與此三禘正祭合樂同，故彼此文同稱致。但據彼正祭，祭天地大神，無宗廟之祭，祭天明日兼祭人鬼，與此爲異也。」案：賈述鄭義，謂此經卽後文三禘之合樂，然鄭意果如是，不宜絶不及二至正祭，而反舉明日致神示鬼鬽之禮，賈説似非鄭恉。審繹注意，蓋以經大合樂云「致鬼神示」，又云「以作動物」，與《神仕》文巧合，故據以爲説，並非謂二至三禘之合樂也。但依《神仕》注義，彼職於二至大祭次日，别爲致天地人物之祭禮，視正祭隆殺縣殊，不當亦備盛樂。此經致鬼神示，自是泛論祭樂，本無專指，鄭、賈説雖不同，其非經義一也。云「動物，羽贏之屬」者，卽《大司徒》五地之動物，毛物、鱗物、羽物、介物、贏物是也。此動物據物鬽而言，皆非生物。引《虞書》者，《皋陶謨》文，僞古文改入《益稷》。賈疏謂古文在《舜典》，誤。云「夔曰戛擊鳴球，搏拊、琴瑟以詠」者，賈疏云：「是舜祭宗廟之禮。案彼鄭注：『戛，擽也。戛擊鳴球已下數器。鳴球卽玉磬也。搏拊，以韋爲之，裝之以糠，所以節樂。以詠者，謂歌詩也。』」詒讓案：此祭樂升歌之節，於樂節爲第二。升歌，《大師》謂之登歌，詳彼疏。依鄭説，則戛擊統鳴球以下四者言之。僞孔傳云「戛擊柷敔，所以作止樂」，則以戛擊爲指柷敔，與鄭説異，非也。云「祖考來格，虞賓在位，羣后德讓」者，賈疏約鄭《書注》義云：「謂祖考之神來至也。虞賓者，謂舜以爲賓，卽二王後丹朱也。羣后德讓者，謂諸侯助祭者以德讓。已上皆宗廟堂上之樂所感也。」案《書》言「祖考來格」，文在升歌之後，下管之前，賈述鄭義，亦謂祖考之神來至，爲堂上樂所感。是則堂上升歌，卽所謂降神之樂矣。而賈後疏則謂九德之歌，九變之舞，悉爲降神之樂；《大師》疏又謂降神合樂有兩次升歌；《郊特牲》孔疏亦據此注，謂《書》九成卽九變，亦是降神之樂。其説雖不同，要皆非經義，詳後疏。云「下管鼗鼓」者，此謂下管，樂之第三節也。賈疏約鄭《書注》義云：「謂舜廟堂下之樂，故言下。」案：下管，亦詳《大師》疏。云「合止柷敔」者，《釋文》云：「敔，本又作梧。」案：梧卽敔之借字。此謂合樂，樂之第五節也。賈疏約鄭《書注》義云：「合樂用柷，柷狀如漆筩，中有椎，摇之所以節樂。敔狀如伏虎，背有刻，以物櫟之，所以止樂。」案：《鄉飲酒禮》注云：「合樂，謂歌樂與衆聲俱作。」凡合樂之節，並在閒歌後，而《書》先合樂後閒歌者，文不次也。此《書》備詳祭樂諸節，惟無金奏者，金奏在正樂之先，文偶不具。合樂之後有興舞，無無算樂者，無算樂乃無算爵所用，不在正樂之數，惟鄉飲酒、燕禮有之，祭饗則無也。合樂，亦詳後疏。云「笙鏞以閒」者，謂閒歌樂之第四節也。賈疏約鄭《書注》義云：「東方之樂謂之笙。笙，生也。東方生長之方，故名樂爲笙也。鏞者，西方之樂謂之鏞。庸，功也。西方物熟有成功，亦謂之頌，頌亦是頌其成也。以閒者，堂上堂下閒代而作。」案：《鄉飲酒禮》云：「閒歌《魚麗》，笙《由庚》，歌《南有嘉魚》，笙《崇丘》，歌《南山有臺》，笙《由儀》。」注云：「閒，代也。謂一歌則一吹。」與《書注》義同。但《鄉飲酒》有笙入無下管，故以笙與歌迭奏。天子諸侯禮盛，有下管，亦兼奏笙，則當以管笙與歌迭奏。段玉裁改鏞爲庸，云：「庸，今版本皆作『鏞』，誤。《古文尚書》作『庸』，鄭訓爲功也。僞孔傳訓爲大鍾。《眡瞭》、《大射儀》疏引『笙庸』，皆不誤。《大司樂》注疏皆爲淺人誤改。」案：段校是也。今本《尚書》作鏞，僞孔傳云：「鏞，大鍾。吹笙擊鍾。」依《眡瞭》疏引《書》，則孔本亦當作庸，今本皆後人所改。僞孔釋笙爲吹笙，不知天子樂重管不重笙，不當舉笙以配庸，其説與鄭異，亦當以鄭爲正。云「鳥獸牄牄，《簫韶》九成，鳳皇來儀」者，《釋文》云：「牄，本又作蹌。」案：今《書》僞孔本作蹌，與鄭本異。《説文·倉部》引《書》亦作牄，是許、鄭所據本同。此謂合樂興舞，亦樂之第五節也。賈疏約鄭《書注》義云：「謂飛鳥走獸牄牄然而舞也。《簫韶》九成鳳皇來儀者，《韶》，舜樂也。若樂九變，人鬼可得而禮，故致得來儀。儀，匹。謂致得雄曰鳳、雌曰皇來儀，止巢而乘匹。案此下文六變致象物，象物有象在天，謂四靈之屬，四靈則鳳皇是其一。此六變彼九成者，其實六變致之，而言九者，以宗廟九變爲限，靈鳥又難致之物，故於九成而言耳。」云「夔又曰於，予擊石拊石，百獸率舞，庶尹允諧」者，賈疏約鄭《書注》義云：「夔語舜云，磬有大小，予擊大石磬，拊小石磬，則感百獸相率而舞。庶尹允諧者，庶，衆也；尹，正也；允，信也。言樂之所感，使衆正之官信得其諧和。」云「此其於宗廟九奏效應」者，明《書》言九成，與後三禘宗廟奏樂九變同，其奏樂之效亦可互證也。賈疏云：「此經總言三祀大祭。但天地大祭效驗無文，所引《尚書》惟有宗廟，故指宗廟而言也。然《尚書》云祖考，即此經致鬼也。虞賓，即此經以安賓客。羣后德讓，即此經邦國也。鳥獸鳳皇等，即此經動物也。庶尹允諧，即此經以諧萬民，以説遠人也。」

乃分樂而序之，以祭，以享，以祀。分，謂各用一代之樂。

【疏】「乃分樂而序之」者，序，經例當作「敘」，石經及各本並誤，詳《小宰》疏。賈疏云：「此與下諸文爲總目。上總云六舞，今分此六代之舞，尊者用前代，卑者用後代，使尊卑有序，故云序。」金鶚云：「《大司樂》言六樂分祀天神、地示、四望、山川、先妣、先祖，但舉大祭祀而言也。《舞師》云『凡小祭祀則不興舞』。不舞則無樂，是知六樂所祭皆大祭祀也。」　注云「分謂各用一代之樂」者，鄭意下文諸祀，祭初降神，分用一代樂，對正祭合樂皆備用六代樂爲大合樂也。今攷此實兼降神合樂，皆分用六樂，與上文大合樂不相冡，詳後疏。

乃奏黃鍾，歌大呂，舞《雲門》，以祀天神。以黃鍾之鍾、大呂之聲爲均者，黃鍾，陽聲之首，大呂爲之合奏之，以祀天神，尊之也。天神，謂五帝及日月星辰也。王者又各以夏正月祀其所受命之帝於南郊，尊之也。《孝經說》曰「祭天南郊，就陽位」是也。【疏】「乃奏黃鍾，歌大呂，舞《雲門》，以祀天神」者，《漢書·郊祀志》匡衡奏述此經作「竢天神」。案：此冡上「以祀」爲文，則不當作「竢」，蓋匡氏所改，非故書也。此奏黃鍾者，爲迎尸之樂，所謂先樂金奏也。歌大呂者，爲降神之樂。舞《雲門》者，爲薦獻後之合樂，合樂則興舞也。降神之樂不得有舞。合樂時，堂上雖亦有歌，而與先之升歌復不同，並非一祭之樂前後重舉也。以後六樂並同。此祀天神，鄭以爲祀五帝，蓋對後文三禘天神之樂爲祀昊天也。賈疏推彼注義，以圜鍾爲宮以下爲始祭降神之樂，此經與彼相對，則亦以爲薦獻之前降神之樂可知。故《郊特牲》孔疏引熊氏云，「四時迎氣及諸小祀等，並有降神之樂，則《大司樂》『分樂而序之』以下降神正祭，同其樂」是也。蓋六朝諸儒，咸謂降神與正祭之樂，各備升歌、下管、閒歌、合樂、興舞諸節，賈、孔禮疏並沿其説。《通典·吉禮》説郊祭感帝，亦以此樂爲降神之樂，卽依熊義。《郊特牲》疏又引皇侃説，謂祭感生帝無降神之樂，失之。賈疏云：「此黃鍾言奏、大呂言歌者，云奏據出聲而言，云歌據合曲而説，其實歌奏通也。知不據堂上歌詩合大呂之調謂之歌者，《春秋左氏傳》云：『晉侯歌鍾二肆，取半以賜魏絳，魏絳於是有金石之樂。』彼據磬列肆而言，是不在歌詩，亦謂之歌，明不據偏歌詩也。襄四年，晉侯饗穆叔，云奏《肆夏》，歌《文王》、《大明》、《緜》，亦此類也。』案：賈説非也。經凡以奏與歌對文者，奏並謂金奏，歌並謂升歌，奏以《九夏》，歌則以三百篇之《詩》。《小師》注云：「歌，依詠詩也。」

《初學記・樂部》引《韓詩章句》云：「有章曲曰歌。」蓋協其律調，則此經奏黃鍾、歌大吕等是也。教其章義，則《左傳》所云奏《肆夏》，歌《文王》、《大明》、《緜》是也。歌鍾二肆，自是編鍾，以其應歌詩，故謂之歌鍾，與升歌義不殊也。鄭《鍾師》注誤以《九夏》爲樂歌，賈遂混歌奏爲一，殊爲失攷。《北史・牛弘傳》引《三禮義宗》云：「《周官》奏黃鍾者，用黃鍾爲調；歌大吕者，用大吕爲調。奏者謂堂下四縣，歌者謂堂上所歌。」崔説精析，足證賈疏之誤。律調各備五聲，此不言聲者，徐養原云：「六歌六奏，蓋皆宫調也。」案：徐説蓋本《宋史・樂志》引姜夔議，謂周六樂，奏六律，歌六吕，惟十二宫，於義近是。又此舞《雲門》等，並止舉一樂，但大祭合樂，皆當備文武二舞，唯以《雲門》等爲主，下五祭各主所用舞竝同。鄭與王肅竝謂大祭合六舞，王肅引舊説，謂並止用一舞，二説不同，皆非也。詳前疏。又案：依熊安生説，則迎氣祭五帝亦用此樂。《六藝流别》引《尚書大傳》説：「迎春之樂，倡之以角，舞之以羽；迎夏之樂，倡之以徵，舞之以鼓鼗；迎中氣，樂用黃鍾之宫；迎秋之樂，倡之以商，舞之以干戚；迎冬之樂，倡之以羽，舞之以干戈。」依伏説，則五時樂舞各異，與鄭、熊不合，恐不足據。　注云「以黃鍾之鍾大吕之聲爲均者」者，賈疏云：「以經云奏，奏者，奏擊以出聲，故據鍾而言。大吕，經云歌，歌者，發聲出音，故據聲而説，亦互而通也。言爲均者，案下文云『凡六樂者，文之以五聲，播之以八音』。鄭云：『六者，言其均皆待五聲八音乃成也。』則是言均者，欲作樂，先擊此二者之鍾，以均諸樂。是以《鍾師》云『以鍾鼓奏《九夏》』，鄭云『先擊鍾，後擊鼓』。《論語》亦云『始作翕如也』，鄭云『始作，謂金奏』。是凡樂皆先奏鍾以均諸樂也。必舉此二者以其配合。」案：賈以歌奏互通，又謂作樂先擊二者之鍾，亦誤。《玉海・音樂》引《三禮義宗》云：「堂下之樂，以鍾爲重，故舉鍾而言；堂上之樂，以人聲爲貴，故以歌爲稱。言歌者，知是堂上之音；稱奏者，知是堂下之樂。」案：崔説得之。依其説，則奏黃鍾者，擊鍾磬等以黃鍾宫起調畢曲；歌大吕者，歌詩等以大吕宫起調畢曲。均即調也。云「黃鍾，陽聲之首」者，此六祭之奏，皆用六律陽聲，黃鍾爲陽律第一，見《大師職》。云「大吕爲之合」者，六祭之歌，皆用六同陰聲，大吕爲陰同第一。黃鍾爲子，大吕爲丑，子與丑合也。並詳《大師》疏。江永云：「此一律一吕之相合，爲地支之子與丑合，亦即日躔與月建之相合也。下諸律吕皆然。」云「奏之以祀天神，尊之也」者，賈疏云：「以黄鍾律之首，《雲門》又黄帝樂，以尊祭尊，故云尊之也。」云「天神謂五帝及日月星辰也」者，明此天神中無圜丘昊天也。賈疏云：「案下云『若樂六變，天神皆降』，是昊天；則知此天神非天帝也，是五帝矣。知及日月星者，案《大宗伯》，昊天在禋祀中，日月星辰在實柴中，鄭注云五帝亦用實柴之禮，則日月星與五帝同科；此下文又不見日月星別用樂之事，故知此天神中有日月星辰可知。其司中已下在槱燎中，則不得入天神中，故下文約與四望同樂也。」云「王者又各以夏正月祀其所受命之帝於南郊，尊之也」者，《大傳》注云：「王者之先祖，皆感大微五帝之精以生，蒼則靈威仰，赤則赤熛怒，黄則含樞紐，白則白招拒，黑則汁光紀，皆用正歲之正月郊祭之，蓋特尊焉。《孝經》曰『郊祀后稷以配天』，配靈威仰也。」《公羊》宣三年何注云：「上帝，五帝。在太微之中，迭生子孫，更王天下。」此卽鄭受命帝之説。《周書·作雒》篇云：「乃設丘兆于南郊，以祀上帝，配以后稷，日月星辰、先王皆與食。」《玉燭寶典》引《尚書大傳》云：「正月禮上帝於南郊，所以報天德也。」並南郊特祀受命帝之事。孫星衍云：「《郊祀志》匡衡、張譚奏議，宜於長安定南北郊。衡言『臣聞郊紫壇饗帝之義，埽地而祭，上質也。歌大吕，舞《雲門》，以竢天神』。則匡衡卽以《周官》祀天神是夏正之郊。鄭用匡衡之議。」案：孫説是也。鄭謂周祭南郊在夏正建寅之月，與後圜丘之祭在建子之月者異。故《郊特牲》云：「郊之祭也，迎長日之至也，大報天而主日也。兆於南郊，就陽位也。於郊故謂之郊。」鄭注云：「《易説》曰『三王之郊，一用夏正』。夏正，建寅之月也。此言迎長日者，建卯而晝夜分，分而日長也。」是鄭説卽據《郊特牲》及《易緯》兩文，故《大宰》疏引《箴膏肓》謂郊以夏正上旬之日是也。《春秋繁露·郊祭》篇云：「周以郊爲百神始，始入歲首，必以正月上辛日先享天，乃敢於地，先貴之義也。」亦與《易緯》説同。郊既必在建寅之月，則冬至圜丘之祭不得名郊，故《郊特牲》又云「郊之用辛也，周之始郊，日以至」。注云：「言日以周郊天之月而至，陽氣新用事，順之而用辛日。此説非也。郊天之月而日至，魯禮也。三王之郊，一用夏正。魯以無冬至祭天於圜丘之事，是以建子之月郊天，示先有事也。用辛日者，凡爲人君當齊戒自新耳。周衰禮廢，儒者見周禮盡在魯，因推魯禮以言周事。」是鄭謂魯禮郊在建子之月，周南郊不在子月之説也。其王肅則謂南郊與圜丘是一，卽在建子之月，與夏正祈穀之郊，事異而名同。故《郊特牲》「周之始郊日以至」，孔疏云王肅用董仲舒、劉向之説，以此爲周郊。上文云「郊之祭，迎長日之至」，謂周之郊祭於建子之月，而迎此冬至長日之至也。而用辛者，以冬至陽氣新用事，故用辛也。周之始郊日以至者，對建寅之月又祈穀郊祭，此言始者，對建寅爲始也。《南齊書・禮志》引盧植説，亦同王義。《郊特牲》疏又引《聖證論》王肅難鄭云：「《郊特牲》曰『郊之祭，迎長日之至』，下云『周之始郊日以至』，玄以爲迎長日，謂夏正也；郊天日以至，玄以爲冬至之日。説其『長日至』於上，而妄爲之説，又徙其『始郊日以至』於下，非其義也。玄又云『周衰禮廢，儒者見周禮盡在魯，因推魯禮以言周事』。若儒者愚人也，則不能記斯禮也；苟其不愚，不得亂於周魯也。《郊特牲》云『周之始郊日以至』，《周禮》云『冬至祭天於圜丘』，知圜丘與郊是一也。言始郊者，冬至陽氣初動，天之始也。對啓蟄又將郊祀，故言始。《孔子家語》云，定公問孔子郊祀之事，孔子對之，與此《郊特牲》文同，皆以爲天子郊祭之事。」此王難鄭《郊特牲》注之説也。《家語・郊問》篇王注義略同。孔又引《聖證論》馬昭申鄭云：「《易緯》云『三王之郊，一用夏正』，則周天子不用日至郊也。夏正月陽氣始升，日者陽氣之主，日長而陽氣盛，故祭其始升而迎其盛，《月令》天子正月迎春是也。若冬至祭天，陰氣始盛，祭陰迎陽，豈爲理乎。《周禮》云『冬日至祭天於地上之圜丘』，不言郊，則非祭郊也。言凡地上之丘皆可祭焉，無常處，故不言郊。《周官》之制，祭天圜丘，其禮王服大裘而冕，乘玉路，建大常。《明堂位》云：『魯君以孟春祀帝于郊，服衮服，乘素車，龍旂。』衣服車旂皆自不同，何得以諸侯之郊説天子圓丘？言始郊者，魯以轉卜三正，以建子之月爲始，故稱始也。又《禮記》云『魯君臣未嘗相弑，禮俗未嘗相變』，而弑三君，季氏舞八佾，旅於泰山，婦人髽而相弔，儒者此記豈非亂乎。據此諸文，故以郊丘爲別，冬至之郊，特爲魯禮。」張融引《韓詩》説，三王各正其郊，與王肅同。今案：《孝經》云：「昔者周公郊祀后稷以配天。」孔安國、唐明皇注並同王義，以郊祀爲圜丘。邢疏又引張融稱董仲舒、劉向、馬融之倫，皆庶周人之祀昊天於郊，以后稷配，無如玄説配蒼帝也。此皆不從鄭義。金鶚申鄭難王云：「圜丘祭於冬日至，《周禮》有明文。若郊祭則在夏正孟春，《左氏》桓五年傳『啓蟄而郊』，杜注『啓蟄，夏正建寅之月』。鄭注《郊特牲》引《易説》云：『三王之郊，一用夏正。』是郊與圜丘不同月，郊非圜丘明矣。肅謂周郊於建子之月，迎冬至長日之至；而用辛者，以冬至陽氣新用事也；周之始郊日以至者，對寅月又祈穀郊祭，故言始也。是肅以郊之用辛，與《周禮》冬日至圜丘爲一祭。然迎長日之至亦非冬至，《月令》仲夏之月日長至，是夏至爲長至也；仲冬之月日短至，是冬至爲短至也。日至者，極至之稱。夏至，日北極，當云日北至，晝長極，故曰日長至；冬至，日南極，當云日南至，晝短極，故云日短至。以《左傳》日南至例之，可知冬至當爲短至也。後儒訓至爲到，以冬至爲長至，誤矣。郊迎長日之至，此至字固當訓到，然云長日之至，不云日長至，與《月令》之文不同。子月冬至以後，日尚短甚，不得言長日之至。迨建卯而晝夜分，分而日長。郊祭以寅月，與卯月近，故曰迎長日之至。鄭說至當不易，而郊非圜丘更可知矣。肅又謂子月之郊，所以報本；寅月之郊，所以祈穀。是亦不然。王者歲祭天有三，冬至之禘專爲報本，孟春之郊報本亦兼祈穀，仲夏之雩專爲祈穀。何以言之？《月令》『孟春元日，祈穀于上帝』。注云：『上辛郊祭天。』《左氏》襄七年傳云：『郊祀后稷以祈農事。』是孟春之郊固以祈穀也。《孝經》云：『郊祀后稷以配天。』《郊特牲》云『郊之祭也，大報天而主日也』，又云『大報本反始也』。是郊亦以報本也。報本、祈穀，二者以報本爲主。祈穀則雩主之，《周頌·噫嘻》序云：『春夏祈穀於上帝也。』鄭注以夏祈穀爲雩，《月令》『仲夏，大雩帝，用盛樂，乃命百縣雩祀百辟卿士有益於民者，以祈穀實』。雩所以求雨，其爲祈穀正祭可知。又仲春祭社稷，亦爲祈穀，祈穀有此二祭，則夏正之郊必不以祈穀爲重矣。肅謂寅月郊專以祈穀，非也。」案：金說是也。周制冬至圜丘祭昊天，以帝嚳配；夏正南郊祭蒼帝，以后稷配，鄭義根據經記，不可易也。王肅謂冬至圜丘通名郊，其說本《史記·封禪書》及西漢諸儒，非必不可通；而合圜丘南郊爲一帝，皆配以稷，則妄說也。又案：依《郊特牲》大報天之文，則南郊之祭蓋以受命帝爲主，餘四帝亦配食，然不得與受命帝並尊，故鄭說南郊唯以受命帝爲言。受命帝，謂於大微五帝中特尊其德運之帝也。《淮南子·齊俗訓》許注引《鄒子》云：「五德之次，從所不勝，故虞土，夏木，殷金，周火。」《吕氏春秋·應同》篇、《史記·封禪書》及《漢書·郊祀志》載張倉、公孫臣、賈誼、兒寬說並同。《五行大義》引《春秋感精符》、《漢書·律麻志》引劉歆《三統麻》及《郊祀志》引劉向說五德，並以相生爲次，虞土，夏金，殷水，周木。二說不

同。鄭從《三統》，故謂周受命帝爲卽蒼帝靈威仰，《大
傳》孔疏引《春秋元命苞》説，與鄭同。王肅私定《家語》
亦謂周以木德王，而説郊帝則又不從鄭説，故《祭法》孔
疏引王肅難鄭云：「案《易》帝出乎震，震東方，生萬物之
初，故王者制之，初以木德王天下，非謂木精之所生。五
帝皆黄帝之子孫，各改號代變，而以五行爲次焉，何大微
之精所生乎。又郊祭，鄭玄云祭感生之帝，唯祭一帝耳，
《郊特牲》何得云『郊之祭大報天而主日』？」又引馬昭申
鄭云：「『王者禘其祖之所自出，以其祖配之。』案文自了，
不待師説，則始祖之所自出，非五帝而誰？《河圖》云：
『姜原履大人之跡，生后稷。大任夢大人，感而生文王。』
又《中候》云：『姬昌，蒼帝子。』經緯所説明文。又《孝
經》云『郊祀后稷以配天』，則周公配蒼帝靈威仰，漢氏及
魏據此義而各配其行。《易》云『帝出乎震』，自論八卦養
萬物於四時，不據感生所出也。」孫星衍申鄭難王云：
「《商頌・小序》言『《長發》，大禘也』。其詩云『帝立子生
商』，又云『玄王桓撥』。鄭箋云：『帝，黑帝也。承黑帝而
生子，故謂契爲玄王。』又云：『《禮記》曰「王者禘其祖之
所自出，以其祖配之」。是謂也。』考《商頌》卽有玄王之
號，又有帝立之説，則感生帝見于經文。《春秋繁露》
云：『天將授文王主地法文而王，祖錫姓姬氏，謂后稷母
姜原履天之跡，而生后稷，故帝使禹皋論性，知周之德陰
德也，故以姬爲姓，周王以女書姬，故天道各以其類動，
非聖人孰能明之。』《五經異義》云：『《詩》齊魯韓、《春
秋》公羊説，聖人皆無父，感天而生。』《説文》云：『姓，人
所生也。』古之神聖母，感天而生子，故稱天子。繹《商
頌》之文，稱契母『有娀方將』，《周詩》亦云『厥初生民，時
維姜嫄』。《爾雅》釋《詩》『履帝武敏』云『武，迹也。敏，
拇也』。《爾雅》周公所作，縱子夏諸人增補，亦周末之
書。既以敏爲拇，亦以姜嫄有履迹之事矣。」案：孫説足
申鄭義。但鄭謂圜丘祭北辰耀魄寶，郊祭感生帝靈威
仰，諸名本於緯書，王肅難之，持論自正。然德運終始之
説，其原甚古，王者之興，自當各有受命之帝。蓋圜丘昊
天，爲天之全體，百王同尊；南郊上帝，則於五天帝之中，
獨尊其德運之帝，以示受命之所由。此亦聖人治神制禮
之精義，特不必爲感生之説耳。《史記・封禪書》云：「秦
襄公既居西垂，自以爲主少皞之神，作西畤，祠白帝。」此
雖與受命帝不同，然亦足證周特尊蒼帝之説。此注謂郊
祀受命帝，不云感生帝，説自純正。此經凡言天者，皆謂
昊天；言上帝者，皆謂受命帝；言五帝者，謂五色之帝。

三者尊卑不同，而同爲天帝則一，蓋非天不可以稱帝也。揆之經義，周南郊祀受命帝，當祀天帝之大皞。鄭注《月令》誤以大皞爲人帝，而别據緯書爲釋，其説固不塙，而周有受命帝之祭，則固不誤也。五帝名號及六天之説，並詳《小宗伯》疏。郊與圜丘異同，詳後疏。又案：《禮記》及《春秋》所言郊禮，又有魯禮，與周不甚同。《郊特牲》孔疏云：「魯之郊祭，師説不同。崔氏、皇氏用王肅之説，以魯冬至郊天，至建寅之月，又郊以祈穀。故《左傳》云『啓蟄而郊』，又云『郊祀后稷，以祈農事』，是二郊也。若依鄭説，則異於此也。魯唯一郊，不與天子郊天同月，轉卜三正。故《穀梁傳》云：『魯以十二月下辛，卜正月上辛；若不從，則以正月下辛，卜二月上辛；若不從，則以二月下辛，卜三月上辛；若不從，則止。』故《聖證論》馬昭引《穀梁傳》以荅王肅之難。是魯一郊則止，或用建子之月郊，則此云『日以至』及宣三年正月『郊牛之口傷』是也；或用建寅之月，則《春秋左傳》云『郊祀后稷以祈農事』是也。但《春秋》，魯禮也，無建丑之月耳。若杜預不信《禮記》，不取《公羊》、《穀梁》，魯唯有建寅郊天及龍見而雩。」今案：魯郊轉卜三正，《春秋經傳》有明文，鄭説塙不可易。《左》哀十三年傳，子服景伯曰：「魯將以十月上辛有事于上帝、先王，季辛而畢。」此又似有建酉月之祭，其禮無徵，孔疏謂是虚言，理或然也。此魯禮雖與周郊禮不相涉，而後儒每多淆掍，謹附攷其略於此。云「《孝經説》曰，祭天南郊，就陽位是也」者，《通典・吉禮》引《孝經鉤命決》有此文。《檀弓》孔疏引《鄭志》張逸問：「《禮注》云《書説》，《書説》何書也？」荅曰：「《尚書緯》也。當爲注時，在文網中，嫌引祕書，故諸所牽圖讖皆謂之説。」故此職及《大祝》、《夏官敍官》、《校人》注引《孝經緯》、《馮相氏》注引《樂緯》並稱説也。《孝經緯》義與《郊特牲》同。引之者，證必於南郊之義。賈疏云：❶「郊所感帝，用樂與祭五帝不異，以其所郊天亦是五帝故也。」

乃奏大蔟，歌應鍾，舞《咸池》，以祭地示。大蔟，陽聲第二，應鍾爲之合。《咸池》，《大咸》也。地祇，所祭於北郊，謂神州之神及社稷。【疏】「乃奏大蔟，歌應鍾，舞《咸池》，以祭地示」者，《漢書・郊祀志》匡衡奏，述此經作「歌大蔟，舞《咸池》，以竢地祇」。案：奏大蔟爲金奏，不當云歌。「以祭地示」亦冡上「以祭」爲文，祭不當作「竢」，匡所述非元文也。賈疏云：「地示卑於天神，故降用大蔟

❶「疏」原訛「説」，據本書文例改。

陽聲第二及《咸池》也。」　注云「大蔟，陽聲第二，應鍾爲之合」者，大蔟寅，與應鍾亥合也。詳《大師》疏。云「《咸池》，《大咸》也」者，前注同。云「地祇，所祭於北郊，謂神州之神及社稷」者，此亦注用今字作「祇」也，下竝同。賈疏云：「以其下文若樂八變者是崐崘大地，即知此地祇非大地也，是神州之神可知。知及社稷者，以六冕差之，社稷雖在小祀，若薦祭言之，《大宗伯》云『以血祭祭社稷、五祀、五嶽』，用血與郊同，又在五嶽之上，故知用樂亦與神州同，謂若日月星與五帝同也。」金鶚云：「《鼓人》云『以路鼓鼓社祭』，社祭與神祀，鬼享連文，乃祭地之通稱。《大司樂》以地該社，《鼓人》以祀該地，❶彼此互見。」案：北郊神州，詳《典瑞》疏。

乃奏姑洗，歌南吕，舞《大磬》，以祀四望。姑洗，陽聲第三，南吕爲之合。四望，五嶽、四鎮、四竇。此言祀者，司中、司命、風師、雨師或亦用此樂與？【疏】「以祀四望」者，賈疏云：「四望又卑於神州，故降用陽聲第三及用《大磬》也。」　注云「姑洗陽聲第三，南吕爲之合」者，姑洗辰與南吕酉合也。詳《大師》疏。云「四望，五嶽、四鎮、四竇」者，《釋文》云：「竇，本又作瀆。」案：竇即瀆之借字，《大宗伯》注正作瀆。《漢書·郊祀志》，王莽説此經合樂云：「四望，蓋謂日月星海也。三光高而不可得親，海廣大無限界，故其樂同。」案：莽蓋因此四望言祀，故謂其兼有天神，然其説非也，詳《大宗伯》疏。云「此言祀者，司中、司命、風師、雨師或亦用此樂與」者，賈疏云：「以此上下更不見有司中等用樂之法；又案《大宗伯》天神云祀，地祇云祭，人鬼云享，四望是地祇而不云祭，而變稱祀，明經意本容司中等神，故變文見用樂也。無正文，故云『或』『與』以疑之也。」詒讓案：四望山川皆地亓，而與地亓不同樂，則知司中、司命、風師、雨師雖天神，亦容不與天神同樂，故鄭别以尊卑之次約之，疑其與四望同樂也。

乃奏蕤賓，歌函鍾，舞《大夏》，以祭山川。蕤賓，陽聲第四，函鍾爲之合。函鍾一名林鍾。【疏】「以祭山川」者，謂中小山川祭自貍沈始者也。　注云「蕤賓陽聲第四，函鍾爲之合」者，蕤賓午與函鍾未合也。詳《大師》疏。云「函鍾一名林鍾」者，以此經六祭之樂奏與歌之律，並取合辰相配，林鍾爲蕤賓之合，此以函鍾配蕤賓，故知函鍾即林鍾，《大師》説六同亦有函鍾無林鍾也。《唐郊祀録》

❶「祀」疑當作「社」。

引《三禮義宗》云：「函鍾卽林鍾也，函鍾以函容爲義。」**乃奏夷則，歌小吕，舞《大濩》，以享先妣。**夷則，陽聲第五，小吕爲之合。小吕一名中吕。先妣，姜嫄也。姜嫄履大人跡，感神靈而生后稷，是周之先母也。周立廟自后稷爲始祖，姜嫄無所妃，是以特立廟而祭之，謂之閟宫。閟，神之。【疏】「乃奏夷則，歌小吕，舞《大濩》，以享先妣」者，賈疏云：「案《祭法》『王立七廟，考廟、王考廟、皇考廟、顯考廟、祖考廟，皆月祭之，二祧享嘗乃止』。不見先妣者，以其七廟外非常，故不言，若祭當與二祧同，亦享嘗乃止。若追享，自然及之矣。」案：周祭先妣廟，《禮經》無文，依賈説，則四時及禘祫皆有祭。《詩·魯頌·閟宫》孔疏則云：「先妣立廟非常，月朔四時祭所不及，其祭時節，禮無明文，或因大祭而則祭之也。」《通典·吉禮》云：「周祭先妣之廟，四時薦，禘祫與七廟皆祭。」又引高堂隆議，魏文思后依周姜嫄廟禘祫。《宋書·禮志》朱膺之議亦云：「閟宫之祀，高堂隆、趙怡並云周人祫歲俱祫祭之。」案：高堂隆議似以姜嫄惟配禘祫，而時享不及，卽孔沖遠所本。而依杜説，則禘祫之外，四時有薦而無祭，與賈説又微不同。古經無可質證，未能定其孰是。《管子·輕重己》篇説「夏至天子祭太宗」，又云「出祭王母」，或卽指先妣之祭與？至《漢書·郊祀志》，王莽改祭祀，以天地合祀，先祖配天，先妣配地。其説不經，非古禮也。賈疏又云：「若然，分樂序之，尊者用前代，其先祖先妣服衮冕，山川百物用玄冕。今用樂山川在先妣上者，以其山川外神，是自然之神，先祖生時曾事之，故樂用前代無嫌。」案：賈説非也。此六舞配天神、地示、人鬼，皆以時代先後自相次，不爲尊卑之等。又此祭先妣舞《大濩》，蓋亦文武干羽兼備。《春秋》隱五年經：「考仲子之宫，初獻六羽。」《公羊》何注云：「婦人無武事，獨奏文樂。」《穀梁》范注義同。以此經覈之，何、范説疑未塙。　注云「夷則陽聲第五，小吕爲之合」者，夷則申與小吕巳合也。詳《大師》疏。云「小吕一名中吕」者，以中吕爲夷則之合，此以小吕配夷則，故知小吕卽中吕，《大師》六同亦有小吕無中吕也。孔廣森云：「小吕三寸三分强，倍而用之，六寸六分强。《周禮》中吕皆稱小吕，據其未倍時，本於諸管爲最短，故得小吕之名。據其既倍者言之，則長短居三吕之中，故或謂之中吕。」云「先妣姜嫄也，姜嫄履大人跡，❶感神靈而生后稷」者，《釋文》云：

❶「跡」，原作「踐」，據注文改。

「嫄，本亦作原。」案：原嫄字同。《大戴禮記·帝繫》篇云：「帝嚳卜其四妃之子而皆有天下，上妃有邰氏之女也，曰姜嫄氏，産后稷。」《史記·周本紀》云：「周后稷名弃，其母有邰氏女，曰姜原，爲帝嚳元妃。姜原出野，見巨人跡，心忻然説欲踐之，踐之而身動如孕者，居期而生子，號曰后稷。」《釋文》別本與《史記》同。《詩·大雅·生民》篇云：「厥初生民，時維姜嫄，生民如何，克禋克祀，以弗無子，履武帝敏歆，攸介攸止，載震載夙，載生載育，時維后稷。」鄭彼箋云：「姜姓者，本炎帝之後，有女名嫄，當堯之時，爲高辛氏之世妃。帝，上帝也。敏，拇也。姜嫄祀郊禖之時，時則有大神之跡，姜嫄履之，不能滿，履其拇指之處，心體歆歆然，如有人道感己者，於是遂有身，後則生子，是爲后稷。」是姜嫄感神靈生后稷之事。賈疏云：「《詩》云『履帝武敏歆』，毛君義與《史記》同，以爲姜嫄，帝嚳妃，履帝武敏歆，謂履帝嚳車轍馬跡，生后稷，后稷爲帝嚳親子。鄭君義依《命厤序》，帝嚳傳十世乃至堯，后稷爲堯官，則姜嫄爲帝嚳後世妃，而言『履帝武敏歆』者，帝謂天帝也。是鄭解巨人跡與毛異也。」《詩·生民》孔疏引《鄭志》：趙商問：「此箋云『帝，上帝』。又云『當堯之時，姜嫄爲高辛氏世妃』，❶意以爲非帝嚳之妃。《史記》嚳以姜嫄爲妃，是生后稷，明文皎然。又毛亦云高辛氏帝。苟信先籍，未覺其偏隱，是以敢問易毛之義。」荅曰：「卽姜嫄誠帝嚳之妃，履大人之迹而歆歆然，是非真意矣，乃有神氣，故意歆歆然。天下之事，以前驗後，其不合者，何可悉信，是故悉信亦非，不信亦非。稷稚於堯，堯見爲天子，高辛與堯並在天子位乎。」又引張融申鄭義云：「稷契年稚於堯，堯不與嚳並處帝位，則稷契焉得爲嚳子乎。若使稷契必嚳子如《史記》，是堯之兄弟也。堯有賢弟七十不用，須舜舉之，此不然明矣。《詩》之《雅》、《頌》，姜嫄履迹而生，爲周始祖；有娀以玄鳥生商，而契爲玄王。卽如毛傳、《史記》之説，嚳爲稷契之父，帝嚳聖夫，姜嫄正妃，配合生子，人之常道，則《詩》何故但歎其母，❷不美其父，而云『赫赫姜嫄，其德不回，上帝是依，是生后稷』，周魯何殊特立姜嫄之廟乎。」案：賈、孔及張融説，皆深得鄭恉。《吕氏春秋·慎勢》篇云「神農十七世有天下」，則帝嚳傳十世，當非毖緯之妄説。姜嫄非嚳妃，鄭説與《大戴禮》、《毛詩傳》、《史記》及《生民》疏引馬融、王肅説並絶異。然以年代校之，義似允協。古事茫昧，

❶「爲」，原誤「帝」，據楚本改。
❷「歎」，原訛「難」，據楚本改。

羣言殽亂，姑兩存之，以竢覈定。云「是周之先母也」者，《爾雅・釋親》云：「母爲妣。」《説文・女部》云：「妣，殁母也。」姜嫄生后稷，爲周始祖之母，故謂之先妣也。云「周立廟自后稷爲始祖，姜嫄無所妃，是以特立廟而祭之」者，《釋文》云：「妃，本亦作配。」賈疏云：「凡祭以其妃配。周立七廟，自后稷已下。不得更立后稷父廟，故姜嫄無所妃也。以其尊敬父母，故特立婦人之廟而祭之。」云「謂之閟宫，閟神之」者，《詩・魯頌・閟宫》云：「閟宫有侐，實實枚枚，赫赫姜嫄，其德不回。」毛傳云：「閟，閉也。先妣姜嫄之廟，在周常閉而無事，孟仲子曰：是禖宫也。」鄭箋云：「閟，神也。姜嫄神所依，故廟曰神宫。」孔疏云：「《釋詁》云：『毖、神、溢，慎也。』閟與毖字異音同，故閟爲神也。」詒讓案：毛以姜嫄爲周先妣，與鄭此注同，惟訓閟爲閉爲異。鄭此注與箋《詩》同也。至毛傳引孟仲子説，以閟宫爲禖宫，攷《毛詩・生民》傳云：「古者必立郊禖焉。玄鳥至之日，以大牢祠于郊禖，天子親往，后妃率九嬪御。」箋云：「禋祀上帝於郊禖。」《月令》「郊媒」作「高媒」，鄭注則云：「燕以施生時來，巢人堂宇而孚乳，嫁娶之象也。媒氏之官以爲候。高辛氏之世，玄鳥遺卵，娀簡吞之而生契，後王以爲媒官嘉祥而立其祠焉。」依《詩傳》箋説，則郊媒爲祀天。《御覽・禮儀部》引《五經異義》亦謂王者一歲七祭天，郊媒爲其一。《月令》及《生民》疏述鄭記焦喬説，則謂古者祭天，而以先媒配之；至高辛以後，改以高辛之君配之。諸説雖差異，要郊媒與周祀先妣之宫不同。仲子之説，自是別解，毛、鄭皆不從也。**乃奏無射，歌夾鍾，舞《大武》，以享先祖。**無射，陽聲之下也，夾鍾爲之合。夾鍾一名圜鍾。先祖，謂先王、先公。【疏】「乃奏無射，歌夾鍾，舞《大武》，以享先祖」者，謂宗廟時享也。《通典・吉禮》云：「王三獻，后薦朝事之豆籩，堂上以夾鍾之調歌，堂下以無射之調作《大武》之樂。以後王及后每獻，皆作樂如初。九獻之後，王降，冕而揔干，舞《大武》之樂以樂尸。」案：杜以奏屬堂下，歌屬堂上，❶及舞在獻畢，説並得之；但奏以迎尸，歌以降神，並當在二祼之前，杜謂三獻始作樂，説尚未審耳。又《玉海・音樂》引崔靈恩説及《通典》並謂禘樂亦用此。案：《明堂位》記魯禘用《大夏》、《大武》二舞，《祭統》説魯大嘗禘樂同。蓋以《大武》爲主，而以《大夏》配之。《左》襄十年傳所謂「魯有禘樂，賓祭用之」，魯樂

❶「堂」，原作「水」，據楚本改。

卽周樂也。其祫樂則別見後，與此不同。　注云「無射陽聲之下也，夾鍾爲之合」者，陽律六，無射爲末，故云陽聲之下，無射戌與夾鍾卯合也。詳《大師》疏。云「夾鍾一名圜鍾」者，據下經賈逵説，詳後疏。云「先祖謂先王先公」者，賈疏云：「鄭據《司服》而言。但《司服》以先王先公服異，故別言；此則知先王先公樂同，故合説，以其俱是先祖故也。」**凡六樂者，文之以五聲，播之以八音。**六者，言其均，皆待五聲八音乃成也。播之言被也。故書播爲藩，杜子春云：「藩當爲播，讀如后稷播百穀之播。」

【疏】「凡六樂者，文之以五聲，播之以八音」者，此言六樂當調以聲音也。《大師》說十二律亦有此文，義並同，互詳彼疏。　注云「六者言其均，皆待五聲八音乃成也」者，均猶言調也。《說文·音部》云：「音，聲也。生於心有節於外謂之音。宮、商、角、徵、羽，聲也。絲、竹、金、石、匏、土、革、木，音也。」賈疏云：「謂若黃鍾爲宮，自與已下徵商羽角等爲均，其絲數五聲各異也。或解以爲均謂樂器八音之等。若然，何得先云『言其均』，始云『皆待五聲八音』乎。明言其均者，以爲六者各據其首，與下四聲爲均，故云皆待五聲八音乃成也。」云「播之言被也」者，播被聲之轉。段玉裁云：「播音轉則入歌戈部，是以熒播既豬，播卽潘水。❶古音被讀如婆去聲，《漢志》魯國蕃縣音皮，皮古音如婆。」案：段說是也。被者，取布之樂器，以發其音之義。《大師》注云：「播猶揚也。」揚與被義亦相成。云「故書播爲藩，杜子春云藩當爲播，播讀如后稷播百穀之播」者，杜據《大師》亦云「播之以八音」，故不從故書也。惠棟云：「古藩字亦作播。《尚書大傳·五行傳》云：『播國率相行事。』鄭注云：『播讀爲藩。』」段玉裁云：「《說文》播潘從番聲，藩從潘聲，是三字聲類同，古音同在元寒部也。此云『當爲』者，改其字。又云『讀如』者，既改爲播字，則說播之音義如是也。《說文》曰：『播，種也。一曰布也。』種布二義相同。」**凡六樂者，一變而致羽物及川澤之示，再變而致贏物及山林之示，三變而致鱗物及丘陵之示，四變而致毛物及墳衍之示，五變而致介物及土示，六變而致象物及天神。**變猶更也。樂成則更奏也。此謂大蜡索鬼神而致百物，六奏樂而禮畢。東方之祭則用大蔟、姑洗，南方之祭則用蕤賓，西方之祭則用夷則、無射，北方之祭則用黃鍾爲均焉。每

❶「水」原訛「堂」，據楚本改。

奏有所感，致和以來之。凡動物敏疾者，地祇高下之甚者易致，羽物既飛又走，川澤有孔竅者，蛤蟹走則遲，墳衍孔竅則小矣，是其所以舒疾之分。土祇，原隰及平地之神也。象物，有象在天，所謂四靈者。天地之神，四靈之知，非德至和則不至。《禮運》曰：「何謂四靈？麟鳳龜龍謂之四靈。龍以爲畜，故魚鮪不淰；鳳以爲畜，故鳥不獝；麟以爲畜，故獸不狘；龜以爲畜，故人情不失。」【疏】「凡六樂者一變而致羽物及川澤之示」者，以下竝申論上文致鬼神示及作動物之事。六物與地示天神同致，則亦謂物鬽也。李光地云：「此承上而論爲樂感召之理，以起下六變九變之端也。」黄以周云：「一變至六變皆曰致物，一變至五變又曰致示，六變又曰致神，上文所謂大合樂以致鬼神示，以作動物是也。而此節意主作動物而言，故致物文在神示之上。」賈疏云：「此一變至六變不同者，據難致易致前後而言。案《大司徒》五地之物，生動植俱有；此俱言動物不言植物者，據有情可感者而言也。」　注云「變猶更也，樂成則更奏也」者，《説文·攴部》云：「變，更也。」《文選·東京賦》薛綜注云：「凡樂一變爲一成，則更奏。」《玉海·音樂》引《三禮義宗》云：「凡樂，九變者舞九終，八變者舞八終，六變者舞六終。終，成也。」賈疏云：「《燕禮》云終，《尚書》云成，此云變。孔注《尚書》云：『九奏而致不同者，凡樂曲成則終，終則更奏，各據終始而言。』是以鄭云樂成則更奏也。」❶云「此謂大蜡索鬼神而致百物」者，以六樂致六物，與《大宗伯》地示百物之祭相應也。大蜡索鬼神，《黨正》文，詳《黨正》及《大宗伯》疏。李光地云：「注以此六變爲大蜡之樂，特因上下各言鬼神示之祀，中閒乃及百物，緣文生義爲此説爾，無所據也。夫大蜡而用樂，則有之矣，其索物而致之，感通之理，當與此同。然考之經，則祭蜡而歈《豳頌》，擊土鼓以息老物，蓋籥章之掌，非大司樂之司也。且經文上蒙六樂，故知是通言樂理，非指蜡祭。其及于百物者，因此與下節皆論鬼神示之感，而邦國萬民、賓客、遠人之屬，乃是同類，感應易曉，故言此以備作動物之意；猶《虞書》既言神人以和，而必終之以百獸率舞者爾，非自爲一事也。」吴廷華云：「經本合天神土示山川而大槩言之，鄭因六變俱有致物之文，與《郊特牲》索饗萬物相符，故謂之蜡。然據《神仕職》云『以冬日至致天神人鬼，以夏日至致地示物鬽』，注以鬽爲百物之神，是祭地示卽有致物義，何獨言蜡。《郊特牲》言蜡，亦未聞有天神也。」案：李、吴

❶「則」，原訛「是」，據楚本改。

說是也。云「六奏樂而禮畢」者，《唐郊祀録》引崔靈恩云：「蜡者索也，而索者盡也。大盡天地四方之神而祭之，故其樂亦盡用四方之調。凡四方之十二神，則有十二律。此爲六調，但舉陽律陰配，可悉以合天地四方之神，故終數不過六也。」詒讓案：鄭謂此經爲大蜡，而經止有六變之樂，故謂大蜡之禮樂六奏而畢，崔氏又曲爲申釋，然非經意也。云「東方之祭則用大蔟姑洗」者，大蔟寅氣，姑洗辰氣，竝位在東方，故東方祭用之也。東方律尚有夾鍾，此不言者，上分樂而序之亦無夾鍾，故鄭不數也。云「南方之祭則用蕤賓」者，蕤賓午氣位，在南方，故南方祭用之也。云「西方之祭則用夷則、無射」者，夷則申氣，無射戌氣，竝位在西方，故西方祭用之也。云「北方之祭則用黄鍾爲均焉」者，黄鍾子氣，位在北方，故北方祭用之也。自大蔟以下，竝以其律爲均，均亦即調也。賈疏云：「此鄭知四方各别祭用樂不同者，以《郊特牲》云『八蜡以記四方』，又云『四方年不順成，八蜡不通；順成之方，其蜡乃通。』是四方各有八蜡，故知四方用樂各别也。」吴廷華云：「蜡樂與郊廟之祭不同。此經所謂六樂，蓋承上《雲門》、《咸池》等六代之樂言之，非大蜡樂。鄭以六律爲六樂，以配四方，春秋各二律，冬夏各一律，删去六吕不用。自古樂律未有舍陰用陽如此者，鄭特以意爲湊合爾。」案：吴說是也。云「每奏有所感，致和以來之」者，賈疏云：「揔釋地祇與動之神物，雖有遲疾，皆由以樂和感之。」云「凡動物敏疾者，地祇高下之甚者易致，羽物既飛又走，川澤有孔竅者，蛤蟹走則遲，墳衍孔竅則小矣，是其所以舒疾之分」者，此並鄭以意說六等之物致之先後舒疾之義。云「土祇，原隰及平地之神也」者，此亦注用今字作「祇」也。賈疏云：「鄭知土祇中有原隰者，案《大司徒》有五地，山林已下有原隰，今此則經上已說川澤山林丘陵及墳衍訖，惟不言原隰，故此土祇中有原隰可知也。又土祇中有平地者，案：《大宰》九職云『一曰三農生九穀』，後鄭以三農者原隰及平地，以其生九穀，故知此土祇中非直有原隰，亦有平地之神也。若然，不言原隰而云土祇者，欲見原隰中有社稷。故鄭君《駁異義》云：『五變而致土祇，土祇者，五土之揔神謂社。』是以變原隰言土祇。《郊特牲》云：『社祭土而主陰氣。』是社稱土祇，故鄭云土神也。案《大司徒》，山林宜毛物，川澤宜鱗物，丘陵宜羽物，墳衍宜介物，原隰宜贏物。此經則以羽物配川澤，贏物配山林，鱗物配丘陵，毛物配墳衍，介物配土祇。與《大司徒》文不類者，彼以所宜而言，此據難致易致而說，故文有錯綜不同也。案《月令・孟冬》云：『祈來年於天宗。』鄭注云：『此

《周禮》所謂蜡也。天宗，日月星。』鄭以《月令》祈於天宗謂之蜡，則此天神亦是日月星辰，非大天神，以蜡祭所祭衆神，祭卑不可援尊，地神惟有土祇，是以知無天地大神也。」詒讓案：原隰及平地之神，即王社、侯社、置社之神，詳《大宗伯》、《小宗伯》疏。云「象物有象在天，所謂四靈者」者，謂四靈象應天之四官，龍，青龍；鳳，朱鳥；龜，玄武；惟麟無所屬。攷《禮運》孔疏引《五經異義》：《左氏》説，麟，中央軒轅大角之獸；陳欽説，麟是西方毛蟲。許同《左氏》義。鄭駁不從，蓋亦以麟爲西方獸。若然，西官白虎，亦麟之象也。但四靈已在毛羽鱗介四物之内，不當别爲象物。且若依鄭説，此爲蜡祭，則彼迎百物，未聞及四靈，此説殆非也。蓋上五物皆生物之彪，與人相近；此象物則時見形象，本無生性，若夔罔象之屬是也。以其與人尤遠，故與天神同六變致耳。云「天地之神，四靈之知，非德至和則不至」者，明此象物及天神，致之最後，非至和則不感也。曾釗云：「賈説未安。案下經奏樂于圜丘，六變則天神皆降，可知此天神即祭圜丘之神矣。土示亦即祭方澤之示。彼八變此五變者，彼就奏以降神而言，故有不減之樂節；此就神自致而言，故五變而已，見其昭假之無間也。」案：曾謂此天神土示通圜丘方丘，得之。今攷當亦兼南北二郊等大神示而言。賈疏據《月令》「祈來年於天宗」注，謂蜡祭日月星，無天地大神，蓋沿鄭説之誤。引《禮運》者，《釋文》云：「獝，本又作獝，亦作䮍。」案：今本《禮記》作「獝」，彼《釋文》亦作「獝」，與此同。鄭彼注云：「淰之言閃也。獝狘，飛走之貌也。失猶去也。龜，北方之靈，信則至矣。」此引之者，釋四靈之名。

周禮正義卷四十三

凡樂，圜鍾爲宮，黄鍾爲角，大蔟爲徵，姑洗爲羽，靁鼓靁鼗，孤竹之管，雲和之琴瑟，《雲門》之舞，冬日至，於地上之圜丘奏之，若樂六變，則天神皆降，可得而禮矣。凡樂，函鍾爲宮，大蔟爲角，姑洗爲徵，南吕爲羽，靈鼓靈鼗，孫竹之管，空桑之琴瑟，《咸池》之舞，夏日至，於澤中之方丘奏之，若樂八變，則地示皆出，可得而禮矣。凡樂，黄鍾爲宮，大吕爲角，大蔟爲徵，應鍾爲羽，路鼓路鼗，陰竹之管，龍門之琴瑟，《九德》之歌，《九磬》之舞，於宗廟之中奏之，若樂九變，則人鬼可得而禮矣。此三者，皆禘大祭也。天神則主北辰，地祇則主崐崘，人鬼則主后稷，先奏是樂以致其神，禮之以玉而祼焉，乃後合樂而祭之。《大傳》曰：「王者必禘其祖之所自出。」《祭法》曰：「周人禘嚳而郊稷。」謂此祭天圜丘，以嚳配之。圜鍾，夾鍾也。夾鍾生於房心之氣，房心爲大辰，天帝之明堂。函鍾，林鍾也。林鍾生於未之氣，未坤之位，或曰天社在東井輿鬼之外，天社，地神也。黄鍾生於虚危之氣，虚危爲宗廟。以此三者爲宮，用聲類求之，天宮夾鍾，陰聲，其相生從陽數，其陽無射。無射上生中吕，中吕與地宮同位，不用也。中吕上生黄鍾，黄鍾下生林鍾，林鍾地宮，又不用。林鍾上生大蔟，大蔟下生南吕，南吕與無射同位，又不用。南吕上生姑洗。地宮林鍾，林鍾上生大蔟，大蔟下生南吕，南吕上生姑洗。人宮黄鍾，黄鍾下生林鍾，林鍾地宮，又辟之。林鍾上生大蔟，大蔟下生南吕，南吕與天宮之陽同位，又辟之。南吕上生姑洗，姑洗南吕之合，又辟之。姑洗下生應鍾，應鍾上生蕤賓，蕤賓地宮林鍾之陽也，又辟之。蕤賓上生大吕。凡五聲，宮之所生，濁者爲角，清者爲徵羽。此樂無商者，祭尚柔，商堅剛也。鄭司農云：「雷鼓，雷鼗，皆謂六面有革可擊者也。雲和，地名也。靈鼓、靈鼗，四面。路鼓、路鼗，兩面。九德之歌，《春秋傳》所謂水、火、金、木、土、穀謂之六府，正德、利用、厚生謂之三事。六府三事謂之九功，九功之德皆可歌也，謂之九歌也。」玄謂雷鼓、雷鼗八面，靈鼓、靈鼗六面，路鼓、路鼗四面。孤竹，竹特生者。孫竹，竹枝根之末生者。陰竹，生於山北者。雲和、空桑、龍門皆山名。「九磬」讀當爲「大韶」，字之誤也。【疏】「凡樂」者，此辨三大祭用樂之異也。賈疏云：「此三者皆用一代之樂，類上皆是下神之樂。」云「圜鍾爲宮，黄鍾爲角，大蔟爲徵，姑洗爲羽」者，三大祭之樂皆首舉四調者，爲歌奏之通均也。云「靁鼓靁鼗」者，金奏用鍾鼓也，下管亦奏鼗鼓。云「孤竹之管」者，下管也。云「雲和之琴瑟」者，升歌時鼓琴瑟以歌詩也。此三大祭所歌詩，唯下文宗廟云《九德之歌》，圜丘方丘歌詩未聞。凡樂節，升歌在下管前，此經先言管後言琴瑟者，文不次也。云「《雲門》之舞」者，興舞也。凡舞在合樂之後，《燕禮記》云「遂合鄉樂，若舞則《勺》」，注云「《勺》，頌篇，既合鄉樂萬舞而奏之」是也。賈疏云：「天用《雲門》，地用《咸池》，宗廟用《大韶》者，還依上分樂之次序，尊者用前代，卑者用後代爲差也。」云「冬日至」者，《春秋經》所謂日南至，於周爲孟春，而云冬者，據夏正中冬月。凡此經四時，並用夏正，《周書・周月》篇云「巡守祭享猶自夏焉」是也。賈疏云：「禮天神必於冬至，禮地祇必於夏至之日者，以天是陽，地是陰，冬至一陽生，夏至一陰生，是以還於陽生陰生之日祭之也。至於郊天必於建寅者，以其郊所感帝以祈穀，實取三陽爻生之日，萬物出地之時。若然，祭神州之神於北郊，與南郊相對，雖無文，亦應取三陰爻生之月，萬物秀出之時也。」案：二至祭天地，鄭注不辨月日，賈謂必於二至日。《御覽・禮儀部》引《五經異義》賈逵説同。今攷《郊特牲》云：「郊之用辛也，周之始郊日以至。」鄭彼注以爲魯郊用冬至之月辛日，與此圜丘之祭雖無涉，然謂用冬至則同。依鄭彼注用辛，似謂用冬至之月。故《郊特牲》孔疏云：「案《聖證論》王肅與馬昭之徒，或云祭天用冬至之日，或云用冬至之月。據《周禮》似用冬至之日；據《禮記》郊日用辛，則冬至不恒在辛，似用冬至之月。張融云：『祀大神，率執事而卜日，圜丘既卜日，則不得正用冬至之日。』鄭注云：『以建子之月郊天，用辛日者，當齋戒自新。』如鄭此言，是亦不用冬至日也。」《曲禮》疏引崔靈恩説，則謂圜丘用冬至日，不皆用辛。金榜亦云：「《春官》『凡以神仕者，以冬日至致天神人鬼，以夏日至致地示物鬽』。注云：『致人鬼于祖廟，致物鬽于墠壇，蓋用祭天地之明日。』鄭君實据至月言之。」今案：張融、金榜説足申鄭義。此經二至祭圜丘方丘，猶《左》桓五年傳云「啓蟄而郊」，夏正之郊不必正在啓蟄之日，則圜丘方丘亦不必正在二至之日矣。又

《柞氏》云：「夏日至，令刊陽木而火之；冬日至，令剥陰木而水之。」《薙氏》掌殺草云：「夏日至而夷之，冬日至而耜之。」此皆必不能限以一日者。以經證經，則二至之祭謂其月，自無疑義。云「於地上之圜丘奏之」者，於，經例當作「于」，石經及各本並誤，下方丘宗廟同。《説文・口部》云：「圜，天體也。」《爾雅・釋丘》云：「非人爲之，丘。」金鶚云：「圜丘非人所築之壇，《周禮》不徒言圜丘，而言地上之圜丘，正以明其非壇也。山高在地之上，故曰地上，若除地爲壇，不得謂之地上矣。」賈疏云：「案《爾雅》，土之高者曰丘。取自然之丘者，圜象天圜，既取丘之自然，則未必要在郊，無問東西與南北方皆可。」案：圜丘方丘，賈謂並取自然之丘，未必在郊，亦無論方位，《郊特牲》疏引馬昭説同。孔則云：「圜丘所在，雖無正文，應從陽位，當在國南。故魏氏之有天下，營委粟山爲圜丘，在洛陽南二十里。然則周家亦在國南，但不知遠近者。」案：孔説與賈不同，以孔爲長。泰壇祭受命帝，明堂祭五帝，並在南郊，則圜丘祭昊天亦在南郊明矣。漢魏諸儒並謂圜丘在南郊，故多並郊丘爲一祀。《史記・封禪書》又説秦八神有天主之祭，云「天好陰，祠之必於高山之下，小山之上，命曰時」。蓋亦放此經圜丘之制，而義小異。又案：此「奏之」總冢上鼓管琴瑟舞爲文。《周書・本典》篇云：「故奏鼓以章樂，奏舞以觀禮，奏歌以觀和。」明凡興樂，通得稱奏，與上文歌奏對文爲專屬金奏異也。云「若樂六變」者，賈疏云：「言六變八變九變者，謂在天地及廟庭而立四表，舞人從南表向第二表爲一成，一成則一變。從第二至第三爲二成，從第三至北頭第四表爲三成。舞人各轉身南向於北表之北，還從第一至第二爲四成，從第二至第三爲五成，從第三至南頭第一表爲六成，則天神皆降。若八變者，更從南頭北向第二爲七成，又從第二至第三爲八成，地祇皆出。若九變者，又從第三至北頭第一爲九變，人鬼可得禮焉。此約周之《大武》，象武王伐紂，故《樂記》云：『且夫《武》，始而北出，再成而滅商。三成而南，四成而南國是疆，五成而分陝，周公左，召公右，六成復綴以崇。』其餘《大濩》已上，雖無滅商之事，但舞人須有限約，亦應立四表，以與舞人爲曲別也。」詒讓案：經云樂六變八變九變者，皆謂金奏、升歌、下管、閒歌，合樂，興舞諸節，各如數而小成，如《九德之歌》即升歌之九終，《九韶》即舞之九變也。蓋祭初樂作，不過金奏，六變八變九變，而鬼神亓已出降，本不待合舞之後，而賈專據舞變言之，義亦未析。《唐郊祀録》引《三禮義宗》云：「凡樂之變數，皆取所用宮之本數爲終。夾鍾在卯，卯數六，故用六變而畢；林鍾在未，未數八，故以八變而止；黄鍾在子，子數九，故九變爲終也。所以用其數爲終者，凡樂以律均取其中聲之調，各得其辰中和，故及其辰終數也。」江永云：「揚雄《太玄》之數，子午爲九，丑未爲八，寅申爲七，卯酉爲六，辰戌爲五，巳亥爲四，亦卽聲律之數也。是以黄鍾爲宫者，其數九，《大磬》之樂亦九變而終；林鍾爲宫者，其數八，《咸池》之樂亦八變而終；夾鍾爲宫者，其數六，《雲門》之樂亦六變而終。」案：江説與崔氏《義宗》説足互相發明。江謂《雲門》之樂六變而終，《咸池》之樂八變而終，《大磬》之樂九變而終，説本劉敞。劉又引《書》「《簫韶》九成」及此經《九磬》以證《大磬》之終於九，其説近是。若然，依《樂記》説，《大武》蓋亦六變而終。又《吕氏春秋·古樂》篇云：「禹命皋陶作《夏籥》九成。」則《大夏》蓋亦九變而終。惟《大濩》變數無攷。至上文説六樂一變至六變，各有所致，彼總冢上六樂爲文，而止於六變者，蓋彼據中祀以下不用備樂，故至多者六變而終，與此大祀用盛樂不同也。賈據《樂記》説《大武》六成之義，以釋此經六變八變九變之文，《樂記》孔疏引熊安生説六成義同，卽賈所本也。黄以周云：「熊説《大武》立四表，昉諸《大司馬》田獵之法。田獵立表自南始，故以至北之表爲後表。而田獵之行自北始，故鄭注以初鼓及表，自後表前至第二；又鼓及表，自第二前至第三；三鼓及表，自第三前至前表。四鼓而退，及表，自前表至後表。準鄭此注，則《武》始北出，自北表前出至第二表；再成自第二至第三表，所謂再始以箸往也；三成而南，自第三前至南表，所謂周德自北而南也；四成而南國是疆，自南表回至第三表，所謂復亂以飭歸也；至六成，又自第二回至北表，復綴以崇，所謂樂終而德尊也。至圜丘奏樂六變用《雲門》，方丘奏樂八變用《咸池》，宗廟奏樂九變用《九磬》，其舞之行列，未必同於《大武》，賈疏仍以《大武》約之，固未必然；又因九變欲至北表以象歸，遂謂《武舞》北出自南起，更屬難信。」案：《雲門》、《咸池》、《大磬》舞位，今無可攷。熊賈據《樂記》北出之文，謂舞位從南始，黄氏則據《大司馬》注義，謂當從北始，其説亦通。既無可質證，姑兩存之。云「則天神皆降可得而禮矣」者，明大祭備享衆神。《禮運》云：「祀帝于郊，而百神受職。」是其義也。賈疏云：「天地及宗廟並言皆降、皆出、皆至者，以祭尊可以及卑，故《禮記》云『大報天而主日配以月』，是其神多故云皆也。」云「夏日至於澤中之方丘奏之」者，中夏日北至，於周爲孟秋。賈疏云：「因高以事天，故於地上；因下以事地，故於澤中。取方丘者，水鍾曰澤，不可以水中設祭，故亦取自然之方丘，象地方故也。」金鶚云：「《周禮》不徒曰方丘，而曰澤中之方丘，丘下在澤之中，故曰澤中。若封土爲壇，不得謂之澤中矣。」詒讓案：方丘亦當與泰折同在北郊。《史記・封禪書》説秦八神地主之祭，云「地貴陽，祭之必於澤中圜丘云」。此秦制之謬，與此經正相反也。云「《九德之歌》」者，《唐郊祀録》引《三禮義宗》云：「宗廟之中又別有《九德之歌》者，顯宗廟之祭所歌之詞，皆是揚宗廟之德，故加以九德，彰明先祖之德，章成九功之義。」賈疏云：「以人神象神生以九德爲政之具，故特異天地之神也。」云「於宗廟之中奏之」者，賈疏云：「不言時節者，天地自相對而言，至此宗廟無所對，謂祫祭也。但殷人祫於三時，周禮惟用孟秋之月爲之，則《公羊》云『大事者何？大祫也。毀廟之主陳于大祖，未毀廟之主皆升合食于大祖』是也。」云「若樂九變則人鬼可得而禮矣」者，賈疏述經「人鬼」下有「皆至」二字，疑唐時別本如是，石經及舊刻本並無。　注云「此三者皆禘大祭也」者，明此三者爲最大之祭，《詩・周頌》孔疏引《鄭志》云「禘，大祭，天人共之」是也。賈疏云：「案《爾雅》云『禘，大祭』，不辨天神、人鬼、地祇，則皆有禘稱也。《祭法》云禘黄帝之等，皆據祭天於圜丘。《大傳》云『王者禘其祖之所自出』，據夏正郊天。《論語》『禘自既灌』，據祭宗廟。是以鄭云三者皆禘大祭也。」詒讓案：此天神之祭爲圜丘祭昊天，地示之祭爲方丘祭大地，人鬼之祭爲大祫，通謂之禘。又天神有南郊祭蒼帝，地示有北郊祭后土，又有明堂合祭五天帝、五地示，人鬼有吉禘、大禘，五者亦通謂之禘。是禘爲諸大祭之總名也。云「天神則主北辰」者，謂圜丘之禘，衆天神皆從祀，而以北辰爲主也。冬至圜丘祭天皇大帝，卽北辰曜魄寶，詳《大宗伯》疏。《魏書・禮志》游明根等議云：「鄭氏之義，禘者大祭之名。大祭圜丘謂之禘者，審禘五精星辰也。」《史記・封禪書》引《周官》云：「冬日至，祀天於南郊，迎長日之至，夏日至祭地祇，皆用樂舞，而神乃可得而禮也。」是司馬遷以此圜丘爲卽南郊之祭。其云迎長日之至者，兼取《郊特牲》文也。鄭則以圜丘祭昊天在冬至，南郊祭受命帝在夏正月，二者不同。《齊書・禮志》引王肅云：「周以冬祭天於圜丘，以正月又祭天以祈穀。《祭法》稱燔柴太壇，則圜丘也。《春秋傳》云『啓蟄而郊』，則祈穀也。」《郊特牲》疏亦引《聖證論》王肅難鄭云：「郊則圜丘，圜丘則郊。所在言之則謂之郊，所祭言之則謂之圜丘。於郊築泰壇，象圜丘之形，以丘言之，本諸天地之性。故《祭法》云『燔柴於泰壇』，則圜丘也。《郊特牲》云『周之始郊日以至』，《周禮》云

『冬日至，祭天於圜丘』，知圜丘與郊是一也。」《祭法》孔疏云：「張融以圜丘卽郊，引董仲舒、劉向、馬融之論，皆以爲《周禮》圜丘，則《孝經》云南郊，與王肅同。」以上孔所引《聖證論》王肅、張融等説，並依董、馬諸家義，以此經圜丘卽南郊。《家語・郊問》篇注説同。《郊特牲》疏申鄭義云：「王肅以郊丘是一，而鄭氏以爲二者，案《大宗伯》云『蒼璧禮天』，《典瑞》又云『四圭有邸以祀天』，是玉不同。《宗伯》又云『牲幣各放其器之色』，則牲用蒼也。《祭法》又云『燔柴於泰壇，用騂犢』，是牲不同也。又《大司樂》云：『凡樂，圜鍾爲宮，黄鍾爲角，大蔟爲徵，姑洗爲羽，冬日至於地上之圜丘奏之，若樂六變，則天神皆降。』上文云『乃奏黄鍾，歌大吕，舞《雲門》，以祀天神』，是樂不同也。故鄭以云蒼璧、蒼犢、圜鍾之等，爲祭圜丘所用；以四圭有邸、騂犢及奏黄鍾之等，以爲祭五帝及郊天所用。」又云：「《爾雅》曰『非人爲之，丘』，泰壇則人功所作，是圜丘與泰壇别也。」孫星衍云：「《大宰》云『祀五帝』，下又云『祀大神祇』。《掌次》云『旅上帝』，下又云『祀五帝』。《典瑞》云『祀天』，下又云『旅上帝』。《司服》云『祀昊天上帝』，下又云『祀五帝』。按此諸文，明天與五帝非一，肅猶得妄謂之五人帝，其《大司樂》云『乃奏黄鍾，歌大吕，舞《雲門》，以祀天神』，此天神必非人帝，下又云『凡樂，圜鍾爲宮，黄鍾爲角，大蔟爲徵，姑洗爲羽，冬日至於地上之圜丘奏之』，明此圜丘與天神非一祭矣。《禮器》之言圜丘祭天，曰『爲高必因丘陵』，又曰『因天事天』；下言巡狩方嶽之祭，曰『因名山升中於天』；下言郊祭曰『因吉土饗帝於郊』。經文及鄭注三祭甚明，然則圜丘非郊，鄭依《禮經》，肅何得非之乎。《爾雅》『非人爲之丘』，孫炎云『地性自然也』。《周官》云『地上之圜丘』，《禮器》云『爲高必因丘陵』。若郊則于四郊，《小宗伯》云『兆五帝于四郊』，《郊特牲》云『兆於南郊就陽位』，又云『於郊故謂之郊』，又云『埽地而祭』。《説文》作垗，云『畔也，爲四時界，祭其中』。引《周禮》文。又云『畤，天地五帝所基址祭地』。按四立迎氣則于東西南北郊，不必四郊適有地上之丘。垗既爲祭之界，亦不得謂『非人爲之，丘』。圜丘與郊，豈得云一乎。張融又引董仲舒、劉向、馬融之論，皆以爲《周禮》圜丘，則《孝經》云南郊，與王肅同，其言又謬。案《春秋繁露》云：『郊因于新歲之初。』又云『郊因先卜，不卜不敢郊』。是董仲舒不以郊爲冬至祭圜丘之明證。肅等誣之，且誣劉向、馬融者，蓋見漢人多議郊祀，不議圜丘，因疑諸儒卽以郊爲圜丘。不知秦漢時固無冬至圜丘之祭，秦以冬十月爲歲首，故常以十月上宿郊，見非因冬至。《郊祀志》王莽奏言，文十六年，冬至祠泰一，夏至祠地祇并祠五帝，而《封禪書》不載其事。平帝時，王莽始按據《周官》天地祀之樂，有别有合，以立圜丘方澤之祭。以正月上辛若丁，天子親合祀天墬于南郊。先時諸儒所以不議圜丘者，《周官經》至武帝時始出，復入祕府，五家之儒莫得見，劉歆校祕書，始著録略，莽蓋据歆之議也。董仲舒、劉向何由以圜丘爲南郊乎。」案：孔、孫説是也。惟《大宗伯》云「以蒼璧禮天」，又云「牲幣放其器之色」，此專據禮方明玉，非祭天禮神之玉也。鄭以彼爲圜丘之祭，與南郊玉及牲幣竝異，實非經義，此不足以折王也。詳彼疏。云「地祇則主崐崘」者，《釋文》云：「崐崘，本作混淪。」案：正字當作昆侖。此謂方丘之禘，衆地祇皆從祭，而以崐崘爲主也。鄭以夏至方丘祭崐崘，爲大地之神，與孟秋北郊不同，詳《大宗伯》疏。金鶚云：「《王制》云『祭天地之牛，角繭栗』，蓋祭地亦用犢也。而《國語》言『禘郊不過繭栗』，則祭地亦禘也。《詩序》云：『《昊天有成命》，郊祀天地也。』《祭法》、《國語》言禘皆在郊上，郊兼天地，則禘亦必兼之。《禮運》云：『魯之郊禘非禮也。』郊禘本可通稱，言郊禘猶言郊也，故下文祇言郊。又云『天子祭天地，諸侯祭社稷』，是郊祭天又祭地也。郊禘可通稱，郊祭地則禘亦祭地可知。《曲禮》『天子祭天地』，疏云：『后稷配天南郊，又配地北郊，則周人以嚳配圜丘，亦當配方澤也。』此説自當。然則《祭法》所謂禘郊者，本兼天地之祭；注不言祭地，以地統於天，故略之耳。」案：金説是也。方丘與北郊異同，詳《典瑞》疏。云「人鬼則主后稷」者，謂宗廟大祫之禘，四親廟、二祧、毁廟先王先公及功臣皆與享，而以后稷爲主，以后稷爲周之始祖也。大祫，亦詳《大宗伯》疏。云「先奏是樂以致其神」者，明此三樂皆祭祀致神之樂也。謂天神地示祭日始迎尸升壇時，人鬼祭日始迎尸入室時，皆先奏樂以致神使來降也。《漢書·禮樂志》云：「叔孫通因秦樂人制宗廟樂，大祝迎神于廟門，奏《嘉至》，猶古降神之樂也。」蓋秦漢祭無尸，而亦有降神之樂，與古禮同。《郊特牲》孔疏引皇氏説圜丘之祭云：「祭日之旦，王立丘之東南，西嚮。燔柴及牲玉於丘上，升壇以降其神。次乃奏圜鍾之樂，六變以降其神。天皇之神爲尊，故有再降之禮。次則埽地而設正祭。」《通典·吉禮》説圜丘之祭云：「祭日之晨，王服大裘而立於丘之東南，西面。大司樂奏圜鍾爲宫以下之樂以降神。次則積柴於丘壇上，王親牽牲而殺之。次則實牲醴玉帛而燔之，謂之禋祀。次乃埽於丘壇上而祭。」又説方丘之祭云：「其日，王服大裘立於方丘東南，西面。乃奏函鍾爲宫以下之樂，以致其神訖，王又親牽牲取血，并玉瘞之以求神。」案：皇説圜丘之祭，先燔柴而後作樂降神；而杜説二丘之祭，則皆先作樂降神而後燔瘞。二説乖異，經注並無明文。攷《郊特牲》疏引熊氏云：「凡大祭並有三始。祭天以樂爲致神始，以煙爲歆神始，以血爲陳饌始。祭地以樂爲致神始，以血爲歆神始，以腥爲陳饌始。祭宗廟亦以樂爲致神始，以祼爲歆神始，以腥爲陳饌始。」《大宗伯》賈疏説同。案：依熊説，則祭天升煙與祭廟祼節次相當，鄭此注謂宗廟作樂降神在祼前，則祭天作樂不當在燔柴後，皇説之誤明矣。《禮運》孔疏又謂禘祭無降神之樂，與鄭、熊説並不合，亦不足據。云「禮之以玉而祼焉」者，賈疏云：「禮之以玉，據天地；而祼焉，據宗廟。以《小宰》注『天地大神，至尊不祼』，又《玉人》、《典瑞》、《宗伯》等不見有宗廟禮神之玉，是以知禮之以玉據天地，則蒼璧禮天，黄琮禮地是也，而祼焉據宗廟，肆獻祼是也。」案：賈説是也。鄭意經三祭同云「可得而禮」，而事則異，天地神亓皆無祼，則以玉禮神；人鬼無禮神之玉，則以祼鬯爲禮也。賈深得鄭恉。但蒼璧黄琮非郊丘禮神之玉，詳前。《郊特牲》疏引皇侃説，圜丘之祭設正祭後，乃云置蒼璧於神坐以禮之，又云無祼，唯七獻。《通典・吉禮》説二丘之祭竝七獻，無祼；其宗廟大祫禘，則有祼無禮神之玉。故《禮運》孔疏引崔靈恩説大祫云：「尸入室，乃作樂降神，《大司樂》云『凡樂黄鍾爲宫，九變而降人鬼』是也。乃灌，當灌之時，衆尸皆同在大廟中，依次而灌。」不云有禮神之玉。竝與鄭義合。依鄭義，則大祫作此諸樂畢乃祼，故經説樂訖乃云「人鬼可得而禮」，禘與時享，禮亦當同。而《郊特牲》云「殷人尚聲，周人尚臭」。孔疏謂周四時常祭皆尚臭，若大祫則仍先用樂。蓋以此注爲專據大祫，未知鄭意然否。至《通典》説大祫，謂先行二祼，乃作此黄鍾爲宫以下之樂，則顯與此注敍次違啎，不可從也。云「乃後合樂而祭之」者，《鄉飲酒禮》注云：「合樂，謂歌樂與衆聲俱作。」金鶚云：「合樂，堂上歌詩，琴瑟與堂下之樂合作，其詩或《雅》或《南》，其器八音畢奏，此樂之終也。」賈疏云：「周之禮，凡祭祀皆先作樂下神，乃薦獻，薦獻訖乃合樂也。」案：賈説薦獻訖乃合樂者，謂朝踐薦腥，后四獻之後而合樂，故前疏謂「大合樂者，據薦腥之後」是也。《祭義》云「反饋樂成」，注云：「反饋是進孰也。」蓋樂合於進孰之前，而闋於既進之後。《禮運》孔疏引崔靈恩説，謂四獻之後，薦孰時則大合樂，與賈説略同。《通典・吉禮》則謂圜丘七獻、大祫九獻之後而後大合樂，是在諸獻通畢之後，與崔、賈不合，疑非也。今攷合樂在饋執之前，鄭、賈説與《祭義》合，是也。但謂合樂卽上文之以六律、六同、五聲、八音、六舞大合樂，則不塙，詳前疏。依賈述鄭義，凡大祭薦獻之前，有降神之樂，後則有合樂，樂之律均及節次略同。賈《大師》疏謂大祭祀下神、合樂，皆升歌《清廟》。是則降神之樂，始金奏、升歌，次下管、閒歌，至合樂興舞而終，及至大合樂，又備此諸節，降神與合樂節次緐複無理。且祭樂與饗燕樂賓之樂，大致相同，《燕禮》、《郊特牲》説饗燕樂，亦無兩次重舉，則祭禮似不當如此之緐。況《郊特牲》云「殷人尚聲，臭味未成，滌蕩其聲，樂三闋，然後出迎牲」。是殷大祭降神之樂，亦三闋而止，以樂節推之，蓋不過金奏三終而已。而謂周人本不尚聲，其宗廟降神之樂，乃歌笙閒合，以至大舞，各備九變，其緐乃過於殷禮數倍，其可信乎。細繹此注，前云先奏是樂以致其神，又云合樂而祭，是蓋降神合樂，兼晐通舉，非謂自凡樂以下至大舞等，皆專爲降神之樂，而合樂又當別求之他章也。合樂時堂上與堂下歌樂齊奏，舞則王親在舞位，其禮尤爲隆重，然亦止具《文》、《武》二舞，不必備六舞。上大合樂之文，乃通論樂事，非祭後之合樂也。鄭説禮祼後有合樂，得之；而謂備六樂，則非。詳前疏。又案：鄭前注引《虞書》「戛擊鳴球」之文，以爲宗廟九奏之效應。尋文究義，《虞書》「祖考來格」，文在「戛擊鳴球搏拊琴瑟以詠」之下，則升歌之樂卽以降神，而下管諸節悉在其後。以《書》《禮》經注互相推校，鄭意自謂降神合樂，節無重舉。以次推之，蓋金奏爲迎尸之樂，升歌爲降神之樂，合樂爲饋孰時之樂，而舞亦并作焉。惟下管閒歌，當薦獻何節，經注並無説。意者，下管爲二祼之樂，閒歌爲朝踐之樂與？引《大傳》曰「王者必禘其祖之所自出」者，《禮記・大傳》云：「禮，不王不禘，王者禘其祖之所自出，以其祖配之。」鄭彼注云：「凡大祭曰禘，大祭其先祖所由生，謂郊祀天也。王者之先祖，皆感太微五帝之精而生，皆用正歲之正月郊祭之，蓋特尊也。《孝經》曰『郊祀后稷以配天』，配靈威仰也。『宗祀文王於明堂』，汎配五帝也。」案：《漢書・韋玄成傳》引《大傳》文作「祭義」，玄成釋云：「言始受命而王，祭天以其祖配。」此卽鄭《大傳》注所本。然則彼爲南郊祭感生帝，與圜丘祭昊天不同。此經方説圜丘之祭，不涉郊祀，而鄭乃以《大傳》此文與《祭法》説圜丘之文牽連竝引者，蓋欲明王者祖出於天，故禘郊竝以祖配。鄭《詩・大雅・生民》箋，以姜嫄爲高辛世妃，則周祖稷卽亦祖嚳；天爲稷之所自出，卽亦爲嚳之所自出。《大傳》雖本言稷配郊，而義可通於嚳配圜丘，故先引此文以起《祭法》禘嚳之義，與《大傳》注恉固無悖。《舊唐書・禮儀志》賈曾表謂此注以《大傳》禘爲冬至之祭，譏其與《大傳》注遞相矛盾，非也。又孜《詩・商頌・長發》孔疏引《鄭志》趙商問「《大傳》云『王者禘其祖之所自出，以其祖配之』，注以爲祭天皇大帝」，與今《大傳》注不同。則疑鄭先定《記注》本以爲圜丘之祭，今本《記注》乃後定所改。此注引彼作證，或用先定之義，亦未可知。至賈疏謂引證郊與圜丘，俱是祭天之禘，則經本不言郊，而注乃援郊祀之文以證義，鄭意必不如是矣。又案：《大傳》此文，亦見《喪服小記》，鄭皆以祭天祖配釋之。而王肅《聖證論》則謂禘爲宗廟之禘，非郊禘，其說舛謬不足信。近金榜則謂「王者禘其祖之所自出，以其祖配之」下云「而立四廟」，蓋周人祖文武，祖之所自出爲主稷。黄以周又據《喪服傳》，諸侯及其太祖，天子及其始祖之所自出，《郊特牲》疏引《五經異義・古春秋左氏》說，天子之子以上德爲諸侯者，得祖所自出，證禘所自出爲祖廟之祭。此則於經義似尚可通，謹附著之。云「《祭法》曰周人禘嚳而郊稷，謂此祭天圜丘以嚳配之」者，證圜丘之禘也。《祭法》云：「有虞氏禘黄帝而郊嚳，夏后氏亦禘黄帝而郊鯀，殷人禘嚳而郊冥，周人禘嚳而郊稷。」鄭注云：「謂祭祀以配食也。此禘謂祭昊天於圜丘也。祭上帝於南郊曰郊。」是彼禘卽此圜丘之祭，故注引以爲證。孔疏云：「知此是圜丘者，以禘文在於郊祭之前，郊前之祭，唯圜丘耳。但《釋天》云『禘，大祭』，以比餘處爲大祭，揔得稱禘。案：《聖證論》以此禘黄帝，是宗廟五年祭之名，故《小記》云『王者禘其祖之所自出，以其祖配之』。謂虞氏之祖出自黄帝，以祖顓頊配黄帝而祭，故云以其祖配之。依《五帝本紀》，黄帝爲虞氏九世祖，黄帝生昌意，昌意生顓頊，虞氏七世祖。以顓頊配黄帝而祭，是禘其祖之所自出，以其祖配之也。又王肅、孔晁云：『虞夏出黄帝，殷周出帝嚳，《祭法》四代禘此二帝，上下相證之明文也。《詩》云「天命玄鳥」、「履帝武敏歆」，自是正義，非讖緯之妖說。』」又《郊特牲》疏引《聖證論》王肅難鄭云：「鄭玄以《祭法》禘黄帝及嚳爲配圜丘之祀，《祭法》說禘無圜丘之名，《周官》圜丘不名爲禘，是禘非圜丘之祭也。玄既以《祭法》禘嚳爲圜丘，又《大傳》『王者禘其祖之所自出』，而玄又施之於郊祭后稷，是亂禮之名實也。按《爾雅》云：『禘，大祭也。繹，又祭也。』皆祭宗廟之名，則禘是五年大祭先祖，非圜丘及郊也。周立后稷廟，而嚳無廟，故知周人尊嚳不若后稷之廟重。而玄說圜丘祭天祀大者，仲尼當稱昔者周公禘祀嚳圜丘以配天，今無此言，知嚳配圜丘非也。又《詩・思文》后稷配天之頌，無帝嚳配圜丘之文，知郊則圜丘，圜丘則郊。」詒讓案：依鄭《大傳》、《祭法》注説，王者以天爲祖所自出，周南郊則以稷配天，圜丘則以嚳配天，《祭法》之禘嚳，即此經圜丘之祭也。王肅難鄭，則以祖所自出爲始祖，《祭法》之禘爲宗廟大禘，以嚳爲后稷所自出，故禘嚳而以稷配之，此經圜丘則與南郊爲一祭，以稷配，即所謂郊稷也。二義舛盭，南北諸儒，申彼絀此，迄無定論。唐宋以後儒者，多遵王義，而鄭義益晦。近金榜申鄭云：「天祭莫大於圜丘，地祭莫大於方澤，與宗廟禘其祖之所自出，三者皆禘。《周語》『禘郊之事則有全烝』。《魯語》『天子日入監九御，使潔奉禘郊之粢盛』。《楚語》『禘郊不過繭栗，烝嘗不過把握』；又曰『天子禘郊之事，必自射其牲，王后必自舂其粢，諸侯宗廟之事，必自射其牛，刲羊擊豕，夫人必自舂其盛』；又曰『天子親舂禘郊之盛，王后親繅其服』。其言禘郊，與宗廟烝嘗對文，明禘非宗廟之祭。《王制》『祭天地之牛角繭栗，宗廟之牛角握』，與《國語》禘郊繭栗、烝嘗把握之文合。《表記》『天子親耕，粢盛秬鬯以事上帝』，與《國語》『天子親舂禘郊之盛』文合。天地之祭名禘，著於此矣。」孔廣森亦云：「《大傳》曰：『禮，不王不禘，王者禘其祖之所自出，以其祖配之。』韋玄成曰：『言始受命而王，祭天以其祖配，而不爲立廟，親盡也。』此周秦儒者相承之正説，鄭注因之。自王肅以禘爲祭廟，非祭天，又誤名圜丘之禘爲郊，謂郊非祭五帝，抑何不信古之甚也。且魯嘗僭天子之禘禮樂矣，魯之視文王，猶周之視帝嚳也。《明堂位》曰：『季夏六月，以禘禮祀周公於太廟。』不祀文王，益可信俗儒所云『祭始祖之父於始祖廟』者，周本無是禮矣。王者自天受命，推所自出，本之於天，固無足怪。況大人履敏，鳦鳥命降，商周之興，實由神感，諸儒乃疑祖之所自出不得爲天，獨非陋歟？《國語》云：『禘郊之事，則有全烝；王公立飫，則有房烝。』全烝，合升也。房烝，胖升也。《儀禮》用牲合升有四：冠之醮也，昏之共牢也，盥饋也，喪之斂奠也，而皆用特豚。自餘凡成牲者，則皆胖升。祭天用犢，特豚之類，故亦合升。若禘果爲宗廟之祭，則角握之牛無不胖升者也。」金鶚又申鄭《祭法》注義云：「《魯頌》『籩豆大房』，毛傳：『大房，半體之俎也。』夫《魯頌》所謂秋而載嘗，此禘祫之大禘也。大禘而用房烝，則宗廟之祭必無全烝矣。是知《周語》禘郊有全烝者，必圜丘之禘也。《楚語》禘郊衹曰牲，不言羊豕，是特牲也。宗廟言牛羊豕，是大牢也。可知此禘非宗廟之祭，若宗廟之禘，安得特牲乎？且禘之爲字，从示从帝，帝謂天帝也，則圜丘祭天是禘之本義，宗廟之禘乃別取審諦之義。王肅見《爾雅》「禘大祭」與「繹又祭」連文，遂以禘爲宗廟之祭；殊不思「繹又祭也」一句，乃爲下文「周曰繹」、「商曰彤」、「夏曰復胙」三句提綱，本不與上文連，則禘爲祭天明矣。雖宗廟之禘亦大祭，謂此文爲諸大祭之通釋，固無不可，然豈可專指宗廟之禘哉！《祭法》禘郊祖宗，列四大祭之名，黄帝、顓頊等，詳其配祭之人，意主於人，故略其地，祖宗之祭在明堂，亦略而不言，豈獨圜丘哉！安得以無圜丘遂謂其非禘也？《周官》圜丘、方丘、宗廟三大祭皆是禘，其名統於同，故不一一言之，豈可以其不言禘遂斷其非禘哉！《周官》中諸大祭皆不箸其名，但云祀大神、享大鬼、祭大示、大祭祀而已。是則宗廟之禘，亦不言禘，何獨不疑其非禘乎？豈《周官》一書無禘祭乎？且禘嚳之禘，肅謂祀嚳於后稷廟，以嚳配之，是以祖配祖也。經傳唯言以祖配天，未聞以祖配祖也。祖有遠近，無尊卑。自其最遠者言之，四代皆出於黄帝，黄帝爲始祖也；以次遠者言之，虞夏祖黄帝，殷周則祖帝嚳；又其次，殷人祖契，周人則祖稷：其宗派殊也。殷出於契，周出於稷。契始封於商，稷始封於邰。天子諸侯皆以始封者爲始祖，故殷立契廟，周立稷廟，非尊稷、契而卑嚳也。稷、契既是始封之祖，又各有大功德，故南郊以之配天。然始封之祖固是稷、契，而世系之遠祖則帝嚳也。嚳又有聖德，故圜丘以之配天。冬至爲陽生之始，故祭天而以世系之遠祖配；夏正孟春爲一歲之始，故祭天而以肇封之始祖配。子月在寅月先，遠祖在始祖先，其配祭各有所當，亦非尊嚳而卑稷也。《孝經》言『孝莫大於嚴父配天，則周公其人也』。注云：『以父配天之禮，始自周公。』是經意所重，在於嚴父，下云『宗祀文王於明堂以配上帝』，正其事也。『郊祀后稷以配天』句，帶説不重，故嚳配圜丘略而不言。然不略稷而略嚳者，以方言嚴父，意主於近者，稷近而嚳遠，故略嚳而不略稷也。安得以《孝經》無帝嚳配天之文而遂議其非乎？」又申鄭《大傳》注義云：「荀子云『王者天大祖』，董子云『天地者，先祖之所自出也』，可知祖之所自出爲天矣。《郊特牲》云：『萬物本乎天，人本乎祖，此所以配上帝也。郊之祭也，大報本反始也。』所謂萬物者，實兼人而言，人亦物也。人本乎祖，亦本乎天，祖與天皆人之本，故祭天以祖配，鄭注所謂『俱本可以配』也。王肅難鄭以亂禮之名實，不知禮制之名有通而同者，有别而異者，對文則别，散文則通。《祭法》禘與郊對，故鄭以禘爲冬至圜丘之祭，郊爲夏正南郊之祭，對文則别也；《小記》、《大傳》言禘而不言郊，散文則通，故鄭以爲郊也。《小記》云：『王者禘其祖之所自出，以其祖配之，而立四廟。』夫以四親廟與其祖連文，可知其祖是大祖后稷也。大祖亦有廟，而得配享於郊，不徒廟祀，故不言廟；四親祇得祀於廟中，故云立四廟。若帝嚳非周之大祖，安得與四親並言邪？《大傳》上言祖，下言大祖，祖卽大祖也。言天子得禘其大祖所自出，諸侯但得及其大祖，不得禘其祖所自出也，其義例最明。若以祖爲嚳，嚳非大祖，與下文諸侯大祖不一例，經義不可通矣，故鄭注皆以禘爲郊，正所以定名實也。禘郊本二祭，而經傳言郊社郊廟者甚多，皆不及禘，又可知郊與禘通也。郊社之社本是祭地，而得謂之社，亦散文則通之例，肅何不譏其亂名實乎？」案：二金及孔說是也。云「圜鍾，夾鍾也」者，《隋書・音樂志》引賈逵說同。《唐郊祀録》引《三禮義宗》云：「圜鍾卽夾鍾也，圜鍾以周匝爲義。」案：賈、鄭蓋以十二律名鍾者凡四，此章黃鍾、函鍾、應鍾並已具，獨夾鍾未見，故以圜鍾爲夾鍾也。《隋志》又引馬融注云：「圜鍾，應鍾也。」案：此致人鬼之樂，別有應鍾爲羽，則馬說非也。云「夾鍾生於房心之氣」者，《大師》注云：「夾鍾者，卯之氣也。」李淳風《乙巳占》云：「氐、房、心，宋之分野，於辰在卯，爲大火。」故夾鍾亦得爲房心之氣也。云「房心爲大辰」者，《爾雅・釋天》云：「大辰，房心尾也。」云「天帝之明堂」者，《開元占經・東方七宿占》引石氏云：「房爲天子明堂，王者歲始布政之堂。」又云：「心爲明堂。」賈疏云：「案《春秋緯・文耀鉤》及《石氏星經》天官之注云：『房心爲天帝之明堂，布政之所出。』夾鍾房心之氣，爲大辰，天之出日之處爲明堂，故以圜鍾爲天之宮。」云「函鍾，林鍾也」者，前注義同。云「林鍾生於未之氣」者，《大師》注義同。《唐郊祀録》引《三禮義宗》云：「函鍾以函容爲義，未爲土，能含容萬物。」云「未坤之位」者，《周易乾鑿度》云：「君道倡始，臣道終正。是以乾位在亥，坤位在未，所以明陰陽之職，定君臣之位也。」云「或曰天社，在東井輿鬼之外，天社，地神也」者，輿，《釋文》作「與」，云「本亦作輿」。案：與卽輿之誤。賈疏云：「案《星經》『天社六星，輿鬼之南』，是其輿鬼外也。天社坤位，皆是地神，故以林鍾爲地宮也。」詒讓案：《乙巳占》云：「東井輿鬼，秦之分野，於辰在未，爲鶉首。」天社與東井輿鬼相近，故鄭據以爲說。云「黃鍾生於虛危之氣」者，《大師》注云：「黃鍾，子之氣也。」《乙巳占》云：「須女虛，齊之分野。自須女八度至危十五度，於辰在子，爲玄枵也。」故黃鍾亦爲虛危之氣也。云「虛危爲宗廟」者，賈疏云：「案《星經》，虛危主宗廟，故爲宗廟之宮也。」云「以此三者爲宮，用聲類求之」者，鄭誤以此經三樂，並以宮

角徵羽合成一調。既云三者爲宫，則各於本宫起調，求其
相生之次，得角徵羽，故云用聲類求之也。云「天宫夾鍾陰
聲，其相生從陽數，其陽無射」者，賈疏云：「其夾鍾與無射
配合之物，夾鍾是吕，陰也；無射是律，陽也。天是陽，故
宫後歷八相生，還從陽數也。」程瑶田云：「賈疏以注中『從
陽數』，數字作上聲讀，謂天宫夾鍾乃陰聲，而其陽則無射，
此宫數相生之法，當從無射陽聲數起，故『其陽無射』句下，
不添不用二字者，非不用也；若用之，是從陰數起矣。依
疏言，凡言不用者，卑之，陰不當卑陽，故知非不用，乃不能
用耳。天宫夾鍾，卯氣，陰吕；無射戌氣，陽律。卯戌相
合，故曰天宫之陽也。」云「無射上生中吕，中吕與地宫同
位，不用也」者，以下皆鄭以意推之，以强圓其每祭宫角徵
羽爲一調，而律次與本宫不相應之説也。賈疏云：「地宫
是林鍾，林鍾自與蕤賓合，但中吕與林鍾同在南方位，故云
同位。以天尊地卑，故嫌其同位而不用之也。」詒讓案：中
吕巳氣，林鍾未氣，巳未位皆在南方，故云同位也。云「中
吕上生黄鍾」者，謂黄鍾無所嫌，故用爲角也。云「黄鍾下
生林鍾，林鍾地宫，又不用」者，賈疏云：「亦嫌不用也。」云
「林鍾上生大蔟」者，大蔟亦無所嫌，用爲徵也。云「大蔟下
生南吕，南吕與無射同位，又不用」者，程瑶田云：「無射既
不能用，南吕與之同位，故亦不用也。」詒讓案：南吕酉氣，
無射戌氣，酉戌並在西方，故亦同位。云「南吕上生姑洗」
者，姑洗亦無所嫌，用爲羽也。云「地宫林鍾，林鍾上生大
蔟，大蔟下生南吕，南吕上生姑洗」者，大蔟、南吕、姑洗並
無所嫌，故用爲角羽徵也。賈疏云：「南吕爲羽，先生後
用；姑洗爲徵，後生先用。」程瑶田云：「賈疏謂地宫羽爲
先生後用，徵爲後生先用，人宫徵爲先生後用，角爲後生先
用，蓋謂角徵羽以絲多者居先，相次而用之也。然則天地
二宫，宫皆在徵羽之閒，其角徵二音，絲皆多於宫音，豈宫
音宜用倍律與？」案：依鄭所説，則經文先後次序，不與律
吕相生之次相應，賈、程二家强爲之説，鄭意或當然也。云
「人宫黄鍾，黄鍾下生林鍾，林鍾地宫，又辟之」者，程瑶田
云：「凡言辟之者，尊之，故林鍾爲地宫辟之。」云「林鍾上
生大蔟」者，大蔟亦無所嫌，用爲徵也。賈疏云：「大蔟爲
徵，先生後用也。」云「大蔟下生南吕，南吕與天宫之陽同
位，又辟之」者，程瑶田云：「無射爲天宫之陽，當辟，而南
吕則與無射同位，故亦辟之。」云「南吕上生姑洗，姑洗南吕
之合，又辟之」者，程瑶田云：「南吕酉氣，姑洗辰氣，辰酉
相合，南吕既辟，姑洗因亦辟之。」云「姑洗下生應鍾」者，應
鍾亦無所嫌，用爲羽也。云「應鍾上生蕤賓，蕤賓地宫，林

鍾之陽也，又辟之」者，賈疏云：「以林鍾是地宮，與蕤賓相配合，故又辟之。」程瑶田云：「林鍾未氣，蕤賓午氣，午未相合，林鍾既辟，蕤賓因亦辟之。」云「蕤賓上生大吕」者，大吕亦無所嫌，用爲角也。賈疏云：「大吕爲角，以絲多後生先用也。凡言不用者，卑之；凡言避之者，尊之。天宮既從陽數，故於本宮之位，人地皆不避之。至於南宮姑洗，合地於天，雖有尊卑體敵之義，故用姑洗天宮之陽所合，但人於天，尊卑隔絶，故避姑洗天宮之陽所合也。鄭必知有避之及不用之義者，以其天人所生，有取有不取，知之不取者是嫌不用，人鬼不取者是尊而避之也。」云「凡五聲宮之所生，濁者爲角，清者爲徵羽」者，鄭《月令》注云：「凡聲尊卑，取象五行，數多者濁，數少者清，大不過宮，細不過羽。」此天宮圜鍾，長七寸强，迭生至黄鍾，長九寸，數多者濁故爲角；大蔟長八寸，姑洗長七寸强，數少故爲徵羽也。地宮、人宮並放此。云「此樂無商者，祭尚柔，商堅剛也」者，賈疏云：「此經三者皆不言商，以商是西方金，故云『祭尚柔，商堅剛不用』。若然，上文云此六樂者，皆文之以五聲，並據祭祀而立五聲者，凡音之起，由人聲生，單出曰聲，雜出曰音。泛論樂法，以五聲言之，其實祭無商聲。」江永云：「三大祭不用商者，無商調，非無商聲也。注謂『祭尚柔，商堅剛』，未必然。愚疑周以木德王，不用商，避金克木也。是以佩玉右徵角，左宮羽，亦無商。《荀子》亦有太師審商之説。」案：江説略本唐趙慎言奏，孔廣森亦同江説，又據《樂記》「聲淫及商，非武音也」，證周樂無商均，皆深得其義。《隋·音樂志》引干注云：「不言商，商爲臣。王者自謂，故置其實而去其名，若曰有天地人物，無德以主人，謙以自牧也。」案：干説迂曲難通，不足馮也。孔廣森又云：「天神之樂，圜鍾爲宮，黄鍾爲角，大蔟爲徵，姑洗爲羽。黄鍾子，大吕丑，大蔟寅，圜鍾卯，姑洗辰，以相次爲用者也。無大吕者，大吕爲商也。地示之樂，林鍾爲宮，大蔟爲角，姑洗爲徵，南吕爲羽。黄鍾生林鍾，林鍾生大蔟，大蔟生南吕，南吕生姑洗，以相生爲用者也。無黄鍾者，亦黄鍾爲商也。宗廟所用，黄鍾爲宮，大吕爲角，子與丑合也；大蔟爲徵，應鍾爲羽，寅與亥合也。」案：孔謂三樂取相次、相生、相合，説本陳祥道，於義亦通。陳澧云：「《周禮》三大祭之樂，鄭注以爲三宮，則角徵羽所用之律，皆不合。且但有宮角徵羽而無商，其説難通。《魏書·樂志》載長孫稚、祖瑩表曰：『臣等謹詳《周禮》，布置不得相生之次，兩均異宮，並無商聲，而同用一徵，計五音不具，則聲豈成文，莫曉其旨。』《隋書·音樂志》載牛弘、姚察、許善心、劉臻、虞世基等議曰：『《周禮》四聲非直無商，又律管乖次，以其爲樂，無克諧之理。』案：此皆不言鄭注之誤，而反以疑經。然鄭注之誤，亦因此而明矣。考《舊唐書·音樂志》：《圜丘樂章》，圜鍾宮三成，黄鍾角一成，大蔟徵一成，姑洗羽一成，以上六變；《汾陰樂章》，林鍾宮，大蔟角，姑洗徵，南吕羽，各再變；《享大廟樂章》，黄鍾宮三成，大吕角二成，大蔟徵二成，應鍾羽二成，摠九變。此唐人依倣《周禮》三大祭之樂，其圜鍾宮三成，則圜鍾爲宮，自爲一調也。黄鍾角，大蔟徵，姑洗羽各一成，則黄鍾爲角又爲一調，大蔟爲徵又爲一調，姑洗爲羽又爲一調也。林鍾爲宮以下皆仿此。然則唐人解《周禮》之宮角徵羽，乃宮角徵羽四調，非一調中之宮角徵羽四聲也。惟其各爲一調，故謂之變也。《唐會要》載開元八年，趙慎言《論郊廟用樂表》曰：『《周禮》三處大祭，俱無商調。商，金聲也。周家木德，金能剋木，作者去之。今皇唐土王，即殊周室，其三祭並請加商調，去角調。』此説亦可證宮角徵羽各爲一調，故可以請去角調而用商調。此皆《周禮》之定解，其説必有所出，而今不可考矣。」又云：「十二均轉爲六十調，似複而非複也。《通典》云：『五聲十二律，旋相爲宮。黄鍾之均，大吕之均，大蔟之均，五正律。夾鍾之均，黄鍾爲羽，黄鍾正律聲長，用其子聲；姑洗之均，大吕爲羽，大吕正聲長，用其子聲。』案：子聲者，半律也。凡樂一均，以一律爲主。黄鍾均以黄鍾爲主，餘十一律依次而下，皆正律也。大吕均以大吕爲主，餘十律依次而下，皆正律，其末則黄鍾半律也。大蔟均以下，皆以此推之。故宗廟樂既有黄鍾爲宮，方丘樂之南吕爲羽，亦以黄鍾爲宮，此似複矣；然而不同者，宗廟用黄鍾均，其宮商角徵羽五聲皆正律也，方丘用南吕均，惟南吕爲羽用正律，其宮商角徵四聲皆半律也，此所以不同也。宗廟既有大吕爲角，方丘之姑洗爲徵，亦以大吕爲角，然而非複也，一用大吕均，一用姑洗均也。圜丘宗廟既有大蔟爲徵，圜丘之姑洗爲羽，方丘之函鍾爲宮，亦以大蔟爲徵，然而非複也，一用大蔟均，一用姑洗均，一用夾鍾均也。均不同，則或用正律，或用半律，皆不同，此其所以不複也。」案：陳説是也。三大祭之樂，每祭皆四調。圜丘首用圜鍾宮調，則仲吕商，林鍾角，無射徵，黄鍾半律羽也；次用黄鍾角調，則夾鍾徵，仲吕羽，夷則宮，無射商也；次用大蔟徵調，則姑洗羽，林鍾宮，南吕商，應鍾角也；次用姑洗羽調，則林鍾宮，南吕商，應鍾角，大蔟半律徵也。方丘首用函鍾宮調，則南吕商，應鍾角，大蔟半律徵，姑洗半律羽也；次用大蔟角調，則仲吕徵，林鍾羽，無射宮，黄鍾半律商也；次用姑洗徵調，則蕤賓羽，南吕宫，應鍾商，大吕半律角也；次用南吕羽調，則黄鍾半律宫，大蔟半律商，姑洗半律角，林鍾半律徵也。宗廟首用黄鍾宫調，則大蔟商，姑洗角，林鍾徵，南吕羽也；次用大吕角調，則姑洗徵，蕤賓羽，南吕宫，應鍾商也；次用大蔟徵調，與圜丘同；次用應鍾羽調，則大蔟半律宫，姑洗半律商，蕤賓半律角，南吕半律徵也。自鄭、賈誤説以宫角徵羽合爲一調，遂使五音有闕，律吕不龤，後儒不悟，因以疑經。惟唐人圜丘樂章，依放周樂，冥符經恉。自朱子及近儒李光地、吴廷華、秦蕙田、江永、惠士奇、孔廣森、莊存與、徐養原並知四聲各自爲調，無商均，非無商聲，而未能大暘其説。惟陳氏所論，最爲精析，而其據唐樂以證周制，尤爲塙鑿，今備録之，以刊舊詁之誤。鄭司農云「雷鼓雷鼗皆謂六面有革可擊者也」者，此無正文，先鄭以意説之。二鄭説雷靈路三鼓並多面，其説未塙，詳《鼓人》疏。云「雲和，地名也」者，輿地書未見，未詳所在。云「靈鼓靈鼗四面，路鼓路鼗兩面」者，並以雷鼓雷鼗六面差之，各降殺以兩也。云「九德之歌，《春秋傳》所謂水火金木土穀謂之六府，正德利用厚生謂之三事，六府三事謂之九功，九功之德皆可歌也，謂之《九歌》也」者，據《左》文七年傳文。賈疏引舊注云：「正德，人德；利用，地德；厚生，天德。」《楚辭·離騷》云「奏《九歌》而儛《韶》兮」，又云「啓《九辨》與《九歌》」，王注云：「《九歌》，九德之歌，禹樂也。」是秦漢人以《九德之歌》爲禹時樂歌。故僞《古文書·大禹謨》亦采《左傳》文。賈疏謂賈、服與先鄭並不見《古文尚書》，故引《春秋》，非也。《九德之歌》蓋祫禘登歌所奏之樂章，在六詩《雅》、《頌》之上，故《瞽矇》云「掌《九德》、六詩之歌，以役大師」是也。云「玄謂雷鼓雷鼗八面，靈鼓靈鼗六面，路鼓路鼗四面」者，此不用先鄭説也。《鼓人》注説三鼓義並同。《宋書·樂志》亦依後鄭義。云「孤竹，竹特生者」者，《書·禹貢》「嶧陽孤桐」，僞孔傳云：「孤，特也。特生桐，中琴瑟。」此孤竹亦特生之竹，中爲管者也。《文選》張衡《東京賦》「孤竹之管」，薛綜注云：「孤竹，國名，出竹。」案：薛説與下「孫竹」「陰竹」文例不合，非也。云「孫竹，竹枝根之末生者」者，末，舊本誤「未」，今據宋余仁仲本及明注疏本正。段玉裁云：「枝根，謂根之横生者。《韓非·解老》所謂曼根，今俗所謂竹鞭是也。鞭所行之末生竹，曰孫竹。」案：段説是也。《説文·木部》云：「枝，木别生條也。」枝根末生，亦謂竹根旁出别生，其末成竹。賈疏云：「案《詩》毛傳云：『枝，榦也。』榦即身也。以其言孫，若子孫然。」案：賈釋孫竹爲若子孫然，是也；但引《詩傳》與經義不相應，今《毛詩》亦無此文。聶氏《三禮圖》引《詩傳》及疏述注，「枝」並作「枚」，則疑賈所見本注「枝」字實作「枚」。《詩·周南·汝墳》傳云：「枝曰條，榦曰枚。」賈蓋卽引彼文，枚根義難通，賈緣誤爲釋，不足據也。云「陰竹生於山北者」者，此與山虞仲夏斬陰木義同，並謂生山北爲陰也。云「雲和、空桑、龍門皆山名」者，《楚辭·九歌·大司命》云：「踰空桑兮從女。」王注云：「空桑，山名。」又《大招》云：「魂乎歸徠，定空桑只。」注云：「空桑，瑟名也。古者弦空桑而爲瑟，或曰：空桑，楚地名。」《山海經·東山經》云：「空桑之山，北臨食水，東望沮吳，南望沙陵，西望湣澤。」郭注云：「此山出琴瑟材，見《周禮》也。」《淮南子·本經訓》云：「共工振滔洪水，以薄空桑。」高注云：「空桑，地名，在魯也。」《漢書·樂志·郊祀歌》「空桑琴瑟結信成」，顏注引張晏云：「傳曰『空桑爲瑟，一彈三歎』，祭天質故也。」師古云：「空桑，地名，出善木，可爲琴瑟也。」案：鄭唯云空桑山名，不詳所在。《東山經》之空桑山，亦未能塙指其處，據高說則卽《左》昭九年傳之窮桑，杜注云「窮桑，少皞之號也，窮桑，地名，在魯北」是也。而《大招》王注後一說，又以爲楚地。二家皆不云山名，蓋並與鄭義異，不徒空桑弦瑟，直以桑木爲釋矣。龍門者，《書·禹貢》云：「浮于積石，至于龍門。」僞孔傳云：「龍門山在河東之西界。」《漢書·地理志》云：「左馮翊夏陽，《禹貢》龍門山在北。」案：在今陝西西安府韓城縣境。《文選》枚乘《七發》云：「龍門之桐高百尺，而無枝，使琴摯斫斵以爲琴。」卽此。雲和山未詳所在。鄭以空桑、龍門並是山名，故雲和亦不從先鄭說也。云「九磬讀當爲大韶，字之誤也」者，據前六樂作「大」，與「九」形近。磬韶古今字，經例作磬，注例用今字作韶。《楚辭·遠遊》「九韶歌」，王注云：「《韶》，舜樂也，九成九奏也。」又《離騷》注云：「《九韶》，舜樂也，《尚書》『《簫韶》九成』是也。」《淮南子·齊俗訓》許注、《氾論訓》高注說並同。劉敞、王安石、王應麟亦並謂《九磬》卽《書》所謂九成。曾釗云：「《莊子·至樂》『《九韶》之樂』，《史記·五帝紀》『禹乃興《九招》之樂』是也。韶招古今字耳，不必破九爲大也。」丁晏云：「《呂氏春秋·古樂》篇：『帝舜乃令質修《九招》。』作九磬，於義亦通。鄭讀从大韶，因上言舞《大磬》也。」案：丁說是也。《九招》亦見《山海經·大荒西經》、《墨子·三辯》篇，劉、王諸家讀九如字，亦通。

凡樂事，大祭祀宿縣，遂以展之，叩聽其聲，具陳次之，以知完不。【疏】「凡樂事」

者，通晐下大祭祀、大饗、大射、大食、大獻諸用樂之事，與彼爲目也。云「大祭祀宿縣」者，賈疏云：「舉大祭祀而言，其實中祭祀亦宿縣也。但大祭祀中有天神、地祇、人鬼。中小祭祀亦宿縣，至於饗食燕賓客有樂事，亦兼之矣。言宿縣者，皆於前宿豫縣之。」詒讓案：宿謂祭前之夕也。《大射儀》云「樂人宿縣」，與《大宗伯》、《世婦》、《大史》諸職宿爲申戒異。縣卽宮縣。樂人亦卽大司樂衆官屬之通稱也。《燕禮》在寢，亦云「樂人縣」，注云：「國君無故不徹縣。言縣者，爲燕新之。」彼路寢有常縣之樂，燕直新之而已。大祭祀在廟中、兆中，本無常縣，故必先夕特縣。《南齊書·禮志》，蔡仲熊議云：「尋宿縣之旨，以日出行事故也。」　注云「叩聽其聲，具陳次之，以知完不」者，《鄉師》注云「展猶整具也」，又《大胥》注云「展謂陳數之」，此注兼彼二義。以經云以聲展之，聲卽《典同》十二聲之等，謂先叩擊聽其聲，乃更整具陳次之，以察其器之完否也。

王出入則令奏《王夏》，尸出入則令奏《肆夏》，牲出入則令奏《昭夏》，三夏，皆樂章名。【疏】「王出入則令奏《王夏》」者，此令奏並謂令樂官奏鐘鼓，以爲出入之節，卽《笙師》所謂《祴樂》。《漢書·禮樂志》說叔孫通制宗廟樂，皇帝入廟門，奏《永至》，以爲行步之節，猶古《采薺》、《肆夏》也。蓋放《周禮》王入奏《王夏》。此三夏所用，並據祭祀而言，其常時王出入則奏《肆夏》，《樂師》云「行以《肆夏》」是也。賈疏云：「王出入者，據前文大祭祀而言。王出入，謂王將祭祀初入廟門，升祭訖出廟門，皆令奏《王夏》也。」云「尸出入則令奏《肆夏》」者，《釋文》尸作「屍」，云「本亦作尸」。阮元云：「《說文》：『尸，陳也。屍，終主也。』屍爲假借。」詒讓案：經例凡祭尸字並作尸，《釋文》與全經字例不合，不足據。賈疏云：「謂尸初入廟門，及祭祀訖出廟門，皆令奏《肆夏》。」詒讓案：《御覽·樂部》引《尚書大傳》説舜樂云：「始奏《肆夏》，納以《孝成》。」鄭注云：「始謂尸入時也，納謂薦獻時也。《肆夏》、《孝成》皆樂章名。」彼始卽此尸入，亦奏《肆夏》，則周沿虞夏法與？　云「牲出入則令奏《昭夏》」者，賈疏云：「謂二灌後，王出迎牲，及爓肉與體其犬豕，是牲出入皆令奏《昭夏》。先言王，次言尸，後言牲者，亦祭祀之次也。」　注云「三夏皆樂章名」者，卽《鍾師》「九夏」之三也。《曲禮》「讀樂章」，孔疏云：「樂章，謂樂書之篇章，謂詩也。」《鍾師》「九夏」注云：「夏皆詩篇名。此歌之大者，載在樂章。樂崩，亦從而亡，是以頌不能具。」是鄭以《九夏》爲詩頌之類，以入樂言之，則謂之樂章。然其說未塙，詳《鍾師》疏。**師國子而舞。**當用舞者帥以往。【疏】「帥國子而舞」者，亦冡上大祭祀爲文。《舞師》云：「凡小祭祀則不興舞。」然則中祭祀，大司樂亦帥國子舞之可知。　注云「當用舞者帥以往」者，賈疏云：「凡興舞皆使國之子弟爲之，但國子人多，不必一時皆用，當遞代而去，故選當用者，帥以往爲舞之處也。」**大饗不入牲，其他皆如祭祀。**大饗，饗賓客也。不入牲，牲不入，亦不奏《昭夏》也。其他，謂王出入、賓客出入亦奏《王夏》、《肆夏》。【疏】「大饗不入牲」者，賈疏云：「凡大饗有三：案《禮器》云『郊血大饗腥』，鄭云『大饗，祫祭先王』，一也；《郊特牲》云『大饗尚腶脩』，謂饗諸侯來朝者，二也；《曲禮下》云『大饗不問卜』，謂摠饗五帝於明堂，三也。此經云大饗，與《郊特牲》『大饗尚腶脩』爲一物。言不入牲，謂饗亦在廟，其祭祀則君牽牲入殺；今大饗亦在廟，諸侯其牲在廟門外殺，因卽亨之，升鼎乃入，故云不入牲也。」詒讓案：大饗諸侯樂與大祭同，故《左》襄十年傳云：「魯有禘樂，賓祭用之」，孔疏謂天子享諸侯亦同祭樂是也。　注云「大饗，饗賓客也」者，卽《掌客》云「上公三饗，侯伯再饗，子男壹饗」是也。賈疏云：「鄭知此大饗是饗賓客者，以其不入牲；若祭祀大饗，牲當入，故知饗賓客諸侯來朝者也。」云「不入牲，牲不入亦不奏《昭夏》也」者，入牲非大司樂所掌，經欲言大饗奏樂如祭祀，惟無牲出入奏《昭夏》之事，故特詳之也。云「其他謂王出入、賓客出入亦奏《王夏》、《肆夏》」者，賈疏云：「據賓客與尸同奏《肆夏》。案《禮器》云：『大饗其王事與？』又云：『其出也《肆夏》而送之。』鄭注云：『肆夏當爲陔夏。』彼賓出入奏《肆夏》，與此大饗賓出入《肆夏》同，而破『肆夏』爲『陔夏』者，彼鄭注大饗爲祫祭先王，祭末有燕，而飲酒有賓醉之法，與《鄉飲酒》賓醉而出奏《陔夏》同，故破肆夏爲陔夏。此大饗饗諸侯來朝，則《左傳》云『饗以訓恭儉』，『設几而不倚，爵盈而不飲』，獻依命數，賓無醉理，故賓出入奏《肆夏》，與尸出入同也。」詒讓案：祭祀主於事尸，大饗主於事賓，故以賓如尸禮。《大射儀》注引《周禮》曰「賓出入奏《肆夏》」，卽據此文以義改之也。金鶚云：「天子諸侯之樂，以金奏爲第一節。然金奏所以迎賓送賓，祭祀以迎尸送尸，始終皆有之。《大司樂》云『王出入奏《王夏》，尸出入奏《肆夏》』，是知終始皆有金奏也。《郊特牲》云『賓入大門而奏《肆夏》』，《禮器》云『其出也《肆夏》而送之』，此其明證。尸出入皆奏《肆夏》，則賓出入不宜有異。鄭注《禮器》乃破

『肆』爲『陔』，失之。」案：金説是也。孫希旦説同。《禮器》、《郊特牲》所説，正足證大饗賓出入奏《肆夏》。《仲尼燕居》云：「兩君相見，揖讓而入門，入門而縣興。」又云「入門而金作，示情也」。《國語・魯語》云：「先樂金奏《肆夏》、《樊》、《遏》、《渠》，天子所以享元侯。」據此諸文，是天子饗諸侯及諸侯自相饗，賓出入皆奏《肆夏》矣。又《燕禮記》云：「若以樂納賓，則賓及庭奏《肆夏》。」彼注以爲卿大夫有王事之勞，則奏此樂。《大射儀》諸侯未射以前，燕羣臣之禮，與燕禮同，是諸侯饗燕卿大夫，亦得奏《肆夏》矣，然其禮則小異。金氏又云：「燕聘賓及庭而奏《肆夏》，而兩君相見，則入大門即奏《肆夏》，此其異也。且樂章亦殊。《燕禮》謂燕他國大夫得奏《肆夏》，而《左傳》穆叔如晉，金奏《肆夏》之三，不拜，以爲使臣不敢與聞。蓋謂諸侯燕聘賓惟用《肆夏》一章，而兩君相見及天子享諸侯，奏乃得備三章，故《左傳》不言《肆夏》而言《三夏》也。」案：金亦説是也。又《大射禮》，賓入奏《肆夏》，禮終賓出，則仍奏《陔》。《燕禮記》説以樂納賓之盛禮，不言出奏《肆夏》，疑亦如常燕之禮奏《陔夏》，則與大饗之出奏《肆夏》亦異。然則賓出入皆奏《肆夏》者，惟天子饗來朝諸侯及諸侯自相饗乃然。其天子饗三公及畿内諸侯，當亦用此禮。若天子與諸臣及來聘陪臣饗燕，則當如諸侯燕羣臣之禮。至諸侯與聘使饗燕禮，《禮經》無文，疑當如燕禮以樂納賓法。鄭注《郊特牲》賓入大門而奏《肆夏》，謂賓兼朝聘，殆以門庭小差，偶未析别，實則不盡同也。

大射，王出入，令奏《王夏》；及射，令奏《騶虞》。《騶虞》，樂章名，在《召南》之卒章。王射以《騶虞》爲節。

【疏】「大射，王出入，令奏《王夏》，及射，令奏《騶虞》」者，謂將祭郊廟，擇士而與諸侯卿大夫士射，王出入於大學辟雍之樂。賈疏謂在西郊虞庠，誤，詳《司裘》及前疏。令奏者，鍾師奏《王夏》，大師、小師奏《騶虞》，皆大司樂與樂師令之，若《大射儀》樂正命大師奏樂是也。金鶚云：「古者作樂，堂上有歌，堂下有奏，歌者以琴瑟歌《詩》也，奏者以鐘鼓奏《九夏》也。《鄉飲酒禮》、《燕禮》前言工歌《鹿鳴》、《四牡》、《皇皇者華》，後言奏《陔》，《大射儀》前後言奏《肆夏》，奏《陔》，中言歌《鹿鳴》三終；《左傳》言金奏《肆夏》之三，工歌《文王》之三、《鹿鳴》之三，是奏爲《九夏》，《詩》則言歌而不言奏也。乃《鄉射》言奏《騶虞》，《大射》言奏《貍首》，《騶虞》、《貍首》皆詩也，詩何以言奏？此蓋不歌於堂上而奏於堂下者也。《鄉射禮》云：『樂正適西方，命弟子贊工遷樂于下，阼階下之東南，堂前三笴，西面北上坐。』是工在堂下也。後云『樂正東面命大師曰「奏《騶虞》，閒若一」，大師不興許諾，乃奏《騶虞》以射』，無升階之文。《大射》奏《貍首》亦然。是奏《騶虞》、《貍首》在堂下明矣。詩必須歌，奏必以鐘鼓，此奏《騶虞》、《貍首》蓋歌奏並用，不以琴瑟而以鼓也。《大師》云『大射帥瞽而歌射節』，《鄉射記》云『歌《騶虞》若《采蘋》，皆五終』，是《騶虞》、《貍首》皆必歌之矣。然謂之奏，當與金奏《肆夏》相似，知其不用琴瑟也。《鄉射》云『不鼓不釋』，鄭注云：『不與鼓節相應，不釋算也。《鄉射》之鼓五節，歌五終。』《大射》亦云『不鼓不釋』。據此，是射歌《騶虞》、《貍首》，專用鼓不用鐘也。《九夏》爲樂章之大者，故鐘鼓並用，而以鐘爲主，謂之金奏。《騶虞》、《貍首》以爲射節，鼓是節樂之器，故專取鼓以節歌，卽以節射。且鼓在堂下，歌必就鼓，可使鼓者聽之審而射節不差也。由是言之，《騶虞》、《貍首》之奏與《九夏》之奏異，而與《鹿鳴》、《文王》之歌亦不同矣。」案：金説是也。徐養原説同。　注云「《騶虞》，樂章名，在《召南》之卒章」者，謂《召南》十四篇，《騶虞》爲末篇。《詩・周南》孔疏云：「卒篇謂之章者，乘上《騶虞》爲樂章，故言《召南》之卒章也。」云「王射以《騶虞》爲節」者，據《樂師》文，詳彼疏。　**詔諸侯以弓矢舞。**舞，謂執弓挾矢揖讓進退之儀。【疏】「詔諸侯以弓矢舞」者，諸侯謂射耦，《大司馬》云：「若大射，則合諸侯之六耦。」以弓矢舞，卽《鄉大夫》鄉射五物五曰興舞是也。天子大射、賓射蓋亦有之，故大司樂詔告其儀。其燕射則樂師詔射夫舞，詳《鄉大夫》疏。　注云「舞謂執弓挾矢揖讓進退之儀」者，賈疏云：「案《大射》云：『命三耦取弓矢於次，三耦皆次第各與其耦執弓，搢三挾一矢，向西階前，當階揖，升揖，當物揖，射訖，降揖如升射之儀。』是其舞節也。」王引之云：「舞謂樂舞，故大司樂詔之。注謂執弓挾矢揖讓進退之儀，則是射儀，非大司樂所當贊矣。殆失之。」案：王説是也。　**王大食，三宥，皆令奏鐘鼓。**大食，朔月月半以樂宥食時也。宥猶勸也。【疏】「王大食，三宥」者，此與膳夫爲官聯也。宥，明注疏本及盧本《釋文》並作「侑」，非。嚴可均云：「《説文》姷或作侑，耦也。宥，寬也。以耦寬爲勸助，字本假借。《儀禮・聘禮》『以侑幣』，《有司徹》『乃議侑于賓』，鄭彼注並云『古文侑皆作宥』。《左》莊十八、僖廿五年傳『命之宥』，廿八年傳『命晉侯宥』。《儀禮》有古文，《左傳》、《周禮》亦爲古文，故統借宥字爲之。而《膳夫》『以樂侑食』，雜以今文，則轉寫失之耳。」案：嚴説是也。三宥者，特牲饋食，士禮，尸食再侑；少牢饋食，大夫禮，尸食三侑；天子諸侯大食，蓋亦三宥。《大戴禮記・禮三本》篇云「三侑之不食也」，蓋通祭禮食禮言之。《論語・微子》篇云：「亞飯干適楚，三飯繚適蔡，四飯缺適秦。」《膳夫》賈疏引鄭彼注，謂皆舉食之樂。何氏《集解》引孔安國、包咸注，説略同。姚文田云：「《論語》之亞飯、三飯、四飯，是一食中之儀節。天子諸侯日舉以樂，則有三宥。初飯不得有宥，亞飯、三飯、四飯各一宥。」黄以周云：「《論語》無初飯者，初飯正食，不宥，無其官也。《玉藻》云：『君未覆手不敢飧。』鄭注：『飧，勸食也。』飧以勸君之飽，君食未畢，無待勸，臣不敢飧，亦即正食不宥之意也。《玉藻》又云：『君既食，又飯飧。飯飧者，三飯也。』既，卒也。卒食，謂卒正食。正食隨意取飽，本無飯節，故不曰初飯。既正食後，飧之以三飯，合前正食爲四飯。正食不宥，亞飯則一宥，三飯則二宥，四飯則三宥，故云『王大食三宥』。王平居自食三宥而止，故臣之飧君亦三飯而止。」案：姚、黄説是也。《論語》亞飯干等，《漢書・古今人表》列於殷時，顔注引鄭《論語注》説，以爲周平王時人，則亦是王官，蓋大司樂之屬，不知塙爲何官也。云「皆令奏鍾鼓」者，奏路寢常縣之樂也。《荀子・正論篇》云：「曼而饋，伐皋而食，《雍》而徹乎五祀。」《淮南子・主術訓》云「鼙鼓而食」，高注云：「鼙鼓，王之食樂也。」《詩・小雅》「鼓鍾伐鼛」，皋鼛字通。則此王大食所奏之鼓，即鼛鼓也。

注云「大食，朔月月半以樂宥食時也」者，朔月，月舊誤「日」，今據宋婺州本、岳本及注疏本正。賈疏云：「案《玉藻》，天子諸侯有朔月加牲體之事。又知月半者，此無正文，約《士喪禮》月半不殷奠，則大夫已上有月半殷奠法，則知生人亦有月半大食法。既言大食令奏，若凡常日食，則大司樂不令奏鍾鼓，亦有樂侑食矣。知日食有樂者，案《膳夫》云『以樂侑食』，是常食也。」案：依賈説，則此官唯王大食令奏，常食則否。攷《大戴禮記・保傅》篇説，王后就宴室，大師持銅而御户左。盧注云：「大師，瞽官。」以此推之，王燕居自當有樂官御左右，《玉藻》云「御瞽幾聲之上下」，亦是也。若然，王燕食宥樂，或大師令奏與？云「宥猶勸也」者，《膳夫》注義同。

王師大獻，則令奏愷樂。大獻，獻捷於祖。愷樂，獻功之樂。鄭司農説以《春秋》晉文公敗楚於城濮，傳曰「振旅愷以入於晉」。

【疏】「王師大獻則令奏愷樂」者，此與大司馬爲官聯也。注云「大獻，獻捷於祖」者，賈疏及《大司馬》疏並引《鄭志》

云：「趙商問：『《夏官・大司馬》云：「師有功，則愷樂獻于社。」《春官・大司樂》云：「王師大獻，則令奏愷樂。」注云：「大獻，獻捷於祖。」不達異意。』荅曰：『《司馬》云師大獻則獻社，以司馬主軍事之功，故獻于社。大司樂，宗伯之屬，宗伯主於宗廟之禮，故獻於祖也。』」賈《大司馬》疏又申之云：「若然，軍有功，二處俱獻。以其出軍之時，告于祖，宜于社，故反必告也。」詒讓案：《王制》云「出征執有罪，反釋奠于學，以訊馘告」，《詩・魯頌・泮水》云「在泮獻馘」，則大師尚有獻捷於學之事。大司樂掌學政，則獻學時亦當令奏愷樂。經注並不云獻學者，亦文不具也。云「愷樂獻功之樂」者，《說文・豈部》云：「豈，還師振旅樂也。」又云：「愷，康也。」又《心部》云：「愷，樂也。」愷即豈之借字，《大司馬》注云「兵樂曰愷」，引《司馬法》曰「得意則愷樂，愷歌亦喜也」。《司馬法・仁本》篇云：「天下既平，天子大愷。」愷字通作凱。《續漢書・禮儀志》劉注引蔡邕《禮樂志》云：「短簫鐃歌，軍樂也。」其傳曰：「黄帝岐伯所作，以建威揚德，風勸士也。蓋《周官》所謂王大獻則令凱樂，軍大獻則令凱歌也。」崔氏《古今注》說略同。蓋並約此職及《樂師》文。案：愷樂愷歌當自有樂章，但與漢短簫鐃歌未必同耳，今無可攷。云「鄭司農說以《春秋》晉文公敗楚於城濮，傳曰，振旅愷以入於晉」者，《左》僖二十八年傳，晉敗楚於城濮，師還，秋七月丙申，振旅愷以入于晉，獻俘授馘，飲至大賞。先鄭以彼振旅愷與獻俘連文，即此大獻奏愷樂之事，故引以爲證。

凡日月食，四鎮五嶽崩，大傀異烖，諸侯薨，令去樂。 四鎮，山之重大者，謂揚州之會稽，青州之沂山，幽州之醫無閭，冀州之霍山。五嶽，岱在兖州，衡在荆州，華在豫州，嶽在雍州，恒在并州。傀猶怪也。大怪異烖，謂天地奇變，若星辰奔霣及震裂爲害者。去樂，藏之也。《春秋傳》曰：「壬午猶繹，萬入去籥。」萬言入，則去者不入，藏之可知。【疏】「令去樂」者，國遇非常大災，則命樂官盡屏藏諸樂縣樂器，示不舉也。

注云「四鎮，山之重大者」者，《廣雅・釋詁》云：「鎮，重也。」賈疏云：「以職方九州，州各有鎮，山，皆曰其大者以爲一州之鎮，故曰山之重大者也。但五州五鎮得入嶽名，餘四州不得嶽名者，仍依舊爲鎮號，故四鎮也。」云「謂揚州之會稽，青州之沂山，幽州之醫無閭，冀州之霍山」者，並詳《職方氏》疏。云「五嶽，岱在兖州，衡在荆州，華在豫州，嶽在雍州，恒在并州」者，五山所在，並據《職方氏》文。案：《爾雅・釋山》說五嶽有二。其一云河南華、河西嶽、河東岱、河北恒、江南衡，即此注所本；其一云泰山爲東嶽，華山爲西嶽，霍山爲南嶽，恒山爲北嶽，嵩高爲中嶽，《大宗伯》注所説者是也。賈疏云：「以周處鎬京，在五嶽外，故鄭注《康誥》云：『岐鎬處五嶽之外，周公爲其於正不均，故東行於洛邑，合諸侯，謀作天子之居。』是西都無西嶽，權立吴嶽爲西嶽。《爾雅》嵩高爲中嶽，華山爲西嶽者，據東都地中而言，即《宗伯》注是也。以嵩與華山俱屬豫州，雍州無嶽名。此經欲見九州俱有災變之理，故注據西都吴嶽爲西嶽而説耳。」邵晉涵云：「周營成周，宅於土中，四方所和會，華山在成周境内，故首舉之；吴嶽在岐周境内，故次及之。《中庸》云『載華嶽而不重』，舉華嶽可以該五嶽，邦畿喬嶽，四方所仰止，東岱、北恒、南衡所爲三面環拱也。鄭君以《爾雅》所言五嶽，前後異文，互見於注，迺未定之論。《舜典》孔疏求其説而不得，遂以鄭注爲更見異。意《大司樂》注，主災異而言，其五岳正名，必取嵩高爲定解。賈公彦謂周國在雍州權立吴嶽爲西嶽，非常法爾。《王制》云『五嶽視三公』，脩其秩祀，國有典常。如謂可權立其名，則秩祀亦無定所，成周制禮，必不其然。《大宗伯》所言五嶽，主祭祀，《大司樂》所言五嶽，主災異，則是中嶽之祀在嵩高，而吴嶽不與焉；五嶽閒有災異在吴嶽，而嵩高不與焉。以吴嶽爲五嶽，慮其或有震裂而存去樂之文，以嵩高爲五嶽，即可信其終古無震裂乎？《職方氏》九州之山鎮無嵩高，以會稽、沂山、醫無閭、霍山爲四鎮，則華嶽岱恒衡爲五嶽，而不指嵩高，其明證矣。何休《公羊注》引《尚書》巡狩四嶽之文，而益其下云『還至嵩如初禮』。《白虎通義》引《尚書大傳》云：『五嶽謂岱山、霍山、華山、恒山、嵩山也。』或以此爲唐虞五嶽有嵩高之證，殊不知《虞》、《夏書》四岳而外，惟霍太山有太岳之稱，是爲唐虞之五嶽。知周以前不稱嵩高爲岳，則無疑於吴嶽之爲岳。《詩·崧高》疏引《鄭志·雜問》云：『周都豐鎬，故以吴岳爲西岳；周家定以岳山爲西岳，不數嵩高。』鄭君釋五嶽，此爲定論矣。」金鶚云：「岱、衡、華、恒、霍大，唐虞與夏之五嶽也。岱、衡、華、恒、嵩高，殷之五嶽也。岱、衡、華、恒、吴嶽，周之五嶽也。東遷以後，復用殷制，秦漢因之，至于今不易也。王者之設四嶽，所以爲巡狩朝諸侯之地也。《白虎通》云：『嶽者，埆也，埆功德也。言天子時巡至于方嶽，埆考諸侯之功德而行賞罰也。』然則方嶽所在，必各視諸侯之便，俾不勤於行。東方諸侯會於岱，南方諸侯會於衡，西方諸侯會於華，北方諸侯會於恒，雖少有遠近之殊，而要不甚相遠，未有不便者也。此四岳之名，唐虞夏殷周，歷代所不變也。至于中嶽，非巡狩朝會之所，特爲帝都之鎮，以其在邦畿之中，謂之中嶽。中嶽之名，歷代隨帝居而移焉。堯都平陽，舜都蒲坂，禹都晉陽，皆在冀州之域，故並以霍大山爲中嶽。殷湯都西亳，在豫州之域，故以嵩高爲中嶽。周武王都鎬，在雍州之域，故以嶽山爲中嶽。《爾雅》九州與《禹貢》《職方》不同，説者皆以爲殷制，可知《釋山》篇末所載五嶽有嵩高而無嶽山者，爲殷制矣。《漢書·地理志》：『扶風汧縣，吴山在西，古文以爲汧山。』是嶽山即《禹貢》汧山也。以其爲中嶽，故專稱嶽，猶霍大山爲中嶽，得專稱嶽也。四嶽皆舉其名，不得專稱爲嶽，而中嶽獨得專稱，所以尊京師也。此山逼近西戎，附近罕有諸侯，其與古西嶽華山相去幾及千里，苟以爲西嶽，使西方諸侯畢朝于此，毋乃不便乎。且汧縣在鎬京之西，苟諸侯往朝於彼，必越過京師，此必無之事也。若仍朝于華山而不至嶽山，是西嶽爲虚設也。《堯典》、《王制》皆言西巡狩至于西嶽，今汧縣爲巡狩所不至，何爲虚設西嶽乎？以嶽山爲西嶽，其説本於鄭《雜問志》，云『周都豐鎬，故以吴嶽爲西嶽』。❶ 果如此説，是西嶽必在帝都之西也。然舜都蒲坂，在華山之北，何得以華山爲西嶽乎？賈公彦謂周國在雍州權立吴嶽爲西嶽，非常法。夫方岳爲朝覲之所，有望秩之典，豈可權立乎？嶽山既不得爲西嶽，則華山不得爲中嶽矣。故知周之五嶽，仍以華山爲西嶽，朝會諸侯；特以嶽山爲中嶽，表明京都也。嵩高在虞夏時謂之外方，其不以爲中嶽甚明。今名嵩高者，《風俗通》曰：『嵩者，高也，《詩》曰：嵩高惟嶽，峻極于天。』是嵩高之名，取義於尹吉甫之詩，其在東遷以後可知也。中嶽謂之嵩高，見其特高且大，異於岱衡華恒，猶霍山、吴山之專稱嶽也。嵩高一名大室，疑殷時中嶽未名嵩高，而謂之大室。明堂五室，大室在中，正如天下五嶽，嵩高在中，故名之也。《左傳》司馬侯言四嶽、三塗、陽城、大室。司馬侯是東周時人，而以大室與四嶽並數，可知東周之五嶽，有嵩高而無吴嶽也。《釋山》首尾載東、西周之五嶽，其名不同，鄭君不得其説，故兩解不定也。周都鎬京，中嶽必以嶽山。迨平王東遷雒邑，與殷都同在豫州，嵩高正在畿内，又在四嶽之中，而嶽山淪於戎狄，故因殷制以嵩高爲中嶽也。秦漢以後，古禮不明，特沿晚周之制，故五嶽之名不改。緯書起於周末，《孝經緯·鉤命決》有云『中嶽嵩高』，語時制也。太史公《封禪書》及《尚書大傳》、《白虎通》、《風俗通》、《説文》皆無異説，蓋東周五嶽本如是，而

❶「西」原訛「四」，據《求古録禮説》改。

先秦古書悉如是，不特《爾雅》有此文也。」案：金説是也。林喬蔭説同。五嶽所在，亦並詳《職方氏》疏。云「傀猶怪也，大怪異烖謂天地奇變」者，烖，《羣書治要》引作「灾」，下同。案：注例用今字，當作災，詳《膳夫》疏。《説文·人部》云：「傀，偉也。《周禮》曰『大傀異災』。重文瓌，傀或從玉褢聲。偉，奇也。」段玉裁云：「經言大傀異烖，以別於下文大烖也。」阮元云：「傀異烖，烖之傀異者，非常之變也。」云「若星辰奔霣」者，謂天之奇變也。《爾雅·釋天》云：「奔星爲彴約。」郭注云：「流星。」《開元占經·流星占》引《爾雅》舊注云：「流星大而疾曰奔。」《公羊》莊七年經「星霣如雨」，是星辰奔霣之事也。云「及震裂爲害者」者，謂地之奇變也。《春秋》文九年經：「九月癸酉，地震。」《公羊傳》云：「地震者何？動地也。」《國語·周語》：「幽王二年，西周三川皆震。伯陽父曰：『陽伏而不能出，陰迫而不能烝，於是有地震。』」《開元占經·地占》引《春秋考異郵》云：「臣恣，地裂坼。」《續漢書·五行志》云：「世祖建武二十六年九月，郡國四十二地震，南陽尤甚，地裂壓殺人。」是震裂之事也。云「去樂，藏之也」者，惠棟云：「古人皆謂藏爲去。❶《春秋傳》云『去樂卒事』，又云『紡焉以度而去之』，《公羊傳》云『去其有聲者』，皆訓爲藏。《漢書·蘇武傳》『掘野鼠去中實而食之』，師古曰：『去謂藏之也。』《陳遵傳》『皆藏去以爲榮』，師古曰：『去亦藏也。』《魏志·華陀傳》『去藥以待不祥』，臣松之案：『古語以藏爲去。』」詒讓案：《一切經音義》引《通俗文》云：「密藏曰弆。」去弆古今字。《既夕記》云「徹琴瑟」，注云：「去樂。」蓋去之云者，舉内外大小樂器盡藏之。《左》成五年傳云「山崩川竭，徹樂」，杜注云「息八音」，即其義也。引《春秋傳》者，宣八年經云：「辛巳，有事于大廟，仲遂卒于垂，壬午猶繹，萬入去籥。」《公羊傳》云：「繹者何？祭之明日也。萬者何？干舞也。籥者何？籥舞也。其言萬入去籥何？去其有聲者，廢其無聲者。猶者何？通可以已也。」何注云：「廢，置也，置者不去也。」賈疏云：「鄭荅趙商云：『於去者爲廢』，是去者不用，廢者入用，即萬入是也。」案：《春秋經》去籥爲祭樂，故賈後疏謂此經據廟中之樂。攷《曲禮》云：「天子之哭諸侯也，爲之不樂食。」王食在寢，則路寢常縣亦去之矣。鄭以彼云去，與此同，舉以證義耳，不定指去廟樂也。云「萬言入，則去者不入，藏之可知」者，據《春秋經傳》以去籥別於萬入，明去謂不入。然此鄭隨文爲訓，實

❶「去」原訛「云」，據楚本改。

則凡徹樂並得云去，不關入不入也。故昭十五年經云：「二月癸酉，有事于武宮，籥入，叔弓卒，去樂卒事。」彼樂已入而徹出之，亦得云去，與宣八年經事異而義同也。《左》昭十七年傳云：「三辰有災，君不舉。」《漢書・五行志》引《左氏》説云：「不舉，去樂也。」亦與此義同。

大札、大凶、大烖、大臣死，凡國之大憂，令弛縣。札，疫癘也。凶，凶年也。烖，水火也。弛，釋下之。若今休兵鼓之爲。

【疏】「大札大凶大烖」者，《大司徒》賈疏引此經，「大凶」上有「大荒」二字。《羣書治要》引亦有「大荒」，而在「大烖」下，與賈所引小異。疑唐時別本有此二字。據注以凶年釋大凶，《膳夫》、《大司徒》注並釋大荒爲凶年，則凶荒是一，經不宜更有「大荒」二字，別本非也。云「大臣死」者，賈疏云：「則大夫已上是也。」詒讓案：《雜記》云：「君於卿大夫，比卒哭不舉樂，爲士比殯不舉樂。」然則士喪，君蓋縣而不舉，其大夫以上則弛縣，蓋亦以卒哭爲節也。云「凡國之大憂」者，賈疏云：「謂若《禮記・檀弓》云，國亡大縣邑及戰敗之類是也。」云「令弛縣」者，命大師、眡瞭釋金石之縣。《曲禮》云：「歲凶，年穀不登，祭事不縣。」注云：「縣，樂器鍾磬之屬也。」《周書・大匡篇》云：「維周王宅程三年，遭天之大荒，樂不牆合。」孔注云：「牆合，所謂宮縣也。」樂縣，詳《小胥》疏。注云「札，疫癘也」者，《膳夫》注同。云「凶，凶年也」者，與《膳夫》、《大司徒》、《司服》之大荒義同。《管子・八觀》篇云：「其稼亡三之一者，命曰小凶，三年而大凶。」互詳《司關》疏。云「烖，水火也」者，烖，亦當作「災」，此與《大宗伯》禍烖義同，詳彼疏。云「弛，釋下之」者，《説文・弓部》云：「弛，弓解也。」引申之爲凡器物解釋不用之義。《公羊》隱五年何注引《魯詩傳》云：「諸侯不釋縣。」弛縣卽釋縣也。《穀梁》襄二十四年傳，云「大侵弛侯」，范注云：「弛，廢也。」《毛詩・大雅・雲漢》傳云：「歲凶，師氏弛其兵。」亦並取弛釋之義。賈疏云：「樂縣在於虡，釋下之。上文云『去樂』，據廟中縣之樂，去藏之而不作；此文據路寢常縣之樂，弛其縣：互文以見義也。去者藏之亦先弛其縣，弛縣亦去而藏之。但路寢常縣，故以縣言之也。」案：大札、大凶、大烖輕於日月食，四鎮五嶽崩，大傀異烖，大臣死輕於諸侯薨，則其禮亦當有隆殺，經於上云「去樂」，此云「弛縣」，明以別文示異，不當如賈説并去與弛爲一也。竊謂去樂者，斂凡樂器，一切盡藏之府庫；弛縣則直弛金石之縣而已，不必盡藏去也。《大司徒》十二荒政，九曰「蕃樂」，杜注讀爲「藩樂」，彼亦謂藩蔽不令人見，與此弛縣正同。《管子・霸形》篇云：「伐鍾磬之縣，併歌舞之樂。」尹注云：「併，除也。」彼伐縣即此弛縣，併當讀爲屏，屏樂即此去樂。賈謂去樂據廟中之樂，弛縣據路寢常縣，經互文以見義，非也。云「若今休兵鼓之爲」者，休兵鼓謂偃兵息鼓，漢時遇災喪蓋如是，故以爲況。詒讓案：鄭意，蓋亦以弛縣爲但弛在縣之鍾鼓等，與去樂異也。

凡建國，禁其淫聲、過聲、凶聲、慢聲。淫聲，若鄭衛也。過聲，失哀樂之節。凶聲，亡國之聲，若桑閒、濮上。慢聲，惰慢不恭。

【疏】「凡建國」者，謂始建王國及諸侯國也。賈疏謂專屬新封侯國，未晐。云「禁其淫聲、過聲、凶聲、慢聲」者，憲禁令衆樂官不得作也。《漢書・禮樂志》云：「自《雅》、《頌》之興，而所承衰亂之音猶在，是謂淫過凶嫚之聲，爲設禁焉。」即本此經。嫚即慢之借字。《荀子・王制》篇云：「聲則凡非雅聲者，舉廢。」大司樂禁四聲，即廢其非雅者也。

注云「淫聲，若鄭衛也」者，謂淫亂之聲也。《王制》云：「作淫聲，殺。」注云：「淫聲，鄭衛之屬也。」《樂記》云：「鄭衛之音，亂世之音也，比於慢矣。」又云：「鄭音好濫淫志，宋音燕女溺志，衛音趨數煩志，齊音敖辟喬志，此四者皆淫於色而害於德，是以祭祀弗用也。」孔疏引《五經異義》云：「今《論語》說，鄭國之爲俗，有溱洧之水，男女聚會，謳歌相感，故云鄭聲淫。《左傳》說，煩手淫聲謂之鄭聲者，言煩手躑躅之聲，使淫過矣。許君謹案：鄭詩二十一篇，説婦人者十九矣，故鄭聲淫也。」案《論語・衛靈公》篇云：「放鄭聲，鄭聲淫。」《白虎通義・禮樂》篇云：「鄭國土地民人，山居谷汲，男女錯雜，爲鄭聲以相悦懌。」案：凡言鄭衛淫聲者，謂其聲淫，非謂其詩也。鄭、衛詩雖有説婦人者，固不在禁放之列矣。此當從今文《論語》及《白虎通》説爲正。許君以鄭詩爲説，非也。賈疏亦襲許説，以衛爲三衛之詩，並不足據。至《左傳》説以淫聲爲煩手淫聲，《公羊》莊十七年傳，徐疏謂服虔説同，云「皆謂鄭重其手而音淫過，非鄭國之『鄭』也」，此尤非鄭義。又《詩・小雅・鼓鍾》孔疏引王肅云：「凡作樂而非所，則謂之淫，淫，過也。」亦非此淫聲之義。云「過聲，失哀樂之節」者，賈疏云：「若《玉藻》云『御瞽幾聲之上下』。上下謂哀樂，瞽人歌詩以察樂之哀樂，使得哀樂之節。若失哀樂之節，則不可也。」云「凶聲，亡國之聲，若桑閒、濮上」者，《樂記》云：「桑閒、濮上之音，亡國之音也。」鄭彼注云：「濮水之上，地有桑閒者，亡國之音於此之水出也。桑閒在濮陽南。」又《史記・樂書》云：「衛靈公之時，將之晉，至於濮水之上，舍，夜半時，聞鼓琴聲，問左右，皆對曰『不聞』。乃召師涓聽而寫之。卽去之晉，見晉平公。平公置酒於施惠之臺。酒酣，靈公曰：『今者來，聞新聲，請奏之。』平公曰『可』。卽令師涓坐師曠旁，援琴鼓之。未終，師曠撫而止之曰：『此亡國之聲也，師延所作也。與紂爲靡靡之樂，武王伐紂，師延東走，自投濮水之中，故聞此聲必於濮水之上。』」是所謂濮上之聲也。鄭《樂記》注亦據彼爲釋。云「慢聲，惰慢不恭」者，《說文・心部》云：「慢，惰也。」賈疏云：「謂若《樂記》子夏對魏文侯云：『齊音敖僻憍志。』卽是惰慢不恭者也。」詒讓案：《樂記》云：「宮爲君，商爲臣，角爲民，徵爲事，羽爲物，五者皆亂，迭相陵，謂之慢。」非此經慢聲之義。**大喪，涖廞樂器。**涖，臨也。廞，興也。臨笙師、鎛師之屬，興樂器也。興謂作之也。【疏】「大喪涖廞樂器」者，《宰夫》注云：「大喪，王、后、世子也。」此謂陳明器，《檀弓》云：「琴瑟張而不平，竽笙備而不和，有鍾磬而無簨虡。」《周書・器服》篇云「明器樂鉍瑹參笙一竽」，皆是也。《既夕禮》云「陳明器，無祭器」，鄭彼注云：「士禮略也。大夫以上兼用鬼器、人器也。」又云「有燕樂器可也」，注云：「與賓客燕飲用樂之器也。」然則王及后、世子之喪，凡祭燕所用之樂器，悉廞之矣。注云「涖，臨也」者，《天官・世婦》注同。云「廞，興也」者，《司裘》注同。案：此說非也。廞當訓爲陳，廞樂器猶《樂師》云「陳樂器」，皆謂葬前一日陳於廟庭也。詳《司裘》疏。云「臨笙師、鎛師之屬，興樂器也」者，《眡瞭》、《笙師》、《鎛師》、《籥師職》皆云「大喪廞樂器」，《司干》云「大喪廞舞器」，《典庸器》云「大喪廞筍虡」，此官通涖之也。云「興謂作之也」者，謂興象生時樂器而作之。此說亦非也。詳《司裘》疏。**及葬，藏樂器，亦如之。**【疏】「及葬，藏樂器亦如之」者，此與冢人爲官聯，謂葬既窆，諸官藏所廞之樂器，此官亦涖之也。樂器蓋亦藏於椁中見內，《喪大記》云「棺椁之閒君容柷」，謂藏樂器也，詳《冢人》疏。賈疏云：「此臨藏樂器，還臨笙師、鎛師等，故彼皆云奉而藏之也。」

周禮正義卷四十四

樂師掌國學之政，以教國子小舞。謂以年幼少時教之舞。《内則》曰：「十三舞《勺》，成童舞《象》，二十舞《大夏》。」【疏】「掌國學之政，以教國子小舞」者，佐大司樂，而與舞師、師氏、保氏爲官聯也。國學者，在國城中王宫左之小學也。學小舞之國子，未入大學，則此國學爲小學明矣。《王制》云：「六十養於國，七十養於學。」彼養學爲大學，養國亦據國中小學言之，不言學者，文略。此詳言之，故曰國學。大司樂掌大學，則教大舞，此樂師掌小學，則教小舞，亦互相備。凡周小學在國不在郊，詳《大司樂》、《諸子》疏。國子即《大司樂》國之子弟，不言弟者，亦文略也。賈疏云：「此樂師教小舞，即下文帗舞已下是也。此言小舞，《大司樂》、《雲門》以下爲大舞也。」　注云「謂以年幼少時教之舞」者，謂國子年十三以上，十九以下者，《樂記》所謂童者舞之是也。此官則於小學合而教之。凡國子十三入小學，二十入大學。《少儀》云：「問大夫之子長幼，長則曰能從樂人之事矣，幼則曰能正於樂人，未能正於樂人。」注云：「正，樂政也。」彼從樂人之事，蓋謂能舞六大舞者；正於樂人，即謂受教於樂師、舞師也。互詳《師氏》疏。引《内則》曰「十三舞《勺》，成童舞《象》，二十舞《大夏》」者，證未二十皆學小舞也。鄭彼注云：「先學《勺》，後學《象》，文武之次也。成童，十五以上。《大夏》，樂之文武備者也。」《内則》孔疏引熊氏云：「《勺》，籥也。舞《象》，謂用干戈之小舞也。以其年尚幼，故習文武之小舞也。」賈疏云：「《勺》即《周頌・酌》，序云『《酌》，告成《大武》也，言能酌先祖之道以養天下也』。鄭注云『周公居攝六年所作』是也。《象》者，《周頌》序云『《維清》，奏《象舞》』。注云『象用兵時刺伐之舞，武王制焉』是也。此皆詩，詩爲樂章，與舞人爲節，故以詩爲舞也。此《勺》與《象》皆小舞所用，幼小時學之也。人年二十，加冠成人，而舞《大夏》。《大夏》，夏禹之舞。雖舉《大夏》，其實《雲門》以下六舞皆學。」詒讓案：《勺》、《象》並小舞之樂章，下經帗羽等，則據器服言之。《左》襄二十九年傳，説季札觀樂云「見舞《象箾》、《南籥》者」，杜注云：「《象箾》，舞所執；《南籥》，以籥舞也。皆文王之樂。」案：季札先觀《象箾》、《南籥》，而後觀《大武》以上四代大舞，則《象》即小舞之《象》，《籥》即小舞之

《勺》，可與熊氏之説互證。但依杜及熊義，則勺籥字通。依鄭義，勺又爲酌之借字，故《燕禮》云「若舞則《勺》」，注云：「《勺》，《頌》篇，告成《大武》之樂歌也。既合鄉樂萬舞而奏之。」二義不同，未知孰是也。至《詩箋》以《勺》爲周公作《大武》時所作，《象》爲武王所制，與《春秋繁露・三代改制質文》篇、《墨子・三辯》篇、《漢書・禮樂志》説同。杜以《象》爲文王之樂，《史記・吴世家》集解引賈逵、《詩・周頌》孔疏引服虔説竝同。《吕氏春秋・古樂》篇又云「周公爲《三象》」，蓋所傳之異。《白虎通義・禮樂》篇云：「周公曰《酌》，武王曰《象》，合曰《大武》。」然則周初所制小舞非一，至《大武》作，而聲容極盛，可以兼包諸小舞，故此經《舞師》、《大司樂》、《樂師》諸職咸不列《勺》、《象》二舞之名與？又《文王世子》、《明堂位》、《祭統》、《仲尼燕居》説下管樂曲亦曰象，鄭並謂即《象舞》，非也，詳後疏。**凡舞，有帗舞，有羽舞，有皇舞，有旄舞，有干舞，有人舞。**故書皇作「翌」。鄭司農云：「帗舞者，全羽；羽舞者，析羽。皇舞者，以羽冒覆頭上，衣飾翡翠之羽。旄舞者，氂牛之尾。干舞者，兵舞。人舞者，手舞。社稷以帗，宗廟以羽，四方以皇，辟廱以旄，兵事以干，星辰以人舞。翌讀爲皇，書亦或爲皇。」玄謂帗，析五采繒，今靈星舞子持之是也。皇，雜五采羽如鳳皇色，持以舞。人舞無所執，以手袖爲威儀。四方以羽，宗廟以人，山川以干，旱暵以皇。【疏】「凡舞」者，辨六小舞之名，與下經樂儀、射節，皆樂師之官法也。賈疏云：「此六舞者，即小舞也。若天地宗廟正祭用大舞，即上分樂序之是也。按《舞師》亦陳此小舞，云教皇舞帥而舞旱暵之事，即皆據祈請時所用也。」詒讓案：此六小舞皆自有樂章，上注《勺》、《象》等，亦其類也。　注云「故書皇作翌」者，詳《舞師》疏。鄭司農云「帗舞者，全羽」者，以一大羽注之橦首也。《説文・羽部》云：「翇，樂舞執全羽以祀社稷也。从羽犮聲，讀若紱。」案：先鄭以帗舞亦用羽，則翇爲正字，帗同聲叚借字。許蓋從賈景伯本作翇，於羽舞形義爲切。但二鄭讀與許書字不盡同，故於此及《鼓人》、《舞師》皆不出翇字也。互詳《鼓人》疏。云「羽舞者析羽」者，《舞師》注云：「羽，析白羽爲之，形如帗也。」案：析羽者，褋衆羽也。賈疏云：「先鄭意，以《司常》有全羽爲旞，析羽爲旌相對，即以此帗舞爲全羽，羽舞爲析羽，相對解之。後鄭破帗舞不破羽舞也。」云「皇舞者，以羽冒覆頭上，衣飾翡翠之羽」者，段玉裁改皇爲翌，云：「今本作皇舞，非也。司農從翌，又曰讀爲皇，鄭君則作皇，而説義各別。」案：先鄭先釋文義而後正其讀，則此文自當作「翌舞」，段校是也。《左》昭十二年傳，楚王「秦復陶，翠被」。杜注云：「以翠羽飾被。」《説苑・善説》篇：「襄成君衣翠衣。」先鄭説舞衣，蓋與彼相類。《舞師》注但云皇舞，蒙羽舞，不言衣飾翡翠羽者，文不具也。此云衣飾翡翠之羽，則覆頭之羽當亦同。《爾雅・釋鳥》云：「翠，鷸。」《左》僖二十四年傳，鄭子臧好聚鷸冠。孔疏引李巡云：「鷸一名爲翠，其羽可以爲飾。」然則翡翠羽覆頭，則近於鷸冠矣。互詳《舞師》疏。云「旄舞者，氂牛之尾」者，《釋文》云：「氂，舊音毛，劉音來，沈音貍，或音茅，字或作犛，或作斄，皆同。」案：《説文・犛部》云：「犛，西南夷長髦牛也。氂，犛牛尾也。斄，彊曲毛，可以箸起衣。」沈音貍者，字作犛也。或音茅者，讀爲氂也。舊音毛者，讀爲旄也。《序官・旄人》注及《御覽・樂部》引此注並作「旄牛」。劉音來者，字作斄也。犛爲長髦牛之正名，其尾名氂，因謂之氂牛，氂可以爲旄，因又謂之旄牛，二者通稱。此經「旄舞」及「旄人」凡言旄者，並據犛牛尾而言，正字皆當作氂，作旄者叚借字。若斄，則字之誤也。《序官》注云：「旄，旄牛尾，舞者所持以指麾。」《山海經・北山經》云：「潘侯之山有獸焉，其狀如牛，而四節生毛，名曰旄牛。」郭注云：「今旄牛背膝及胡尾皆有長毛。」又《中次八經》云：「荆山其中多犛牛。」注云：「旄牛屬也，黑色，出西南徼外也。」《史記・司馬相如傳》云「犛旄貘犛」，《索隱》引張揖説，與郭璞略同。案：旄牛卽犛牛，《上林賦》以旄犛並舉，文人屬詞，不嫌緟復，郭、張分爲二物，非也。又《春秋繁露・三代改制質文》篇云：「主地法夏而王，用纖施儛。」俞樾據《周書・王會》「樓煩以星施」，孔注「施所以爲旄羽珥」，謂纖施儛卽此旄舞是也。云「干舞者，兵舞」者，據《鼓人》、《舞師》並有兵舞也。《鼓人》後鄭注云「兵謂干戚也」，同先鄭義。《公羊》宣八年傳云：「萬者何？干舞也。」彼干舞爲宗廟大舞，此干舞爲小舞，二者雖異，其爲武舞則同。《文王世子》孔疏云：「若其大舞，則以干配戚，則《明堂位》云『朱干玉戚，冕而舞《大武》』。若其小舞，亦以干配戈，則《樂師》教小舞干舞是也。」案：據《鼓人》注義，則小舞亦以干配戚，孔説非鄭指。又《春秋繁露・三代改制質文》篇云：「主天法商而王，用錫儛。」凌曙據《郊特牲》「朱干設錫」，謂錫當爲錫，錫儛卽干舞是也。云「人舞者，手舞」者，義亦與後鄭同。云「社稷以帗」者，據《舞師》文。云「宗廟以羽」者，《春秋》隱五年經云：「考仲子之宫，初獻六羽。」彼爲大舞之文舞，此則小舞，用羽與彼同。云「四方以皇，辟廱以

旄」者，經無見文，未詳其義。辟廱即大學之中學，爲王饗
射之宮，詳《大司樂》疏。云「兵事以干」者，干戚兵器，故兵
事舞之也。云「星辰以人舞」者，《楚辭・九歌・東君》云：
「思靈保兮賢姱，翾飛兮翠曾，展詩兮會舞，應律兮合節。」
《廣雅》云：「東君，日也。」《大宗伯》祀天神星辰，與日月同
科，故知星辰有人舞也。云「翌讀爲皇，書亦或爲皇」者，詳
《舞師》疏。云「玄謂帗析五采繒，今靈星舞子持之是也」
者，此破先鄭全羽之説也。《鼓人》注云：「帗列五采繒爲
之，有秉。」與此同。孔廣森云：「《續漢・祭祀志》曰：『漢
興八年，有言周興而邑，立后稷之祀，於是高帝令天下立靈
星祠，以后稷配食。舊説星謂天田星也。一曰龍左角爲天
田官，主穀，祀用壬辰位祠之，舞者用童男十六人。舞者象
教田，初爲芟除，次耕種、耘耨、驅爵及穫刈、舂簸之形，象
其功也。』若然，舞師掌教帗舞，帥而舞社稷之祭祀。漢時
靈星亦稷之類，故持五采繒，得帗舞之遺象。」云「皇，雜五
采羽如鳳皇色，持以舞」者，此亦破司農以羽冒覆頭上之説
也。《舞師》注云：「皇，析五采羽爲之，亦如帗。」《掌次》
「設皇邸」，後鄭注亦云「染羽象鳳皇色以爲之」。云「人舞
無所執，以手袖爲威儀」者，《韓非子・五蠹》篇所謂長袖善
舞是也。云「四方以羽」者，亦據《舞師》文。云「宗廟以人」
者，賈疏云：「雖無文，宗廟是人鬼，故知用人也。」云「山川
以干」者，賈疏云：「干舞即兵舞，《舞師》云『教兵舞，帥而
舞山川之祭祀』是也。」詒讓案：《山海經・中山經》云：
「祠首山用干儛，置鼓。」《毛詩・邶風・簡兮》傳云：「以干
羽爲萬舞，用之宗廟山川。」彼亦指大舞言之，與此干舞異
也。云「旱暵以皇」者，賈疏云：「亦依《舞師》也。」**教樂
儀，行以《肆夏》，趨以《采薺》，車亦如之，環
拜以鍾鼓爲節。**教樂儀，教王以樂出入於大寢朝廷
之儀。故書趨作跢。鄭司農云：「跢當爲趨，書亦或爲趨。
《肆夏》、《采薺》皆樂名，或曰皆逸詩。謂人君行步，以《肆
夏》爲節；趨疾於步，則以《采薺》爲節。若今時行禮於大
學，罷出，以《鼓陔》爲節。環謂旋也。拜，直拜也。」玄謂行
者，謂於大寢之中，趨謂於朝廷。《爾雅》曰：「堂上謂之
行，門外謂之趨。」然則王出既服，至堂而《肆夏》作，出路門
而《采薺》作。其反，入至應門路門亦如之。此謂步迎賓
客。王如有車出之事，登車於大寢西階之前，反降於阼階
之前。《尚書傳》曰：「天子將出，撞黄鍾之鍾，右五鍾皆
應；入則撞蕤賓之鍾，左五鍾皆應，大師於是奏樂。」【疏】
「教樂儀」者，教作樂以節儀，儀與樂必相應也。依鄭注，此

爲王迎賓客法。其王以他禮事出入大寢，亦當放此。云「行以《肆夏》，趨以《采薺》」者，薺，《釋文》作「齊」，云「本又作薺」。案：《玉藻》《仲尼燕居》並作「齊」。《玉藻》注云：「齊當爲《楚薺》之薺。」此注無釋，則經本作「薺」可知，《大馭》經亦同，可證。《淮南子・齊俗訓》、《漢書・賈誼傳》亦作「齊」，顔注云：「字或作薺，又作茨。」案：《大戴禮記・保傅》篇亦作茨。齊、薺、茨，並聲近字通。《玉藻》注「楚薺」，卽《毛詩・小雅・楚茨》篇也。《九夏》別有《齊夏》，與此異。云「車亦如之」者，卽《大馭》云「凡馭路行以《肆夏》，趨以《采薺》」是也。云「環拜以鍾鼓爲節」者，拜，經例當作𢷎，詳前《世婦》疏，此疑誤。此亦奏樂以爲環拜之節也。所奏之樂，未聞。　注云「教樂儀，教王以樂出入於大寢朝廷之儀」者，大寢卽路寢，路寢之内廷爲燕朝，其外又有治朝、外朝，王之出入恒在於此。燕寢之内無朝燕之禮，出入不用樂，故知教王以樂出入於大寢朝廷之儀也。依鄭此注，則王在廟出入不用此法，故《大司樂》注謂大饗王出入奏《王夏》，明不奏《肆夏》、《采薺》也。賈疏乃謂此王行迎賓、春夏受饗於廟及四時饗食在廟、燕在寢皆有迎法。若然，鄭此注據大寢而言，則是燕時，若饗食在廟，則與此大寢同。此與《大司樂》注不合，殊非鄭恉。又天子待來朝諸侯，受朝受享皆無迎賓法，賈謂春夏有迎賓，亦非也，詳《齊僕》、《大行人》疏。云「故書趨作跢，鄭司農云跢當爲趨，書亦或爲趨」者，《説文・足部》無跢字，《言部》誃字注云：「讀若《論語》跢予之足。」《玉篇・足部》云：「跢，倒也。」趨跢形近而譌。《玉藻》亦云「趨中《采薺》」，故司農破爲趨。段玉裁云：「跢，陸云『倉付反』，則知其字本爲趨。六朝人往往書偏旁作多也。從足從走，古多通用。」徐養原云：「跢蹡皆《説文》所無，惟《走部》有趍字，云：『趍趙，夂也。』《齊風》『巧趨蹌兮』，《釋文》云：『趨，本或作趍。』」案：段、徐説未知孰是。《説文・走部》云：「趨，走也。」重文無蹡字，趨與趍義亦別，東漢以後始誤用爲一字，經典無是也。竊謂故書自作「跢」，不妨爲經典所無之字。《漢書・賈誼傳》又作「趣」，趣趨古亦通用。云「《肆夏》、《采薺》皆樂名」者，《大馭》後鄭注云：「《肆夏》、《采薺》，樂章也。」此先鄭云樂名，亦謂樂章名也。《肆夏》爲《九夏》之一，凡《九夏》皆樂章，詳《大司樂》、《鍾師》疏。云「或曰皆逸詩」者，謂其體如《風》《雅》《頌》之詩，而今逸其篇也。《漢書・禮樂志》顔注引劉德説同。案：凡以器播其聲則曰樂，人所歌則曰詩，二者皆有辭也。詩之入樂者亦謂之樂章，而樂章之體不必盡如三詩，故先鄭以逸詩爲別解。《鍾師》杜注亦以

《肆夏》爲詩，又引吕叔玉説，以《肆夏》爲《周頌・時邁》，此云或曰逸詩，則先鄭不從吕説也。云「謂人君行步以《肆夏》爲節，趨疾於步，則以《采薺》爲節」者，《釋名・釋姿容》云：「兩脚進曰行，行，抗也，抗足而前也。疾行曰趨，趨，赴也，赴所期也。」故鄭云趨疾於步也。云「若今時行禮於大學，罷出以《鼓陔》爲節」者，行禮於大學，謂若天子養三老五更於辟廱，行大射於曲臺之類。《續漢書・禮儀志》劉注引蔡邕《禮樂志》云：「漢樂四品，一曰周《頌》、《雅》樂，典辟雍、饗射、六宗、社稷之樂。」《鼓陔》爲節，史志無文，東漢時《九夏》已佚，而有《鼓陔》者，蓋爲歌詩以儗禮之奏《陔》，非周《陔夏》之遺聲也。鄭《鄉飲酒禮》注謂大夫士奏《陔》，有鼓無鍾，故此亦儗之。云「環謂旋也」者，《楚辭・天問》王注云：「環，旋也。」《玉藻》云：「周還中規，折還中矩。」旋與還通，此環即《玉藻》所謂周還折還也。云「拜，直拜也」者，謂即《大祝》九拜是也。此環與拜是二事。《投壺》云：「賓再拜受，主人般還曰辟，主人阼階上拜送，賓般還曰辟。」般旋即所謂環也。又案：拜節應鍾鼓者，疑即九拜之振動，詳《大祝》疏。云「玄謂行者謂於大寢之中，趨謂於朝廷」者，據《爾雅》增成先鄭義也。大寢之中，謂路寢之堂至路門。朝廷謂治朝，即路寢門外、應門内之廷，故《大馭》注云「行謂大寢至路門，趨謂路門至應門也。」《玉藻》注義亦同。引《爾雅》曰「堂上謂之行，門外謂之趨」者，《釋宫》文。賈疏云：「證行是門内、趨是門外之事也。」案《爾雅》云：『室中謂之時，堂上謂之行，堂下謂之步，門外謂之趨，中庭謂之走，大路謂之奔。』但庭中走、大路奔，據助祭者而言，故《詩》云駿奔走在廟也。今總言行者，謂大寢之中；不言堂下步者，人之行必由堂下始，與行小異大同。故略步而言其行也。」黄以周云：「《曲禮》曰：『堂上接武，堂下布武。』接武之謂行，堂上之地較室爲廣，可舉足半躡之；布武之謂步，堂下之地益廣，可舉足徐行之，迹不相躡；趨則行而張足，又疾於步；走則更加疾矣。《釋宫》『門外趨，中庭走』。走疾於趨，爲庭遠於門也。則所趨之門，謂路寢門，非大門也。」云「然則王出既服，至堂而《肆夏》作，出路門而《采薺》作」者，既服，謂釋燕服加禮服，若大饗則服鷩冕，其他各視其禮之隆殺服之，若《司服》所説是也。王出至大寢之堂，其行尚舒，則奏《肆夏》以節之；出路門，其行轉疾，則奏《采薺》以節之也。《大戴禮記・保傅》篇則作「步中《采茨》，趨中《肆夏》」，與此文迕，《賈子新書・保傅》篇及《漢書・賈誼傳》、荀悦《漢紀》並同。《大戴禮》盧注云：「《爾雅》曰：『堂上謂之行，門外謂之趨。』《周禮》及《玉藻》曰：『行以《肆夏》，趨以《采茨》。』此云『步中《采茨》，趨中《肆夏》』，又云『行以《采茨》，趨以《肆夏》』，則於大寢之内奏《采茨》，朝廷之中奏《肆夏》與？《周禮》文誤也。」孔廣森云：「《燕禮記》曰：『賓及廷，奏《肆夏》。』《郊特牲》曰：『賓入大門而奏《肆夏》。』《肆夏》奏於門内，以《爾雅》證之，不當言趨，《周禮》文是也。」案：盧、孔亦並據《釋宫》爲説。今考《采薺》之奏，《禮經》無見文，《肆夏》爲金奏，則祭饗燕射皆用之。《大司樂》云：「大祭祀，尸出入則令奏《肆夏》。」《孔子燕居》云：「入門而金作。」《郊特牲》云：「賓入大門而奏《肆夏》。」凡大門皆在路門外，此於《釋宫》當門外謂之趨也。《大射禮》及《燕禮記》以樂納賓，並云「賓及庭奏《肆夏》」，此於《釋宫》當堂下謂之步也。《大射禮》、《燕禮記》堂上賓主行爵時，亦奏《肆夏》，此於《釋宫》當堂上謂之行也。若然，則《肆夏》之奏，於行步趨走皆可比傅，此經與《大戴記》無由決其孰是。竊謂此奏樂節行，唯視行之舒急，本不必論何地，《釋宫》所云，亦止謂自内而出，道彌廣則行可急耳。至於行禮出入，則或步以示舒，或趨以昭敬，固無定節。況此經車行亦如步節，乘車無在堂上之理，何以亦有行趨之異？其不能執《爾雅》之文以榷其是非亦明矣。《大馭》説馭路之節，亦與此及《玉藻》同。《大戴記》文多舛駁，不足校此也。云「其反，入至應門、路門，亦如之」者，賈疏云：「反入至應門，即是路門外，當奏《采薺》也；入至路門，即是門内行以《肆夏》也。但王有五門，外仍有皋庫雉三門，經不言樂節，鄭亦不言，故但據路門外而言。若以義量之，既言趨以《采薺》，即門外謂之趨，可總該五門之外，皆於庭中遥奏《采薺》矣。」云「此謂步迎賓客」者，以經云行趨對車爲文，明專據步迎法，與《大馭》馭路亦言行趨爲據乘車法異也。云「王如有車出之事，登車於大寢西階之前，反降於阼階之前」者，釋經車亦如之也。路門内地隘，則車行宜舒，路門外地廣，則車行差疾，約與步行路門内行、門外趨相儗，故樂節亦同。賈疏云：「案《曲禮》云『國君下卿位』，彼注云：『出過之而上車，入未至而下車。』彼謂諸侯禮，與天子禮異，不得升降於階前也。」金鶚云：「諸侯必下宗廟與卿位，天子可知。賈、孔疏謂《曲禮》國君下卿位，諸侯與天子禮異，不得升降於階前，此强爲之解耳。」孫希旦云：「燕朝治朝皆有卿位，人君日視朝於治朝，此卿位謂治朝之位也。以《考工記》應門路門皆取節於車者觀之，則人君之車皆於路門内登降，信矣。下卿位者，蓋出則於路門外下車，入則於雉門内下車，過之而復登車與？」案：金、孫説皆足正賈、孔兩疏之誤。

金氏又云：「車馳驅於道路之中，並不奏樂，而云車亦如之者，以車之遲疾與人之行趨同，亦宜與《采薺》、《肆夏》相應，非必車與樂相近而後可爲節也。即人之行趨，習於樂既久，亦不必聞樂而自能中節，不然，迎賓於大門之外，去路寢庭一里有餘，豈復聞其樂乎，人不必依於樂，而可以樂爲節，車可知矣。大馭馭玉路以祀，祀有在郊者，不必皆在廟也。又言『凡馭路』，則五路皆然，五路之用，豈必在宮中哉！天子出入升降皆必由阼階，此一定之禮，與撞鍾之左右，義不相涉，而鄭謂升車於西階前，降於阼階前，誤矣。」案：金謂馭路行趨不必在路門内外，其説自通。但攷《書・顧命》，説大喪陳四路，在賓階阼階面及左右塾之前，此並在路門内也，明王平日乘車必在路寢庭；儻乘車不於路門内，則何爲於兩階兩塾陳路乎？又士喪遷柩祖廟，《既夕禮》云「薦車直東榮」，注謂象生時將行陳駕廟寢禮同，明士生時陳駕亦在正寢廷，則王禮可知。鄭謂王登車於大寢階前，説自可信，但不必升降分就兩階，以傅合樂節耳。引《尚書傳》云「天子將出，撞黄鍾之鍾，右五鍾皆應，入則撞蕤賓之鍾，左五鍾皆應，大師於是奏樂」者，《儀禮經傳通解》引《尚書大傳》云：「故天子左五鍾，右五鍾，天子將出，則撞黄鍾，右五鍾皆應，馬鳴中律，步者皆有容，駕者皆有文，御者皆有數，然後大師奏登車告出也。入則撞蕤賓，左五鍾皆應，在内者皆玉色，在外者皆金聲，然後少師奏登堂就席告入也。」又引鄭注云：「六律爲陽，六吕爲陰，凡律吕十二，各一鍾。天子宮縣，黄鍾蕤賓在南北，其餘則在東西。黄鍾在陽，陽氣動，西五鍾在陰，陰氣静，君將出，故以動告静，静者皆和也。蕤賓在陰，東五鍾在陽，君入，故以静告動，動者則亦皆和之也。」案《大傳》所云，即《小胥》賈疏所謂十二辰頭零鍾，蓋奏以爲王出入之節。雖亦四面縣，而與賓祭宮縣之鍾不同。鄭引之者，證王乘車出入，大師少師奏樂之事也。賈疏云：「以《書傳》云天子將出，撞黄鍾之鍾，明出入升降皆在階前可知。黄鍾在子，是陽生之月，黄鍾又陽聲之首，陽主動，出而撞之。右五鍾謂林鍾至應鍾。蕤賓在午，五月陰生之月，陰主静，入亦是静，故撞蕤賓。左五鍾謂大吕至中吕。大師於是奏樂者，謂王有此出入之時，則大師於時奏此《采薺》、《肆夏》也。」

凡射，王以《騶虞》爲節，諸侯以《貍首》爲節，大夫以《采蘋》爲節，士以《采蘩》爲節。

《騶虞》、《采蘋》、《采蘩》皆樂章名，在《國風・召南》。唯《貍首》在《樂記》。《射義》曰：「《騶虞》者，樂官備也。《貍首》者，樂會時也。《采蘋》者，樂循法也。《采蘩》者，樂不失職也。是故天子以備官爲節，諸侯以時會爲節，卿大夫以循法爲節，士以不失職爲節。」鄭司農説以《大射禮》曰：「樂正命大師曰：『奏《貍首》，閒若一。』大師不興，許諾，樂正反位，奏《貍首》以射。」《貍首》，《曾孫》。【疏】「凡射」者，掌三射之樂節，與射人爲官聯也。云「王以《騶虞》爲節，諸侯以《貍首》爲節」者，《大司樂》云：「大射及射，令奏《騶虞》。」然則王射節，大司樂令奏，諸侯以下射節，蓋樂師令奏與？《鄉射禮》云：「奏《騶虞》，閒若一。」又《記》云：「歌《騶虞》若《采蘋》，皆五終。」注云：「此天子之射節也。而用之者，方有樂賢之志，取其宜也。其他賓客鄉大夫則歌《采蘋》。」若然，諸侯以下亦得奏《騶虞》，惟節數則少耳。又投壺亦奏《貍首》，疑卿大夫以下得通用之，不必諸侯也。云「大夫以《采蘋》爲節」者，亦闕孤卿而言。賈疏云：「凡此爲節之等者，無問尊卑，人皆四矢，射節則不同，故《射人》云，天子九節，諸侯七節，大夫士五節。尊卑皆以四節爲乘矢拾發，其餘天子五節，諸侯三節，大夫士一節，皆以爲先以聽。先聽未射之時作之，使射者預聽知射之樂節，以其射法須其體比於禮，其節比於樂。而中多者，乃得預於祭，故須預聽。但優尊者，故射前節多也。」　注云「《騶虞》、《采蘋》、《采蘩》皆樂章名，在《國風·召南》」者，樂章卽詩之章句入樂者也。三詩皆在《召南》篇内，《采蘩》第二，《采蘋》第四，《騶虞》第十四也。云「唯《貍首》在《樂記》」者，《樂記》云：「散軍而郊射，左射《貍首》，右射《騶虞》，而貫革之射息也。」案：《樂記》止舉《貍首》篇名，無其詩章。鄭《大射儀》注亦以《貍首》出《射義》，不云《樂記》。然此注《樂記》，與《射義》兩舉，則又非字誤。攷《漢書·藝文志》，河閒獻王所獻《樂記》二十三篇，今《小戴記》止存十一篇，其逸十二篇中或有《貍首》之詩。鄭《詩·周南召南》譜云：「今無《貍首》，周衰，諸侯並僭而去之，孔子録詩不得也。爲禮樂之記者，從後存之，遂不得其次序。」疑《貍首》詩《樂記》、《射義》兩有之，故《詩譜》謂存禮樂之記。《射人》注引《樂記》曰：「明乎其節之志，不失其事，則功成而德行立。」此正《射義》説《曾孫》詩之文，而云《樂記》，或亦《樂記》、《射義》兩有此文之證乎？引《射義》者，證以四詩爲節之義。鄭彼注云：「樂官備者，謂《騶虞》曰『壹發五豝』，喻得賢者多也。『于嗟乎騶虞』，歎仁人也。樂會時者，謂《貍首》曰『小大莫處，御于君所』。樂循法者，謂《采蘋》曰『于以采蘋，南澗之濱』，循澗以采蘋，喻循法度以成君事也。樂不失職者，謂《采蘩》曰『被之僮僮，夙夜在公』。」是其義也。云「鄭司農説以《大射禮》」以下者，賈疏云：「證大師用樂節之事。閒若一者，謂七節五節之閒緩急稀稠如一。彼諸侯禮，故有樂正命大師；此天子禮，故樂師命大師也。」云「《貍首》、《曾孫》」者，《射義》云：「故《詩》曰『曾孫侯氏，四正具舉，大夫君子，凡以庶士，小大莫處，御于君所，以燕以射，則燕則譽』。」鄭彼注云：「此《曾孫》之詩，諸侯之射節也。」又《大射儀》注云：「《貍首》，逸詩《曾孫》也。貍之言不來也，其詩有射諸侯首不朝者之言，因以名篇，後世失之，謂之《曾孫》。『曾孫』者，其章頭也，《射義》所載詩曰『曾孫侯氏』是也。以爲諸侯射節者，采其既有弧矢之威，又言『小大莫處，御於君所，以燕以射，則燕則譽』，有樂以時會君事之志也。」又《史記·封禪書》云：「萇弘以方事周靈王，諸侯莫朝周，周力少，萇弘乃明鬼神事，設射貍首，貍首，諸侯之不來者，依物怪欲以致諸侯。」案：《貍首》本射節，非萇弘所設，《史》說不經，與《禮》違。惟貍首諸侯不來之義，與鄭所説同。徐養原云：「《大戴·投壺》篇於『曾孫侯氏』八句下，復有『質參既設』四句，『弓既平張』十二句，『嗟爾不寧侯』五句，語意相承，其爲一詩無疑。中閒或雜以他語，則錯簡也。此非《曾孫》之全篇乎。夫投壺本奏《貍首》，而篇末特載《曾孫》之詩，則《曾孫》之爲《貍首》明矣。其名篇之義，則《大射》注釋之已詳。孔氏《射義》疏云『篇中有貍首二字，故以爲名』。此説非是。篇中無貍首字，故鄭取詩中之言釋名篇之義。若本有此二字，則其義已顯，何庸復釋。且當時亦不至失之，而謂之《曾孫》矣。詩固有不取篇中字爲名者，《小雅》之《巷伯》，《大雅》之《雨無正》，《頌》之《酌》、《賚》、《般》是也，何獨於《貍首》而疑之？然詩第言諸侯不朝，故抗而射之，不言射其首也。鄭以篇名《貍首》，故以射言之，皮侯之棲鵠，猶獸侯畫頭，有首象焉。」案：徐説是也。但「嗟爾不寧侯」五句，卽《梓人》祭侯之辭，與《曾孫》詩辭義殊異，文似不相屬。惟《大射儀》注有射諸侯不朝之言，今所見《曾孫》詩無此語，而與祭侯辭則正相近。孔廣森亦謂祭侯辭卽《貍首》首章，《曾孫》爲其次章。若然，鄭以《曾孫》爲章頭，或是斷章取義，疑未能明，姑存以俟攷，互詳《梓人》疏。

凡樂，掌其序事，治其樂政。序事，次序用樂之事。

【疏】「凡樂掌其序事」者，序，經例當作「敘」，石經及各本竝誤。凡樂官之事，此官皆次序校治之，《小宰》六敘云「以敘作其事」是也。云「治其樂政」者，政謂若正樂縣、舞位及諸戒令，皆是也。　注云「序事，次序用樂之事」者，賈疏云：「謂陳列樂器及作之次第，皆序之，使不錯繆。」詒讓案：樂器次序，若琴瑟在堂上，金石匏竹在堂下，及宮縣四面設縣之次是也。作樂次序，若金奏、升歌、下管、閒歌、合樂等，所作之先後，樂師皆序之也。**凡國之小事用樂者，令奏鍾鼓，**小事，小祭祀之事。【疏】注云「小事，小祭祀之事」者，據下文云「饗食諸侯，序其樂事，令奏鍾鼓，令相，如祭之儀」，則知自此以下至「令相」，皆祭儀也。《春秋》文二年經「大事于大廟」，《公羊傳》以爲大祫。彼大祭祀謂之大事，則此小祭祀亦可謂之小事，足相比例也。賈疏云：「謂王玄冕所祭，則天地及宗廟，皆有鍾鼓，樂師令之；若大次二者之樂，大司樂令之也。此小祭有鍾鼓，但無舞，故《舞師》云『小祭祀不興舞』是也。」**凡樂成，則告備。**成，謂所奏一竟。《書》曰「《簫韶》九成」。《燕禮》曰「大師告于樂正曰，正歌備」。【疏】注云「成謂所奏一竟」者，《司書》注云「成猶畢也」，《說文·音部》云「樂曲盡爲竟」，故云所奏一竟也。引《書》曰「《簫韶》九成」者，《皋陶謨》文，僞孔本入《益稷》。孔疏引鄭《書注》云：「成猶終也，每曲一終，必變更奏。」引以證樂一竟爲成之義。凡天子諸侯之樂，以升歌爲第一節，下管爲第二節，閒歌爲第三節，合樂爲第四節。每節皆三終。大夫士之樂唯無下管，而以笙入爲第二節，餘三節並同。天子諸侯又有金奏，以迎尸送尸，迎賓送賓，謂之先樂，明非樂之正也。若興舞，則《大磬》九終，《大夏》、《大武》皆六終。《書》云九成，即九終也。互詳《大司樂》疏。又引《燕禮》曰「大師告于樂正曰，正歌備」者，鄭彼注云：「樂正，於天子樂師也。正歌者，升歌及笙各三終，閒歌三終，合樂三終，爲一備，備亦成也。」賈疏云：「引《燕禮》者，欲見彼諸侯燕禮，大師告於樂正，樂正告於賓與君；此天子祭禮，亦於樂成之時，則大師告樂師，樂師乃告王。彼據燕禮，此據祭禮，事節相當，故引爲證也。」詒讓案：鄭引《燕禮》者，證諸侯小樂正告備，與天子樂師告備同也。《燕禮記》云：「下管《新宮》，笙入三成。」注云：「三成謂三終也。」此以奏詩一終爲一成也。《樂記》云：「《武》，始而北出，再成而滅商，三成而南國是疆，五成而分周公左，召公右，六成復綴以崇。」注云：「成猶奏也，每奏《武》曲一終爲一成。」是奏曲一終爲一成也。《書》九成義與彼同。此經樂成則謂奏樂終畢，歌管閒合，衆節皆備爲成，與《書》及《禮記》所謂成者，義同而事異。《燕禮》告備亦在升歌、笙入、閒歌、合樂之後，則凡樂無論幾成，並衆節畢竟，始一告備，與此經正合。賈疏謂一曲終爲一成，則樂師告備，如是者六，則六成，餘八變九變亦然。是謂三成者，樂師當三告備，六成者當六告備，八變九變者當八告備九告備，與《禮經》不合，其說非也。**詔來瞽皋舞**，鄭司農云：「瞽當爲『鼓』，皋當爲『告』，呼擊鼓者，又告當舞者持鼓與舞俱來也。鼓字或作瞽，詔來瞽，或曰：來，勑也。勑爾瞽，率爾衆工，奏爾悲誦，肅肅雍雍，毋怠毋凶。」玄謂詔來瞽，詔視瞭扶瞽者來入也。皋之言號，告國子當舞者舞。【疏】注鄭司農云「瞽當爲鼓，皋當爲告」者，阮元云：「《說文·夲部》：『皋，气皋白之進也。從夲從白。禮祝曰皋，登歌曰奏，故皋奏皆從夲。《周禮》曰「詔來鼓皋舞」，皋告之也。』按：先鄭以瞽爲鼓，與許同。」詒讓案：瞽從鼓得聲，故先鄭以瞽爲鼓，許君從之。皋告亦聲近。惟《說文》以告訓皋，不破字，先鄭讀皋爲告，則以告破皋，與許異。云「呼擊鼓者，又告當舞者持鼓與舞俱來也」者，鼓以節舞，《詩·大雅·賓之初筵》云「籥舞笙鼓」，毛傳云：「秉籥而舞，與笙鼓相應。」是舞當與鼓相應，故詔告樂工持鼓，又告舞人使同時俱來。云「鼓字或作瞽，詔來瞽，或曰來，勑也」者，此先鄭又從別說，不破瞽爲鼓而釋其義也。《說文·力部》云：「勑，勞也。」《爾雅·釋詁》云：「勞、來、强、事、謂、翦、篲，勤也。」彼《釋文》云：「來，本又作勑。」是來勑字通，故先鄭引或說以勑訓來也。俗書敕字，或亦作勑，與此音義皆別，詳《大宰》疏。云「勑爾瞽，率爾衆工，奏爾悲誦，肅肅雍雍，毋怠毋凶」者，證勑瞽義亦通也。誦，頌之借字。《大戴禮記·保傅》篇云「宴樂雅誦逆樂序」，亦以誦爲頌，是其證。悲誦，謂歌頌聲辭悲切也。賈疏云：「似逸詩，不知何從而出，故後鄭不從之。」惠士奇云：「凶者凶聲，怠者慢聲，大司樂之所禁也。肅肅則敬，故聲無怠，雍雍則和，故聲無凶，蓋逸詩也。」云「玄謂詔來瞽，詔視瞭扶瞽者來入也」者，段玉裁云：「司農易瞽爲鼓，又從別說，來瞽爲勑瞽者。鄭君則從書作瞽，而詔來訓爲詔視瞭扶瞽者來入，與大鄭異。」賈疏云：「按《大祝》云『來瞽令臯舞』，注云『來嗥者，皆謂呼之入』。彼來爲呼之者，以彼來上無字，故以來爲呼之義，與此無異也。」云「皋之言號，告國子當舞者舞」者，後鄭不破皋爲告，而謂皋與號字通，義亦爲告，與先鄭訓同而讀異。惠棟云：「《說文》：『《周禮》曰「詔來鼓皋舞」，皋告之也。』《戰國策》曰：『商君告歸。』《東觀漢記·田邑傳》云：『邑年三十，歷卿大夫，號歸。』號歸卽告歸也。皋讀爲告，告讀爲號，皋告同音。故《大祝》注云『皋讀爲卒嗥呼之嗥』。《漢書紀》云『高祖嘗告歸之田』，服虔云：『告音如嗥呼之嗥』，是告又讀爲嗥。然則皋告嗥三字，同物同音，故二鄭所讀亦無兩義。」阮元云：「後鄭如字讀皋爲呼號，卽告義也。與許同。」**及徹，帥學士而歌徹，**學士，國子也。鄭司農云：「謂將徹之時自有樂，故帥學士而歌徹。」玄謂徹者歌《雍》，《雍》在《周頌・臣工之什》。【疏】「及徹，帥學士而歌徹」者，賈疏云：「此亦文承祭祀之下，亦謂祭末至徹祭器之時，樂師帥學士而歌徹。但學士主舞，瞽人主歌，今云帥學士而歌徹者，此絶讀之，然後合義。歌徹之時，歌舞俱有，謂帥學士使之舞，歌者自是瞽人歌《雍》詩也，徹者主宰君婦耳。」曾釗云：「學士非專爲舞而不歌，下《大胥職》云『秋頌學合聲』，聲卽歌也。其合之者，正預習之以待祭祀耳。」案：曾謂學士不專爲舞是也。竊謂歌詩雖是瞽矇專職，當徹之時，蓋小師帥瞽矇，樂師帥學士咸相和而歌，二官爲聯事也。若如賈說，則經「歌」字與「帥學士」不相冡，於文不順，其誤明矣。又案：《儀禮經傳通解》引《尚書大傳》，說養老之禮云「胥與就膳徹」，注云：「胥，樂官也。就，成也。胥成膳徹，謂以樂食之也。」是饗食歌徹大小胥亦與其事。經唯云帥學士者，以胥卽樂師之屬，文不具也。又案：歌《雍》亦在堂上，與升歌同，故《論語・八佾》集解引包咸云：「作之於堂，其舞則在堂下，與歌不同處也。」注云「學士，國子也」者，卽上文及《師氏》、《大司樂》之國子也。《大胥》先鄭注云：「學士，謂卿大夫諸子學舞者。」互詳彼疏。鄭司農云「謂將徹之時自有樂，故帥學士而歌徹」者，據《内宗》、《外宗》祭祀並云以樂徹，明將徹時自有節禮之樂，與祭時樂神侑尸之樂不同，故經特云歌徹。但先鄭不言《雍》詩，故後鄭補之。云「玄謂徹者歌《雍》」者，《論語・八佾》篇云：「三家者以《雍》徹，子曰：『相維辟公，天子穆穆，奚取於三家之堂。』」《集解》引馬融云：「《雍》，《周頌・臣工》篇名也。天子祭於宗廟，歌之以徹祭，今三家亦作此樂。」皇疏云「禮，天子祭竟，欲徹祭饌，則使樂人先歌《雍》詩以樂神，後乃徹祭器」是也。云「《雍》在《周頌・臣工之什》」者，《毛詩序》云：「《雝》，禘大祖也。」雍卽雝之隷變。鄭《詩・周頌》譜云「《周頌》其作在周公攝政，成王卽位之初」，則周公制禮時已有《雍》詩，故得歌之也。**令相。**令視瞭扶工。鄭司農云：「告當相瞽師者，言當罷也，瞽師、盲者皆有相道之者。故師冕見，及階曰階也，及席曰席也，皆坐，曰某在斯，某在斯。曰，相師之道與？」【疏】「令相」者，此亦冡上「詔來瞽」爲文，謂令相瞽也。以下文校之，此亦謂祭儀。《鄉射禮》云：「樂正適西方，命弟子贊工遷樂于下，弟子相工如初入。」彼樂正當此樂師，則射禮亦有令相之事，此文不具也。　　注云「令視瞭扶工」者，《眡瞭》云「凡樂事相瞽」，注云「相謂扶工」，故知此令相即令視瞭也。鄭司農云「告當相瞽師者，言當罷也」者，瞽師即瞽矇也。先鄭意此文承上既徹，則樂當罷，故告相瞽者使知之也。今審校文義，容祭初工入時亦當令相，不徒歌徹，後鄭似亦不從此義，故引之在後也。云「瞽師、盲者皆有相道之者」者，《爾雅·釋詁》云：「相，道也。」瞽盲無目，行慮有失誤蹶跌，故使明目者相道之而行。云「故師冕見，及階曰階也，及席曰席也，皆坐，曰某在斯，某在斯，曰，相師之道與」者，約《論語·衛靈公》篇文，證瞽當有相也。　**饗食諸侯，序其樂事，令奏鍾鼓，令相，如祭之儀。**

【疏】「饗食諸侯，序其樂事」者，序亦當作「敘」，石經及各本並誤。此即《掌客》云上公三饗、三食、三燕之等，皆用樂也。《大司樂》大饗亦奏《九夏》。又《仲尼燕居》說大饗樂云：「入門而縣興，升堂而樂闋，下管《象武》《夏籥》序興，客出以《雍》，徹以《振羽》。」注云：「縣興，金作也。《象舞》，武舞也。《夏籥》，文舞也。《振羽》，《振鷺》及《雍》。」此饗樂之序見於經者。彼記當從孔廣森、金鶚讀，「下管象」句，「武夏籥序興」句，《象》爲下管樂曲，《武》、《夏籥》謂《大武》、《大夏》二舞。序興，與此序其樂事義同。鄭讀及彼注義並誤。又《郊特牲》云：「饗禘有樂，而食嘗無樂，陰陽之義也。」孫希旦云：「《鍾師》『凡饗食奏燕樂』，《籥師》『賓客饗食鼓羽籥之舞』，是天子食禮有樂。《公食大夫禮》不用樂食，嘗無樂，蓋諸侯之禮異於天子者與？」案：孫說是也。《郊特牲》孔疏引熊安生，以食嘗無樂爲殷禮，非是。又《燕禮》，樂事皆小樂正治之，則樂師當亦兼序燕諸侯之樂事，經唯云饗食者，以燕輕於饗食，又下文有燕射帥舞之文，足以互明，故不具也。云「如祭之儀」者，《左》襄十年傳云：「魯有禘樂，賓祭用之。」是大饗食與大祭祀同樂，故其序事令奏等並同。賈疏云：「非直序樂、令鍾鼓、令相，其中詔來瞽、歌徹等皆如之。但祭祀歌《雍》而徹，饗食徹器亦歌《雍》。知者，下《大師》與此文皆云大饗亦如祭祀登歌下管，故知皆同也。」**燕射，帥射夫以弓矢舞，**射夫，衆耦也。故書「燕」爲「舞」，「帥」爲「率」，「射夫」爲「射矢」。鄭司農云：「舞當爲燕，率當爲帥，射矢書亦或爲射夫。」

【疏】「燕射」者，王與諸侯諸臣因燕而射，《梓人》注云「燕謂勞使臣，若與羣臣飲酒而射」是也。《燕禮記》云「燕朝服于寢」，注云「燕於路寢」，則燕射當同，故賈《鄉射》疏亦謂燕射在寢，詳《梓人》疏。云「帥射夫以弓矢舞」者，《燕禮》

云：「若射，則如鄉射之禮。」故此亦與鄉射興舞同，詳《鄉大夫》疏。　注云「射夫，衆耦也」者，《詩·小雅·賓之初筵》云「射夫既同」，箋云「射夫，衆射者也」。《大戴禮記·投壺》篇引《詩》云「射夫命射」，彼命射當爲司射，蓋衆耦與司射通得此稱矣。賈疏云：「凡射有三番。又天子六耦，畿内諸侯四耦，畿外諸侯三耦。前番直六耦三耦等射，所以誘射故也。第二番六耦與衆耦俱射，第三番又兼作樂。經直云射夫，鄭知衆耦者，以其三番射皆弓矢舞，若言六耦等，不兼衆耦；若言衆耦，則兼三耦，故鄭據衆耦而言也。」案：鄭《大司樂》注，釋弓矢舞爲執弓挾矢揖讓進退之儀，故賈謂三番射皆有舞。王引之謂舞當爲樂舞，在歌樂之時，則唯第三番以樂射乃有舞。二説不同，王説爲長。詳《大司樂》疏。　云「故書燕爲舞，帥爲率，射夫爲射矢，鄭司農云舞當爲燕，率當爲帥，射矢書亦或爲射夫」者，段玉裁云：「燕誤舞，夫誤矢，皆字之誤也。率與帥則今人混用，而漢人分別，帥領之義必用從巾𠂤聲字也。是以司農以漢時字例正之。二字古音本同，《毛詩》『率時農夫』，《韓詩》作『帥時農夫』。《周禮》『帥都建旗』，《説文·㫃部》引作『率都建旗』。《聘禮》注曰：『古文帥皆作率。』」徐養原云：「《説文·率部》：『率，捕鳥畢也。』又《巾部》：『帥，佩巾也。或从兑作帨。』此二字各有本義。又《辵部》：『達，先道也。』此達領正字。《行部》：『衛，將衛也。』此將衛正字，借率爲達爲衛，從省也。又因率而借帥，取音同也。」詒讓案：故書燕射作「舞射」，射夫作「射矢」，則文義不明，帥領字本職前後數見，此故書獨作「率」，於字例亦岐互，故二鄭並不從。

樂出入，令奏鍾鼓。　樂出入，謂笙歌舞者及其器。

【疏】注云「樂出入，謂笙歌舞者及其器」者，謂若笙人籥人之等，笙歌舞謂樂人也。凡樂自金石諸縣外，人與器皆臨作時始入，樂成則出，亦奏鍾鼓以爲之節也。

凡軍大獻，教愷歌，遂倡之。　故書「倡」爲「昌」，鄭司農云：「樂師主倡也。昌當爲倡，書亦或爲倡。」

【疏】「凡軍大獻，教愷歌，遂倡之」者，《大司樂》云：「王師大獻，則令奏愷樂。」《大司馬》注引《司馬法》曰：「得意則愷樂，愷歌示喜也。」是愷歌即作愷樂時所歌。賈疏云：「軍事言凡者，有大軍旅，王自行，小軍旅，遣臣去，故言凡以該之。大獻者，謂師克勝獻捷於祖廟也。教愷歌者，愷謂愷詩，師還未至之時，預教瞽矇，入祖廟，遂使樂師倡道爲之。」　注云「故書倡爲昌」者，徐養原云：「《説文·人部》：『倡，樂也，从人昌聲。』古蓋借用昌字，今文加人。」段玉裁云：「倡唱古今字。」鄭司農云「樂師主倡也」者，《樂記》「一倡而三嘆」，注云：「倡，發歌句也。」《説文・口部》云：「唱，導也。」此愷歌蓋亦以琴瑟歌詩，若升歌閒歌諸節，皆樂師先發以爲導，而後衆工和之。云「昌當爲倡，書亦或爲倡」者，先鄭以作昌無義，故從或本作倡也。**凡喪陳樂器，則帥樂官，**帥樂官往陳之。【疏】「凡喪陳樂器」者，賈疏云：「王家有大喪小喪，皆有明器之樂器，故亦言凡以該之。」詒讓案：陳樂器卽《大司樂》所云廞樂器也。廞陳義同。　注云「帥樂官往陳之」者，猶《大師》云「帥瞽而廞」也。彼大師止帥瞽矇以下，此樂師爲衆樂官之長，所帥者多，故云帥樂官也。賈疏云：「樂官亦謂笙師鎛師之屬，廞樂藏之者也。往陳之者，謂如《既夕禮》陳器於祖廟之前庭及壙道東西者也。」**及序哭，亦如之。**哭此樂器亦帥之。【疏】「及序哭亦如之」者，序亦當爲「敍」，《九嬪》、《外宗》經可證。石經及各本並誤。　注云「哭此樂器亦帥之」者，賈疏云：「按《小宗伯》云『及執事眡葬獻器』，注云：『至將葬，獻明器之材，又獻素獻成，皆於殯門外，王不親哭，有官代之。』彼據未葬獻材時，小宗伯哭之；此序哭明器之樂器，文承陳樂器之下，而云序哭，謂使人持此樂器向壙，及入壙之時序哭之也。」**凡樂官掌其政令，聽其治訟。**【疏】「凡樂官掌其政令」者，政卽上文樂政，令謂戒令也。云「聽其治訟」者，治謂陳請，訟謂争訟，詳《小宰》疏。賈疏云：「此以下大胥至司干，皆無聽訟之事，則皆樂師聽之耳。」

大胥掌學士之版，以待致諸子。鄭司農云：「學士，謂卿大夫諸子學舞者。版，籍也，今時鄉户籍，世謂之户版。大胥主此籍，以待當召聚學舞者卿大夫之諸子，則案此籍以召之。《漢大樂律》曰：『卑者之子，不得舞宗廟之酎。除吏二千石到六百石及關内侯到五大夫子，先取適子，高七尺已上，年十二到年三十，顔色和順，身體脩治者，以爲舞人。』與古用卿大夫子同義。」【疏】注鄭司農云「學士謂卿大夫諸子學舞者」者，賈疏云：「按《夏官・諸子職》云『掌國子之倅』，則國中兼有元士之適子。不言者，以其漢法卑者之子不得舞宗廟之酎，則元士之子不入，故知卿大夫之諸子也。知學舞者，下云『入學合舞』故知也。」詒讓案：經云學士，卽諸子之在學者，亦卽《師氏》、《大司樂》、《諸子》之「國子」，皆通卿大夫士之適庶子言之。先鄭此注不云士者，文偶不具耳。賈謂元士之子不入，又謂此諸子皆適子，並非也。周天子之元士三命，與漢除吏六百石、五大夫，尊卑亦約略相近，未可以卑者概之矣。又《文王世子》云：❶「凡學，世子及學士必時。」注云：「學士謂司徒論俊選所升於學者。」則俊選亦爲學士，不徒國子也。云「版，籍也，今時鄉户籍，世謂之户版」者，《宫伯》注義同。云「大胥主此籍，以待當召聚學舞者卿大夫之諸子，則案此籍以召之」者，《大司馬》先鄭注云：「致謂聚衆也。」謂卿大夫之子凡學舞者，其名籍皆書於大胥之版籍，及當學舞時，則大胥案此名籍，召而聚之學也。引《漢大樂律》曰「卑者之子不得舞宗廟之酎」者，《大樂律》，《漢律》篇名。《續漢書·百官志》劉注載盧植《禮記注》引《大樂律》，與此文並同。又《續漢·禮儀志》注云：「《酎金律》，文帝所加。以正月日作酒，八月成，名酎酒，因合諸侯助祭貢金。」云「除吏二千石到六百石及關内侯到五大夫子，先取適子，高七尺已上，年十二到年三十，顔色和順，身體脩治者，❷以爲舞人，與古用卿大夫子同義」者，「已上」《釋文》作「以上」是也，今本並誤。「十二」舊本依疏改「二十」，今從宋婺州本、舊注疏本。賈疏云：「《前漢紀》注云：『漢承秦爵二十等，五大夫九等爵，關内侯十九爵，列侯二十爵。』宗廟舞人用貴人子弟，與周同，故先鄭引以爲證也。既云取七尺以上，而云十二到三十，則『十二』者誤，當云『二十至三十』。何者？按《鄉大夫職》云：❸『國中自七尺以及六十，野自六尺以及六十有五，皆征之。』按《韓詩》二十從役，與國中七尺同，是七尺爲二十矣，明不得爲十二也。」惠棟云：「《續漢志補注》引盧植《禮注》所載《大樂律》，『七尺』作『五尺』。鄭注《論語》云『六尺謂年十五以上』，則五尺爲十二審矣。賈疏失之。」案：惠説亦通。但漢制似依放周國子二十學大舞之法，則究當如賈説「十二」作「二十」爲是。《續漢志》注引《漢律》七尺作五尺，或亦傳寫之誤，恐未足據以糾賈也。

春入學，舍采，合舞；春始以學士入學宫而學之。合舞，等其進退，使應節奏。鄭司農云：「舍采，謂舞者皆持芬香之采。或曰，古者士見於君，以雉爲摯，見於師以菜爲摯。菜直謂疏食菜羹之菜。或曰，學者皆人君卿大夫之子，衣服采飾，舍采者，減損解釋盛服，以下其師也。《月令》，仲春之月上丁，命樂正習舞，釋采；仲丁，又命樂

❶「王」，原訛「子」，據《禮記》改。
❷ 原脱「者」，據注文補。
❸「鄉」原作「卿」，據《周禮》改。

正入學習樂。」玄謂舍卽釋也，采讀爲菜。始入學必釋菜，禮先師也。菜，蘋蘩之屬。【疏】注云「春始以學士入學宮而學之」者，《諸子》注云：「學，大學也。」《大戴禮記·夏小正傳》義同。案：經凡單言學者，並指大學而言。天子大學五，其成均、上庠、東序、瞽宗並爲教國子之學，惟中學辟雍爲王饗射之學，非學士所居。詳《大司樂》、《諸子》疏。賈疏云：「歲初貴始。」云學宮者，則《文王世子》云『春誦夏弦皆於東序』是也。」云「合舞，等其進退，使應節奏」者，賈疏云：「謂等其舞者，或進或退，周旋使應八音合樂之節奏也。」鄭司農云「舍采謂舞者皆持芬香之采」者，段玉裁云：「皆持芬香之采，采當作菜，采菜古通用。」案：段校是也。《楚辭·九章·禮魂》云「傳芭兮代舞」，王注云：「芭，巫所持之香草名也。言祠祀作樂而歌，巫持芭而舞。」是古時舞有持香草者。然《文王世子》立學釋菜不舞，則舍采非卽舞可知，故後鄭不從。云「或曰古者士見於君以雉爲摯，見於師以菜爲摯」者，此別說亦與《學記》祭菜之文不合。《左》莊二十四年傳，御孫曰：「男贄大者玉帛，小者禽鳥，以章物也。」則男贄無用菜之文，故後鄭亦不從。云「菜直謂疏食菜羹之菜」者，此釋上二說，並讀采爲菜也。疏食菜羹，《論語·鄉黨》篇文。云「或曰學者皆人君卿大夫之子，衣服采飾，舍采者，減損解釋盛服，以下其師也」者，此又一說，讀采如字。《士冠禮》云「將冠者采衣紒」，注云「采衣，未冠者所服」，引《玉藻》曰「童子之節也，緇布衣，錦緣，錦紳并紐，錦束髮，皆朱錦也。」又《襍記》云「麻不加於采」，注云「采，玄纁之衣」。《喪大記》云「不列采不入」，注云「列采，正服之色」。是采有兩義，一爲童子采飾之服，一爲玄纁正色之服。此注云「下其師」，則所舍者當爲玄纁正色之服也。此說與《學記》祭菜之文亦不合。又《夏小正傳》有「大舍采」，若爲釋采服，則不當云「大」。於義不通，故後鄭亦不從。其釋采之義，先鄭二說並不及後鄭之善。此外異說復有二家，《玉燭寶典》引蔡氏《月令章句》云：「釋者置也，菜者鬯也，鬱金香草釀以秬黍，是謂秬鬯，所以禮先聖師也。」又《呂氏春秋·仲春紀》云：「上丁，命樂正入舞舍采。」高注云：「舍猶置也。初入學宮，必禮先師，置采帛於前以贄神也。」此二說與先、後鄭諸說又異。依蔡說，則釋菜卽祼鬯。《夏小正》云：「正月初歲，祭采始用暘也。」暘卽鬯之借字。蔡蓋隱據彼文。然祭先聖先師用祼，於古籍無徵。依高說，則釋菜卽釋幣。黄以周云：「《文王世子》『既釁器用幣，然後釋菜』。釋幣釋菜明爲二禮。」案：黄說是也。引「《月令》仲春之月上丁，命樂正習舞釋采，仲丁又命樂正入學習樂」者，證入學合舞之事也。采，《月令》作「菜」。鄭彼注云：「樂正，樂官之長也。命習舞者，順萬物始出地，故舞也。將舞，必釋菜於先師以禮之。」又注仲丁習樂云「爲季春將合樂也。習樂者，習歌與八音」。此引以證舍采合舞，卽彼上丁釋菜習舞之事也。案：《月令》春習舞有二，《孟春》云「命樂正入學習舞」，注云「爲仲春將釋菜」。是仲春釋菜之先，已有習舞。先鄭不引之者，以孟春無釋菜，仲春習舞，禮尤盛，故有釋菜。明此經春入學舍采合舞，卽指仲春大習言之。孟春初習，禮略，故經不具。《大戴禮記・保傅》盧注云「仲春舍菜合舞」，卽本先鄭義也。至仲春仲丁習樂，自爲習歌與八音。彼《季春》又云：「是月擇吉日大合樂，天子乃帥三公九卿諸侯大夫，親往視之。」彼大合樂之中，雖兼有合舞，然仲春習樂自與習舞爲二事，後鄭《月令》注所說甚明，於此經義本無當，先鄭牽連引之耳。孔疏亦云：「此《仲春》又云『習舞釋菜』，皆以陽氣動，故此仲春習舞，則大胥春入學舍采合舞，一也。據人所學，謂之習舞；節奏齊同，謂之合舞。此亦謂之大合樂，故《文王世子》云：『凡大合樂』，注『春舍菜合舞，秋頒學合聲』。孟春習之，至仲春習而合之，自是春秋常所合樂也，非爲季春而習舞也。故大胥春合舞，秋合聲，自是春秋之常事也。」案：孔說甚析。《月令》習舞云樂正，卽大司樂。此經大胥掌合舞者，以大司樂爲樂官之長，自當涖其事，實則大胥所專掌也。云「玄謂舍卽釋也」者，據《月令》、《文王世子》爲說也。《占夢》注云「舍讀爲釋」，古書「釋采」「釋奠」多作舍字。又《甸祝》「舍奠」，《大史》「舍筭」，注義並同。《說文・手部》云：「捨，釋也。」古書捨字亦多作舍，舍、捨、釋，聲義並通。云「采讀爲菜」者，亦據《月令》、《文王世子》以采爲菜之借字，與先鄭前二說義異而讀同。云「始入學必釋菜，禮先師也」者，賈疏云：「按《文王世子》云『始立學釋菜，不舞，不授器。』舍卽釋也，采卽菜也，故以爲學子始入學釋菜禮先師也。但學子始入學釋菜，禮輕，故不及先聖也。其先師者，鄭注《文王世子》云：『若漢《禮》有高堂生，樂有制氏，《詩》有毛公，《書》有伏生。』」詒讓案：《夏小正》云「二月丁亥，萬用入學」。傳云：「萬也者，干戚舞也。入學也者，大學也，謂今時大舍采也。」《學記》云「大學始教，皮弁祭菜，示敬道也」。注云：「祭菜，禮先聖先師。」孔疏引皇侃云：「始教，謂春時學士始入學也。」是並春時始入學禮先師之事，與此經同。又《文王世子》云：「始立學者，既興器用幣，然後釋菜，不舞不授器。」鄭注云：「釋菜，告先聖先師以器成，有時將用也。不舞不授器，釋菜禮輕也。釋奠則舞，舞則授器。」此別爲始立學時之釋菜，行於釋奠釋幣之後，與此春入學釋菜異。依鄭彼注，彼釋菜禮輕，不舞不授器；此釋菜合舞者，《月令》孔疏謂「將欲習舞，必先釋菜，釋菜之時不爲舞。《大胥》『舍菜合舞』，知釋菜在合舞之前」。《文王世子》疏説同。黄以周云：「《月令》孟春入學習舞，爲仲春釋菜有舞，故先習之也。鄭注云爲仲春將釋菜，明釋菜本有舞也。《月令》『習舞釋菜』，《大胥》『舍菜合舞』，皆屬並舉之辭，無分先後。《文王世子》釁器釋菜不舞，明釁禮較殺也。釋菜本有舞，故別言之；如無舞，亦不煩更言矣。《大胥》『春入學舍菜合舞』，卽仲春之習舞釋菜。鄭《文王世子》注『釋菜禮輕，釋奠則舞』，明釋菜之禮本輕於釋奠。釋菜有舞有不舞，不舞之釋菜，較釋奠更輕，故於此明其例。孔疏誤會鄭意，遂謂釋菜本無舞，失之矣。」案：黄説是也。《夏小正傳》説大舍菜亦有干戚舞，蓋釋菜禮自有大小，小者不舞不授器，大者有舞則授器，故《夏正》特著大以示別異。凡《禮經》有釋菜，又有釋幣、釋奠，三者不同，《王制》孔疏謂釋菜惟釋蘋藻而已，無牲牢，無幣帛是也。凡釋菜唯用菜，而無牲幣，蓋與《士昏禮》婦奠笲菜於舅姑之禮略同。《學記》云祭菜，則不設薦饌，是與釋奠之禮異。《文王世子》説始立學，既用幣，然後釋菜。孔疏引熊安生云：「用幣則無菜，用菜則無幣。」是與釋幣之禮亦異，而無迎尸以下之事，則又與釋奠、釋幣同也。禮先師者，鄭《文王世子》注以爲卽《大司樂》祭於瞽宗之樂祖是也。《文王世子》云：「凡始立學者，必釋奠于先聖先師。」又云：「天子視學祭先師先聖。」彼經皆以先師與先聖並舉，又「始立學」「釋菜」注亦皆云告先聖先師。《世子》又云：「凡學，春官釋奠於其先師，秋冬亦如之。」則唯舉先師，不及先聖。故孔疏及熊安生説綜合釋之，文多淆舛。大意謂：始立學及器新成並重於四時釋奠，天子視學亦重於學士春入學，故皆兼及先聖先師。其四時官釋奠及學士春入學，則唯及先師，不及先聖。又謂《學記》皮弁祭菜，卽天子視學，故注兼及先聖；《月令》釋菜爲學士入學，故注不及先聖。《學記》疏又引此注云釋菜禮先師，證春始入學不祭先聖。賈疏説蓋同熊、孔義。今攷此經舍采合舞卽大合樂，雖爲學士入學，而天子亦親視學，故鄭《文王世子》注及《保傅》盧注並謂此春合舞、秋合聲時，皆天子視學而養老。而《文王世子》「天子視學祭先師先聖」下，又云「登歌《清廟》，下管《象》，舞《大武》，大合衆以事」，注云「衆謂所合學士也」，是卽大合樂之事也。《月令》仲春「習舞釋菜」之下，亦云「天子親往視之」。是

《文王世子》、《月令》、《學記》之視學，與此經舍采合舞皆一時事，《文王世子》天子視學亦兼及先聖先師，則此注及《月令》注不云先聖者，自是文偶不備；而熊、賈、孔並謂學子始入學，釋菜禮輕，故不及先聖，則與《文王世子》經注並不合。要之此經釋菜合舞，即《夏小正》之入學，亦即《文王世子》之天子視學，既同在一時，即不分二禮。熊、賈、孔諸家並因注文不備，强生分別，非鄭義也。云「菜，蘋蘩之屬」者，《説文·艸部》云：「菜，艸之可食者。」《小爾雅·廣物》云：「菜謂之蔬。」《左》桓三年傳云：「蘋蘩蕰藻之菜。」又鄭《學記》注云：「菜謂芹藻之屬。」蓋菜類甚多，隨所有而祭之，故云蘋蘩之屬。

秋頒學，合聲。春使之學，秋頒其才藝所爲。合聲，亦等其曲折，使應節奏。【疏】「秋頒學合聲」者，合聲即合樂之聲音也。《月令》大合樂在季春，而秋無其事，唯季秋上命樂正入學習吹。注云：「爲將饗帝也。春夏重舞，秋冬重吹也。」孔疏疑即此合聲之事。《大戴禮記·保傅》盧注則云「仲秋班學合聲」，蓋以對仲春合舞推之，其説較孔爲長。又《文王世子》孔疏引熊氏云：「秋頒學合聲，無釋菜之文，則不釋菜也。」　注云「春使之學，秋頒其才藝所爲」者，賈疏云：「春物生之時，學子入學，秋物成之時頒分也，分其才藝高下。」云「合聲，亦等其曲折，使應節奏」者，賈疏云：「但舞與聲遞相合，故鄭云合聲亦等其曲折，使應節奏也。」

以六樂之會正舞位，大同六樂之節奏，正其位，使相應也。言爲大合樂習之。【疏】「以六樂之會正舞位」者，與諸子爲官聯也。彼注云：「位，佾處也。」凡舞，天子八佾，詳《諸子》疏。《春秋繁露·三代改制質文》篇云：「主天法商而王，儛溢員；主地法夏而王，儛溢方；主天法質而王，儛溢橢；主地法文而王，儛溢衡。」以董子説推之，則周儛佾其當衡與？　賈疏云：「六樂者，即六代之樂，六舞《雲門》之等是也。」　注云「大同六樂之節奏，正其位，使相應也」者，《莊子·養生主》篇：「庖丁爲文惠君解牛，奏刀騞然，莫不中音，合於《桑林》之舞，乃中《經首》之會。」陸氏《釋文》引向秀、司馬彪云：「《經首》、《咸池》樂章也。」是舞與樂章相應謂之會也。賈疏云：「大同者，解經中會，會合即大同也。謂六代之舞，一一作之，使節奏大同而無錯謬。」詒讓案：《文王世子》云「胥鼓《南》」，注引此經釋之云：「《南》，南夷之樂也。旄人鼓夷樂，則以鼓節之。」依彼注義，則此官兼掌正夷樂，不徒六樂矣。　云「言爲大合樂習之」者，賈疏云：「按《月令》，仲春上丁，命樂正習舞釋菜，季春云大合樂，則此云六樂之會，爲季春大合樂習之也。若然，此『六樂之會』與上

『春入學舍采合舞』者別矣。按《文王世子》云『凡大合樂，必遂養老』，注『大合樂，謂春入學舍采合舞，秋頒學合聲』，則是合舞合聲與大合樂又爲一者，季春大合樂與合舞、合聲實別；❶但春合舞，秋合聲，對春大合樂不爲大，然於四時而言，亦爲大合樂。何者？《文王世子》云『凡大合樂必遂養老』，其中含有合舞、合聲。必知含此二者，以其言凡，非一。按《月令》仲春『習舞釋菜，天子親往視之』，《季春》云『大合樂，天子親往視之』。至仲春合聲，雖不云天子親往視之，視之可知。若然，三者天子親往視之同，則皆有養老之事，則春合舞，秋合聲，皆得爲大合樂，《文王世子》以大合樂爲合舞合聲解之也。」案：以鄭《文王世子》注義推之，上文春合舞，秋合聲，通爲大合樂；此正舞位，謂凡有大合樂之時，則大胥與學士豫習之，非專指《月令》季春之大合樂也。《月令》仲春習樂，不云合聲，亦無天子親往之事。賈説並非也。❷**以序出入舞者**，以長幼次之，使出入不紕錯。【疏】「以序出入舞者」者，序，經例當作「敘」，石經及各本並誤。　注云「以長幼次之，使出入不紕錯」者，《大傳》注云：「紕繆，錯也。」賈疏云：「凡在學，皆以長幼爲齒。令爲舞者，八八六十四人，所須爲舞之處，皆當以長幼出入。若使幼者在前，則爲紕錯，故云使出入不紕錯也。」**比樂官**，比猶校也。杜子春云：「次比樂官也。」鄭大夫讀比爲庀，庀，具也，録具樂官。【疏】注云「比猶校也」者，《國語・齊語》云「比校民之有道者」，韋注云：「比謂比方也。校，考合也。」❸案：凡考校，必比方之而後差等見，故引申之考校亦得爲比，此比樂官，即謂考校樂官之優劣也。《小胥》、《野廬氏》注並同。杜子春云「次比樂官也」者，《世婦》注云：「比，次也。」謂次比樂官之職序，與後鄭義小異。云「鄭大夫讀比爲庀，庀，具也」者，《遂師》先鄭注義同。《釋文》出「爲庀」二字，疑傳寫之誤。云「録具樂官」者，樂官員數衆多，恐有闕攝及不在，故録具之，使之齊備。然作比字，於義得通，不煩改讀，故後鄭不從。**展樂器**。展謂陳數之。【疏】「展樂器」者，《月令・仲夏》云：「命樂師脩鞀鞞鼓，均琴瑟管簫，執干戚戈羽，調竽笙篪簧，飭鍾磬柷敔。」彼樂師爲大胥之長，歲一脩樂器。此官則隨時展校之，使無窳闕也。　注云「展謂陳數之」

❶「春」原訛「秋」，據楚本改。
❷楚本改「樂」爲「舞」，改「亦無」爲「雖有」，改「並非也」爲「亦近拘」，斷非孫恉。
❸「合」原訛「舍」，據楚本改。

者，《左》成十年傳「展車馬」，杜注云「展，陳也」。**凡祭祀之用樂者，以鼓徵學士。**擊鼓以召之。《文王世子》曰：「大昕鼓徵，所以警衆。」【疏】「凡祭祀之用樂者，以鼓徵學士」者，賈疏云：「則天地宗廟之祀用樂舞之處，以鼓召學士，選之，當舞者往舞焉。《舞師》云『小祭祀不興舞』，注云『小祭祀，王玄冕所祭』，則亦不徵學士也。」

注云「擊鼓以召之」者，《爾雅·釋言》云：「徵，召也。」必擊鼓者，欲其皆聞之。引《文王世子》者，證以鼓徵學士之事。鄭彼注云：「早昧爽，擊鼓以召衆也。警猶起也。」案：彼爲天子視學警衆之事，學記云「入學鼓篋」，孔疏謂亦大胥擊鼓召之是也。與此祭祀用樂徵召事異，而以鼓警衆則同。**序宮中之事。**【疏】「序宮中之事」者，序，亦當作「敍」。宮中，謂學宮中也。凡學宮中教樂之事，大胥並序次而正治之，即《樂師》注云「次序用樂之事」是也。

小胥掌學士之徵令而比之，觵其不敬者。比猶校也。不敬，謂慢期不時至也。觵，罰爵也。《詩》云「兕觵其觩」。【疏】「掌學士之徵令而比之」者，賈疏云：「大胥掌學士之版，以待召聚舞者，小胥贊大胥爲徵令校比之，知其在不。」云「觵其不敬者」者，《釋文》云：「觵本或作觥。」案：觥即觵之俗，詳《閭胥》疏。注云「比猶校也」者，《大胥》注同。云「不敬謂慢期不時至也」者，學樂作樂皆有定期，若《文王世子》徵學士以大昕，《詩·邶風·簡兮》毛傳云「教國子弟，以日中爲期」是也。及期而怠慢不至，是爲不敬。云「觵，罰爵也」者，飲失禮者之罰爵也。亦詳《閭胥》疏。引《詩》云「兕觵其觩」者，《小雅·桑扈》、《周頌·絲衣》兩篇文。今《詩》觵並作「觥」。鄭彼箋云：「兕觥，罰爵也。古之王者與羣臣燕飲，上下無失禮者，其罰爵徒觩然陳設而已。」引之者，證此觵亦以兕角爲之。**巡舞列而撻其怠慢者。**撻猶抶也。抶以荆扑。

【疏】「巡舞列而扑其怠慢者」者，此樂官之官刑也。《書·舜典》云「扑作教刑」，又《臯陶謨》云「撻以記之」是也。舞列，舞者陳列爲行綴也。《白虎通義·禮樂》篇云：「天子八佾，佾者列也。」《樂記》云：「其治民勞者，其舞行綴遠；其治民逸者，其舞行綴短。」既陳舞列，小胥則行視糾督之。

注云「撻猶抶也」者，《閭胥》注云：「撻，扑也。」《廣雅·釋詁》云：「抶、撻，擊也。」《說文·手部》云：「抶，笞擊也。」云「撻以荆扑」者，《左》文十八年傳「邴歜以扑抶閻職」。杜注云：「扑，箠也。」《鄉射記》云：「楚扑，長如笴，刊本，尺。」《學記》云「夏楚二物，收其威也」。注云：「夏，槄也；楚，荆也。二者所以扑撻犯禮者。」案：以荆長三尺爲箠，以扑人，因謂荆箠爲荆扑，《吕氏春秋·直諫》篇說葆申束細荆五十，❶以笞荆文王是也。互詳《司市》疏。**正樂縣之位，王宮縣，諸侯軒縣，卿大夫判縣，士特縣，辨其聲。**樂縣，謂鍾磬之屬縣於筍虡者。鄭司農云：「宮縣四面縣，軒縣去其一面，判縣又去其一面。特縣又去其一面。四面象宮室四面有牆，故謂之宮縣。軒縣三面，其形曲，故《春秋傳》曰『請曲縣繁纓以朝』，諸侯之禮也。故曰唯器與名不可以假人。」玄謂軒縣去南面，辟王也。判縣左右之合，又空北面。特縣縣於東方，或於階閒而已。【疏】「正樂縣之位」者，此辨天子、諸侯、卿大夫、士樂縣差次之異，亦樂官之官法也。凡鍾磬鼓鼙等，無論特縣編縣，皆在堂下，堂上不得有縣。《大司樂》疏引鄭《書注》釋鳴球云：「磬縣也，而以合堂上之樂。玉磬和，尊之也。」是鄭謂凡縣皆在堂下，玉磬雖尊亦然。《皋陶謨》僞孔傳謂玉磬在廟堂，孔疏又謂堂上有歌鍾、歌磬，並誤。云「卿大夫判縣，士特縣」者，《釋文》「特」作「犆」，云「本亦作特」。案：《玉篇·牛部》云「特犆同」。《曲禮》孔疏引熊氏云：「案《春秋說題辭》，樂無大夫士制。鄭玄《箴膏肓》從《題辭》之義，大夫士無樂。《小胥》大夫判縣、士特縣者，《小胥》所云，娛身之樂及治人之樂，則有之也，故《鄉飲酒》有工歌之樂是也。《說題辭》云無樂者，謂無祭祀之樂，故《特牲》、《少牢》無樂。」案：此經大夫士有樂縣，《左》隱五年傳說舞佾，大夫四，士二，是又有樂舞。《春秋緯》義與此及《左傳》義違，鄭《箴膏肓》從之，未詳其說。熊、孔以爲大夫士有娛身治民之樂，無祭祀之樂，以調停其說。祭祀重於娛身治民，乃反無樂，於義未安。《少牢》、《特牲》無樂者，經文自不具耳，非大夫士祭祀無樂也。《曲禮》云：「大夫無故不徹縣，士無故不徹琴瑟。」孔疏以爲是不命之士，若命士則特縣，則此經士特縣謂命士也。《賈子新書·審微》篇云：「禮，天子之樂宮縣，諸侯之樂軒縣，大夫直縣，士有琴瑟。」彼直縣疑對曲縣言之，卽此經之判縣。然謂士止有琴瑟，則是無縣。《公羊》隱五年何注又引《魯詩傳》云：「天子食日舉樂，諸侯不釋縣，大夫士日琴瑟。」《白虎通義·禮樂》篇亦云：「《詩傳》曰『大夫士琴瑟御』，大夫士北面之臣，非專事子民，故但琴瑟而已。」是又謂縣止於諸

❶「直諫」原訛「知化」，據楚本改。

侯，自大夫以下並無縣。二説不同，而皆與此經不合，蓋所聞之異也。云「辨其聲」者，既縣，又察其聲協律與不也。

注云「樂縣謂鍾磬之屬縣於筍虡者」者，筍，賈疏述注作「簨」，筍簨字同。虡，《釋文》作「簴」，葉鈔本《釋文》又作「簴」，並虡之俗。《典庸器》、《梓人》經注並作筍虡，陸、賈本非。賈疏云：「凡縣者，通有鼓鎛，亦縣之，鄭直云鍾磬者，據下成文而言。」鄭司農云「宮縣四面縣」者，謂兩階閒北方南面一縣，阼階東西面一縣，西階西東面一縣，廷中南方北面一縣，凡四縣也。又《尚書大傳》説天子有十二零鍾，亦四面縣，然與常縣不同，詳《樂師》疏。云「軒縣去其一面」者，以宮縣四面，去南方一面，存東西北三面也。云「判縣又去其一面」者，以軒縣又去北方一面，唯存東西二面也。云「特縣又去其一面」者，以判縣又去其西方一面，唯存東方一面也。《方言》云：「物無耦曰特。」《爾雅・釋水》云：「士特舟。」《公羊》宣十二年，徐疏引李巡云：「一舟曰特舟。」故一縣亦謂之特縣也。云「四面象宮室四面有牆，故謂之宮縣」者，《喪大記》云「君爲廬，宮之」，注云「宮謂圍障之也」。《爾雅・釋山》云「大山宮，小山霍」，郭注云「宮謂圍繞之」。此宮縣四面縣之，亦取宮牆圍繞爲名。《周書・大匡》篇云「樂不牆合」，孔注云「牆合卽所謂宮縣」是也。云「軒縣三面，其形曲」者，《家語・正論》篇王注云：「軒縣闕一面也，故謂曲縣之樂。」江藩云：「軒，《説文》『曲輈藩車』，軒有曲義，曲字篆文𠃌，如軒縣之形。」云「故《春秋傳》曰，請曲縣繁纓以朝，諸侯之禮也，故曰唯器與名不可以假人」者，賈疏云：「按成二年《左氏傳》云：『衞孫良夫將侵齊，與齊師遇，敗。仲叔于奚救孫桓子，桓子是以免。既，衞人賞之以邑，辭，請曲縣、繁纓以朝，許之。仲尼聞之曰：惜也，不如多與之邑。唯器與名，不可以假人。』注云：『諸侯軒縣，闕南方。形如車輿，是曲也。』引之者，證軒爲曲義也。」案：賈引《左傳注》，蓋賈、服義。云「玄謂軒縣去南面，辟王也」者，惠士奇云：「何休曰：『天子周城，諸侯軒城。軒城者，缺南面以受過也。』古者城闕其南方，謂之軼，其形曲，軒縣曲一面，蓋所以示謙歟？」江藩云：「軒縣之制，見於《儀禮》。以諸侯之制上推天子之制，可以略言其槩。《大射儀》云，樂人宿縣于阼階東，笙磬西面，其南笙鍾，其南鑮，皆南陳；建鼓在阼階西，南鼓，應鼙在其東，南鼓，此阼階之一肆也。西階之西，頌磬東面，其南鍾，其南鑮，皆南陳；一建鼓在其南，東鼓，朔鼙在其北，此西階之一肆也。一建鼓在西階之東，南面，此一縣僅設建鼓，乃北面之一肆也。簜在建鼓之閒，鼗倚於頌磬，西紘，此二器倚而不縣者也。雖東縣之建鼓應鼙移於阼階西，又北面僅一建鼓，與軒縣之制小異，然宮縣之制可以由此推之矣。宮縣，四面皆縣一肆，鍾一堵，磬一堵，有鎛，有建鼓，有應鼙，西縣之制同於東縣，惟笙磬笙鍾、頌磬頌鍾、應鼙朔鼙，異其名耳。據此則南面一肆，北面一肆，亦必有鍾、磬、鎛，有鼓有鼙，而鍾磬之名不可考。鄭君云『先擊朔鼙，應鼙應之』，則南面北面之鼙亦可以名應鼙矣。笙倚於堂，簜倚於紘，與軒縣同，此宮縣之大略也。軒縣三面縣，去南面一肆，蓋諸侯之制，降天子一等，故去其一面焉。其本制則三面皆縣。《大射儀》北面一縣，惟設一建鼓，無鍾、磬、鎛者，辟射位也。一建鼓在西階之東，南面。注言面者，國君於其羣臣，備三面爾，無鍾磬，有鼓而已。其爲諸侯，則軒縣。賈釋曰：『言國君合有三面，爲辟射位，又與羣臣射，闕北面，無鍾磬鎛，直有一建鼓而已。若與諸侯饗燕之類，則依諸侯軒縣，三面皆有鼓與鍾磬鎛。』賈釋注意，明析之至。蓋射在堂上，縣在堂下，物畫在兩楹之閒，鵠設於侯道之南；苟不去北面一肆，則矢及鍾磬矣。然則天子射儀，亦去北面一肆，並去南面一肆；若不去南面一肆，則矢亦必及於南面一肆之鍾磬矣。是天子射儀之樂縣，與諸侯大射同也。至東縣之建鼓應鼙移於阼階西者，鄭注云：『鼓不在東縣南，爲君也。』蓋此鼓與應鼙本屬東縣，當如西縣以次而南，今移在阼階西，故云不在東縣南也。爲君者，蓋大射君以臣爲賓，君雖以宰夫爲主人，然公席於阼階上西鄉，則仍就主人之位，是東縣一肆爲君設也，西縣一肆爲賓設也。鄭注『奏樂先擊西鼙，樂爲賓所由來也』。先擊西鼙，君以賓禮臣，而爲臣者不敢當此盛禮，乃移東縣之鼓鼙於阼階之西，所以尊君也。鼓鼙之位，當設於阼階西，南面横列之，故經文云南鼓，又云應鼙在其東也。若東面，則經當云東鼓，不得云南鼓，而應鼙亦在建鼓之北，不得云在其東矣。此大射樂縣異於軒縣之說也。」案：江據《大射儀》推宮縣之制，其說甚覈。惟《大射儀》鼓皆用建鼓，依《明堂位》説，周制則當用縣鼓。又《禮器》説祭樂云：「廟堂之下，縣鼓在西，應鼓在東。」此與《大射禮》所縣不同，孔疏引熊安生謂此謂祭禮，與大射射禮有異。孫希旦云：「《大射》東方西方之縣，皆鼓南鼙北，不可以言東西。此云縣鼓在西，應鼓在東，據階閒之縣言之也。東方以應鼓與笙磬笙鍾相配，階閒之鼙爲應鼙，則磬亦笙磬，鍾亦笙鍾也。若天子宮縣，則於南方亦備縣鍾磬鼙鼓，而與階閒相對；東方西方之縣同北上，則階閒南方之縣同東上。階閒爲應鼙，則南方爲朔鼙；階閒爲笙磬、笙鍾，則南方爲頌磬、頌鍾也。」案：孔、熊、江、孫諸説異，義並得通，經注並無文，未知孰是也。云「判縣左右之合，又空北面」者，《朝士》注云：「判，半分而合者。」判縣左右分列，相對正合，較軒縣又空北面也。云「特縣縣於東方，或於階閒而已」者，賈疏云：「案《鄉飲酒記》云『磬階閒縮霤』，注云：『縮，從也，霤以東西爲從。』是其階閒也。案《鄉射》云『縣於洗東北，西面』，注云：『此縣謂磬也。縣於東方，辟射位也。』是其東方也。」詒讓案：鄉射、鄉飲酒皆大夫主之，而不用判縣者，鄭《鄉飲酒記》注云：「大夫而特縣，方賓鄉人之賢者，從士禮也。」江藩云：「《鄉射禮》鄭目録云：『鄉大夫或在焉。』是鄉射以士爲主，鄉大夫往亦可，不往亦可，所以用士之特縣也。蓋犆縣本在階閒，辟射位乃移於東方也。《鄉射》洗當東榮，縣在洗東北，西面，則近於坫矣。」**凡縣鍾磬，半爲堵，全爲肆。**鍾磬者，編縣之二八十六枚，而在一虡，謂之堵。鍾一堵，磬一堵，謂之肆。半之者，謂諸侯之卿大夫士也。諸侯之卿大夫，半天子之卿大夫，西縣鍾，東縣磬。士亦半天子之士，縣磬而已。鄭司農云：「以《春秋傳》曰：歌鍾二肆。」【疏】「凡縣鍾磬，半爲堵，全爲肆」者，著縣鍾磬之通法也。注云「鍾磬者，編縣之二八十六枚，而在一虡，謂之堵」者，明單縣鍾或磬一虡十六枚者，並是半爲堵也。《初學記·樂部》引《三禮圖》、《藝文類聚·樂部》引《五經要義》説並同。賈疏云：「經直言鍾磬不言鼓鎛者，周人縣鼓與鎛之大鍾，惟縣一而已，不編縣，故不言之。其十二辰頭之零鍾，亦縣一而已。今所言縣鍾磬者，謂編縣之二八十六枚，共在一虡者也。鄭必知有十六枚在一虡者，按《左氏》隱五年，考仲子之宫，初獻六羽。衆仲云：『夫羽所以節八音而行八風，故以八爲數。』樂縣之法，取數於此，又倍之爲十六，若漏刻四十八箭，亦倍十二月二十四氣，故以十六爲數也。是以《淮南子》云『樂生於風』，亦是取數於八風之義也。按昭二十年，晏子云『六律七音』，服注云：『七律爲七器音，黄鍾爲宫，林鍾爲徵，大蔟爲商，南吕爲羽，姑洗爲角，應鍾爲變宫，蕤賓爲變徵。《外傳》曰：「武王克商，歲在鶉火，月在天駟，日在析木之津，辰在斗柄，星在天黿。」鶉火及天駟，七列也。南北之揆，七同也。鳧氏爲鍾以律計，自倍半一縣十九鍾，鍾七律。十二縣，二百二十八鍾，爲八十四律。此一歲之閏數。』此服以音定之，以一縣十九鍾，十二鍾當一月，十二月十二辰，辰加七律之鍾則十九鍾。一月有七律，當一月之小餘，十二月八十四小餘，故云一歲之閏數。按：《大射》，笙磬西面，頌磬東面，皆云其南鍾，其南鎛，北方直有鼓，無鍾磬，辟射位，則三面鍾磬鎛。天子宫縣，四面鍾磬鎛而已，不見有十二縣。服氏云十二縣，非鄭義也。」《隋書・音樂志》云：「初後周故事，縣鍾磬法，七正七倍，合爲十四。長孫紹遠引《國語》，有七律。《尚書大傳》謂之七始。宫、商、角、徵、羽爲正，變宫、變徵爲和，加倍而有十四焉。又梁武帝加以濁倍，三七二十一而同爲架，雖取繁會，聲不合古。又後魏時，公孫崇設鍾磬，正倍參縣之。牛弘等並以爲非，而據《周官・小胥職》『縣鍾磬，半之爲堵，全之爲肆』。鄭玄曰：『鍾磬編縣之，二八十六而在一虡。鍾一堵，磬一堵，謂之肆。』又引《樂緯》『宫爲君，商爲臣，皆尊，各置一副，❶故加十四而縣十六』。又據漢成帝時，犍爲水濱得古磬十六枚，此皆縣八之義也。縣鍾磬法，每虡準之，縣八用七，不取近周之法縣七也。」案：據《隋志》，梁、魏、周三朝樂縣之制，並與此注不合。隋人欲依附周縣十六之文，而不通其義，遂取七音，於宫商各增一副，苟欲充十六之數，而虚縣其二不用，所用實止七音，仍與後周之制不異，蓋牛弘等之謬也。江藩云：「欲明宫縣之制，必先求鍾磬之數。賈不明康成之旨，漫引服説而亦不辨其是非。服氏所謂七律者，宫、商、角、徵、羽、變宫、變徵也。十二均分七律，得八十四律，即後世之七均八十四調也。服以爲天子盛樂必備此八十四調之樂器，殊不知古人旋相爲宫之法，即用此十六枚之鍾磬耳。如服説一虡十九鍾，則一虡之内既有十二月鍾矣，何必又加五音二變之聲？服説非古制，此鄭君所以不從也。自有服説，而編磬編鍾之制紊亂不倫：有設十二鍾於辰位，四面設編鍾、編磬者，北齊也；以鍾磬七正七倍而縣十四者，後周也；以濁倍三七而縣二十一者，梁武也；以鍾磬參縣之，正聲十二、倍聲十二而縣二十四者，魏公孫崇之説也；主十六枚之説，又加以宫商各一枚者，隋牛弘之説也。言人人殊，茫無定説者，皆不知鄭十六枚之義耳。十六者，十二辰之外，加四清聲爲十六也。惟北宋用古制，以十二枚爲正鍾，四枚爲清鍾。何謂四清聲？黄鍾、大吕、太簇、夾鍾之清聲。清聲有六，用之者四，以姑、仲之半律太高，不能歌，是以不用也。論樂者但知半律、倍律，而不知用四清聲之故。明朱載堉《樂律全書》云：『中聲之上有半律，是爲清聲；中聲之下有倍律，是爲濁聲。以人聲驗之，十二律由濁而清，黄、大、太、夾、姑、仲、蕤、林、夷、南、無、應，皆自然也。繼以半黄、大、

❶「各」原訛「爲」，據《隋書・音樂志》改。

太、夾，雖清可歌。至於姑、仲，則聲益高而揭不起，或强揭起，非自然矣。十二律由清而濁，應、無、南、夷、林、蕤、仲、姑、夾、太、大、黄，皆自然也。繼以倍律，應、無、南、夷，雖濁可歌。至於林、蕤，則聲益低而咽不出，或强歌出，亦非自然矣。』鄭世子之論，可謂發千古之未發。十二均之中必用四清聲者，八律還宫，用清聲以變濁，用濁聲以變清，若無此四聲，豈能移宫换羽乎。」案：江説是也。孔廣森、金鶚亦並以編縣鍾磬十六爲十二律，加四清聲。蓋十二律皆可倍可半，而清聲止用四者，自當以朱氏太高揭不起之論爲是。至賈引服虔説鍾十二縣，備八十四律，與此經注並不合。依其説，則每縣七律也。但大師止有五音，無七音，則不以二變爲調，是每縣各當減二律，十二縣爲六十律，乃協古制耳。服氏十二縣之説，江、賈並斥其非。徐養原云：「十二不必備陳，樂與禮相表裏，行此禮則奏此樂。祀天神，則陳黄鍾、大吕二縣而已矣；祭地祇，則陳太蔟、應鍾二縣而已矣；冬至奏於圜丘，則陳圜鍾、黄鍾、太蔟、姑洗四縣而已矣；夏至奏於方丘，則陳函鍾、太蔟、姑洗、南吕四縣而已矣。從無一禮而偏奏十二均之樂，亦無一樂而偏陳十二縣之鍾。天子宫縣，面皆一堵，然則宜奏二均者，每均二堵；宜奏四均者，每均一堵。禮之大者，樂不過四均，四縣之外，何所用之。」又云：「鍾特縣之法，每均五鍾，每鍾一虡，五虡而成一堵。有事陳於庭，則左右各一堵。《儀禮》笙鍾頌鍾之南皆有鎛，《説文》鎛字注云『堵以二』，與《禮經》合。特縣者，五虡爲一均，十二均凡六十虡。編縣者，每虡爲一均，十二均凡十二虡。」案：依徐説，則鍾雖備十二縣，而陳於庭者仍止所用律均之縣，不必備陳十二，於義得通，服意或當如是也。六十調、八十四調之異，詳《大師》疏。云「鍾一堵，磬一堵，謂之肆」者，《藝文類聚》引《五經要義》説同。此明備鍾磬二堵而後成肆，故《大射儀》注云：「有鍾有磬爲全。」《國語·晉語》韋注、《左》襄十一年杜注並云「肆，列也」。《唐郊祀録》引《三禮義宗》云：「肆者，陳也，一縣鍾，一縣磬，合而成之。一肆之中，鍾十六，磬十六，合爲三十二。」案：《晏子春秋·諫下》篇云「鍾鼓成肆」，則鼓亦有肆，但不編縣耳。賈疏云：「堵者，若牆之一堵；肆者，行肆之名。二物乃可爲半者，一堵半其一肆，故云半爲堵、全爲肆也。」云「半之者，謂諸侯之卿大夫士也」者，天子宫縣，則四面縣四肆；諸侯軒縣，則三面縣三肆；天子卿大夫判縣，則左右二肆；士特縣，則一肆：皆不得有半。故知半者，謂諸侯之卿大夫士也。云「諸侯之卿大夫半天子之卿大夫，西縣鍾，東縣磬」者，賈疏云：「天子諸侯縣皆有鎛，今以諸侯之卿大夫士半天子之卿大夫士言之，則卿大夫士直有鍾磬無鎛也。若有鎛，不得半之耳。必知諸侯卿大夫士分鍾磬爲東西者，以其諸侯卿大夫亦稱判縣，故知諸侯卿大夫以天子卿大夫判縣之一肆，分爲東西也。」夏炘云：「《左傳》鄭賂晉侯歌鍾二肆，爲判縣之制，以半賜魏絳，絳分之爲左右，故曰始有金石之樂。此諸侯之卿大夫判縣西鍾東磬之證也。」云「士亦半天子之士，縣磬而已」者，賈疏云：「天子之士直有東方一肆二堵，諸侯之士半之，謂取一堵，或於階閒，或於東方也。」夏炘云：「《鄉飲禮》『磬階閒縮霤』鄭云：『大夫而特縣，賓鄉人之賢者，從士禮也。』此諸侯之士特縣無鍾磬半爲堵之證也。」鄭司農云：「以《春秋傳》曰，歌鍾二肆」者，證縣鍾磬全爲肆之義。段玉裁云：「當作『鄭司農説』。」孔繼汾、黄丕烈校同。江藩云：「襄十一年《左傳》：『鄭人賂晉侯歌鍾二肆，及其鎛磬。晉侯以樂之半賜魏絳，魏絳於是乎始有金石之樂，禮也。』杜注：『肆，列也。縣鍾十六爲一肆，二肆三十二枚。』預妄以一堵爲一肆，孔穎達强爲之説。經明云『半爲堵，全爲肆』，預以半爲全，與經文異。且傳文『歌鍾二肆』者，歌鍾和歌詩之鍾，不言磬者，省文耳，孔疏所謂兼有磬矣。下文云『魏絳於是乎始有金石之樂』。夫石，磬也。上文不言磬，此言石者，以足成上文之不言磬耳。『及其鎛磬』者，鎛卽《大射》南陳之鑮也。磬非編磬之磬，乃特磬耳。孔云：『及其鎛磬者，鎛是大鍾，磬是大磬，皆特縣之，非編縣也。』據此，則編縣之南亦當有特縣之磬，如編鍾之南有特縣之鑮矣。此磬非編縣，故傳言『及』也。晉侯以樂之半賜魏絳，若從杜説，樂之半則僅有縣鍾十六一堵矣，安得云始有金石之樂乎？」案：江説近是。鄭賂晉鍾磬，各有特縣編縣，晉侯唯以編鍾編磬賜魏絳，其特鍾特磬非大夫所得用，蓋不以賜也。杜注以鍾縣自得稱肆，則是一虡二筍，筍各八鍾，共十六鍾，謂之肆，半肆謂之堵，磬亦如之。此與傳「歌鍾二肆」及《國語・晉語》「公賜魏絳歌鍾一肆」之文，亦自無迕，然非鄭義也。

周禮正義卷四十五

大師掌六律六同，以合陰陽之聲。陽聲：黄鍾、大蔟、姑洗、蕤賓、夷則、無射。陰聲：大吕、應鍾、南吕、函鍾、小吕、夾鍾。皆文之以五聲，宫、商、角、徵、羽；皆播之以八音，金、石、土、革、絲、木、匏、竹。以合陰陽之聲者，聲之陰陽各有合。黄鍾，子之氣也，十一月建焉，而辰在星紀。大吕，丑之氣也，十二月建焉，而辰在玄枵。大蔟，寅之氣也，正月建焉，而辰在娵訾。應鍾，亥之氣也，十月建焉，而辰在析木。姑洗，辰之氣也，三月建焉，而辰在大梁。南吕，酉之氣也，八月建焉，而辰在壽星。蕤賓，午之氣也，五月建焉，而辰在鶉首。林鍾，未之氣也，六月建焉，而辰在鶉火。夷則，申之氣也，七月建焉，而辰在鶉尾。中吕，巳之氣也，四月建焉，而辰在實沈。無射，戌之氣也，九月建焉，而辰在大火。夾鍾，卯之氣也，二月建焉，而辰在降婁。辰與建交錯貿處如表裏然，是其合也。其相生，則以陰陽六體爲之。黄鍾初九也，下生林鍾之初六，林鍾又上生大蔟之九二，大蔟又下生南吕之六二，南吕又上生姑洗之九三，姑洗又下生應鍾之六三，應鍾又上生蕤賓之九四，蕤賓又上生大吕之六四，大吕又下生夷則之九五，夷則又上生夾鍾之六五，夾鍾又下生無射之上九，無射又上生中吕之上六。同位者象夫妻，異位者象子母，所謂律取妻而吕生子也。黄鍾長九寸，其實一籥，下生者三分去一，上生者三分益一，五下六上，乃一終矣。大吕長八寸二百四十三分寸之一百四；大蔟長八寸；夾鍾長七寸二千一百八十七分寸之千七十五；姑洗長七寸九分寸之一；中吕長六寸萬九千六百八十三分寸之萬二千九百七十四；蕤賓長六寸八十一分寸之二十六；林鍾長六寸；夷則長五寸七百二十九分寸之四百五十一；南吕長五寸三分寸之一；無射長四寸六千五百六十一分寸之六千五百二十四；應鍾長四寸二十七分寸之二十。文之者，以調五聲，使之相次，如錦繡之有文章。播猶揚也，揚之以八音，乃可得而觀之矣。金，鍾鎛也。石，磬也。土，塤也。革，鼓鼗也。絲，琴瑟也。木，柷敔也。匏，笙也。竹，管簫也。

【疏】「掌六律六同以合陰陽之聲」者，此著審音調樂之通義，六律、六同、五聲、八音、六詩，並樂官之官法也。云「皆文之以五聲，宫商角徵羽」者，凡調樂以五聲十二律爲本。五聲，宫商角徵羽。《遼史·樂志》載大樂十聲，以宫爲上，商爲尺，角爲工，徵爲合，羽爲四，高徵爲六，高羽爲五。又以濁商爲句，變宫爲一，變徵爲凡。宋以來俗工字譜沿用之。聲有高下，律有倍半，錯綜成文，而後成調，故《禮運》云「五聲六律十二管，還相爲宫也」。陳澧云：「蓋黄鍾之律，文之以五聲，則黄鍾爲宫，黄鍾爲商，黄鍾爲角，黄鍾爲徵，黄鍾爲羽也。《周禮》但曰五聲，在後世言之，則謂之一均五調也。六律六同皆如此，則十二均六十調也。《隋書·音樂志》，蘇夔曰：『《韓詩外傳》所載樂聲感人，及《月令》所載五音所中，並皆有五，又《春秋左氏》所云「七音六律以奉五聲」，准此而言，每宫應立五調。』案：蘇夔此説，正可以解《周禮》。蓋十二律還爲十二宫，譬則八卦也。每宫立五調，譬則八卦重爲六十四卦也。必有六律六同，皆文之以五聲，而後十二律還宫之義乃備也。」又云：「《舊五代史·樂志》載王朴奏疏云：『十二律旋迭爲均，均有七調，合八十四調。宗周而上，率由斯道。』案此以八十四調爲宗周之樂，則未必然也。《周禮》云『文之以五聲』，則每宫五調，十二宫合六十調耳。」案：陳説是也。古止有五聲，後加以變宫、變徵，《淮南子·天文訓》謂之和繆，昭二十年《左傳》謂之七音，《隋·音樂志》引《尚書大傳》謂之七始。以七音文十二律，於是每律有七調，因有八十四調。據《國語·周語》，伶州鳩言武王伐殷，於是乎有七律。七律卽七音，是七音起於周初。故《左傳》孔疏謂武王始加二變，周以前未有七音。《通典·樂》説同。若然，周公制禮時已有七音，而此經《大司樂》、《大師》竝止云「文之以五聲」，則周時雅樂蓋不以二變爲調。《隋志》載蘇夔説，亦謂《韓詩外傳》、《月令》並不言變宫、變徵，七調之作，所出未詳。《舊五代史·樂志》載張昭等議，謂梁武帝爲八十四調。據前《小胥》疏引《左傳》服虔注説鍾縣之制，則漢時已有八十四律之名，實不始於蕭梁，然非周初制也。　注云「以合陰陽之聲者，聲之陰陽各有合」者，賈疏云：「六律爲陽，六同爲陰，兩兩相合，十二律爲六合，故云各有合也。」云「黄鍾子之氣也，十一月建焉，而辰在星紀」者，賈疏云：「以經云以合陰陽之聲，卽言陽聲黄鍾大蔟姑洗等，據左旋而言；云陰聲大吕應鍾南吕等，據右轉而説。其左右相合之義，按斗柄所建十二辰而左旋，日體十二月與月合宿而右轉。但斗之所建建在地上十二辰，故言子丑之等；辰者日月之會，會在天上十二次，故言娵訾、降婁之等。以十二律是候氣之管，故皆以氣言之耳。」詒讓案：建謂斗建也，辰謂日躔也。十二律分主十二月，即與十二月之斗建日躔相應。故《漢書·律厤志》云：「至治之世，天地之氣合以生風；天地之風氣正，十二律定。黄鍾：黄者，中之色，君之服也。鍾者，種也。天之中數五，五爲聲，❶聲上宫，五聲莫大焉。地之中數六，六爲律，律有形有色，色上黄，五色莫盛焉。故陽氣施種於黄泉，孳萌萬物，爲六氣元也。以黄色名元氣律者，著宫聲也。宫以九唱六，變動不居，周流六虚。始於子，在十一月。」《月令》云：「仲冬，律中黄鍾。」鄭注云：「仲冬者，日月會於星紀，而斗建子之辰也。仲冬氣至，則黄鍾之律應。」云「大吕丑之氣也，十二月建焉，而辰在玄枵」者，《律厤志》云：「大吕：吕，旅也，言陰大，旅助黄鍾宣氣而牙物也。位於丑，在十二月。」《月令》云：「季冬，律中大吕。」注云：「季冬者，日月會於玄枵，而斗建丑之辰也。季冬氣至，則大吕之律應。」云「大蔟寅之氣也，正月建焉，而辰在陬訾」者，陬，各本竝作「娵」，❷與《爾雅·釋天》同。案：陬娵字通，《保章氏》注説十二次，亦作娵訾。《律厤志》云：「大族：族，奏也，言陽氣大，奏地而達物也。位於寅，在正月。」《月令》云：「孟春，律中大蔟。」注云：「孟春氣至，則大蔟之律應。孟春者，日月會於娵訾，而斗建寅之辰也。」《月令·釋文》娵亦作陬，與嘉靖本同。云「應鍾亥之氣也，十月建焉，而辰在析木」者，《律厤志》云：「應鍾，言陰氣應亡射，該臧萬物而雜陽閡種也。位於亥，在十月。」《月令》云：「孟冬，律中應鍾。」注云：「孟冬者，日月會於析木之津，而斗建亥之辰也。孟冬氣至，則應鍾之律應。」云「姑洗辰之氣也，三月建焉，而辰在大梁」者，《律厤志》云：「姑洗：洗，絜也，言陽氣洗物辜絜之也。位於辰，在三月。」《月令》云：「季春，律中姑洗。」注云：「季春者，日月會於大梁，而斗建辰之辰也。季春氣至，則姑洗之律應。」云「南吕酉之氣也，八月建焉，而辰在壽星」者，《律厤志》云：「南吕：南，任也，言陰氣旅助夷則任成萬物也。位於酉，在八月。」《月令》云：「仲秋，律中南吕。」注云：「仲秋者，日月會於壽星，而斗建酉之辰也。仲秋氣至，則南吕之律應。」云「蕤賓午之氣也，五月建焉，而辰在鶉首」者，《律厤志》云：「蕤賓：蕤，繼也，賓，導也，言陽始導陰氣使繼養物也。位於午，在五月。」《月令》云「仲夏，律中蕤賓」。注云：「仲夏者，日月會

❶「五」原脱，據《漢書·律厤志》補。
❷「本」原訛「木」，據文意改。

於鶉首，而斗建午之辰也。仲夏氣至，則蕤賓之律應。」云「林鍾未之氣也，六月建焉，而辰在鶉火」者，函鍾即林鍾，詳《大司樂》疏。《律厤志》云：「林鍾：林，君也，言陰氣受任，助蕤賓君主鍾物使長大楙盛也。位於未，在六月。」《月令》云：「季夏，律中林鍾。」注云：「季夏者，日月會於鶉火，而斗建未之辰也。季夏氣至，則林鍾之律應。」云「夷則申之氣也，七月建焉，而辰在鶉尾」者，《律厤志》云：「夷則：則，法也，言陽氣正法度而使陰氣夷當傷之物也。位於申，在七月。」《月令》云：「孟秋，律中夷則。」注云：「孟秋者，日月會於鶉尾，而斗建申之辰也。孟秋氣至，則夷則之律應。」云「中呂巳之氣也，四月建焉，而辰在實沈」者，小呂即中呂，詳《大司樂》疏。《律厤志》云：「中呂，言微陰始起未成，著於其中旅助姑洗宣氣齊物也。位於巳，在四月。」《月令》云：「孟夏，律中中呂。」注云：「孟夏者，日月會於實沈，而斗建巳之辰也。孟夏氣至，則中呂之律應。」云「無射戌之氣也，九月建焉，而辰在大火」者，《律厤志》云：「亡射：射，厭也，言陽氣究物而使陰氣畢剥落之，終而復始，亡厭已也。位於戌，在九月。」《月令》云：「季秋，律中無射。」注云：「季秋者，日月會於大火，而斗建戌之辰也。季秋氣至，則無射之律應。」云「夾鍾卯之氣也，二月建焉，而辰在降婁」者，《律厤志》云：「夾鍾，言陰夾助大族，宣四方之氣而出種物也。位於卯，在二月。」《月令》云：「仲春，律中夾鍾。」注云：「仲春者，日月會於降婁，而斗建卯之辰也。仲春氣至，則夾鍾之律應。」云「辰與建交錯貿處如表裏然，是其合也」者，《小爾雅・廣詁》云：「貿，易也。」謂若黄鍾十一月，斗建在子，而日躔在丑次；大吕十二月，斗建在丑，而日躔在子次，餘律放此，是辰與建相與交錯而貿易迭處，如表裏然，即經所謂合也。云「其相生，則以陰陽六體爲之」者，賈疏云：「向上所説，順經六律左旋，六同右轉，以陰陽左右爲相合；若相生，則六律六同皆左旋，以律爲夫，以同爲婦，婦從夫之義，故皆左旋。鄭知有陰陽六體法者，見《律厤志》云黄鍾初九，律之首，陽之變也。因而六之，以九爲法，得林鐘。林鐘初六，吕之首，陰之變也。皆參天兩地之法也，是其陰陽六體。」云「黄鍾初九也，下生林鍾之初六」者，此同位之取妻也。《律厤志》云：「十一月，乾之初九，陽氣伏於地下，始著爲一，萬物萌動，鍾於太陰，故黄鍾爲天統，律長九寸。六月，坤之初六，陰氣受任於太陽，繼養化柔，萬物生長，楙之於未，令種剛彊大，故林鍾爲地統，律長六寸。」《國語・周語》韋注亦云：「十一月，黄鍾，乾初九也。六月，林鍾，坤初六也。」賈疏云：「其黄鍾在子，一陽爻生，爲初九，林鍾在未，二陰爻生，得爲初六者，以陰故退位在未，故曰乾貞於十一月子，坤貞於六月未也。」云「林鍾又上生大蔟之九二」者，此異位之生子也。《律厤志》云：「正月乾之九二，萬物棣通，族出於寅，人奉而成之，故大族爲人統，律長八寸。」《國語》注云：「正月大蔟，乾九二也。」云「大蔟又下生南吕之六二」者，此亦同位之取妻也。《國語》注云：「八月南吕，坤六二也。」云「南吕又上生姑洗之九三」者，此亦異位之生子也。《國語》注云：「三月姑洗，乾九三也。」云「姑洗又下生應鍾之六三」者，此亦同位之取妻也。《國語》注云：「十月應鍾，坤六三也。」云應鍾又上生蕤賓之九四」者，此亦異位之生子也。《國語》注云：「五月蕤賓，乾九四也。」云「蕤賓又上生大吕之六四」者，此亦同位之取妻也。《律厤志》云：「參分蕤賓損一，下生大吕。」彼據大吕半律言，故云下生，與此異。《國語》注云：「十二月大吕，坤六四也。」云「大吕又下生夷則之九五」者，此亦異位之生子也。《律厤志》云：「參分大吕益一，上生夷則。」彼亦據大吕半律言，故云上生夷則，與此異。《國語》注云：「七月夷則，乾九五也。」云「夷則又上生夾鍾之六五」者，此亦同位之取妻也。《律厤志》云：「參分夷則損一，下生夾鍾。」彼亦據夾鍾半律言，故云下生，❶與此異。《國語》注云：「二月夾鍾，坤六五也。」云「夾鍾又下生無射之上九」者，此亦異位之生子也。《律厤志》云：「參分夾鍾益一，上生亡射。」彼亦據夾鍾半律言，故云夾鍾上生，與此異。《國語》注云：「九月無射，乾上九也。」云「無射又上生中吕之上六」者，此亦同位之取妻也。《律厤志》云：「參分亡射損一，下生中吕。」彼亦據中吕半律言，故云下生，與此異。《國語》注云：「四月中吕，坤上六也。」云「同位者象夫妻，異位者象子母者，所謂律取妻而吕生子也」者，賈疏云：「同位，謂若黄鍾之初九，下生林鍾之初六，俱是初之第一，夫婦一體，是象夫婦也。異位，謂若林鍾上生大蔟之九二，二於第一爲異位，象母子。但律所生者爲夫婦，吕所生者爲母子。十二律吕，律所生者常同位，吕所生者常異位，故云律取妻而吕生子也。《律厤志》云：『上生下生皆以九爲法，九六，陰陽，夫妻子母之道也。律取妻而吕生子，天地之情也。』鄭注皆取義於此也。」案：《漢志》如淳注云：「律取妻，黄鍾生林鍾，吕生子，林鍾生大蔟。」此卽鄭同位異位之義，賈疏亦本彼爲釋，其説甚塙。孟康注云：「異類爲子母，謂黄鍾生林鍾

❶「下」原作「上」，據楚本改。

也；同類爲夫婦，謂黄鍾以大吕爲妻也。」其説與班、鄭並不合，誤也。武后《樂書要録》引《三禮義宗》及《左傳》昭二十年孔疏説，亦竝與賈同。云「黄鍾長九寸」者，明黄鍾爲十一律之根數也。《淮南子·天文訓》、《史記·律書》、兩漢《律厤志》並同。云「其實一籥」者，籥與龠同。《漢·律厤志》云：「量者，本起於黄鍾之龠，以子穀秬黍中者千有二百實其龠。龠者，黄鍾律之實也。」云「下生者三分去一，上生者三分益一」者，《吕氏春秋·音律》篇云：「三分所生，益之一分以上生；三分所生，去其一分以下生。黄鍾、大吕、大蔟、夾鍾、姑洗、中吕、蕤賓爲上，林鍾、夷則、南吕、無射、應鍾爲下。」賈疏云：「子午已東爲上生，子午已西爲下生。東爲陽，陽主其益，西爲陰，陰主其減，故上生益，下生減。必以三爲法者，以其生，故取法於天之生數三也。」云「五下六上乃一終矣」者，《月令》孔疏云：「謂林鍾、夷則、南吕、無射、應鍾，皆被子午已東之管三分減一而下生之。六上者，謂大吕、大蔟、夾鍾、姑洗、中吕、蕤賓，皆被子午已西之管三分益一而上生之。子午皆屬上生，應云七上而云六上者，以黄鍾爲諸律之首，物莫之先，似若無所稟生，故不數黄鍾也。其實十二律終於仲吕，還反歸黄鍾，生於仲吕，三分益一，大略得應黄鍾九寸之數也。」案：孔説非也。《吕氏春秋·音律》篇兼數黄鍾，故五下七上，其實一也。又案：鄭此注五下六上相生之説，本於《吕覽》、《淮南子·天文訓》、《史記·律書》律數、《太玄經》、《續漢·律厤志》京房六十律説並同。惟《前漢志》本劉歆説，蕤賓生大吕，夷則生夾鍾，亡射生中吕，並云下生，大吕生夷則，夾鍾生亡射，並云上生，蓋欲以陰陽分上下。《漢志》晉灼注引蔡邕《律厤記》云「凡陽生陰曰下，陰生陽曰上」，即其義也。然依其率求之，所得大吕、夾鍾、中吕皆半律，則不若鄭據全度之當。陳澧云：「凡物之形，長者高，短者下，故十律長生短則曰下生，短生長則曰上生。」此可以證鄭義矣。云「大吕長八寸二百四十三分寸之一百四」者，即八寸四分二氂七豪有奇也。《月令》孔疏云：「按蕤賓長六寸八十一分寸之二十六，上生大吕，三分益一，三寸益一寸，六寸益二寸，故爲八寸，其八十一分寸之二十六，各三分之，則爲七十八分，三分益一箇二十六，則爲一百四，故云律長八寸二百四十三分寸之一百四也。」云「大蔟長八寸」者，賈疏云：「林鍾上生大蔟，三分益一，六寸益二寸，故大蔟長八寸。」云「夾鍾長七寸二千一百八十七分寸之千七十五」者，即七寸四分九氂一豪有奇也。《月令》疏云：「夷則長五寸七百二十九分寸之四百五十一，今上生夾鍾，三分益一，就夷則五寸之中取三寸，更益一寸爲四寸。餘有整二寸。又於七百二十九分寸之中，有細分四百五十一，此細分各三分之，於是一寸分爲二千一百八十七分，有四百五十一者，爲一千三百五十三，則是二千一百八十七分寸之一千三百五十三也。以整二寸各二千一百八十七分，則二寸總有四千三百七十四分，益前一千三百五十三，總爲五千七百二十七，爲實數。但上生者三分益一，以實數更三分之，各有一千九百九分，以三分益一，則益一分一千九百九，併前五千七百二十七，總爲七千六百三十六，爲積分總數也。然後除之爲寸，一寸用二千一百八十七，則三寸總用六千五百六十一。以三寸益前四寸，爲七寸，餘有一千七十五分，不成寸，是爲夾鍾長七寸二千一百八十七分寸之千七十五也。」云「姑洗長七寸九分寸之一」者，卽七寸一分一釐一豪有奇也。《月令》疏云：「南呂長五寸三分寸之一，就南呂三分益一，取三寸益一寸，爲四寸。餘有整二寸三分寸之一。整二寸者各九分之，二九爲十八分寸之一者，爲三分，總二十一分，三七二十一，三分益一，更益七分，總二十八分。以九分爲一寸，二十七分爲三寸，益前四寸爲七寸，餘有一分在，故云律長七寸九分寸之一。」云「中呂長六寸萬九千六百八十三分寸之萬二千九百七十四」者，卽六寸六分五釐九豪有奇也。《月令》疏云：「無射之律長四寸六千五百六十一分寸之六千五百二十四，三分益一，以生中呂。於無射四寸之內取三寸，益一寸，爲四寸，餘有整寸一，又有六千五百六十一分寸之六千五百二十四。以六千五百六十一各三分之，則一寸分爲一萬九千六百八十三分也。六千五百二十四分各三分之，則爲一萬九千五百七十二。又整一寸分爲一萬九千六百八十三，併之揔爲三萬九千二百五十五也。更三分之，一分有一萬三千八十五。上生者三分益一，以一萬三千八十五益上之數，揔爲五萬二千三百四十，爲積分之數。然後除之爲寸，一寸除一萬九千六百八十三，則二寸除三萬九千三百六十六，爲二寸，通前爲六寸，餘有一萬二千九百七十四，不成寸，是中呂長六寸萬九千六百八十三分寸之萬二千九百七十四也。」云「蕤賓長六寸八十一分寸之二十六」者，卽六寸三分二釐有奇也。《月令》疏云：「應鍾律長四寸二十七分寸之二十，上生蕤賓，三分益一。取應鍾三寸，更益一寸，爲四寸。其二十七分寸之二十各三分之，則一寸分爲八十一分也。二十七分寸之二十則爲八十一分寸之六十。有整寸一爲八十一分，又以六十分益之，揔爲一百四十一分。更三分益一，一分有四十七，更以四十七益前一百四十一分，揔爲一百八十八分，是爲積分之數。除之爲寸，除八十一分，則一百六十二分爲二寸，益前四寸爲六寸。餘有二十六分不成寸，故云蕤賓長六寸八十一分寸之二十六也。」云「林鍾長六寸」者，賈疏云：「以黄鍾長九寸，下生林鍾，三分減一，去三寸，故林鍾長六寸。」云「夷則長五寸七百二十九分寸之四百五十一」者，卽五寸六分一氂八豪有奇也。《月令》疏云：「大吕長八寸二百四十三分寸之一百四，三分去一，下生夷則。六寸去二寸，餘有四寸在。又大吕一寸爲二百四十三分，今每寸更三分之，則一寸爲七百二十九分，兩箇整寸揔有一千四百五十八分。其大吕二百四十三分寸之一百四，每又三分之，此一百四爲三百一十二分，益前一千四百五十八，則揔爲一千七百七十分。下生三分去一，分作三分，則每一分得五百九十，去其一分五百九十，餘有一千一百八十在，是其積分。以七百二十九分爲一寸，益前四寸爲五寸，餘有四百五十一分在，故云夷則律長五寸七百二十九分寸之四百五十一也。」云「南吕長五寸三分寸之一」者，卽五寸三分三氂三豪有奇也。《月令》疏云：「大蔟長八寸，三分去一，下生南吕。三寸去一寸，六寸去二寸，得四寸，又有整二寸在。分一寸作三分，二寸爲六分，更三分去一，餘有四分在。以三分爲一寸，益前四寸，爲五寸，仍有一分在，故云南吕律長五寸三分寸之一也。」云「無射長四寸六千五百六十一分寸之六千五百二十四」者，卽四寸九分九氂四豪有奇也。《月令》疏云：「夾鍾之律長七寸二千一百八十七分寸之千七十五。下生者三分去一。今夾鍾七寸，取六寸，三分去一，有四寸在。夾鍾以一寸爲二千一百八十七分，今更三分之，則一寸者分爲六千五百六十一分。夾鍾二千一百八十七分寸之千七十五者，又三分之，則爲三千二百二十五。其夾鍾整寸有六千五百六十一，又以三千二百二十五益之，揔爲九千七百八十六分。三分去一，則去三千二百六十二，餘有六千五百二十四在，故云無射律長四寸六千五百六十一分寸之六千五百二十四也。」云「應鍾長四寸二十七分寸之二十」者，卽四寸七分四氂有奇也。《月令》疏云：「姑洗之律長七寸九分寸之一，三分去一，則六寸去二寸，有四寸在，餘有整一寸九分寸之一。更三分一寸爲二十七分，九分寸之一爲三分，并二十七分揔爲三十分。三分去一，去其十分，餘有二十分在，故云應鍾律長四寸二十七分寸之二十也。」詒讓案：以上説十二律管長度，並以黄鍾爲根數，而三分損益以次迭求之，古法簡易，大略如是。惟《史記·律書》別以黄鍾之長，命爲九九八十一，故云黄鍾長八寸十分一，餘十一律並以此率算之。此命分之虛數，與九寸之實數，異而實同也。至《宋書·律志》、《隋書·律厤志》別載何承天、劉焯校定鍾律，及朱載堉《律呂精義内篇》皆別設新率推算，惟黄鍾之長無改，餘律則與舊率皆微有差異，既非古法，差數亦復無多，今不備校。又此注不著律管圍徑之數，鄭《月令》注則云「凡律空圍九分」，是謂十二律管圍數並同。孔疏及《漢律厤志》顔注引孟康説云：「黄鍾長九寸，圍九分；林鍾長六寸，圍六分；大蔟長八寸，圍八分。」則謂律管各隨長短而異。《續漢書·律厤志》引蔡氏《月令章句》説，與鄭同，孟説疑不足據。云「文之者，以調五聲，使之相次，如錦繡之有文章」者，明五聲以清濁高下相次謂之文，猶錦繡以五色相次爲文章，如畫繢之事。《樂記》云「節奏合以成文」，注云「五聲八音相應和」，亦其義也。云「播猶揚也」者，《説文·手部》云：「播，種也，一曰布也。」揚與布同義。《瞽矇》注亦云「播謂發揚其音」。云「揚之以八音，乃可得而觀之矣」者，既以五聲調律呂，以定其均，乃被之八音，播揚之以發其聲，然後樂成而可觀也。賈疏云：「義取《左氏》季札請觀周樂，故以觀言之也。」云「金鍾鎛也，石磬也，土塤也，革鼓鼗也，絲琴瑟也，木柷敔也，匏笙也，竹管簫也」者，《五行大義》引《樂緯》云：「物以三成，以五立，三與五如八，故音以八音金石絲竹土木匏革，以發宫商角徵羽也。金爲鍾，石爲磬，絲爲弦，竹爲管，土爲塤，木爲柷圉，匏爲笙，革爲鼓。鼓主震，笙主巽，柷圉主乾，塤主艮，管主坎，弦主離，磬主坤，鍾主兑。」案：以上所説八音，《漢書·律厤志》、《白虎通義·禮樂》篇引《樂記》、《北堂書鈔·樂部》引《五經通義》，説並同。土音亦謂之瓦，《國語·周語》單穆公曰「金石以動之，絲竹以行之，歌以詠之，匏以宣之，瓦以贊之，革木以節之」是也。絲亦謂之弦，《小師》云「弦歌」是也。竹亦謂之簜，《大射儀》云「簜在建鼓之間」，注云「簜，竹也，笙，簫之屬」是也。賈疏云：「匏笙亦以竹爲之，以經別言匏，故匏不得竹名也。」**教六詩：曰風，曰賦，曰比，曰興，曰雅，曰頌，**教，教瞽矇也。風，言聖賢治道之遺化也。賦之言鋪，直鋪陳今之政教善惡。比，見今之失，不敢斥言，取比類以言之。興，見今之美，嫌於媚諛，取善事以喻勸之。雅，正也，言今之正者，以爲後世法。頌之言誦也，容也，誦今之德，廣以美之。鄭司農云：「古而自有風雅頌之名，故延陵季子觀樂於魯時，孔子尚幼，未定《詩》、《書》，而曰『爲之歌《邶》、《鄘》、《衛》』，曰『是其《衛風》乎』又爲之歌《小雅》、《大雅》，又爲之歌《頌》。《論語》曰：『吾自衛反魯，然後樂正，《雅》《頌》

各得其所。』時禮樂自諸侯出，頗有謬亂不正，孔子正之。曰比曰興，比者，比方於物也。興者，託事於物。」【疏】「教六詩曰風曰賦曰比曰興曰雅曰頌」者，謂《詩》含六義也。《毛詩大序》云：「故《詩》有六義焉，一曰風，二曰賦，三曰比，四曰興，五曰雅，六曰頌。」其次與此經同。孔疏云：「風雅頌者，《詩》篇之異體。賦比興者，《詩》文之異辭耳。大小不同，而得並爲六義者，賦比興是《詩》之所用，風雅頌是《詩》之成形。用彼三事，成此三事，是故同稱爲義，非別有篇卷也。《鄭志》：張逸問：『何詩近於比賦興？』荅曰：『比賦興，吴札觀《詩》，已不歌也。孔子録《詩》，已合《風》《雅》《頌》中，難復摘別。』篇中義多興，逸見風雅頌有分段，以爲比賦興亦有分段，謂有全篇爲比，全篇爲興，欲鄭指摘言之。鄭以比賦興者，直是文辭之異，非篇卷之別，故遠言從本來不別之意，言吴札觀《詩》已不歌，明其先無別體，不可歌也。孔子録《詩》，已合《風》《雅》《頌》中，明其先無別體，不可分也。元來合而不分，今日難復摘別也。」案：孔説是也。成伯璵《毛詩指説》云：「風賦比興雅頌，謂之六義。賦比興是詩人制作之情，風雅頌是詩人所歌之用。」與孔説同。此六義，風雅頌以體異，據録《詩》言之也。其入樂則以聲異，故《籥章》「豳詩」亦兼雅頌之名，詳彼疏。《國語・魯語》云：「昔正考父校商之《名頌》十二篇於周大師，以《那》爲首。」《漢書・食貨志》云：「孟春之月，行人振木鐸，徇於路，以采詩，獻之太師，比其音律，以聞於天子。」則凡録詩入樂，通掌於大師矣。 注云「教，教瞽矇也」者，據《瞽矇》云「掌九德六詩之歌，以役大師」，故知此教六詩，卽教彼官。又《文王世子》云「春誦夏弦，大師詔之瞽宗」，則此官亦教學士，不徒瞽矇也。《賈子新書・傅職》篇云：「號呼謌謡聲音不中律，燕樂雅誦逆樂序，凡此其屬詔工之任也。」詔工蓋卽大師，以其教瞽矇，故謂之詔工矣。云「風言聖賢治道之遺化也」者，《詩序》云：「風，風也，教也。風以動之，教以化之。」又云：「上以風化下，下以風刺上，主文而譎諫，言之者無罪，聞之者足以戒，故曰風。」又云：「是以一國之事，繫之一人之本，謂之風。」案：《詩序》所論，兼正變風言，《王制》云「命大師陳詩，以觀民風」是也。此注云「聖賢治道之遺化」者，指二《南》正風言也。不及變風者，鄭《詩譜序》云：「孔子録懿王、夷王時詩，訖於陳靈公淫亂之事，謂之變風、變雅。」是變風起於懿王以後，周初止有正風，故專據聖賢遺化釋之。云「賦之言鋪，直鋪陳今之政教善惡」者，《楚辭・悲回風》王注云：「賦，鋪也。」鋪陳今之政教，對風説聖賢治道之遺化，爲陳古事也。

《釋名·釋典藝》云：「敷布其義，謂之賦。」《毛詩指説》云：「賦者敷也，指事而陳布之也。」義並略同。云「比見今之失，不敢斥言，取比類以言之」者，《鬼谷子·反應篇》云「比者，比其辭也」，陶弘景注云：「比謂比類也。」《釋名·釋典藝》云：「事類相似謂之比。」《毛詩指説》云：「物類相從，善惡殊態，以惡類惡，謂之爲比。牆有茨，比方是子者也。」云「興，見今之美，嫌於媚諛，取善事以喻勸之」者，《毛詩指説》云：「以美喻比，謂之爲興，歎詠盡韻，善之深也。聽關雎聲和，知后妃能諧和衆妾，在河洲之闊遠，喻門壼之幽深；鴛鴦于飛，陳萬化得所，此之類也。」云「雅，正也，言今之正者，以爲後世法」者，亦據正雅言也。《詩序》云：「言天下之事，形四方之風，謂之雅。雅者正也，言王政之所由廢興也。政有小大，故有《小雅》，有《大雅》焉。」《釋名·釋典藝》云：「言王政事謂之雅。」云「頌之言誦也，容也，誦今之德，廣以美之」者，頌、誦、容，並聲近義通。《素問·陰陽類論》云「頌得從容之道」，王冰注云：「頌，今爲誦也。」《詩序》云：「頌者，美盛德之形容，以其成功告於神明者也。」鄭《周頌譜》云：「頌之言容，天子之德，光被四表，格於上下，無不覆幬，無不持載，此謂之容。」《釋名·釋典藝》云：「稱頌成功謂之頌。」又《釋言語》云：「頌，容也，敍説其成功之形容也。」鄭司農云「古而自有風雅頌之名，故延陵季子觀樂於魯，時孔子尚幼，未定《詩》《書》，而曰爲之歌《邶》、《鄘》、《衛》，曰是其《衛風》乎，又爲之歌《小雅》、《大雅》，又爲之歌《頌》」者，證風雅頌之名，在孔子刪定前已有之，故此經得列於六詩也。《詩譜序》引《虞書》曰：「詩言志，歌永言，聲依永，律和聲。」謂詩之道放於唐虞，風雅頌録於成王、周公致太平、制禮作樂之時。孔疏亦引《六藝論》云：「唐虞始造其初，至周分爲六詩。」是後鄭謂六詩之分在於周初，與先鄭説同。《公羊》、《穀梁傳》並云「襄二十一年，孔子生」。季札聘魯在襄二十九年，是年孔子方九歲，故云尚幼也。賈疏云：「按襄二十九年，季札聘魯，請觀周樂，爲之歌《邶》、《鄘》、《衛》、《小雅》、《大雅》及《頌》等。先鄭彼注云：『孔子自衛反魯，然後樂正，《雅》、《頌》各得其所。自衛反魯在哀公十一年，當此時《雅》、《頌》未定，而云爲歌《大雅》、《小雅》、《頌》者，傳家據已定録之言，季札之於樂，與聖人同。』與此注違者，先鄭兩解，雖然，據此經是周公時已有風雅頌，則彼注非也。」案：賈引先鄭《左傳注》義，與此經注並不合，疑有誤。攷《詩譜序》疏引服虔《左傳注》説，正與賈所述同，或誤以服義爲先鄭解與？又引《論語》曰「吾自衛反魯，然後樂正，《雅》、《頌》各得其所」者，《論語·子罕》篇文。《集解》引鄭注云：「反魯，哀公十一年冬。是時道衰樂廢，孔子來還乃正之，故《雅》《頌》各得其所。」案：凡《詩》皆可弦歌入樂，故《詩》亦通謂之樂，《荀子·禮論篇》以《汋》、《桓》、《象》爲樂，《墨子·三辨》篇以《騶虞》爲成王之樂是也。六詩爲樂之枝别，故樂正則《雅》、《頌》亦各得其所也。云「時禮樂自諸侯出，頗有謬亂不正，孔子正之」者，明《論語》言「《雅》、《頌》各得其所」，謂正其不正失所者，非謂定雅頌之名也。《鄉飲酒禮》注亦云：「昔周之興也，周公制禮作樂，采時世之詩以爲樂歌，所以通情相風切也。後世衰微，幽厲尤甚，禮樂之書，稍稍廢棄。孔子曰：『吾自衛反魯，然後樂正，《雅》、《頌》各得其所。』謂當時在者而復重雜亂者也。」義與此同。云「曰比曰興，比者比方於物也，興者託事於物」者，《呂氏春秋·貴公》篇高注云：「比，方也。」又《大司樂》注云：「興者，以善物喻善事。」此比方於物，謂直以物相比況；託事於物，謂託物發耑，以陳其事。與後鄭説略同。但比興兼資事物，先鄭偏就物爲訓，於義未備，故引之在後也。

以六德爲之本，所教詩必有知、仁、聖、義、忠、和之道，乃後可教以樂歌。【疏】「以六德爲之本」者，以下二經，並冡上教六詩而言。此謂教學詩，必擇有德者，以爲受教之本也。　注云「所教詩必有知仁聖義忠和之道，乃後可教以樂歌」者，賈疏云：「凡受教必以行爲本，故使先有六德爲本，乃可習六詩也。按《大司徒職》云，『以鄉三物教萬民，一曰六德，知仁聖義忠和』，故取以釋之。」案：此六德疑當爲《大司樂》「以樂德教國子」之中、和、祗、庸、孝、友，鄭、賈别取《大司徒》鄉三物之六德爲釋，恐非經義。

以六律爲之音。以律視其人爲之音，知其宜何歌。子貢見師乙而問曰：「賜也聞樂歌各有宜，若賜者宜何歌？」此問人性也。本人之性，莫善於律。【疏】「以六律爲之音」者，明教歌詩者又當調律和其音。言六律者，舉陽律以晐陰同也。《詩大序》云「情發於聲，聲成文謂之音」，箋云「聲成文者，宮商上下相應」是也。　注云「以律視其人爲之音，知其宜何歌」者，賈疏云：「大師以吹律爲聲，又使其人作聲而合之。聽人聲與律呂之聲合，謂之爲音。或合宮聲，或合商聲，或合角徵羽之聲。聽其人之聲，則知宜歌何詩。若然，經云以六律爲之音，據大師吹律共學者之聲合，乃爲音，似若曲合樂曰歌之類也。」云「子貢見師乙而問曰，賜也聞樂歌各有宜，若賜也宜何歌」者，並《樂記》文。引之者，證人音各有所宜之事。「子貢」彼作「子贛」，贛正字，貢叚借字。云「此問人性也，本人之性，莫善於律」

者，釋子貢發問之義。《樂記》師乙曰：「寬而静，柔而正者，宜歌《頌》；廣大而静，疏達而信者，宜歌《大雅》；恭儉而好禮者，宜歌《小雅》；正直而静，廉而謙者，宜歌《風》；肆直而慈愛者，宜歌《商》；温良而能斷者，宜歌《齊》。」寬静柔正等，即謂人性既殊，歌各異宜，故鄭《樂記》注云「聲歌各有宜，氣順性也」是也。

大祭祀，帥瞽登歌，令奏擊拊，擊拊，瞽乃歌也。故書拊爲付，鄭司農云：「登歌，歌者在堂也。付字當爲拊，書亦或爲拊。樂或當擊，或當拊。登歌下管，貴人聲也。」玄謂拊形如鼓，以韋爲之，著之以穅。【疏】「大祭祀帥瞽登歌」者，此奏堂上之樂也。《大史》注云「大師，瞽官之長」，故帥領羣瞽，即《敍官》上中下瞽是也。賈疏云：「謂下神合樂，皆升歌《清廟》。故將作樂時，大師帥取瞽人登堂，於西階之東，北面坐，而歌者與瑟以歌詩也。」云「令奏擊拊」者，令奏與《大司樂》、《樂師》義略同。《樂記》注引作「合奏」，下同，並傳寫之誤，不足據。賈疏云：「拊所以導引歌者，故先擊拊，瞽乃歌也。歌者出聲謂之奏。」黄以周云：「拊與鞞皆大師自擊之，擊之即所以令之也。」案：賈、黄説是也。此令奏即謂命瞽矇歌詩，《周書・本典》篇云：「故奏鼓以章樂，奏舞以觀禮，奏歌以觀和。」是歌亦得謂之奏，《説文・夲部》云「禮登謌曰奏」是也。下云「下管播樂器，令奏鼓朄」，亦即謂奏管及衆樂器，與他職奏專指金奏者異。閒歌合樂，堂上工歌，亦大師令奏擊拊，經不言者，文不具也。注云「擊拊瞽乃歌也」者，以經設文先歌奏，後擊拊，嫌擊拊在歌後，故釋之。《書・皋陶謨》云：「戛擊鳴球，搏拊、琴瑟以詠」，謂先擊特磬，次擊搏拊，而後弦歌。《大戴禮記・禮三本》篇亦云：「《清廟》之歌，一倡而三歎也。縣一罄而尚拊搏。」《荀子・禮論篇》云「縣鍾尚拊之膈」，楊注云「膈，擊也」，引《書》「戛擊」，又引《長楊賦》「拮膈」，韋昭曰「古文膈爲擊」。是《荀子》之拊膈即是擊拊，蓋並謂升歌擊拊及鍾磬之事。江聲、王鳴盛、孫星衍、黄以周並謂拊在堂上，故大師得自擊以令奏，即《禮三本》所謂尚拊也。云「故書拊爲付」者，段玉裁云：「付，古文假借字。」徐養原云：「《大祝》『付練祥』，注云『付當爲祔』。然則拊祔等字古祇作付，今文始加手、加示。」鄭司農云「登歌歌者在堂也」者，《羊人》注云：「登，升也。」此即《禮經》之升歌，其節在金奏之後，下管之前，堂上鼓琴瑟以歌詩也。《大射儀》升歌時，大師、少師及工並升自西階，北面東上，又云「乃歌《鹿鳴》三終」。《鄉飲酒》、《燕禮》亦並升歌《鹿鳴》。《明堂位》、《祭統》説天子之樂，大嘗禘升歌《清廟》，則此大祭祀宜歌《頌》，宗廟大祫又歌《九德之歌》，與諸侯以下歌《小雅》異，其升堂西階北面之位則同。云「付字當爲拊，書亦或爲拊」者，先鄭以聲類破付爲拊，別本正作拊，與先鄭同。云「樂或當擊，或當拊」者，《書·舜典》云：「夔曰：於，予擊石拊石。」孔疏云：「擊是大擊，拊是小擊。」《漢書·吳王濞傳》顔注云：「拊，輕擊之。」先鄭意，升歌之樂，堂下有磬以應之，或當重擊，或當輕擊，故云擊拊。《小師》先鄭注，釋拊爲擊石，與此注義亦同。黄以周云：「先鄭或擊或拊，用《虞書》擊石拊石爲義。後鄭謂擊其拊，用《虞書》戛擊搏拊以詠爲義。以《小師職》『登歌擊拊，下管擊應鼓』之文覈之，以後鄭擊其拊爲長。」案：黄說是也。互詳《小師》疏。云「登歌下管，貴人聲也」者，《郊特牲》云：「歌者在上，匏竹在下，貴人聲也。」《儀禮經傳通解》引《尚書大傳》云：「古者聖王升歌清廟之樂，大琴練弦達越，大瑟朱弦達越，以韋爲鼓，謂之搏拊。何以也？君子有大人聲，不以鍾鼓竽瑟之聲亂人聲，清廟升歌者，歌先人之功烈德澤也，故欲其清也。」云「玄謂拊形如鼓，以韋爲之，著之以糠」者，賈疏云：「此破先鄭拊非樂器。知義如此者，約《白虎通》引《尚書大傳》云『拊革裝之以糠』。今《書傳》無者，在亡逸中。」案：今本《通義·禮樂》篇引《大傳》，作「搏拊鼓振以康」，與賈引又小異。《明堂位》注云：「拊搏，以韋爲之，充之以糠，形如小鼓，所以節樂。」案：登歌用拊，下管用輮，故《樂記》云「會守拊鼓」，又云「治亂以相」，注云：「相即拊也，亦以節樂。拊者，以韋爲表，裝之以糠。糠一名相，因以名焉。今齊人或謂糠爲相。」《書·皐陶謨》作「搏拊」，僞孔傳及《大司樂》疏引鄭《書注》、《史記·樂書》張氏《正義》說，並略同。《釋名·釋樂器》云：「搏拊，以韋盛糠，形如鼓，以手拊拍之也。」聶氏《三禮圖》引《舊圖》云：「相，以韋爲之，線縫，當擊處圓，四圍漸梢而下，以漆柎扃，承而擊之。」《御覽·樂部》引《風俗通》云：「相，拊也，所以輔相於樂，奏樂之時，先擊相。」與此經令奏義合，而釋相則與《樂記》注說不同，疑誤。《爾雅·釋樂》云：「和樂謂之節。」邢昺疏云：「樂器名謂相也。」《通典·樂》云：「撫拍，以韋爲之，實之以糠，撫之以節樂也。」又云：「節鼓狀如博局，中開圓孔，適容其鼓，擊之以節樂也。」案：杜所云「狀如博局」者，蓋即《舊禮圖》所謂「以漆柎扃承而擊之」者，然又以撫拍與節鼓爲二，則未審。參綜諸說，蓋此器以拊拍出音，故曰拊，曰搏拊，曰拊搏，曰撫拍；以節和樂，故曰節；其中著以糠，故曰相；其形似小鼓，故又曰節鼓。七者異名，實一物也。**下管播**

樂器，令奏鼓朄。鼓朄，管乃作也。特言管者，貴人氣也。鄭司農云：「下管，吹管者在堂下。朄，小鼓也。先擊小鼓，乃擊大鼓。小鼓爲大鼓先引，故曰朄。朄讀爲道引之引。」玄謂鼓朄猶言擊朄，《詩》云「應朄縣鼓」。【疏】「下管播樂器」者，此奏堂下之樂，謂升歌之後，笙師帥衆笙及瞽矇，在堂下以管播詩而不歌也。其播衆樂器，則亦瞽矇、眡瞭等贊之。前升歌時，大師帥瞽鼓瑟而歌，上經云「播之以八音」，絲爲八音之一。《瞽矇》又云「掌播鼗柷敔塤簫管弦歌」，則鼓瑟琴等亦爲播樂器。而此於下管始言播樂器者，升歌重歌不重器，下管以管播詩，則專用器故也。賈疏云：「凡樂，歌者在上，匏竹在下，故云下管播樂器，即笙簫及管皆謂播揚其聲。」云「令奏鼓朄」者，鼓，唐石經誤鼙，今據宋本正。賈疏云：「奏即播，亦一也。欲令奏樂器之時，亦先擊朄導之也。」戴震云：「奏謂歈管也。」黄以周云：「《大師》、《小師》皆言下管擊小鼓，與《虞書》『下管鞉鼓』合。曰『下管』，包笙入。曰管曰笙，皆貴人氣，其樂固不止管笙也，故又曰播樂器。播與奏别。賈疏非。《詩·有瞽》篇『應田縣鼓，鞉磬柷敔，既備乃奏，簫管備舉』，即此所謂播樂器也。」案：黄説是也。此樂器當通堂下四縣言之。下管之後，凡閒歌合樂，堂下諸樂等，皆大師令奏，此經蓋通晐之矣。金鶚云：「奏《夏》先擊鍾，餘樂皆先擊鼓。登歌、下管皆先擊小鼓，次擊大鼓，舞亦先擊鼓，《樂記》所謂始奏以文也。《樂記》云樂由陽來，陽必根乎陰，故古之奏樂必先西。《大射儀》樂縣，應鼙在阼階西，朔鼙在西階西。鄭注云：『朔，始也，奏樂先擊西鼙，樂爲賓所由來也。』先擊朔鼙，應鼙應之，是奏樂先西也。鄭謂賓所由來，則失其義。朔鼙即朄，《大師》『下管播樂器令奏鼓朄』，《小師》『凡小祭祀小樂事鼓朄』，是祭祀亦先擊西鼙，非特賓客也。」　注云「鼓朄，管乃作也」者，謂鼓朄以導奏管也。云「特言管者，貴人氣也」者，以經云播樂器，而特言下管，明貴人氣，故别異之也。賈疏云：「以管簫皆用氣，故云貴人氣。若然，先鄭云『登歌下管貴人聲』，此後鄭云『特言管者貴人氣』，不同者，各有所對。若以歌者在上對匏竹在下，歌用人聲爲貴，故在上；若以匏竹在堂下，對鍾鼓在庭，則匏竹用氣，貴於用手，故在階閒也。」鄭司農云「下管，吹管者在堂下」者，登歌之後，堂下以管奏樂，《大射儀》堂下之縣，簜在兩階建鼓之閒，簜即笙管也。金鶚云：「下管，堂下以管奏《象》或《新宫》，鼗鼓柷敔以節之，亦鍾磬應之。」李光地云：「考之《儀禮》，蓋管重於笙，重則以管，輕則以笙也。故升歌三終，笙入三終，鄉飲酒及燕用之，無所謂管者。至四方之賓客，則升歌《鹿鳴》，下管《新宫》，故曰管重於笙。」案：李説是也。《燕禮記》説以樂樂賓之盛禮云：「升歌《鹿鳴》，下管《新宫》，笙入三成，遂合鄉樂。」注云：「管之入三成，謂三終也。」《大射儀》升歌之後，亦云「乃管《新宫》三終」，注云：「管謂吹簜以播《新宫》之樂。」笙從工而入。既管不獻，略下樂也。」據鄭説，是升歌者，大師帥瞽升堂而歌；下管者，笙師帥衆笙立堂下階閒而管；笙入，即謂笙人入而奏管。笙師教龡樂器，笙管並掌，是其證矣。《禮經》下管《新宫》者，諸侯以下禮。《明堂位》、《祭統》説天子大嘗禘，並云「下管《象》」，《象》亦下管之樂曲也。凡大師小師掌鼓琴瑟歌《詩》，笙師掌吹管笙奏《詩》，二職不同，故閒歌合樂，堂上堂下或迭奏，或同奏，兩不相妨。《大射儀》云：「大師及小師、上工皆降立于鼓北，羣工陪于後，乃管《新宫》三終。」彼大師小師皆不掌吹管，而升歌之後即降立于鼓北者，蓋爲鼓𨍏令奏而下，非爲奏管而下也。《燕禮記》云「下管《新宫》，笙入三成」者，猶《大射》云「管《新宫》三終」，三成自蒙《新宫》言之，非別有笙奏三成也。蓋管笙聲略同，禮盛者則奏管而兼笙，禮殺者則奏笙而無管，故《鄉飲酒》、《鄉射》及《燕》，經並有笙奏而無下管，《大射儀》有下管則又不及笙奏。《燕禮記》以管笙兩舉者，笙即指笙師之屬，明管亦笙人所奏，別無管師也。《鄉射禮》無專奏笙詩之節，惟合樂歌笙合奏，而云笙入立于縣中，西面，乃合樂。彼笙爲合樂而入，猶《燕禮記》之笙爲下管而入也。參互推校，笙入與下管非二節明矣。互詳《鍾師》疏。云「𨍏，小鼓也，先擊小鼓，乃擊大鼓，小鼓爲大鼓先引，故曰𨍏，𨍏讀爲道引之引」者，徐鍇本《説文·申部》云：「朄，擊小鼓引樂聲也。从申柬聲。《周禮》曰：小樂事鼓朄。讀若引。」𨍏即朄之變體。段玉裁云：「許説與大鄭同，但云『从申柬聲』，似誤。疑當云『從申柬，申亦聲』。申之言引伸也，柬之言小鼓與大鼓分別也。」黄以周云：「先鄭以鼓𨍏爲二物，鼓即建鼓，𨍏爲引鼓。」陳祥道云：「《周禮》大祭祀皆鼓𨍏擊應，《大射》有朔鼙、應鼙，《詩》『應田縣鼓』，又以應配𨍏，則朔鼙乃𨍏鼓也。以其引鼓故曰𨍏，以其始鼓故曰朔，是以《儀禮》有朔無𨍏，《周禮》有𨍏無朔，其實一也。」鄭以應與𨍏及朔爲三鼓，恐不然也。」案：陳説近是，戴震、江藩、金鶚、馬瑞辰説並同。《大射儀》下管時，大師降立於鼓北，鄭注謂西縣建鼓之北。依陳説，𨍏即朔鼙，則正在西縣，與此鼓𨍏之文亦似相合。互詳《小師》疏。《初學記·鼓類》引《纂要》云：「應鼓曰鞞鼓，亦曰𨍏鼓，亦曰田鼓。𨍏者引也，言先擊鼓以引大鼓也。」《纂要》說似誤以輔與應鼙爲一，不足據。云「玄謂鼓輔猶言擊輔」者，《小師》注云：「出音曰鼓。」鄭以此鼓輔，即謂擊之出音，與六鼓義異也。引《詩》云「應輔縣鼓」者，《周頌・有瞽》篇文。《毛詩》作「應田縣鼓」，傳云「田，大鼓也」。鄭箋云「田當作輔，輔，小鼓，在大鼓旁，應鞞之屬也。聲轉字誤變而作田」。案：《毛詩》釋田爲大鼓，與鄭字義並異。鄭《明堂位》注及《爾雅・釋樂》郭注引《詩》，亦並作「輔」，疑本三家《詩》說。引之者，證輔爲鼓名也。大饗亦如之。【疏】「大饗亦如之」者，賈疏云：「此大饗，謂饗諸侯來朝，即《大行人》上公三饗、侯伯再饗、子男一饗之類。其廟行饗之時，作樂與大祭祀同，亦如上大祭祀帥瞽登歌，下管播樂器令奏，皆同，故云亦如之。凡祭祀、大饗及賓射，升歌、下管一皆大師令奏，小師佐之。其鍾鼓則大祝令奏，故《大祝》云『隋釁逆牲逆尸，令鍾鼓，右亦如之』。若賓射及饗，鍾鼓亦當大祝令之，與祭祀同也。其小祭祀及小賓客，文不見，或無升歌之樂。其外祭祀山川社稷，皆準大祭祀令奏也。」詒讓案：《仲尼燕居》說大饗云：「入門而金作，示情也；升歌《清廟》，示德也；下而管《象》，示事也。」此即大饗金奏、升歌、下管之節。大射，帥瞽而歌射節。射節，王歌《騶虞》。【疏】「大射帥瞽而歌射節」者，此射樂登歌之外，別有歌射節之事也。《大射儀》云：「小臣納工工六人，四瑟。僕人正徒相大師，僕人師相少師，僕人士相上工。」又云：「樂正命大師曰：『奏《貍首》，閒若一。』大師許諾，奏《貍首》以射。」鄭注云：「工，謂瞽矇善歌諷誦詩者也。六人，大師、少師各一人，上工四人。」即大師帥瞽歌射節之事，亦大司樂令之也。其賓射、燕射歌射節亦當同。金鶚云：「上文云『帥瞽登歌』，此歌不言登，亦奏在堂下之證。」案：金說是也。詳《大司樂》疏。

注云「射節，王歌《騶虞》」者，即《大司樂》云「大射令奏《騶虞》」是也。賈疏云：「謂若《射人》所云樂以《騶虞》九節，《貍首》七節，《采蘋》、《采蘩》五節之類，則大師爲之歌也。」大師，執同律以聽軍聲，而詔吉凶。大師，大起軍師。《兵書》曰：「王者行師出軍之日，授將弓矢，士卒振旅，將張弓大呼，大師吹律合音。商則戰勝，軍士强；角則軍擾多變，失士心；宮則軍和，士卒同心；徵則將急數怒，軍士勞；羽則兵弱，少威明。」鄭司農說以師曠曰「吾驟歌北風，又歌南風，南風不競，多死聲，楚必無功」。【疏】「大師執同律以聽軍聲」者，同，故書疑作「銅」，詳《典同》疏。大師，王在軍，此大師官執同律乘車以從王。《大史》云「大師，抱天時與大師同車」，二官爲官聯也。　注云「大師，大起軍師」者，師卽《夏官・序官》「二千有五百人爲師」之師，謂王有所征討，大發六師以行也。《大司馬》注云：「大師，王出征伐也。」與此注義互相備。引《兵書》者，賈疏云：「武王出兵之書。合音商則戰勝軍士强者，商屬西方金，金主剛斷，故兵士强也。角則軍擾多變失士心者，東方木，木主曲直，故軍士擾多變，失士心。宫則軍和士卒同心者，中央土，土主生長，又載四行，故軍士和而同心。徵則將急數怒軍士勞者，南方火，火主熛怒，故將急數怒。羽則兵弱少威明者，北方水，水主柔弱，又主幽闇，故兵弱少威明也。」案：賈引武王《兵書》，今未見所出。《史記・律書》云：「六律爲萬事根本，其於兵械尤所重，故云望敵知吉凶，聞聲效勝負，百王不易之道也。武王伐紂，吹律聽聲，推孟春以至于季冬，殺氣相并，而音尚宫。」張氏《正義》引《兵書》説同，卽本此注也。又《六韜・五音》篇云：「武王問太公曰：『律音之聲，可以知三軍之消息、勝負之決乎？』太公曰：『夫律管十二，其要有五音，宫商角徵羽，此真正聲也。萬代不易，五行之神，道之常也。金木水火土，各以其勝攻也。其法，以天清淨無陰雲風雨，夜半，遣輕騎往至敵人之壘，去九百步外，偏持律管當耳，大呼驚之，有聲應管，其來甚微。角聲應管，當以白虎；徵聲應管，當以玄武；商聲應管，當以朱雀；羽聲應管，當以句陳；五管聲盡不應者，宫也，當以青龍。此五行之符，佐勝之徵，成敗之機。』武王曰：『善哉！』太公曰：『微妙之音，皆在外候。』武王曰：『何以知之？』太公曰：『敵人驚動則聽之，聞枹鼓之音者，角也；見火光者，徵也；聞金鐵矛戟之音者，商也；聞人嘯呼之音者，羽也；寂寞無聲者，宫也。此五音者，聲色之符也。』」又《五行大義》引《黄帝兵決》，亦有審五音以知敵性及候風聲之術。此並古兵家聽軍聲遺法，與此注所述又異。　云「鄭司農説以師曠曰」以下者，賈疏云：「按襄公十八年，楚子使子庚帥師侵鄭，《左傳》曰：『甚雨及之，楚師多凍，役徒幾盡。晉人聞有楚師，師曠曰：「不害，吾驟歌北風，又歌南風，南風不競，多死聲，楚必無功。」』注云：『北風，夾鍾無射以北；南風，姑洗南吕以南。南律氣不至，故死聲多。吹律而言歌與風者，出聲曰歌，以律是候氣之管，氣則風也，故言歌風。引之者，證吹律知吉凶之事也。」案：賈所引《左傳注》，《保章氏》疏引作服注。杜注云：「歌者吹律以詠八風，南風音微，故曰不競也。」與賈、服義異。　**大喪，帥瞽而廞；作匱，**

謚。廞，興也，興言王之行，謂諷誦其治功之詩。故書廞爲淫，鄭司農云：「淫，陳也。陳其生時行迹，爲作謚。」

【疏】「大喪帥瞽而廞，作匶謚」者，匶，籀文柩，詳《鄉師》疏。賈疏云：「大喪言凡，則大喪中兼王后。雖婦從夫謚，亦須論行乃謚之。言帥瞽者，即帥瞽矇歌王治功之詩。廞作匶謚者，以其興喻王治功之詩，爲柩作謚。」案：據疏説，則經大喪上當有「凡」字，唐石經及宋本並挩。《大史》疏引此經亦有「凡」字。《宰夫》注云：「大喪，王、后、世子也。」此亦當關世子喪，以後凡樂官廞器並同。賈讀「廞作匶謚」爲句，依二鄭義也。王引之云：「《周官》大喪言廞者，皆謂陳器物。《司裘》廞裘，《司服》廞衣服，《巾車》廞遺車，《車僕》廞革車，《司常》建廞車之旌，《司兵》廞五兵，《圉人》廞馬，樂官則《大司樂》、《眡瞭》、《笙師》、《鎛師》、《籥師》並言廞樂器，《典庸器》廞筍虡，《司干》廞舞器，皆是也。《大師》、《小師》之廞，不應獨異，帥瞽而廞，謂廞樂器也。樂器眡瞭所廞，而以爲大師帥瞽而廞者，眡瞭掌大師之縣，故大師得命眡瞭廞之，又帥瞽而涖其事也。《周頌·有瞽》篇：『有瞽有瞽，在周之庭，設業設虡，崇牙樹羽，應田縣鼓，鞉磬柷圉。』彼樂器亦是眡瞭設之，而《詩》以爲瞽之所設，則以眡瞭相瞽故也。大師帥瞽而廞樂器，小師又與廞者，猶《大司樂》『大喪涖廞樂器』，《樂師》亦云『凡喪陳樂器，則帥樂官』也。廞樂器但謂之廞者，因上《大司樂》、下《眡瞭》廞樂器之文而省，猶《鄉師》之『致民』，《大司馬》『及致建大常，比軍衆』，但謂之致也。廞以陳器，謚以易名，二者絶不相涉，不得合爲一事。謚爲王及后作，非爲匶作也。亦不得以『作匶謚』連讀，作匶二字當絶句，作匶蓋謂將載時也。作，起也，動也。匶朝於廟，升自西階，及將祖，則舉匶卻下而載於車，故謂之作匶也。言當作匶之時，大師則進而謚焉，故曰作匶謚。《小史職》曰：『卿大夫之喪，賜謚讀誄。』鄭注曰：『其讀誄亦以大師賜謚爲節，事相成也。』則大史之大喪讀誄，亦以大師之謚爲節，先誄後謚，同在一時可知矣。《大史職》曰：『遣之日讀誄。』鄭注曰：『遣謂祖廟之庭大奠將行時也。人之道終於此，累其行而讀之。大師又帥瞽廞之而作謚，瞽史知天道，使共其事，言王之誄謚，成於天道。』是誄謚相因，同在遣之日也。案：《既夕禮》載匶即在遣之日，是日將載而作匶，則大史誄之，而大師謚之，故曰『遣之日讀誄』，又曰『作匶謚』。作匶者，遣之始也。如謂經文但言作謚，而非以作匶爲節，則直云作謚，其義已明，何乃枝蔓其詞而云匶乎？以是明之。」案：王説是也。「作匶謚」者，言作匶而遂作謚，與大史爲官聯也。《周書·

謚法》篇説武王崩，將葬，乃制作謚。《白虎通義・謚》篇云：「所以臨葬而謚之何？因衆會欲顯揚之也。祖載而有謚也。」祖載卽作匶，此云「作匶謚」，猶云祖載而作謚矣。

注云「廞，興也」者，《司裘》注同。云「興言王之行，謂諷誦其治功之詩」者，《司裘》注云「若《詩》之興」，蓋謂述王平生行事，作詩以美之，若六詩之興然，遂以爲謚也。王引之云：「後鄭説廞作匶謚曰『諷誦其治功之詩』，又苦其無據，而舉瞽矇諷誦詩以當之。案：詩頌美盛德之形容，以其成功告於神明，惟祭宗廟則然耳，不聞用之於作謚也。且瞽矇之諷誦詩，所以箴王之闕，鄭司農云『主誦詩以刺君過』，而説以《國語》『瞍賦矇誦』是也，非爲作謚而設。若以爲廞作匶謚，則是瞽之誦詩專用之於大喪，而平時規過之職反闕焉不講矣，無是理也。」云「故書廞爲淫，鄭司農云『淫，陳也』」者，「云」下疑當有「淫讀爲廞」四字，並詳《司裘》疏。云「陳其生時行迹爲作謚」者，《周書・謚法》篇云：「謚者，行之迹也。」《白虎通義・謚》篇云：「謚之爲言引也，引列行之迹也，所以進勸成德，使上務節也。」案：先鄭直爲陳王生時行迹，不爲諷誦詩也，與後鄭小異。賈疏云：「凡作謚，謂將葬時，故《檀弓》云：『公叔文子卒，其子戍請於君曰：日月有時，將葬矣，請所以易其名者。』《曾子問》云『賤不誄貴，幼不誄長，天子稱天以誄之』，引《公羊》説制謚於南郊是也。」王引之云：「如先鄭所解，則廞與誄同矣。案《大史職》曰：『大喪執灋以涖勸防，遣之日讀誄。』是誄者，大史之事。生時行迹，大史固已陳之矣，若大師又陳其行迹，是再誄也，誄不應再。且廞之爲道若與誄同，則經文直云帥瞽而誄可矣，何必變其文爲廞乎？此説之不可通者也。」案：王説是也。先鄭訓廞爲陳，得之；而讀『廞作匶謚』句斷，以爲陳生時行迹爲作謚，則與後鄭同誤。

凡國之瞽矇正焉。從大師之政教。【疏】注云「從大師之政教」者，《夏官・敍官》注云：「正猶聽也。」謂聽從其政令，給其役使，故《瞽矇》云「掌九德六詩之歌，以役大師」。經例，凡以長領屬爲帥，以屬從長爲正、爲聽，此大宰八法官屬之通制也。

小師掌教鼓鼗、柷、敔、塤、簫、管、弦、歌。

教，教瞽矇也。出音曰鼓。鼗如鼓而小，持其柄搖之，旁耳還自擊。塤，燒土爲之，大如鴈卵。簫，編小竹管，如今賣飴餳所吹者。弦，謂琴瑟也。歌，依詠詩也。鄭司農云：「柷如漆筩，中有椎。敔，木虎也。塤，六孔。管，如簾，六孔。」玄謂管如篴而小，併兩而吹之，今大予樂官有焉。【疏】注云「教，教瞽矇也」者，賈疏云：「按瞽矇所作樂器，與此所要者同，明此教，教瞽矇也。」詒讓案：此鼗亦兼教視瞭。塤簫管三者笙師又教之者，彼注亦云「教視瞭」，與此異也。云「出音曰鼓」者，舊本「出音」下衍「者」字，今依宋婺州本删。《廣雅・釋詁》云：「鼓，鳴也。」此與六鼓之鼓字同義異，謂鳴鼗柷以下諸器使出音，猶《瞽矇》云播也。《説文・支部》别有鼓字，訓擊鼓也，與此鼓音義並異。岳珂本從彼改此注作鼓，蓋沿毛居正《六經正誤》之謬説，今不從。賈疏云：「鄭知此經鼓非六鼓之鼓者，案《鼓人》云『掌教六鼓』，《眡瞭職》云『掌大師之縣』，又云『賓射皆奏其鍾鼓』，則六鼓鼓人教之，眡瞭擊之，非此小師教。又瞽矇所作不言鼓，明此鼓既在鼗已下諸器之上，是出聲爲鼓也。」云「鼗如鼓而小，持其柄摇之，旁耳還自擊」者，《釋文》出「揺之」，云「本亦作摇」，兩文不異，必有一誤。孔繼汾據《矢人》釋文謂下摇字當作「搖」。段玉裁云：「正文當是『繇之』。《追師》注『步揺』，本或作『繇』可證。盧本改此摇作遥，非。」案：段説近是。《説文・革部》云：「鞀，遼也，重文鞉，或从兆。鼗鞀或从鼓从兆。」經作鼗，卽鞉之變體。《釋名・釋樂器》云：「鞉，導也，所以導樂作也。」《王制》孔疏引《漢禮器制度》云：「鼗如小鼓，長柄，旁有耳，摇之使自擊。」是鄭所據也。案：鄭云如鼓而小者，謂形如鞞人所爲諸鼓，而長廣及中圍之度皆減小也。攷《爾雅・釋樂》云：「大鼗謂之麻，小者謂之料。」則鼗亦自有大小之别。❶《大司樂》又有靁鼗、靈鼗、路鼗，則六鼓疑皆有鼗，此官當通教之矣。其柄貫於鼓匡之木，而旁綴繩以爲兩耳。《詩・商頌・那》「置我鞉鼓」，毛傳云：「鞉鼓，樂之所成也。夏后氏足鼓，殷人置鼓，周人縣鼓。」依《毛詩》義，則鼗鼓亦殷置周縣異法，但置縣皆不便摇擊，豈擊時别解下之以手持其柄而摇之，與《鼓人》六鼓或建或縣，而以桴擊之異與？然《大射儀》云「鼗倚于頌磬，西紘」，則是倚而非縣，《毛詩》説與《禮》究不相應，故鄭《詩箋》云「鞉雖不植，貫而摇之，亦植之類」。若然，鄭意周鼗固不縣也。云「塤，燒土爲之，大如鴈卵」者，《説文・土部》云：「壎，樂器也，以土爲之，六孔。」《玉篇・土部》云：「壎塤同。」《釋名・釋樂器》云：「塤，喧也，聲濁喧喧然也。」《爾雅・釋樂》云：「大塤謂之嘂。」郭注云：「塤，燒土爲之，大如鵝子，鋭上平底，形如稱錘，六孔，小者如雞子。」《吕氏春秋・仲夏紀》注

❶ 原「自」上衍「有」，據文意删。

云：「壎，以土爲之，大如鴈子，其上爲六孔。」聶崇義云：「大如鴈卵謂之雅塤，小者如雞子謂之頌塤，凡六孔，上一，前三，後二。」案：《書鈔・樂部》引《三禮舊圖》略同，蓋聶氏所本。鴈卽鵝也，詳《膳夫》疏。依聶《圖》説，鄭卽據雅塤言之，郭、高説並與鄭同。《廣雅・釋樂》云：「塤象稱錘。」亦謂橢圓形也。云「簫編小竹管，如今賣飴餳所吹者」者，《詩・周頌・有瞽》箋義同。編小竹管，謂以繩編聯衆竹管，比次爲之。《莊子・齊物論》篇云：「人籟則比竹是已。」比竹卽謂簫也。賈疏云：「案《通卦驗》云：『簫長尺四寸。』注云：『簫，管形，象鳥翼。鳥爲火，火成數七，生數二，二七一十四，簫之長由此。』《廣雅》云：『籟謂之簫，大者二十四管，小者十六管，有底。』《三禮圖》云：『簫長尺四寸，頌簫長尺二寸。』此諸文簫有長短不同，古者有此制也。」孔疏云：「《釋樂》云：『大簫謂之言，小者謂之筊。』郭璞曰：『簫，大者編二十三管，長尺四寸，小者十六管，長尺二寸，一名籟。』《易通卦驗》云：『簫長尺四寸。』《風俗通》云：『簫，參差象鳳翼，十管，長二尺。』其言管數長短不同，蓋有大小故也，要是編小竹管爲之耳。如今賣餳者所吹，其時賣餳之人吹簫以自表也。《方言》云：『餳謂之張皇，或云滑餹。凡飴謂之餳，關東之通語也。』然則餳者餭之類也。」案：孔、賈説是也。《説文・竹部》云：「簫，參差管樂，象鳳之翼。」《釋名・釋樂器》云：「簫，肅也，其聲肅肅然清也。」《通典・樂》引蔡氏《月令章句》云：「簫，編竹，有底，大者二十三管，❶小者十六管，長則濁，短則清，以蜜蠟實其底而增減之則和。」《蓺文類聚・樂部》引《三禮圖》云：「雅簫長尺四寸，二十四彄；頌簫長尺二寸，十六彄。」案：彄，聶《圖》引《舊圖》作管，則彄卽管也。其云雅簫二十四彄，與張稚讓説同，而與蔡、郭所云二十三管者不合。應仲遠云十管，則又少於諸家所説頌簫之數。《初學記・樂部》引《五經通義》云：「簫，編竹爲之，長尺有五寸。」復與諸家所述尺度不同，未知孰是。云「弦謂琴瑟也」者，《説文・弦部》云：「弦，弓弦也，从弓，象絲軫之形。」《琴部》云：「琴，禁也，神農所作，洞越，練朱五弦，周時加二弦。」瑟，庖犧所作弦樂也。」《釋名・釋樂器》云：「瑟，施弦張之瑟瑟然也。」案：琴瑟爲絲音，與弓皆以絲爲弦，故直謂之弦。《樂記》云：「樂師辨乎聲詩，故北面而弦。」注亦云「弦謂鼓琴瑟也」。《樂記》又云：「舜彈五弦之琴」，又云「《清廟》之瑟，朱弦而疏越」。《明堂位》有大琴、大瑟、中琴、小

❶「二」，原訛「上」，據《通典》卷一四四改。

瑟。《爾雅・釋樂》云：「大瑟謂之灑，大琴謂之離。」郭注云：「大瑟長八尺一寸，廣一尺八寸，二十七弦。琴大者二十弦。」《廣雅・釋樂》云：「神農氏琴長三尺六寸六分，上有五弦，曰宫商角徵羽，文王增二弦，曰少宫、少商。伏羲氏瑟長七尺二寸，上有二十七弦。」《後漢書・仲長統傳》李注引《三禮圖》説同。《初學記・樂部》引《琴操》云：「琴長三尺六寸六分，廣六寸，五弦，大弦爲君，小弦爲臣，文王、武王加二弦，以合君臣之恩。」聶氏《三禮圖》引舊《圖》云：「雅瑟長八尺一寸，廣一尺八寸，二十三弦，其常用者十九弦，其餘四弦謂之番，番，羸也。頌瑟長七尺二寸，廣尺八寸，二十五弦，盡用。」又引《世本》云：「瑟，庖犧氏作五十弦，黄帝使素女鼓瑟，哀不自勝，乃破爲二十五弦，具二均聲。」《風俗通義・音律》篇引《世本》，又作四十五弦。案：瑟弦數大小，舊説舛互不合，未知孰是。《儀禮經傳通解》引《尚書大傳》云：「古者聖王升歌《清廟》之樂，大琴練弦達越，大瑟朱弦達越。」則升歌用大琴、大瑟矣。云「歌，依詠詩也」者，《説文・欠部》云：「歌，詠也。」《漢書・藝文志》云：「誦其言謂之詩，詠其聲謂之歌。」《釋名・釋樂器》云：「人聲曰歌，歌，柯也，所歌之言是其質也，以聲吟詠有上下，如草木之有柯葉也，故兖冀言歌聲如柯也。」《書・舜典》云：「歌永言，聲依永。」《詩譜序》孔疏引鄭《書注》云：「永，長也。歌又所以長言詩之意也，聲之曲折又依長言而爲之。」《漢書・藝文志》引《書》「永」作「詠」，注義即本於彼。依詠，謂依於琴瑟以爲節，故《臯陶謨》云「以詠」，亦冡戛擊琴瑟言之。《毛詩・魏風・園有桃》傳，亦云「曲合樂曰歌」。又《大雅・行葦》傳云「歌者，比於琴瑟也」。賈疏云：「謂工歌詩，依琴瑟而詠之詩，此即《詩傳》云『曲合樂曰歌』，亦一也。故鄉飲酒之屬，升歌皆有瑟依詠詩也。若不依琴瑟，即《爾雅》『徒歌曰謡』也。」鄭司農云「柷如漆筩，中有椎」者，《王制》孔疏引《漢禮器制度》文同，即鄭所本。賈疏引《書・臯陶謨》「合止柷敔」鄭注亦同，又云「合之者，投椎於其中而撞之」。《説文・木部》云：「柷，樂木椌也，所以止音爲節。椌，柷樂也。」《釋名・釋樂器》云：「柷，狀如桼桶，柷如物始見柷柷然也。祝，始也，故訓柷爲始以作樂也。」《風俗通義・聲音》篇云：「謹按《禮樂記》：『柷，漆筩，方畫木，方三尺五寸，高尺五寸，中有椎，上通柷，止音爲節。』」《廣雅・釋樂》云：「柷，象桶，方三尺五寸，深尺八寸，四角有陞鼠。」《爾雅・釋樂》云：「所以鼓柷謂之止。」郭注云：「柷如漆桶，方二尺四寸，深一尺八寸，中有椎，柄連底，挏之令左右擊。止者，其椎名。」並與先鄭説同，惟郭說柷尺度小異。《白虎通義・禮樂》篇云：「柷敔者，終始之聲。柷，始也；敔，終也。」《明堂位》鄭注云：「揩擊謂柷敔，皆所以節樂者也。」《吕氏春秋・仲夏紀》高注云：「柷以節樂，敔以止樂。」《大司樂》賈疏約鄭《書注》義同。據《白虎通》、《釋名》並訓柷爲始，《漢禮器制度》亦云「將作樂先擊之」，是謂作樂以柷始，以敔終也。《書・益稷》僞孔傳孔疏、《漢書・禮樂志》顏注説並同。依鄭、高説，則柷節樂，敔止樂。《逸樂記》及《説文》説，則以柷亦爲止樂。鄭《明堂位》注又謂柷敔同以節樂，不分終始。衆説差迕。金鶚云：「《周語》『革木以節之』，節樂卽所以和樂。柷敔以節樂、和樂，當如後世之拍版然。據《説文》、《風俗通》，柷敔皆所以節止樂，不可謂柷以作樂於始也。《書》言『合止柷敔』，謂合其句而止之，合有和之義，止有節之義，合止皆兼柷敔，非柷合而敔止也。又止者暫止，非終止也。先儒皆以爲終止，既與節字之義不合，而《虞書》亦不當敍於『笙鏞以閒』之先矣。《唐六典》舉麾鼓柷而後樂作，偃麾戛敔而後樂止，大常沿襲相傳，皆爲先儒所誤。」案：金説近是。又凡作樂，柷與鼗相將，詳《大司樂》疏。云「敔，木虎也」者，賈疏引鄭《書注》云：「敔狀如伏虎，背有刻，所以鼓之以止樂。」《説文・攴部》云：「敔，樂器，椌楬也，形如木虎。」《詩・周頌》傳云：「圉，楬也。」圉卽敔之借字。《釋名・釋樂器》云：「敔，狀如伏虎。敔，衙也，衙，止也，所以止樂也。」《廣雅・釋樂》云：「敔象伏虎，背上有二十七刻。」《爾雅・釋樂》云「所以鼓敔謂之籈」，郭注云：「敔如伏虎，背上有二十七鉏鋙刻，以木長尺擽之，籈者其名。」並與先鄭説同。《樂記》孔疏引鄭《詩・有瞽》篇注，云「敔，背上有二十四齟齬」，檢《詩箋》無其文，説敔背鉏鋙數與古書亦不合，疑誤也。云「塤，六孔」者，孔，《釋文》作「空」，案：空孔古今字，《笙師》注竝作空，陸本是也。《説文》、《廣雅》、《爾雅》郭注、《吕氏春秋》高注説並同。《風俗通義・聲音》篇云：「謹按：《世本》『暴辛公作塤』。塤，燒土爲也，圍五寸半，長三寸半，有四孔，其二通，凡爲六孔。」云「管，如篪六孔」者，丁晏云：「《爾雅・釋樂》：『大管謂之簥，其中謂之篞，小者謂之篎。』郭注：『管長尺，圍寸，併漆之，有底。賈氏以爲如篪，六孔。』賈氏謂賈逵，蓋《周禮解詁》文也。《説文・竹部》：『管，如篪，六孔，十二月之音，物開地牙，故謂之管。』許君从賈氏受古學，故説亦同。《風俗通義・聲音》篇引《禮樂記》『管，漆竹長一尺，六孔』。《漢書・律志》孟康注引《禮樂器記》同。」案：丁説是也。《宋書・樂志》引《月令章句》云：「管者，形長尺，圍寸，有六孔，無底。」亦並以管爲六孔。賈疏云：「按《廣雅》云：『管象簫，長尺圍寸，八孔，無底。』八孔者，蓋傳寫誤，當從六孔爲正也。」徐養原云：「賈所引《廣雅》與今本不同，今本簫作䶊，八作六，蓋妄人所改也。簫爲比竹，象簫，正合併吹之義，今改之欲强同於先鄭耳。後鄭不言孔數，則《廣雅》云八孔，亦未必字誤。」案：徐説亦通。《吕氏春秋・仲夏紀》、《淮南子・時則訓》高注並云「管一孔似篴」。以管爲一孔，與先鄭及它書絶異，未知所據。云「玄謂管如篴而小，併兩而吹之」者，宋本《釋文》出「併」而無「兩」字，宋余仁仲本亦無。盧文弨云：「云併則兩可知，陸所見本無兩字，後人乃改而爲兩。」案：盧説是也。《詩・周頌・有瞽》箋亦云：「管如篴併而吹之。」此注當與彼同。徐養原云：「疏云『觀後鄭意，不與諸家同』。予按：鄭意與諸家蓋不異也。諸家云六孔，安知不併兩乎？鄭云併兩，安知不六孔乎？《風俗通》引《禮樂記》：『管，漆竹，長一尺，六孔。』郭璞《爾雅注》云：『管，長尺圍寸，併漆之，有底。』夫六孔而長尺圍寸，是如笛而小也；象簫併漆，是併兩而吹也。管形甚小，與笙簫之管無異，併兩而吹，宜也。孔數固當以六爲正，長尺而施六孔爲太促，故分而爲二，蓋每管三孔，併之而得六孔。然則管之形似兩籥耳。籥如笛，故管亦如笛。」云「今大予樂官有焉」者，予，舊本誤「子」，今據宋婺州本、余本、岳本正。王聘珍云：「《後漢書・明帝紀》：『永平三年秋八月戊辰，改太樂爲太予樂。』《曹褒傳》：『《尚書璇璣鈐》曰：「有帝漢出，德洽作樂，名予。」帝下詔曰：「今且改大樂官曰大予。」』《續書・百官志》：『大予樂令一人，秩六百石。』」詒讓案：《續漢書・禮儀志》劉注引蔡邕《禮樂志》云：「漢樂四品，一曰大予樂，典郊廟上陵殿諸食舉之樂。」鄭據其時大予樂官，有此兩管笛，故取以證義。

大祭祀登歌，擊拊，亦自有拊擊之，佐大師令奏。鄭司農云：「拊者擊石。」【疏】注云「亦自有拊擊之」者，明與大師擊拊異也。賈疏云：「鄭知小師亦自擊拊，不共大師同擊拊者，見大師下管鼓鞞，此小師下管別自擊應鼙，不同，明擊拊亦别可知。」云「佐大師令奏」者，以《大師》登歌下管皆云令奏，此無文，故補之，明二者皆佐大師，經文不具也。鄭司農云「拊者擊石」者，《書・舜典》「擊石拊石」，僞孔傳云：「拊亦擊也。」《大師》「擊拊」，先鄭注云「樂或當擊，或當拊」，則拊與擊有大小輕重之異。此又釋拊爲擊石者，以拊擊義本兩通。先鄭兩注皆不以拊爲樂器，後鄭所不從，互詳《大師》疏。

下管，擊應鼓，應鼙也。應與鞞及

朔，皆小鼓也。其所用別未聞。【疏】注云「應鼙也，應與鞞及朔皆小鼓也」者，《大射儀》：「建鼓在阼階西，南鼓，應鼙在其東，南鼓。西階之西頌磬，東面，其南鍾，其南鑮，皆南陳；一建鼓在其南，東鼓，朔鼙在其北。」注云：「應鼙，應朔鼙也。先擊朔鼙，應鼙應之。鼙，小鼓也。在東，便其先擊小後擊大也。朔，始也。奏樂先擊西鼙，樂爲賓所由來也。」案：對文鼙爲小鼓，散文則通，故此經及《禮器》並以應鼙爲應鼓。《爾雅·釋樂》云：「大鼓謂之鼖，小者謂之應。」彼《釋文》引李巡云：「小者音聲相承，故曰應，應，承也。」又引孫炎云：「和應大鼓也。」《毛詩·周頌·有瞽》「應田縣鼓」，傳云：「應，小鞞也。」戴震云：「《儀禮》有朔鼙、應鼙。鼙者小鼓，與大鼓爲節。魯鼓薛鼓之圖，圜者擊鼙，方者擊鼓。後世不別設鼙，以擊鼓側當之。作堂下之樂，先擊朔鼙，應鼙應之。朔者始也，所以引樂，故又謂之鞞，鞞之言引也。朔鼙在西，置鼓北，應鼙在東，置鼓南，東方諸縣西嚮，西方諸縣東嚮故也。」馬瑞辰云：「《釋名·釋樂器》云：『鼙，裨也，裨助鼓節也。』鼙在前曰朔，朔，始也；在後曰應，應大鼓也。鞞以引鼓，在前可知，鞞之即朔，亦可知矣。」案：依鄭義，則應、鞞、朔三鼓各異。戴、馬並謂鞞與朔爲一，說本陳祥道，其義近是。江藩、金鶚說同。攷《大射儀》，大師於下管時，降立於鼓北，鄭注云「鼓北，西縣之北也」。則適與擊朔鼙相近，似可爲陳說增一義證。但依陳說，則大師鼓鞞，小師擊應鼓，當分立東西縣，而《大射》則大師小師並同立鼓北無東西明文。又此經升歌，大師小師並擊拊，而《大射》亦絶無其文，兩經義終不甚相合耳。又江藩謂宮縣南北兩縣亦名應鼓，孫希旦則謂南方亦名應鼓，北方亦名朔鼓。經注並無文，未知孰是。互詳《大師》疏。又案：《說文·鼓部》云：「鼙，騎鼓也。」此蓋《大司馬》「旅帥執鼙」之異說，與應鼙、朔鼙不相涉也。《宋書·樂志》又云：「小鼓有柄曰鞀，大鞀謂之鞞。」案：鞀卽鼗之正字，與鼙絶異，沈說亦不足據。云「其所用別未聞」者，賈疏云：「此上下祭祀之事，有應，有鞞，無朔；大射有朔，有應，無鞞。凡言應者，應朔鼙，祭祀既有應，明有朔。但無文，不可强定之，故云用別未聞也。」

徹，歌。於有司徹而歌《雍》。【疏】注云「於有司徹而歌《雍》」者，謂祭畢時，大宗伯、九嬪、内外宗等徹豆籩，膳夫之屬與小臣等徹齍俎，則此官帥瞽矇歌《雍》以爲節也。凡大祭祀徹並歌《雍》，詳《樂師》疏。

大饗亦如之。【疏】「大饗亦如之」者，賈疏云：「其大饗，饗諸侯之來朝者，徹器亦歌

《雍》。若諸侯自相饗，徹器卽歌《振鷺》。故《仲尼燕居》云『大饗有四焉』，云『徹以《振羽》』，注『《振羽》，《振鷺》』，是其事也。」曾釗云：「《振鷺》在《周頌》，不應但爲諸侯相饗所用而已，王饗諸侯當亦用之。亦如之者，言小師亦爲之歌耳。」案：曾說近是。《仲尼燕居》云「客出以《雍》」，是兩君大饗別以《雍》爲送賓之樂。王禮或與彼同。上注亦祇謂祭祀徹歌《雍》，不謂大饗亦然，賈推鄭義，乃失其恉。

大喪，與廞。從大師。【疏】「大喪與廞」者，《穀梁》僖十九年范注云：「與，廁豫也。」廞謂陳樂器。眡瞭大喪廞樂器，大師率瞽泣之，小師亦豫其事也。　注云「從大師」者，據《大師》云「大喪率瞽而廞，作匶謚」，故知此與廞是從大師也。

凡小祭祀小樂事，鼓㡛。如大師。鄭司農云：「㡛，小鼓名。」【疏】「凡小祭祀小樂事鼓㡛」者，小祭祀，謂王玄冕所祭也，詳《小司徒》及《司服》疏。鼓亦謂出音也。　注云「如大師」者，《大師》云：「下管播樂器，令奏，鼓㡛。」彼大祭祀，大師鼓㡛。此小師亦於小祭祀下管奏之，與彼所鼓同也。　鄭司農云「㡛，小鼓名」者，《大師》注義同。

掌六樂聲音之節與其和。和，錞于。【疏】「掌六樂聲音之節與其和」者，六樂卽《大司樂》之六樂，彼以舞爲主，而亦有聲歌；此官辨其節奏，使與舞相應也。　注云「和，錞于」者，《釋文》云：「錞，本或作淳。」案：錞淳字通，詳《鼓人》疏。賈疏云：「見《鼓人》云『金錞和鼓』，故知和是錞于也。」詒讓案：《典同》云「掌六律六同之和」，又云「凡和樂亦如之」。彼注訓和爲調。此經「節」「和」當亦廣晐六樂言之，則不止一器也。「鄭以金錞和鼓」，《鼓人》有明文，約舉以見義耳，非謂凡和樂專用錞于也。

瞽矇掌播鼗、柷、敔、塤、簫、管、弦、歌。播謂發揚其音。【疏】「掌播鼗柷敔塤簫管弦歌」者，此卽小師所教者也。其塤簫管三者，笙師亦教之。《論語·微子》篇有「播鼗武」，《漢書·古今人表》顔注引鄭注，以爲周平王時人，或卽此官，抑是眡瞭，未能定也。　注云「播謂發揚其音」者，《大師》「播之以八音」，注云：「播猶揚也。」《論語·微子》集解引孔安國云：「播，搖也。」彼專據鼗言之，故訓爲搖，與此經義異。賈疏云：「此八音者，皆小師教此瞽矇，令於作樂之時，播揚以出聲也。」

諷誦詩，世奠繫，鼓琴瑟。諷誦詩，謂闇讀之，不依詠也。

故書奠或爲帝。鄭司農云：「諷誦詩，主誦詩以刺君過，故《國語》曰『瞍賦矇誦』，謂詩也。杜子春云：『帝讀爲定，其字爲奠，書亦或爲奠。世奠繫，謂帝繫，諸侯卿大夫世本之屬是也。小史主次序先王之世，昭穆之繫，述其德行。瞽矇主誦詩，并誦世繫，以戒勸人君也。故《國語》曰「教之世，而爲之昭明德而廢幽昏焉，以怵懼其動」。』」玄謂諷誦詩，主謂廞作柩謚時也。諷誦王治功之詩，以爲謚。世之而定其繫，謂書於世本也。雖不歌，猶鼓琴瑟以播其音，美之。【疏】注云「諷誦詩謂闇讀之，不依詠也」者，賈疏云：「按上注云『背文曰諷，以聲節之曰誦』，別釋之；此揔云『闇讀之不依詠』者，語異義同。背文與以聲節之，皆是闇讀之，不依琴瑟而詠也。直背文闇讀之而已，故雖有琴瑟，猶不得爲曲合樂曰歌，是以鄭云『雖不歌，猶鼓琴瑟以播其音美之』也。若然，誦則以聲節之，兼琴瑟則爲歌矣，而得不爲歌者，此止有諷，而言誦者，諷誦相將，連言誦耳。」案：賈説非也。不依詠，謂雖有聲節，仍不必與琴瑟相應也。蓋誦雖有聲節，而視歌爲簡易易明。故《左》襄十四年傳云：「衛獻公使大師歌《巧言》之卒章，師曹請爲之，公使歌之，遂誦之。」又二十八年傳云：「叔孫穆子食慶封，使工爲之誦《茅鴟》。」又《毛詩·鄭風·子衿》傳云：「古者教以詩樂，誦之歌之，弦之舞之。」《墨子·公孟》篇云：「誦《詩》三百，弦《詩》三百，歌《詩》三百，舞《詩》三百。」《漢書·蓺文志》亦云「不歌而誦謂之賦」，又云「誦其言謂之詩，詠其聲謂之歌」。蓋歌則長言咏歎，與弦樂相依，不依詠即不成歌，故曰諷誦。賈以誦兼琴瑟則爲歌，謂此經止有諷，以諷誦相將，連言誦，失之。依詠，詳《小師》疏。云「故書奠或爲帝」者，故書有兩本，一本作「奠」，一本作「帝」。《小史》奠字故書皆作帝，故不云或，此杜、鄭校故書通例也。鄭司農云「諷誦詩，主誦詩以刺君過」者，《白虎通義·諫諍》篇云：「諷諫者，智也，知禍患之萌，深睹其事，未彰而諷告焉。」《毛詩序》云：「上以風化下，下以風刺上，主文而譎諫，言之者無罪，聞之者足以戒，故曰風。」先鄭以諷誦爲一，謂誦詩以風刺君之過失，與諷諫同也。云「故《國語》曰瞍賦矇誦，謂詩也」者，《周語》召公告厲王語，引以證諷誦爲刺君過也。韋注云：「賦，賦公卿列士所獻詩也。《周禮》矇主弦歌諷誦，誦謂箴諫之語也。」案：韋讀「弦歌諷誦」句斷，以《小師》文校之，其讀非也。韋又以誦爲誦箴諫之語，與鄭義亦異。又《楚語》，左史倚相述衛武公曰「宴居有師工之誦」，又云「矇不失誦」，注亦云：「師，樂師也。工，瞽矇也。誦，謂箴諫也。」是亦不以誦爲誦詩。今攷凡誦《詩》《書》及古事，通謂之誦，《韓非子・難言》篇云「時稱《詩》《書》，道法往古，則見以爲誦」是也。此樂官所誦，則以《詩》爲主。《吕氏春秋・達鬱》篇云：「矇箴師誦。」《賈子新書・保傅》篇云：「瞽史誦詩，工誦箴諫。」《大戴禮記・保傅》篇作「鼓史誦詩，工誦正諫」，盧注云：「工，樂人也。瞽，官長。誦，謂隨其過誦詩以諷。」是則箴諫亦是誦詩，足證先鄭義矣。杜子春云「帝讀爲定，其字爲奠，書亦或爲奠」者，段玉裁云：「帝讀爲定者，古音庚青部與支佳部通也。云其字爲奠者，其音義爲定，其字形則當作奠。必正其字作奠而後再易爲定者，《周禮》全書中不見有言定者也。《小史》注云『杜子春云：帝當爲奠，奠讀爲定，書帝亦或爲奠』，較此注易明。《司市》奠亦讀爲定。」徐養原云：「帝與定形聲俱不相近，故必轉爲奠，然後可讀爲定也。故書或爲帝，或爲奠，義各不同。子春之意，作奠則可以該帝繫，作帝則遺諸侯卿大夫世本，故從奠不從帝。而經文仍作帝者，蓋子春受經於劉歆，歆本作帝，不欲輒改之。至鄭君乃決從奠。奠讀爲定者，奠本有定義，《大司徒》『奠地守』，注云『定地守』是也。以雙聲疊韻求之，亦俱可通，奠在霰韻，定在徑韻，古先韻與清青每相出入。《匠人》『凡行奠水』，鄭司農讀奠爲停，停與定亦同音也。」云「世奠繫謂帝繫，諸侯卿大夫世本之屬是也」者，《小史》先鄭注義同。《大宰》注云：「繫，連綴也。」世繫，卽氏族世次相連綴之名籍。繫，系之叚字，詳《大宰》疏。《帝繫》，《大戴禮記》第六十三篇，記黄帝至禹世繫所出。《漢書・藝文志》：《春秋》家，《世本》十五篇。其書今佚。《史記索隱》引劉向云：「《世本》，古史官明於古事者之所記也。録黄帝以來帝王諸侯及卿大夫系謚名號，凡十五篇。」是也。世繫者，通於上下之言，故《荀子・禮論》篇云：「其銘誄繫世，敬傳其名也。」楊注云：「繫世，謂書其傳襲，若今之譜諜也。」賈疏謂帝繫據王，卽經繫；諸侯卿大夫謂之世本，卽經世。然世本亦記帝王系謚，則賈説非也。俞樾云：「鄭、杜以帝繫、世本解世繫二字，且曰誦世繫以戒勸人君。疑經文本當作『奠世繫』，與《小史職》同。因故書叚帝爲奠，涉杜注帝繫之文，誤爲『世帝繫』，又依杜義讀之，遂爲『世奠繫』，而後鄭據以作注，乃曰『世之而定其繫』，於文義甚爲不安矣。」案：俞據《小史》校此經，於文例似較協。鄭鍔又謂當讀「諷誦詩世」爲句，「奠繫」爲句，亦足備一義。諷誦詩世，卽後杜注所謂主誦詩并誦世繫也。《大戴禮記・衞將軍文子》篇云：「衞將軍文子問於子貢曰：『吾聞夫子之施教也，先以詩世。』」此詩世連文之證。《楚語》申叔時語，亦以「教之世」與「教之詩」並舉，世謂若後世之史書，與《詩》二者皆諷誦之也。若然，下文「奠繫」，即《小史》之「奠世繫」。或以上言詩世，故下句省世字；亦以世繫義同，不煩區別與？云「小史主次序先王之世，昭穆之繫，述其德行」者，《小史》云「奠繫世，辨昭穆」是也。述其德行，謂紀述於書，以授瞽矇，使諷誦之，故《國語・魯語》云「工史書世」，韋注云：「工誦其德，史書其言。」彼工卽謂樂工，明與史官爲官聯也。云「瞽矇主誦詩，并誦世繫，以戒勸人君也」者，賈疏云：「子春之意與先鄭同爲諫諍之事，後鄭亦不從也。」云「故《國語》曰，教之世，爲之昭明德而廢幽昏焉，以怵懼其動」者，《釋文》云：「怵，北本作休。」阮元云：「《楚語》作休，韋曰：『休，嘉也。』北本是。」賈疏引《國語》亦作「休」。賈疏云：「按《楚語》云：『莊王使士亹傅大子箴，辭，王卒使傅之，問於申叔時。申叔時曰：教之世，而爲之昭明德而廢幽昏焉，以休懼其動。』注云：『先王之繫世本，使知有德者長，無德者短。』子春引之者，證帝繫、世本之事。」案：賈所引《國語注》，蓋賈、孔諸家說。韋注云：「世，謂先王之世繫也。昭，顯也。幽，闇也。昏，亂也。爲之陳有明德者世顯，而闇亂者世廢也。休，嘉也。動，行也。使之嘉顯而懼廢也。」云「玄謂諷誦詩，主謂廞作柩謚時也，諷誦王治功之詩以爲謚」者，《大師》云「大喪，帥瞽而廞作匶謚」，注云「廞，興也，興言王之行，謂諷誦其治功之詩」是也。後鄭據彼以破司農、子春誦詩世以戒勸之說。王引之云：「瞽矇諷誦詩，所以箴王之闕，司農説是也。非爲作謚而設，故但曰諷誦詩，而無大喪之文。若以爲『廞作匶謚』，則是瞽之誦詩專用之於大喪，而平時規過之職反闕焉不講矣，無是理也。」案：王説是也。《國語》「瞽誦教世」及《賈子・保傅》之「瞽史誦詩」，爲刺過納教之事，皆與「廞作柩謚」時無涉，後鄭合爲一事，誤。云「世之而定其繫，謂書於世本也」者，賈疏云：「以世與繫爲一事用之。❶又對文言之，王謂之帝繫，諸侯卿大夫謂之世本。散則通，故云書於世本，世本卽帝王繫也。」詒讓案：世之，謂譜其世次；定其繫，謂正其子孫昭穆之繫也。《一切經音義》云：「《世本》有《帝系篇》，謂子孫相繼續也。」是世本亦紀帝繫，明書世本卽晐王侯，故不用子春義也。云「雖不歌，猶鼓琴瑟，以播其音美之」者，鄭以經上文云「弦歌」，弦內已晐琴瑟，明此云「鼓琴瑟」家「諷誦詩世奠繫」爲文，但諷誦則是不歌，而有鼓琴瑟；是於誦詩及世繫時，鼓琴瑟

❶「與」原訛「爲」，據賈公彦《周禮注疏》改。

以播其音歎美之，使可聽，實與作樂升歌等異也。**掌《九德》六詩之歌，以役大師。**役，爲之使。【疏】「掌《九德》、《六詩》之歌」者，謂登歌、閒歌、合樂皆歌《六詩》，惟宗廟大祫登歌有《九德》之歌，詳《大司樂》疏。　注云「役爲之使」者，亦大宰八法官屬長屬相使之義。役訓使，詳《小宰》疏。

眂瞭掌凡樂事播鼗，擊頌磬、笙磬。視瞭播鼗又擊磬。磬在東方曰笙，笙，生也；在西方曰頌，頌或作庸，庸，功也。《大射禮》曰：「樂人宿縣于阼階東，笙磬西面，其南笙鍾，其南鑮，皆南陳。」又曰：「西階之西，頌磬東面，其南鍾，其南鑮，皆南陳。」【疏】「掌凡樂事播鼗」者，亦小師教之。云「擊頌磬笙磬」者，此擊編磬，磬師所教者也。此官通掌堂下諸縣。依《磬師》、《笙師》、《鎛師》注義，則鍾、鎛、竽、笙、塤、籥、簫、篪、篴、管、牘、應、雅等樂器，此官並掌之。經唯舉鼗磬者，文不具也。　注云「視瞭播鼗又擊磬」者，此亦注用今字作「視」也。播鼗，與瞽矇同，其擊磬則此官專掌之。云「磬在東方曰笙，笙生也」者，明此爲編磬也。東方，據宮縣縣在阼階東者也。軒縣亦同。《毛詩·小雅·鼓鍾》傳云：「笙磬，東方之樂也。」《大司樂》疏引鄭《書注》云：「東方之樂謂之笙，笙，生也，東方生長之方，故名樂爲笙也。」鄭《大射儀》注云：「笙猶生也。東爲陽中，萬物以生。《春秋傳》曰：『大蔟所以金奏，贊陽出滯；姑洗所以脩絜百物，考神納賓。』是以東方鍾磬謂之笙，皆編而縣之。」並與此注義同。《説文·竹部》云：「物生故謂之笙。」《釋名·釋樂器》云：「笙，生也。」東方之樂與樂器之笙，物異，而取義於生則同也。云「在西方曰頌，頌或作庸，庸，功也」者，舊本挩下「庸」字，今據宋婺州本、巾箱本、注疏本增。此據宮縣縣在西階西者也。軒縣亦同。《大司樂》疏引鄭《書注》云：「西方之樂謂之庸，庸，功也，西方物熟有成功。亦謂之頌，頌亦是頌其成也。」《大射儀》注云：「言成功曰頌。西爲陰中，萬物之所成。《春秋傳》曰：『夷則所以詠歌九則，平民無忒；無射所以宣布哲人之令德，示民軌義。』是以西方鍾磬謂之頌。古文頌爲庸。」賈疏云：「《尚書》云『笙庸以閒』，孔以庸爲大鍾，鄭云『庸卽《大射》頌，一也。』」案：今本《書·益稷》庸作鏞者，後人所改，詳《大司樂》疏。引《大射禮》者，證東方之磬爲笙，西方之磬爲頌之事。鎛，《儀禮》並作鑮，鑮卽鎛之正字，詳《敍官》疏。

掌大師之縣。大師當縣則爲之。

【疏】注云「大師當縣則爲之」者，亦如瞽矇役大師也。凡樂縣，皆典庸器設其筍虡，而此官以樂器縣之，大師小師咸涖其事，故謂之大師之縣。《詩·周頌·有瞽》篇云：「有瞽有瞽，在周之庭，設業設虡，崇牙樹羽，應田縣鼓。」彼瞽即指大師小師，亦即涖縣之事也。賈疏云：「案大司樂有宿縣之事，小胥正樂縣之位，大師無縣樂之事。此大師之縣者，大師掌六律六同，五聲八音，以其無目，於音聲審，本職雖不言縣樂器，文寄於此，明縣之可知。言當縣則爲之者，以其有目故也。」**凡樂事，相瞽。**相謂扶工。【疏】注云「相謂扶工」者，《禮器》云：「故禮有擯詔，樂有相步，温之至也。」鄭注云：「相步，扶工也。」《鄉飲酒禮》云：「工四人，二瑟，瑟先，相者二人，皆左何瑟，後首，❶挎越，内弦，右手相。」注云：「相，扶工者也，衆賓之少者爲之，每工一人。《鄉射禮》曰：『弟子相工如初入。』天子相工使視瞭者。凡工，瞽矇也，故有扶之者。相瑟者則爲之持瑟，其相歌者徒相也。」案：此瞽即工，亦即瞽矇，每工一相，故經云相瞽，鄭即以扶工釋之。**大喪，廞樂器，大旅亦如之。**旅，非常祭。於時乃興造其樂器。【疏】「大喪廞樂器」者，亦謂陳樂器也。王引之云：「《笙師》、《鎛師》、《籥師》皆云『廞其樂器』，但陳其所掌之樂器也。眡瞭則云『廞樂器』，而不言『其』，則凡大師、小師、瞽矇所用之樂器，眡瞭皆代陳之也。《司干》疏云：『《瞽矇》所云柷、敔、塤、簫、管及琴、瑟，皆當眡瞭廞之。』」案：王説是也。互詳《大司樂》疏。

注云「旅，非常祭」者，《大宗伯》云：「國有大故，則旅上帝及四望。」云有大故，則無故不祭，是非常祀也。大旅上帝，詳《掌次》疏。云「於時乃興造其樂器」者，亦訓廞爲興也。鄭意，經云大旅如大喪，則樂器亦爲明器。然作樂器者，鳧氏、磬氏、韗人諸工之職，非眡瞭所掌，況古祭祀有寓車馬及芻狗，未聞有寓樂器，鄭説非也。廞者，陳而不用之名。大旅是遇大災禱祈之祭。《大司樂》云「大烖令弛縣」，故陳樂而不用也。此大喪所廞者爲明器，大旅所廞者乃真樂器，廞同而器實異。廞亦當訓爲陳，詳《司裘》疏。**賓射，皆奏其鍾鼓。**擊鼓以奏之。其登歌，大師自奏之。【疏】「賓射皆奏其鍾鼓」者，與鍾師、鎛師、鼓人爲官聯也。《小臣》注云：「賓射，與諸侯來朝者射。」案：大射燕射當亦奏其鍾鼓，經惟舉賓射者，互文以見義也。賓

❶「首」原訛「手」，據《儀禮·鄉飲酒禮》改。

射，詳《大宗伯》疏。　注云「擊鼜以奏之」者，賈疏云：「見《大師職》云『下管令奏鼓朄』，以其鍾鼓與管俱在下，管既擊朄令奏，則鍾鼓亦擊朄奏之可知。」云「其登歌大師自奏之」者，以經唯云奏鍾鼓，不云弦歌，明此眡瞭擊朄以奏之者，爲金奏合樂諸節，不含登歌也。賈疏云：「《大師職》見大祭祀登歌擊拊，雖不言賓射，賓射登歌，自然大師令奏擊拊也。若然，大射之時，鍾鼓眡瞭擊朄，登歌亦大師自奏也。」鼜、愷獻，亦如之。愷獻，獻功愷樂也。杜子春讀鼜爲憂戚之戚，謂戒守鼓也。擊鼓聲疾數，故曰戚。

【疏】「鼜愷獻亦如之」者，此奏戒守及軍樂之鍾鼓，亦與鎛師、鼓人爲官聯也。詳《鎛師》疏。　注云「愷獻，獻功愷樂也」者，即《大司樂》云「王師大獻，則令奏愷樂」是也。云「杜子春讀鼜爲憂戚之戚，謂戒守鼓也，擊鼓聲疾數故曰戚」者，戒守鼓，即《掌固》所謂守鼜也。依此經則亦兼有鍾，而唯云鼓者，以鼓爲主也。段玉裁云：「玩『故曰戚』之云，則杜易鼜字作戚矣。憂戚古音如今之蹙。《説文・壴部》作𡔷，『夜戒守鼓也，從壴蚤聲。《禮》昏鼓四通爲大𡔷，讀若戚』。案許云『讀若戚』爲長，鼜是正字，無煩改易也。」王念孫云：「《掌固》『夜三鼜以號戒』，杜云：『鼜讀爲造次之造，謂擊鼓行夜戒守也。』造戚二字，古聲皆與蹙相近。《考工記》『不微至，無以爲戚速也』，鄭注曰：『齊人有名疾爲戚者。』《釋文》：『戚，徐劉將六反，李音促。』是戚聲近蹙而訓爲疾也。杜讀聲則同於憂戚，義則取諸疾數，故又云『鼜讀爲造次之造』。造次，亦疾意也。《鼓人》賈疏以爲取軍中憂懼之意，失之。」案：王説是也。

周禮正義卷四十六

典同掌六律六同之和，以辨天地四方陰陽之聲，以爲樂器。陽聲屬天，陰聲屬地，天地之聲布於四方。爲，作也。故書同作銅。鄭司農云：「陽律以竹爲管，陰律以銅爲管，竹陽也，銅陰也，各順其性，凡十二律，故《大師職》曰『執同律以聽軍聲』。」玄謂律，述氣者也。同助陽宣氣，與之同。皆以銅爲。【疏】「以爲樂器」者，此官掌調鍾，凡八音之樂器，其律度通以鍾爲本也。

注云「陽聲屬天，陰聲屬地，天地之聲布於四方」者，賈疏云：「六律六同，於十二辰，在陽辰爲律，屬天；在陰辰爲同，屬地。十二律布在四方，方有三也。此即《大師》所云六律左旋，六同右轉，陰陽相合者也。」詒讓案：十二律分配四方，方各三律。東方大蔟、夾鍾、姑洗，南方仲吕、蕤賓、林鍾，西方夷則、南吕、無射，北方應鍾、黄鍾、大吕，是十二律爲四方之聲也。云「爲，作也」者，《爾雅・釋詁》云：「作，爲也。」云「故書同作銅」者，段玉裁云：「《古文尚書・顧命》同訓酒杯。伏生《尚書》作銅，訓副璽。古字通用。」徐養原云：「《大戴禮・保傅》篇：『大師持銅而御户左。』銅即銅律也。」鄭司農云「陽律以竹爲管，陰律以銅爲管」者，先鄭從故書作銅。謂黄鍾、大蔟、姑洗、蕤賓、夷則、無射，六者皆用竹爲管，故謂之律；大吕、應鍾、南吕、林鍾、仲吕、夾鍾，六者皆用銅爲管，故謂之銅也。云「竹陽也，銅陰也，各順其性，凡十二律」者，《白虎通義・五行》篇云：「木者少陽，金者少陰，竹爲艸木之類，故爲陽，銅爲五金之一，故爲陰。陽律以陽爲管，陰律以陰爲管，所謂各順其性也。」云「故《大師職》曰，執同律以聽軍聲」者，段玉裁改同律爲銅律，云：「司農從故書作銅，則《大師職》亦必從故書作銅。」案：段校是也。《大師》故書亦作銅律，故先鄭引以證故書六銅也。云「玄謂律述氣者也」者，《爾雅・釋言》云：「律，述也。」《御覽・時序部》引《春秋元命苞》云：「律之爲言率也，所以率氣令達也。」《白虎通義・五行》篇云：「律之言率，所以率氣令生也。」述與率音義並相近。云「同助陽宣氣與之同」者，依今書作同釋之也。《說文・冂部》云：「同，合會也。」言陰律助陽律宣氣，與之合會也。云「皆以銅爲」者，明注疏本「爲」下有「之」字，宋本、嘉靖本並無，今不據增。《大司樂》注云：「此十二者以銅爲管。」

段玉裁云：「鄭君從今書作同，云皆以銅爲之，言不當陰律獨得銅名也。」賈疏云：「案《律麻志》云：『律有十二，陽六爲律，陰六爲吕。其傳曰，黄帝之所作也。黄帝使泠綸，自大夏之西，昆侖之陰，取竹之解谷生，其竅厚均者，斷兩節閒而吹之，以爲黄鍾之宫。制十二筩以聽鳳之鳴，其雄鳴爲六，雌鳴亦六。』孟康曰：『解，脱也。谷，竹溝也。取竹之脱無溝節者也。一説崐崙之北谷名也。』此則上古用竹。又案《律厤志》云：『陰陽相生，自黄鍾始而左旋，八八爲伍，其法皆用銅。』是陽律用銅可知，是後世用銅之明證也。」凡聲，高聲䃂，正聲緩，下聲肆，陂聲散，險聲斂，達聲贏，微聲韽，回聲衍，侈聲筰，弇聲鬱，薄聲甄，厚聲石。故書䃂或作硍，杜子春讀䃂爲鏗鎗之鏗，高謂鍾形容高也，韽讀爲闇不明之闇，筰讀爲行扈唶唶之唶，石如磬石之聲。鄭大夫讀䃂爲衮冕之衮，陂讀爲人短罷之罷，韽讀爲鶉鵪之鵪。鄭司農云：「鍾形下當踋。正者，不高不下。鍾形上下正傭。」玄謂高，鍾形大上，上大也。高則聲上藏，衮然旋如裹。正謂上下直正，則聲緩無所動。下謂鍾形大下，下大也。下則聲出去放肆。陂讀爲險陂之陂，陂謂偏侈，陂則聲離散也。險謂偏弇也，險則聲斂不越也。達謂其形微大也，達則聲有餘若大放也。微謂其形微小也。韽讀爲飛鉆涅韽之韽，韽聲小不成也。回謂其形微圜也，回則其聲淫衍無鴻殺也。侈謂中央約也，侈則聲迫筰出去疾也。弇謂中央寬也，弇則聲鬱勃不出也。甄讀爲甄燿之甄，甄猶掉也。鍾微薄則聲掉，鍾大厚則如石，叩之無聲。【疏】「凡聲」者，此十二聲皆謂鍾也。《考工記》：「攻金之工，鳧氏爲聲。」注云：「聲，鍾錞于之屬。」凡古鍾橢圜，擊其隧，則兩面全體動盪而成聲。故鍾體不合度，則爲聲病，有此十二科，無論特鍾編鍾並同。賈疏謂是十二辰之零鍾，非編者，失之，詳後及《鳧氏》疏。　注云「故書䃂或作硍，杜子春讀䃂爲鏗鎗之鏗」者，徐養原云：「䃂硍俱不見於《説文》。《車部》輥字注引《周禮》曰『望其轂，欲其輥』。今《考工·輪人》作『眼』，眼輥通用，眼从艮聲，輥从昆聲，正與硍䃂同例。」段玉裁改「讀䃂」之䃂爲硍，云：「此杜從作硍之本而易爲鏗字也。今本『讀硍』作『讀䃂』，誤。《音義》硍鏗皆苦耕反，陸時蓋未誤也。」案：段校亦通。《釋文》引《字林》硍音限，云「石聲」，則硍字始見《字林》。《説文·石部》別有硠字，亦訓石聲，與此字異。《説文》又有硻字，訓餘堅者，陳壽祺謂卽䃂字，於音亦頗近，足備一義。《樂記》云：「君子之聽音，非聽其鏗鎗而已也。」又云：「鍾聲鏗鏗以立號。」《文選・上林賦》「鏗鎗闛鞈」，李注云：「鏗鎗，鍾聲也。」故杜讀從之。云「高謂鍾形容高也」者，杜意鍾形容過高，踰於律度，則其聲過於鏗鎗也。云「韽讀爲闇不明之闇」者，亦以聲類易其字也。云「筰讀爲行扈唶唶之唶」者，筰柞字通。先鄭《秋官・敘官》注云「柞讀爲音聲唶唶之唶」，又《輪人》注云「柞讀爲迫唶之唶」。段玉裁云：「杜意易筰爲《爾雅》『行扈唶唶』之唶字，謂鍾聲如此鳥聲也。鄭君不從。」丁晏云：「筰唶聲相近，《説文・言部》：『諎，大聲也。讀若笮，或从口作唶。』」云「石，如磬石之聲」者，段玉裁云：「此子春訓詁經文石字之義也。疏云讀從磬聲，謂經文石字讀磬音，誤矣。鄭君謂鍾大厚則如石，叩之無聲，説又略異。」云「鄭大夫讀硍爲衮冕之衮」者，丁晏云：「《衡方碑》『將授緄職』，《高頤碑》『當登緄職』，《樊敏碑》『當窮台緄』，皆以緄爲衮，硍衮音近，故讀從衮。」段玉裁云：「大夫從作硍之本，而易爲衮字，各依其聲類所近也。衮謂卷龍衣，《禮記》文皆作卷，知衮古音同卷，讀爲衮，猶讀爲卷。」云「陂讀爲人短罷之罷」者，段玉裁云：「《方言》曰：『呰、矲，短也。桂林之中，謂短矲，矲通語也。』注：『言矲偕也。』葉林宗寫本及宋余仁仲所載《周禮音義》曰：『罷，皮買反，字或作矲。桂林之閒謂人短爲矲雉，雉音苦買反。』今本《音義》雉作『矮』，非。《集韻・十三駭》，雉字下曰：『桂林謂人短爲矲雉，或作矲矧。』是則古本《方言注》作『矲雉』，苦買反，後轉寫失真耳。《司弓矢》『庳矢』注，『鄭司農讀爲人罷短之罷』。罷短與短罷，一也。皮聲罷聲同在古音歌戈部，轉入支佳部。矲雉疊韻，音蒲買、苦買二切，雉當從矢字佳聲，非從隹矢聲之字也。《説文・立部》竧字下曰：『短人立，竧竧皃。』竧卽罷字，卑聲在支佳部也。鄭君不從司農説。」云「韽讀爲鶉鶴之鶴」者，段玉裁云：「『爲』當作『如』，子春易爲闇字，大夫讀如鶴音，大夫仲杜説也。《尚書大傳》、《喪服四制》皆云『《書》曰，高宗梁闇』，鄭注皆云『闇讀鶉鶴，闇謂廬也』。子春云『闇不明』者，如《中庸》闇然之闇，其音則同如鶴也。鶉鶴，今語言曰鶴鶉。《説文》二字皆從隹。」鄭司農云「鍾形下當踔」者，《説文・骨部》云：「髀，股也。」重文踔，云「古文髀」。案：此注蓋叚踔爲庳，《集韻・六脂》云「踔，鍾形下廣也」，卽本此注義。凡鍾體，上爲鉦，下爲鼓銑，全鍾之形上斂而下侈，故自鉦以下漸廣，以至於兩銑，所謂下當踔也。先鄭欲明上下正傭之爲鍾病，故先説鍾之常制當如是也。賈疏乃云「下謂鍾形，下當踔，後鄭不從」，是以先鄭此説爲釋經「下聲肆」下字，不知下蹕乃鍾之定制，不以爲病，二鄭本無異説也。且經文次第，正聲在下聲前，先鄭下方爲「正聲」作釋，何得反先出「下聲」訓解乎？云「正者不高不下，鍾形上下正傭」者，《爾雅・釋言》云：「傭，均也。」《説文・人部》云：「傭，均直也。」言鍾形上鉦與下銑大小均等也。云「玄謂高，鍾形大上，上大也」者，鍾上體當鉦，過大則形陿而脩，是大高也。大謂溢於常制。云「高則聲上藏，衮然旋如裹」者，賈疏云：「謂聲周旋如在裹。」阮元云：「岳本、惠校本裹作裹。案：衮裹一聲之轉，故讀從之。衮亦與卷通，卷旋卽裹義也。蓋作裹是。賈本作裹字。」段玉裁亦從作裹，云：「衮，古音同卷，故鄭君云『高則聲上藏，衮然旋如裹』，所以伸少贛之説，謂其音拳曲盤旋而上，如物苞裹於内也。裹，他本作裹，則當云旋於裹。」案：阮、段説是也。云「正謂上下正直，正則聲緩無所動」者，《韗人》注云：「正，直也。」此義與先鄭同。賈疏云：「由無鴻殺故也。」云「下謂鍾形大下，下大也」者，鍾下體當銑，過大則形廣而促，是大卑也。云「下則聲出去放肆」者，下大則鍾口太淺，不能容留，故聲外出放肆也。賈疏云：「鄭知上是上大、下是下大者，以其正是上下直，則上是上大、下是下大可知，故爲此解。」云「陂讀爲險陂之陂，陂謂偏侈」者，賈疏云：「讀從《詩序》『險陂私謁之心』，陂是偏私之意，故爲偏侈也。」案：賈據《周南・卷耳》序，今本陂作詖。《詩釋文》引崔靈恩云：「險詖，不正也。」《漢書・趙敬肅王彭祖傳》云：「彭祖險陂。」顔注云：「險陂謂傾側也。」鍾一邊偏侈，則其形必傾側不正，故曰陂也。云「陂則聲離散也」者，鍾形一邊偏大，則聲不内斂，故離散也。云「險謂偏弇也」者，《廣雅・釋詁》云：「險，衺也。」《爾雅・釋魚》云：「蜠大而險。」郭注云：「險謂汙薄。」鍾一邊偏弇，其形必汙薄而衺，故曰險也。云「險則聲斂不越」者，《爾雅・釋言》云：「越，揚也。」謂鍾形大弇則聲斂於内，不外揚也。云「達謂其形微大也」者，賈疏云：「凡物大則疏達，故爲微大，對高爲上大，故此達爲微大。」云「達則聲有餘若大放也」者，《説文・貝部》云：「贏，賈有餘利也。」謂鍾通體微大於常度，則聲閎大有餘，故若大放也。云「微謂其形微小也」者，《廣雅・釋詁》云：「微，小也。」亦言鍾通體微小於常度也。云「籥讀爲飛鉆涅籥之籥」者，賈疏鉆作「鉗」，云：「謂《鬼谷子》有《飛鉗》、《揣摩》之篇，皆言縱横辨説之術。飛鉗者，言察是非語，飛而鉗持之。揣摩者，云揣摩人主之情而摩近之。」阮元云：「《集韻・二十四鹽》、《二十五沾》皆云《鬼谷》篇有《飛鉆》、《涅闇》。」段玉裁云：「《釋文》作鉆，賈疏作鉗。案

《鬼谷子》有飛箝，無涅齚。蓋涅齚卽抵巇之異文。《抵巇》篇曰：『巇者罅也，罅者㵎也，㵎者成大隙也，巇始有朕可抵而塞。』是知涅訓抵塞，齚訓微璺，故云聲小不成也。」云「齚，聲小不成也」者，齚與瘖通。《説文・疒部》云：「瘖，不能言也。」《釋名・釋疾病》云：「瘖，唵然無聲也。」段玉裁云：「《説文・音部》曰：『齚，下徹聲也，从音酓聲。』此蓋賈侍中説與？」云「回謂其形微圜也，回則其聲淫衍無鴻殺也」者，《説文・囗部》云：「回，轉也。」《漢書・司馬相如傳・難蜀父老》云「浸淫衍溢」。此謂鍾體微圜，則其形宛轉回旋，叩之其聲淫溢，而鴻殺之節不明也。賈疏云：「凡鍾依鳧氏所作，若鈴不圜，今此回而微圜，故聲淫衍無鴻殺也。」云「侈謂中央約也」者，《五音集韻》引《字林》云：「侈，大也。」鍾中央約於常度，則下口銑于必外出而大，故云侈也。云「侈則聲迫筰出去疾也」者，段玉裁云：「筰，鄭君訓爲迫筰。攷《説文》曰：『笮，迫也，在瓦之下，棼上。』又曰：『筰，筊也。筊，竹索也。』竹索糾合爲之，亦有迫義。古無窄字，多以笮筰字爲窄字。此以迫筰出去疾，與下文『鬱勃不出』相對成文也。」詒讓案：迫筰，《輪人》注作「迫唶」。《釋名・釋宮室》云：「笮，迮也，編竹相連迫迮也。」《鳧氏》云「侈則柞」，注云：「柞讀爲咋咋然之咋，聲大外也。」與此義同而讀異。筰柞笮迮咋，聲類並同。云「弇謂中央寬也」者，《月令・孟冬》「其器閎以奄」，《玉燭寶典》引蔡氏《章句》奄作弇，云「小口曰弇」。《吕氏春秋・孟冬紀》作「其器宏以弇」，高注云「弇，深也」。案：弇與《輿人》「棧輿欲弇」義同。蓋凡物口弇則中必寬而深，故鍾中央寬於常度，則下口銑于必内斂而陜，亦謂中宏而外弇也。《爾雅・釋器》「圜弇上謂之鼒」，郭注及《詩・周頌・絲衣》孔疏引孫炎，並云「鼎斂上而小口者」。凡鍾口下弇，鼎口上弇，而其爲中宏則一也。《説文・手部》云：「掩，斂也。小上曰掩。」弇奄掩並聲近字通。云「弇則聲鬱勃不出也」者，《文選》宋玉《風賦》「鬱勃煩冤」，李注云：「鬱勃煩冤，風回旋之貌。」此謂鍾上下體大陜，則聲爲所籠，回旋而不能出也。《鳧氏》亦云「弇則鬱」，注云「聲不舒揚」，與此義同。云「甄讀爲甄燿之甄」者，燿，舊本誤濯，今據宋婺州本、岳本正。賈疏云：「讀從《春秋緯・甄燿度》之篇名。」段玉裁云：「甄讀爲震，震動之意。」丁晏云：「《後漢書》光武封禪刻石引《洛書甄曜度》，《蜀志》劉豹、向舉等上先主言符瑞勸進，亦引《洛書甄曜度》。疏謂《春秋緯》，未聞，疑賈氏誤記也。」云「甄猶掉也」者，《廣雅・釋詁》云：「振、掉，動也。」阮元云：「《鳧氏》云『長甬則震』，注云『鍾掉則聲不正』，亦以掉釋震，是知甄震一字，甄爲震假借也。」案：阮説是也。甄與振震，並聲近字通。《鳧氏》云「已薄則播」，播與掉義亦相近。云「鍾微薄則聲掉」者，謂鍾過薄則體輕，故發聲時若甄掉而動摇也。云「鍾大厚則如石，叩之無聲」者，《鳧氏》注云「大厚則聲不發」，與此義同。賈疏云：「案《鳧氏》爲鍾云：『鍾已厚則石，已薄則播，是故大鍾十分其鼓閒，以其一爲之厚；小鍾十分其鉦閒，以其一爲之厚。』是厚薄得中也。」

凡爲樂器，以十有二律爲之數度，以十有二聲爲之齊量。數度，廣長也。齊量，侈弇之所容。

【疏】「凡爲樂器」者，此官制樂器之官法也。樂器亦通晐八音諸器，而以鍾爲律度之本。故《國語・周語》云：「古之神瞽，攷中聲而量之以制，度律均鍾。」是其法也。云「以十有二律爲之數度」者，《續漢書・律厤志》劉注引《月令章句》云：「上古聖人，本陰陽，别風聲，審清濁，而不可以文載口傳也，於是始鑄金作鍾，以主十二月之聲，然後以放升降之氣。鍾難分别，乃截竹爲管，謂之律。律者，清濁之率法也。聲之清濁，以律長短爲制。古之爲鍾律者，以耳齊其聲；後不能，則假數以正其度，度數正則音亦正矣。鍾以斤兩尺寸中所容受升斗之數爲法，律亦以寸分大小長短爲度。」案：蔡氏所説，卽此經之塙詁也。金鶚云：「古聖人制律吕，以竹爲管，而琴瑟之絲綸巨細，徽柱遠近，亦可以爲律吕之準。至於金石之厚薄，亦皆以十二律爲之度數。故編縣鍾磬皆必十有六枚，十二枚以應十二律，加四枚以應四清聲。又有十二辰零鍾，簫有十六管，琴有十三徽，瑟有十三柱，加一以象閏，俱備十二律之數焉。」徐養原云：「大抵鍾磬皆須十二律畢具，故經以樂器二字總之。若瓦絲匏竹諸器，自有應律之法，其大小程度，舉無關乎律數。荀勖曰：『金石有一定之聲，故造鍾磬者先依律調之，然後施於廂縣。作樂之時，諸音皆受鍾磬之均，卽爲悉應律也。』案古人和樂，俱受均於鍾磬，故曰『共其鍾笙之樂』，又曰『笙磬同音』。凡匏竹皆然，故知樂器自鍾磬外，不必以十二律爲度數也。」案：徐説亦足與蔡、賈諸説互證。賈疏云：「依《律厤志》云，古之神瞽，度律均鍾，以律計倍半。假令黄鍾之管長九寸，倍之爲尺八寸，又九寸得四寸半，揔二尺二寸半，以爲鍾口之徑及上下之數。自外十二辰頭，皆以管長短計之可知。」案：賈所引《律厤志》度律均鍾以律計倍半之説，今《漢志》無其文，未詳所據。《小胥》疏引服虔《左傳注》亦有其説。賈所謂以律計倍半者，乃倍其所應正律之長，更益一半律，并以爲一鍾之度。其説於古無徵。《樂記》孔疏云：「黄鍾之律長九寸，應鍾之律長四寸半强，各自倍半爲鍾。」《通典·樂》云：「梟氏爲鍾，以律計自倍半。半者，準正聲之半，以爲十二子律，制爲十二子聲，比正聲爲半，則以正聲於子聲爲倍，以正聲比子聲，則子聲爲半。但先儒釋用倍聲自有二義：一義云，半十二正律，爲十二子聲之鍾；一義云，從中吕之管寸數，以三分益一，上生黄鍾，以所得管之寸數，半之，爲子聲之鍾。」案：《通典》前一義與孔同，後一義亦與前一義略同，惟所得子聲之數稍强。其所謂倍半者，乃以半律與正律相較，則正律爲倍，正半各自爲鍾，並非倍正律之長，又益半律以爲一鍾謂之倍半也。與賈説迥異，未知孰是。云「以十有二聲爲之齊量」者，賈疏云：「十二聲則十二辰零鍾，鍾則聲也。十二聲皆有所容多少之齊量。」案：十二零鍾即依十二律爲之。此十二聲，自指上文高聲正聲以下十二者言之，謂依此十二聲校其齊量之合否也。賈説非經恉。　注云「數度，廣長也」者，即《梟氏》所説銑鉦鼓舞諸廣脩之度是也。它樂器亦各有廣脩之度，皆依律爲之。云「齊量，侈弇之所容」者，若《漢書·律厤志》説五量云：「本起於黄鍾之龠，用度數審其容，以子穀秬黍中者千有二百實其龠。」鍾之侈弇，亦以十二律所容之齊量算之。它樂器有容受者亦然。賈疏云：「上文侈弇雖是鍾病，所容多少則依法，故舉侈弇見文而言也。」**凡和樂亦如之。**和謂調其故器也。【疏】注云「和謂調其故器也」者，《食醫》注云：「和，調也。」賈疏云：「上文凡爲樂器，是新造者；今更言和樂，明是調故器，知聲得否及容多少，當依法度也。」徐養原云：「故器數度已定，不可更改，而云亦如之者，蓋聲之清濁高下，分刌節度，可以數相準況，即是數度也。爲器兼治形，和樂專治聲。」

磬師掌教擊磬，擊編鍾。教，教視瞭也。磬亦編，於鍾言之者，鍾有不編，不編者鍾師擊之。杜子春讀編爲編書之編。【疏】「掌教擊磬」者，此官掌教擊特磬及編磬，經舉特磬以晐編磬也。《左》襄十一年孔疏引鄭《禮圖》云：「鎛是大鍾，磬是大磬，皆特縣之，非編縣也。」是特磬單稱磬之證。金鶚云：「特磬者，玉磬也。玉磬最尊，惟天子有之。諸侯惟有編磬，以石爲之，無特縣之玉磬也。《郊特牲》以擊玉磬爲諸侯之僭禮。《明堂位》言玉磬四代之樂器也，明是天子之制，而謂魯得用之。《魯語》言臧文仲以玉磬如齊告糴，《左氏》成二年傳，言齊侯以玉磬賂晉師，皆諸侯之僭禮也。諸侯有特鍾，無特磬。《大射儀》鍾有鎛，磬惟言笙磬、頌磬。蓋鍾雖特縣，不止於一，而特磬惟止一磬，《大戴禮》所謂『縣一磬而尚拊也』。惟止一磬，而特以玉爲之，所以爲天子之器，諸侯不得用也。」案：金説是也。特磬，卽《爾雅·釋樂》所謂「大磬謂之馨」也。云「擊編鍾」者，此官又兼教擊編縣之鍾。其特縣之鎛，則非此官所掌也。　注云「教，教視瞭也」者，賈疏云：「《視瞭職》云：『掌播鼗，擊笙磬、頌磬。』若然，視瞭不言擊鍾，知亦教視瞭擊編鍾者，以磬是樂縣之首，故特舉此言，其實編鍾亦視瞭擊之，故《鎛師》注云『擊鎛者亦視瞭』也。」云「磬亦編，於鍾言之者，鍾有不編，不編者鍾師擊之」者，黄以周云：「鍾磬有編而次者，有不編而特者。編鍾編磬眡瞭擊之。特鍾大於編鍾，鍾師擊之；特磬大於編磬，磬師擊之。《虞書》『予擊石拊石』，鄭注云：『磬有大小，擊大石磬，拊小石磬。』大磬卽戛擊之鳴球，小磬卽以閒之笙磬。經於鍾別言編，明特鍾掌於鍾師，非其所教。且以明其所教亦編磬，而特磬乃其專掌，故曰掌擊磬，不言編。賈疏謂磬無不編，失注意。」案：黄説是也。編磬，謂眡瞭所擊頌磬、笙磬，編縣之十六枚同縣一虡者也。《明堂位》謂之離磬。編鍾亦謂之頌鍾、笙鍾，其編縣與磬同。不編之鍾謂鎛，及十二零鍾之屬特縣一虡者也。鄭意此磬不言編，則無論編與不編，悉在教科。若鍾則經特言編，明磬師所教不兼不編之鍾。其不編之鍾，若鎛，當爲鍾師、鎛師同擊之；若十二辰零鍾，則當爲鍾師擊也。云「杜子春讀編爲編書之編」者，謂編鍾編磬皆以紘編縣於虡業，與編簡札爲書同義。《大射儀》注云：「紘，編磬繩也。」編鍾蓋亦用紘，與磬同。段玉裁云：「謂其義同編書之編也。凡云『讀如』『讀爲』不用本字者，『讀如』以他字擬其音，『讀爲』以他字易其義。凡云『讀如』『讀爲』仍用本字者，『讀如』亦謂音，『讀爲』亦謂義，然舉音而義在是，舉義而音在是也。」

教縵樂、燕樂之鍾磬。杜子春讀縵爲怠慢之慢。玄謂縵讀爲縵錦之縵，謂雜聲之和樂者也。《學記》曰：「不學操縵，不能安弦。」燕樂，房中之樂，所謂陰聲也。二樂皆教其鍾磬。【疏】注云「杜子春讀縵爲怠慢之慢」者，讀與《大司樂》「慢聲」同也。俞樾云：「慢聲者，大司樂之所禁，何得反教之乎？杜讀非。」云「玄謂縵讀爲縵錦之縵，謂雜聲之和樂者也」者，段玉裁云：「杜易縵爲慢，鄭不從，云『讀爲縵錦之縵』者，謂其義同也。《説文》『縵，繒無文者也』，引《漢律》『賜衣者縵表白裏』。案《春秋繁露》『庶人衣縵』。

縵錦者，謂名爲錦而不成文，雜弄似之，雖不成樂而可以和樂也。」黄以周云：「縵爲無文之繒，亦爲有文之錦，本有二名。《説文》繒無文者，是其本義。鄭注以縵樂爲雜聲之和樂者，故讀爲縵錦之縵，謂繒之有文如錦者，不用其本義，故曰『讀爲』。物相雜謂之文，故曰雜聲之和樂。賈疏以縵爲無文，何以爲雜。」案：《説文・帛部》釋錦爲織文，則縵錦自與縵繒少異，不得以爲無文，黄駁賈説是也。但審繹注意，縵錦之讀，蓋取雜文之義。雜聲者，謂其非雅樂聲曲，散雜不名一調，而可以和正樂，故曰雜聲和樂。雜之云者，異於雅正之謂。雜聲雖非正樂，然尚非淫過凶慢之聲，則亦禮所不廢。《漢書・禮樂志》云：「縵樂鼓員十三人。」顔注云：「縵樂，雜樂也。」是漢時樂官尚有縵樂，鄭據漢制爲説，自足馮也。引《學記》曰「不學操縵，不能安弦」者，證縵爲雜聲，鄭彼注云「操縵，雜弄」是也。云「燕樂，房中之樂」者，《燕禮》云：「遂歌鄉樂《周南・關雎》、《葛覃》、《卷耳》，《召南》《鵲巢》、《采蘩》、《采蘋》。」鄭注云：「《周南》、《召南》，《國風》篇也。王后、國君夫人房中之樂歌也。夫婦之道者，生民之本，王化之端。此六篇者，其教之原也，故國君與其臣下及四方之賓燕用之合樂也。」又《燕禮記》云「有房中之樂」，注云：「弦歌《周南》、《召南》之詩，而不用鍾磬之節也。謂之房中者，后夫人之所諷誦，以事其君子。」鄭《詩・周南召南譜》云：「二國之詩，以后妃夫人之德爲首，終以《麟趾》、《騶虞》，言后妃夫人有斯德，興助其君子，皆可以成功，至於獲嘉瑞。風之始，所以風化天下，而正夫婦焉，故周公作樂，用之鄉人焉，用之邦國焉。或謂之房中之樂者，后妃夫人侍御於其君子，女史歌之，以節義序故耳。」孔疏云：「后夫人房中之樂，歌《周南》、《召南》，則人君房中之樂，亦歌《周南》、《召南》，故《譜》下文云『路寢之常樂，風之正經也』。天子歌《周南》，諸侯歌《召南》，后夫人用之亦當然也。王肅云：『自《關雎》至《芣苢》，后妃房中之樂。』肅以此八篇皆述后妃身事，故爲后妃之樂，然則夫人房中之樂，當用《鵲巢》、《采蘩》。鄭無所説，義亦或然。」詒讓案：據此是燕樂用二《南》，卽鄉樂，亦卽房中之樂。蓋鄉人用之謂之鄉樂，后夫人用之謂之房中之樂，王之燕居用之謂之燕樂，名異而實同。《漢書・禮樂志》云：「有《房中祠樂》，高祖唐山夫人所作也。周有《房中樂》，至秦名曰《壽人》。」蓋秦時房中樂，始別爲樂歌，不用二《南》也。房中樂，其奏之或於路寢房中，故《詩・王風》云：「君子陽陽，左執簧，右招我由房。」毛傳云：「國君有房中之樂。」鄭箋云：「君子禄仕在樂官，左手執笙，右手招我，欲使我從之於房中，俱在樂官也。」孔疏引《鄭志》荅張逸云，「路寢房中可用男子」是也。孔氏據《斯干》箋，説天子路寢爲明堂制，無左右房，謂當奏之小寢房中。今攷房中之樂，或亦奏於小寢，然天子路寢，實不爲明堂制，《鄭志》説不誤，孔説非也。《賈子新書·官人》篇云：「君清晨聽治，罷朝而論議，從容澤燕，夕時開北房，從薰服之樂。」案：君罷朝論議，恒在路寢，則開北房卽指路寢左右房言之，薰服之樂亦卽房中之樂矣。云「所謂陰聲也」者，后夫人之樂，故爲陰聲，與《内宰》、《大司徒》陰禮義同。《典同》注云「陰聲屬地」，與此義異。云「二樂皆教其鍾磬」者，縵樂、燕樂皆有鍾磬也。《鍾師》注又謂奏燕樂用鍾鼓。《燕禮記》注則謂有弦歌而無鍾磬，賈彼疏云：「《磬師》據教房中樂，待祭祀而用之，故有鍾磬也；房中及燕則無鍾磬也。」又《鄉飲酒禮》疏云：「既名房中之樂，用鍾鼓奏之者，諸侯卿大夫燕饗亦得用之，故用鍾鼓。婦人用之，乃不用鍾鼓，則謂之房中之樂也。」案：賈兩疏説微異。《通典·樂》云：「隋牛弘脩皇后房中之樂，據毛萇、侯苞、孫毓故事皆有鍾磬，而王肅之意乃言不可。又陳統云：『婦人無外事，而陰尚柔，以静爲體，不宜用金石。』弘等采肅、統言以取正焉。煬帝大業元年，祕書監柳顧言增房中樂，益其鍾磬，奏曰：『房中樂者，主爲王后弦歌諷誦，以事君子。文王之風，由近及遠，樂以感人，須存雅正。既不設鍾鼓，義無四懸，何以取正於婦道也。《磬師職》云『燕樂之鍾磬』，鄭曰『房中樂也』。以此而論，房中之樂非獨弦歌，必有鍾磬也。」陳暘《樂書》亦據《詩·周南·關雎》「窈窕淑女，鍾鼓樂之」之文，謂房中樂非無鍾磬。黄以周云：「燕樂自有鍾磬，有舞，教於磬師，掌於旄人，通行於祭祀饗食。房中之樂，弦歌二《南》，鄭云無鍾磬之節者，嫌與鄉樂無別也。然既以磬師燕樂當之，不能謂無鍾磬矣。但鍾磬自在堂下，不在房中，房非設縣之所也。《梁書》曰：『周備六代之樂，至秦，餘《韶》、《房中》而已。』《漢書》亦云：『《房中祠樂》，高祖唐山夫人所作也。孝惠二年，使樂府令夏侯寬備其簫管，更名《安世樂》。』然則漢之《安世》，卽《房中》之遺響也。史但曰備其簫管，而不及其他，此卽鄭無鍾磬之説也。其歌有云『高張四縣，樂充宫庭』，則宫庭自有鍾磬矣。」案：鄭《燕禮》注謂房中樂無鍾磬，與此注説異。賈氏曲爲調停，亦無定説。竊謂房中樂有鍾鼓，燕樂有鍾磬及鍾笙，《詩》《禮》有明文足證。后寢亦具宫縣，但樂縣自在堂下，黄説得之。《詩》著「由房」之文，亦止云「執簧」，明在房者唯琴瑟簧矣。《燕禮》注説實未晐備，當以此注爲正。

至《燕禮》之有房中樂，蓋當合樂無算樂時；祭饗無無算樂，則唯合樂時奏之，雖與鄉樂同用二《南》，而其音節當小異也。**凡祭祀，奏縵樂。**

鍾師掌金奏。金奏，擊金以爲奏樂之節。金謂鍾及鎛。【疏】注云「金奏，擊金以爲奏樂之節」者，《國語·魯語》云「先樂金奏」，韋注云：「金奏，以鍾奏樂也。」賈疏云：「此即鍾師自擊不編之鍾。凡作樂，先擊鍾，故云擊金以爲奏樂之節。」金鶚云：「古樂節，一曰金奏，二曰升歌。金奏堂下，用鍾鎛，兼有鼓磬，以奏《九夏》，春牘應雅以節之，此樂之始也。無金奏者，以升歌爲始；有金奏者，升歌亦爲始事。蓋金奏爲堂下樂之始，升歌爲堂上樂之始也。金奏、下管，樂之大者，天子諸侯有，大夫士無。」案：金說是也。凡諸侯以上作樂之節，以金奏爲始，故《魯語》謂之先樂矣。云「金謂鍾及鎛」者，賈疏云：「二者皆不編，獨懸而已。」案：賈似誤以此爲十二辰零鍾，然其說非也。此鍾即指編縣之鍾，故《鼓人》注云「金奏謂樂作擊編鍾」，明奏《九夏》兼用編鍾，惟此官所自擊乃特縣之鎛耳。十二辰零鍾雖亦此官擊之，然非賓祭正樂所用，詳《樂師》疏。金鶚云：「《燕禮》注云：『《肆夏》以鍾鑮播之，鼓磬應之，所謂金奏也。』《九夏》爲樂之大者，鍾鎛鼓磬亦皆樂器之大者，故宜用之也。四器並用而第言金者，以鍾鎛爲主也。」

凡樂事，以鍾鼓奏《九夏》：《王夏》、《肆夏》、《昭夏》、《納夏》、《章夏》、《齊夏》、《族夏》、《祴夏》、《驁夏》。以鍾鼓者，先擊鍾，次擊鼓以奏《九夏》。夏，大也，樂之大歌有九。故書納作內，杜子春云：「內當讀爲納，祴讀爲陔鼓之陔。王出入奏《王夏》，尸出入奏《肆夏》，牲出入奏《昭夏》，四方賓來奏《納夏》，臣有功奏《章夏》，夫人祭奏《齊夏》，族人侍奏《族夏》，客醉而出奏《陔夏》，公出入奏《驁夏》。《肆夏》，詩也。《春秋傳》曰：『穆叔如晉，晉侯享之，金奏《肆夏》三，不拜；工歌《文王》之三，又不拜；歌《鹿鳴》之三，三拜，曰：「《三夏》，天子所以享元侯也，使臣不敢與聞。」』《肆夏》與《文王》、《鹿鳴》俱稱三，謂之三章也。以此知《肆夏》詩也。《國語》曰：『金奏《肆夏》《繁》、《遏》、《渠》，天子所以享元侯。』《肆夏》《繁》、《遏》、《渠》，所謂三《夏》矣。」呂叔玉云：「《肆夏》、《繁遏》、《渠》皆《周頌》也。《肆夏》，《時邁》也。《繁遏》，《執傹》也。《渠》，《思文》。肆，遂也，夏，大也，言遂於大位，謂王位也，故《時邁》曰『肆于時夏，允王保之』。繁，多也，遏，止也，言福禄止於周之多也，故《執傹》曰『降福穰穰，降福簡簡，福禄來反』。渠，大也，言以后稷配天王道之大也，故《思文》曰『思文后稷，克配彼天』。故《國語》謂之曰『皆昭令德以合好也』。」玄謂以《文王》、《鹿鳴》言之，則《九夏》皆詩篇名，頌之族類也。此歌之大者，載在樂章，樂崩亦從而亡，是以頌不能具。【疏】「凡樂事以鍾鼓奏《九夏》」者，賈疏云：「此《九夏》者，惟《王夏》，惟天子得奏，諸侯已下不得。其《肆夏》，則諸侯亦當用，故《燕禮》奏《肆夏》；大夫已下者不得，故《郊特牲》云『大夫之奏《肆夏》，由趙文子始』，明不合也。其《昭夏》已下，諸侯亦用之。」云「《昭夏》」者，《國語·魯語》韋注、《左傳》襄四年杜注，並引作「韶夏」，昭韶聲類同。云「《納夏》」者，《釋文》作「夏納」，云「本或作納夏」。《郊特牲》孔疏云：「《鍾師》《九夏》皆『夏』文在下，而南本納夏獨『夏』文在上，其義疑也。」案：據此則陸音乃沿南本之誤。《左傳》襄四年杜注「納夏」，《釋文》及孔疏引定本亦並爲「夏納」，皆誤本也。云「《齊夏》」者，《釋文》云：「本又作齊。」阮元云：「齋者正字，齊者假借字。」云「《祴夏》」者，唐石經作「裓夏」，字從衣，誤。案：《鄉飲酒禮》「奏《陔》」，注引此經云：「奏《陔夏》，有鍾

鼓者，天子諸侯備用之，大夫士鼓而已。」是大夫士亦得奏《陔夏》，惟不得擊鍾。此經王禮有金奏，故鍾鼓備也。金鶚云：「《鄉飲酒禮》『賓出奏《陔》』。然有鼓無鍾，不得名爲金奏，又但於賓出奏之，與先樂金奏異也。」注云「以鍾鼓者，先擊鍾，次擊鼓以奏《九夏》」者，賈疏云：「鍾師直擊鍾，不擊鼓，而兼云鼓者，凡作樂，先擊鍾，次擊鼓，欲見鼓鍾先後次第，故兼言之也。鼓中得奏《九夏》者，謂堂上歌之，堂下以鍾鼓應之，故《左氏傳》云『晉侯歌鍾二肆』，亦謂歌與鍾相應而言也。」案：凡《九夏》皆奏而不歌，鄭誤釋爲樂歌，賈遂謂堂上歌之，堂下應之，《左》襄四年孔疏亦謂《肆夏》二人歌之，並非也。《左》襄十一年傳之歌鍾，乃應升歌、間歌之編鍾，非金奏所用也。此鼓亦謂晉鼓，鎛師鼓之，詳《鎛師職》。云「夏，大也」者，《染人》注同。云「樂之大歌有九」者，亦誤以夏爲歌《詩》也。鄭意歌與奏通，夏即歌樂之總名，聲義爲樂中之最大者，其數有九，故謂之《九夏》。云「故書納作内，杜子春云内當爲納」者，杜以《司門》、《内史》出内字，皆借納爲之，故讀從納也。段玉裁云：「此亦子春以今字改古字也。古『内外』『出納』字皆作内，其音亦同。《説文·入部》曰：『入，内也。内，入也。』《糸部》曰：『納，絲溼納納也。』納與内義各殊，杜子春轉云

内當爲納，蓋由漢人出納字皆作納，故以今字改古字，令讀者易明，而非不知内納爲古今字也。」云「祴讀爲陔鼓之陔」者，祴陔聲相近。《鄉飲酒禮》注云：「陔，《陔夏》也。陔之言戒也。終日燕飲，酒罷，以《陔》爲節，明無失禮也。」段玉裁云：「《樂師》注鄭司農云：『若今時行禮於大學，罷出以《鼓陔》爲節。』此子春所謂『陔鼓』，讀從漢制也。易祴爲陔，故下文即云奏《陔夏》矣。杜必易爲陔者，《鄉飲酒禮》、《鄉射禮》、《燕禮》、《大射儀》字皆作陔也。陔之言戒，《毛詩義》曰：『《南陔》，孝子相戒以養也。』鄭稱杜説而不易經文者，經文祴字固從戒，無容改字也。《説文·示部》曰：『宗廟奏《祴樂》，從示戒聲。』《自部》曰：『陔，階次也，從自亥聲。』是知《周禮》爲正字，《儀禮》爲假借字，許君亦從故書作祴矣。奏《祴》不必在宗廟，而許云宗廟奏《祴樂》者，爲其字之從示也。鄭君説《禮器》云：『天子祫祭先王諸侯，禮畢而出，《祴夏》而送之。』笙師教《祴樂》，鄭君云『《祴樂》，《祴夏》之樂也』。」云「王出入奏《王夏》，尸出入奏《肆夏》，牲出入奏《昭夏》」者，並據《大司樂》文。案：諸夏所用，隨事不同，杜略舉《大司樂》祭祀所用以見義耳。《九夏》唯《肆夏》所用最多，《樂師》云「行以《肆夏》」，爲王常時出入路寢之禮，與祭祀不同。《大司樂》注謂大饗賓出入奏《肆夏》，蓋賓與尸禮略同也。燕之常禮及鄉飲酒禮，皆賓出奏《祴夏》，入無奏樂之文。惟《燕禮記》載以樂納賓之盛禮，則賓及庭奏《肆夏》，與大饗賓入大門即奏者亦小異。並詳《大司樂》疏。云「四方賓來奏《納夏》」者，蓋即據《燕禮記》以樂納賓之義。云「臣有功奏《章夏》，夫人祭奏《齊夏》，族人侍奏《族夏》」者，此並無正文，杜以意説之。《章夏》取其章明功伐，《齊夏》取其齊肅將事也。云「客醉而出奏《陔夏》」者，客，賈疏述注作「賓」，《左傳疏》引同，《笙師》注亦云「賓醉而出奏《祴夏》」，《鄉射禮》注同，疑此作「客」誤也。《鄉飲酒禮》「賓出奏《陔》」，《鄉射禮》「賓興，樂正命奏《陔》，賓降，及階《陔》作，賓出，衆賓皆出」，《燕禮》「賓醉，北面坐取其薦脯以降，奏《陔》，賓所執脯以賜鍾人于門内霤，遂出」，又《大射儀》文亦同，並賓醉而出奏《陔》之事。不言入者，禮卿大夫無入奏《陔》之文也。云「公出入奏《驁夏》」者，賈疏云：「案《大射》云『公入奏《驁夏》』，是諸侯射於西郊，自外入時奏《驁夏》。不見出時而云出者，見《樂師》云『行以《肆夏》，趨以《采薺》』，出入禮同，則《驁夏》亦出入禮同，故兼云出也。其《驁夏》天子大射入時無文，故子春取《大射》『公入《驁》』，以明天子亦用也。」詒讓案：《大射儀》「公入《驁》」注云：「此公出而言入者，射宫在郊，以將還爲入。燕不《驁》者，於路寢無出入也。」是《大射》所謂入《驁》者，卽謂出時奏《驁》，諸侯得用金奏，明出入皆奏也。又據《大司樂》云「大射，王出入令奏《王夏》」，則王大射與諸侯射奏樂異。《驁夏》既非王出入所奏，則於王當別有所用，然《禮經》無文，故杜止援《大射》爲釋也。賈說非杜恉。云「《肆夏》，詩也」者，謂《肆夏》爲詩篇名，與後鄭說同。引《春秋傳》者，襄四年《左傳》文。金奏《肆夏》三，依《左傳》「三」字上當有「之」字。杜注云：「《肆夏》，樂曲名。《周禮》以鍾鼓奏《九夏》，其二曰《肆夏》，一名《樊》，三曰《韶夏》，一名《遏》，四曰《納夏》，一名曰《渠》。蓋擊鍾而奏此三夏曲。《文王》之三，《大雅》之首，《文王》、《大明》、《緜》。《鹿鳴》之三，《小雅》之首，《鹿鳴》、《四牡》、《皇皇者華》。」案：《肆夏》之三，金奏也；《文王》之三，升歌也；《鹿鳴》之三，鄭《詩譜》說以爲合樂，孫希旦、黄以周以爲閒歌，義並通。《國語·魯語》云：「伶簫咏歌及《鹿鳴》之三。」韋注云：「言樂人以簫作此三篇之聲，與歌者相應也。」依韋說則歌《鹿鳴》並用簫奏，明其非升歌矣。凡升歌《文王》者，合樂或用《鹿鳴》，詳後疏。云「《肆夏》與《文王》、《鹿鳴》俱稱三，謂其三章也，以此知《肆夏》詩也」者，杜意穆叔言《文王》之三、《鹿鳴》之三，並謂歌《詩》三章。《肆夏》雖不見《詩》，然與《文王》、《鹿鳴》同有三章，故據彼定《肆夏》亦爲詩也。引《國語》曰「金奏《肆夏》《繁》、《遏》、《渠》，天子所以享元侯」者，《魯語》叔孫穆子語。宋本《國語》繁作樊，音近字通；享作饗，享卽饗之借字。韋注並與杜同，蓋卽杜所本。案：天子享元侯，奏《肆夏》，卽《大司樂》注所謂大饗賓出入奏《肆夏》也。此《九夏》爲金奏，與升歌歌詩異，而鄭《詩·小雅譜》云：「其用於樂，國君以《小雅》，天子以《大雅》，然而饗賓或上取，燕或下就，何者？天子饗元侯，歌《肆夏》，合《文王》；諸侯歌《文王》，合《鹿鳴》。諸侯於鄰國之君，與天子於諸侯同。天子諸侯燕羣臣及聘問之賓，皆歌《鹿鳴》，合鄉樂。」蓋鄭意《九夏》爲《頌》之類，可奏亦可歌，故《詩譜》說天子饗元侯，升歌《肆夏》，賈疏及《左傳》孔疏、《郊特牲》孔疏引皇侃說並同。《郊特牲》疏又謂下管亦用三夏。江永云：「樂有金奏，有升歌，《儀禮》及《仲尼燕居》、《左傳》、《國語》所載甚分明。升歌爲詩，金奏以鍾鼓奏《九夏》，有篇名而無辭，卽有辭亦不載於《頌》。金奏主器聲，升歌主人聲也。鄭《詩譜》言『天子享元侯，升歌《肆夏》』，是升歌與金奏混合爲一，誤矣。《仲尼燕居》云『入門而金作』，是奏《肆夏》也。升歌則用《清廟》。《文王世子》養老亦歌《清廟》，何嘗升歌《肆夏》乎？」案：江說是也。金榜、阮元、金鶚説同。但鄭意《肆夏》爲詩，故亦可歌，非以金奏升歌爲一也。《郊特牲》疏謂下管亦奏夏，則大誤，鄭亦無是義。云「《肆夏》《繁》、《遏》、《渠》，所謂三夏矣」者，以《國語》云「《肆夏》《樊》、《遏》、《渠》」，《左傳》總稱之曰三夏，其實一也。引呂叔玉云「《肆夏》、《繁遏》、《渠》，皆《周頌》也，《肆夏》《時邁》也，《繁遏》《執傹》也，《渠》《思文》」者，《釋文》：「執傹音競，《詩》作競。」案：傹蓋競之俗體。「思文」下汪道昆本及明監本、毛本並有「也」字。《大射儀》賈疏及《左傳釋文》、孔疏，《詩·周頌·時邁》孔疏，引此注並同。以文例校之，疑舊本誤挩。呂叔玉蓋漢經師治《周禮》者，賈疏謂是子春引之，子春意與叔玉同。案：疑是後鄭引之。其人無攷，要當在杜、鄭前，故杜、鄭得述其義。呂以「三夏」爲《周頌》三篇，又以《時邁》爲《肆夏》，而《執競》、《思文》二詩適與《時邁》相次，故即以當《樊遏》與《渠》。是則《肆夏》爲一，《樊遏》爲二，《渠》爲三，以《肆夏》統之，故曰《肆夏》之三，與《文王》之二三爲《大明》、《緜》，《鹿鳴》之二三爲《四牡》、《皇華》，文例正同。然《左傳》云「三夏」，《國語》云「肆夏樊遏渠」，自來本無定解。依呂説，則「樊遏」連文，與「渠」同爲《肆夏》之屬篇。依韋、杜説則《樊》爲《肆夏》，《遏》爲《昭夏》，《渠》爲《納夏》，不以「繁遏」連文，又以「遏」「渠」分屬二夏。二説迥異。後鄭此注既不從呂，《樂師》先鄭注以《肆夏》爲樂名，又云或曰逸詩，則先鄭亦不以爲《周頌》之三篇，但《國語》之義二鄭無釋，不知其説云何。《左傳》孔疏引劉炫《規杜》云：「杜解頗允三夏之名，而分字配篇，不甚愜當。何則？《文王》之三，即《文王》是其一，《大明》、《緜》是其二；《鹿鳴》之三，則《鹿鳴》是其一，《四牡》、《皇皇者華》是其二。然則《肆夏》之三，亦當《肆夏》是其一，《樊遏》、《渠》是其二，安得復以『樊』爲《肆夏》之別名也。若『樊』即是《肆夏》，何須重舉二名。」案：劉氏所規，蓋兼取呂説，然謂杜解允三夏之名，則仍依韋、杜以《昭夏》、《納夏》配《肆夏》爲三之説，與呂又異。徐養原云：「竊疑《九夏》皆總名，每夏不止一曲。《繁》、《遏》、《渠》三者皆《肆夏》之曲名，猶《鹿鳴》之三屬《小雅》，《文王》之三屬《大雅》也。《内傳》云三夏，謂《肆夏》之三曲，非謂《九夏》中之三夏也。《九夏》各有所用，恐無連奏三夏之理。」案：《九夏》非歌《詩》，呂説固誤；而《肆夏》不可與《昭夏》、《納夏》同奏，韋、杜、劉之説亦不可通。尋文究義，徐説殆近之矣。云「肆，遂也，夏，大也」者，以下呂又説三夏因詩命名之義。「肆，遂」，《小爾雅·廣言》文。云「言遂於大位，謂王位也」者，釋名「肆夏」之義。

云「故《時邁》曰肆於時夏，允王保之」者，此《時邁》詩末二句，呂引之者，亦證《時邁》名「肆夏」之義。鄭箋云：「肆，陳也。我武王求有美德之士而任用之，故陳其功，於是夏而歌之。樂歌大者稱夏。允，信也。信哉武王之德，能長保此時夏之美。」《國語·周語》韋注説同。陳奐云：「《時邁》『肆于時夏』，《思文》『陳常于時夏』，兩詩皆言夏，而中閒廁《執競》一篇，故遂以三詩配《國語》三夏。鄭不以呂説爲然，而箋《詩》兩言夏，仍作《九夏》解，非《毛詩》義也。」案：陳説是也。呂説因《詩》有「肆夏」之文，曲爲傅合。鄭《詩箋》説以夏爲樂歌，則亦以爲與《九夏》同義，然不以《時邁》爲卽《肆夏》，與呂説異。又《大射儀》「賓及庭奏《肆夏》」，注云：「《肆夏》，樂章名，今亡。呂叔玉云：『《肆夏》、《時邁》也。《時邁》者，大平巡守祭山川之樂歌，其詩曰「明昭有周，式序在位」。又曰「我求懿德，肆于時夏」。奏此以延賓，其著宣王德勸賢與？』」據彼注，是鄭亦兼存呂説也。云「繁，多也」者，《小爾雅·廣詁》文。云「遏，止也」者，《爾雅·釋詁》文。云「言福禄止於周之多也」者，釋名「繁遏」之義。云「故《執傹》曰，降福穰穰，降福簡簡，福禄來反」者，毛傳云：「穰穰，衆也。簡簡，大也。反，復也。」呂引以證《執傹》言福禄多之義。云「渠，大也」者，《書·胤征》僞孔傳同。云「言以后稷配天，王道之大也」者，釋名「渠」之義。云「故《思文》云，思文后稷，克配彼天」者，亦引證后稷配天之事，《詩序》亦云「《思文》，后稷配天也」。云「故《國語》謂之曰，皆昭令德以合好也」者，亦穆叔語。彼文承《肆夏》、《文王》之後，故引以證《肆夏》《樊》、《遏》、《渠》，並以昭令德而取此美名也。云「玄謂以《文王》、《鹿鳴》言之，則九夏皆詩篇名」者，此破呂叔玉之説，别以《九夏》爲詩篇名，故《左傳》、《國語》以《肆夏》與《文王》、《鹿鳴》同稱。若《時邁》、《執傹》、《思文》，彼自有名，不當又名《肆夏》、《繁遏》、《渠》也。云「《頌》之族類也」者，鄭以《禮記》、《左傳》説奏樂差次，《九夏》尊於《大雅》，明《九夏》用之賓祭，其重與《頌》同，知其詩亦當與《頌》爲族類，但非今《周頌·時邁》諸篇耳。《大射儀》注亦云「《陔夏》，其歌《頌》類也」，與此注同。金鶚云：「堂上所歌皆《風》《雅》《頌》之詩，堂下笙歌、金奏非詩也。然亦有辭，其體當稍與《詩》異，蓋載在《樂經》，《樂經》亡而遂失其傳也。鄭以《九夏》、《新宮》及《南陔》等六篇皆爲詩，謂《九夏》《頌》之逸篇，《南陔》等《小雅》之逸篇，皆非也。杜預云：『《肆夏》，樂曲名。』此説最確。《九夏》爲樂曲，則笙管所奏，亦當别爲樂曲，而非詩矣。」又云：「《頌》非大夫士所得用，而《鄉飲酒》賓出奏《陔夏》，則《九夏》非《頌》可知也。」案：金説是也。樂曲用之金奏，與《詩》用之歌，二者微異，杜、吕合以爲一，非也。後鄭雖不用吕説，然其誤亦同。云「此歌之大者載在樂章，樂崩亦從而亡，是以《頌》不能具」者，《鄉射》、《燕禮》、《大射儀》注説《陔夏》，《燕禮》注説《肆夏》，並以爲樂章。樂章，謂樂之章句。以列於詩言之，謂之詩篇，以入樂言之，謂之樂章，其義一也。鄭以《九夏》爲頌，而《三頌》不載，故以爲别載於樂章，樂崩以後失其辭。據鄭意，蓋以《九夏》之亡在孔子前，猶正考父所校《商頌》十二篇，孔子録詩，僅存五篇也。**凡祭祀、饗食，奏燕樂。**以鍾鼓奏之。【疏】「凡祭祀、饗食，奏燕樂」者，亦於合樂時奏之也。賈疏云：「饗食，謂與諸侯行饗食之禮。在廟，故與祭祀同樂，故連言之。」　注云「以鍾鼓奏之」者，與奏《九夏》同。《詩·周南·關雎》云：「鍾鼓樂之。」《關雎》爲房中之樂，是燕樂有用鍾鼓之證。互詳《磬師》疏。**凡射，王奏《騶虞》，諸侯奏《貍首》，卿大夫奏《采蘋》，士奏《采蘩》。**鄭司農云：「騶虞，聖獸。」【疏】「凡射，王奏《騶虞》」者，以下文與《樂師》略同，亦通三射而言。其大射，天子射節，大司樂令大師帥瞽歌之，諸侯以下，則樂師令歌，此官皆奏鍾鼓以節之。卿大夫士射，則唯以鼓奏之，無鍾也。《鄉射》、《大射禮》以樂射，並云「不鼓不釋」，注云：「不與鼓節相應，不釋筭也。凡射之鼓節，《投壺》其存者也。《周禮》射節，天子九，諸侯七，卿大夫以下五。」若然，天子射樂九奏，諸侯七奏，卿大夫士五奏，皆與射節相應也。又《投壺》説射節有鼓有鼙，則此官當兼擊鼙。上經云鼓不及鼙，下文掌鼙鼓唯云縵樂，不及射樂，皆互文見義。亦詳《樂師》、《射人》疏。　注鄭司農云「騶虞，聖獸」者，據《毛詩》説也。賈疏引《五經異義》云：「今《詩》韓魯説，騶虞，天子掌鳥獸官。古《毛詩》説，騶虞，義獸，白虎黑文，食自死之肉，不食生物，人君有至信之德，則應之。《周南》終《麟止》，《召南》終《騶虞》，俱稱嗟歎之，皆獸名。謹案：《古山海經》、《鄒書》云『騶虞獸』，説與《毛詩》同。」詒讓案：《異義》引古《毛詩》説，即據《召南·騶虞》傳文。孔疏引陸璣説亦同。又引《鄭志》：「張逸問：『傳曰白虎黑文，又《禮記》曰樂官備，何謂？』荅曰：『白虎黑文，《周史·王會》云。備者，取其一發五豝，言多賢也。』」今案：後鄭亦從毛説。《周書·王會》篇云：「央林以酋耳。酋耳者，身若虎豹，尾長參其身，食虎豹。」酋耳當作「酋牙」，《山海經·海内北經》又作「騶吾」。騶、酋，虞、牙、吾，並一聲之轉。《異義》所引《鄒書》，即《周書》之誤。

掌鼙，鼓縵樂。 鼓讀如莊王鼓之鼓。玄謂作縵樂，擊鼙以和之。【疏】注云「鼓讀如莊王鼓之鼓」者，此擬其音以見其義，明此鼓不謂六鼓也。《小師》注云「出音曰鼓」，即此義。段玉裁云：「下文云『玄謂』，則此注語蒙上文，亦司農説也。『莊王鼓之』，見宣十二年《公羊傳》。當云『莊王鼓之之鼓』，今脱一之字。」案：段説是也。孔繼汾校同。凡注引舊説，亦有家上章而不著某云者，互詳《秋官・敍官》疏。云「玄謂作縵樂，擊鼙以和之」者，鼙亦謂應鼙、朔鼙之屬。賈疏云：「此官主擊鼙。於磬師作縵樂，則鍾師擊鼙以和之。」

笙師掌教歈竽、笙、塤、籥、簫、篪、篴、管，舂牘、應、雅，以教祴樂。 教，教視瞭也。鄭司農云：「竽，三十六簧。笙，十三簧。篪，七空。舂牘，以竹大五六寸，長七尺，短者一二尺，其端有兩空，髤畫，以兩手築地。應，長六尺五寸，其中有椎。雅，狀如漆筩而弇口，大二圍，長五尺六寸，以羊韋鞔之，有兩紐，疏畫。」杜子春讀篴爲蕩滌之滌，今時所吹五空竹篴。玄謂籥如篴，三空。祴樂，《祴夏》之樂。牘應雅教其舂者，謂以築地。笙師教之，則三器在庭可知矣。賓醉而出，奏《祴夏》，以此三器築地，爲之行節，明不失禮。【疏】「掌教歈竽、笙、塤、籥、簫、篪、篴、管」者，《説文・龠部》云「籥，籥音律管壎之樂也。」《口部》云：「吹，噓也。」又《欠部》云：「吹，出氣也。」歈即籥之省。凡經皆作歈，注皆作吹，經例用古字，注例用今字也。《釋名・釋樂器》云：「竹曰吹，吹，推也，以氣推發其聲也。」案：竽笙等皆樂器之有孔者，故經並謂之歈，此兼有匏土音，不必竹器也。此籥爲吹竹籥，與《籥師》「舞籥」、《籥章》「葦籥」並異。云「舂牘應雅以教祴樂」者，祴，唐石經作裓，誤。今從宋本、嘉靖本正。《祴樂》用此三器，並築地以發其聲，故謂之舂也。 注云「教，教視瞭也」者，賈疏云：「此樂器《瞽矇》有，《視瞭》無，所以知不教瞽矇者，案《小師》云：『教鼓鼗、柷、敔、塤、簫、管、弦、歌。』注云：『教，教瞽矇也。』以《小師》在《瞽矇》之上，又瞽矇所作與小師同，故知小師所教瞽矇。笙師所教文在《視瞭》之下，不可隔《視瞭》教瞽矇，其《視瞭》雖不云其器，明所教教視瞭也。」鄭司農云「竽三十六簧，笙十三簧」者，《釋名・釋樂器》云：「笙，生也，竹之貫匏，象物貫地而生也。以匏爲之，故曰匏也。竽亦是也，其中汙空以受簧也。簧，横也，於管頭横施於中也，以竹鐵作於口，横吹之，亦是也。」賈疏云：「案《通卦驗》：『竽長四尺二寸。』注云：『竽，管類，用竹爲之，形參差象鳥翼。鳥，火禽，火數七。冬至之時吹之，冬水用事，水數六。六七四十二，竽之長蓋取於此也。』笙十三簧，《廣雅》云：『笙以匏爲之，十三管，宫管在左方。竽象笙，三十六管，宫管在中央。』《禮圖》云『竽長四尺二寸』，此竽三十六簧，與《禮圖》同。」詒讓案：《説文·竹部》云：「竽，管三十六簧也。笙，十三簧，象鳳之身也，笙正月之音，物生，故謂之笙。簧，笙中簧也。」《風俗通義·音聲》篇云：「竽，謹案：《禮記》『管三十六簧也，長四尺二寸』。今二十三管。」又云：「謹案：《世本》『隨作笙』。長四尺，十三簧，象鳳之身。」説並與鄭同。《爾雅·釋樂》云：「大笙謂之巢，小者謂之和。」郭注云：「列管匏中，施簧管端，大者十九簧，小十三簧者。」《宋書·樂志》亦云笙有十九簧至十三簧之異。據此，是笙十三簧謂其小者，大者有十九簧也。《北堂書鈔·樂部》引《三禮圖》云：「笙有雅簧十三，上六下七也。雅竽簧，上下各六也。」是又以竽爲十二簧，與賈引《禮圖》不同。凡竽笙皆每管有一簧，諸書咸謂竽簧多於笙，此獨反是，疑有捝誤。云「篪，七空」者，《説文·龠部》云：「鷈，管樂也，七孔，重文篪，鷈或從竹。」《釋名·釋樂器》云：「篪，嗁也，聲從孔出，如嬰兒嗁聲也。」賈疏云：「《廣雅》云：『篪，以竹爲之，長尺四寸，八孔，一孔上出寸三分。』《禮圖》云：『篪，九空。』司農云七空，蓋寫者誤，當云八空也。或司農别有所見。」徐養原云：「今本《廣雅》『八孔』下少『一孔上出』一句，多『前有一孔，上有三孔，後有四孔，頭有一孔』四句。王念孫謂曹注誤入，要亦隋以前舊説，但如此則有九孔，與《禮圖》合，而與正文不合，疑非也。八孔乃計其全，七孔則不數上出者。《廣雅》附會《禮圖》，故多一孔，當云『前有一孔，上有三孔，後有三孔，頭有一孔』，則與《廣雅》及司農説俱合矣。向内曰前，向外曰後，向上曰上。前一孔卽上出孔，上出猶言隆起也。《御覽》引《世本注》云：『篪吹孔有觜，如酸棗』，卽此是也。」案：徐説是也。《爾雅·釋樂》云：「大篪謂之沂。」郭注云：「篪以竹爲之，長尺四寸，圍三寸，一孔上出一寸三分，名翹，横吹之。小者尺二寸。」《風俗通義·聲音》篇云：「謹案：《世本》『蘇成公作篪』。管樂，七孔，長尺二寸。」《吕氏春秋·仲夏紀》高注云：「篪，以竹，大二寸，長尺二寸，七孔，一孔上伏，横吹之。」以上諸書，並云篪七孔，不云八孔，徐氏本《詩·小雅·何人斯》孔疏説，謂不數其上出者故七孔，此説甚當。賈氏輒庰鄭之誤，傎矣。又《書鈔·

樂部》引《五經要義》云：「篪，竹也，六孔，有底。」《通典・樂》引《月令章句》云：「篪，六孔，有距，横吹之。」案：距當即所謂翹觜，蓋皆指其上出之吹孔而言。但云六孔，未詳其說。聶氏《三禮圖》引《舊圖》云：「雅篪，長尺四寸，圍三寸，翹長一寸三分，圍自稱，九孔。頌篪尺二寸。」此又作九孔，然則孔有多少，或雅篪頌篪之異與？ 云「舂牘以竹大五六寸，長七尺，短者一二尺，其端有兩空，髤畫，以兩手築地」者，此無正文，蓋據漢制知之。《釋名・釋樂器》云：「舂，撞也。牘，築也。以舂築地爲節也。」《舊唐書・樂志》云：「舂牘，虚中如筩，無底，舉以頓地，如舂杵，亦謂之頓相，相，助也，以節樂也。」案：《唐書》説與先鄭小異，又謂亦名相，則與拊别名同，未知何據。 髤即髹之省。《説文・桼部》云：「髹，桼也。」《鄉射禮》「楅髤」鄭注云：「髤，赤黑漆也。」髤，《釋文》音香牛反，或七利反。段玉裁謂七利反，則字作桼。案：桼髤義同。金鶚據《國語・周語》謂牘應雅三者並木器，㡿先鄭説之誤，未知是否。云「應長六尺五寸，其中有椎」者，蓋亦據漢制知之。云「雅狀如漆筩而弇口，大二圍，長五尺六寸，以羊韋鞔之，有兩紐，疏畫」者，《樂記》「訊疾以雅」，鄭注云：「雅亦樂器名也，狀如漆筩，中有椎。」孔疏引先鄭此注釋之，云「並以漢時制度而知也」。《御覽・樂部》引《風俗通義》，亦云「雅形如漆筩，有椎」。賈疏云：「疏畫者，長疏而畫之。」云「杜子春讀篴爲蕩滌之滌」者，段玉裁謂「爲」當作「如」是也。此擬其音，非破字，不當云「讀爲」。丁晏云：「《風俗通》云：『笛者滌也，所以滌蕩邪穢納之於雅正也。』《釋名》云：『篴，滌也，其聲滌滌然也。』故杜讀爲滌，篴滌聲相近。」徐養原云：「《説文》有笛無篴，篴之字蓋從竹逐聲。《易》『良馬逐』，《釋文》『一音胄』。胄笛並以由爲聲，逐有胄音，故笛字或從逐。此字見《周禮》，乃古文也，許君偶爾遺之。」云「今時所吹五空竹篴」者，《説文・竹部》云：「笛，七空筩也，羌笛三孔。」《風俗通義・聲音》篇云：「謹案：《樂記》『武帝時丘仲之所作也』。長二尺四寸，七孔。」徐養原云：「馬融《長笛賦》：『有庶士丘仲言其所由出，而不知其弘妙。其辭曰：近世雙笛從羌起，《易》京君明識音律，故本四孔加以一，君明所加孔後出，是謂商聲五音畢。』笛雖古樂，經秦漢而失傳，漢笛起於羌，京房知與古笛相類，惟孔數不足，乃爲之加一孔，而五音畢具。說者謂笛爲武帝時丘仲作，乃京房以後之人。羌人造笛，京房加孔，丘仲述其事，賦意甚明，不知諸儒何以誤會。笛之孔數，言四孔加一者，丘仲也；言五孔者，杜子春也；言七孔三孔者，許慎也；言六孔七孔者，荀勖也。參差不一。案：四孔加一則五孔矣，是子春與丘仲不異也。許君七孔與荀勖笛律脗合。惟丘仲言羌笛四孔，而許云三孔，似相剌謬，或者疑爲二器，不知三孔即四孔也。案：荀勖《笛律》以笛體中爲角聲，故云笛有六孔，及其體中之空爲七。然則七孔者，併笛體中計之，若論其面則六孔也。四孔者，亦併笛體中計之，若論其面則三孔也。許於七孔則併體計之者，取備七音也；於三孔則祇計其面者，羌人剡竹但知有三孔耳，豈知體中復可當一孔哉。故言古笛，則當云七孔，不得云六孔；言羌笛則當云三孔，不得云四孔。大抵漢魏六朝所謂笛，皆豎笛也。宋元以後謂豎笛爲簫，謂横笛爲笛，而笛之名實淆矣。」云「玄謂籥如篴三空」者，《少儀》注同。孔疏謂案《漢禮器制度》知之。案：籥正字當作龠，《説文·龠部》云：「龠，樂之竹管，三孔，以和衆聲也。」《竹部》云：「籥，書僮竹笘也。」經典通借籥爲龠。《釋名·釋樂器》云：「籥，躍也，氣躍出也。」《孟子·梁惠王篇》趙注云：「籥，簫也。或曰：籥若笛而短，有三孔。」《風俗通義·聲音》篇云：「籥，竹管，三孔，所以和衆聲也。」《爾雅·釋樂》云：「大籥謂之産，其中謂之仲，小者謂之箹。」郭注云：「籥，如笛，三孔而短小。」案：以上諸説，惟趙岐前一義以籥爲簫爲誤説，餘並同鄭義。而《廣雅·釋樂》云「龠謂之笛，有七孔」，《詩·邶風·簡兮》毛傳云「籥六孔」，説與鄭異。徐養原云：「古之籥，蓋即漢之羌笛，籥三孔，羌笛亦三孔，並見《説文》，則二器無異。三孔者籥也，五孔者笛也，七孔者笛之變也。康成云籥如笛，謂如五孔七孔之笛也。竹音凡五，比竹者簫，併兩者管，横吹者篪，惟籥與笛皆單管直吹，故相似。《説文》曰『籥以和衆聲』，古之和聲用籥，後世則受均於笛，二物同類，故皆可以和聲。」又云：「一説三孔以和聲，六孔以奏舞曲。《説文》：『籟，三孔籥也。』是籥故有不止三孔者，三孔者乃謂之籟耳。籥字注三孔，段玉裁以爲六孔之誤，其説可從。漢世有籟無籥，如笛而短者籟也，故皆以爲三孔。」郝懿行云：「蓋籥施用有異，故孔數不同。其施於吹以和樂者，則三孔，如笛而短；其施於舞所執者，則六孔，當如笛而長。知者，《風俗通》引《樂記》云『笛長二尺四寸，七孔』，《簡兮》釋文云『籥長三尺，執之以舞』，是舞籥長於笛有半，則知吹籥短於笛，其體當不過一尺也。笛與籥全相似，故《廣雅》云『龠謂之笛』，又云『有七孔』。以《簡兮》傳『六孔』推之，則知《廣雅》之七孔，亦當指舞籥而言矣。舞籥有孔者，雖施於舞，亦用以吹，故《周禮·序官》『籥師』注『籥，舞者所吹』，是其義也。然籥既如笛，而有三孔、六孔、七孔不同者，吹籥短於笛而三孔，舞籥長於笛而六孔，或七孔。」陳奂説同。案：徐、郝以三孔六孔爲吹籥舞籥之異是也。《孟子》趙注説籥三孔，而引《詩》「左手執籥」，與毛傳不合，蓋不知籥有吹與舞之異也。云「祴樂，《祴夏》之樂」者，卽《九夏》之八也。依《鍾師》杜注亦當爲《陔》。賈疏云：「以其《鍾師》有《祴夏》，此祴樂與之同，故知此所教祴樂，是鍾師所作《祴夏》者也。」云「牘應雅教其舂者，謂以築地」者，此破先鄭以舂牘爲器名之説，明牘應雅三者並笙師教其舂之，舂卽謂築地。《説文·臼部》云：「舂，擣粟也。」《竹部》云：「築，擣也。」故築地謂之舂也。金鶚云：「舂字統牘、應、雅三件，猶上以龡字統竽、笙、塤、籥、簫、篪、篴、管也。先鄭以舂牘二字共爲器名，則亦當以龡字統之，此豈可龡之器邪？」云「笙師教之，則三器在庭可知矣」者，賈疏云：「以其笙管在堂下，近堂，則三者亦在堂下，遠堂，在庭可知。」云「賓醉而出，奏《祴夏》」者，《鍾師》杜注義同，並據《鄉飲酒》、《鄉射》、《燕禮》爲説也。云「以此三器築地，爲之行節，明不失禮」者，謂惟此三器爲祴樂所用，爲賓行舒疾之節，明雖醉亦不失禮也。金鶚云：「《國語》論樂云『革木以節之』，牘應雅皆木音，柷敔之類，皆所以節樂者也。鄭謂以爲行節者，《禮》云『趨以《肆夏》』，是金奏《肆夏》以爲行節，牘應雅以節樂，卽以節行也。但賓出奏《陔夏》，惟《鄉飲酒》、《燕禮》用之；若兩君相見及天子大饗諸侯，賓出入皆奏《肆夏》。禮所謂『趨以《肆夏》』者，兼出入言也。笙師所掌，又天子之樂也。然則祴樂非止《陔夏》，疑《九夏》通名爲祴樂，猶言縵樂、燕樂也。王出入奏《王夏》，亦奏之以爲行節，諸夏皆當類此。」案：金説是也。祴樂與金奏同用《九夏》，但金奏在正樂之前，唯天子諸侯樂有此節，《國語·魯語》所謂先樂金奏是也。其奏《九夏》以節出入者，則通於卿大夫士，蓋不在正樂之數。若賓出奏《陔》，或於禮終奏之，故不得爲先樂，而別謂之祴樂。祴之言戒，或亦兼取出入之道爲名。《匠人》注所謂令辟祴是也。《鄉射禮》注云：「《陔夏》者，天子諸侯以鍾鼓，大夫士鼓而已。」是祴樂亦用鍾鼓，不徒牘應雅三器也。

凡祭祀、饗射，共其鍾笙之樂，鍾笙，與鍾聲相應之笙。【疏】注云「鍾笙與鍾聲相應之笙」者，謂作樂時，下管、笙奏、閒歌、合樂諸節，皆鍾笙並奏，笙之聲應鍾之均，是謂鍾笙之樂。賈疏云：「鄭爲此解者，以其笙師不掌鍾而兼言鍾，故知義然也。」

燕樂亦如之。【疏】「燕樂亦如之」者，燕樂有簫管笙，詳《磬師》疏。**大**

喪，廞其樂器；及葬，奉而藏之。廞，興也，興謂作之。奉猶送。【疏】「大喪廞其樂器」者，謂陳明器竽笙等樂器也。詳《大司樂》疏。　注云「廞，興也，興謂作之」者，此説非也。廞訓當爲陳，詳《司裘》疏。云「奉猶送」者，《天府》注同，謂於窆時送至壙，遂藏之椁中也。大旅，則陳之。陳於饌處而已，不涖其縣。【疏】「大旅則陳之」者，亦廞樂器也。變文言陳者，明陳而不藏也。　注云「陳於饌處而已，不涖其縣」者，賈疏云：「此經直言陳之，明陳於饌處而已，不臨其縣。其臨縣者大司樂，故《大司樂》云『大喪涖廞樂器』，注云『臨笙師鎛師之屬』是也。」

鎛師掌金奏之鼓。謂主擊晉鼓，以奏其鍾鎛也。然則擊鎛者亦視瞭。【疏】「掌金奏之鼓」者，與鼓人、鍾師爲官聯也。詳《鍾師》疏。　注云「謂主擊晉鼓以奏其鍾鎛也」者，賈疏云：「《鼓人職》云『以晉鼓鼓金奏』，故知之也。金奏謂奏金，金即鍾鎛，鍾鎛以金爲之，故言金。」云「然則擊鎛者亦視瞭」者，此冡前《磬師》注「教視瞭擊編鍾」而言。賈疏云：「鎛與鍾同類，大小異耳。既擊鍾，明亦擊鎛，故云亦視瞭也。」案：鄭、賈並以意説之。蓋以鎛師既擊鼓，則不得更擊鎛，故謂擊鎛者亦視瞭。但此惟先樂金奏或然，若他節，則仍當以鎛師擊鎛，不必皆視瞭也。蓋此經諸樂官，若磬師掌擊磬，笙師掌吹笙，職名並相應。此官既名鎛師，自當以擊鎛爲專職，不宜反掌擊鼓而不擊鎛也。又鍾師掌金奏亦擊鎛，則尤不當專屬視瞭。竊疑先樂金奏，其節最重，或當鍾師擊鎛，故此官改而擊鼓，其他節則皆此官自擊鎛，而以鼓人擊鼓，不必如鄭、賈説也。《大射儀》無金奏，而彼注説獻樂人，有鼓人、鎛人，則鄭意亦謂擊鼓自是地官鼓人之正職，不皆以鎛人代之矣。鎛亦名鏞，詳《敍官》疏。凡祭祀，鼓其金奏之樂，饗食、賓射亦如之。軍大獻，則鼓其愷樂。凡軍之夜三鼜，皆鼓之，守鼜亦如之。守鼜，備守鼓也。鼓之以鼖鼓。杜子春云：「一夜三擊，備守鼜也。《春秋傳》所謂賓將趨者，音聲相似。」【疏】「凡祭祀鼓其金奏之樂」者，賈疏云：「亦以晉鼓鼓之。」云「饗食賓射亦如之」者，賈疏云：「饗食來朝諸侯，賓射亦謂與來朝諸侯射於朝，皆鼓其金奏之鼓也。」詒讓案：《樂師》云：「饗食諸侯，序其樂事，令鍾鼓如祭之儀。」然則祭祀饗食，皆樂師令奏，此官則鼓其金奏之鼓。又《眡瞭》云：「賓射，皆奏其鍾鼓。」此官與彼爲官聯也。饗食金奏之樂，即《左》襄四年傳「天子享元侯，奏《三夏》」是也。賓射，詳《大宗伯》疏。云「軍大獻則鼓其愷樂」者，此亦與眡瞭爲官聯也。賈疏云：「謂獻捷於祖，作愷歌，亦以晉鼓鼓之。」案：大獻，詳《大司樂》、《大司馬》疏。云「凡軍之夜三鼜，皆鼓之」者，此與鼓人、眡瞭爲官聯也。　注云「守鼜，備守鼓也」者，謂王宮中常時戒守之鼓，亦以夜鼓之。《列女傳·賢明篇·周宣姜后傳》云：「鷄鳴，樂師擊鼓以告旦。」疑即指此官。李光地云：「凡軍之夜三鼜者，行鼜也，故云守鼜以別之。」云「鼓之以鼖鼓」者，別於上金奏用晉鼓也。賈疏云：「《鼓人職》云『鼖鼓鼓軍事』，此並軍事，故知用鼖鼓也。」杜子春云「一夜三擊，備守鼜也」者，明守鼜亦夜三鼓也。賈疏云：「《鼓人》注引《司馬法》云：『昏鼓四通爲大鼜，夜半三通爲晨戒，旦明五通爲發昫。』是一夜三擊備守鼜也。」云「《春秋傳》所謂賓將趨者，音聲相似」者，《左》昭二十年傳，齊公孫青聘衛事。杜本作「賓將掫」，注云「掫，行夜」。據賈《掌固》疏，則賈、服本亦作掫，與杜本同。《説文·手部》云「掫，夜戒守有所擊也」，亦引《春秋傳》。《左》襄二十五年傳，又云「陪臣干掫」，杜亦以爲行夜。段玉裁云：「今《左傳》作『賓將掫』，《説文》所據同也。杜子春所據作趨，古音芻聲，取聲同在侯部也。趨讀如促，戒守之意。」惠棟云：「鼜，《説文》作𪔂，云『讀若戚』。趨造音近，長言爲趨，短言爲戚。」案：惠説是也。趨與掫、趣，音亦相近，故此注引《左傳》作趨，《掌固》注引又作趣。依杜君二注義，則鼜與掫爲一；依許義，則鼜爲擊鼓戒守，掫爲戒守有所擊，不定擊鼓也。二説蓋小異。**大喪，廞其樂器，奉而藏之。**【疏】「大喪廞其樂器」者，賈疏云：「此官所廞，謂作晉鼓鼖鼓而已，以其當職所擊者也。」案：廞樂器亦當有鎛，廞亦訓爲陳，賈從鄭釋爲興作，非也。詳《司裘》疏。

韎師掌教韎樂。祭祀則帥其屬而舞之。舞之以東夷之舞。【疏】「韎師掌教韎樂」者，韎，《明堂位》注引並作「昧」，從先鄭讀也，詳《敘官》疏。四夷樂韎，蓋猶近雅，故其用最多，特設官以教之。云「祭祀則帥其屬而舞之」者，《白虎通義·禮樂》篇云：「夷狄樂誰爲舞者，以爲使中國之人。何以言之？夷狄之人禮不備，恐有過誤也。」然則韎雖東夷之樂，其舞亦使中國之人，故韎師帥其屬而舞之也。　注云「舞之以東夷之舞」者，韎爲東夷樂，詳《敘官》及《鞮鞻氏》疏。賈疏云：「凡舞夷樂，皆門外爲之。」案：賈説本《白虎通義》，詳《鞮鞻氏》疏。**大饗亦如之。**

旄人掌教舞散樂，舞夷樂，散樂，野人爲樂之善者，若今黄門倡矣，自有舞。夷樂，四夷之樂，亦皆有聲歌及舞。【疏】「掌教舞散樂、舞夷樂」者，賈疏云：「旄人教夷樂而不掌，鞮鞻氏掌四夷之樂而不教，二職互相統耳。但旄人加以教散樂，鞮鞻氏不掌之也。」案：賈説非也。此官掌教亦掌舞，鞮鞻氏則又并掌其聲歌，二官蓋互相備，非互相統也。　注云「散樂，野人爲樂之善者」者，《舞師》「凡野舞皆教之」，注云：「野舞，謂野人欲學舞者。」然則此教散樂，即就舞師所教野人之中，擇其善者，使旄人更教之也。賈疏云：「以其不在官之員內，謂之爲散也。」案：賈意散樂即謂宂散之樂。今攷此爲褋樂，亦取亞次雅樂之義，詳《鹽人》疏。云「若今黄門倡矣」者，王應麟云：「《漢禮樂志》『成帝時，鄭聲猶甚，黄門名倡丙彊、景武之屬，富顯於世』。《蓺文志》『黄門倡車忠等歌詩十五篇』。」詒讓案：《續漢書·禮儀志》劉注引蔡邕《禮樂志》云：「漢樂四品，三曰黄門鼓吹，天子所以宴樂羣臣。」此黄門倡，即習黄門鼓吹者，非雅樂，故鄭引以况散樂也。云「自有舞」者，散樂之舞，在《大司樂》六大舞、《樂師》六小舞之外，其名數未聞。云「夷樂，四夷之樂」者，四夷之樂，即下鞮鞻氏所掌者是也。其四夷之舞所持，經無文。《白虎通義·禮樂》篇云：「《樂元語》曰：『東夷之樂，持矛舞，助時生也。南夷之樂，持羽舞，助時養也。西夷之樂，持戟舞，助時煞也。北夷之樂，持干舞，助時藏也。』一説東方持矛，南方歌，西方戚，北方擊金。」案：《鞮鞻氏》疏引《孝經鉤命決》，説夷舞所持與《樂元語》合。《通典·樂》引《五經通義》亦同，惟西夷持鉞爲異，未知孰是。云「亦皆有聲歌及舞」者，賈疏云：「此經有舞，下《鞮鞻氏》云『掌四夷之樂與其聲歌』是也。」**凡四方之以舞仕者屬焉。**【疏】「凡四方之以舞仕者屬焉」者，即《敘官》云「舞者衆寡無數」，在舞徒之外者也。亦無員數，與凡以神仕者同。賈疏云：「此即野人能舞者，屬旄人，選舞人當於中取之故也。」**凡祭祀、賓客，舞其燕樂。**【疏】「凡祭祀、賓客，舞其燕樂」者，合樂時并奏燕舞也。燕樂，詳《磬師》疏。賈疏云：「賓客亦謂饗燕時。舞其燕樂，謂作燕樂時，使四方舞士舞之以夷樂。」案：據《磬師》、《笙師》，則賓客食及射皆奏燕樂，賈謂饗燕時，未晐。又燕樂當亦有散樂，《詩·王風》云：「君子陽陽，左執翿，右招我由敖。」鄭箋以爲燕舞之位，即燕樂之舞也。

籥師掌教國子舞羽歈籥。文舞有持羽吹籥者，所謂籥舞也。《文王世子》曰：「秋冬學羽籥。」《詩》云：「左手執籥，右手秉翟。」【疏】「掌教國子舞羽歈籥」者，此與樂師爲官聯也。賈疏云：「此官所教，當樂師教小舞，互相足。故《文王世子》云：『小樂正學干，大胥贊之；籥師學戈，籥師丞贊之。』注云：『四人皆樂官之屬也，通職。秋冬亦學以羽籥。小樂正，樂師也。』」詒讓案：據《文王世子》文，則籥師雖掌文舞，亦兼教武舞。蓋此官所奏，即《大司樂》六大舞，故文武兼備。《逸周書·世俘篇》云：「甲戌，謁戎殷于牧野，籥人奏《武》，王入，獻《明明》，三終。乙卯，籥人奏《崇禹》、《生開》，三終。」籥人即此籥師，《崇禹》、《生開》蓋《大夏》之舞曲，以籥奏之者也。　注云「文舞有持羽吹籥者」者，此亦注用今字作吹也。言此者，對《文王世子》籥師學戈爲武舞。《御覽·樂部》引《五經通義》云：「王者之樂有先後者，各尚其德也。以文得之先文樂，持羽旄而舞；以武得之先武樂，持朱干玉戚而舞，所以增威武也。」云「所謂籥舞也」者，《春秋》宣八年「萬入去籥」，《公羊傳》云：「萬者何？干舞也。籥者何？籥舞也。」何注云：「籥所吹以節舞也。吹籥而舞，文樂之長。」案：籥舞亦見《詩·小雅·賓之初筵》篇，詳後。凡文舞以羽籥爲主，詳《敘官》疏。引《文王世子》曰「秋冬學羽籥」者，彼文云：「春夏學干戈，秋冬學羽籥，皆於東序。」鄭彼注云：「干戈，萬舞，象武也，用動作之時學之。羽籥，籥舞，象文也，用安静之時學之。」引之者，證舞有羽籥也。引《詩》云「左手執籥，右手秉翟」者，《邶風·簡兮》篇文。引之者，證舞羽，羽即翟羽，與籥相將之事。《敘官》注亦引之，詳彼疏。孔疏引《五經異義》云：「《公羊》説，樂萬舞以鴻羽，取其勁輕，一舉千里。《詩》毛説，萬以翟羽。《韓詩》説，以夷狄大鳥羽。謹案：《詩》云『右手秉翟』。《爾雅》説，翟，鳥名，雉屬也。知翟羽舞也。」案：羽舞，《穀梁》隱五年傳，謂之「舞夏」，范注云：「夏，大也，大謂大雉。大雉，翟雉。」范亦從毛、許説，互詳《舞師》疏。

祭祀則鼓羽籥之舞。鼓之者，恒爲之節。【疏】注云「鼓之者，恒爲之節」者，《樂記》説舞《大武》，云「先鼓以警戒」，注云：「先鼓，將奏樂，先擊鼓，以警戒衆也。」《詩·魯頌·有駜》

云：「振振鷺，鷺于下；鼓咽咽，醉言舞。」毛傳云：「咽咽，鼓節也。」蓋凡大小舞，皆先鼓以警衆，既舞則又擊鼓爲之節，故《文王世子》云「胥鼓南」，注云：「旄人教夷舞，則以鼓節之。」此籥師掌教文舞，舞時亦擊鼓以爲之節。其武舞，蓋鼓人爲之鼓，故《鼓人》云「鼓兵舞」是也。又案：《大戴禮記·五帝德》篇云：「夔作樂以歌籥舞，和以鍾鼓。」《詩·小雅·賓之初筵》云「籥舞笙鼓」，毛傳云：「秉籥而舞，與笙鼓相應。」則和籥舞又有鍾笙諸器。此惟云鼓者，以其舞節鼓爲尤重也。賈疏謂祭祀合樂之時，則使國子舞鼓動以羽籥之舞，與樂節相應。賈説以鼓爲鼓動羽籥，似亦不專指鼓節，然非經注意也。**賓客饗食，則亦如之。**【疏】「賓客饗食則亦如之」者，亦擊鼓爲羽籥之舞節也。此亦饗食與祭祀同樂，與《鍾師》燕樂同。**大喪，廞其樂器，奉而藏之。**【疏】「大喪，廞其樂器」者，賈疏云：「此所廞作，惟羽籥而已，不作餘器。」案：賈説非也。廞亦當訓爲陳，詳《司裘》疏。

籥章掌土鼓豳籥。

杜子春云：「土鼓，以瓦爲匡，以革爲兩面，可擊也。」鄭司農云：「豳籥，豳國之地竹，《豳詩》亦如之。」玄謂豳籥，豳人吹籥之聲章，《明堂位》曰：「土鼓蕢桴葦籥，伊耆氏之樂。」【疏】「掌土鼓豳籥」者，此官掌野樂，其樂器亦與大師、典庸器所掌異。注「杜子春云，土鼓以瓦爲匡，以革爲兩面，可擊也」者，鼓匡即鼓腔也。韗人以木爲之，謂之皋陶。依杜説，土鼓亦冒革，以其范土爲瓦，以爲腔，故名土鼓。瓦土通稱，《大師》八音土，即瓦音。《漢書·司馬遷傳》「土簋土刑」，顏注云：「土謂燒土爲之，即瓦器也。」後鄭釋《壺涿氏》「炮土之鼓」，亦云瓦鼓。此注鄭無破杜之語，明即從其説。《吕氏春秋·貴生》篇，高注釋土鼓，亦以土爲瓦。賈疏因《禮運》注云築土，遂謂「土鼓因於中古神農之器，黄帝以前未有瓦器，故不從」，非後鄭意也。又案：土鼓以瓦爲匡，蓋與缶略同。《吕氏春秋·古樂》篇云：「帝堯命質爲樂，乃以麋輅置缶而鼓之。」彼「置」疑當作「冒」，麋輅冒缶，與杜瓦匡革面之説正相類。土鼓本伊耆氏之樂，《郊特牲釋文》引或説，謂即帝堯。然則《吕覽》所云，即土鼓之制與？缶以瓦爲之，亦可鼓擊，故《易·離》九三云「鼓缶」。《説文·缶部》云：「缶，瓦器，所以盛酒漿，秦人鼓之以節歌。」然彼不冒革，則是土音，此土鼓瓦匡而冒革，則仍是革音，與缶異也。鄭司農云「豳籥，豳國之地竹」者，《釋文》出經豳字，云

「注邠同」。段玉裁、阮元並云「此經用古字，注用今字之一證，今本皆改爲豳矣。」案：段、阮校是也。此注「豳」字竝當作「邠」。《詩・豳風・鄭譜》云：「豳者，后稷之曾孫曰公劉者，自邰而出，所徙戎狄之地名，今屬右扶風栒邑。」《漢書・地理志》云：「右扶風栒邑，有豳鄉，《詩》豳國，公劉所都。」案：今陝西邠州三水縣西，有故豳城。先鄭意，此豳籥直謂以豳地所生之竹作籥，猶《大司樂》雲和、空桑、龍門之琴瑟之類。然豳竹作籥，於經無徵，故後鄭不從。籥以竹爲之，詳《笙師》疏。云「《豳詩》亦如之」者，謂下文之《豳詩》，亦卽豳地所作之詩也。《豳風》鄭《譜》云：「成王之時，周公避流言之難，出居東都二年，思公劉、大王居豳之職，憂念民事，至苦之功，以比序己志，大師大述其志，主意於豳公之事，故別其詩以爲豳國變風焉。」依後鄭說，《豳》詩非豳地所作詩，與序義合，先鄭說亦非也。云「玄謂豳籥，豳人吹籥之聲章」者，破先鄭豳竹之說，謂此豳籥卽依放豳人所吹葦籥之聲章，以吹《詩》《雅》、《頌》之等，蓋葦籥與笙師竹籥聲自不同，以豳人習吹此籥，故卽謂之豳籥。至其吹之爲聲以節歌，則又有《詩》《雅》、《頌》之異，不必皆爲豳音也。詳後疏。引《明堂位》曰「土鼓、蕢桴、葦籥，伊耆氏之樂」者，《釋文》云：「耆又作帆、阢。」案：帆阢竝從几聲，與耆從旨聲相近，蓋卽耆之別體。《明堂位》文「蕢」作「蕢」，鄭彼注云：「蕢當爲凷聲之誤。伊耆氏，古天子有天下之號也。」又《禮運》云「蕢桴而土鼓」，鄭彼注云：「蕢讀爲凷，凷，堛也，謂摶土爲桴也。土鼓，築土爲鼓也。」孔疏云：「土鼓以與汙尊抔飲相連，貴尚質素，故知築土爲鼓，周代極文而不爾也。故杜注《周禮・籥章》云『以瓦爲匡』，不須築土。其築土爲鼓，先儒未詳，蓋築地以當鼓節。」賈疏云：「蕢桴，桴謂擊鼓之物，以土塊爲桴。引之者，破子春土鼓用瓦。」詒讓案：築土爲鼓，無由發其聲，《禮運》注蓋鄭未定之説。此注雖引《明堂位》文，而無築土之文。《壺涿氏》注又明云瓦鼓，則不破杜可知。蓋鄭《三禮注》義，不必盡同，故《禮運》疏謂周代尚文，不築土爲鼓，其説較賈爲長。但築土爲鼓，當謂摶土，築令堅實，以爲鼓，非謂築地爲節，孔説亦失之。又案：後鄭不從先鄭豳地竹籥，而別引葦籥爲證，則謂此豳籥亦用葦。蓋此官所掌鼓，與鼓人之鼓異，籥亦與籥師之竹籥異也。馬瑞辰云：「籥章以掌籥爲專司，故首言豳籥。蓋籥後世始用竹，伊耆氏止以葦爲之，豳籥卽葦籥也。《郊特牲》正義謂伊耆卽神農，祈年所以祭神農，蜡亦行神農之禮，故仍其舊樂，祭以土鼓葦籥。《籥章》既言土鼓，則知豳籥卽葦籥。不曰葦而曰豳，蓋豳人習之，猶商人識之謂之商，齊人識之謂之齊也。」案：馬説是也。**中春晝擊土鼓，龡《豳詩》以逆暑。**《豳詩》，《豳風·七月》也。吹之者，以籥爲之聲。《七月》言寒暑之事，迎氣歌其類也。此《風》也而言《詩》，《詩》揔名也。迎暑以晝，求諸陽。【疏】「中春晝擊土鼓，龡《豳詩》以逆暑」者，《説文·日部》云：「暑，熱也。」逆暑迎寒者，迎其氣之至而祭之，與迎春、迎夏義同。　注云「《豳詩》，《豳風·七月》也」者，《豳風》七篇，《七月》其首篇也。《敘》云：「《七月》，陳王業也。周公遭變故，陳后稷先公風化之所由，致王業之艱難也。」《七月》凡八章，其第二章云：「春日遲遲，采蘩祁祁，女心傷悲，殆及公子同歸。」鄭彼箋云：「春女感陽氣而思男，秋士感陰氣而思女，是其物化，所以悲也。悲則始有與公子同歸之志，欲嫁焉。女感事苦而生此志，是謂《豳風》。」又第六章云：「爲此春酒，以介眉壽。」箋云：「介，助也。穫稻而釀酒，以助其養老之具，是謂《豳雅》。」又第八章云：「朋酒斯饗，曰殺羔羊，躋彼公堂，稱彼兕觥，萬壽無疆。」箋云：「於饗而正齒位，故因時而誓焉。飲酒既樂，欲大壽無竟，是謂《豳頌》。」孔疏云：「此言是謂《豳風》，六章云是謂《豳雅》，卒章云是謂《豳頌》者，《籥章》云吹《豳詩》、《豳雅》、《豳頌》，以《周禮》用爲樂章，《詩》中必有其事，此詩題曰《豳風》，明此篇之中當具有風雅頌也。別言《豳雅》、《豳頌》，則《豳詩》者是《豳風》可知。既知此篇兼有雅頌，則當以類辨之。風者，諸侯之政教，凡繫水土之風氣，故謂之風。此章『女心傷悲』，乃是民之風俗，故知是爲《豳風》也。雅者，正也。王者設教以正民，作酒養老，是人君之美政，故知穫稻爲酒是《豳雅》也。頌者，美盛德之形容成功之事，男女之功俱畢，無復飢寒之憂，置酒稱慶，是功成之事，故知『朋酒斯饗，萬壽無疆』是謂《豳頌》也。《籥章》之注與此少殊，彼注云『《豳詩》言寒暑之事，迎氣歌其類』，則首章『流火觱發』之類是也。又云『《豳雅》者，有于耜舉趾，饁彼南畝之事』，則亦以首章爲《豳雅》也。又云『《豳頌》者，有穫稻釀酒，躋彼公堂，稱彼兕觥，萬壽無疆之事』。兼以穫稻釀酒亦爲《豳頌》。皆與此異者，彼又觀《籥章》之文而爲説也。以其歌《豳詩》以迎寒迎暑，故取寒暑之事以當之；吹《豳雅》以樂田畯，故取耕田之事以當之；吹《豳頌》以息老物，故取養老之事以當之。就彼爲説，故作兩解也。諸詩未有一篇之内備有風雅頌，而此篇獨有三體者，周公陳豳公之教，述其政教之始，則爲《豳風》；述其政教之中，則爲《豳雅》，述其政教之成，則爲《豳頌》：故今一篇之内備有風雅頌也。」宋翔鳳云：「《七月》一篇之詩，而《籥章》言《豳詩》、《豳雅》、《豳頌》，以其事各有宜，迎寒暑則宜風，故謂之《豳詩》；祈年則宜雅，故謂之《豳雅》；息老物則宜頌，故謂之《豳頌》。鄭君於詩中各取其類以明之，非分某章爲雅，某章爲頌，故説各不同。」胡承珙云：「細繹注意，蓋籥章於每祭皆龡《七月》全詩，而其取義各異。」案：宋、胡説是也。王質、饒魯並謂《豳詩》、《豳雅》、《豳頌》卽《七月》一詩，而聲節不同，宋、胡略本彼説。綜校此注及《詩箋》之意，亦本謂通指《七月》全篇，舉其本則曰詩，取其言男女之正則曰雅，取其言歲終人功之成則曰頌。其吹之則聲均雖有殊别，要皆總舉全詩，必不斷章取義。吹雅者不必遺躋堂之章，吹頌者無害涉傷春之句。是以《詩箋》綴《豳雅》於六章，而《禮注》則援首章于耜舉趾諸文，以傳樂田畯之義。然則鄭意並不謂分章别體明矣。孔氏蓋誤會鄭恉意，其以《七月》一篇，析爲三體，首章及二章爲《豳詩》，三章至六章爲《豳雅》，七章及卒章爲《豳頌》，故疑此注與《詩箋》小殊，非也。但《詩》之風雅頌，在《大師》六詩，與賦比興並舉者，以體異也。而以入樂，則以聲異。劉台拱云：「雅，正也，王都之音最正，故以雅名；列國之音不盡正，故以風名。雅之爲言夏也，《荀子·榮辱篇》云：『越人安越，楚人安楚，君子安雅。』又《儒效篇》云：『居楚而楚，居越而越，居夏而夏。』雅夏字通。」案：劉説風雅之義甚塙。蓋十五《國風》者，各以其國之方言爲聲也。二《雅》者，以王都之正言爲聲也。三《頌》者薦之郊廟，則其攷聲尤嚴，若後世宮廟大樂之聲是也。惟其聲殊，故《左》襄二十九年傳，載季札觀樂，一歌而能辨其聲。又云：「爲之歌秦，曰：此之謂夏聲，其周之舊乎。」夏秦爲西周王畿之地，故雖後世流變，而尚有夏聲之遺。夏聲，卽二《雅》之聲也。由是推之，則此經云吹《豳詩》者，謂以豳之土音爲聲，卽其本聲也。吹《豳雅》者，謂以王畿之正音爲聲；吹《豳頌》者，謂以宮廟大樂之音爲聲。其聲雖殊，而爲《七月》之詩則一也。鄭釋未及詳，孔、賈諸儒遂莫能深究其義矣。云「吹之者，以籥爲之聲」者，此亦經用古字作「龡」，注用今字作「吹」也，詳《笙師》疏。籥亦謂葦籥，後經凡言龡，並同。爲之聲，謂吹籥之聲，以詩爲調，又以節歌，非謂唯有吹也。徐養原云：「籥章龡《豳》，亦合樂之類。不言歌而言龡者，籥章所掌主於籥也。然仍有琴瑟焉。《甫田》云『琴瑟擊鼓，以御田祖，以祈甘雨』，此卽祈年以樂田畯者也。《鞮鞻氏》『凡祭祀則龡而歌之』，鄭云『以管籥爲之聲』。凡舞曲則用籥，三《豳》亦舞曲歟？」案：徐說是也。云「《七月》言寒暑之事」者，賈疏云：「《七月》云『一之日觱發，二之日栗烈』，七月流火之詩，是寒暑之事。」云「迎氣歌其類也」者，謂雖歌其全篇，而唯取其首章言寒暑之事，與春秋迎氣事類相應也。胡承珙云：「歌其類者，卽《左傳》歌詩必類之義。鄭撮舉詩詞，正指類以曉人。」云「此《風》也而言《詩》，《詩》揔名也」者，《大師》《六詩》，首曰《風》，是《風》總名《詩》也。賈疏云：「對下有《雅》有《頌》，卽此是《風》，而言《詩》，《詩》總名，含《豳風》矣，故云《詩》不言《風》也。」云「迎暑以晝求諸陽」者，以暑生於陽，陽盛於晝，故順其盛之時，逆而求之。案：逆暑卽祭司暑之神，《祭法》云：「相近於坎壇，祭寒暑也。」鄭彼注云：「『相近』當爲『禳祈』，聲之誤也。寒暑不時，則或禳之，或祈之，寒於坎，暑於壇。」《祭法釋文》云：「相近，王肅作『祖迎』。」則與此逆暑迎寒文同。孔疏又謂王肅以彼寒暑爲六宗之一，《孔叢子·論書篇》及《書·舜典》僞孔傳說並同，皆非鄭義。依鄭說，則彼爲「禳祈」，與正祭異。此逆暑迎寒，雖非禳祈之祭，其兆亦當於坎壇。以義類求之，此中春逆暑，當卽迎祭祝融於南郊之壇。蓋寒暑者，時變於天，而氣附於地，則司暑、司寒之神，當爲地示。王、孔以坎壇爲六宗，《續漢書·祭祀志》劉注引司馬彪說以寒暑爲祭天神，並失之。又案：此經寒暑止有中春、中秋二祭，其牲蓋用大牢。《周書·嘗麥篇》云：「惟四年孟夏，是月，士師乃命大宗，序于天時，祠大暑。」則孟夏亦有祭暑，其禮蓋與逆暑同。《祭法》禳祈，鄭注謂用少牢，則殺於正祭也。《大戴禮記·夏小正傳》云：「夏有暑祭，祭也者，用羔。」此與《左》昭二年傳說中春啓冰，以羔祭司寒禮相類，與《嘗麥》祠大暑不同，蓋是告祭，故又殺於禳祈也。但《左傳》說季冬藏冰云，「黑牡秬黍以享司寒」。杜注云：「黑牡，黑牲也。」孔疏云：「此祭玄冥之神，非大神，且非正祭，計應不用大牲，杜言黑牡黑牲，當是黑牡羊也。啓冰唯獻羔祭韭，藏冰則祭用牲黍者，啓唯告而已，藏則設享祭之禮，祭禮大而告禮小故也。」案：依孔義，則季冬祭寒用成牲，中春祭寒用羔，二禮隆殺有別。而《月令》孔疏則謂黑牡卽黑羔，與《左傳疏》說不同，未知孰是，要其非正祭則無疑也。然則《祭法》禳祈無定時，《夏小正》夏祭暑及《左傳》季冬、中春二祭寒爲告祭，皆在此經迎祭之外。《吕氏春秋·季冬紀》高注引此經中春逆暑、中秋逆寒而說之云：「舉春秋，省文也，則冬夏可知。」是高誘謂寒暑有中春、中秋、季夏、季冬四祭，蓋兼據《左傳》「季冬藏冰，以黑牡享司寒」之文，是則迎司寒於中秋，享以季冬；迎司暑於中春，享以季夏也。今攷逆暑迎寒文，與五時迎氣及郊迎長日之至同，則亦正祭可知。《左傳》季冬享司寒，因藏冰而舉，則自是告祭之禮。惟孟夏祭大暑，《周書》有明文，當是正祭之一，則孟冬亦祭大寒，可以類推。意者，寒暑天地之恒氣，二中迎其至，二孟祠其盛，一年四祭，不爲無徵。但冬夏之祭在二孟，而不在二季，高説究與經未合耳。**中秋夜迎寒，亦如之。**迎寒以夜，求諸陰。【疏】「中秋夜迎寒亦如之」者，《説文・辵部》云：「迎，逢也。逆，迎也。關東曰逆，關西曰迎。」案：迎寒猶逆暑也。《月令》注及《吕氏春秋・季冬紀》高注引此經亦作「逆寒」。寒暑二祭禮秩同，故樂亦不異。　注云「迎寒以夜，求諸陰」者，以寒生於陰，陰盛於夜，亦順其盛之時，迎而求之。迎寒蓋亦祭司寒。《左》昭四年傳，説天子冬藏冰，以黑牡秬黍享司寒，春獻羔而啓之。杜注云：「司寒，玄冥，北方之神。」《詩・豳風・七月》孔疏引服虔説同。然則此中秋迎寒，亦迎祭玄冥於北郊之坎與？《左傳》啓冰，服、杜注並謂在二月春分，與《月令》鮮羔開冰文合。彼爲告祭，與此不同。孔疏引《鄭志》以爲四月，説未塙，詳《凌人》疏。**凡國祈年于田祖，歈《豳雅》，擊土鼓，以樂田畯。**祈年，祈豐年也。田祖，始耕田者，謂神農也。《豳雅》，亦《七月》也。《七月》又有于耜舉趾，饁彼南畝之事，是亦歌其類。謂之雅者，以其言男女之正。鄭司農云：「田畯，古之先教田者。《爾雅》曰：『畯，農夫也。』」【疏】「凡國祈年于田祖」者，此祭通於王國及都邑，故繫國言之，與後國祭蜡義同。賈疏云：「此祈年于田祖，并上迎暑迎寒，並不言有祀事，既告神當有祀事可知。但以告祭非常，故不言之耳。若有禮物，不過如《祭法》埋少牢之類耳。此田祖與田畯，所祈當同日，但位別禮殊，樂則同，故連言之也。」案：此祈年田祖及前迎寒暑，皆正祭，賈謂告祭非常，非也。又田祖是人鬼，非地示，賈謂如《祭法》埋少牢之類，亦非是。云「以樂田畯」者，《詩・小雅・甫田》孔疏云：「先言祈年于田祖，是此祭主祭田祖，末言以樂田畯，見其次及之，故異其文也。」　注云「祈年，祈豐年也」者，《説文・示部》云：「祈，求福也。」《詩・小雅・甫田》云：「琴瑟擊鼓，以御田祖，以祈甘雨，以介我稷黍，以穀我士女。」此卽祈豐年之事。鄭彼箋云：「設樂以迎先嗇，謂郊後始耕也。」亦引此經爲説。孔疏云：「《月令》『孟春，天子乃以元日，祈穀於上帝』。注云『謂以上辛郊祭天』，卽引襄七年《左傳》曰『夫郊祀社稷，以祈農事，是故啓蟄而郊，郊而後耕』。又曰『乃擇元辰，天子親載耒耜，躬耕帝藉』。注云『元辰，郊後吉亥』，是郊後始耕也。謂於始耕時而祭之也。知者，以先嗇人神，不宜先天而祭，故當郊後也。祈雨又宜早，不可以至二月。而田祖是始教田者，故知是始耕時祭之也。」案：依鄭、孔説，則此祈年田祖在孟春郊後始耕之時。攷《月令》，祈年之祭有二：一、孟春祈穀于上帝，即郊也；二、孟冬天子乃祈來年於天宗，大割祠於公社及門閭。彼冬祈之禮，於經無徵，疑是秦法，鄭彼注以爲即大蜡，亦無塙證。攷此經田祖乃人鬼，與郊宗迥異，則《月令》春冬二祈皆非此田祖之祭可知。鄭、孔謂郊後始耕，特爲此祭，於經亦無可質證。《漢書·郊祀志》：王莽奏云：「社者，土也。稷者，百穀之主。《詩》曰『乃立冢土』，又曰『以御田祖，以祈甘雨』。」莽兩引《詩》，蓋以冢土證社，田祖證稷，故顔注云「田祖，稷神也」。依莽説，則祈年田祖即祭社稷。金鶚云：「《周禮》孟春祈穀於上帝，仲春祭社稷，亦所以祈年田祖，即配食於社稷者也。」案：金即本莽説。若然，此祈年田祖即中春之祭社也。攷《大司徒》注，亦謂田祖與社中之田主爲一。《詩·周頌·載芟》敍云：「春藉田而祈社稷也。」《甫田》首章云「以社以方」，與「以御田祖」之文相應。《大雅·雲漢》詩云「祈年孔夙，方社不莫」，亦以祈年與方社並舉，則祈年田祖當即在春社之時。莽奏蓋本西漢禮家舊義，似可馮信。但謂田祖即稷神，則又有掍人鬼於地示之嫌。金謂配食社稷，殆近之耳。社有春祈秋報，詳《肆師》疏。云「田祖始耕田者，謂神農也」者，《詩·甫田》毛傳云：「田祖，先嗇也。」孔疏云：「《郊特牲》注云：『先嗇，若神農。』《籥章》注云：『田祖，始耕田者，謂神農。』是一也。以祖者始也，始教造田，謂之田祖；先爲稼穡，謂之先嗇；神其農業，謂之神農：名殊而實同也。」詒讓案：毛以田祖爲先嗇，鄭説蓋與彼同，故釋此田祖及《郊特牲》之先嗇，並爲神農。又《大司徒》注云：「田主，田神，后土田正之所依也。詩人謂之田祖。」則鄭意田祖亦爲田主，王莽、顔師古又以田祖爲稷神。今攷田之祭田祖，蓋猶樂官之祭樂祖也。《大司樂》云：「凡有道有德者，使教焉，死則以爲樂祖，祭于瞽宗。」是教樂者可祭爲樂祖，則教田者亦可祭爲田祖，不必始耕田之帝王矣。田祖即先嗇，毛、鄭説自不可易；但鄭謂是神農，則又未塙，詳後。云「《豳雅》亦《七月》也，《七月》又有于耜舉趾饁彼南畝之事，是亦歌其類」者，鄭意此亦歌其全篇，而義唯取首章言農事諸文，與祈年事類相應也。今案：《豳雅》者，以二《雅》之聲，吹歌《七月》之詩，非徒以事類殊異之也。鄭説未晐。云「謂之雅者，以其言男女之正」者，

《大師》注云：「雅，正也。」鄭司農云「田畯，古之先教田者」者，凡諸經所云田畯，有指田神者，此經是也。有指當時司田之官者，《詩・七月》及《甫田》、《大田》之田畯是也。田畯之神亦謂之司嗇，《郊特牲》云「蜡之祭也，主先嗇而祭司嗇也」。注云「先嗇，若神農者；司嗇，后稷是也」。又云「饗農及郵表畷禽獸」，注云「農，田畯也」。據彼經注義，則田神有三，一、先嗇爲神農，二、司嗇爲后稷，三、農卽田畯。先鄭意或與彼同。金鶚云：「蜡祭饗農及郵表畷、禽獸，其神最卑。鄭以先嗇爲神農，司嗇爲后稷，不知神農配享炎帝，王者祀於南郊，后稷周之始祖，推以配天，又祀於社稷，極其尊崇，何乃下就蜡祭，與農及郵表畷等並列乎？先嗇蓋神農氏之時，始教民稼穡之官，司嗇則古之田畯也。田畯不可謂之農，農蓋古之良農也。」詒讓案：祈年之祭，最隆者爲夏正南郊，祭受命帝，以后稷配，王親其事。此祈年與社同時，則王所不與，有司涖其祭而已，其禮甚殺，不得祭古帝及先王，則非神農，亦非后稷明矣。蓋此田祖卽先嗇，田畯卽司嗇，祈年及蜡祭皆兼祭此二神，故後國祭蜡不言其神，明冡此文省。金謂先嗇爲始教田之官，司嗇爲古田畯，於義近是。《詩・甫田》鄭箋亦云：「田畯，司嗇，今之嗇夫也。」彼雖指典農之官言之，然可證田神之田畯，亦卽司嗇也。其典農之官，或謂之田，《月令》「命田舍東郊」，注云：「田謂田畯，典農之官。」又謂之田大夫，《詩・七月》毛傳云：「田畯，田大夫也。」又謂之農大夫，《國語・周語》「命農大夫戒農用」，韋注云：「農大夫，田畯也。」又謂之農正，《周語》云「農正再之」，注云：「農正，后稷之佐，田畯也。」四者異名同實，疑是冬官之屬，皆非此經之田畯矣。引《爾雅》曰「畯，農夫也」者，《釋言》文。《説文・田部》同。引之者，證教田官稱田畯之義。《爾雅》郭注云：「今之嗇夫是也。」《詩・七月》孔疏引孫炎云：「農夫，田官也。」

國祭蜡，則龡《豳頌》，擊土鼓，以息老物。故書蜡爲蠶，杜子春云：「蠶當爲蜡。《郊特牲》曰：『天子大蜡八，伊耆氏始爲蜡。歲十二月，而合聚萬物而索饗之也。蜡之祭也，主先嗇而祭司嗇也。黄衣黄冠而祭，息田夫也。既蜡而收，民息已。』」玄謂十二月，建亥之月也。求萬物而祭之者，萬物助天成歲事，至此爲其老而勞，乃祀而老息之，於是國亦養老焉，《月令》「孟冬，勞農以休息之」是也。《豳頌》，亦《七月》也。《七月》又有「穫稻作酒，躋彼公堂，稱彼兕觵，萬壽無疆」之事，是亦歌其類也。謂之頌者，以其言歲終人功之成。【疏】「國祭蜡」者，此祭亦通於王國及都邑也。其在民閒者則禮殺，謂之臘。凡蜡祭之樂，殺於郊廟，故不用大舞。《大司樂》六樂六變致神示物鬽，乃通論樂理，彼注以爲蜡樂，非也，詳彼疏。　注云「故書蜡爲蠶，杜子春云蠶當爲蜡」者，《禮經》無祭蠶之文，唯《月令》「季冬薦鞠衣于先帝」，注云：「爲將蠶，求福祥之助也。先帝，太皞之屬。」彼爲將蠶告祭之禮，然亦非息老物之時，故杜破爲蜡也。段玉裁云：「此字之誤也。」引《郊特牲》者，證國祭蜡卽息老物也。鄭彼注云：「黄衣黄冠而祭，祭謂既蜡，臘先祖、五祀也。於是勞農以休息之。收，謂收斂積聚也。息民與蜡異，則黄衣黄冠而祭，爲臘必矣。」孔疏云：「對文蜡臘有别，揔其俱名蜡也。故《月令》『孟冬，祈來年于天宗，大割祠于公社及門閭，臘先祖、五祀』。鄭注云『此《周禮》所謂蜡』是也。」又云：「《月令》臘在祈天宗之下，但不知臘與蜡祭相去幾日，惟隋禮及今禮皆蜡之後日。」案：依鄭、孔説，則周制有臘，臘卽息民之祭，在蜡後而小於蜡。此職專言蜡祭之樂，不關臘祭之樂也。而《玉燭寶典》引《月令章句》則云：「臘，祭名也。夏曰嘉平，殷曰清祀，周曰大蜡，總謂之臘。《周禮》國祭蜡以息老物，言因臘大執衆功，休老物以祭先祖及五祀，勞農以休息之。」案：蔡謂蜡與臘是一，此職所言卽臘祭之樂，與鄭説不同。《獨斷》云：「夏曰嘉平，殷曰清祀，周曰大蜡，漢曰臘。」《風俗通義·祀典》篇説同。《廣雅·釋天》云：「夏曰清祀，殷曰嘉平，周曰大蜡，秦曰臘。」此並以蜡臘爲周、秦、漢之異名，與《月令章句》説小異，而亦謂蜡臘一祭二名。今攷張氏蓋因《月令》本出《吕覽》，而有臘先祖五祀之文，《史記·秦本紀》亦云「惠文君十二年，初臘」，故謂臘爲秦制。然《左》僖五年傳已云「虞不臘矣」，《晏子春秋·諫下》篇云「景公令兵摶治當臘冰，月之閒而寒」，《韓非子·五蠹》篇云「夫山居而谷汲者，膢臘而相遺以水」，《列女傳·母儀篇·魯母師傳》云「臘日休作者，歲祀禮事畢」，則周時自有臘祭，不得爲秦漢制矣。金鶚云：「《郊特牲》云『素服以送終也』，蜡以息老物，故爲素服送終，與常禮服不同也。言『黄衣黄冠而祭，息田夫也』，明别是一祭，非正蜡之禮也。注疏以此爲蜡後之祭，此説近是。息民之祭雖在蜡後，卻當與蜡同日。何以知之？《籥章》『國祭蜡，則吹《豳頌》，擊土鼓以息老物』，兼田夫萬物而言，是息民之祭亦蜡祭也。蓋别而言之，息民自爲一祭；通而言之，息民在蜡祭中，可知當與蜡同日，不然，安得統名爲蜡乎？《雜記》云：『百日之蜡，一日之澤。』鄭注引《黨正》『國索鬼神而祭祀，則以禮屬民，而飲酒于序，以正齒位』，謂一日使之飲酒燕樂，是君之恩澤也。息田夫必燕飲而謂之一日之澤，其與蜡同日可知矣。孔疏以爲在蜡之後日，非也。息民之祭其禮與蜡別者，蜡之祭，天子諸侯親之；息民之祭則使有司行事。《郊特牲》云：『野夫黄冠，黄冠，草服也。』服草服而與野夫相接，非至尊所宜矣。」案：金説謂蜡與息民之祭同在一日，而有尊卑之别是也。竊疑蜡臘之祭，同在一時，蓋以尊卑詳略異禮。天子諸侯有八蜡之祭，則不必更祭臘；庶民不得祭蜡，則有臘先祖、五祀之祭。鄭謂臘即息民之祭，與《列女傳》説臘日休作者之文合，是也。此經云「國祭蜡」，《黨正》又謂之國索鬼神而祭祀，《郊特牲》以大蜡繫之天子，《明堂位》亦云「秋省而遂大蜡，天子之祭也」，明蜡祭以王國爲最大。此官所掌者，自是王蜡祭之樂。若民閒臘祭，則固不必官掌其樂矣。皮弁素服，此國蜡祭之服也；黄衣黄冠，民閒臘祭之服也。臘爲民閒通行之祭，鄉邑之吏亦涖之，而王侯則不與，此其異也。《郊特牲》説天子八蜡之祭。而因及於民閒之臘祭。通而言之，臘爲蜡之細，皆以息老物而舉，是祭既同時並舉，亦得互稱。戰國之時，蜡祭禮亡，而臘通行於民俗，故《月令》有臘而無蜡。而蔡氏輒合蜡臘爲一祭，又謂此經即指臘祭言之，蓋誤之甚也。至於大蜡八神，《禮》有明文。《月令》祈年天宗，割祠公社門閭之祭，與古禮不合，此蓋後世增益之禮，鄭以之説蜡祭，則不免牽合耳。互詳《黨正》疏。云「玄謂十二月建亥之月也」者，《黨正》注及《郊特牲》注義並同。據《月令》祈天宗及臘，皆在夏正孟冬十月，明《郊特牲》歲十二月，據周歲終而言。《月令》疏引皇侃，以爲夏殷蜡各在己之歲終，孔則以爲凡蜡皆在建亥之月，未知孰是。秦漢無蜡而有臘，則皆在建丑之月，故《史記・陳涉世家》以十二月爲臘月。《説文・肉部》亦云「冬至後三戌臘祭百神」，即據漢制爲説，與周蜡臘同在孟冬異也。云「求萬物而祭之者」者，謂經云息老物，物即萬物之神，亦即《神仕》所謂物魅也。賈疏云：「即『合聚萬物而索饗之』是也。」云「萬物助天成歲事，至此爲其老而勞，乃祀而老息之」者，《郊特牲》説蜡祭云：「皮弁素服而祭，素服以送終也。葛帶榛杖，喪殺也。」鄭彼注云：「送終喪殺，所謂老物也。」案：鄭意蓋謂蜡祭即取息老物之義。息謂息其勞，老謂送其終，息老並指萬物言之，與息民之臘祭義取息田夫者小異。然此息老物之義，當兼采金説，通田夫萬物而言，鄭唯舉一隅，似未晐備。賈疏謂「老即老物，蜡祭是也，息之者即息田夫，臘祭宗廟是也」，則又非鄭恉矣。云「於是國亦養老焉」者，謂蜡祭雖爲息老物，而祭訖又有養老息民之事，二者事相因也。《大戴禮記·千乘》篇云：「方冬三月，草木落，庶虞藏，五穀必入于倉，息國老六人，以成冬事。」亦冬養老之事。云「《月令》孟冬勞農以休息之是也」者，卽據孟冬令文。鄭彼注云：「黨正屬民飲酒正齒位是也。」引之者，證彼云勞農休息兼有正齒位養老之禮也。云「《豳頌》亦《七月》也，《七月》又有穫稻作酒，躋彼公堂，稱彼兕觵，萬壽無疆之事，是亦歌其類也」者，觵，《毛詩》作觥，宋婺州本、注疏本同。觥卽觵之俗。《釋文》出「躋堂」二字，則所見本無「彼公」二字。臧庸云：「疑鄭注本約舉，與《車人》纇疵正相類。」案：臧説得之。惠棟、阮元並謂當作「躋堂稱觵」，亦是也。毛傳云：「公堂，學校也。」鄭箋云：「十月民事男女俱畢，無饑寒之憂，國君閒於政事，而饗羣臣，於饗而正齒位。」案：依鄭《詩箋》説，則《七月》所説卽《月令》孟冬大飲烝之事。此天子養老於大學之禮，在蜡祭之前，而事亦相因，故此注云是亦歌其類也。金鶚云：「野人飲酒皆在鄉學中。《豳風》云：『十月滌場，朋酒斯饗，曰殺羔羊，躋彼公堂，稱彼兕觥，萬壽無疆。』此卽蜡祭畢勞農休息而飲酒於序也。《玉藻》云『唯饗野人皆酒』，所謂朋酒斯饗也。野人不得升君之堂，毛傳以公堂爲學校是也。祭蜡吹《豳頌》，其以此與？」今案：金説與箋小異，而義亦通。云「謂之頌者，以其言歲終人功之成」者，《釋名·釋典藝》云：「稱頌成功謂之頌。」謂《七月》卒章以言歲終功成息燕之事，故亦謂之頌也。

周禮正義卷四十七

鞮鞻氏掌四夷之樂與其聲歌。

四夷之樂，東方曰《韎》，南方曰《任》，西方曰《株離》，北方曰《禁》。《詩》云「以《雅》以《南》」是也。王者必作四夷之樂，一天下也。言與其聲歌，則云樂者主於舞。【疏】注云「四夷之樂東方曰《韎》，南方曰《任》，西方曰《株離》，北方曰《禁》」者，賈疏云：「四夷樂者，《孝經緯・鉤命決》云：『東夷之樂曰《韎》，持矛助時生；南夷之樂曰《任》，持弓助時養；西夷之樂曰《侏離》，持鉞助時殺；北夷之樂曰《禁》，持楯助時藏，皆於四門之外，右辟。』是也。按《明堂位》亦有東夷之樂曰《韎》，南夷之樂曰《任》。又按：《虞傳》云『陽伯之樂舞《侏離》』，則東夷之樂亦名《侏離》者，東夷樂有二名，亦名《侏離》。鄭注云：『《侏離》，舞曲名。言象萬物生侏離，若《詩》云：彼黍離離。』是物生亦曰離。」案：此四夷樂名，鄭並依《孝經緯》、《明堂位》爲説，蔡氏《獨斷》亦依鄭義，惟株離作侏離，與賈引《緯》同。《毛詩・小雅・鼓鍾》傳説四夷之樂，韎作「昧」，任作「南」，株離作「朱離」，與鄭略同。《公羊》昭二十五年何注則云：「東夷之樂曰《株離》，南夷之樂曰《任》，西夷之樂曰《禁》，北夷之樂曰《昧》。」徐疏以爲《樂説》文，蓋本《樂緯》也。《藝文類聚・樂部》引《五經通義》説，與何同。《曲禮》孔疏引《白虎通》：「《樂元語》云：東夷之樂曰《朝離》，萬物微離地而生；南夷樂曰《南》，南，任也，任養萬物；西夷樂曰《味》，味，昧也，萬物衰老，取晦昧之義；北夷樂曰《禁》，言萬物禁藏。」今本《白虎通義・禮樂》篇作：「南夷之樂曰《兜》，西夷之樂曰《禁》，北夷之樂曰《昧》，東夷之樂曰《離》。」《文選・東都賦》云：「四夷閒奏，德廣所及，《僸》《佅》《兜》《離》，罔不具集。」與今本《通義》同。《後漢書・班固傳》僸作「伶」，昧作「佅」，與《文選》又異。案：何、班諸説，並與鄭異，或所傳不同，或聲義轉易。俞正燮云：「《味》、《任》等皆四夷本名，名從主人。單字還音，故諸書有昧、味、韎、佅、任、南、朝、侏、株、兜、離、僸、禁、僸之異。」是也。云「《詩》云以《雅》以《南》是也」者，《小雅・鼓鍾》篇文。引以證南夷樂之名《南》也。《毛詩》卽以四夷樂名爲釋，鄭箋義同。云「王者必作四夷之樂，一天下也」者，《明堂位》云：「納夷蠻之樂於大廟，言廣魯於天下也。」《白虎通義・禮樂》篇云：

「所以作四夷之樂何？德廣及之也。合歡之樂儛於堂，四夷之樂陳於門外之右，先王所以得之，順命重始也。誰制夷狄之樂，以爲先聖王也。先王推行道德，調和陰陽，覆被夷狄，故夷狄安樂，來朝中國，於是作樂樂之。作之門外者何？夷在外故就之也，夷狄無禮義不在內。《明堂記》曰『九夷之國東門之外』，所以知不在門內也。《明堂記》曰『納夷蠻之樂於大廟』，言納，明有入也。曰四夷之樂者何謂也？以爲四夷外，無禮義之國，數夷狄者從東，故舉本以爲之總名也。」案：《御覽·樂部》引《五經通義》亦云「四夷之樂陳於户」，以《孝經緯》、《白虎通》説參證之，則夷樂蓋陳於門外户右。若然，明堂於四門外，祭祀、大饗則於廟門外，燕則於路寢門外與？云「言與其聲歌，則云樂者主於舞」者，鄭意此官專掌夷樂聲歌，又兼掌舞，則與韎師、旄人爲官聯也。賈疏云：「凡樂止有聲歌及舞，既下別云聲歌，明上云樂主於舞可知也。」**祭祀，則龡而歌之，燕亦如之。**吹之以管籥爲之聲。【疏】注云「吹之以管籥爲之聲」者，此亦注用今字作「吹」也。亦吹管籥以爲歌舞之節，與雅樂文舞略同。《獨斷》云：「王者必作四夷之樂，以定天下之歡心，祭神明吹而歌之，以管樂爲之聲。」卽本此注義。

典庸器掌藏樂器、庸器。庸器，伐國所獲之器，若崇鼎、貫鼎及以其兵物所鑄銘也。【疏】「掌藏樂器庸器」者，此官爲樂器受藏之府，因并主藏銘功之器，與天府爲官聯也。銘功之器，卽鍾鼎之屬，故與樂器同藏之。

注云「庸器，伐國所獲之器」者，謂征伐叛國，俘獲其所藏之重器也。云「若崇鼎、貫鼎」者，《明堂位》云：「崇鼎、貫鼎、大璜、封父龜，天子之器也。」鄭注云：「崇、貫、封父皆國名。文王伐崇。古者伐國，遷其重器，以分同姓。」是其事也。云「及以其兵物所鑄銘也」者，卽《敍官》先鄭注引《左傳》魯以齊之兵作林鍾而銘功是也。**及祭祀，帥其屬而設筍虡，陳庸器。**設筍虡，視瞭當以縣樂器焉。陳功器，以華國也。杜子春云：「筍讀爲博選之選。橫者爲筍，從者爲鐻。」【疏】「及祭祀帥其屬而設筍虡」者，謂祭前之夕，大司樂宿縣時，設筍虡以共大師縣樂器也。云「陳庸器」者，謂宗廟六享，並陳之於廟。天府掌國之大寶器，云「若有大祭、大喪，則出而陳之」。彼注以大祭爲禘祫，此經祭祀不云「大」，明四時常祭咸有陳器，亦與天府爲官聯也。

注云「設筍虡，視瞭當以縣樂器焉」者，凡樂器，編鍾、特鍾、編磬、特磬及縣鼓，皆縣於筍虡，此官設之，視瞭縣之，二官爲聯事也。賈疏云：「鄭知者，按《視瞭職》云『掌大師之縣』，此直云設筍虡，明是視瞭縣之可知。」云「陳功器，以華國也」者，《敍官》注云：「庸，功也。」華國，詳《天府》疏。杜子春云「筍讀爲博選之選」者，段玉裁云：「此『讀爲』乃『讀如』之誤。《鶡冠子》有《博選篇》，筍音如之也。擬其音不易其字，故下文仍云『横者爲筍』也。」陳奂云：「《説文》：『栒，杶也。』栒，木名，假借之爲樂縣上横者之名。筍即栒之省。」案：段、陳説是也。筍，《明堂位》字又作「簨」，簨，筍之俗，與「選」聲類同。《梓人》先鄭注讀爲竹筍之筍，筍與選音亦相近。云「横者爲筍，從者爲鐻」者，《梓人》注義同。《釋文》云：「鐻，舊本作此字，今或作虡。」案：《説文·虍部》云：「虡，鍾鼓之柎也，飾爲猛獸。」重文鐻，虡或從金豦聲。虡，篆文虡省。」此及《梓人》經注並作虡，即篆文之變體，杜作鐻，用或體也。段玉裁云：「經作虡，注作鐻者，漢人多用鐻字。此亦經用古字，注用今字之一證。」案：段説近是。但後鄭注仍作虡，《小胥》、《梓人》注同，然則惟杜作鐻，鄭自如經作虡，兩君字例不同也。筍虡皆以木爲之，從横相持以縣樂器。《釋名·釋樂器》云：「所以縣鍾鼓者，横曰簨，簨，峻也，在上高峻也；從曰虡，虡，舉也，在旁舉簨也。簨上之版曰業，刻爲牙，捷業如鋸齒也。」《詩·周頌·有瞽》「設業設虡，崇牙樹羽」。毛傳云：「業，大版也，所以飾栒爲縣也。捷業如鋸齒，或曰畫之。植者爲虡，衡者爲栒。崇牙上飾，卷然可以縣也。樹羽，置羽也。」案：筍栒字同。孔疏云：「虡者立於兩端，栒則横入於虡。其栒之上，加施大版，則著於栒，其上刻爲崇牙，似鋸齒捷業然，故謂之業。牙即業上齒也，故《明堂位》云『夏后氏之龍簨虡，殷之崇牙』。注云：『横曰簨，飾之以鱗屬。以大版爲之，謂之業。殷又於龍上刻畫之爲重牙，以掛縣紘。以其形卷然，得掛繩於上，紘謂懸之繩也。樹羽者，置之於栒虡之上角。《漢禮器制度》云：『爲龍頭及頷，口銜璧，璧下有旄牛尾。』《明堂位》於崇牙之下，又云『周之璧翣』，注云：『周人畫繒爲翣，載以璧，垂五采羽其下，樹翣於簨之角上，飾彌多』是也。」案：孔説甚覈。筍虡之制，蓋樹二植木爲柎，上刻鳥獸以爲飾，是爲虡；以横木爲格，上刻龍蛇以爲飾，是爲筍。筍之上，又有大版覆之，刻爲鋸齒，以白畫之，是爲業。鋸齒卷然上出，可以懸紘，是爲崇牙。以其上覆大版，旁樹二木，望之與几相似，故《方言》云：「几，其高者謂之虡。」郭注謂即筍虡。横筍之旁，更有璧翣之飾，植虡之下，則又有趺以鎮之，使縣時不傾覆，其趺或以玉石爲之，故《楚辭·離騷》云「玉石兮瑶虡」，言以瑶爲虡趺也。**饗食、賓射亦如之。大喪，廞筍虡。**廞，興也，興謂作之。【疏】「饗食、賓射亦如之」者，饗食，謂王饗食來朝諸侯，《樂師》云「饗食諸侯，序其樂事，令奏鍾鼓」，故此官設筍虡。《公食大夫禮》諸侯食小聘大夫，禮殺故無樂也。賓射，王與諸侯之賓射於朝，詳《司裘》、《大宗伯》、《射人》疏。云「大喪廞筍虡」者，賈疏云：「案《檀弓》有鍾磬而無筍虡，鄭注云『不縣之』。彼鄭注見此文有筍虡，明有而不縣，以喪事略故也。」注云「廞，興也，興謂作之」者，《司裘》注義同。案：梓人爲筍虡，非典庸器所作，鄭説非也。廞當訓爲陳，並詳《司裘》疏。

司干掌舞器。舞器，羽籥之屬。【疏】「掌舞器」者，掌授與受藏，與司兵、司戈盾爲官聯也。注云「舞器，羽籥之屬」者，羽籥，文舞所用。鄭以此官名司干，嫌不掌文舞之器，故特釋之，明文武舞器並掌之也。賈疏云：「鄭知司干所掌舞器是羽籥，以其文武之舞所執有異，則二者之器皆司干掌之。言司干者，周尚武，故以干爲職首。其籥師教而不掌。若然，干與戈相配，不言戈者，下文云『祭祀授舞器』，則所授者授干與羽籥也。案《司戈盾》亦云：『祭祀授旅賁殳，故士戈盾，授舞者兵。』云舞者兵，惟謂戈，其干亦於此官授之。《司兵》云『祭祀授舞者兵』，鄭注云：『授以朱干玉戚。』謂授《大武》之舞，與此授小舞干戈別也。」案：依賈此疏，則司干於文舞之器羽籥等全掌之，於武舞之器，則但掌小舞之干，不掌戈；司戈盾則掌小舞之戈，不掌干；司兵則掌大舞之朱干玉戚，不掌小舞之兵。《敘官》疏則謂司兵五兵俱掌，但無干，彼注連言朱干，實不掌，是謂司干兼掌大舞之干也。《司兵》疏又謂司干所授者是羽籥之等，非干戚，是謂司干并不掌小舞之干也。二説齟齬不合，以經攷之，皆非也。此經云掌舞器，不辨文武大小，則凡舞器悉掌之可知。此官既通掌舞器，而司兵、司戈盾又授武舞之兵者，蓋司干於文舞羽籥等器，大小通掌；其武舞，則惟掌大舞之朱干玉戚，不掌餘兵也。何則？朱干設錫，飾戚以玉，並專爲大舞而設，非軍事所用之兵，故掌於司干，明專爲舞器也。其他大小武舞所用之干戈，既無朱玉之飾，則與戎器無異。以其不專爲舞器，司干所不掌，故大舞之兵掌於司兵，小舞之兵掌於司戈盾，此三官職掌各異之微意也。鄭君未憭，故於《司兵》誤以朱干玉戚爲釋，賈緣注以推經，遂益糾互，無所折衷。今通校三職，謹更定其説如此。

祭祀，舞者既陳，則授舞器，既舞則受之。 既，已也。受取藏之。【疏】「舞者既陳」者，謂合樂後興舞之時，陳列於舞位也。云「則授舞器」者，以羽籥干戚等授當舞者，與諸子、司兵、司戈盾爲官聯也。

注云「既，已也」者，《鄉師》注同。云「受取藏之」者，舞畢，舞者以器來還，司干則受而藏之也。

賓饗亦如之。大喪，廞舞器，及葬，奉而藏之。

【疏】「大喪廞舞器」者，陳舞者所用之器，亦明器也。後鄭訓廞爲興作，非，詳《司裘》疏。賈疏云：「此官云干盾及羽籥，及其所廞，廞干盾而已。其羽籥，籥師廞之，故其職云『大喪廞其樂器，及葬奉而藏之』。其視瞭所廞者，謂鼓與磬，《鍾師》不云廞，則鍾亦視瞭廞之。如是《瞽矇》及《大師》、《小師》皆不云廞者，以其無目。其《瞽矇》所云柷敔塤簫管及琴瑟，皆當視瞭廞之。不云奉而藏之，文不具。《笙師》云『竽笙』已下，則笙師自廞之，故其職云廞藏。鎛師主擊晉鼓，則晉鼓鎛師廞之。其兵舞所廞，入五兵中，故《司兵》云『大喪廞五兵』。凡廞樂器，皆大司樂臨之，故其職云『大喪臨廞樂器』。以其樂師非一，故諸官各廞不同。」

大卜掌《三兆》之灋，一曰《玉兆》，二曰《瓦兆》，三曰《原兆》。 兆者，灼龜發於火，其形可占者。其象似玉瓦原之舋罅，是用名之焉。上古以來，作其法可用者有三。原，原田也。杜子春云：「《玉兆》，帝顓頊之兆。《瓦兆》，帝堯之兆。《原兆》，有周之兆。」【疏】「掌《三兆》之灋」者，兆，《釋文》作兆，云「亦作兆」。案：《説文·卜部》云：「兆，灼龜坼也。重文兆，古文兆省。」此經多古文，則當以作兆爲正，《釋文》本非。三《兆》、三《易》、三《夢》、八命，並卜筮官之官法也。凡卜，皆三《兆》並占。《書·洪範》云：「立時人作卜筮，三人占，則從二人之言。」賈《士喪禮》疏引鄭《書注》云：「卜筮各三人，大卜掌三《兆》、三《易》。」又《金縢》云「乃卜三龜，一習吉」，《士喪禮》卜日云「占者三人」，並三《兆》、三《易》兼用之證。

注云「兆者，灼龜發於火，其形可占者」者，《説文·火部》云：「灼，炙也。」《大戴禮記·曾子天圓》篇云：「龜非火不兆。」《管子·水地》篇云：「龜生於水，發之於火，於是爲萬物先，爲禍福正。」案：發於火者，謂以火發起其兆也。賈疏云：「此依下文《華氏》云『凡卜以明火爇燋，遂吹其焌契』，是以火灼龜，其兆發於火也。其形可占者，則《占人》云『君占體，大夫占色』之等。」云「其象似玉瓦原之舋罅，是用名之焉」者，釋三《兆》之名義也。《史記・高祖本紀》索隱云：「馬融注《周禮》，灼龜之兆與玉之釁㙤相似。」是鄭卽本馬說。賈疏云：「舋罅，謂破而不相離也。謂似玉、瓦、原之破裂。或解以爲玉瓦原之色。」《釋文》云：「舋，舊許靳反。沈一依聶氏音『問』，云：『依字一作璺，璺，玉之坼也。龜兆文似之。』《占人》注同。」又罅，葉鈔本《釋文》及宋余仁仲本並作「呼」。賈《士喪禮》疏引此注作「璺罅」。丁晏云：「舋璺皆《說文》所無，依字當作釁。《方言》：『秦晉器破而未離謂之璺。』《廣雅》：『罅、璺，裂也。』《文選・東京賦》薛綜注：『舋，隙也。』古釁字亦書作舋。」案：丁說是也。舋卽釁之變體，璺則後起之字，非古所有，故馬注直爲釁字。《漢書・高帝紀》應劭注云：「殺牲以血塗鼓釁呼爲釁。」釁呼卽舋罅，亦卽《占人》注之坼也。此注作舋，於義可通。沈重依聶音，改爲璺，非也。罅，《說文・缶部》云：「罅，裂也。」又《土部》云：「㙤，㙋也。」罅㙤音義同。注疏本作「鏬」，卽罅之俗。賈氏《羣經音辨・口部》引此注亦作「呼」，云「今本作罅」。蓋北宋時經注本作「罅」，《釋文》本作「呼」，葉鈔余槧並原出北宋本，故與賈書正合。呼罅聲類亦同，古通用，《漢書》應注可證。《文選・蜀都賦》李注引鄭《易注》亦云「解謂坼呼」，則《釋文》作「呼」，蓋鄭本之舊也。疏述或解以爲玉瓦原之色，則不爲舋罅，與馬、鄭義異，疑賈、干兩家說。云「上古以來，作其法可用者有三」者，「作其法」賈疏述注作「其作法」，未知孰是。此謂卜法權輿上古，歷代改制，其法非一，周時取其占驗最精而可用者，存此三法，使卜官職之，故此惟有三《兆》也。云「原，原田也」者，讀原爲邍也，原卽邍之借字，詳《大司徒》疏。惠棟云：「《周易・比卦》云：『原筮元永貞。』《集解》引干寶曰：『原，卜也。《周禮》三卜，一曰原兆。』《左》僖二十八年傳曰『原田每每』，杜注云：『高平曰原。』高印之田，坼如龜文，故曰原田；兆之舋罅有似高印之田，故曰原兆。」杜子春云「《玉兆》，帝顓頊之兆，《瓦兆》，帝堯之兆，《原兆》，有周之兆」者，賈疏云：「趙商問此，并問下文：『子春云《連山》，宓戲；《歸藏》，黄帝。今當從此說以不？敢問杜子春何由知之？』鄭荅云：『此數者非無明文，改之無據，故著子春說而已。近師皆以爲夏殷周。』鄭既爲此說，故《易贊》云夏曰《連山》，殷曰《歸藏》，如是《玉兆》爲夏，《瓦兆》爲殷可知，是皆從近師之說也。」案：賈引《鄭志》「非無明文」，「非」疑當爲「亦」。蓋三兆之說，古書無文，故鄭唯著杜説，於此不復辨證也。**其經兆之體，皆百有二十，其頌皆千有二百。**頌謂繇也。三法體繇之數同，其名占異耳。百二十每體十繇，體有五色，又重之以墨坼也。五色者，《洪範》所謂曰雨、曰濟、曰圛、曰蟊、曰剋。

【疏】「其經兆之體皆百有二十」者，賈疏云：「經兆者，謂龜之正經。云體者，謂龜之金木水火土五兆之體。若然，龜兆有五而爲百二十者，則兆别分爲二十四分。」案：五兆，詳《占人》疏。　注云「頌謂繇也」者，《左》閔二年傳云「成風聞成季之繇」，杜注云：「繇，卦兆之占辭。」《周易》釋文引服虔云：「繇，抽也，抽出吉凶也。」案：卜繇之文皆爲韻語，與詩相類，故亦謂之頌。　云「三法體繇之數同」者，據此經文。云「其名占異耳」者，鄭以意推之，以其三《兆》法既不同，明其體繇細别之名及吉凶之占，必當異也。云「百二十每體十繇」者，以十乘百二十體，故有千二百頌也。云「體有五色，又重之以墨坼也」者，此釋每體十繇之義。體有五色，則當有五繇，再重之以墨坼，故有十繇也。賈疏云：「按《占人》云：『君占體，大夫占色，史占墨，卜人占坼。』彼注云：『體，兆象。色，兆氣。墨，兆廣。坼，兆璺。』若然，體色墨坼各不同，今鄭云體有五色，又重之以墨坼，則四者皆相因而有也。何者？以其有五行兆體，體中有五色，既有體色，則因之以兆廣狹爲墨，又因墨之廣狹，支分卜璺爲坼，是皆相因之事也。今每體有十繇，其體有五色，曰雨曰濟之等，其色統得體，❶每色皆有墨坼，則五色中各有五墨坼，含得五色，不復别云五色。以若八卦，卦别重得七，通本爲八卦，揔云八八六十四卦，不復别云八卦，以其六十四卦，含有八卦故也。」云「五色者，《洪範》所謂曰雨、曰濟、曰圛、曰蟊、曰剋」者，彼文云：「七，稽疑，擇建立卜筮人，乃命卜筮。曰雨，曰霽，曰蒙，曰驛，曰克，曰貞，曰悔，凡七，卜五，占用二，衍忒。」《史記·宋世家》集解引鄭《書注》云：「卜五占之用，謂雨、濟、圛、雺、克也。二衍貣，謂貞、悔也。將立卜筮人，乃先命名兆卦而分别之。兆卦之名凡七，龜用五，《易》用二。審此道者，乃立之也。雨者，兆之體，氣如雨然也。濟者，如雨止之雲氣在上者也。圛者，色澤而光明者也。雺者，氣不澤，鬱冥冥也。克者，如祲氣之色相犯也。内卦曰貞，貞，正也。外卦曰悔，悔之言晦也，晦猶終也。卦象多變，故言衍貣也。」據鄭彼注，則此五者專屬卜言，故引以釋此五色。濟，僞孔本作「霽」，

❶「其」原訛「共」，據《周禮注疏》改。

《史記·宋世家》亦作「濟」，與鄭同。今本孔《書》圛作「驛」，蟊作「蒙」。孔疏本圛同此注，蟊作「雺」。今本蓋唐開元衛包所改。蟊雺同聲假借字。剋，僞孔本作「克」，同。又僞孔本「曰驛」在「曰蒙」下。此引「曰圛」在「曰蟊」上，敍次與彼亦異。《史記集解》引鄭注，亦先圛後雺，蓋鄭本次第正如是。賈疏亦引鄭注文，删削不具，復依孔書移其次第，不足據也。又僞孔傳説五者，與鄭義小異，今並不取。

掌三《易》之灋，一曰《連山》，二曰《歸藏》，三曰《周易》。易者，揲蓍變易之數，可占者也。名曰連山，似山出内氣也。歸藏者，萬物莫不歸而藏於其中。杜子春云：「《連山》，宓戲。《歸藏》，黄帝。」【疏】「掌三《易》之灋」者，此明筮主三《易》也。凡筮皆三《易》並占，詳前疏。　注云「易者，揲蓍變易之數，可占者也」者，揲，葉鈔《釋文》作「抴」，誤。《釋名·釋典藝》云：「《易》，易也，言變易也。」《賈子·道德説》云：「易者，察人之精德之理與弗循，而占其吉凶。」賈疏云：「按《易·繫辭》云：『分而爲二，以象兩，掛一以象三，揲之以四，以象四時，歸奇於扐以象閏。』此是揲蓍變易之數可占者也。就《易》文卦畫，七八爻稱九六，用四十九蓍。三多爲交錢，六爲老陰也。三少爲重錢，九爲老陽也。兩多一少爲單錢，七爲少陽也。兩少一多爲拆錢，八爲少陰也。夏殷《易》以七八不變爲占，《周易》以九六變者爲占。按襄九年《左傳》云：『穆姜薨於東宫，始往而筮之，遇艮之八。』注云：『爻在初六、九三、六四、六五、上九，惟六二不變。《連山》、《歸藏》之占，以不變者爲正。但《周易》占九六，而云遇艮之八。』是據夏殷不變爲占之事。」《周易》孔疏云：「《易緯乾鑿度》云：『《易》一名而含三義，所謂易也，變易也，不易也。』又云：『易者，其德也；變易者，其氣也；不易者，其位也。』鄭玄依此義作《易贊》及《易論》，云『《易》一名而含三義，易簡一也，變易二也，不易三也』。」詒讓案：據此，則鄭君説《易》，兼用《易緯》三義。此止云變易者，以揲蓍之數，主於變易以爲占，故不及易簡、不易二義也。《唐六典》太卜令掌《易》云：「用四十九筭，分而揲之，其變有四。一曰單爻，二曰拆爻，三曰交爻，四曰重爻。凡十八變而成卦。」賈疏説與彼同，唯以爻爲錢，乃據漢以後錢卜言之，古無此名也。賈又引《左傳注》説，以二《易》以七八不變爲占，蓋賈、服佚注。杜注及孔疏引賈、鄭先儒説並同。攷《周易乾鑿度》云：「陽以七，陰以八，爲彖，陽變七之九，陰變八之六。」鄭注云：「彖者，爻之不變動者。九六，爻之變動者。

《連山》、《歸藏》占彖，本其質性也。《周易》占變者，効其流動也。」則鄭説亦與賈、服同。金榜云：「《乾鑿度》謂七八爲彖，九六爲變，故彖占七八，❶爻占九六。公子重耳筮得貞屯悔豫，皆八，董因筮得泰之八，其占皆以《周易》彖占七八也。穆姜筮遇艮之八，以《周易》占之，爲艮之隨。是爻之遇八者，非《周易》法也。其兩爻以上雜變者，爲其義無所主，占之卦彖，與占變義同。」今案：依金説，則《周易》六爻不變，或兩爻以上雜變者，皆以彖占亦占七八，不徒夏殷二《易》矣。云「名曰《連山》，似山出内氣也」者，宋注疏本、閩本「氣」下並有「變」字，衍。《左傳》襄九年孔疏引此注，作「出内雲氣也」。《易疏》引鄭《易贊》、《易論》説，云「《連山》者，象山之出雲，連連不絶」。賈疏云：「此《連山》易，其卦以純艮爲首，艮爲山，山上山下，是名《連山》，雲氣出内於山，故名《易》爲《連山》。」阮元云：「按疏云『雲氣出内於山』，是賈本本作『雲氣』，當據正。」云「《歸藏》者，萬物莫不歸而藏於其中」者，《易疏》引鄭《易贊》、《易論》説同。《禮運》孔子曰：「我欲觀殷道，是故之宋，而不足徵也，吾得《坤乾》焉。」鄭彼注云：「得殷陰陽之書也。其書存者有《歸藏》。」孔疏引熊氏云：「殷《易》以坤爲首，故先坤後乾。」賈疏云：「此《歸藏》易以純坤爲首，坤爲地，故萬物莫不歸而藏於中，故名爲《歸藏》也。鄭雖不解《周易》其名《周易》者，《連山》、《歸藏》皆不言地號，以義名《易》，則周非地號，以《周易》以純乾爲首，乾爲天，天能周帀於四時，故名《易》爲周也。必以三者爲首者，取三正三統之義。故《律厤志》云：『黄鍾爲天統，黄鍾子爲天正；林鍾爲地統，未之衝丑，故爲地正；大蔟爲人統，寅爲人正。』周以十一月爲正，天統，故以乾爲天首；殷以十二月爲正，地統，故以坤爲首；夏以十三月爲正，人統，人無爲卦首之理，《艮》漸正月，故以艮爲首也。」案：《易疏》引鄭《易贊》、《易論》説，云「《周易》者，言易道周普，无所不備」，即賈説所本。孔氏駁之云：「鄭玄雖有此釋，更無所據之文。案《世譜》等羣書，神農一曰連山氏，一曰列山氏，黄帝一曰歸藏氏。既連山、歸藏並是代號，則《周易》稱周，取岐陽地名。又文王作《易》之時，正在羑里，周德未興，猶是殷世也，故題周別於殷，以此文王所演，故謂之《周易》，其猶《周書》、《周禮》題周以別餘代，故《易緯》云『因代以題周』是也。」史徵《周易口訣義》説同。姚配中云：「周，密也，遍也，言易道周普，所謂周流六虚者也。」黄以周云：「《連山》首艮，即

❶「故」原作「古」，據金榜《禮箋》改。

《象傳》兼山艮之義。《歸藏》首坤，卽《説卦傳》坤以藏之之義。《繫辭傳》曰：『易之爲書也不可遠，爲道也屢遷。變動不居，周流六虛，上下无常，剛柔相易。』曰周流，曰相易，非釋周易之義乎。孔㾈鄭君説無所據，抑何疏邪。《周易》之名，始於文王，非周革商之後以周號代，乃以周名《易》也。《連山》、《歸藏》古者本不名易，而云三《易》者，後人因《易》之名而名之也。《周易》爻稱九六，以變者占，故特名易。《連山》、《歸藏》爻稱七八，以不變者占，故不名易。是則《周易》非襲舊名，而《周易》稱周，亦非别餘代矣。」案：姚、黄説深得鄭恉，但孔據《易緯》亦西漢古義，今並存之。杜子春云「《連山》宓戲，《歸藏》黄帝」者，宓，《釋文》作「虙」，又云「戲本又作虧」。案：戲虧形聲相近而誤。賈疏云：「《鄭志》荅趙商云：『非無明文，改之無據，且從子春，近師皆以爲夏殷也。』鄭既爲此説，故《易贊》云『夏曰《連山》，殷曰《歸藏》』，又注《禮運》云『其書存者有《歸藏》』，是皆從近師之説也。按今《歸藏·坤》開筮，帝堯嫁二女爲舜妃，又見《節卦》云『殷王其國常母谷』。若然，依子春之説《歸藏》黄帝，得有帝堯及殷王之事者，蓋子春之意宓戲、黄帝造其名，夏殷因其名以作《易》，故鄭云改之無據。是以皇甫謐記亦云：『夏人因炎帝，曰《連山》，殷人因黄帝曰《歸藏》。』雖炎帝與子春宓戲不同，是亦相因之義也。」案：據賈引鄭《易贊》謂夏曰《連山》，殷曰《歸藏》，與《周易》爲三代之《易》，與杜義異，後人多從其説。《國語·魯語》韋注説三《易》，亦云一夏《連山》，二殷《歸藏》，三《周易》。張華《博物志》云：「《連山》、《歸藏》，夏商之書，周時曰《易》。」《隋書·經籍志》云：「昔宓羲氏始畫八卦，因而重之，爲六十四卦。及乎三代，實爲三《易》，夏曰《連山》，殷曰《歸藏》，周文王作卦辭，謂之《周易》。」竝從《易贊》説也。皇甫謐《帝王世紀》又兼采杜、鄭之説，而以《連山》屬炎帝，又與杜小異。攷《祭法》云「厲山氏有天下」，《左》昭二十九年傳及《國語·魯語》並作烈山氏。鄭《祭法》注云：「厲山氏，炎帝也，起於厲山。」《左傳》孔疏引賈逵、劉炫及《魯語》韋注，説烈山氏並同。《易疏》引《世譜》，又作列山氏。連厲烈列，一聲之轉，謐説不爲無據。又《論衡·正説篇》及朱震《漢上易傳》引姚信《易注》，並謂「烈山氏得《河圖》，夏后因之，曰《連山》；歸藏氏得《河圖》，殷人因之，曰《歸藏》，伏羲得《河圖》，周人因之，曰《周易》。」此亦兼包杜、鄭義，而謂連山氏非宓羲，則又與皇甫謐説略同。黄以周云：「宓羲無連山之號，杜注『《連山》虙羲』，則連山爲山出内氣，杜氏當亦云然矣。《鄭志》云『近師皆以爲夏殷』，則《連山》、《歸藏》亦當如鄭注所云可知矣。自杜子春以及近師，其説大略相同，並無以『連山』『歸藏』爲前代氏號者。孔疏云：『《連山》，神農；《歸藏》，黄帝。』其言亦本於漢儒。然漢儒謂神農首艮曰《連山》，黄帝首坤曰《歸藏》，是亦以義名書，未嘗言是神農、黄帝之號也。神農本有烈山氏之稱，或謂之厲山氏，此以所生之地得名，不關《連山》之書。後人既謂《連山》神農作，復因烈山、厲山之號，遂稱爲連山氏；黄帝作《歸藏》，亦遂有歸藏氏之稱。此亦好事者取其書以爲號，非以號名書也。如《連山》、《歸藏》皆取代號，非以義名書，則《周官經》當云《連山易》、《歸藏易》，於義乃通，不然徒取代號之名，不㡿其書，人必莫知其爲何物矣。」案：黄説亦足輔鄭義，姚配中説同。《連山》、《歸藏》二《易》，《漢書·藝文志》未載，而《北堂書鈔·藝文部》引桓譚《新論》云：「《厲山》藏於蘭臺，《歸藏》藏於太卜。」又《御覽·學部》引《新論》，亦云「《連山》八萬言，《歸藏》四千三百言」。則漢時實有此二《易》，《漢志》本《七略》，或偶失箸録耳。《隋·經籍志》載《歸藏》十三卷，晉太尉參軍薛貞注，云「《歸藏》，漢初已亡。案晉《中經》有之，唯載卜筮，不似聖人之旨」。《左傳》襄九年疏，亦㡿爲僞妄之書。賈氏所引，蓋卽此本。李江《元包注》説殷《易》用二十著，與夏、周《易》算術各異，疑亦本僞《歸藏》文。《唐書·藝文志》又有《連山》十卷，司馬膺注，今亦不傳。大抵晉唐時所傳二《易》，皆後人僞託，既非古經，今不具論。

其經卦皆八，其別皆六十有四。三《易》卦別之數亦同，其名占異也。每卦八。別者，重之數。

【疏】「其經卦皆八，其別皆六十有四」者，《周易·乾》孔疏引《易緯》云：「卦者，掛也，言縣掛物象，以示於人，故謂之卦。」賈疏云：「謂《連山》、《歸藏》、《周易》皆以八卦乾、坤、震、巽、坎、離、艮、兑爲本，其別六十四，鄭云謂重之數，通本相乘，數之爲六十四也。」

注云「三《易》卦別之數亦同」者，據此經文，明亦如上三兆體頌同數也。云「其名占異也」者，名異謂《連山》、《歸藏》卦名與《周易》或同或異，占異謂《連山》、《歸藏》以不變爲占，與《周易》以變爲占異，詳前疏。云「每卦八，別者，重之數」者，賈疏云：「據《周易》以八卦爲本，是八卦重之，則得六十四。何者？伏犧本畫八卦，直有三爻，法天地人。後以重之，重之法，先以乾之三爻爲下體，上加乾之三爻，爲純乾卦；又以乾爲下體，以坤之三爻加之，爲泰卦；又以乾爲本，上加震，爲大壯卦；又以乾爲本，上加巽，爲小畜卦；又以乾爲本，上加坎，爲需卦；又以乾爲本，上加離，爲大有卦；又以乾爲本，上加艮，爲大畜卦；又以乾爲本，上加兑，爲夬卦：此是乾之一，重得七爲八。又以坤之三爻爲本，上加坤，爲純卦；又以坤爲本，上加乾，爲否卦；又以坤爲本，上加震，爲豫卦；又以坤爲本，上加巽，爲觀卦；又以坤爲本，上加坎，爲比卦；又以坤爲本，上加離，爲晉卦；又以坤爲本，上加艮，爲剥卦；又以坤爲本，上加兑，爲萃卦：是以通體爲八卦也。自震、巽、坎、離、艮、兑，其法皆如此，則爲八八六十四，故鄭云别者重之數。後鄭專以爲伏犧畫八卦，神農重之；諸家以爲伏犧畫八卦，還自重之。」《周易》孔疏云：「重卦之人，諸儒不同，凡有四説。王輔嗣等以爲伏犧重卦，鄭玄之徒以爲神農重卦，孫盛以爲夏禹重卦，史遷等以爲文王重卦。其言夏禹及文王重卦者，案《繫辭》，神農之時已有蓋取益與噬嗑，以此論之，不攻自破。其言神農重卦，亦未爲得。今以諸文驗之。案《説卦》云：『昔者聖人之作《易》也，幽贊於神明而生蓍。』凡言作者，創造之謂也。神農以後，便是述修，不可謂之作也；則幽贊用蓍，謂伏犧矣，故《乾鑿度》云『垂皇策者犧』。《上繫》論用蓍云：『四營而成《易》，十有八變而成卦。』既言聖人作《易》，十八變成卦，明用蓍在六爻之後，非三畫之時，伏犧用蓍，卽伏犧已重卦矣。又《周禮》小史掌三皇五帝之書，明三皇已有書也。《下繫》云：『上古結繩而治，後世聖人易之以書契，蓋取諸夬。』既象夬卦而造書契，伏犧有書契，則有夬卦矣。故今依王輔嗣以伏犧既畫八卦，卽自重爲六十四卦，爲得其實。」孔廣森云：「《淮南子·要略》曰：『八卦可以識吉凶，知禍福矣，然而伏犧爲之六十四變，周室增以六爻。』是可爲伏羲重卦之證。」

掌三《夢》之灋，一曰《致夢》，二曰《觭夢》，三曰《咸陟》。夢者，人精神所寤可占者。致夢，言夢之所至，夏后氏作焉。咸，皆也。陟之言得也，讀如「王德翟人」之德。言夢之皆得，周人作焉。杜子春云：「觭讀爲奇偉之奇，其字直當爲奇。」玄謂觭讀如諸戎掎之掎，掎亦得也。亦言夢之所得，殷人作焉。【疏】「掌三夢之灋」者，《釋文》夢作瞢，云「本多作夢」。案：夢正字當作㝱，瞢卽㝱之俗。經凡㝱字皆叚夢爲之。後《占夢》釋文載或本作㝱，則用正字，詳彼疏。此三《夢》爲占驗之成法，與《占夢》「六夢」爲夢之象感異。注云「夢者，人精神所寤可占者」者，《墨子·經上》篇云：「夢，卧而以爲然也。」《列子·周穆王篇》云：「神遇爲夢。」張湛注云：「神之所交謂之夢。」《説文·㝱部》云：「㝱，寐而有覺也。」又云：「寐覺而有言曰寤，一曰，晝見而夜夢也。」謂寐時精神若有所覺寤，可以占有吉凶也。云「致夢，言夢之所至」者，《禮器》鄭注云：「致之言至也。」謂夢寐所至之竟也。云「夏后氏作焉」者，此以三《夢》分屬三代，無正文，鄭以意言之。賈疏云：「上文三《兆》、三《易》，有子春所解，且從子春；此三《夢》子春等不説，故卽從近師爲夏殷周也。」云「咸，皆也」者，《爾雅·釋詁》文，《掌交》注同。云「陟之言得也，讀如王德翟人之德，言夢之皆得」者，「王德翟人」，《左》僖二十四年傳文。段玉裁云：「凡云『之言』者，於其音義之本不同者而通之也。讀如德者，專擬其音也；言夢之皆得者，説其義也。陟、得、德三字古音同部。」云「周人作焉」者，以經文之次推之，《致夢》夏作，則《觭夢》殷作，《咸陟》周作也。杜子春云「觭讀爲奇偉之奇，其字直當爲奇」者，段玉裁云：「讀爲奇偉之奇者，就其聲類易之也。其字直當爲奇者，謂竟當改爲奇字，恐人未曉，故盡言之也。」丁晏云：「《莊子·天下》篇：『觭偶不仵。』《漢書·五行志》『匹馬觭輪無反者』，服虔曰『觭音奇偶之奇』。《穀梁傳》作『匹馬倚輪』。《方言》『倚，奇也』，郭注『奇偶』。古觭、倚、奇，並聲近通借。」云「玄謂觭讀如諸戎掎之掎，掎亦得也，亦言夢之所得」者，賈疏云：「按襄十四年《左傳》云：『戎子駒支曰：秦師不復，我諸戎實然。譬如捕鹿，晉人角之，諸戎掎之。』是掎爲得也。」段玉裁改「讀如諸戎掎之掎」，爲「讀爲諸戎掎之之掎」，云：「鄭君讀爲《左傳》之掎，下文直云『掎亦得也』，可知鄭之易字矣。今本誤作『讀如』，非也。」案：段校是也。孔繼汾校亦增「之」字。《説文·手部》云：「掎，偏引也。」引之則得，故云亦得也。云「殷人作焉」者，以其次在三《夢》之中，故定爲殷制。

其經運十，其別九十。運或爲緷，當爲煇，是視祲所掌十煇也。王者於天，日也。夜有夢，則晝視日旁之氣，以占其吉凶。凡所占者十煇，每煇九變。此術今亡。【疏】注云「運或爲緷，當爲煇，是視祲所掌十煇也」者，《釋文》「爲煇」作「作緷」。盧文弨云「爲」非。段玉裁云：「古文同音叚借，故煇或作運，或作緷。」詒讓案：鄭以運緷煇聲類同，此經運十與《眡祲》掌十煇之法數亦適合，故據以爲釋。彼先鄭注云：「煇謂日光氣也。」煇俗作暈，古多叚運爲之。《淮南子·覽冥訓》云：「畫隨灰而月運闕。」高注云：「運讀連圍之圍也。運者，軍也，將有軍事相圍守，則月運出也。」《漢書·天文志》如淳注亦云「暈讀曰運」。互詳《眡祲》疏。吴廷華云：「其運其別，當以占夢之法載於書者言。若日旁氣爲十煇，視祲掌之，彼經並無占夢法，此說牽合。」俞樾云：「上文經兆即以三卜言，經卦即以三《易》言，此文經運宜亦以三《夢》言。乃以視祲之十煇當之，失其義矣。運當讀爲員，《莊子・天運》篇《釋文》曰『司馬本作天員』，是其證也。古運員聲近。《說文・見部》『䫖從見員聲，讀若運』，然則運之通作員，猶䫖之讀若運矣。《說文・員部》云：『員，物數也。』《漢書・高惠高后功臣表》師古注曰：『員，數也。』其經員十者，其經數有十也。三《夢》以員言，猶三卜以兆言、三《易》以卦言也。」案：俞讀運爲員，近是。運緷員字竝通，蓋皆占夢書篇卷之名。《廣雅・釋詁》云：「緷，束也。」《商子・農戰篇》云：「雖有《詩》《書》鄉一束，家一員，猶無益於治也。」然則緷員竝與束義相近，三《夢》之言運，猶《詩》《書》之言員矣。云「王者於天日也，夜有夢則晝視日旁之氣，以占其吉凶」者，欲見占三夢必視十煇之意。《御覽・天部》引《易傳》云：「日者，衆陽之精，以象人君。」《漢書・天文志》孟康注云：「暈，日旁氣也。」賈疏云：「此案《占夢》云『以日月星辰，占六夢之吉凶』，注引趙簡子夜夢日而日食，史墨占之。又視祲有十煇之法，五曰闇，先鄭云『謂日月食』。餘九煇皆日旁氣，故以日旁氣解之。」云「凡所占者十煇，每煇九變」者，賈疏云：「此類上三《兆》、三《易》皆有頌別之數，此經煇十，其別有九十，以義言之，明一煇九變，故爲九十解之。」云「此術今亡」者，《漢書・藝文志》雜占家有《黃帝長柳占夢》十一卷、《甘德長柳占夢》二十卷，是漢時有占夢之術。以其無以十煇每煇九變之法，故云今亡。

以邦事作龜之八命，一曰征，二曰象，三曰與，四曰謀，五曰果，六曰至，七曰雨，八曰瘳。國之大事待蓍龜而決者有八。定作其辭，於將卜以命龜也。鄭司農云：「征謂征伐人也。象謂災變雲物，如衆赤鳥之屬有所象似。《易》曰『天垂象見吉凶』，《春秋傳》曰『天事恒象』，皆是也。與謂予人物也，謀謂謀議也，果謂事成與不也，至謂至不也，雨謂雨不也，瘳謂疾瘳不也。」玄謂征亦云行，巡守也。象謂有所造立也，《易》曰「以制器者尚其象」。與謂所與共事也。果謂以勇決爲之，若吴伐楚，楚司馬子魚卜戰，令龜曰「鮒也以其屬死之，楚師繼之，尚大克之」吉，是也。【疏】注云「國之大事待蓍龜而決者有八」者，賈疏云：「謂此八者皆大事，除此八者即小事，入於九筮也。若然，大事卜，小事筮，此既大事而兼言筮者，凡大事皆先筮而後卜，故兼言蓍也。」詒讓案：下文以八命贊三《兆》、三《易》、三《夢》

之占，是三《易》亦用此八命。又《占人》云「以八卦占簭之八故」，八故即此八命，故注通著龜言之。云「定作其辭，於將卜以命龜也」者，明經云作龜八命，爲作命辭，與後經作龜爲鑿龜異。凡命龜必有文雅之辭，故《毛詩·鄘風·定之方中》傳，説建邦能命龜，爲君子九能德音之一也。《釋文》云：「命亦作令。」案：令命義同。《左》文十八年傳云：「惠伯令龜。」杜注云：「以卜事告龜。」孔疏云：「令者，告令使知其意，與命同也。」賈疏云：「凡命龜辭，大夫已上有三，命筮辭有二；士命龜辭有二，命筮辭一。知者，按《士喪禮》，『命筮者，命曰：哀子某爲其父某甫筮宅，度茲幽宅兆基，無有後艱。筮人許諾，不述命。』注云：『既命而申之曰述。不述者，士禮略。凡筮，因會命筮爲述命。』及卜葬日，云：『涖卜，命曰：哀子某來日某，卜葬其父某甫，考降無有近悔。許諾，不述命，還即席，乃西面坐，命龜。』注云：『不述命，亦士禮略。凡卜，述命命龜異，龜重威儀多也。』命筮云不述，下無西面命筮，明命共述命作一辭，不述命，則其所命龜筮辭兼在其中，故曰因命也。卜云不述命，猶有西面命龜，則知命龜與述命異，故曰述命命龜異，龜重威儀多。是士禮命龜辭有二，命筮辭有一之事。大夫已上命筮辭有二，命龜辭有三者，按《少牢》云：『史執筮受命於主人，曰：孝孫某，來日丁亥，用薦歲事於皇祖伯某，以某妃配某氏，尚饗。史曰諾。』又述命，『假爾大筮有常，孝孫某』以下，與前同。以其述命述前辭，以命筮冠述命首。大夫筮既得述命，即卜亦得述命也，是知大夫以上命龜有三，命筮有二也。」鄭司農云「征謂征伐人也」者，後大師有卜是也。《孟子·盡心》篇云：「征者，上伐下也。」《白虎通義·誅伐篇》云：「征猶正也，《尚書》曰『誕以爾東征』，誅祿甫也，又曰『甲戌，我惟征徐戎』。」云「象謂災變雲物，如衆赤鳥之屬，有所象似」者，《釋文》災作菑。案：菑即災之叚字。後《眂祲》十煇二曰象，先鄭注亦云「象者如赤鳥也」。賈疏云：「按哀六年，楚子卒。是歲有雲如衆赤鳥，夾日以飛三日，使問諸周大史。史曰：『其當王身乎！若禜之，可移於令尹、司馬。』是赤鳥之事。引《易》曰「天垂象見吉凶」者，《繫辭上》文。李鼎祚《集解》引宋衷云：「天垂陰陽之象，以見吉凶，謂日月薄蝕，五星亂行。」云「《春秋傳》曰天事恒象皆是也」者，《左》昭十七年傳：「冬，有星孛于大辰，西及漢。申須曰：『彗所以除舊布新也。天事恒象，今除於火，火出必布焉，諸侯其有火災乎！』」杜注云：「天道恒以象類告示人。」《國語·周語》内史過亦有是語，韋注云：「恒，常也。事，善象吉事，惡象凶。」亦其義也。

引此二文者，並證災變雲物爲象之事。云「與謂予人物也」者，《説文・舁部》云：「與，黨與也。」又《勺部》云：「与，賜與也。」經典並叚與爲与。先鄭意，此三曰與者，謂卜當予與否。云「謀謂謀議也」者，《廣雅・釋詁》云：「謀，議也。」《説文・言部》云：「慮難曰謀。」事有疑難，卜以決之也。云「果謂事成與不也」者，《文選》謝宣遠詩注引《淮南子》許注云：「果，成也。」不與否同。云「至謂至不也」者，謂卜人來至否也。云「雨謂雨不也」者，謂卜當得雨否也。《史記・龜策傳》云：「卜天雨不雨：雨，首仰有外，外高内下；不雨，首仰足開，若横吉安。」卽卜雨不雨之事。云「瘳謂疾瘳不也」者，《説文・疒部》云：「瘳，疾瘉也。」人有疾則卜當瘉否也。云「玄謂征亦云行」者，謂征爲征伐，亦兼有行義。《爾雅・釋言》云：「征，行也。」《説文・辵部》云：「延，正行也，重文征，延或从彳。」云「巡，守也」者，《左》襄十三年傳，鄭石㚟云「先王卜征五年，歲襲其祥」，杜注亦云：「征謂巡守。征，行。」《文選》張衡《東京賦》「卜征考祥」，薛綜注云：「征，巡行也。」薛、杜並同後鄭義。云「象謂有所造立也」者，《士冠記》注云：「象，法也。」謂造立事物，依其法象爲之。引《易》曰「以制器者尚其象」者，證造立爲象之義。賈疏云：「上《繫辭》文。注云此者存於器象，可得而用，一切器物及造立皆是。」《易》孔疏云：「謂造制形器，法其爻卦之象，若造弧矢法《睽》之象，若造杵臼法《小過》之象也。」云「與謂所與共事也」者，賈疏云：「不從先鄭予人物者，與物情義可知，不須卜；與人共事，得失不可知，故須卜也。」云「果謂以勇決爲之」者，《論語・雍也》集解引苞咸云：「果謂勇敢決斷也。」云「若吴伐楚，楚司馬子魚卜戰，令龜曰，鮒也以其屬死之，楚師繼之，尚大克之，吉是也」者，據《左》昭十七年傳文。《釋文》云：「鮒，《左傳》作魴。」案：杜注云：「子魚，公子魴也。」此作鮒，疑傳寫之誤。引此者，證卜勇決之事。

以八命者贊三《兆》、三《易》、三《夢》之占，以觀國家之吉凶，以詔救政。鄭司農云：「以此八事，命卜筮蓍龜，參之以夢，故曰以八命者贊三《兆》、三《易》、三《夢》之占。《春秋傳》曰：『筮襲於夢，武王所用。』」玄謂贊，佐也。詔，告也。非徒占其事，吉則爲，否則止，又佐明其繇之占，演其意，以視國家餘事之吉凶，凶則告王救其政。【疏】注「鄭司農云，以此八事命卜筮蓍龜，參之以夢」者，欲見上八命之事，不徒命卜，兼有命筮。其卜筮之時，或適又有夢，抑或因感夢而有卜筮，則以八命之辭，兼卜筮夢三者相參互，以贊其占。賈疏謂「先筮後卜，聖人有大事必夢，故又參之以夢」，是謂每事必卜筮夢三者兼備乃占，非先鄭意也。云「故曰以八命者贊三《兆》、三《易》、三《夢》之占」者，亦明卜筮夢三者相參之義。引《春秋傳》曰「筮襲於夢，武王所用」者，《左》昭七年傳云：「衛襄公夫人姜氏無子，嬖人婤姶生孟縶。孔成子夢康叔謂己：『立元。』史朝亦夢康叔謂己：『余將命而子苟與孔烝鉏之曾孫圉相元。』史朝見成子，告之夢，夢協。婤姶生子，名之曰元。孟縶之足不良能行。孔成子以《周易》筮之，曰：『元尚享衛國，主其社稷。』遇屯。又曰：『余立縶，尚克嘉之。』遇屯之比。以示史朝。史朝曰：『元亨，又何疑焉。』康叔命之，二卦告之，筮襲於夢，武王所用也。』」引之者，證卜筮參之以夢之事。云「玄謂贊佐也」者，《外宗》注義同。云「詔告也」者，《大宰》注同。云「非徒占其事，吉則爲，否則止」者，賈疏云：「此解以八命命龜之常事也。」云「又佐明其繇之占，演其意以視國家餘事之吉凶」者，謂於所問事外，兼有國家他事吉凶之象見於卦繇中，大卜亦佐助審明演説其占意，以攷吉凶也。云「凶則告王救其政」者，亦指餘事凶象見於占者，則告王脩政事以救之。**凡國大貞，卜立君，卜大封，則眡高作龜。**卜立君，君無冢適，卜可立者。卜大封，謂竟界侵削，卜以兵征之，若魯昭元年秋，叔弓帥師疆鄆田是也。視高，以龜骨高者可灼處，示宗伯也。大事宗伯涖卜，卜用龜之腹骨，骨近足者其部高。鄭司農云：「貞，問也。國有大疑，問於蓍龜。作龜，謂鑿龜令可爇也。」玄謂貞之爲問，問於正者，必先正之，乃從問焉。《易》曰：「師貞，丈人吉。」作龜，謂以火灼之，以作其兆也。春灼後左，夏灼前左，秋灼前右，冬灼後右。《士喪禮》曰：「宗人受卜人龜，示高涖卜，受視反之。」又曰：「卜人坐作龜。」【疏】「凡國大貞，卜立君，卜大封」者，賈疏云：「言凡非一。貞，正也。凡國家有大事，正問於龜之事有二，則卜立君、卜大封是也。」云「則眡高作龜」者，眡，《釋文》作「視」。案：陸本非也。經例用古字作眡，注例用今字作視，詳《大宰》疏。賈疏云：「凡卜法，在禰廟廟門閾外闑西南，北面，有席。先陳龜於廟門外之西塾上。又有貞龜，貞龜謂正龜於閾外席上。又有涖卜、命龜、眡高、作龜。六節。尊者宜逸，卑者宜勞，從下向上差之，作龜、眡高二者勞事。以大貞事大，故大卜身爲勞事，則大宗伯臨卜，其餘陳龜、貞龜皆小宗伯爲之也。」　注云「卜立君，君無冢適，卜可立者」者，冢適，謂后夫人所生長子。《內則》有冢子，又有適子，注云：「冢，大也，冢子猶言長子。」《左》昭十三年傳，説楚共王無家適，有寵子五人，無適立焉。又襄三十一年傳云：「大子死，有母弟則立之，無則立長，年鈞擇賢，義鈞則卜，古之道也。」定元年傳：「子家羈曰：若立君，則有卿士大夫與守龜在。」《國語・晉語》云：「立太子之道三，身鈞以年，年同以愛，愛疑決之以卜筮。」並卜立君之事，互詳《小司寇》疏。賈疏云：「若然，君無冢適，則有卜法。按昭二十六年傳：『王后無適，則擇立長。年鈞以德，德鈞以卜。王不立愛，公卿無私，古之制也。』何休以爲：『《春秋》之義，三代異建，適媵別貴賤，有姪娣以廣親疏。立適以長不以賢，立子以貴不以長。王后無適，明尊之敬之，義無所卜筮。不以賢者，人狀難別，嫌有所私，故絶其怨望，防其覬覦。今如《左氏》言，云「年鈞以德，德鈞以卜」。君之所賢，人必從之，豈復有卜？隱桓之禍，皆由是興。乃曰古制，不亦謬哉！又大夫不世，如并爲公卿通繼嗣之禮，《左氏》爲短。』玄箴之曰：『立適固以長矣，無適而立子，固以貴矣。今言無適則擇立長，謂貴均始立長，王不得立愛之法。年均，則會羣臣、羣吏、萬民而詢之，有司以序進而問，大衆之口非君所能掩，是王不得立愛之法也。禮有詢立君示義在此，短之言謬，失《春秋》與《禮》之義矣。公卿之世立者有功德，先王之命有所不絶，如是宅中卜立君，亦是年均德均也。』」云「卜大封謂竟界侵削，卜以兵征之」者，《大宗伯》軍禮云：「大封之禮合衆也。」注云「正封疆溝塗之固」是也。以是軍事，故亦卜其吉凶。李鍾倫云：「大封蓋封國，《大宗伯》曰『王大封則先告后土』是也。」案：李説近是。下云「國大遷、大師則貞龜」，注謂大師輕於大祭祀，儻大封是竟界侵削以兵征之，則當晐於大師之内，不宜反重於大祭祀也。鄭義爲短。云「若魯昭元年秋，叔弓帥師疆鄆田是也」者，昭元年經「三月取鄆。秋，叔弓帥師疆鄆田」。杜注云：「春取鄆，今正其封疆。」以彼卽大封用兵之事，故引以爲證。云「視高，以龜骨高者可灼處示宗伯也」者，注例用今字，故作「視」也。《士喪禮》又作「示高」，鄭彼注謂示涖卜。是凡視高皆示涖卜，此注云示宗伯，卽示涖卜也。示亦與視義同。云「大事宗伯涖卜」者，大貞、大祭祀、喪事、大遷、旅，並爲大事，皆大宗伯涖卜。賈疏云：「按《大宗伯》云：『祀大神，享大鬼，祭大示，帥執事而卜日。』官尊，故知涖卜也。云大事宗伯臨，則小事不使宗伯，故下文云『凡小事涖卜』，是大卜臨之也。」云「卜用龜之腹骨，骨近足者其部高」者，《史記・龜策傳》云：「廬江郡常歲時生龜長尺二寸者二十枚輸太卜官，太卜官因以吉日剔取其腹下甲。」此注云用腹骨，卽腹下甲也。賈疏云：「言龜近四足其下腹骨部，然而高，高處灼之也。」鄭司農云「貞，問也」者，《天府》注同。云「國有大疑問於蓍龜」者，《白虎通義・蓍龜》篇云：「天子下至士，皆有蓍龜者，重事決疑，示不自專。《尚書》曰：『女則有大疑，謀及卿士，謀及庶人，謀及卜筮。』」呂飛鵬云：「《史記・龜策傳》：『祝曰：諸靈數箣，莫如汝信，今日良日，行一良貞。』足證貞之爲問。」云「作龜，謂鑿龜令可爇也」者，賈疏云：「按下《華氏》云：『凡卜，以明火爇燋。』鑿即灼也，故云令可爇也。」劉台拱云：「先鄭以鑿之爲作，後鄭以灼之爲作。《華氏》『掌共燋契』，杜子春云：『契謂契龜之鑿也。』後鄭易之云：『楚焞即契，所用灼龜也。』《詩》『爰契我龜』，箋亦云『契灼其龜而卜之』。皆不取鑿龜之義。」黄以周云：「兩鄭注異。賈疏謂鑿即灼，非也。先鄭注本杜子春。《史記・龜策傳》有鑽龜事，鑽即鑿，謂鑽鑿其高處，令可灼也。鑿灼二事，故曰令。依杜注推之，《禮》之作龜，即《詩》契龜。契龜謂開龜之所鑿，所謂兆也。但卜之灼龜，自鑽鑿處始，先鄭竟以鑽龜當作龜，與經文多違戾。下云『凡卜，以明火爇燋，遂歙其焌契。』《卜師》云：『凡卜事，眡高，揚火以作龜。』作龜在燋灼後。如先鄭説，作龜令可灼，先後傎倒矣。」案：劉、黄説是也。凡龜將卜，蓋必先相視其骨可灼之處，用鑽鑿刻識之，且令火氣易入，既鑿而後灼之。鑿亦謂之鑽，《荀子・王制篇》云：「鑽龜陳卦。」《莊子・外物》篇説宋元君得神龜，云「七十二鑽而無遺筴」。《史記・龜策傳》云：「卜先以造灼鑽，鑽中已，又灼龜首，各三；又復灼所鑽中曰正身，灼首曰正足，各三。」即鑽而後灼之證。杜及先鄭説卜法節次甚備，但以鑿龜訓此經之作龜則未協。後鄭不取鑿龜之義，因以鑽灼爲一，故注《士喪禮》云「荆焞，所以鑽灼龜者」。《荀子》楊注云：「鑽龜，謂以火爇荆菙灼之也。」《文選・江賦》李注引《莊子》司馬彪注云：「鑽，命卜以所卜事而灼之。」此並從後鄭義，以鑽爲灼，則與古卜法尤不合也。云「玄謂貞之爲問，問於正者，必先正之，乃從問焉」者，《天府》注義同。後鄭以貞兼問正二訓，故增成先鄭義，詳《天府》疏。引《易》曰「師貞丈人吉」者，證問正之義，亦詳《天府》疏。云「作龜謂以火灼之，以作其兆也」者，破先鄭鑿龜之義也。《梓人》注云：「作猶起也。」前注云「兆者，灼龜發於火，其形可占者」。作與發義同，灼之則其兆象發起，故《士喪禮》注即訓作爲灼。賈疏云：「作謂發使豐坼。」云「春灼後左，夏灼前左，秋灼前右，冬灼後右」者，丁晏云：「鄭君所據，疑古《龜經》之文。《初學記》引《三禮圖》曰：『龜以上春灼後左，夏灼前左，秋灼前右，冬灼後右』。疑即鄭《圖》也」。賈疏云：「並取義於《禮記・中庸》，故彼云『國家將興亡，見於蓍龜，動於四體』。鄭注云『四體，龜之四足』，亦云『春占後左，夏占前左，秋占前右，冬占後右』。彼云占，此云灼，卽灼而占之，亦一也。」引《士喪禮》曰「宗人受卜人龜，示高涖卜，受視反之」者，彼注云：「以龜腹甲高起所當灼處示涖卜也。涖卜，族長也。」引又曰「卜人坐作龜」者，注云：「作猶灼也。」引此二者以證眡高作龜之事也。彼宗人示高，卜人作龜，此國大貞，大卜兼視高、作龜二事，蓋尊卑吉凶之異。**大祭祀，則眡高命龜。**命龜，告龜以所卜之事。不親作龜者，大祭祀輕於大貞也。《士喪禮》曰：「宗人卽席西面坐，命龜。」【疏】「大祭祀則眡高命龜」者，謂天地宗廟之祭，《大宗伯》云「凡祀大神，祭大鬼，享大示，帥執事而卜日」是也。　注云「命龜，告龜以所卜之事」者，卽上八命是也。《爾雅・釋詁》云：「命，告也。」《襍記》云「小宗人命龜」，注云：「命龜，告以所問事也。」云「不親作龜者，大祭祀輕於大貞也」者，賈疏云：「大貞之內，有立君、大封，大卜作龜不命龜。此大祭祀不作龜，進使命龜，作龜是勞事，故云大祭祀輕於大貞也。」案：依鄭、賈義次之，大祭祀當大宗伯涖卜，小宗伯陳龜、貞龜，卜師作龜也。引《士喪禮》曰「宗人卽席西面坐，命龜」者，《士喪禮》云：「宗人少退，受命，命曰：『哀子某，來日某，卜葬其父某甫，考降無有近悔。』許諾，不述命，還卽席，西面坐，命龜。」依天子禮，涖卜命大卜，大卜述命而後命龜。其卽席西面坐，蓋與士禮同。**凡小事，涖卜。**代宗伯。【疏】「凡小事涖卜」者，賈疏云：「凡大事卜，小事筮。若小事，當入九筮，不合入此。《大卜》云小事者，此謂就大事中差小者，非謂筮人之小事也。小事既大卜涖卜，則其餘仍有陳龜、貞龜、命龜、視高，皆卜師爲之；其作龜，則卜人也。」詒讓案：此冢上大祭祀而云小事，疑當指小祭祀言之。《樂師》云：「凡國之小事用樂者，令奏鍾鼓。」注云：「小事，小祭祀之事。」此義或與彼同。　注云「代宗伯」者，上注云「大事宗伯涖卜」是也。賈疏云：「大宗伯，六命卿；小宗伯，四命中大夫；大卜亦四命下大夫；卜師，上士；卜人，中士。其大宗伯涖卜，大卜視高作龜，其中陳龜、貞龜、命龜，皆小宗伯爲之。下文大遷、大師，大卜貞龜。貞龜上有涖卜，亦大宗伯爲之，陳龜亦宜小宗伯也。其命龜、視高，卜師；作龜，卜人。次下云『凡旅陳龜』，則涖卜仍是大宗伯，貞龜、命龜、視高皆卜師，亦卜人作龜。次下云『凡喪事命龜』，命龜之上有陳龜、貞龜，亦小宗伯，涖卜還是大宗伯，視高、作龜卜師也。」又云：「按上所解，陳龜在前，重於命龜。而《士喪禮》卜人卑而陳龜，宗人尊而命龜在後者，士之官少，故所執不依官之尊卑也。」案：《大司馬》云：「大師涖大卜。」注云：「臨大卜，卜出兵吉凶也。」是大師司馬涖卜，經有明文。其陳龜，依鄭説在涖卜下，則疑當是小司馬，賈謂亦大小宗伯爲之，非也。又《肆師》云「凡祭祀之卜日、宿、爲期，詔相其禮」。又「嘗之日，涖卜來歲之芟；獮之日，涖卜來歲之戒；社之日，涖卜來歲之稼」。則小事又有肆師涖卜者，蓋以三事特異常法，故彼職詳著之也。又案：卜事尊卑差次，依鄭、賈説，則最尊者涖卜，次陳龜，次貞龜，次命龜，次眂高，次作龜也。然以《士喪禮》卜日之禮攷之，則族長涖卜、命龜，宗人示高，卜人陳龜，貞龜，作龜也。卜人卑於族長宗人而陳龜、貞龜，則陳龜、貞龜不當重於命龜，眂高可知。賈曲爲之説，謂士官少，不依尊卑，殆非也。今綜校二《禮》，竊疑陳龜乃大旅禮神之法，無與卜事。卜事差次，當首涖卜，次命龜，次眂高，次貞龜，次作龜。鄭、賈所敍並未協，但經無正文，略以意爲差次，未敢以爲必然也。**國大遷、大師，則貞龜。**正龜於卜位也。《士喪禮》曰「卜人抱龜燋，先奠龜西面」是也。又不親命龜，亦大遷、大師輕於大祭祀也。【疏】「國大遷、大師，則貞龜」者，《詩・大雅・緜》説大王遷岐，云「爰契我龜」。又《鄘風・定之方中》説衛文公遷楚丘，云「卜云其吉」，毛傳云：「建國必卜之。」《左傳》僖三十一年傳云：「狄圍衛，衛遷于帝丘，卜曰三百年。」又文十三年傳云：「邾文公卜遷于繹。」並卜大遷之事。大師之卜，經傳尤多，不可枚舉。《史記・龜策傳》云：「王者發軍行將，必鑽龜廟堂之上，以決吉凶」是也。　注云「正龜於卜位也」者，《大祝》注云：「貞，正也。」此與前大貞義異。凡奠龜必正，故《曲禮》云「倒策側龜於君前，有誅」。賈疏云：「卜位，卽閾外席上也。」引《士喪禮》曰「卜人抱龜燋，先奠龜，西面」者，西面，孔繼汾校依《士喪禮》作「西首」是也。各本竝誤。《士喪禮》卜日云：「卜人先奠龜于西塾上，南首。」此謂奠龜於殯門外之西塾也。又云：「席於闑西閾外，卜人抱龜燋，先奠龜，西首。」此謂從西塾抱龜嚮闑西閾外奠之也。然則彼文先後有兩次奠龜。此下注引彼先奠龜證陳龜，此注引彼後奠龜證貞龜者，蓋鄭意凡卜皆先陳龜，後貞龜，彼先奠龜當陳龜之節，後奠龜當貞龜之節也。云「又不親命龜，亦大遷、大師輕於大祭祀也」者，以前大祭祀，大卜親命龜，但不親作龜；此大遷、大師，大卜既不親作龜，又不親命龜，是視大祭祀禮尤殺也。**凡旅，陳**

龜。陳龜於饌處也。《士喪禮》曰「卜人先奠龜于西塾上，南首」是也。不親貞龜，亦以卜旅祭非常，輕於大遷大師。【疏】注云「陳龜於饌處也」者，饌處卽所陳之處。《士冠禮》云：「筮與席、所卦者，具饌于西塾。」注云：「饌，陳也。西塾，門外西堂也。」引《士喪禮》曰「卜人先奠龜于西塾上，南首是也」者，于，宋注疏本作「於」。此謂殯門之西塾，引以證陳龜之處也。云「不親貞龜，亦以卜旅祭非常，輕於大遷、大師」者，賈疏云：「案《大宗伯》：『國有故，旅上帝及四望。』則祀天亦是大祭祀，而輕於大遷、大師退在下者，鄭以旅爲非常祭故也。」李光地云：「祭饗有陳寶玉之事，而龜其一，《禮器》曰『龜爲前列，先知也』。大旅陳龜，義蓋如此，非用以卜也。」案：李説是也。陳龜之文，惟此一見，它經説卜事，更無此節。注説之可疑有三：《士喪禮》卜日先奠龜於西塾，及將卜，又奠龜於闑西閾外，同爲奠龜，且同使卜人爲之；此注則以前奠爲陳龜，後奠爲貞龜，判然二事，又分二官職之，與《禮經》不合，一也。大旅上及受命帝，禮至隆重，其卜日，宜在大祭祀之科；今依鄭注，反殺於大遷、大師，其差次未協，二也。且依鄭注，則卜事自涖卜外，惟陳龜最尊，次貞龜，次命龜；然《士喪禮》卜人卑而陳龜，宗人尊而命龜，則陳龜卑於命龜，鄭説與彼亦不合，三也。竊謂前後兩奠龜，事本相因，不必分屬陳貞。且俄頃移置，而必分掌二官，亦似緐擾。疑大旅之卜日，當與大祭祀同，小宗伯貞龜，貞龜關前後兩奠，别無所謂陳龜。此陳龜不與卜事相關，蓋陳之以禮神也。《禮器》「龜爲前列」，本説大饗之禮，凌廷堪以爲大饗諸侯。《職金》云：「旅于上帝，則共其金版，饗諸侯亦如之。」則大旅陳器，有與饗諸侯同者。此旅陳龜，蓋亦與大饗龜爲前列相類，以其徒陳而不卜，與卜日事異，故於大祭祀之外别文見義。《龜人》云：「若有祭事，則奉龜以往，旅亦如之。」與此文例亦正同。

凡喪事命龜。重喪禮，次大祭祀也。士喪禮則筮宅、卜日，天子卜葬兆。凡大事，大卜陳龜、貞龜、命龜、視高，其他以差降焉。【疏】注云「重喪禮，次大祭祀也」者，賈疏云：「大祭祀，大卜非直命龜，兼視高；此喪禮亦命龜，與大祭祀同，但不兼視高，卽輕於大祭祀也。」但以喪事爲終，故文退在『凡旅』下也。」詒讓案：《襍記》云：「大夫之喪，大宗人相，小宗人命龜，卜人作龜。」若然，此凡喪事，關王喪，不使小宗伯命龜者，亦尊卑禮異。云「士喪禮則筮宅、卜日」者，《士喪禮》云：「筮宅，冢人營之。」注云：「宅，葬居也。」又云「卜日」，謂卜葬日也。引之者，明士禮惟日有卜，宅則用筮也。云「天子卜葬兆」者，據《小宗伯》云「王崩，卜葬兆」，是天子禮宅亦卜也。《襍記》云：「大夫卜宅與葬日；若筮，則史練冠長衣以筮。」鄭彼注云：「筮者，筮宅也，謂下大夫若士也。」《荀子·禮論篇》云：「月朝卜日，月夕卜宅。」楊注云：「此大夫之禮也，士則筮宅。」據鄭説，是中大夫以上有卜宅，下大夫、士則筮宅。賈疏云：「欲見此經天子法，卜葬日與士同，其宅亦卜之，與士異。《孝經》云『卜其宅兆』，亦據大夫以上，若士則筮宅也。」云「凡大事，大卜陳龜，貞龜，命龜，視高」者，賈疏云：「據此，大卜所掌皆是大事，故大卜或陳龜，或貞龜，或視高。雖不言作龜，於大貞亦作龜，不言之者，在其他以差降之中。」云「其他以差降焉」者，謂若旅，大卜陳龜，則貞龜、命龜、眡高降而使卜師，作龜降而使卜人，餘亦竝以尊卑遞降，如前注及疏所次也。

卜師掌開龜之四兆，一曰方兆，二曰功兆，三曰義兆，四曰弓兆。開，開出其占書也。經兆百二十體，此言四兆者，分之爲四部，若《易》之二篇。《書·金縢》曰「開籥見書」，是謂與？其云方功義弓之名，未聞。【疏】「掌開龜之四兆」者，卜官之官法也。注云「開，開出其占書也」者，占書不卜則藏之，當卜，則卜師開而出之，以備占也。黄以周云：「開龜，即《詩·緜》之『契龜』，毛傳曰：『契，開也。』四兆謂龜兆。」案：黄説近是。《緜》傳似即據此經。《左》昭十三年傳：「楚觀從曰：『臣之先佐開卜。』乃使爲卜尹。」杜注云：「佐卜人開龜兆。」與此開龜義正同。《史記·楚世家》集解引賈逵説，謂卜尹即卜師是也。開龜，蓋謂開發其兆，包鑽鑿爇灼諸事言之。《毛詩傳》則專據鑽鑿爲訓，義得通也。若如鄭説，開謂發書，則經不當屬龜爲文矣。云「經兆百二十體，此言四兆者，分之爲四部」者，《大卜》云「經兆百二十體」，此分爲四部，則每部有三十體矣。云「若《易》之二篇」者，《易緯·乾鑿度》云：「孔子曰：陽三陰四，位之正也。故《易卦》六十四，分而爲上下，象陰陽也。夫陽道純而奇，故上篇三十，所以象陽也；陰道不純而偶，故下篇三十四，所以法陰也。」《周易》孔疏云：「上下二篇，文王所定。」案：鄭意《易》六十四卦，而分爲二篇；此卜兆百二十體，而分爲四部，足相比例，故舉以爲況。云「《書·金縢》曰開籥見書，是謂與」者，《周書·金縢篇》記周公爲武王卜疾之事云：「乃卜三龜習吉，啓籥見書，乃并是吉。」此引「啓」作「開」者，以此經云開，啓開義同，故依詁訓改之。《金縢》孔疏引鄭《書注》云：「籥，開藏之管也。開兆書藏之室以管，乃復見三龜占書，亦合於是吉。」引之者，證開出占書之事。云「其云方功義弓之名，未聞」者，古卜書無傳，故鄭未詳其義。

凡卜事，眡高，示涖卜也。【疏】「凡卜事眡高」者，賈疏云：「案上《大卜》而言，則大貞使大卜眡高；今云凡卜眡高者，謂大卜不眡高者，皆卜師眡高，以龜高處示臨卜也。」詒讓案：喪事、大遷、大師、旅，皆卜師眡高，其大祭祀則亦大卜眡高也。　注云「示涖卜也」者，據《士喪禮》，卜日，宗人受卜人龜，示高，涖卜受視，反之，是眡高卽示涖卜也。大事則宗伯涖卜，小事則大卜涖卜，並卜師示之。

揚火以作龜，致其墨。揚猶熾也。致其墨者，孰灼之，明其兆。【疏】注云「揚猶熾也」者，《小爾雅・廣言》云：「揚，舉也。」《爾雅・釋言》云：「熾，盛也。」火盛則光舉，故引申之熾火亦謂之揚。《毛詩・鄭風・大叔于田》篇「火烈具揚」，傳云：「揚，揚光也。」《方言》云：「煬、翕，炙也。煬，烈，暴也。」郭注云：「今江東呼火熾猛爲煬。」揚煬聲義亦略同。云「致其墨者，孰灼之，明其兆」者，墨卽兆也。謂之墨者，如墨畫之分明，卽龜兆所發之大枝，其大枝旁錯出之小枝則爲坼。《書・洛誥》僞孔傳謂卜必先墨畫龜，然後灼之，非是，詳《占人》疏。《國語・吳語》韋注云：「致，極也。」灼不孰，則兆之發者不能極其明析，故必孰灼之，以致極其兆，使其鰓理顯露，火力無不至也。賈疏云：「按《占人》注：『墨，兆廣也。墨大坼明則逢吉。』坼稱明，墨稱大。今鄭云『孰灼之明其兆』以解墨者，彼各偏據一邊而言，其實墨大兼明乃可得吉，故以明解墨。」

凡卜，辨龜之上下左右陰陽，以授命龜者而詔相之。所卜者當各用其龜也。大祭祀、喪事，大卜命龜，則大貞小宗伯命龜，其他卜師命龜，卜人作龜。卜人作龜，則亦辨龜以授卜師。上，仰者也。下，俯者也。左，左倪也。右，右倪也。陰，後弇也。陽，前弇也。詔相，告以其辭及威儀。【疏】「辨龜之上下左右陰陽」者，吳廷華云：「龜之上下左右，皆以龜甲言。蓋在攻治之後，臨卜時辨之，則卽甲之上下左右陰陽耳。」云「以授命龜者而詔相之」者，賈疏云：「據《大卜》，命龜之人無定，俱是命龜」，卽辨而授之。」注云「所卜者當各用其龜也」者，鄭意經云上下左右陰陽，卽龜名物之異，卜時用各有所宜。《玉藻》云「卜人定龜」，注云：「謂靈射之屬所當用者。」孔疏謂若卜，祭天用靈，祭地用射，春用果，秋用雷之屬，卽此注所云各用其龜也。然此經云上下左右陰陽，乃據一龜之甲體言之，鄭以爲辨六龜之名物，非經義。云「大祭祀、喪事，大卜命龜」者，賈疏云：「皆據大卜而言。」云「則大貞小宗伯命龜」者，賈疏云：「以其大貞，大卜下大夫視高，視高之上有命龜、貞龜、陳龜，小宗伯中大夫，尊於大卜，卑於大宗伯，故知大貞小宗伯命龜也。」云「其他卜師命龜，卜人作龜，卜人作龜則亦辨龜以授卜師」者，謂大貞、大祭祀、喪事皆自有命龜者，則皆卜師授龜。其大遷、大師、旅及凡小事，以敍差之，當卜師命龜，不得自命自授，故知當使卜人授卜師龜也。賈疏云：「其他，謂凡小事大卜臨卜，大遷、大師大卜貞龜，凡旅陳龜；如此之輩，則卜師命龜。卜師命龜，則卜人作龜。卜人灼龜，則亦辨龜以授卜師。按《序官》，卜人中士八人。於此不列其職者，以其與卜師同職，不見之也。」云「上仰者也，下俯者也，左左倪也，右右倪也，陰後弇也，陽前弇也」者，並據《爾雅・釋魚》爲訓，詳《龜人》疏。吴廷華云：「注說本《爾雅》，則與下《龜人》仰者靈、俯者繹等文同。彼疏謂據頭甲而言，則在未得治之前可知。注以彼生龜之體，訓此經之龜甲，誤。」案：吴說是也。但鄭以六龜釋此經固非，然釋《龜人》六龜，自據甲言之；兼言頭形者，乃賈疏之誤，鄭意實不爾也。詳《龜人》疏。云「詔相，告以其辭及威儀」者，《大行人》注云：「詔相，左右教告之也。」賈疏云：「辭謂命龜之辭。威儀者，謂若《士喪禮》卜日在廟門外，臨卜在門東，西面，龜在門外席上，西首，執事者門西，東面，行立皆是威儀之事也。」

周禮正義卷四十八

龜人掌六龜之屬，各有名物。天龜曰靈屬，地龜曰繹屬，東龜曰果屬，西龜曰靁屬，南龜曰獵屬，北龜曰若屬。各以其方之色與其體辨之。屬言非一也。色，謂天龜玄，地龜黄，東龜青，西龜白，南龜赤，北龜黑。龜俯者靈，仰者繹，前弇果，後弇獵，左倪靁，右倪若，是其體也。東龜南龜長前後，在陽，象經也；西龜北龜長左右，在陰，象緯也。天龜俯，地龜仰，東龜前，南龜卻，西龜左，北龜右，各從其耦也。杜子春讀果爲贏。【疏】「掌六龜之屬」者，此官掌藏龜。《史記·龜策傳》云：「夏殷欲卜者，乃取蓍龜，已則棄去之。至周室之卜官，常寶藏蓍龜。」蓋謂此官也。《白虎通義·蓍龜》篇引《禮三正記》云：「天子龜長一尺二寸，諸侯一尺，大夫八寸，士六寸。」《説文·龜部》説同。然則六龜名物雖異，其度皆長尺二寸，《漢書·食貨志》所謂元龜是也。注云「屬言非一也」者，《説文·尸部》云：「屬，連也。」屬者，連屬不一之稱，故凡物種類不一者，宰較舉之，則云其屬。云「色謂天龜玄，地龜黄，東龜青，西龜白，南龜赤，北龜黑」者，依畫繢六方之色説之。黄以周云：「《樂記》『青黑緣者，天子之寶龜也』。青緣卽東龜，黑緣卽北龜。《公羊》定八年傳云：『龜青純』，何注：『龜甲頾也，千歲之龜青頾。』」詒讓案：《禮器》孔疏引《爾雅》郭注，有卜龜黄靈黑靈之屬。《唐六典》李注亦載太卜令卜法云：「春用青靈，夏用赤靈，秋用白靈，冬用黑靈，四季之月用黄靈。」《初學記·龜部》引柳隆《龜經》説略同，卽方色之龜也。云「龜俯者靈」者，以下並《爾雅·釋魚》文。郭注云：「行頭低。」案：天象下覆，故龜甲俯者亦屬天。王應麟《王會篇補注》引《尚書大傳》「孟諸靈龜」，鄭彼注以爲卽此天龜。若然，天龜出孟諸與？惠士奇云：「謂行頭低，甲亦前低。」云「仰者繹」者，郭本《釋魚》作「仰者謝」，注云：「行頭仰。」《爾雅釋文》云：「謝，衆家本作射。」案：射繹古音近字通。鄭《玉藻》注亦作射。賈疏云：「地在下，法之，故向上仰也。」惠士奇云：「謂行前頭仰，甲亦前仰。」云「前弇果」者，《釋魚》云「前弇諸果」，郭注云：「甲前長。」案：諸，發聲，故省之。弇謂甲長，掩覆其體，詳《典同》疏。賈疏云：「東龜在陽方，故甲向前，長而前弇也。」云「後弇獵」

者，《釋魚》云「後弇諸獵」，郭注云：「甲後長。」賈疏云：「南龜亦在陽方，故甲後長而後弇。」云「左倪靁」者，《大司樂》「靁鼓靁鼗」，注並從隸省作雷，此注疑亦當作雷，後人依經改爲靁。《釋魚》云「左倪不類」，郭注云：「行頭左庳，今江東所謂左食者，以甲卜審。」《廣雅・釋詁》云：「倪，衺也。」《呂氏春秋・序意》篇云：「以日倪而西望知之。」倪卽謂衺側也。《莊子・天下》篇云：「日方中方睨。」倪睨字通。邵晉涵云：「靁與類同，聲近而轉，『不』爲發語聲，故鄭引之從省文。」賈疏云：「以其在陰方，故不能長前後，而頭向左相睥睨然。」惠士奇云：「行頭左庳，甲亦左長。」云「右倪若」者，《釋魚》云「右倪不若」，郭注云：「行頭右庳，爲右食，甲形皆爾。」案：《墨子・耕柱》篇云「夏后開卜於白若之龜」，蓋卽此北龜也。賈疏云：「亦在陰方，故亦不長前後，而頭向右睥睨然。」惠士奇云：「行頭右庳，甲亦右長。倪猶庳也，賈以睨爲睥睨，失之。龜人所辨者甲之體耳，安問龜之左右顧哉！」案：惠説是也。《卜師》云：「凡卜，辨龜之上下、左右、陰陽，以授命龜者。」彼注亦以六龜爲釋。彼臨卜辨授，乃已治之龜甲，則所謂俯仰弇倪者，自指甲體言之。《釋魚》郭注並據行頭爲訓，與鄭義違，賈反據彼釋鄭，疏矣。《釋魚》別有十龜，二曰靈龜，三曰攝龜，《禮器》疏引郭注以靈龜當此天龜，攝龜當此地及四方之龜。檢今本《爾雅注》，無此義，鄭此注亦不引彼文，孔説疑不足據。云「是其體也」者，賈疏云：「體有二法，此經體據頭甲而言，《占人》云『君占體』，體謂兆象，與此異也。」呂飛鵬云：「案鄭注《中庸》四體，則謂龜之四足。春占後左，夏占前左，秋占前右，冬占後右，專以其足言之，與此異。」云「東龜南龜長前後，在陽，象經也」者，賈疏云：「據甲而言。凡天地之閒，南北爲經，東西爲緯。」云「西龜北龜長左右，在陰，象緯也」者，此亦謂甲左右長也。賈疏謂據頭爲説，失之。云「天龜俯，地龜仰，東龜前，南龜卻，西龜左，北龜右，各從其耦也」者，賈疏云：「此鄭解兩兩相對，爲長短低仰之意也。」云「杜子春讀果爲贏」者，《爾雅釋文》云：「果，衆家作裹，唯郭作此字。」案：果贏裹聲類並同。賈疏云：「此龜前甲長，後甲短，露出邊，爲贏露，得爲一義，故鄭引之在下。」

凡取龜用秋時，攻龜用春時，各以其物入于龜室。六龜各異室也。秋取龜，及萬物成也。攻，治也。治龜骨以春，是時乾解不發傷也。【疏】「凡取龜用秋時，攻龜用春時」者，此官以秋時令鼈人取龜，鼈人既得龜，獻之，此官則受殺而乾之，以待春時攻治之以備用，二官相與爲官聯也。云「各以其物入于龜室」者，賈疏云：「龜有六室。物，色也。六龜各入於一室。以其蓍龜歲易，秋取春攻訖，卽欲易去前龜也。」　注云「六龜各異室也」者，《莊子・秋水》篇云：「吾聞楚有神龜，死已三千歲矣，王巾笥而藏之廟堂之上。」然則龜室卽笥也，龜別爲一笥，故云異室，非每龜別爲築室也。惠士奇云：「龜室在廟中，《史記・龜策傳》：『王者發軍行將，必鑽龜廟堂之上，以決吉凶。』漢高廟中有龜室。」案：據惠說，則龜室卽總藏龜甲之府，亦通。云「秋取龜及萬物成也」者，及其長成時，取則骨體堅備也。《鼈人》亦云「秋獻龜魚」。《月令》「季夏，命漁師登龜」。注云「甲類秋乃堅成」，又引此經，謂作《月令》者誤以秋爲據周之時，故繫之六月，詳《鼈人》疏。云「攻，治也」者，《瘍醫》注同，謂刳剔取出甲也。《史記・龜策傳》說宋元王殺龜云：「以刀剝之，身全不傷，脯酒禮之，橫其腹腸。」是攻龜之事也。云「治龜骨以春，是時乾，解不發傷也」者，春時尚寒，骨易乾，故治龜解其甲，取其乾，則不發起傷坼。《白虎通義・蓍龜》篇引此文作攻龜用冬時，義亦通。

上春釁龜，祭祀先卜。釁者，殺牲以血之，神之也。鄭司農云：「祭祀先卜者，卜其日與其牲。」玄謂先卜，始用卜筮者，言祭言祀，尊焉天地之也。《世本・作》曰「巫咸作筮」。卜，未聞其人也。是上春者，夏正建寅之月，《月令・孟冬》云「釁祠龜策」，相互矣。秦以十月建亥爲歲首，則《月令》秦世之書，亦或欲以歲首釁龜耳。

【疏】注云「釁者殺牲以血之，神之也」者，《雜記》云「廟成則釁之」，注云：「廟新成，必釁之，尊而神之也。」是凡釁並爲神之也。《初學記・鱗介部》引蔡氏《月令章句》云：「以牲祠龜筴，塗以牲血，謂之釁。」《管子・山權數》篇說寶龜云：「藏諸泰臺，一日而釁之以四牛。」《史記・龜策傳》說宋元王殺龜云：「擇日齊戒，甲乙最良，乃刑白雉及與驪羊，以血灌龜於壇中央。」卽釁龜之禮也。鄭司農云「祭祀先卜者，卜其日與其牲」者，先鄭意，此謂凡祭祀之日，龜人先期爲之卜日與牲。凡大祭祀皆卜牲、卜日，詳《大宰》、《大宗伯》疏。賈疏云：「後鄭不從者，以其此官不主開卜事，故不從也。」云「玄謂先卜，始用卜筮者」者，破先鄭先卜爲先事卜日牲之說。經止云先卜，鄭兼言筮者，以卜筮事同，後《筮人》不言祀先筮，明此祀先卜兼有先筮也。云「言祭言祀，尊焉天地之也」者，賈疏云：「按《大宗伯》，天稱禋祀，地稱血祭，是天地稱祭祀，今此先卜，是人，應曰享，而云祭祀，與天地同稱，故云尊焉天地之也。」案：鄭、賈說未塙。此祭祀先卜，冢上春爲文，猶《校人》云「夏祭先牧」也。蓋因釁龜，而特爲此祭。但先卜人鬼小祀，不得比之天地。經云祭祀，自是重疊之文，與《校人》祭馬祖、先牧、馬社、馬步諸文，殆無殊别。鄭謂尊之，經本無此義也。引《世本·作》曰「巫咸作筮」者，《世本·作》篇之文。《明堂位》孔疏云「《世本》，書名，有《作》篇，其篇紀諸作字」是也。《御覽·方術部》引《世本》云：「巫咸，堯臣也，以鴻術爲帝堯之醫。」蓋宋衷注文。《書·君奭》云：「在大戊時，則有巫咸乂王家。」又《書序》云：「伊陟相大戊，伊陟贊于巫咸。」孔疏引鄭《書注》云：「巫咸，巫官。」《史記·封禪書》云：「伊陟贊巫咸，巫咸之興自此始。」疑鄭謂巫咸卽殷巫咸也。《藝文類聚·方術部》引《古史考》云：「庖犧氏作卦，始有筮。其後殷時，巫咸善筮。」説亦與《世本》異，未知孰是。賈疏云：「《曲禮》云『卜筮者，先聖王之所以信時日』。其《易》所作，卽伏犧爲之矣。但未有揲蓍之法，至巫咸乃教人爲之，故巫咸得作筮之名。」云「卜未聞其人也」者，以《世本》及先秦古書，無作卜之文也。云「是上春者，夏正建寅之月」者，《天府》注云：「上春，孟春也。」云「《月令·孟冬》云，釁祠龜策，相互矣」者，《月令》云：「是月也，命太史釁龜筴。」鄭彼注云：「筴，蓍也。今《月令》曰『釁祠』，祠衍字。」案：《呂氏春秋·孟冬紀》作「命大卜禱祠龜筴。」此官卽大卜之屬，則《呂覽》作大卜是也。鄭此注依今《月令》作「釁祠」，亦兼證有先卜之祭也。云相互者，《淮南子·俶真訓》高注云：「舛，互也。」鄭意此以上春，與《月令》孟冬釁時舛互不合。《月令》注亦云「秦與周異」。賈疏謂周與秦各二時釁龜策，《月令》孟冬釁，則周孟冬亦釁之，周以建寅上春釁，秦亦建寅上春釁之，故云相互。是謂二經皆互文見義，非鄭恉也。孔疏亦與賈同誤。云「秦以十月建亥爲歲首，則《月令》秦世之書，亦或欲以歲首釁龜耳」者，賈疏云：「據此注，則周秦各一時釁，此鄭兩解。按《月令》注云：『《周禮》龜人上春釁龜，謂建寅之月也。秦以其歲首使大史釁龜策，與周異矣。』彼注與此後注義同也。」案：賈説亦非也。鄭《月令》注與此注皆止一説，上以二文舛互，此乃以意推測其故。謂《月令》雖與此經相校三月，而此上春爲周之歲首，《月令》孟冬爲秦之歲首，時月不同，其爲歲首則一。或秦時習聞周法，以歲首釁龜筴，則亦以其亥正歲首之月釁之。此蓋爲《月令》、《周官》作調人，明二書非苟爲差異耳。其云《月令》秦世之書者，《月令》疏引鄭《目録》云：「《月令》本《呂氏春秋》十二月紀之首章也。以禮家好事抄合之，後人因題之名曰禮記，言周公所作。其中官名時事，多不合周法。」孔氏説之云：「秦以十月建亥爲歲首，而《月令》云『爲來歲授朔日』，即是九月爲歲終，十月爲授朔，此是時不合周法。然按秦始皇十二年，吕不韋死，二十六年并天下，然後以十月爲歲首。歲首用十月時，不韋已死十五年。秦爲水位，其來已久，秦文公獲黑龍以爲水瑞，何怪未平天下前不以十月爲歲首乎？」案：孔説是也。《史記·秦始皇本紀》，始皇二十六年，初并天下，「始皇推終始五德之傳，以爲秦代周，水德之始，改年始，朝賀皆自十月朔」。是謂改正始於始皇。鄭則以爲秦并天下之前，已改從亥正，故《月令》季秋「令諸侯制，百縣爲來歲受朔日」，注亦以秦建亥、九月爲歲終爲説，與《史記》異。今攷《史記·秦本紀》，昭襄王四十二年，先書十月宣太后薨，後書九月穰侯出之陶；四十八年，先書十月韓獻垣雍，後書正月兵罷。則昭襄王時已以十月爲歲首，故書於正月九月之前。是始皇以前，秦已建亥，於史亦有明徵，足證鄭、孔之説矣。若有祭事，則奉龜以往。奉猶送也。送之所當於卜。【疏】「若有祭事則奉龜以往」者，賈疏云：「此云祭事，不辨外内，則外内俱當卜，皆奉龜以往所當卜處。」　注云「奉猶送也」者，《天府》注同。云「送之所當於卜」者，謂廟中所卜之處也。《郊特牲》云：「卜郊，作龜于禰宫。」案：《禮·特牲》、《少牢饋食》筮祭皆於廟門之外，《士冠禮》筮亦然。《士喪禮》卜日在殯宫之門外，以椸在殯，寢門與廟門同也。惟筮宅在兆南，與常事異。旅亦如之，喪亦如之。【疏】「旅亦如之」者，《大宗伯》云：「國有大故則旅上帝及四望。」注云：「陳其祭事以祈焉，禮不如祀之備也。」是旅輕於常祭，故於祀事外别言之。云「喪亦如之」者，賈疏云：「謂卜葬宅及日，皆亦奉龜往卜處也。」

華氏掌共燋契，以待卜事。杜子春云：「燋讀爲細目燋之燋，或曰如薪樵之樵，謂所爇灼龜之木也，故謂之樵。契謂契龜之鑿也。《詩》云『爰始爰謀，爰契我龜』。」玄謂《士喪禮》曰：「楚焞置于燋，在龜東。」楚焞即契，所用灼龜也。燋謂炬，其存火。【疏】「華氏」者，段玉裁云：「葉鈔《釋文》曰：『垂氏，本又作華。』余仁仲本載音義同。案：垂即《説文》𠂹字，假垂爲蓳。《集韻》曰『《周禮》華氏或作垂』是也。垂隸作垂。華，《説文》作箠，從竹，今《周禮》從艸，非也。箠所以擊馬也，焌用荆箠之類，故曰箠氏。」阮元云：「下垂之字，《説文》作𠂹，《周禮》借以爲荆箠字也。《序官》内作箠氏，而今本誤從艸作華，此作假借垂字,《周禮》内有前後字不同者。」案:段、阮説是也。《敍官》作箠,此作垂者,猶《地官·敍官》饎人、稾人,本職作饎人、槁人。今本《敍官》及此經並作菙者,傳寫變箠爲菙,後人又依《敍官》以改此也。互詳《敍官》疏。注「杜子春云,焌讀爲細目燋之燋」者,段玉裁云:「細目燋,蓋漢人有此語,讀同焦,其字不當從火,轉寫誤也。《説文》曰:『醮,面焦枯小也。』晉灼《漢書音義》曰:『三輔謂憂愁而省瘦曰嫶冥。』皆與細目焦之語略同。『讀爲』當作『讀如』,此擬其音也。謂其物微小也。」案:段説是也。云「或曰如薪樵之樵」者,段玉裁云:「『曰如』二字當作『讀爲』。所爇灼龜之木,得謂之樵也。此易其字也。」案:段改「如」爲「爲」是也,曰字則疑不誤。云「謂所爇灼龜之木也,故謂之樵」者,《説文·火部》云:「爇,燒也。」杜意焌即析楚木爲薪,以爇火灼龜者,故取薪樵爲義。其説與《禮經》不合,故鄭不從。樵，宋婺州本作燋，則是取爇灼爲義，與鄭讀同，亦通。云「契謂契龜之鑿也」者,杜意焌爲灼龜木,別有鑿龜之器謂之契,蓋以金爲之,若鑽鑿之類。《釋名·釋書契》云:「契,刻也,刻識其數也。」《漢書·敍傳》云「旦算祀於契龜」,顔注亦訓契爲刻。《説文·㓞部》云:「栔,刻也。」契即栔之叚字。蓋契龜之鑿,亦所以鑽刻,故直謂之契也。引《詩》云「爰始爰謀,爰契我龜」者,《詩·大雅·緜》文。彼説太王卜都之事。毛傳云:「契,開也。」開刻義近,即謂鑿之。杜意《詩》契龜亦爲鑿刻,故引以爲證。鄭則不取鑿龜之義,故彼箋云「契,灼其龜而卜之」,與毛、杜異也。云「玄謂《士喪禮》曰,楚焞置于燋,在龜東,楚焞即契所用灼龜也」者,《士喪禮》云:「卜人先奠龜于西塾上,南首,有席,楚焞置于燋,在龜東。」注云:「楚,荆也。荆焞,所以鑽灼龜者。」黄以周云:「後鄭以《禮經》陳龜有燋楚焞而無契,《周官》有燋契而無楚焞,是楚焞即契,所以灼龜者也。故箋《詩》易毛傳而曰『契灼我龜』,注《周禮》易杜、先鄭注而曰『楚焞即契所用灼龜』。又以古法相傳有鑽龜事,故注《士喪禮》有『楚焞所以鑽灼龜』之文,然與鑽鑿之義自異也。」案:黄説是也。鄭以下文云「遂龡其焌契」,若非灼龜之木,則不得云龡,故知契與楚焞是一。依杜義,灼龜用燋,鑿龜用契,灼鑿不同物。鄭則謂鑽即用灼木。二義不同。以《史記·龜策傳》攷之,則鑽與灼自是二事,故《大卜》先鄭注亦謂先鑿後爇,敍次甚明。但諦審此經,焌契則塙爲灼龜之木。竊意龜卜所用,有金契,有木契。金契用以鑽鑿,木契即楚焞,用以爇灼。以二者皆刻削其耑使鑯鋭,故同謂之契,實則異物也。毛、杜、二鄭咸偏據一隅,故滋淆牾。此經之契，則是木非金，杜義固不若後鄭之允也。互詳《大卜》疏。云「焌謂炬，其存火」者，《士喪禮》注云：「焌，炬也，所以然火者也。」《少儀》云「執燭抱焌」，注云：「未爇曰焌。」案：焌即未爇之燭，燭即已爇之焌，二者同物異名，故下文云爇焌。鄭意凡灼龜先用焌取火，而後以契就焌燃之，乃以灼龜，灼龜用契不用爇也。段玉裁云：「鄭君不易字，云『焌謂炬』，炬即《説文》苣字，苣，束葦燒之也。鄭意焌用葦然契，契用荆灼龜。杜云『焌謂灼龜之木』，非也。其存火，《儀禮》注作『以然火』。《説文·火部》曰『焌所以然持火也』，引《周禮》以明火爇焌。」黄以周云：「苣束而燒之，所以存其火，故曰其存火。燒而存之，以待然契，故下文『歈其焌契』，注曰『以契柱焌火而吹之也』。焌火存而不焚，故然契須柱而歈之。」案：段釋焌契，黄釋其存火，皆得鄭恉。蓋存者，留也。卜之時，必先持火以待爇荆支，❶且龜不必一灼即兆，恐契火不續，又當用焌，留火以備再然，此與《士喪禮》注義異而意同也。《史記·龜策傳》云：「灼以荆，若以剛木。」《士喪禮》疏亦云：「其存火者爲炬，亦用荆爲之。」賈彼疏即本此注。其謂炬亦用荆，與《説文》苣用葦不同，未知孰是。《龜策傳》又云：「卜先以造灼龜。」《集解》引徐廣，讀造爲竈。竈殆亦以爇焌而留火者與？

凡卜，以明火爇焌，遂歈其焌契，以授卜師，遂役之。杜子春云：「明火，以陽燧取火於日。焌讀爲英俊之俊。書亦或爲俊。」玄謂焌讀如戈鐏之鐏，謂以契柱焌火而吹之也。契既然，以授卜師，用作龜也。役之，使助之。

【疏】「遂歈其焌契以授卜師」者，歈，《説文》引作龡。阮元云：「今本龡作歈者，從炊省也。《説文》：『龡，從龠炊聲。』」賈疏云：「謂若大卜視高已上，則卜師作龜，故以焌契授卜師。若差次使卜人作龜，則授卜人。」云「遂役之」者，賈疏云：「因事曰遂。以因授契訖，即受卜師所役使也。」 注「杜子春云明火，以陽燧取火於日」者，陽燧，即《司烜氏》之「夫遂」，燧俗字。賈疏云：「此《秋官·司烜氏職》文。謂將此明火以燒爇焌使然也。」云「焌讀爲英俊之俊，書亦或爲俊」者，段玉裁云：「契即《儀禮》之楚焞。易焌爲俊者，謂其鋭頭俊健，可用開龜也。《説文·火部》曰：『焌，然火也。從火夋聲。《周禮》曰「遂龡其焌」。焌火在前以焞焯龜。』案：許不從杜作俊，其云焞焯者，謂灼之也。」詒讓案：杜但讀焌爲俊，而未釋其義，以

❶「支」原「支」，按「荆支」見《史記·龜策列傳》，據改。

意推之，似以焌爲燋之耑，故爇而吹之。其「契」，則屬下「以授卜師」爲句。杜説契以鑿龜，不以灼龜，不得與焌并吹其火也。許讀焌如字，雖與杜不同，而云焌火在前，亦即謂燋之前耑火所爇者。又讀「遂歃其焌」句絶，蓋亦以「契」下屬，與杜義訓略同，與鄭讀「遂歃其焌契」爲句異也。云「玄謂焌讀如戈鐏之鐏」者，賈疏云：「讀從《曲禮》云『進戈者前其鐏』，意取鋭頭以灼龜也。」段玉裁云：「鄭讀如鐏音，兼用其義，鐏揷於地，焌柱於燋火，其狀一也，而字可弗易。」案：段説是也。《釋文》焌焞二字音異，而引李軌並音祖館反，則李氏疑以此經之焌與楚焞之焞同字，非也。鄭上注謂楚焞即契，焌契即然楚焞之耑，與燋相柱者，故以楚焞釋契，而不云楚焞即焌，此又讀焌爲鐏，不讀爲焞，則鄭不謂焌即焞明矣。《説文》焌字注云：「焌火在前，以焞焯龜。」焌焞並出，不云一物，其焞字注又絶不及然火之義，是許君亦不謂焌即焞也。云「謂以契柱燋火而吹之也」者，此亦注用今字作「吹」也。《廣雅・釋器》云：「柱，距也。」謂以楚焞之耑距，著燋火之苣，乃吹熾燋火，以爇楚燋使然。《管子・弟子職》説然燭云：「櫛之遠近，乃承厥火，居句如矩，蒸閒容蒸，然者處下。」此以契柱燋火吹之，蓋與彼略同。云「契既然以授卜師，用作龜也」者，《卜師》云「揚火以作龜」，故此官惟掌爇燋焌契，不掌灼龜，契既然，仍授卜師使作龜也。云「役之，使助之」者，《瞽矇》注云：「役，爲之使。」此官爲大卜、卜師之屬，雖不掌作龜，然授卜師焌契之後，卜師有事，仍受其役使，佐助爲之也。

占人掌占龜，以八簭占八頌，以八卦占簭之八故，以眡吉凶。占人亦占筮，言掌占龜者，筮短龜長，主於長者。以八筮占八頌，謂將卜八事，先以筮筮之。言頌者，同於龜占也。以八卦占筮之八故，謂八事不卜而徒筮之也。其非八事，則用九筮，占人亦占焉。【疏】注云「占人亦占筮，言掌占龜者，筮短龜長，主於長者」者，此亦注用今字作「筮」也。賈疏云：「占筮，即此經云『以八筮占八頌』，又云『以八卦占筮之八故』，並是占筮。首云掌占龜，不云占筮，故云主於長者也。」鄭知筮短龜長者，按《左氏》僖四年傳云：『初，晉獻公欲以驪姬爲夫人，卜之不吉，筮之吉，公從筮。卜人曰：筮短龜長，不如從長。』是龜長筮短之事。龜長者，以其龜知一二三四五天地之生數，知本；《易》知七八九六之成數，知末。是以僖十五年傳，韓簡云：『龜，象也。筮，數也。物生而後有象，象而後有滋，滋而後有數。』故象長。馬融曰云『筮史短，龜史長』者，非鄭義也。」案：《左傳》杜注亦據韓簡之言爲説，即賈所本。云「以八筮占八頌，謂將卜八事，先以筮筮之」者，八事即《大卜》云「以邦事作龜之八命」是也。彼經又云「以八命者贊三《兆》、三《易》、三《夢》之占」，是八事通於卜筮。《簭人》云「凡國之大事，先筮而後卜」，是將卜有先筮之法也。云「筮之言頌者，同於龜占也」者，《大卜·三兆》云「其頌皆千有二百」，注云：「頌謂繇也。」是頌爲龜占之辭。但卜用三《兆》，不得有八頌，明此是叚頌爲筮辭之名，以其大事卜筮相兼，又三《易》爻辭亦爲韻語，故通得頌名也。云「以八卦占筮之八故，謂八事不卜而徒筮之也」者，謂此徒筮不卜，故不云占八頌也。故事義同，《公羊》昭三十一年傳云「習乎邾婁之故」，❶何注云：「故，事也。」凡八事王所不與者，有徒筮，詳《簭人》疏。云「其非八事，則用九簭，占人亦占焉」者，謂小事徒筮者，則不用大卜之八命，而用簭人之九簭。占人通掌卜筮事，不別大小，故亦占之也。

凡卜簭，君占體，大夫占色，史占墨，卜人占坼。體，兆象也。色，兆氣也。墨，兆廣也。坼，兆璺也。體有吉凶，色有善惡，墨有大小，坼有微明。尊者視兆象而已，卑者以次詳其餘也。周公卜武王，占之曰「體，王其無害」。凡卜象吉，色善，墨大，坼明，則逢吉。【疏】「凡卜簭，君占體，大夫占色，史占墨，卜人占坼」者，此附記凡卜筮尊卑旅占之通法也。君通王侯，大夫亦通卿及中下大夫言之，不徒大卜下大夫二人也。《白虎通義·蓍龜》篇引此經云：「凡卜筮，君視體，大夫視色，士視墨。」案：占與視義同。史作士者，此文在大夫下，疑班固以爵次易之。史占墨與《玉藻》「史定墨」同，鄭以爲即大史，故《大史》云「大祭祀與執事卜日」，注云「與之者，當視墨」。春秋時亦多使史官占卜，是卜筮官與大史爲官聯也。《敘官》大史下大夫二人，上士四人；卜師上士四人，卜人中士八人。此史在大夫之下，卜人之上，以次差之，其大史之上士與？若依班説作士，則或兼含卜師上士，義亦通也。又案：卜筮官亦通謂之史，《左》僖二十八年傳云：「曹伯之豎侯獳貨筮史。」《國語·晉語》説晉文公筮得國，云「筮史占之，皆曰不吉」，韋注云：「筮史，筮人。」《少牢饋食禮》及《雜記》筮日並有史，《特牲饋食禮》作筮人，《雜記》注説亦同。彼並卜筮官之屬，與此史占墨爲大史異。賈疏云：「此君體已下，皆據卜而言，而兼云筮者，凡卜皆先筮，故連言之。」　注云「體，

❶ 原脱「一」，據《公羊傳》補。

兆象也」者，《詩・衛風・氓》篇「爾卜爾筮，體無咎言」，毛傳云：「體，兆卦之體。」又《玉藻》云「君定體」，注云：「視兆所得也。」兆所得，則有象可見，故此注云兆象，與《中庸》注四體謂四足異。依毛義，卜筮兆卦通得謂之體。但此經下文色、墨、坼，並專據卜言之，則體亦專屬兆體，不關卦體也。賈疏云：「謂金木水火土五種之兆。言體言象者，謂兆之墨縱横，其形體象以金木水火土也。凡卜欲作龜之時，灼龜之四足，依四時而灼之。其兆直上向背者爲木兆，直下向足者爲水兆，邪向背者爲火兆，邪向下者爲金兆，横者爲土兆，是兆象也。」案：《左》哀九年傳：「晉趙鞅卜救鄭，遇水適火。」是古卜兆分五行之證。孔疏引服虔云：「兆南行適火。卜法：横者爲土，直者爲木，邪向經者爲金，背經者爲火，因兆而細曲者爲水。」《書・洪範》孔疏説卜兆亦同。賈説木水火三兆，與服小異。《唐六典・大卜令職》云：「凡兆，以千里徑爲母，兩翼爲外，正立爲木，正横爲土，内高爲金，外高爲火，細長芒動爲水。有仰伏倚著落起發催折斷動之狀，而知其吉凶。」李筌《太白陰經・龜卜篇》、《蘇氏演義》説卜法，並與服、賈、孔説小殊，未知孰是。云「色，兆氣也」者，《説文・色部》云：「色，顔气也。」卜兆氣發爲色，與人顔氣同，故兆氣謂之色，《大卜》注説「體有五色」是也，詳彼疏。云「墨，兆廣也，坼，兆璺也」者，賈疏云「據兆之正璺處爲兆廣，就正墨旁有奇璺罅者爲兆璺也。」案：賈説是也。《説文・土部》云：「墨，書墨也。㙺，裂也。」坼即㙺之隸變，璺者釁之俗。墨蓋謂龜兆所發之大畫，如以墨畫物之界域明顯，坼則大畫之旁坼裂之細文，即《大卜》注所謂釁罅。《史記・龜策傳》説卜法云：「大者身也，小者枝也。」《蘇氏演義》引《卜法》云：「大曰兆，旁出文曰支。」璺即枝也。《國語・晉語》：「獻公卜伐驪戎，史蘇占之，曰：遇兆挾以銜骨，齒牙爲猾，戎夏交捽。」韋注云：「齒牙，謂兆端左右璺坼，有似齒牙中有從畫，故銜骨也。」又《史記・龜策傳》説宋元王得龜事，云：「荆支卜之，必制其創。理達於理，文相錯迎。」此説墨坼之文理也。墨坼對文則異，散文亦通，故《玉藻》「史定墨」注云「視兆坼也」。孔疏云：「凡卜必以墨畫龜，求其吉兆。若卜從墨而兆廣，謂之卜從；但坼是從墨而裂其旁岐細出，謂之爲璺坼。是大坼稱爲兆廣，小坼稱爲兆璺也。」案：《書・洛誥》説卜營雒事，云「惟洛食」，僞孔傳云：「卜必先墨畫龜，然後灼之，兆順食墨。」此即孔穎達所本。陳祥道云：「《卜師》『作龜致其墨』，則後墨也。孔以爲先墨畫龜乃灼之，誤。」江永云：「墨者，火灼所裂之兆，非先以墨畫而後灼也。兆之體不常，安能必其如人所畫。」案：陳、江説是也。此卜人占坼，《玉藻》又云「卜人定龜」，鄭彼注謂定龜所當用。陳祥道謂定龜即此占坼，亦塙。《莊子・逍遥遊》篇云：「宋人有爲不龜手之藥者。」陸氏《釋文》引向秀云：「龜，拘坼也。」是龜坼義同，鄭《玉藻》注失之。云「體有吉凶，色有善惡，墨有大小，坼有微明」者，此並以吉凶相對言之。云「尊者視兆象而已，卑者以次詳其餘也」者，釋君占體，大夫以下占色墨坼之義。兆象易見，故君占之；色墨坼等委曲繁細，故大夫以下以次詳測之也。引「周公卜武王，占之曰，體王其無害」者，《書・金縢》云：「既克商二年，王有疾，弗豫，二公曰：『我其爲王穆卜。』周公乃自以爲功，爲三壇同墠，乃告大王、王季、文王。乃卜三龜，一習吉。啓籥見書，乃并是吉。周公曰：『體，王其罔害。』」罔，鄭引作「無」，與僞孔本異。《史記・魯世家》及鄭《玉藻》注引並同。僞孔傳云：「公視兆，曰『如此兆體，王其無害』。言必愈。」鄭以彼周公自占體，與此君占體相應，故引以爲證。云「凡卜象吉、色善、墨大、坼明，則逢吉」者，上注吉凶兼舉，此偏舉吉占説之。象，賈《士喪禮》疏引作「體」是也。浦鏜、孔繼汾並以「象」爲「體」之誤。

凡卜簭既事，則繫幣以比其命；歲終，則計其占之中否。杜子春云：「繫幣者，以帛書其占，繫之於龜也。」玄謂既卜筮，史必書其命龜之事及兆於策，繫其禮神之幣，而合藏焉。《書》曰：「王與大夫盡弁，開金縢之書，乃得周公所自以爲功，代武王之説。」是命龜書。

【疏】「凡卜簭既事，則繫幣以比其命」者，繫，《釋文》作毄，云音係。案：毄繫並係之叚字。此疑當經作毄，注作繫，詳《司門》疏。賈疏云：「既事者，卜筮事訖。卜筮皆有禮神之幣及命龜筮之辭。書其辭及兆於簡策之上，并繫其幣，合藏府庫之中。」云「歲終則計其占之中否」者，此卜筮官之官計也。賈疏云：「至歲終，揔計占之中否，而句考之。」注云「杜子春云，繫幣者，以帛書其占，繫之於龜也」者，《説文・巾部》云：「幣，帛也。」謂書所占之吉凶於帛，繫於所兆之龜；若筮，則亦書帛繫之於著也。云「玄謂既卜筮，史必書其命龜之事及兆於策」者，破杜書帛繫龜之説也。《書・金縢》云：「公歸，乃納册于金縢之匱中。」此注云策，即《金縢》之册也。賈疏云：「既卜筮，即筮亦有命筮之辭及卦，不言者，舉龜重者而略筮，不言可知。或有筮短龜長，直據龜而言，其筮則否。」案：賈前説是也，後説非。云「繫其禮神之幣而合藏焉」者，鄭以幣爲禮神之幣，不以書命，破杜以幣即爲帛書也。《小宗伯》云：「若國大貞，則奉玉帛以詔號。」是卜有禮神之幣之證。云「《書》曰，王與大夫盡弁，開金縢之書，乃得周公所自以爲功，代武王之説」者，❶亦《金縢》文。孔疏引鄭注云：「弁，爵弁。必爵弁者，承天變，降服。開金縢之書者，省察變異所由故事也。」云「是命龜書」者，謂周公所自以爲功，代武王之説，即書其命龜之語於策而藏之之事，故引以爲證。

簭人掌三《易》，以辨九簭之名，一曰《連山》，二曰《歸藏》，三曰《周易》。九簭之名，一曰巫更，二曰巫咸，三曰巫式，四曰巫目，五曰巫易，六曰巫比，七曰巫祠，八曰巫參，九曰巫環，以辨吉凶。 此九巫讀皆當爲筮，字之誤也。更，謂筮遷都邑也。咸猶僉也，謂筮衆心歡不也。式，謂筮制作法式也。目，謂事衆筮其要所當也。易，謂民衆不説，筮所改易也。比，謂筮與民和比也。祠，謂筮牲與日也。參，謂筮御與右也。環，謂筮可致師不也。【疏】「掌《三易》以辨九簭之名」者，《三易》中通有此九筮，即筮人之官法也。 注云「此九巫讀皆當爲筮，字之誤也」者，此亦注用今字作「筮」也。下同。賈疏云：「此筮人掌筮，不主巫事，故從筮也。」段玉裁云：「筮之古文作簭，巫之古文作𢍰，蓋故書脱竹頭，今書又改爲小篆之巫矣。」案：段説是也。鄭意巫皆簭之壞字。劉敞、陳祥道、薛季宣並讀九巫如字，謂巫更等爲古精筮者九人，巫咸即《世本》作筮之巫咸，巫易，易當爲昜，即《楚辭·招魂》之巫陽。莊存與説同。其説與鄭異，而略有根據，附著之以備一讀。云「更謂筮遷都邑也」者，此並無正文，以意説之。《説文·支部》云：「更，改也。」故有遷義。賈疏云：「此遷都，謂公卿大夫之都邑。鄭荅趙商，若武王遷洛，盤庚遷殷之等，則卜，故大卜有卜大遷之事。」《詩·鄘風·定之方中》孔疏云：「《鄭志》荅趙商云：『此都邑比於國爲小，故筮之。』然則都邑則用筮，國都則用卜也。」云「咸猶僉也」者，《爾雅·釋詁》云：「僉、咸，皆也。」云「謂筮衆心歡不也」者，衆心歡則爲咸，不歡則爲不咸。國家有興作之事，當順衆心，故筮其歡不也。《左》僖二十四年傳：「富辰曰，昔周公弔二叔之不咸。」與此筮咸義同。云「式謂筮制作法式也」者，《説文·工部》云：「式，法也。」制作禮典，爲後法式，故筮其當

❶ 原「者」上衍「是命龜書」四字，今删。按：此四字下文另有疏解。

否。云「目謂事衆筮其要所當也」者，《小爾雅・廣詁》云：「目，要也。」賈疏云：「是要目之事，故《論語》顔回云『請問其目』。鄭云『欲知其要』。顔回意，以禮有三百三千，卒難周備，故請問其目。此云事衆，故亦筮其要目所當者也。」云「易謂民衆不説筮所改易也」者，《周書・謚法篇》云：「好更改舊曰易。」政教既敝，民衆不説，則當有改易，故筮以決之。云「比謂筮與民和比也」者，《説文・比部》云：「比，密也。二人爲从，反从爲比。」國家有事，欲與民和比，亦筮之也。云「祠謂筮牲與日也」者，此皆筮祠祀之事。賈疏云：「按《大卜》『大祭祀而卜之』。今此祀不卜而筮者，彼大祀用卜，此謂小祭祀，故用筮也。」詒讓案：《表記》云：「小事無時日，有筮。」注云：「有事於小神，無常時常日。有筮，臨有事筮之。」彼注又云：「大事用卜，小事用筮。」然此注云「筮牲與日」，蓋據常祀之小者言之。《左》僖三十一年傳云：「禮不卜常祀，而卜其牲日。」彼謂常祀之大者，故有卜也；若小神不在常祀之列者，則兼筮祭，不徒筮牲日，《表記》所云是也。云「參謂筮御與右也」者，賈疏云：「參謂參乘之事，故知是御及車右。勇力與君爲參乘，故筮之也。」詒讓案：《夏官・敍官》注云「右者參乘」，此又兼御言之。《戰國策・秦策》高注云：「三人共載曰驂乘。」參驂字通。若《左傳》卜御右之類。云「環謂筮可致師不也」者，賈疏云：「此環與環人字同。彼《環人》注『致師』，引宣公十二年，楚許伯御樂伯，攝叔爲右，以致晉師之事，明此經筮環，亦是主致師以卜之事也。趙商問：『僖十五年，秦晉相戰，晉卜右，慶鄭吉。襄二十四年，晉致楚師，求御於鄭，鄭人卜宛射犬，吉。皆用卜。今此用筮何？』鄭荅：『天子具官有常人，非一人，致筮可使者；諸侯患官無常人，故臨時卜之也。』」**凡國之大事，先簭而後卜。**當用卜者，先筮之，即事漸也。於筮之凶，則止不卜。

【疏】注云「當用卜者，先筮之，即事漸也」者，舊本「即事」下並有「有」字，宋婺州本無，與賈疏述注及《左傳》僖四年孔疏引同，今據校删。《白虎通義・蓍龜》篇云：「不見吉凶於蓍，復以卜何？蓍者陽道多變，變乃成。」賈疏云：「此大事者，即大卜之八命及大貞大祭祀之事。大卜所掌者皆是大事，皆先筮而後卜。筮輕龜重，賤者先即事，故卜即事漸也。」云「於筮之凶則止不卜」者，賈疏云：「《曲禮》云『卜筮不相襲』。若筮不吉而又卜，是卜襲筮，故於筮凶則止不卜。按《洪範》云『龜從筮逆』，又云『龜筮共違於人』。彼有先卜後筮，筮不吉又卜，與此經違者，彼是箕子所陳用殷法，殷質，故與此不同。」《曲禮》孔疏云：「《春秋》僖二十五年，晉卜納襄王，得黄帝戰於阪泉之兆，又筮之，得大有之睽。哀九年，晉卜伐宋，亦卜而後筮。是大事卜筮並用也。但春秋亂世，皆先卜後筮，不能如禮。其禮既先筮後卜，《尚書》先云龜從者，以尊卑言之，故先言龜也。鄭注《周禮》云『筮凶則止不卜』，所以《洪範》有筮逆龜從者，崔靈恩云：『凡卜筮，天子皆用三代蓍龜。若三筮並凶，則止而不卜。鄭云若一吉一凶，雖筮逆，猶得卜之也。』則《洪範》所云者是也。」又《表記》云「天子無筮」，鄭注云：「謂征伐出師若巡守也。天子至尊，大率皆用卜也。《春秋傳》曰：先王卜征五年，歲襲其祥。」孔疏云：「此云無筮，無徒筮，不謂全無筮也。《簭人》云『國之大事，先筮而後卜』，出師巡守，皆大事者也。」案：諦玩此經及《曲禮》、《表記》諸文，蓋天子凡舉大事，皆當以卜爲斷。然於卜之前，必先筮之。筮得吉占，未遽行也，必復卜得吉而後行之。《御覽·禮儀部》引《五經異義》、《春秋公羊》説，祠宗廟筮而不卜，鄭所不從，詳《大宗伯》疏。其小事則徒卜而已，不先筮。是天子惟遇大事以筮先卜，然雖得吉占，不以爲憑，是不以筮爲重可知。小事則又有卜無筮，所謂天子無筮也。惟巡守出師在道則有筮，故《表記》又云「天子道以筮」。此則徒筮，既筮不復再卜。其云道以筮，明道以外無徒筮。然《占人》注又謂八事有徒筮者，蓋謂征伐巡守之外，餘事王所不與者，亦容有徒筮，與《表記》文不相硋也。若孔謂天子大事先筮後卜，次事惟卜不筮，小事無卜惟筮，則又不然。《大卜》明云「凡小事涖卜」，作龜八命亦事兼大小，而云天子小事無卜，豈其然乎。然天子大事雖以卜爲憑，苟先筮不吉，則亦不復卜，以避相襲，故此注云「於筮之凶則止不卜」。《曲禮》注亦以卜不吉而筮、筮不吉而卜爲相襲，明此經之大事先筮後卜，是筮吉而復卜，不爲相襲也。其諸侯以下有大事當卜者，固可先筮，若先筮得吉，意欲不卜，則亦可行，不以徒筮爲嫌。《表記》謂天子無筮，明諸侯以下有徒筮矣。其天子諸侯以下徒卜之事，若雖得吉，而意有所疑，仍得再筮以決疑輔志，亦不爲相襲，若《左》閔二年傳，載成季之將生，桓公使卜，楚丘之父卜之又筮之是也。若卜凶，則不得再筮，鄭《曲禮》注引晉獻公卜取驪姬，不吉復筮，爲瀆龜筴，正以其卜凶復筮爲非禮也。其僖二十五年，晉文公納襄王，遇阪泉之兆，此是吉卜，而文公尚有所疑，故復筮之，與獻公之卜凶而又筮異；孔乃譏其先卜後筮，不能如禮，不知此經之大事先筮後卜者，本謂先筮得吉，仍須再卜，其先卜得吉而有所疑，禮固不禁再筮也。至哀九年，晉伐宋，則趙鞅卜而陽貨別爲之筮，兩不相謀，既非卜筮相襲，亦非先卜後筮，孔乃并席之，不亦疏乎。其《洪範》稽疑之例，以五從爲大同，三從二逆爲吉，二從三逆爲作内吉，作外凶。其所云龜從筮逆，正謂卜吉之後卻遇筮凶，非謂筮凶之後復得卜吉。以此差之，其所云龜筮共違於人者，明汝逆卿士逆庶民逆之事，或遇龜逆，或遇筮逆，苟二者有一，是爲逆，備其四便爲大凶，非必龜筮並逆；二者兼備必成五逆而後爲凶也。賈氏不達，乃謂彼爲殷法尚質，與周不同，非也。崔靈恩牽於《洪範》龜從筮逆之文，疑筮凶之後不得便止不復卜，乃謂必三筮並凶則止而不卜，亦未達鄭恉矣。

上春，相簭。相謂更選擇其蓍也，蓍龜歲易者與？【疏】「上春相簭」者，此與龜人上春釁龜，同於歲首爲之。《月令》云「釁祠龜筴」，則相筮亦釁蓍矣。此不言釁者，文不具也。　注云「相謂更選擇其蓍也」者，《矢人》「相笴」注云：「相，擇也。」此相筮與彼義同。筮用蓍艸，因通謂蓍爲筮。《白虎通義·蓍龜》篇引《禮三正記》云：「天子蓍長九尺，諸侯七尺，大夫五尺，士三尺。」《說文·艸部》說同。是蓍長短有度，舊蓍有朽折，或長不中度，不可用以筮，故必選擇其佳者以備一歲之用也。云「蓍龜歲易者與」者，賈疏云：據此則蓍歲易也。兼云龜者，《龜人》云『攻龜用春時』，明亦以新易故，故知龜亦歲易。此龜之歲易者，謂《龜人》天地四時之龜，若大寶龜等非常用之龜，不歲易」。

凡國事，共簭。

占夢掌其歲時觀天地之會，辨陰陽之氣，其歲時，今歲四時也。天地之會，建厭所處之日辰。陰陽之氣，休王前後。【疏】「占夢」者，《釋文》云：「夢，本又作㝱。」案：《說文·㝱部》云：「㝱，寐而有覺也。」引此經文並作㝱。又《夕部》云：「夢，不明也。」是㝱正字，夢叚借字。但《敘官》及《大卜》並不作㝱，《釋文》或本不知是故書否也。《廣韻·一送》引此經六夢，亦與《說文》同。云「掌其歲時觀天地之會，辨陰陽之氣」者，大卜已掌《三夢》之法，此占夢官又就六夢分別其名，以大卜之法參互占之。　注云「其歲時，今歲四時也」者，據其夢時之年及四時所直，而後天地之會、陰陽之氣可以占也。云「天地之會，建厭所處之日辰」者，賈疏云：「建謂斗柄所建，謂之陽建，故左還於天；厭謂日前一次，謂之陰建，故右還於天。故《堪輿》天老曰：假令正月陽建於寅，陰建在戌，日辰者，日據幹，辰據支。」呂飛鵬云：「《五行大義》云：『正月，日月會於諏訾之次，諏訾，亥也，斗建在寅，故寅與亥合。二月，日月會於降婁之次，降婁，戌也，斗建在卯，故卯與戌合。三月，日月會於大梁之次，大梁，酉也，斗建在辰，故辰與酉合。四月，日月會於實沈之次，實沈，申也，斗建在巳，故巳與申合。五月，日月會於鶉首之次，鶉首，未也，斗建在午，故午與未合。六月，日月會於鶉火之次，鶉火，午也，斗建在未，故未與午合。七月，日月會於鶉尾之次，鶉尾，巳也，斗建在申，故申與巳合。八月，日月會於壽星之次，壽星，辰也，斗建在酉，故酉與辰合。九月，日月會於大火之次，大火，卯也，斗建在戌，故戌與卯合。十月，日月會於析木之次，析木，寅也，斗建在亥，故亥與寅合。十一月，日月會於星紀之次，星紀，丑也，斗建在子，故子與丑合。十二月，日月會於玄枵之次，玄枵，子也，斗建在丑，故丑與子合。』此經天地之會，當指日月所會之次而言。鄭君謂『建厭所處之日辰』，建卽斗建所在也。賈云『厭謂日前一次謂之陰建』，蓋卽日月所會前一次，如建寅之月，日月會於亥，厭在戌是也。」云「陰陽之氣，休王前後」者，《鶡冠子·學問篇》云：「陰陽者分數，所以觀氣變也。」《漢書·藝文志》云：「陰陽者，順時而發，推刑德，隨斗擊，因五勝，假鬼神而爲助者。」休王前後，卽以五勝推之，故知陰陽之氣，卽謂是也。王符《潛夫論·夢列》篇云：「夫占夢，必謹其變故，審其徵候，內考情意，外考王相，卽吉凶之符，善惡之效，庶可見也。」是占夢考王相之證。賈疏云：「案《春秋緯》云：『生王者休，王所勝者死，相所勝者囚。』假令春之三月木王，水生木，水休；木勝土，土死；木王，火相王，所生者相；相所勝者囚，火勝金，春三月金囚。以此推之，火王金王水王義可知。」詒讓案：休王之說又見《淮南子·墬形訓》、《白虎通義·五行》篇，而《五行大義》又有五行休王、支干休王、八卦休王之義，其論甚詳，大旨並與《春秋緯》同。

以日、月、星、辰占六夢之吉凶。日月星辰，謂日月之行及合辰所在。《春秋》昭三十一年：「十二月辛亥朔，日有食之。是夜也，晉趙簡子夢童子倮而轉以歌，旦而日食，占諸史墨。對曰：『六年及此月也，吳其入郢乎，終亦弗克。入郢必以庚辰，日月在辰尾。庚午之日，日始有適。火勝金，故弗克。』」此以日月星辰占夢者。其術則今八會其遺象也，用占夢則亡。【疏】「以日月星辰占六夢之吉凶」者，卽下正噩六者占夢之官法也。《列子·周穆王》篇說夢有六候，並與此經同。李光地云：「古者占夢，必參以天地陰陽，謂人感天地陰陽之氣，於是乎有動於機而形於夢。夫天地之會，陰陽變化於四時，不可睹也，故察之乎日月星辰，而象見矣。《史記・龜策傳》：宋元王夢一丈夫，延頸而長頭，衣玄繡之衣而乘輜車，曰『我爲江使於河，而幕網當我路，豫且得我，我不能去。王有德義，故來告訴』。召博士衛平問之，平乃援式而起，仰天而視月之光，觀斗所指，定日處鄉。四維已定，八卦相望。視其吉凶，介蟲先見。乃對元王曰：『今昔甲子，❶宿在牽牛。河水大會，鬼神相謀。漢正南北，江河固期，南風新至，江使先來。白雲擁漢，萬物盡留。斗柄指日，使者當囚。玄服輜車，其名爲龜。王急使人問而求之。』此皆以日月星辰占夢之法也。」　注云「日月星辰謂日月之行及合辰所在」者，謂見夢之日，所直日月行度及所會之辰，若十二次、二十八舍是也。引《春秋》昭三十一年傳，而云「此以日月星辰占夢者」者，證占夢用日月星辰之法也。賈疏引《鄭志》云：「張逸問：『《占夢》注云：「《春秋》昭三十一年，十二月辛亥朔，日有食之。是夜也，趙簡子夢童子倮而轉以歌，旦而日食，占諸史墨。對曰：『六年及此月也，吴其入郢乎，終亦弗克。入郢必以庚辰，日月在辰尾。庚午之日，日始有謫。火勝金，故弗克。』此以日月星辰占夢者。」不知何術占之，前問不了。』荅曰：『日月在辰尾，夏之九月，辰在房，末有尾星。建戌厭寅，寅與申對，辰與戌對，申近庚，辰與戌對，故知庚辰。辰下爲主人，故午爲主人。金侵火，故不勝。雖不勝卽復，故云弗克。日有適氣，時得九月節者，以庚午在甲子篇，辛亥在甲辰篇也。中有甲戌、甲申、甲午，成一月也。從庚午以下四日，從甲辰至辛亥八日，并之十二日，通同四十二日。』賈又釋之云：「如是庚午之日，當在八月十九日，故言時得九月節也。言雖不勝卽復者，以其庚金午火位相連，故云雖不勝卽復也。言雖不勝者，吴君臣爭宫，秦救復至，不能定楚，是其不勝；不能損吴，是明卽復也。」又引《鄭志》云：「問曰：『何知有此厭對之義乎？』荅曰：『按《堪輿》黄帝問天老事云：「四月，陽建於巳，破於亥；陰建於未，破於癸。」是爲陽破陰，陰破陽，故四月有癸亥，爲陰陽交會；十月丁巳，爲陰陽交會。言未破癸者，卽是未與丑對而近癸也。交會惟有四月、十月也。若有變異之時，十二月皆有建厭對配之義也。』」又引服虔《左傳》注云：「是歲歲在析木，後六年在大梁，大梁水宗。十一月，日在星紀，爲吴國分。楚之先，顓頊之子老童，童子楚象行歌，象楚走哭姬姓，日月在星紀，星紀之分，姬姓吴也。楚衰則吴得志，吴世世與楚怨。楚走去其國，故曰

❶ 「甲」，《史記・龜策列傳》作「壬」。

吴其入郢。吴屬水，水數六，十月水位，故曰六年及此月也。有適而食，故知吴終亦不克。」又云：「後六年，定四年。十一月閏餘十七，閏在四月後。其十一月晦，晦，庚辰，吴入郢，在立冬後，復此月也。十二月辛亥，日會月於龍尾而食，庚午日初有適，故曰庚辰。一曰：日月在辰尾，尾爲亡臣，是歲吴始用子胥之謀以伐楚，故天垂象。」又云：「午火庚金也，火當勝金，而反有適，故爲不克。晉，諸侯之霸，與楚同盟。趙簡子爲執政之卿，遠夷將伐同盟，日應之食，故夢發簡子。」賈又釋之云：「服氏以庚午之日，日始適，火勝金，故不克入楚，必以庚辰。此與鄭義别，其餘略相依也。」又引《鄭志》云：「問曰：『周之十二月，夏之十月，日夏體正應在析木，而云在星紀何？』荅曰：『據此月中有十一月節，故舉言之。』」案：據賈所述，服子慎亦兼主占夢，與鄭合。《左傳》杜注謂史墨釋日食之咎而不釋夢，非鄭義。又今本《左傳》倮作嬴、適作讁，字並同。云「其術則今八會其遺象也」者，賈疏云：「按堪輿大會有八也，小會亦有八。」錢大昕云：「堪輿八會之名，《淮南·天文訓》有之。其言曰：『北斗之神有雌雄。十一月始建於子，月從一辰。雄左行，雌右行，五月合午，謀刑；十一月合子，謀德。太陰所居，辰爲厭日，厭日不可以舉事。堪輿徐行，雄以音知雌。故爲奇辰，數從甲子始，子母相求，所合之處爲合，十日十二辰，周六十日凡八合，合於歲前則死亡，合於歲後則無殃。甲戌，燕也；乙酉，齊也；丙午，越也；丁巳，楚也；庚辰，秦也；辛卯，戎也；壬子，趙也；癸亥，胡也』。《淮南》所云雄者，陽建也；雌者，陰建也。陰建亦謂之厭。合八猶八會也。今依《淮南》及《堪輿》天老説推衍之：正月陽建寅，破於申；陰建戌，破於辰。二月陽建卯，破於酉；陰建酉，破於卯；乙近卯，故二月乙酉爲八會之一。三月陽建辰，破於戌；陰建申，破於寅；甲近寅，故三月甲戌爲八會之二。四月陽建巳，破於亥；陰建未，破於丑；癸近丑，故四月癸亥爲八會之三。五月陰陽建俱在午，而破於子；壬近子，故五月壬子爲八會之四。六月陽建未，破於丑；陰建巳，破於亥。七月陽建申，破於寅；陰建辰，破於戌。八月陽建酉，破於卯；陰建卯，破於酉；辛近酉，故八月辛卯爲八會之五。九月陽建戌，破於辰；陰建寅，破於申；庚近申，故九月庚辰爲八會之六。十月陽建亥，破於巳；陰建丑，破於未；丁近未，故十月丁巳爲八會之七。十一月陰陽建俱在子，而破於午，丙近午，故十一月丙午爲八會之八。十二月陽建丑，破於未；陰建亥，破於巳。此建厭所在及八會之名也。《越絶書》云：『大歲八會，壬子數九。』《吳越春秋》云：『合壬子，歲前合也。合庚辰，歲後會也。』《左傳》史墨占吳入郢，必以庚辰，亦以建厭所對知之，則八會之占，由來古矣。《淮南》所列甲戌至癸亥，蓋大會之日。其下又有戊戌、己亥、己酉、己卯、戊午、戊子，當是小會之日，而尚缺其二，以例推之，當是戊辰、己巳也。」云「用占夢則亡」者，漢時堪輿家雖據八會以占吉凶，未有用之占夢者，故云用占夢則亡也。一曰正夢，無所感動，平安自夢。【疏】「一曰正夢」者，以下六夢，皆夢之象感，此官辨是六者，而以大卜《三夢》之法參互占之。

注云「無所感動，平安自夢」者，對下五夢皆是有所感動而夢也。《楚辭·離騷》王注云：「正，平也。」故曰平安自夢。二曰噩夢，杜子春云：「噩當爲驚愕之愕，謂驚愕而夢。」【疏】注「杜子春云噩當爲驚愕之愕，謂驚愕而夢」者，愕，葉鈔《釋文》作「咢」，字通。《説文·㝱部》引此經作「㖾㝱」。段玉裁云：「驚愕之愕，《説文》祇作㖾，從吅屰聲。又曰『遻，相遇驚也，從辵從㖾，亦聲』。蓋子春以噩字不可識而改爲㖾，許君從之，是以《説文》無噩字。鄭不改經文者，存故書古字也。」王引之云：「噩卽咢字也。《玉篇》云：『咢，驚咢也。噩，驚也。』引《周官》二曰噩㝱。《爾雅·釋天》：『大歲在酉曰作噩。』《釋文》：『噩，本或作咢。』《史記·楚世家》『熊咢』，索隱咢作噩。《列子·周穆王》篇噩夢作蘁夢。蘁卽萼字，借華萼之萼爲驚咢之咢。此皆咢噩同字之明證。《説文》：『㖾，譁訟也，從吅屰聲。』又㝱字注引《周禮》『二曰㖾夢』，隸省作咢。凡字之從吅從㗊者，皆同意，故從吅之字亦可從㗊。噩字從㗊屰聲，今作噩者，其屰字曲畫，隸皆變作直畫，又省而爲『王』耳。然則噩卽㖾之或作，非俗書也。故杜破噩爲愕，而鄭不改字。」案：王説是也。驚愕則心爲之感動，故因而成夢。三曰思夢，覺時所思念之而夢。【疏】「三曰思夢」者，《列子·周穆王》篇云：「神遇爲夢，形遇爲事，故晝想夜夢，神形所遇。」卽此思夢是也。

注云「覺時所思念之而夢」者，《説文·心部》云：「念，常思也。」思念則情感蘊結，故因而成夢。《潛夫論·夢列》篇云：「晝有所思，夜夢其事。乍吉乍凶，善惡不信者，謂之想。」思念與想義同。四曰寤夢，覺時道之而夢。【疏】「四曰寤夢」者，寤，《釋文》云：「本又作𥧲。」案：《説文·㝱部》云：「㝲，覺而有言曰寤。一曰晝見而夜㝱也。㝱，籀文寤。」𥧲蓋卽籀文㝱之省。又徐鉉校本《説文》㝱字注引此作「悟夢」，與徐鍇《繫傳》本異，不足據。《説文》前一訓，謂寐覺之後，神志惝怳而有言也，與六夢寤夢無涉。後一訓，似卽釋此寤夢之義。《御覽・人事部》引《周書・程寤》篇説大姒得吉夢，文王乃召太子發占之于明堂。蓋卽以夢爲寤，與此寤夢之義亦異。

注云「覺時道之而夢」者，阮元云：「《廣韻》引此，『時』下有『所』字。按上思夢注云『覺時所思念之而夢』，則此亦當有『所』字，今本脱也。」案：阮校亦通。但《列子》張注襲此注亦無「所」字，《廣韻》所引，疑傳寫增益也。《小爾雅・廣言》云：「寤，覺也。」此義與《説文》晝見義相近。蓋覺時有所見而道其事，神思偶涉，亦能成夢，與上思夢爲無所見而馮虚想象之夢異也。

五曰喜夢，喜説而夢。【疏】注云「喜説而夢」者，《説文・喜部》云：「喜，樂也。憙，説也。」經典通作喜。心有喜説，則感動而成夢。

六曰懼夢。恐懼而夢。【疏】注云「恐懼而夢」者，《説文・心部》云：「懼，恐也。」心有恐懼，亦感動而成夢也。

季冬，聘王夢，獻吉夢于王，王拜而受之；聘，問也。夢者，事之祥。吉凶之占，在日月星辰。季冬，日窮于次，月窮于紀，星迴于天，數將幾終，於是發幣而問焉，若休慶之云爾。因獻羣臣之吉夢於王，歸美焉。《詩》云「牧人乃夢，衆維魚矣，旐維旟矣」。此所獻吉夢。【疏】「季冬聘王夢」者，以下掌歲終爲王來歲祈吉夢、禳惡夢也。云「獻吉夢于王」者，鄭謂獻羣臣之吉夢，其義難通。竊謂當仍是獻王之夢。蓋一年所夢，皆使此官占之，有吉有凶，咸應時，獻其占而自藏其副貳，至歲終，則總計一年所占録其吉者，述其符應而獻之於王。蓋亦歲終受成獻功之典，而兼致頌禱賀慶之意也。云「王拜而受之」者，拜，經例用古字當作「𢷎」，詳《大祝》疏。石經及宋以來版本並誤。此示受吉於神，故重其事也。《御覽・人事部》引《周書・程寤》篇，亦云「文王及太子發並拜吉夢，受商之大命於皇天上帝」，與此禮同。

注云「聘，問也」者，《爾雅・釋言》文。云「夢者事之祥」者，賈疏云：「若對文，禎祥是善，妖孽是惡；散文，祥中可以兼惡。夢者有吉有惡，故云夢者事之祥也。」云「吉凶之占，在日月星辰」者，據上文。云「季冬，日窮于次，月窮于紀，星迴于天，數將幾終」者，《月令》季冬令文。迴，彼文作回。鄭彼注云：「言日月星辰運行於此月，皆周帀於故處也。次，舍也。紀，會也。」賈疏云：「次謂日辰所在。季冬日月會于玄枵，是日窮于次。紀謂星紀，日月五星會聚之處，謂斗建所在。十二月斗建丑，故云月窮于紀。星謂二十八宿，十三月復位。此十二月未到本位，故直云星迴于天。數將幾終者，幾，近也。至此十二月，歷數將終。」云「於是發幣而問焉，若休慶之云爾」者，據《聘禮》有發幣，故意此聘夢亦發幣也。《國語・周語》，劉康公聘於魯，晉羊舌肸聘於周，並云發幣於大夫。韋注云：「發其禮幣」是也。國有休慶之事，則有聘問。鄭意此聘王夢，亦謂爲王聘問吉夢，因而以幣休慶之。此發幣即謂釋幣於神，與下贈惡夢用釋菜禮相變亦相成，非發幣於王也。《御覽・皇王部》引《帝王世紀》，載太姒得吉夢，文王命祝以幣告於宗廟羣神，然後占之，亦釋幣之禮也。俞樾云：「聘猶《月令》聘名士之聘，以禮求之也。下文『贈惡夢』，注云『贈，送也』。是惡夢可以贈之使去，則吉夢亦可聘之使來。季冬聘王夢，爲王求吉夢也。故即繼之曰『獻吉夢於王』，明求得吉夢即獻之也。」案：俞説是也。此經先聘夢，次獻夢，王拜受獻，蓋與《天府》、《司民》所紀祭司民、司禄，獻民數穀數，王拜受獻，節次略同。是聘夢與司民司禄之祭禮相儗，明聘贈皆卽迎祈禳卻之事，與占問不相涉。鄭以問釋聘，與「小聘曰問」義同，亦正是求吉之意，非謂占問以前之吉夢也。云「因獻羣臣之吉夢於王，歸美焉」者，賈疏云：「君統臣功，故獻吉夢歸美於王也。」曾釗云：「獻吉夢于王，上承『聘王夢』，下接『舍萌于四方以贈惡夢』，則此吉夢，亦王之吉夢也。」俞樾云：「羣臣之夢，何與於王而獻之？卽云歸美，亦何必拜而受之如此之重乎？注非是。」案：曾、俞説是也。引《詩》云「牧人乃夢，衆維魚矣，旐維旟矣」者，證獻夢之事。此《詩・小雅・無羊》篇文。箋云：「牧人乃夢見相與捕魚，又夢見旐與旟。占夢之官得而獻之於宣王，將以占國事也。」彼箋即據此經爲釋。云「此所獻吉夢」者，鄭意彼牧人卽羣臣，而以吉夢聞於王，明羣臣有吉夢得獻於王。實則此所獻者，爲王之夢，與《詩》所紀事不同也。

乃舍萌于四方，以贈惡夢，杜子春讀萌爲明，又云：「其字當爲明。明謂歐疫也。謂歲竟逐疫，置四方。書亦或爲明。」玄謂舍讀爲釋，舍萌猶釋采也。古書釋采釋奠多作舍字。萌，菜始生也。贈，送也。欲以新善去故惡。【疏】「乃舍萌于四方以贈惡夢」者，蓋與獻吉夢同日，事相因也。　注云「杜子春讀萌爲明，又云其字當爲明」者，萌明聲類同。杜蓋讀明爲《覲禮》方明之明。徐養原云：「萌與明古字通。《漢書・地理志》廣漢郡葭明，《續漢志》及《史記・貨殖傳》並作『葭萌』。」云「明謂歐疫也，謂歲竟逐疫置四方」者，歐疫不得謂之明，此「明」上疑當有「舍」字。杜意疫癘皆鬼神所爲，舍之卽謂歐之。《廣雅・釋詁》云：「捨，置也。」舍捨字通。歐而置之遠，卽所謂舍也。《男巫》云「冬堂贈無方無筭」，杜注亦云：「堂贈，謂逐疫也。無方，四方爲可也。」此四方，猶《男巫》云無方，非《舞師》、《大宗伯》所説四方地示也。但舍明爲逐疫，於經無徵，下文歐疫又不云舍明，故後鄭不從。云「書亦或爲明」者，謂故書别本亦或作「明」，如杜説也。云「玄謂舍讀爲釋，舍萌猶釋采也」者，采，毛晉本作「菜」，下同。段玉裁云：「子春改萌爲明而不易舍，鄭君易舍爲釋而不易萌。」詒讓案：舍、釋，采、菜，字並通。古凡祓禳之事，或有釋菜。《士喪禮》、《喪大記》，國君弔大夫士，至門皆先釋菜，與祓殯正相類。鄭二《禮》注以爲禮門神，非也。此贈惡夢，蓋用祓禳禮，故亦有釋菜也。釋菜禮，詳《大胥》疏。云「古書釋采釋奠多作舍字」者，《月令》「仲春，命樂正習舞釋菜」。此經《大胥職》及《大戴禮記·夏小正》傳、《吕氏春秋·仲春紀》並作「舍采」。《祭統》「舍奠」，注云「舍當爲釋，聲之誤也」。《王制》「天子出征，反，釋奠于學」。此經《大祝職》亦作「舍奠」是也。云「萌，菜始生也」者，《説文·艸部》云：「萌，艸芽也。」釋菜當取新者，故謂之萌。云「贈，送也」者，《廣雅·釋詁》同。《聘禮》云「公使卿贈如覿幣」，注亦云「贈，送也」。吉夢曰聘，故惡夢言贈，文相對也。云「欲以新善去故惡」者，賈疏云：「舊歲將盡，新年方至，故此時贈去惡夢。」**遂令始難歐疫。**令，令方相氏也。難，謂執兵以有難郤也。方相氏蒙熊皮，黄金四目，玄衣朱裳，執戈揚盾，帥百隸爲之歐疫癘鬼也。故書難或爲儺。杜子春儺讀爲難問之難，其字當作難。《月令》：季春之月，命國難，九門磔禳，以畢春氣。仲秋之月，天子乃難，以達秋氣。季冬之月，命大司大難，旁磔，出土牛，以送寒氣。

【疏】「遂令始難歐疫」者，此冢上文，謂季冬之難也。《説文·馬部》云：「敺，古文驅，从攴。」歐卽敺之隸變。唐石經歐字損缺。攷《射鳥氏》「歐烏鳶」，《方相氏》「歐疫歐方良」，石經並作「毆」，此經亦當同。然《説文》毆在《殳部》，與古文驅字别，石經誤也。今從宋婺州本、嘉靖本、汪道昆本。互詳《射鳥氏》疏。　注云「令，令方相氏也」者，以方相氏掌三時難，此季冬難則占夢命之，與彼爲官聯也。云「難謂執兵以有難郤也」者，釋名難之義。《戰國策·秦策》高注云：「難猶敵也。」《廣雅·釋言》云：「郤，退也。」謂執兵敵而郤退之。《淮南子·時則訓》高注云：「儺猶除也。」《論語·鄉黨》皇疏引譙周云「儺，郤之也」。亦與鄭義略同。云「方相氏蒙熊皮，黄金四目，玄衣朱裳，執戈揚盾，帥百隸爲之歐疫癘鬼也」者，並據《方相氏》文。《釋名·釋天》云：「疫，役也，言有鬼行役也。」厲，疾氣也，中人如磨厲傷人也。」厲癘字通。疫鬼，詳《方相氏》疏。云「故書難或爲儺」者，故書有兩本，一本作難，一本作儺也。云「杜子春儺讀爲難問之難，其字當作難」者，「杜子春」下，賈疏述注有「云」字是也，今本並挩。段玉裁云：「難問之難，如《八十一難經》之難。儺，杜子春讀爲難問，而鄭從之，故《占夢》、《方相氏》注皆云『難卻』，於《月令》季春、仲秋、季冬注云『此難難陰氣也』，『此難難陽氣也』，難皆當讀乃旦反。杜云讀爲難問之難者，訓其音義也。云其字當作難者，定其形不當作儺。又三引《月令》皆作難以爲證。《説文·人部》『儺，行有節也』，引《詩》佩玉之儺，不引《周禮》，然則許君亦依杜説，毆疫之字作難矣。《論語》『鄉人儺』即《郊特牲》之『鄉人裼』也。《釋文》引鄭説，曰『魯讀爲獻，今從古』。《郊特牲》注曰：『裼或爲獻，或爲難。』蓋鄭君《古論語》本作難，後人改之加人旁耳。劉昌宗依杜難音乃旦反，是也。戚衮言乃多反，乃《詩·竹竿》儺字之音。陸氏無識，於《方相氏》、《月令》、《郊特牲》、《鄉黨》皆音乃多反，淺人反以儺爲毆疫正字，改易淆譌，音形俱失。」案：段校是也。今《論語·鄉黨》篇、《吕氏春秋·季春》《仲秋》《季冬紀》、《淮南子·時則訓》，字並作儺。《淮南》高注云「儺讀躁難之難」，與杜讀略同。《論語》皇疏謂「口作儺儺之聲，以毆疫鬼」，妄説不足據。引《月令》季春之月，命國難，九門磔禳，以畢春氣」者，難，舊本誤儺，下同，今據明注疏本正。鄭彼注云：「此難，難陰氣也。陰寒至此不止，害將及人。所以及人者，陰氣右行，此月之中，日行歷昴，昴有大陵積尸之氣，氣佚則厲鬼隨而出行，命方相氏帥百隸，索室毆疫以逐之。又磔牲以攘於四方之神，所以畢止其災也。《王居明堂禮》曰：『季春，出疫于郊，以攘春氣。』」孔疏引熊氏云：「國難，唯天子諸侯有國爲難。」賈疏説同。云「仲秋之月，天子乃難，以達秋氣」者，鄭彼注云：「此難，難陽氣也。陽暑至此不衰，害亦將及人。所以及人者，陽氣左行，此月宿直昴畢，昴畢亦得大陵積尸之氣，氣佚而厲鬼亦隨而出行，於是亦命方相氏帥百隸而難之。《王居明堂禮》曰：『仲秋，九門磔禳，以發陳氣，禦止疾疫。』」孔疏引熊氏云：「此云天子乃難，唯天子得難，以其難陽氣，陽是君象，則諸侯以下不得難陽氣也。」賈疏説同。云「季冬之月，命有司大難，旁磔，出土牛，以送寒氣」者，鄭彼注云：「此難，難陰氣也。難陰始於此者，陰氣右行，此月之中，日歷虚危，虚危有墳墓四司之氣，爲厲鬼將隨强陰出害人也。旁磔於四方之門。磔，攘也。出，猶作也。作土牛者，丑爲牛，牛可牽止也。送，猶畢也。」賈疏云：「命有司者，謂命方相氏。言大難者，從天子下至庶人皆得難。此子春雖引三時之難，惟卽季冬大難。知者，此經始難文承季冬之下，是以據季冬大難而言。」《論語·鄉黨》皇疏云：「《月令》三儺，俱是天子所命。春是一年之始，彌畏災害，故命國民家家悉儺。八月儺陽，陽是君法，臣民不可儺君，故稱天子乃儺也。十二月儺雖是陰，既非一年之急，故民亦不得同儺也。」案：依皇說，則萬民唯季春得儺，與賈說「季冬庶人得難」正相反。《呂氏春秋》季春作命國人儺，則似通國得儺，與皇說合。但據《月令》孔疏引鄭《論語注》，釋「鄉人儺」亦爲十二月之儺，則鄭意當如賈說。皇謂十二月民不得難，孔氏廣其違鄭義是也。

眡祲掌十煇之灋，以觀妖祥，辨吉凶。

妖祥，善惡之徵。鄭司農云：「煇謂日光炁也。」【疏】「掌十煇之灋」者，謂占驗望氣之法式有此十者，亦卽眡祲之官法也。　注云「妖祥，善惡之徵」者，《說文·女部》云：「娱，巧也。」《示部》云：「䄏，地反物爲䄏也。祥，福也，一曰善。」妖卽娱之省，經典通借爲䄏字。《䓿蔟氏》、《庭氏》「夭鳥」字，又叚夭爲之。䄏亦省作祅，《國語·晉語》云「辨祅祥於謡」，韋注云：「祅，惡也。祥，善也。」《呂氏春秋·制樂》篇云：「祥者，福之先者也。妖者，禍之先者也。」若《左》昭十五年傳，梓慎見赤黑之祲，曰「非祭祥也，喪氛也」，卽妖徵之祲也。《漢書·五行志》述《洪範五行傳》說云：凡草木之類謂之妖，妖猶夭胎，言尚微。蟲豸之類謂之孽，及六畜謂之禍，及人謂之痾，甚則異物生謂之眚，自外來謂之祥，祥猶禎也。」此以祥與妖同爲惡徵，與此義異。賈疏云：「祥是善之徵，妖是惡之徵，故言善惡之徵。此妖祥相對。若散文，祥亦是惡徵，亳有祥桑之類是也。」鄭司農云「煇謂日光炁也」者，《釋文》云：「炁，本亦作氣。」阮元云：「賈疏作氣，炁俗字。下注皆作氣。」詒讓案：炁字不體，《詩·大雅·靈臺》孔疏引此注亦作氣。《說文·火部》云：「煇，光也。」《日部》別有暉字，亦訓光，與煇同義。依許書字例，日光氣字當作暉。先鄭此注及後鄭《大卜》注，字並從煇。煇暉爲日月光氣之通名。秦漢以後，天官家以爲氣圍繞日月之專名。暉字俗作「暈」，《戰國策·趙策》云：「故日月暉於外，其賊在於內。」《韓非子·備內》篇暉作「暈圍」。《釋名·釋天》云：「暈，捲也，氣在外捲結之也。日月俱然。」《呂氏春秋·明理》篇云「日有暈珥」，高注云：「氣圍繞日周匝，有似軍營相圍守，故曰暈也。」此皆後世分別之義。依天官測算，日輪距地至遠，光體本無變動。此十煇，並地氣烝騰，日光穿映，視之成暈，如在日旁。虹升雲布，亦復如是。古望氣之術，占驗吉凶，蓋以日旁氣爲尤重，故二鄭並以日光氣爲釋。《保章氏》注釋雲物，亦云視日旁雲氣之色。《漢書・陳涉傳》，周文爲項燕軍視日。顔注引服虔云「視日旁氣也」。其義並同。

一曰祲，二曰象，三曰鑴，四曰監，五曰闇，六曰瞢，七曰彌，八曰敘，九曰隮，十曰想。故書彌作「迷」，隮作「資」。鄭司農云：「祲，陰陽氣相侵也。象者，如赤烏也。鑴，謂日旁氣四面反鄉，如煇狀也。監，雲氣臨日也。闇，日月食也。瞢，日月瞢瞢無光也。彌者，白虹彌天也。敘者，雲有次序如山在日上也。隮者，升氣也。想者，煇光也。」玄謂鑴讀如「童子佩鑴」之鑴，謂日旁氣刺日也。監，冠珥也。彌，氣貫日也。隮，虹也。《詩》云「朝隮于西」。想，雜氣有似可形想。

【疏】注云「故書彌作迷，隮作資」者，徐養原云：「彌、迷，隮、資，皆同音相通。隮之爲資，猶齋之爲資也。《大戴禮・保傅》云：『衛靈公之時，迷子瑕不肖而任事。』此彌迷通用之證。」鄭司農云「祲陰陽氣相侵也」者，《敘官》注云：「祲，陰陽氣相侵，漸成祥者。」《晉書・天文志》云：「謂陰陽五色之氣，浸淫相侵，或曰抱珥背僪之屬，如虹而短是也。」案：《晉志》所載或説，並與二鄭不同，疑賈、馬及干氏義。云「象者如赤烏也」者，《晉天文志》云：「謂雲氣成形象，如赤鳥夾日以飛之類是也。」案：詳《大卜》疏。云「鑴謂日旁氣四面反鄉，如煇狀也」者，煇，《釋文》作「暈」，云「本亦作煇」。案：此煇謂繞日之氣也。暈卽暉之俗，經注煇並與暉同。後人妄生分別，以繞日之氣別爲暈字，遂改此注以異於經之十煇，陸本不足據也。先鄭此義，蓋以鑴爲鐍，《説文・角部》云：「觼，環之有舌者，重文鐍，觼或从金矞。」惠士奇云：「鑴者，鐍也。《説文・玉部》瓊璚瓗通，故鐍或從矞，或從巂。鐍省作矞，揚雄《大玄》所謂紫蜺矞雲朋圍日也。雲氣形如缺環謂之鐍，與鑴通，讀爲觼軜之觼。❶《淮南子・覽冥訓》曰：『君臣乖心，則背譎見於天。』高注云：『日旁五色氣在兩邊，外出爲背，外向爲譎。』矞或作穴，音相近也。漢延平元年六月丁未，日暈中外，有僪背兩耳。譎、鐍、僪、矞，實一字。後魏皇始二年十月壬辰，日暈有佩璚。佩作背，璚卽僪，則佩璚爲鑴信矣。」案：惠説是也。《續漢書・輿服志》劉注

❶ 下「觼」原訛「輹」，據惠氏《禮説》改。

引《通俗文》云：「缺環曰鐍。」此義蓋與玦同。《國語・晉語》「金玦」，韋注云：「玦如環而缺，以金爲之。」如環而缺，故有四面反鄉之形。《漢書・天文志》云：「日月暈適背穴，抱珥重蜺。」顏注引孟康云：「背，形如背字也。穴，多作鐍，其形如半鐍也。」《開元占經・日占》篇引石氏云：「氣青赤，曲向外，中有一横，狀如帶鉤，名爲璚。」今案：孟云如半鐍，石云名爲璚，亦卽玦也。又《吕氏春秋・明理》篇云：「日有倍僪。」高注云：「倍僪，皆日旁之危氣也。在兩旁反出爲倍，在上反出爲僪。」案：高説氣反出，或在兩旁，或在上，皆所謂反鄉也。此注云四面，蓋兼彼二義。《開元占經・日占》篇引《春秋感精符》云：「日四背璚，臣射主。」背璚有四，卽四面反鄉之形也。云「監，雲氣臨日也」者，《晉天文志》云：「謂雲氣臨在日上也。」《説文・臥部》云：「監，臨下也。」《開元占經・日占》篇引石氏云：「氣在日上，名爲戴。戴之色青赤。」案：監似卽戴也。日上氣又有名冠者，詳後。云「闇，日月食也」者，《説文・日部》云：「暗，日無光也。」闇卽暗之借字。《晉天文志》云：「謂日月蝕。或曰光脱也。」俞樾云：「闇卽《春秋》所謂晦也。僖十五年己卯晦，成十六年甲午晦，《公羊傳》並曰『晦者何？冥也』。是其事也。」案：俞説是也。日月食爲大異，不當在十煇之數，先鄭説未允。《吕氏春秋・明理》篇云：「其日有不光，有晝盲。」高注云：「盲，冥也。」此闇卽所謂晝盲，與下瞢爲不光異。《開元占經・日占》篇引《春秋緯》云：「后族專權，謀爲國害，則日晝昏。」亦謂此也。云「瞢，日月瞢瞢無光也」者，《一切經音義》引《三蒼》云：「瞢，不明也。」《晉・天文志》云：「謂瞢瞢不光明也。」《釋名・釋天》云：「蒙，日光不明，蒙蒙然也。」《開元占經・日占》篇引《黄帝用兵要法》云：「日濛濛無光，士卒内亂。」蒙、濛與瞢，並一聲之轉。此瞢謂日見而無光，與上闇爲全不見日小異。惠士奇云：「《續漢・五行志》注引《京房占》曰：『國有佞讒，朝有殘臣，則日不光，闇冥不明。』孟康曰：『日月無光曰薄。』元帝永初元年四月，日色青白無影，正中時有影無光。靈帝時日出東方，赤如血，無光。是爲瞢。」云「彌者，白虹彌天也」者，《藝文類聚・天部》引《尚書考靈曜》注云：「日旁氣白者爲虹。」《御覽・天部》引《月令章句》云：「虹，蝃蝀也。陰陽交接之氣，著於形色者也。雄曰虹，雌曰蜺。虹常依陰雲，晝見於日衝，無雲不見，大陰亦不見。蜺常依蒙濁，見日旁。白而直曰白虹。凡日旁者，四時常有之。」又引《晉陽秋》云：「建武元年，虹長彌天。」《漢書・司馬相如傳》顏注云：「彌，竟也。」彌天猶云竟天。《晉天文志》云：「謂白虹彌天而貫日也。」此兼用後鄭義。又案：先鄭義與後鄭異，而從今書作「彌」則同。賈疏謂先鄭從故書爲「迷」，誤。云「敍者，雲有次序如山在日上也」者，敍序古今字。敍者之敍，疑亦當作「序」。凡注例，述經字亦不必依元文。今本疑後人依經改之。《說文·攴部》云：「敍，次第也。」《晉天文志》云：「謂氣若山而在日上。或曰冠珥倍僪重疊次序，在於日旁也。」云「隮者，升氣也」者，《毛詩·曹風·候人》篇「南山朝隮」，傳云：「隮，升雲也。」《爾雅·釋詁》云：「躋，陞也。」案：隮卽躋之異文。陞升字同。升氣亦卽升雲。先鄭升氣之詁，與後鄭《詩·鄘風·蝃蝀》箋同，則亦以隮爲虹，其異於彌者，長不必竟天耳。《晉天文志》云：「謂暈氣也，或曰虹也。」亦兼取二鄭義。云「想者，煇光也」者，亦謂光氣可想象也。云「玄謂鑴讀如童子佩鑴之鑴，謂日旁氣刺日也」者，《晉天文志》鑴作觿，云「日旁氣刺日，形如童子所佩之觿」。《開元占經·日占》篇引《孝經雌雄圖》云：「日刺者，爲有氣刺日中也。」案：童子佩鑴，《詩·鄘風·芄蘭》文。《毛詩》鑴作觿。段玉裁云：「蓋三家《詩》有作童子佩鑴者，其義則同《毛詩》作觿也。《說文》：『觿，佩角，鋭耑，可以解結。』日旁氣刺日，故取鋭耑之義也。三家《詩》蓋假鑴爲觿。」案：段說是也。《說文·金部》云：「鑴，甍也。」此日旁之氣，於甍義無取。惟《詩》「佩觿」，字或爲鑴，與氣刺日之義相近，故後鄭讀從之。鄭《內則》注云：「觿皃如錐。」《廣雅·釋器》云：「鑴，錐也。」與觿義正同。又《開元占經·日占》篇引《春秋考異郵》云：「臣謀反，璚刺日。」《漢天文志》注引如淳云：「有氣刺日爲鐍，鐍，抉傷也。」此以鑴爲鐍，與後鄭讀異而義亦同。云「監，冠珥也」者，賈疏云：「謂有赤雲氣在日旁如冠耳。珥卽耳也，今人猶謂之日珥。」詒讓案：後鄭意，監者，謂日上下兩旁，有氣內向，如相監守也。以先鄭云雲氣臨日，義未晐，故易之。冠珥者，《呂氏春秋·明理》篇高注云：「日旁危氣，在上內向爲冠，兩旁內向爲珥。」《淮南子·覽冥訓》高注云：「內向爲珥，在上外出爲冠。」與《呂覽注》義小異。《釋名·釋天》云：「珥，氣在日兩旁之名也。珥，耳也，言似人耳之在兩旁也。」《漢·天文志》注引孟康云：「珥，形點黑也。」如淳云：「凡氣在日上，爲冠爲戴，在旁直對爲珥。」《開元占經·日占》篇引石氏云：「有氣青赤，立在日上，名爲冠。日兩旁有氣短小，中赤外青，名爲珥。」又引王朔云：「日冠者，氣鬥也。冠者，如半暈也，法當在日上。珥，耳也，珥者當如耳也。」又《月占》篇引《黃帝占》云：「月珥而冠者，天子大喜，或大風。」又引《荆州占》云：「月珥而戴，不出百日，主有喜。」是月亦有冠珥矣。云「彌，氣貫日也」者，亦取彌亘貫帀之義，謂雲氣貫日中而旁出，破先鄭白虹彌天之義。《晉志》謂白虹貫日，并二鄭義爲一，非也。《開元占經・日占》篇引《京氏占》云：「日中有白雲貫，天下有白徒之衆，三年至。其黑雲，天下有謀，不成。」又引《荆州占》云：「赤雲貫日如建鼓，三年不雨。」並氣貫日之事也。云「隮，虹也」者，此補成先鄭義也。引《詩》云「朝隮于西」者，《鄘風・蝃蝀》首章云「蝃蝀在東」，毛傳云：「蝃蝀，虹也。」次章云「朝隮于西」，傳云：「隮，升也。」鄭箋云：「朝有升氣於西方。」孔疏云：「隮亦虹也。言升氣者，以隮升也。由升氣所爲，故號虹爲隮。」《釋名・釋天》云：「蝃蝀其見，每於日在西而見於東，啜飲西方之水氣也。見於西方曰升，朝日始升而出見也。」詒讓案：虹者本名，因其爲雨氣上升，映日成采，故又謂之隮。先鄭亦釋隮爲虹，後鄭不易其義也。云「想，雜氣有似可形想」者，謂日旁雜氣，形類人物，與上象相類。《晉・天文志》云：「謂氣五色有形想也。青饑，赤兵，白喪，黑憂，黃熟。或曰想，思也，赤氣爲人獸之形，可思而知其吉凶也。」**掌安宅敘降。**宅，居也。降，下也。人見妖祥則不安，主安其居處也。次序其凶禍所下，謂禳移之。【疏】「掌安宅敘降」者，謂民宅攘除妖祥之事，若後世相宅家言也。蓋民宅有吉凶，其氣祲亦有衰王，此官掌望眡而安之。注云「宅，居也，降，下也」者，並《爾雅・釋言》文。《司巫》、《保章氏》、《土方氏》注並同。云「人見妖祥則不安，主安其居處也」者，賈疏云：「掌，主也。此官主安居者，人見妖祥則意不安，主其居處，不使不安。」惠士奇云：「安其宅，故曰安宅。《周書・寶典》四位，一曰定，定得安宅。《成開》五示，四曰安宅示帑。」云「次序其凶禍所下，謂禳移之」者，此亦注用今字作「序」也。此以望氣知民宅凶禍所降下，猶保章氏以五雲之物，辨吉凶水旱，降豐荒之祲象。次序之者，謂見妖祥，則以方位日辰占法，次序推其凶禍所下之地，可禳者禳卻之，不可禳者則令移徙以就吉。《鶡冠子・學問》篇云：「神徵者，風采光景所以序怪也。」與此序降義略同。**正歲則行事，**占夢以季冬贈惡夢，此正月而行安宅之事，所以順民。【疏】注云「占夢以季冬贈惡夢」者，據《占夢》文。云「此正月而行安宅之事，所以順民」者，《小宰》注云：「正歲，謂夏之正月。」以其皆取除舊布新之義，故於占夢贈惡夢之後一月行之，所以順民之志也。**終歲則弊其事。**弊，斷也，謂計其吉凶然否多少。【疏】「歲終則弊其事」者，歲終亦夏之季冬，詳《宰夫》疏。弊其事，謂通計一歲所占之事，課其驗否，猶卜筮官歲終計其占之中否，亦眡祲之官計也。注云「弊，斷也」者，《大宰》注同。云「謂計其吉凶然否多少」者，謂校其禬移之驗否，以計其功事也。賈疏云：「占夢之官，見有妖祥，則告之吉凶之事。其吉凶或中或否，故至歲終斷計其吉凶也。然謂中也，知中否多少，而行賞罰。」案：此自謂眡祲當官所行之事，不與占夢爲官聯也。賈説失之。

周禮正義卷四十九

大祝掌六祝之辭，以事鬼神示，祈福祥，求永貞。一曰順祝，二曰年祝，三曰吉祝，四曰化祝，五曰瑞祝，六曰筴祝。永，長也。貞，正也。求多福，歷年得正命也。鄭司農云：「順祝，順豐年也。年祝，求永貞也。吉祝，祈福祥也。化祝，弭災兵也。瑞祝，逆時雨，寧風旱也。筴祝，遠罪疾。」【疏】「掌六祝之辭」者，六祝、六祈、六辭、六號、九祭、九拜，並祝官之官法也。先鄭後注云：「辭謂辭命也。」凡祈祭告神之辭命，有此六者。辭者，詞之叚字，詳後疏。云「祈福祥，求永貞」者，賈疏云：「禱祈者，皆所以祈福祥、求永貞之事。按一曰已下，其事有六，祈福祥即三曰吉祝是也。求永貞，二曰年祝是也。今特取二事爲揔目者，欲見餘四者亦有此福祥永貞之事故也。」　注云「永，長也」者，《爾雅·釋詁》文。云「貞，正也」者，《廣雅·釋詁》同。云「求多福，歷年得正命也」者，賈疏云：「經『祈福祥，求永貞』，祈亦求也。今鄭云求多福，即經祈福祥也。歷年得正命，即經求永貞也。」詒讓案：《書·召誥》云：「今天其命哲，命吉凶，命歷年。」《孟子·盡心》篇云：「莫非命也，順受其正，盡其道而死者，正命也。」《論衡·命義篇》云：「《傳》曰説命有三，一曰正命，二曰隨命，三曰遭命。正命，謂本稟已自得吉也。性然骨善，故不假操行以求福而吉自至，故曰正命。」此得正命，猶《書·洪範》五福曰考終命。《大戴禮記·千乘》篇云：「日厤巫祝，執伎以守官，俟命而作，祈王年，禱民命，及畜穀蜚征庶虞草。」又《公冠》篇云：「成王冠，周公使祝雍祝王云，使王近於民，遠於年。」並與求多福、歷年得正命之義合。鄭司農云「順祝，順豐年也」者，先鄭釋此六祝，自年祝外，並依《小祝》祝號爲説。《獨斷》説大祝六祝之辭，與先鄭同，惟云「順祝，願豐年也」，蓋傳寫之誤。云「年祝，求永貞也」者，與後鄭云「求歷年得正命」同。《小祝》無求永貞，則六祝少其一，故先鄭依此經補之。云「吉祝，祈福祥也」者，據此經及《小祝》皆有祈福祥。《周書·武順》篇云：「禮義順祥爲吉。」《説文·士部》云：「吉，善也。」《爾雅·釋詁》云：「祥，善也。」《左傳》成十六年，孔疏引李巡云：「祥，福之善也。」是吉與福祥義同。云「化祝，弭災兵也」者，《小祝》云「彌裁兵」，此作弭災者，亦注用今字之例，詳彼疏。弭災兵，豫化之，使不作，故謂之化祝。云「瑞祝，逆時雨、寧風旱也」者，亦據《小祝》文。《一切經音義》引《倉頡》云：「瑞，應也。」風雨應時，是謂之瑞。《爾雅・釋天》以甘雨時降爲祥，瑞祥義同。云「筴祝，遠罪疾」者，亦《小祝》文。彼罪作辠，此注用今字也，詳《甸師》疏。筴正字當作「册」，《獨斷》作「策」，筴卽策之俗。《内史》策命不作筴，疑此經乃傳寫之誤。《聘禮記》云：「百名以上書于策。」筴祝蓋亦多文辭，必書於簡策以告神，故特以筴爲名。《國語・晉語》云：「川涸山崩，策於上帝。」韋注云：「以簡策之文告于上帝。」此遠罪之筴祝也。《書・金縢》周公爲武王禱疾，云「史乃册祝曰：惟爾元孫某，遘厲虐疾」。《史記・魯世家》册作策，《集解》引鄭《書注》云：「策，周公所作，謂簡書也。祝者讀此簡書，以告三王。」此遠疾之筴祝也。《書・洛誥》：「戊辰，王在新邑烝祭歲，文王騂牛一，武王騂牛一，王命作册逸祝册，惟告周公其後。」《史記・周本紀》亦説武王克殷，祭社，使尹佚筴祝告受命，然則筴祝不徒遠罪疾矣。

掌六祈，以同鬼神示。一曰類，二曰造，三曰禬，四曰禜，五曰攻，六曰説。

祈，嘄也，謂爲有災變，號呼告神以求福。天神、人鬼、地祇不和，則六癘作見，故以祈禮同之。故書造作竈，杜子春讀竈爲造次之造，書亦或爲造，造祭於祖也。鄭司農云：「類、造、禬、禜、攻、説，皆祭名也。類祭于上帝，《詩》曰『是類是禡』，《爾雅》曰：『是類是禡，師祭也。』又曰『乃立冢土，戎醜攸行』，《爾雅》曰：『起大事，動大衆，必先有事乎社而後出，謂之宜。』故曰『大師宜于社，造于祖，設軍社，類上帝』。《司馬法》曰：『將用師，乃告于皇天上帝、日月星辰，以禱于后土、四海神祇、山川冢社，乃造于先王，然後冢宰徵師于諸侯曰：某國爲不道，征之，以某年某月某日，師至某國。』禜，日月星辰山川之祭也。《春秋傳》曰：『日月星辰之神，則雪霜風雨之不時，於是乎禜之；山川之神，則水旱癘疫之災，於是乎禜之。』」玄謂類造，加誠肅，求如志。禬禜，告之以時有災變也。攻説，則以辭責之。禜，如日食以朱絲縈社，攻如其鳴鼓然。董仲舒救日食，祝曰「炤炤大明，瀸滅無光，奈何以陰侵陽，以卑侵尊」。是之謂説也。禬，未聞焉。造類禬禜皆有牲，攻説用幣而已。【疏】「掌六祈以同鬼神示」者，謂内外常祭之外，別有此祈禱告祭之事，其別凡六也。天地宗廟大祀唯有類造，社稷以下則六事通有之。祈禱必特爲祝辭，與常祭不同，故此官職之。

注云「祈，嘄也，謂爲有災變，號呼告神以求福」者，《説文・示部》云：「祈，求福也。」《口部》云：「嘄，聲嘄嘄也。」

《漢書・息夫躬傳》顔注云：「嘄，古叫字。」《爾雅・釋言》云：「祈，叫也。」《一切經音義》引孫炎注云：「祈，爲民求福，叫告之辭也。」郭注云：「祈，祭者叫呼而請事。」案：鄭即用雅訓而字小異。《釋文》云「嘄音叫」是也。又引劉昌宗音禱，則以嘄爲禱之借字，非鄭意也。但鄭爲此訓者，以經云六祈，祈者以號呼告求爲義，故云有災變。實則六者之中，類造兼爲因祭，則不必爲祈災之祭。但祈災六祈通有，而因祭則惟有類造，鄭據多者爲釋耳。其内外常祭則無此祈法，故《禮器》云「祭禮不祈」，注云：「祈，求也。祭祀不爲求福也。」孔疏引《鄭志》荅趙商問祭祀不祈，「商按：《周禮》設六祈之科，禱禳而祭，無不祈，故敢問《禮記》者何義也」？鄭荅云：「祭祀常禮，以序孝敬之心，當專一其志而已。禱祈有爲言之，主於求福，豈禮之常也。」是鄭説常祭祀無祈法也。云「天神人鬼地祇不和，則六癘作見，故以祈禮同之」者，此亦注用今字作「祇」也，下並同。《樂記》注云：「同，合和也。」天神人鬼地祇不和，謂與人不和協，則降災癘，故以六祈祭告和協之。此與《大宗伯》「以軍禮同邦國」之同，義略同。六癘作見，據《洪範五行傳》文。彼云「六沴」，此及《疾醫》注引沴作癘者，癘沴聲近義通，詳《疾醫》疏。然此亦鄭就經同字爲訓，實則此六祈兼有因祭，亦不必見六癘而後有此祈事也。云「故書造作竈，杜子春讀竈爲造次之造，書亦或爲造」者，以竈爲七祀之一，祈禱不專在竈，故依聲類破竈爲造，而擬其音，則如造次字也。段玉裁云：「竈從鼀聲，造從告聲，古音同在尤幽部。竈者，古文假借字也。」徐養原云：「《釋名》云：『竈，造也，創造食物也。』《廣雅》：『竈，造也。』此訓竈爲造作之造，與子春之説義雖異，而音則相近。」云「造祭於祖也」者，下文云「大師造於祖」是也。《王制》云：「天子將出，類乎上帝，宜乎社，造乎禰；諸侯將出，宜乎社，造乎禰。」注云：「類宜造皆祭名，其禮亡。」孔疏云：「造乎禰者，造，至也，謂至父祖之廟也。然此出歷至七廟，今惟云禰者，《白虎通》云：『獨見禰何？辭從卑，不敢留尊者之命，至禰不嫌不至祖也。』皇氏申之云：『行必有主，無則主命載于齊車，《書》云「用命賞于祖」是也。今出辭別，先從卑起，最後至祖，仍取遷主則行也。若前至祖，後至禰，是留尊者之命，爲不敬也。若還則先祖後禰，所以然者，先應反行主祖廟故也。』」案：據孔引《白虎通》及皇侃説，則造於禰，仍當造於祖。實則祖禰散文亦通稱。此後文云「大師造于祖」，又云「大會同造于廟」，此與《王制》「天子將出，造於禰」義相應。《曾子問》云：「諸侯適天子，必告于祖，奠于禰；諸侯相見必告于禰，反必親告于祖禰。」此與《王制》「諸侯將出造于禰」義亦相應。彼此互證，知告祭祖禰通謂之造矣。段玉裁云：「《説文·示部》有祰字，云『告祭也』，疑卽造字。」鄭司農云「類造禬禜攻説，皆祭名也」者，賈疏云：「以其祈禱皆是祭事。案：後鄭類造禬禜皆有牲，攻説用幣而已。用幣非祭，亦入祭科之中。」云「類祭于上帝」者，于，注例當作「於」，各本並誤。此據《肆師》「類造上帝」及本職下文「大師類上帝」爲説。然《小宗伯》云「凡天地之大烖，類社稷宗廟，則爲位」，是人鬼地示並有類，類非徒祭上帝也。先鄭説未晐。引《詩》曰「是類是禡」者，《大雅·皇矣》篇文。毛傳云：「於内曰類，於外曰禡。」引《爾雅》曰「是類是禡，師祭也」者，《釋天》文。郭本類作禷，注云：「師出征伐，類於上帝，禡於所征之地。」引此二文者，先鄭以此類與造同爲告祭，與《小宗伯》四類異故證明之。引又曰「乃立冢土，戎醜攸行」者，《詩·大雅·緜》篇文。毛傳云：「冢，大。戎，大。醜，衆也。冢土，大社也。」此引之者，爲下引《司馬法》「冢社」起義也。依毛義則凡宜祭，竝於大社。《晉書·禮儀志》引摯虞議，謂宜社於王社，非也。互詳《大宗伯》疏。引《爾雅》曰「起大事，動大衆，必先有事乎社而後出，謂之宜」者，亦《釋天》文。彼卽釋《緜》詩之義。此六祈無宜，先鄭欲兼釋下文宜社，故并引之，詳後。云「故曰大師宜于社，造于祖，設軍社，類上帝」者，此本職下文。先鄭因釋造類二祭，故牽連及之也。案此六祈，雖不專爲師祭，而師祭亦晐於其中，故先鄭直據下文爲釋。後鄭亦但增成其義，不謂此六祈無師祭也。賈疏泥後鄭有災變告神求福之文，遂謂「出軍之祭，自是求福，此經六祈皆爲鬼神不和同，設祈禮以同之，不得將出軍之禮以解之，故後鄭不從」，非也。引《司馬法》者，並《仁本》篇文。彼云告于皇天上帝，卽所謂類上帝也；禱於冢社，卽所謂宜於社。僞古文《大誓》亦云「宜于冢土」，冢社卽大社，在王宮之左者也；造於先王，卽所謂造於祖也。與此下文正合，故引以爲證。賈疏云：「『將用師』三字，司農語。」云「禜日月星辰山川之祭也」者，依《春秋左氏》説也。引《春秋傳》者，賈疏云：「昭元年，《左氏傳》云，鄭子産聘晉，晉侯有疾，問於子産，子産對此辭。案彼傳文，『癘疫之災，於是乎禜之』，此云『不時』者，鄭君讀傳有異。」孫志祖云：「據疏當作『水旱癘疫之不時』，兼有《鬯人》注可證。今本作『災』，是後人據《左傳》改。」案：孫校是也，孔繼汾、段玉裁説同，並詳《鬯人》疏。云「玄謂類造加誠肅，求如志」者，類造施於大神、大鬼、大示，禮宜加誠肅，但求如志而已，不敢有它也。云

「禬禜告之以時有災變也」者，禬禜並是禳災之祭，故直告以時有災變，求其消弭，其禮殺於類造也。金鶚云：「《女祝職》云：『掌以時招梗禬禳之事，以除疾殃。』是禬之祭主於癘疫，禜之祭主於水旱。」云「攻説則以辭責之」者，《論衡・順鼓篇》云：「攻，責也，責讓之也。」《廣雅・釋詁》云：「説，論也。」謂陳論其事以責之，其禮尤殺也。《淮南子・泰族訓》云：「雩兑而請雨。」宋本許注云：「兑，説也。」則請雨亦有説矣。云「禜如日食以朱絲縈社」者，賈疏云：「案：莊公二十五年六月辛未朔，日有食之，鼓用牲于社。《公羊傳》云：『日食則曷爲鼓用牲于社？求乎陰之道也。以朱絲縈社，或曰脅之，或曰爲闇，恐人犯之，故縈之。』何休云：『朱絲縈之，助陽抑陰也。或曰爲闇者，社者，土地之主尊也，爲日光盡，天闇冥，恐人犯歷之，故縈之。然此説非也。記或傳者，示不欲絶異説爾。先言鼓後言用牲者，明先以尊命責之，後以臣子禮接之，所以爲順也。』鄭引《公羊傳》者，欲見禜是縈之義。」案：鄭言此者，亦補先鄭義，謂日月星辰山川之外，又有社稷之禜也。今本《公羊》經注縈並作「營」，鄭、賈引作「縈」，與《公羊釋文》所載一本同。《春秋繁露・止雨》篇亦云「以朱絲縈社十周」。疑西漢《公羊》師讀如是。但鄭此注釋禜爲縈，《鬯人》「禜門用瓢齎」，注云「禜謂營酇所祭」，又釋爲營者，禜、縈、營，聲義並通，鄭各舉一端爲釋，義得兼含也。又禜有二：有有常時者，《黨正》春秋祭禜是也；有無常時者，遇災而禜日月、星辰、山川、社稷、國門，及《翦氏》之攻禜是也。此禜亦通晐之矣。云「攻如其鳴鼓然」者，謂救日食有鳴鼓也。《春秋繁露・精華》篇云：「大旱者，陽滅陰也。陽滅陰者，尊厭卑也。固其義也，雖大甚，拜請之而已，無敢有加也。大水者，陰滅陽也。陰滅陽者，卑勝尊也。日食亦然。皆下犯上。以賤傷貴者，逆節也，故鳴鼓而攻之，朱絲而脅之，爲其不義也。此亦《春秋》之不畏强禦也。」是其義也。引「董仲舒《救日食》，祝曰，炤炤大明，瀸滅無光」者，蓋亦出《春秋繁露》，今本殘缺，無此祝辭。任昉《文章緣起》謂祝文始董仲舒《祝日蝕文》，疑任氏猶見其全文。此蓋董子所私定，賈疏謂是漢禮，非也。《廣雅・釋訓》云：「炤炤，明也。」《禮器》云「大明生於東」，注云：「大明，日也。」《公羊》莊十七年傳：「齊人瀸于遂，瀸者何？瀸積也。」何注云：「瀸者，死文。瀸之爲死。積，死非一之辭。」日食光亡，有若死然，故云瀸滅無光也。云「奈何以陰侵陽，以卑侵尊」者，日食爲月掩日，故云陰侵陽，卑侵尊。云「是之謂説也」者，《説文・言部》云：「説，説釋也。」此救日食辭，是正言以責陰，卽六祈之說也。依鄭此說，則日食兼有禜攻說三祈，《庶氏》「除毒蠱以攻說禬之」，《翦氏》「除蠹物以攻禜攻之」，彼各兼二祈，亦其類也。云「禬未聞焉」者，以此職及《女祝》雖有禬，然不詳其禮，它經又無用禬之文，故云未聞。云「造類禬禜皆有牲」者，賈疏云：「案《禮記・祭法》云『埋少牢於泰昭，祭時也』，下云『幽禜祭星雩禜祭水旱』。鄭注云：『凡此以下，皆祭用少牢。』禜既用牲，故知類造皆亦有牲，故云皆有牲也。」案：造類，賈疏述注作「類造」，與經文敍次合，《祭法》及《詩・大雅・雲漢》孔疏引此注亦同，今本並誤到。造有牲，詳後疏。云「攻說用幣而已」者，賈疏云：「知攻說用幣者，是日食伐鼓之屬天災，有幣無牲，故知用幣而已。既云天災有幣無牲，其類禮以亦是天災，得有牲者，災始見時無牲，及其災成之後，卽有牲，故《詩》云『靡愛斯牲』是也。」案：賈說非鄭意也。《春秋》莊二十五年經：「日有食之，鼓用牲于社。」《左傳》云：「非常也。」《穀梁傳》云：「鼓，禮也。用牲，非禮也。」又是年經：「秋大水，鼓用牲于社于門。」《左傳》云：「亦非常也，凡天災有幣無牲。」《穀梁》云：「既戒鼓而駭衆，用牲可以已矣。」《公羊》並無譏用牲之文，則日食大水，《左》《穀》皆謂不當用牲，《公羊》則否。《左傳》昭元年杜注及孔疏引賈逵說、《史記・鄭世家》集解引服虔說，並謂禜祭唯用幣，皆依《左氏》義也。依鄭上注，以日食朱絲縈社說禜，而《鬯人》注又引大水用牲之文以說禜門，是鄭謂禜社禜門並有牲，與《公羊》說略同。《祭法》疏引何休《膏肓》云：「《感精符》云：『立推度以正陽，日食則鼓用牲於社，朱絲營社，鳴鼓脅之。』《左氏》云『用牲非常』，明《左氏》說非夫子《春秋》，於義《左氏》爲短。」鄭箴之曰：「用牲者，不宜用《春秋》之通例。此讖說正陽、朱絲、鳴鼓，豈說用牲之義也。讖用牲於社者，取經死句耳。」今案：依鄭《箴膏肓》說，則又從《左氏》義，以禜社爲不當用牲，與此注義異。賈、孔強圓其說，謂災初見時無牲，災成之後有牲，復與《左氏》義不合。黄以周據《詩・雲漢》，謂水旱之禜有牲。《春秋》用鼓于社于門，爲攻禮，攻有幣無牲，故傳云爾，非禜禮然也。案：黄說較通，足釋鄭、何之紛矣。又錢大昕云：「《墨子・兼愛下》篇引湯說之辭曰：『惟予小子履，敢用玄牡，告于上天后曰：今天大旱，卽當朕身履，未知得罪於上下。有善不敢蔽，有罪不敢赦，簡在帝心。萬方有罪，卽當朕身；朕身有罪，無及萬方。』又釋之云：『此言湯貴爲天子，富有天下，然且不憚以身爲犧牲，以祠說於上帝鬼神。』則說之禮殷人已有之矣。鄭謂攻說用幣無牲，其不然乎。」

案：依錢説，則攻説亦有牲，又不徒造類禬禜矣。**作六辭，以通上下親疏遠近，一曰祠，二曰命，三曰誥，四曰會，五曰禱，六曰誄。**鄭司農云：「祠當爲辭，謂辭令也。命，《論語》所謂爲命裨諶草創之。誥，謂《康誥》、《盤庚之誥》之屬也。盤庚將遷于殷，誥其世臣卿大夫，道其先祖之善功，故曰以通上下親疏遠近。會，謂王官之伯，命事於會，胥命于蒲，主爲其命也。禱，謂禱於天地、社稷、宗廟，主爲其辭也。《春秋傳》曰，鐵之戰，衛大子禱曰：『曾孫蒯聵敢昭告皇祖文王、烈祖康叔、文祖襄公：鄭勝亂從，晉午在難，不能治亂，使鞅討之。蒯聵不敢自佚，備持矛焉。敢告無絶筋，無破骨，無面夷，無作三祖羞。大命不敢請，佩玉不敢愛。』若此之屬。誄，謂積累生時德行，以賜之命，主爲其辭也。《春秋傳》曰：『孔子卒，哀公誄之曰：閔天不淑，不憖遺一老，俾屏余一人以在位，嬛嬛予在疚。嗚呼哀哉尼父！無自律。』此皆有文雅辭令，難爲者也，故大祝官主作六辭。或曰誄，《論語》所謂《誄》曰，禱爾于上下神祇。」杜子春云：「誥當爲告，書亦或爲告。」玄謂一曰祠者，交接之辭。《春秋傳》曰「古者諸侯相見，號辭必稱先君以相接」。辭之辭也。會，謂會同盟誓之辭。禱，賀慶言福祚之辭。晉趙文子成室，晉大夫發焉。張老曰：「美哉輪焉！美哉奂焉！歌於斯，哭於斯，聚國族於斯。」文子曰：「武也得歌於斯，哭於斯，聚國族於斯，是全要領以從先大夫於九京也。」北面再拜稽首，君子謂之善頌善禱。是禱之辭。【疏】「作六辭以通上下親疏遠近」者，此以生人通辭爲文，與上六祝六祈主鬼神而言者異。《表記》注云：「辭所以通情也。」賈疏云：「此六者，惟一曰稱辭，自餘二曰已下不稱辭，而六事皆以辭目之者，二曰已下雖不稱辭命誥之等，亦以言辭爲主，故以辭苞之。」注鄭司農云「祠當爲辭，謂辭令也」者，段玉裁云：「故書作祠，於六辭義不相涉，司農以其聲類改爲辭，二字皆在古音之咍部也。」又案：經文祠字，當是辭之誤。《大行人》「協辭命」，注：『故書協辭命作「汁詞命」。鄭司農云「詞當爲辭」。玄謂辭命，六辭之命也。』是則古書辭作詞之證。《説文·辛部》曰：『辭，説也，從𤔔辛。𤔔辛猶理辜也。』此文辭之字也。《司部》曰：『詈者，意内而言外也，從司言。』此發聲助語及摹繪物情之字，皆謂之詈也。」案：段説是也。依後鄭義，此六辭皆生人酬接之辭，故此先鄭破祠爲辭，後鄭亦從之。云「命，《論語》所謂爲命裨諶草創之」者，《憲問》篇文。何氏《集解》引孔安國注云：「裨諶，鄭大夫名也。」

阮元云：「疏中引注作卑，葉鈔《釋文》及余本載音義，皆作卑。案：《漢書・古今人表》作卑。」詒讓案：《羣經音辨》及《後漢書・皇后紀》李注引《風俗通》亦作「卑」，與賈疏述注同。今本作「禆」，蓋依何氏《集解》本改之。《論語》「爲命」，即謂聘會往來使命之辭。此命與彼同，故先鄭引以爲釋也。命亦通謂之辭命，故《大行人》注總云「六辭之命」矣。云「誥謂《康誥》、《盤庚之誥》之屬也」者，《書敍》云：「成王既伐管叔、蔡叔，以殷餘民封康叔，作《康誥》。」又云：「盤庚五遷，將治亳，殷民咨胥怨，作《盤庚》三篇。」案：《書序》、《盤庚》不言誥，《左》哀十一年傳，伍子胥引作《盤庚之誥》，故先鄭據以爲說。《尚書釋文》引馬融《書注》云：「不言《盤庚誥》何？非但録其誥也。取其徙而立功，故以《盤庚》名篇。」是馬亦以《盤庚》爲誥也。云「盤庚將遷于殷，誥其世臣卿大夫，道其先祖之善功」者，于，注例當作「於」，各本並誤。《盤庚上》篇云「古先哲王，暨乃祖乃父，胥及逸勤，予敢動用非罰，世選爾勞，予不掩爾善」是也。云「故曰以通上下親疏遠近」者，謂《康誥》以兄誥弟，《盤庚》以君誥世臣卿大夫，與經云通上下親疏遠近義合也。此通上下親疏遠近，統君臣邦國家族言之。賈疏謂「苞父祖子孫，上則疏而遠，下則親而近」，則偏據一家爲説，與經注義違，不可從。云「會謂王官之伯，命事于會，胥命于蒲，主爲其命也」者，胥命上疑當有「若」字。昭十一年《左傳》，單子會韓宣子于戚，叔向曰，單子爲王官伯，而命事于會。言王官之伯會諸侯以命事也。又桓三年，齊侯、衛侯胥命于蒲，《左傳》云「不盟也」，《公羊傳》云「胥命者何？相命也」。此皆諸侯會而自相命之事。先鄭意此六辭之會，即爲其辭也。賈疏云：「後鄭不從之者，見昭四年楚椒舉云『商湯有景亳之命，周穆王有塗山之會』。以此觀之，胥命于蒲，與會有異，今先鄭以胥命解會，於義不可，故不從。」云「禱謂禱於天地社稷宗廟，主爲其辭也」者，謂若《小宗伯》云「大烖，及執事禱祠于上下神示」，又云「王之會同、軍旅，甸役之禱祠」，後鄭注云：「求福曰禱。」此大祝爲其告神之辭也。引《春秋傳》曰「鐵之戰」以下者，賈疏云：「案哀二年《左傳》，衛靈公卒，六月乙酉，晉趙鞅納衛太子于戚。秋八月，齊人輸范氏粟，鄭子姚、子般送之。趙鞅禦之，衛大子爲右，衛大子禱而爲此辭。凡祭外神，皆稱曾孫。皇，君也。衛得立文王廟，故云君祖文王。烈祖康叔者，衛之始封君，有功烈之祖。勝，鄭伯名，助范氏亂，故云亂從。午，晉定公名，范氏等作亂，與君爲難，故云在難。蒯聵與趙鞅爲車右，車右執持戈矛，故云備持矛焉。三祖，謂文王、康叔、襄公。戰不克則以爲三祖羞辱。」詒讓案：無破骨，無面夷，今本《左傳》作「無折骨，無面傷」。《國語・晉語》晉惠公與秦戰於韓，其誓有「無面夷」之文，疑先鄭誤記也。云「若此之屬」者，謂六辭之禱，卽衞大子所禱之屬是也。先鄭誤以此禱爲告神之辭，故後鄭不從。云「誄謂積累生時德行，以賜之命，主爲其辭也」者，誄累聲類同。《大史》「讀誄」，後鄭注云：「累其行而讀之。」《荀子・禮論篇》云：「其銘誄繫世，敬傳其名也。」楊注云：「誄其行狀以爲謚也。」《釋名・釋典藝》云：「誄，累也，累列其事而稱之也。」《墨子・魯問》篇云：「誄者，道死人之志也。」言凡作謚，必先讀誄，其事本通於上下。大史大喪讀誄，謂誄先王也。此大祝六辭，主爲王誄羣臣，故云賜命也。引《春秋傳》曰「孔子卒，哀公誄之」以下者，並哀十六年《左傳》文。今本《左傳》「閔天不淑」作「旻天不弔」，「嬛嬛予在疚」作「煢煢余在疚」。杜注云：「仁閔覆下，故稱旻天。弔，至也。慭，且也。俾，使。屏，蔽也。疚，痛也。律，法也。言喪尼父無以自爲法。」此引以證君誄臣，積累德行以賜命之事也。阮元云：「《釋文》：『嬛嬛，求營反。在疚，九又反。』不出『予』字。案：《左傳》予作余，此注余一人亦作余，陸本或無此字。」案：阮説近是。《説文・女部》嬛字注引《春秋傳》正作「嬛嬛在疚」，無「予」字，許、鄭所見本疑同。惠士奇云：「《説文》：『誄，謚也。謚，行之迹也。』謚以誄成，故誄訓爲謚，則誄必有謚。然魯莊公誄縣賁父，哀公誄尼父，未聞有謚。康成謂哀公謚仲尼爲尼父，蓋以字爲謚，賁父、尼父皆是也。」案：惠説是也。誄與謚事相因，詳《大史》、《小史》疏。云「此皆有文雅辭令，難爲者也，故大祝官主作六辭」者，統釋上辭命六者謂皆須用文雅辭令，不可質陋，故以大祝官主作之，取其閑習也。胡匡衷云：「古者通謂掌文辭之官爲史，故祝《燕禮》、《大射》稱祝史。《聘禮記》云『辭多則史』是也。」云「或曰誄，《論語》所謂《誄》曰，禱爾于上下神祇」者，《論語・述而》篇云：「子疾病，子路請禱，子曰：『有諸？』子路對曰：『有之。《誄》曰：禱爾于上下神祇。』」《集解》引孔安國云：「《誄》，禱篇名也。」《説文・言部》云：「讄，禱也，累功德以求福。」引《論語》誄作「讄」，此與誄訓謚義異。案：先鄭前云「誄謂積累生時德行以賜之命」者，乃誄之本義，謂施於死者以作謚也。此別一説引《論語》者，則以誄爲讄之借字，謂施於生者以求福也。二義迥異。賈疏謂與哀公誄孔子意同，誤。《小宗伯》注引《論語》作「讄」，與許同。此引不爾者，蓋古《論》及《齊》、《魯》之異，先鄭欲以釋此六辭之誄，故依作「誄」之本引之也。杜子春云「誥當爲告，書亦或爲告」者，徐養原云：「《說文·告部》：『告，牛觸人，角箸橫木，所以告人也。《易》曰：僮牛之告。』又《言部》：『誥，告也。』是誥與告大同小異。鄭司農訓誥爲《康誥》、《盤庚之誥》之屬，子春從『告』，與司農不同。」云「玄謂一曰祠者交接之辭」者，謂朝聘來往交接之辭令也。阮元云：「賈疏引注作『玄謂一曰辭者』。案：鄭君從司農改祠爲辭，故下云辭之辭也。此仍作祠，非。」案：阮校是也。段玉裁說同。後鄭釋祠讀義並與先鄭同。引《春秋傳》者，賈疏云：「案莊四年《公羊傳》曰：『古者諸侯必有會聚之事，相朝聘之道，號辭必稱先君以相接。』是此之辭也。彼無相見二字，鄭以義增之。云「辭之辭也」者，段玉裁云：「言是爲辭之辭，如美哉輪焉云云，爲禱之辭；閔天不淑云云，爲誄之辭也。」云「會謂會同盟誓之辭」者，賈疏云：「會中兼有誓盟者，以其盟時，皆云公會某侯某侯盟于某，以此出會中含有盟。其誓必因征伐。案《春秋》征伐，皆云公會某侯某侵某，既有士卒，當有誓辭，故出會中兼有誓也。」王引之云：「如先鄭之說，則因會而命事，因命事而有辭；如後鄭之說，則因會而盟誓，因盟誓而有辭：不得直謂辭爲會也。竊疑乃諭之假借，諭古話字也。《說文》：『話，會合善言也。籀文作諭，從會。』《盤庚》曰『乃話民之弗率』，馬注曰：『話，告也，言也。』文六年《左傳》『箸之話言』，杜注曰：『話，善也，爲作善言遺戒。』諭爲告戒下民之辭，與誥相近，故三曰誥，四曰諭。」案：王說亦通。云「禱，賀慶言福祚之辭」者，謂人以吉語相賀慶，爲求福祚之辭，不從先鄭禱爲祈福鬼神之事也。云「晉趙文子成室」以下者，並《檀弓·晉獻文子成室章》文。鄭彼注云：「文子，趙武也。作室成，諸大夫發禮以往。輪，輪囷，言高大。奐言衆多。歌於斯，哭於斯，聚國族於斯者，祭祀、死喪、燕會於此足矣。全要領者，免於刑誅也。晉卿大夫之墓地在九原，京蓋字之誤，當爲原。善頌，謂張老之言。善禱，謂文子之言。禱，求也。」引以證禱非禱神之辭。云「是禱之辭」者，舊本誤作「禱是之辭」，今據汪道昆本及明注疏本正。謂《檀弓》趙文子語，即此六辭之禱也。

辨六號，一曰神號，二曰鬼號，三曰祇號，四曰牲號，五曰齍號，六曰幣號。

號，謂尊其名，更爲美稱焉。神號，若云皇天上帝。鬼號，若云皇祖伯某。祇號，若云后土地祇。幣號，若玉云嘉玉，幣云量幣。鄭司農云：「牲號，謂犧牲皆有名號。《曲禮》曰：『牛曰一元大武，豕曰剛鬣，羊曰柔毛，雞曰翰音。』粢號，謂黍稷皆有名號也。《曲禮》曰：『黍曰香合，粱曰香萁，稻曰嘉疏。』《少牢饋食禮》曰『敢用柔毛剛鬣』，《士虞禮》曰『敢用絜牲剛鬣香合』。」【疏】注云「號謂尊其名，更爲美稱焉」者，《禮運》「作其祝號」，注引此六號釋之云：「號者，所以尊神顯物也。」案：祭祀尚文，故不敢質言其本名，別爲美稱，以致其尊敬之意。云「神號，若云皇天上帝」者，以下蔡氏《獨斷》説並同。此舉神號之大者以見義，即《大宗伯》所謂大號也。其實神號中亦有小號，人鬼、地示並放此。賈疏云：「《月令》季夏云『以養犧牲，以供皇天上帝』。皇天謂北辰曜魄寶，上帝謂大微五帝。」云「鬼號若云皇祖伯某」者，《少牢饋食禮》云「用薦歲事于皇祖伯某」，注云：「皇，君也。伯某，且字也。」云「祇號若云后土地祇」者，亦注用今字作「祇」也。《左》僖十五年傳云：「君履后土而戴皇天。」地祇即《大宗伯》地示。此注后土亦謂大地之祇，與《大宗伯》及《月令》之「后土」並異，詳《大宗伯》疏。云「幣號若玉云嘉玉，幣云量幣」者，賈疏云：「此並《曲禮》文。經無玉號，鄭兼言玉者，祭祀禮神有玉，《曲禮》亦有玉號。案：《小行人》合六幣，圭以馬，璋以皮。玉得與幣同號，故鄭兼言玉也。」鄭司農云「牲號，謂犧牲皆有名號」者，「謂」舊誤「爲」，今依岳本正。賈疏述注亦作「謂」。此牲號即《膳夫》六牲之號，亦兼六獸六禽言之。《曲禮》注云：「號牲物者，異於人用也。」《獨斷》云：「凡祭，號牲物異於人者，所以尊鬼神也。」引《曲禮》曰「牛曰一元大武」以下者，賈疏云：「鄭彼注：『元，頭也。武，迹也。』一頭大迹。豕曰剛鬣者，豕肥則鬃鬣剛强。羊曰柔毛者，羊肥則毛柔潤。雞曰翰音者，翰，長也，音，鳴也，謂長鳴雞。」案：《曲禮》尚有犬、雉、兔諸號，此不備引。云「粢號謂黍稷，皆有名號也」者，此亦經作齍，注讀爲粢也，詳《小宗伯》疏。賈疏述注作「齍」，非。此即《膳夫》六穀之號。六穀稷爲長，故祭穀曰粢，詳《甸師》疏。引《曲禮》曰「黍曰香合，粱曰香萁，稻曰嘉疏」者，「萁」《釋文》作「其」。今本《禮記》「香」並作「薌」，「疏」作「蔬」，《禮記釋文》亦作「疏」。鄭彼注云：「萁，辭也。嘉，善也。稻，菰蔬之屬也。」賈疏云：「香合，言此黍香合以爲祭。香萁，言此粱香可祭。嘉疏，言稻下萊地所生者，嘉，善也，疏，草也，言此稻善疏草可祭。」引《少牢饋食禮》曰「敢用柔毛剛鬣」，《士虞禮》曰「敢用絜牲剛鬣香合」者，證牲號、粢號之辭。賈疏云：「此《士虞記》文，而云《禮》者，記亦是禮。」

辨九祭，一曰命祭，二曰衍祭，三曰炮祭，四曰周祭，五曰振祭，六曰擩祭，七曰絶祭，八曰繚祭，九曰共祭。杜子春云：「命祭，祭有所主命也。振祭，振讀爲慎，禮家讀振爲振旅之振。擩祭，擩讀爲虞芮之芮。」鄭司農云：「衍祭羨之道中，如今祭殤，無所主命。周祭，四面爲坐也。炮祭，燔柴也。《爾雅》曰：『祭天曰燔柴。』擩祭，以肝肺菹擩鹽醢中以祭也。繚祭，以手從肺本，循之至于末，乃絶以祭也。絶祭，不循其本，直絶肺以祭也。重肺賤肝，故初祭絶肺以祭，謂之絶祭；至祭之末，禮殺之後，但擩肝鹽中，振之，擬之若祭狀，弗祭，謂之振祭。《特牲饋食禮》曰：『取菹擩于醢，祭于豆閒。』《鄉射禮》曰：『取肺坐，絶祭。』《鄉飲酒禮》曰：『右取肺，左郤手執本，坐，弗繚，右絶末以祭。』《少牢》曰：『取肝擩于鹽，振祭。』」玄謂九祭，皆謂祭食者。命祭者，《玉藻》曰「君若賜之食，而君客之，則命之祭，然後祭」是也。衍字當爲「延」，炮字當爲「包」，聲之誤也。延祭者，《曲禮》曰「客若降等，執食興辭，主人興辭於客，然後客坐，主人延客祭」是也。包猶兼也。兼祭者，《有司》曰「宰夫贊者取白黑以授尸，尸受兼祭于豆祭」是也。周猶徧也。徧祭者，《曲禮》曰「殽之序，徧祭之」是也。振祭、擩祭本同，不食者擩則祭之，將食者既擩必振乃祭也。絶祭、繚祭亦本同，禮多者繚之，禮略者絶則祭之。共猶授也。王祭食，宰夫授祭。《孝經説》曰：「共綏執授。」【疏】「辨九祭」者，謂飲食之祭，儀節有此九科，《膳夫》注云「凡食必祭，示有所先」是也。凡禮約者專舉一祭，禮詳者或兼備衆祭，大祝皆辨之。　注「杜子春云，命祭，祭有所主命也」者，此誤以爲祭祀之祭也。賈疏云：「凡祭祀，天子諸侯木主，大夫士有幣帛主其神。《曾子問》以幣帛皮圭以爲主命，當主之處。此子春之意，亦當以幣帛謂之主命。但此經文皆是祭食法，不得爲主命，故後鄭不從之。」云「振祭，振讀爲慎，禮家讀振爲振旅之振」者，段玉裁云：「子春易振爲慎，其説未聞。司農説振祭，擩肝鹽中，振之，擬之若祭狀，蓋卽禮家讀爲振旅之振之説也。」云「擩祭，擩讀爲虞芮之芮」者，段玉裁改經注「擩」並爲「㨎」，云：「『讀爲』當作『讀如』。虞芮，二國名，擬其音如芮耳。經注㨎字，今本作擩，其誤自唐至今矣。凡耎聲之字在元寒部，音轉入脂微部，需聲之字在侯部，音轉入魚虞部，而後人作偏旁多亂之，此其大較也。杜子春㨎讀如虞芮之芮。《説文・手部》：『㨎，染也。从手耎聲。《周禮》六曰㨎祭。』攷《儀禮》㨎字屢見，《開成石經》以下，《特牲》、《少牢》作㨎不誤。《公食大夫》、《士虞》及《周禮》誤作擩。以子春讀如芮，《儀禮》、《周禮》釋文皆曰『而泉反』，一音『而劣反』，劉又『而誰反』證之，則其字定爲耎聲，非需聲。今本《釋文》、《史》《漢·司馬相如傳》注、《文選·子虚賦》注、《玉篇·手部》、《廣韻·上聲·九麌》皆譌作擩，而今本《説文》作擩，則併其源妄改之，以致《五經文字》云『㨎，字書無此字，見《禮經》』。然則當張參時，《説文》、《字林》、《玉篇》皆已有擩無㨎矣。今《玉篇》引《説文》『擩，染也』，蓋自顧野王、孫强所據《説文》已譌，《唐韻》因其需聲，切以『而主』，徐鼎臣因之。自陸德明以前，形雖譌，未聞有『而主』之音也。《玉篇》而主切，蓋亦顧氏之舊。《廣韻·麌韻》作擩，《薛韻》作㨎，則截然二字矣。」案：段説是也。但經注沿譌已久，今未敢輒改。鄭司農云「衍祭羨之道中，如今祭殤，無所主命」者，先鄭説衍祭、周祭、炮祭，亦誤以祭祀之祭爲釋。段玉裁云：「衍羨聲類同，故司農以羨釋衍。殤當爲禓，《説文·示部》曰：『禓，道上祭也。』正司農所謂羨之道中無所主命也。」孔廣森云：「《漢書·武帝紀》：天漢二年，止禁巫祠道中者。《王嘉傳》，董賢母病，長安廚給祠具，道中過者皆飲食。如淳曰：『禱於道中，故行人皆得飲食也。』杜子春説道齋之奠，亦云道中祭也。漢儀，每街路輒祭。」詒讓案：衍羨聲近通用。《詩·大雅·板》「及爾游羨」，《釋文》云：「羨，本作衍。」《漢書·溝洫志》「然何災之羨溢兮」，顔注云：「羨與衍同。」「衍祭羨之道中」，疑當作「衍祭祭羨之道中」，今本捝一祭字。祭羨之道中者，謂祭於墓道中。《冢人》注云：「隧，羨道也。」《小爾雅·廣名》云：「無主之鬼謂之殤。」《楚辭·九歌》有《國殤》。蓋祭無主之鬼於道上，是謂祭殤，亦謂之禓，殤禓古通用。此祭殤，與上中下三殤之祭異也。漢時祭殤皆於墓道之閒，廣祭殤鬼，無所主命，故先鄭引以爲況。然則先鄭於命祭，蓋從杜説，爲祭有所主命，故謂衍祭無所主命，亦取與彼相對爲次也。云「周祭，四面爲坐也」者，《小爾雅·廣言》云：「周，帀也。」言四面周帀爲神坐祭之也。賈疏云：「謂若祭百神，四面各自爲坐。」云「炮祭，燔柴也」者，賈疏云：「以其炮是燔燒之義，故爲燔柴祭天。此九祭，先鄭謂周祭已上皆是祭鬼神之事，振祭已下皆是生人祭食之禮。後鄭不從之者，祭天神、地祇、人鬼，大宗伯辨之，大祝不須別列，且生人祭食，不合與祭鬼神同科，故皆以爲生人祭食法。」引《爾雅》曰「祭天曰燔柴」者，《釋天》文。郭注云：「既祭，積薪燒之。」先鄭意，炮祭即謂《大宗伯》禋祀實柴之祭，故引此文證之。云「擩祭，以肝肺菹擩鹽醢中以祭也」者，《公食大夫禮》注云：「擩猶染也。」案：擩鹽者，肝肺也；擩醢者，菹也。以《禮經》攷之，擩醢者又有脯，擩鹽者又有燔，先鄭不言者，文略。賈疏云：「按《特牲》、《少牢》墮祭之時，皆有以菹擩醢中以祭；主人獻尸時，賓長以肝從，尸以肝擩鹽中以祭。故先鄭云『以肝肺菹擩鹽醢中以祭』，彼無云用肺擩鹽醢中，先鄭連引之耳。按：彼所擩鹽中以振祭，嚌之，加于肵俎；此則是振祭，司農以初祭擩于鹽即同擩祭解之，於義不可。」案：賈說非也。《士虞》、《特牲》、《少牢》說尸食舉肺，皆先振祭嚌之。先鄭意，蓋謂凡言振者，必先擩乃振，彼舉肺云振祭，則亦擩可知。經不言擩者，以言振則擩已見，故從省耳。後鄭謂擩振本同，亦此意。賈後疏謂振者皆擩，其說不誤；而於此顧以經無肺擩之文爲疑，不亦疏乎。又先鄭此注，通約禮義，亦不必專據墮祭。《禮經》說肝肺之祭，無不振而徒擩之文，故不得不取振擩相兼者以爲釋。賈謂於義不可，抑又誤矣。云「繚祭，以手從肺本，循之至于末，乃絶以祭也」者，于，注例當作「於」，各本並誤。阮元云：「《釋文》出『從持肺』三字，云『劉、沈皆子容反』。今本或無『持』字，從則如字。」案：賈疏本亦無『持』字。」詒讓案：據《釋文》，則劉昌宗、沈重本並有持字是也。從讀爲從横之從，從持肺本，即《鄉飲酒》注所云「垂紾之」是也。《漢書·李陵傳》「數循其刀環」，顔注云：「循謂摩循。」此謂以左手從持肺本，以右手從本之離處摩循之，以至於末，使肺繚戾而後絶之以祭也。肺本及繚義，並詳後。云「絶祭不循其本，直絶肺以祭也」者，絶肺，孔繼汾校，依《有司徹》疏引作「絶末」，於義較長。此亦從持肺本，但不摩循，直絶其末以祭，故謂之絶祭。《特牲饋食禮》云：「主人左執爵，祭薦，宗人贊祭，奠爵興，取肺坐，絶祭，嚌之。」注云：「絶肺祭之者，以離肺長也。」《少儀》曰：「牛羊之肺，離而不提心。」豕亦然。云「重肺賤肝，故初祭絶肺以祭，謂之絶祭，至祭之末，禮殺之後，但擩肝鹽中振之，擬之若祭狀，弗祭，謂之振祭」者，賈疏云：「重肺者，此繚祭絶祭二者皆據肺而言，周貴肺，故云重肺。賤肝者，司農意，上云以肝擩于鹽，據《特牲》、《少牢》尸食後賓長以肝從之意。云『故初祭絶肺以祭謂之絶祭』者，此絶祭，依《特牲》、《少牢》，無此絶祭之事，於義不可。云『祭之末，禮殺之後，但擩肝鹽中，振之，擬之若祭狀』者，此還據《少牢》擩肝祭而云若祭狀弗祭，於義不可。」案：《特牲》主婦致爵于主人，云「取肺坐，絶祭，嚌之」，又云「取肝擩于鹽，坐，振祭，嚌之」，即先鄭所據。賈謂《特牲》無絶祭，非也。但肝擩于鹽，振祭，嚌，則彼實有祭，非弗祭也。先鄭以爲虚擬，則與經不合耳。引《特牲饋食禮》曰「取菹擩于醢，祭于豆閒」者，彼文云「祝命挼祭，尸左執觶，右取菹擩于醢，祭于豆閒」。注云：「命，詔尸也。授祭，祭神食也。揳醢者，染於醢。」彼爲命祭兼擩祭，先鄭引之者，以證擩祭也。引《鄉射禮》曰「取肺坐絶祭」者，彼文云「賓坐，左執爵，右祭脯醢，奠爵于薦西，興，取肺，坐絶祭，尚左手，嚌之。」注云：「卻左手執本，右手絶末以祭也。肺離上爲本，下爲末。」引之者，以證絶祭也。引《鄉飲酒禮》曰「右取肺，左卻手執本，坐弗繚，右絶末以祭」者，「左卻」盧文弨校，依《鄉飲酒禮》作「卻左」是也。彼文云：「賓坐，左執爵，祭脯醢，奠爵于薦西，興，右手取肺，卻左手執本，坐弗繚，右絶末以祭，尚左手嚌之，興，加于俎。」注云：「肺離之，本端厚大者。繚猶紾也。大夫以上威儀多，紾絶之。尚左手者，明垂紾之乃絶其末。」夏炘云：「《説文・丿部》云：『弗，撟也。』弗繚者，撟弗繚戾而祭之，即先鄭注所謂以手從肺本循之，至於末，乃絶以祭也。」引《少牢》曰「取肝擩于鹽，振祭」者，彼文擩作揳，此引以證擩祭兼振祭之事也。云「玄謂九祭皆謂祭食者」者，破杜及先鄭以命祭、衍祭、炮祭、周祭爲鬼神祭祀之事。祭食，詳《膳夫》疏。云「命祭者，《玉藻》曰，君若賜之食，而君客之，則命之祭，然後祭是也」者，彼注云：「雖見賓客，猶不敢備禮也。侍食則正不祭。」孔疏云：「禮，敵者共食則先祭，若降等之客則後祭。若臣侍君，而賜之食，則不祭。若賜食，而君以客禮待之，則得祭；雖得祭，又先須君命之祭，後乃敢祭也。」李光坡云：「命祭，《特牲》所謂尸坐祝命授祭是也。」凌廷堪云：「命祭謂墮祭也。墮祭即授祭，必祝命之，故曰命祭。《特牲饋食禮》：『尸入，祝命授祭。尸左執觶，右取菹，揳于醢，祭于豆閒。佐食取黍稷肺祭授尸，尸祭之。』《士虞禮》祝命佐食墮祭祭豆，在祝命之前，與《特牲》小異，餘大率同也。《特牲》不云命佐食者，文不具也。此祭在尸未飯時，蓋祭食之最重者，故以爲首。」案：李、凌並據《禮經》爲説，較鄭爲長。孫希旦、夏炘説同。隋祭，互詳《守祧》疏。云「衍字當爲延，炮字當爲包，聲之誤也」者，《男巫》「望衍」注云：❶「衍讀爲延，聲之誤也。」惠士奇云：「延衍音同古通。《漢書・西域傳贊》有漫衍之戲，即《西京賦》所謂『巨獸百尋，是爲曼延』，此衍與延通也。」丁晏云：「炮包聲相近。《易・繫辭》曰『古者庖犧氏之王天下也』。《釋文》作包，鄭本亦作包。《漢書・律志》作『炮犧氏』，注『炮與庖同』。」云「延祭者，《曲禮》曰客若降等，執食興辭，主人興辭於客，然後客坐，主人延客祭是也」者，鄭彼注云：「延，道也。」孔疏

❶「男巫」原譌「大祝」，今據《周禮注疏》改。

云：「若敵客，則得自祭，不須主人之延道。今此卑客，聽主人先祭道之，已乃從之，故云延客祭也。」李光坡釋衍爲酳。凌廷堪亦云：「衍祭謂祭酒也。《詩・小雅・伐木》『釃酒有衍，籩豆有踐。』毛傳：『衍，美貌。』又《特牲饋食禮》『主人洗角，升酌酳尸』，注：『酳猶衍也。』是知衍祭爲祭酒也。飲酒之禮，獻酒必祭。如《鄉飲酒》、《鄉射》、《燕禮》、《大射》、《士虞》、《特牲》、《少牢》、《有司徹》之獻酒，❶皆祭，雖獻工、獻笙、獻獲者、獻釋獲者、獻祝、獻佐食之屬，無不祭者。酢酒、酬酒以及舉觶媵爵爲旅酬、無算爵始之酒，亦必祭。唯至旅酬、無算爵乃不祭耳。凡祭酒，皆左手執爵，於豆閒祭之。又祭醴亦啐之祭鉶亦嘗之而告旨，則祭醴祭鉶當附于衍祭也。」夏炘云：「衍祭者，即禮之挋祭也。古人祭鉶祭湆，皆挋祭。挋祭者，以柶與匕挋鉶羹肉湆而祭之。《有司徹》主婦獻尸，尸以羊鉶之柶，挋羊鉶，遂以挋豕鉶，祭于豆祭。主人獻尸，次賓二手執挑匕枋以挹湆，注于疏匕。若是者三，以授尸，尸卻手受匕枋，坐祭，嚌之。挋衍亦聲相近。衍，溢也，饒也。以柶匕挹羹與湆，有盈溢饒溢之意。」案：衍祭，鄭謂爲延祭，於義可通，然惟見於記，《禮經》則無見文。李、凌、夏諸家，並依經別爲詁釋，亦未知是否，姑兼存之。云「包猶兼也」者，《廣雅・釋詁》云：「包，裹也。」《說文・秝部》云：「兼，并也。」包裹有兼并之義，故以兼訓包也。云「兼祭者，《有司》曰，宰夫贊者取白黑以授尸，尸受兼祭于豆祭是也」者，彼文云：「尸升筵自西方，坐，左執爵，右取韭菹抨于三豆，祭于豆閒，尸取麷蕡，宰夫贊者取白黑以授尸，尸受，兼祭于豆祭。」案：彼尸先取菹，擩祭于豆閒，後又取麷蕡，受白黑，兼祭于先祭菹之豆閒，故云兼祭于豆祭。白黑者，彼注云「白，熬稻；黑，熬黍」是也。凌廷堪云：「包祭，謂祭豆籩也。案：籩實爲脯，豆實爲醢，則用擩祭，或振祭。籩實爲糗脩，豆實爲菹醢，則用兼祭。《有司徹》『主婦受尸酢，左執爵，右取菹，抨於醢，祭于豆閒』，此祭豆也。又取麷蕡兼祭于豆祭，此祭籩也。豆籩同祭，故謂之兼祭。不儐尸之禮，主婦亞獻尸，左執爵，取棗糗，祝取栗脯以授尸，尸兼祭于豆祭，亦兼祭也。他如《特牲》主人獻尸；《有司徹》主人獻侑，受尸酢，主婦獻尸、獻侑，致爵于主人；不擯尸之禮，主婦獻祝，致爵于主人，賓致爵于主婦：皆豆籩同祭。經或云兼祭，或云同祭，其實皆兼祭也。後鄭所舉《有司徹》宰夫贊者取白黑以授尸，尸受兼祭于豆祭，則主人獻尸之禮也。」案：

❶「少牢」下原衍「者」，據凌廷堪《禮經釋例》卷五刪。

凌申鄭義甚覈。但鄭讀炮爲包近是，而訓爲兼義，究似牽强。竊疑炮當爲苞苴之苞，苞祭卽《士虞禮》之祭苴也。《司巫》「蒩館」注云：「書或爲租飽。」苞炮飽聲類並同。祭苴爲葬虞之大節，依《司巫》注疏，則天子吉祭亦有之，此經九祭不宜遺之。若兼祭，《禮經》或謂之同祭，似當在下周祭内，周與同義亦相近也。此雖肊説，而於聲義皆可通，附著之以備一義。云「周猶徧也」者，《司會》注同。云「徧祭者，《曲禮》曰殽之序徧祭之是也」者，彼注云：「謂胾炙膾也，以其本出於牲體也。」孔疏云：「徧，匝也。」賈疏云：「凡祭者皆盛主人之饌，故所設殽羞，次第徧祭。案《公食大夫》，惟魚腊湆醬不祭，以其薄故也。其餘皆祭，故謂之周祭。」凌廷堪云：「《公食大夫禮》賓祭正饌，『坐取韭菹，以辯擩于醢，上豆之閒祭』，此祭豆也。豆有六，故云辯，辯卽徧字。又云『贊者東面坐，取黍，實於左手，辯，又取稷，辯，反于右手，興，以授賓，賓祭之』，此祭黍稷也。簋有六，故云辯。又云『三牲之肺不離，贊者辯取之，壹以授賓，賓興受，坐祭』，此祭肺也。食禮用牛羊豕，故云辯。又云『扱上鉶，以柶辯擩之，上鉶之閒祭』，此祭鉶也。鉶有六，故云辯。又賓祭加饌，『贊者北面坐，辯取庶羞之大，興，一以授賓，賓受，兼一祭之』，此祭庶羞也。庶羞十六豆，故云辯。皆周祭也。至于《少牢》墮祭，尸取韭菹，辯擩于三豆，祭于豆閒，則又命祭中之周祭矣。」云「振祭擩祭本同」者，賈疏云：「同者，皆擩，但振者先擩後振，擩者不振。」云「不食者擩則祭之」者，賈疏云：「《特牲》、《少牢》皆有挼祭。挼祭，未食之前，以菹擩于醢，祭于豆閒。是不食者擩則祭之。」凌廷堪云：「賈疏引《特牲》、《少牢》挼祭，以明不食則不振，非注意也。《少牢》『主人獻祝，祝取菹擩于醢，祭于豆閒』，此方是擩祭。若挼祭所云，則命祭中之擩祭。」云「將食者，既擩必振乃祭也」者，賈疏云：「《特牲》、《少牢》皆有主人獻尸，賓長以肝從，尸右取肝，擩于鹽，振祭，嚌之，加于菹豆。是謂振祭。言將食者，振訖嚌之，是將食也。」凌廷堪云：「振祭擩祭，皆謂祭薦俎也。案：《士虞》、《特牲》尸入九飯，佐食舉肺脊，舉幹，舉骼，舉肩，皆振祭嚌之。《少牢》尸入十一飯，上佐食舉牢幹、魚腊膚、牢骼、牢肩，尸亦振祭嚌之。此皆祭俎不擩，而即振者也。《士虞》、《特牲》、《少牢》、《有司徹》凡以肝燔從者，皆擩于俎鹽，振祭嚌之，此則擩而後振者也。將食故必振。《鄉飲酒》、《鄉射》、《燕禮》、《大射》所云祭薦，皆是擩祭。《鄉射記》云：『薦脯五膱，祭半膱横于上。』蓋祭者左執爵，右取祭脯，擩于醢，而祭于豆閒，不食，故不振。經不云擩者，省文也。若籩實，是糗脩之屬，不可擩，則必取菹擩于醢，兼取籩實祭之，又爲兼祭矣。」案：凌謂祭俎不擩而振，依經論之耳。實則後鄭謂振祭擩祭本同，是凡振祭無不擩矣。然則《士虞》、《特牲》、《少牢》之振祭，雖不云擩，亦皆擩而後振者也。前先鄭説擩祭兼有肺，蓋與後鄭義同。云「絶祭繚祭亦本同」者，賈疏云：「同者，絶之。但絶者不繚，繚者亦絶，故云本同。」云「禮多者繚之」者，賈疏云：「此據《鄉飲酒》鄉大夫行鄉飲酒，賓賢能之禮，故云禮多所繚之法，即司農所引右取肺已下是也。」云「禮略者絶則祭之」者，賈疏云：「此據《鄉射》，州長射則士禮，故云禮略者絶則祭之。祭法卽上先鄭所引《鄉射禮》取肺坐絶祭是也。」凌廷堪云：「絶祭、繚祭，皆謂祭肺也。案：《鄉射》、《燕禮》、《大射》主人獻賓，《大射》主人獻卿，《特牲》主婦致爵于主人，主人獻賓，《有司徹》主人獻尸，主人主婦受尸酢，不儐尸之禮，主婦致爵于主人，賓致爵于主婦，經皆云興取肺，坐絶祭，是大夫士皆絶祭，非繚祭也。唯《鄉飲酒禮》主人獻賓，賓興，右手取肺，卻左手執本，坐，弗繚，右絶末以祭，尚左手嚌之，興，加于俎。注以弗繚爲繚祭，鄭司農亦引此以爲繚祭之證。疏云《鄉飲酒》，大夫禮，故云繚祭；《鄉射》，士禮，故云絶祭。但繚必兼絶，絶不得兼繚，是以此經云繚兼言絶也。」

云「共猶授也」者，共卽供之借字。《廣雅·釋詁》云：「供，進也。」言進而授之。云「王祭食宰夫授祭」者，宰夫當作膳夫，《膳夫》云「以樂侑食，膳夫授祭」是也。此云宰夫者，疑冢前引《有司徹》文而誤。賈疏謂據諸侯是宰夫，非是。《有司徹》自作宰夫，此云王祭食，自是膳夫也。互詳《膳夫》疏。授祭亦卽《肆師》云「饗食授祭」，注云：「授賓祭肺。」凌廷堪云：「《燕禮》主人獻，公膳宰贊授肺；《大射》主人獻，公庶子贊授肺：此絶祭也。《士虞》、《特牲》、《少牢》墮祭皆佐食授之，此命祭也。尸入飯時，舉牲體，亦佐食授之，此振祭也。《有司徹》主人獻尸，宰夫贊者取白黑以授尸；不儐尸之禮，主婦亞獻，祝取栗脯以授尸：此兼祭也。《公食大夫》祭黍稷，祭肺，祭庶羞，亦贊者授之，此周祭也。皆爲共祭也。凡祭，遠者授，近者不授。脯醢羹酒皆在席前，故祭薦、祭鉶、祭酒，無授祭也。共祭亦備諸祭，故以爲九祭之終焉。」引「《孝經説》曰，共綏執授」者，賈疏云：「《孝經緯》文。共綏執授者，謂將綏祭之時，共此綏祭以授尸。引之者，證共爲授之義。」王應麟云：「疏謂綏祭，非也。《續漢·禮儀志》注《孝經援神契》曰：『尊三老者，父象也。謁者奉几，安車輭輪，供綏執授。』宋均曰：『供綏，三老就車，天子親執綏授之。』永平二年《養老詔》，亦有『安車輭輪，供綏執授』之語，蓋取《孝經緯》。」案：王説是也。《北堂書鈔・禮儀部》引《孝經鉤命決》亦有此文。《白虎通義・鄉射》篇又云「恭綏執授」。共供恭字通。綏者，車中把，與《少牢》、《有司徹》「綏祭」爲「墮祭」之異文者迥別。此注引之，止取共授同義，不關綏祭也。引緯稱説者，詳《大司樂》疏。

辨九𢷎，一曰稽首，二曰頓首，三曰空首，四曰振動，五曰吉𢷎，六曰凶𢷎，七曰奇𢷎，八曰褒𢷎，九曰肅𢷎，以享右祭祀。稽首，拜頭至地也。頓首，拜頭叩地也。空首，拜頭至手，所謂拜手也。吉拜，拜而後稽顙，謂齊衰不杖以下者。言吉者，此殷之凶拜，周以其拜與頓首相近，故謂之吉拜云。凶拜，稽顙而後拜，謂三年服者。杜子春云：「振讀爲振鐸之振，動讀爲哀慟之慟，奇讀爲奇偶之奇，謂先屈一膝，今雅拜是也。或云：奇讀曰倚，倚拜謂持節、持戟拜，身倚之以拜。」鄭大夫云：「動讀爲董，書亦或爲董。振董，以兩手相擊也。奇拜，謂一拜也。褒讀爲報，報拜，再拜是也。」鄭司農云：「褎拜，今時持節拜是也。肅拜，但俯下手，今時撎是也。介者不拜，故曰『爲事故，敢肅使者』。」玄謂振動戰栗變動之拜。《書》曰「王動色變」。一拜，荅臣下拜。再拜，拜神與尸。享，獻也，謂朝獻饋獻也。右讀爲侑。侑勸尸食而拜。

【疏】「辨九𢷎」者，《説文・手部》云：「𢷎，首至地也。从手𠦪，重文𢷎。揚雄説𢷎从兩手下。」案：此經例用古字，皆作「𢷎」；注例用今字，皆作「拜」。拜即𢷎之隸變。九拜，首與手各有高下深淺之不同，揚云兩手下，許云首至地，各舉一耑爲義，非通詁也。云「一曰稽首」者，稽，《釋文》作「䭫」，云「本又作稽」。《説文・首部》云：「䭫，下首也。」案：《釋文》本是也。經作䭫，注作稽，亦經用古字，注用今字之例。稽䭫同聲叚借字。賈疏説稽首爲稽留之字，則誤以叚字爲正字矣。此九拜，稽首、空首、頓首、振動，四者爲拜儀之正。肅拜，則專爲婦人之拜。吉拜、凶拜，則因事而別其手之所尚。奇拜、褒拜，則隨禮之隆殺，爲拜之數，皆依上五拜而爲之別異其儀節也。云「以享右祭祀」者，賈疏云：「享，獻也。謂朝踐獻尸時拜。侑，侑食，侑勸尸食時而拜。此九拜不專爲祭祀，而以祭祀結之者，祭祀事重，故舉以言之。」段玉裁云：「經文云『以享右祭祀』，謂拜神、拜尸、拜賓也。頓首非拜神之拜。《士虞禮》祭用再拜稽首，送賓用拜稽顙，畫然分別，然不可謂稽顙非士虞之拜也。是祭祀中非無頓首也。《特牲饋食》『主人再拜稽首，祝在左，卒祝，主人再拜稽首』，此拜神也。下文『迎尸於門外，尸即席，主人拜妥尸，尸荅拜』，則拜尸不稽首。下文『尸親嘏，主人再拜稽首，受黍』，此雖受諸尸，實受諸神也，故再拜稽首仍是拜神。下文嗣舉奠之，北面再拜稽首，猶主人之再拜稽首祝也。尸舉肝，再拜稽首，進受肝，猶主人之再拜稽首受黍也。再拜稽首之下，皆不云尸荅拜，則受黍受肝之皆爲拜神可知矣。《少牢饋食禮》意同。凡《特牲》、《少牢》主婦之拜，皆肅拜也。」注云「稽首，拜頭至地也」者，《郊特牲》云：「拜，服也。稽首，服之甚也。」《玉藻》云：「君賜稽首，據掌致諸地。」注云：「致首於地。據掌，以左手覆按右手也。」《白虎通義・姓名》篇云：「必稽首何？敬之至也，頭至地。稽，至也。首謂頭也。」《公羊》宣六年何注、《孟子・盡心下》篇趙注、《國語・周語》韋注、《書・召誥》僞孔傳説並略同。《左傳》僖五年孔疏云：「稽首頭至地，頭下緩至地也。《尚書》每稱拜手稽首者，初爲拜，頭至手，乃復申頭以至地。至手是爲拜手，至地乃爲稽首。然則凡爲稽首者，皆先爲拜手，乃成稽首，故《尚書》拜手稽首連言之。傳雖不言拜手，當亦先爲拜手，乃爲稽首。稽首拜手共成一拜之禮，此其爲敬之極，故臣於君乃然。」《書・太甲》疏説同。段玉裁云：「稽首者，拜頭至地也。既拜手，而拱手下至於地，而頭亦下至於地。拱手至地，手仍不分散，非如今人兩手按地也。手前於厀，頭又前於手，《荀子》曰『下衡曰稽首』是也。」淩廷堪云：「稽首，臣於君之拜也。《燕禮》、《大射》、《覲禮》，凡臣與君行禮，皆再拜稽首。《聘禮》、《公食大夫禮》，異國之臣與主君行禮亦然。又有非君臣而稽首者，如儐郊勞、歸饔餼使者，卿餼聘賓及大夫相食，皆敬之至者，故亦盛其禮也。」云「頓首拜，頭叩地也」者，《説文・頁部》云：「頓，下首也。」段玉裁云：「叩者，敂也。敂者，擊也。既拜手而拱手下至於地，而頭不徒下至地，且敂觸其額，是之謂頓首。稽首者，言乎首舒遲至於地也。頓首者，言乎首急遽至於地也。是稽頓之别也。《周禮》言頓首不言稽顙，《禮經》、《禮記》羣經言稽顙不言頓首，稽顙與頓首無二也。惟《左傳》言穆嬴頓首於趙宣子，以太子不立故，申包胥九頓首於秦哀公，以國亡故，皆即稽顙也。鄭注《周禮》頓首曰『頭叩地也』，注《士喪禮》曰『稽顙，頭觸地也』，注《檀弓》曰『稽顙者，觸地無容』，叩地觸地之非有二可知矣。至地者，以首不以顙；敂地者，必以顙，故謂之稽顙。亦謂之顙，《公羊》昭二十五年傳『再拜顙』，何曰：『顙者，猶今叩頭矣。』亦謂之頓顙，《吴語》，諸稽郢行成於吴，曰『頓顙於邊』。何言乎稽顙？稽之言至也，其至地與稽首同，其以顙與稽首異也。《荀子・大略》曰：『平衡曰拜，下衡曰稽首，至地曰稽顙。』是卽鄭君之頭至手曰空首，頭至地曰稽首，頭叩地曰頓首也。其言淺深之度，詞略異而意實同也。平衡與心平，下衡則拱手至地而頭亦至地。荀卿於稽顙乃曰頭至地者，稽顙之至地顯，稽首之至地微。稽首者將至地而未至地，故於叩顙乃謂至地也。」又云：「頓首本爲凶拜，後因他用，如穆嬴、申包胥者，遂以爲請罪之拜。《戰國策・中山》：司馬喜頓首於軾曰『臣自知死至矣』；陰姬公稽首曰『誠如君言，事何可豫道者』。一爲請罪之辭，一爲有求之辭，絶然分別；蓋非請罪不頓首也。漢羣臣上書，兼言稽首頓首者，蓋稽首爲對揚之辭，頓首爲請罪之辭，故先言稽首，繼言頓首死罪。其文字存於今可考者，蔡邕戍邊上章，蔡質所記立宋皇后儀，許沖《進説文解字表》，《漢百石卒史碑》，皆頓首死罪連文。」案：段説是也。此經云頓首，猶《吴語》云頓顙；此注云頭叩地，猶何邵公以叩頭釋《公羊》之顙也。《孟子・盡心下》篇云「若崩厥角稽首」，趙注云：「額角犀厥地。」《漢書・諸侯王表》顔注引應劭云：「厥者，頓也。」是角犀卽顙，厥地卽稽顙亦卽頓首也。《孟子》以厥角稽首並舉者，通言之，稽首、稽顙、頓首亦可互稱，故《一切經音義》引《蒼頡篇》云：「稽首，頓首也。」《公羊》説齊侯唁昭公及子家羈，公及子家皆再拜顙，高子、國子致糗昭公，則再拜稽首，明顙重於稽首。《荀子》説拜，亦以稽顙重於稽首，兩文正足相證。《左》昭二十五年傳，説季平子稽顙於叔孫昭子，《史記・魯世家》載其事作頓首，此尤漢人以頓首爲卽稽顙之塙證。但鄭雖釋頓首爲頭叩地，然仍以頓首與稽顙爲二，其意蓋謂頓首爲吉凶相兼之拜，稽顙乃專爲喪拜，故後注以稽顙釋吉拜凶拜，又謂拜稽顙與頓首相近。不知頓首卽稽顙，其拜至重，古多用之於凶拜。其非喪禮而頓首，若穆嬴、申包胥者，皆以有所求請而變於常拜者也。乃賈疏及《書・太甲》、《禮記・檀弓》、《左傳》僖五年孔疏，並誤會鄭意，以頓首輕於稽首，爲平敵相拜法。若然，則申包胥之頓首秦廷，禮則君臣懸絶，情則存亡迫切，而乃僅爲平敵之拜，其亦遠於事情矣。又案：頓首與稽首俱頭至地，但頓首以叩顙爲異。賈疏謂稽首至地多時，頓首至地卽舉者，失之。至賈、孔經疏雖誤以頓首爲平敵之拜，然皆以頓首爲首至地。惟《左傳》僖五年疏云「頓首頭不至地，暫一叩之而已」，此乃版本之誤，《太甲》疏作「頭下至地」，可據以校正。又《檀弓》疏引此注，「頭叩地」下有「不停留也」四字，亦孔增釋之語，非所見本之異也。云「空首，拜頭至手，所謂拜手也」者，據《書・召誥》云拜手，明卽此空首也。段玉裁云：「拜者，頭至手也。頭至手，故經謂之拜手。凡經或言拜手，或單言拜，一也。《周禮》謂之空首。何休注《公羊》宣六年傳曰『頭至手曰拜手』，某氏注《尚書·太甲》、《召誥》曰『拜手，首至手』，皆其證也。何以謂之頭至手也？《説文·足部》曰，跪者，所以拜也。既跪而拱手，而頭俯至於手與心平，是之謂頭至手，《荀子》曰『平衡曰拜』是也。頭不至於地，是以謂之空首，對稽首、頓首之頭箸地言也。拜本專爲空首之稱，引伸之則稽首、頓首、肅拜皆曰拜。」又云：「凡言拜手稽首，言拜稽首，言再拜稽首，皆先空首而後稽首也。言拜而後稽顙者，先空首而後頓首也。言稽顙而後拜者，先頓首而後空首也。言稽顙而不拜者，頓首而不空首也。拜者，常禮；稽首者，敬之至也；稽顙者，哀之至也。」黄以周云：「空首者，男子之常拜也。鄭注空首云『拜頭至手，所謂拜手』。惟其頭至手，與心平，故《周禮》謂之空首，《荀子》謂之平衡也。據孔、賈二疏，拜先以手拱至地，而頭來就手，是頭亦至地矣，非特與《荀子》相悖，且與稽首之例不分也。《曲禮》注云：『上衡謂高于心，平衡謂與心平。』《賈子》『跪以微磬之容，拜以磬折之容』，程瑶田謂其象如磬之懸，身如磬鼓，頭項如磬股，卽所謂平衡曰拜也。」案：段、黄説是也。黄釋《荀子》義尤析。蓋鄭謂空首首至手，明首與手相箸，首既不至地，則手亦不當至地。《少儀》「手拜」，鄭注云「手至地」，彼自是婦人之拜，與男子拜手不同也。凡經典男子行禮單言拜者，皆卽空首。詳言之則曰拜手，略言之則曰拜。雖稽首、頓首亦多先拜手，則空首之拜通於尊卑矣。而賈、孔經疏並謂空首止爲君荅臣之拜，不知空首爲常拜，其用甚廣，不徒君荅臣之禮也。至《穆天子傳》説「許男受王賜，降，再拜空首」，其書晚出，經晉人竄易，不爲典要，段氏亦謂其不可信。郭璞注云：「空首，頭至於地。」據郭説，則彼空首卽稽首。蓋景純亦知臣拜君不當空首，故爲此説以彌其罅隙，不足據也。云「吉拜，拜而後稽顙」者，鄭謂此吉拜亦喪拜中之吉拜也。「拜而後稽顙」，《檀弓》文。鄭以《雜記》有「非三年之喪以其吉拜」之文，而取《檀弓》以合之，故彼注云「稽顙而後拜曰喪拜，拜而後稽顙曰吉拜」，義與此同。賈疏云：「此謂齊衰已下喪拜，而云吉者，對凶拜爲輕。此拜先作頓首，後作稽顙。稽顙還是頓首，但觸地無容，則謂之稽顙。」案：此當云「先作空首，後作稽顙」。賈謂頓首爲平敵拜法，與稽顙同而仍異，故不得其解。《檀弓》疏誤亦同。云「謂齊衰不杖以下者」者，鄭意三年喪，斬衰齊衰並用凶拜，齊衰期以下可用吉拜。但據

《喪服經》，父在爲母，又夫爲妻，出妻之子爲母，父卒繼母嫁從爲之服，皆齊衰杖期。以其恩義較重，當亦用凶拜。故以吉拜惟據齊衰期不杖以下也。云「言吉者此殷之凶拜」者，《檀弓》云「孔子曰：拜而後稽顙，頹乎其順也。」注云：「此殷之喪拜也，先拜賓，順於事也。」又云「稽顙而後拜，頎乎其至也。」注云：「此周之喪拜也，先觸地無容，哀之至。」又云「三年之喪，吾從其至者」。注云：「重者尚哀戚，自期如殷可。」賈疏云：「言自期，則是齊衰不杖已下用殷之喪拜。」凌廷堪云：「考之《禮經》，但有拜稽顙，而無稽顙拜之文，則拜而後稽顙，其周禮歟？鄭《檀弓》注以爲殷之喪拜，似與經未合。」段玉裁云：「《周禮》、《檀弓》、《雜記》三注略同，皆謂三年喪及齊衰杖之喪則稽顙而後拜，此《大祝》之凶拜，周之喪拜也。齊衰不杖以下則拜而後稽顙，此《大祝》之吉拜，殷之喪拜也。夫《檀弓》之拜而後稽顙爲殷喪禮，稽顙而後拜爲周喪禮，未知鄭之所據。攷之各經，則皆言『拜稽顙』，絶無有言『稽顙拜』者。惟《檀弓》記晉文公事，云『稽顙而不拜』，《國語》則云『拜而不稽首』。是《檀弓》未可爲先稽顙後拜之證。竊意拜後稽顙，自是周禮如此。孔子因古禮稽顙而後拜，頎乎其至，願三年之喪行此，則謂稽顙後拜爲殷禮，似近之。」案：鄭以拜稽顙、稽顙拜爲殷周禮異，蓋由肊定，凌、段駁之是也。云「周以其拜與頓首相近，故謂之吉拜云」者，鄭意蓋謂頓首稽顙二者並爲頭叩地，但頓首爲請罪之拜，有容，稽顙爲喪拜，觸地無容，以此爲異。吉拜先拜手而後稽顙，與常拜先拜手而後頓首相近，故雖喪拜而有吉拜之名。賈謂先作頓首，後作稽顙，非鄭意也。云「凶拜，稽顙而後拜，謂三年服者」者，賈疏云：「此《雜記》云：『三年之喪，即以喪拜；非三年喪，以其吉拜。』又《檀弓》云：稽顙而後拜，頎乎其至，孔子云『三年之喪，吾從其至者』。若然，上吉拜，齊衰不杖已下，則齊衰入此凶拜中。鄭不言之者，以《雜記》云『父在爲妻，不杖不稽顙，父卒乃稽顙』，則是適子爲妻有不得稽顙時，故略而不言。但適子妻，父爲主，故適子父在不稽顙，則衆子爲妻，父在亦稽顙。不據衆子常稽顙者，據《雜記》成文。」詒讓案：此經吉拜、凶拜，鄭據《檀弓》、《雜記》文，謂二者並爲喪拜。惠士奇云：「小功以下爲吉，大功以上爲凶。其拜也，以吉凶分左右，吉尚左，凶尚右。《奔喪禮》曰：『聞遠兄弟之喪，既除喪而後聞喪，免袒成踊，拜賓則尚左手。』注云：『小功緦麻不税者也。雖不服，猶免袒。尚左手，吉拜也。《逸奔喪禮》曰：「凡拜，吉喪皆尚左手。」』吉喪故吉拜。《檀弓》：『孔子有姊之喪，拱而尚右。』

則大功以上皆凶拜矣。」莊存與云：「康成説非也。吉凶不相干。經云吉拜，必謂施於賓祭嘉好之事者。今以齊衰不杖以下當之，反吉凶之名，不正甚矣。稽顙而後拜，拜而後稽顙，皆凶拜也。吉拜，則冠、昏、相見以往，賓禮、嘉禮、吉禮，拜者多矣。」案：莊糾鄭説之誤，是也。惠雖不知吉拜非喪拜，而援《奔喪禮》以手尚左尚右，釋此經之吉拜凶拜，則亦得之。《賈子・容經》云：「拜以磬折之容，吉事尚左，凶事尚右，隨前以舉。」卽此經吉拜凶拜之塙詁。鄭《檀弓》注云：「喪尚右，右陰也。吉尚左，左陽也。」蓋吉拜者，凡常時之稽首、頓首、空首、肅拜、振動諸拜，皆尚左手也。凶拜者，居喪時之稽首、頓首、空首諸拜，皆尚右手，卽《雜記》所謂喪拜也。其女拜則反是，《內則》云「凡男拜尚左手，凡女拜尚右手」，謂吉拜也。凡喪拜，皆從凶禮尚右手。若已除喪，當從吉禮，故聞喪而從吉拜。《奔喪禮》謂之吉喪，明其已逮吉時而始聞喪，不復用凶拜，並非小功以下之禮也。《雜記》之吉拜、喪拜，亦卽指手尚左尚右之別。彼喪事而有吉拜者，其上文云「非爲人喪問與賜與」，鄭謂文有滅脱。以意推之，蓋非居喪之常禮，抑或據吉喪而言，故非三年之喪則吉拜；若常禮，則居喪而喪拜，其正也。孔子有姊喪而拱尚右，豈徒三年之喪哉！此經拜儀不專屬喪禮，則吉凶相對，吉拜自不當專指喪禮之輕者而言。鄭以《雜記》釋此經，説本不誤；而以《檀弓》釋《雜記》，又轉以釋此經，則非也。又案：《禮記》尚左尚右之儀，鄭未詳釋。段玉裁云：「九拜皆必拱手。凡拱，右手在內，左手在外，是謂尚左；左手在內，右手在外，是謂尚右。《賈子》曰『隨前以舉』者，正謂吉則舉左手在前，凶則舉右手在前也。《玉藻》『君賜，稽首據掌致諸地』。注曰：『致首於地，以左手覆按右手。』此亦取尚左之義。但謂右手掌據地，左手掌按右手上，恐非古稽首之儀。古稽首、頓首、空首、肅拜，皆必拱手，非如今人兩手伏地之匍匐也。」案：段説是也。杜子春云「振讀爲振鐸之振」者，此別其義，明振動義與振鐸之振同也。云「動讀爲哀慟之慟」者，杜以振動爲喪拜，故又讀動爲慟，動慟聲類同。葉鈔《釋文》及余仁仲本載《音義》，並作「哀動」，亦通。凌廷堪云：「振動，卽喪禮拜而後踊也。振動之拜，諸儒言人人殊，惟杜得之。蓋凶事之有振動，猶吉事之有稽首，皆拜之最重者。《士喪禮》君使人弔襚及君臨大斂，《既夕禮》君使人賵主人，皆拜稽顙成踊。非君之弔襚賵，則拜而不踊。是拜而後踊，於君始行之，故曰與稽首同也。」陳壽祺云：「凡喪之祭，有踊無拜，蓋以踊爲拜也。或踊而拜，或拜而踊，或拜而稽顙，非振動而何？

《士虞禮》曰『宗人告事畢，賓出，主人送，拜稽顙』；又曰『獻畢，未徹，乃餞，賓出，主人送，拜稽顙』；又曰『乃奠，丈夫踊，賓出，主人拜送于門外』。《既夕》曰『席升設於柩西，奠設如初，主人踊無算，降拜賓，即位踊』；又曰『乃奠如初，主人要節而踊』。此喪事之祭也，踊也，拜稽顙也，皆振動之狀也。」案：凌、陳並申杜讀，似得其恉。夏炘亦謂踊者振也，哭者慟也，以申凌義。但拜必跪，而踊則立，喪禮之拜而成踊者，必拜畢興乃踊，是踊與拜二事迥別。然則以踊爲拜，杜説如是，究不甚通，恐非經義。竊謂振動之拜，《禮經》無明文，以意求之，疑即拜儀之應樂節者也。《樂師》教樂儀，云「環拜以鐘鼓爲節」，先鄭注云：「環，謂旋也。拜，直拜也。」蓋吉拜之最緐者，當與樂節相應，故有振動之儀，猶之《鄉射》五物之有和容興舞與？云「奇讀爲奇偶之奇」者，此亦別其義也。鄭大夫及後鄭讀並同，而義則異。云「謂先屈一膝，今雅拜是也」者，黄以周云：「《賈子·容經》：『跪以微磬之容，揄右而下，進左而起，手有抑揚，各尊其紀。』此即《樂記》武坐致右軒左之法。坐亦跪也，今謂之小跪，杜注謂之雅拜。《後漢書》云高句驪國跪拜，曳一腳，是其遺法。」詒讓案：《漢書·何武傳》云：「舉方正，所舉者召見，槃辟雅拜，有司以爲詭衆虛僞。」顔注引服虔云：「行禮容拜也。」則漢時自有雅拜，此杜舉漢法爲況。然於古無徵，故二鄭並不從。云「或云奇讀曰倚，倚拜謂持節持戟拜，身倚之以拜」者，奇倚聲類同。此杜兼存異説，亦於古無徵，故二鄭亦不從。鄭大夫云「動讀爲董，書亦或爲董，振董以兩手相擊也」者，動董亦聲類同。賈疏述注作「書亦或爲董振之董」，疑賈所見本「振」下誤衍「之」字，遂失其句讀。段玉裁云：「『書亦或爲董』，句絕。疏誤。」《釋文》云：「今倭人拜以兩手相擊，如鄭大夫之説，蓋古之遺法。」惠士奇云：「《吕氏春秋·古樂》曰：『帝嚳乃令人抃。』高注：『兩手相擊曰抃。』是爲抃舞，後世舞蹈實出於此。」詒讓案：兩手相擊，古謂之抃，與拜儀無涉，故後鄭不從。云「奇拜謂一拜也」者，段玉裁云：「大夫云一拜，亦讀奇偶之奇，取奇意也。」又云：「奇拜者，謂一拜也。奇者，不耦也。凡《禮經》言拜，不言再者，皆謂一拜也。經有明言一拜者，《士相見禮》曰：『士大夫奠摯再拜稽首，君荅一拜。』士見於大夫，于其入也，一拜其辱，賓退，送，再拜。』《聘禮》曰『公一拜送几』，又『賓不降，一拜，進筵受醴』。《雜記》，孔子拜鄉人爲火來者，拜之，士一，大夫再。稽首、頓首，則經未嘗有言再者。」黄以周云：「經云拜手稽首者，一拜也。再拜則曰再拜稽首。有云拜稽顙者，亦一拜也。

再拜則曰再拜顙。」云「褒讀爲報，報拜再拜是也」者，陳壽祺云：「《樂記》『禮有報而樂有反』，鄭注云：『報讀爲褒。』是褒報古通。」段玉裁云：「褒拜者，謂再拜已上也。褒者大也，有所多大之辭也。凡《禮經·聘禮》、《少牢饋食禮》、《特牲饋食禮》言三拜，及《左傳》僖十五年言三拜稽首，襄四年言三拜，定四年言九頓首，以及婦人之俠拜，皆是也。」黄以周云：「古人行禮，多用一拜。其或再拜以加敬，三拜以示徧，皆爲褒大之拜。」案：段、黄説是也。褒拜者，對一拜之名。凡再拜以上，拜數不一者，並屬此。鄭司農云「褒拜今時持節拜是也」者，段玉裁云：「大夫易爲報字，司農不易。云今時持節拜者，言此褒美之拜也。」云「肅拜，但俯下手」者，先鄭誤以肅拜爲不跪也。後鄭不破，蓋亦同先鄭説。《少儀》云：「婦人吉事，雖有君賜，肅拜。爲尸坐，則不手拜，肅拜。」鄭注云：「肅拜，拜低頭也。手拜，手至地也。婦人以肅拜爲正，凶事乃手拜耳。」黄以周云：「先鄭云『但俯下手』者，俯謂俛而低首也。鄭注《少儀》云『拜低頭』，與先鄭注合。但俯低頭而下兩手，較空首拜手之禮爲輕也。肅拜者，跪而俯首下手也。《少儀》明言坐而肅拜，而後人乃云立而肅拜，不亦左乎。」案：黄説肅拜是也。孫希旦説同。惟先鄭自謂肅拜不跪，故此注云「但俯下手」，明俯下手之外，更不用跪矣。然二鄭雖誤以肅拜爲不跪，而云俯首，則自是肅拜之正法。蓋跪而微俯其首，下其手，則首雖俯，不至手；手雖下，不至地也。《國語·晉語》韋注云：「肅拜，下手至地也。」《左傳》成十二年杜注云：「肅手至地。」案：韋、杜似並掍肅拜手拜爲一，失之。惠士奇云：「《賈子·容經》曰：『端服整足曰經立，微磬曰共立，磬折曰肅立，垂佩曰卑立；平衡曰經坐，微俯曰共坐，俯首曰肅坐，廢首低肘曰卑坐。』觀肅立、肅坐，則肅拜可知。肅者，磬折之象，下於拱，上於卑，但俯首不廢首。」段玉裁云：「肅拜者，婦人之拜也。《少儀》曰『婦人雖有君賜，肅拜』，是則肅拜爲婦人之常，猶拜手爲男子之常也。婦人以肅拜當男子之空首，以手拜扱地當男子之稽首，以稽顙當男子之頓首。」又云：「先鄭云『但俯下手』，言但者，正謂首不下。以男子拜手、稽首、拜而後稽顙例之，則婦人亦必肅拜而後手拜，亦必肅拜而後稽顙。」案：惠謂肅必俯首，段謂婦人肅拜亦跪，並是也。凡拜之通法，未有不跪，亦未有不俯首者。《少儀》注以拜低頭釋肅拜，正與此注云俯下手同義。《賈子》謂俯首曰肅坐，亦可證。凡婦人拜儀，皆輕於男子，故以肅拜擬男子之空首，首但小俯，而不必平衡。又以手拜擬男子之稽首，亦但手扱地，而首不必至地，其淺深差降正同。《少儀》孔疏謂婦人手拜當男子之空首，亦誤。黄以周云：「《少儀》云：『婦人爲尸，坐，肅拜』，是肅拜必坐之證。《説文》云：『跪，所以拜也。』未有不跪坐而可稱拜者矣。禮，婦人執爵拜，亦坐而後拜也。」案：黄説是也。《荀子》以平衡、下衡、至地，明拜與稽首稽顙淺深之度，而不言拜之不跪。又《國語·晉語》説秦公子縶弔公子重耳，重耳再拜不稽首，起而哭。彼不稽首，而曰起，是凡拜必跪之塙證。肅拜亦然。飲酒之禮，凡拜，必坐奠爵，然後拜；既拜之後，始執爵興。而《特牲》、《有司徹》主婦皆執爵拜者，以肅拜雖跪，而手不至地，自不必奠爵拜也。《困學紀聞》引張建章《渤海記》，謂唐武后時，婦人拜始不跪，則周時婦人肅拜必跪可知矣。云「今時撎是也」者，《釋文》云：「撎即今之揖。」《通典·職官》説同。《説文·手部》云：「撎，舉首下手也。」揖，攘也，一曰手箸胷曰揖。」《鄉飲酒禮》「賓厭介，介厭衆賓」，注云：「推手曰揖，引手曰厭。今文皆作揖。」案：漢人言撎者，長揖也；《禮經》言揖，厭者，今之拱手也。《左傳》成十六年孔疏引《晉宋儀注》：「貴人待賤人，賤人拜，貴人撎。」即以長揖爲撎，晉宋禮猶與漢詁相應也。先鄭誤以肅拜爲不跪，故以長揖之撎爲況。又案：許以撎爲舉首，非昂首也，但較之拜之俛首爲略舉耳。古之肅亦然。《文選·西征賦》李注引《説文》作「撎，拜舉首下手也」。疑許亦以撎當肅拜，與先鄭説同。但漢之撎不跪，與古之肅同；而古之肅拜則跪，與漢之撎究不同。先鄭以撎況肅拜，自是誤以肅拜爲不跪，故有是説。儻先鄭謂肅拜亦跪，則宜先引《左傳》之肅，而後以撎況之，不宜直以撎況肅拜矣。《左傳注》謂「肅，手至地，若今撎」，是亦謂撎不跪也。漢之撎亦曰長揖者，别於徒言揖者爲略推引其手不長也。撎揖皆無跪法。長揖亦省稱揖，《史記》、《漢書》説周亞夫持兵揖，揖即長揖也。晉以後不知撎揖之本義，乃以漢之撎爲揖，而轉以《禮經》之揖爲撎。故《文選》潘岳《西征賦》説周亞夫事，云「率軍禮以長撎」，不知漢人止有長揖，無長撎也。六朝、唐人並以長揖爲揖，故陸德明、杜佑皆以撎爲揖。若《禮經》之揖厭，非徒與肅拜不相涉，即與《左傳》之肅，及漢之撎亦迥别。賈《鄉飲酒》疏謂厭字或作撎，此疏亦引《鄉飲酒》有撎入門之法，《左傳》孔疏云「撎如今揖之小别」，蓋皆誤以撎爲引手之厭也。云「介者不拜」者，據《曲禮》、《少儀》文。《少儀》注云：「軍中之拜，肅拜。」先鄭言此者，謂肅拜爲婦人之正禮，而兼爲男子之軍禮也。然軍禮之肅不跪，故云不拜。若不跪亦得稱拜，則不拜之文不可通矣。云「故曰爲事故敢肅使者」者，《左傳》成十六年，晉楚戰于鄢陵，晉郤至對楚工尹襄語。先鄭以彼肅卽此肅拜，故引以爲證。彼又云「三肅使者而退」，杜注及《晉語》韋注並與先鄭義同。段玉裁云：「肅與肅拜當爲二。《左傳》之肅不言拜，則肅而不拜，未嘗跪也。《曲禮》曰：『介者不拜，爲其拜而蓌拜。』注曰：『蓌則失容節，蓌猶詐也。』此皆言不便於跪，故肅以爲禮。肅蓋如後世長揖。《高帝紀》酈食其不拜，長揖。師古曰：『長揖者，手自上而極下也。』此長揖始見，證以《左傳》云『閒蒙甲胄，不敢拜命，敢肅使者』，《公羊傳》僖三十三年『揖師而行』，何休曰『揖其父於師中，介胄不拜』，《漢書・周勃傳》云『天子至中營，亞夫揖曰，介胄之士不拜，請以軍禮見』，是其不跪顯然。郤至之肅，與《禮》之肅拜，有跪不跪之殊。肅者，立而低頭下手，如今人之揖也。司農稱《左傳》證《周禮》，失之。」黄以周云：「肅拜者，跪而俯首下手也。肅者，立而俯首下手也。」案：段、黄説並詳析，孫希旦説同。凡軍禮之肅，爲其被甲，不可跪也。若婦人本不被甲，何以亦不跪乎？足明婦人肅拜非卽男子之肅矣。男子之肅爲長揖，與徒揖異。《公羊》西漢時始箸竹帛，其説百里、蹇叔子揖師而行，蓋亦長揖，與《禮經》揖厭義異也。云「玄謂振動戰栗變動之拜，《書》曰王動色變」者，賈疏云：「案《中候・我膺》云：『季秋之月甲子，赤雀銜丹書，入酆，至昌户，再拜稽首受。』案今文《大誓》：『得火烏之瑞，使上附以周公書，報誥於王，王動，色變。』雖不見拜文，與文王受赤雀之命，同爲稽首拜也。」莊述祖云：「振動本無拜文，鄭引王動以證振動，是動卽拜也。《漢書・劉輔傳》曰『君臣祗懼，動色相戒』，《後漢書・班固傳》曰『君臣動色』，連下色變爲義，與鄭異也。」案：莊説是也。此今文《大誓》逸文，馬、鄭所注者，與東晉僞古文異。《檀弓》疏亦引《大誓》「火流爲烏，王動色變」。賈《士昏禮》疏又云：「是武王觀兵，白魚入王舟，王動色變，武王於時拜天神，爲此拜當稽首也。」依賈兩疏説，則鄭意彼云王動，卽謂王拜天受瑞，故據以釋此變動之拜。若然，此卽稽首拜，但威儀小別。其説殊迂曲，不足據也。云「一拜荅臣下拜，再拜拜神與尸」者，賈疏云：「此二者，增鄭大夫之義。知再拜拜神與尸者，案《特牲禮》，祝酌奠於鉶南，主人再拜，祝在左也。再拜於尸，謂獻尸，尸拜受，主人拜送是也。天子諸侯亦當然。或解一拜荅臣下，亦據祭祀時，以其宴禮君荅臣拜，或有再拜時故也。」案：賈引或解是也。段玉裁亦謂此注主祭祀言。今案：祭祀荅臣下拜，蓋若《有司徹》荅衆賓拜之比。其《燕禮》亦有一拜，故《檀弓》孔疏云：「《燕禮》、

《大射》公荅再拜者，爲初敬之爲賓，尊之，故再拜。燕末無算爵之後，唯止一拜而已。」云「享，獻也」者，《牛人》注同。云「謂朝獻饋獻也」者，王祭禮九獻，獻必有拜。此惟舉朝踐饋獻者，以外祭祀無二祼，再獻后獻，王不拜。其內外祭祀通王親拜者，唯有朝踐饋獻，故鄭偏舉之以概其餘也。互詳《司尊彝》疏。云「右讀爲侑」者，據《特牲》、《少牢饋食禮》皆云侑也。後注讀同。但《大司樂》經注字並作「宥」，此作「侑」，依今文《禮》也。詳《大司樂》疏。段玉裁云：「右侑古音同在之咍部，《詩·彤弓》『一朝右之』，毛傳曰：『右，勸也。』此古文假右爲侑之證也。」云「侑勸尸食而拜」者，《少牢饋食禮》尸七飯後，云「尸告飽，祝西面于主人之南，獨侑不拜，侑曰『皇尸未實』。侑，尸又食，告飽，祝西面于主人之南，主人不言，拜侑，尸又三飯。」注云：「侑，勸也。」案：《少牢》再侑，《特牲》三侑，王禮侑尸無見文，據《大司樂》王大食三宥，則祭祀侑尸食亦當同。賈《少牢》疏謂天子十五飯，當十一飯而侑，説亦近是。又《詩·小雅·楚茨》説王禮云「以享以祀，以妥以侑」，鄭箋云：「迎尸使處神坐而食之，爲其嫌不飽，祝以主人之辭勸之。」彼云以享以侑，即此經之享右也。依《禮疏》、《詩箋》説，則王禮惟尸飯數特多，其祝侑王拜之節，當與《少牢》同矣。

凡大禋祀、肆享、祭示，則執明水火而號祝；明水火，司烜所共日月之氣，以給烝享。執之如以六號祝，明此圭絜也。禋祀，祭天神也。肆享，祭宗廟也。故書祇爲祊，杜子春云「祊當爲祇」。【疏】「凡大禋祀，肆享祭示，則執明水火而號祝」者，號祝，謂以六號詔祝於神之辭。若《特牲饋食禮》陰厭及迎尸入室執奠時，祝皆稱號勸饗，即肆享號祝之事。《禮運》云：「作其祝號，玄酒以祭。」彼祝號即此號祝，而玄酒自爲設尊，雖與明水同物，而與此執明水以號祝，事不相涉也。注云「明水火，司烜所共日月之氣，以給烝享」者，《司烜氏》云：「掌以夫遂取明火於日，以鑒取明水於月，以共祭祀之明齍、明燭，共明水。」此明水火，即明水、明燭也。給烝享，通鬼神示三祭言之。云「執之如以六號祝，明此圭絜也」者，《司烜氏》注説明水火云「欲得陰陽之絜氣也」，故祭祀祝號時亦執之，以明齍盛牲幣等無不圭絜之義。圭絜猶言蠲絜，詳《蜡氏》疏。賈疏讀「執之」屬上「以給烝享」爲句，失之。云「禋祀，祭天神也」者，賈疏云：「《大宗伯》昊天稱禋，日月稱實柴，司中之等稱槱燎。通而言之，三者之禮皆有禋義，則知禋祀祀天神，通星辰已下。」云「肆享，祭宗廟也」者，肆，與《大宗伯》「肆獻祼」、《典瑞》「肆先王」之肆義同，亦謂解牲體也。宗伯六享，依鄭義，禘祫時祭皆有肆，享則廟祭之通名，故經以「肆享」晐六享矣。云「故書祇爲祊，杜子春云祊當爲祇」者，段玉裁云：「此字之誤也。杜改爲祇，又依全書之例作示。」賈疏云：「宗伯血祭已下是也。」詒讓案：杜以禋祀爲天神，肆享爲人鬼，則不得獨遺地示，故破之。又案：杜意，祇祊字形相近故譌，然經例用古字作示，則與祊形仍遠。竊疑此經故書作「祭祊」，當與《大司馬》秋獮祀祊字同，祊即方之叚字。祭祊即《大宗伯》地示五祀之祭也。五祀與社稷同血祭，故書以晐地示而配禋祀肆享，猶鼓人以社祭配神祀鬼享，於義亦自可通。鄭則以杜破祊爲祇，於文義尤明切，故從之也。

隋釁、逆牲、逆尸，令鍾鼓，右亦如之；隋釁，謂薦血也。凡血祭曰釁。既隋釁，後言逆牲，容逆鼎。右讀亦當爲侑。【疏】「隋釁」者，自此至下「令徹」，並承上文，禋祀、肆享、祭祇三者通有此事。云「逆牲逆尸」者，《祭統》云：「君逆牲而不迎尸，別嫌也。尸在廟門外，則疑於臣，在廟中則全於君；君在廟門外則疑於君，入廟門則全於臣、全於子。是故不出者，明君臣之義也。」據此，則君不親迎尸，故使大祝與小祝同逆之。其牲則君親迎，大祝亦從君逆也。凡祭天地以下外神皆有迎尸，詳《節服氏》疏。又案：《少牢饋食禮》云：「祝出迎尸于廟門之外。」注云：「主人不出迎尸，伸尊也。」又《有司徹》云：「尸與侑北面于廟門之外，西上，主人出迎尸。」注云：「賓客尸而迎之，主人益尊。」是正祭祝迎尸，賓尸主人親迎尸。正祭主人不迎者，嫌其厭尸之尊。賓尸則尸尊漸殺，不嫌於厭屈，故親迎。若然，王禮祭之明日，繹而賓尸，王尤尊，亦迎尸可知矣。凡祭禮，逆尸在逆牲前。此先逆牲後逆尸者，《曾子問》注謂嘗禘郊社五祀之祭，牲至已殺而日食、大廟火，則接祭而已，不迎尸。孔疏云：「案《郊特牲》云『既灌然後迎牲』，則迎尸於奥，在未殺牲之前。此經殺牲後云不迎尸者，凡迎尸之禮，其節有二：一是祭初迎尸於奥，而行灌禮，灌畢而後出迎牲，於時延尸於户外，殺牲薦血毛，行朝踐之禮，設腥爓之俎於尸前，是一也；然後退而合亨，更迎尸入坐於奥，行饋孰之禮，是二也。此云不迎尸者，直於堂上行朝踐禮，畢則止，不更迎尸而入。此謂宗廟之祭。郊社之祭無文，不迎尸亦謂此時也。熊氏云：『郊社五祀，祭初未迎尸之前，已殺牲也，以其無灌故也。故《大宰》云「祀五帝納亨」，注云「謂祭之晨」。又《中霤禮》，皆爲祭奠於主，乃始迎尸。是郊及五祀殺牲在迎尸之前也。』則此不迎尸，亦得爲祭初不迎尸也。」案：孔、熊説迎尸有二者，初迎迎尸入廟門，即《禮經》及《祭統》所謂迎尸也。後迎迎尸入室，以《禮經》通例言之，當謂之延尸，因其自堂延之入室，故亦通謂之迎。以後説推之，則此經先逆牲，後逆尸，或亦指朝踐後之延尸，抑或據禋祀祭祀外祀無祼者言之，二義並通，要皆於禮無迕矣。《孟子·梁惠王》篇趙注引此經作「逆尸逆牲」，疑趙岐據禮改之。又案：此云逆尸，《小祝》則云「大祭祀送逆尸」，若然，此官唯掌逆不掌送，以送輕於逆，故小祝獨掌之，與逆尸正屬同與其事異也。云「令鍾鼓」者，謂令金奏《九夏》等，若《大司樂》云「王出入則令奏《王夏》，尸出入則令奏《肆夏》，牲出入則令奏《昭夏》」。此官則亦命鍾師、鎛師等奏鍾鼓，與彼爲官聯，《詩·小雅·楚茨》云「皇尸載起，鼓鍾送尸」是也。云「右亦如之」者，尸食告飽，三侑，亦令奏鍾鼓也。《大司樂》云「王大食三宥，皆令奏鍾鼓」。蓋王禮食及祭祀尸食，皆奏樂也。　注云「隋釁謂薦血也」者，《説文·肉部》云：「隋，裂肉也。」血祭必先殺牲，故取割裂之義，此與《守祧》、《小祝》之隋爲隋祭義異。賈疏云：「賈氏云『釁，釁宗廟』。馬氏云『血以塗鍾鼓』。鄭不從而以爲薦血祭祀者，下文云『既祭令徹』，則此上下皆是祭祀之事，何得於中輒有釁廟？塗鼓直稱釁，何得兼言隋？故爲祭祀薦血解之。」詒讓案：《孟子·梁惠王》篇「釁鍾」，趙注引此經爲釋，則趙説亦與馬同。云「凡血祭曰釁」者，明此薦血爲釁，與釁廟、釁器之釁，事異而義略同。《説文·爨部》云：「釁，血祭也。」賈疏云：「此經文承上『禋祀、肆享、祭祇』之下，即此血祭之中，含上三祀。但天地薦血於座前，宗廟即血以告殺，故言凡血祭曰釁。」案：賈説非鄭恉也。宗廟大祭祀有兩次薦血，初即血以告殺，與毛並薦，《禮運》云「薦其血毛」，《禮器》云「血毛詔於室」，《郊特牲》云「毛血告幽全之物也」是也。次爲血祭，《郊特牲》云「血祭盛氣也」是也。前薦與毛並薦，在初殺牲時，詔告於室中而不祭；後薦與腥並薦，唯血無毛，在制祭後，朝踐三獻前，於堂上灌地而祭。二薦不同。此注以血祭釋隋釁，則宜指後薦言之。而賈《籩人》、《司尊彝》疏謂薦腥時無血，故此疏亦舉前薦告殺爲釋，不知告殺時詔而不祭，不得爲釁也。互詳《司尊彝》疏。又案：天地血祭，即《禮器》云「郊血」，是祭天神之薦血。以此推之，北郊方丘地示諸祭，亦當薦血。又《大宗伯》「以血祭祭社稷五祀」，亦隋釁之事也。云「既隋釁後言逆牲，容逆鼎」者，賈疏云：「凡祭祀之法，先逆牲，後隋釁。今隋釁在前，逆牲在後者，以其鼎在門外，薦血後乃有爓孰之事，逆鼎而入，故云容逆鼎。知鼎在門外者，案《中霤禮》，竈在廟門外之東，主人迎鼎事。」案：賈引《中霤禮》，據《月令·孟夏》注也。《少牢饋食禮》云：「雍爨在門東南，北上。羹定，雍人陳鼎五，三鼎在羊鑊之西，二鼎在豕鑊之西。」又云：「主人出迎鼎，除鼏，士舉鼎，主人先入，鼎序入，陳鼎于東方，當序南，于洗西，皆西面北上。」王禮牢鼎九，亦當與鑊同在雍爨之西。又《少牢》迎鼎在陰厭之前，則王禮迎鼎當亦在四獻後，延主入室前，故賈謂在朝踐薦血後也。若然，依注義，則迎牲有二：初迎牲是未殺者，後迎鼎則牲已殺而亨，即《大宰》所云「納亨」。通言之，亦得曰迎牲，故經迎牲在隋釁後，明義得兩含也。云「右讀亦當爲侑」者，賈疏云：「亦上九拜之下，享右之字皆爲侑。」**來瞽，令臯舞，**臯讀爲卒嗥呼之嗥。來、嗥者，皆謂呼之入。【疏】「來瞽令臯舞」者，與樂師爲官聯也。

注云「臯讀爲卒嗥呼之嗥」者，《樂師》注云「皋之言號」。嗥號音義同。《説文·口部》云：「嗥，咆也。」《号部》云：「號，呼也。」云「來嗥者，皆謂呼之入」者，賈疏云：「經云瞽人擬升堂歌，舞謂學子舞人。瞽人言來，亦呼之乃入，皋舞，令呼亦來入，故鄭云來嗥皆謂呼之入也。」案：詳《樂師》疏。**相尸禮；**延其出入，詔其坐作。【疏】「相尸禮」者，尸，葉鈔《釋文》作「屍」。案：尸屍聲類同。但經祭尸字皆作尸，不作屍，宋本《釋文》誤，詳《大司樂》疏。

注云「延其出入，詔其坐作」者，《士虞禮》、《特牲》、《少牢饋食禮》並云「祝延尸」，注云：「由後詔相之曰延。延，進也。」《樂記》云「宗祝辨乎宗廟之禮，故後尸」。鄭彼注云：「後尸，居後贊禮儀。」又《禮器》云「周坐尸，詔侑無方」，注云：「告尸行節。」賈疏云：「尸出入者，謂祭初延之入，二灌訖，退出坐于堂上，南面，朝踐饋獻訖，又延之入室。言坐者，《郊特牲》云：『詔祝於室，坐尸於堂。』饋獻訖，又入室坐。言作者，凡坐皆有作，及與主人荅拜，皆有坐作之事。」**既祭，令徹。**【疏】「既祭令徹」者，《膳夫》云「凡王祭祀，則徹王之胙俎」，《内小臣》云「徹后之俎」，此徹俎也。《九嬪》云「贊后徹豆籩」，《外宗》云「佐王后薦玉豆，眡豆籩，及以樂徹亦如之」，《大宗伯》云「凡大祭祀，王后不與，則攝而薦豆籩徹」，此徹豆籩也。此官皆令之。《少牢饋食禮》祭訖，尸出廟門後，亦云「祝命佐食徹肵俎」，《特牲饋食禮》云「祝命徹阼俎豆籩」，是士大夫禮亦祝令徹，與此略同。又上令鍾鼓及歌舞，則此令徹，蓋亦兼令樂師、小師等以樂徹矣。**大喪，始崩，以肆鬯渳尸，相飯，贊**

斂，徹奠；肆鬯，所爲陳尸設鬯也。鄭司農云：「渳尸，以鬯浴尸。」【疏】「大喪」者，謂王喪也。亦容關世子喪。其王后喪，別有女祝掌之，不使大小祝也。云「始崩以肆鬯渳尸」者，《小宗伯》所謂「大肆」，《肆師》所謂「大渳」是也。據《士喪禮》，沐浴在死日未襲以前，王禮當同，故經繫始崩言之。又案：《女御》云「大喪掌沐浴」，注謂兼王及后喪。今攷王喪不當使女御浴。據《喪大記》云「御者入浴」，《士喪禮》則外御浴。以此推之，疑王喪當御僕浴，此官唯掌鬯渳，不掌浴也。詳《女御》疏。云「相飯」者，賈疏云：「浴訖即飯含，故言相飯也。不言相含者，《大宰》云『大喪贊贈玉含玉』，此故不言。」云「贊斂」者，賈疏云：「小斂，十九稱在户内；大斂，百二十稱在阼階。冬官主斂事，大祝贊之。」案：賈本《小宗伯》注義也。凡王崩五日小斂，七日大斂，此官皆贊其事。《喪大記》云：「君之喪，大胥是斂，衆胥佐之。」注云：「胥，樂官也，不掌喪事，胥當爲『祝』，字之誤也。大祝之職，大喪佐斂。」即據此經爲說。云「徹奠」者，賈疏云：「《小祝》注云：『奠，奠爵也。』謂正祭時。此文承大喪之下，故奠爲始死之奠。小斂大斂奠，並大祝徹之。」案：賈說是也。依《士喪禮》，始死之奠本在渳飯前，經文通包大小斂奠，故列於後也。　注云「肆鬯，所爲陳尸設鬯也」者，以陳釋肆，言此鬯爲陳尸而設之，故謂之肆鬯也。《小宗伯》云「王崩，大肆以秬鬯渳」，注云：「大肆，始陳尸伸之。」此肆鬯與彼義同，詳彼疏。鄭司農云「渳尸，以鬯浴尸」者，《小宗伯》杜注義同。鬯即秬鬯之和鬱者也。

言甸人讀禱；付、練、祥，掌國事。鄭司農云：「甸人主設復梯，大祝主言問其具梯物。」玄謂言猶語也。禱，六辭之屬禱也。甸人喪事代王受眚災，大祝爲禱辭語之，使以禱於藉田之神也。付當爲祔。祭於先王，以祔後死者。掌國事，辨護之。【疏】「言甸人讀禱」者，甸人即甸師也。《文王世子》云：「公族其有死罪，則磬於甸人。」《燕禮》、《大射儀》、《公食大夫禮》、《士喪禮》及《左》成十年傳，並有甸人。此經凡通舉官屬者皆稱人，如内饔亦稱饔人是也。賈疏云：「既殯之後，大祝爲禱辭，與甸人言語，甸人讀禱辭，代王受眚災。」云「付、練、祥，掌國事」者，練者，既期所受之服也，因以名小祥之祭。《喪服四制》云：「十三月而練冠。」《檀弓》云：「練之衣，黄裏縓緣。」《士虞記》云：「期而小祥，曰薦此常事；又期而大祥，曰薦此祥事。」注云：「小祥，祭名。祥，吉也。」《釋名·釋喪制》云：「期而小祥，亦祭名也。孝子除首服，服練冠也。祥，善也，加小善之飾也。又期而大祥，亦祭名也。孝子除縗服，服朝服縞冠，加大善之飾也。」案：依《士虞》大祥祭辭，則祥主薦祭而言，劉釋非其義。賈疏云：「祔，謂虞卒哭後，祔祭於祖廟。練，謂十三月小祥練祭。祥，謂二十五月大祥，除衰杖。此三者皆以國事大祝掌之，故云掌國事也。」注「鄭司農云，甸人主設復梯，大祝主言問其具梯物」者，《說文・木部》云：「梯，木階也。」《喪大記》云：「復，有林麓則虞人設階，無林麓則狄人設階。」後鄭彼注云：「階，所乘以升屋者。階，梯也。」據此，則王復，當地官山虞、林衡諸官設階也。先鄭意甸師職主薪蒸，或兼掌以木爲復梯，然與《喪大記》不合，故後鄭不從。先鄭釋言爲言問，與《冢人》注同。賈疏云：「此文承『贊斂』之下，則是既殯之事始云設復梯者，故後鄭不從。」云「玄謂言猶語也」者，《冢人》注亦同。云「禱，六辭之屬禱也」者，以經云讀禱，明其有文辭，故知即前六辭之禱也。但前六辭注云「禱，賀慶言福祚之辭」，此喪事受眚災，與賀慶之禱異，而同爲告神之辭，則其文體當不異耳。云「甸人，喪事代王受眚災，大祝爲禱辭語之，使以禱於藉田之神也」者，據《甸師》文。災，彼作裁，此注用今字也。彼注謂在既殯後。藉田之神，即王社及田神等，詳《甸師》疏。云「付當爲祔」者，祔付聲類同。字又作「附」，《雜記》「大夫附於士」，鄭注云「附讀皆爲祔」是也。段玉裁云：「此亦古文假借。」云「祭於先王，以祔後死者」者，《既夕禮》云：「卒哭，明日以其班祔。」注云：「祔，卒哭之明日祭名。祔猶屬也，祭昭穆之次而屬之。」《說文・示部》云：「祔，後死者合食於先祖。」《釋名・釋喪制》云：「卒哭又祭曰祔，祭於祖廟，以後死孫祔於祖也。」《爾雅・釋詁》云：「祔、祪，祖也。」郭注云：「祔，付也，付新死者於祖廟。」《左》僖三十三年傳云：「凡君薨，卒哭而祔，祔而作主。」杜注云：「以新死者之神，祔之於祖。」案：依鄭義，天子七月而葬，九月而卒哭，皆數來月，則并崩月數之，十月而卒哭，亦明日而祔也。云「掌國事，辨護之」者，謂祔練祥三祭事，皆辨治監視之。賈疏引《中候握河紀》注云：「辨護者，供時用，相禮儀。」亦其義也。互詳《山虞》疏。

國有大故、天裁，彌祀社稷，禱祠。大故，兵寇也。天裁，疫癘水旱也。彌猶徧也。徧祀社稷及諸所禱，既則祠之以報焉。【疏】注云「大故，兵寇也」者，《朝士》云「若邦凶荒、札喪、寇戎之故」。《大司徒》注云：「大故，謂王崩及寇兵也。」此上文已見「大喪」，下又別云天裁，故知大故唯據兵寇也。互詳《大司徒》疏。云「天裁，疫癘水旱也」

者，《左》昭元年傳「水旱癘疫之災」。災栽字同。注例用今字當作災，各本並誤，詳《膳夫》疏。云「彌猶偏也」者，《説文・長部》云：「镾，久長也。」彌即镾之隸變。镾本訓久長，久長則無不周徧，故又引申爲彌徧之義。但經作「彌」，注疑當用今字作「弭」，詳《小祝》疏。賈疏云：「案《小祝》云『弭災兵』，弭爲安，此弭爲徧，不同者，義各有所施。彼是災兵之事，故弭爲安；此禱祀之事，靡神不舉，以彌爲徧。」王安石、王昭禹、劉台拱並謂彌當讀如《小祝》彌烖兵之彌。案：王、劉説是也。《男巫》云「春招弭以除疾病」，義亦同。注訓爲徧祀，義似未安。云「徧祀社稷及諸所禱」者，以經言禱在社稷下，故知社稷之外，別兼有它所禱也。《月令》孔疏云：「雩之與禱所以異者，《考異郵》説云：『天子禱九州山川，諸侯禱封内，大夫禱所食邑。』」然則水旱所禱，山川亦其一也。云「既則祠之以報焉」者，賈疏云：「以其始爲曰禱，得求曰祠，故以報賽解祠。」**大師，宜于社，造于祖，設軍社，類上帝，國將有事于四望，及軍歸獻于社，則前祝。**鄭司農説設軍社以《春秋傳》曰，所謂「君以師行，祓社釁鼓，祝奉以從」者也。則前祝，大祝自前祝也。玄謂前祝者，王出也，歸也，將有事於此神，大祝居前，先以祝辭告之。【疏】「大師宜于社，造于祖」者，佐小宗伯也。《大師》注云：「大師，大起軍師。」此以下六者皆師祭，《周書・小明武》篇説攻國，云「上下禱祀，靡神不下」是也。《王制》云：「天子將出征，類乎上帝，宜乎社，造乎禰。」案：此造乎祖，即六祈之造及《王制》之造乎禰也。祖禰散文通稱，詳前疏。宜者，祭於大社，《爾雅・釋天》云：「起大事，動大衆，必先有事乎社而後出，謂之宜。」《王制》孔疏引孫炎云：「求使宜也。」《左》閔二年傳云「帥師者受命于廟，受脤于社」，則宜社用蜃矣。《孔叢子・問軍禮》篇云：「告大社，冢宰執蜃宜于社。」《詩・大雅・緜》孔疏云：「以兵凶戰危，慮有負敗，祭之以求其福宜，故謂之宜。」案：孔、孫説略同。賈疏云：「軍將出，宜祭於社，即將社主行，不用命戮於社。造於祖者，出必造，即七廟俱祭，取遷廟之主行，用命賞於祖。皆載於齊車。」云「設軍社」者，《小宗伯》云：「若大師，則帥有司而立軍社。」設立義同。軍社，謂軍行所奉大社石主。此官佐小宗伯於所止之處，立其壇位。詳《小宗伯》疏。云「類上帝」者，即六祈之類。《肆師》亦云「類造上帝」，此官與彼爲官聯也。上帝亦謂受命帝，詳《肆師》疏。云「國將有事于四望」者，《小宗伯》云：「若軍將有事，則與祭有司將事於四望。」此官亦佐小宗伯也。四望，詳《大宗伯》疏。云「及軍歸，獻于社」者，此佐大司馬也。賈疏云：「謂征伐有功，得囚俘而歸，獻捷于社。案《王制》云：『出征，執有罪反；以釋奠于學。』注云：『釋菜奠幣，禮先師也。』引《詩》『執訊獲醜』，則亦獻于學。」詒讓案：軍歸獻于社，即《大司馬》云「師有功，愷樂獻于社」之事。依《大司樂》注，則亦獻於祖，此不言者，文略。　注云「鄭司農說設軍社以《春秋傳》曰，所謂君以師行，祓社釁鼓，祝奉以從者也」者，《左》定四年傳祝佗語。彼文「師行」作「軍行」，《小宗伯》後鄭注引同。此先鄭引作「師」者，軍師亦通稱。此證設軍社爲大祝之事，並詳《小宗伯》疏。云「則前祝，大祝自前祝也」者，先鄭意，前祝爲大祝自至神前以祝辭告之，後鄭所不從。云「玄謂前祝者，王出也，歸也，將有事於此神，大祝居前，先以祝辭告之」者，後鄭意，此六事王親與者，大祝則前王而祝；王不與者，大祝則前大宗伯、大司馬、小宗伯等官而祝也。《聘禮》釋幣于禰，云「祝先入，主人從入，主人在右，再拜，祝告，又再拜」。此官前祝，蓋與彼略同。賈疏云：「於此神，據此經四望已上，爲出時；獻於社，爲歸時。皆大祝前祝，以辭告之。案《尚書·武成》『丁未祀于周廟，庚戌柴望』，皆是軍歸告宗廟，告天及山川，即此經出時告之，歸亦告之。此經上帝四望不見歸時所告，故鄭揔云『王出也，歸也，而將有事於此神』以該之。」案：依賈申注義，則郊社四望等外祭祀，出入皆告。《王制》孔疏則謂天子出告天地及廟，還惟告廟，不告天地，又引《白虎通》云：「還，不復告天者，天道無外內，故不復告也。」與賈義異，未知孰是。　**大會同，造于廟，宜于社，過大山川，則用事焉；反行，舍奠。**用事，亦用祭事告行也。《玉人職》有宗祝以黃金勺前馬之禮，是謂過大山川與？《曾子問》曰：「凡告必用牲幣，反亦如之。」【疏】「大會同造于廟」者，以下四事亦皆此官所通掌，祭奠之時則亦前祝也。賈疏云：「大會同者，王與諸侯時見曰會，殷見曰同，或在畿內，或在畿外，亦告廟而行。云造者，以其非時而祭，造次之意，即上文造于祖，一也。」案：《儀禮經傳通解續》引《尚書大傳》云：「天子游不出封圻，不告祖廟。」是王大會同，在畿外乃有造廟之禮。賈說兼畿內會同，與《伏傳》不合，未知孰是。又凡此經云「造于祖廟」者，造並訓爲就，謂就而祭之也。賈謂取造次之意，蓋誤會前注杜讀，非其義也。云「反行舍奠」者，賈疏云：「《曲禮》云：『出必告，反必面。』據生時人子出入之法。今王出行時，造于廟，將遷廟主行，反行還祭七廟，非時而祭曰奠。」案：依賈說，則此文專冢上造廟言之，社則唯行時有宜，反不奠也。舍當讀爲釋。舍奠卽釋奠，詳《甸祝》疏。　注云「用事亦用祭事告行也」者，與上文有事于四望義同。云「《玉人職》有宗祝以黃金勺前馬之禮，是謂過大山川與」者，賈疏云：「按《玉人職》『大璋中璋九寸，邊璋七寸，射四寸，厚寸，黃金勺青金外，天子以巡守，宗祝以前馬』。彼注云：『於大山川用大璋，中山川用中璋，小山川用邊璋。』此直見過大山川，不見中小者，欲見中小山川共大山川一處，直告大山川，不告中小，故不見中小山川，各有別處，則用中璋邊璋。此所過山川，非直用黃金勺酌獻而已，亦有牢，故《校人職》云『將有事於四海山川，則飾黃駒』。注云：『四海猶四方。王巡守過大山川，則有殺駒以祈沈之禮與？』是其牲牢也。」引《曾子問》曰「凡告必用牲幣，反亦如之」者，此諸侯適天子，命祝史告于社稷、宗廟、山川之禮。引之者，證大祝大會同告廟社山川禮亦同也。鄭彼注云：「牲當爲制，字之誤也。制幣，一丈八尺。」彼文無「必」字，此有者，鄭所增。賈疏云：「案彼注破『牲』爲『制』，此用牲幣不破之者，彼文不取牲義，直取出告反亦告而已，故破牲爲制。於此經皆用牲，知者，《王制》云『歸假于祖禰，用特』，《堯典》亦云『歸格于藝祖，用特』，《校人》有飾黃駒之文，則知此經出入皆有牲禮，故不破牲爲制。」案：賈說未析。《曾子問》又云：「天子巡守，以遷廟主行。無遷主，必以幣帛皮圭告於祖禰，遂奉以出。」彼天子告廟無用牲之文，故鄭意諸侯告廟社等不當有牲。此注則仍不破字，與彼注義異。彼孔疏引皇氏、熊氏，以彼爲諸侯禮，不應用牲，故「牲」當爲「制」。其天子，則當用牲。又引熊氏說，亦舉此注，證天子用牲幣。與賈說不同。依上注云造類禬禜並有牲，則無天子諸侯之異，皇、熊說似非鄭意。彼疏又載別說云：「或天子諸侯出入有告有祭，故告用制幣一丈八尺。其卿大夫唯入祭而已，故《聘禮》既使而反，祭用牲也。」今案：《通典・吉禮》引王肅云：「親告以牲，有奠故也。使祝史，用幣。」《孔叢子・儒服》篇云：「天子將巡守，先告於祖禰，命史告羣廟。親告用牲，史告用幣。」此亦肅所私定，故其說正同。孔引別說，似與彼相類。然以義攷之，祭卽告祭，不當分而爲二，天子諸侯告祭，並牲幣兼有，當以此注爲正。王、皇、熊及孔引或說，並失之。**建邦國，先告后土，用牲幣。**后土，社神也。【疏】「建邦國先告后土」者，謂封建五等侯國也。曾釗云：「《大宗伯》『王大封則先告后土』。大封與建邦國，一也。彼統主其禮，此專主用牲幣之節爾。」案：曾説本王安石、王昭禹、鄭鍔，是也。互詳《大宗伯》疏。　注云「后土，社神也」者，賈疏云：「按《大宗伯》『王大封則先告后土』，注云『后土，土神』。土神則社神也。案《孝經緯》云：『社者，五土之揔神。』《郊特牲》云『社祭土而主陰氣』，故名社爲土神，句龍生爲后土之官，死則配社，故舉配食人神以言社，其實告社神也。以其建邦國，土地之事，故先告后土。雖告祭非常，有牲有幣，禮動不虚故也。」案：此注「社神」當爲「土神」之誤，賈强爲之説，非也。社神土神雖散文可通，然建邦國所告，則自是五祀之土神，不爲社神。《肆師》云「立次祀用牲幣」，注謂次祀有五祀。此告后土用牲幣，與彼注義合。凡土神與社神異，《鄭志》於《大宗伯》注分别甚明，此不宜更通之也。且《大宗伯》注又云黎所食者，明專指五祀土神言之。若社神，依鄭義則當云句龍所食矣。《鄭志》載田瓊問，偏舉《大宗伯》、《檀弓》、《月令》、《中庸》諸注以獻疑，而不及此注，疑田瓊所見此注尚不作「社神」也。並詳《大宗伯》疏。　禁督逆祀命者。督，正也。正王之所命，諸侯之所祀。有逆者，則刑罰焉。【疏】注云「督，正也」者，《爾雅·釋詁》文。云「正王之所命，諸侯之所祀」者，《司約》「治神之約」，注云：「謂命祀郊社、羣望及所祖宗也。」此逆祀命，亦謂受王之命，當祀而不祀，或不當祀而祀，皆是也。僖三十一年《左傳》：「衛成公命祀相，甯武子曰：不可以閒成王、周公之命祀。」杜注云：「諸侯受命，各有常祀。」又《哀》六年傳：「楚昭王曰：三代命祀，祭不越望。」《國語·魯語》云：「大懼殄周公、大公之命祀。」並諸侯受王命祀之義。賈疏云：「經直云『禁督逆祀命』，鄭以諸侯解之者，承上建邦國，故知據諸侯。」詒讓案：《大宗伯》云「乃頒祀于邦國都家鄉邑」，則采地公邑亦有命祀，其有僭逆，大祝亦當禁督之矣。云「有逆者則刑罰焉」者，賈疏云：「大祝主諸侯逆祀，告上與之刑罰，不得自施刑罰。」頒祭號于邦國都鄙。祭號，六號。【疏】「頒祭號於邦國都鄙」者，謂大宗伯頒祀於邦國都鄙等，大祝則以祭號頒之也。　注云「祭號，六號」者，賈疏云：「六號之中兼有天地，諸侯不得祭天地，而鄭云六號，據上成文而言，魯與二王之後得祭所感帝，兼有神號。」案：賈説非也。此六號通晐大小祀，諸侯雖無郊丘大祭，而得祭分星及四望山川社稷等，則亦有神號、示號，都鄙亦然，故鄭通舉六號矣。

周禮正義卷五十

小祝掌小祭祀將事侯禳禱祠之祝號，以祈福祥，順豐年，逆時雨，寧風旱，彌烖兵，遠辠疾。侯之言候也，候嘉慶，祈福祥之屬。禳，禳卻凶咎，寧風旱之屬。順豐年而順爲之祝辭。逆，迎也。彌讀曰敉。敉，安也。【疏】「掌小祭祀將事侯禳禱祠之祝號」者，將事，與《小宗伯》「若軍將有事，則與祭有司將事于四望」義同。《士昏記》注云：「將，行也。」謂於小祭祀侯禳禱祠而行事。祝號，即大祝六祝六號是也。賈疏云：「掌小祭祀，即是將事侯禳已下禱祠之事是也。小祭祀與將事侯禳已下作目，將事侯禳禱祠祝號又與祈福祥、順豐年已下爲目。祈福祥、順豐年、逆時雨，三者皆是侯；寧風旱、彌烖兵、遠辠疾，三者即是禳。求福謂之禱，報賽謂之祠。皆有祝號。」案：依鄭、賈説，則侯禳禱祠，大小祭祀通有之。此云小祭祀，對《大祝》大禋祀、肆享、祭示爲大祭祀也。小祭祀，詳《肆師》、《司服》疏。云「以祈福祥，順豐年，逆時雨，寧風旱，彌烖兵，遠辠疾」者，依《大祝》「六祝」先鄭注，此祈福祥即彼吉祝，順豐年即彼順祝，逆時雨、寧風旱即彼瑞祝，彌烖兵即彼化祝，遠辠疾即彼筴祝。唯彼別有年祝，而此無文，要大致略同。但二官皆掌祭祀祝號，大祝所掌據禱祈告祭之大者言之，此祈福祥以下則冡上小祭祀侯禳禱祠爲文，將事微異耳。《管子·小問》篇云：「桓公踐位，令釁社塞禱，祝鳧已疵獻胙祝曰除君苛疾。」所謂遠辠疾也。　注云「侯之言候也，候嘉慶祈福祥之屬」者，侯候聲類同。《白虎通義·爵》篇云：「侯者，候也，候逆順也。」《王制》孔疏引《春秋元命苞》云：「侯者候也，候王順逆也。」案：《説文·人部》云：「候，伺望也。」凡嘉慶之事，則伺望迎之使來。祈福祥，順豐年，逆時雨，祈順逆皆有候迎之義，故知三者同爲侯也。云「禳，禳卻凶咎，寧風旱之屬」者，《女祝》注云：「卻變異曰禳。」與此義同。凡凶咎之事，則禳卻之使去。寧風旱，彌災兵，遠辠疾，寧彌遠亦皆有禳卻之義，故知三者同爲禳也。又案：侯禳皆分方祭之，《肆師》云「與祝侯禳于畺及郊」是也。《小子》先鄭注云：「侯禳者，候四時惡氣禳去之也。」先鄭訓侯禳字義，與此注略同，而以爲一祭則異，後鄭亦不從也。云「順豐年而順爲之祝辭」者，疑當重「豐年」二字，以豐年是嘉祥之事，故爲祝辭，以禮順而候祈之也。《國語・楚語》云：「虔其宗祝，道其順辭。」亦祝辭之義。云「逆，迎也」者，《爾雅・釋言》文。《説文・辵部》云：「逆，迎也。關東曰逆，關西曰迎。」《大史》注亦同。謂時雨將至，爲此祭祀以迎之。云「彌讀曰敉」者，段玉裁云：「敉彌聲類同部。」云「敉，安也」者，《男巫》注同。《説文・攴部》云：「敉，撫也。讀若弭。重文侎，敉或从人。」《廣雅・釋詁》云：「侎，安也。」案：《大祝》先鄭注云：「化祝，弭災兵也。」《郊特牲》云：「祭有祈焉，有報焉，有由辟焉。」注云：「辟讀爲弭，謂弭災兵，遠罪疾也。」字並作弭，則與《男巫》「招弭」字同。以《説文》攷之，彌當爲《長部》镾字之變體。《弓部》云：「弭，弓無緣，可以解轡紛者。」字與镾別，而聲讀相近。又有瓕字，云「弛弓也」，《玉篇・弓部》謂與彌同。案：弛弓與解義亦相近。《説文・心部》又有㥝字，云「厲也，一曰止也」。弭與㥝義亦略同。以《大祝》及《郊特牲》注校之，竊疑漢時通用弭爲彌。此經例用古字作彌，注例用今字當作弭。故《甸師》注「弭後殃」，字亦作弭。今本《大祝》、《小祝》、《男巫》經注，並彌弭錯出，非其舊也。至此經凡云彌者，並取安息禦止之義。杜子春《男巫》注讀弭如彌，而鄭於此彌及《男巫》之弭，皆破爲敉，義並通也。詳《大祝》、《男巫》疏。又案：《周書・王會》篇云：「阼階之南，祝淮氏、榮氏次之，彌宗旁之，爲諸侯有疾病之醫藥所居。」孔注云：「彌宗，官名。」案：彼祝淮、祝榮即大祝下大夫二人；彌宗疑即小祝，此官掌彌災兵，遠辠疾，古巫祝兼治疾病，故謂之彌宗，而主諸侯疾病醫藥之事與？

大祭祀，逆齍盛，送逆尸，沃尸盥，贊隋，贊徹，贊奠。隋，尸之祭也。奠，奠爵也。祭祀奠先徹後，反言之者，明所佐大祝非一。

【疏】「大祭祀逆齍盛」者，贊小宗伯也。齍，依鄭讀亦當爲粢，詳《小宗伯》疏。賈疏云：「祭宗廟饋獻後，尸將入室食，小祝於廟門外，迎饎人之齍盛於廟堂東，實之，薦於神座前。」江永云：「此條逆齍盛在迎尸之上。《小宗伯》云：『祭之日，逆齍，省鑊，告時于王，告備于王。』《肆師》云：『祭之日，表齍盛，告絜，展器陳，告備。』據此諸文，逆齍當在饗祭之晨。而此疏云『饋獻後，尸將入室，乃迎齍』，恐不然也。」案：江説是也。黄以周説同。但大祭迎齍盛當有兩次，一在祭日之晨，所逆者未炊之米也；一在六獻後，尸將入室時，所逆者已炊之食，《小宗伯》注云「逆齍受饎人之盛以入」是也。此與《小宗伯》並當通晐兩逆，而注疏皆偏據後逆爲説，未晐，亦詳《小宗伯》疏。云「送逆尸」者，祭初，逆尸入廟門，贊大祝也。祭畢，又送尸出廟門，《少牢饋食禮》云「尸謖，祝先，尸從，遂出于廟門」是也。云「沃尸盥」者，賈疏云：「尸尊不就洗。案《特牲》、《少牢》，尸入廟門，盥於盤，其時小祝沃水。」詒讓案：內祭祀尸始入受祼時，外祭祀尸入受獻時，皆有盥也。《少牢饋食禮》云「小祝設槃匜與簞巾于西階東」，又云「尸入門左，宗人奉槃，東面于庭南；一宗人奉匜水，西面於槃東；一宗人奉簞巾，南面於槃北。乃沃，尸盥于槃上」。《特牲饋食記》云：「沃尸盥者一人，奉槃者東面，執匜者西面，淳沃，執巾者在匜北。」注云：「淳沃，稍注之。」案：沃盥，即奉匜水澆沃之也。《少牢禮》小祝設盥器，而宗人沃尸盥者，與天子禮異也。《士師》云「祀五帝則沃尸盥」，然則自祀五帝外，餘大祭祀，皆小祝沃尸盥矣。凡尸盥於槃，沃用匜，詳《鬱人》疏。云「贊隋」者，贊大祝命祭也。賈疏云：「案《特牲》、《少牢》，尸始入室，拜妥尸，尸隋祭，以韭菹擩于醢，以祭於豆閒，小祝其時贊尸以授之。」云「贊徹」者，亦贊大祝令之也。又佐膳夫、內小臣徹俎，九嬪、外宗徹豆籩，與彼爲官聯也。云「贊奠」者，亦贊大祝也。賈疏云：「大祝酌酒，奠於鉶南，則《郊特牲》注『天子奠斝，諸侯奠角』，小祝其時贊之。」　注云「隋，尸之祭也」者，謂尸未食前之隋祭也。《守祧》注云「隋，尸所祭肺脊黍稷之屬」是也。《特牲饋食禮》云「祝命挼祭」，彼注亦謂挼隋讀同，詳《守祧》疏。賈疏云：「主人受尸酢時，亦有隋祭。但此經『贊隋』文承逆尸沃尸之下，故隋是尸之祭也。」云「奠，奠爵也」者，四獻後，延主入室時，奠神之爵也。其爵用斝。其酒，《禮運》孔疏謂天子用齊酒是也。《士虞禮》、《特牲饋食禮》並云「祝洗酌奠，奠于鉶南」。又《少牢饋食禮》云「祝酌奠」，注云：「酌奠，酌酒爲神奠之。」又《特牲禮》衆賓長加爵後，有嗣舉奠，《少牢》則無之。《特牲》注云：「大夫之嗣子不舉奠，辟諸侯。」則天子諸侯亦有嗣舉奠之禮，故《文王世子》云「其登餕獻受爵，則以上嗣」是也。云「祭祀奠先徹後」者，賈疏云：「奠爵在尸食前，徹在尸謖後，故云奠先徹後。」詒讓案：依禮，送尸在贊徹前，亦在贊奠後也。云「反言之者，明所佐大祝非一」者，謂小祝佐大祝先後非一事，故其文不次也。

凡事，佐大祝。唯大祝所有事。【疏】注云「唯大祝所有事」者，賈疏云：「經云凡事諸有事皆佐大祝，故鄭云『唯大祝所有事』。乃佐之，據《大祝職》，不言之者，或佐餘官，或小祝專行之也。若然，佐大祝不在職末言之於此見文者，欲見自此已上有佐大祝者，自此已下唯大喪贊渳佐大祝，設熬以下小祝專行。」

大喪，贊渳，故書渳爲

攝，杜子春云：「當爲渳，渳謂浴尸。」【疏】「大喪贊渳」者，亦贊大祝也。

注云「故書渳爲攝，杜子春云當爲渳，渳謂浴尸」者，段玉裁云：「此字之誤也。」詒讓案：《小宗伯》「王崩，大肆以秬鬯渳」，注：「杜子春讀渳爲泯，以秬鬯浴尸。」此渳故書誤爲攝，杜又依彼及《大祝》文讀爲渳。不讀爲泯者，疑彼注字誤，或以說具於彼，此不復出，欲學者互訂之與？

設熬，置銘；銘，今書或作名。鄭司農云：「銘，書死者名於旌，今謂之柩。《士喪禮》曰：『爲銘，各以其物。亡則以緇，長半幅；赬末，長終幅，廣三寸。書名于末，曰某氏某之柩。竹杠長三尺，置于西階上。重木置于中庭，參分庭一在南。粥餘飯，盛以二鬲，縣于重，冪用葦席。取銘置于重。』」杜子春云：「熬謂重也。《檀弓》曰：『銘，明旌也。以死者爲不可別，故以其旗識之，愛之斯録之矣，敬之斯盡其道焉爾。重，主道也。殷主綴重焉，周主徹重焉，奠以素器，以主人有哀素之心也。』」玄謂熬者，棺既蓋，設於其旁，所以惑蚍蜉也。《喪大記》曰：「熬，君四種八筐，大夫三種六筐，士二種四筐，加魚腊焉。」《士喪禮》曰：「熬，黍稷各二筐，有魚腊，饌于西坫南。」又曰：「設熬，旁一筐，乃塗。」【疏】「設熬置銘」者，此謂殯日也。《王制》云：「天子七日而殯，諸侯五日而殯，大夫士庶人三日而殯。」凡喪禮，始死，祝卽置銘於重；至殯，乃設熬。此先設熬後置銘者，《士喪禮》云「設熬，乃塗，卒塗，祝取銘置于肂」。將葬啓殯後，又云「取銘置于重」。及祖，又云「祖，還車，祝取銘置于茵」。是置銘不止一次，經通晐前後，故文不次也。

注云「銘，今書或作名」者，名銘聲類同。段玉裁云：「《說文·金部》不收銘字，蓋於《周禮》取今書，於《儀禮》取今文也。」徐養原云：「銘旌之銘，今文固作名矣。若銘刻之銘，今文未必作名也。《說文》無銘字，蓋偶遺之。漢碑有《周憬功勳銘》。又《孔宙碑》、《魯相謁孔廟殘碑》皆有銘字。」鄭司農云「銘，書死者名於旌」者，此從故書作銘爲釋也。《司勳》注云：「銘之言名也。」《荀子·禮論篇》云：「銘誄繫世，敬傳其名也。」是銘卽取書名爲義，故古卽作名字。云「今謂之柩」者，舉漢時俗語爲釋。賈疏云：「銘所以表柩，故漢時謂銘爲柩。」孔廣森云：「《薛宣傳》，池陽舉廉吏王立，未及召，死，以府決曹掾書立之柩，以顯其魂。此疏釋鄭意云『漢時謂銘爲柩』，然則彼言書柩者，卽是書銘矣。」案：孔說是也。《荀子·禮論篇》云：「書其名置于其重，則名不見而柩獨明矣。」疑周末已通以銘爲柩，與漢時語同矣。《御覽·禮儀部》引《禮統》云：「柩之言久也，具書其謚，置棺旁，萬世久藏也。」亦其證。引《士喪禮》者，證銘之形制。云「爲銘各以其物」者，銘，《釋文》作名。鄭彼注云：「銘，明旌也。雜帛爲物，大夫士之所建也。今文銘皆爲名。」案：先鄭於此經不從今書或本作名，則於《禮經》亦未必盡從今文，《釋文》本恐非。賈疏云：「謂爲銘旌，用生時旌旗，但沽而小。案《士喪禮》注，王則大常，諸侯則建旂，孤卿建旜，大夫士建物。」云「亡則以緇長半幅」者，注云：「亡，無也。無旌，不命之士也。半幅，一尺。」賈《士喪禮》疏云：「經直云長半幅，不言廣，則亦三寸。」云「赬末，長終幅，廣三寸」者，赬，《釋文》作「緽」，今本《儀禮》作「䞓」，《司常》後鄭注引亦作「赬」。案：䞓正字，赬或體，緽即赬之俗。注云：「終幅，二尺。」賈《士喪禮》疏云：「布幅二尺二寸，今云二尺者，兩邊除二寸而言之。」案：賈彼疏以緇長一尺，赬二尺，爲同用布爲之，此疏以赬末爲赤色繒。兩説歧牾，未知孰是。云「書名于末，曰某氏某之柩」者，今《儀禮》名亦作銘。《司常》後鄭注引作名，與此同。注云：「今文末爲旆也。在棺爲柩。」黄以周云：「銘名古通。惟『書名于末』之銘字當作名，二鄭所引不誤。」案：黄説是也。末不作旆，亦先鄭不盡從今文之證。賈疏云：「書死者名於赬末之上，某氏是姓，下某是名。此謂士禮。案《喪服小記》云，周天子諸侯大夫書銘，並與士同。」云「竹杠長三尺」者，注云：「杠，銘橦也。」賈疏云：「依《禮緯》，天子旌旗之杠九仞，諸侯七仞，大夫五仞，士三仞。今士三尺者，則天子以下皆以尺易仞。」云「置于西階上」者，彼文「西階」上有「宇」字，注云「宇，梠也」。此引無，疑先鄭所省。賈疏云：「始死即作銘，倚于重。殯訖，置于西階上屋宇下。」云「重木置于中庭，參分庭一在南」者，《士喪禮》云：「重木刊鑿之，甸人置重于中庭，參分庭一，在南。」此節引之。彼注云：「木也縣物焉曰重。刊，斲治。鑿之，爲縣簪孔也。士重木，長三尺。」賈疏云：「經雖不言重，《士喪禮》有『取銘置于重』，是以因銘兼解重。重木當約銘旌之杠，天子九尺。」云「粥餘飯，盛以二鬲，縣于重，冪用葦席」者，《士喪禮》云：「夏祝鬻餘飯，用二鬲，于西牆下，冪用疏布，久之，繫用靲，縣于重，冪用葦席。」注云：「鬻餘飯，以飯尸餘米爲鬻也。」彼《釋文》云：「鬻，本又作粥。」此所引與陸所見或本同。《御覽·禮儀部》引《士喪禮》作「盛用二鬲」，疑先鄭所據《禮經》亦本有「盛」字。賈疏云：「粥餘飯者，飯米與沐米同。案《喪大記》：『君沐粱，大夫沐稷，天子之士沐粱，諸侯士沐稻。』天子當沐黍飯米之餘以爲粥，盛以二鬲。案鄭注《士喪禮》，鬲與簋同差，天子八，諸侯六，大夫四，士二。」云「取銘置于重」者，銘，亦當從《釋文》作「名」。《士喪禮》云：「祝取銘置于重。」賈疏云：「謂未殯以前。殯訖則置于西階上是也。」杜子春云「熬謂重也」者，杜意蓋以熬指重鬲所盛之餘飯而言，粥餘飯或更熬之也。然與《士喪禮》不合，蓋偶失檢，故後鄭不從。引《檀弓》曰「銘，明旌也，以死者爲不可别，故以其旗識之」者，舊本無「其」字，宋董本、岳本及注疏本並有，與《禮記》同，今據增。《釋文》重「識」字，《士喪禮》注引《檀弓》同，今本《禮記》不重。段玉裁云：「子春所引《檀弓》，與鄭君注《士喪》，皆云『故以其旗識識之』。今本《周禮注》少一識字，《釋文》獨爲善本。」盧文弨云：「識，古幟字，亦旗類。上識字是幟，下識字乃記也。《司常》注亦有徽識語。」案：段、盧説是也。賈《士喪禮》疏引此注亦不重識字，不若陸所據本之善。又《檀弓》「别」下有「已」字，彼《釋文》云：「本或無已字，非。」此注與陸所見或本正同。鄭彼注云：「明旌，神明之旌。不可别，形貌不見。」云「愛之斯録之矣，敬之斯盡其道焉爾」者，爾，彼文作「耳」。賈疏云：「鄭彼注謂重與奠，則斯録之據重，斯盡其道據奠。以是子春引證重則取愛之斯録之，不取敬之斯盡其道，連引之耳。」云「重，主道也」者，彼注云：「始死未作主，以重主其神也。重既虞而埋之，乃後作主。」云「殷主綴重焉」者，彼注云：「綴猶聯也。殷人作主，而聯其重，懸諸廟也。去顯考乃埋之。」賈疏云：「謂始死作重之時，至葬後作木主，乃綴連重之鬲，懸於祖廟。大祥遷廟，乃埋重於廟門外之左。」云「周主徹重焉」者，彼文「徹重」作「重徹」，此疑涉上文而誤。賈疏云：「周人不綴重，亦死始作重，至葬朝廟，重先柩從入祖廟。朝廟訖，明旦將葬，重先出，倚於道左。葬後既虞，埋於所倚之處。故鄭注云『周人作主，徹重埋之』。」云「奠以素器，以主人有哀素之心也」者，彼文「主人」作「生者」，此杜所改。鄭彼注云：「哀素，見哀痛無飾也。凡物無飾曰素。」賈疏云：「杜子春連引，於經無所當。」云「玄謂熬者，棺既蓋，設於其旁」者，後鄭以熬爲煎穀，破子春以熬爲重之説也。《士喪禮》云：「奉尸斂于棺，乃蓋，而後設熬。」是設熬在既蓋棺後也。云「所以惑蚍蜉也」者，《舍人》注同。引《喪大記》曰「熬，君四種八筐，大夫三種六筐，士二種四筐，加魚腊焉」者，證熬爲熬穀，並詳《舍人》疏。引《士喪禮》曰「熬，黍稷各二筐，有魚腊，饌于西坫南」者，此證士熬二種四筐之事。賈疏云：「堂西南隅謂之坫。饌於此者，據未用時。加之蓋後，設於棺旁。」云「又曰設熬，旁一筐，乃塗」者，證設筐熬之法。賈疏云：「此皆所設之處。言旁一筐，則首足各一筐；大夫亦旁各二筐，首足各一筐；君八筐，左右各二筐，首足亦各二筐。鄭君引此者，將以破子春爲重。」案：賈此疏不詳天子設筐之法。《舍人》疏説天子熬用六穀，十筐，首足各一筐，則餘設於左右者有八筐。依此疏説君八筐設法例之，則首足各二筐，設左右者止有六筐，與彼疏例不同，未知孰是。及葬，

設道齎之奠，分禱五祀。杜子春云：「齎當爲粢。道中祭也。漢儀每街路輒祭。」玄謂齎猶送也。送道之奠，謂遣奠也。分其牲體以祭五祀，告王去此宫中，不復反，故興祭祀也。王七祀，祀五者，司命、大厲，平生出入不以告。

【疏】「分禱五祀」者，於大遣奠後爲葬禱也。　注「杜子春云齎當爲粢，道中祭也」者，《鬯人》「禜門用瓢齎」，杜亦讀齎爲粢，云「粢盛也」，與此義同。道中祭，與《大祝》先鄭注所謂「祭羡之道中」亦略同。段玉裁云：「杜易齎爲粢，謂以粢盛祭於道中也。」云「漢儀每街路輒祭」者，蓋據《漢大喪儀》，今無攷。賈疏云：「後鄭不從者，案禮道中無祭法。」云「玄謂齎猶送也」者，破子春讀也。《説文·貝部》云：「齎，持遺也。」引申爲齎送。《廣雅·釋詁》云：「齎，送也。」云「送道之奠，謂遣奠也」者，鄭《既夕》注云：「遣猶送也。」是齎遣並有送訓，故後鄭釋爲遣奠。此義固較杜爲長，但經云道齎之奠，而大遣奠則在廟，而不在道，於義微有未協。竊謂此仍當兼取杜説。蓋大遣奠奠畢，包牲體載於遣車，從柩而行，道中或有停止，則即陳以爲奠，至壙則藏於竁。在道謂之道齎之奠，猶之入壙則謂之奠竁，《量人》云「奠竁之俎實」是也。若然，道齎之奠雖即遣奠之俎，臂臑骼三體，而主行道言之，則與廟奠小異。其法數，則《襍記》注云：「遣奠，天子大牢，包九个；諸侯亦大牢，包七个；大夫亦大牢，包五个；士少牢，包三个。」賈《既夕》疏云「天子一大牢，又加以馬牲，牲别有三體，則十二體。就十二體中細分爲八十一个，九包，包各九个」，是也。互詳《大史》、《巾車》疏。云「分其牲體以祭五祀，告王去此宫中，不復反，故興祭祀也」者，明經云「分禱五祀」即承上道齎之奠爲文，所分者即道齎奠之餘也。賈疏云：「言分牲體者，包牲而取其下體，下體之外，分之爲五處祭也。」案：賈據《既夕》經注義也。《既夕》注釋苞牲取下體云：「士苞三个，前脛折取臂、臑，後脛折取骼，亦得俎釋三个。」蓋鄭意，包遣奠與《特牲饋食禮》歸尸俎禮相儗，故亦俎釋三个；所釋者即以分禱五祀，猶《特牲》釋个爲陽厭也。但諦審此疏云「下體之外分之爲五處祭」，則是前後脛骨之外，别取脊脅諸體以祭；而《既夕》疏則謂所包臂臑骼之外，取

所餘肩膊等以祭，是仍在下體之内。兩疏義小異，經注並無文，未知孰得其正也。又案：此分禱五祀爲祈禱之事，注通言之，故云祭祀。據《曾子問》云：「天子崩，自啓至于反哭，五祀之祭不行。已葬而祭，祝畢獻而已。」然則未葬遇五祀正祭，亦輟不行。惟禱禮輕，得於葬時行之，故其俎實亦取包牲之餘，不特殺也。云「王七祀」者，《祭法》云：「王爲羣姓立七祀，曰司命，曰中霤，曰國門，曰國行，曰泰厲，曰户，曰竈。王自爲立七祀。」鄭注云：「此非大神所祈報大事者也。小神居人之閒，司察小過，作譴告者爾。司命主督察三命。中霤主堂室居處，門户主出入，行主道路行作，厲主殺罰，竈主飲食之事。」是王有七祀也。《曲禮》説天子祭五祀，注以爲殷制。云「祀五者，司命、大厲，平生出入不以告」者，凡王平生出入，蓋有告五祀之法。若《聘禮》使行釋幣於行之比。鄭言此者，明七祀去其二爲五，與《大宗伯》五祀爲五神異也。黄以周云：「周禮五祀有二。一爲中祀，《左傳》所云句芒、祝融、蓐收、玄冥、后土是也。在王者宫中，曰户、竈、中霤、門、行，羣小祀也。《大宗伯》『五祀』文在『五嶽』上，爲中祀，故鄭據《左傳》文以釋之。小祝所掌五祀爲羣小祀，故鄭據《月令》文以釋之。」賈疏云：「案《月令》，春祀户，夏祀竈，季夏祀中霤，秋則祀門，冬則祀行。此並是人之以所由從之處，非直四時合祭，所以出入亦宜告之。案《祭法》，王七祀之中有司命、大厲。此經五祀與《月令》同，《月令》不祭司命及大厲之等，此不祭則可知。《既夕》，士禮，亦云『分禱五祀』者，鄭注云『博求之』。依《祭法》，士二祀。」案：賈據《既夕記》云「乃行禱于五祀」。但彼士禮，禱在屬纊時，與此王禮葬將行時禱事異，而其有事於五祀則同。

大師，掌釁祈號祝。鄭司農云：「釁謂釁鼓也。《春秋傳》曰：君以軍行，祓社釁鼓，祝奉以從。」【疏】「大師掌釁祈祝號」者，賈疏云：「言掌釁者，據『大師』之文而言耳，則惟爲以血釁鼓。祈號祝者，將出軍禱祈之禮，皆小祝號以讀祝辭，蓋所以令將軍祈而請之也。此皆小事，故大師用小祝以讀祝耳。」案：據賈説，則此祈與《大祝》「六祈」之祈同，雖以「釁祈」連文，而與《肆師》「祈珥」義别也。注「鄭司農云釁謂釁鼓也」者，《左》僖三十三年傳，秦孟明曰：「不以纍臣釁鼓。」杜注云：「殺人以血塗鼓，謂之釁鼓。」《漢書·高祖紀》「釁鼓」，顔注引應劭云：「釁，祭也。殺牲以血塗鼓釁呼爲釁。」《史記索隱》引《司馬法》云：「血于鼙鼓者，神戎器也。」釁，互詳《天府》疏。引《春秋傳》曰「君以軍行，祓社釁鼓，祝奉以從」者，證大師釁鼓，祝所有事也。詳《小宗伯》疏。

有寇

戎之事，則保郊，祀于社。故書祀或作禩。鄭司農云：「謂保守郊祭諸祀及社，無令寇侵犯之。」杜子春讀禩爲祀，書亦或爲祀。玄謂保祀互文，郊社皆守而祀之，彌裁兵。【疏】注云「故書祀或作禩」者，《大宗伯》、《小子》「五祀」注云「故書祀作禩」。凡故書，非一本。此經故書間有作祀者，鄭從祀爲正本，故云或作禩。《大宗伯》、《小子》則故書皆作禩，不作祀，故不云「或」，此鄭校讀之例也。鄭司農云「謂保守郊祭諸祀及社，無令寇侵犯之」者，先鄭以郊祀爲郊羣祀之兆，則以「郊祀」連讀。于社猶言及社。社在郊者，謂在南郊藉田之王社也。《都宗人》云：「若有寇戎之事，則保羣神之壝。」則此保亦謂小祝率領徒屬居郊社之兆壝而守之。云「杜子春讀禩爲祀，書亦或爲祀」者，《大宗伯》先鄭讀同杜，從禩爲正本，而改其讀，故以作祀者爲或本也。云「玄謂保祀互文，郊社皆守而祀之」者，破先鄭義也。後鄭以「祀于社」屬讀，祀即謂祈禱也。賈疏云：「郊言保守，亦祀；社言祀，亦保守，故云郊社皆守而祀之。」詒讓案：《都宗人》「寇戎保神壝」，無祀事者，蓋文不具。云「彌裁兵」者，據上文，明寇戎之事當有祈祀也。「彌裁」疑當同《大祝》注作「弭災」，詳前疏。凡外内小祭祀、小喪紀、小會同、小軍旅，掌事焉。【疏】「凡外内小祭祀、小喪紀、小會同、小軍旅、掌事焉」者，賈疏云：「案《小司徒》『小祭祀奉牛牲』，鄭注云：『小祭祀，王玄冕所祭。』案《司服》『羣小祀用玄冕』，鄭注云：『小祭祀謂林澤四方百物。』是外小祭祀也。其内小祀，謂宫中七祀之等。小喪紀者，王后以下之喪。小會同，謂諸侯遣臣來，王使卿大夫與之行會同之禮。小軍旅者，王不自行，遣卿大夫征伐，掌事者，此數事皆小祝專掌其事也。」案：小祭祀，詳《肆師》、《司服》疏。小喪紀者，賈謂據王后以下。今攷《宰夫》注云：「大喪，王、后、世子也。小喪，夫人以下。」又《大史》注云：「小喪，卿大夫也。」賈《外饔》、《小司馬》疏亦並謂夫人以下之喪，則不得有王后，此疏蓋誤。此小喪或當兼含王子弟、内諸侯及卿大夫之喪言之，詳《外饔》、《大史》疏。小會同，賈謂諸侯遣臣來，王使卿大夫與之行會同之禮，《小司馬》疏説亦同。蓋據《典瑞》注，説諸侯使大夫時聘殷覜，既而爲壇會之，使大夫執琬圭、琰圭以命之。是大會同外，別有此王人與邦國使臣會同之小禮也。金鶚云：「《小行人》云：『朝覲宗遇會同，君之禮也。』可知人臣無會同之禮。天子在上，而卿大夫自相會同，此春秋衰世之事，而謂成周有之乎，必不然矣。」孫希旦云：「王官伯出會諸侯，則謂之小會同，小祝小會同掌事焉是也。」案：《典瑞》注大夫壇會命事之説，於禮未協。金據《小行人》文，謂人臣無會同之禮，黄以周説同，足正賈氏之誤。孫謂此小會同爲王官伯與諸侯會同之禮，説亦甚塙。《左》哀十三年傳，子服景伯曰：「王合諸侯，則伯帥侯牧以見於王；伯合諸侯，則侯帥子、男以見於伯。」伯合諸侯，正所謂小會同也。蓋西周盛時，無大夫會盟之事，而王官伯與諸侯會盟，則自是正禮。所合者卽五等之君，與《大行人》以會同專屬君禮，義亦不相妨也。

喪祝掌大喪勸防之事。鄭司農云：「勸防，引柩也。」杜子春云：「防當爲披。」玄謂勸猶倡帥前引者，防謂執披備傾戲。【疏】「掌大喪勸防之事」者，大喪，亦王、后、世子也。注「鄭司農云，勸防，引柩也」者，《大史》先鄭注云「勸防，引六紼」，與此義同，卽《大司徒》云「大喪屬其六引」是也。先鄭以勸防總爲引柩之事，謂勸助其力，防其危險。然其義未析，故後鄭分别釋之。杜子春云：「防當爲披」者，據《司士》及《既夕禮》、《喪大記》並有披，故破此防爲披也。後鄭説亦與杜略同，惟不破字爲異。王念孫云：「《説文》曰：『從旁持曰披。』防旁聲相近，旁披聲之轉。《周髀》曰：『旁沱四隤而下。』滂沱卽陂陀也。滂陂亦聲之轉，故杜氏讀防爲披矣。」云「玄謂勸猶倡帥前引者」者，《説文·力部》云：「勸，勉也。」此通柩在廟在道言之。倡帥前引，謂居前勸勉引柩者，助其用力也。賈疏云：「卽下經御柩，一也。謂執纛居柩路前，卻行，左右車腳有高下，則以纛詔告執披者，使持制之，不至傾虧。倡，先也，故云倡帥前引者。」云「防謂執披備傾戲」者，此專據柩行在道，謂居旁防護之。《司士》云「作六軍之士執披」，則披非喪祝所執，但掌其事耳。吕飛鵬云：「防有備禦之義，故鄭以執披備傾戲釋之。」詒讓案：《釋文》戲音虧。賈疏述注作傾虧。《既夕禮》云「乃載，商祝飾柩，設披」。注云：「披絡柳棺上，貫結於戴，人居旁牽之，以備傾虧。」又「商祝執功布以御柩，執披」。注云：「居柩車之前，若道有低仰傾虧，則以布爲抑揚左右之節，使引者執披者知之。」據彼注，則疏作傾虧是也。《檀弓》「設披」，孔疏亦云「傾虧」。《廣雅·釋詁》云：「傾、畸、戲，衺也。」《釋名·釋喪制》云：「兩旁引之曰披。披，擺也，各於一旁引擺之，備傾倚也。」傾戲、傾虧、傾倚，並聲近義同。《喪大記》孔疏云：「謂之披者，若牽車登高，則引前，以防軒車；適下，則引後，以防翻車；欹左則引右，欹右則引左：使車不傾覆也。」披，互詳《司士》疏。**及辟，令啓。**鄭司農云：「辟，謂除菆塗椁也。令啓，謂喪祝主命役人開之也。《檀弓》曰：『天子之殯也，菆塗龍輴以椁，加斧于椁上，畢塗屋，天子之禮也。』」【疏】「及辟令啓」者，以下説於寢啓殯、遷柩適祖廟之事。謂王喪七月而葬之，前八日則辟塗啓殯而遷柩也。啓訖卽朝廟，故《既夕禮》目録云「凡朝廟日，請啓期，必容焉」。賈彼疏云「以其一廟則一日朝，天子七廟者，葬前八日」是也。　注云「鄭司農云，辟謂除菆塗椁也」者，《小爾雅・廣言》云：「辟，除也。」謂除菆塗去之。《檀弓》孔疏云：「菆，叢也。謂用木菆棺，而四面塗之。椁者，亦題湊菆木，象椁之形。」云「令啓謂喪祝主命役人開之也」者，《小爾雅・廣詁》云：「啓，開也。」《既夕禮》「請啓期」，注云：「今文啓爲開。」役人謂胥徒。開殯者，喪祝主命之也。引《檀弓》曰「天子之殯也，菆塗龍輴以椁，加斧于椁上，畢塗屋，天子之禮也」者，證天子殯有菆塗椁，必辟除乃可開殯。鄭彼注云：「菆木以周龍輴如椁而塗之。天子殯以輴車，畫轅爲龍。斧謂之黼，白黑文也，以刺繡於縿幕，加椁以覆棺。已乃屋其上，盡塗之。」賈疏云：「天子諸侯殯，用輴車。天子畫轅爲龍，先置龍輴於西階之上。又置四重棺於輴車之中。大斂於阼階訖，奉尸入棺，加蓋，乃置熬於棺傍。乃於椁櫕其四面，與棺平。乃加斧於棺上，以覆棺，上更加之以椁材。乃畢塗之，如四面霤屋。故云菆塗龍輴以椁，加斧於椁上，畢塗屋，天子之禮也。案《檀弓》云：『布幕，衞綃幕，魯布幕。』諸侯法綃幕，天子禮刺以黼文。謂之斧者，形如大斧文。言上者，加斧訖乃攢塗其上，故言加斧於椁上。」**及朝，御匶，乃奠。**鄭司農云：「朝謂將葬，朝於祖考之廟而後行，則喪祝爲御柩也。《檀弓》曰：『喪之朝也，順死者之孝心也。其哀離其室也，故至於祖考之廟而後行。殷朝而殯於祖，周朝而遂葬。』故《春秋傳》曰：『凡夫人不殯于廟，不祔于姑，則弗致也。』『晉文公卒，將殯於曲沃』，就宗廟。晉宗廟在曲沃，故曰『曲沃，君之宗也』。又曰『丙午，入于曲沃；丁未，朝于武宮』。」玄謂乃奠，朝廟奠。【疏】「及朝，御匶，乃奠」者，賈疏云：「及猶至也。謂侵夜啓殯，昧爽朝廟，故云及朝。御柩者，發殯宮輴車，載至廟，其時喪祝執纛居前，以御正柩也。奠者，案《既夕禮》，朝廟之時，重先，奠從，燭從，柩從。彼奠昨夜夕奠，至廟，下棺於廟兩楹之閒，棺西設此宿奠。至明徹去宿奠，乃設此朝廟之奠於柩西，故云乃奠。」　注「鄭司農云，朝謂將葬朝於祖考之廟而後行」者，《既夕禮》云「遷于祖用軸」，鄭彼注云：「遷，徙也。徙於祖，朝祖廟也。蓋象平生將出必辭尊者。」《既夕》又云「饌於禰廟」，禰廟卽考廟也。云「則喪祝爲御柩也」者，經作「匶」，注作「柩」，亦經用古字、注用今字之例，詳《鄉師》疏。御柩者，亦執翿居前爲節度，詳後疏。引《檀弓》者，證喪有朝廟。鄭彼注云：「朝謂遷柩于廟。」賈疏云：「殷人殯於廟，始死斂訖，卽以柩朝廟而殯之。周人不殯於廟，故始死殯於路寢，七月而葬，以次朝七廟，先禰而後祖，廟別一宿，後朝始祖廟，遂出葬於墓。」《檀弓》孔疏云：「朝廟之禮，每廟皆朝，故《既夕禮》云『其二廟，則饌於禰廟』，下云『降柩如初，適祖』。則天子諸侯以下，每廟皆一日。至遠祖之廟，當日朝畢，則爲祖祭。至明日，設遣奠而行。」案：據賈、孔説，則王喪當徧朝七廟。攷《曾子問》云：「天子崩，國君薨，則祝取羣廟之主而藏諸祖廟。卒哭成事，而後主各反其廟。」是未葬以前，自禰以上六廟並無主。而得徧行朝禮者，蓋將朝之前，祝先迎主反羣廟，既朝而主仍藏祖廟，與新主祔祖後仍反於寢，事相類也。云「故《春秋傳》曰，凡夫人不殯于廟，不祔于姑，則弗致也」者，賈疏云：「此僖八年《左氏傳》，秋七月，禘于大廟，用致夫人。傳曰：『秋，禘，而致哀姜焉，非禮也。凡夫人，不薨于寢，不殯于廟，不赴于同，不祔于姑，則弗致也。』注云：『寢，小寢。同，同盟。將葬又不以殯過廟。』言諸侯夫人有罪，不以禮終，不當致。」《檀弓》孔疏云：「此言周人不殯于廟。案僖八年，致哀姜，《左傳》云『不殯于廟，則弗致也』，則正禮當殯於廟者。服氏云：『不薨於寢，寢謂小寢；不殯於廟，廟謂殯宫，鬼神之所在謂之廟。』鄭康成以爲春秋變周之文，從殷之質，故殯於廟。杜預以爲不以殯朝廟。未詳孰是。」詒讓案：襄四年傳云：「定姒薨，不殯于廟。」注亦云：「殯不過廟。」依杜説，則所謂不殯廟者，卽不朝於廟。依服説，則不殯廟卽不殯於寢。此並因《檀弓》言周禮無殯廟，故强爲之説。先鄭此注既引《檀弓》於前，又引《左傳》此文，則亦不以殯廟爲殯尸於廟可知。今案：《左傳》之殯廟，卽《檀弓》之殯祖，不宜異訓，服、杜兩説並未允協。孔引後鄭説，以《左傳》爲殷法，孔廣森又申其義，援《明堂位》魯禘牲用白牡，及《公羊》定元年傳「正棺於兩楹之閒」，證魯用殷禮，其説致塙，足以正先鄭及服、杜諸家之誤矣。云「晉文公卒，將殯於曲沃，就宗廟」者，於，舊本作「于」，今據宋注疏本正。賈疏云：「此《左氏》僖公三十二年，『晉文公卒，庚辰，將殯于曲沃』。就宗廟已下，鄭君解義語。」云「晉宗廟在曲沃」者，《左傳》杜注云：「曲沃有舊宫焉。」義與先鄭同。賈疏云：「晉承桓叔之後，桓叔本在曲沃，故晉宗廟在曲沃。」云「故曰曲沃君之宗也」者，賈疏云：「莊二十八年《左氏傳》，驪姬欲立其子，賂外嬖梁五與東關嬖五，使言於公曰：『曲沃，君之宗也，不可以無主。』夏，使太子居曲沃是也。」案：杜注云：「曲沃，桓叔所封，先君宗廟所在。」云「又曰，丙午入于曲沃，丁未朝于武宮」者，僖二十四年傳，記晉文公入國時事云：「二月壬寅，公子入于晉師。丙午，入于曲沃。丁未，朝于武宮。」杜注云：「文公之祖武公廟。」引此諸文，並證曲沃有宗廟也。《國語・晉語》云：「烝於武公。」韋注亦云：「武公，獻公之禰廟，在曲沃。」賈疏云：「案趙商問：『周朝而遂葬，則是殯於宮，葬乃朝廟。案《春秋》「晉文公卒，殯于曲沃」，是爲去絳就祖殯，與《禮記》義異，未通其説。』荅曰：『葬乃朝廟，當周之正禮也。其末世諸侯國，何能同也。傳合不合當解傳耳，不得難經。』何者？《既夕》『將葬，遷于祖，用軸』。《既夕》是周公正經，朝廟乃葬，故云不得難經。孔子發凡，言不薨于寢，不殯于廟，不祔于姑，則不致。明正禮約殯于廟，發凡則是關異代。何者？孔子作《春秋》，以通三王之禮。先鄭引之者，欲見《春秋》之世，諸侯殯于廟，亦當朝廟乃殯。」案：據賈引《鄭志》説，則晉文公亦殯於廟，依殷禮也。與孔氏説可互證。云「玄謂乃奠，朝廟奠」者，即遷祖奠也。《既夕禮》遷柩朝廟，徹宿奠後云「厥明乃奠」，注云：「爲遷祖奠也。」又記云：「其二廟，則饌于禰廟，如小斂奠，乃啓。」據彼推之，則天子七廟，啓日先朝禰廟，其奠亦如小斂奠；以後五日，徧朝諸廟，其奠並同；至第七日，朝大祖廟，其奠則如大斂奠。若然，天子朝廟奠有七次，唯末奠特盛也。又案：天子喪禮，奠有十：一、始崩奠，二、小斂奠，三、大斂奠，四、朝夕哭奠，五、朔月奠，六、月半奠，七、薦新奠，八、遷祖奠，九、祖奠，十、大遣奠。鄭知此奠爲遷祖奠者，以文承朝廟後也。賈疏云：「以經文奠在朝下，明不據初來宿奠，是據厥明所設朝廟之奠。」

及祖，飾棺，乃載，遂御。鄭司農云：「祖，謂將葬祖於庭，象生時出則祖也，故曰事死如事生，禮也。《檀弓》曰：『飯於牖下，小斂於户内，大斂於阼，殯於客位，祖於庭，葬於墓，所以即遠也。』祖時，喪祝主飾棺乃載，遂御之，喪祝爲柩車御也。或謂及祖，至祖廟也。」玄謂祖爲行始。飾棺，設柳池紐之屬。其序，載而後飾，既飾當還車鄉外，喪祝御之。御之者，執翿居前，郤行爲節度。【疏】「及祖」者，賈疏云：「初朝禰，次第朝親廟四，次朝二祧，次朝始祖后稷之廟。至此廟中，設祖祭。案：《既夕禮》『請祖期，曰日側』，是至祖廟之中而行祖。祖，始也，爲行始。」云「飾棺乃載」者，賈疏云：「既載乃飾。案《既夕禮》，遂匠納車於階閒，郤柩而下棺，乃飾棺，設帷荒之屬。飾訖，乃還車向外，移柩車去載處，至庭中，車西設祖奠。天子之禮亦是先載乃飾棺，此先云飾棺後言乃載者，直取便文，非行事之次第。」云「遂御」者，王念孫云：「御下當有『之』字。案鄭仲師云：『遂御之，喪祝爲柩車御也。』康成云：『御之者，執翿居前，郤行爲節度。』疏云：『遂御之者，喪祝執纛郤行，御正柩，故云遂御之。』則經文有『之』字明矣。自唐石經始脱『之』字，而各本遂沿其誤。《後漢書・蔡邕傳》注、《太平御覽・禮儀部》三十一引此，並作『遂御之』。《小宗伯》云『及執事眡葬獻器，遂哭之』，《鬱人》云『共其祼器，遂貍之』，《巾車》云『飾遣車，遂廞之行之』，文義並與此同。」案：王説是也。賈疏云：「加飾訖，移柩車，喪祝執纛郤行，御正柩，故云遂御之。」

注「鄭司農云，祖謂將葬祖於庭」者，於，舊本作「于」，今據汪道昆本及注疏本校正。《既夕禮》，祖在葬前一日遷廟奠後，彼文云「商祝御柩，乃祖」，注云「還柩鄉外」。又云「祖還車」，注云「祖有行漸，車亦宜鄉外也」。又云「布席乃奠」，注云「車已祖，可以爲之奠也，是之謂祖奠」。據此，是還柩及車向外謂之祖，因而設奠謂之祖奠。此經之祖，蓋兼還柩及祖奠言之。祖於庭，據《檀弓》文。云「象生時出則祖也」者，謂象生時出行有祖道飲酒，故葬亦有祖奠也。《既夕禮》「有司請祖期」，後鄭彼注亦云「將行而飲酒曰祖」。生人出有祖，詳《大馭》疏。云「故曰事死如事生，禮也」者，賈疏云：「按《祭義》云：『文王之祭也，事死如事生。』義出於彼。以其生時出有祖，故死亦有祖。」引《檀弓》者，賈疏云：「案《檀弓》，曾子弔於負夏，主人既祖奠徹，推柩而反之。曾子從者怪主人推柩而反，問於曾子，曾子對曰『胡爲其不可』。從者問子游，子游對此辭。云『飯於牖下』者，謂始死於北墉下，❶遷尸於南牖下，沐浴訖卽飯含，故云飯於牖下。小斂於户内，小斂十九稱在户内。大斂於阼者，士三十稱，大夫五十稱，諸侯百稱，天子百二十稱，皆於阼階，故言大斂於阼。殯於客位者，夏后氏殯於阼階，殷人殯兩楹閒，周人殯於西階，故云殯於客位。祖於庭者，行祖祭在祖廟之庭。葬於墓者，行祖祭訖，至明旦，行大遣奠，既奠引柩向壙，故云葬於墓。所以卽遠也者，此子游之意，從飯於牖下至葬於墓，卽，就也，節級皆是就遠，不合反來。引之者，證此經祖是爲行始向遠之義。」云「祖時，喪祝主飾棺乃載」者，載謂載

❶「墉」原涉下而訛作「牖」，據《儀禮・既夕禮記》改。

柩於柩路也。《既夕禮》請祖期後云：「乃載，商祝飾柩。」先鄭依經文先飾棺後載，與《既夕》不合，故後鄭不從。云「遂御之，喪祝爲柩車御也」者，《既夕禮》云「商祝御柩」。商祝卽喪祝也。前朝廟遷柩，用輴不用車，此既載則柩在車，故云爲柩車御。御亦謂御正柩，與凡馭車異。云「或謂及祖至祖廟也」者，賈疏云：「以其飾載在祖廟中，故以祖爲祖廟解之，後鄭雖不從，亦通一義。」案：喪禮自啓殯遷祖，卽至祖廟。此上文已有朝廟及奠，則早已在祖廟矣，不應此更云及祖，故二鄭並不從，賈謂亦通一義，非也。云「玄謂祖爲行始」者，申先鄭出祖之義，明不如或説也。《爾雅・釋詁》云：「祖，始也。」《既夕禮》注説祖，亦云「還柩鄉外爲行始」。《白虎通義・崩薨》篇云：「祖於庭何？盡孝子之恩也。祖者，始也，始載於庭也。乘軸車辭祖禰，故名爲祖載也。」案：班義與鄭異，而訓祖爲始則同。云「飾棺設柳池紐之屬」者，柳、池、紐，皆棺飾，詳《縫人》疏。云「之屬」者，凡齊披之類皆是也。云「其序，載而後飾，既飾當還車鄉外，喪祝御之」者，還車向外，卽所謂祖也。其序：先載，次飾，次祖。賈疏云：「鄭見經先言飾棺，後言乃載車向外，於文到，故依《既夕禮》，先載而後飾，當還車向外，以其載時車北向，飾訖當還車向外，喪祝御之。」云「御之者，執翿居前，郤行爲節度」者，翿卽纛，所謂羽葆幢也。《鄉師》云：「及葬，執纛以與匠師御匶而治役。」是凡御柩者皆執纛，故鄭謂此喪祝御柩亦執翿。必郤行者，以方還柩向外，居前者行當向柩，故郤退而行。鄭注《既夕》「商祝御柩」云「亦執功布居前，爲還柩車爲節」。彼士禮，故執功布而不執翿。翿形制，詳《鄉師》疏。賈疏云：「恐柩車傾虧，以纛告之，故云爲節度也。」

及葬，御匶，出宮乃代。喪祝二人相與更也。【疏】「及葬御匶，出宮乃代」者，以下並祖奠畢，柩行適葬之事。御匶者，與鄉師、匠師爲官聯也。賈疏云：「謂於祖廟厥明大奠後，引柩車出，喪祝於柩車前郤行，御柩車出宮。」　注云「喪祝二人相與更也」者，《説文・人部》云：「代，更也。」賈疏云：「按《序官》云『喪祝上士二人』，故鄭云二人相與更也。」

及壙，説載，除飾。鄭司農云：「壙，謂穿中也。説載，下棺也。除飾，去棺飾也。四翣之屬。令可舉移安錯之。」玄謂除飾，便其窆爾。周人之葬，牆置翣。【疏】注「鄭司農云，壙謂穿中也」者，《方相氏》注云：「壙，謂穿地中也。」《説文・土部》云：「壙，塹穴也。塹，阬也。」蓋穿地爲阬謂之壙，因以爲墓穿之名也。《廣雅・釋丘》云：「藏謂之壙。」《釋名・

釋喪制》云：「壙，曠也，藏於空曠處也。」《漢書・外戚傳》顏注云：「穿，謂壙中也。」云「説載，下棺也」者，《鄉射禮》注云：「説，解也。」在涂時，棺載於柩車，及壙，則喪祝解説而下其棺，別載於龍輴，以入於穿也。云「除飾，去棺飾也」者，《廣雅・釋詁》云：「除，去也。」亦謂解説去之。既窆，則以入壙覆棺，《既夕》謂之「見」是也。天子棺飾，詳《縫人》疏。云「四翣之屬」者，《釋文》云：「翣，本亦作翣。」案：翣字是也。四翣者，卽《左》襄二十五傳所云「四翣不蹕」。《縫人》先鄭注引彼文，亦作翣。彼四翣，大夫禮；若天子則八翣，並詳《縫人》疏。云「令可舉移安錯之」者，賈疏云：「除去棺飾者，令可舉移安錯於壙中。『安錯』之言，出《孝經》。」詒讓案：《孝經・喪親章》云：❶「卜其宅兆而安措之。」錯措字通。《小爾雅・廣言》云：「措，置也。」云「玄謂除飾，便其窆爾」者，《鄉師》注云：「窆，謂葬下棺也。」後鄭謂除去棺飾爲便下棺，見窆後仍加飾，非除去不用也。亦與先鄭義同。云「周人之葬，牆置翣」者，據《檀弓》文，證葬入壙亦置飾也。亦詳《縫人》疏。**小喪亦如之。**【疏】「小喪亦如之」者，賈疏云：「小喪，王后、世子已下之喪。自掌勸防已下至除飾，皆據王喪。其小喪亦有勸防已下之事，故云亦如之。」案：賈說非也。依《宰夫》、《大宗伯》注義，上文大喪内當含有后、世子，不得爲小喪。《宰夫》注又云：「小喪，夫人以下。」此經之義，當如彼注。至《大史》「小喪賜謚」，注云「小喪，卿大夫也」；此下文又云「凡卿大夫之喪，掌事而斂飾棺焉」，則此小喪不關卿大夫明矣。又此小喪，疑當兼有三公内諸侯之喪，詳《外饔》、《大史》疏。**掌喪祭祝號。**喪祭，虞也。《檀弓》曰：「葬日虞，不忍一日離也，是日也，以虞易奠。卒哭曰成事，是日也，以吉祭易喪祭。」【疏】注云「喪祭，虞也」者，《小宗伯》注云：「喪祭，虞祔也。」此不及祔者，以卒哭已爲吉祭，祔更在卒哭之後，故不數之。《士虞禮》云：「祝免澡葛絰帶，布席于室中，東面，右几，降出，及宗人卽位于門西，東面南上。」蓋卽喪祝也。引《檀弓》者，證喪祭爲虞之義。「不忍一日離也」，「不」《檀弓》作「弗」，《小宗伯》注引同，此疑字誤，並詳彼疏。**王弔，則與巫前。**鄭司農云：「喪祝與巫以桃厲執戈在王前。《檀弓》曰：『君臨臣喪，以巫祝桃茢執戈，惡之也，所以異於生也。』《春秋傳》曰：『楚人使公親襚，公使巫以桃茢先祓殯，楚人弗禁，既而悔之。』

❶「喪」原作「事」，據《孝經》改。

君臨臣喪之禮，故悔之。」【疏】「王弔則與巫前」者，此與男巫爲官聯也。《荀子·正論篇》云：「天子出户而巫覡有事，出門而宗祝有事。」蓋謂此也。《白虎通義·崩薨》篇云：「臣子死，君往弔之何？親與之共治民，恩深義重，厚欲躬見之。」《襍記》云：❶「君於大夫世婦大斂焉，爲之賜，則小斂焉。於外命婦，既加蓋而君至。於士，既殯而往，爲之賜，大斂焉。」孔疏引熊安生云：「卿則小斂焉，爲之賜，則未襲而往。」又引《左傳》隱元年「公子益師卒，公不與小斂，故不書日」，證卿當視小斂；及《公羊》昭十五年「叔弓卒」傳，「君聞大夫之喪，去樂，卒事而往」，《檀弓》注以爲未襲，證卿未襲而往。若然，王於公卿大夫士之喪，其弔臨差次亦當與彼同，故《司服》王於三公六卿諸侯大夫士皆有弔服。又王弔諸侯三公，以卿禮準之，當亦未襲而往。《大司馬》說王有弔士庶子，當亦準士禮既殯而往。互詳《司服》、《大司馬》疏。　注「鄭司農云，喪祝與巫以桃厲執戈在王前」者，段玉裁云：「厲即茢之假借。」賈疏云：「桃茢二者，祝與巫執之。執戈者，是小臣也。案《喪大記》『小臣二人執戈立於前，二人立於後』。彼是諸侯法，王弔亦然，故兼言執戈。」案：桃茢，詳《戎右》疏。引《檀弓》曰「君臨臣喪，以巫祝桃茢執戈，惡之也，所以異於生也」者，段玉裁云：「此及下二茢字，當本同上作『厲』，如《縫人》注改翣爲翣之類。《釋文》音上桃厲云『《記》作茢』，正謂與此注不同也。」案：段說近是。先鄭引此者，證王弔巫祝當有事也。後鄭彼注云：「爲有凶邪之氣在側。君聞大夫之喪，去樂，卒事而往，未襲也。其已襲，則止巫去桃茢。桃，鬼所惡。茢，萑苕，可埽不祥。」案《士喪》說君視斂，云「君至，巫止于廟門外，祝代之」。後鄭彼注引此經及《檀弓》文釋之云：「皆天子之禮。諸侯臨臣之喪，則使祝代巫執茢居前，下天子也。」《檀弓》孔疏云：「天子未襲之前臨臣之喪，巫祝、桃茢、執戈三者並具。諸侯臨臣喪，未襲之前，巫止，祝執茢，小臣執戈；若既襲之後，斂殯以來，天子與諸侯同，並巫止祝代之，無桃茢。必知襲後無桃茢者，案《喪大記》大斂，惟有巫止之文，無桃茢之事。」今案：依後鄭及孔說，則王弔祝與巫並前，唯諸侯三公六卿之喪，或未襲時往，乃有是事。其大夫以下喪，往皆在襲後，則巫止於門外，王入門後，祝前巫不前。若諸侯弔事，雖未襲以前，巫亦止門外，無巫祝並前之禮也。引《春秋傳》者，《左》襄二十九年傳，記襄公朝於楚，遇康王喪之事云：「楚人使公親襚，公患

❶ 下文見《喪服大記》，非《雜記》。

之。穆叔云：『祓殯而襚，則布幣也。』乃使巫以桃茢先祓殯。楚人勿禁，既而悔之。」杜注云：「諸侯有遺使賵襚之禮，今楚欲依遺使之比。祓殯，先使巫祓除殯之凶邪而行襚禮。」此引以證桃茢爲祓殯也。孔疏云：「《檀弓》云：『襄公朝于荆，康王卒。荆人曰：「必請襲。」魯人曰：「非禮也。」荆人强之。巫先拂柩，荆人悔之。』記之所言，即是此事。所異者，此言請襚，彼言請襲；此言祓殯，彼言拂柩。雖俱説此事，先後不同。禮，死而沐浴，即襲，襲後始小斂，大斂乃殯。案：往年傳『公及漢，聞康王卒，公欲反』，則康王之卒，公未至楚。楚人使公親襚，傳在此年言之，則此年始令公親襚，襚不得爲襲也。卒已踰月，不得柩仍在地，足知殯是而柩非，記虚而傳實也。然則襚衣所以衣尸，既殯而使公襚者，致襚所以結恩好，其衣不必充用。《雜記》記致襚之禮云『委衣于殯東』，是既殯猶致襚也。」案：孔説是也。賈疏謂襚即襲之時，未殯而云祓殯者，名尸爲殯耳，失之。云「君臨臣喪之禮，故悔之」者，兼釋《左傳》義。《左傳》杜注云：「禮，君臨臣喪乃祓殯，故楚悔之。」亦同鄭義。

掌勝國邑之社稷之祝號，以祭祀禱祠焉。勝國邑，所誅討者。社稷者，若亳社是矣。存之者，重神也。蓋奄其上而棧其下，爲北牖。

【疏】「掌勝國邑之社稷之祝號」者，戒社在路門外之東，宗廟之前，與大社左右相對。《穀梁》哀四年傳云：「亡國之社以爲廟屏，戒也。」范注云：「立亳之社於廟之外，以爲屏蔽，取其不得通天，人君瞻之，而致戒心。」《白虎通義·社稷》篇云：「王者諸侯必有誡社者何？示有存亡也。明爲善者得之，爲惡者失之。故《春秋公羊傳》曰：『亡國之社，奄其上柴其下。』《郊特牲》曰：『喪國之社，屋之，示與天地絶也。在門東，明自下之無事處也。』或曰：皆當著明誡，當近君，置宗廟之牆南。禮曰：亡國之社稷，必以爲宗廟之屏，示賤之也。」《郊特牲》孔疏云：「亡國之社亦有稷，故《士師》云：『若祭勝國之社稷，則爲之尸。』是有稷也。」案：孔説是也。《淮南子·説林訓》云：「無國之稷，易爲求福。」無國即亡國也。云「以祭祀禱祠焉」者，賈疏云：「祭祀謂春秋正祭，禱祠謂國有故。祈請求福曰禱，得福報賽曰祠。」　注云「勝國邑，所誅討者」者，謂當代先王誅討所滅之國邑，仍存其舊社稷。《媒氏》注云：「勝國，亡國也。」邑謂國都，猶殷之都亳是也。《御覽·禮儀部》引馬融注云：「所討國，所封邑，猶立其社稷。」案：所封邑，「封」疑當作「誅」。馬、鄭義同。云「社稷者，若亳社是矣」者，

《穀梁》哀四年傳云：「六月辛丑，亳社災。亳社者，亳之社也。亳，亡國也。亡國之社以爲廟屏。」范注云：「殷都于亳，武王克紂，而班列其社于諸侯，以爲亡國之戒，故因謂之亳社。」《左傳》杜注説同。《郊特牲》「薄社」，鄭注亦云「薄社，殷之社，殷始都薄」。彼《釋文》云「薄，本又作亳」。是鄭以亳社爲殷社，卽范、杜説所本。《吕氏春秋·貴直》篇，狐援曰「殷之社，蓋於周之屏」是也。《漢書·王莽傳》，劉嘉奏曰：「古者畔逆之國，四牆其社，辯社諸侯，出門見之，著以爲戒。」辯社卽班社，言以勝國之社，班之侯國，使立爲戒社，故魯得有亳社。然則周王國侯國，咸以亳社爲戒社，更無它社矣。而《公羊》哀四年經傳亳社作「蒲社」，何注云：「蒲社者，先世之亡國，在魯竟。」則以蒲社爲魯所因國之社。依何説，是周惟王都戒社爲殷社，其畿外侯國，則各自立因國之社以爲戒社。今攷《書敍》云：「成王既踐奄，將遷其君於蒲姑。」《詩·豳風·破斧》孔疏引鄭《書注》以蒲姑爲齊地。《左》昭九年傳「蒲姑、商奄」，《釋文》引服虔云：「蒲姑，齊也。商奄，魯也。」《漢書·地理志》亦謂成王滅蒲姑以封師尚父，則蒲姑乃齊之因國，故《左》昭二十年傳，晏子謂太公居齊，爲因蒲姑氏。然則卽如何説，魯立戒社，亦宜立奄社耳，何緣别立奄所遷蒲姑之社？何説於義難通，殆未足馮矣。云「存之者，重神也」者，以其國邑雖亡，社稷是神事，重之不敢廢，故存之也。云「蓋奄其上而棧其下」者，約《公羊》哀四年傳文，詳《媒氏》疏。云「爲北牖」者，《郊特牲》云：「喪國之社，屋之，不受天陽也。薄社北牖，使陰明也。」鄭彼注云：「絶其陽，通其陰而已。」薄社卽亳社，故鄭據以爲説。

凡卿大夫之喪，掌事，而斂飾棺焉。【疏】「凡卿大夫之喪，掌事而斂飾棺焉」者，賈疏云：「言掌事者，雖禮有降殺，勸防已下皆掌之，兼主斂事，故總云掌事而斂飾棺焉。」詒讓案：掌事亦兼掌詔相之事，《樂記》云「商祝辨乎喪禮，故後主人」是也。又《喪大記》云：「大夫之喪，大胥侍之，衆胥是斂；士之喪，胥爲侍，士是斂。」注云：「胥當爲『祝』。」喪祝卿大夫之喪掌斂，士喪禮商祝主斂。」案：以《士喪既夕篇》攷之，掌襲含、小大斂，拂柩、飾柩、御柩者，商祝也；掌淅米、鬻餘飯、進奠徹奠者，夏祝也；掌取銘者，周祝也。三祝皆卽喪祝，是士之喪亦喪祝掌事及斂飾棺。此不及士者，文不具也。

甸祝掌四時之田表貉之祝號。杜子春讀貉爲「百爾所思」之百，書亦或爲禡。貉，兵祭也。甸以講武治兵，故有兵祭。《詩》曰「是類是禡」。《爾雅》曰：「是類是禡，師祭也。」玄謂田者，習兵之禮，故亦禡祭，禱氣埶之十百而多獲。【疏】「掌四時之田」者，總冢下文，明表貉以下諸事，凡時田皆同。云「表貉之祝號」者，《肆師》注說表貉云：「其神蓋蚩蚘，或曰黄帝。」則於六號當爲鬼號，其牲號、幣號當亦有之，此官辨其號而爲之祝辭也。賈疏云：「四時田，卽《大司馬》所云春蒐、夏苗、秋獮、冬狩。按《大司馬》大閲禮云：『既陳，乃設驅逆之車，有司表貉於陳前。』當此貉祭之時，田祝爲號。」　注云「杜子春讀貉爲百爾所思之百」者，「百爾所思」，《詩・鄘風・載馳》篇文。此與《肆師》「祭表貉」注云「貉讀爲十百之百」同。段玉裁云：「此當是易貉爲禡，而訓其音義爲百，故鄭君云『禱氣執之十百』。貉禡百三字，同在古音魚鐸部也。與《肆師》注互相足。」云「書亦或爲禡」者，《大司馬》先鄭注同，謂故書或本作禡也。《説文・示部》云：「禡，師行所止，恐有慢其神，下而祀之曰禡。周禮，禡於所征之地。」案：許書字與此或本同，而説與二鄭異。許引周禮者，據《王制》云「天子將出征，禡於所征之地」，非此經文。云「貉，兵祭也」者，謂貉本爲出兵之祭，兵祭猶言師祭也。云「甸以講武治兵，故有兵祭」者，甸，疑當作「田」，此釋田有表貉之義。《穀梁》昭八年傳云：「因蒐狩以習用武事，禮之大者也。」又《大宗伯》軍禮云：「大田之禮，簡衆也。」是田狩所以講武治兵，故卽用兵祭之禮也。引《詩》曰「是類是禡」，《爾雅》曰「是類是禡師祭也」者，《大雅》及《釋天》文。引以證彼禡卽此貉，同爲兵祭也。並詳《大祝》疏。云「玄謂田者習兵之禮，故亦禡祭」者，與先鄭説同。賈疏云：「《詩》與《爾雅》據出征之祭，田是習兵，故亦禡祭。」云「禱氣埶之十百而多獲」者，從子春讀百爲義，取其增氣埶，以多獲禽獸。《肆師》注云：「禱氣勢之增倍。」埶勢古今字，此注疑亦當與《肆師》同。

舍奠于祖廟，禰亦如之。舍讀爲釋。釋奠者，告將時田，若將征伐。鄭司農云：「禰，父廟。」

【疏】「舍奠于祖廟，禰亦如之」者，賈疏云：「天子將出，告廟而行。言釋奠於祖廟者，非時而祭卽曰奠，以其不立尸。奠之言停，停饌具而已。七廟俱告，故祖禰并言。」　注云「舍讀爲釋」者，占夢注同。凡此經釋奠，釋采，字並作「舍」，詳《大胥》疏。云「釋奠者，告將時田，若將征伐」者，謂時田之前，有此告奠之事，與將征伐亦告祖禰事相若也。賈疏云：「此經上下惟言時田，不言征伐。按：《大祝》『大師造于祖，大會同造于廟』，皆造祖禰，故兼言征伐。」詒讓案：《大傳》説武王牧野之戰，既事而退，設奠于牧室。彼即征伐舍奠之事。《大祝》大會同有反行舍奠，亦即釋奠也。《文王世子》云：「凡學，春官釋奠於其先師。」鄭注云：「釋奠者，設薦饌酌奠而已，無迎尸以下之事。」《聘禮》載使者歸釋奠於禰之禮云：「乃至于禰，筵几于室，薦脯醢，觴酒陳。席于阼，薦脯醢，三獻。一人舉爵獻從者，行酬乃出。」此天子將出舍奠之禮，當與彼略同。《王制》又云：「天子出征，執有罪反，釋奠于學，以訊馘告。」孔疏云：「釋奠有牲牢，又有幣帛，無用菜之文。」又引熊安生云：「釋奠既有牲牢，又菜幣兩有。」陳祥道、黄以周並謂大祝釋奠爲告祭，《曾子問》云「凡告必用牲幣」，是釋奠有牲幣是也。但釋奠有牲牢，則不當有菜。《魯頌·閟宫》説在泮獻馘，又言采芹藻者，采以爲菹，爲豆實耳，與釋菜實於筐筥異也。鄭《王制》注以釋奠爲釋菜奠幣，亦非。釋菜不薦饌，奠幣即釋幣，與釋奠並不同，互詳《大胥》疏。鄭司農云「禰，父廟」者，《公羊》隱元年，何注云：「生稱父，死稱考，入廟稱禰。」《左傳》襄十三年，孔疏云：「禰，近也，於諸廟，父最爲近也。」**師甸，致禽于虞中，乃屬禽。及郊，饁獸，舍奠于祖禰，乃斂禽。禂牲、禂馬，皆掌其祝號。**師田，謂起大衆以田也。致禽于虞中，使獲者各以其禽來致于所表之處。屬禽，别其種類。饁，饋也。以所獲獸饋于郊，薦于四方羣兆，入又以奠于祖禰，薦且告反也。斂禽，謂取三十入腊人也。杜子春云：「禂，禱也。爲馬禱無疾，爲田禱多獲禽牲。《詩》云『既伯既禱』，《爾雅》曰：『既伯既禱，馬祭也。』」玄謂禂讀如伏誅之誅，今侏大字也。爲牲祭，求肥充；爲馬祭，求肥健。

【疏】「禂牲禂馬」者，黄以周云：「凡禂牲禂馬，皆在田獵之先，《詩·吉日》文可證。上文『乃斂禽』句，與此不相關，非田事既弊乃禱之也。」　注云「師田謂起大衆以田也」者，經作甸，注作田者，《小宗伯》注云：「甸讀曰田。」經用叚字，注從正字也。汪道昆本依經作「師甸」，誤。《爾雅·釋詁》云：「師，衆也。」大田起六軍，羨卒竭作，是起大衆，故《大宗伯》云「大田之禮簡衆也」。此經「師田」之文，《小宰》、《掌次》、《州長》、《黨正》、《族師》、《遂人》、《縣正》、《稍人》、《小司馬》、《小子》及此職凡十見。彼九職鄭皆無釋，賈疏並以師爲征伐，田爲田獵，則分爲二事。此注獨以「起大衆以田」爲訓，則鄭意謂師田卽大田，與《小宰》諸職之「師田」義微異。蓋以此官爲田而設，此章致禽、屬禽以下諸文，並專爲田法，不涉行師之事，故鄭特釋之。亦以四時大田，並先習戰用軍禮，則師之與田，其事相因，故此官職掌雖不涉軍事，而經屬文固不妨牽連同舉矣。云「致禽於虞中，使獲者各以其禽來致于所表之處」者，于，注例並當作「於」，此錯出，誤，下並同。《獸人》云：「及弊田，令禽注于虞中。」先鄭注云：「虞中，謂虞人釐所田之野，及弊田，植虞旗於其中，致禽而珥焉。獸人主令田，衆得禽者，置虞人所立虞旗之中。」是也。賈疏云：「若田獵在山，山虞植旗；田獵在澤，澤虞植旌，各植旗爲表也。」云「屬禽，別其種類」者，《遂大夫》注云：「屬猶聚也。」凡禽獸種類同者，聚於一處，而後可以別之，故別其種類謂之屬禽。致禽時，總致所獲，不別種類；既致，甸祝乃別之。《田僕》云「及獻比禽」，注云：「田弊，獲者各獻其禽，比種物相從，次數之。」此注別其種類，即比校之事，屬與比事亦相成，此官與田僕爲官聯也。云「饁，饋也」者，《小宗伯》注同。云「以所獲獸饋於郊，薦于四方羣兆」者，郊有四方羣兆，詳《小宗伯職》。賈疏云：「田獵在四郊之外，還國必過羣兆，故將此禽獸薦於羣兆，直以禽祭之，無祭事。」案：詳《小宗伯》疏。云「入又以奠于祖禰，薦且告反也」者，賈疏云：「上經舍奠於祖廟，謂出田；今此舍奠在饁獸之下，是告反也。言薦者，又以所獲禽牲薦廟也。」詒讓案：薦者，薦所獲禽獸，與歲時薦新禮同，亦詳《大宗伯》疏。云「斂禽謂取三十入腊人也」者，《獸人》云：「凡獸入於腊人。」取三十，亦詳《小宗伯》疏。賈疏云：「知入腊人者，按《腊人》云：『掌凡田獸之脯腊。』按《王制》『一爲乾豆，二爲賓客，三爲充君之庖』，此入腊人者，按上殺者，乾之以爲豆實，供祭祀；其餘入賓客、庖廚。直入腊人者，據祭祀重者而言。」杜子春云「禂，禱也，爲馬禱無疾，爲田禱多獲禽牲」者，《說文·示部》云：「禂，禱牲馬祭也。从示周聲，重文騳，或从馬壽省聲。」案：許亦以禱牲禱馬二祭同名，與杜、鄭義不異，非以牲馬合爲一禂也。禂馬者，祭馬祖，見《毛詩·吉日》傳。曾釗云：「禂卽禱別體，無煩改讀。蓋禂从周，周古與壽通。《爾雅》『幬謂之帳』，《釋文》『一作㡌』。《書》『譸張爲幻』，《釋文》『譸本作輈』，《爾雅》作侜』。《爾雅·釋言》『翿，纛也』，翿，《開成石經》作翢。《說文》引《詩》『既伯既禂』，更可爲禂卽禱之明證。」俞樾云：「禂字蓋卽禱之古文，禂從周聲，故亦從壽聲。《說文·示部》分禂禱爲二篆，蓋卽因此經而誤。又出騳篆爲禂之或體，則孳乳浸多，非古字矣。杜子春訓禂爲禱，乃以今字釋古字耳。鄭必讀如誅，而訓爲大，義實未安。」案：曾、俞說亦通。引《詩》云「既伯既禱」者，《小雅·吉日》篇文。彼詩紀宣王田獵之事，故引以爲證。段玉裁云：「杜引《詩》者，以伯證禱馬。毛傳云：

『伯，馬祖也。重物愼微，將用馬力，必先爲之禱其祖。』此《周禮》之禂馬也。又云：『禱，禱獲也。』此釋既禱，《周禮》之禂牲也。」案：段説是也。《吉日》孔疏以伯禱並爲馬祭，失之。徐鍇《説文繫傳》引《詩》「伯」作「禡」，則以馬祖之祭與師祭之禡掍而爲一，尤謬。引《爾雅》曰「既伯既禱，馬祭也」者，《釋天》文。郭注與《毛詩傳》同。案《爾雅》云馬祭者，釋《詩》之「既伯」。并及既禱者，因舉詩全句，故牽連及之，其實馬祭不關既禱也。杜亦引以爲禂馬之證。云「玄謂禂讀如伏誅之誅，今侏大字也」者，段玉裁云：「鄭君不從杜，謂禂字之音讀如誅，禂字之義則今所云侏大。爲牲祭求肥充，爲馬祭求肥健，故禂之音義皆同侏大也。周聲朱聲古音在尤侯類。鄭必易杜説者，上文禡祭已禱氣埶之十百而多獲矣，不當此禂牲又爲禱多獲禽也。」惠士奇云：「《文選注》揚雄《國三老箴》曰：『負乘覆餗，姦寇侏張。』侏張猶張大也。李善云：『侏張卽輈張，輈與侏古字通。』《周書》『譸張爲幻』，侜侏譸輈皆通。《大玄》八十七《家童》之次七曰：『修侏侏，比于朱儒。』侏侏，長大貌。言雖長大，與朱儒等。又曰：『陽去其陰，陰去其陽，物咸倜倡。』倜與侏同。倜倡，言大而盛也。則侏訓爲大明矣。」阮元云：「《説文》無侏字，當是侜之異體。」云「爲牲祭求肥充，爲馬祭求肥健」者，此二者亦師田時之祭。牲卽田獵所獲之牲，賈疏謂祭祀之牲，非也。肥充、肥健，並與侏大義協。上正其讀，此更釋其義也。

詛祝掌盟、詛、類、造、攻、説、禬、禜之祝號。八者之辭，皆所以告神明也。盟詛主於要誓，大事曰盟，小事曰詛。【疏】注云「八者之辭皆所以告神明也」者，賈疏云：「此八者之内，類造已下是大祝六祈，大祝不掌祝號，故此詛祝與盟同爲祝號。秋官自有司盟之官，此詛祝兼言之者，司盟直掌盟載之法，不掌祝號與載辭，故使詛祝掌之。」云「盟詛主於要誓」者，《曲禮》云：「約信曰誓，涖牲曰盟。」盟詛亦有誓，但以用牲爲異。《左》僖二十八年傳：「王子虎盟諸侯於王庭，要言曰：『皆獎王室，無相害也。有渝此盟，明神殛之，俾隊其師，無克祚國。』」又哀十二年傳云：「盟所以周信也，故心以制之，玉帛以奉之，言以結之，明神以要之。」並所謂要誓也。云「大事曰盟，小事曰詛」者，賈疏云：「盟者，盟將來。《春秋》諸侯會，有盟無詛。詛者，詛往過，不因會而爲之。故云大事曰盟，小事曰詛也。」詒讓案：鄭意盟詛二者，詛小於盟。以《左傳》考之，固有一事而盟詛兼行者。如：襄十一年，季武子將作三軍，盟諸僖閎，詛諸五父之衢。定公五年，陽虎囚季桓子，冬十月己丑，盟桓子於稷門之内，庚寅，大詛。又六年秋，陽虎又盟公及三桓于周社，盟國人于亳社，詛于五父之衢是也。又《封人》云「大盟則飾其牛牲」，注云：「大盟，會同之盟。」又《左傳》有大詛，則盟詛二者亦自有大小矣。至於盟亦有盟往過，詛亦有詛將來，賈疏説未塙。**作盟詛之載辭，以敍國之信用，以質邦國之劑信。**載辭，爲辭而載之於策，坎用牲，加書於其上也。國，謂王之國；邦國，諸侯國也。質，正也，成也。文王脩德而虞、芮質厥成。鄭司農云載辭以《春秋傳》曰「使祝爲載書」。

【疏】「作盟詛之載辭，以敍國之信用」者，此與司盟爲官聯也。賈疏云：「爲要誓之辭，載之於策，人多無信，故爲辭對神要之，使用信。」云「以質邦國之劑信」者，與司約爲官聯也。賈疏云：「亦爲此盟詛之載辭，以成正諸侯邦國之劑，謂要券，故對神成正之，使不犯。」　注云「載辭，爲辭而載之於策，坎用牲，加書於其上也」者，「於其」之於，舊本誤「于」，今據明監本正。坎，謂掘地爲坎。坎牲加書事，詳《司盟》疏。賈疏云：「若然，則策載此辭謂之載。案《司盟》『掌盟載之法』，彼注云：『載，盟辭也。盟者書其辭於策。』即是此載辭也。又注云：『殺牲取血，坎其牲，加書於上而埋之，謂之載書。』明此坎用牲加書於其上，據載書而言。以此言之，則書辭於策謂之載辭，加書於牲上謂之載書。司盟掌載書，詛祝掌載辭。此注兼言坎用牲加書之事者，事相因，故兼解之。」案：賈分此「載辭」與《司盟》注「載書」爲二，非也。《左》僖二十六年傳「載在盟府」，杜注云：「載，載書也。」又襄九年傳「同盟于戲，士莊子爲載書」，又荀偃曰「改載書」，杜注云：「載書，盟書。」是載書卽盟辭，不關加於牲上而後謂之載書也。又哀二十六年傳，載宋大尹將盟六卿事，云「使祝爲載書，六子在唐盂，將盟之。祝襄以載書告皇非我」。時六卿未盟，尚無坎牲加書之事，而云「爲載書」，明載書卽謂盟辭。又襄十年傳云「鄭子孔當國，爲載書，以位序聽政辟」，❶則凡策書並通稱載書，不必盟載之書也。鄭《司盟》注所云，蓋欲見書辭於策，卽加牲之書，並非謂載書爲載於牲上之稱。賈氏不達鄭指，强分爲二，殊誤。云「國謂王之國，邦國，諸侯國也」者，賈疏云：「《周禮》體單言國者，皆據王國；邦國連言者，皆據諸

❶「位」原訛「信」，據《左傳注疏》改。

侯，故爲此解。」案：詳《大宰》疏。云「質，正也，成也」者，《小爾雅·廣言》云：「質，正也。」《爾雅·釋詁》云：「質，成也。」是質兼此二義。云「文王脩德而虞、芮質厥成」者，《詩·大雅·緜》篇文。毛傳云：「質，成也。成，平也。虞、芮之君，相與争田，久而不平，乃相謂曰：『西伯，仁人也，盍往質焉。』乃相與朝周。入其竟，則耕者讓畔，行者讓路。入其邑，男女異路，斑白不提挈。入其朝，士讓爲大夫，大夫讓爲卿。二國之君感而相謂曰：『我等小人，不可以履君子之庭。』乃相讓以其所争田爲閒田而退。」引之者，證質成互相訓之義。「鄭司農云載辭以《春秋傳》曰使祝爲載書」者，阮元、黄丕烈並謂「云」當作「説」是也。使祝爲載書，即哀二十六年《左傳》文。先鄭以彼祝即詛祝，故引以證此作載辭之事。賈疏謂後鄭以司農合載辭與載書爲一，引以備一義，非也。載辭即載書，二鄭義同，賈自妄生分別耳。

司巫掌羣巫之政令。若國大旱，則帥巫而舞雩。雩，旱祭也。天子於上帝，諸侯於上公之神。鄭司農云：「魯僖公欲焚巫尫，以其舞雩不得雨。」【疏】「掌羣巫之政令」者，《敘官》云「男巫無數，女巫無數」，司巫總掌之，故云羣巫，明其人數多也。云「若國大旱，則帥巫而舞雩」者，《爾雅·釋訓》云：「舞號，雩也。」賈疏云：「謂帥女巫已下，是以《女巫職》云『旱暵則舞雩』，亦據脩雩而言也。」

注云「雩，旱祭也」者，《公羊》桓五年傳云：「大雩者何？旱祭也。」何注云：「雩，旱請雨祭名。使童男女各八人，舞而呼雩，故謂之雩。」《説文·雨部》云：「雩，夏祭樂于赤帝，以祈甘雨也。」《月令》：「仲夏之月，命有司爲民祈祀山川百源，大雩帝，用盛樂。」注云：「陽氣盛而常旱。雩，吁嗟求雨之祭也。自鞀鞞至柷敔皆作，曰盛樂。凡他雩，用歌舞而已。《春秋傳》曰『龍見而雩』。雩之正，當以四月。凡周之秋三月之中而旱，亦脩雩禮以求雨，因著正雩，此月失之矣。周冬及春夏雖旱，禮有禱無雩。」孔疏云：「以四月純陽用事，陽氣盛而恒旱，故制禮此月爲雩。縱令雩祭時不旱，亦爲雩祭。案《春秋》，周七月、八月、九月皆書雩。《穀梁》不譏。成七年冬大雩，《穀梁》云『無爲雩』，是譏其冬雩，是冬無雩也。《春秋》周之春及周之四月、五月，皆無雩文。春夏不雩，雖旱，不爲脩雩之祭。其周季夏，當有正雩，則龍見而雩是也。」案：鄭、孔並據《左》桓五年傳義。彼文云：「秋，大雩，書不時也。凡祀，龍見而雩。」《續漢書・禮儀志》劉注引服虔云：「龍，角、亢也。謂四月昏，龍星體見，萬物始盛，待雨而大，故雩祭以求雨也。」杜氏《釋例》云：「龍見而雩，謂建巳之月，蒼龍七宿之體，昏見東方，於是大雩祭天，遂爲百穀祈膏雨也。始夏而雩者，謂純陽用事，防有旱災而祈之也。至于四時之旱，則又因用此禮而求雨，故亦曰雩。《月令》之書，出自吕不韋，其意也欲爲秦制，非古典也。潁氏因之，以爲龍見五月。五月之時，龍星已過於見，此爲彊牽天宿，以附會吕不韋之《月令》。且又自違《左氏》，傳稱『秋大雩書不時』，此秋卽潁氏之五月，而忘其不時之文，欲以雩祭。」案：此經雩不著時，《春秋經》書大雩者二十，皆在秋三月。桓八年大雩在八月，卽夏正之六月也，《公羊》止云「旱祭」，《穀梁》云「雩月正也」，《左傳》則以爲不時，而別著龍見爲雩之正時，《月令》則著大雩於五月，此經文之異也。《左氏》龍見，鄭以爲夏四月，而謂周之雩有二，以四月爲正雩，雖不旱亦舉其祭；其夏五月六月七月，在周爲秋三月，遇旱則亦雩，不旱則否，是爲旱雩；餘月則有禱無雩。其説本《春秋考異郵》，見《穀梁》成七年楊疏引鄭《釋廢疾》。蓋西漢古義如是。服、杜説及《齊書・禮志》引王肅説，並與鄭同，惟杜以常雩外，四時之旱皆得雩，與鄭小異。潁容據《月令》，謂龍見在五月，以五月爲正雩，則杜氏已㢸其誤矣。黄以周云：「龍見而雩，指尾，僖五年童謡謂之龍尾。《左傳》『啓蟄而郊』四語皆據四孟爲文，而龍尾之見實在孟夏巳月。昭十七年傳云『火出』，於夏爲三月，三月東方心出，其四月尾見東方可知也。」案：黄説足申鄭、服、杜義。《論衡・明雩篇》云：「《左氏傳》曰『龍見而雩』，龍見二月也。春二月雩，秋八月亦雩，春祈穀雨，秋祈穀實，當今靈星秋之雩也。」案：王仲任謂一歲再雩，其言絶無根據。龍見在夏，天象昭然，而輒移之二月，漢靈星之祭，祀天田，不爲雩。《續漢書・禮儀志》自有旱雩，與《祭祀志》靈星之祭，絶不相關，仲任并爲一，尤誤。《玉燭寶典》引鄭《論語注》謂莫春成雩祭之服，雩者四月龍星見而爲之，故季春成其服。若然，季春雩服始成，則二月不得爲雩祭明矣。又案：此經不別正雩、旱雩，《大戴禮記・夏小正》云「四月越有大旱」，此經云「大旱舞雩」，兩文正合，則此文自廣晐四月正雩及餘月旱雩爲文。若《稻人》之「旱暵雩斂」，《女巫》之「旱暵舞雩」，則並專指秋三月之旱雩，非建巳月之常雩也。其周冬春夏三時旱，有祈禱則無定時，禮亦尤殺，故經注並不具。又《祭法》云：「雩宗，祭水旱也。」鄭注讀爲「雩禜」，云「雩禜亦謂水旱壇也」。是水祭亦得稱雩。然此經惟主大旱脩雩，故注亦不及水也。云「天子於上帝，諸侯於上公之神」者，《月令》「大雩帝」，注云：「謂爲壇南郊之旁，雩五精之帝，配以先帝也。」《月令》又云：「乃命百縣雩祀百辟卿士有益於民者，以祈穀實。」注云：「百辟卿士，古者上公，若句龍、后稷之類也。天子雩上帝，諸侯以下雩上公。」孔疏云：「以春夏秋冬共成歲功，不可偏祭一天，❶故雩五精之帝。以自外至者，無主不止，當以人帝配之。太皞配靈威仰，炎帝配赤熛怒，黄帝配含樞紐，少皞配白招拒，顓頊配汁光紀，故云配以先帝也。百辟則古之上公，社稷五祀雖爲王朝卿士，兼帶上公之官，故《左氏》云『封爲上公，祀爲貴神』。」案：鄭《月令》注謂大雩帝爲祭五天帝，《吕氏春秋·仲夏紀》高注亦云帝五帝也，而《説文》謂止祭赤帝，二説不同，未知孰是。依鄭義，天子雩五帝在南郊。《公羊》桓五年，何注云：「君親之南郊，以六事謝過自責。」《通典·吉禮》引阮諶《禮圖》云「雩壇在國巳地」是也，諸侯雩五神壇亦同。《穀梁》定元年傳云：「雩者，爲旱求者也。求者，請也。焉請哉？請乎應上公。古之神人有應上公者，通乎陰陽，君親帥諸大夫道之而以請焉。」案：《穀梁》説，請乎古之神人應上公者，蓋卽指五神言之，所謂諸侯雩上公也。又《左傳》桓五年孔疏引賈逵説大雩云，「言大別山川之雩」。《月令》疏引服虔説亦同。然則諸侯亦雩山川，不僅於上公之神矣。賈疏云：「案《禮記·月令》『大雩帝用盛樂』，據天子雩五帝。案彼下文『命百縣雩祀百辟卿士』，百縣謂畿内鄉遂，明畿外諸侯亦雩祀百辟卿士，卽古上公句龍、柱、棄之等。是天子祀上帝，諸侯祀上公。若魯與二王之後得祀天者，亦得雩祭天。」鄭司農云「魯僖公欲焚巫尫，以其舞雩不得雨」者，賈疏云：「案僖二十一年夏，大旱，欲焚巫尫。尫不必舞雩，故《檀弓》云：魯穆公云：『吾欲暴尫而奚若？』又云：『吾欲暴巫而奚若？』縣子曰：『天則不雨，而暴人之疾子，虐，無乃不可與。』鄭注云：『尫者，面鄉天，覬天哀而雨之。』明非舞雩之人。司農兼引尫者，挾句連引之，其實非舞者。若四月正雩，非直有男巫、女巫，案《論語》，曾晳云『春服既成，童子六七人，冠者五六人』，兼有此等，故《舞師》云『教皇舞，帥而舞旱暵之事』，舞師誨野人能舞者，明知兼有童子、冠者可知。」案：賈謂尫不必舞雩，非也。依《檀弓》縣子説，蓋巫卽女巫，尫卽男巫。故《女巫》先鄭注亦唯舉暴巫以證義，此注兼舉巫尫者，明舞雩兼有男女巫也。《左傳》杜注云：「巫尫，女巫

❶「偏」原作「徧」，據楚本改。

也，主祈禱請雨者。或以爲尩非巫也，瘠病之人，其面上向，俗謂天哀其病，恐雨入其鼻，故爲之旱，是以公欲焚之。」杜氏前説以巫尩爲一，與《檀弓》義違；後説本鄭義，亦非。詳《敍官》疏。又案：賈引《論語》童子六七人，冠者五六人，爲舞雩之人，《玉燭寶典》引鄭《論語注》説正如此，卽賈所本。《論衡・明雩篇》説亦同。《公羊》桓五年疏引《春秋》説，又謂天子雩，有冠者七八人，童子八九人。並於經無文，恐不足信。至大雩祭五帝，用盛樂，宜用大舞。《舞師》所云「皇舞舞旱暵之事」者，爲樂師小舞之一，則仍是旱雩矣。賈謂皇舞卽四月常雩所用，非也。詳《舞師》疏。

國有大烖，則帥巫而造巫恒。杜子春云：「司巫帥巫官之屬，會聚常處以待命也。」玄謂恒，久也。巫久者，先巫之故事。造之，當案視所施爲。【疏】「國有大烖」者，《司服》注云：「大烖，水火爲害。」案此大烖，當兼天地大變及大荒大札等言之，互詳《小宗伯》、《司服》、《大司樂》、《女巫》疏。注「杜子春云，司巫帥巫官之屬，會聚常處以待命也」者，《爾雅・釋詁》云：「恒，常也。」巫官之屬，卽男巫、女巫、神士之屬。會聚常處，謂巫官常所居之官舍。會聚其處以待禱祈之命也。然常處謂之巫恒，於文不順，故後鄭不從。云「玄謂恒久也」者，《易・彖下傳》文。云「巫久者，先巫之故事，造之當案視所施爲」者，先巫，謂先世始爲巫者。《史記・封禪書》載漢初有荆巫祠巫先。賈疏云：「後鄭之意，以恒爲先世之巫久故所行之事。今司巫見國大烖，則帥領女巫等往造所行之事，案視舊所施爲而法之。」汪中云：「恒當作『咸』，語之轉，《史記・殷本紀》：『巫咸之興自此始。』《韓非・説林下》：『巫咸雖善祝，不能自祓也。』」案：汪説與鄭異，亦通。

祭祀，則共匰主及道布及蒩館。杜子春云：「蒩讀爲鉏。匰，器名。主，謂木主也。道布，新布三尺也。鉏，藉也。館，神所館止也。書或爲蒩館，或爲租飽。或曰：布者，以爲席也。租飽，茅裹肉也。」玄謂道布者，爲神所設巾，《中霤禮》曰「以功布爲道布，屬于几」也。蒩之言藉也，祭食有當藉者。館所以承蒩，謂若今筐也。主先匰，蒩後館，互言之者，明共主以匰，共蒩以筐，大祝取其主、蒩，陳之，器則退也。《士虞禮》曰：「苴刌茅長五寸，實于筐，饌于西坫上。」又曰：「祝盥，取苴降，洗之，升，入設于几東席上，東縮。」【疏】注「杜子春云，蒩讀爲鉏」者，蒩鉏聲類同。但蒩本訓藉，而鉏則無藉義，杜反破蒩從鉏，義不可通，必有譌互。段玉裁改經文蒩爲鉏，注爲鉏讀爲蒩，云：「經文作鉏，杜子春易爲菹字，訓爲菹也。今本以注改經，復以經改注，遂不可通矣。」黄以周又改經文作租，注作租讀爲菹。案：段、黄所校不同，無可質證。今攷《鄉師》已有菹字，鄭於經文未必從鉏租二字。竊疑經自作菹，注當云「菹讀爲苴」。蓋杜卽據《士虞禮》釋此經，而後鄭從之，今本苴譌爲鉏，遂不可通耳。云「匰，器名」者，《説文·匚部》云：「匰，宗廟盛主器也。」引《周禮》曰「祭祀共匰主」。許説與杜同。《廣雅·釋器》云：「匰，笥也。」凡主藏於廟中，以石爲室，謂之祏。《説文·示部》云：「祏，宗廟主也。周禮有郊宗石室。一曰大夫以石爲主。」《御覽·禮儀部》引《五經異義》亦云：「《左氏傳》曰『徙主祏于周廟』，言宗廟有郊宗石室，所以藏栗主也。」案：許云「周禮」者，蓋通述周之禮典，非引此經文。郊宗石室，謂配郊及宗祀明堂之遠祖在壇墠之上者，其主實於石室，藏之大祖廟也。其實五廟二祧之主，亦藏以石室，當祭時出主於室，則以匰盛之，以授大祝，不敢徒手奉持，恐褻神也。匰卽筐笥之屬，每祭則司巫共之。逮祭畢，主復歸於室，卽去匰别藏之，主蓋不常盛於匰也。黄以周云：「據《説文》，祏卽石室之主。石室亦曰石函，非二物。司巫祭祀則共匰主，是匰於祭時設之，平時在石函，無匰。」案：黄説是也。石函卽石室，故《左》莊十四年傳「典司宗祏」，杜注云：「宗廟中藏主石室。」而昭十八年、哀十六年注，並以祏爲藏主石函，明室函同物，非石室之内别爲石函。惟《通典·吉禮》引摯虞《決疑》云：「廟主藏於户之外，西墉之中。有石函名曰宗祏，函中笥以盛主。」此謂石函之内，復有盛主之笥，笥蓋卽《漢舊儀》藏主之木函。此自是漢晉制，與此經匰不相涉也。云「主謂木主也」者，《説文·宀部》云：「宔，宗廟宔祏。」經典通作主。木主謂桑主、栗主也。《公羊》文二年，作僖公主，傳云：「主者曷用？虞主用桑，練主用栗。用栗者，藏主也。」何注云：「主狀正方，穿中央，達四方。天子長尺二寸，諸侯長一尺。虞主用桑，期年練祭，埋虞主於兩階之閒，易用栗也。夏后氏以松，殷人以柏，周人以栗。《禮·士虞記》曰：『桑主不文，吉主皆刻而謚之。』蓋爲禘祫時别昭穆也。藏主，藏於廟室中，當所常奉事也。質家藏於堂。」又《祭法》孔疏引《五經異義》云：「今《春秋公羊》説，祭有主者，孝子以主繫心，夏后氏以松，殷人以柏，周人以栗。又《周禮》説，虞主用桑，練主以栗，無夏后氏以松爲主之事。許君謹案：從《周禮》説，《論語》所云謂社主也。」鄭氏無駁，從許義也。案主之形制，《穀梁》文二年范注及楊疏引徐邈説，並與何同。楊疏又云：「麋信引衛次仲云：『宗廟主皆用栗，右主八寸，左主七寸，廣厚三寸。若祭訖，則内于西壁埳中，去地一尺六寸。右主謂父也，左主謂母也。』」《曲禮》孔疏引《白虎通》云：「所以有主者，神無依據，孝子以繼心也。主用木，木有始終，又與人相似也。蓋記之以爲題，欲令後可知也。方尺，或曰尺二寸。」案：衛及《白虎通》説，又與何、許諸家不同，未知孰是。又案：鄭《祭法》注謂大夫無主。《通典·吉禮》及《左傳》哀十六年孔疏引《五經異義》《公羊》説，大夫士無主，大夫束帛依神，士結茅爲菆。許慎據《左傳》衛孔悝反祏于西圃，大夫以石爲主。鄭駁從《公羊》説，謂大夫無主，孔悝反祏爲所出公之主。案：《説文》祏字注引別説，亦云「大夫以石爲主」。今攷祏爲主室，非卽以石爲主，許義不足據；然謂大夫士廟有主，則於義得通。《通典》又引徐邈及魏清河王懌議，並謂大夫士當有主，亦從許説也。云「道布，新布三尺也」者，此於經無文，聶氏《三禮圖》引《舊圖》説，功布以大功布，長三尺。杜或卽指功布言之，此未詳所用，後鄭亦不從。云「鉏，藉也」者，鉏，段玉裁改爲葅。今案：疑當爲苴。杜亦訓葅爲苴，與後鄭同。云「館，神所館止也」者，《廣雅·釋宮》云：「館，舍也。」杜意葅藉所以依神，猶人之有館舍，是謂之館也。《士虞禮》後鄭注云：「苴，所以藉祭也。孝子始將納尸，以事其親，爲神疑於其位，設苴以定之耳。或曰苴，主道也。則《特牲》、《少牢》當有主象，而無，何乎？」是苴有定神位及主象二説，雖不知杜意所從，然皆與館止之義相通。云「書或爲葅館」者，此與正文不異，必有誤，或正文當爲「鉏」爲「租」，亦未能定也。云「或爲租飽」者，租，余仁仲本作葅，閩注疏本同，未知孰是，下同。葅租聲類同，館飽形之誤。云「或曰布者以爲席也」者，此禮家別説，《司几筵職》無布席，又與《中霤禮》屬几之文不合，故後鄭不從。云「租飽，茅裹肉也」者，此就別本釋之。段玉裁云：「讀飽爲苞苴之苞也。」惠士奇云：「葅飽者，謂以茅包隋祭而藏之也。」宋世犖云：「館飽篆形相近，葅館爲租飽，卽苴苞字。《曲禮》云『苞苴』，裹魚肉者也。或以葦，或以茅，卽租飽茅裹肉之義。」案：段、惠、宋説是也。飽苞聲類同。苞苴之苞，經典或借包爲之。或説蓋亦以葅爲苴，《鄉師》「茅葅」，後鄭注謂苴祭後藏去，卽《守祧》之「藏其隋」是也。《釋文》云：「租飽，劉上音緅，又音卷，下音苞，又音弭。」案：劉音租爲緅者，疑以租爲菆，卽隱據《五經異義》士結茅爲菆之義。其音飽爲苞，則與段、惠諸説正同。惟讀租如卷，讀飽如弭，未詳其義。攷卷與稍音近，弭與餌音近，或劉所見別本有作此二字者與？云「玄謂道布者爲神所設巾」者，生人有巾以自絜清，故祭時亦爲神共之。引《中霤禮》曰「以功布爲道布，屬于几也」者，《中霤禮》，《逸禮》篇名。《漢書·藝文志》云：「《禮古經》五十六卷，出于魯淹中，及孔氏學十七篇文相似，多三十九篇。」此其一也。《月令》注釋祭五祀之禮，孔疏並以爲出《中霤禮》。功布者，《既夕禮》云「商祝免袒，執功布入，升自西階」，又云「商祝拂柩用功布」。鄭注云：「功布，灰治之布也。」又《喪大記》云：「士御柩，用功布。」孔疏云：「功布，大功布也。」今案：功布蓋七升至十二升之布。依《逸禮》祭五祀時，以功布爲神巾，屬於爲神所設之几，故此引以證祭祀有共道布之事也。云「葙之言藉也，祭食有當藉者」者，《甸師》注亦云「苴以藉祭」。段玉裁云：「鄭君從杜作藉。杜既以藉釋苴矣，鄭復云葙之言藉，何也？凡訓詁家云『之言』者，必義本異而爲通之。子春、叔重葙皆訓藉，鄭君意，葙自有本義，引伸之爲藉義，故云『之言』。下文以《士虞禮》之苴，證此經之葙，正與《鄉師》注同。《士虞》之苴即葙，《士虞》之筐卽館也。」又《士虞禮》賈疏云：「《特牲》、《少牢》吉祭無苴。案《司巫》『祭祀則供匰主及葙館』，常祀亦有苴者，以天子諸侯，尊者禮備，故吉祭亦有苴，凶祭有苴可知。」案：依賈說，則天子諸侯吉祭亦有苴。《士虞禮》祝酌奠後，佐食祭黍稷膚，祝祭酒，皆於苴。王祭禮九獻，祝酌奠，《郊特牲》注謂在饋孰時，則四獻之後，延主入室時，或當有祭苴之法與？云「館所以承葙，謂若今筐也」者，據《士虞禮》，苴實于筐，是筐卽以盛苴。《說文·匚部》云：「匡，飯器筥也。重文筐，匡或从竹。」謂之館者，蓋亦取館止之義。鄉師共茅以爲葙，此官則共館以承之。云「主先匰，葙後館，互言之者，明共主以匰，共葙以筐，大祝取其主、葙，陳之，器則退也」者，謂匰以盛主，館以盛葙，共事正同，而立文有異，故特釋之。賈疏云：「謂主先匰器在上者，欲見以匰器盛主來向祭所，大祝取得主，匰器卽退；葙後言館器，欲見大祝取得葙，館器退，明亦初以館盛葙來。互言之，是以鄭云『明共主以匰，共葙以筐，大祝取其主、葙，陳之，器則退也』。」二事雙解之。」引《士虞禮》曰「苴，刌茅長五寸，實于筐，饌于西坫上」者，筐，《士虞禮》作篚，篚筐形制略同。彼經又云：「祝迎尸，一人衰絰奉篚，哭從尸。」彼《釋文》亦云「篚，本亦作筐」，與此相類。疑漢時別本有如是作者，鄭沿之也。賈疏云：「刌，切也。切之長五寸。又陳之西坫者，堂西南隅謂之坫。饌陳於此，未用前。」又曰「祝盥，取苴降，洗之，升，入設于几東席上，東縮」者，彼經「祝盥」下有「升」字，賈疏述注亦有，疑今本誤捝。鄭彼注云：「縮，從也。」賈疏云：

「《士虞禮》設席於奥禮神，東面右几，故設于几東席上。東縮，據神東面爲正，東西設之，如言東縮。引之者，見苴是藉祭之物。」凡祭事，守瘞。瘞，謂若祭地祇有埋牲玉者也。守之者，以祭禮未畢，若有事然。祭禮畢則去之。【疏】注云「瘞謂若祭地祇有埋牲玉者也」者，《犬人》注云：「瘞，謂埋祭也。」《説文・土部》云：「瘞，幽薶也。」埋卽薶之俗。《禮運》「瘞繒」注云：「埋牲曰瘞。」《大戴禮記・曾子天圓篇》云「割列禳瘞」，盧注云：「瘞，埋也。祭地曰瘞。」《吕氏春秋・任地》篇云「有年瘞土」，高注云：「祭土曰瘞。」案：瘞，卽《大宗伯》貍沈之貍。鄭云祭地祇者，通方丘、北郊、社稷、五祀、四望、山林等言之。《爾雅・釋天》云：「祭地曰瘞埋。」郭注云：「既祭埋藏之。」《詩・大雅・鳧鷖》孔疏引《爾雅》李巡注云：「祭地以玉埋地中，曰瘞埋。」又引孫炎云：「瘞者，翳也。既祭翳藏地中。」蓋瘞爲祭地祇之通禮，《大宗伯》地祇三祭，血祭及貍並有瘞，惟沈及疈辜不瘞耳。凡瘞埋並有牲玉帛，賈疏謂鄭不言帛，亦有帛可知是也。互詳《大宗伯》疏。云「守之者，以祭禮未畢，若有事然」者，賈疏云：「但祭地埋牲與禋祀同節，作樂下神之後，卽有埋牲之事，以後更有祭祀之節事，故使司巫守埋，是以鄭云若有事然。」案：賈説非也。《大宗伯》地祇三祭，自以血祭對禋祀，則社稷五嶽不以瘞埋歆神始可知，而方丘北郊更可知矣。若山林川澤等，無血祭之節，乃從埋沈始耳。然則孫炎、郭璞謂祭後瘞埋，固非；賈《覲禮》疏謂地祇皆以瘞埋爲歆神始，又謂或可祭祀之後，更有柴瘞升沈之事，則又兼用孫、郭之説，並非也。蓋陰祀之瘞埋，自在正祭時，既瘞之後，尚有薦獻之節，故以司巫守之，使人無得竊發，所以敬神事，備不謹，不敢因既瘞遂以爲畢事，故鄭云「以祭禮未畢，若有事然」也。云「祭禮畢則去之」者，謂薦獻禮畢後也。賈疏云：「以其無事，故去之不復守也。」

凡喪事，掌巫降之禮。降，下也。巫下神之禮。今世或死既斂，就巫下禓，其遺禮。【疏】注云「降，下也」者，《眡祲》注同。《國語・周語》「有神降於莘」，韋注亦同。下者，言自上而下，有聲象以接人。云「巫下神之禮」者，惠士奇云：「司巫與神通，故掌下神之禮。楚人名巫爲靈子，言靈降其身也。」云「今世或死既斂，就巫下禓，其遺禮」者，賈疏云：「案《郊特牲》『鄉人禓』，鄭注云：『禓彊鬼。』彼逐疫癘之事，故以禓爲彊鬼；此禓，當家之鬼，非彊鬼也。」詒讓案：《急就篇》云「謁禓塞禱鬼神寵」。《説文・示部》云：「禓，道上祭。」無禓字。疑此禓字亦當爲禓，《郊特牲》字亦作禓。賈引作禓，非其舊也。惠士奇云：

「《楚語》曰：『余左執鬼中，右執殤宮。』注云：『執謂把其録籍，制服其身，知其居處，若今世云能使殤也。』使殤猶下殤。《漢書》：司直師丹薦邑子丞相史，能使巫下神，爲國求福。則知當時禮俗皆然。」

男巫掌望祀望衍授號，旁招以茅。 杜子春云：「望衍，謂衍祭也。授號，以所祭之名號授之。旁招以茅，招四方之所望祭者。」玄謂衍讀爲延，聲之誤也。望祀，謂有牲粢盛者。延，進也，謂但用幣致其神。二者詛祝所授類造攻説禬禜之神號，男巫爲之招。【疏】「旁招以茅」者，惠士奇云：「古者禳皆用茅也。《晏子春秋·内篇襍上》：『齊景公爲路寢之臺，而鴞鳴其上，公惡之。臺成而不踊。柏常騫，齊之巫也，請禳而去之。且曰「築新室，置白茅」。公如其説，築室置茅焉。柏常騫夜用事。明日，使人視之，鴞當陛布翌，伏地而死矣。』」　注「杜子春云，望衍謂衍祭也」者，謂卽《大祝》九祭之二曰衍祭也。彼注引杜説，無衍祭之義，或當同先鄭祭殤之訓矣。云「授號，以所祭之名號授之」者，若《大祝》六號之神鬼示三號。然彼號皆大祝所掌，不宜男巫授之，故鄭亦不從。云「旁招以茅，招四方之所望祭者」者，《文選·東京賦》薛綜注云：「旁，四方。」故知旁招，招四方所望祭之神。經凡云旁者，多謂四方，《司儀》云「宮旁一門」，《匠人》營國云「旁三門」是也。《月令》「命有司大難旁磔」，注亦云「旁磔於四方之門」。此所望祭者，蓋廣晐四方衆神，與四望專屬大山川者異。《公羊》宣十二年傳「楚伐鄭，鄭伯肉袒，左執茅旌」，何注云：「茅旌，祀宗廟所用，迎道神，指護祭者。斷曰藉，不斷曰旌。用茅者，取其心理順一，自本而暢乎末，所以通精誠，副至意。」此望祭等雖非宗廟大祭，其用茅，亦迎道神之意，蓋亦用茅旌也。賈疏云：「此男巫於他官祭此神時，則以茅招之於四方也。」云「玄謂衍讀爲延，聲之誤也」者，《大祝》注義同。段玉裁云：「衍延聲類同。」云「望祀謂有牲粢盛者」者，賈疏云：「類造禬禜，遥望而祝之。注《大祝》已云『類造禬禜皆有牲，攻説用幣而已』。有牲則有黍稷，故此兼云粢盛也。」詒讓案：《牧人》云「望祀各以其方之色牲毛之」，故知望祀有牲、粢盛也。但彼注釋「望祀」云「五嶽四鎮四瀆也」，則卽《大宗伯》之四望；而此「望祀」通含類造禬禜之神，則似不專據四望，與《牧人》義微異也。云「延，進也」者，《爾雅·釋詁》文。云「謂但用幣致其神」者，但用幣，則無牲及粢盛也。致其神，卽是進而禮之，故云望延。然則望衍與望祀神同，唯禮有詳略耳。賈疏云：「遥望延其神，以言語責之。」此即攻説用幣而已是也。云「二者詛祝所授類造攻説禬禜之神號」者，鄭以經二者通云「旁招以茅」，《女祝》以招與禬並舉，明其禮相類；今《詛祝》亦以類造攻説禬禜並舉，彼又云「祝號」，與此授號文相應，故取彼爲釋。知非男巫自授號者，以祝號是祝官所職故也。大祝掌六號，此不云大祝授者，以大祝官尊，且彼六號通大祭祀，此祀衍事小，與彼不相當也。但類造攻説禬禜不皆天神，則亦有示號、鬼號，鄭唯云神號者，約舉重者言之耳。云「男巫爲之招」者，明此官既受詛祝所授祝號，則號呼以招之也。

冬堂贈，無方無筭。故書贈爲矰，杜子春云：「矰當爲贈。堂贈，謂逐疫也。無方，四方爲可也。無筭，道里無數，遠益善也。」玄謂冬歲終，以禮送不祥及惡夢，皆是也。其行必由堂始。巫與神通言，當東則東，當西則西，可近則近，可遠則遠，無常數。【疏】注云「故書贈爲矰，杜子春云矰當爲贈」者，杜意矰於義無取，而占夢有贈惡夢之文，故定爲字之誤。段玉裁云：「矰贈古音同在蒸登部。」云「堂贈謂逐疫也」者，《占夢》云：「舍萌於四方，以贈惡夢。」杜彼注釋爲歲竟逐疫置四方，故釋此冬堂贈亦與彼同。云「無方，四方爲可也」者，謂四方皆贈，無有定方也。云「無筭，道里無數，遠益善也」者，《説文・竹部》云：「筭，長六寸，計麻數者。算，數也。」此筭即算之借字。逐疫欲令遠去，故遠益善也。《説苑・脩文》篇云：「古者有菑者謂之癘。其有重尸多死者，急則有聚衆童子，擊鼓苣火入官宫里，用之各擊鼓苣火逐官宫里，事畢，出乎里門，出乎邑門至野外。」明逐癘道里無數，必至野外乃止也。云「玄謂冬歲終，以禮送不祥及惡夢皆是也」者，此與下文「春招福」文相對。《占夢》注云：「贈，送也，欲以新善去故惡。」彼主占夢，故但贈惡夢；此男巫所掌者廣，故兼送諸不祥，明不止逐疫也。云「其行必由堂始」者，此釋堂贈之義。送不祥及惡夢，皆自内送之使出，其行必由堂始。❶方相氏時難毆疫則索於室，此官以禮送不祥則贈於堂，亦互相備。堂即路寢之堂也。云「巫與神通言，當東則東，當西則西，可近則近，可遠則遠，無常數」者，謂使巫問神所欲往，送之使去，故無定方，道里亦無常數也。

春招弭，以除疾病。招，招福也。杜子春讀弭如彌兵之彌。玄謂弭讀爲敉，字之誤也。敉，安也，安凶禍也。招、敉，皆有

❶「由」原作「有」，據楚本改。

祀衍之禮。【疏】「春招弭以除疾病」者，弭疑當作「彌」，詳後。惠士奇云：「古者巫彭初作醫，故有祝由之術，移精變氣以治病。春官大祝、小祝、男巫、女巫，皆傳其術焉。大祝言甸讀禱代受眚裁，小祝將事侯禳求遠辠疾，男巫祀衍旁招弭寧疾病，女巫歲時釁浴祓除不祥，故《淮南子·說山訓》曰：『病者寢席，醫之用針石，巫之用糈藉，所救鈞也。』豈非以巫祝能治病歟。」　注云「招，招福也」者，《女祝》「招梗」，先鄭注謂招善，與此義同，謂招福使之來也。云「杜子春讀弭如彌兵之彌」者，彌疑並當作「弭」。段玉裁云：「彌兵見《小祝》，而《左氏傳》作弭兵，蓋古文假借也。」云「玄謂弭讀爲敉，字之誤也」者，此聲之誤也。《小祝》注亦云「彌讀曰敉」。《說文·攴部》云：「敉讀若弭。」俞樾云：「經文弭字當作彌，注文彌字當作弭。蓋經文作彌，而杜子春讀爲弭兵之弭。《左傳》『弭兵』字作弭，不作彌也。因經文誤作弭，遂改注文作彌兵，而義不可通矣。後鄭不從杜讀，而改讀爲敉。《小祝職》云『彌裁兵』，注曰『彌讀曰敉，敉，安也』。正與此同。彼經作彌，知此經亦作彌也。《儀禮·士喪禮》注曰『巫掌招彌以除疾病』，即用此經之文。」案：俞說是也。以《大祝》、《小祝》經注校之，疑經用古字作「彌」，注當用今字作「弭」，今本此經正文及注互譌。但《士喪禮》注，宋本實作弭，與《釋文》、賈疏本不同，彼注引此經亦多改從今字，未知彼注元文果作彌否也。互詳《小祝》疏。云「敉，安也，安凶禍也」者，敉，安，《小祝》注同。以敉與招相對爲文，謂安敉之使不作，故云安凶禍也。云「招敉皆有祀衍之禮」者，賈疏云：「此招敉爲招福安禍，與侯禳意同。侯禳在《小祝》有祭之法，故知此二者亦有望祀望衍之禮可知。」案：賈說非也。鄭意蓋以經云招，與上「望祀望衍旁招以茅」事同，故知其禮亦相兼也。

王弔，則與祝前。 巫祝前王也。故書前爲先。鄭司農云：「爲先，非是也。」【疏】「王弔則與巫前」者，此與喪祝爲官聯也。　注云「巫祝前王也」者，祝即喪祝也。《禮運》云「王前巫而後史」，亦謂此也。凡王弔，巫與祝並前者，唯在未襲時。若在襲後，則至所弔者之門，巫止，不與祝俱前，詳《喪祝》疏。云「故書前爲先，鄭司農云，爲先非是也」者，先前義同。先鄭不從先者，以《喪祝》、《女巫》並作祝前，此文不宜異也。徐養原云：「《喪祝》『王弔則與巫前』，司農云『喪祝與巫以桃厲執戈在王前』，引《春秋傳》『公使巫以桃茢先祓殯』，然則先即前也。」

女巫掌歲時祓除、釁浴。歲時祓除，如今三月上巳如水上之類。釁浴，謂以香薰草藥沐浴。【疏】注云「歲時祓除，如今三月上巳如水上之類」者，此舉漢制爲況也。賈疏云：「一月有三巳，據上旬之巳而爲祓除之事，見今三月三日水上戒浴是也。」詒讓案：《說文·示部》云：「祓，除惡祭也。」《爾雅·釋言》云：「祓，福也。」《詩·大雅·生民》孔疏引孫炎云：「祓除之福。」《左》僖六年傳，説微子歸周云：「武王親釋其縛，受其璧而祓之。」杜注云：「祓，除凶之禮。」又昭十八年傳云：「祓禳於四方，振除火災。」是祓除爲一事。《風俗通義·祀典》篇云：「《周禮》：『女巫掌歲時以祓除釁浴。』禊者，潔也。春者，蠢也，蠢蠢摇動也。《尚書》：『以殷仲春，厥民析。』言人解療生疾之時，故於水上釁潔之也。巳者，祉也，邪疾已去，祈介祉也。」《續漢書·禮儀志》云：「三月上巳，官民皆絜於東流水上。曰洗濯祓除去宿垢疢爲大絜。絜者，言陽氣布暢，萬物訖出，始絜之矣。」劉注云：「謂之禊也。蔡邕曰：『《論語》：「暮春者，春服既成，冠者五六人，童子六七人，浴乎沂，風乎舞雩，詠而歸。」自上及下，古有此禮。今三月上巳，祓禊於水濱，蓋出於此。』杜篤《祓禊賦》曰：『巫咸之徒，秉火祈福。』則巫祝也。《韓詩》曰：『鄭國之俗，三月上巳，之溱洧兩水之上，招魂續魄，秉蘭草祓除不祥。』《漢書》『八月祓灞水』，亦斯義也。」《後漢書·袁紹傳》李注云：「麻法，三月建辰巳，爲退除，可以埽除災也。」曾釗云：「古祓除，不特三月上巳也。《宋書·禮志》：『劉楨《魯都賦》：素秋二七，天漢指隅；人胥祓除，國子水嬉。』又《西京襍記》：『高祖與戚夫人，正月上辰，出百子池邊，灌濯以祓妖邪。』《漢書》又載八月祓灞上。則祓除歲數舉之，故經不曰季春，而曰歲時，謂歲之良時云爾。賈疏單指三月，失鄭義矣。」案：曾説是也。鄭以漢上巳水上之祓禊，與《韓詩》説合，其禮最古，故舉證此祓除謂其禮略相類耳。實則經「歲時」當晐下釁浴爲文，周漢祓除，亦皆不必在三月，不定用上巳也。又《左》定元年傳云「君以軍行，祓社釁鼓」，《呂氏春秋·本味》篇云「湯得伊尹，祓之於廟」，則祓除或在廟社，不皆如水上，賈疏殊誤。又此經祓除與旱暵舞雩，事不相涉，《月令章句》以祓除與舞雩爲一事，亦非。云「釁浴謂以香薰草藥沐浴」者，蓋讀釁爲薰也。釁薰聲義同，詳《鬯人》疏。《説文·艸部》云：「薰，香艸也。」《鬯人》「凡王之齊事，共其秬鬯」，注云「給淬浴」。《大戴禮記·夏小正》云：「五月蓄蘭，爲沐浴也。」《楚辭·九歌·雲中君》云「浴蘭湯兮沐芳」，王注云：「蘭，香艸也。」《鬱人》賈疏引《王度記》云，「天子以鬯，諸侯以薰，大夫以蘭芝」，則薰即鬯蘭之屬。《國語・齊語》云：「管仲至，三釁三浴之。」韋注云：「以香塗身曰釁，亦或爲薰。」案：《齊語》釁浴對文，韋注訓爲以香塗身，則釁與浴小異。《吕氏春秋・贊能》篇云：「管仲至齊竟，桓公祓以爟火，釁以犧猳。」與《本味》篇説湯祓伊尹事略同。高注云：「殺牲以血塗之爲釁。」高亦訓釁爲塗，與韋義同。然塗浴事本相因，此經釁浴亦專取香薰以示絜，平時沐浴，非女巫所掌，此注與高、韋義，可互通也。**旱暵，則舞雩。**使女巫舞旱祭，崇陰也。鄭司農云：「求雨以女巫，故《檀弓》曰：歲旱，繆公召縣子而問焉，曰：『吾欲暴巫而奚若？』曰：『天則不雨，而望之愚婦人，無乃已疏乎！』」【疏】「旱暵則舞雩」者，賈疏云：「此謂五月已後脩雩，故有旱暵之事。」詒讓案：《舞師》云：「教皇舞，帥而舞旱暵之事。」注云：「旱暵之事，謂雩也。」此舞雩與彼舞旱暵之事同。然此舞專指女巫舞，彼皇舞自有舞徒爲之，非女巫所舞也。　注云「使女巫舞旱祭，崇陰也」者，《春秋繁露・精華》篇云「大旱者，陽滅陰也」，故崇陰以猒之，用女巫舞雩也。鄭司農云「求雨以女巫」，又引《檀弓》者，繆公，魯繆公也。《禮記》「繆」作「穆」，「焉」作「然」，「無」作「毋」。注云：「然之言焉也。穆或作繆。巫主接神，亦覬天哀而雨之。」彼注亦引此經爲説。先鄭引之者，以彼庰巫爲愚婦人，是求雨用女巫之事也。**若王后弔，則與祝前。**女巫與祝前后，如王禮。【疏】「若王后弔則與祝前」者，此與女祝爲官聯也。《喪大記》云：「夫人於世婦大斂焉，爲之賜，小斂焉；於諸妻，爲之賜，大斂焉；於大夫外命婦，既殯而往。」彼侯國夫人弔禮，王后亦當與彼同。據《檀弓》注及孔疏義，王弔諸臣，唯未襲時往，乃巫祝並前；則后弔亦唯於諸侯夫人及公卿之妻，或未襲時往，乃有是事，弔世婦以下，並女巫止門外，祝前而已。詳《喪祝》疏。　注云「女巫與祝前后，如王禮」者，賈疏云：「案前男巫與喪祝前王，執桃茢，此女巫與女祝前后，亦巫執桃，祝執茢，故云如王禮。」**凡邦之大烖，歌哭而請。**有歌者，有哭者，冀以悲哀感神靈也。【疏】「凡邦之大烖，歌哭而請」者，請，謂請於天地山川社稷也。《廣雅・釋詁》云：「請，求也。」《穀梁》定元年傳云：「雩者，爲旱求者也。求者，請也。」案此云「凡邦之大烖」，與《司巫》云「國有大烖」同，所晐甚廣。故《國語・晉語》云「川涸山崩，國三日哭。」韋注云：「周禮，國有大災三日哭。」又《漢書・王莽傳》，崔發言《周禮》及《春秋左氏》，國有大災則哭以猒之。顔注引此經釋之，又引《左傳》宣十二年，楚圍鄭，國人大臨事，則哭不專屬旱雩。蓋非常之變，若《小宗伯》云「天地之大烖」，《大司樂》云「大傀異烖」者，女巫並歌哭以請之。賈疏謂惟指旱暵言，似誤。　注云「有歌者，有哭者，冀以悲哀感神靈也」者，歌者，長言以申其志。哭者，《漢書・王莽傳》顔注云「所以告哀也」。賈疏云：「案林碩難曰：『凡國有大災，歌哭而請。魯人有日食而哭，傳曰非所哭。哭者哀也，歌者是樂也。有哭而歌，是以樂烖；烖而樂之，將何以請？哀樂失所，禮又喪矣。孔子曰：「歌則不哭。」歌哭而請，道將何爲。』玄謂『日食異者也，於民無困，哭之爲非。其所烖害，不害穀物，故歌必禮也。董仲舒曰：「雩，求雨之術，呼嗟之歌。」《國風・周南》、《小雅・鹿鳴》，燕禮、鄉飲酒、大射之歌焉。然則《雲漢》之篇，亦大旱之歌。《考異郵》《集二十四旱志》曰：「玄服而雩，緩刑理察，挺罪赦過，呼嗟哭泣，以成發氣。」此數者，非大烖歌哭之證也，多烖哀也，歌者樂也，今喪家輓歌，亦謂樂非？「孔子歌則不哭」，是出何經？《論語》曰：「子於是日哭則不歌。」謂一日之中，既以哀事哭，又以樂而歌，是爲哀樂之心無常，非所以譏此禮。』若然，此云歌者，憂愁之歌，若《雲漢》之詩是也。」案：賈所引，卽鄭《荅臨孝存周禮難》佚文。林臨字通。舊本舛互難通，今並審文義校正。依鄭引《董子》及《春秋緯》，則舞雩有歌哭。故《爾雅・釋訓》云：「舞號，雩也。」郭注云：「雩之祭，舞者吁嗟而請雨。」《釋文》引孫炎云：「雩之祭，有舞有號。」蓋舞與歌事相兼，而號則哭也。但旱雩，亦大烖歌哭而請之一端耳，非謂大烖專據旱暵也。

周禮正義卷五十一

大史掌建邦之六典，以逆邦國之治，掌灋以逆官府之治，掌則以逆都鄙之治。典、則，亦法也。逆，迎也。六典、八法、八則，冢宰所建，以治百官，大史又建焉，以爲王迎受其治也。大史，日官也。《春秋傳》曰：「天子有日官，諸侯有日御，日官居卿以厎日，禮也。日御不失日，以授百官于朝。」居猶處也。言建六典以處六卿之職。【疏】「掌建邦之六典，以逆邦國之治」者，此官執典法之總，與小宰、司會、内史爲官聯也。《月令》孟春云：「乃命大史，守典奉法，司天日月星辰之行，宿離不貸，毋失經紀，以初爲常。」注云：「典，六典。法，八法也。」《吕氏春秋·孟春紀》高注説同，與此經掌典法義合。注云「典、則，亦法也」者，《大宰》注義同。此亦注用今字作「法」也，下並同。云「逆，迎也」者，《小祝》注同。云「六典八法八則，冢宰所建，以治百官」者，《大宰》云「掌建邦之六典，以佐王治邦國」，又云「以八法治官府，以八則治都鄙」。三者所治各異，鄭總云治百官者，文不具也。云「大史又建焉，以爲王迎受其治也」者，賈疏云：「鄭言此者，欲見大史重掌此三者，非是相副貳，大宰既掌此，大史迎受其治職文書。」云「大史，日官也」者，此官掌正歲年以治厤，歲年皆積日所成，故謂之日官。《大戴禮記·保傅》篇云：「不知日月之時節，大史之任也。」引《春秋傳》者，賈疏云：「《左傳》：『桓十七年，冬十月朔，日有食之。不書日，官失之也。天子有日官，諸侯有日御。日官居卿以厎日，禮也。日御不失日，以授百官于朝。』服氏注云：『日官、日御，典厤數者也。是居卿者，使卿居其官以主之，重厤數也。』」詒讓案：厎，舊本並誤底，今從宋婺州本正。《釋文》同。杜注云：「日官，天子掌厤者。不在六卿之數，而位從卿，故言居卿也。厎，平也，謂平厤數。日官平厤以班諸侯，諸侯奉之不失天時，以授百官。」案：厎日，即《馮相氏》之「致日」。馮相爲大史之屬，故大史亦爲日官。杜説未塙。云「居猶處也」者，《説文·尸部》云：「居，蹲也。」又云：「凥，處也。」案：居即凥之借字。云「言建六典以處六卿之職」者，釋《左傳》日官居卿之義。賈疏云：「案鄭注與服不同。服君之意，大史雖下大夫，使卿來居之，治大史之職，與《堯典》云『乃命羲和，欽若昊天厤象日月星辰』，是卿掌厤數，明周掌厤數亦是日官。鄭意以五帝殊時，三王異世，文質不等，故設官不同。五帝之時使卿掌厤數，至周，使下大夫爲之，故云『建六典處六卿之職』以解之。」詒讓案：諦繹鄭意，蓋謂大史爵秩不過下大夫，而掌六典、八法、八則等大典令之籍，與大宰卿職掌略同，《左傳》居卿之言，卽謂其爵卑職尊，非以卿居史職，其説自較服爲優。但以《左氏》文義審之，似究以杜注位從卿之説爲允。蓋日官司天，朝位特尊異之在六卿之次。若《賈子新書・保傅》篇謂史佚爲少師，《大戴禮記・保傅》篇亦謂史佚爲承，而《文王世子》孔疏引《尚書大傳》説，四鄰其爵視卿，或卽史官居卿之義證與？

凡辯灋者攷焉，不信者刑之。 謂邦國、官府、都鄙以法争訟來正之者。【疏】「凡辯灋者攷焉」者，《説文・辡部》云：「辡，辠人相與訟也。辯，治也。」經典辯訟字通作「辯」。宋以來版本並作「辨」，誤，今據唐石經正。灋通晐上文「典」「灋」「則」而言。賈疏云：「案上文，大史既受邦國官府都鄙治職文書，其三者之内，有争訟來正之者，大史觀其辨法，得理考之。」云「不信者刑之」者，此官之官刑也。凡所辯與本法不合者，輕者以史官之官刑誅罰之，其重者則歸於司寇，附五刑而論之。《管子・立政》篇云：「五鄉之師，五屬大夫，皆受憲于大史。大史既布憲入籍于大府，考憲而有不合于大府之籍者，侈曰專制，不足曰虧令，罪死不赦。」彼憲卽國法。專制虧令者死，或卽攷法不信者之刑與？ 李鍾倫云：「辯法，若子産争賦貢、宋仲幾辯役事之類。故士伯數仲幾以故府之法而執之，所謂不信者刑之，蓋亦如此。」 注云「謂邦國官府都鄙以法争訟來正之者」者，明此總承上文，雖云辯法，實兼有典則也。《大戴禮記・子張問入官》篇「言調悦則民不辨法」，盧注云「謂不争也」。亦引此文爲釋，二經義同。

凡邦國都鄙及萬民之有約劑者藏焉，以貳六官，六官之所登。 約劑，要盟之載辭及券書也。貳猶副也。藏法與約劑之書，以爲六官之副。其有後事，六官又登焉。【疏】「凡邦國都鄙及萬民之有約劑者藏焉」者，此與司會、内史、司約爲官聯也。《大司寇》云：「凡邦之大盟約，涖其盟書而登之於天府，大史、内史、司會及六官皆受其貳而藏之。」此卽邦國之大約劑也。《周書・嘗麥篇》説正刑書及受中云：「大史乃藏之于盟府，以爲歲典。」亦此官與司盟聯事藏典之事。又案：上文典、法、則，邦國、官府、都鄙三者並舉，此約劑不云官府者，以下别云「六官之所登」，卽官府之約劑，故此不及也。賈疏謂此舉邦國、都鄙及萬民在外者而言，其實官府約劑亦藏之，誤。云「以貳六官」者，此承上文，言邦國、都鄙、萬民之大約劑凡入於六官者，此官則藏其副貳，與六官互相檢校也。賈疏云：「六官各有一通，此大史亦副寫一通，故云以貳六官。」云「六官之所登」者，此謂百官府之約劑，六官所屬者。其正本皆藏於六官正長之府，而六官亦各副寫一通，登之大史也。上邦國、都鄙、萬民之約劑，由邦國、都鄙、萬民各副寫二通，登之六官，又自登之大史，不由六官轉登大史，明此六官所登，自爲其屬諸官府之約劑矣。賈推鄭義，以此即邦國都鄙萬民之約劑，謂在後六官更有約劑，皆副寫一通，上於大史藏之，誤。　注云「約劑，要盟之載辭及券書也」者，《司約》云「掌邦國及萬民之約劑」，又「大約劑書于宗彝，小約劑書于丹圖」。彼注云：「劑謂券書也。」案：劑與《小宰》之質劑義同，詳彼疏。《左》昭元年傳，鄭罕虎、公孫僑、公孫段、印段、游吉、駟帶私盟于閨門之外，公孫黑强與於盟，使大史書其名。是大史掌盟載之事。賈疏云：「按《司盟》『凡邦國有疑會同，則掌其盟約之載』，故知約劑中有要盟之載辭。言及券書者，此經萬民約劑，無盟要載辭，惟有券書，故別言券書。」云「貳猶副也」者，《小宰》先鄭注義同。云「藏法與約劑之書，以爲六官之副」者，法卽上文辯法之法，兼典法則者。賈疏謂指《司盟》云「掌盟載之法」，非是。鄭意，經云「以貳六官」，所晐甚廣，又下文云「約劑亂則辟法」，明法與約劑相將，此官皆藏其副貳，故兼法及約劑言之。云「其有後事六官又登焉」者，鄭意謂經重言六官所登，卽承上爲文，謂初制法及爲約劑時，此官既藏其副貳，其後六官之法或有增損，及約劑或有更改，則所掌之官又寫副本，登之大史也。然經云六官所登，實非卽上邦國都鄙萬民之約劑，二文不相冡，鄭説失之。**若約劑亂，則辟灋，不信者刑之。**謂抵冒盟誓者。辟法者，考案讀其然不。【疏】「若約劑亂則辟灋」者，此與司約爲官聯也。賈疏云：「盟誓要辭藏在府庫，在後抵冒其事，不依要辭，謂之約劑亂也。則辟法者，辟，開也，法則約劑也，則爲之開府庫，考按其然否。」云「不信者刑之」者，《司約》注云：「不信，不如約也。」蓋亦歸於司寇刑之，刑卽《司約》「墨殺之刑」是也。　注云「謂抵冒盟誓者」者，《漢書・禮樂志》云：「習俗薄惡，民人抵冒。」顔注云：「抵，忤也。冒，犯也。言無廉恥不畏懼也。」此注抵冒盟誓，亦謂倍犯盟誓，釋經云約劑亂也。云「辟法者，考案讀其然不」者，《司約》云：「掌邦國及萬民之約劑。若有訟者，則珥而辟藏，其不信者，服墨刑。若大亂則六官辟藏，其不信者殺。」彼注云：「辟藏，開府視約書。」此辟法卽彼辟藏，亦謂開府視其典法之書，考案讀之，以辨其然與不也。

正歲年以序事，頒之于官府及都鄙，中數曰歲，朔數曰年。中朔大小不齊，正之以閏，若今時作麻日矣。定四時，以次序授民時之事。《春秋傳》曰：「閏以正時，時以作事，事以厚生，生民之本，於是乎在。」【疏】「正歲年以序事」者，序，經例用古字當作「敘」，《馮相氏》、《內史》二職「敘事」，字並作敘可證。此作「序」者，後人誤以注改經，石經及各本並誤，詳《小宰》疏。此掌治麻授時之事。李淳風《五經算術注》說，周麻上元丁巳，至魯僖公五年丙寅，積二百七十五萬九千七百六十九算，元法四千五百六十，章歲十九，章月二百三十五，歲中十二，閏餘七周天分二萬七千七百五十九，日法九百四十。《開元占經・麻術》篇載周麻同。序事，若《夏小正》、《月令》四時所施行之事，使皆得其序。賈疏云：「謂造麻正歲年以閏，則四時有次序，依麻授民以事，故云以序事也。」云「頒之于官府及都鄙」者，亦包鄉遂公邑。賈疏云：「官府據在朝，都鄙據三等采地。先近及遠，故先言官府，次言都鄙，下乃言邦國。」

注云「中數曰歲，朔數曰年」者，《玉海・天文》引《三禮義宗》云：「歲者，依中氣一周以爲一歲。年者，依日月十二會以爲一年。中朔大小不齊，故有歲年之異。」《月令》孔疏云：「中數者，謂十二月中氣一周，摠三百六十五日四分日之一，謂之一歲。朔數者，十二月之朔一周，謂三百五十四日，謂之爲年。此是歲年相對，故有朔數中數之別。若散而言之，歲亦年也，故《爾雅・釋天》云『唐虞曰載，夏曰歲，商曰祀，周曰年』是也。」戴震云：「中數云者，日躔發斂一周，凡三百六十有五日，小餘不及四分日之一。十二分之，自前中氣，入後中氣，三十日而有盈分。朔數云者，月與日會，以成一月，凡十二月，三百五十四五日；有閏月則三百八十四日。日月同行謂之合朔，自前朔距後朔，三十日而有虛分。」案：孔、戴說是也。中數者，謂自前年冬至，數至今年冬至，日行天一周，是爲一歲二十四氣之數。《逸周書・周月》篇云：「凡四時成歲，歲有春夏秋冬，各有孟仲季以名十有二月。月有中氣，以著時應。春三月中氣，驚蟄、春分、清明；夏三月中氣，小滿、夏至、大暑；秋三月中氣，處暑、秋分、霜降；冬三月中氣，小雪、冬至、大寒。閏無中氣，斗指兩辰之閒。」此中數之義。《月令》四立之日，皆先三日，大史謁之天子，告以其日迎氣，卽正節氣之事。

注舉中氣，可晐節氣也。朔數者，謂自今年正月朔，數至後年正月朔，月會日於十二次一周，是爲一年十二月之數。《說文·月部》云：「朔，月一日始蘇也。」《漢書·律麻志》云：「日月相推，日舒月速，當其同，謂之合朔。」《周月》篇云：「惟一月既南至，昏昴畢見，日短極。是月斗柄建子，始昏北指。日月俱起于牽牛之初，右回而行，月周天超一次而與日合宿，日行月一次而周天，歷舍於十有二辰，終則復始，是謂日月權輿。」此朔數之義。氣朔盈朒，積算畸餘難定，故此官推策以正之也。賈疏謂「節氣一名朔氣，以閏月內得後年朔氣曰朔數，以後年正月得中氣曰中數」。不知節氣一周與中氣一周，皆三百六十五日四分日之一，不能分爲二事也。云「中朔大小不齊，正之以閏」者，大謂中數贏，小謂朔數朒。以中朔兩數相校，則中數多於朔數一歲有十一日弱，是爲閏餘，所謂大小不齊也。賈疏云：「周天三百六十五度四分度之一。日一日行一度，月一日行十三度十九分度之七。二十四氣通閏分之，一氣得十五日，二十四氣分得三百六十度，仍有五度四分度之一。一度更分爲三十二，五度爲百六十。四分度之一者，又分爲八分，通前爲百六十八分。二十四氣分之，氣得七分。若然，二十四氣，氣有十五日七分。五氣得三十五分，取三十二分爲一日，餘三分推入後氣，即有十六日氣者，十五日七分者，故云中朔大小不齊。月有大小，一年三百五十四日而已，自餘仍有十一日，是以三十三月已後，中氣在晦，不置閏則中氣入後月，故須置閏以補之，故云正之以閏。」云「若今時作麻日矣」者，謂作麻日書頒行之也。漢麻日書例，詳《馮相氏》疏。云「定四時，以次序授民時之事」者，《書·堯典》云：「乃命羲和，欽若昊天，麻象日月星辰，敬授人時。」又云「朞三百有六旬有六日，以閏月定四時成歲」。《公羊》隱元年徐疏引鄭注云：「以閏月推四時，使啓閉分至，不失其常，著之用成歲麻，將以授民時，且記時事。」此注云次序，即謂定啓閉分至之先後，以授民，使作事也。引《春秋傳》者，《左》文六年傳云：「冬，閏月不告朔，非禮也。閏以正時，時以作事，事以厚生，生民之道於是乎在矣。不告閏朔，棄時政也，何以爲民？」道，鄭此引作「本」，《御覽·禮儀部》引《五經異義》述《春秋左氏》說亦同，蓋所據本異。杜注云：「四時漸差，則置閏以正之。順時命事，事不失時則年豐。」引之者，證以閏正歲年及次序授民時之事也。

頒告朔于邦國。天子頒朔于諸侯，諸侯藏之祖廟，至朔，朝于廟，告而受行之。鄭司農云：「頒讀爲班。班，布也。以十二月朔，布告天下諸侯，故《春秋傳》曰『不書日，官失之也。』」【疏】注云「天子班朔于諸侯，諸侯藏之祖廟」者，此注用令字作「班」也。于，注例當作「於」，下同，各本並誤。祖廟，謂大祖廟。《公羊》文六年，何注謂諸侯受朔政於天子，藏於大祖廟。賈疏亦引《玉藻》「諸侯皮弁以聽朔於大廟」，證大廟即祖廟。惟《穀梁》文十六年傳云：「天子告朔于諸侯，諸侯受乎禰廟，禮也。」范注云：「每月天子以朔政班于諸侯，諸侯受而納之禰廟。」彼以祖廟爲禰廟者，蓋所聞之異。《玉藻》孔疏亦㡿其與禮乖是也。至頒朔之月，禮無明文。《月令》「季秋，合諸侯制，百縣爲來歲受朔日」。注云：「秦以建亥之月爲歲首，於是歲終使諸侯及鄉遂之官受此法焉。」是鄭意受朔必在前年歲終，則周正建子，頒朔當在亥月。此雖以意推約，要在前年總班次年之朔，理無可疑。范謂每月頒朔，亦見十二月各有所班之政耳，非謂逐月分班也。又《御覽·禮儀部》引《五經異義》云：「諸侯歲遣大臣之京師，受十二月之政，還藏於大廟。」許所云諸侯遣大臣受政事，於經無所見；其謂藏於大廟，説亦與鄭同。《御覽》又引《禮緯含文嘉》注云：「天子孟春上辛，於南郊，總受十二月之政，還藏於祖廟，月取一政，班於明堂也。諸侯以孟春之月，朝於天子，受十二月之政，藏於祖廟，月取一政行之。」《舊唐書·禮儀志》王方慶議説同。《蔡邕集·明堂月令論》云：「古者朝正於天子，受月令以歸，而藏諸廟中，天子藏之於明堂，每月告朔朝廟，出而行之。」此並謂諸侯親朝天子受政，則諸侯無每歲春朝之法，殆未足信矣。云「至朔，朝於廟，告而受行之」者，謂至每月朔日之朝。《白虎通義·三正》篇引《尚書大傳》云，「周以夜半爲朔」，則未明而行事也。鄭意經云頒告朔者，頒謂天子頒于諸侯，告謂諸侯自行告朔之禮。《論語·八佾》篇「子貢欲去告朔之餼羊」，何氏《集解》引鄭注云：「禮，人君每月告朔于廟，有祭，謂之朝享也。」綜校鄭二《禮》及《論語》注義，則諸侯每月朔以特牲告廟，此經及《論語》謂之告朔，《春秋》謂之告月，賈疏謂告者，使有司讀祝以言之是也。既告朔，遂受天子所頒朔政而行之，《春秋》謂之視朔，《玉藻》謂之聽朔，賈疏謂視者，人君入廟視之，聽者，聽治一月政令是也。既聽朔，復徧祭諸廟，《春秋》謂之朝廟，《穀梁》莊十八年傳謂之朝朔，其在歲首，則《左》襄二十九年傳謂之朝正，孔疏引《釋例》以爲一歲之正是也。其天子則告朔聽朔於明堂，朝正於廟，與諸侯三事並行於廟異，而其先告朔，次聽朔，次朝廟，行事之節次則同。《公羊》文六年，「閏月不告月，猶朝于廟」，傳云：「不告月者何？不告朔也。」何注云：「禮，諸侯受十二月朔政於天子，藏於大祖廟，每月朔朝廟，使大夫南面奉天子命，君北面而受之。比時使有司先告朔，慎之至也。受於廟者，孝子歸美先君，不敢自專也。言朝者，緣生以事死，親在，朝朝莫夕，已死，不敢渫鬼神，故事必於朔者，感月始生而朝。」又十六年經「夏五月，公四不視朔」，何注云：「不舉不朝廟者，禮，月終于廟先受朔政，乃朝，明王教尊也。」是《公羊》説亦謂先告朔，次受朔，而後朝廟。《左傳》文六年杜注説同。惟《御覽・禮儀部》引《五經異義》説朝廟告朔之禮云：「月旦朝廟存神，有司因告曰，今月當行某政。」此謂朝廟在告朔之前。《春秋緐露・三代改制質文》篇云：「黑統平明朝正，白統鳴晨朝正，赤統夜半朝正。」亦似謂合朔即首行朝正之禮。並與鄭不同。此注依鄭義，當先告朔而後朝廟，而云「朝於廟告而受行之」者，到文見義耳，非謂先朝廟，後告朔受政也。然依鄭説，則此告朔即《論語》之告朔，乃諸侯自於其國告廟之禮；大史布朔當言頒，不當并言告，於文例難通，不若先鄭説之允，詳後。又朝廟之禮，蓋薦而不祭，與六享迥殊。後鄭謂朝廟有祭，以釋《司尊彝》之朝享，《玉藻》疏亦謂朝廟朝享爲一，並非，詳《司尊彝》疏。鄭司農云「頒讀爲班，班布也」者，《宮伯》注同。《漢書・五行志》云「周衰，天子不班朔」，又《律麻志》載《三統麻》云「周道既衰，天子不能班朔」，班朔即此班告朔也，二鄭義與劉、班同。云「以十二月朔，布告天下諸侯」者，賈疏云：「言朔者，以十二月麻及政令，若月令之書，但以受行，號之爲朔。」詒讓案：先鄭謂班告朔，即布告每年十二月之朔於諸侯。告之云者，以上告下爲文，與頒爲一事。其説較後鄭爲塙。《大戴禮記・虞戴德》篇云：「天子告朔於諸侯，率天道而敬行之，以示威於天下也。」又《用兵》篇云：「夏桀、商紂不告朔於諸侯。」《穀梁》文六年傳云：「不告月者何也？不告朔也。不告朔則何爲不言朔也？閏月，附月之餘日也，積分而成於月者也。天子不以告朔，而喪事不數也。」范注云：「禮，天子以十二月朔政，班告於諸侯。」又文十六年傳云：「天子告朔于諸侯。」《史記・麻書》云：「幽、厲之後，周室微，陪臣執政，史不記時，君不告朔。」以上所云告朔，即班朔，並指天子以朔告於諸侯，故先鄭據以爲説。今通校諸經，蓋告朔本有二：一爲天子告於諸侯，此經及《大戴禮》、《穀梁傳》所云是也；一爲天子告朔于明堂，諸侯告朔于廟，《論語》及《公羊傳》所云是也。二禮迥別，不可掍而爲一。此經上文云「正歲年以序事，頒之于官府及都鄙」，彼專據畿内，所頒者正歲年之法，地近而事詳。此頒告朔于邦國，則通於九服，所頒者朔政而已，地遠而事略，其事亦不同。諸侯自告朔，非天子大史所掌，此經之義不可通于《論語》也。云「故春秋傳曰，不書日，官失之也」者，即桓十七年《左傳》文，詳前疏。賈疏云：「《春秋》之義，天子班麻於諸侯，日食書日；不班麻於諸侯，則不書日。其不書日者，由天子日官失之不班麻。引之證經天子有班告朔之事。」**閏月，詔王居門終月。**門，謂路寢門也。鄭司農云：「《月令》十二月分在青陽、明堂、總章、玄堂左右之位，唯閏月無所居，居于門，故於文『王』在『門』謂之閏。」【疏】「閏月，詔王居門終月」者，《說文·王部》云：「閏，餘分之月，五歲再閏。」引此經「王居門」下有「中」字，疑許所增。《淮南子·天文訓》云：「月日行十三度七十六分度之二十八，二十九日九百四十分日之四百九十九，而爲一月，而以十二月爲歲。歲有餘十日九百四十分日之八百二十七，故十九歲而七閏。」案：《淮南書》用《顓頊麻》十九歲七閏，即一章之閏數也。《五經算術》李注引周麻章閏數同。　注云「門謂路寢門也」者，賈疏云：「明堂、路寢及宗廟，皆有五室、十二堂、四門，十二月聽朔於十二堂，閏月各于時之門，故大史詔告王居路寢門。若在明堂告事之時，立行祭禮，無居坐之處。若在路寢堂與門聽事之時，各居一月，故云居門終月。」詒讓案：鄭意天子平時所居悉在大寢，故知閏月居門亦謂大寢門。《玉藻》云：「聽朔於南門之外，閏月，則闔門左扉，立於其中。」注云：「南門，謂國門也。天子廟及路寢，皆如明堂制。明堂在國之陽，每月就其時之堂而聽朔焉。卒事，反宿路寢亦如之。閏月，非常月也。聽其朔於明堂門中，還處路寢門終月。」孔疏引皇氏云：「明堂有四門，路寢亦有四門，閏月各居其時當方之門。」《御覽·時序部》引《三禮義宗》說，「天子春居東北之寢，夏居東南之寢，秋居西南之寢，冬居西北之寢。春三月之中居正寢，三月之末，土王之日則居中寢，餘三時亦如之，以從時氣」。此與《淮南子·時則訓》說略同，蓋並賈疏所本。江永云：「鄭謂天子廟及路寢如明堂制，非也。明堂有四堂五室，廟寢何得有之？閏月，聽朔於明堂門中，闔其左扉，以應天時，卒事，反路寢，亦居門。路門有門側之堂，謂之塾也。」案：江說是也。依鄭、賈說，則王每月聽朔於南郊之明堂，而反居路寢，路寢與明堂同制，皆有五室十二个四門，以應五行，十二月各隨其月而居焉，閏月則各居其當方之門。今攷《玉藻》「闔扉而立」承「聽朔南門之外」爲文，聽朔在明堂，則閏月立門亦據明堂而言可知。鄭彼注兼舉路寢門，非也。至王路寢一，小寢五，《宮人》謂之六寢。路寢實止一寢，不得爲明堂五室之制。且路寢之門卽路門，爲五門之一，若如皇說，是有四路門矣，其可通乎？況路寢，燕朝聽政之常居，義取向明，當正位南面，儻亦隨月而遷，則冬居玄堂，王乃北面，其不可又明矣。以經攷之，蓋聽朔明堂，則十二月每月一遷；燕寢退息，則五時每時一遷。其聽政及齋居，則路寢止一寢，五時十二月無遷居之法，惟閏月居門則同。至居門終月，實謂就此月中，遇有聽事及齋則居之，非謂晨夕遊息於是也。《玉藻》孔疏云：「終月，謂終竟一月所聽之事於一日中耳。於尋常，則居燕寢也。」案：孔釋終月義未憭，而謂常居仍在燕寢則不誤。蓋明堂有四門，則閏月各居當方之門。路寢止南方有門，其旁出雖或有闈，然非王居之所。蓋不問閏在何月，皆居正門，並不逐時易方，事畢則皆退息於燕寢，唯齋居乃在門塾耳。《玉藻》說「聽朔闔門左扉，立於其中」者，自謂明堂門。凡門有兩扉，閏月闔其左扉，王則立其中以聽朔，鄭《曲禮》注云「中門，謂棖闑之閒」是也。若路寢，則當居門內塾之堂，門堂內外左右各一，故可燕息。若棖闑之閒，則可以暫立，不可以常居。明闔門之立，唯明堂聽朔則然，不關路寢也。路寢與明堂不同制，互詳《宮人》、《匠人》疏。鄭司農云「《月令》十二月，分在青陽、明堂、總章、玄堂左右之位」者，《月令》云：「孟春天子居青陽左个，仲春居青陽大廟，季春居青陽右个；孟夏居明堂左个，仲夏居明堂大廟，季夏居明堂右个；中央土居大廟大室；孟秋居總章左个，仲秋居總章大廟，季秋居總章右个；孟冬居玄堂左个，仲冬居玄堂大廟，季冬居玄堂右个。」此引以證王十二月各有所居也。鄭彼注釋大室爲大寢中央室，四大廟爲當大室之堂，八个爲四堂之兩偏。案：四堂各有左右个，卽所謂十二堂。《月令》所言，卽王居明堂之制，故當大室之堂謂之大廟，以明堂有宗祀之禮，故謂之廟。若路寢而有廟稱，則神人爲無別矣。後鄭彼注以大寢爲釋，說殊未析。先鄭無說，不知與後鄭同否。云「唯閏月無所居，居于門」者，于，亦當作「於」。謂十二月分居十二堂，適徧；閏月在十二月之外，故無所居，而居於門，以示別異也。云「故於文，王在門謂之閏」者，《說文・王部》云：「告朔之禮，天子居宗廟，閏月居門中，从王在門中。《周禮》曰『閏月，王居門中終月』也。」與先鄭義同。案：《春秋》文六年，《公羊》、《穀梁傳》並謂閏月不告朔，《左傳》則謂閏月有告朔。《說文》及《玉藻》孔疏引《五經異義》並從《左氏》說。後鄭《駁異義》與許同。但依後鄭說，閏月告朔在明堂，聽朔在明堂之門，反居在路寢之門，居門無與告朔事。許謂告朔之禮，天子居宗廟，閏月居門中，是并居門與告朔爲一，又以門爲廟門，其説復與鄭異。今攷宗廟亦與明堂異，無五室、十二堂、四門，不可每月異居，許説亦非也。宗廟與明堂不同制，詳《匠人》疏。大祭祀，與執事卜日，執事，大卜之屬。與之者，當視墨。

【疏】「大祭祀與執事卜日」者，此與下文戒之日同日，卜得吉乃戒也。大祭祀有卜日，詳《大宰》、《大宗伯》疏。注云「執事，大卜之屬」者，賈疏云：「大卜掌卜事，故知執事是大卜。言之屬者，兼有卜師及卜人。」詒讓案：《大宰》注説卜日執事有宗伯，此不言者，以大史是宗伯之屬，故不及也。云「與之者，當視墨」者，賈疏云：「按《占人》云：『君占體，大夫占色，史占墨，卜人占坼。』彼言史者，卽此大史，故知當視墨。」戒及宿之日，與羣執事讀禮書而協事。協，合也。合謂習録所當共之事也。故書協作叶，杜子春云：「叶，協也。書亦或爲協，或爲汁。」

【疏】「戒及宿之日」者，戒日，卽祭前十日，《大宰》云「前期十日，帥執事而卜日，遂戒」是也。宿日在祭前三日，《大宗伯》注云：「宿，申戒也。」賈疏云：「戒謂散齊七日，宿謂致齊三日。」云「與羣執事讀禮書而協事」者，羣執事者，廣晐諸有事於祭之官，別於上執事爲專指卜官也。賈疏云：「當此二日之時，與羣執事預祭之官，讀禮書而協事，恐事有失錯，物有不供故也。」注云「協，合也」者，《鄉士》、《小行人》注並同。《書·堯典》「協和萬邦」，《史記·五帝本紀》「協」作「合」，是協合義同。云「合謂習録所當共之事也」者，習謂肄習，録謂校録。羣執事所共爲之事，並習録之，使合一無有差舛也。云「故書協作叶，杜子春云叶協也，書亦或爲協，或爲汁」者，汁，舊本作「叶」，宋婺州本、余仁仲本、巾箱本並作「汁」，與《釋文》合，今從之。或爲協或爲汁者，故書或本非一本也。段玉裁云：「杜以協釋叶，而又云『書亦或爲協』，則鄭君作協之本也。《説文》旪叶皆卽協字。杜又云『或爲汁』者，古文假借字也。」徐養原云：「《説文·劦部》：『文一重五。』『協，同心之和，从劦从心；勰，同思之和，从劦从思；協，衆之和同也，从劦从十；古文協从日十，作旪；或从口作叶』，並劦之重文。唯汁在《水部》，液也，在此經爲假借。」祭之日，執書以次位常，謂校呼之，教其所當居之處。

【疏】「執書以次位常」者，賈疏云：「言執書者，謂執行祭禮之書，若今儀注。以次位常者，各居所掌位次。常者，此禮一定，常行不改，故云常也。」案：位謂諸臣助祭者之位。常卽《大宰》八灋之官常，謂祭有司當官常行之品式也。賈并位常爲一，失之。又案：諸臣助祭之位，經注並無文，賈《特牲饋食禮》疏依《特牲》、《少牢禮》推之云：「天子諸侯祭祀，同姓無爵者在阼階前，西面北上；卿西階前，東面北上；大夫在門東，北面；士門西，北面，旅食在其後。《少牢下篇》云：『衆賓位在門東，北面，既獻，在西階西南，衆賓繼上賓而南。』天子諸侯之賓，其位或依此與？」　注云「謂校呼之，教其所當居之處」者，校謂就其位比校召呼之，察其是非及在不，又教詔其當居之處也。**辯事者攷焉，不信者誅之。**謂抵冒其職事。【疏】「辯事者攷焉」者，辯，宋本並作「辨」，今據唐石經正。《訝士》注云「讞疑辯事」，字亦作辯。辯事與前辯瀍義同，亦謂以職事争訟者。賈疏云：「此謂助祭之人。大史掌禮，知行事得失。所行儀注謂之事，則與人考焉。」云「不信者誅之」者，亦史官之官刑也。《大宰》注云：「誅，責讓也。」辯事輕於辯法及約劑，故不信者止責讓而不論刑也。　注云「謂抵冒其職事」者，羣執事各有當掌之職事，凡慢廢不修，與專擅侵官因而争訟者，皆爲抵冒，亦詳前疏。**大會同朝覲，以書協禮事，**亦先習録之也。【疏】「大會同朝覲，以書協禮事」者，《覲禮》賜侯氏車服云：「諸公奉篋服，加命書于其上，升自西階，東面，大史是右。侯氏升，西面立。大史述命。」注云：「讀王命書也。」又云：「大史加書於服上，侯氏受。」蓋亦協禮事之類。　注云「亦先習録之也」者，如前大祭祀讀禮書而協事。《聘禮》云「史讀書展幣」，亦其類也。**及將幣之日，執書以詔王。**將，送也。詔王，告王以禮事。【疏】「及將幣之日」者，將幣卽授玉。《大行人》云「廟中將幣三享」，是將幣在三享之前。《司儀》合諸侯云「擯之各以其禮，其將幣亦如之」，是又在擯升之後，其爲授玉甚明。鄭《司儀》注釋將幣爲享，非也。賈疏謂將幣專指三享，亦沿《司儀》注之誤。云「執書以詔王」者，《周書・王會》篇説成周之會，大史魚與大行人同爲相，卽詔王之事也。　注云「將，送也」者，《小宰》注同。云「詔王，告王以禮事」者，《大宰》注云：「詔，告也。」賈疏云：「王與諸侯行禮之時，大史執禮書以告王，使不錯誤。」**大師，抱天時，與大師同車。**鄭司農云：「大出師，則大史主抱式，以知天時，處吉凶。史官主知天道，故《國語》曰『吾非瞽史，焉知天道』。《春秋傳》曰『楚有雲如衆赤鳥，夾日以飛，楚子使問諸周大史』。大史主天道。」玄謂瞽卽大師。大師，瞽官之長。【疏】「大師抱天時」者，《國策・秦策》高注云：「抱，持也。」案：抱卽褒之借字，詳《遂師》疏。《晝續》云：「天時變。」《國語・魯語》云「與大史司載糾虔天刑」，韋注云：「載，天文也。司天文，謂馮相氏、保章氏，與大史相儷偶也。」此天時卽司載之典法，藏於靈臺者。《儀禮經傳通解續》引《尚書大傳》説武王伐紂云：「王升舟入水，觀臺惡。」鄭注云：「觀臺，靈臺，知天時占候也。」若然，王在軍，蓋以觀臺占候儀器自隨，水行則載之舟，陸行則載之車。大史所抱者，卽觀臺器法之一也。云「與大師同車」者，與樂官大師爲官聯也。大師自執同律，與大史抱式不同，但皆主占事，故同乘一車。在車自大史、大師外，亦宜有御及車右，蓋駟乘也。　注「鄭司農云，大出師則大史主抱式，以知天時，處吉凶」者，此釋上「大師」爲大出師，與下「大師」爲樂官異。《大師》注云：「大師，大起軍師也。」處吉凶，謂審度而定其吉凶。《史記・龜策傳》云「處吉凶，辨然否」，又云「衛平援式，定日處鄉」，《吕氏春秋・有始覽》云「察其情，處其形」，《淮南子・兵略訓》云「相地形，處次舍」，並審度相察之義。賈疏云：「天時，謂天文見時候者。抱式者，據當時占文謂之式。以其見時候有法式，故謂載天文者爲式。候天時，知吉凶，以告王，故云處吉凶。」惠士奇云：「式卽栻也。《漢書・王莽傳》『天文郎按栻』，抱猶按也。顔師古曰：『栻所以占時日。天文郎，今之用栻者也。』《史記・龜策傳》『運式，定日月，分衡度，視吉凶』。《日者列傳》『旋式正棊』，司馬貞云：『式卽栻也。栻之形上圓象天，下方法地，用之則轉天綱加地之辰，故曰旋式。』猶運式也。《大玄・常》：『初一，戴神墨，履靈式。』《漢・藝文志》有《羡門式法》二十卷。劉勰《文心雕龍・書記》篇曰：『星筮有占式。式者則也。陰陽盈虚，五行消息，變雖不常，而稽之有則也。』」案：惠説甚覈。式卽占天時之圖籍，若《漢書・藝文志》兵、陰陽家言是也。師行當順天時，故大史占之以處吉凶。《孟子・公孫丑》篇云「天時不如地利」，趙注云：「天時謂時日支干、五行王相孤虚之屬也。」《淮南子・兵略訓》云：「明於星辰日月之運，刑德奇賌之數，背鄉左右之便，此戰之助也。」《韓非子・飾邪篇》云：「初時者，魏數年東鄉攻盡陶衛；數年西鄉以失其國。此非豐隆五行太一王相攝提六神五括天河殷槍歲星，非數年在西也；又非天缺弧逆刑星熒惑奎台，非數年在東也。故曰左右背鄉，不足以專戰。」此蓋周時兵家占驗天時之略。云「史官主知天道」者，天道卽天文吉凶之道。《後漢書・桓譚傳》李注引鄭《論語注》云：「天道，七政變動之占也。」云「故《國語》曰，吾非瞽史，焉知天道」者，《周語》柯陵之會，單襄公對魯成公語。引證史官能知天道。韋注云：「瞽樂大師，掌知音樂風氣，執同律以聽軍聲而詔吉凶。大史掌抱天時，與大師同車，皆知天道也。」亦並據此經爲釋。引《春秋傳》者，《左》哀六年傳文。孔疏引服虔云：「諸侯皆有大史，主周所賜典籍，故曰周大史。一曰是時往問周大史。」云「大史主天道」者，覆釋《左傳》問周大史之義。云「玄謂瞽卽大師，大師，瞽官之長」者，申《周語》以大師爲瞽之義。《敍官》注云：「凡樂之歌，必使瞽矇爲焉。命其賢知者以爲大師、小師。」是大師卽衆瞽官之長也。

大遷國，抱灋以前。法，司空營國之法也。抱之以前，當先王至，知諸位處。【疏】注云「法，司空營國之法也」者，司空之官法也。今《司空職》亡，惟匠人營國，左祖右社，前朝後市之屬，是其遺法。大史蓋亦藏其貳，故大遷得抱之也。此大遷所抱，卽營國之法，猶後大喪所執卽治葬之法。知非上文六典八法八則之法者，彼皆簡册緐重，非大史所能抱也。云「抱之以前，當先王至，知諸位處」者，王未至則大史先至，按法以定宮廟之位處也。

大喪，執灋以涖勸防，鄭司農云：「勸防，引六紼。」【疏】「大喪，執灋以涖勸防」者，大喪謂王喪也。法，喪紀葬窆之法。涖勸防者，與喪祝爲官聯也。注「鄭司農云，勸防引六紼」者，卽《大司徒》之「六引」。言紼者，散文通稱。紼紖字同，詳《遂人》疏。《喪祝》先鄭注云：「勸防，引柩也。」與此注同。後鄭彼注云：「勸猶倡帥前引者，防謂執披備傾戲。」較先鄭說尤析。此不云者，以義已具於彼，可互推也。勸防本喪祝所掌，大史抱喪葬之法以涖其事，備有遺失也。

遣之日，讀誄。遣謂祖廟之庭大奠，將行時也。人之道終於此。累其行而讀之，大師又帥瞽廞之而作謚。瞽史知天道，使共其事，言王之誄謚成於天道。【疏】「遣之日讀誄」者，與大師、大祝爲官聯也。《說文·言部》云：「讀，誦書也。」誄卽《大祝》六辭之誄。彼官作，與大史誦之，因以制謚也。注云「遣謂祖廟之庭大奠，將行時也」者，《說文·辵部》云：「遣，縱也。」《既夕禮》云「書遣于策」，注云：「遣猶送也。」葬日柩將行，若送親之去，故其奠謂之大遣奠。《雜記》云「既遣而包其餘」。《既夕》云厥明，陳鼎五于門外，東方之饌，四豆、四籩、醴酒，鼎入乃奠是也。凡將葬，柩朝廟後，有朝廟奠、祖奠及大遣奠，皆設於祖廟之庭。喪奠唯遣奠最盛，故謂之大奠。《白虎通義·謚》篇云「祖載而有謚」。《公羊》桓十八年，何注云「蓋以爲祖祭乃謚」，祖載之日卽遣之日也。云「人之道終於此」者，謂葬爲人道之終也。鄭言此者，明作謚必於遣日之義。《穀梁》桓十八年傳云：「謚所以成德也，於卒事乎加之矣。」范注云：「謚者行之迹，所以表德。人之終卒，事畢於葬，故於葬定稱號也。」云「累其行而讀之」者，《曾子問》注云：「誄，累也。累列生時行迹，讀之以作謚。」誄累聲類同，詳《大祝》疏。云「大師又帥瞽廞之而作謚」者，誄與謚相因，作謚必先讀誄，故鄭云作謚也。賈疏云：「按《大師職》，凡大喪，帥瞽而廞作柩謚。」王引之云：「此誤合廞與謚爲一事，不可從。當云大師又作謚。」案：王說是也，詳《大師》疏。云「瞽史知天道，使共其事，言王之誄謚成於天道」者，瞽史知天道，亦據《周語》文。賈疏云：「按《禮記·曾子問》『惟天子稱天以誄之』，注云『以其無尊焉』。彼又引《公羊傳》『制謚於南郊』。瞽史既知天道，又於南郊祭天之所，稱天以誄之，是王之謚成於天道也。若然，先於南郊制謚，乃於遣之日讀之，葬後則稱謚。」案：《曾子問》注云：「《春秋公羊說》以爲讀誄制謚於南郊，若云受之於天然。」賈引作《公羊傳》，非也。《白虎通義·謚》篇云：「天子崩，大臣至南郊謚之者何？以爲人臣之義，莫不欲褒大其君，掩惡揚善者也，故之南郊，明不得欺天也。故曾子問孔子曰『天子崩，臣下之南郊告謚之』。」《釋名·釋喪制》云：「古者諸侯薨，天子論行以謚之。唯王者無上，故於南郊稱天以誄之。」《通典·凶禮》引《五經通義》云：「大臣吉服之南郊告天，還，素服稱天而謚之。」此並稱天制謚之事，故先鄭云成於天道。

凡喪事，攷焉。爲有得失。【疏】注云「爲有得失」者，此官掌喪紀之法，故凡喪事則就而按攷行禮之得失也。

小喪，賜謚。小喪，卿大夫也。【疏】「小喪賜謚」者，賈疏云：「大史雖賜之謚，不讀，使小史讀之，故《小史職》云『卿大夫之喪，賜謚讀誄』。彼注云：『其讀誄，亦以大史賜謚爲節，事相成。』其卿大夫將作謚之時，其子請於君，君親爲之制謚。謚成，使大史將往賜之，小史至遣之日往，爲讀之。知義然者，見《禮記·檀弓》云：『公叔文子卒，其子戍請謚於君曰：「日月有時，將葬矣，請所以易其名者。」君曰：「昔者夫子脩其班制，以與四鄰交，衛國之社稷，不辱，不亦文乎。」』是其事也，明禮亦當然。其諸侯之法，按《曾子問》云：『賤不誄貴，幼不誄長。諸侯相誄，非禮。』春秋之世，卑謚於尊，不得如禮。按《曲禮》：『言謚曰類。』以其象聘問之禮，見天子乃使大史賜之謚，小史不讀之，以其諸侯自有史。若然，此直言小喪賜之謚，則三公諸侯亦在焉。」惠士奇云：「大史賜謚曰小喪，小史賜謚曰卿大夫之喪，則小喪指諸侯可知也。」案：惠說以此小喪指諸侯，與賈兼三公諸侯言者略同，並校鄭爲長。凡王子弟之爲内諸侯者，其謚亦大史賜之。《公羊》桓十八年，何注云：「禮，諸侯薨，天子謚之，卿大夫受謚於君。」《穀梁》范注義同。《白虎通義·謚》篇云：「諸侯薨，世子赴告於天子，天子遣大夫會其葬而謚之。」《通典·凶禮》引《五經通義》説同。《曾子問》云：「諸侯相誄，非禮也。」鄭彼注云：「禮當言謚於天子也。天子乃使大史賜之謚。」則鄭亦謂大史賜諸侯謚矣。《春秋釋例·弔贈葬例》云：「《周禮》，太史氏掌喪事，考其德行而賜之謚。及周之衰，天子不能帥禮，則臣子亦自奉謚，皆因葬而成其禮。」杜亦以此賜謚爲賜諸侯謚，但以上文「凡喪事攷焉」爲考德行以賜謚，則與經義不合耳。　注云「小喪，卿大夫也」者，據《小史》云「卿大夫之喪賜謚讀誄」，對王喪爲大喪也。不云士者，士無謚也。然鄭此説，不及賈、惠以爲三公諸侯喪之允。《宰夫》：「大喪小喪掌小官之戒令，帥執事而治之；三公六卿之喪，與職喪帥官有司而治之；及諸大夫之喪，使其旅帥有司而治之。」《小祝》「掌大喪勸防之事」等，云「小喪亦如之」，又云「凡卿大夫之喪掌事」。以彼二經證之，則小喪非卿大夫之喪明矣。《宰夫》注云：「大喪，王、后、世子也。小喪，夫人以下。」《小祝》疏又以小喪爲王后、世子以下之喪。知此小喪非后、夫人、世子者，后、夫人、世子不得有謚。《白虎通義·謚》篇云：「夫人無謚者何？無爵故無謚。或曰：夫人有謚。夫人一國之母，修閨門之内，則羣下亦化之，故設謚以彰其善惡。」又云：「太子無謚。《士冠經》曰：『天子之元子猶士也。』士無謚，知太子亦無謚也。」《通典·凶禮》引《五經通義》云：「婦人以隨從爲義，夫貴於朝，婦貴於室，故得蒙夫之謚。」又云：「夫人無爵故無謚。」案：《五經通義》説是也。《左》昭十五年傳載，景王穆后崩，有謚。魯夫人亦有謚者，《晉書·禮志》引服虔、杜預、胡訥、王彪之説，竝以爲非禮。《白虎通》後一説謂夫人有謚，非也。

凡射事，飾中，舍筭，執其禮事。

舍讀曰釋。鄭司農云：「中，所以盛筭也。」玄謂設筭於中，以待射時而取之，中則釋之。《鄉射禮》曰：「君國中射則皮豎中，於郊則閭中，於竟則虎中。大夫兕中，士鹿中。」天子之中，未聞。【疏】「凡射事」者，賈疏云：「則大射、賓射、燕射之等，皆使大史爲此三事。」云「飾中」者，《封人》注云：「飾謂刷治絜清之也。」云「舍筭」者，筭，《釋文》作算，葉鈔本仍作筭。案《説文·竹部》云：「筭，長六寸，所以計厤數者。算，數也。」射筭即射籌，所以計獲者，字當從筭爲正。《男巫》「無筭」，字借筭爲算，則此更不當作算，今本

《釋文》誤。賈疏云：「舍筭者，射有三番，第一番三耦射，不釋筭；第二第三番射乃釋筭。」云「執其禮事」者，賈疏云：「大史主禮者，天子諸侯射，先行燕禮，後乃射。其中禮事，皆大史掌之。」　注云「舍讀曰釋」者，《甸祝》注讀同，詳《大胥》疏。鄭司農云「中，所以盛筭也」者，《大射儀》云：「賓之弓矢與中、籌、豐，皆止於西堂下。」注云：「中，筭器也。籌，筭也。」又《鄉射記》云：「鹿中，髤，前足跪，鑿背，容八筭。釋獲者奉之，先首。」又云：「箭籌八十，長尺有握，握素。」注云：「箭，篠也。」《投壺禮》亦有中。孔疏云：「中之形，刻木爲之，狀如兕鹿而伏，背上立圓圈以盛筭。」聶氏《三禮圖》引《舊圖》云：「士之中，長尺二寸，首高七寸，背上四寸，穿之容筭，長尺二寸。」聶氏云：「《鄉射禮》『長尺有握』。握，四指也。一指一寸，是尺四寸也。」案：聶説是也。《投壺》云「筭長尺二寸」，與射筭不同。《舊圖》專據《投壺》，説未晐。云「玄謂設筭於中，以待射時而取之，中則釋之」者，賈疏云：「按《鄉射》、《大射》，筭皆於中西，設八筭於中內，偶升將射，大史取中之八筭執之，待射中則更設於中，待第二耦射，第三耦已下皆然。」詒讓案：《大射儀》云「大史釋獲，小臣師執中，先首，坐設之，東面，退，大史實入筭於中」；又云「釋獲者命小史，小史命獲者」；又云「獻釋獲者於其位」。胡匡衷云：「大史於射禮主釋筭，故《大射經》又謂之釋獲者。」互詳《射人》疏。引《鄉射禮》曰「君國中射則皮豎中，於郊則閭中，於竟則虎中，大夫兕中，士鹿中」者，竝《鄉射記》文。豎，彼作「樹」，此依今文《禮經》也。彼注云：「國中，城中也。謂燕射也。皮樹，獸名。今文皮樹爲繁豎。於郊，謂大射也。大射於大學。《王制》曰『大學在郊』。閭，獸名，如驢一角，或曰如驢岐蹄。《周書》曰『北唐以閭』。於竟，謂與鄰國君射也。士，謂小國之州長也。」案：虎兕鹿中，竝謂象其形爲之。《三禮圖》引張鎰《禮圖》云：「皮樹，人面獸形。」云「天子之中未聞」者，以《鄉射記》無天子射中之文。

小史掌邦國之志，奠繫世，辨昭穆。若有事，則詔王之忌諱。鄭司農云：「志謂記也，《春秋傳》所謂《周志》，《國語》所謂《鄭書》之屬是也。史官主書，故韓宣子聘於魯，觀書大史氏。繫世，謂帝繫、世本之屬是也。小史主定之，瞽矇諷誦之。先王死日爲忌，名爲諱。」故書奠爲帝，杜子春云：「帝當爲奠，奠讀爲定，書帝亦或爲奠。」玄謂王有事祈祭於其廟。【疏】「掌邦國之志」

者，謂掌王國及畿内侯國之史記，別於外史掌四方之志爲畿外侯國之志也。賈疏謂邦國連言，專據諸侯國内所有紀録之事，失之。云「奠繫世，辨昭穆」者，《釋文》云：「昭或作佋。」阮元云：「《小宗伯》『辨廟祧之昭穆』，葉鈔《釋文》作佋。《周禮》古文經當竝作佋，因注中作昭，遂據以改經也。此是古文假借字。佋即《説文·卩部》之卲字也。凡從卩字有書作㔾者。」案：阮説是也。《説文·人部》云：「佋，廟佋穆，父爲佋，南面，子爲穆，北面。」是昭穆正字當作佋。昭佋皆同聲叚借字。賈疏云：「帝繫、世本之中，皆有昭穆親疏，故須辨之。」云「若有事則詔王之忌諱」者，賈疏云：「謂在廟中有祈祭之事，小史告王以先王之忌諱也。」　注「鄭司農云志謂記也」者，《外史》注義同。又《保章氏》注云：「志，古文識。識，記也。」《廣雅·釋詁》云：「記、志，識也。」《吕氏春秋·貴當》篇高注云：「志，古記也。」《國語·楚語》云：「教之故志，使知廢興者而戒懼焉。」韋注云：「故志，謂所記前世成敗之書。」《孟子·滕文公》篇云「且志曰，喪祭從先祖」，趙注云：「志，記也。」亦引此經，與先鄭義同。云「《春秋傳》所謂《周志》，《國語》所謂《鄭書》之屬是也」者，證邦國之志。《左》文二年傳，晉狼瞫曰：「《周志》有之：勇則害上，不登於明堂。」杜注云：「《周志》，周書也。」案：今《逸周書·大匡》篇有此文。《國語》所謂《鄭書》，檢今本《國語》未見，惟《左》襄三十年、❶昭二十八年傳，兩引《鄭書》，杜注云「鄭國史書」，疑先鄭誤記爲《國語》也。《周志》即王國之史，明鄭意邦國不專指侯國矣。云「史官主書，故韓宣子聘于魯，觀書大史氏」者，于，注例當作「於」，各本並誤。宣子，晉韓起謚。《左》昭二年傳，晉侯使韓宣子來聘，觀書於大史氏，見《易》、《象》與《魯春秋》。孔疏云：「氏猶家也。就其所司之處，觀其書也。」案：鄭引此者，明小史即大史之屬，同官府，小史所掌書，即藏於大史之府也。此經掌書之官有四：此官掌邦國之志，蓋所藏者多當代典章，韓起以《易》、《象》、《春秋》爲周禮亦是也。外史掌四方之志及三皇五帝之書，則兼藏古書，二官蓋互相備。又御史爲柱下史，天府掌祖廟之守藏，二官亦並掌藏書。周代文籍司存略具是矣。其它典法圖版之屬藏於百官府者，則不可悉數也。云「繫世謂帝繫、世本之屬是也」者，詳《瞽矇》疏。云「小史主定之」者，先鄭依杜説訓奠爲定也。《國語·魯語》云：「工史書世。」案：奠繫世者，謂正氏族譜牒之籍，即《大傳》所謂「繫之以姓而弗

❶ 原「年」上衍「八」，據《左傳》删。

別」也。小史掌定其屬籍，故《國語・晉語》云「智果別族於太史爲輔氏」是也。云「瞽矇諷誦之」者，賈疏云：「案《瞽矇職》云『掌諷誦詩，世奠繫，鼓琴瑟』是也。」云「先王死日爲忌」者，《祭義》云：「忌日必哀。」《檀弓》云「忌日不樂」，注云「謂死日」。又「忌日不用舉吉事」，注云「忌日，親亡之日；不用舉他事，如有時日之禁也」。《穀梁》昭七年，范注云：「忌日，死者之日月耳。」鄭襄云：「傳稱子卯不樂，謂之疾日。先儒以爲甲子、乙卯。誠如是，自宜以日辰爲忌，遇之而感耳。」黄以周云：「古人親亡之日，忌支辰，非忌一二之定日，人君之忌子卯，其顯證也。且月值其辰皆忌，非止一年止忌一日。《喪大記》曰：『大夫士之喪，以練而歸，朔月忌日，則歸哭於宗室。』亦其明證也。」案：鄭、黄說是也。《王制》注云：「惡忌日，若子卯。」是先王忌日外，又忌子卯矣。云「名爲諱」者，《說文・言部》云：「諱，誋也。」《祭義》云：「稱諱如見親。」《曲禮》云「卒哭乃諱」，注云：「敬鬼神之名也。諱，辟也。」《檀弓》云：「既卒哭，宰夫執木鐸以命于宮曰：舍故而諱新。」注云：「故，謂高祖之父當遷者也。《易說》帝乙曰：『《易》之帝乙爲成湯，《書》之帝乙六世王。』天之錫命，疏可同名。」依彼注義，此先王之諱，亦謂四親廟之王，其六世以上則不諱也。又《王制》云：「大史典禮，執簡記，奉諱惡。」注云：「諱，先王名。惡，忌日。」彼以奉諱惡屬大史者，小史即大史之屬官，長屬通職，故《大戴禮記・保傅》篇、《賈子新書・傅職》篇，竝云「不知先王之諱與國之大忌，凡此，其屬大史之任也」。云「故書奠爲帝，杜子春云帝當爲奠，奠讀爲定，書帝亦或爲奠」者，《瞽矇》注義同，詳《司市》疏。《大傳》後鄭注引此經作「定繫世」，即從杜讀也。云「玄謂王有事祈祭於其廟」者，以下別言大祭祀，明此有事非謂六享之祭乃有事祈禱於其廟也。

大祭祀，讀禮灋，史以書敍昭穆之俎簋。 讀禮法者，大史與羣執事。史，此小史也。言讀禮法者，小史敍俎簋以爲節。故書簋或爲几。鄭司農云：「几讀爲軌，書亦或爲簋，古文也。大祭祀，小史主敍其昭穆，以其主定繫世。祭祀，史主敍其昭穆，次其俎簋，故齊景公疾，欲誅於祝史。」玄謂俎簋，牲與黍稷，以書次之，校比之。【疏】「大祭祀」者，賈疏云：「此言敍昭穆之俎簋，則非外神耳。則大祭祀，惟謂祭宗廟三年一祫之時，有尸主，兼序昭穆俎簋也。」詒讓案：當亦兼大禘言之。　注云「讀禮法者，大史與羣執事」者，此亦注用今字作「法」也。賈疏云：「《大史職》云：『大祭祀，戒及宿之日，與羣執事讀禮書而協事。』彼云禮書，即此禮法也。」云「史，此小史也」者，以大史小史得通稱史，此經先言讀禮法，而後言史以書敍昭穆之俎簋，故知史非大史，即此小史也。云「言讀禮法者，小史敍俎簋以爲節」者，敍，注例用今字當作「序」，下同，各本並誤，詳《小宰》疏。賈疏云：「謂大史讀法之時，小史則敍昭穆及俎簋，當依禮法之節校比之，使不差錯。」云「故書簋或爲几」者，段玉裁校改几爲九，云：「簋字古音同九，其古文作軌，軌古音亦同九也。《公食大夫禮》『宰夫設黍稷六簋』，注：『古文簋皆爲軌。』蓋古文字少，假借車徹之字爲之。若《周禮》故書作九，則更古矣。今本注九譌作几，非其聲類。」徐養原亦從九，云：「几字古在脂微韻，簋九並在尤幽韻，其音不同。」案：段、徐校是也。故書蓋有三本，正本作簋，或本作九，又作軌。全經六篇，簠簋字恒見，惟此古文義異，故二鄭並不從九。今本作「几」者，形近而譌。惟《說文》舊本簋字，古文作𠥩，云「从匚飢」。飢與几聲類同。段校改爲「从匚食九」，則其譌捏正與此注同矣。鄭司農云「几讀爲軌，書亦或爲簋，古文也」者，段玉裁校改爲「九讀爲軌，書亦或爲軌，簋古文也」，云：「大鄭易九爲軌者，依《儀禮》古文，且《周禮》書亦或爲軌也。云簋古文者，謂此軌字乃簋之古文也。不徑易九爲軌者，簋，小篆也。其不徑從故書作九何？漢時經典古籍，如《儀禮》、《周易·損卦》皆用軌爲簋，用九字者絶少也。今本脱一軌字，不可讀。」又云：「《說文·竹部》古文簋字凡三：曰𠥩，曰匭，曰朹。其不數九、軌，何也？《說文》所說者，小篆、古文之別也。《禮經》所用者，古文之假借也。」案：段校亦是也。凡注云書亦或爲某者，皆或作之字，正與所讀同，故云「亦」以徵成其說。先鄭既不讀九爲簋，則不當云書亦或爲簋明矣。先鄭本經文蓋亦從簋，故下注直云俎簋。而又兼從作軌之本者，以其與《公食禮》古文合也。若或本作九，則文太簡古，學者或不得其解，故改讀爲軌而又釋之云「簋古文」，明簋固是正字，而軌亦古文叚借，非譌文也。云「大祭祀小史主敍其昭穆，以其主定繫世」者，先鄭以昭穆即繫世之事，故小史主定繫世，并使敍祭祀之昭穆也。云「祭祀，史主敍其昭穆，次其俎簋，故齊景公疾，欲誅於祝史」者，證祝史主祭祀俎簋之事。賈疏云：「事在昭二十年《左氏傳》。彼傳云：『公有疾，語晏子曰：據與款謂寡人能事鬼神，故欲誅於祝史。』是其事也。」云「玄謂俎簋，牲與黍稷」者，俎所以載牲體，簋所以盛黍稷，故云牲與黍稷。俎簋，詳《膳夫》及《掌客》疏。云「以書次之，校比之」者，《鄉師》注云：「敍猶次也。」校比，謂攷校比次其位處。

大喪、大賓客、大會同、大軍旅，佐大史。凡國事之用禮灋者，掌其小事。【疏】「大喪、大賓客、大會同、大軍旅佐大史」者，凡大史所掌禮法之事，小史皆佐助之，《小宰》所謂「大事則從其長」。云「凡國事之用禮灋者，掌其小事」者，小事之用禮法者，則此官專治之，不佐大史，《小宰》所謂「小事則專達」也。卿大夫之喪，賜謚讀誄。其讀誄亦以大史賜謚爲節，事相成。【疏】「卿大夫之喪，賜謚讀誄」者，此不及士者，士賤，無賜謚讀誄之事也。《士冠禮記》云：「死而謚，非古也。古者生無爵，死無謚。」鄭彼注云：「今，謂周衰，記之時也。古謂殷之士，生不爲爵，死不爲謚。周制，以士爲爵，死猶不爲謚耳，下大夫也。今記之時，士死則謚之，非也。謚之，由魯莊公始也。」《檀弓》説魯莊公誄縣賁父卜國事云：「士之有誄，自此始也。」注云：「周雖以士爲爵，猶無謚也。殷大夫以上爲爵。」《郊特牲》注説亦同。是周禮士無謚誄之事。又案：《既夕禮》「主人之史讀賵，公史讀遣」。胡匡衷謂公史即小史，讀遣與此讀誄事異，而讀書同，故皆小史掌之。

注云「其讀誄亦以大史賜謚爲節，事相成」者，賈疏云：「按《大史》云『小喪賜謚』，注云：『小喪，卿大夫之喪。』注取此文。彼不云讀誄，今此云『卿大夫之喪賜謚讀誄』，賜謚是大史之事，非小史，但小史於大史賜謚之時，須誄列生時行迹而讀之。謚法依誄爲之，故云事相成。」案：鄭、賈意卿大夫之喪，大史賜謚，小史則讀誄，二官爲聯事。今依惠士奇説，《大史》「小喪」專指諸侯，則卿大夫之喪，當此官賜謚并讀誄，非大史所掌。注疏説未塙。

馮相氏掌十有二歲、十有二月、十有二辰、十日、二十有八星之位，辨其敘事，以會天位。歲，謂大歲。歲星與日同次之月，斗所建之辰。《樂説》説歲星與日常應大歲月建以見，然則今曆大歲非此也。歲日月辰星宿之位，謂方面所在。辨其序事，謂若仲春辨秩東作，仲夏辨秩南譌，仲秋辨秩西成，仲冬辨在朔易。會天位者，合此歲日月辰星宿五者，以爲時事之候，若今曆日大歲在某月某日某甲朔日直某也。《國語》曰：「王合位于三五。」《孝經説》曰：「故勑以天期四時，節有晚早，趣勉趣時，無失天位。」皆由此術云。【疏】「掌十有二歲、十有二月、十有二辰、十日、二十有八星之位」者，此以歲月辰日星宿五者辨其敘事，下文又以致日月辨四時之敘合之，即《左》昭七年傳，❶士文伯説六物曰歲、時、日、月、星、辰是也。《萿蔟氏》注云：「日謂從甲至癸，辰謂從子至亥，月謂從娵至荼，歲謂從攝提格至赤奮若，星謂從角至軫。」案：此星辰與《大宗伯》及《保章氏》星爲五星、辰爲日月所會異。二十八星即二十八宿。凡十二月日月所躔，及昏旦中星，咸以此爲紀。《史記・律書》説二十八舍，東壁、營室、危、虚、須女、牽牛、建星、箕、尾、心、房、氐、亢、角、軫、翼、七星、張、注、弧、狼、罰、參、濁、留、胃、婁、奎，此古蓋天術，與《淮南子・天文訓》、《漢書・律厤志》《三統厤》二十八宿不同。以《輈人》「熊旗象伐，弧旌象弧」之文證之，則此經二十八星，當從史遷説，詳《輈人》疏。云「辨其敘事以會天位」者，辨，唐石經誤「辯」，今據宋婺州本及嘉靖本正。敘事謂次序四時之事，與《大史》義同。賈疏云：「謂五者皆與人爲候之，以爲事業次敘，而事得分辨，故云辨其序事也。會天位者，五者在天會合而爲候也。」　注云「歲謂大歲」者，《保章氏》注及《乙巳占・分野》篇引馬融注並同。《論衡・讕時篇》云：「審論歲月之神，歲則大歲也。」《詩・大雅・小弁》孔疏引服虔《左傳注》云：「歲，歲星之神也。左行於地，十二歲而一周。」《爾雅・釋天》云：「太歲在寅曰攝提格，在卯曰單閼，在辰曰執徐，在巳曰大荒落，在午曰敦牂，在未曰協洽，在申曰涒灘，在酉曰作噩，在戌曰閹茂，❷在亥曰大淵獻，在子曰困敦，在丑曰赤奮若。」即所謂十有二歲也。賈疏云：「此大歲在地，與天上歲星相應而行。歲星爲陽，右行於天，一歲易一辰，又分前辰爲一百四十四分而侵一分，則一百四十四年跳一辰，十二辰帀，則摠有千七百二十八年，十二跳辰帀。以此而計之，十二歲一小周謂一年，移一辰故也。千七百二十八年一大周，十二跳帀故也。歲左行於地，一與歲星跳辰年歲同。此則服虔注《春秋》龍度天門是也。以歲星本在東方謂之龍，以辰爲天門，故以歲星跳度爲龍度天門也。」云「歲星與日同次之月，斗所建之辰」者，《保章氏》注及《乙巳占》引馬注亦同。賈疏云：「以歲星爲陽，人之所見；大歲爲陰，人所不覩。既歲星與大歲雖右行左行不同，要行度不異，故舉歲星以表大歲。言歲星與日同次之月，一年之中，惟於一辰之上爲法。若元年甲子朔旦冬至，日月五星俱起於牽牛之初，是歲星與日同次之月，十一月斗建子，子有大歲。至後年歲星移向子上，十二月日月會於玄枵，十二月斗建丑，丑有

❶「七」原訛「八」，據《左傳》改。
❷「戌」原訛「戊」，據《爾雅》改。

大歲。自此以後皆然。」詒讓案：此命大歲所在之一法也。若大歲在寅，正月，日躔與歲星同在亥，其月斗建寅。大歲在卯，二月，日躔與歲星同在戌，斗建卯。大歲在辰，三月，日躔與歲星同在酉，斗建辰。大歲在巳，四月，日躔與歲星同在申，斗建巳。大歲在午，五月，日躔與歲星同在未，斗建午。大歲在未，六月，日躔與歲星同在午，斗建未。大歲在申，七月，日躔與歲星同在巳，斗建申。大歲在酉，八月，日躔與歲星同在辰，斗建酉。大歲在戌，九月，日躔與歲星同在卯，斗建戌。大歲在亥，十月，日躔與歲星同在寅，斗建亥。大歲在子，十一月，日躔與歲星同在丑，斗建子。大歲在丑，十二月，日躔與歲星同在子，斗建丑。皆以日與歲星同次之月，斗建某辰，則大歲亦在某辰。《唐書・厤志》載《大衍厤議》引《洪範傳》云：「厤記始於顓頊上元太始閼蒙攝提格之歲，畢陬之月，朔旦己巳立春，七曜俱在營室五度。」《淮南子・天文訓》云：「天一元始，正月建寅，日月俱入營室五度，天一以始建。」此謂《顓頊厤》厤元，甲寅年之正月立春，日月五星同度，同度之月斗建於寅，故卽命其歲爲甲寅。《漢書・天文志》云：「大歲在寅，歲星《大初厤》在營室東壁。」此大歲在寅，歲星在亥，卽以歲星與日同次之月命大歲也。云「《樂説》説歲星與日常應大歲月建以見」者，王引之删「與日」二字，云：「歲星與日同次之月，斗所建之辰，此大歲建辰之一法也，其月歲星與日同次而不見者也。《樂説》説歲星常應大歲月建以見，此大歲建辰之又一法也，其月歲星與日隔次而晨見者也。而鄭引《樂説》以證歲星與日同次之月，斗所建之辰，則是誤合爲一矣。《開元占經・歲星占》篇引《樂動聲儀》曰：『角音和調，則歲星常應大歲，月建以見。』此鄭所謂《樂説》也。《史記・天官書》曰：『攝提格歲，歲陰左行在寅，歲星右轉居丑，以正月與斗、牽牛晨出東方，色蒼蒼有光。』此《樂説》所謂歲星常應太歲月建以見也。正月，日在亥宮，歲星在丑宮，與日隔子宮，則非與日同次之月。同次則歲星在日前，不能晨見。今上云『同次』，下云『見』，殆失之矣。蓋隔次晨見之法，《太初》以後，久不承用，故言太歲者，但知星日同次之法而已。又案：太歲建辰有二法，而鄭釋太歲但言歲星與日同次之月斗所建之辰者，據《漢書・天文志》《太初數》之太歲，但應歲星與日同次之月，而不應隔次晨見之月。《三統數》本於《太初》，其太歲亦當與之同。鄭君通《三統數》，故所言太歲但應歲星與日同次之月也。其實太歲建辰尚有應歲星晨見之月之法。《漢志》所載甘石二家，太歲在寅，歲星正月出，及《史記・天官書》歲陰在寅，歲星以正月與斗、牽牛晨出東方，皆以寅年應寅月，則太歲之應歲星晨見之月，具有明證。或問曰：『歲星與日常應太歲月建以見，安知非夕見西方乎？』曰：古法歲星應太歲，皆以晨出東方之月，無言夕出西方者。偏攷《漢志》、《續漢志》及晉、宋、後魏、隋、唐諸志，金水二星有夕見西方之法，而木火土無之，故知《樂說》所云，指晨見而言也。晨見之法，歲星去日一次有餘，星見之時，日猶未出，不得言『與日』也。『與日』二字蓋因上句『歲星與日同次』而衍，當依《樂動聲儀》删正。」案：王說是也。《史記・天官書》云：「攝提格歲，歲陰左行在寅，歲星右轉居丑。正月，與斗、牽牛晨出東方。」此謂寅年正月，日躔在亥，歲星在丑，與日隔子宮而晨見，其月斗建寅，故大歲應之而在寅也。又云：「單閼歲，歲陰在卯，星居子，以二月與婺女、虚、危晨出。執徐歲，歲陰在辰，星居亥，以三月與營室、東壁晨出。大荒駱歲，歲陰在巳，星居戌，以四月與奎、婁、胃、昴晨出。敦牂歲，歲陰在午，星居酉，以五月與胃、昴、畢晨出。叶洽歲，歲陰在未，星居申，以六月與觜觿、參晨出。涒灘歲，歲陰在申，星居未，以七月與東井、輿鬼晨出。作鄂歲，歲陰在酉，星居午，以八月與柳、七星、張晨出。閹茂歲，歲陰在戌，星居巳，以九月與翼、軫晨出。大淵獻歲，歲陰在亥，星居辰，以十月與角、亢晨出。困敦歲，歲陰在子，星居卯，以十一月與氐、房、心晨出。赤奮若歲，歲陰在丑，星居寅，以十二月與尾、箕晨出。」此並以歲星與日躔隔一宮晨見，其月斗建所在命大歲之法也。云「然則今曆大歲非此也」者，賈疏云：「以今曆大歲歲比晨，❶大歲無跳辰之義，非此經大歲者也。」王引之云：「謂東漢《四分術》大歲不應歲星。」云「歲日月辰星宿之位，謂方面所在」者，位猶方也。謂五物雖有行留伏見，不出四宮十二次之方位。《鶡冠子・泰鴻》篇云：「日信出信入，南北有極，度之稽也。月信死信生，進退有常，數之稽也。列星不亂其行，代而不干，位之稽也。」云「辨其序事，謂若仲春辨秩東作，仲夏辨秩南譌，仲秋辨秩西成，仲冬辨在朔易」者，序，舊本作「敘」，今據明監本正。凡注例用今字作「序」，詳《小宰》疏。辨秩，宋婺州本並作「辯秩」，字通。仲春辨秩東作以下，並書《堯典》文。賈疏云：「按《尚書》皆作『平秩』，不爲『辨秩』。今皆云辨秩，據《書傳》而言，辨其平也。」案「南譌」《釋文》作「南僞」，今本《尚書》作「南訛」。段玉裁云：「疏云辨秩據《書傳》，非也。古辨平通用。鄭之《古文尚書》自作辨耳，非必

❶「比」，《周禮注疏》及楚本作「北」。

用《尚書大傳》也。《尚書大傳》『仲冬辨在伏物』，此作『朔易』，則非從《書傳》可知也。依《釋文》、《羣經音辨》、《集韻・八戈》此注作『南僞』，僞，五和反。葉鈔宋本《釋文》可據。通志堂本作『譌』，非也。」案：段說是也。《史記・五帝本紀》索隱引《大傳》作「辯秩東作」，又作「便在伏物」，二文不同，疑有一誤。南譌，《漢書・王莽傳》亦作「南僞」，與《釋文》本同。僞孔傳云：「秩，序也。歲起於東而始就耕，謂之東作。東方之官平均次序東作之事，以務農也。訛，化也。掌夏之官平秩南方化育之事。秋，西方萬物成，平序其政，助成物。易謂歲改易於北方，平均在察其政，以順天常。」孔疏謂鄭以作爲生，然則鄭釋辨秩之義，或與僞孔同，故此注亦引證辨其敍事之義。云「會天位者，合此歲日月辰星宿五者，以爲時事之候」者，《爾雅・釋詁》云：「會，合也。」謂推歲日月辰星宿五者所在次度，合而課之，以推時之早晚，爲行事之候，若後世推步家所爲。《大戴禮記・曾子天圓》篇云：「聖人慎守日月之數，以察星辰之行，以序四時之順逆，謂之厤。」《月令》注云：「人君南面而聽天下，視時候以授民事。」並其義也。云「若今曆日大歲在某月某日某甲朔日直某也」者，「大歲在」下，當重「某」字，今本捝。某甲謂日辰也。孔廣森云：「直某者，謂建除之屬。《王莽傳》曰『十一月壬子直建』，又曰『戊辰直定』。引《國語》曰「王合位于三五」者，《周語》伶州鳩曰：「昔武王伐殷，歲在鶉火，月在天駟，日在析木之津，辰在斗柄，星在天黿。星與日辰之位皆在北維，顓頊之所建也，帝嚳受之。我姬氏出自天黿，及析木者，有建星及牽牛焉，則我皇妣太姜之姪，伯陵之後，逢公之所馮神也。歲之所在，則我有周之分野也；月之所在，辰馬，農祥也，我太祖后稷之所經緯也。王欲合是五位三所而用之。」韋注云：「王，武王也。五位，歲月日星辰也。三所，逢公所馮神，周分野，后稷所經緯也。」《詩・大雅・大明》孔疏云：「歲月日辰星五者各有位，謂之五位。星日辰在北，歲在南，月在東，居三處，故言三所。」又駁韋云：「案其文云『星與日辰之位皆在北維』。歲之所在，月之所在，言五位三所，謂五物在三處，當以此五在爲三所，不得以所字充之。若必以所字充之，則周之分野不言所也。又正合五位，則五物皆助。若三所唯數逢公，則日之與辰不助周矣。韋昭之言非也。」案：《周語》五位三所之說，孔氏爲長。彼五位歲月日與此同，而辰爲日月所會，星爲五緯之水星，則與此星辰不同。鄭引之者，《爾雅・釋詁》云：「會，合也。」彼云合位，與此經「會天位」義正同，故以況義也。又引《孝經說》者，蓋《孝經緯》

文，今無可攷。引之者，亦證經以會天位之事。勑以天期，謂因天期以勑戒人事。勑，敕之借字，詳《大宰》疏。云「皆由此術云」者，謂《周語》及《孝經緯》所云，並合五位以爲時事之候，與馮相會天位術同。

冬夏致日，春秋致月，以辨四時之敍。冬至，日在牽牛，景丈三尺；夏至，日在東井，景尺五寸：此長短之極。極則氣至，冬無愆陽，夏無伏陰。春分日在婁，秋分日在角，而月弦於牽牛、東井，亦以其景知氣至不。春秋冬夏氣皆至，則是四時之敍正矣。

【疏】「冬夏致日，春秋致月」者，卽《典瑞》土圭以致四時日月之法。彼注云：「度其景至不至，以知其行得失也。」《書・堯典》中夏云「敬致」，亦羲和夏致日之事。云「以辨四時之敍」者，辨，唐石經亦誤「辯」，今據宋本、嘉靖本正。

注云「冬至日在牽牛，景丈三尺，夏至日在東井，景尺五寸，此長短之極」者，據《大司徒》，土中立八尺之表，冬夏致日之景而言。冬夏至爲日道南北發斂之極，故表景亦長短之極也。《淮南子・天文訓》云：「日冬至，八尺之脩，日中而景丈三尺；日夏至，八尺之景，脩徑尺五寸。」《漢書・天文志》云：「黃道北至東井，去北極近；南至牽牛，去北極遠；東至角，西至婁，去極中。夏至至於東井，北近極，故晷短；立八尺之表，而晷景長尺五寸八分。冬至至於牽牛，遠極，故晷長；立八尺之表，而晷景長丈三尺一寸四分。春秋分日至婁、角，去極中，而晷中；立八尺之表，而晷景長七尺三寸六分。此日去極遠近之差，晷景長短之制也。」案《漢志》，夏至景長尺五寸，冬至景長丈三尺，皆有餘分。蓋依劉向《洪範五行傳》說。與《大司徒》說夏至景文小異，故鄭不據也。賈疏云：「按《易緯・通卦驗》云：『冬至日，置八神，樹八尺之表，日中視其影，如度者歲美人和，晷不如度者歲惡人僞，言政令爲之不平。』注：『神讀如引。言八引者，樹杙於地，四維四中，引繩以正之，故因名之曰引。立表者，先正方面，於視日審矣。』『晷進則水，晷退則旱。進尺二寸則月食，退尺則日食。』注云：『晷進，謂長於度，日之行黃道外，則晷長，晷長者陰勝，故水。晷短於度者，日之行入進黃道內，故晷短，晷短者陽勝，是以旱。進尺二寸則月食者，月以十二爲數，以勢言之，宜爲月食。退尺則日食者，日之數備於十，晷進爲盈，晷退爲縮。』『冬至晷長丈三尺。』注云『所立八尺之表，景長丈三尺，長之極』。彼雖不言夏至尺五寸景，以冬至景長丈三尺反之致夏，惟尺五寸景也。是以鄭注《考靈耀》云：『日之行，冬至之後，漸差向北；夏至之後，漸向南。

日差大分六，小分四。大分六者，分一寸爲十分。小分四者，分一分爲十分。一寸千里，則差六百四十里。』按《大司徒職》云：『日至之景，尺有五寸，謂之地中。』從夏至之後差之，至冬至，得丈三尺景。」案：《通卦驗》説，夏至晷景長一尺四寸八分，與此小異。賈謂《通卦驗》不言夏至晷景，誤。林喬蔭云：「《周髀》云：『凡爲日月運行之圓周，七衡而六間，以當六月節。六月爲百八十二日八分日之五。故日夏至在東井，極内衡；日冬至在牽牛，極外衡也。衡復更終冬至，故曰一歲三百六十五日四分日之一。一歲一内極，一外極。』衡者横也，謂横界之以定節氣，而爲日月出入所循之道，卽今時憲家所謂日行之黄道與赤道斜交，月行之白道又與黄道斜交者也。古未有黄赤道之名，故止謂之衡。極内衡者，七衡中之第一衡，夏至之日道也。次二衡爲大暑，次三衡爲處暑，次四衡爲秋分，次五衡爲霜降，次六衡爲小雪，終於極外之第七衡爲冬至。由是復自第七衡回次六衡，爲大寒，次五衡爲雨水，次四衡爲春分，次三衡爲穀雨，次二衡爲小滿，復至於極内之第一衡爲夏至。自極内至極外，是爲七衡；又自極外還於極内，是爲六閒：此一歲之日軌所歷也。其第四衡在七衡之中，卽是赤道。去南極北極遠近相等，故日出入於此爲春秋分，出以正卯，入以正酉，景居長短之中，而晝夜所行地上之度，與地下之度適均，以其位正，當天體之中也。春分之日軌，正當中衡。此後漸離而北，去極稍近，則景稍短；行地上之度漸多，故晝漸長；行地下之度漸少，故夜漸短。至於夏至，而日最北，去極最近，地上之度極多，地下之度極少，是以夏至之景最短，夜極短而晝極長。歷二衡、三衡，復當中衡，爲秋分。此後漸離而南，去極漸遠，則景稍長；行地上之度漸少，故晝漸短；行地下之度漸多，故夜漸長。至於冬至，而日最南，去極最近，地上之度極少，地下之度極多，是以冬至之景最長，夜極長而晝極短。復回而歷六衡、五衡，以至中衡，爲春分。向使日軌恒依中衡，則無寒暑進退，何以能生成萬物？而寒暑進退之由，則根於夏至之極内，與冬至之極外。極内極外，卽極南極北也。其相距皆二十四度。故曰冬至夏至者，日道發斂之所生。謂自冬至以後日皆斂北，夏至以後日皆發南，此致日之所以必於冬夏也。」案：林氏據《周髀》以釋此經是也。致日，互詳《大司徒》、《土方氏》疏。云「極則氣至，冬無愆陽，夏無伏陰」者，賈疏云：「愆陽伏陰，昭四年申豐辭。以其德政所致，而四時之景合度，故陰陽和也。」詒讓案：愆，《左》昭四年傳作「愆」。愆愆古今字。杜注云：「愆，過也，謂冬温。伏陰謂夏寒。」

云「春分日在婁，秋分日在角，而月弦於牽牛東井，亦以其景知氣至不」者，亦月景長短之極也。凡每月上下弦，爲月道南北發斂之極；而二分兩弦之月，正與二至日道相近，故致月必以是爲準極也。賈疏云：「按《通卦驗》云：『夫八卦氣驗常不在望，以八月八日不盡八日候諸卦氣。』注云：『八月八日不盡八日，陰氣得正而平。』以此而言，明致月景亦用此日矣。若然，春分日在婁，其月上弦在東井，圓於角，下弦於牽牛；秋分日在角，上弦於牽牛，圓於婁，下弦東井。故鄭并言月弦於牽牛、東井，不言圓望，義可知也。此以三月諸星復，若不在三月，則未到本位，大判皆以合昏星體在西而言。以其二月春分，婁星昏在西，秋分角星昏亦在西，以是推之皆可知。按《天文志》云：『月有九行者，黑道二出黃道北，赤道二出黃道南，白道二出黃道西，青道二出黃道東。立春、春分，月東從青道；立秋、秋分，西從白道；立冬、冬至，北從黑道；立夏、夏至，南從赤道。然用之，一決房中道。青赤出陽道，白黑出陰道。若月失節度而妄行，出陽道則旱風，出陰道則陰雨。』此云九行，則通數黃道也。進入黃道南，別謂之赤道。夏時月在黃道南，謂之赤道；進入黃道北，謂之黑道。東西自相對，春時月行黃道東，謂之青道；進入黃道西，謂之白道。秋時月在黃道西，謂之白道；進入黃道東，謂之青道。此皆不得其正，故曰出陽道則旱風，出陰道則陰雨。若在黃道，是其正，亦如日然。故《星備》云：『明王在上，則日月五星皆乘黃道。』又云：『《黃帝占》曰：天道有三，黃道者，日月五星所乘。』問曰：按鄭《駁異義》云，《三光考靈耀書》云『日道出于列宿之外，萬有餘里』。謂五星則差在其內，何得與日同乘黃道？又問曰：日何得在婁、角、牽牛、東井乎？荅曰：黃道數寬廣，雖差在內，猶不離黃道，或可以上下爲外內。又按《天文志》云：『春秋分，日在婁、角，去極中，而晷中；立八尺之表，而晷景長七尺三寸六分也。』若然，《通卦驗》云『春秋晷長七尺二寸四分』者，謂晷表有差移，故不同也。」林喬蔭云：「夫日所行之黃道與赤道斜交，而月所行之白道又與黃道斜交，則月所行之道，非即日所行之道，明矣。然一歲之中，春秋二分，黃道與赤道同度，並在中衡；而月之白道與日之黃道正交者，亦惟春秋二分與赤道同度，而在中衡。蓋日行黃道，以赤道爲中；而月行白道，則以黃道爲中。中衡者，日之中，亦月之中也。然月循白道行，其南之極在黃道南，不踰六度；其北之極在黃道北，亦不踰六度。其距赤道也，遠不過三十度，近不下十八度。正當黃道之處，謂之正交，出黃道外六度爲半交，復當黄道爲中交，入黄道内六度爲半交。其初交自黄道外而入内；其中交在對衡之所，必自内而出外；其初交自黄道内而出外，其中交在對衡之所，必自外而入内。内卽北，外卽南，自外而入内，月行之自南而北也，謂之陽厤。凡行二十七日有奇而交一終，每年爲十三交有奇。而致月必於春秋者，蓋以春秋二分，正當中衡，爲黄赤二道之交，月所行之度，卽日二至所行之度。春分之月，上弦於夏至之日道，下弦於冬至之日道，則其望必在秋分之日道可知。秋分之月，上弦於冬至之日道，下弦於夏至之日道，則其望必在春分之日道可知。以其黄道與赤道，白道與黄道，三者之度同也。夫既所行之度參值，則月之東出西没，其位亦必居卯酉之正，與日相等。或出没於卯酉之南，是知其在陽厤也；或出没於卯酉之北，是知其在陰厤也。且既月與日之度參值，則月之過午之度，亦必與日之度同。而或高於日過午之度，是又其在陰厤也；或卑於日過午之度，是又其在陽厤也。月行一月，與日相會，皆有陽厤、陰厤，故《周髀》云：『三十日十六分日之七，月一内極，一外極。』然其行陰陽厤也，有時而過乎外衡、内衡，有時而不及乎外衡、内衡。唯此二分之月，行陽厤者正當内衡之極，行陰厤者正當外衡之極，故致月必以春秋矣。」案：林説略本梅文鼎，而據《周髀》以釋此經之義，尤爲詳覈。梅氏又云：「凡冬夏至，表景既有土圭之定度，則月亦宜然。而今測月景，每有不齊，則交道可知。假如春分日在婁，而月上弦於東井，秋分日在角，而月下弦於東井，則是月所行者，夏至日道也，其午景宜與土圭等。又如春分日在婁，而月下弦於牽牛，秋分日在角，而月上弦於牽牛，則是月行冬至日道也，其午景宜與土圭所度冬至長景等。而徵之所測，或等焉，或不等焉。其等於定度者，必月交黄道之度也；其短於定度者，必月在日道之北而爲陰厤也；其長於定度者，必月在日道之南而爲陽厤也。是故兩弦亦可以測陰陽厤也。然則陰陽厤之變動若此，又何以正四時之敍？曰：日道之出入赤道也，距遠至廿四度，月道之出入黄道，最遠止六度。距廿四度，故景之進退也大，夏至尺五寸，冬至一丈三尺，相去懸絶。距止六度，故景之進退也小，陰厤陽厤之月景所差於日景者，不過尺許而已。假如月上下弦在東井，而景更短於土圭，其爲夏至之陰厤，更無可疑。卽使是陽厤而景長於土圭，其長不過尺許，無害其爲夏至之黄道也。又如月上下弦在牽牛，景加長於土圭所定之度，其爲冬至之陽厤，已成確據。卽使陽厤而景短於土圭所定之度，其短亦不過尺許，無損其爲冬至之日道也。夫兩弦之月道既在二至之度，則日躔必在二分而四敍不忒，故舉兩弦立說，亦足以明也。」云「春秋冬夏氣皆至，則是四時之敍正矣」者，敍，亦當作「序」。此釋經以辨四時之敍，謂二分二至之日晷景長短，適與術應，是四時之氣已至，則時敍得其正，不差忒也。

保章氏掌天星，以志星辰日月之變動，以觀天下之遷，辨其吉凶。志，古文識，識，記也。星謂五星。辰，日月所會。五星有贏縮圜角，日有薄食暈珥，月有虧盈朓側匿之變。七者右行列舍，天下禍福變移所在皆見焉。

【疏】「掌天星」者，此謂掌占恒星。《漢書・天文志》所謂中外官凡百七十八名，積數七百八十三，是其略也。云「以志星辰日月之變動」者，以日月五星十二舍躔次所直，而察其變動之占。賈疏云：「上馮相氏掌日月星辰不變依常度者，此官掌日月星辰變動，與常不同，以見吉凶之事。」

注云「志古文識，識，記也」者，《禮運》注云：「志謂識古文。」段玉裁云：「此亦謂古文假借，非謂志卽識字也。《小史》、《外史》注『志，記也』。不言古文識者，互見。後世志書字則皆假借。」案：段說是也。亦詳《小史》疏。志者，謂測其變動，而記注之於策，以推其吉凶所應也。云「星謂五星辰日月所會」者，《大宗伯》注義同。知此星辰與馮相氏異者，二十八星十二辰無變動故也。云「五星有贏縮圜角」者，賈疏云：「按《天文志》云：『歲星所在，國不可伐，可以伐人。超舍而前爲贏，退舍爲縮。凡五星早出爲贏，贏爲客；晚出爲縮，縮爲主人。古人有言曰：「天下大平，五星循度，亡有逆行，日不蝕朔，月不蝕望。」』云圜角者，《星備》云：『五星更王相休廢，其色不同。王則光芒，相則內實，休則光芒無角，不動摇，廢則少光。色順四時，其國皆當也。』又云：『立春，歲星王七十二日，其色有白光，角芒，土王三月十八日，其色黃而大，休則圓，廢則內虛。立夏，熒惑王七十二日，色赤角芒，土王六月十八日，其色黃而大。立秋，大白王七十二日，光芒無角，土王九月十八日，其色黃而大。立冬，辰星王七十二日，其色白芒角，土王十二月十八日，其色黃而大。星當王相，不芒角，其邦大弱，强國取地，大弱失國亡土也。』」詒讓案：五星贏縮者，謂行度有進退也。圜角者，謂光芒有侈斂也。《開元占經・五星占》篇引《七曜》云：「超舍而前，過其所當舍之宿以上一舍、二舍、三舍，謂之贏；退舍而下一舍、二舍、三舍，謂之縮。」又《易萌氣樞》云：「大進曰贏，大退曰縮。」又引《巫咸》云：「光一尺以内爲角。歲星七寸以上謂之角。」《史記・天官書》云：「五星色白圜，爲喪旱；赤圜則中不平，爲兵；青圜爲憂水；黑圜爲疾，多死；黄圜則吉。赤角犯我城，黄角地之争，白角哭泣之聲，青角有兵憂，黑角則水。」云「日有薄食暈珥」者，《釋文》暈作運，云「本又作煇，又作暈」。案：暈俗字，正字當從煇，運同聲叚借字，詳《大卜》及《眡祲》疏。《漢書・五行志》引京房《易傳》云：「凡日食不以晦朔者，名曰薄。日月雖不同宿，陰氣盛，薄日光也。」又《史記・天官書》集解引孟康云：「日月無光曰薄。」又引京房《易傳》云：「日赤黄爲薄，或曰不交而蝕曰薄。」又引韋昭云：「氣往迫之爲薄，虧毁爲蝕。」暈珥，亦詳《眡祲》疏。云「月有虧盈朓側匿之變」者，賈疏云：「按《尚書五行傳》云：『晦而月見西方謂之朓，朔而月見東方謂之側匿。側匿則侯王其肅，朓則侯王其舒。』」案：《漢書・五行志》文與賈引《洪範五行傳》同，惟「側匿」作「仄慝」，云：「劉向以爲朓者疾也，君舒緩則臣驕慢，故日行遲而月行疾也。仄慝者，不進之意，君肅急則臣恐懼，故日行疾而月行遲，不敢迫近君也。」顔注引孟康云：「朓者，月行疾在日前，故早見。仄慝者，行遲在日後，當没而更見。」云「七者右行列舍」者，七者謂日月五星，列舍謂二十八宿。卽日月所會，總爲十二辰之次，七政右轉，皆循十二次以行。鄭言此者，明星日月皆有變動，唯辰無變動，以七政所見爲變動也。云「天下禍福變移所在皆見焉」者，《廣雅・釋言》云：「遷，移也。」謂禍福所降無定，隨天象爲遷移也。

以星土辨九州之地，所封封域，皆有分星，以觀妖祥。 星土，星所主土也。封猶界也。鄭司農説星土以《春秋傳》曰「參爲晉星」、「商主大火」，《國語》曰「歲之所在，則我有周之分野」之屬是也。玄謂大界則曰九州。州中諸國中之封域，於星亦有分焉。其書亡矣。堪輿雖有郡國所入度，非古數也。今其存可言者，十二次之分也。星紀，吴越也；玄枵，齊也；娵訾，衛也；降婁，魯也；大梁，趙也；實沈，晉也；鶉首，秦也；鶉火，周也；鶉尾，楚也；壽星，鄭也；大火，宋也；析木，燕也。此分野之妖祥，主用客星彗孛之氣爲象。【疏】「以星土辨九州之地，所封封域皆有分星」者，占十二星土也。此星謂二十八星，與五星異。辨，《漢書・地理志敍》引作「辯」，字通。《乙巳占・分野》篇引馬融注云：「辨，别也。」賈疏云：「此經論北斗及二十八宿所主九州及諸國封域之妖祥所在之事。九州之地，據北斗而言；所封封域，據二十八星而說。」云「以觀妖祥」者，《眡祲》注云「妖祥，善惡之徵」是也。謂以分星之變動，占其地之妖祥。《漢書・五行志》引劉歆說云：「凡日所躔而有變，則分野之國失政者受之。人君能修政，共御厥罰，則災消而福至，不能則災息而禍生。」亦以星土占妖祥之事也。　注云「星土，星所主土也」者，《乙巳占》引馬注云：「星土者，星所主土地也。」鄭義本馬說。《王制》孔疏引《元命包》云：「王者封國，上應列宿之位。」注云：「若角、亢爲鄭，房、心爲宋之比。」又《御覽・天部》引《春秋感精符》云：「地爲山川，山川之精，上爲星辰，各應其州域分野，爲作精神符驗也。」云「封猶界也」者，《小爾雅・廣詁》云：「封，界也。」《大司馬》「制畿封國」，注云：「封謂立封於疆爲界。」故界卽謂之封也。《乙巳占》引馬注亦云：「封，界也，封域一國也。」云「鄭司農說星土以《春秋傳》曰，參爲晉星，商主大火」者，《左》昭元年傳云：「鄭子産曰：『昔高辛氏有二子，伯曰閼伯，季曰實沈，居于曠林，不相能也。后帝不臧，遷閼伯於商丘，主辰，商人是因，故辰爲商星。遷實沈于大夏，主參，唐人是因。及成王滅唐，而封大叔焉，故參爲晉星。』」又襄九年傳云：「陶唐氏之火正閼伯居商丘，祀大火，而火紀時焉。相土因之，故商主大火。」大火卽辰星。此文與昭元年傳同。以十二次分野校之，參爲晉星，與實沈爲晉合；商主大火，與大火爲宋合，故先鄭引以爲證。《乙巳占・分野》篇引馬注云：「傳曰參主晉，商主大火也。」亦據《左傳》爲說。云「《國語》曰，歲之所在，則我有周之分野之屬是也」者，《周語》伶州鳩曰：「昔武王伐殷，歲在鶉火，歲之所在，則我有周之分野。」韋注云：「鶉火，周分野也。」先鄭引此諸文，證星土卽分星也。所舉不備，故後鄭復詳舉十二次所主之國也。云「玄謂大界則曰九州」者，賈疏云：「此解經九州之地。按《春秋緯文耀鉤》云：『布度定記，分州繫象。華岐以北，龍門、積石，西至三危之野，雍州，屬魁星。大行以東，至碣石、王屋、砥柱，冀州，屬璇星。三河、雷澤，東至海岱以北，兗州、青州，屬機星。蒙山以東，至羽山，南至江、會稽、震澤，徐揚之州，屬權星。大别以東，至雲澤、九江、衡山，荆州，屬衡星。荆山西南至岷山，北距鳥鼠，梁州，屬開星。外方、熊耳以東至泗水、陪尾，豫州，屬摇星。此九州屬北斗。星有七，州有九，但兗青、徐揚並屬二州，故七星主九州也。』周之九州差之義亦可知。」案：賈引《文耀鉤》說北斗主九州，今本文多捝誤，今並據《開元占經・石氏中官占》所引補正。又《史記・天官書》云：「天則有列宿，地則有州域。二十八舍主十二州，斗秉兼之。」又云：

「角、亢、氐，兖州；房、心，豫州；尾、箕，幽州；斗，江、湖；牽牛、婺女，揚州；虚、危，青州；營室至東壁，并州；奎、婁、胃，❶徐州；昴、畢，冀州；觜觿、參，益州；東井、輿鬼，雍州；柳、七星、張，三河；翼、軫，荆州。」《漢天文志》文亦同。此别以二十八星分配諸州。其云「斗秉兼之」者，或即如《文耀鉤》所説矣。云「州中諸國中之封域，於星亦有分焉」者，孔繼汾云：「國下衍『中』字。《大司徒》『土宜』疏引此注，亦無中字。」案：孔校是也。謂九州中諸國之封域，亦各有所當之星，下十二次分星等，則其略也。云「其書亡矣」者，謂古天官家言星土之書，漢時已亡也。云「堪輿雖有郡國所入度，非古數也」者，《史記·日者列傳》説，孝武帝時，聚會占家，有堪輿家。《漢書·藝文志》，五行家有《堪輿金匱》十四卷，顔注引許慎云：「堪，天道。輿，地道也。」又《揚雄傳》注引張晏云：「堪輿，天地總名也。」《占夢》疏引《鄭志》亦有《堪輿》黄帝問天老之説是也。其書蓋有漢時郡國所入度。《晉書·天文志》「州郡躔次」下載陳卓、范蠡、鬼谷先生、張良、諸葛亮、譙周、京房、張衡説，於十二次中，又詳著當州郡國所入度，若角、亢、氐，鄭、兖州則東郡入角一度，東平、任城、山陽入角六度之類，蓋即堪輿家之遺説。其所舉郡國，並據漢制，故鄭云非古數也。云「今其存可言者，十二次之分也」者，《續漢書·律麻志》劉注引蔡氏《月令章句》云：「周天三百六十五度四分度之一，分爲十二次，日月之所躔也。地有十二分，王侯之所國也。每次三十度三十二分之十四。」案：鄭意十二次分星數，與《左氏》、《國語》各書所説合，蓋古數之僅存者，故據以爲説。但十二次所主之國，有趙、秦、鄭諸國，亦非周初所有，則仍非保章之故法。十二次，即星紀至析木是也。云「星紀吴越也」者，《乙巳占·分野》篇引馬注亦云：「分星自斗十二度，謂之星紀之次，吴越之分野之類也。」《爾雅·釋天》云：「星紀，斗、牽牛也。」郭注云：「牽牛、斗者，日月五星之所終始，故謂之星紀。」《乙巳占·分野》篇云：「斗、牛，吴越之分野。自斗十二度，至女七度，於辰在丑，爲星紀。星紀者，言其統紀萬物十二月之位，萬物之所終始，故曰星紀。」《左》昭三十二年傳「越得歲」，服、杜注並謂「歲在星紀，吴越分」，説與此同。以下十二次分野之説，《淮南子·天文訓》、《漢書·天文志》劉歆説《春秋》日食分野，荀悦《漢紀》、《越絶書·軍氣》篇、《吕氏春秋·十二紀》高注、《續漢·律麻志》注引《月令章句》、《郡國志》注引皇

❶「婁胃」原倒，據《史記·天官書》、《漢書·天文志》乙。

甫謐《帝王世紀》、《乙巳占》引《石氏星經》、費直《周易》分野、未央分野，《晉天文志》引陳卓等説，《開元占經》，並略同。惟費直、未央、蔡邕、皇甫謐所分星次度數，與李占互有異同，今不備校。云「玄枵齊也」者，《爾雅・釋天》云：「玄枵，虚也。」郭注云：「虚在正北，北方黑色。枵之言耗，亦虚意。」《乙巳占》云：「女、虚，齊之分野，自女八度，至危十五度，於辰在子，爲玄枵也。玄者黑也，北方之色。枵者秏也。十一月之時，陽氣在下，陰氣在上，萬物幽死，未有生者，天地空虚，故曰玄枵。」《左》昭十年傳，裨竈曰：「今茲歲在顓頊之虚，姜氏、任氏實守其地。」杜注云：「顓頊之虚謂玄枵。姜，齊姓；任，薛姓。齊薛二國守玄枵之地。」又《晏子春秋・諫上》篇云：「景公之時，熒惑守于虚。晏子曰：虚，齊野也。」玄枵一名天黿，《國語・周語》云「星在天黿」，韋注云：「天黿，次名，一曰玄枵也。」云「娵訾，衛也」者，《續漢・郡國志》注引《帝王世紀》云：「豕韋之次，一名娵訾。」《爾雅・釋天》云：「娵觜之口，營室東壁也。」郭注云：「營室東壁，星四方似口，因名云。」《乙巳占》云：「危、室、壁，衛之分野，自危十六度，至奎四度，于辰在亥，爲娵訾。娵訾者，言歎貌也。十月之時，陰氣始盛，陽氣伏藏，萬物失養育之氣，故曰哀愁而歎悲，娵于無陽。」《左》昭十七年傳，梓慎曰：「衛，顓頊之虚，其星爲大水。」杜注云：「衛星營室，營室，水也。」云「降婁，魯也」者，《爾雅・釋天》云：「降婁，奎婁也。」郭注云：「奎爲溝瀆，故名降。」《乙巳占》云：「奎婁，魯之分野，自奎五度，至胃六度，於辰在戌，爲降婁。降，下也；婁，曲也。陰生於午，與陽俱行，至八月，陽遂下，九月《剥卦》用事，陽將剥盡，陰在上，萬物枯落，捲縮而死，故曰降婁。」《左》昭七年傳：「夏四月，日有食之。士文伯曰：去衛地，如魯地，於是有災，魯實受之。」杜注云：「衛地，豕韋也。魯地，降婁也。日食於豕韋之末，及降婁之始乃息。周四月，今二月，故日在降婁。」云「大梁，趙也」者，《爾雅・釋天》云：「大梁，昴也。」《乙巳占》云：「胃、昴，趙之分野，自胃七度，至畢十一度，於辰在酉，爲大梁。梁，强也。八月之時，白露始降，萬物於是堅成而强大，故曰大梁。」《淮南・天文訓》云「胃、昴、畢，魏」，蓋所聞之異。云「實沈，晉也」者，《乙巳占》云：「畢、觜、參，晉魏之分野，自畢十二度，至井十五度，於辰在申，爲實沈。言七月之時，萬物極盛，陰氣沈重，降實萬物，故曰實沈。」《國語・晉語》，董因云：「實沈之墟，晉人是居。」《淮南・天文訓》云「觜、嶲、參，趙」，《越絶書・軍氣》云「晉，觜也，趙，參也」，亦所聞之異。云「鶉首，秦也」者，《乙巳占》

云：「井、鬼，秦之分野，自井十六度，至柳八度，於辰在未，爲鶉首。南方七宿，其形象鳥，以井爲冠，以柳爲口。鶉，鳥也，首，頭也，故曰鶉首。」云「鶉火，周也」者，《爾雅・釋天》云：「柳，鶉火也。」郭注云：「鶉，鳥名。火屬南方。」《乙巳占》云：「柳、七星、張，周之分野，自柳九度，至張十六度，於辰在午，爲鶉火。南方爲火。言五月之時，陽氣始隆，火星昏中，在七星朱鳥之處，故曰鶉火。」《國語》伶州鳩説亦同。云「鶉尾，楚也」者，《乙巳占》云：「翼、軫，楚之分野，自張十七度，至軫十一度，於辰在巳，爲鶉尾。南方朱鳥七宿，以軫爲尾，故曰鶉尾。」《左》襄二十八年傳云：「歲在星紀，而淫於玄枵。裨竈云：歲棄其次，而旅於明年之次，以害鳥帑，周、楚惡之。」杜注云：「歲星棄星紀之次，客在玄枵。歲星所在，其國有福。失次於北，禍衝在南。南爲朱鳥，鳥尾曰帑。鶉火、鶉尾，周、楚之分。」云「壽星，鄭也」者，《爾雅・釋天》云：「壽星，角、亢也。」郭注云：「數起角、亢，列宿之長，故曰壽。」《乙巳占》云：「角、亢，鄭之分野，自軫十二度，至氐四度，於辰在辰，爲壽星。三月之時，萬物建於地，春氣布養，各盡其性，不罹天夭，故曰壽星。」云「大火，宋也」者，《爾雅・釋天》云：「大辰，房、心、尾也。大火謂之大辰。」郭注云：「大火，心也。在中，最明，故時候主焉。」《乙巳占》云：「氐、房、心，宋之分野，自氐五度，至尾九度，於辰在卯，爲大火。東方爲木，心星在卯，火在木心，故曰大火。」《左》襄二十八年傳云：「梓慎曰：龍，宋、鄭之星也。」杜注云：「東方房、心爲宋，角、亢爲鄭，故以龍爲宋、鄭之星。」又昭十七年傳云：「梓慎曰：宋，大辰之虚也。」杜注云：「大辰，大火，宋分野。」《吕氏春秋・制樂》篇云：「宋景公之時，熒惑在心。子韋曰：心者，宋之分野也。」云「析木，燕也」者，《爾雅・釋天》云：「析木之津，箕、斗之閒，漢津也。」郭注云：「箕，龍尾。斗，南斗。天漢之津梁。」《乙巳占》云：「尾、箕，燕之分野，自尾十度，至斗十一度，於辰在寅，爲析木。尾，東方木宿之末；斗，北方水宿之初。次在其閒，隔別水木，故曰析木。」云「此分野之妖祥，主用客星彗孛之氣爲象」者，賈疏云：「按《公羊傳》昭十七年：『冬，有星孛于大辰。孛者何？彗星也。』何休云：『孛彗者，邪亂之氣，掃故置新之象。』《左氏》申繻曰：『彗所以除舊布新。』如是彗孛一也。時爲宋、衛、陳、鄭栽。《天文志》彗長丈二。言用客星者，彗非位，奔實而入他辰者也。」案：賈説非也。客星，謂非恒星而忽見者，與彗孛不同。《開元占經・客星占》引《黄帝占》云：「客星者，周伯、老子、王蓬絮、國皇、温星，凡五星，皆客星也。行諸列舍十二國分野各在其所出之邦所宿守之，以占吉凶。」又《彗星占》引文穎《漢書注》云：「孛彗星占略同。其形象小異，孛芒短，其光四出，蓬蓬孛孛也。彗見，其芒長，寒寒如埽彗。」又《爾雅・釋天》云：「彗星爲欃槍。」郭注云：「亦謂之孛，言其形孛孛似埽彗。」《釋名・釋天》云：「彗星，光梢似彗也。孛星，星旁氣孛孛然也。」《晉書・天文志》云：「偏指曰彗，芒氣四出曰孛。」然則通言之彗與孛同，析言之則彗孛形狀小異，故《晏子春秋・諫上》篇謂「茀甚於彗」，茀即孛也。又云：「列舍無次，變星有芒，熒惑回逆，孽星在旁。」客星彗孛，即所謂變星孽星也。鄭意分土妖祥之占，並以變星等爲論。若《黄帝占》，以客星分野所在占吉凶，又《晏子春秋・外篇》云「彗星出其所向之國，君當之」是也。**以十有二歲之相，觀天下之妖祥。**歲謂大歲。歲星與日同次之月，斗所建之辰也。歲星爲陽，右行於天，大歲爲陰，左行於地，十二歲而小周。其妖祥之占，《甘氏歲星經》，其遺象也。鄭司農云：「大歲所在，歲星所居。《春秋傳》曰『越得歲而吴伐之，必受其凶』之屬是也。」【疏】「以十有二歲之相」者，占歲星也。古占五緯，以歲星爲吉，熒惑爲凶。相即馮相氏之相。《敍官》注云：「相，視也。」謂其可相視而占者，即前注云「贏縮圜角」，及所行次舍是也。　注云「歲謂大歲，歲星與日同次之月，斗所建之辰也」者，詳《馮相氏》疏。云「歲星爲陽，右行於天，大歲爲陰，左行於地」者，若《史記・天官書》云「攝提格歲，歲陰左行在寅，歲星右轉居丑；單閼歲，歲陰在卯，星居子」之類。蓋歲星今年在丑，則明年在子，所謂右行也。大歲今年在寅，則明年在卯，所謂左行也。《淮南子・天文訓》云：「太陰在寅，名曰攝提格，其雄爲歲星，舍斗、牽牛。」❶《開元占經・歲星》篇引許慎注云：「歲星在天爲雄，太歲在地爲太陰。歲星爲陽，故謂之雄；太歲爲陰，故又曰太陰也。」至《爾雅・釋天》以「太歲在甲曰閼逢」等爲歲陽，則以十日對十二辰爲陰陽。又《五行大義》云：「大陰者，太歲之陰神。」則即今陰陽家之歲后，在大歲後，二神亦謂之大陰，與歲星爲陽、大歲爲陰並異。云「十二歲而小周」者，《開元占經・歲星占》引《石氏》云：「歲星，木之精也。歲行一次，十二年一周天，與太歲相應，故曰歲星。」又引《洪範五行傳》云：「歲星以上元甲

❶「舍斗牽牛」，原訛作「合斗牽斗止」，據《淮南子・天文訓》改。

子歲十一月甲子朔日冬至夜半甲子時，與日月五星俱起于牛前五度，順二十八宿右行，十二歲而一周天。」又引《河圖洛書》云：「歲星日行十二分度之一，十二歲而周天。」《漢書・律麻志》載《三統麻》云：「木金相乘爲十二，是爲小周。小周乘《巛》策，爲千七百二十八，是爲歲星歲數。」❶又云：「天以一生水，地以二生火，天以三生木，地以四生金，天以五生土。五勝相乘，以生小周，以乘《乾》《坤》之策，而得大周。」然則鄭云十二歲小周者，對一千七百二十八歲爲大周也。云「其妖祥之占，《甘氏歲星經》其遺象也」者，《史記・天官書》云：「昔之傳天數者，在齊甘公。」又云「甘、石麻五星法」。《集解》引徐廣云：「甘公名德，魯人。」張氏《正義》引《七録》云「楚人，戰國時作《天文星占》八卷。」案：《漢書・藝文志》云：「六國時楚有甘公。」《史記・張耳傳》索隱引劉歆《七略》云「字逢」。葛洪《抱朴子・辨問》篇又作甘均。古書所言互異，未知孰是。《藝文志》有《甘德長柳占夢》十一卷，而《歲星經》不著録，惟《天文志》有《甘氏經》之説。《説文・女部》亦引《甘氏星經》，説大白爲上公。《歲星經》殆即《星經》之《歲星》篇，《七録》《天文星占》亦其遺説也。王引之云：「《甘氏》十二歲之占，亦用隔次晨見之法。《開元占經・歲星占》篇引《甘氏》，曰『攝提格之歲，攝提在寅，歲星在丑，以正月與建星、牽牛、婺女晨出於東方』是也。正月，日在亥宮，歲星在丑宮，中隔子宮，與所謂星日同次者迥異。《漢書・天文志》曰：『大歲在寅，歲星正月晨出東方，《石氏》在斗、牽牛，《甘氏》在建星、婺女。』此與日隔次而晨見之法也。又曰『《大初麻》在營室、東壁』，此與日同次之法也。鄭注舉星日同次之法，以明大歲，而乃證以隔次晨見之《甘氏歲星經》，則不相符合矣。」案：王説是也。鄭司農云「大歲所在，歲星所居」者，明經云十有二歲，兼大歲歲星二者言之也。賈疏云：「亦欲見推大歲之處。云歲星所居，亦是歲星與日同次之月也；大歲所在，亦是斗所建之辰，下有大歲也。」云「《春秋傳》曰，越得歲而吴伐之，必受其凶之屬是也」者，《左》昭三十二年傳：「夏，吴伐越。史墨曰：不及四十年，越其有吴乎！越得歲而吴伐之，必受其凶。」杜注云：「此年歲在星紀。星紀，吴、越之分也。歲星所在，其國有福。吴先用兵，而反受其殃。」賈疏云：「按昭十三年，蔡復之歲，歲在大梁，至昭三十二年，正應在析木。而越得

❶「爲千七百二十八是爲歲星歲數」，原脱「千七百」及下「歲」，據《漢書・律麻志》補。

歲者，按彼服注，歲星在星紀，吴、越之分野。蔡復之歲，歲在大梁，距此十九年。昭十五年，有事於武宫之歲，龍度天門。龍，歲星也。天門在戌，是歲越過，故使今年越得歲。龍，東方宿，天德之貴神，其所在之國，兵必昌；向之以兵，則凶。吴越同次，吴先舉兵，故凶也。或歲星在越分中，故云得歲。史墨知不及四十年越有吴者，以其歲星十二年一周天，存亡之數不過三紀。三者，天地人之數，故歲星三周星紀至玄枵。哀二十二年越滅吴，至此三十八年。鄭君之義則不然，故《春秋志》云：『五星之期各用數，有氣者期遠而禍大，無氣者期近而禍小。吴伐越以夏，周之孟夏建卯，仲夏建辰，木用事之時。木數三，木用事則歲星王，當從遠期，以三乘十二，爲三十六。歲星復其所，而三十七過其次，而歲星去吴，故伐越亦後。至哀二十二年，積三十八年，冬十一月丁亥而越滅吴。按越興在哀二十年，吴惡未周，故不滅也。』此鄭義與服小異大同也。按《括地象》『天不足於西北』，則西爲天門。昭十五年，歲星正應在鶉首，越一次當在鶉火，是以昭三十二年得在星紀。若然，天門不在戌者，但龍度天門，正應在五月，日體在鶉首，與歲星同次，日没於戌，歲星亦應没，由度戌至酉上見而不没，故云龍度天門。」**以五雲之物，辨吉凶、水旱降豐荒之祲象。**物，色也。視日旁雲氣之色。降，下也，知水旱所下之國。鄭司農云：「以二至二分觀雲色，青爲蟲，白爲喪，赤爲兵荒，黑爲水，黄爲豐。故《春秋傳》曰：『凡分至啓閉，必書雲物，爲備故也。』故曰凡此五物，以詔救政。」【疏】「以五雲之物，辨吉凶水旱降豐荒之祲象」者，占雲氣也。辨吉凶，與觀妖祥義同。賈疏云：「水旱降豐荒者，水旱降爲荒，凶也。風雨降爲豐，吉也。」　注云「物，色也」者，《犬人》注同。經云五雲之物，即五雲之色也。凡物各有形色，故天之雲色，地之土色，牲之毛色，通謂之物。云「視日旁雲氣之色」者，《史記·天官書》云：「王朔所候，決於日旁。日旁雲氣，人主象。皆如其形以占。」《漢書·藝文志》有《漢日旁氣行事占驗》十三卷。又《功臣表》引成帝時光禄大夫滑堪《日旁占驗》，鄭即本王朔、滑堪術也。賈疏云：「以其《視祲職》十者皆視日旁雲氣之色，此云祲象，故知所視五雲亦視日旁雲氣之色也。」云「降，下也」者，《眡祲》注同。云「知水旱所下之國」者，賈疏云：「以其云降，明據日旁雲氣，則知當十二辰之分野所下之國有豐荒也。」鄭司農云「以二至二分觀雲色」者，據《左傳》義。先鄭亦訓物爲色，與後鄭同。云「青爲蟲，白爲喪，赤爲兵荒，黑爲水，黄爲豐」者，皆謂雲色所主。賈疏謂蓋據陰陽書。今案：先鄭此説，疑據漢時望氣家言。《御覽・咎徵部》引《三輔舊事》云：「漢作靈臺，以四孟之月，登臺而觀，黄氣爲疾病，赤氣爲兵，黑氣爲水也。」其赤黑之占，與先鄭説同，惟云「黄爲疾病」，則異。又無青白二占，疑《御覽》所引，文有挩誤也。又《易緯通卦驗》説冬至候雲術云：「其雲青者饑，赤者旱，黑者水，白者爲兵，黄者有土功。」❶亦與先鄭異。云「故《春秋傳》曰，凡分至啓閉，必書雲物，爲備故也」者，僖五年《左傳》云：「正月辛亥朔，日南至，公既視朔，遂登觀臺以望，而書，禮也。凡分至啓閉，必書雲物，爲備故也。」杜注云：「分，春秋分也。至，冬夏至也。啓，立春立夏。閉，立秋立冬。雲物，氣色災變也。素察妖祥，逆爲之備。」先鄭引之者，證分至觀雲物之事。杜釋雲物爲氣色，亦與二鄭義同。《御覽・天部》引服虔云：「雲，五雲也。物，風、氣、日、月、星、辰也。」服亦據此經而釋物，義與此經異。云「故曰凡此五物，以詔救政」者，先鄭以下文「詔救政」，與《左傳》「爲備」義同，故舉以互證，非謂五物即五雲之物也。

以十有二風，察天地之和，命乖别之妖祥。十有二辰皆有風，吹其律以知和不，其道亡矣。《春秋》襄十八年，楚師伐鄭，師曠曰：「吾驟歌北風，又歌南風，南風不競，多死聲，楚必無功。」是時楚師多凍，其命乖别審矣。【疏】「以十有二風察天地之和命乖别之妖祥」者，占風角也。《説文・丫部》云：「𠀠，戾也。从丫而𠔁，𠔁古文别。」《八部》云：「𠔁，分也。从重八。《孝經説》云：『故上下有别。』」《刀部》云：「别，分解也。」案：乖即𠀠之隸變。别𠔁字同。乖别即不和也。惠士奇云：「天地之和者，《尸子》所謂大平祥風也。其風春爲發生，夏爲長嬴，秋爲收成，冬爲安寧，四時和爲通正，此之爲景風，亦曰永風。反是爲乖别。」賈疏云：「此一經欲見十二辰順律氣，以知妖祥之事。」注云「十有二辰皆有風」者，賈疏云：「鄭知十二風是十二辰氣爲風者，師曠云歌北風、南風，皆據十二辰之氣爲風，故知風即氣也。」按《考異郵》曰：『陽立于五，極于九，五九四十五日一變風，以陰合陽，故八卦主八風，距同，各四十五日。《艮》爲條風，《震》爲明庶風，《巽》爲清明風，《離》爲景風，《坤》爲涼風，《兑》爲閶闔風，《乾》爲不周風，《坎》爲廣莫風。』按《通卦驗》云：『冬至，廣莫風。十二月大寒、小寒，皆不云風。至立春，條風。至雨水，猛風。至二月驚蟄，不見風。至春分，明庶風。至清明，雷鳴雨下，清明風。至玄鳥來，穀雨，不見風。立夏，

❶「土」原訛「上」，據楚本改。

清明風。至小滿，不見風。五月芒種，不見風。夏至，景風。至小暑、大暑，不見風。立秋，涼風。至處暑，不見風；白露，不見風。秋分，昌盍風。至寒露、霜降，皆不見風。立冬，不周風。至小雪、大雪，皆不見風。』如是無十二風，何云十二月皆有風乎？按《通卦驗》云：『三月、六月、九月、十二月皆不見風，惟有八以當八卦。八節云十二月者，則《乾》之風漸九月，《坤》之風漸八月，《艮》之風漸十二月，《巽》之風漸三月。』故清明節次云清明風，立夏復云清明風，是清明風主三月復主四月，則其餘四維之風主兩月可知。雨水猛風與條風俱在正月，則猛風非八卦之風亦可知之。」案：《淮南子·天文訓》說八風，條風、明庶風、清明風、景風、涼風、閶闔風、不周風、廣莫風，風各主四十五日。《白虎通義·八風》篇說同。《史記·律書》云：「不周風居西北，東壁居不周風東，而東之至於營室、危，十月也，律中應鍾，其於十二子爲亥。廣莫風居北方，東至於虛、須女，十一月也，律中黄鍾，其於十二子爲子。東至於牽牛、建星，十二月也，律中大吕，其於十二子爲丑。條風居東北，南至於箕，正月也，律中泰蔟，其於十二子爲寅。南至於尾、心、房。明庶風居東方，二月也，律中夾鍾，其於十二子爲卯。南至於氐、亢、角，三月也，律中姑洗，其於十二子爲辰。清明風居東南維，而西之軫，西至於翼，四月也，律中中吕，其於十二子爲巳。西至於七星、張、注，五月也，律中蕤賓。景風居南方，其於十二子爲午，西至於弧、狼。涼風居西南維，六月也，律中林鍾，其於十二子爲未。北至於罰、參，七月也，律中夷則，其於十二子爲申。北至於濁、留，八月也，律中南吕，其於十二子爲酉。閶闔風居西方，北至於胃、婁、奎，九月也，律中無射，其於十二子爲戌。」按《淮南書》及《史記》所說八風，名與緯同。惟據《淮南》說，則每風主四十五日。《通卦驗》以廣莫風主冬至、大寒、小寒，條風主立春、雨水、驚蟄，以下並一風主三氣，與《淮南》說正合。其清明風自主立夏、小滿、芒種三氣。若清明節之清明風，與彼文同而實異。賈疏誤據彼謂清明主三月，復主四月，又謂四維之風並主兩月，非也。至《律書》以八風分主十二月，則與諸書又不同。其法以不周風主十月，廣莫風主十一月、十二月，條風主正月，明庶風主二月、三月，清明風主四月、五月，景風於十二子爲午，無主月，涼風主六月、七月、八月，閶闔風主九月。不周風及條風、閶闔風，皆主一月，廣莫風、明庶風、清明風皆主兩月，涼風主三月，景風無所主，分配參互，未詳其說。《吕氏春秋·有始覽》亦有八方之風，而名復與諸書不同。要之此經十二風即十二辰之風，當應十二律。其與八風異同之説，抑可存而不論矣。云「吹其律以知和不」者，《吕氏春秋·音律》篇云：「大聖至理之世，天地之氣合而生風，日至則月鍾其風，以生十二律。」此十二辰風即十二律之氣，若《大師》注所云者，故必吹十二律，以聽風之和與乖别也。云「其道亡矣」者，漢時有風角之占，以風來之時與方占吉凶，而無吹律占風之法，是其道亡也。云「《春秋》襄十八年，楚師伐鄭，師曠曰，吾驟歌北風，又歌南風，南風不競，多死聲，楚必無功，是時楚師多凍」者，《左傳》文及服注，並詳《大師》疏。云「其命乖别審矣」者，謂其知南風不競，即命乖别之事。

凡此五物者，以詔救政，訪序事。 訪，謀也。見其象則當豫爲之備，以詔王救其政，且謀今歲天時占相所宜，次序其事。

【疏】「凡此五物者」者，五物猶云五事，與上文五雲之物義異。一、天星，二、星土，三、十二歲，四、五雲，五、十二風，此五者即保章氏占驗之官法也。云「訪序事」者，阮元云：「序當作敍。」案：詳《大史》疏。

注「訪，謀也」者，《爾雅·釋詁》文。《毛詩·周頌·訪落》敍云：「嗣王謀於廟也。」《國語·楚語》云「教之令使訪物官」，韋注云：「訪，議也。物，事也。使議知百官之事業。」謀議義亦略同。云「見其象則當豫爲之備，以詔王救其政」者，《史記·天官書》云：「凡天變過度乃占。國君彊大有德者昌，弱小飾詐者亡。太上脩德，其次脩政，其次脩救，其次脩禳，正下無之。」案：此詔救政，蓋兼脩德、脩政、脩救言之。又《管子·四時》篇云：「聖王日食則修德，月食則修刑，彗星見則修和，風與日争明則修生。」亦救政之事也。云「且謀今歲天時占相所宜，次序其事」者，賈疏云：「謂事未至者，預告王，訪謀今年天時占相所宜，次序其事，使不失所也。」

周禮正義卷五十二

内史

内史掌王之八枋之灋，以詔王治。一曰爵，二曰禄，三曰廢，四曰置，五曰殺，六曰生，七曰予，八曰奪。大宰既以詔王，内史又居中貳之。【疏】「掌王之八枋之灋」者，枋，《釋文》作柄，云「本又作枋」。案：《大宰職》亦作柄。《説文·木部》云：「枋，木可作車。」與柄義别。古音方聲丙聲同部，故柄或借枋爲之。八枋並王所執持以爲治，此官奉以爲官法，與大宰、司會、司士爲官聯也。《大宰》八柄之次，爵禄之外，三予、四置、五生、六奪、七廢、八誅。與此敍次不同者，彼自一爵至五生，並爲賞之事；自六奪至八誅，並爲罰之事。此則自廢置以下，皆以賞罰自相對爲文，義各有當也。云「五曰殺」者，此殺即《大宰》之誅，誅殺義同。《大宰》注訓誅爲責讓，與此經義不合。賈疏遂謂大宰有誅無殺，此有殺無誅者，誅與殺相因，欲見爲過不止則殺之，尤誤。注云「大宰既以詔王，内史又居中貳之」者，《大宰》云「以八柄詔王馭羣臣」，是大宰已以此詔王，内史復居中贊助教告，爲大宰之副貳。居中，謂居宫中。凡皋門以内，通爲宫中，省文則曰中，猶《酒正》注云「給事中」。内史官府蓋在内，故以爲稱。大宰職尊而居宫外，此官職卑而居宫中，互相副貳以詔王治也。執國灋及國令之貳，以攷政事，以逆會計。國法，六典、八法、八則。【疏】「執國灋及國令之貳」者，與小宰、司會、大史爲官聯也。賈疏云：「以内史掌爵禄殺生之事，故執國法及國令之貳者。國法，大宰掌其正。國令，謂若凡國之政令，故亦掌其貳。」詒讓案：國令者，先王及今王所施政令下畿内者，與外史掌外令内外相備。《國語·楚語》云「教之令」，韋注云：「令，先王之官法時令也。」《三略·下略》云：「出君下臣名曰命，施於竹帛名曰令。」國法與國令凡著於圖籍者，皆副在内史，故《吕氏春秋·先識》篇説，殷内史向摯載其圖法去之周，是殷周職掌略同。云「以攷政事，以逆會計」者，逆，亦謂迎受，詳《大史》疏。賈疏云：「因即句考其政事及會計，以知得失善惡而誅賞也。」注云「國法，六典、八法、八則」者，此亦注用今字作「法」也。以大史掌建此三者，以逆邦國、官府、都鄙之治，此官與彼爲聯事，明國法内亦通含此三者可知。典則通訓法，以所治異名，詳《大宰》

疏。**掌敘事之灋，受納訪以詔王聽治。**敘，六敘也。納訪，納謀於王也。六敘六曰以敘聽其情。【疏】注云「敘，六敘也」者，即《小宰》云「以官府之六敘正羣吏」，「二曰以敘作其事」。此敘事亦謂依百官府尊卑之次而作其職事，明與大史、馮相氏、保章氏敘事爲次序時事異也。敘，注例用今字當作「序」，此注今本並作「敘」，疑誤，詳《小宰》疏。云「納訪，納謀於王也」者，訪與《保章氏》「訪序事」義同。諸臣所謀議之事，內史則受而納之。此以臣下之言入告於王，下命諸侯孤卿大夫，又以王命出施於外，猶《書·舜典》納言之職，故《北堂書鈔·設官部》引《漢官解故》云「尚書，唐虞曰納言，周官爲內史」是也。云「六敘，六曰以敘聽其情」者，亦《小宰》文。引之者，證詔王聽治亦有敘也。**凡命諸侯及孤卿大夫，則策命之。**鄭司農說以《春秋傳》曰「王命內史興父策命晉侯爲侯伯」。策謂以簡策書王命。其文曰：「王謂叔父，敬服王命，以綏四國，糾逖王慝。」晉侯三辭，從命，受策以出。【疏】「凡命諸侯及孤卿大夫則策命之」者，掌受王命作策書，以頒爵位，與典命、司士爲官聯也。《大宗伯》云：「王命諸侯，則儐。」注云：「王將出命，假祖廟，立依前，南鄉。儐者進當命者延之，命使登，內史由王右以策命之。」即策命之儀。《書·洛誥》云：「王入太室祼，王命周公後，作册逸誥。」此即成王命尹逸策命魯公伯禽之事。尹逸蓋即爲內史，以其所掌職事言之則曰「作册」。其後世爲此官，故又稱尹氏，《詩·大雅·常武》云「王謂尹氏，命程伯休父」。毛傳云「尹士，掌命卿士」是也。《左傳》文二年服注、僖十五年杜注、《後漢書·班彪傳》、《國語·晉語》韋注、《大戴禮記·保傅》盧注，並以尹逸爲大史，非也。《覲禮》及《左》襄二十年傳，並以大史掌策命之事，疑內史大史亦通稱，詳《敘官》疏。凡命諸侯，大宗伯儐；命卿大夫士，小宗伯儐；其內史策命則同。又《左》襄十年傳，晉滅偪陽，使周內史選其族嗣納諸霍人。蓋以此官掌命諸侯，故并掌其族嗣之事也。賈疏云：「周法爵及士，餘文更不見命士之法，明士亦內史命之。不言者，以其賤，略之也。」注「鄭司農說以《春秋傳》曰，王命內史興父策命晉侯爲侯伯」者，《左》僖二十八年傳，周惠王命晉文公事。引之者，證內史主策命諸侯之事。興父彼作叔興父。杜注云：「以策書命晉侯爲伯也。《周禮》九命作伯。」云「策謂以簡策書王命」者，《說文·册部》云：「册，符命也。諸侯進受於王也。象其札一長一短，中有二編之形。」又《竹部》云：「策，馬箠也。」經典通叚策爲册。內史掌爲册命，《書》云「作册」是也。《聘禮記》云：「百名以上書于策，不及百名書于方。」彼注云：「策，簡也。」賈彼疏云：「簡謂據一片而言，策是編連之稱。鄭作《論語序》云：『《易》、《詩》、《書》、《禮》、《春秋》策，皆二尺四寸，《孝經》謙半之，《論語》八寸策者，三分居一，又謙焉。』是其策長短。鄭注《尚書》，三十字一簡之文。服虔注《左氏》云：『古文篆書一簡八字。』是一簡容字多少者。」《左傳》杜敍云：「大事書之於策，小事簡牘而已。」孔疏云：「蔡邕《獨斷》曰：策者簡也，其制長二尺，短者半之，其次一長一短，兩編下附。』單執一札謂之爲簡，連編諸簡乃名爲策。以其編簡爲策，故言策者簡也。六經之策皆稱長二尺四寸，蔡邕言二尺者，謂漢世天子策書所用，故與六經異也。簡之所容，一行字耳。牘乃方版，版廣於簡，可以並容數行。凡爲書，字有多有少，一行可盡者書之於簡，數行乃盡者書之於方，方所不容者乃書於策。」案：據孔説，則簡爲未編之策，策即編連之簡，故二鄭並以策爲簡策，命諸侯等辭多，或在百名以上，故必書於策也。云「其文曰，王謂叔父，敬服王命，以綏四國，糾逖王慝，晉侯三辭從命，受策以出」者，亦《左傳》文。慝，葉鈔《釋文》作「匿」，字通。引之者，見策書之式及受策之儀也。杜注云：「逖，遠也。有惡於王者，糾而遠之。」**凡四方之事書，內史讀之。**若今尚書入省事。【疏】「凡四方之事書，內史讀之」者，賈疏云：「諸侯凡事有書奏白於王，內史讀示王。」詒讓案：《聘禮記》云：「若有故，則卒聘束帛加書將命，主人使人與客讀諸門外。」注云：「人，內史也。」即此讀四方事書之事。　注云「若今尚書入省事」者，舉漢法爲況。《廣雅·釋詁》云：「省，視也。」視事，謂尚書入省視讀奏之事。王應麟云：「《漢書·霍光傳》，尚書令讀奏。」**王制禄，則贊爲之，以方出之。**贊爲之，爲之辭也。鄭司農云：「以方出之，以方版書而出之。上農夫食九人，其次食八人，其次食七人，其次食六人，下農夫食五人。庶人在官者，其禄以是爲差。諸侯之下士視上農夫，禄足以代其耕也。中士倍下士，上士倍中士，下大夫倍上士，卿四大夫禄，君十卿禄。」杜子春云：「方，直謂今時牘也。」玄謂《王制》曰：「王之三公視公侯，卿視伯，大夫視子男，元士視附庸。」【疏】「王制禄，則贊爲之，以方出之」者，此以書命禄之事，與司禄、廩人爲官聯也。禄者，采地及田粟之通名，詳後。　注云「贊爲之，爲之辭也」者，王制禄亦有策命之辭，內史則助爲之。鄭司農云「以方出之，以方版書而出之」者，《哲蔟氏》注云：「方，版也。」制禄之辭，文字簡省，不及百名，故即書方以出之。云「上農夫食九人，其次食八人，其次食七人，其次食六人，下農夫食五人」者，賈疏云：「已下皆《禮記・王制》文。按彼所釋，凡地有九等。按《小司徒》注：『有夫有婦乃成家。自二人以至十人，爲九等。』則地有上上、上中、上下，中上、中中、中下，下上、下中、下下。若然，上地之中有上上之地，食十人，上中食九人。今言上農夫食九人，不言上上食十人者，欲取下士食九人禄，與上中之地食九人同，故據上中已下而言也。」案：以下文亦見《孟子・萬章》篇。鄭、賈九等授地之說，於經未合，詳《小司徒》疏。云「庶人在官者，其禄以是爲差」者，鄭彼注云：「庶人在官，謂府史之屬，官長所除，不命於天子國君者。」賈疏云：「不言下上之地食四人以下者，欲見八人以下至五人有四等，當庶人在官者，有府史胥徒，其禄以是爲差，故不言四人以下也。若然，則府食八人，史食七人，胥食六人，徒食五人，故云庶人在官者其禄以是爲差也。」案：賈謂庶人在官者食八人以下，《燕禮》疏及《王制》孔疏說並同。攷《孟子・萬章》篇云：「下士與庶人在官者同禄，禄足以代其耕也。」是《孟子》之意，謂庶人在官者，其食有九人至五人五等，下士同庶人在官第一等之禄，食九人，故趙注云：「庶人在官者食禄之等差，由農夫有上中下之次，亦有此五等。」鄭、賈之意，則謂下士食九人，與上農夫同，其庶人在官則惟有食八人以下四等，不得第一等九人之食。二說差次不同。竊謂《王制》之文，卽本《孟子》，當以《孟子》義爲正也。又案：凡禄與命相將，故頒禄之制，至命士而止。不命之士及庶人在官者，皆止有稍食。稍食雖通稱禄，然實非正禄也。先鄭言此者，亦因《王制》、《孟子》成文，牽連及之，以備差率耳。實則內史所命，不及庶人也。凡稍食與禄異，詳《宫正》、《司士》疏。云「諸侯之下士，視上農夫，禄足以代其耕也，中士倍下士，上士倍中士，下大夫倍上士，卿四大夫禄，君十卿禄」者，自下士至卿，並謂無采地者頒禄之差，《大宰》九式所謂匪頒之式也。先鄭意，王國卿大夫士之無采地者，其計田稅以制禄，差次亦略同。《王制》疏引鄭荅臨碩云：「王畿方千里者，凡九百萬夫之地。三分去二，定受田者三百萬夫，出都家之田。以其餘地之稅，禄無田者。下士食九人，中士食十八人，上士三十六人，下大夫七十二人，中大夫百四十四人，卿二百八十八人。」是後鄭亦據《王制》侯國制禄之差爲說也。今攷周時諸臣，唯貴戚世禄，得有采地、賞田，其次則授以禄田，更其次則賦以禄粟。田以夫晦爲差，粟以鍾石爲率。內史以書命司祿頒田，廩人頒粟，斯其大較矣。今依《鄭志》所說，以上地百晦食九人、十夫稅一計之，則王下士食十夫稅，中士二十夫稅，上士四十夫稅，下大夫八十夫稅，中大夫百六十夫稅，卿三百二十夫稅，此祿田夫數之差也。其米粟鍾石之數，則無可攷。《王制》疏引崔靈恩據《史記》「上地晦一鍾」及《廩人》「上歲食四鬴」，釋「上農夫食九人」，而不詳其說。今姑依彼率計之：《廩人》上歲民食每月四鬴，則一人每歲食四十八鬴，凡三十石七斗二升也。依《王制》，下士視上農夫食九人，則每歲食二百七十六石四斗八升也。中士倍之，每歲食五百五十二石九斗六升也。上士又倍之，每歲食一千一百五石九斗二升也。下大夫又倍之，每歲食二千二百十一石八斗四升也。卿四之，每歲食八千八百四十七石三斗六升也。君十之，每歲食八萬八千四百七十三石六斗也。依《史記》說，則一夫之穫百鍾。今下士食以鍾計之，凡四十三鍾一斛二斗八升，十夫稅一，足以供之矣。《墨子・襍守》篇有二百石、三百石之吏。《韓非子・外儲說右》云：「燕王收吏璽自三百石以上，皆效之子之。」此與下士之祿相近。《商子・境内篇》有千石、八百石、七百石、六百石之令，此與中士、上士之祿相近。然則周頒祿田粟之數，雖無正文，其較略或當如是。至《國語・晉語》載叔向荅韓宣子問賦秦后子、楚子干祿云：「大國之卿，一旅之田，上大夫一卒之田。」韋注云：「五百人爲旅，爲田五百頃。百人爲卒，爲田百頃。」《左》昭元年傳謂子干與秦公子同食，皆百人之餼，韋亦依《左氏》義。蓋以家受一夫計之，則大國卿祿五百夫，上大夫祿百夫也。以先鄭此注及《鄭志》所說王國卿大夫之祿校之，彼上大夫祿減於中大夫六十夫，而卿祿則贏百八十夫。且卿祿五大夫，與《孟子》、《王制》率亦不合，疑春秋時侯國之侈制，與《禮》不甚合也。杜子春云「方直謂今時牘也」者，《管子・霸形》篇云「削方墨筆」，尹注云：「方謂版牘也。」案：方即木版。《説文・片部》云：「牘，書版也。」是方版牘並同物。《論衡・量知篇》云：「斷木爲槧，枿之爲版，力加刮削，乃成奏牘。」是漢時削版書，通謂之牘。漢人皆用尺牘，故《後漢書・蔡邕傳》李注云「牘長一尺」。杜以古者亦方短於策，故舉今牘以況之。凡杜、鄭云「直謂某」者，皆據當時恒制，恒言爲釋，互詳《巾車》疏。云「玄謂《王制》曰，王之三公視公侯，卿視伯，大夫視子男，元士視附庸」者，證天子三公至元士祿田之差，增成先鄭義也。《王制》云：「公侯田方百里，伯七十里，子男五十里。不能五十里者，不合於天子，附於諸侯，曰附庸。天子之三公之田視公侯，天子之卿視伯，天子之大夫視子男，天子之元士視附庸。」案：彼所説三等國里數，與《大司徒》文不合。鄭以彼爲殷制，《大司徒》爲周公制禮後所增，惟畿内不增，猶與殷同，故彼注云：「唯天子畿内不增，以禄羣臣，不主爲治民。」是彼文本言畿内公卿大夫采地，有百里、七十里、五十里諸等，與禄田不同，故《鄭志》説制禄不依彼爲差。且依鄭《小司徒》、《載師》注，定畿内三等采地，公百里，卿五十里，大夫二十五里，元士無文，則周卿大夫采地之數，亦與彼不同。若如此注説，卿之禄田視七十里之國，大夫之禄田視五十里之國，是禄田反多於采地，於率必不可通。竊疑鄭節引彼文，祇以明禄田亦準采地爲四等之衰耳；其百里、七十里、五十里之等，鄭本不以爲周制，此注仍不從之也。沈彤別依《小司徒》、《載師》注三等采地之田，以推禄田之數云：「天子之公食四都，孤卿食都，中下大夫食縣。《載師》『以家邑之田任稍地，以小都之田任縣地，以大都之田任畺地』。家邑即縣，注云『大夫之采地』，包乎中下。小都即都，注云『卿之采地』，兼乎孤。大都即四都，注云『公之采地』。夫公孤卿大夫之采地如是，則未封者之所食可例推矣。《小宰》『聽禄位以禮命』，明制禄之多寡，本以爵等而兼命數也。《典命》云：『王之三公八命，其卿六命，其大夫四命，及其出封，皆加一等。』是出封之前，不以采地之有無而殊其命數。夫命數同者，雖爵異而禄亦同，故孤卿皆六命，則皆食都；中下大夫皆四命，則皆食縣。況爵等與命數俱同者，寧以封不封而殊其食也？封邑者之所食，以報其大功德也。其田之入，有貢於王，然兼有山澤林麓之利，且子孫世守之。若未封者，固無地貢，而禄僅田之入，亦及身而止。則所食雖同，而多寡久近未嘗不稍殊也。上士食甸，中士食丘，下士食邑，庶人在官者食井，由大夫食縣而差之，每上以四，則每下亦以四也。」案：如沈説，則與《小司徒·載師》注義不相迕，然與此注及《王制》並不合。又以《左傳》説大國卿大夫之田校之，尚贏數倍。《司禄職》亡，無可質證，未敢肊定也。又案：《孟子·萬章》篇云：「天子之卿受地視侯，大夫受地視伯，元士受地視子男。」彼文復與《王制》不同，蓋亦周末籍亡，所聞有異也。**賞賜亦如之。**【疏】「賞賜亦如之」者，賈疏云：「此謂王以恩惠賞賜臣下之禄，亦以方書贊爲之辭。按《司勳職》，凡賞無常，輕重視功，功多則多，功少則少耳。」詒讓案：此與司勳爲官聯也。《左》昭三年傳：「鄭伯如晉，公孫段相。晉侯嘉焉，授之以策，曰『子豐有勞於晉國，余聞而弗忘。賜女州田，以胙乃舊勳。』伯石再拜稽首，受策以出。」《晏子春秋・外篇》云：「昔吾先君桓公，予管仲狐與穀，其縣十七，著之于帛，申之以策，通之諸侯，以爲子孫賞邑。」然則賞賜亦書方出之。《左傳》、《晏子》言策者，方策散文得通。

内史掌書王命，遂貳之。副寫藏之。【疏】「内史掌書王命」者，謂王之命令施於畿内諸臣者。《玉藻》所謂「右史書言」，王命卽王言也。《史記・晉世家》云：「成王削桐珪與叔虞，史佚曰：天子無戲言，言則史書之。」内史爲右史，詳《敍官》疏。 注云「副寫藏之」者，《小宰》注云：「貳，副也。」賈疏云：「謂王有詔勑頒之事，則當副寫一通，藏之以待勘校也。」

外史掌書外令，王令下畿外。【疏】「掌書外令」者，則亦當貳之，經不言者，文略。 注云「王令下畿外」者，畿内之令，自有内史書之，故知外史書外令，專據王下畿外邦國之令也。 **掌四方之志，**志，記也。謂若魯之春秋，晉之乘，楚之檮杌。【疏】「掌四方之志」者，與小史爲官聯也。《左》襄二十三年傳云：「將盟臧氏，季孫召外史掌惡臣而問盟首焉。」蓋卽此官盟辭，亦志記之所書，故問之也。 注云「志，記也」者，與《小史》「邦國之志」義同。先鄭注亦訓志爲記，詳彼疏。云「謂若魯之春秋，晉之乘，楚之檮杌」者，《孟子・離婁》篇文。趙注云：「此三大國，史記之名異。乘者，興於田賦乘馬之事，因以爲名。檮杌者，嚚凶之類，興於記惡之戒，因以爲名。春秋，以二始舉四時，記萬事之名。」彼三書卽三國之志記，故舉以爲證。 **掌三皇五帝之書，**楚靈王所謂三墳、五典。

【疏】「掌三皇五帝之書」者，賈疏云：「按《孝經緯》云：『三皇無文，五帝畫象，三王肉刑。』又《世本・作》云『蒼頡造文字』，蒼頡，黄帝之史，則文字起於黄帝。今此云五帝之書爲可，而云三皇之書者，三皇雖無文，以有文字之後，仰録三皇時事，故云掌三皇之書也。」案：三皇五帝，鄭、賈並無説。《白虎通義・號》篇云：「三皇者何謂也？謂伏羲、神農、燧人也。或曰伏羲、神農、祝融也。《禮》曰伏羲、神農、祝融三皇也。五帝者何謂也？《禮》曰黄帝、顓頊、帝嚳、帝堯、帝舜五帝也。」《風俗通義・皇霸》篇云：「三皇，《春秋運斗樞》説伏羲、女媧、神農是三皇也。《禮號謚記》説，伏羲、祝融、神農。《含文嘉》説，虙戲、遂人、神農。《尚書大傳》説，遂人爲遂皇，伏羲爲戲皇，神農爲農皇也。謹按：《易》稱伏羲氏、神農氏，唯獨敍二皇，不及遂人。遂人功重於祝融、女媧，《大傳》之義，斯近之矣。五帝，《易傳》、

《禮記》、《春秋國語》、《大史公記》，黄帝、顓頊、帝嚳、帝堯、帝舜，是五帝也。」《曲禮》孔疏引熊安生云：「鄭玄意則以伏羲、女媧、神農爲三皇，故注《中候・勑省圖》引《運斗樞》，伏犧、女媧、神農爲三皇也。然宋均注《援神契》引《甄耀度》，數燧人、伏犧、神農爲三皇，譙周《古史考》亦然，《白虎通》取伏犧、神農、祝融爲三皇，孔安國則以伏犧、神農、黄帝爲三皇，並與鄭不同也。其五帝者，鄭注《中候・勑省圖》云：『德合五帝坐星者稱帝，則黄帝、金天氏、高陽氏、高辛氏、陶唐氏、有虞氏是也。』實六人而稱五者，以其俱合五帝坐星也。」案：依孔、熊述鄭釋三皇，從《運斗樞》說，《呂氏春秋・用衆》篇高注，司馬貞《補三皇本紀》並同。五帝從《史記》說，《家語・宰我問》篇及《呂覽》高注、張守節《史記正義》引譙周、宋均說並同。惟鄭別增少皞，與諸家特異。張守節又引皇甫謐《帝王世紀》、孫氏注《世本》，僞孔安國《尚書敍》，並以伏犧、神農、黄帝爲三皇，少昊、顓頊、高辛、唐、虞爲五帝。王符《潛夫論・五德志》又以天皇、地皇、人皇爲三皇，太皞、炎帝、黄帝、少皞、顓頊爲五帝。衆釋紛異，惟史遷説義據最塙。鄭君應五帝坐之説，五帝有六，於數綴溢，竊恐不然。《尚書敍》孔疏又引梁主云：「五帝自黄帝至堯而止，舜非三王，亦非五帝，與三王爲四代。」斯尤信情更易，進退失據，今無取焉。又按：《尚書》當亦此官所掌。《文王世子》云：「冬讀書，典書者詔之。」典書當即此官也。彼又云「書在上庠」者，蓋此官典其正本，其副貳在學官，爲國子所誦習者，此官亦司其詔教之事，與大司樂爲官聯也。若然，書之篇目蓋亦甚衆，經舉其尤古者，故唯云三皇五帝之書耳。　注云「楚靈王所謂三墳、五典」者，《左》昭十二年傳，楚靈王謂左史倚相，「是能讀三墳、五典、八索、九丘。」杜注云：「皆古書名。」孔疏云：「孔安國《尚書序》云：『伏犧、神農、黄帝之書，謂之三墳，言大道也。少昊、顓頊、高辛、唐、虞之書，謂之五典，言常道也。』賈逵云：『三墳，三皇之書。五典，五帝之典。』延篤言張平子說：『三墳，三禮，禮爲大防。《爾雅》曰：「墳，大防也。」《書》曰「誰能典朕三禮」。三禮，天地人之禮也。五典，五帝之常道也。』馬融說：『三墳，三氣，陰陽始生，天地人之氣也；五典，五行也。』此諸家者，各以意言，皆無正驗，杜所不信。」案：據孔說，則鄭此注本賈侍中義。《文選・東京賦》薛綜注説同。《釋名・釋書契》說三墳、五典、八索、九丘，亦云「此皆三王以前上古羲皇時書也。今皆亡，唯《堯典》存也。」亦從賈、鄭義。

掌達書名于四方。謂若《堯典》、《禹貢》，達此名使知之。或曰：古曰名，今曰字，使四方知書之文字，得能讀之。【疏】「掌達書名于四方」者，同邦國之文字，與保氏、大行人爲官聯也。

注云「謂若《堯典》、《禹貢》達此名使知之」者，謂此書名即指古書之篇名。《廣雅·釋詁》云：「達，通也。」古書篇名，亦學者所宜知，故外史通達布告之四方，若後世目録之學是也。云「或曰古曰名，今曰字」者，此別一説，以書名爲文字，保氏所掌六書是也。《大行人》「九歲，屬瞽史，諭書名」。注云：「書名，書之字也。古曰名。」此注説與彼同。《聘禮記》云：「百名以上書於策，不及百名書于方。」注云：「名，書文也，今謂之字。」《論語·子路》篇：「必也正名乎！」皇疏引鄭彼注云：「正名，謂正書字也。古者曰名，今世曰字。」《説文敍》云：「倉頡之初作書，蓋依類象形，故謂之文。其後形聲相益，即謂之字。字者，言孳乳而寖多也。箸於竹帛謂之書，書者如也。」案：審聲正讀則謂之名，察形究義則謂之文，形聲孳乳則謂之字，通言之則三者一也。《中庸》云「書同文」，《管子·君臣篇》云「書同名」，《史記·秦始皇本紀》《琅邪臺刻石》云「書同文字」，則名即文字，古今異稱之證也。《説文敍》云：「黄帝之史倉頡，初造書契。及宣王，大史籀著大篆十五篇，與古文或異。」明史官通職，並掌書名。以此及《大行人》二職言之，古書篇名，無勞達諭，書契之用，通於政俗。外史掌方志，并達書字，以正違誤，辨疑惑，其事相因，或説不可易也。《左傳》杜敍云：「《周禮》有史官，掌邦國四方之事，達四方之志。」孔疏謂杜即據此「達書名」爲達四方之志。案：此官雖掌方志，然與達書名不相涉，杜説非經義，不可從。云「使四方知書之文字，得能讀之」者，謂以書名之形聲，達之四方，使通其音義，即後世字書之權輿也。**若以書使于四方，則書其令。**書王令以授使者。【疏】注云「書王令以授使者」者，謂書以授大小行人之屬。

御史掌邦國都鄙及萬民之治令，以贊冢宰。王所以治之令，冢宰掌王治。【疏】「掌邦國都鄙及萬民之治令，以贊冢宰」者，此官掌治書，故與冢宰異職而相贊，亦官聯也。賈疏云：「天官冢宰，六典治邦國，八則治都鄙及畿内萬民之治。今此御史亦掌之以贊佐，故同其事。」

注云「王所以治之令，冢宰掌王治」者，明此治令即王之治令，贊冢宰即佐冢宰詔王也。**凡治者受灋令焉。**爲書寫其治之法令，來受則授之。【疏】注云「爲書寫其治之法令，來受則授之」者，此亦注用今字作「法」

也。法令，謂應行之條律。其文繁多，故爲書寫授所司，使受而行之也。法令，若今尚書作詔文。**掌贊書**。王有命，當以書致之，則贊爲辭，若今尚書作詔文。【疏】注云「王有命當以書致之，則贊爲辭」者，王有詔命，當書之簡策，宣布中外，則代王爲辭令以致之。蓋與大祝六辭之掌互相備，若尚書諸命誥之類。《漢書·藝文志》云「書者，古之號令，號令於衆，其言不立具，則聽受施行者弗曉」，故設此官贊爲之也。王之有御史，蓋猶百官府之有史，故《宰夫》八職亦曰「史掌官書以贊治」。彼史掌贊衆官府之書，與此御史尊卑殊絶，而所掌略同。云「若今尚書作詔文」者，王應麟云：「《續漢·百官志》，尚書侍郎三十六人，一曹有六人，主作文書起草。《後漢書·周榮傳》陳忠上疏薦周興曰：諸郎多文俗吏，鮮有雅材，每爲詔文，宣示内外，轉相求請，或以不能而專己自由，辭多鄙故。乃拜興尚書郎。」詒讓案：《初學記·職官部》引應劭《漢官儀》，云「尚書郎主作文書起草，夜更直五日於建禮門内」是也。**凡數從政者**。自公卿以下至胥徒凡數，及其現在空缺者。鄭司農讀言「掌贊書數」。書數者，經禮三百，曲禮三千，法度皆在。玄以爲不辭，故改之云。【疏】「凡數從政者」者，凡數，《釋文》作「數凡」。阮元云：「《釋文》從司農讀也。賈疏作凡數。」孔繼汾云：「『數』字本在『凡』字上，與上文『書』字相屬，故先鄭得讀爲『掌贊書數』。後鄭改者其句讀，非改其文也。至注言『凡數』，乃指其所數自公卿以下至胥徒凡從政者之『凡數』，非疊經文發訓也。似當從《釋文》爲得。」洪頤煊云：「數凡，謂計其總從政者。若作『凡數』，則義不可通矣。今本由後人誤乙。」案：孔、洪説是也。盧文弨説同。注云「自公卿以下至胥徒凡數，及其現在空缺者」者，《庖人》注云：「凡，計數之。」凡數，謂三百六十官等。見在，謂在官者。空缺，謂死亡、罷免者。以公卿下至胥徒，並是從政之人，故其員數及見在、空缺，皆御史校計之，與司士爲官聯也。云「鄭司農讀言掌贊書數」者，先鄭讀「數」屬上句，後鄭不從。云「書數者，經禮三百，曲禮三千，法度皆在」者，先鄭意，此數即三千三百之類也。「經禮三百，曲禮三千」，《禮器》文。後鄭彼注云：「經禮謂《周禮》也。《周禮》六篇，其官有三百六十。曲猶事也。事禮謂《今禮》也。禮篇多亡，本數未聞。其中事儀三千。」先鄭義不知與後鄭同否。云「玄以爲不辭，故改之云」者，明不從先鄭之故。既以「數」字上屬，則下句當云「凡從政者」，義不可通，故云「不辭」也。

巾車掌公車之政令，辨其用與其旗物而等敍之，以治其出入。公猶官也。用謂祀賓之屬。旗物，大常以下。等敍之，以封同姓異姓之次序。

【疏】「以治其出入」者，賈疏云：「出入，謂若下文『凡車之出入則會之』。於冬官造車訖，來入巾車，又當出封同姓之等亦是也。」　注云「公猶官也」者，《牛人》注同。公車，謂在官之車。云「用謂祀賓之屬」者，謂五路及諸車所用不同。云「旗物，大常以下」者，謂五路建五旗，旗各異物也。云「等敍之，以封同姓異姓之次序」者，次序，序舊本作「敍」，今據余本及明注疏本正。凡經例用古字作「敍」，注例用今字作「序」，疑此注等敍之敍，亦當作序，詳《小宰》疏。賈疏云：「周人先同姓，次異姓，後云四衛、蕃國以下，故云次序也。」

王之五路：一曰玉路，錫，樊纓，十有再就，建大常，十有二斿，以祀；王在焉曰路。玉路，以玉飾諸末。錫，馬面當盧刻金爲之，所謂鏤錫也。樊讀如鞶帶之鞶，謂今馬大帶也。鄭司農云：「纓謂當胷。《士喪禮》下篇曰『馬纓三就』。禮家説曰：纓，當胷，以削革爲之；三就，三重三匝也。」玄謂纓，今馬鞅。玉路之樊及纓，皆以五采罽飾之十二就。就，成也。大常，九旗之畫日月者，正幅爲縿，斿則屬焉。【疏】「王之五路」者，以下辨五路等次、旗物及所用之異。金榜云：「巾車所辨者，玉路之用二，金路、象路、革路、木路之用，凡三。建大常、大旂、大赤、大白、大麾者，一用也；以祀、以賓、以朝、以卽戎、以田，一用也；同姓、異姓及四衛、蕃國以封，一用也。王朝有大事，出五路陳之，於九旗取五。《考工記》曰：『龍旂九斿，以象大火也；鳥旟七斿，以象鶉火也；熊旗六斿，以象伐也；龜蛇四斿，以象營室也。』《曲禮》曰：『行前朱鳥而後玄武，左青龍而右白虎，招摇在上，急繕其怒。』《明堂位》曰：『有虞氏之旂，夏后氏之綏，殷之大白，周之大赤。』由是言之，大旂爲交龍，大赤爲鳥隼，大白爲熊虎，大麾爲龜蛇。周赤，殷白，夏黑，有虞氏青。大常纁帛，象中黄之色。陳路所建，各象其方色，兼取備四代旗章。玉路建大常十二斿，金路建大旂九斿，象路建大赤七斿，革路建大白六斿，木路建大麾四斿。斿數之多寡，亦適協其序。凡王所乘路，皆建大常，《節服氏》『掌祭祀朝覲衮冕，六人維王之大常』，《覲禮》『天子乘龍載大常』，未聞賓與朝建大旂、大赤也。《大司馬》『仲秋教治兵，王載大常』，未聞卽戎與田建大白、大麾也。《左》定四年傳，分魯公以大路、大旂，分康叔以大路、少帛、綪茷、旃旌，分唐叔以大路。此以金路封同姓，與《巾車》合，不皆大旂也。」案：金說是也。云「一曰玉路」者，王五路，以玉路爲最尊，故《隋書・禮儀志》引《白虎通》云：「玉路，大路也。」《書・顧命》「大路在賓階面」，賈《典路》疏引鄭《書注》及僞孔傳並以爲玉路。其公侯以下，各以所乘之路最尊者爲大路，卿大夫命車亦然，與天子玉路異也。《明堂位》謂魯有四代之路，云：「鸞車，有虞氏之路也；鉤車，夏后氏之路也；大路，殷路也；乘路，周路也。」鄭注云：「鸞，有鸞和也。鉤，有曲輿者也。大路，木路。乘路，玉路也。」案：此經五路無虞夏之制。又玉路至尊，不宜降次木路；魯爲同姓侯國，封以金路，似亦不當乘玉路。彼記所說與此經無會。又此五路所建旗章分五色，而車則無色別之文。《月令》有五時之路，春乘鸞路，夏乘朱路，中央土乘大路，秋乘戎路，冬乘玄路，似以五色分屬五時。《御覽・禮儀部》引《皇覽》《逸禮》說，四時迎氣，車各依方色，與彼正相類。《春秋繁露・三代改制質文》篇說正黑統路輿質黑，正白統路輿質白，正赤統路輿質赤，旗色亦同。是則三代車依服色，必與旗章相應。依其說參互攷之，《月令》鸞路當此金路，朱路當此象路，大路當此玉路，戎路當此革路，玄路當此木路。故金路建大旂，其色青；象路建大赤，其色赤；玉路建大常，其色黄；革路建大白，其色白；木路建大麾，其色黑。旗章之色與《月令》五時亦相應。但經注竝不云五路色異，而《月令》鄭注亦謂彼非周制，不可强爲傅合也。云「建大常十有二斿」者，凡兵車建旗，皆於兩輢外闌閒置扃以插之，乘車當亦同。詳《考工記・總敍》疏。云「以祀」者，賈疏云：「以下諸路皆非祭祀之事，則一名外内大小祭祀，皆用此一路而已。」案：依賈說，則王大小祭祀通乘玉路也。《大戴禮記・朝事》篇云：「天子乘大輅，建大常十有二旒，樊纓十有再就，率諸侯而朝日東郊。」輅卽路之借字。《大戴》說與此經「玉路以祀」正合。至《明堂位》云「魯君孟春乘大路，祀帝於郊」，則當爲木路。故《禮器》云「大路素而越席」，注云「大路，殷祭天之車也」。《郊特牲》云「乘素車，貴其質也，旂十有二旒，龍章而設日月」，注亦云「素車，殷路也。魯公之郊，用殷禮也」。《大戴禮記・禮三本》篇云：「大路，車之素幭也。」依鄭說，則魯祭天用殷路，與王禮不同，故《禮器》注釋大路爲殷車，下又別引此經五路以著其異，明郊用素車與此經木路略同，而與玉路則迥異也。《左》桓二年傳云「大路越席」，孔疏引服虔注，釋爲木路，《論語・衛靈公》篇「乘殷之路」，《集解》引馬融說，亦援《左傳》「大路」爲釋，説並與鄭同。惟《左傳》杜注以爲玉路，與《禮器》不合。賈《覲禮》疏云：「大路則玉路也。以周之玉路，因殷之大路，飾之以玉，故猶以大路爲名。」案：賈氏蓋欲參合鄭、服、杜諸家之義爲一，實非鄭恉。今以鄭義審之，蓋郊乘素車即木路，自是魯用殷禮，猶祭周公以白牡之例。若周郊，自乘玉路，與朝日同，不必用素車木路。秦漢禮家或據魯禮以推王制，故《禮記》多通言不別，與此經實不相應也。　注云「王在焉曰路」者，《敘官》注云：「路，王之所乘車。」《覲禮》注云：「路謂車也。凡君所乘車曰路。」《樂記》云：「大路者，天子之車也。」《藝文類聚·舟車部》引《白虎通義》云：「天子大路。路，大也，道也，正也。君至尊，制度大，所以行道德之正也。諸侯路車，大夫軒車，士飾車。」《公羊》僖二十五年何注云：「天子大路，諸侯路車，大夫大車，士飾車。」説並與鄭略同。賈疏云：「謂若路門、路寢、路車、路馬，皆稱路，故廣言之。云王在焉曰路，路，大也。王之所在，故以大爲名，諸侯亦然。《左氏》義以爲行於道路，故以路名之。若然，門寢之等，豈亦行於路乎？」案：賈引《左氏》説，蓋《五經異義》文。《釋名·釋車》云：「天子所乘曰路，路亦車也。謂之路者，言行於道路也。」此兼據《左氏》義也。攷《左傳》成二年，説魯賜晉三帥先路；又襄十九年，晉侯請於王，賜鄭公孫蠆大路；二十四年，王賜穆叔大路；二十六年，鄭賜子展先路三命之服，子産次路再命之服。是《左氏》説侯國卿再命以上亦得乘路。《詩·小雅·采薇》云：「彼路斯何？君子之車。」箋云：「君子謂將率。」彼箋義亦謂文王爲諸侯時，將率得乘路，蓋與《左氏》義同。故《左傳》襄十九年孔疏引何休《左氏膏肓》庌《左氏》義短，而《采薇》孔疏引鄭箴何則云「卿以上所乘車皆曰大路」，是尤鄭兼取《左氏》義之證。但此職及《典路職》惟王及后所乘稱路，故鄭以路專屬王車，乃偏據此經爲釋；其實《箴膏肓》説與《詩》及《左氏》義合，自較此注爲晐。至《左傳》侯國卿所受諸路，依鄭義當即此後文之夏篆、夏縵，以命賜之車尊之曰路，其非命賜則不得稱路，故《左傳》又云「家卿無路」，非無車之謂也。而《左傳疏》引杜氏《釋例》，謂子蟜穆叔所受大路，當爲革路若木路，則與《左氏》舊義不合。且依其説，是侯國卿路與衛蕃之君同，與此經孤乘夏篆、卿乘夏縵之文，亦復乖牾，不足據也。云「玉路以玉飾諸末」者，《釋名·釋車》云：「金路、玉路，以金玉飾車也。」《文選》司馬相如《子虛賦》云「乘彫玉之輿」，郭璞注云：「刻玉以飾車也。」賈疏云：「凡言玉路、金路、象路者，皆是以玉金象爲飾，不可以玉金爲路，故知玉金等飾之。言諸末者，凡車上之材，於末頭皆飾之，故云諸末也。」詒讓案：《續漢書・輿服志》載太皇太后、皇太后法駕，皇太子、皇子安車，並黄金塗五末；六百石以上車，銅五末。劉注引徐廣云：「疑謂前一轅及衡端、轂頭也。」然則周五路飾諸末，或亦即以玉金等飾五末矣。《荀子・禮論篇》楊注謂車制有金飾衡軛之末爲龍首，其說亦本《續漢輿服志》，或即五末之一。《詩・大雅・韓奕》亦有「金厄」，厄卽軶也。云「錫，馬面當盧刻金爲之，所謂鏤錫也」者，《詩・大雅・韓奕》「鉤膺鏤錫」，毛傳云：「鏤錫，有金鏤其錫也。」鄭箋云：「眉上曰錫，刻金飾之，今當盧也。」《說文・金部》云：「鐊，馬頭飾也。」又《頁部》云：「顱，頊顱，首骨也。」案：錫盧卽鐊顱之省叚字。當盧，蓋馬鞁具之一。凡馬額上皆有革落，更以金飾之，則謂之錫。故《左傳》桓三年杜注云：「錫在馬額。」《急就篇》顔注云：「鐊，馬面上飾也。以金銅爲之，俗謂之當顱。」《隋書・禮儀志》云：「方釳當顱，蓋馬冠也。」案：當盧在馬頟，其形蓋如半月，故《莊子・馬蹄》篇云「齊之以月題」，《釋文》引司馬彪云「月題，馬額上當顱，如月形者也」。錢坫云：「眉上曰揚，故《詩》『揚且之晳』，毛傳曰『揚，眉上廣』。馬眉上名之者，因字借其義。」段玉裁說同。云「樊讀如鞶帶之鞶，謂今馬大帶也」者，蓋謂馬當胷之横帶也。《家語・正論》篇王注釋緐，《國語・齊語》韋注釋樊，《文選・東京賦》薛綜注釋鞶，並同鄭義。賈疏云：「按《易・訟卦》上九云『或錫之鞶帶』，注云『鞶帶，佩鞶之帶』。但《易》之鞶謂鞶囊，卽《内則》云『男鞶革』是也。此鞶謂馬大帶，音字同，故讀從之，馬大帶亦謂之鞶。不云讀爲者，别人與馬也。古文作樊，是以鄭卽云馬大帶也。」段玉裁云：「人大帶謂之鞶，因而聲類同也。《禮記》作繁。」詒讓案：《說文・革部》云：「鞶，大帶也。男子帶鞶，婦人帶絲。」本《内則》文也。《左傳》桓二年杜注及孔疏引賈、服義並略同。蓋人服有二帶，大帶謂之紳，革帶謂之鞶。通言之革帶亦或謂之大帶，故許、賈諸儒並有此訓。《易》「鞶帶」，李氏《集解》引虞翻說，亦以大帶爲釋。然鄭《内則》注云「鞶，小囊，盛帨巾者」，則不從許義；據賈引鄭《易注》「鞶帶爲佩鞶之帶」，亦以鞶爲佩囊，與帶不同物：皆與此注義異。曾釗云：「鞶訓爲帶者，許、賈、服之説耳。鄭注《儀禮》、《禮記》，皆不承用。《士昏禮記》注『鞶，鞶囊』，《内則》注『鞶，小囊』，此說本確。今以樊爲鞶，則將施囊於馬乎？自知其說不通，乃復采用前所不用之説，足見其失。」陳奐云：「大帶在腹，凡馬皆有，無以别尊卑。《詩・采芑》、《崧高》、《韓奕》皆曰『鉤膺」，傳曰『樊纓』。膺，胷也，當胷前不在腹下也。」案：曾、陳説是也。樊正字當作「緐」，此經及《左傳》作「樊」，叚借字也。其義則當如許君説，爲馬髦上飾。後鄭讀爲鞶，釋爲大帶，並非經義。《詩・大雅・韓奕》箋以樊纓釋鉤膺，則用《毛詩》説，與此注義異，是鄭亦自有兩解矣。又案：馬大帶，鄭珍以爲卽所謂鞶是也。《説文・革部》云：「鞶，箸掖鞥也。」《釋名・釋車》云：「鞶，經也，横經其腹下也。」馬大帶雖亦馬鞁具之一，然與緐迥異，不可以釋此經也。鄭司農云「纓謂當胷」者，蓋謂馬當胷之革帶也。《文選・東京賦》薛注云：「鉤膺，當胷也。」《説文・革部》云：「靳，當膺也。」又《肉部》云：「膺，胷也。」《後漢書・鮑永傳》云「拔佩刀截馬當匈」，李注云：「當匈，以韋爲之也。」《毛詩・小雅・采芑》「鉤膺」，傳云：「鉤膺，樊纓也。」又《秦風・小戎》「鏤膺」，傳云：「膺，馬帶也。」鄭箋云：「鏤膺有金飾。」孔疏云：「膺若今之婁胷也。」詒讓案：毛蓋以膺爲當胷之帶，亦謂之纓，飾則有鉤鏤之異。先鄭及薛綜並從毛説。當胷、當膺、婁胷，蓋異名同物，省文則稱膺，亦卽許書之靳也。《左》僖二十八年傳「韅靷鞅靽」，杜注云「在胷曰靷」。靷實靳之誤。又定九年傳「王猛曰：吾從子，如驂之靳」。杜注云：「靳，車中馬也。」孔疏云：「靳是當胷之皮。驂馬之首，當服馬之胷，胷上有靳，故以靳表中馬。」今攷纓與靳雖同在膺閒，而實異物，先鄭説亦未塙。引「《士喪禮》下篇曰，馬纓三就」者，《既夕禮》文。鄭《儀禮目録》云：「《既夕禮》，《别録》名《士喪禮》下篇第十三。」先鄭此注亦從《别録》也。陳奂云：「《既夕禮》『薦馬纓三就』，《記》『纓轡貝勒縣于衡』。又《晉語》『亡人之所懷挾纓纕』，韋注云『纓，馬纓也』。《既夕》，士禮，夷吾出亡，未立爲君，故馬皆有纓而無緐。《左》成二年傳，衛仲叔于奚請樊纓以朝。杜注云：『樊纓，馬飾，諸侯之服。』是緐纓爲尊者之馬飾也。」案：陳説是也。《賈子新書・審微》篇亦云：「繁纓者，君之駕飾也。」若然，則大夫以下不得有樊纓。《士喪禮》有纓而無樊，就數又少，明與諸侯以上禮異矣。云「禮家説曰，纓，當胷，以削革爲之，三就，三重三匝也」者，此《禮經》舊説，先鄭依其義，故引以爲證。《齊語》韋注云「纓，當胸，削革爲之」，卽用禮家義。賈疏云：「賈、馬亦云鞶纓，馬飾，在膺前，十有二帀，以旄牛尾金塗十二重。」案：賈、馬及先鄭蓋並讀樊爲緐，賈疏引賈、馬乃從後鄭作鞶者，誤也。二家説纓與先鄭略同，蓋亦以爲落馬胷之韋，而别以緐爲纓下所綴之采飾。《釋名・釋車》以樊纓爲鞅下之飾，亦與此義相近。《説文・糸部》云：「緐，馬髦飾也。《春秋傳》曰『可以稱旌緐乎』。重文緐，緐或从弁。弁籀文弁。」許氏此義，又與賈、馬、毛、鄭諸家説異。綜而論之，緐纓古義約區三科，所施各異。後鄭説樊爲馬大帶，則施於脅下；纓爲鞅，則施於頸下也。賈、馬以纓爲當膺革，而緐爲纓下飾，則施於胷前也。許以緐爲馬髦飾，則施於髦上也。漢晉諸儒所説，要不出此。今攷馬鞁具之有大帶與當胷，貴賤所同，而樊纓爲諸侯以上之盛飾，則不可并爲一，明矣。參互詳校，竊謂當以許義爲最塙。蓋纓雖卽胷膺之革，而緐則當於馬鞁具之外，别爲盛飾。緐者弁也，猶人之有冠也。《文選·東京賦》云「金鋄鏤鍚」，鋄，《續漢·輿服志》作「鍐」，譌。《獨斷》云：「金鋄，馬冠也，在馬髦前。」蓋卽古緐之遺制。凡馬頟有鍚，則似冠武；緐前屬於鍚，落馬髦而後接於馬背之革，則似冠梁；又以削革綴於緐，而下復繞胷而上，則似冠纓；纓之下有垂飾，則似冠緌。緐落髦而纓落胷，縱横上下，互相貫屬，故馬、賈以爲一物也。凡經典言緐纓者，義並如此。緐或借作樊，作鞶，説者遂失其義。《文選》張衡《西京賦》「璿弁玉纓」，薛注云：「弁，馬冠也，叉髦以璿玉作之。纓，馬鞅也，以玉飾之。」案：璿弁玉纓卽《左》僖二十八年傳之「瓊弁玉纓」。《王制》孔疏引服虔注亦以爲馬飾。以張賦辭意推之，蓋《左氏》舊説以弁爲緐之借字，瓊弁玉纓卽謂以玉飾緐纓也。薛注馬冠之訓，正足證緐之古義。在髦，故謂之叉髦。《續漢志》注引徐廣及《宋書·禮志》並云「金爲馬叉髦」，又髦卽是髦飾，與許書緐字説解正同也。其以纓爲馬鞅，則又依後鄭説，與先鄭不同，蓋兼采衆家，故離合錯出矣。至禮家説云「削革爲之」者，以當胷之韋言之。賈、馬云「旄牛尾金塗十二重」者，以綴韋下垂之飾言之。《續漢·輿服志》云：「乘輿緐纓，赤罽易茸，金就十有二。」劉注又引傅玄《乘輿馬賦》注云：「緐纓，飾以旄牛尾，金塗十二重。」皆是也。但《禮經》説馬飾，並無旄牛尾之文，賈、馬似皆據漢乘輿緐纓制推之。陳奂據《左》哀二十三年傳「薦馬稱旌緐」之文，謂緐纓旄牛尾爲之，與羽葆幢及旌竿析羽注旄首相似，其説亦通。但周制是否如此，究無塙證耳。又《左》桓二年傳「鞶厲游纓」，杜注云：「纓在馬膺前，如索帬。」孔疏引服虔云：「纓如索帬，今乘輿大駕有之。」《獨斷》云：「繁纓在馬膺前，如索帬者是也。」《晉書·輿服志》説同。《家語·正論》篇王注云：「馬纓當膺，似索帬。」案：服、蔡諸家謂纓形如索帬，其制未詳。鈔本《北堂書鈔·衣冠部》引束晳《近游賦》云，「服索帬之褌褷」。或馬膺飾下垂，如人所著帬帔之象，但此專爲纓制，緐象實不如是也。云「玄謂纓今馬鞅」者，《既夕禮》注及《東京賦》薛注義並同，蓋謂繞馬頸下之横革也。《説文·革部》云：「鞅，頸靼也。靼，柔革也。」《釋名·釋車》云：「鞅，嬰也，喉下稱嬰，言纓絡之也。其下飾曰樊纓，其形樊樊而上屬纓也。」案：劉蓋兼用後鄭及賈、馬義。攷許書鞅與靳異訓。以意推之，蓋靳在馬膺而直下，鞅在馬頸而横出，後宜屬於馬脅之帶，故《廣雅·釋器》云「鞅謂之脅」。《左》僖二十八年，杜注又云「在腹曰鞅」。若靳爲當匈直革，則無由至馬脅腹矣。膺雖與頸相連，而微後於頸，鞅靳從横交落，其不同物甚明。後鄭釋纓爲鞅，而不從先鄭當胷之訓，則所謂鞅者，當同許義。今攷纓屬於緐，亦直垂而下，則似靳而實非靳；若與鞅，則絶不相類。纓直落膺下，而鞅横聯頸脅；纓以爲飾而不任力，鞅則任力而無采飾。後鄭并爲一，殊未允。劉成國亦説鞅爲纓，與後鄭同，而又以嬰釋纓。《國語·晉語》有「嬰纕」，❶韋注云「嬰，馬纓」，明二字音義同。但劉説樊爲纓下飾，則又與後鄭義異，皆不塙也。云「玉路之樊及纓，皆以五采罽飾之十二就」者，《爾雅·釋言》云：「氂，罽。」郭注云：「毛氂所以爲罽。」《一切經音義》引《通俗文》云：「織毛曰罽。」《禮器》孔疏云：「染絲而織之曰罽。」案：孔不用《爾雅》義，依其説則與後革路條纓無異，殆不可信。鄭蓋據漢乘輿繁纓赤罽金就十有二，因取以況周制，故知以罽飾之也。《齊語》韋注説樊纓飾同。賈疏云：「必知用五采者，按《典瑞》云『鎮圭繅五采五就』，則知王者就飾用五采。惟有外傳小采以朝月者用三采耳。繅藉五采，即云五就，則一采一帀爲一就。此中樊纓十二就之屬，就數雖多，亦一采一帀爲一就，如《玉藻》十二就然。」案：賈説非也。《大行人》注説「樊纓」云：「以罽飾之，每一處五采備爲一就。」則鄭自謂五采備帀爲一就。若如賈疏説，以一采帀爲一就，則九就止九等采，有參差不備者矣。凡此經言采就者，皆以衆采備帀爲一就，詳《典絲》、《典瑞》疏。此經五路樊纓之數，玉路十二就，爲最多，餘四路以次遞減。而《郊特牲》云「大路繁纓一就，先路三就，次路五就」，《禮器》作「次路七就」，鄭彼注云「殷祭天車也」。案：彼大路及先路繁纓，並以少爲貴，與此經不合，故鄭以爲殷制。云「就，成也」者，《典瑞》注同。云「大常，九旗之畫日月者」者，據《司常》文。凡大常、大旂、大赤、大白、大麾，並爲旜制，詳《司常》疏。云「正幅爲縿，斿則屬焉」者，葉鈔本《釋文》縿作幓。案：幓則縿之俗。《大行人》、《輈人》注，

❶「纕」原訛「瓖」，據《晉語》改。

縿，陸本並作幓。賈疏及《覲禮》疏並謂正幅爲縿，《爾雅》文。案：今本《爾雅・釋天・旌旂章》惟云「纁帛縿」，無正幅爲縿之文，蓋有佚挩。郭注云：「縿，衆旒所著。」《説文・糸部》云：「縿，旌旗之游也。」段玉裁校本作「旌旗之游所屬也」。案：縿爲旌旗之正幅，以弧張之，縣於杠者，即《司常》注所云「凡九旗之帛皆用絳」是也。《大行人》注云：「斿，其屬幓垂者也。」《説文・㫃部》云：「游，旌旗之流也。」又有旈字，説解同。斿即游之省。俗又作旒，《釋天》云「練旒九」，郭注云：「練，絳練也。」《國語・齊語》韋注云：「正幅爲幓，旁屬爲旒。」《詩・鄘風・干旄》篇「素絲紕之」，鄭箋云：「素絲者，以爲縷，以縫紕旌旗之旒縿。」孔疏云：「縿謂繫於旌旗之體，旒謂縿末之垂者，須以縷縫之使相連。」據鄭、孔及郭氏説，則斿別以練爲之，用素絲爲縷，縫著於正幅帛之下，垂以爲飾也。故《節服氏》「掌祭祀朝覲衮冕，六人維王之大常」。注云：「王旌十二旒，兩兩以縷綴連。旁三人持之。禮，天子旌曳地。」明斿屬縿之下，故其耑直垂得曳地也。且九旗之斿，有九七五三諸等，惟其下垂正直，故可用奇數；叚令旁屬，則兩旁分綴或多或少，必不能稱矣。然則斿在縿下，不在縿兩旁。韋昭以旁屬爲旒，義殊未安。又《通典・嘉禮》説大常云：「其制，杠長九仞，以素錦綢之，以絳帛一幅爲縿，附於杠，畫龍於縿上。又屬十二斿於縿首，長十二仞，每斿皆畫交龍十二。」依杜説，則斿屬於縿首，尤與鄭、孔説異。聶崇義圖旌旗，又於縿之一邊横屬衆斿。皆不足馮也。又《釋天》郭注釋繼旐之旆云：「帛續旐末，爲燕尾者。」此易斿而旆，蓋旐之別制。凡五旗，無論旜物，皆於縿末著斿，而旐物則或易斿爲旆。以旆繼縿末，唯旐物有之；而燕尾之制，亦唯旆爲然。它旗之斿，雖屬縿末，而不爲燕尾，不容掍也。《左傳》孔疏謂九旗游數多者，旁綴於縿，其軍前之旆，當如郭氏燕尾之説。孔殆誤以燕尾之旆爲諸旗之通制，尤爲疏舛。《左》昭十三年傳「八月辛未，治兵建而不旆」。杜注云：「建立旌旗，不曳其旆。旆，斿也。」此又通稱斿爲旆，與繼旐之旆異物。要斿旆相類，皆繼末而非綴旁，可互證也。又案：九旗縿斿之度，經注並無文。據《爾雅》則旐縿廣二尺四寸，長八尺。《公羊》徐疏引孫炎説，謂斿長與縿同。此專屬旐旆制，他旗縿斿未知同否。攷《士喪禮》銘旌之制，蓋放旐旆而小，緇半幅以儗縿，經末終幅以儗旆。以彼推之，則旆當長於縿一倍，不必如孫説也。並詳《司常》疏。

金路，鉤，樊纓九就，建大旂，以賓，同姓以封；金路，以金飾諸末。鉤，婁頷之鉤也。金路無錫有鉤，亦以金爲之。其樊及纓以五采罽飾之而九成。大旂，九旗之畫交龍者。以賓，以會賓客。同姓以封，謂王子母弟率以功德出封。雖爲侯伯，其畫服猶如上公，若魯、衞之屬。其無功德，各以親疏食采畿内而已。故書鉤爲拘，杜子春讀爲鉤。【疏】「金路」者，五路之二也。云「建大旂」者，即《輈人》云「龍旂九斿」。此不著斿數者，文不具也。云「以賓，同姓以封」者，此專據金路之用言之，與建大旂不相冡也。賈疏云：「周人先同姓，故得金路。賜異姓已下，則用象路之等。同姓雖尊，仍不得玉路。玉路以祭祀，故不可分賜。」　注云「金路以金飾諸末」者，制與玉路玉飾諸末同也。云「鉤，婁頷之鉤也」者，《國語·齊語》韋注同。賈疏云：「《詩》云：『鉤膺鏤錫』，鉤連言膺，明鉤在膺前。以今驗古，明鉤是馬婁頷也。」案：賈説非也。《説文·句部》云：「鉤，曲也。」《公羊》昭二十五年傳「牛馬維婁」，何注云：「繫馬曰維，繫牛曰婁。」此對文則異，散文可通。《方言》云：「頷，頜也，南楚謂之頷。」《釋名·釋形體》云：「頤或曰頷。」婁頷，蓋即句曲維婁馬頤頷之鞁具，猶當膺亦稱婁胷也。凡馬頷閒亦皆有革絡，更以金飾之，則謂之鉤也。至《詩》之「鉤膺」，毛傳以爲樊纓，鄭《韓奕》箋説同，似與婁頷制異，賈以爲一，殊誤。《韓非子·外儲説右》云：「延陵卓子乘蒼龍挑文之乘，鉤飾在前，錯錣在後。」鉤在頷即在前矣。《明堂位》别有「鉤車」，與此異。云「金路無錫有鉤」者，賈疏云：「以玉路金路二者相參知之。何者？玉路云錫，金路云鉤，明知金路有鉤無錫。上得兼下言之，則玉路直言錫，兼有鉤可知。」又云：「若然，同姓金路無錫，韓侯受賜得有鏤錫者，正禮雖不得，後有功特賜有之也。」案：金路之馬雖無錫，宜亦有當盧之革，但不鏤金爲飾耳。《詩·大雅·韓奕》之「鉤膺鏤錫」，賈謂特賜，《詩疏》説同。陳祥道、馬瑞辰則謂此經錫、鉤、朱、龍勒條，五路各舉其一，互相備，義亦通也。云「亦以金爲之」者，賈疏云：「錫用金，明鉤亦用金爲飾也。」云「其樊及纓以五采罽飾之而九成」者，《齊語》韋注説同。謂亦如上五采罽，采備爲一成，九就即九成也。云「大旂，九旗之畫交龍者」，據《司常》文。王賓客之事，亦建大常而陳金路，則建大旂以表事，義各有所取也。云「以賓，以會賓客」者，《齊僕》注義同。賈疏云：「案《齊右》『會同賓客前齊車』，故知以賓是以會賓客。至於載主亦同焉，故《曾子問》云：『天子巡守，以遷廟主行，載於齊車。』注云：『齊車，金路。』若王弔，亦乘金路，是以《士喪禮》注云『君弔蓋乘象路』，謂得金路之賜者，弔時降一等乘象路。明知王有玉路，弔時降一等乘金路可知。」云「同姓以封，謂王子母弟率以功德出封，雖爲侯伯，其畫服猶如上公，若魯衛之屬」者，明經言封，即《典命》之出封，彼注云「出畿內，封於八州之中」是也。賈疏云：「周之法，二王之後稱公，王之同姓例稱侯伯而已。若魯衛稱侯，鄭稱伯，故兼云『雖爲侯伯』也。知畫服如上公者，《典命》云『上公九命，車旗衣服以九爲節』，是上公九命服衮冕。又云『侯伯七命，車旗衣服以七爲節』，則服鷩冕爲異姓侯伯。若魯、衛、鄭雖爲侯伯，則服衮受五百里之封，是以《明堂位》魯侯服衮冕，是雖爲侯伯服如上公也。言此者，欲見二王後上公，雖是異姓、庶姓，乘金路；今同姓王子母弟以衣服與上公同，明乘金路亦同矣。」詒讓案：《左》僖二十八年傳，王賜晉文公大輅之服；又定四年傳，成王分魯公、康叔、唐叔以大路，杜注並以爲金路。此皆同姓侯伯之禮。《覲禮》疏謂大公與杞宋雖異姓，服衮冕，乘金路，此異姓上公之禮。《國語·齊語》說，周襄王命桓公，賞服大路，龍旂九旒，渠門赤旂。韋注引賈逵云：「大路，謂金路，鉤樊纓九就。」蓋亦優異之以上公之禮也。畫服即《司服》注說冕服九章，初一曰龍，至五曰宗彝，皆畫以爲繢，是也。《詩·秦風·無衣》孔疏引作「車服」，譌。汪文臺云：「畫服，謂衣之畫者也，故賈疏以上公服衮冕說之。」案：汪說是也。又案：王世子之車旗，於經無文。以王子母弟出封如上公禮推之，世子不當降於彼，當亦得乘金路建大旂與？云「其無功德，各以親疏食采畿內而已」者，明同姓內諸侯未出封，雖同姓不得乘金路也。王子母弟所食稍縣都三等采地，親疏隆殺之差，詳《大宰》、《載師》注。凡同姓內諸侯乘車，經注無文。攷《覲禮》「侯氏裨冕乘墨車」，是外諸侯入朝，得服冕而不敢乘路，則內諸侯當亦不得乘路。若然，親王子母弟與公同食大都者，亦乘夏篆；稍疏與卿同食小都者，亦乘夏縵；更疏與大夫同食家邑者，亦乘墨車與？云「故書鉤爲拘，杜子春讀爲鉤」者，段玉裁云：「拘鉤古音同在侯部。」徐養原云：「《說文》拘鉤俱在《句部》，句亦聲，故知拘鉤音同，古字通用。」詒讓案：《國語·齊語》韋注引賈逵說，述此經亦作「鉤」，則賈氏亦同杜讀。

象路，朱，樊纓七就，建大赤，以朝，異姓以封；象路，以象飾諸末。象路無鉤，以朱飾勒而已。其樊及纓以五采罽飾之而七成。大赤，九旗之通帛。以朝，以日視朝。異姓，王甥舅。【疏】「象路」者，五路之三也。云「建大赤」者，即《輈人》云「鳥旟七斿」。此不著斿數者，亦文不具也。　注云「象路以象飾諸末」者，亦與玉路、金路同。《釋名·釋車》云：「象路、革路、木路，各隨所以爲飾名之也。」《楚辭·離騷》云「襍瑶象以爲車」，王注云：「象，象牙也。」《文選》司馬相如《上林賦》云「乘鏤象」，李注引張揖云：「鏤象，象路也。以象牙疏鏤其車輅。」是古有以象牙飾車之證。云「象路無鉤，以朱飾勒而已」者，賈疏云：「經不云鉤，明無鉤。經直云朱，鄭知以朱飾勒者，見下文革路云龍勒，明知此朱同爲飾勒也。」云「其樊及纓以五采罽飾之而七成」者，飾亦與玉路、金路同，惟以七成爲殺。云「大赤，九旗之通帛」者，《司常》云「通帛曰旜」，注云「通帛謂大赤從周正色，無飾」是也。金榜云：「《司常》鳥隼爲旟，《巾車》象路建大赤，大赤即鳥隼。」案：金説是也。《輈人》「鳥旟七斿，以象鶉火也」，《曲禮》謂之朱鳥。《國語·吴語》云「左軍皆赤常、赤旟」，韋注亦以鳥隼爲旟釋之，是其塙證。鄭説非。又《左》定四年傳「分康叔以大路、少帛、綪茷、旃旌」，杜注云：「綪茷，大赤，取染草名也。」案：茷與旆通，綪茷疑繼旐之旆，以赤帛爲之者，與少帛同爲襍帛，旃旌則疑爲大旂。孔疏謂大赤即是旃，茷言旃尾，旃言旃身，亦沿鄭此注之誤，不知繼旐之旆與旃不相屬也。云「以朝，以日視朝」者，賈疏云：「謂於路門外常朝之處乘之。此雖據常朝而言，至於三朝皆乘之。按《司常》云『道車建旞』，注云『道車，象路也，王以朝夕、燕出入』。乘此象路，則建旞。若在朝廷，大赤也，其車則同也。」案：《道僕》云「掌馭象路，以朝夕燕出入」。此止云朝者，舉朝以晐夕。又燕出入與朝事異，此亦不及者，皆文不具。賈并朝夕燕出入爲一，非也。象路以朝，《玉藻》亦謂之朝車。《士喪禮》「道車載朝服」，明道車即朝車也。朝有乘路者，《樂師》注云：「王如有車出之事，登車於大寢西階之前，反降於阼階之前。」然則鄭意王日視治朝，亦自大寢階前乘路以出路門也。今攷每日常朝王是否乘車，無可質證；而三朝及皋門外廷，通謂之朝，自路門至皋門五百步，幾及二里，三詢之朝，王有大事亦閒視焉，其閒往來，自必乘車，理無可疑。惟王朝燕乘車，亦當建大常而加全羽之旞。經云建大赤，自爲陳路表事之旗，與以朝不相冡。賈謂燕出入建旞，在朝廷建大赤，則誤也。云「異姓，王甥舅」者，賈疏云：「謂先王及今王有舅甥之親，若陳國杞國，則别於庶姓，故乘象路之車也。」案：杞爲二王後，當如上公乘金路，疏説未當。又後疏及《覲禮》疏謂同姓子男亦乘象路以下，則象路亦有封同姓者，經注特舉異姓侯伯爵尊者言之耳。

革路，龍勒，條纓五就，建大白，以即戎，以封四衛；革路，鞔之以革而漆之，無他飾。龍，駹也。

以白黑飾韋雜色爲勒。條讀爲絛。其樊及纓，以絛絲飾之而五成。不言樊字，蓋脱爾。以此言絛，知玉路、金路、象路飾樊纓皆不用金玉象矣。大白，殷之旗，猶周大赤，蓋象正色也。即戎，謂兵事。四衛，四方諸侯守衛者，蠻服以内。【疏】「革路」者，五路之四也。《戎右》謂之戎車，《左》莊六年傳謂之戎路。《曲禮》云：「兵車不式，武車綏綏。」孔疏云：「兵車，革路也。取其建戈刃即云兵車，取其威猛即云武車也。」云「建大白」者，即《司常》「熊虎爲旗」。《輈人》云：「熊旗六斿。」《説文・㫃部》作五斿。案：玉路建大常，金路建大旂，象路建大赤，斿數並與纓就同，以相比例，則許説亦通。此不著斿數者，亦文不具也。　注云「革路鞔之以革而漆之，無他飾」者，《一切經音義》引《倉頡篇》云：「鞔，覆也。」賈疏云：「自玉路、金路、象路，❶四者皆以革鞔，則《冬官》云『飾車欲侈』者也。但象路以上更有玉金象爲飾，謂之他物，則得玉金象之名。此革路亦用革鞔，以無他物飾，則名爲革路也。」案：以上四路並有鞔革，鄭、賈皆不云用何革，《左》定四年傳有「犀軒」，杜注以爲卿車，則王四路疑亦當用犀也。互詳《輿人》疏。《吕氏春秋・孟秋紀》高注云：「革路，白路也。」彼據《月令》五時路言之，與此革路小異。云「龍，駹也」者，龍即駹之誤。段玉裁云：「見《牧人》。案：或改經文爲龙，爲駹，或不改，互見也。龙駹古通用。」云「以白黑飾韋雜色爲勒」者，《爾雅・釋畜》云：「馬屬面顙皆白惟駹。」《説文・牛部》云：「牻，白黑雜毛牛也。」駹牻聲義略同，故駹亦爲白黑色。《釋名・釋車》云：「勒，絡頭也，絡其頭而引之也。」《説文・革部》云：「勒，馬頭絡銜也。」段玉裁云：「《网部》『䍐，馬絡頭也』。《金部》『銜，馬勒口中』。此云絡銜者，謂絡其頭而銜其口，可控制也。《爾雅》『轡首謂之革』，革即勒之省。馬絡頭者，轡所係也，故曰轡首。」案：段釋甚析。蓋馬頭面閒，從横絡䍐之韋革，謂之絡，口中所關銜之銅鐵具謂之銜，絡與銜相聯系，通謂之勒。此龍勒，飾韋爲之，蓋指絡而言。《説苑・臣術》篇云「翟黄乘軒車，黄金之勒」，則指銜而言。二者異材同名。馬靶轡屬於勒，故《釋器》謂之「轡首」。勒革上絡馬頟，兩旁直垂而下以屬於銜，其閒以銅爲飾，謂之鋚。《説文・金部》云：「鋚，轡首銅也。」《毛詩・小雅・蓼蕭》「鞗革沖沖」，鞗革即鋚勒。鋚，金材，而著於革，故字或從革也。賈疏以勒爲轡飾，則誤以鋚爲勒矣。云「條讀爲絛」者，《説文・木部》云：「條，小枝也。」於義無取，故依聲

❶「象路」原訛「象者」，據《周禮注疏》及楚本改。

類讀爲絛也。段玉裁云：「絛與絛同攸聲。」云「其樊及纓以絛絲飾之而五成」者，《説文・糸部》云：「絛，扁緒也。」《急就篇》顔注云：「絛一名偏諸，織絲縷爲之。」《詩・齊風・著》孔疏引王基《毛詩駁》云：「紞，今之絛，色不褋不成爲絛。」然則絛蓋織色絲爲之，故《既夕禮》注云：「諸侯之臣飾纓以三色而三成。此三色者，蓋絛絲也，其箸之如罽然。天子之臣如其命數。王之革路絛纓。」據此則革路以色絲飾纓，猶玉金象三路以色罽飾纓。云「五成」者，又殺於象路也。云「不言樊字，蓋脱爾」者，以上下四路並言樊纓，惟此不言樊，故疑其文有佚脱也。云「以此言絛，知玉路、金路、象路飾樊纓皆不用金玉象矣」者，賈疏云：「上玉路鞶纓十有二就，馬氏以爲旄牛尾金塗十二重，有此嫌，故微破之也。」詒讓案：鄭意蓋謂金玉象諸路止飾諸末，若樊纓則不以爲飾也。云「大白殷之旗，猶周大赤，蓋象正色也」者，《明堂位》云：「殷之大白，周之大赤。」《周書・克殷》篇云「武王乃手大白以麾諸侯」，又云「百夫荷素質之旗于王前」，孔注云：「素質，白旗。」《後漢書・章帝紀》李注引《禮緯》云：「十一月，時陽氣始施於黄泉之下，色皆赤。赤者陽氣，故周爲天，正色尚赤。十二月，萬物始牙，而色白。白者陰氣，故殷爲地，正色尚白。」《春秋繁露・三代改制質文》篇云：「正白統者旗白，正赤統者旗赤。」是旗章隨正色之事也。鄭不云大白於九旗何屬，此注云「猶周大赤」，則謂卽通帛之旜而以帛素爲之者，其説非也。金榜云：「《司常》熊虎爲旗，《巾車》革路建大白，大白卽熊虎。《司馬法》『旗章殷以虎，尚威』。是殷有旗矣。」案：金氏謂大白卽熊虎之旗，其説甚塙。《國語・吴語》云：「王親秉鉞，載白旗，以中陳而立。」韋注云「熊虎爲旗」，是其證也。又《釋名・釋兵》云：「白旆，殷旌也，以帛繼旐末也。」此似以大白爲白旆，猶《左傳》杜注以大赤釋綪茷也。攷《詩・小雅・六月》「白旆央央」，毛傳云：「白旆，繼旐者也。」是毛不以白旆爲大白。劉疑本三家詩説，不知旐緇旗素，帛色迥異，不容强合也。《周書・克殷》又説武王斬二女縣諸小白。彼對大白言之，蓋卽熊旗之爲褋帛者，猶大綏小綏之比。小白，《左》定四年傳又作「少帛」。少小、白帛字通。杜注亦謂是褋帛之物是也。云「卽戎，謂兵事」者，《説文・戈部》云：「戎，兵也。」《論語・子路》篇「亦可以卽戎矣」，何氏《集解》引包咸注云：「可就兵攻戰也。」賈疏引《鄭志》：「趙商問：『《巾車職》云「建大白以卽戎」，注云「謂兵事」。《司馬職》仲秋辨旗物以治兵，王載大常。下注云「凡班旗物以出軍之旗，則如秋」。不知《巾車》「大白以卽戎」

爲在何時？』荅曰：『白者，殷之正色。或會事，或勞師，不親將故建先王之正色，異於親自將。』」賈疏又云：「按《司馬法》云：『章，夏以日月，上明；殷以虎，上威；周以龍，上文。』不用大常者，周雖以日月爲常，以龍爲章，故《郊特牲》云『龍章而設日月』。又案：《周本紀》『武王遂入，至紂之死所，王射之三發而后下車，以輕劍斬紂頭，懸於大白之旗』。不用大常者，時未有《周禮》，故武王雖親將猶用大白也。」案：此經即戎專屬革路，與建大白不相冢。大白乃陳革路時建以表事，王即戎自建大常。鄭、賈並强爲之説，非也。云「四衛，四方諸侯守衛者，蠻服以内」者，賈疏云：「此四衛，非謂在衛服者。以其諸侯非同姓，與王無親，即是庶姓，在四方六服已内衛守王。《大司馬》以要服爲蠻服，故云蠻服以内也。」孔廣森云：「《大行人》子男五命，樊纓五就。此革路條纓五就，當爲子男之車。不云封子男而云四衛者，言四方衛服之國也。《呂氏春秋・慎勢》曰：『王者之封建也，彌近彌大，彌遠彌小，海上有十里之諸侯。』《管子・事語》曰：『齊，諸侯方百里；負海，子七十里，男五十里。』齊，中也，與《爾雅》『距齊州』之齊同義，亦言中州之國大，負海之國小。是故男服以内近，則鮮子男；采服以外遠，則無侯伯。春秋時，河濟之閒，小國非一。然如許男之類，或夏殷舊封，而周未加其爵；或如滕子，則始封本侯，後絀其爵；今不復可識别，以推周初封建之制。所可徵者，唯《曲禮》云『東夷、北狄、西戎、南蠻，雖大曰子』。《左傳》曰『晉甸侯也』，又云『鄭伯男也』，又曰『曹爲伯甸』，明侯服、甸服、男服皆侯伯所封。采服、衛服、要服，蓋子男所封。以衛言者，舉其中也。」案：孔説是也。《書・酒誥》、《康王之誥》並云「侯甸男衛」，於男服之外，止舉衛服，明以衛晐采要二服。《康誥》又云「侯甸男邦采衛」，於男采之閒，繫以「邦」字，明男服以内公侯伯爲成國，與采服以外不同也。鄭、賈以此四衛通晐六服，説殊未析。又《大戴禮記・少閒》篇云「士脩四衛」，盧注云：「四衛，四方之職。」彼據侯國四境言之，與此經義小異。

木路，前樊鵠纓，建大麾，以田，以封蕃國。木路，不鞔以革，❶漆之而已。前，讀爲緇翦之翦。翦，淺黑也。木路無龍勒，以淺黑飾韋爲樊，鵠色飾韋爲纓。不言就數，飾與革路同。大麾不在九旗中，以正色言之則黑，夏后氏所建。田，四時田獵。蕃國，謂九州之外夷服、鎮服、蕃服。杜子

❶「鞔」原訛「輓」，據《周禮注疏》改。

春云：「鵠或爲結。」【疏】「木路」者，五路之五也。木路卽殷之大路，魯郊亦用之。《禮器》云「大路繁纓一就」，此別取尚質之義，與王田路異也。云「建大麾」者，卽《輈人》云「龜旐四斿」。此不著斿數者，亦文不具。云「以封蕃國」者，賈疏云：「凡五等諸侯所得路者，在國祭祀及朝天子皆乘之。但朝天子之時，乘至天子館，則舍之於館，是以《覲禮記》云『偏駕不入王門』。謂舍之於客館，乘墨車龍旂以朝。鄭云：『在旁與己同曰偏。』若兩諸侯自相朝，亦應乘之。若齊弔及朝并朝夕燕出入，可降一等。若在軍，皆乘廣車。若以田以鄙，則乘木路也。若五等諸侯親迎，皆乘所賜路。以其士親迎，攝盛乘大夫車，則大夫已上，尊則尊矣，不可更攝盛轉乘在上之車，當乘所賜車，與祭祀同，則王乘玉路可也。若如鄭注，同姓雖爲侯伯，畫服如上公，得乘金路；若爲子男，似不得，當與異姓同乘象路也。異姓象路，則降上公，以其上公雖庶姓，亦乘金路，其異姓侯伯子男皆乘象路也。言四衞革路者，亦謂庶姓侯伯子男。蕃國木路者，夷狄惟有子男，同木路也，無問祀賓已下皆乘之。」　注云「木路不鞔以革，漆之而已」者，於木路加漆爲黑色也。賈疏云：「以其言木，則木上無革可知。必知有漆者，以其喪車尚有漆者，況吉之乘車，有漆可知。」云「前讀爲緇翦之翦，翦，淺黑也」者，《既夕禮》云：「加茵用疏布，緇翦。」鄭彼注云：「翦，淺也。今文翦作淺。」據此，則翦本訓淺。彼文云緇翦，故爲淺黑；此不云緇翦，知亦爲淺黑者，因大麾色黑，車旗色當相配也。據後疏引賈、馬義，則此經舊説蓋讀「前」如字。段玉裁云：「前翦聲類同。」云「木路無龍勒」者，賈疏云：「以經不云勒，明降於革路，無龍勒可知。」云「以淺黑飾韋爲樊，鵠色飾韋爲纓」者，《爾雅·釋器》云：「象謂之鵠。」《釋文》云：「鵠，白也。」此鵠色亦卽謂白色。樊纓二者皆以韋爲之，故知以翦鵠之色飾韋也。云「不言就數，飾與革路同」者，前四路皆言就數，惟此不言，明亦以絛絲飾之而五成，與革路同，故文冢彼而省。但依前玉路、金路、象路，纓就並與旗斿數相應，而此路建大麾四斿，疑樊纓亦當四成，鄭説或未塙也。云「大麾不在九旗中」者，《説文·手部》云：「𪎭，旌旗所以指麾也。」麾卽𪎭之俗。鄭以司常九旗無與大麾相當者，故謂不在其中。金榜云：「《司常》龜蛇爲旐，《巾車》木路建大麾，大麾卽龜蛇。《檀弓》『綢練設旐，夏也』。是夏有旐矣。《明堂位》曰『夏后氏之綏』，綏卽大麾，亦謂之大綏。《詩·韓奕》『淑旂綏章』，毛傳云：『綏，大綏也。』」案：金氏謂大麾卽九旗之旐，又卽夏后氏之綏，其説甚塙。鄭謂不在九旗中，誤。互詳《司常》疏。云「以正色言之則黑，夏后氏所建」者，《後漢書・章帝紀》李注引《禮緯》云：「十三月，萬物孚甲而出，其色皆黑，人得加功展業，故夏爲人，正色尚黑。」《春秋緐露・三代改制質文》篇云：「黑統，路輿色黑，旗黑。」《明堂位》云「有虞氏之旂，夏后氏之綏」，鄭彼注云：「綏當爲緌，讀如冠蕤之蕤。有虞氏當言緌，夏后氏當言旂，此蓋錯誤也。緌謂注旄牛尾於杠首，所謂大麾。《書》云：武王左杖黃鉞，右秉白旄以麾。」孔疏云：「知有虞氏當言緌，夏后氏當言旂者，以虞質於夏，故知虞世但注旄，夏世始加旒縿。必知此緌當《巾車》大麾者，彼大麾上有大白、大赤，此經『夏后氏之緌』下有大白、大赤，故知緌當大麾也。然《巾車》注云『正色言之，大麾夏后氏之旗，色黑』。鄭此注以緌爲有虞氏所建，緌則大麾。不同者，有虞氏但有注旄竿首，夏后氏之旗若去旒縿，則與虞氏不異，同謂之緌也。」案：鄭意當如孔説，賈疏説亦同。今攷《明堂位》注以綏爲卽大麾，不誤；而讀綏爲緌，又以爲有虞氏制，《王制》注亦同，蓋謂虞夏旗並以注旄故得緌名，但虞旗無縿斿，夏旗乃有之，此大麾卽沿夏制。實則虞旂自有縿斿，不得爲徒緌，亦不與夏旗同名。賈、孔曲爲申述，不可通也。《釋名・釋兵》以緌爲有虞氏之旌，綏爲夏后氏之旌，蓋從鄭義而小異，亦不足據。詳《夏采》疏。依金説，大麾卽龜蛇之旐，所以象北方玄武，故其色黑。《爾雅・釋天》云：「緇廣充幅，長尋，曰旐。」郭注云：「帛全幅長八尺。」《公羊》宣二年徐疏引孫炎云：「緇，黑繒也。」然則大麾蓋以緇帛爲縿，與大常之縿帛同色異也。《檀弓》云「綢練設旐」，鄭彼注云：「綢練，以練綢旌之杠。此旌葬乘車所建也。旌之旒，緇布廣充幅長尋曰旐。」此本《釋天》之文，而以「緇廣充幅長尋」爲據旒言，又以緇爲緇布。蓋不知《爾雅》之旐卽此大麾，故誤爲之説，不可從也。又案：《司馬法・天子之義》篇云：「旂章，夏以日月，尚明也。」九旗之旐無日月者，疑周以日月畫大常，故去之，夏旂或本有日月矣。云「田，四時田獵」者，《小司徒》注義同。四時田名，詳《大司馬》職。賈疏引《鄭志》：「趙商問：『《巾車職》曰「建大麾以田」，注云「田，四時田獵」。商按：《大司馬職》曰四時皆建大常，今又云建大麾以田何？』答曰：『麾，夏之正色。雖習戰，春夏尚生，其時宜入兵，夏本不以兵得天下，故建其正色以春夏田。秋冬出兵之時，乃建大常。故《雜問志》云「四時治兵王自出」，《禮記》「天子殺則下大綏」，《司馬職》「王建大常」，足相參正。』」詒讓案：鄭不知此建大麾，乃陳木路時所建以表事，與田事不相冡，則此職

「田建大麾」，與《大司馬》治兵王建大常之文違牾，故謂「春夏田建大麾，秋冬田建大常」，以通其説，亦非經義也。今依金氏説，時田王自行乘木路，自建大常，與陳路時木路建大麾以表事不同。至《王制》云「天子殺則下大綏，諸侯殺則下小綏」，《毛詩·小雅·車攻》傳亦云「天子發抗大綏，諸侯發抗小綏」，此大綏固即大麾，然止謂抗之下之以爲田節，則亦取表事之義，非謂田時王所乘木路建此旗也。惠士奇亦糾《鄭志》之誤，謂中冬大閱，中秋治兵，固建大常；及其田也，仍建大麾以表獲。其説較鄭爲長。然春夏田亦建大常，不徒秋冬也。云「蕃國，謂九州之外，夷服、鎮服、蕃服」者，據《大司馬》，九服末爲夷鎮蕃三服。《大行人》止有六服，要服以下即云「九州之外謂之蕃國」，故知蕃國即彼三服在九州之外也。杜子春云「鵠或爲結」者，段玉裁云：「字之誤也，如《大宗伯》吉禮爲告禮。」賈疏云：「按馬氏云，前樊結纓謂再重，樊纓在前有結，在後往往結革以爲堅，且飾節良，以爲樊纓皆有采就，則前與鵠亦可以爲飾。而賈氏謂前纓有結。其義非。今子春爲結，後鄭引之在下，得通一義故也。」案：賈引馬傳「且飾節良」，句文難通，疑「節」字當是衍文。據此則賈、馬二家本「鵠」皆作「結」，且讀「前」如字。依馬説，則樊纓在前，別有結以飾樊纓之後。賈侍中説似亦與馬同。其説於古無徵，故後鄭不從。

王后之五路：重翟，鍚面朱總；厭翟，勒面繢總；安車，彫面鷖總，皆有容蓋；重翟，重翟雉之羽也。厭翟，次其羽使相迫也。勒面，謂以如王龍勒之韋，爲當面飾也。彫者，畫之，不龍其韋。安車，坐乘車，凡婦人車皆坐乘。故書朱總爲䋿，鷖或作繄。鄭司農云：「鍚，馬面鍚。䋿當爲總，書亦或爲總。鷖讀爲鳧鷖之鷖。鷖總者，青黑色，以繒爲之，總著馬勒直兩耳與兩鑣。容謂幨車，山東謂之裳幃，或曰潼容。」玄謂朱總、繢總，其施之如鷖總，車衡輨亦宜有焉。繢，畫文也。蓋，如今小車蓋也。皆有容有蓋，則重翟厭翟謂蔽也。重翟，后從王祭祀所乘。厭翟，后從王賓饗諸侯所乘。安車無蔽，后朝見於王所乘，謂去飾也。《詩·國風·碩人》曰「翟蔽以朝」，謂諸侯夫人始來，乘翟蔽之車，以朝見於君，盛之也。此翟蔽蓋厭翟也。然則王后始來乘重翟乎？【疏】「王后之五路」者，后乘路亦有五，與王路相配也。云「安車」者，賈疏云：「按下翟車尊於安車，而進安車在上者，以其翟車有幄無蓋，安車重翟同無幄而有容蓋，故進安車與重厭之車同在上也。」　注云「重翟，重翟雉之羽也」者，翟雉，詳《內司服》疏。賈疏云：「凡言翟者，皆謂翟鳥之羽，以爲兩旁之蔽。言重翟者，皆二重爲之。」云「厭翟，次其羽使相迫也」者，丁晏云：「《説文・厂部》『厭，笮也』。《竹部》『笮者，迫也』。故鄭以厭爲迫。」賈疏云：「謂相次以厭其本，下有翟車者，又不厭其本也。」云「勒面，謂以如王龍勒之韋爲當面飾也」者，當面即前注之當盧，以其著馬面謂之面，猶膺飾謂之膺也。《説文・革部》云：「韅，勒靼也。」面韅聲義略同。鄭以勒即是馬面絡羈之具。且上言錫面，下言彫面，並據飾言，明此「勒面」勒亦當是飾，故知即以龍勒之韋爲面飾。若然，經不云龍面而云勒面者，遥冢上革路龍勒爲文也。云「彫者，畫之不龍其韋」者，《廣雅・釋詁》云：「彫，畫也。」案：畫謂漆韋而鏤刻爲文，與畫繢異。上勒面爲龍其韋以飾面，此言彫不言勒，故知不龍其韋，唯刻畫之也。《隋書・禮儀志》載北周五輅有彫面，注云「刻漆韋爲當顱」。彼亦以彫爲刻，足證鄭義。彫訓刻畫，詳《梓人》疏。云「安車，坐乘車，凡婦人車皆坐乘」者，賈疏云：「按《曲禮》云『婦人不立乘』，是婦人坐乘，男子立乘。《曲禮》『大夫七十而致事，若不得謝，則必賜之几杖，乘安車』，則男子坐乘亦謂之安車也。若然，則王后乘五路皆是坐乘，獨此得安車之名者，以餘者有重翟、厭翟、翟車、輦車之名可稱，此無異物之稱，故獨得安車之名也。」詒讓案：《續漢・輿服志》劉注引蔡邕云：「立乘曰高車，坐乘曰安車。」《宋書・禮志》云：「凡婦人車皆坐乘，故《周禮》王后有安車而王無也。」《列女傳・貞順篇》，齊孝孟姬曰：「妾聞妃后踰閾必乘安車輜軿，今立車無軿，非所敢受命也。」安車有容，故亦通稱輜軿，與漢時輜車、軿車制異。《曲禮》「大夫安車」，注云：「安車，坐乘，若今小車也。」孔疏謂即《書傳略説》所云「乘車輲輪」。輲與輇同。婦人車惟輦車人輓爲輇輪，則安車輪與常車同，與男子安車異也。《賈子新書・容經》説乘車之容云：「坐乘以經坐之容，手撫式，視五旅，欲無顧，顧不過轂。」是即安車之儀矣。云「故書朱總爲緫」者，謂此經三總字，故書惟朱總之總作緫字也。《釋文》云：「緫，戚云檢《字林》《蒼》《雅》及《説文》，皆無此字。衆家亦不見有音者，惟昌宗音廢，以形聲會意求之，實所未了。當是廢而不用乎？非其音也。李兵廢反，本或作緦，恐是意改也。」案：昌宗者，劉昌宗也。段玉裁云：「此字之誤也。字形之誤，不妨誤爲本無之字，宜衆家之不爲音也。」徐養原云：「《集韻》兼收於《六至》、《二十廢》。《至韻》：基位切，繒也。此因鄭注鷖總以繒爲之，故有此訓，而音終不相近，究屬譌字。」云「鷖或作緊」者，徐養原云：

「鷖緊同音相借。」鄭司農云「鍚，馬面鍚」者，即前注馬面當盧是也。云「緫當爲總，書亦或爲總」者，緫字不體，故先鄭依故書別本作總也。云「鷖讀爲鳧鷖之鷖」者，段玉裁改爲「緊讀爲鳧鷖之鷖」，云：「故書或作緊，司農易緊爲鷖，鄭君從司農説。今本作『鷖讀爲』，誤也。」案：段校是也。云「鷖總者，青黑色，以繒爲之」者，段玉裁云：「鷖鳧屬青黑色，繒色似之。」案：《説文·糸部》云：「緊，一曰青黑色繒。」許字從故書義，則與鄭同。案今本《説文》青作赤，段據《玉篇》正，是也。《詩·大雅·鳧鷖》毛傳云：「鷖，鳧屬。」孔疏引《蒼頡解詁》云：「鷖，鷗也。一名水鴞。」又引陸璣疏云：「鳧，青色。」案：鷖鳧鷗色蓋略同。《曲禮》「前有水則載青旌」，注云「青，青雀，水鳥」是也。鷖色青，故一名青。《文選》江淹《雜體詩》李注引《吕氏春秋·精諭》篇「海上人有好青者」。《列子·黄帝》篇亦載其事，青作漚。漚與鷗同。鷖、鷗、青雀、青鳥，蓋異名同物。以青黑繒爲總，謂之鷖總，猶《周書·王會》篇以青旌爲鳧旌矣。云「總著馬勒直兩耳與兩鑣」者，❶《内則》注云：❷「總，束髮垂後爲飾。」孔疏云：「總者，裂繒爲之，束髮之本，垂餘於髻後以爲飾。」黄以周云：「顔師古云：『總以絲縷爲之。』總當以絲縷織爲組。《廣雅》云：『總，束也。』總爲束物之組，故翟車謂之『組總』，《毛詩·干旄》傳『總以素絲而成組』是也。『朱總』『績總』即所謂『組總』，先鄭云『以繒爲之』，未確當。孔謂笄總亦用繒，誤。」賈疏云：「凡言總者，謂以總爲車馬之飾，若婦人之總，亦既繫其本，又垂爲飾，故皆謂之總也。」案：黄説亦通。《隋書·禮儀志》説周制重翟亦有總，云「以朱爲之，如馬纓而小」，則似亦以絲組爲之。《説文·金部》云：「鑣，馬銜也。」《釋名·釋車》云：「鑣，苞也，所以在旁包斂其口也。」蓋總著於馬面勒閒兩旁，其本結於勒上，正直兩耳，其下之垂者，與銜鐵之旁出口角者又正相當也。云「容謂幨車，山東謂之裳幃，或曰潼容」者，葉鈔《釋文》潼作湩，云「本亦作潼」。案：幨與裧同，《士昏禮》云「婦車有裧」，注云：「裧，車裳幃，《周禮》謂之容，車有容則固有蓋。」《既夕記》云「主婦車疏布裧」，注云：「裧者，車裳幃，於蓋弓垂之。」《詩·衛風·氓》云「漸車帷裳」，毛傳云：「帷裳，婦人之車也。」鄭箋云：「帷裳，童容也。」《列女傳·貞順篇》齊孝孟姬曰：「野處則帷裳擁蔽。」幃即

❶「馬」原訛「高」，據楚本改。
❷「内則」原訛「士冠禮」，今改。

帷之借字。據此經及《詩》、《士昏》《士喪》二禮，則帷裳自后夫人至士妻車，皆得設之，蓋婦人車之通制矣。段玉裁云：「潼，《釋文》作湩，《詩》注作童，皆音同。通志堂本湩作幢，俗字也。《集韻·一東》曰：『湩，徒同切。湩，容車幨帷也。』此據《釋文》。」案：段說是也。《釋名·釋牀帳》云：「幢容，幢童也，施之車蓋童童然，以隱蔽形容也。」亦從俗作幢。《詩·氓》孔疏云：「以幃障車之傍，如裳以爲容飾，故或謂之幃裳，或謂之童容。其上有蓋，四傍垂而下，謂之幨。故《雜記》曰『其輤有裧』，注云『裧謂鼈甲邊緣』是也。然則童容與幨别。司農云謂幨車者，以有童容，上必有幨，故謂之爲幨車也。」案：孔以童容與幨異，非先鄭意也。凡車裳帷下垂而長，與衣裳下垂同，二者通謂之襜。《說文·衣部》云「襜衣蔽前」，又云「直裾謂之襜褕」。幨裧並襜之别體。《方言》云：「襜褕，江淮南楚謂之褈容。」是衣亦有褈裕之稱，猶車幨謂之潼容也。車裳帷，詳言之曰潼容，省文則曰容。故《釋名·釋車》云：「容車，婦人所載小車也。其蓋施帷，所以隱蔽其形容也。」《荀子·正論篇》云：「天子居則設張容，負依而坐。」《荀子》之容，蓋亦即《掌次》之帷，王坐設帷，與后車設帷裳，通謂之容。楊注以容爲羽衛，未塙。車帷之裳與蓋衣相屬，故《士昏》注謂「有容則有蓋」。《既夕》注謂「裧即車裳帷，於蓋弓垂之」，與《釋名》所言「蓋施帷」者正同。是裧屬於蓋，下垂即爲帷裳，並非二物。惟喪車裳帷則爲圍棺而設，自不能與蓋弓所綴衣相連，故《襍記》云「其輤有裧，緇布裳帷」，注云「裳帷，圍棺者」。彼裳帷不與蓋衣相屬，故蓋衣之邊緣，必别爲裧，下垂尺，所以爲飾，所謂鼈甲邊緣也。若婦人車，則無鼈甲邊緣，而直以蓋衣下垂爲裳帷，其長下接輢式，當有數尺，與喪車裧迥異也。云「玄謂朱總繢總其施之如鷖總」者，謂亦著馬勒直兩耳與兩鑣也。云「車衡輨亦宜有焉」者，增成先鄭之義。衡，輈前横木縛軛者，見《輈人》。《說文·車部》云：「輨，轂端錔也。」鄭意三總皆不止飾馬首，兼施於車諸末也。其在輨者，蓋於兩軸耑設之。云「繢，畫文也」者，《司几筵》「繢純」注同。王引之以彼繢爲赤組，則此繢總或與朱總色相近也。云「蓋，如今小車蓋也」者，《釋名·釋車》云：「安車，蓋卑，坐乘，今吏所乘小車也。」此三車亦坐乘，蓋亦宜卑，與漢時小車同，故以況之。云「皆有容有蓋，則重翟厭翟謂蔽也」者，賈疏云：「案馬氏等云『重翟爲蓋，今之羽蓋是也』。爲有此嫌，故微破之。若重翟厭翟是蓋，何須下文云皆有容蓋乎？是以後鄭約下王之喪車五乘皆有蔽，明后之車言翟者，亦謂蔽也。」詒讓案：凡后夫人之車蓋，皆輓以皮革。三翟之車，則兩旁之藩，又加以羽飾。《左》閔二年傳，説齊歸衛夫人魚軒，杜注云：「夫人車以魚皮爲飾。」彼魚皮蓋卽輓車之革，❶其外當皆有飾也。又《齊風·載驅》毛傳云：「諸侯之路車，有朱革之質而羽飾。」此謂男子車亦有羽飾，於經無文，未詳所據。云「重翟，后從王祭祀所乘」者，此重翟爲后五路之首，於王五路當玉路以祀，故知后從王祭祀所乘也。《舊唐書·祝欽明傳》引《三禮義宗》云：「重翟者，后從王祭先王先公所乘也。」賈疏云：「后無外事，惟祭先王、先公、羣小祀，皆乘此重翟也。」案：賈據《內司服》注，説后服三翟，從王祭祀有此三等。若然，后服三翟則乘重翟，車服適相稱也。云「厭翟，后從王賓饗諸侯所乘」者，厭翟爲后五路之二，於王五路當金路以賓，故知后從王賓饗諸侯之所乘也。《唐書》引《三禮義宗》云：「厭翟者，后從王饗諸侯所乘也。」賈疏云：「案《內宰職》云：『賓客之祼獻瑶爵，皆贊。』注云：『謂王同姓及二王之後，王祼賓客，亞王而禮賓。獻謂王饗燕，亞王獻賓也。』此時后則乘厭翟也。不言祼者，文略耳。」云「安車無蔽，后朝見於王所乘」者，安車爲后五路之三，於王五路當象路以朝，故知后乘此車以朝見王，亦取與《內司服》「展衣以禮見王」相配也。《唐書》引《三禮義宗》云：「安車者，后宮中朝夕見於王所乘也。」云「謂去飾也」者，賈疏云：「以其安車不言翟，明無蔽；以其朝王，質，故去飾也。」引《詩·國風·碩人》曰「翟蔽以朝」者，《衛風》文。蔽，《毛詩》作「茀」，傳云：「茀，蔽也。」此作蔽者，疑鄭據《韓詩》引之者，亦證二翟爲蔽也。《易·既濟》云：「婦喪其茀。」彼《釋文》引鄭《易注》云：「茀，車蔽也。」與毛義同。云「謂諸侯夫人始來，乘翟蔽之車以朝見於君，盛之也，此翟蔽蓋厭翟也」者，釋《詩》義也。《毛詩傳》云：「翟，翟車也。夫人以翟羽飾車。」毛以翟茀爲羽飾，則不爲羽蓋，與鄭義同；而以彼爲五路之翟車，則與鄭異。鄭知爲厭翟者，以王后乘重翟，上公夫人乘厭翟，侯伯夫人當乘安車，以昏禮攝盛，則衛侯夫人始來得乘厭翟，故云盛之也。《毛詩·召南·何彼襛矣》序云：「王姬下嫁於諸侯，車服不繫於其夫，下王后一等。」鄭箋云：「下王后一等，謂車乘厭翟，服則褕翟。」孔疏云：「諸侯之夫人始嫁及常乘之車，説者各爲其見。崔靈恩以爲二王之後夫人，各乘本國先王之上車，魯之夫人乘重翟。知者，以魯夫人服褘衣，與王后同，故知車亦同也。其同姓異姓侯伯夫人皆

❶「輓」原作「輓」，據文義改。

乘厭翟，子男夫人乘翟車，所用助祭饗賓朝見，各依差次。其初嫁之時，侯伯以下夫人所乘車，皆上攝一等。知者，以士妻乘墨車，上攝大夫之車故也。崔又一解云：『諸侯夫人初嫁，不得上攝，以其逼王后故也。卿大夫之妻得上攝一等。』案：鄭注《巾車》引《詩》『翟茀以朝』，謂厭翟也。衞是侯爵，故厭翟。崔氏後解與鄭注同。既不上攝，鄭注《巾車》云『乘翟茀之車以盛之』者，以乘祭祀之車，故言盛也。二劉以五等諸侯夫人初嫁皆乘厭翟，與鄭不合。其三公之妻與子男同，其孤妻夏篆，卿妻夏縵，大夫墨車，士乘棧車，初嫁皆上攝一等。」案：賈疏正與崔氏後解同。云「然則王后始來乘重翟乎」者，后路以重翟爲最尊，更無盛路，故直乘重翟也。賈疏云：「王姬下嫁，下后一等，及諸侯夫人皆乘厭翟，則王后自然始來乘重翟可知。若然，王之三夫人與三公夫人同乘翟車，九嬪與孤妻同乘夏篆，二十七世婦與卿妻同乘夏縵，女御與大夫妻同乘墨車，士之妻攝盛亦乘墨車，非嫁攝盛則乘棧車也。諸侯已下夫人，祭祀、賓饗，出桑、朝君，差之皆可知也。若然，諸侯夫人亦當有安車以朝君也。」**翟車，貝面，組總，有握；**翟車，不重不厭，以翟飾車之側爾。貝面，貝飾勒之當面也。有握，則此無蓋矣，如今軿車是也。后所乘以出桑。【疏】「組總有握」者，《釋文》云：「握，干、馬皆作幄。」段玉裁云：「《幕人》注曰：『四合象宫室曰幄。』《說文》無幄字，古借屋字爲之。《說文・木部》有楃字，云『木帳也，從木屋聲』。帳皆以繒爲之，而必有橦。橦，帳柱也，故或從木。」詒讓案：楃正字，幄俗字，握則同聲叚借字也。《爾雅・釋言》云：「握，具也。」《釋文》引李巡本作幄。此經用借字，與《爾雅》郭本同。組，詳《典絲》疏。賈疏云：「上言朱總、繢總、鷖總，彼皆以繒爲之。今此言組總，則以組條爲之。揔亦施於勒及兩耳兩鑣，并車衡輈焉。」　注云「翟車不重不厭，以翟飾車之側爾」者，此翟車但以翟名，明不重不厭可知。飾車側卽謂飾蔽也。云「貝面，貝飾勒之當面也」者，《說文・貝部》云：「貝，海介蟲也。」《爾雅・釋魚》云：「貝，餘蚳黄白文，餘泉白黄文。」是貝有文，故可以飾勒之當面。《既夕禮》「薦乘車貝勒」，鄭注云「貝飾勒」，卽此。云「有握則此無蓋矣」者，《釋名・釋牀帳》云：「幄，屋也，以帛衣板，施之形如屋。」則幄是以帛衣板，與以蓋施容同。段玉裁云：「鄭蓋意謂上三車皆有容有蓋，翟車以握當容，不云有蓋也。」詒讓案：此以握當容，亦兼以當蓋，故不別施蓋。通言之，蓋有衣亦謂之屋，《史記・秦始皇本紀》「車黄屋」，《集解》引蔡邕云「黄屋者，蓋以黄爲裏」是也。云「如今軿車是也」者，王聘珍云：「《續漢書・輿服志》，太皇太后、皇太后非法駕則乘紫罽輧車。《釋名・釋車》云：『輧車，輧屏也，四面屏蔽，婦人所乘牛車也。』詒讓案：《宋書・禮志》引《字林》云：「輧車有衣蔽，無後轅。」漢時輧車，當是上施幄，四面下覆爲屏蔽，與乘車立蓋不同，故鄭以證此翟車也。云「后所乘以出桑」者，《舊唐書・祝欽明傳》引《三禮義宗》云：「翟車者，后求桑所乘也。」案：鄭以翟車於王五路當革路即戎，后無外事，惟有出郊躬桑，亦取與《内司服》「鞠衣告桑」相配也。《月令》：「季春，后妃齊戒，親東鄉躬桑。」《内宰》云：「中春，詔后帥外内命婦始蠶於北郊。」是出桑之事，其時后即乘此翟車也。又《月令》「季春，天子薦鞠衣於先帝」。注云：「爲將蠶，求福祥之助也。」彼是祭告，與出桑事相因，賈疏謂亦乘此翟車是也。

輦車，組輓，有翣，羽蓋。輦車不言飾，后居宫中從容所乘，但漆之而已。爲輇輪，人輓之以行。有翣，所以禦風塵。以羽作小蓋，爲翳日也。故書翣爲翜，杜子春云：「當爲翣，書亦或爲翜。」

【疏】「輦車」者，阮元云：「《釋文》作『連車』，云『音輦，本亦作輦』。案《説文》：『連，負車也。从辵从車。』古經當以連爲輦。《鄉師》『與其輂輦』，注『故書輦作連，鄭司農云，連讀爲輦』。」詒讓案：連輦古通。但此經《小司徒》、《鄉師》、《縣師》、《均人》、《遂人》、《遂師》、《稍人》與此職輦字凡八見，唯《鄉師》故書作連，二鄭並讀從今書，則此不當獨從連。《釋文》本雖近古，然非鄭本也。

注云「輦車不言飾」者，賈疏云：「以其不言翟，又不言面摠之等，是不言飾也。」云「后居宫中從容所乘」者，《舊唐書・祝欽明傳》引《三禮義宗》云：「輦車，后游宴所乘也。」《吕氏春秋・本生》篇云：「出則以車，入則以輦，務以自佚，命之曰招蹷之機。」高注云：「出門乘車，入門用輦。招，至也。蹷機，門内之位也。乘輦於宫中，遊翔至於蹷機。」宫中游翔即從容遊燕也。《左》襄二十三年傳云「范宣子使二婦人輦而如公」，則婦人常乘皆以輦，不徒后夫人也。又此輦車於王五路當木路，王乘木路以田，后無田事，明但自居内宫從容往來所乘，與《内司服》「褖衣以燕居」相配，故其制卑而飾殺，又使人輓，與上四車不同也。云「但漆之而已」者，與王木路同，凡吉車無不漆也。云「爲輇輪，人輓之以行」者，凡周以前輦皆有輪，秦始去之，詳《鄉師》疏。《鄉師》「輂輦」，注云「輦，人輓行」。彼輦爲民間載任器之車，與此后車制小異，而人輓則同。《續漢書・祭祀志》劉注引干寶注云：「對輿曰輦。」案：「對輿」疑當作「對舁」，亦謂二人相對輓引之也。賈疏云：「案《禮記》云『載以輴車』。輴車，載柩之車，則地官蜃車，人輓之以行。此輂車組輓，亦是人輓行者。案：《雜記》注引許氏《説文解字》曰：『有輻曰輪，無輻曰輇。』則人輓行者，皆是無輻曰輇。案上《雜記》注『輇崇蓋半乘車之輪』，乘車高六尺六寸，則此當三尺三寸。」云「有翣，所以禦風塵」者，《小爾雅・廣服》云：「大扇謂之翣。」《説文・竹部》云：「箑，扇也。或作篓。」翣與箑字通。《古今注》云：「周制，王后夫人車有翣，卽緝雉羽爲扇翣，以障翳風塵也。」依崔説，則翣亦以羽爲之。《女御職》后喪棺飾亦有翣。《説文・羽部》以翣爲羽飾，則輂車之翣，蓋亦爲大羽扇，樹車兩旁，故可以御風塵與？云「以羽作小蓋，爲翳日也」者，輂車輇輪組輓，其車卑小，故蓋亦小，取足以翳日而已。云「故書翣爲毼，杜子春云當爲翣，書亦或爲毼」者，段玉裁云：「《釋文》曰：『毼毾竝音獵。』案《説文》鬣或作㲱。毼者，㲱之譌也。舊籍皆譌鬣爲葛，如獵臘鑞鬣爉擸躐字，或體皆從葛。《集韻》鬣或作鬝。然則毼卽㲱，特易其左右耳。《周書・王會》篇『青馬黑毼謂之母兒』，王應麟云『毼卽鬣字』是也。巤聲、妾聲，聲類同在覃談部，故杜得尋其聲類改爲翣字。其作毼者，從馬毛，會意，蓋古文鬣字之存於漢注中者。陸氏云『毼或音毛』，或説大謬。毼果讀毛，則杜無由改爲翣矣。」徐養原云：「毼字又因與毾形相涉而誤。」

王之喪車五乘：木車，蒲蔽，犬褀尾櫜，疏飾，小服皆疏；木車，不漆者。鄭司農云：「蒲蔽，謂臝蘭車以蒲爲蔽，❶天子喪服之車，漢儀亦然。犬褀，以犬皮爲覆笭。」故書疏爲揟，杜子春讀揟爲沙。玄謂蔽，車旁禦風塵者。犬，白犬皮，既以皮爲覆笭，又以其尾爲戈戟之弢。麤布飾二物之側爲之緣，若攝服云。服讀爲菔，小菔，刀劍短兵之衣。此始遭喪所乘，爲君之道尚微，備姦臣也。《書》曰以虎賁百人逆子釗，亦爲備焉。【疏】「王之喪車五乘」者，別于吉時五路，故稱喪車。經不詳后之喪車，《既夕記》云：「主人乘惡車，白狗幦，❷蒲蔽，御以蒲菆，犬服，木錧，約綏約轡。木鑣，馬不齊髦，主婦之車亦如之，疏布裧。」鄭彼注謂卽此木車。彼主婦車與主人同，以相準況則后喪車亦當與王同，故經不別出也。云「犬褀」者，褀，《説文》引作幦，詳後。　注云「木車不漆者」者，賈疏云：「喪中無

❶「謂」原訛「爲」，據《周禮注疏》改。
❷「幦」原訛「幣」，據《儀禮・既夕禮記》改。

飾，後至禫乃漆之。此明木車及下素車等皆未漆也。若然，上王之木路，鄭注云『不革鞔，漆之而已』，彼亦稱木而有漆者，彼此各有所對，上文木路對革路，有革又有漆，則木路漆之而已，據吉時言耳，此木路對禫始有漆，明此木路不漆飾，指木體而言也。」鄭司農云「蒲蔽謂贏蘭車以蒲爲蔽，天子喪服之車，漢儀亦然」者，贏，注疏本作「羸」。賈疏云：「此舉漢時有贏長蘭乘不善之車，故舉以説之也。」丁晏云：「《集韻·三十四果》：『贏蘭，車名，喪服所乘。』《續漢書·輿服志》：『小使蘭輿，赤轂。此謂追捕考案，有所勑取者之所乘也。』」案：丁説是也。賈釋贏蘭爲贏長蘭，其義未聞。《釋文》云：「贏，魯火反，劉又音果。」依劉、陸讀，則贏蓋贏之借字，疏作贏，卽贏之俗。蘭蓋卽車闌，贏蘭疑謂車闌贏露，無革繒之冡覆，惟以蒲蔽之而已。云「犬複，以犬皮爲覆笭」者，《玉藻》：「君羔幦虎犆，大夫齊車，鹿幦豹犆，朝車，士齊車，鹿幦豹犆。」注云：「幦，覆笭也。犆，謂縁也。」《詩·大雅·韓奕》「鞹鞃淺幭」，毛傳云：「幭，覆式也。」段玉裁云：「《説文·巾部》：『幦，髼布也，从巾辟聲。』引《周禮》『駹車犬幦』，字作幦，與鄭作複異。辟聲與冥聲，古音支清之合也。《既夕禮》、《玉藻》、《少儀》、《公羊傳》作幦，《大雅》、《曲禮》作幭。」鄭珍云：「車箱外三面皆有闌，其闌中名曰笭，又名篚，又名籠。《説文·竹部》笭，車笭也；篚，車笭也；籠亦曰笭是也。以扃下或用竹蔽之，小孔玲瓏故曰笭，又曰籠。以其似匡篚可盛物，故曰篚。」詒讓案：複蓋幎之别體，幎亦作冪，《既夕記》注云「古文幦爲冪」是也。此經則冪爲巾冪字，而覆笭字作複，其正字當爲幭。《説文·巾部》云：「幭，蓋幭也。」《大戴禮記·禮三本》篇「大路車之素幭也」，《荀子·禮論篇》作「素末」。《曲禮》又云「素簚」。複、冪、幦、末，並聲近段借字，簚則幭之譌體也。鄭珍釋笭制近是。蓋凡車前式輢外，三面軓上皆以木爲闌，闌止有横直材，無版，而以竹爲笭，著於三面闌内，故《急就篇》顔注云：「笭，車前曲闌也。」其物織竹爲之，若小匧然，故《釋名·釋車》云：「笭，横在車前，織竹作之，孔笭笭也。」《既夕禮》注説柩車之池，聶氏《三禮圖》引《舊圖》説篚，並云「狀如小車笭」是也。其字从竹，今本《玉藻》、《少儀》注並从艸作「苓」，字通。覆笭者，以皮冡覆笭之上。《釋名·釋車》又云：「陰，蔭也，横側車前，所以蔭笭也。」《詩·秦風·小戎》箋云：「陰，揜軓，在式前，垂輈上。」此笭在式前軓上之證。蓋複陰與笭式並同設一處，但陰版側垂式外，故蔭笭并揜軓而不揜式，複則通覆式内外而兼覆笭軓，故《毛詩傳》云「覆式」，鄭《禮》注及《公羊》何注、《廣雅・釋器》並云「覆笭」，《曲禮》孔疏又云「車覆闌」也。然複可稱覆式，而笭非卽式。《玉藻》疏謂「笭卽式，車式以笭爲之，有豎者，有横者」，蓋誤以軨當笭，不知笭用竹爲之，與軨異材也。《公羊》昭二十五年傳，齊侯唁公于野井，以幦爲席。然則幦之形蓋如席，而尺度少陿矣。《詩》、《禮》之幦皆以皮爲之，惟《荀子・禮論篇》説天子大路絲末，楊注云「蓋織絲爲幦」，與《詩》《禮》不同，或當冬夏異用與？至《説文》幦訓㯃布，自是别有所本，其引此經犬幦，蓋據故書或本，許舉以證叚借之義，兩訓不相冡也。云「故書疏爲揟，杜子春讀揟爲沙」者，《釋文》云：「揟本又作胥。」案：揟胥聲類亦同。徐養原云：「《説文・疋部》：『疋，足也。或曰胥字。』又《㐬部》：『疏，通也，从㐬从疋，亦聲。』又《手部》：『揟，取水沮也，从手胥聲。』疋、胥、疏、揟，其音皆同，故可通用。杜子春讀爲沙者，蓋讀爲紗也。古無紗字，只借用沙。《内司服》『素沙』注云：『今世有沙縠者，名出於此。』沙揟雙聲，故讀從之。後鄭以喪車之飾不當用沙，故改作『疏』，訓爲麤布。《典瑞》鄭司農讀疏爲沙，云『沙除』，與此義雖異，而通借之例同。」案：徐説是也。云「玄謂蔽，車旁禦風塵者」者，《既夕記》「蒲蔽」注云：「蔽，藩。」《爾雅・釋器》云：「輿，革前謂之輾，後謂之第；竹前謂之禦，後謂之蔽。」郭注釋蔽爲以竹衣後户。案：輾、第、禦、蔽，對文則異，散文亦通。《爾雅》所釋蔽，雖據車後爲文，實則車兩旁之藩亦得通稱蔽，故鄭云「車旁禦風塵者」也。云「犬，白犬皮」者，據《既夕記》「白狗幦」爲説也。鄭彼注云：「未成豪狗，以狗皮爲之，取其臑也。白於喪飾宜。」是其義。《曲禮》「大夫士去國素簚」，陸《釋文》及孔疏亦以爲白狗皮覆笭也。云「既以皮爲覆笭，又以其尾爲戈戟之弢」者，賈疏云：「以經云犬複尾櫜，明複與櫜共用犬，櫜則弢也。」詒讓案：《説文・㯻部》云：「櫜，車上大櫜。《詩》曰：載櫜弓矢。」《毛詩・小雅・彤弓》傳云：「櫜，韜也。」弢與韜同。《樂記》注云：「兵甲之衣曰櫜。」戈戟亦兵類，故其弢亦名櫜也。云「麤布飾二物之側，爲之緣」者，《喪服》注云：「疏猶麤也。」二物謂複及櫜也。賈疏云：「案《喪服》，齊衰已下皆稱疏。禮之通例，凡言疏布者，皆據大功布而言。若然，此則以八升布爲二物之緣也。」案：疏布疑卽疏衰六升之布，賈以爲大功布，未塙，詳《幂人》疏。云「若攝服云」者，《釋文》出「攝菔」，云「音服」。案：陸本疑涉下注誤沾艸形。阮元云：「攝服字見《既夕記》，諸本並同，不作菔也。」賈疏云：「案《既夕記》云『貳車白狗攝服』，注云：『攝猶緣也。狗皮緣服，差飾。』引之者，證其二物爲緣之事也。」云「服讀爲菔，小菔，刀劒短兵之衣」者，《既夕記》「犬服」注云：「笭閒兵服，以犬皮爲之，取堅也，亦白。」段玉裁云：「菔，《釋文》、《集韻》、余本、岳本皆從艸，俗本從竹，同矢箙字。 案：刀劒短兵之衣字，正當作服，《既夕記》『犬服』『攝服』祇作服是也。」詒讓案：《説文·竹部》云：「箙，弩矢服也。」《司弓矢》注云：「箙，盛矢器也。」漢隸从艸从竹字多互通，菔卽箙之别體。 推校鄭意，葢謂箙本爲矢箙，引申之，刀劒之衣亦得通稱箙，服則叚借字也。《儀禮》有服無箙，故《既夕》注不易字。 此經則《司弓矢》《繕人》《槀人》並有箙字，其字較服字爲尤切，故此注讀從之，然則俗本作箙，亦不誤也。 凡兵衣並謂之服，此經云小服，故鄭以刀劒短兵爲説，明别於長兵之衣爲大服也。《少儀》云：「劒則啓櫝，葢襲之，加夫襓與劒焉。」注云：「夫襓，劒衣也。」孔疏引熊氏云：「依《廣雅》『夫襓，木劒衣』，謂以木爲劒衣者，若今刀榼。」孔又破熊説云：「襓字從衣，當以繒帛爲之。 熊氏用《廣雅》以木爲之，其義未善也。」案：劒衣以木以繒，孔與張、熊説不同，未知孰是。 此經小服，則當如《既夕記》亦以犬皮爲之，而緣以疏布也。 云「此始遭喪所乘」者，以木車在王喪車中，制度最麤質，是初遭喪哀痛迫切時所乘也。 賈疏云：「此喪車五乘，貴賤皆同乘之，是以《士喪禮》『主人乘惡車』，鄭注引『《雜記》曰「端衰喪車皆無等」，然則此惡車王喪之木車也』。 是其尊卑同也。」云「爲君之道尚微，備姦臣也」者，以新君初立，君臣之位未定，宜備姦臣窺伺，故載兵也。 賈疏云：「備姦臣者，爲尾櫜戈戟而言也。」云「《書》曰以虎賁百人逆子釗，亦爲備焉」者，《書·顧命》云：「成王崩，太保命仲桓南宫毛，俾爰齊侯吕伋以二干戈，虎賁百人，逆子釗于南門之外。」彼亦是始遭喪爲備之事，故引之證此喪車有戈戟，是備姦臣也。

素車，棼蔽，犬𧜟，素飾，小服皆素； 素車，以白土堊車也。 棼讀爲薠。 薠麻以爲蔽。 其𧜟服以素繒爲緣。 此卒哭所乘，爲君之道益著，在車可以去戈戟。

【疏】注云「素車，以白土堊車也」者，《小爾雅·廣詁》云：「素，白也。」《一切經音義》引《蒼頡》云：「堊，白土也。」故知素車是白土堊車也。《既夕禮》「惡車」注云：「古文惡作堊。」云「棼讀爲薠，薠麻以爲蔽」者，《説文·林部》云：「棼，複屋棟也。」於義無取，故破之也。 段玉裁云：「棼分聲，薠煩聲，煩焚省聲，同在古音文魂部也。 薠卽萉黂字，文微二韻，合音最近，非青薠也。」王聘珍云：「薠卽蕡，聲同古字通。《喪服傳》云：『苴絰者，麻之有蕡者也。』」賈疏引馬氏云：『蕡者，枲實。』枲麻之有子者，其色麤惡，故用之。」案：段、王説是也。《説文·艸部》云：「蒩，青蒩似莎者。」無麻訓。據《釋文》蒩音扶文反，則禮家舊讀皆以蒩爲卽《籩人》、《草人》、《弓人》之蕡，其字《説文》作「萉」，或作「䕅」。《淮南子·説山訓》云「見黂而求成布」，高注云：「黂，麻之有實者。」是黂布卽苴麻之布，故可爲蔽也。互詳《籩人》疏。云「其複服以素繒爲緣」者，賈疏云：「禮之通例，素有二種。其義有色飾者，以素爲白土，義有以繒爲飾者，卽以素爲繒，故鄭釋二素以白繒别釋之也。」云「此卒哭所乘」者，賈疏云：「案《士虞禮》：『卒哭，丈夫説經帶于廟門外，婦人説首經，不説帶。』是卒哭變服，變服卽易車。案《喪服·大功章》注云：『凡天子、諸侯、卿大夫既虞，士卒哭，而受服。』此鄭云卒哭，據士而言也。」詒讓案：《玉藻》云：「年不順成，則天子乘素車。」彼遇災變用喪禮，故與卒哭所乘車同。云「爲君之道益著，在車可以去戈戟」者，《禮器》云：「天子崩，七月而葬。」又《襍記》云：「士三月而葬，是月也卒哭。大夫三月而葬，五月而卒哭。諸侯五月而葬，七月而卒哭。」以是差之，天子蓋七月而葬，九月而卒哭。卽如鄭《喪服》注「天子既虞受服」，亦在七月之後，是嗣君之位已定，不必更爲嚴備，故經不云尾櫜，明去戈戟也。**藻車，藻蔽，鹿淺複，革飾；**故書藻作𨋒，杜子春𨋒讀爲華藻之藻，直謂華藻也。玄謂藻，水草，蒼色。以蒼土堊車，以蒼繒爲蔽也。鹿淺複，以鹿夏皮爲覆笭，又以所治去毛者緣之。此既練所乘。【疏】注云「故書藻作𨋒，杜子春𨋒讀爲華藻之藻，直謂華藻也」者，𨋒字無攷。《釋文》云：「音揔，李一音倉會反。」依李軌一音，則字當从最，疑誤。《淮南子·俶真訓》云「華藻鏄鮮」，高注云：「華藻，華文也。」段玉裁云：「《説文·艸部》：『藻，水草也，從艸從水，巢聲。或從喿，作藻。』是則藻藻同字，義本水艸，借爲華采字。凡《禮經》文采之訓，古文多用繅字，今文多用藻璪字是也。蓋漢人已分别藻爲華藻，藻爲水艸，故杜作藻，鄭君作藻。故書作𨋒字，不可得其音義，故易之。蕞聲與巢聲、喿聲，部分最近，又雙聲也。《説文》無𨋒字，蓋從杜。」又云：「《周禮》經文用繅不用藻，或當作讀爲華繅之繅。既易爲繅，乃以華藻釋之。」案：段説近是。《既夕記》注説此「藻車」，字亦作繅。《弁師》注云：「繅，雜文之名也。」卽華藻之義。云「玄謂藻，水草」者，《説文·艸部》同。《詩·召南·采蘋》孔疏引陸璣疏云：「藻，水草也。生水底，有二種。其一種葉如雞蘇，莖大如箸，長四五尺；其一種莖大如釵股，葉如蓬蒿，謂之聚藻。」云「蒼色」者，《説文·艸部》云：「蒼，草色也。」案：蒼爲淺青色，詳《大宗伯》疏。云「以蒼土堊車，以蒼繒爲蔽也」者，堊車繒蔽皆與藻色同也。云「鹿淺複，以鹿夏皮爲覆笭」者，《既夕禮》「薦乘車鹿淺幦」，注云：「鹿淺，鹿夏毛也。」《玉藻》大夫士齊車，皆鹿幦豹犆。此王練車，用大夫士制也。賈疏云：「夏時鹿毛新生，爲淺毛。」云「又以所治去毛者緣之」者，《說文·革部》云：「革，獸皮治去其毛，革更之。」此革飾，即以鹿夏皮去其毛以飾複也。云「此既練所乘」者，賈疏云：「王喪十三月練，是變除之節，故知此即既練所乘也。」

駹車，萑蔽，然複，髤飾；故書駹作龍，髤爲軟。杜子春云：「龍讀爲駹，軟讀爲桼垸之桼，直謂髤桼也。」玄謂駹車，邊側有漆飾也。萑，細葦席也。以爲蔽者，漆則成藩，即吉也。然，果然也。髤，赤多黑少之色韋也。此大祥所乘。

【疏】「駹車萑蔽」者，萑，今本並作雚，唐石經初刻同，磨改作萑，葉鈔《釋文》亦作萑。案：此正字當作萑，萑雚並字別，於義無取，詳《司几筵》疏。云「然複髤飾」者，《說文·巾部》引作「犬幦」，段玉裁謂犬譌字是也。許述此經皆從賈景伯讀，後賈疏引賈本亦作「然」，則今本《說文》之譌明矣。幦，複之借字，詳前疏。　注云「故書駹作龍，髤爲軟，杜子春云，龍讀爲駹」者，軟，舊本誤軟，今據宋婺州本、余本、岳本及《釋文》正，下同。《犬人》云：「凡幾珥沈辜，用駹可也。」注云：「故書駹作龍，鄭司農云：龍讀爲駹，謂不純色也。」案：此故書與前「龍勒」字同，彼杜及先鄭皆不讀爲駹，故後鄭因而釋之云「龍，駹也」。此及《犬人》杜及先鄭並改讀，後鄭亦從之，例異而義同也。《牧人》、《玉人》杜鄭注又讀龍爲尨。駹尨並爲雜色，詳《牧人》疏。段玉裁云：「《說文》幦字下引《周禮》『駹車犬幦』，不作龍車者，從杜也。」云「軟讀爲桼垸之桼，直謂髤桼也」者，段玉裁云：「古音次同桼，在真臻部之入聲，如漢蘭陵有次室亭，故魯次室邑，《列女傳》漆室之女，或作『次室』是也。轘字軟字蓋本無車旁，轉寫加之耳。易次爲桼，於其聲類得之。既易其字，乃以髤桼訓其義。凡言直謂者，皆舉方俗語言明之。『華藻』『髤桼』皆方俗語言也。但云讀爲桼，則桼之色不一，故斥言髤桼。《說文》無軟字者，從杜。」又云：「《司几筵》『漆几』，《說文》作髹。凡此，蓋禮家有易桼爲髹者。《巾車》此條，則杜易軟爲桼。桼字在真臻部，髹從桼髟聲，俗作髤，在尤幽部，音理遠隔，而俗或誤仞一字。如《笙師》，注《釋文》『髤，香牛反，或切利反』，則字當作桼。《廣韻》、《集韻》髤音七四切，誤放於此。」案：段謂軟桼聲類同，以申杜易字之恉，其說甚覈。此經故書作軟，今書作髤。故書之軟，於義無取，故杜破爲桼。今書之髤，則義自可通，故後鄭因而不易。桼垸，依下文及《角人》注，當作「漆垸」。經注例皆作漆，不作桼，詳《載師》疏。云「玄謂駹車，邊側有漆飾也」者，亦取襍文之義。賈疏云：「以下文漆車全有漆，則此時未全爲漆，故知駹是邊側少有漆也。」云「萑，細葦席也」者，萑亦當作雚。《司几筵》「柏席用萑」，注云：「萑如葦而細者。」詳彼疏。云「以爲蔽者，漆則成藩，卽吉也」者，賈疏云：「下文藩蔽者，因此舊蔽而漆之，故云漆則成藩也。」云「然，果然也」者，賈疏云：「果然，獸名，是以賈氏亦云然，獸名也。」丁晏云：「《文選・吴都賦》『狖鼯果然』，注引《異物志》曰：『猓然，猿狖之類，居樹，色青赤，有文，日南、九真有之。』《廣韻・二仙》：『獑，猓獑，獸名，似猿，白質黑文。』」云「髤，赤多黑少之色韋也」者，髤卽髹之省。《説文・桼部》云：「髹，桼也。」《鄉射記》鄭注云：「髤，赤黑漆也。」賈疏云：「案下注『雀，黑多赤少』，故知此髤是赤多黑少者也。」詒讓案：此疑當云「黑多赤少之色」。髤漆色本黑，故下文「漆車」注以爲黑車。此髤則以黑而微赤別之。今本似後人所改，詳後疏。云「此大祥所乘」者，賈疏云：「以二十五月大祥除服之節，故知此車是大祥所乘也。」**漆車，藩蔽，豻複，雀飾。**漆車，黑車也。藩，今時小車藩，漆席以爲之。豻，胡犬。雀，黑多赤少之色韋也。此禫所乘。【疏】注云「漆車，黑車也」者，岳本漆作「桼」，非。賈疏云：「凡漆不言色者，皆黑。且大夫所乘墨車，無篆縵之飾，直得黑名，是凡車皆黑漆也。」云「藩，今時小車藩，漆席以爲之」者，《曲禮》注云：「安車，坐乘，若今小車也。」案：小車卽《釋名》所謂吏所乘者，詳前后五路疏。又《詩・齊風・載驅》云「簟茀朱鞹」，毛傳云：「簟，方文席也。車之蔽曰茀。」鄭《詩・大雅・韓奕》箋云：「簟茀，漆簟以爲車蔽，今之藩也。」孔疏云：「簟者，席之名。《巾車》云：『漆車藩蔽。』既以漆爲車名，藩亦漆之，故注云漆席以爲之。」案：孔説是也。凡吉車簟茀，皆以竹爲席；此藩蔽，據鄭前注，卽以駹車之細葦席爲之，則與吉車用竹不同，但席上加漆，制略與簟茀相類耳。漢時小車，蓋貴者所乘，則以銅爲耳，所謂輒也。賤者所乘則不得有車耳，而以簟席爲蔽，謂之藩，故《既夕》注訓蔽爲藩。《説文・車部》又訓軒爲藩車，則大夫以上吉車之蔽，無論重較、平較，通得稱藩。王五喪車，蒲梦藻萑四蔽皆不漆，惟此車蔽加漆，近於純吉，故專得藩稱矣。藩，俗又作「轓」，《漢書・景帝紀》顔注云：「據許慎、李登説，轓，車之蔽也。」攷《説文》實無轓字，顔説誤。又《左》襄二十三年傳云「以藩載欒盈」，杜注云：「藩，車之有障蔽者。」彼蓋車之別制，藩蔽周帀尤縵密者，與軒車不同也。車耳之輒，亦通謂之藩，字又或叚作蕃、轓，並與此藩蔽小異，詳《輿人》疏。云「豻，胡犬」者，《射人》注同。賈疏云：「謂胡地之野犬。或作狐字者，謂狐與犬合所生之犬也。」案：《説文·豸部》云：「豻，胡地野狗，重文犴，豻或從犬。」《爾雅·釋獸》邢疏引《字林》云：「豻，野狗，似狐，黑喙。」賈疏即本許義。《玉藻》孔疏引熊安生説同。賈所見別本「胡」作「狐」者，聲之誤，賈曲爲之釋，《玉藻》疏亦有是説，並非。云「雀，黑多赤少之色韋也」者，雀色，即《鍾氏》之「三入爲緅」也。彼注云：「緅，今禮俗文作爵，言如爵頭色也。」《士冠禮》「爵弁」注云：「其色赤而微黑，如爵頭然。」案：爵，雀之借字。依《鍾氏》及《士冠》注義，則雀乃赤多黑少之色，緅，《説文·糸部》作「纔」，亦云微黑色，並與此注不同。而《士冠》注別云「爵弁黑色」，則鄭説亦自相違異。賈《士冠禮》疏説之云：「若以纁入黑則爲紺，以紺入黑則爲緅，是三入赤再入黑，故云其色赤而微黑。若將緅比纁，則又黑多矣。故《淮南子》云『以涅染紺則黑於涅』，況更一入黑爲緅乎？故《巾車》注云雀，黑多赤少之色也。」任大椿云：「攷染法三入以前，全以丹秫染赤，至四入染黑乃爲紺，紺更染黑乃爲緅。是赤已三入，黑方再入。蓋緅爲淺黑，爵緅同色，以赤爲體，則曰赤而微黑。以黑變赤，則曰黑色。鄭《士冠禮》前後二注，互相成也。又攷《説文》『纔』字下云：『帛雀頭色，一曰微黑色，如紺纔淺也。』蓋四入爲紺，五入爲緅，緅雖黑深於紺，尚與紺相近，故《説文》云『如紺』。而比之六入之玄，七入之緇，❶則淺矣。《漢書·文帝紀》顔注：『纔，少也。』淺與少同，玩纔字之義，可以知爵色矣。」詒讓案：雀色赤多黑少，當以《士冠》注義爲正。《白虎通義·紼冕》篇説爵弁云：「其色如爵頭。周之冠色所以爵何？爲周尚赤。所以不純赤，但如爵頭何？以本制冠者法天，天色玄者，不失其質，故周加赤。」班説雖不無牽傅，然以爵弁赤爲周之正色，則爵色必赤多於黑可知。賈爲此注及《士冠》注作調人，説究難通。竊疑此注當作「赤多黑少」，上文之髤，乃是黑多赤少之色，傳寫誤互易之，遂與《士冠》注不合耳。雀色，互詳《鍾氏》疏。云「此禫所乘」者，賈疏云：「以二十七月釋祥之節，素縞麻衣而服禫服，朝冠綅冠，故知當禫所乘也。案下文大夫乘墨車，士乘棧車，皆吉時所乘之車。既言天子至士喪車五乘尊卑等，則大夫士禫亦得乘漆車，所以大夫禫即乘漆車，與吉同者，禮窮則同

❶「入」原訛「八」，據楚本改。

也。」案：鄭説此五喪車，並依喪服變除有此五節，卽以次更易乘之，是專據先王及母后喪言之也。而《既夕記》注云「主人之惡車，如王之木車」，則齊衰以下其乘素車、繅車、駹車、漆車與？彼注謂士亦具五喪車，而以喪服輕重乘之。賈彼疏推其義，謂齊衰乘素車，大功乘繅車，小功乘駹車，緦麻乘漆車。天子雖絶旁期，而於正統期功之服，則仍無降，然則亦當以次乘此素車以下。但天子降絶者多，不降絶者少，故鄭此注不備釋也。又《既夕記》注據《襍記》喪車無等之文，謂王五喪車下達於大夫士，故賈疏謂大夫禫卽乘漆車，與吉同。《既夕》疏又謂士尋常棧車不鞔而漆之，今既禫與王同乘漆車者，亦禮窮則同。張惠言云：「士吉時乘棧車，不漆，無有緦反乘漆車之理，緦與小功並當駹車也。」案：張説是也。

服車五乘：孤乘夏篆，卿乘夏縵，大夫乘墨車，士乘棧車，庶人乘役車。

服車，服事者之車。故書夏篆爲夏緣。鄭司農云：「夏，赤也。緣，緣色。或曰：夏篆，篆讀爲圭瑑之瑑，夏篆，轂有約也。」玄謂夏篆，五采畫轂約也。夏縵，亦五采畫，無瑑爾。墨車不畫也。棧車不革鞔而漆之。役車，方箱，可載任器以共役。

【疏】「服車五乘」者，此王國孤卿以下之所乘。不見三公車者，疑下同孤乘夏篆也。侯國孤卿以下並與王國同。其孤卿大夫等食采畿内者，爲内諸侯，蓋各乘其當官之車。同姓内諸侯無官者，疑亦以其所食三等都邑之差，乘夏篆以下三車。非有功德出封者，不得乘路也。互詳前疏。又外諸侯入仕畿内者，其乘車經注無文。惟《詩·王風》云「大車檻檻，毳衣如菼」，毛傳云：「大車，大夫之車也。」鄭箋謂是子男入爲大夫之制。毛唯云大夫之車，不辨何車；孔疏述毛則謂大夫出封，服子男之毳冕，則亦乘子男之車，大車蓋革路。依孔義，參合推之，則外諸侯入仕仍得服路。而陳奂則據《覲禮》及《公羊》昭二十五年何注徐疏，謂毛意當以大車爲墨車。二説不同。今攷外諸侯不純臣，朝覲尚不得申其上路，則入仕爲王臣者，禮自宜略屈，蓋服章不減而車則降，亦禮之變而文者，陳説殆近之矣。其都鄙亦有卿大夫士所乘之車，又當遞降於王臣，亦可以類推也。此經自墨車以上，通謂之軒車。《説文·車部》云：「軒，曲輈藩車也。」曲輈爲駟馬車之通制，藩卽上經之蔽，則惟大夫以上車有之，故《毛詩·曹風·候人》傳云「大夫以上乘軒」，《左傳》閔二年杜注亦云「軒，大夫車」是也。又卿夏縵以上凡受命賜者，亦通稱路，詳前疏。云「孤乘夏篆」者，篆，《説文·車部》引作輚，

詳後。　注云「服車，服事者之車」者，關孤卿大夫士及
庶人在官者言之。以其皆服王事，故巾車掌公車并掌諸服
事者之車也。《大司徒》十二職事，十二曰服事，先鄭注
云：「服事，謂爲公家服事者。」彼服事專指府史胥徒等而
言，與此注兼卿大夫士言者異。云「故書夏篆爲夏緣」者，
篆緣聲之誤，段玉裁校改緣爲緑，云：「故書作緑，故司農
云『緑，緑色』。今各本作緣，此正同《内司服》注之誤。」
案：以《内司服》注證之，段説近是。篆作緑者，形之誤。
鄭司農云「夏，赤也」者，夏與瑕聲近。《説文・玉部》云：
「瑕，玉之小赤也。」故夏亦訓赤也。阮元云：「也當色譌。」
惠士奇云：「《詩・采芑》毛傳『軝，朱而約之』，故司農以夏
爲赤色。」案：惠説亦通。赤朱色同。《白虎通義・考黜》
篇引《禮》説九錫路車有朱輪，《文選・別賦》李注又引《尚
書大傳》説命士得乘朱軒，孤車容有此等飾也。云「緣，緣
色」者，緣者黑色，與《内司服》褖衣色同。《士喪禮》「褖
衣」，注「古文作緣」。依先鄭説，則夏緣似即丹漆之飾。但
段玉裁校改爲緑，緑色於義較長。若然，孤所乘車或以朱
緑二色爲飾。古書説車飾並無緑色。《白虎通》説路車「有
赤有青之蓋」，青與緑色相近，或即謂是與？　云「或曰夏
篆，篆讀爲圭瑑之瑑」者，段玉裁云：「謂書亦或爲篆也。
『讀爲』疑當作『讀如』，擬其音耳，故下文仍曰夏篆，不曰夏
瑑，《輪人》亦云陳篆也。」錢坫云：「以革覆轂而朱約之，如
圭之瑑然。《説文・玉部》曰：『瑑，圭璧上起兆瑑也。』今
約轂有兆瑑，故讀如瑑。緣瑑篆通。」云「夏篆，轂有約也」
者，《輪人》云「陳篆必正」，注云：「篆，轂約也。」《詩・小
雅・采芑》「約軝錯衡」，毛傳云：「軝，長轂之軝也，朱而約
之。」又《商頌・烈祖》鄭箋云：「約軝，轂飾也。諸侯來助
祭者，乘篆轂之車。」《説文・車部》云：「軝，長轂之軝也，
以朱約之。」案：先鄭意篆即約軝，夏篆爲赤轂約，與毛、許
言朱而約之同。後鄭以夏爲五采，與先鄭異，故《詩箋》不
云朱約也。軝即《輪人》之幬革。約者，於轂閒瑑刻之爲圻
堮，故謂之約。《采芑》孔疏謂以皮纏束車轂以爲飾，而上
加以朱漆，則誤以約與軝爲一，詳《輪人》疏。夏篆，《説
文・車部》云：「軓，車約軓也。《周禮》曰：孤乘夏軓。」阮
元云：「軓與篆聲相近，蓋賈、許所讀本如是，訓爲車約，與
兩鄭義合。」黄以周云：「《説文》之軓乃篆之異文，篆軓音義
相同，與《詩》之軝字本別。約自謂篆，軝自謂幬革，故字亦
从革作軝。」案：阮、黄説是也。云「玄謂夏篆，五采畫轂約
也」者，《染人》「染夏」注云：「染夏者，染五采。謂之夏者，
其色以夏翟爲飾。」故此夏篆亦謂當瑑刻之處，以五采畫其

革也。《毛詩》及《説文》云「朱約」，則不爲五采，與鄭説小異。《御覽・禮儀部》引《皇覽・逸禮》説，天子四時迎氣車，春青税，夏赤税，秋白税，冬黑税。税疑卽篆之叚字，猶《内司服》「緣衣」《雜記》作「税衣」也。此夏篆雜五色，《逸禮》四税或畫純色與？云「夏縵亦五采畫，無瑑爾」者，《説文・糸部》云：「縵，繒無文也。」《左》成五年傳、《國語・晉語》「山崩君乘縵」，韋、杜注並云「縵車無文」。孔疏謂乘縵卽乘墨車。案：《郊特牲》云「丹漆雕幾之美，素車之乘」。蓋夏瑑備有丹漆雕幾之飾；夏縵與墨車皆轂有革幬而無篆約，則無雕幾之文，若縵繒然，故同謂之縵。但夏縵仍有五采丹漆畫文，故別得夏名；墨車又唯有漆而無丹采；素車則并無漆，其制尤樸，非常乘之車也。云「墨車不畫也」者，謂車輿黑漆之，轂則徒漆，無刻文又無畫文也。《士昏禮》主人乘墨車，注云：「墨車，漆車。」《釋名・釋車》云：「墨車，漆之正黑，無文飾，大夫所乘也。」案《覲禮》，侯氏入朝亦乘墨車者，以入王國，降從大夫之制。《輿人》注謂大夫以上革輓輿，則此墨車之輿亦以革輓而漆之也。云「棧車，不革輓而漆之」者，賈疏云：「此則《冬官》棧車，欲弇恐有坼壞，是不革輓者也。此已上尋常所乘，若親迎，則士有攝盛，故《士昏》主人乘墨車，婦人亦如之，有裧爲異耳。王后別見車五乘，此卿孤已下不見婦人車者，婦人與夫同，故《昏禮》云『婦車亦如之』。知士車有漆飾者，案《唐傳》云：『古之帝王必有命，民於其君得命，然後得乘飾車駢馬，衣文駢錦。』注云：『飾，漆之；駢，併也。』是其事。」阮元云：「棧車者，木立軫上，不曲如棧。若大夫墨車，卿夏縵以上，則並名軒有車耳。」黄以周云：「孤卿大夫車皆以色言，士車不曰素，明有漆也。卿大夫不瑑起，而仍有革輓。士棧車獨以木名，明無革也。」案：阮、黄説是也。依賈述鄭義，則士車雖無革輓，而得有漆飾。而《既夕禮》云：「賓奠幣于棧左服。」注云：「棧謂柩車也。凡士車制無漆飾。」彼注無漆飾，據輓輿之革加漆言之，與《輿人》注以革輓輿釋飾車義同，與此及《大傳》注並異也。依鄭説，則士車之異於大夫者，在於不革輓而已。其輿上諸材，除重較外，它制蓋大略相同。不革輓，則横直諸材露見于外，若《管子・内業》篇説傳曲木直木爲馬棧，❶故謂之棧車也。又「棧車」字亦作「輚轏」。《既夕禮》注云：「今文棧作輚。」《左》成二年傳「逢丑父寢於轏中」，杜注云：「轏，士車。」輚、轏、棧，聲並相近。又賈引《尚書大傳》「士乘飾車」，《公羊》僖二十

❶ 語見《管子・小問》篇，孫氏誤記。

五年何注說同。似卽《輿人》之飾車，與此棧車異，詳彼疏。云「役車，方箱，可載任器以共役」者，賈疏云：「庶人以力役爲事，故名車爲役車。知方箱者，案《冬官》乘車田車，横廣，前後短，大車柏車羊車皆方，故知庶人役車亦方箱，是以《唐傳》云『庶人木車，單馬衣布帛』。」案：賈引《伏傳》木車，蓋卽竹木之車，亦名檀車。《詩·小雅·杕杜》「檀車幝幝」，毛傳云：「檀車，役車也。」《釋名·釋車》云：「役車，給役之車也。棧車，棧，靖也，麻靖物之車也。皆庶人所乘也。」劉所云棧車，蓋役車之別制。故《詩·小雅·何草不黄》云「有棧之車，行彼周道」，毛傳亦云：「棧車，役車也。」鄭箋云「棧車輦者」，則與毛義小異。《說文·木部》云：「棧，棚也，竹木之車曰棧。」此似亦指役車言之，並非士所乘無革輓之車也。❶《左》宣十二年傳說，楚若敖、蚡冒乘篳路。杜注云：「篳路，柴車。」孔疏云：「以荆竹編車。」案孔說，則柴車亦卽竹木之車。柴棧義同，《公羊》哀四年傳說，亡國之社柴其下，《媒氏》注「柴」作「棧」，是其證。若然，柴車亦卽棧車，故《韓非子·外儲說左》云「孫叔敖相楚，棧車牝馬」，舊注亦云柴車也。棧車以竹木爲棚，蓋與方箱之制小別。《鹽鐵論·散不足篇》云：「古者椎車無柔，棧輿無植。」柔卽輮之省。無植蓋謂無輿上式、較、軹、轛諸材，僅以竹木縱横編之如棧棚，故曰棧輿矣。賈疏及《何草不黄》孔疏並謂役車棧車同，無革輓，❷故役車亦名棧車，是以《詩》棧車爲卽方箱之車，說尚未析也。

凡良車、散車不在等者，其用無常。給遊燕及恩惠之賜。不在等者，謂若今輜車後户之屬。作之有功有沽。

【疏】「凡良車、散車不在等者」者，謂貴賤通用之車，不在五路及服車五者之等者也。《曲禮》云：「國君不乘奇車。」注云「獵衣之屬」，疑亦此散車之類。《左傳》襄十九年，孔疏引杜氏《釋例》謂「此良車、散車，卽謂上五路之良散，當以出賜，故言其用無常」。謬說不足據。又《吕氏春秋·簡選》篇說，齊桓公良車三百乘。則指戎車之良者，與此良車異也。

注云「給遊燕及恩惠之賜」者，謂王遊燕而出或不乘五路，或王有恩惠之賜所用之車，皆不在常等也。其非遊燕而出行，或賜諸侯及有功之臣，則仍依前五路及服車五者之等，不得用良車、散車也。賈疏謂遊燕亦謂遊燕歡樂而有賜，非。云「不在等者，謂若今輜車後户之屬」者，漢時輜車，貴賤可以通用，亦無等差，故舉以爲況。《說

❶「輓」原作「輓」，據楚本改。
❷「鞔」原作「輓」，據楚本改。

文・車部》云：「輜，軿車前，衣車後也。」《釋名・釋車》云：「輜車載輜重，臥息其中之車也。輜，廁也，所載衣物襍廁其中也。軿車，軿，屏也，四面屏蔽，婦人所乘牛車也。輜軿之形同，有邸曰輜，無邸曰軿。衣車前户，所以載衣服之車也。」案：後户者，漢時輜車之制。《史記・龜策傳》，宋衛平説龜云「乘輜車」，則周時或已有此制，然乘車正法無是也。凡輜車、軿車、衣車，三者制度大同而小異。故《説文・車部》軿字注云「輜也」，《後漢書・梁冀傳》，李注引《蒼頡篇》云「軿，衣車也」。三者互釋，知其形制必大致相同。其所以異者，蓋軿車四面有衣蔽，衣車後有衣蔽而前開户，可以啓閉。輜車則前有衣蔽，而後開户，由前視之，見其衣蔽，則類軿車，由後視之，見其户，則又類衣車，故許云「軿車前，衣車後」也。《三國志・閻温傳》裴注引《魏略》云：「趙岐逃詣北海，於市中販胡餅。孫賓碩乘犢車，將騎入市，疑其非常人，乃開車後户，顧所將兩騎，令下馬扶上之。賓碩閉車後户，下襜，遂載岐驅歸。」《御覽・飲食部》引《魏略》，「下襜」作「下前襜」是也。據魚豢所云，則孫嵩所乘犢車，蓋卽輜車，故有後户前襜。劉熙以軿車爲婦人所乘牛車，孫嵩所乘輜車亦駕犢也，可證此注後户及《説文》「軿車前衣車後」之説。云「作之有功有沽」者，賈疏云：「釋經良車散車，精作爲功則曰良，麤作爲沽則曰散也。」詒讓案：散車次於良車。良車猶《屨人》之功屨，散車猶《屨人》之散屨。此經凡言散者，並麤沽亞次於上之義，互詳《鹽人》疏。功沽，詳《酒正》疏。又《既夕禮》云「稾車載簑笠」，注云：「稾猶散也。散車，以田以鄙之車。」案：彼注據《田僕》田路爲説，蓋謂王田鄙乘木路，士田鄙則乘散車，非謂五路之木路爲散車也。凡車之出入，歲終則會之，計其完敗多少。【疏】「凡車之出入，歲終則會之」者，正公車之歲會，亦卽此官之官成也。歲終，謂夏之季冬，詳《宰夫》疏。又案：凡大師、大田、大會同行役諸臣所乘之車，蓋皆此官授之。其六軍將帥及士卒所乘戎車，則泣車僕授之，故《詩・小雅・出車》云「我出我車，於彼牧矣」，卽謂出戎車也。凡此諸車之出入，蓋皆通會之矣。　注云「計其完敗多少」者，賈疏云：「車之出謂出給官用，車之入謂用罷歸官。於當時，録爲簿帳。至歲終，則摠會計完敗多少，以入計會也。」凡賜闕之，完敗不計。【疏】「凡賜闕之」者，賜通常賜好賜而言。《稾人》注云：「闕猶除也。」謂於會計之簿書闕除不載也。　注云「完敗不計」者，賜車毀折，不復入齎，故完敗可不計。若然，賜出多少，即在上文車出數内，仍當計之矣。毀折入齎于職幣。計所傷敗入其直。杜子春云：「齎讀爲資。資謂財也。乘官車毀折者，入財以償繕治之直。」

【疏】「毀折入齎于職幣」者，與職幣爲官聯也。注云「計所傷敗入其直」者，以此官掌車，知其直多少，故使計毀車之直，徵之於乘車之人。此官既得直，乃入之職幣之府。賈疏云：「謂乘官車者，毀損有折壞其車，不堪乘用者，或全輪價直入官，或計所損處酬其價直入官，皆入其資。」杜子春云「齎讀爲資」者，段玉裁云：「杜意齎資各字。如鄭君説，則齎資同字，無煩改易也。見《外府》。」案：段説是也。此經作齎，杜讀爲資，與《典婦功》「事齎」，故書作資，杜讀爲齎，正相反，詳《外府》及《典婦功》疏。云「資謂財也」者，《毛詩・大雅・板》傳云：「資，財也。」《説文・貝部》云：「資，貨也。」案：貨財義同。許訓資爲貨，以别於齎爲持遺。杜説與許同，故破齎爲資。後鄭《外府》注以齎資爲一字，故從杜義而不從其讀。《大戴禮記・子張問入官》篇云「良工必自擇齎材」，《墨子・非樂》篇説爲舟車云「萬民出財齎而予之」，並與此經義同。云「乘官車毀折者，入財以償繕治之直」者，賈疏云：「以此貨物入於職幣。職幣主受給官物所用之餘，此之財物亦授之。職幣既得此物，還與冬官繕治之，故云以償繕治之直也。」

大喪，飾遣車，遂廞之，行之；廞，興也。謂陳駕之。行之，使人以次舉之以如墓也。遣車一曰鸞車。

【疏】「大喪飾遣車」者，共明器之車，與司裘、司常、校人爲官聯也。《既夕禮》注云：「遣猶送也。」賈疏云：「大喪，謂王喪。遣車，謂將葬遣送之車，入壙者也。言飾者，還以金象革飾之，如生存之車，但麤小爲之耳。」又賈《虎賁氏》疏云：「遣車多少之數，天子無文。案《襍記》云『遣車視牢具』，鄭注云：『多少各如所苞遣奠牲體之數。』《檀弓》云：『國君七个，遣車七乘；大夫五个，遣車五乘。』鄭云：『諸侯不以命數，喪數略也。』士無遣車，大夫五乘，諸侯七乘，天子宜九乘。故鄭注《襍記》云『天子大牢苞九个』，遣車九乘。苞肉皆取大遣奠之牲體。天子大牢外，更加馬牲，皆前脛折取臂臑，後脛折取骼骨，斷各九个，皆細分其體以充數也。」《檀弓》孔疏云：「葬柩朝廟畢，將行，設遣奠竟，取遣奠牲體臂臑，折之爲段，用此車載之，以遣送亡者，故謂之遣車。」又云：「服虔之意，視牢具者，視饔餼牢具。故襄二十五年，崔杼葬莊公，下車七乘。服注云：『上公饔餼九牢，遣車九乘。』

與此異也。」案：依鄭説，遣車視遣奠牲體之數，則天子遣車當九乘。孔引服氏以爲視饔餼牢具之數，則上公九乘，天子當十二乘。二説未知孰是。　注云「廞，興也」者，《司裘》注同。云「謂陳駕之」者，此兼從先鄭《司裘》、《司服》、《大師》、《司兵》注説，訓廞爲陳也。其義較訓興者爲長，亦詳《司裘》疏。《既夕禮》先葬一日，朝始祖廟，於廟庭載飾柩訖，卽云陳明器於乘車之西，器西南上綪，又云苞二。彼士禮，無遣車，唯有苞。大夫以上則以遣車載苞。明大喪飾柩後，當巾車飾遣車，司常建旌，校人飾馬，又同駕訖，與明器並陳之也。賈疏云：「案下《車僕》云『大喪廞革車』，彼廞謂作之。此文既言飾遣車，已是作，更言遂廞之，故以陳駕解廞也。」云「行之，使人以次舉之以如墓也」者，《既夕禮》葬日旦明，於始祖廟大遣奠後，云「徹巾，苞牲取下體，不以魚腊，行器，茵苞器序從」。以彼推之，則徹奠卽苞牲體，大夫以上載以遣車，亦與明器同時行，先柩就道也。知使人舉之者，亦據《既夕禮》「甸人抗重出自道」，注云：「抗，舉也。」又行明器不言車馬，明皆人舉行之可知。《檀弓》疏云：「遣車之形甚小。《巾車》『大喪飾遣車』，鄭云：『使人以次舉之以如墓也。』又《雜記》『遣車視牢具，置于四隅』，鄭云：『四隅，椁中之四隅。』以此而推，故知小也。」案：據孔説，是遣車較常車特小，故一人可抗舉之以行。又《校人》「遣車之馬」，注以爲芻靈，則亦人舉行之，故《圉人》「廞馬」，注亦云「人捧之」是也。云「遣車一曰鸞車」者，據《冢人》文。

及葬，執蓋從車，持旌；從車，隨柩路。持蓋與旌者，王平生時車建旌，雨則有蓋。今蜃車無蓋，執而隨之，象生時有也。所執者銘旌。【疏】「及葬執蓋從車」者，從載柩之車也。賈疏云：「謂至葬時將向壙，此巾車之官執蓋，以隨柩車之後。」云「持旌」者，賈疏云：「亦使巾車之官執持銘旌。此在柩車之前，而文在下者，以執蓋是巾車，因言持旌耳，非謂持旌亦從車也。以車銘旌表柩，象殯時在柩前。是以《既夕禮》云『祝取銘置於茵』，注云：『以重不藏，故於此移銘加於茵上。』若然，茵既行時在柩車前，明銘旌亦與茵同在柩車前可知也。」案：賈説是也。《既夕禮》葬日大遣奠後行器，茵苞二器相次，皆先柩車而行。王喪以遣車載遣奠之苞，則行器時亦與茵相次可知。故《明堂位》注引此經「持旌」云「旌從遣車」，明銘旌與茵相將同從遣車而行也。《檀弓》孔疏亦云：「天子銘旌，將葬移置於茵，從遣車之後，亦入於壙也。」　注云「從車隨柩路」者，此專據執蓋言之，明不從遣車貳車也。云「持蓋與旌者，王平生時車建旌，雨則有蓋，今蜃車無蓋，執而隨之，象生時有也」者，賈疏云：「蓋所以表尊，亦執而隨之，所以禦雨。今蜃車既設帷荒，不得設蓋，是以執而隨柩車，雖無用，但象生時有也。」詒讓案：蓋即車蓋也。所以禦雨，亦以蔽日。蓋可建可説，王在車則建之，下則説而車右執之以從，《道右》云「王下則以蓋從」是也。凡王行無不建蓋，不必雨也。《白虎通義・攷黜》篇引《禮》説路車有赤蓋、青蓋。雖非古制，然可證五路行必建蓋也。鄭謂執蓋執旌象生時所有，得之；謂王生時雨乃有蓋，則誤。詳《輪人》疏。云「所執者銘旌」者，賈疏云：「將葬之旌，士有二旌：大夫已上皆有三旌。知者，以《既夕禮》是士禮，而有乘車所建旃，是攝盛，故用孤卿所建通帛之旃也；又有銘旌，以其士無遣車，故無廞旌也。大夫以上有乘車，所建旌，卿已上尊矣，無攝盛，以尋常所建旌。王則大常，孤卿建旃，大夫亦應攝盛用旃，是一也。又有廞旌，又有銘旌也。」案：銘旌，詳《小祝》疏。賈謂大夫以上葬有三旌，《檀弓》孔疏引熊安生説同。鄭知巾車所持是銘旌者，大常建於車，不須人持，廞旌《司常》注謂行廞車時脱之，故知巾車持旌非彼二旌也。**及墓，嘑啓關，陳車。**關，墓門也。車，貳車也。《士喪禮》下篇曰：「車至道左，北面立，東上。」【疏】「陳車」者，謂陳祥車也。　注云「關，墓門也」者，謂墓塋域之門。《説文・門部》云：「關，以木横持門户也。」引申之，凡門皆曰關，故墓門亦稱關也。《詩・陳風》「墓門有棘」，毛傳云：「墓門，墓道之門。」云「車，貳車也」者，王喪以五路爲魂車，其貳車皆從正路陳於墓道也。凡五路之副，通稱貳車，詳《馭夫》疏。賈疏云：「以其遣車在明器之中，按《既夕》陳明器在道東，西面，此不言明器而別陳車，是貳車可知。天子貳車，象生時當十二乘也。」引《士喪禮》下篇曰「車至道左，北面立，東上」者，亦《既夕記》文。彼上文云「薦乘車、道車、稾車」，「車至」即冡三車爲文。鄭彼注云：「道左，墓道東。先至者在東。」此引以證陳車之事也。賈疏云：「士無貳車，惟據乘車、道車、稾車三乘，此王禮亦有此三乘車，於後別有貳車十二乘。若然，則此車非止貳車而已。鄭直云貳車者，舉其《士喪禮》不見者而言耳。」案：賈説是也。大喪葬時至墓之車，通有五種。一、在道載柩之路，《遂師》謂之蜃車，上云「執蓋從車」，所從即是車也。一、五路及貳車，《曲禮》謂之祥車，《士喪禮》注謂之魂車，即此所陳者是也。一、窆時載柩入壙之之輴車，即《遂師》注云「行至壙，乃説，更復載以龍輴」是也。一、明器苞遣奠之車，即上飾遣車是也。一、嗣王與后所乘之喪車，即上喪車五乘是也。然車雖有五種，柩路以載柩，輴車以下壙，喪車生人所乘，皆不陳於墓道。遺車雖陳，然在明器之中。惟士禮三車立道左之文，與此陳車事正相應，故鄭據以爲釋。**小喪，共匶路與其飾。**柩路，❶載柩車也。飾，棺飾也。【疏】「小喪」者，賈疏云：「上言大喪，據王；不別言后與世子，則此小喪中可以兼之。」案：賈説非也。此小喪當依《宰夫》注義，謂夫人以下，亦容兼内諸侯及公卿大夫之喪言之。詳《大史》疏。云「共匶路與其飾」者，謂共載柩之車及其車飾，與縫人爲官聯也。凡此皆互文以見義，上文大喪不言共匶路，方苞、曾釗謂此官亦共之是也。《稍人》注謂王柩路遂人共之，誤，詳彼疏。　注云「柩路，載柩車也」者，經作匶，注作柩，阮元云「此亦經作古字，注作今字之例」是也。詳《鄉師》疏。凡載柩，天子以下至士，並同用蜃車，詳《遂師》疏。云「飾，棺飾也」者，與《縫人》縫棺飾同，詳彼疏。**歲時更續，共其弊車。**故書「更續」爲「受讀」，杜子春云：「受當爲更，讀當爲續。更續，更受新。共其弊車，歸其故弊車也。」玄謂俱受新耳。更，易其舊。續，續其不任用。共其弊車，巾車既更續之，取其弊車，共於車人，材或有中用之。【疏】「歲時更續共其弊車」者，弊，葉鈔《釋文》作「敝」。案：敝正字，弊者獘之俗，叚借字也。《説文·攴部》，敝訓衣敗。引申之，凡故敝，靡敝，敝惡，通謂之敝。《輪人》、《輈人》、《築氏》、《函人》、《鮑人》、《弓人》經注並作「敝」，唯此及《司弓矢》「弊弓」、《皀氏》注「擗弊」字作「弊」，以宋本《釋文》證之，疑舊本經並作「敝」也。又此「弊車」與《大宰》「幣餘」之幣，義亦略同。《管子·小匡》篇云「戎車待游車之獘」，所謂弊車也。　注云「故書更續爲受讀，杜子春云，受當爲更，讀當爲續」者，段玉裁云：「一爲字誤，一爲聲誤也。」丁晏云：「《燕禮》注『古文更爲受』。《左》昭二十九年傳『以更豕韋之後』，《史記》更作受。」云「更續，更受新」者，《國語·晉語》云「姓利相更」，韋注云：「更，續也。」是更續同義，故子春以更續爲一事，與後鄭義異也。云「共其弊車，歸其故弊車也」者，《國策·秦策》高注云：「弊，壞也。」謂巾車所出車，更續受新之後，其故舊弊壞之車，復使歸於巾車也。杜不言歸於車人，故後鄭補之。云「玄謂俱受新耳」者，賈疏云：「謂更與續二者，於彼用車之人，俱受其新車也。」云「更，易其舊」者，《小爾雅·廣詁》云：「更，易也。」賈疏云：「謂車雖未破，日月已久舊壞者，更易以新

❶「路」原訛「車」，據《周禮注疏》改。

者。」云「續，續其不任用」者，賈疏云：「謂雖未經久，其有破壞不中用者，復以新車續之。」云「共其弊車，巾車既更續之，取其弊車，共於車人」者，以此官唯掌公車出入之計，不掌造作，故知仍歸於車人也。賈疏云：「此巾車，不專主車人所造大車、柏車而已，兼主輪人、輿人所造乘車、兵車，而云共車人者，則車人謂造車之人，兼輪人、輿人等造車人也。」云「材或有中用之」者，謂弊車之材，或有未盡壞敗，可中造車之用者，則亦不可棄之，故必歸之車人，使用之也。

大祭祀，鳴鈴以應雞人。雞人主呼旦，鳴鈴以和之，聲且警衆。必使鳴鈴者，車有和鸞相應和之象。故書鈴或作軨，杜子春云「當爲鈴」。

【疏】「大祭祀」者，謂祀天地宗廟也。云「鳴鈴以應雞人」者，《說文·金部》云：「鈴，令丁也。」《廣韻·十五青》云：「鈴，似鍾而小。」應雞人者，二官相與爲官聯也。　注云「雞人主呼旦」者，《雞人職》云「大祭祀，夜嘑旦以嘂百官」是也。云「鳴鈴以和之，聲且警衆」者，恐雞人所呼未徧聞，故車人復鳴鈴和之以警戒衆。凡警衆，大事則擊鼓，次事則振鐸，小事則鳴鈴，皆取其有聲也。段玉裁云：「且當是旦之誤。」亦通。云「必使鳴鈴者，車有和鸞，相應和之象」者，《大馭》注云：「和鸞皆以金爲鈴。」賈疏云：「案《韓詩》云：『升車則馬動，馬動則鸞鳴，鸞鳴則和應。』是車有和鸞相應之象，故鳴鈴以應雞人。」云「故書鈴或作軨，杜子春云，當爲鈴」者，「作軨」《釋文》作「爲軨」。案：軨爲車闌，即《輿人》之軹轛，鳴軨於義無取，故杜不從之。段玉裁云：「此亦聲誤也。或古文假借。」

周禮正義卷五十三

典路掌王及后之五路，辨其名物與其用說。用，謂將有朝祀之事而駕之。鄭司農云：「說，謂舍車也。《春秋傳》曰：『雞鳴而駕，日中而說。』用謂所宜用。」【疏】「掌王及后之五路」者，此官專掌王及后之路，與巾車通掌公車之政令異。賈疏云：「上巾車已主王后之五路，今此又掌之者，以其冬官造得車訖，以授巾車，飾以玉金象之等，其王及后所乘者，又入典路別掌之。」案：玉金象等之飾，冬官造成時當已備，非巾車所爲，賈說失之。

注云「用謂將有朝祀之事而駕之」者，《說文·馬部》云：「駕，馬在軛中也。」此「用說」卽下云「駕說」，朝祀卽巾車所掌玉路以祀、象路以朝等是也。鄭司農云「說謂舍車也」者，《毛詩·召南·甘棠》傳云：「說，舍也。」字通作「稅」。《方言》云：「發、稅，舍車也。東齊海岱之閒謂之發，宋趙陳魏之閒謂之稅。」郭注云：「稅猶脱也。」《說文·卪部》云：「卸，舍車解馬也。」蓋用則駕之，舍則卸之，故謂之說也。引《春秋傳》者，《左》宣十二年晉楚戰於邲傳文。杜注云：「說，舍也。」云「用謂所宜用」者，謂陳駕諸事。賈疏云：「還是朝祀之等也。」

若有大祭祀，則出路，贊駕說。出路，王當乘之。贊駕說，贊僕與趣馬也。【疏】「若有大祭祀則出路」者，謂圜丘、方丘、南北郊、大饗明堂、迎氣、祀五帝、朝日及宗廟六享，王皆親祭，則乘玉路也。詳《巾車》疏。

注云「出路，王當乘之」者，賈疏云：「按上《巾車》『玉路以祀』，此云『若有大祭祀則出路』，鄭云『王當乘之』，惟出玉路也。按下文『大喪、大賓客亦如之』，注云『亦出路，當陳之』，此惟云『大祭祀則出路』，據王所乘之，亦當陳之爲華國。」詒讓案：此注言乘不言陳，下注言陳不言乘，皆以互見爲義。又凡大祭祀后與其事者，其路當亦典路出之。云「贊駕說，贊僕與趣馬也」者，明此官與彼諸官爲聯事也。賈疏云：「夏官大馭、戎僕、齊僕之等及趣馬之官主駕說，故知所贊駕說者，贊僕與趣馬也。」詒讓案：凡五路之馭，通謂之僕，據《大馭》及《條狼氏》文，詳彼疏。

大喪、大賓客亦如之。亦出路當陳之。鄭司農說以《書·顧命》曰：「成王崩，康王既陳先王寶器，又曰『大路在賓階面，贅路在阼階面，先路在左塾之前，次路在右塾之前。』漢朝《上計律》，陳屬車於庭。故曰大喪、大賓客亦如之。」【疏】「大喪、大賓客亦如之」者，大喪亦謂王、后之喪。世子喪不得備五路，則唯陳所乘之路而已，詳《巾車》疏。大賓客，謂朝覲會同，皆陳路也。又朝聘賓至，此官徒屬蓋亦贊駕稅之事，故《左》襄三十一年傳云：「諸侯賓至，巾車脂轄。」此官爲巾車之屬，故通言不別也。　注云「亦出路，當陳之」者，賈疏云：「謂陳之以華國，亦有當乘之法，但大賓客王乘金路也，其大喪則無乘吉時路，故注爲陳之而說也。」詒讓案：嗣王在喪，乘五等喪車，當亦此官出之。注不云出喪車，亦文不具也。《周書・克殷》篇說武王滅紂告受命，亦云「陳常車」，孔注云：「常車，威儀車也。」是凡大禮皆有陳車，不徒祭、喪、賓三禮也。云「鄭司農說以《書・顧命》曰，成王崩，康王既陳先王寶器」以下者，路，今僞孔傳本並作「輅」，蓋唐開元時所改。《說文・車部》云「輅，車軨前横木也」，非此路車字。又贅路，《釋文》云：「贅又作綴。」僞孔本同。此證大喪陳路之事。賈疏云：「按彼上文云陳寶及列玉五重大訓之等，乃陳車乘，故云既陳先王寶器。云『又曰大路在賓階面』，注云：『大路，玉路。』云『贅路在阼階面』，注云：『贅次次在玉路後。』謂玉路之貳也。云『先路在左塾之前』，注云：『先路，象路。門側之堂謂之塾。』謂在路門内之西，北面，與玉路相對也。云『次路在右塾之前』，注云：『象路之貳與玉路之貳相對，在門内之東，北面。』」案：賈所引並鄭《書注》佚文。《顧命》孔疏又引鄭注云：「不陳金路、革路、木路者，主於朝祀而已。」蓋彼是大喪有朝祀之事，故止陳玉路象路，不陳餘三路。此經有大賓，則王乘金路，不乘時亦當陳之，與大喪異。其革路、木路主於戎田，雖大賓亦不陳也。《書》僞孔傳則云「綴輅金，次輅木」，孔疏引馬融、王肅皆謂唯不陳戎路，《曲禮》孔疏亦以次路爲五路之一，並與鄭義異也。云「漢朝《上計律》陳屬車於庭」者，《上計律》，亦《漢律》篇名。《史記・張蒼傳》云：「蒼以列侯居相府，領主郡國上計者。」《續漢書・禮儀志》劉注引蔡質《漢儀》云：「正月旦，德陽殿朝賀，屬郡計吏皆陛覲，故有陳列屬車之法。」王應麟云：「《安帝紀》『永初四年春正月元日會，徹樂，不陳充庭車。』注：『每大朝會，必陳乘輿法物車輦於庭。以年饑，故不陳。』」孔廣森云：「常時大朝會，皆陳車於庭，《東京賦》所云『龍輅充庭』者也。石虎僭倣古制，每正會，充庭車馬，金根、玉輅、革輅數十，見《鄴中記》。」云「故曰大喪、大賓客亦如之」者，《顧命》爲大喪禮，《漢律》爲大賓客禮，咸足相證明也。

凡會同、軍旅、弔于四方，以路

從。王出於事無常，王乘一路，典路以其餘路從行，亦以華國。【疏】「凡會同軍旅，弔于四方，以路從」者，會同軍旅，皆謂王親行在外。弔于四方者，王無出畿特弔於四方之禮，惟巡守會同在邦國遇諸侯之喪，則有弔事，故亦以路從也。注云「王出於事無常，王乘一路，典路以其餘路從行」者，賈疏云：「按經會同、軍旅及弔有三事，則是衣裳之會及弔王乘金路，兵車之會及軍旅王乘革路，是王出於事無常也。王雖乘一路，典路以其餘路皆從，惟玉路祭祀之車，尊，不出，其餘皆出也。」案：《士喪禮》注說諸侯弔士云「君弔蓋乘象路矣」，則王弔於四方亦當乘象路矣。賈謂亦乘金路，非鄭恉也。又此經路從之文，當通晐五路，若會同王乘金路，則以玉象木革四路從行；若軍旅王乘革路，則以玉象木金四路從行。故《曲禮》孔疏云：「王者五路，玉象木金革各一路，王自乘一，所餘四路皆從行。」是孔謂玉路亦從行。賈謂玉路尊，不從行，於義爲短。云「亦以華國」者，謂行則以從，止則陳之，與大喪、大賓客陳路，同爲華國也。

車僕掌戎路之萃，廣車之萃，闕車之萃，苹車之萃，輕車之萃。萃，猶副也。此五者皆兵車，所謂五戎也。戎路，王在軍所乘也。廣車，橫陳之車也。闕車，所用補闕之車也。苹猶屏也，所用對敵自蔽隱之車也。輕車，所用馳敵致師之車也。《春秋傳》曰「公喪戎路」，又曰「其君之戎，分爲二廣」，則諸侯戎路、廣車也。又曰：「帥斿闕四十乘。」《孫子》八陳有苹車之陳，又曰「馳車千乘」。五者之制及萃數，未盡聞也。《書》曰「武王戎車三百兩」。故書苹作「平」，杜子春云：「苹車當爲軿車。其字當爲萃，書亦或爲萃。」【疏】「掌戎路之萃」者，此官掌戎車，其別有五，皆以共王及宿衛卿大夫士庶子之所乘也。《月令》說季秋，天子教田獵，習五戎，云「授車以級」。《左》隱十一年傳云：「鄭伐許，授兵於大宫，公孫閼與潁考叔爭車。」是將出軍授兵，則亦授車。然則六軍之戎車，此官當亦掌之矣。六軍之卒，出於鄉遂，家賦一人，而不出車，其車皆官給之。以軍法二十五人爲兩推之，蓋一閭二十五家，而給戎車一乘，一族百家則四乘，一黨五百家則二十乘，一州二千五百家則百乘，一鄉一萬五千家則五百乘，六鄉則三千乘，爲六軍戎車之大數。其車盡出於官，與都鄙丘甸出車之法異。《坊記》孔疏引《巾車》「毀折入齎於職幣」之文，證鄉遂兵車皆官所給。然革車爲此官所專掌，則鄉遂戎車當亦此官授之，惟毁折入齎，或當掌於巾車耳。

注云「萃猶副也」者，《戎僕》「掌王倅車之政」，注云：「倅，副也。」萃倅字通。《左傳》宣十二年孔疏引作「倅」，蓋依訓義改之。賈疏云：「此車僕惟掌五戎之萃，其五戎之正不言所掌者，巾車雖掌五戎之一，其下四戎之正，亦巾車掌之矣。」案：賈説非也。後注云「萃各從其元」，元即正戎，則鄭意五戎正副，此官通掌之，經唯云萃者，明五戎皆有副也。但諦審經義，鄭詁亦究未塙，王安石、王昭禹並釋萃爲隊，義似較長。蓋此掌五戎之萃，當與諸子掌國子之倅義同，萃即謂諸戎車之部隊，亦即《縣師》、《司右》所謂車之卒伍也。萃者，通正副尊卑之言，非專指副倅。《諸子》鄭注訓倅爲副貳，亦失之。云「此五者皆兵車」者，明五者名制雖異，而《考工記·總敘》通謂之兵車，其輪輿度數同也。《曲禮》又謂之「武車」。云「所謂五戎也」者，賈疏云：「凡言所謂者，謂他成文。檢諸文，不見更有五兵車爲五戎之文。惟有《月令·季秋》云『以習五戎』，鄭彼注以五戎爲弓矢、殳、矛、戈、戟，不爲五兵車解之，則未知鄭所謂五戎者，所謂何文。或可鄭解彼五戎，或爲此五兵車解之，以五戎之事無正文，故鄭兩解之也。」云「戎路，王在軍所乘也」者，即《巾車》云「革路以即戎」是也。《詩·唐風》「彼汾沮洳」，❶箋云：「公路，主君之軞車。」《左》宣二年傳「晉趙盾爲旄車之族」。《釋文》：「旄本作軞。」《詩》孔疏引服虔云：「軞車，戎車之倅。」服説即本此經。若然，戎路亦通稱軞車矣。云「廣車，橫陳之車也」者，廣與橫聲類同，古通用。橫陳，謂縱橫陳列之以自固也。《左》襄十一年傳「鄭人賂晉侯以廣車、軘車淳十五乘，甲兵備」。杜注云：「廣車、軘車，皆兵車名。」《淮南子·原道訓》「橫四維而含陰陽」，高注云：「橫讀桄車之桄。」桄廣音同，桄車亦即廣車也。《戰國策·西周策》説「知伯欲伐厹由，遺之大鍾，載以廣車」，則疑是任載之大車，《史記·樗里疾傳》正義謂即此經廣車，非也。云「闕車，所用補闕之車也」者，《國語·晉語》云：「古之爲軍也，軍有左右，闕從補之。」韋注云：「闕，缺也。」鄭意戰時列車爲陳，或有疏闕，以此車補其數。《左》桓五年傳云：「爲魚麗之陳，先偏後伍，伍承彌縫。」杜注云：「以車居前，以伍次之，承偏之隙，而彌縫闕漏。」蓋無論車徒，皆有彌縫補闕之部隊矣。云「苹猶屏也，所用對敵自蔽隱之車也」者，苹屏音同。此車蓋以韋革周帀四面爲屏蔽，故對敵時可蔽隱以避矢石也。《吴子·圖國》篇

❶ 《汾沮洳》爲《魏風》詩篇。

云：「革車奄户，縵輪籠轂。」乘車及戎路皆無户，苹車有屏蔽，或當有户而奄之，與漢輧車制蓋相近與？ 云「輕車，所用馳敵致師之車也」者，《説文・車部》云：「輕，輕車也。」《國策・齊策》「使輕車鋭騎衝雍門」。高注云：「輕，便。」《六韜・軍用》篇，有矛戟扶胥輕車百六十乘。《周書・大明武》篇云：「輕車翼衛，在戎二方。」《詩・秦風・駟驖》「輶車鸞鑣」，鄭箋云：「輕車，驅逆之車也。」案：輶輕義同。輕車在五戎中，最爲便利，宜於馳驟，故用爲馳敵致師之車，又兼用之田狩也。又周時傳遽之車亦用輕車，故大行人或謂之輶軒使者，與此戎車制蓋略同。《續漢書・輿服志》亦云：「輕車，古之戰車也。洞朱輪輿，不巾不蓋，建矛戟幢麾，轓輒弩箙。」又引《吴孫兵法》云：「有巾有蓋，謂之武剛車。」武剛車者，爲先驅，又爲屬車輕車，殿焉。」案：周制當與漢同，武剛車有巾蓋，疑卽苹車也。引《春秋傳》曰「公喪戎路」者，《左》莊九年傳「師及齊師，戰于乾時，我師敗績，公喪戎路，傳乘而歸」。杜注云：「戎路，兵車。」此引以證諸侯亦有戎路也。云「又曰其君之戎，分爲二廣」者，宣十二年，晉楚戰于邲傳：「欒武子曰，其君之戎，分爲二廣，廣有一卒，卒偏之兩。」又云「楚子爲乘廣三十乘，分爲左右，右廣雞鳴而駕，日中而説，左則受之，日入而説」。云「則諸侯戎路廣車也」者，鄭意據《左氏》諸文，諸侯雖有戎路之名，實則降天子一等，以廣車當戎路，不得如天子以革路卽戎也。若然，魯莊公所喪之戎路，如鄭説亦卽廣車矣。云「又曰帥斿闕四十乘」者，亦宣十二年傳，云楚子「使潘黨率游闕四十乘，從唐侯以爲左拒」。杜注云：「游車，補闕者。」説與鄭同。斿，《左傳》作游，鄭引作斿，與《司常》「斿車」字同，蓋所見本異。云「《孫子》八陳有苹車之陳」者，《漢書・藝文志》兵權謀家有《吴孫子兵法》八十二篇，《圖》九卷。《隋書・經籍志・子部》，兵家有《孫子八陣圖》一卷，《吴孫子牝八變陣圖》一卷。苹車之陳，蓋出於彼。今《孫子》十三篇，圖已不傳，未知其審。云「又曰馳車千乘」者，《孫子・作戰》篇云：「馳車千駟，革車千乘。」曹注云：「馳車，輕車也，駕駟馬。革車，重車也。」案：馳車駕四馬，則駟與乘義同，故鄭引之卽作千乘，亦以證輕車爲馳敵車也。至《孫子》革車，蓋當此經之戎路、廣車，曹注以爲任載之重車，與經義不合，未知是否。云「五者之制及萃數未盡聞也」者，五戎之車，經但舉其名，而其形制及萃數無文。《考工》車工雖備詳兵車之制，而廣闕苹輕，其詳不具，故云未盡聞也。引《書》曰「武王戎車三百兩」者，《書・牧誓序》文。鄭引以證戎車之萃數也。云「故書苹作平，杜子春云苹車當爲軿車，其字當爲萃，書亦或爲萃」者，段玉裁校改作「平車當爲軿車」，云：「杜爲立車無軿之軿，《巾車》注云『翟車今軿車』是也。平并聲類同。鄭君從今書作苹，不作軿者，以軿車是婦人車，此五者皆兵車，故據《孫子》作苹字也。苹萃字形相似。」孔繼汾、徐養原校改作「平車當爲軿車，其字當爲苹，書亦或爲苹」。徐云：「《堯典》『平秩東作』，馬本作苹，見《釋文》。是平苹古亦通用。苹之爲軿，同音相訓也。苹之爲平，古字相通也。」案：孔、徐校是也。軿正字，苹平聲近叚借字。《釋名·釋車》謂軿車四面有屏蔽，此苹車亦有屏蔽，與軿車義同，故杜云「平車當爲軿車」也。《廣韻·十五青》軿字注云：「輜軿，兵車。」即據杜説。軿車，詳《巾車》疏。此苹車義雖當爲軿，而《孫子》有苹車，其字近古，且與故書「平車」形聲尤近，故杜據以正讀。**凡師，共革車，各以其萃**，五戎者共其一，以爲王，優尊者所乘也，而萃各從其元焉。【疏】注云「五戎者共其一以爲王，優尊者所乘也」者，賈疏云：「按《巾車》，王所乘惟革路而已，即此上文戎路是也。是王惟乘一路耳。今此經不云革路，揔云『共革車』，則革車之言所含者多，五戎皆是，則王雖乘一路，四路皆從，是優尊所乘也。」云「而萃各從其元焉」者，《詩·小雅·六月》「元戎十乘」，毛傳云：「元，大也。」《司馬法·天子之義》篇云：「戎車，夏后氏曰鉤車，先正也；殷曰寅車，先疾也；周曰元戎，先良也。」《史記·三王世家》集解引《韓詩章句》云：「元戎，大戎，謂兵車也。車有大戎十乘，謂車縵輪，馬被甲，衡扼之上盡有劍戟，名曰陷軍之車，所以冒突，先啓敵家之行伍也。」案：《詩》元戎疑即五戎之正車。鄭意此萃爲副，對元言之，經云「共革車」，又云「各以其萃」，明五戎之萃各從其元也。今案：萃當爲部隊，各以其萃者，謂五者各自成一隊，分別部居，不襍廁也。**會同亦如之。**巡守及兵車之會，則王乘戎路。乘車之會，王雖乘金路，猶共以從，不失備也。【疏】注云「巡守及兵車之會，則王乘戎路」者，賈疏云：「以《戎僕》云『掌馭戎車，凡巡守及兵車之會亦如之』。」云「乘車之會，王雖乘金路，猶共以從，不失備也」者，《巾車》云「金路以賓」，故知乘車之會，王乘金路也。此文總云會同，是兼兵車、乘車之會言之，明王雖不乘戎路，亦共五戎以從，以備非常也。**大喪，廞革車。**言興革車，則遣車不徒戎路，廣闕苹輕皆有焉。【疏】「大喪廞革車」者，此謂王喪也。后、世子不與戎事，則喪亦不陳五戎可知也。　注云「言興革車，則遣車不徒戎路，廣闕苹輕皆有焉」者，鄭訓廞皆爲興，故經云「廞革車」，注云「興革車」。然其説非也。廞實當訓爲陳，謂葬前一日，則陳於祖廟之庭；葬日至壙，則陳於墓道也。詳《司裘》疏。賈疏云：「經云革車，亦是五戎之揔名，故知不徒戎路，廣闕苹輕皆有可知。若然，王喪遣車九乘，除此五乘之外，加以金玉象木四者，則九乘矣。」

大射，共三乏。鄭司農云：「乏讀爲匱乏之乏。」【疏】「大射共三乏」者，王大射三侯，侯有一乏。《文選·東京賦》薛注云：「大射張三侯，故設三乏。乏以革爲之，獲旌者之禦矢也。」《射人》謂之三容，先鄭注云：「容者，乏也，待獲者所蔽也。」《大射儀》云：「司馬命量人量侯道，與所設乏，以貍步。大侯九十，參七十，干五十。設乏，各去其侯西十北十。」又云「凡乏用革」。此畿外諸侯大射禮。若王大射，則當如《司裘》注所説，熊侯九十弓，虎侯七十弓，豹侯五十弓，侯各設乏也。乏之制，詳《射人》疏。賈疏云：「乏一名容，則《射人》云『三獲三容』是也。以其爲革車用皮，其乏亦用皮，故因使爲之。若然，直云大射共乏，至於賓射燕射之等，則亦使共乏矣，舉大射尊者而言。」　注「鄭司農云，乏讀爲匱乏之乏」者，《服不氏》杜注同。段玉裁云：「音義皆同匱乏也。」陳祥道云：「正面北，乏面南，故文反正爲乏。」

司常掌九旗之物名，各有屬，以待國事。日月爲常，交龍爲旂，通帛爲旜，雜帛爲物，熊虎爲旗，鳥隼爲旟，龜蛇爲旐，全羽爲旞，析羽爲旌。物名者，所畫異物則異名也。屬，謂徽識也，《大傳》謂之徽號。今城門僕射所被及亭長著絳衣，皆其舊象。通帛謂大赤，從周正色，無飾。雜帛者，以帛素飾其側。白，殷之正色。全羽、析羽，皆五采，繫之於旞旌之上，所謂注旄於干首也。凡九旗之帛皆用絳。

【疏】「掌九旗之物名」者，王之旗物有此九種。析別言之，則旗爲畫熊虎之專名；大總言之，則九者得通稱旗也。云「各有屬，以待國事」者，諸旗大者爲正，又各依其章物爲小徽識，與大者爲屬。正者建之車，屬者被之身，各隨國事用之也。云「日月爲常，交龍爲旂，通帛爲旜，雜帛爲物，熊虎爲旗，鳥隼爲旟，龜蛇爲旐」者，此並因章物爲名，以示別異。金榜云：「《巾車》玉路建大常，金路建大旂，象路建大赤，革路建大白，木路建大麾。《左傳》臧哀伯曰：『三辰旂旗，昭其明也。』《考工記》曰：『龍旂九斿，以象大火也；鳥旟七斿，以象鶉火也；熊旗六斿，以象伐也；龜蛇四斿，以象營室也。』《曲禮》曰：『行前朱雀而後玄武，左青龍而右白虎，招摇在上，急繕其怒。』《明堂位》曰：『有虞氏之旂，夏后氏之綏，殷之大白，周之大赤。』由是言之，大旂爲交龍，大赤爲鳥隼，大白爲熊虎，大麾爲龜蛇。周赤，殷白，夏黑，然則有虞氏之旂以青歟？《爾雅》：『素錦綢杠，纁帛縿，素陞龍於縿。』是大常纁帛，象中黄之色也。」案：金氏以大旂、大白、大赤、大麾釋旂旗旟旐，略本吕大臨、陸佃説；其謂大常色黄，與旂青、旟赤、旗白、旐黑分屬五方，説本鄭鍔、陳傅良義，皆致塙。《司馬法·天子之義》篇云：「旂，夏后氏玄首，人之執也；殷白，天之義也；周黄，地之道也。」《司馬法》説周旂黄，蓋卽指大常。《初學記·武部》引《河圖》云：「風后曰：予告汝帝之五旗：東方法青龍曰旂，南方法赤鳥曰旟，西方法白虎曰旗，北方法玄蛇曰旐，中央法黄龍曰常。」《三國志·吴志·胡綜傳·大牙賦》亦云：「四靈既布，黄龍處中；周制日月，實曰大常。」此並謂大常色象中黄。《御覽·兵部》引諸葛亮《兵要》云：「以朱雀旂竪午地，白虎旂竪西地，玄武旂竪子地，青龍旂竪卯地，招摇旂竪中央。」則漢人釋《曲禮》已有以招摇爲中央之旗，配四官爲五者，與金説並可互證。蓋此經九旗之内，正旗實止有五，常、旂、旟、旗、旐，分象五方色，故《大戴禮記·虞戴德》篇云：「天子以歲二月，爲壇於東郊，建五色。」《穀梁》莊二十五年傳又説「天子救日置五麾」，楊疏引糜信云「各以方色之旌，置之五處」是也。其旜物二者，則爲縿斿純駁之異。凡旜，縿斿同色爲純；物，縿斿異色爲駁。常旂爲天子諸侯所建，疑唯有旜而無物。自旗以下，則貴賤通建，故旜物兼有。經箸旜物於常旂之後，旗旟旐之前，文例最精。自鄭、賈諸儒並以九旗通爲絳色，又以旜物别爲二旗，而旗制淆舛不可理董。今依金氏，攷定五正旗各放方色，又綜校諸經，知旜物爲諸旗之通制，不入正旗之數，而後此及《大司馬》二經義始可通，而《詩》、《禮》、《爾雅》諸文亦無不符合矣。詳後疏。又案：此天子五旗斿數，皆以尊卑遞減：大常十二斿，大旂卽龍旂九斿，大赤卽鳥旟七斿，大白卽熊旗六斿，大麾卽龜旐四斿，並見《巾車》、《輈人》。以此差之，則旟當尊於旗，而經列旟於旗後者，文不次也。《説文》謂旗五斿，與《考工記》不同，或非天子制。其諸侯卿大夫士斿，各依命數，詳後及《典命》、《大行人》疏。云「全羽爲旞，析羽爲旌」者，二者又以注羽爲識别，亦五正旗之通制也。金榜謂旞旌各通上諸旗，以有羽爲異，皆有旒縿，卽畫日月等。其説亦塙。《大司馬》治兵所辨止七旗，無旞旌，卽其證也。蓋日月交龍等爲縿章，全羽析羽爲杠飾。常旂旟旗旐五旗，各有不注羽及注全羽、注析羽三者，隨所用而異制。然則以五旗隨事別異，實有十五等，而旟旗旐又各有旜物，則有二十四等矣。亦詳後疏。

注云「物名者，所畫異物則異名也」者，異物謂日月交龍之屬，異名謂常旂之屬，畫之以示別異。《國語・吳語》「大夫種曰：『審物則可以戰乎？』王曰：『辯。』」韋注云：「物，旌旗物色徽幟之屬。辯，別也。」此「物名」與彼「審物」義同。云「屬謂徽識也」者，賈疏云：「謂在朝在軍所用小旌，故以屬言之。」詒讓案：徽卽徽號識者，《詩・小雅・六月》云「織文鳥章」，鄭箋云：「織，徽織也。」賈疏引《詩箋》作「識」。徽字，《說文・巾部》作「徽」。徽識正字，徽織借字。識俗又作「幟」。云「《大傳》謂之徽號」者，《大傳》「殊徽號」，鄭彼注云：「徽號，旌旗之名也。」案：據鄭彼注，則徽號指大旌旗而言。然徽號與徽識文同，彼徽號中當亦含有小旌旗，故引以爲證。凡五旗之小徽識所畫，蓋亦與正旗同，詳後疏。云「今城門僕射所被及亭長著絳衣，皆其舊象」者，證徽識亦用絳帛，與正旗同也。今攷五旗依方色，不皆絳縿，徽識之色當如其正旗，鄭舉證未審。孔廣森云：「城門僕射所被者，卽《東京賦》『戎士介而揚揮』，薛綜注：『揮，爲肩上絳幟，如燕尾者也。』善曰：『《左氏傳》，廚人濮曰：「揚徽者，公徒也。」徽與揮古字通。』《說文・巾部》曰：『徽，幟也，以絳徽帛箸於背。』又《衣部》曰：『褚，卒也，卒衣有題識者也。』《廣雅》曰：『亭父、更、褚，卒也。』轉相證明，是漢時亭卒褚衣，亦有徽識。」任大椿云：「《續漢書・輿服志》：『郤非冠制似長冠，下促，宫殿門吏僕射冠之；負赤幡，青翅燕尾，諸僕射幡皆如之。』僕射負赤幡，卽所云城門僕射所被也。絳衣赤幡，戎事皆尚赤也。又《後漢書・杜喬傳》：『喬故掾陳留楊匡聞之，號泣星行，到洛陽，乃著故赤幘，託爲夏門亭吏，守衛尸喪。』云亭吏著赤幘，所云亭長絳衣也。」案：孔、任說是也。《方言》云：「楚、東海之閒，亭父謂之亭公，卒謂之弩父，或謂之褚。」郭注云：「言衣赤也。」亦亭長絳衣之證。云「通帛謂大赤」者，《巾車》注義同。鄭意旜別爲一旗，無畫章，其說非也。五旗之旜，雖縿斿皆通用一色，然各應方色，不盡用赤帛。《巾車》之大赤，雖亦爲旜，而以畫章言之，實當爲鳥隼之旟，非旜之專名也。詳《巾車》疏。云「從周正色，無飾」者，謂旜從周正色，通體用赤帛爲之，既不畫物，又無側飾也。《爾雅・釋天》云「因章曰旃」，郭注云：「以帛練爲旒，因其文章，不復畫之。」《左傳》僖二十八年，孔疏引孫炎云：「因其繒色，以爲旗章，不畫之也。」《釋名・釋兵》亦云：「旃，通以赤色爲之，無文采。」案：郭、孫、劉説，並本鄭義。今攷鄭、郭諸説，並非也。旜卽常、旂、旟、旗、旐之純色者。通帛者，謂縿斿通以一色之帛爲之，如大常則縿斿皆黄，大旂則縿斿皆青是也。《爾雅》云「因章」者，亦謂縿斿章色相因不異。《釋天》説大常云：「纁帛縿，練旒九。」郭注謂縿旒皆用絳。案彼纁爲黄色，與絳微異，郭説爲未審，而謂縿斿同色，則正合通帛因章之義。若然，此旜爲五旗之通制，亦各有畫章。故《鄉射記》説國君獲旌，云「於竟則龍旜」，彼卽交龍之旂，而謂之旜，足證通帛爲五旗之通制，非別爲一旗，亦不得無畫章矣。又《説文·㫃部》云：「旃，旗曲柄也，所以旃表士衆。」引《周禮》曰「通帛爲旃」。重文旜，或从亶。案：據《説文》，旜卽旃之或體。然曲柄之旃，《禮經》無見文。《漢書·田蚡傳》云「列曲旃」，顔注引蘇林云：「禮，大夫立曲旃。」彼似隱據襄十四年《左傳》「招大夫以旃」之文，但《左傳》不云曲旃，蘇説與此經「大夫建物」文亦不合，恐非古法也。云「雜帛者，以帛素飾其側」者，《説文·素部》云：「素，白緻繒也。」《明堂位》説旌旗飾云「殷之崇牙」，注云：「刻繒爲重牙，以飾其側。」鄭蓋隱據彼義，飾側卽重牙也。《説文·勿部》云：「勿，州里所建旗，象其柄，有三游，雜帛，幅半異，所以趣民，故遽稱勿勿。重文㫚，勿或从㫃。」段玉裁、曾釗並謂此經之「物」，卽㫚之譌是也。許謂勿爲州里所建，疑兼據《大司馬》「治兵鄉家載物」。其云三斿者，亦據字形爲説。此經物爲大夫士所建，則不定三斿矣。《釋名·釋兵》云：「雜帛爲物，以雜色綴其邊爲燕尾。」依鄭義，物正幅亦全以赤繒爲之，但以白繒飾其側，與旜通赤帛異。依許説，雜帛爲幅半異，則謂正幅或半爲赤繒，或半爲白繒，不關側飾。依劉説，以褋色綴其邊爲燕尾，則正幅亦全用赤繒，綴邊亦卽飾側之義，但用雜色繒，則不定用素，又云爲燕尾。並與鄭小異。今案：物降於旜，亦諸旗之通制，以褋帛爲縿斿，亦有畫章。五旗常旂最尊，無物；旟旗旐三旗則並有之。王之五旗雖皆爲旜，而小事亦有用物者，所謂小白小綏是也。褋帛者，縿斿異色，猶《士冠禮》之褋裳，皆取不專屬一色之義。蓋縿如五正旗，而以褋色爲之斿，其別制又有易斿爲旆者。故《釋天》云「繼旐曰旆」，郭注云：「帛續旐末爲燕尾者。」《公羊》昭十二年，何注亦云「繼旐如燕尾曰旆」。案：《爾雅》此文卽釋旐旆之制也。凡旜物皆以斿屬縿下，而旐末獨有屬以旆者，蓋爲不命之士無物者別㣫此制。凡斿依命數，而不命則無物。旐爲縣鄙郊野所建，內包有六遂，遂吏有鄰長萬五千人，則皆不命之士也。四郊公邑之小吏，不命者蓋尤衆。既各有地治民衆，則不容無物，故亦使建旗；而不命則無以爲斿，故改箸旃以示別異。以五旗之敘，唯旗最卑，而以一旃繼旗末，亦與衆斿不同，故毛、許、何、鄭諸儒並承用《雅》訓，以旃專屬之繼旐，明常旂旟旗四旗不得有旃也。《士喪禮》說不命之士云：「爲銘，各以其物，亡則以緇，長半幅，經末長終幅，廣三寸。」鄭注云：「今文末爲旃。」是彼經末卽以儗旃，明正幅之緇卽以儗旐，此可證旃之繼旐，爲無物者之別制，而緇經上下異色，尤足爲䄙帛之塙詁。若然，如旐旜則縿斿通用緇帛，旐物則縿亦用緇，而斿旃則無定色。若《詩・小雅・六月》之「白旆」，《左傳》定四年之「綪茷」，皆是以它色相䄙，故云䄙帛。許、鄭諸儒並謂物別爲一旗，無畫章，又釋䄙帛或爲帛素飾側，或爲幅半異，或爲䄙色飾邊，並非經義。又案：何、郭所云燕尾者，並以爲旆之專制，亦所以別於縿斿者。凡它旗屬斿者，正幅容有重牙爲飾，而斿則未有爲燕尾者。劉氏不審，乃以是爲物之通制，復誤以繼下爲綴邊，則又違何義矣。互詳《巾車》疏。云「白，殷之正色」者，釋物必以帛素飾側之意。云「全羽析羽皆五采，繫之於旞旌之上」者，《廣雅・釋詁》云：「析，分也。」《左傳》襄十四年，孔疏云：「言全羽析羽者，蓋有全取其翅，或析取其翮。」賈疏云：「按《序官・夏采》注云：『夏采，夏，翟羽色。《禹貢》，徐州貢夏翟之羽。有虞氏以爲緌。後世或無，故染鳥羽象而用之，謂之夏采。』若然，冬官鍾氏染鳥羽，是周法染鳥羽爲五色，故鄭云皆五采羽，繫之於旞旌之上。」案：依鄭、賈說，旞旌皆用染羽，全羽蓋謂一羽備五采，析羽則衆羽䄙五采。《鄉射禮》說「翿旌」，云「以白羽與朱羽糅」，卽所謂析羽，但不具五色耳。《舞師》、《樂師》注說舞羽亦有全羽析羽，與此義略同。孔謂有全取其翅，恐不塙。又案：《周書・王會》篇有「陰羽鳧旌」，孔注云：「鶴鳧羽爲旌旄也。」據此，則旌羽亦有用純色者，不必皆五采也。云「所謂注旄於干首也」者，此據《毛詩・鄘風・干旄》傳文，證旞旌繫羽卽注之干首，亦皆兼有旄也。《爾雅・釋天》亦云：「注旄首曰旌。」案：干卽《釋天》之杠，《夏采》注之橦。《詩・干旄》孔疏引孫炎云：「析五采羽注旄上也，其下亦有旒縿。」卽據此經補《爾雅》義也。《詩・小雅・出車》：「設此旐矣，建彼旄矣。」鄭箋謂設旐者，屬之於干旄，而建之戎車。此亦九旗兼有著旄之證。互詳《夏采》疏。賈疏云：「若然，則此旞旌非直有羽，亦有旄，故鄭引《爾雅》『注旄』以證旞旌，明其兩有。是以《干旄》詩云『孑孑干旄』『孑孑干旌』。鄭彼注云：『周禮，孤卿建旃，大夫建物，首皆注旄焉。』明干首旄羽皆有之。此雖據旞旌旄羽並有，至於大常已下，首皆有旄羽，故衞之臣子，雖旃物而有旄羽，則大常已下皆有明矣。故《夏采》云『乘車建綏，復於四郊』。注：『綏以旄牛尾爲之，綴於橦上，王祀四郊，乘玉路，建大常，今以之復，去其旒，異之於生。』是其旌首皆有旄之驗也。」金榜云：「旞旌皆張縿幅，屬旒焉。畫於縿，如日月爲常以下。析羽爲旌，亦有用氂牛尾者，故《爾雅》云『注旄首曰旌』。《左》定四年傳，又謂之『羽旄』。晉人假羽旄於鄭，明日或旆以會，是兵車之會，故載羽旄。」案：賈、金說是也。《說文・㫃部》云：「游車載旌，析羽注旄首也。」則許君亦謂羽旄兩有。《左》定四年傳「羽旄」，襄十四年傳又作「羽毛」，毛旄字通，杜注亦云「王者游車之所建」，卽據下經爲釋。此經有羽無旄，《爾雅》有旄無羽，蓋各偏舉一端也。又孫叔然《爾雅注》謂旄亦有旒縿，郭注說同，蓋皆隱據《毛詩》傳箋「孤卿大夫建旃物皆注旄」之說。《夏采》之綏，卽此經之旞，鄭謂卽用大常，去旒存旄，異之於生。彼注去旒之說，雖不足據，而謂生時大常有注旄，與《詩箋》說亦可互證也。綜校鄭《詩》、《禮》注義，蓋謂常、旂、旟、旗、旐、旜、物皆兼注羽旄，而旞旌則專以羽旄得名，亦別爲二旗，有縿斿而無畫章；不知旞旌卽就五正旗注羽以爲別異，實非別爲二旗也。云「凡九旗之帛皆用絳」者，此謂旗之正幅，所謂縿也。鄭知帛皆用絳者，蓋據《爾雅・釋天》云「纁帛縿」，郭注亦云「纁帛絳也」。金榜云：「大常纁帛，象中黃之色。纁，淺絳色。鄭君遂謂九旗之帛皆用絳，失之。」案：金說是也。《釋天》所云，乃專指大常言之。其四旗備四代旗章，縿帛當各象其方色，故《虞戴德》謂之五色，明不得皆用絳。《周書・克殷》篇云：「百夫荷素質之旗于王前。」孔注云：「素質，白旗。」是卽旗不必盡用絳帛之證也。鄭說未然。賈疏以周尚赤，申鄭說，亦非。凡日月、交龍、熊虎、鳥隼、龜蛇等，並畫於正幅之縿首。《釋天》郭注謂旂畫交龍於旒，殊誤。據鄭《覲禮記》注，謂大常縿首畫日月，旒畫交龍，是正章必畫於縿，旒綴縿下，止畫附章，不得與縿首同也。賈疏又云：「按全羽析羽直有羽而無帛，而鄭云九旗之帛者，據衆有者而言。或解以爲旞旌之下，亦有旌旒，而用絳帛也。其旄之下旆似不用絳，故《爾雅》云『緇，廣充幅，長尋曰旐，繼旐曰旆』。《詩》云『白旆央央』，旆卽《左氏》定四年傳云『分康叔以少帛、綪茷、旃旌』。是旌旆異色也。《爾雅》別云『素錦綢杠，素陞龍，練旒九』，彼施於喪葬之旂也。」案：賈《輈人》疏亦謂旞旌無縿幅，又《詩・干旄》及《左傳》成十六年孔疏，皆謂此旞旌空建鳥羽，與賈説同，並非鄭恉。鄭以旞旌皆有羽，又有帛，帛卽縿也。《鄉射記》説君獲旌，國中射以翿旌，於郊則以旌，又謂無物則以翿旌。是翿旌無物，旌則有物，其制不同，旌不得直有羽無帛明矣。賈引別説得之。但九旗之帛用絳者，止鳥旟一旗，餘則各依方色。賈引或説謂旞旌皆用絳帛，賈又以旆不用絳帛，爲旄旌之制，並非也。又《釋天》「素錦綢杠」一章，據大常而言；「纁廣充幅」一章，據龜旐而言。鄭《檀弓》、《明堂位》注引彼二章，以釋喪旌之綢練設旐，則似以彼二者並爲喪葬之旗，故不用絳而用素及纁也。其説與經義不合，賈亦沿其誤。互詳《巾車》疏。及國之大閱，贊司馬頒旗物：王建大常，諸侯建旂，孤卿建旜，大夫士建物，師都建旗，州里建旟，縣鄙建旐，道車載旞，斿車載旌，仲冬教大閱，司馬主其禮。自王以下治民者，旗畫成物之象。王畫日月，象天明也。諸侯畫交龍，一象其升朝，一象其下復也。孤卿不畫，言奉王之政教而已。大夫士雜帛，言以先王正道佐職也。師都，六鄉六遂大夫也。謂之師都，都民所聚也。畫熊虎者，鄉遂出軍賦，象其守猛，莫敢犯也。州里縣鄙，鄉遂之官，互約言之。鳥隼，象其勇捷也。龜蛇，象其扞難辟害也。道車，象路也，王以朝夕燕出入。斿車，木路也，王以田以鄙。全羽析羽五色，象其文德也。大閱，王乘戎路，建大常焉。玉路金路不出。【疏】「及國之大閱，贊司馬頒旗物」者，辨師田所建之旗物，與大司馬爲官聯也。賈疏云：「按大司馬，仲春教振旅，仲夏教茇舍，仲秋教治兵，仲冬教大閱。大閱，謂仲冬無事，大簡閱軍禮。司常主旗物，故贊司馬頒物也。此九旗發首雖揔爲大閱，而言其道車載旞，斿車載旌，非爲軍事也。」案：斿車亦通晐兵車，賈謂非軍事，非是，詳後。云「王建大常」者，以下辨五正旗及旜物旞旌之用，《大司馬》治兵文略同。《巾車》王祭祀乘玉路，亦建大常，十有二斿。《覲禮記》説王所載旂同。是凡祭祀、會同、賓客，建旗無異，不徒師田也。云「諸侯建旂」者，五等諸侯賓祭、會同、師田，亦同建旂，唯斿數各依命數。其差：公九斿，侯伯七斿，子男五斿也。又凡同建一旗而命數不同者，仞數亦當有異，詳後及《大行人》、《輿人》疏。云「孤卿建旜，大夫士建物」者，此爲内百官府所建旗物。《大司馬》治兵云「百官載旟」，與此異者，旜物爲五旗之通制，而有尊卑純駁之異，彼百官中通晐孤卿大夫士，則知此孤卿所建爲鳥旟之旜，大夫士所建則旟之物。故《詩·鄘風·干旄》篇有「干旟」之文，而毛傳釋爲大夫之旃。彼大夫蓋上大夫，卽卿之通稱，所載亦卽旗旜也。其斿亦依命數，孤依《通典·賓禮》引高堂隆説，七命則當七斿，卿則六斿。王之三公所建無文，疑當建旂而八斿，降於上公一等。知不建旗者，王旗止七斿，三公不得踰王也。建物者，中下大夫同四斿，上士三斿，中士二斿，下士一斿。不命之士無物，所建未聞，疑當建旐旆，縿用緇帛，又以褋色爲旆而無斿與？云「師都建旗」者，王念孫云：「師當爲帥。《説文》引《周禮》作『率都建旗』，帥率古字通，則《周禮》本作『帥都』。《大司馬》『師都載旜』，師字亦當爲帥也。《釋文》無帥字之音，賈疏釋師爲衆，則唐初已誤爲師，不始於開成石經矣。」段玉裁云：「唐以前俗字帥作師，故誤爲師耳。《説文·㫃部》引周禮『率都建旗』，作率者故書，作帥者今書也，見《樂師》。聘禮注亦曰『古文帥皆作率』。」案：王、段説是也。曾釗、王紹蘭説同。《輈人》注引作「師」，蓋亦後人依此經誤本改之。但審校經義，帥都當分爲二。帥卽軍帥，猶《大司馬》治兵云「軍吏載旗」，但彼又云「帥都載旜」，則於軍吏中又專舉軍將，以别於師帥以下，明軍將爲命卿，卽六卿及六鄉大夫，常時當建鳥旟之旜，而在軍則建熊旗之旜，軍容與國異也。都則當爲采邑之主，《大司馬》又云「鄉家載物」，彼經都家並見，此經有都無家，蓋家卽晐於都之中。都所建者爲熊旗之旜，家所建者則旗之物也。凡公卿王子弟等，有爵者自依命數爲斿數，其無爵者，疑亦有等衰，或大都視公八斿，小都視卿六斿，家邑視中下大夫四斿與？軍吏以下斿數，詳《大司馬》疏。云「州里建旟」者，州里卽六鄉之吏。《大司馬》鄉載物，則此所建者亦鳥旟之物，唯鄉大夫爲卿，當建旟旜。其差：鄉大夫六斿，州長、黨正四斿，族師三斿，閭胥二斿，比長一斿。云「縣鄙建旐」者，縣鄙，鄭謂卽遂之屬别。今案：當爲公邑之吏。但《大司馬》「郊野載旐」，卽四郊六遂，此經無郊野，或彼此互文見義，以六遂與四等公邑並在野，義得兼含也。公邑之長縣師三斿，其屬别未聞。遂吏則遂人、遂大夫、遂師、縣正，並四斿，鄙師三斿，酇長二斿，里宰一斿。鄰長不命無物，或亦建旐旆與？四郊之吏，當與遂同。又案：自王建大常以下，並上得兼下，下不得僭上，咸以爵次爲敍，所以表尊卑也。若表事所建，則又與此不同，如王陳路及郊射、救日，咸通建五旗，而司勳書名于王之大常；大司徒、大司馬、鄉師、遂人之致民役，皆建大旗；山虞亦有虞旗，王田以大麾表獲，而《檀弓》、《明堂位》喪葬亦通建旐：皆不定依爵次尊卑恒法，蓋表事與表爵本不同也。互詳《大司徒》、《鄉師》、《遂人》、《巾車》疏。云「道車載旞，旃車載旌」者，此家上所建諸旗，而以注羽爲別異也。依鄭説，道車爲象路，旃車爲木路。依金榜説，旃車亦兼有革路，其説近是。金氏又謂常、旂、旟、旗、旐諸旗有無羽者，蓋賓祭之所用；其曰旞曰旌，則以有羽爲異，道車、旃車所載是也。又鄭《大司馬·治兵》章注云：「凡頒旗物以出軍之旗則如秋，以尊卑之常則如冬，司常佐司馬時也。大閱備軍禮，而旌旗不如出軍之時，空避實。」金氏駁之云：「四時之田，春辨鼓鐸，夏辨號名，秋辨旗物，至大閱備焉。鼓鐸號名辨於春夏者無變也，不當獨於旗物空避實。《司常》云『大閱贊司馬頒旗物』，其所頒固卽治兵之旗物也。」案：金説亦是也。蓋此經與《大司馬》治兵旗物本同，唯以旝物旞旌錯文互見，鄭遂疑其不同，而强爲之説，義實不可通，皆由不知九旗之中正旗實止有五，旝物旞旌爲五旗之通制，故削趾適屨，牴牾百出，漢唐禮家，沿襲莫悟。唯金氏知旞旌卽就五旗而注羽，旃車所載卽大閱之旗物，而道車載旞爲牽連類及，足補正鄭、賈之義，今又攷定旝物亦諸旗所同，而後大閱治兵錯互之文無不可通，故詳論之。互詳《大司馬》疏。　注云「仲冬教大閱，司馬主其禮」者，據《大司馬》文。凡振旅、茇舍、治兵亦當頒旗物，經唯見大閱者，舉冬以晐三時，文不具也。云「自王以下治民者，旗畫成物之象」者，賈疏云：「謂自王以下至諸侯并鄉遂之官是也。」詒讓案：成物，卽日月交龍之等。鄭言此者，欲見孤卿大夫士泛指百官，不專治民，故建旜建物不畫成物也。《大司馬》注云：「凡旌旗，有軍衆者畫異物，無者帛而已。」與此義略同。云「王畫日月，象天明也」者，《釋名·釋兵》云：「日月爲常，畫日月於其端，天子所建，言常明也。」《文選·東京賦》薛注云：「大常上畫三辰，以象天明也。」賈疏云：「按桓二年，臧哀伯云：『三辰旂旗，昭其明也。』三辰，日月星，則此大常之畫日月者也。此直言日月不言星者，此舉日月，其實兼有星也。」案：賈説是也。《穆天子傳》説葬盛姬云「日月之旗，七星之文」，郭注云：「言旗上畫日月及北斗星也。《周禮》曰『日月爲常』，旗亦通名。」《書·益稷》及《左傳》桓二年孔疏，並引《穆傳》證大常畫日月北斗。江永又據鄭《司服》注「周以日月星辰畫於旌旗」之文，明鄭亦謂大常有星辰；又引《曲禮》「招摇在上」，證星卽畫北斗。金鶚亦云：「《曲禮》『招摇在上，急繕其怒』，鄭注：『畫招摇星於旌旗上，以起居堅勁，軍之威怒；象天帝也。』招摇星在北斗杓端，主指者。《司常》『交龍爲旂』卽左青龍，『熊虎爲旗』卽右白虎，『鳥隼爲旟』卽前朱鳥，『龜蛇爲旐』卽後玄武。然則『日月爲常』卽招摇在上矣。」案：此説本陳祥道，與賈、孔《禮》疏及金、江諸説足互相備。然大常所畫，三辰之外，又有交龍，故《郊特牲》云：「旂十有二旒，龍章而設日月，以象天也。」又《司馬法・天子之義》篇云：「章，周以龍，尚文也。」蓋謂大常。《覲禮記》云：「天子載大旂，象日月，升龍降龍。」注云：「大旂，大常也。王建大常，縿首畫日月，其下及旒交畫升龍降龍。」《爾雅・釋天》云：「素錦綢杠，纁帛縿，素陞龍於縿，練旒九，飾以組，維以縷。」郭注云：「畫白龍於縿，令上向。」此與《覲禮》文正相應，亦指大常而言。大常色黄，而《爾雅》云纁縿者，纁黄色略同。《爾雅》又不云交龍，而但云升龍者，疑亦禮家之别説。金榜又云：「天子大常，龍章而設日月，十有二斿。《爾雅》不言日月，下又云『練旒九』，蓋周秦閒之儒，往往以諸侯禮制上説天子，故《樂記》亦云『龍旂九斿，天子之旌』。」案：金説亦近是。《釋天》之九旒與大旂同，而不得謂卽大旂者，以其縿用纁不用青也。但周秦閒人説，多以龍旂九斿爲天子制，則其或本爲大常而誤減其斿數，抑或卽大旂而誤易其章色，皆未可定，要七國僭王，不盡正如其本制，故《雅》文與《禮經》不無舛互矣。亦詳《輈人》疏。云「諸侯畫交龍，一象其升朝，一象其下復也」者，此交龍之旂，制殺於大常，故其縿不畫日月，而爲交龍，亦當爲交畫升龍降龍。象升朝者謂升龍，象下復者謂降龍也。《釋名・釋兵》云：「交龍爲旂，旂，倚也，畫作兩龍相依倚，諸侯所建也。」案：劉謂兩龍相依倚，似不爲升降上下，説與鄭異。又《説文・㫃部》云：「旂，旗有衆鈴，以令衆也。」此以有鈴主爲令衆，許、鄭各偏舉一義。《爾雅・釋天》亦云：「有鈴曰旂。」賈疏云：「象升朝天子，象下復還國也。」云「孤卿不畫，言奉王之政教而已」者，不畫，卽謂通帛無飾。奉王政教，謂不得專制。《聘禮》「使者載旜」，注云：「聘使卿。」則侯國卿所載亦同。《釋名・釋兵》云：「通帛爲旃，旃，戰也，戰戰恭己而已。」通以赤色爲之，無文采，三孤所建，象無事也。」劉説與鄭略同。云「大夫士雜帛，言以先王正道佐職也」者，賈疏云：「謂中央赤，旁邊白。白是先王殷之正色，而在旁，故云以先王正道佐職也。」詒讓案：《釋名・釋兵》云：「雜帛爲物，將帥所建，象物雜色也。」劉以物爲將帥所建，又云象雜色，與此經注並不合。云「師都，六鄉六遂大夫也，謂之師都，都民所聚也」者，賈疏云：「以師，衆也，都，聚也，主鄉遂民衆所聚，故謂之師都也。六鄉大夫皆卿，六遂大夫皆大夫也。卿合建旃，大夫合建物，今揔建旗，以其領衆在軍爲將，故同建熊虎之旗。」段玉裁改師亦爲帥，云：「玩注意，正謂鄉遂大夫帥領民，聚之都。」王念孫云：「玩鄭注，亦當作『帥』。蓋都爲民所聚，其帥之者大夫也。文十六年《左傳》『夫人王姬使帥甸攻而殺之』。杜注曰：『帥甸，郊甸之帥。』義與帥都同。」案：段、王説是也。賈依誤本爲釋，不可從。《穀梁》僖十六年傳云：「民所聚曰都。」此鄭説所本。王引《左傳》「帥甸」以證注義，亦深得其恉。《大司馬》「中秋治兵，帥都載旜」，彼注云「遂大夫也」，則又不兼鄉大夫，與此注義復小異。然以經攷之，二説皆非也。此帥卽六軍之將帥，義已詳前。鄭鍔云：「帥都當爲都鄙之吏。」江永云：「帥都，都家之百官也。不言家，蓋於都中包之。」案：鄭、江釋都字，得之；但以帥都爲一，則尚沿注説之誤。又此爲都之主，彼以爲官吏，亦未審也。此都卽大都小都之都，而家邑晐乎其中。《大宰》八則治都鄙，注亦兼三等采地爲訓，明都得兼家，故此唯有都而無家；後徽識之象及《大司馬》「茇舍號名」，則又並有家而無都；唯《大司馬・治兵》章都家異載，兩者備有：皆錯文以見義。蓋都大家小，而同爲采主，故所建旜物雖不同，而其爲熊旗則一也。六軍之將，或以鄉大夫爲之，則鄭舉鄉大夫，於帥尚可通，而以此兼釋都，則迴不相涉。至鄭兼舉鄉遂大夫，則全經別無以鄉遂爲都之文；況公邑采地，孰非民之所聚，而必知其爲鄉遂乎？殆不可通矣。云「畫熊虎者，鄉遂出軍賦，象其守猛，莫敢犯也」者，鄭意天子六軍，出於六鄉，六遂副之，軍旅主於威嚴，故取猛獸爲象。《司馬法・天子之義》篇云：「章，殷以虎，尚威也。」今攷定：帥既爲六軍之將，都家之主亦得帥領采邑之卒，與守猛之義固無悖也。至《釋名・釋兵》云：「熊虎爲旗，旗，期也，言與衆期於下。軍將所建，象其猛如熊虎也。」《説文・㫃部》云：「旗，熊旗，五游，以象伐星，士卒以爲期。」劉、許釋旗爲期衆，並依聲爲訓，義與鄭別。云「州里縣鄙，鄉遂之官，互約言之」者，賈疏云：「州是鄉之官，里與縣鄙是遂之官，故揔言鄉遂之官。遂之里是下士，得與鄉之州中大夫同建旟，則知鄉之閭亦得與遂之縣同建旐也；遂之鄙得與縣同建旐，鄉之黨亦得與州同建旟可知：是互也。言約者，鄉之族上從黨同建旟，比上從閭同建旐也；遂之酇上從鄙同建旐，鄰上從里同建旟：是約也。但族師已下并鄙師已下皆是士官，雖與在上大夫同建，其刃數則短，當三刃已下。」《詩・鄘風・干旄》孔疏亦釋此注云：「如鄭之意，則以鄉遂同建旗。鄉之下有州黨族閭比，遂之下有縣鄙酇里鄰。今云州里建旟，則六鄉内州長、黨正及六遂内酇長、里宰、鄰長等五人同建旟也；又縣鄙建旐，謂六遂内縣正、鄙師及六鄉内族師、閭胥、比長等五人同建旟：故鄭云互約言也。」案：依賈説，則六鄉之屬，州旟、黨旟、族旟、閭旟、比旟，六遂之屬縣旟、鄙旟、酇旟、里旟、鄰旟，鄉之族上同州黨，遂之酇亦上同縣鄙也。孔説州、黨、閭、比、縣、鄙、里、鄰所建，並與賈同，惟以鄉之族下同閭比建旟，遂之酇下同里鄰建旟，則與賈異，而孔《月令》疏説又與賈同。注既無文，未知鄭意云何。然以九旗斿數差之，旟當尊於旟，而依鄭互約之言，鄉則尊者建旟，卑者建旟，於衰尚合；遂則尊者建旟，卑者建旟，敍次實爲乖迕，此其必不可通者。陳祥道云：「鄉師出田法于州里，州長攷州里之治，則『州里』州所里也。」鄭鍔云：「州里者，六鄉之吏，一鄉者五州之積，里者卽民所居之稱。《州長》言『大攷州里』，《鄉師》言『受州里之役』，要皆指六鄉言之。」案：陳、鄭説是也。王安石、王昭禹、黄度、項安世、吴廷華説並同。蓋里者，居也，言州之所居，關六鄉及黨、族、閭、比言之，與《遂人》「五鄰之里」不同。此云「州里建旟」，卽《大司馬》云「鄉載物」，旟爲鳥隼之章，物爲雜帛之名，其實一也。不見四郊六遂者，郊遂之吏當與縣鄙同建旐，郊野又見《大司馬》，此文偶不具。鄭謂此州里之里，卽六遂五鄰之里，與縣鄙爲互文，則非也。縣鄙，鄭鍔、李光坡、姜兆錫、方苞、江永並謂卽公邑之吏，亦較鄭爲長。蓋此縣卽縣師、縣士之縣，爲四等公邑之通名。公邑謂之縣鄙，猶大小都謂之都鄙。凡《宰夫》、《司士》、《朝士》之言縣鄙者，義並同。鄭以爲卽六遂之縣鄙，而謂建旐中含六鄉之閭，其説亦非也。詳《宰夫》疏。又案：此職九旗之建與下文徽識之象，《大司馬》治兵、茇舍兩章亦有其文，而各不同。舊説舛互甚多。今以二職之文參互校之。此職建旗，其等有八：王也，諸侯也，孤卿也，大夫士也，帥也，都也，州里也，縣鄙也，徽識之象有三：官府也，州里也，家也。《大司馬》治兵載旗之等有十：王也，諸侯也，軍吏也，帥也，都也，鄉也，家也，郊也，野也，百官也；茇舍號名之等有六：帥也，縣鄙也，家也，鄉也，野也，百官也。綜而論之，王與諸侯，此職與《大司馬》同。帥都爲軍將，都家縣鄙爲公邑，亦二職所同；而帥又卽《大司馬》茇舍之帥，以門名都，又晐有後徽識及《大司馬》茇舍治兵之家也。此孤卿及大夫士，卽後徽識之官府象事，亦卽《大司馬》之百官也。此州里爲鄉吏，卽《大司馬》之鄉及茇舍號名之鄉，以州名也。惟《大司馬》治兵之軍吏，爲通軍將至伍長，而郊野卽茇舍號名之野，以邑名，並爲此職所無；則以軍吏卽帥之屬，而四郊六遂與公邑同載旐，兩經亦足互相備耳。然則二職所言，文雖小異，而舉爵則王侯也，百官也，軍帥吏也；舉地則鄉州也，郊野也，縣鄙也，都家也；通校諸文，或偏舉，或備舉，要不出此數者，而五正旗與旜物，互文錯見，參綜校覈，其條理未嘗不齊一矣。若依鄭説，惟王、諸侯、家，二職所同，孤卿大夫士卽官府百官，鄭亦無異義，餘則紛異襍出。若此職之帥都，鄭以爲鄉遂大夫；《大司馬》之帥都，則又專爲遂大夫；而鄉大夫別爲鄉家，此名同而義異也。此職之州里縣鄙，鄭以爲鄉遂之州長縣正以下官，互約言之；而《大司馬》之鄉以州名，則爲州長至比長，縣鄙各以其名，則爲縣正至鄰長，又不互約言之；又於治兵郊野之郊，以爲鄉遂州長縣正以下，則不分爲二：此亦名同而義異也。其説同異，并析漫無義例，一經之中，自成歧牾，其誤明矣。互詳《大司馬》疏。云「鳥隼象其勇捷也」者，《爾雅·釋天》云：「錯革鳥曰旟。」《詩·大雅·六月》毛傳云：「鳥章，錯革鳥爲章也。」鄭箋云：「鳥隼之文章。」孔疏引孫炎云：「錯，置也。革，急也。畫急疾之鳥於縿也。」又引《鄭志》荅張逸，亦云「畫急疾之鳥隼」是也。《釋名·釋兵》云：「鳥隼爲旟，旟，譽也，軍吏所建，急疾趨事，則有稱譽也。」案：《爾雅》及《毛詩傳》所云革鳥，卽謂急疾之鳥，與此注「象勇捷」義同。《釋天》郭注乃云「此謂全剥鳥皮毛置之竿頭，卽《禮記》云載鴻及鳴鳶」，《公羊》宣十二年，徐疏引李巡亦云「以革爲之置於旐端」，並誤。鳥隼者，《説文·鳥部》云：「鵻，祝鳩也。重文隼，鵻或从隹。一曰鶉字，又鷻雕也。」案：隼字注之鶉，卽鷻之省。十二次，南方有鶉首、鶉火、鶉尾，亦卽鷻字。旟象朱鳥，卽謂鷻也。經典凡言隼者，並是鷻，而非祝鳩。《玉燭寶典》引陸氏《毛詩草木疏》云：「隼，鷂也。齊人謂之擊征，或謂題肩，或謂爵鷹，春化爲布穀。此之屬數種，皆爲隼也。」《文選·西京賦》薛注云：「隼，小鷹也。」《國語·魯語》韋注云：「隼，鷙鳥，今之鶚也。」諸説差異，未知其審。依陸説，則鷂類衆多，通得隼名矣。王引之云：「鳥隼者，鳥中之隼也，猶烏謂之烏烏，非謂隼之外別有他鳥也。」案：王説是也。隼爲鷙鳥之急疾者，故鄭云象其勇捷。賈疏謂鄭以勇解隼，以捷解鳥，非其恉也。又《説文·㫃部》云：「旟，錯革鳥其上，所以進士衆，旟旟，衆也。」案：許君釋旟爲衆，亦別一義。云「龜蛇象其扞難辟害也」者，賈疏云：「龜有甲，能扞難；蛇無甲，見人避之，是避害也。」詒讓案：《釋名·釋兵》云：「龜蛇爲旐，旐，兆也，龜知氣兆之吉凶，建之於後，察度事宜之形兆也。」又《説文·㫃部》云：「旐，龜蛇四游，以象營室，攸攸而長也。」劉以龜兆知吉凶爲釋，許又以旐攸疊均爲訓，並與鄭異。云「道車，象路也，王以朝夕燕出入」者，《道右》云「掌前道車」，注亦云：「道車，象路也，王行道德之車。」又《道僕》云：「掌馭象路，以朝夕燕出入。」是鄭所據也。依鄭説，此道車爲王平時在國内所乘，故取行道德爲名，對斿車爲游行之車爲文。《曲禮》云：「武車綏旌，德車結旌。」德車即道車，旌與旞，散文得通稱也。《説文》旞字注作「導車」，不爲道德之字，與鄭字義並異。《巾車》象路建大赤。大赤即九旗之旟，陳路以表事。王朝夕燕出入，則象路載大常而加全羽，即是載旞。賈疏不知，强爲分别，謂在朝則建大赤，朝夕燕出入則建旞，誤也。云「斿車，木路也，王以田以鄙」者，據《田僕》云「掌馭田路以田以鄙」是也。《説文》作「游車」，斿即游之省。田鄙爲國外游行之事，故名所乘之路爲斿車。賈疏云：「《巾車》云木路以田，是游樂之所。囿人掌囿游之獸禁，是知斿車是木路也。」金榜云：「道車謂象路，斿車謂革路、木路，與玉路、金路合爲五路。鄭君釋斿車專云木路，於五路遺其一。《左傳》『帥斿闕四十乘』，謂斿車補闕者，是革路亦名斿車。變路言車，闕孤卿大夫士也。」又云：「旌亦有用氂牛尾者，又名爲旄。《詩·出車》『設此旐矣，建彼旄矣』，兵車之旌也。《車攻》『建旐設旄』，田車之旌也。」案：金説是也。經典言兵車建旌者，不可枚舉，則建析羽者必不止田車可知。蓋對文則斿車與戎車有别，故《國語·齊語》云「戎車待游車之裂」，韋注云：「戎車，兵車；游車，游獵之車也。」《史記·司馬相如上林賦》亦云「前皮軒，後道游」，彼云游即此斿車，而與戎車皮軒對舉，明專指田車言之也。散文則戎車與斿車通，故此經以革路、木路同稱斿車，戎右兼田右，亦其比例。凡王五路所載旗，玉路、金路，依金榜説皆不注羽，象路則注全羽，革路、木路則注析羽。《周書·王會》篇「成周之會，天子車陰羽鳧旌」，或兵車之會與？至《巾車》「木路建大麾以田」，大麾即九旗之旐，陳路以表事；王田獵則木路建大常而加析羽，即是載旌。而《詩·車攻》所謂「建旐設旄」，則以大麾表獲，亦得爲旌。賈疏不憭，乃謂正田獵建大麾，小田獵及巡行縣鄙建旌，蓋沿《鄭志》荅趙商説之誤，詳《大司馬》疏。云「全羽析羽五色，象其文德也」者，鄭意道車、斿車内無革路，故旞旌注羽五色象文德也。《説文·㫃部》云：「旞，導車所載，全羽以爲允，允，進也。重文旞，或从遺作。」又云：「旌，游車載旌，析羽注旄首也，所以精進士卒也。」《釋名·釋兵》云：「全羽爲旞，旞猶滑也，順滑之貌也。析羽爲旌，旌，精也，有精光也。」並依聲爲訓，與鄭義異。云「大閲，王乘戎路，建大常焉，玉路金路不出」者，賈疏云：「鄭據此文，大閱之時，王乘戎路，金玉之路不出；其祀帝於郊及乘車之會，金路玉路皆出也。」案：鄭、賈意，此大閱軍事，王乘戎路，與道車象路、斿車木路爲三，惟金路玉路不出，故不及也。今依金說，戎路建旌即大常，亦得稱斿車，鄭、賈説並未晐。

皆畫其象焉，官府各象其事，州里各象其名，家各象其號。事、名、號者，徽識，所以題別衆臣，樹之於位，朝各就焉。《覲禮》曰：「公侯伯子男，皆就其旂而立。」此其類也。或謂之事，或謂之名，或謂之號，異外内也。三者旌旗之細也。《士喪禮》曰：「爲銘，各以其物。亡則以緇長半幅，赬末長終幅，廣三寸，書名於末。」此蓋其制也。徽識之書，則云某某之事，某某之名，某某之號。今大閱禮象而爲之。兵，凶事，若有死事者，亦當以相別也。杜子春云：「畫當爲書。」玄謂畫，畫雲氣也。異於在國，軍事之飾。【疏】「皆畫其象焉」者，畫當從杜讀爲書，謂王載大常以下九旗，又當書其縿，以著其官事姓名也。在軍所被小徽識，亦爲此制，但其度較短小爲異。以《大司馬》經證之，中秋治兵，辨旗物，王載大常等，而云「各書其事與其號焉」，此主謂九旗之書也。中夏，茇舍辨號名，云「帥以門名，縣鄙各以其名，家以號名，鄉以州名，野以邑名，百官各象其事」，此主謂徽識之書也。二時所辨不同而各有所書，其義甚明。此經承上九旗爲文，則自當爲旗物之書，與《大司馬・治兵》章文正同。蓋此所書，與上經所畫日月以下，咸旗物徽識之通制；而徽識爲九旗之屬，其所畫所書既並同，則經舉旗物，自可晐徽識，不必更耑重出，於義無疑。鄭不知此經亦爲九旗之正，而專以徽識爲釋，則義既未晐，且與上文亦不相承貫矣。　注云「事、名、號者，徽識」者，鄭意此即上經云各有屬是也。《詩・小雅・六月》「織文鳥章」，箋云：「鳥章，鳥隼之文章，將帥以下，衣皆著焉。」依彼説，則徽識如九旗而小，亦有畫章，各如其旗。若建旟者，其徽識即畫鳥隼之章，故《六月》孔疏云「以絳爲縿，畫爲鳥隼，又絳爲旒，書於末，以爲徽織」是也。云「所以題別衆臣」者，《左》襄十年傳「舞師題以旌夏」，杜注云：「題，識也。」此徽識亦所以表識名位，鄭云「題別衆臣」，則公卿大夫士常朝之位及諸侯朝覲之位，皆有此徽識。《左》昭元年傳云「舉之表旗」，蓋謂此也。云「樹之於位，朝各就焉」者，賈疏述注「朝」下有「者」字。盧文弨云：「《詩・六月》正義亦有『者』字，此脱。」詒讓案：《釋文》本亦無「者」字，蓋與賈本異。此謂未入朝之先，各以其徽識樹於所當立之位，入朝時，各視所樹之徽識而就位，與軍事徽識綴之於身異也。云「《覲禮》曰公侯伯子男，皆就其旂而立，此其類也」者，證朝覲禮有此題别朝位之旂也。《覲禮》云：「上介皆奉其君之旂，置于宫，尚左，公侯伯子男皆就其旂而立。」注云：「置于宫者，建之，豫爲其君見王之位也。諸侯入壝門，或左或右，各就其旂而立，王降階南鄉見之。」並詳《司儀》疏。云「或謂之事，或謂之名，或謂之號，異外内也」者，《大司馬》注釋帥縣鄙家鄉野百官之號名云：「此六者皆書其官與名氏焉。」是徽識所書略同。經但以外内殊别其文，曰事，曰名，曰號，所書實不異也。《韓非子·外儲説右》篇云：「衛君入朝於周，周行人問其號，對曰：諸侯辟疆。」是號名亦通稱。賈疏云：「官府在朝，是内；其州里在百里、二百里，家在三百里、四百里、五百里，並是外也。」云「三者旌旗之細也」者，此誤以象事名號爲徽識之專制也。賈疏云：「對上大常已下爲旌旗之大者也。」引《士喪禮》者，《儀禮》「赬」作「經」，「名」作「銘」。《小祝》先鄭注引與此同。案：彼注云「今文銘皆爲名」，此上從古文，下從今文也。彼銘旌用布二幅有半，凡通長三尺。並詳《小祝》疏。云「此蓋其制也」者，在朝表位之銘旌，其制無文，故依喪禮類推之也。賈疏云：「按《禮緯》云：『天子之旌高九刃，諸侯七刃，大夫五刃，士三刃。』按《士喪禮》『竹杠長三尺』，則死者以尺易刃，天子九尺，諸侯七尺，大夫五尺，士三尺，其旌身亦以尺易刃也。若然，在朝及在軍，綴之於身亦如此，故云蓋其制也。」吴廷華云：「據《覲禮》疏云，此表朝位之旂與銘旌及在軍徽識同，皆以尺易仞。今第以大夫五仞論，以尺易之當五尺，人特六尺之軀，而綴以五尺之旂，於事理不合。」案：吴糾賈引《禮緯》説天子以下旌以尺易仞之非，是也。《禮緯》説天子至士旌旗仞數，亦見《廣雅·釋天》，而於經無文。據《典命》，則五等諸侯及公卿大夫旗當依命數，《禮緯》四等之差，與九命不相應。若依其制而以尺易仞爲徽識，則王當九尺，既與上公九命無别，又五尺以上之旂，止可建之朝位，在軍不可被之於身，蓋皆不足據。互詳《節服氏》、《輿人》疏。《詩·六月》疏釋此注云：「鄭以死之銘旌，即生之徽織，引《士喪禮》以證自王以下旌旐，雖有等差，其徽識疑同長三尺，以同著於衣，不宜差降，亦縿長一尺，旐長二尺。」案：孔説雖亦以意推之，而於理較允，勝於賈義也。云「徽識之書，則云某某之事，某某之名，某某之號」者，賈疏云：「官府天官在軍，當云大宰之下，某甲之事。地官之下，當云大司徒之下，某甲之事。餘四官之下皆然。某某之名者，此據州里而言，假令六鄉之下，則言某鄉之下，某甲之名；若六遂之下，當云某遂之下，某甲之名也。某某之號者，此據都家之内，假令三百里大夫家之下，當云某家之下，某甲之號。此三者則徧其畿内矣。」案：賈説非鄭恉也。鄭意蓋謂：官府之徽識所書云某某者，卽其所執之事；州里之徽識所書云某某者，卽其鄉遂之名；家之徽識所書云某某者，卽其采邑之號。非謂某某之下，更綴以之事之名之號云云也。鄭此説甚允。但九旗之正制亦如是，不徒徽識也。《司勳》云「凡有功者，銘書于王之大常」，此大常有書名之證。《左》成十六年傳云「楚人謂夫旌，子重之麾也」，蓋亦以旗物所書辨識之矣。云「今大閲禮象而爲之」者，賈疏云：「此在軍之旌，綴於身，大小象銘旌及在朝者爲之。」詒讓案：此亦鄭誤以此經爲承上大閲之文，故專以大閲爲説，不知此統四時治兵大師大田諸事而言，不徒大閲也。詳前疏。云「兵凶事，若有死事者，亦當以相別也」者，《國語·越語》云：「兵者，凶器也。」《漢書·嚴助傳》淮南王安上書云「兵者凶事」。鄭意兵事凶危，故豫爲死事之備。然此所書，實爲旗物徽識之通制，蓋以識別部曲，非徒備死事也，鄭説亦未晐。杜子春云「畫當爲書」者，畫與書字形相近，杜據《大司馬》治兵辨旗物，而云「各書其事與其號焉」，故破此畫爲書，明此事名號等並書而不畫也。後鄭於此職，不從杜破畫爲書，而於《大司馬》則破書爲畫，蓋與杜説正相反。竊謂經云「書其象」，與象事、象名、象號文上下相承，咸爲文字表識之言，與《大宰》「治象」、《大司徒》「教象」、《大司馬》「政象」、《大司寇》「刑象」義蓋相近，事名號等非有形法可以繪畫，則不當爲畫明矣。鄭鍔、吴廷華並謂當從杜讀爲書是也。互詳《大司馬》疏。呂飛鵬云：「《通典·軍禮》引盧植《大傳》注云：『徽，章也。號，所以書之於綏，若夏則書其號爲夏也。』此與子春義合。」云「玄謂畫，畫雲氣也」者，後鄭上注云「徽識之書」，則謂徽識有書兼有畫，非謂唯有畫無書也。其與杜異者，所書事名號之旁更增雲氣耳。然雲氣之畫，止爲華飾，既無關法象，且經云書其象者，自指書其事名號而言，亦不當別及雲氣之畫，後鄭義未塙也。畫雲氣，亦詳《幂人》疏。云「異於在國，軍事之飾」者，賈疏云：「《覲禮》及銘旌皆不云畫，以其在國，質故也。惟在軍畫之，故云軍事之飾，文也。」

凡祭祀，各建其旗。王祭祀之車則玉路。【疏】注云「王祭祀之車則玉路」者，據《巾車》云「玉路以祀」。賈疏云：「偏據王而言，云乘玉路，則建大常。經云各建其旗，則諸侯已下所得路各有旗。按上文，諸侯建旂。《大行人》云『建常九斿』，雖言常，皆是交龍爲旂。

散文通，故名旂爲常。孤卿則旜，大夫則物，故言各建其旗也。」會同、賓客亦如之，置旌門。賓客、朝覲、宗遇，王乘金路，巡守、兵車之會，王乘戎路，皆建其大常。《掌舍職》曰「爲帷宮，設旌門」。【疏】「置旌門」者，與掌舍爲官聯也。　注云「賓客、朝覲、宗遇，王乘金路」者，據《巾車》云「金路以賓」。賈疏云：「見《齊僕》云『掌馭金路以賓』，又《齊右》亦云『會同賓客前齊車』，齊車即金路。朝覲宗遇即會同，故揔以金路解之也。」案：朝覲宗遇爲四時常朝，其時會殷同非兵車之會者，亦與常朝同。賈謂朝覲宗遇即會同，失之。云「巡守兵車之會，王乘戎路」者，明別有兵車之會同，則不乘金路而乘戎路也。云「皆建其大常」者，謂金路戎路皆建大常也。引《掌舍職》曰「爲帷宮，設旌門」者，證旌門爲帷宮之門。彼注云：「張帷爲宮，則樹旌以表門。」案：此亦專據會同王行在道而言也。此經云置，置即樹也。蓋司常共旌并置之，與掌舍共涖其事。賈疏謂掌舍樹之，此官供旌，則與經云置不合，失之。大喪，共銘旌，銘旌，王則大常也。《士喪禮》曰「爲銘各以其物」。【疏】「大喪共銘旌」者，詳《小祝》疏。　注云「銘旌，王則大常也」者，王之旗識以大常爲最尊，故用爲銘旌。引《士喪禮》者，證王當用大常之義，詳前疏。建廞車之旌，及葬亦如之。葬云建之，則行廞車解說之。【疏】「建廞車之旌」者，此與巾車、校人爲官聯也。廞車即廞遣車。建旌者，《冢人》注云「亦設鸞旗」是也。王遣車備五路，則亦如五路之旗，爲大常、大旂等，但沽而小耳。后、世子以下，則有降殺。互詳《冢人》及《巾車》疏。賈疏云：「此謂在廟陳時建之，謂以廞旌建於遣車之上。」云「及葬亦如之」者，賈疏云：「此謂入壙亦建之。」　注云「葬云建之，則行廞車解說之」者，賈疏云：「此釋經『及葬亦如之』者。在廟陳時云建，葬時亦建，則惟有在道去之，使人各執，遣車又當各執廞旌，是行廞車解說之也。」凡軍事，建旌旗；及致民，置旗，弊之。始置旗以致民，民至仆之，誅後至者。【疏】「凡軍事建旌旗」者，謂凡大師戎車所建，若前大閱王建大常之等，皆此官建之。此軍事及下句建旗等，亦贊司馬。此不言者，文不具也。云「及致民，置旗」者，此又軍事中之一耑。賈疏謂「凡軍事建旌旗者，當大司馬欲致衆之時，司常建之，此言爲『及致』而設」，非經義。　注云「始置旗以致民」者，《大司馬》中冬大閱禮，司馬建旗，羣吏各帥其民而致。明此軍事致民置旗，亦先置旗以待羣吏來致民也。云「民至仆之，誅後至者」者，《大司馬》云：「大師及致建大常，比軍衆，誅後至者。」彼注又云：「弊，仆也。」蓋所致之民畢至，則仆其所建之旗；有後至者，則察而誅之。此官唯掌建旗、仆旗，不掌誅，鄭牽連及之耳。**甸亦如之。**【疏】「甸亦如之」者，《小宗伯》注云：「甸讀曰田。」謂四時大田，此官亦建旌旗於田車，及致民，亦置旗弊之。《大司馬》「振旅以旗致民；大閱，司馬建旗于後表之中，羣吏以旗物，鼓鐸鐲鐃，各帥其民而致，質明弊旗，誅後至者」。卽其事也。**凡射，共獲旌。**獲旌，獲者所持旌。【疏】「凡射」者，賈疏云：「則大射、賓射及燕射皆共之。」云「共獲旌」者，共以授服不氏，使執之也。　注云「獲旌，獲者所持旌」者，《鄉射禮》云：「君國中射則以翿旌獲，於郊則以旌獲，於竟則龍旜。」此諸侯之制。天子三射之獲旌，當用大常而注析羽，亦容有翿旌，詳《射人》疏。賈疏云：「謂若大射服不氏唱獲所持之旌，三侯皆有獲旌也。」**歲時共更旌。**取舊予新。【疏】注云「取舊予新」者，《巾車》注云「更易其舊」是也。賈疏云：「謂受官旌旗用之者，歲之四時來換易，司常取彼之舊，與此之新也。」

都宗人掌都祭祀之禮。凡都祭祀，致福于國。都或有山川及因國無主九皇六十四民之祀，王子弟則立其祖王之廟，其祭祀王皆賜禽焉。主其禮者，警戒之，糾其戒具。其來致福，則帥而以造祭僕。【疏】「掌都祭祀之禮」者，此官爲大小都私臣掌五禮者，猶大小宗伯掌王國祭祀之禮。賈疏推鄭意以爲王臣，非也，詳《序官》疏。五禮以吉禮爲最重，故首舉之。　注云「都或有山川」者，此以下並釋都之命祀也。賈疏云：「見《祭法》云『山川丘陵能興雲雨，諸侯有其地則祭，無其地則不祭』。都是畿内諸侯，明亦祭境内山川也。」云「及因國無主九皇六十四民之祀」者，《王制》云：「天子諸侯祭因國之在其地而無主後者。」鄭注云：「謂所因之國先王先公有功德，宜享世祀，今絶無後，爲之祭主者。昔夏后氏郊鯀，至杞爲夏後而更郊禹，晉侯夢黄熊入國，而祀夏郊，此其禮也。」案：九皇六十四民等，雖皆人鬼，以是古之帝王，故特尊尚之，與祖王廟同也。賈疏云：「按《史記》，伏羲已前，九皇六十四民，並是上古無名號之君。絶世無後，今宜主祭之也。」案：賈所引《史記》，今檢無其文，未知何據。九皇六十四民，並詳《小宗伯》疏。云「王子弟則立其祖王之廟」者，謂王子弟食采於都者，或得立其所出王之廟也。非王子弟，則不得立王廟，但自祭家廟，則不致福於王也。《郊特牲》云：「諸侯不敢祖天子，大夫不敢祖諸侯，而公廟之設於私家，非禮也，由三桓始也。」鄭注云：「魯以周公之故，立文王廟，三家見而僭焉。」孔疏云：「案襄十二年『秋，吴子壽夢卒，臨於周廟，禮也』。注云：『周廟，謂文王廟也。』此經云諸侯不敢祖天子，而文二年《左傳》云『宋祖帝乙，鄭祖厲王』；大夫不敢祖諸侯，而莊二十八年《左傳》云『凡邑，有宗廟先君之主曰都。』與此文不同者，此據尋常諸侯大夫，彼據有大功德者。故《異義》《禮》戴引此《郊特牲》云。又匡衡說，支庶不敢薦其禰，下士諸侯不得專祖於王。古《春秋左氏》說，天子之子以上德爲諸侯者，得祖所自出，魯以周公之故，立文王廟。《左傳》：『宋祖帝乙，鄭祖厲王，猶上祖也。』又曰：『凡邑，有宗廟先君之主曰都。』以其有先君之主，公子爲大夫，所食采地亦自立所出宗廟。其立先公廟，準禮，公子得祖先君，公孫不得祖諸侯。許慎謹案：『周公以上德封於魯，得郊天兼用四代之禮樂，知亦得祖天子。諸侯有得祖天子者，知大夫亦得祖諸侯。』鄭氏無駮，與許氏同也。其王子母弟無大功德，不得出封，食采畿内，賢於餘者，亦得采地之中立祖王廟，故都宗人、家宗人皆爲都家祭所出祖王之廟也。」《通典・吉禮》引《鄭志》：「張逸問：『許氏《異義》駮衛孔悝之反祏有主者，何謂也？』答：『禮，大夫無主。而孔獨有者，或時末代之君賜之，使祀其所出之君也。諸侯不祀天，而魯郊；諸侯不祖天子，而鄭祖厲王，皆時君之賜也。』」詒讓案：《異義》謂諸侯有上德乃得祖天子，然則王子弟有大功德出封畿外者，乃得立先王廟。《鄭志》亦謂鄭祖厲王，爲時君之賜。而鄭此注謂畿内都家有祖王廟，則與《異義》及《鄭志》説殆不盡同。竊謂《祭僕》云：「凡祭祀，王所不與，則賜之禽。」後鄭亦云「王所不與，同姓有先王之廟」。若非祖王之廟，則王本無與法，何假設不與之文，以彼證此，則都家王子弟有得立祖王廟者，殆無疑義。《左》襄十二年傳，説魯臨諸侯之喪云：「同姓於宗廟，同宗於祖廟。是故魯爲諸姬，臨於周廟；邢、凡、蔣、茅、胙、祭，臨於周公之廟。」杜注云：「宗廟，所出王之廟。祖廟，始封君之廟。」又昭十八年傳，説鄭人救火云：「使祝史徙主祏於周廟。」此並侯國立所出王廟之明文，則畿内王子弟采邑可以例推。林喬蔭云：「宗法起於别子，别子得祀其所自出。武王爲天子，以其母弟周公爲别子，使之立文王之廟，以統文王之子孫。故據魯而言，曰周廟，以别於周公之廟；據禮而言，則曰宗廟，以别於祖廟。祖廟卽別子爲祖之廟，宗廟卽別之所自出之廟。故《春秋》以魯爲宗國。鄭之始封，爲厲王之子、宣王母弟，與周公同，故《左傳》有『鄭祖厲王』之語。鄭之周廟爲厲王廟，亦別子所自出之廟也。但別子得祀所自出者，一君之世，只有一人，以其統先君之諸子。若先君之諸子，皆有爵命爲封君，則皆爲別子而各自爲祖於後世，然不得祀其先君，以先君之族已有所統也。諸侯如此，大夫亦然。魯之孟孫、叔孫、季孫同出桓公，季友爲莊公母弟，得祀桓公爲所自出，以統桓族。而孟孫、叔孫雖亦爲大夫之太祖，而不得祀所自出，則公子不得禰先公也。而《郊特牲》云『公廟之設於私家，非禮也，自三桓始』者，蓋是時三家並祀桓公，則亂宗法矣，故爲非禮。」案：林説本毛奇齡，於此經及《郊特牲》、《左傳》義並可通，是也。朱大韶、鄒漢勛説並同。依其説，則《喪服傳》云「公子不得禰先君，公孫不得祖諸侯」，彼自據公族之不爲宗者言之。王侯子弟之爲大宗者，自得於采邑立所出王公廟。鄭之初封，本爲內諸侯，周廟之立，亦必不自東遷後始矣。又晉文侯子成師封於曲沃，亦有宗廟，故《左》莊二十八年傳云「曲沃，君之宗也」。杜注云：「先君宗廟所在。」是亦別子於大都立所出君廟之證。《郊特牲》本爲非宗而立廟者設文，與《左傳》不相迕也。至於春秋以後，都邑立廟，或因古，或刱新，不必皆協禮典。《戰國策·齊策》云：「馮煖誡孟嘗君曰：願請先王之祭器，立宗廟於薛。」此則采邑得請命於君，立宗廟。惠士奇亦據《左傳》襄二十五年「齊祝佗父祭於高唐」，注「高唐有齊別廟」，昭四年，楚有宗祧之事於武城，明武城亦有楚之別廟。斯並後世之異制，於禮或合或否，固不能盡援古義以繩之矣。云「其祭祀，王皆賜禽焉」者，賈疏云：「見《祭僕》云『王所不與，則賜之禽，都家亦如之』。玄謂『王所不與，同姓有先王之廟』。是賜禽法。」詒讓案：此冢上山川、因國無主九皇六十四民等及王子弟立祖王廟者，有賜禽法也。《大宰》八則治都鄙，一曰「祭祀以馭其神」，注云：「祭祀其先君，社稷、五祀。」彼先君或非祖王，及社稷五祀並爲恒祀，王皆不賜禽，則亦無致福法，故注不及也。云「主其禮者，警戒之，糾其戒具」者，亦據《祭僕》「掌受命于王，以眡祭祀，而警戒祭祀有司，糾百官之戒具」。此都宗人掌都祭祀之禮，亦當警戒都有司，糾其戒具也。云「其來致福，則帥而以造祭僕」者，賈疏云：「見《祭僕》云『凡祭祀致福者，展而受之』。是造祭僕之事。」詒讓案：此當爲都宗人自致於祭僕。鄭意似以此官爲王臣，故謂其別帥都之有司，與後注謂此官令都有司禱祠正同，非經義也。正都禮與其服。禁督其違失者。服謂衣服及宮室車旗。【疏】「正都禮」者，猶大小宗伯掌邦禮，此通晐五禮而言，與上專舉吉禮異。　注云「禁督其違失者」者，《大祝》云「禁督逆祀命者」，注云：「督，正也。」違失謂僭踰及廢隊。凡不合典法者，並禁止督正之。　云「服謂衣服及宮室車旗」者，此皆以命數爲差等，正之者，與《典命》諸臣五等之命必相協也。賈疏云：「以下文《家宗人》兼言宮室車旗之禁，明衣服之外，總須正之。」若有寇戎之事，則保羣神之壝。守山川、丘陵、墳衍之壇域。【疏】「若有寇戎之事，則保羣神之壝」者，《小祝》云：「有寇戎之事，則保郊祀于社。」注云：「保祀互文，郊社皆守而祀之。」若然，此保羣神之壝，當亦有祈祀之事。經不言祀者，文不具也。　注云「守山川、丘陵、墳衍之壇域」者，謂都鄙無郊社大祀，唯有此等羣神之壝也。今案：都邑當亦有社稷，經言羣神，足以晐之。以壝爲壇域者，《小宗伯》云「兆山川丘陵墳衍各于其方」，注云：「兆，爲壇之營域。」壝與兆義同。賈疏云：「言壝者，謂於中爲壇，四畔爲壝，舉壝則壇見矣。」

國有大故，則令禱祠；既祭，反命于國。令，令都之有司也。祭謂報塞也。反命，還白王。【疏】「國有大故則令禱祠」者，禱，《釋文》作禂，云「本亦作禱」。案：《說文·示部》云：「禱，告事求福也。重文䄌，禱或省。」禂即禱之異文，隸變作禱。《宮正》先鄭注云：「故謂禍災。」小宗伯，國有禍烖，亦有禱祠之事，故并以令都家也。　注云「令，令都之有司也」者，賈疏云：「此都宗人是王家之官，王命使禱祠是都内之事，明所令，令都内之有司有事於神者也。」曾釗云：「令者，王令都宗人，卽下曰反命是也。自上出爲命，自下稟爲令，其實一也。」案：曾說是也。《祭僕》云：「掌受命于王，以眡祭祀，既祭，帥羣有司而反命。」彼文意與此正同，足以互證。賈推注義，以此官爲王臣，故以令爲別令都之有司，鄭意蓋當如是，然非經義也。云「祭謂報塞也」者，《史記·封禪書》「冬塞禱祠」，《索隱》云：「塞與賽同。賽，今報神福也。」《漢書·郊祀志》顔注云：「塞，謂報其所祈也。」案：塞賽古今字。鄭知祭非卽禱祠者，《家宗人》云「禱祠反命」，又云「祭亦如之」，明祭與禱祠是二事，故鄭以祭爲禱祠得福後報塞之祭。《管子·禁藏》篇云「塞久禱」。《韓非子·外儲説右上》篇云：「秦襄王病，百姓爲之禱，病愈，殺牛塞禱。」是先禱後塞之證也。賈疏云：「凡祈福曰禱，至於得福則曰祭，當與正祭同名祭，則是經言祭，據報塞而言也。」曾釗云：「禱者求福，祠者報塞，祭則時祭之。蓋社稷、先君廟之祭，公卿自依大宗伯所頒典禮而行。至於名山大川之在其地，及因國在其地而無主後者，則王以時令都宗人往祭，有故則令都宗人往禱，既得福則令往祠，既事則皆反命。而經於禱祠下不言反命，既祭上不先言祭者，省文，故於《家宗人》互備其義，鄭注似誤。」案：曾說亦是也。此經「禱祠」之文數見，《女祝》注云「祠，報福」，又《小宗伯》注云「求福曰禱，得求曰祠」，《大祝》注云「諸所禱則祠之以報焉」，是祠即是報塞，不得更以祭爲報塞。蓋《女祝》云「掌王后之內祭祀，凡內禱祠之事」，《喪祝》云「掌勝國邑之社稷之祝號，以祭祀禱祠焉」，並以祭祀、禱祠二者分舉。此先云禱祠，後云既祭，祭即祭祀也。且此既祭與《祭僕》文同，彼「既祭」承「眂祭祀」爲文，則此亦通言祭祀，不專指報塞可知。《家宗人》云：「國有大故則命禱祠，反命，祭亦如之。」明禱祠與祭各有反命，鄭以爲止有既祭一反命，非經義。《曲禮》孔疏引此注作「祠謂報塞」，則與《女祝》、《小宗伯》、《大祝》注義同，然以賈疏及《家宗人》注校之，則此注自以報塞釋祭，孔所引義雖是，實誤本也。云「反命，還白王」者，禱祠及祭，本奉王命而往，今祭訖，當使王知之，故必還白於王也。

家宗人掌家祭祀之禮。凡祭祀，致福。大夫采地之所祀，與都同。若先王之子孫，亦有祖廟。【疏】「掌家祭祀之禮」者，此亦家邑私臣之掌五禮者也。云「凡祭祀致福」者，亦造於祭僕也。《左》昭十六年傳，鄭子産曰，孔張爲嗣大夫，受脤、歸脤。杜注云：「歸脤，謂大夫祭，歸肉於公。」孔疏引劉炫，以爲亦祭廟之肉，即侯國家祭祀致福於君之事，則王臣亦同可知。　注云「大夫采地之所祀與都同」者，大夫采地，即《載師》云「以家邑之田任稍地」是也。賈疏云：「則家止謂大夫，不通公卿也。」言所祀與都同者，據山川、九皇六十四民在其地者。」云「若先王之子孫，亦有祖廟」者，謂王子孫之自爲宗者，其家邑亦得立祖廟，則亦有賜禽法。《左》昭十六年傳云：「孔張立於朝而祀於家。」孔疏引服虔云：「祀其所自出之君於家，以爲太祖。」案：孔張亦鄭公族，故得立祖廟也。賈疏云：「亦如上都宗人，但天子與諸侯禮異。諸侯之卿大夫，同姓，邑有先君之主則曰都，無曰邑。天子之臣，同姓大夫雖有先君之主，亦曰邑也。」**國有大故，則令禱祠，反命。祭亦如之。**以王命令禱祠，歸白王；於獲福，又以王命令祭之，還又反命。【疏】「國有大故則令禱祠反命」者，與《都宗人》令禱祠及反命于國同。云「祭亦如之」者，亦與《都宗人》「既祭」同。先云禱祠，後云祭，二者皆有反命，以《都宗人》及此職參互校覈，其義甚明。賈疏不憭，乃云「此更言祭亦如之者，與上異，則此是禱祠訖，王復更有命祭，祭訖亦反命」。不知禱祠與祭自是二事，絕不相冢，或偏舉，或並行，各視王命，蓋不可豫定。禱祠訖後，不必皆有王命更祭之法，命祭亦不必皆在禱祠之後也。

注云「以王命令禱祠，歸白王」者，鄭意蓋亦以此官爲王臣，故謂其以王命轉令家之有司也。未祭之先，令往禱祠；及歸，又以禱祠之事白於王。今案：亦當爲王命家宗人禱，既又命祠。鄭説非經義。云「於獲福，又以王命令祭之，還又反命」者，此亦誤以祭爲報塞，謂命往先所禱祠之處而報塞，終事而歸，以報塞之事白於王也。然經祭自通指祭祀，與禱祠爲二事，鄭説失之。

掌家禮與其衣服、宮室、車旗之禁令。掌亦正也。不言寇戎保羣神之壝，則都家自保之，都宗人所保者謂王所祀，明矣。【疏】「掌家禮與其衣服宮室車旗之禁令」者，猶《小宗伯》云「掌五禮之禁令」，又云「辨吉凶之五服車旗宮室之禁」。此掌家邑之禮禁，與彼略同，明禮通晐五禮，衣服亦通吉凶言之。家邑之主衣服、宮室、車旗，亦以命數爲差，見《典命職》。禁令，謂正其不如法者。　注云「掌亦正也」者，賈疏云：「《都宗人》云『正』，故知此掌與彼『正』同。」云「不言寇戎保羣神之壝，則都家自保之，都宗人所保者，謂王所祀明矣」者，賈疏云：「此鄭都家總解者，鄭欲釋經二處互見其文。何者？彼經言若有寇戎之事，則保羣神之壝者，據王所命祀者而言；則此家宗人亦有王所命祀者，家宗人亦保之可知。此家宗人不言寇戎保羣神之壝者，是王所不祀，家宗人自保之，則都宗人亦有王不祀者，都宗人自保之可知，故鄭二者雙言之。」

凡以神仕者，掌三辰之灋，以猶鬼神示之居，辨其名物。猶，圖也。居謂坐也。天者，羣神之精，日月星辰其著位也。以此圖天神人鬼地祇之坐者，謂布祭衆寡與其居句。《孝經説》郊祀之禮曰：「燔燎埽地，祭牲繭栗，或象天酒旗，坐星、廚、倉，具黍稷，布席，極敬心也。」言郊之布席，象五帝坐。禮祭宗廟，序昭穆，亦又有似虛危。則祭天圜丘象北極，祭地方澤象后妃，及社稷之席皆有明法焉。《國語》曰：「古者民之精爽不攜貳者，而又能齊肅中正，其知能上下比義，其聖能光遠宣朗，其明能光照之，其聽能聽徹之，如是則神明降之，在男曰覡，在女曰巫，是之使制神之處位次主，而爲之牲器時服。」巫既知神如此，又能居以天法，是以聖人用之。今之巫祝，既闇其義，何明之見？何法之行？正神不降，或於淫厲，苟貪貨食，遂誣人神，令此道滅，痛矣。【疏】「凡以神仕者」者，阮元云：「唐石經仕作士，然士字獨小。蓋本作仕，後磨改作士。《序官》經注疏作士。」詒讓案：宋以來版本並作「仕」，今從之。《序官》作「士」，誤也，詳彼疏。云「掌三辰之灋，以猶鬼神示之居」者，此官主祭禬之禮，而秉三辰圖象爲官法，其職蓋兼史巫之事，而與馮相氏、保章氏、司巫、男巫、女巫等爲官聯也。　注云「猶，圖也」者，《小行人》注同。《爾雅·釋言》云：「猷，圖也。」猷猶字同。郭注引此經亦作猷，釋云「謂圖畫」。案：郭引作猷者，依彼經文改。據郭說，則此官猶鬼神示之居，卽謂圖畫其形象位次，鄭義當與郭同。《詩·周頌·般》「嶞山喬嶽，允猶翕河」，箋亦云：「猶，圖也。望秩於山川，小山及高嶽皆信案其山川之圖，而次序祭之。」若然，此經亦謂案日月星辰之圖，《詩》《禮》義可互證也。云「居謂坐也」者，《說文·土部》云：「坐，止也。」《呂氏春秋·愼人》篇高注云：「居，止。」是居坐同義。云「天者羣神之精，日月星辰其著位也」者，《左》桓六年傳云：「三辰旂旗，昭其明也。」杜注云：「三辰，日月星也。」《詩·大雅·大明》孔疏引服注說同。是日月星謂之三辰。此與日月所會之辰，專指二十八宿者别。以三辰爲天之著位者，《國語·周語》云「大夫士日恪位著」，韋注云：「中廷之左右曰位，門屏之閒曰著。」此以朝位況三辰之位也。天廣大無位著可辨，故以日月星辰之宿次爲之識别，猶《馮相氏》云天位矣。云「以此圖天神人鬼地祇之坐者，謂布祭衆寡與其居句」者，此亦注用今字作「祇」也，下同。賈疏云：「鄭意鬼神祇之居止，是布祭於神，神有衆寡多少，或居方爲之，或句曲爲之也。」案：依賈說，居句卽倨句，謂祭位或方或圓也，詳《冶氏》疏。引「《孝經說》郊祀之禮曰，燔燎埽地，祭牲繭栗，或象天酒旗、坐星、廚、倉，具黍稷，布席，極敬心也」者，賈疏云：「《援神契》文。祭牲繭栗者，據祭地。酒旗，星名。廚亦星名。言廚倉所以具黍稷以祭祀。」詒讓案：酒旗、坐星、廚、倉、席，皆星名。《續漢書·五行志》劉注引鄭《洪範五行傳注》云：「七星北有酒旗，南有天廚。」《開元占經·甘氏中官占》引甘氏云：「酒旗三星在軒轅右角，五帝内座五星在華蓋下，天廚六星在紫微宮東北維外。」《石氏外官占》引石氏云：「天倉六星在婁南。」又《史記・天官書》云「五帝坐五星」，卽所謂五帝内座。《續漢・天文志》劉注又引《靈憲》云「大角有席，天市有坐」，亦是也。鄭引彼證祭祀取象星辰之事。凡注引緯並稱説，詳《大司樂》疏。云「言郊之布席象五帝坐」者，亦謂布席之位象五帝内座星也。五帝主五方，布席當各如其方，詳《小宗伯》疏。云「禮祭宗廟，序昭穆」者，若禘祫合祭序昭穆之位是也。亦詳《小宗伯》疏。云「亦又有似虚危」者，《大司樂》注云：「虚危爲宗廟。」《開元占經・北方七宿占》引石氏云：「虚危主廟堂祀考，故置墳墓，識先祖塋域。虚危五星爲祠堂，墳墓四星祠祀享。」賈疏云：「虚危有墳墓四司，又爲宗廟布席象之。」云「則祭天圜丘象北極」者，《史記・天官書》云：「天極星，其一明者，太一常居也。旁三星，三公，或曰子屬。」賈疏云：「北極有三星，則中央明者爲大一常居，傍兩星爲臣子位焉。」云「祭地方澤象后妃」者，賈疏云：「天有后妃四星。天子象天，后象地，后妃是其配合也。」案：賈説后妃星，卽《天官書》云天極星「後句四星，末大星正妃，餘三星後宫之屬也」。詳《九嬪》疏。云「及社稷之席，皆有明法焉」者，《開元占經・甘氏外官占》引甘氏云：「天社六星在弧南。」又《石氏外官占》引石氏云：「稷五星在張星南。」賈疏云：「有天社之星，祭社之位象焉，故云『及社稷之席』。之席之言，結五帝已下也。」引《國語》者，《楚語》觀射父對昭王曰：「古者民神不雜，民之精爽不攜貳者，而又能齊肅衷正，其智能上下比義，其聖能光遠宣朗，其明能光照之，其聰能聽徹之，如是則明神降之，在男曰覡，在女曰巫，是使制神之處位次主，而爲之牲器時服。」韋注云：「爽，明也。攜，離也。貳，二也。齊，一也。肅，敬也。衷，中也。義，宜也。聖，通也。朗，明也。徹，達也。降，下也。覡，見鬼神者也。《周禮》男亦曰巫。處，居也。位，祭位也。次主，次其尊卑先後。牲之毛色小大也。器，所當用也。時服，四時服色所宜。」案：鄭引之者，廣論古神巫能制神之處位次主。處位，卽此經鬼神示之居也。衷作中，智作知，明神作神明者，所見本不同，或傳寫舛異。賈疏云：「欲見巫能制神之處位者，心由精爽之意。不攜貳，言其專一也。上下比義者，上謂天神，下謂地祇，能比方尊卑小大之義，言聖能通知神意。神明降之者，正謂神來降於其身。言在男曰覡，在女曰巫者，男子陽，有兩稱，名巫，名覡。女子陰，不變，直名巫，無覡稱。云「巫既知神如此，又能居以天法，是以聖人用之」者，明古神巫能通鬼神之情，明天象之法，故聖人設官以掌之。知神，卽觀射父所説是也。居以天法，指《孝經説》所云郊祀以下祭祀之象法。用之，謂立司巫以下諸官及以神仕者，並聖人用巫事神之事。云「今之巫祝，既闇其義，何明之見，何法之行，正神不降，或於淫厲，苟貪貨食，遂誣人神，令此道滅，痛矣」者，鄭廣論漢時邪巫誣惑世俗之事。《鹽鐵論·散不足》篇云：「世俗飾僞行詐，爲民巫祝，以取釐謝。」苟貪貨食即取釐謝也。

以冬日至致天神人鬼，以夏日至致地示物鬽，以禬國之凶荒、民之札喪。天、人，陽也。地、物，陰也。陽氣升而祭鬼神，陰氣升而祭地祇物鬽，所以順其爲人與物也。致人鬼於祖廟，致物鬽於墠壇，蓋用祭天地之明日。百物之神曰鬽。《春秋傳》曰「螭鬽魍魎」。杜子春云：「禬，除也。」玄謂此禬讀如潰癰之潰。

【疏】「以冬日至致天神人鬼，以夏日至致地示物鬽」者，此明二至祀圜丘方丘之明日，别有此禬鬼神示之祭也。禮輕，故使以神仕者致之。賈疏云：「言以冬日至、夏日至，此則《大司樂》云『冬日至，於地上之圜丘奏之，若樂六變，天神皆降；夏日至，於澤中之方丘奏之，地祇皆出』是也。但其時天之神地之祇皆降，仍於祭天之明日，更祭此等小神祇，故於此别之也。」

注云「天、人，陽也」者，《牧人》注云：「陽祀，祭天於南郊及宗廟。」此天廣晐衆小天神。依賈説，此所致者爲小神祇，則天神無昊天、五帝、日月及大星辰等，人鬼亦無先王先公等也。云「地、物，陰也」者，《牧人》注云：「陰祀，祭地北郊及社稷也。」此地示亦廣晐衆小地示，則無大地、社稷、五神及大山川等，物鬽則《大宗伯》四方百物之屬是也。云「陽氣升而祭鬼神，陰氣升而祭地祇物鬽，所以順其爲人與物也」者，賈疏云：「冬日至，祭天神人鬼，以其陽，故十一月一陽生之月，當陽氣升而祭之。夏日至，祭地祇，以其陰，故五月一陰生之日，當陰氣升而祭之。各順陰陽而在冬夏至也。」云「致人鬼於祖廟」者，據五廟二祧而言。此人鬼無先王先公，而致之得在祖廟者，未詳其説。賈《酒正》、《肆師》疏引馬融説，宗廟小祀謂祭殤與無後，及《司勳》功臣亦祭於廟。鄭意或當指彼數者而言。其因國無主後及三皇五帝、九皇六十四民之祭，則當在壇墠，不得於宗廟也。云「致物鬽於墠壇」者，《祭法》鄭注云：「封土曰壇，除地曰墠。」賈疏云：「此鄭惟釋人鬼物鬽，不言致天神地示之處者，文略，亦當在墠壇也。」云「蓋用祭天地之明日」者，賈疏云：「當冬至夏至之日，正祭天地之神示事繫，不可兼祭此等，雖無文，鄭以意量之，故云蓋用祭天地之明日也。」案：賈説非鄭恉也。鄭云「祭天地之明日」，不云冬至夏至之明日，則謂圜丘方丘正祭不正在日至之日明矣。凡圜丘方丘皆卜日，但在二至之月耳。詳《大司樂》疏。云「百物之神曰鬽」者，《說文·鬼部》云：「鬽，老精物也，从鬼彡。彡，鬼毛。重文魅，或从未聲。」百物之神，卽物之老而能爲精怪者。許、鄭説同。《廣雅·釋天》云：「物神謂之鬽。」引《春秋傳》曰「螭鬽魍魎」者，賈疏云：「按《左氏》宣公三年，楚子問鼎之大小輕重，王孫滿對曰：『夏之方有德也，遠方圖物，貢金九牧，鑄鼎象物。故民入川澤山林，不逢不若。螭魅魍魎，莫能逢之。』服氏注云：『螭，山神，獸形。魅，怪物。魍魎，木石之怪。』文十八年注：『螭，山神，獸形，或曰如虎而噉虎。或曰：魅，人面獸身而四足，好惑人，山林異氣所生，爲人害。』如賈、服義，與鄭異。鄭君則以螭鬽爲一物。」案：今杜本《左傳》作「螭魅罔兩」。彼《釋文》云：「魅，本又作鬽。」與鄭此注同。魍魎，《方相氏》注亦作罔兩，鄭引彼文亦證鬽之爲物神，與賈、服義同，非以螭鬽爲一物也，疏説未然。杜子春云「禬，除也」者，《庶氏》先鄭注同。《女祝》注亦云：「除災害曰禬，禬猶刮去也。」云「玄謂此禬讀如潰癰之潰」者，《庶氏》注同。賈疏云：「就足子春之義。言此以對彼。彼《大祝》云『類造禬禜』之禬，禬爲會合之義，不爲潰也。」段玉裁云：「云此禬者，別於《大祝》、《大宗伯》、《小行人》之禬也。」案：段説是也。鄭於此經及《庶氏》之禬，並云讀如潰，明其爲去災害之通語，與《大祝》六祈之禬爲祭祀之專名異也。《女祝》注訓禬爲除災害，而不云讀如潰，則鄭謂彼禬卽六祈之一，非此經與《庶氏》之禬矣。蓋此及《庶氏》之禬，與祭名之禬義雖相近，而音讀則異。云「讀如潰癰之潰」者，擬其音而其義之別亦見也。依鄭義，此及《庶氏》之禬取潰除爲義，《女祝》及《大祝》詛祝之禬取刮去爲義，《大宗伯》、《大行人》、《小行人》之禬取會合爲義，三者不同。賈謂《大祝》之禬爲會合之義，亦非鄭恉。詳《女祝》疏。

鳴謝

《儒藏》精華編惠蒙善助，共襄斯文；謹列如左，用伸謝忱。

本煥法師　壹佰萬元

智海企業集團董事長　馮建新先生　壹佰萬元

NE・TIGER 時裝有限公司董事長　張志峰先生　壹佰萬元

張貞書女士　壹佰萬元

付剛先生　伍拾萬元

湖南禧文化藝術傳播管理有限公司執行董事　黄凰女士　拾萬元

北京大學《儒藏》編纂與研究中心

本册審稿人　刁小龍
本册責任編委　王豐先　華喆　李峻岫

圖書在版編目 (CIP) 數據

儒藏.精華編.四〇/北京大學《儒藏》編纂與研究中心編.—北京：北京大學出版社，2018.11

ISBN 978-7-301-11758-3

Ⅰ.①儒… Ⅱ.①北… Ⅲ.①儒家 Ⅳ.① B222

中國版本圖書館 CIP 數據核字 (2018) 第 249239 號

書　　名	儒藏（精華編四〇） RUZANG
著作責任者	北京大學《儒藏》編纂與研究中心　編
責任編輯	王　琳
標準書號	ISBN 978-7-301-11758-3
出版發行	北京大學出版社
地　　址	北京市海淀區成府路 205 號　100871
網　　址	http://www.pup.cn　　新浪微博：@ 北京大學出版社
電子信箱	dianjiwenhua@163.com
電　　話	郵購部 010-62752015　發行部 010-62750672　編輯部 010-62756449
印 刷 者	北京中科印刷有限公司
經 銷 者	新華書店
	787 毫米 ×1092 毫米　16 開本　50.75 印張　805 千字 2018 年 11 月第 1 版　2018 年 11 月第 1 次印刷
定　　價	1200.00 元

ISBN 978-7-301-11758-3
9 787301 117583 >
定價：1200.00元